U0647552

孔繁森日记

The diary of Kong Fansen

（上）

赵少峰　梁　婷　校注

人民出版社

图 1　担任聊城地委宣传部副部长的孔繁森

图 2　1979 年，即将赴西藏工作的孔繁森

图 3　1981 年,第一次援藏回来的孔繁森

图 8　担任拉萨副市长的孔繁森看望拥军模范拉吉老阿妈

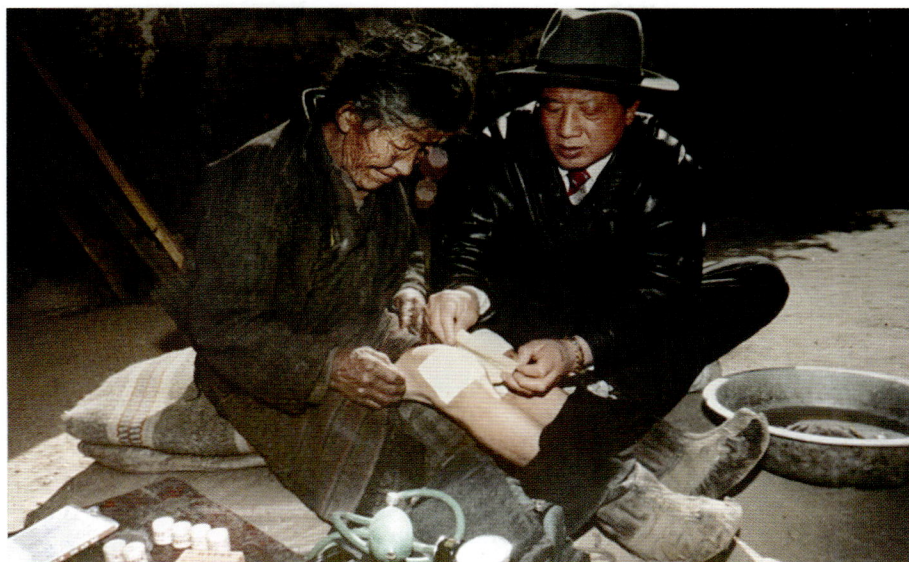

图 9 1992 年,孔繁森在墨竹工卡县为益西卓玛老人治疗腿疾

图 10 孔繁森与收养的地震孤儿在一起

有几个问题请陈部长参考

一、关于阿里地区能源交通问题准备给国务院写个专题报告,同时报个专题片。陈木下自治区人民政府署常同意。

二、今年七月份以自治区人民政府的名义给中央有关部门门写了专题报告解决部分数实项当时:财政部答应300万元; 经贸委200万元; 计委1000万元(抗灾基地建设;农业部1000万元) 煤矿部80万元已到阿里)

请陈部长向下财政、计委、电力部跑跑位。

三、华东川煤矿茶石矿抓电加工所地质局联合开发例问题

图11　1994年11月24日凌晨,孔繁森撰写提交给西藏自治区党委常委、宣传部长陈汉昌的关于阿里地区发展的12条建议

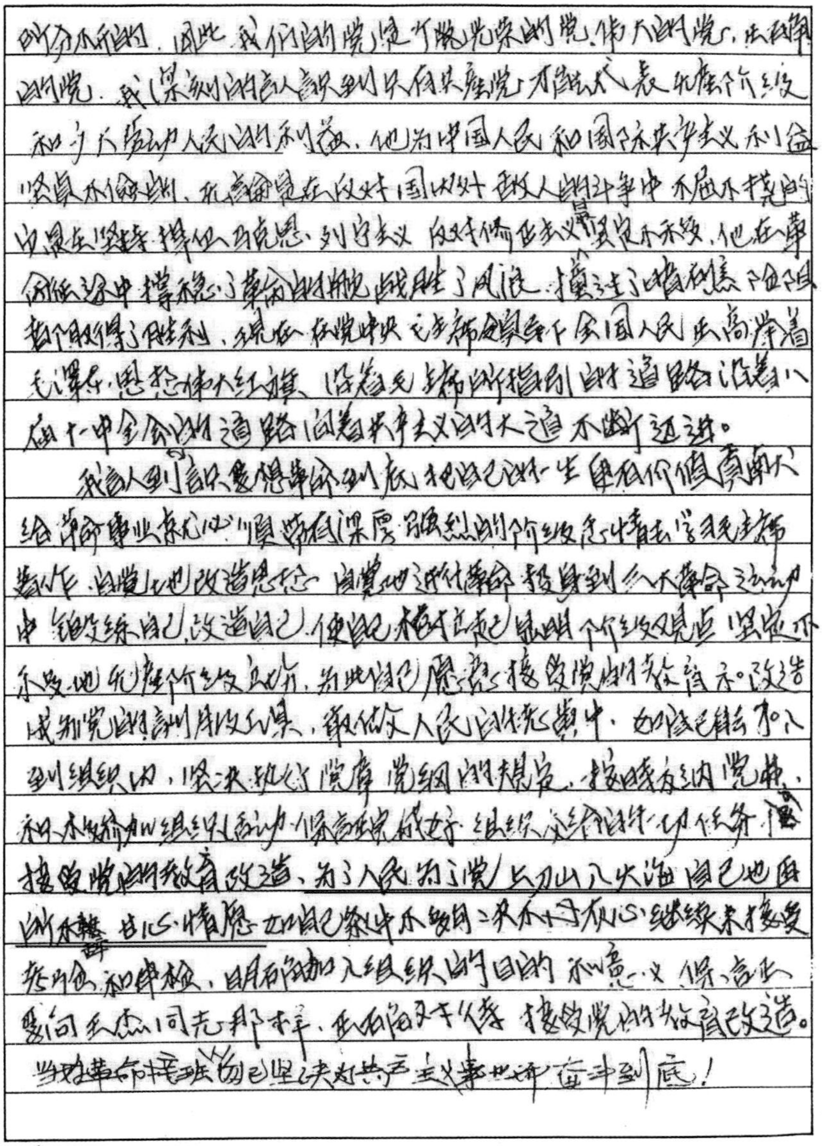

（以分不开的。因此，我们的党是个伟大的党、光荣的党、正确的党。我深刻地认识到只有共产党才能代表无产阶级和广大劳动人民的利益。他为中国人民和国际共产主义利益奋斗不懈地……）

（handwritten body text, largely illegible）

图 12　孔繁森的入党志愿书片断，书上面写道：为了人民、为了党，
上刀山、下火海，自己也在所不辞、甘心情愿！

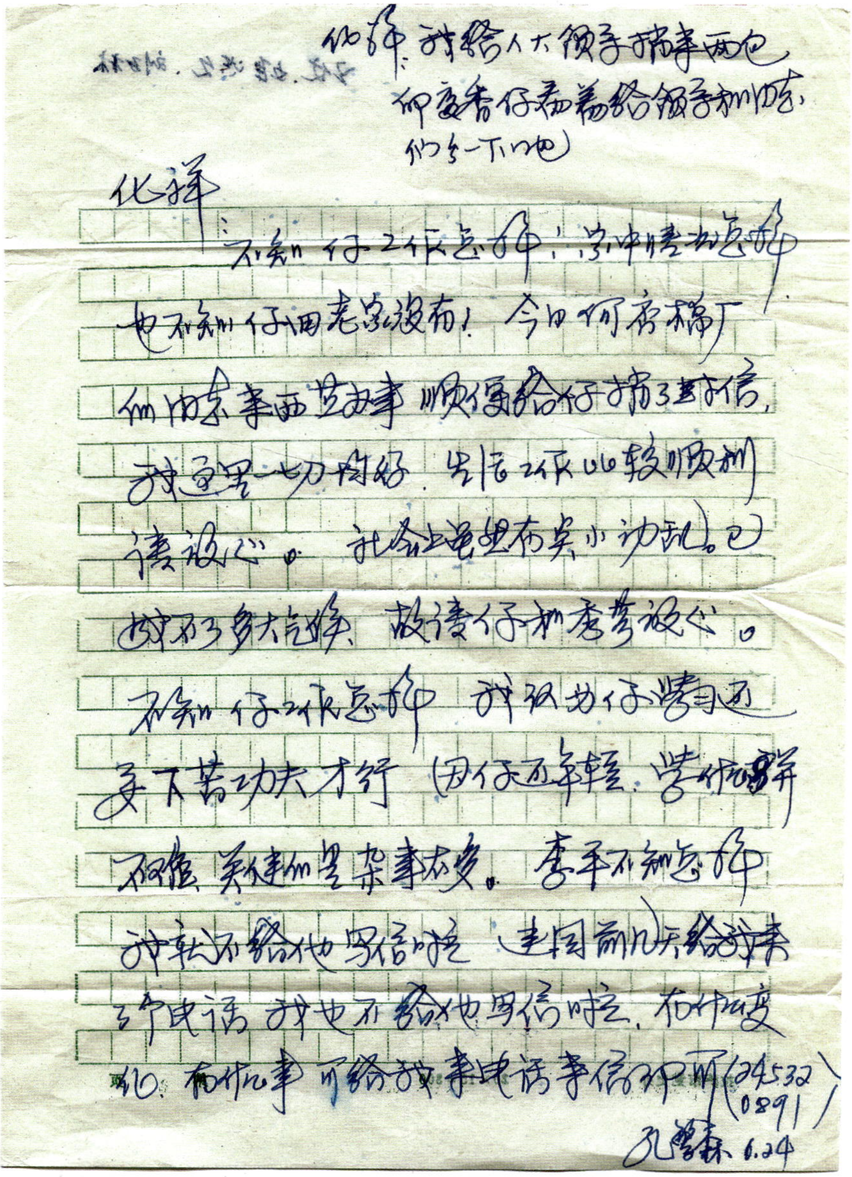

化祥：我给人大领导捎来两包，你交替仔和焉给领导捎咦，你了一下吧。

化祥

不知仔工作怎啊，学中情况怎啊，也不知仔田老家没布！今日阿房棉厂你们有来西芸办事，顺便给仔捎3页封信，我这里一切均好，出差工作也较顺利，请放心。社会上电视布头小动乱。已报了多大危啊，故请仔抓高考复久。

不知仔工作怎啊，我祝仔仔学习好要下苦功夫才行，因仔还年轻，学你也群加强，我建议学杂事太多。李平不知怎啊，他转不给他写信吧，走回前仙发给欢来行民话我也不给他写信吧，布什么变化，有什事可给故来电话来信如了阿（24532 0891）
孔繁森 6.24

图 13　1989 年 6 月 24 日，孔繁森写给郭化祥的信，嘱咐他"学习还要下苦功夫才行"

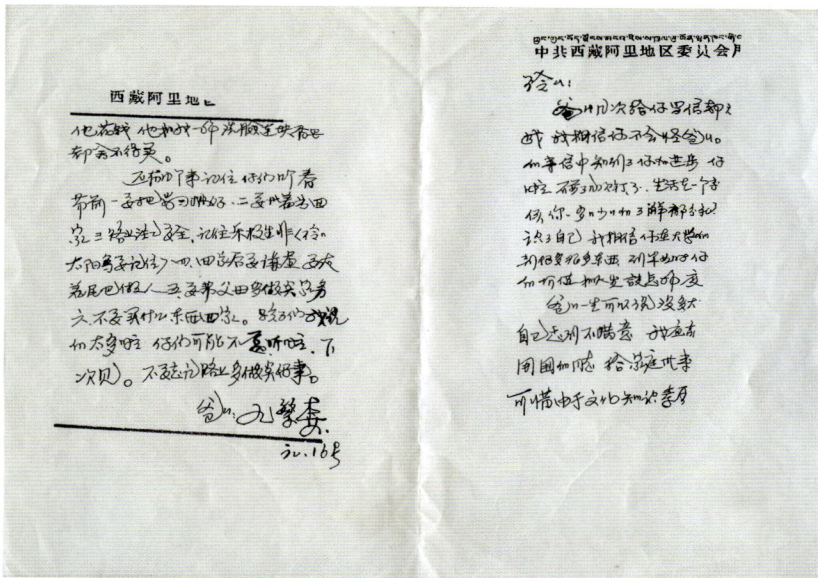

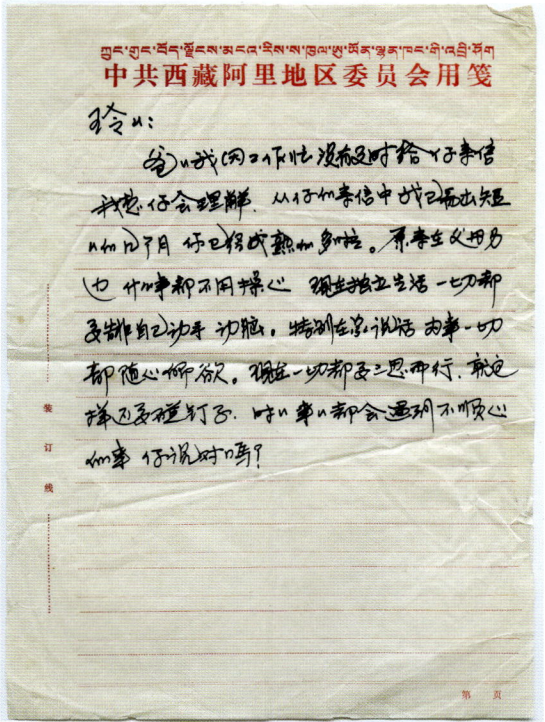

図 14　1994 年, 孔繁森写给女儿孔玲的信

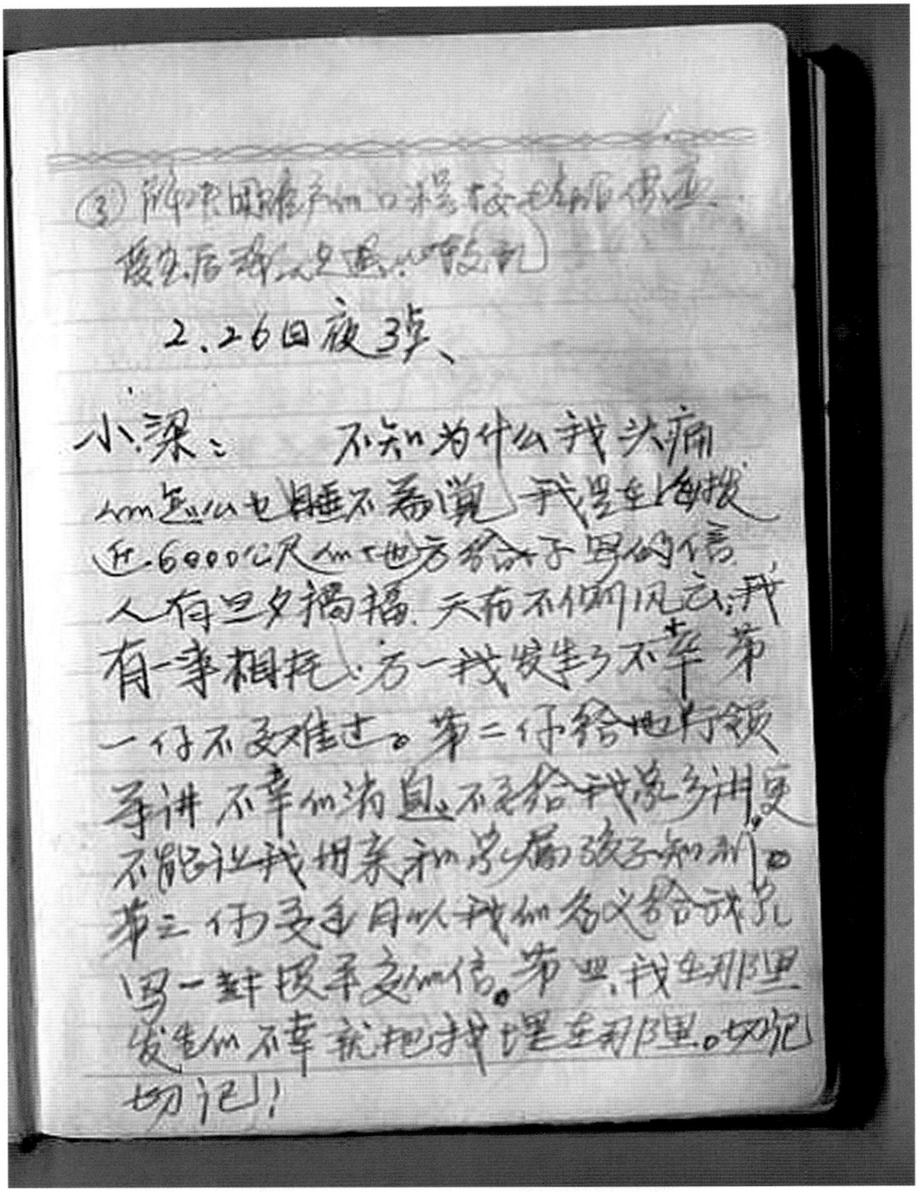

③ 附中农团在仔m口粮下安（？）他们书生
  按公后都（？）足迹（？）收机（？）

2.26日夜3点、

小梁： 不知为什么我头痛
m怎么也睡不着觉，我是上海拨
近6000亿只m的地方给父母的信
人有旦夕祸福，天有不测风云，我
有一事相托，万一我发生了不幸，第
一仔不要难过。第二仔给地行领
导讲，不幸的消息，不要给我爱多讲，更
不能让我母亲和孩子知道。
第三仔爱子可以我的名义给成儿
写一封报平安的信。第四，我在那里
发生的不幸就把我埋在那里。切记
切记！

图15　1994年2月26日夜3点，孔繁森在抗灾一线写下的"遗书"

国家社科基金后期资助项目
出版说明

　　后期资助项目是国家社科基金项目主要类别之一，旨在鼓励广大人文社会科学工作者潜心治学，扎实研究，多出优秀成果，进一步发挥国家社科基金在繁荣发展哲学社会科学中的示范引导作用。后期资助项目主要资助已基本完成且尚未出版的人文社会科学基础研究的优秀学术成果，以资助学术专著为主，也资助少量学术价值较高的资料汇编和学术含量较高的工具书。为扩大后期资助项目的学术影响，促进成果转化，全国哲学社会科学规划办公室按照"统一设计、统一标识、统一版式、形成系列"的总体要求，组织出版国家社科基金后期资助项目成果。

全国哲学社会科学规划办公室

2014 年 7 月

凡　　例

1. 凡是竖排、无标点或仅有旧式句读，一律改为横排、新式标点。

2. 繁体字、异体字改为简化字、正体字。若修改后容易产生歧义的，则进行语序调整。

3. 文中行文和撰写风格一律保持原貌，不作润色。

4. 对于日记行文中习惯使用的字词、用语等，均依照原文进行照排。为方便阅读，人名、地名等一律使用官方公布的名称，简写的机构名称补充为通用官方名称。记时统一使用某年某月某日。

5. 凡需要订正之误字，在该字之后，将正确的字置于六角括号(〔　〕)内。增补的脱漏文字置于方括号([　])内。遇有残缺、无法识别的文字，用相应个数的方框号(□)表示。按照上下文格式，缺少的小标题，注者根据内容进行补充，并在文中注出。

6. 对于难以理解的用语和特殊时代形成的特定说法，使用页下注加以注明。

7. 日记中不是同一件事情，又未署名日期的，以※※符号隔开，按照记述顺序排列。

8. 日记原文中使用的※或者A、B等加以区分和表示次序的符号，现用第一、第二或者1./2. 进行表示，以示次序。

9. 日记中出现的与西藏相关的人物，简要介绍其与西藏有关任职，其余任职履历不再记述。

10. 日记中出现的明显倒装语序且容易产生歧义的，现按照原文意思进行调整。文中明显的记述顺序失误或者笔误，直接修改为正确顺序或者字词。

11. 为格式统一和便于阅读，对相关内容进行调整，如"3357 工程"统一调整为"三三五七工程"。

点 校 说 明

孔繁森(1944年7月—1994年11月),男,汉族,中共党员,山东聊城人,西藏自治区中共阿里地委原书记、阿里军分区原党委第一书记、地区政协原主席。从1979年开始,他两次进藏工作。1979年4月至1981年4月担任岗巴县委副书记。1988年10月至1992年底担任拉萨市副市长。1992年底,孔繁森第二次援藏工作结束后,被任命为阿里地委书记。孔繁森是在党的培养下,扎根于人民群众的沃土中成长起来的领导楷模。为了摸清情况,探索带领群众脱贫致富的路子,他总是第一时间深入一线,了解群众生活中存在的困难,并与藏族群众结下了深厚友谊。他被称为"新时期的雷锋""九十年代的焦裕禄",他"赤诚、担当、大爱、无我"的崇高精神,激励着无数优秀中华儿女投身改革开放事业,自发到祖国和人民最需要的地方去,到最困难、最艰苦的地方去干事创业。他荣获"全国民族团结进步模范"称号,被追授"模范共产党员""优秀领导干部""感动中国人物"等称号。2018年,中共中央、国务院授予孔繁森等100名同志"100名改革开放杰出贡献者"称号,颁授改革先锋奖章。2019年,孔繁森被中宣部等单位授予"最美奋斗者"称号。

孔繁森具有强烈的历史使命感,他顾全大局,坚持党性。1987年9月,在兰州刚参加完全国粮援项目会议,他深深地感受到粮食来之不易,强调粮食分发要合理,要用于改善人民的生活,要用于生产的开发,要用于提高人民生产能力,要通过粮援项目启发人民的自力更生精神。同时,他还写道:"祖国的大西北和祖国的边远贫困地区,是教育党员的好课堂,应教育我们的高级干部和共产党员,这里的人民还吃不上饭、喝不上水,这里的人民更没见过电冰箱、彩电、洗衣机。同是炎黄子孙,同样是在共产党的领导下,为什么这样不公平。凡是有觉悟、有良心的共产党员、国家干部,应认真的沉思一下,都应以实际行动积极的做出努力"。1993年7月20日,担任阿里地委书记的他在日记本上写道:"从个人来讲,一定要有一个好的道德情操、精神境界,要有廉洁奉公的作风,有爱国家、爱民族、爱社会主义,为缔造祖国和人民美好的未来、为造福子孙后代而不懈奋斗的思想"。孔繁森同志生在山东,长在山东,家在山东,他深深地爱自己的家乡,爱自己的亲人。为了缓解思乡之情,他每天都要看上两遍孩子们给他邮寄的明信片。但是他更懂得,西藏的繁荣发展离不开内地干部和各方面人才的支援。为了更好地完成党和人民的重托,他舍弃了很多,付出了很多。

孔繁森满腔热情地开展工作,他开拓进取,务求实效,并且极其负责任。1979 年,孔繁森第一次进藏担任岗巴县委副书记,在岗巴工作三年,他跑遍了全县的乡村、牧区。1988 年,孔繁森第二次进藏工作,担任拉萨市副市长,分管文教、卫生和民政工作。孔繁森到任仅四个月的时间,就跑遍了全市八个县区所有的公办学校和一半以上的村办小学,为发展少数民族的教育事业奔波操劳,提出了发展拉萨教育的对策。在西藏工作期间,每到一处,他都开展细致入微的工作,将农牧民的家庭情况以及需要解决的问题一一记录下来。这些都在 70 余万字的工作日记中有详细的体现。在他看来,"一个共产党员爱的最高境界是爱人民"。他是这样说的,更是这样做的。他把藏族人民的疾苦看成是自己的疾苦,把藏族人民的幸福看成是自己的幸福。他的身上体现了对家人的爱与对人民的爱的高度统一,体现了中华民族的传统美德与党的宗旨的高度统一。

孔繁森是崇俭尚廉、廉洁自律的干部表率。出身贫困的孔繁森,始终保持劳动人民本色,他朴素节俭,两袖清风。1988 年 10 月 26 日,孔繁森穿了一身价值不超过七十元的西服抵达拉萨,来迎接的同志不敢相信他就是新上任的副市长。1990 年 8 月,陪同江泽民总书记视察西藏的迟浩田总参谋长来到了孔繁森宿舍。孔繁森想起方便面箱子里还有几个干巴蜜桃,赶紧拿了出来招待老首长。迟浩田吃完洗手时,想找块香皂也找不到。原来他连香皂都舍不得买,只用便宜的洗衣粉。孔繁森同志纪念馆展厅里陈列的缀满补丁的衣服和针线包,就是他艰苦朴素作风的见证。他对别人永远都是非常大方,将工资和生活费资助贫困的当地民众和失学的孩子,生活拮据时依靠卖血去帮助别人,最后在遗物中仅剩八块六毛钱。他对别人的"大方"与对自己的"小气"形成鲜明对比,清贫的力量感动中国。

孔繁森关心关爱藏族的青年学生,关心年轻干部的成长。他对藏族学生的学习和生活极为关心,多次自己掏钱为藏族学生购买衣物、鞋子。他强调要加强对青年学生的培养,反对走两个极端,他写道:"对青年学生要坚持一分为二,不要一会说你们是民族的希望、民族的脊梁,结果不从实际出发,不加强思想工作,发生动乱'骚乱'之后不说是三乱分子,一旦考不上学就说是朽木不可雕也。从动乱'骚乱'后认真分析一下,[他们]平时有爱,同[时又有]热情,但缺乏坚定正确的政治方向;有忧国忧民的意识,但缺乏对国情区情的了解;有民主愿望,但缺乏民主素质和法制观念;有雄心壮志、立志成才的决心,但缺乏实事求是、刻苦学习、自我牺牲的精神"。他注重培养能力突出、责任心强的年轻干部,他特别重视培养具有高等教育背景的大学生,安排他们到基层重要岗位锻炼,热情关心他们的成长。

孔繁森善于学习,与时俱进。孔繁森到西藏工作后,主动学习藏语,并经常求教于藏族干部。在他的日记本上,有多处学习藏语的记录。他分管拉萨市教育时,曾经专门摘抄了新加坡的教育模式加以研究。在 1994 年 5 月 25 日,阿里地专级以上干部民主生活会上,他曾作过自我批评:"虽然时代变啦,时代形势发展啦,但学习放松啦"。他喜欢看书,历史的、经济的、国际形势的书籍都会看,不断地提高自己的知识水平。他在很多的场合提醒领导干部要加强新理论、新知识的学习。每次听取报告,他都会认真的进行记录,以便应对工作中的需要。他的讲话稿都是自己撰写,质朴的语言体现了对工作的思考和智慧。

孔繁森对子女要求是非常严格的。1993 年,女儿孔玲考上大学后,躺在病床上的孔繁森给女儿写信,信中写道:"爸爸不盼望你当什么名人,而想让你尽早成为一个人格、素质俱佳的对社会有用的人,这既是社会的需要,也是家庭的需要。爸爸知道你是一个十分要强的人,而且也有雄心壮志,我相信你一定会成长为一个有出息的人。我肯定地说,爸爸没法和你相比"。1994 年 1 月,女儿即将放假回家,他还提出了要求:"一要把学习搞好,二要带着书回家,三是路上注意安全,记住乐极生悲,四是回家后要谦虚,五要帮父母多做点家务,六不要买什么东西回家。孩子们,我说的太多啦,还要记住路上多做点好事"。子女今天取得的成绩,都离不开孔繁森当年的言传身教。

"伟大的事业需要伟大的精神","在高原上工作,最稀缺的是氧气,最宝贵的是精神"。孔繁森同志作为援藏干部的杰出代表,以自己的实际行动展现了当代共产党人的使命担当,用生命和鲜血谱写了一曲具有时代精神的奋斗之歌、创业之歌、奉献之歌。当年,阿里孔繁森悼念仪式上那幅挽联,形象地概括了孔繁森忠诚、干净、担当的一生,也道出了藏族人民对他的怀念:一尘不染两袖清风,视名利安危淡似狮泉河水;二离桑梓独恋雪域,置民族事业重如冈底斯山。

今天,我们怀着虔敬之心,反复品读着他留下的文字,一次次感受他对党的事业的忠诚、对人民的大爱。孔繁森精神已融入中国共产党精神谱系,成为共和国的集体记忆和激励我们不忘初心,牢记使命,实现中国梦的精神力量!

最后,借用他一位藏族同事的话来结束这篇文章:

在阿里,只要神山圣湖在,孔繁森就在!

本书获得聊城大学学术著作出版基金资助

感谢孔繁森同志纪念馆提供的日记全本

目　录

1968 年

敬题毛主席词咏梅①

风雨送春归,飞雪迎春到。已是悬崖百丈冰,犹有花枝俏。

俏也不争春,只把春来报。待到山花烂漫时,她在丛中笑。

1968 年 5 月 20 日

伟大的胡志明领袖,把自己的毕生精力献给了越南人民,把自己的心血献给了革命,献给了人民。可以说,他从来没有考虑自己的问题。因此,他在人民的心目中,被认为是一个了不起的领袖,但也确有部分人考虑自己问题比考虑革命、考虑工作要多得多,这样的人渺小,当然自己也是其中的一个。要立志学习领袖胡志明同志的忘我为革命的精神。我认为,最可恨的是明知是错,自己偏做,这样的人没理智、没头脑、没志气,换句话说也就是没骨气,这是自己最大的弱点。

1972 年

1972 年 1 月 23 日

坚如磐石的革命友谊万古长青②。

1972 年 3 月 21 日

业余文艺会演结束座谈会。

参加人员:李文增政委、各县带队人员等。

比较好的节目:莘县的学政治带文化;狠批反动的"黑四论"比较好。《喜在□□□》比较成功,但矛盾不突出。如果老太太让推迟婚期,就可以不受批评。但老太太比较进步,热爱党。毛主席……叫我看,受批判不太应该。

李政委:这次创作、演出水平都有很大发展,全区的文化有很大进步。

---

① 写于日记本扉页,无日期。《卜算子·咏梅》是毛泽东反用陆游同调同题词意而创作的一首词。此词塑造了梅花俊美而坚韧不拔的形象,鼓励人们要有威武不屈的精神和革命到底的乐观主义精神。

② 写于日记本"赠词"部分,题写人的名字无法辨识。

从现在来看,演出水平比创作水平高。调资之后,他哥哥参加工作多年,反而不如他妹妹觉悟高,这样工人阶级的觉悟就没有啦。《喜在□□□》矛盾不突出,到底老太太落后在什么地方,看不出来,是否把老太太旧习惯势力的影响来写一写。《小麦谁盖的》这个节目是否改个名字,叫《好事谁干的》,以前做了好多好人好事都没查出来,这次非查出来不可。报道员是否换成老支书或老队长,别光让人认为报道员为了表扬别人,而查做好事的人。以后写东西是否一事一议,把人物写的深刻一点。回去后的打算,把各县开展业余文艺活动的经验进行汇报。

1. 先给单位领导汇报一下,做一个全年的计划,特别是要把王司令员的指示、把王志文同志传达的计划,原原本本的传达给领导和宣传队成员。

2. 计划今年办的两期学习班:一个是办创作人员的学习班,一个是办业余宣传队员的学习班。

3. 走出机关工厂,到兄弟县去学习,也就是登门拜访。把各县的创作经验、演出经验、开展业余文艺活动的经验,虚心学习过来。比如,将临清的洼里大队的经验,莘县医疗器械厂、专建公司的好经验,进行讲用交流,以此进行学习,引起各级领导的重视,把业余活动开展起来。

4. 组织各单位业余文艺宣传队下乡演出,到地直各单位进行演出。这样既是一个学习的机会、提高的机会,也是一个相互促进的方法。这样做也可以克服以前搞一个节日演一场两场就结束的做法。

文化组林组长:为了迎接毛主席延安文艺座谈会上的讲话发表三十周年,中央领导去年六月份专门开了一个会,咱们省地都为迎接主席讲话发表三十周年下了通知,几项工作都要把它落实下来。

1. 关于新创作戏剧汇演问题。咱们已下过通知,按原计划准备,也就是4月底5月初,大中小戏剧都可以演出,对象主要是专业的各县立下的剧目,都要进行看一看,演出前把本子送文化组看一看。汇演前要准备大批判材料,另一个是典型材料,对剧团进行教育的经验,对知识分子的经验,为革命练好基本功的经验,移植样板剧的经验,节约的经验。

2. 普及样板戏①的经验。根据毛主席指示去办,要有发展、提高。普及办法,办学习班,县里办到公社、大队都行。

3. 关于创作问题。《人民日报》关于创作讲了六个方面,《大众日报》关于创作也有征文,第一批作品4月20日,第二批5月20日,第三批5月

---

① "文革"时期,有一些被树立为文艺榜样的大中型舞台艺术作品,以戏剧作品为主,也有少量音乐作品,统称为"革命样板戏"或"革命样板作品",俗称"样板戏"。

底完成。这些问题需要落实下来,对现在的作品进行加工提高。关于专业剧团学安丘问题,省里通知要掀起一个"上山下乡"新高潮,又提出来把五月份作为"上山下乡"月,《光明日报》用多版发表了安丘的经验,《人民日报》也准备发表。

4. 关于美展问题,咱们已下通知按规定执行。

苏干事谈省文化组的意见:抓方向问题,为什么人服务的问题。现在省里有的剧团追求"大样全",人家样报团有什么,咱就有什么。要开展好大批判,当前创作存有创作危险论,不敢写冲突,实际上是抹杀两条路线斗争。另外,对老艺人要大胆使用,只要不是敌我矛盾,就要用。"文化大革命"中认识了错误,就要用。

1972 年 5 月 23 日

大城市要搞游园活动,要在公共场所演出,地区、县没具体规定。

创作人员要大胆进行创作,要突出矛盾。在写戏上,要敢写反面人物的戏。另外,曲艺稿要抓一抓,杂技要搞,上传统节目前可先让工农兵看一看。

专业剧团学安丘,下半年省里普遍检查一下。地方要搞自己的戏,移植要大胆,要离开京剧的约束,走自己的路才行。群众性的业余活动,要批判"大样全",坚持业余活动。

参加业余美术学习班人员,各县 1 至 3 人,地直单位 16 个人,时间大致 1 至 3 个月。

王志文:毛主席延安文艺座谈会上的讲话发表三十周年,要开展大学习。要正确认识咱们这次大会,大会是健康的,方向是正确的,要保护这些财产,要加工提高,加以推广。咱们要抓一下曲艺,体育工作也要抓一下,抓一下电影工作,要多线放映。文艺工作要坚持为工农兵服务的方向,要做到"三下乡",剧团、电影、广播三下乡。

1973 年

1973 年 6 月 4 日

我现在觉得最可恨最可怕的是知错不改,也就是人们常说的明知故犯,这样的人是人们最可憎恨的人,也是最不值得人们一谈的人。作为一个革命者,要不怕犯错误,犯了就改,这就是前进,这就是进步,作为一个革命者,应具备有错就改的革命精神。

1973 年 6 月 5 日

一年一度的麦收开始啦，自己要想一切办法参加今年的麦收。工作安排好，白天参加麦收，晚上处理工作。在尽可能的情况下，要多参加几天麦收。

1973 年 6 月 8 日

伟大领袖毛主席对我们革命青年寄予无限希望，但却有一部分青年没有按毛主席的教导去做。特别有一部分青年，整天想的不是工作、学习，怎样为人民多作点贡献，而天天想的是吃、喝、玩、乐、穿。对于党、人民今后的前途工作，在他看来，这一切都无所谓，真是有一点混一天算一天的思想。原因在哪里？对这一部分青年应该怎么办？我现在心中无数！

1973 年 6 月 10 日

应当看到青年人思想单纯，接受事物快的特点。如果有正确的思想，有得力的方法来引导他，也就是用毛泽东思想不断来教育他，他就会在正确的道路上成长快、进步大。相反，如果对他不管不问，听听让让，他就会接受一些不健康的东西，接受一些资产阶级的东西，吃喝玩乐就会出现，甚至走向犯罪的道路，关键看我们对青年管不管、关心不关心。另外，看怎么个管法，怎么个问法，这是一个值得注意的大问题。

1973 年 6 月 12 日

听报告，中央政治工作会议、省委三届三中会议精神。

孙振海同志传达：今年6月5—9日，召开了省委三届三中扩大会议，参加会议的共1500多人，聊城参加会议的共25人，才百川等同志参加了济南军区政治扩大会议。杨得志①司令员、苏毅然同志传达中央政治会精神，讨论了修改党章问题。省成立了以杨得志等五人组成的修改党章小组。

学习杨得志6月5日传达的会议精神。参加中央政治局扩大会议的共250人。会议讲了关于召开十大的问题②，关于代表产生的问题。中央二个

---

① 杨得志（1911—1994年），原名杨敬堂，湖南株洲人。时任中共中央军委委员、中共山东省委第一书记、武汉军区司令员。
② 1973年8月24日至28日，中国共产党第十次全国代表大会在北京举行。出席大会的代表共1249人，当时全国有党员约2800万名。会议主要内容是通过《关于修改党章的报告》《中国共产党章程》等议案。

文件,指明召开十大是形势的需要。周恩来同志 5 月 20 日晚的讲话,会议三个任务,关于召开十大问题、批判问题。十大代表的产生,修改党章的办法。修改党章主要是总纲部分,其余部分也略修改。

※　　　　　※

向张秀华同志学习。秀华同志有很多长处值得自己学习,但特别值得自己学习的是他的正直、正派。在任何情况下都有正义,这方面值得自己学习。在这方面自己是有缺点的,应加强学习,努力改造自己。

今天是伟大领袖毛主席发出"身体好、学习好、工作好"三好指示二十周年纪念日,用伟大领袖毛主席"三好指示"来检查对照,自己差距不小。第一身体好,自己没坚持锻炼身体;第二学习好,做的更是差,可以说根本没很好的坐下来读点书,从今天起要坚持学习制度;第三工作好,自己仅能完成党组织分给自己的一点任务,更谈不上一个好字,从今要用毛主席"三好指示"对照自己,检查自己,改造自己。

1973 年 6 月 30 日

七一,党的生日。

向党来汇报一下自己的思想工作。这是一个共产党员应做的,但自己并没有做到这一点,而是糊里糊涂地过一天少一天。有时只看到自己的优点、成绩,而没看到自己的缺点、弱点和错误,更对不起党的是自己没有勇气把自己的错误向党组织汇报。中国共产党党员,自己对这个伟大光荣的称呼,真是有点不配。

1973 年 7 月 4 日

刘部长在回部队以前,我征求了他对我的意见。他给我提出了一条希望:要特别注意学习,不要光忙于事务工作。我反复想刘部长给我提出的这一条建议,它是比较恰当的。平时自己总觉得没有时间学习,认真想想不是这么个问题,而是自己不乐意学习,自己绝不能忘记刘部长对自己的帮助,不能忘记刘部长对自己的希望。从今天起要执行自己定的学习计划,要把学习马列、毛主席著作下最大决心坚持下去,用实际效果来感谢刘部长对自己的帮助。

1973 年 7 月 10 日

往往一个人有了缺点,有了错误,说话就没有力量,办事就胆小。原因只有一个,那就是自己有短处。因此,自己说话就没本钱,明明是错的,自己也不敢说,因为你说了,怕别人不听,实际上别人也不听。

1973 年 7 月 17 日

我什么时候也不能忘记万副司令员对我的教育帮助。首长虽然工作忙,但他看出了我自己的问题:学习差,东奔西跑,一天到晚忙忙碌碌的事务主义。实际情况也是这样,由于自己没有坚持学习,世界观没有得到彻底的改造,思想上就去想一些非无产阶级的东西。从今自己要坚持学习,按制度办事,星期二、五要参加医疗器械厂的马列主义著作的学习。平时每天晚上在办公室从 7 点至 8 点 30 分坚持学习,要以实际行动报答首长对自己学习的帮助。

1973 年 7 月 19 日

一个人什么时间,什么事才会最难过、最伤心,我觉得一个人在做错了对党、对人民的事的时候,才真正地会感到伤心难过。

晚上 11 点 20 分。党和人民、部队首长、周围的同志为了培养自己,不知花费了多么大的心血和力量,但自己并没给党、人民做出什么成绩,反而做了一些错事,对党、对人民不利的事,我从内心感到内疚,我应下定最大决心来改造世界观,下最大努力为党争取多做点工作,也可以说将功补罪。伟大的领袖毛主席,伟大的人民,伟大的党,敬爱的首长和各位领导以及我亲爱的同志,我辜负了您[们]对我的培养、教育、帮助和希望,没别的办法,只有用实际行动补上。

1973 年 7 月 20 日

星期五,第一课。

今天,我第一次参加了医疗器械厂的马列主义学习。也就是说,在学习上我又重新走出了第一步。第一步不容易,最关键的还是最后一步能不能坚定地走下去。从今往后,我的生活也要迈出第一步。作为自己来讲,重新做人,我也要迈出、迈好第一步。

我看了青岛市公安局的一个布告,感到十分震惊。使我感到惊讶的是,从新中国成立到现在,在我们社会主义国家会出现这样的事件,这是为什么? 据了解,被告判刑的这 39 名小罪犯,最小的才 15 岁、16 岁,最大的才二十多岁,这是为什么? 据了解,这批小罪犯家庭出身没有一个坏的,有的是现役军人的子女,有的是老干部的子女,有的是老工人的子女,这又是为什么? 对这批小犯罪分子,我感到可恨,但我更感到可惜。可恨的是他们没听毛主席的话,走上了犯罪的道路。然而,更使我可惜的是,这批小青年,我们没教育好,年龄这样小,就被敌人拉过去啦。我真有点不理解,我们做青年工作的同志到哪儿去啦? 小罪犯的父母你们又到哪去啦? 平时你又是怎样教育的? 小罪犯工作单位的领导,你们又到哪里去啦? 公安机关的同志,你们就没有责任吗? 39 名小犯罪在被你们宣判之前,难道你们就没发现吗? 这一切一切我都不理解。领导们、同志们,现在我们应该好好检查一下我们的青年工作,到底做的怎样呀!

1976 年

1976 年 10 月 20 日

凤友:认真看书学习,紧密联系群众,孔繁森①。

一九七六年十月二十号

1982 年

1982 年 1 月 2 日

公安局政保股王福海:关于王奉、邵店子大队常进朝的问题。

2 号晚上,朝城党校了解,关于党校个别同志和北街打架的事。蔡云泽家属骂鸡,指名骂了。党校干部孟兆朋同志引起的,孟是南街的。老蔡的表弟、北街大队干部李振生带着五六个人去打架啦,振生的小孩带着几个人去的。

　　　　　　　※　　　　　　※

中央领导同志说,我们的经济形势是稳步上升的。中央给的任务是粮食 3.9 亿斤,棉花 32 万担。农田林网 40 万亩,工业生产总产值 7000 万元。基本建设预算内的 3 万元,商业百货大楼 3 万元,外贸收入总值 917.3 万元。从 82 年开始,财政采取总额分成的办法,由包干划分收支改为总额比

---

① 解凤友,高唐县赵寨子乡解庄村人。1975 年秋,从高唐二中(4 级)高中毕业后回乡劳务。当时,中共聊城地委派驻高唐县赵寨子乡(公社)工作队队长、中共聊城地委宣传部副部长孔繁森同志给予重点帮助教育、培养,使其不断进步。孔繁森亲自介绍他加入中国共产党。解凤友先后任村团支部书记、村党支部宣传委员、村委文书、村支部委员。这是孔繁森同志返回地委时给解凤友同志的亲笔题字。

例分成,以 79 年底上报的数为基数,给咱财政收入数。保证数 571 万元,争取 597 万元,其中工商税 327 万元,所得税 35 万元,农业税 61 万元。支出原则:统筹兼顾、合理安排、保证重点、节约使用。劳动工资计划,82 年比 81 年纯增加职工 450 人,这是个限额,包括大中专分配、复退军人、外地调入的人。人口增长 8.5‰,自然增长的人口 82 年底要达到 73582 人。文化电影收入 99000 元才行,卫生局增 25 个床位,全民 10 张,集体 15 张。木材给 572 方。

1982 年 1 月 3 日

下午,农村工作会议预备会。

要解决的问题,省农村工作会议①。多种经营发展规化(研究)和实现规划的措施;讨论抗旱双保问题;夺取明年农业全面丰收的问题;我们县要解决的问题意见。

任务要求、安排意见:

一、主要是传达贯彻全国全省农村工作会议精神。研究布置我县 82 年的农村工作,进一步统一思想认识,研究落实措施,使 82 年的农业生产,有个较[大]的增长,决心实现社论提出的:一年更比一年好,定叫今年胜去年的要求。

二、会议安排。会议五天,4 日传达全国全省农村工作会议精神,六个文件(前三个文件已翻印);5 日分组学习讨论;6 日分组学习讨论五届人大四次会议报告;7 日上午讲县委工作意见,下午分组讨论;8 日上午分组讨论,下午肖书记作会议总结。

三、这次会议要解决的问题。主要是四个问题:1. 总结 81 年工作,进一步统一对形势的认识。2. 认真研究、讨论、总结、完善,稳定农业生产责任制的问题。3. 研究布置 82 年的农业生产和当前的工作。突出工作重点,明确主攻方向,集中力量,坚决打好棉花林业两个优势仗,夺取农业生产的全面丰收。4. 对参加会议人员的要求。要逐字逐句的学习好文件,深刻领会文件精神,提高贯彻党的方针政策的自觉性。在学好文件基础上,联系实际认真总结自己的经验教训,特别要虚心学习各单位先进经验。认真研究落实 82 年的农村工作任务。当前要突出抓好三个落实:总班子落实;政策落实(生产责任制);生产计划的落实。

四、关于对会议的领导问题。这次会议是今冬明春农业生产的一次关

---

① 此段文字之下方有若干空白,应该是孔繁森同志因时间原因未来得及记述。

键性会议,集中力量做好这次会议。

※　　　※

1. 魏庄公社邹巷 13 岁小女孩,参加了会道门。南阳、邹巷、燕店孟家、河店东大杨村,靠冠县桑镇街上的教头,神职人员,到我们这边一集合就 200 人。2. 观城①公社的岳坊一个老党员对我说,不少老党员也在信教。

※　　　※

一、今天传达了一天文件。中央招工通知,万里②副总理讲话,杜润生同志讲话,白如冰同志、秦和珍同志、朱启民同志讲话。

二、明天只有一天讨论时间,要集中精力,集中时间进行讨论,重点应围绕中央通知中讲的六点意见和万里副总理讲话进行讨论。

三、要发扬民主,要提倡不同意见的争论发表。

讨论:一、全国农村会议和省农村工作会议的基本精神是什么? 二、在充分认识全国全省农村工作大好形势的同时,联系实际,统一对我们地区、我们县、社大好形势的认识,取得大好形势的经验是什么? 特别在大旱之年夺得这样大的丰收,经验有几条? 另外,还有哪些教训? 三、在进一步完善、提高、稳定生产责任制的过程中,值得注意的问题是什么? 这些问题打算怎样解决? 四、发展巩固农村大好形势与各行各业的关系是什么? 也就是说,我们县直、社直单位应怎样服务于农业生产。五、在当前农村工作中值得注意的问题是什么? 这些问题应怎样解决?

※　　　※

计生办。

计生会议已进行四天,这四天主要是学习。

※　　　※

朝城:东孟庄大队宗教老点,三义庙大队新建的宗教点。有新印的书。

棉花面积 4 万亩。81 年棉实际 25000 亩,单产 86 斤。

计划生育差的:柿子园、河店、单庙、张寨、城关、王奉。

燕店:三月初,计划生育突击半月。2 月底前,把抗旱双保搞起[来],把林业植树弄一下。把生产责任制搞起来,把支部改造弄完。

三月初两个大事,一是计划生育,二是造林。

※　　　※

---

① 观城是莘县下面的一个乡镇。

② 万里(1916—2015 年),男,汉族,出生于山东省东平县,1936 年 5 月加入中国共产党,1936 年 5 月参加工作。时任国务院副总理。

东孙庄、西孙庄正月十三到正月十六，放了九把火①。

东孙庄：正月 1 号②，大队会计家棉柴上放上柴油，点玉米秸；王现生，支部书记，正月十三，东孙庄点了他家玉米秸；吴风祥，支部委员，正月十三；魏普兰，女主任，玉米秸；王连印，小队长，玉米秸，初八。

西孙庄：魏文晶，队长（一队），正月初八；魏存海，大队会计，正月十三日；魏学俭，支部副书记，正月十三日；魏征运，民兵连长，正月十五，吓的他不愿干啦。

［正月］十三，一晚上放了五把火，主要原因：处理偷树的，第二计划生育引起来的。80 年拆过房，扒两处房子。燕楼、泽元、小马社、后孙庄、翟庄、房庄。支书根本不通，这个书记过去很硬，现在很软。房庄村支部副书记卖棉花，15 斤棉花放 6 斤铁矿石，叫张春思。

计划生育过硬的村：后耿、柿子园、何口、孟家。

南路孙庄：剪子股大队现场会。一是政绩，二是民办教师待遇，三是夜校。夜校好的：后耿、剪子股③。前新张大队，公社班 3 月初搞，讲棉花生产，一队来一个代表。宗教活动，孟家、孙庄两大队活动多。

关于公费医疗问题，民政、行政、文教卫生、行政科局、企业科局部分人，这是公费医疗的范围。文教卫生、行政科局、企业科局，部分人每人每月 30 元。民政党政每人每年 62 元，总数共计 29 万元。行政人员 1600 人，民政 880 人，共计 2480 人。再增加 5 万元，共计 34 万元。

1982 年 1 月 6 日

上午，十八里铺公社。

一是抓浇水。浇麦子 23000 多亩，面积共 26000 亩。浇棉田，张庄大队 400 亩已结束啦，二级提水浇的。全社共浇 2000 多亩。已派人去外购油，购一车（八吨）给个自行车指标。抓猪羊啃青。棉花基数，小队有 12 个生产队 2 万斤，加上其他队有五万多亩完不成。规定，少交一斤基数 2 元，2 斤粮食队里要 1.5 元，5 角交棉站。二是借别人基数。粮食包干任务共 158 斤，已完成 128 斤。坚决完成棉花收购，已完成 202 万斤，任务 230 万斤。去年商品棉收购 196 万斤，加 4 万斤锯齿损失，再加自留棉，共 206 万斤。今年加自留棉、锯齿棉 215 万斤。粮食共收 2140 万斤，去年 1700 万斤。增

---

① 20 世纪 80 年代，由于计划生育搞得紧，一些对村干部不满的人，趁机进行打击报复。

② 正月初一。

③ 隶属莘县燕店镇。

产 320 万斤,光小麦增的,秋季平产。人均分配,去年 73 元,今年 150 元。

卫生局章局长:81 年赔款近 5 万元,81 年完成金额 45 万元多点。今年,82 年定计划 45.4 万元。

1982 年 1 月 14 日

和都部长、刘部长研究农村宣传工作座谈会。

一、主要贯彻中央和省地县会议精神。

二、贯彻计划生育会议精神。

三、贯彻省地农民业余教育会议精神。

农村宣传工作会议:一、贯彻中央省地农村宣传工作会议精神。二、总结 81 年农村宣传工作会议精神。三、布置在新形势下如何搞好 82 年的农村宣传工作、农村政治工作。

时间安排:15 日上午,传达文件,下午传达文件、讨论。16 日上午,典型发言,下午讲意见。17 日上午,闫书记讲意见,各部门安排。

1982 年 2 月 19 日

上午,计生办、卫生局、县医院、李书记研究计划生育工作。

81 年人口增长 6.96‰,82 年人口增长 7‰。

县医院和朝城、徂店、王庄、燕店、观城、古城、王奉乡镇医院。这八个医院都能结扎,组织部分领导到八个点去帮助发动、组织领导。

公费医疗 2480 人,由卫生部门包干。每人按 30 元计算,共计 21 万元。公费医[疗]人员共 7500 人,教育人员约 3000 人,卫生人员 1000 多人。在 21 万元基础上增加 12 万元,共计 33 万元。行政人员共拿出 6.5 万元,教育 2 万,卫生 5000 元,行政 4 万元。共计公费医疗 35.5 万元,基础 21 万元。行政公费医疗按 33 万计算,每人合 78 元。总数 7700 人,党政、民政 2394 人。按每人每年 25 元算,合计 231240 元。在此基础上给党政、民政补 12 万元,给教育补助 2 万元,给卫生补助 5000 元,共计 376240 元。党政 1584 人,民政 880 人,合计 2469 人。其他事业部门人数 5239 人。教育再增加 1 万元,共计 386240 元。支农经费拿出 5 万元给马西林场,拿出 2 万元给十八里苗圃。

1982 年 2 月 23 日

下午 3 点,地区抗旱广播大会。

一、临清老赵庄公社 3.8 万亩,已浇 3 万亩啦。抗旱是压倒一切的任务。要层层分工,抓油、抓水、抓机器。

二、阳谷西湖已浇约5000亩,共计5万亩。

三、冠县范寨公社3.5万亩,已浇1.4万亩。

78年人均分配39元,81年达到260多元。

地委副专员谢惠玉同志讲话:由三个公社介绍了经验,主要是他们思想认识比较好,他们充分利用各种水渠、办法,大打人民战争。一是充分认识旱情的严重性,紧急行动起来,投入抗旱斗争。麦田含水量只有7%,白地①只有5%,有20%才能够用。充分认识旱情严重性,任务的坚〔艰〕巨性,时间的紧迫性。二是狠抓水渠,千方百计抓措施。三是合理用水,科学用水。主要先浇好白地,把大水灌溉改沟灌,保证浇地质量,加快浇地数量,平均每县每天浇2.5万亩。大社日进两千亩才行。四是生产责任制,易统则统,易包则包,当前更要注意统口的因素,特别要解决好干部的提留问题。五是树立抗旱夺丰收的思想;抓好麦田的管理;抓好植树造林。

清水公社刘屯大队:八个生产队,4□□户,1930人。粮田3218亩,2000亩果园。68年栽的果树,81年水果产值25万元。34000棵果树,11000棵结果。80眼机井。每队300头大肥猪。集体养猪800头。月产2万斤的面粉厂,有水泥管厂、翻砂厂、木器厂。有42头□,共积累200万元。

78年最好,29万元,社员分配61元。78年种果树1300亩,〔每树产〕71斤。前三年每树产41斤。78年总收入43万元,人均分配90元。79年总收入867000元,人均分配168元。80年单产170斤棉花,总收173.5万元。81年总产30.4万斤,单产150斤,总收入165万元,社员分345元。

大曲村:八个生产队,65年前是"三靠队"。73年是"高产穷队"。78年现金分配33元。79年棉总产18万3千斤。80年〔棉总产〕27.4万斤,81年〔棉总产〕30.5万斤。粮食120万斤,接近最高水平。79年人均232.7元。78年,□。80年,人均分配405元。81年,人均分配424元。有千元户,万元以上两户。最近生产队工日3.9元。集体积累120万元。全大队7天能普遍浇一次。85年实现小康水平。

上北京四个目的:一是参观北京四季青人民公社;二是参观北京的古迹;三是尝尝名吃;四是到北京看看戏。最近又到南京进行了参观。

参观四季青人民公社。"三靠":一靠三中全会精神的学习;二靠群众的监督;三靠一班人的团结。开展新型农民标准的讨论:有理想、有抱负、有

---

① "白地"是指没有种庄稼的田地。

志气、有风格。

清水公社刘屯大队:82 年棉 2500 亩,共 3200 亩地,达到 50 万斤棉,总收入 215 万元,社员分配 1100 元。

1982 年 2 月 25 日

阴历二月二日①,俎店公社。

抗旱:1. 群众认为,浇了后,水分保不住。2. 麦田,共计 28000 亩任务,实种 37000 亩,浇了麦田,差不多都浇啦,约有 5000 亩没有浇。3. 前段时间主要抓了支部的改造。

72 个大队,272 个生产队,41797 人,总耕地 92580 亩地。支部全部改造啦,送下去七个支书,又调了 11 个书记。副职调正职,主要困难:一是年龄大;二是没能[力],治不上去;三是没群众威信。搞支部改造的 43 个干部下去啦,林业确权发证下去 18 个干部,公社党委分的点片都下去啦,3 天都开始行动浇起来。

迫切要求干部出来问事。春地 55000 亩,下达任务 60000 亩。落实棉田任务 55000 亩,党委认为 50000 亩有把握。现有机井 810 眼,能用的 500 眼,需要再打 120 眼机井才能行,现在有了盘架子。

马庄大队,30 眼机井,每口井管 70 亩地,这一段打了 12 眼机井,这个大队原来人均分配 250 元,82 年要达到 500 元。

公社打算:整个农作物收入 1800 万元,除去费用后收入。白地已浇 2000 亩,庞王庄已浇完啦。

党委几个成员:有 3 个副主任不是党委委员。书记 5 个,主任 4 个。现在有 2 个管区没书记。3 月 7 日,浇白地能全动起来。

3 月初搞计划生育,集中领导,打二十天突击战。任务光分到管区,没分到大队。

※   ※

县直生二胎的人数。

一、晋喜领二胎,没落政策。泽明纲局长说他不管,泽明纲局长的女孩子在农修厂又生了二胎,去年流产,一年没上班。

二、检察院李忠的小孩在电厂生了二胎,想调出去,这样就不罚钱啦。

三、师范学校杨海素怀二胎。

四、机械厂赵月臣,做政工工作,跑出去后生了二胎。

---

① 阳历 2 月 25 日。

五、县委宣传部王学超,调广播站,已生二胎啦。

六、防疫站李学勤(女),要了两个女孩子。

七、糖酒厂职工赵焕玲。

八、电厂一个干部司保中,打击计生干部李玉兰。

1982 年 2 月 26 日

棉花 55000 亩,380 万斤。去年,27100 亩,总 250 多万斤。总耕地 89000 亩,集体 83000 亩。人口 36000 人,能用机井 430 眼。已浇棉田 15000 亩,小麦 23000 亩,纯种 26000 亩。公社要求日进 2000 亩,实际 1000 亩。

81 年,提留①25% 的队没解决。76 个队改造完了 35 个队。41 个队没选举完,5 号结束。挖河去了 1400 民工。有林庄,后石上河,没有解决好的是谢楼。

地块没分下去的:林庄、后石、田集、后王铺,地没落实下来。

计划生育,怀孕的 189 人,计划外 13 个。79 年以来,三胎以上的 238 人;80 年四月份以来,二胎以上的 160 人。

朝城公社,棉田 40000 亩,380 万斤。去年,25000 亩,232 万斤。已浇白地 5300 亩。

活动好的兹营管区,当前浇麦田多,麦田共计 25000 多亩,年前后共浇麦 10000 亩。

1982 年 2 月 27 日

在代庄开现场会。

已浇 70%,300 多亩,从四华里外调来。陈庄 260 亩,已浇 200 亩。

现场会,一是讲棉花,能用的机井 350 眼。挖一个沟,兹营王庄闸到东边罗庄小寨沟,挖长 12 华里,东水西调。五个管区参加 3000 人,上阵 5 至 7 天,拿完土方量 11 万多立方。另一条,袁屯管区代庄到北边赵庄,长七里,城关以东五个管区,拿这个任务。人口共计 38897 人。七个管区 95 个大队,257 个生产队。耕地 68626 亩地,集体面积……,社会面积 72000 亩。二是植树造林问题。公社 100[亩]育苗,育了孟坡农场 80 亩,砂管厂 7 亩,苹果园 13 亩。个人承包公家地 10% 交公社,余的全部归个人。苗子,公社

---

① 提留是指 20 世纪八九十年代部分地区农民,除交纳上交国家费用外,还要交纳部分"提留"作为地方政府财政收入,供地方政府支配。

处理。大队育 300 亩[苗]子,共计 400 亩。三是党支部改选的情况。82 个支部,68 个支部改选结束,还有 14 个没有搞完,提留没有解决的。

※　　　　　※

常委会议,刘子林县长汇报计划生育会议。

参加会议的 3 个人。第一天,李子超致开幕词,王众音省长作报告。最后一天,白书记带领在家书记、常委、省长到会参加了会议。地委刘专员参加了省计生会议。

参加会议的有刘县长、谭局长,18 个先进集体,8 个先进个人。

王众音①省长讲话:82 年我省出生[率]下降 12%。坚持思想教育,避孕、奖励、经常工作为主的方法。现在由建国前人均 3 亩地下降到 1.4 亩地。计生制,一是粮棉人一齐包;二是专业承包,大队与生产队订合同;三是干部岗位责任制。

白书记②讲话。

计生办的打算,82 年开始到现在,抓计划生育。大张、妹冢、樱桃园、城关、王庄,这几个社行动的比较好。要求咱县一胎率达到 75%,多胎率不超 4%,一孩报名要 85%。全县计划外怀孕 3500 人。不控制,全年要生 15000 个小孩。

闫书记:开会,各社分管计生副书记、计生专职干部、医院院长、妇联主任、卫生组长参加。县直一把手听文件,分管的参加。时间:2 日集合,5 日完,3 天时间。11 日,文件以情况交流的形式翻印。白书记、王省长的讲话翻印一下。起草个报告,刘子林讲。要大造舆论,最好传达到群众,搞个具体的贯彻意见。加强对计划生育工作领导问题。安排,一天传达文件;第二天讨论文件,几个社发一下言;三,讲话的作报告,争取把 82 年任务明确一下。集中解决:认识、措施、决心问题、领导问题。

<hr>

① 王众音,男,汉族,四川内江人。1915 年生于四川省安岳县。1933 年加入中国共产主义青年团。后留学日本。1933 年 3 月参加革命,1937 年加入中国共产党。曾任中共临汾县委书记、晋西南特委宣传部部长、鲁东南地委书记、滨海区委宣传部部长、中共中央华东局海防委员会书记、中共昌潍地委书记。新中国成立后,历任中共中央山东分局宣传部副部长,山东省文教办公室主任,中共山东省委常委、宣传部部长,纪委书记,山东省副省长、省第四届政协副主席,省文联书记,中纪委委员、第五届全国政协委员。

② 白如冰,陕西清涧高杰村乡袁家沟村人。原名白树勋,化名高超。1925 年参加革命工作,高中文化。1927 年 11 月加入中国共产主义青年团,1928 年 6 月转为中国共产党党员。曾任政务院中央手工业管理局局长,中华全国手工业合作总社主任,山东省省长,中共山东省委第一书记兼山东省革命委员会主任,山东省政协主席,第二至五届全国人大代表,第二届全国政协委员,中共七、八大代表,第十、十一届中央委员,党的十二大、十三大当选为中共中央顾问委员会委员。

王朝会部长:团委代表大会的召开。

※　　※

张建华,邮电局副局长,27 岁,54 年 12 月生人。75 年 5 月入党,70 年 10 月参加工作,在化肥厂,71 年调邮电局,77 年提副局长。邮局要求把高玉祥调回局。

抗旱双保:一是分片开会,开到管区书记,重点解决抗旱。二是植树造林。三是地区给电 7000 千瓦[时],供 3—4 月份用。四是育苗子,三万人以上的育 300 亩,3 万人以下的 200 亩,要落实到地块。

刘县长:从 3 月 18 号开始结扎,已集合 81 人,已动员成熟 200 人,对象 5000 人,3 个手术台,每天能完成任务 60 人。能否到大张开个公社现场会。能否让大张胡书记在会上(公社书记会上)介绍一下经验。

1982 年 3 月 1 日

下午,党委会研究抗旱。

油库存 71 吨柴油。中片几个社棉田 253000 亩,已造墒的 16 万多亩。

前段工作:1. 思想马虎,俎店 13 个队没有把地分下去。俎店西吴大队,至今有 2 个队没分下去,地刚开始浇。2. 责任田分的晚,至今没有落实。3. 统一浇水没解决好。4. 干部待遇没解决好。5. 机油没有解决好。

存在问题:一是领导问题;二是政策问题;三是实际问题没有解决;四是工作作风一般化造成的,缺乏解决实际问题。下去看公社没有人,一是回家种地去啦,二是串门去玩去啦。张寨,批评了它一下好点啦。关键是干部精神状态不行,松劲。

特点:一是今年播种面积大,按 70 万亩来算,比去年多 20 多万亩;二是气温上来得快;三是墒情条件差;四是新棉队、新棉户多。

办法:迅速下去,抓住要害,快马加鞭。解决实际问题,要抓白播:一是抓湿土,一抓干土,再一个就是浇水法,强调统一处理种子。一个队、一个组统一播,统一调水,统一规格要求。过去密度大,行距小,等行距 3000—3500 棵为好。抓播种,促造墒。任务:一是要造墒,二是整地,三是播种。召开各社分管主任、管区书记、部分大队技术人员会议。一天会议,晚上回去。一是讲面积问题,再强调一下。二是抓紧造墒。三是适时旱播问题。5 日后中霜期就没有啦,不会再多冷啦。要解决领导骨干的思想问题,按县的预报,10—15 日播完大部分最好。15 日前播完好地,25 日前播完碱地。一是把棉播种当作一项硬仗来打,关系到全年的农业形势问题。二是集中领导力量、领导精力,对后进社队的领导具体抓。后进存在问题:一是认识,二是政策,三是具体问题。进展慢的原因:领导力量、精力分散。实际问题是油的问题。

计划生育,全面发动,重点突破,专业队不停止。

育苗一万亩,今年完不成不算完,各社要交待,写检查。

1982 年 3 月 3 日

下午,文明礼貌月活动检查团在县召开座谈会议。

参加人员:赵连水部长、团地委付中华副书记、阳谷赵玉莲书记、冠县于部长等 20 余名同志。

莘县团委汇报:学雷锋,做好事,达到 18000 人次,成立学雷锋小组 12000 多个。消防队张新荣同志到医院给病号理发,一个月 70 多人次。城关完小小学生,拾到 200 多元的进口手表交给失主。建筑大队青年杨秋臣同志拾到现金 140 元交给了领导。一中王平拾到现金 27 元交给失主。一中□□□在车站拾到粮票 80 多斤交给领导。存在差距:一、开展精神文明礼貌月活动,发展不平衡。城里好于农村,机关好于家属院,学校好于工厂。二、治理脏乱差。治理乱、差不如治理脏坚决,治理乱、差没有形成制度化。三、解决关键性的东西,重点抓的不好,如厕所、垃圾箱、下水道、地下排水沟等。四、没有及时总结开展精神文明礼貌月活动的经验教训,有计划开几个座谈会,没有办到。五、对于如何深入开展这项活动,没有具体的进一步安排,个别领导缺乏打持久战的思想。

团地委副书记付中华:工作的“五个特点”:县委政府领导重视;宣传舆论做的好;措施比较得力,效果明显;部门之间密切配合,综合治理协同作战好;重点比较突出,目标明显。问题:发展不平衡,车站……要总结这一活动,肯定好的,找出差的。要帮助百货楼他们抓好。百货楼,接待先开口,随着顾客走,详细作介绍,勤拿多征求,接一照顾二,三四答等候,收付交待清,包扎带问候。

地委宣传部赵连水:看了几个单位,结合看了影剧院,开展精神文明活动带来了外面的大变化,同时促进了内心的美,改善了人的精神面貌,改变着人与人之间的关系。领导机关带头,后进单位大变化。成绩一定要肯定,先进单位一定要表扬,经验一定要总结,后进一是要批评,教训一定找够,制度要坚持,问题要解决。问题:一是发展不平衡;二是要善始善终,不能松劲;三是没解决的要解决。要继续解决认识问题,要世世代代搞下去才行。要有制度化,按部门行业建立制度。建立文明礼貌检查组,由县委政府参加。结合节日组织几个大的活动。地区决定每月 25 日为活动日,由宣传部牵头来抓这项工作。下步重点还是治理脏乱差,脏的重点是污水、垃圾、粪便。要各清自己门前沟,各铺自己门前路。乱是街道门市、小摊、集市、交通几个方面的问题都要解决。

1982 年 3 月 20 日

上午,地区文明办公室吴主任、计生办崔主任来县检查计划生育情况。

谭知增汇报:三胎 636 个,四胎 83 个,五胎 31 个,二胎计划 1348 个,计划内 382 个,计划共计 2098 个。

已活动的公社,大张、王庄、古云、妹冢、张寨、河店、大王寨。城关元月份到现在只 31 户,2 个。

中国农业人口人均土地 14 亩(荒地在内)。中国 1 万人,平均大学生 6 个,印度平均 14 个。山东 1 万人平均 4.5 个大学生。全国进口粮食 130 万吨,占去外汇的 40%。莘县 80 年[人口]自然增长率 7.27‰,81 年自然增长率 6.96‰。德州自然增长率 5.5‰,聊城自然增长率 6.28‰。烟台一胎率 89.9%。

崔主任:运动起来注意政策,手术安全,后勤注意。要早抓,不要和生产冲突。

※ 　　　 ※

十八里公社小营大队:大队民兵连长殴打计划生育公社干部、大队会计,民兵连长已生第四胎,要自留地,大队会计不给他,他恼怒用砖把大队会计打成脑震荡,住院 4 个月。

十八里南长庄大队:教员在十八里联中教学,他爱人流产啦,他原是大队赤脚医生。今年 2 月 2 日,教员的爱人从娘家叫来他两个兄弟来打赤脚医生,打的住院尿血。从徐庄叫来的打人凶手。

※ 　　　 ※

闫书记:存在差距,一、工作质量差,一胎率低,多胎率高。二、基础工作打得不牢,两种生产责任制捆得不紧。三、思想教育思想发动不好,宣传不到位。

张校长:一中刘保忠,"文革"前本科毕业生,数学教研组组长,报的副校长。还有几个教师,孙维苏、郝恩勤、孔繁章。孙维苏、郝恩勤提教导处副主任,孔繁章提总务副主任,他们已批回去啦,刘保忠如不批,那几个也不好公布。

※ 　　　 ※

闫书记:存在问题:宣传不广泛,宣传不深入;领导的自觉性不高,催一催动一动,时紧时松,时抓时停,不是常抓不停;干部的精神不振作,不愿抓计划生育工作,特别是困难大、问题多的不愿去、不敢去。怎么办呢?这是党的一项重要工作,非抓不可,而且一定要抓好。全县人口 736000 多人,每对夫妇生二胎,到本世纪末 87 万人口。科学家说,地球上人口只能控制在 100 亿内,超过 100 亿人要出现大问题。

一、要认真传达贯彻中央 11 号文件,把文件传达到家家户户,传达到家喻户晓,把气氛搞得浓浓的。

二、认真总结前段开展计划生育工作的教训,特别是工作没有动起来的单位,要找一下原因。

三、回去抓紧摸清遗留问题的底子,目的在摸清的基础上落实。

四、研究一下措施,抓住时机,集中力量把引流产作为重点的工作抓紧完成,播种前完成,结扎麦收前搞完。

五、组织一下队伍。要有一支打硬仗的队伍,公社管区大队都要有专人抓,难度大的要组织得力干部去帮助,当前遗留问题抓紧处理。各级领导干部和党、团员要带头,要孩子的,生二胎的,躲避的比较多。先进大队首先要先搞好计划生育工作,像我们县的邮电局搞的一直比较好。困难队一定要派得力干部具体帮助,迅速去打开局面。抓当前阻碍计划生育工作的典型。

县直单位职工只要生二胎的,统统降一级。态度不好的,夫妻双方都降一级。农村生二胎的把自留地、责任田收回来。确有实际困难可生二胎,怎样理解? 国家干部职工:第一,第一个孩子患有非遗传性疾病的;第二,一方是再婚,另一方初婚者可生二胎;第三,结婚后八年不生育,要了一个又生啦。除这都不能生二胎。农村社员怎么办? 一是双方独生子女结婚者;二是男方到女方家落户又生了一个女孩子;三是烈士子女数人均是女孩,照顾其中一个人;四是兄弟数人只有一人结婚者,第一个又是女孩子的,这个可以照顾;五是海洋作业的渔民;六是井下作业的矿工。这几条由领导内部掌握。讨论:1. 意义重要性。2. 总结经验教训。3. 回去怎么办?

※　　　※

古城:一、前三里大队支书因计划生育落选啦,公社对他重新进行了安排。二、教师生二胎的,不能评工资,教育局要有明确态度。三、社直部门要支持帮助这项工作,他们不属公社提拔、升工资,所以公社说了他们不同意。

※　　　※

全县共有机井 8400 眼。

夏:张鲁抗旱比较主动,浇得好、耕得好、备播搞得好。莘县土地 130 万亩,能灌溉的土地 97 万亩。抓一下机井利用率、单井浇地率,抓灌地的质量。抓能源、抓管电用电、抓油的分配合理不合理。

1982 年 3 月 28 日

下午,召开各医院院长会议。

一、怎样办好医院。1. 什么是领导机关的主要职责? 毛主席说:一是了解情况,二是掌握政策。2. 主要领导人的职责是什么? 一是出主意,二是用干部,三是带头实干。3. 副职的职责,除出主意、用干部,带头实干外,再一条就是维护党的领导,支持、协助一把手(主要负责人)做好工作。我们有些工作没有做好,主要是吃情况没有吃透。毛主席说,只有了解情况,才能掌握政策。就像我们平常看病一样,只有对症才能下药。要把调查、研究、检查、督促作为我们各级领导人的第一位的职责。再一个就是要有群众观点。群众观点是我们党的一个根本观点、根本立场、根本路线。第一我们是为人民谋利益的,第二我们要经常关心群众的疾苦。

二、要想把医院搞好,首要的是振奋精神。什么是振奋精神? 过去一说振奋精神,往往就是表现在讲几句大话,喊几个口号,定点高指标,搞点形式主义、花架子,或者讲假话、报喜不报忧。今天,我们讲振奋精神,就是解决在新情况下出现的矛盾困难,也就是克服一般化的工作作风,具体解决几个困难,打开新的局面。当然对振作革命精神,要有正确的理解,不能乱扣精神不振的帽子,要作具体的分析。有些同志年老啦,精力不行啦。这不能叫精神不振,这是自然规律,力不从心。有的单位由于困难过于大,条件和任务根本不相称,也不能叫精神不振作。

三、工作没有上去的原因。上级领导有责任;对新形势下出现的问题不理解;多种客观原因;自己没尽到责任。

四、计划生育问题。形势、任务;出现的问题怎么办;抓落实;抓典型。

五、当前的主要工作应抓几项。一是贯彻中央 17 号文件;二是计划生育;三是搞好调资;四是抓好精神文明月的建设;五是抓好正常工作;六是抓好医护人员的政治学习、业务学习。要建立制度;要学用结合;要总结。七是定期开好党支部会,党团员会和业务的早会。

1982 年 3 月 29 日

上午。

刘子林、都清波、石玉兰、辛保甲、姜玉莲,研究精神文明礼貌月活动。

一、参加文明礼貌月活动检查的人员:冠县、阳谷、莘县三县互查。参加人员:刘子林县长、爱委会姜玉莲、团委。检查莘县,4 月 2 日、3 日两天。

二、参加经验交流会代表的产生。卫生 1 个;医院 1 个;招待所 1 个;工交 2 个:先进集体、个人各 1 个;财委 3 个:先进集体 2 个,先进个人 1 个(工商);教育 2 个:先进集体、个人各 1 个;公社 1 个;文化 1 个:集体 1 个;城关 2 个:先进个人、集体各 1 个;公安 1 个:先进集体 1 个;武装部 1 个:先进集体 1 个。

两份典型材料:一份医院总结;一份商业总结。打印 300 份,送地委宣传部。

三、怎样贯彻电报会议精神。召开县直各部委、办局厂站会议。

会议:1. 把地区精神传达一下。2. 布置工作。3. 扩大检查时间内容。30 号下午开会,1 号下午检查。

1982 年 3 月 30 日

下午,县直各部委办局、公司厂站负责人会议。

主要总结前段开展精神文明、礼貌待客月活动情况,布置当前的工作。

一、都部长讲的几点意见,是经过书记、县长进行了研究的。给闫书记进行汇报了的,要贯彻执行。

二、回去怎么办? 给领导专门汇报,并研究自己单位活动的重点和措施,搞好开展这项工作的总结。一是总结这项活动开展的情况,总结领导人的模范带头情况。二是总结开展文明礼貌月活动的效果及典型事、典型人。三是总结一下存在的问题。四是下步的打算。

三、各单位要抓住重点,搞好突击。

要舍得拿时间,要舍得拿人力,要舍得花点钱,搞点重点项目。总之,这次活动标准要高,时间要抓紧,完成任务要好。

1982 年 3 月 31 日

召开抽调计划生育干部会议。

抽调的人员:团委,张建华,朝城;水利局,毕景斗,县;教育局,刘德河,朝城;县社,周克售,朝城;电管局,范瑞祥,县;粮食局,吴玉峰,县;农业局,赵章纪,朝城;民政局,王正举,县;农委,任甲奎,俎店;社管局,□□□,俎店。

下去的主要任务:

一、贯彻执行中央 11 号文件,县 26 号文件。协助公社、医院做好计划生育工作。

二、帮助公社做好思想发动工作。

三、发现问题,和医院、计生局、卫生局及时联系。

1982 年 4 月 1 日

肖书记传达省委在德州召开的棉花会议精神。

参加会议:五个地区、五个县、省新闻机构、省委领导人。

德州:400 万亩棉花,150 万亩营养钵。有的公社(张西桥连续几年)全部搞营养钵。

朱启民省长讲话:……

李振书记讲话:重点是研究棉花生产发展的问题。四个问题:一、省委对农村形势发展的认识。全省形势越来越好,棉区更好,现在是满怀信心地前进。平均社员分配 210 元,大曲村是西北四区的代表。这些都是十一届三中全会的方针政策带来的,广大干部带领落实中央方针政策带来的。二、省委、省政府对棉区发展总的要求,粮棉齐上,多种经营大发展,省委更加关心的是西北四区。这个会和白书记请示过的,白书记说可以开,要开会。棉花既要提高单产,又要提高质量。三、发展棉花的指导方针是稳定面积,提高单产,增加总产。我们现在是坚定不移地毫不含糊地坚持这个方针。省委开了个口,说可以开荒种棉,棉田不能再增加啦,每人要有一亩粮田。扩大的荒地种棉不在面积数,各地自己掌握。我们把粮食拿到 1000 万斤以下〔上〕,山东省 85 年棉搞到 2000 万担。不能在扩大面积上下功夫,要在单产上下功夫,正确处理好粮棉关系。棉花保着粮食上,粮食保着棉花增,也是以粮保棉,以棉促粮的辩证关系。农业靠政策的问题,首先稳定生产责任制。

闫书记:传达地区县委书记会议精神,看了茌平县有的社家家户户搞营养钵。

张洪荣、张程震同志讲话。

张洪荣:就当前工作讲几点意见:

一、抗旱双保

要全力以赴开展抗旱斗争,当前抗旱双保取得了一定成绩,但问题不少,还需付出很大努力。

1. 要把抗旱双保作为当前的中心工作来搞。要重点帮助水源缺、难度大的单位,解决点具体问题。

2. 做好棉播前的准备工作。

3. 要求适时早播一波全苗,苗全苗旺。

4. 要管好小麦,使全年小麦有一个极大幅度的增产。

5. 责任制完善,当前完善的重点是解决统口方面的问题,靠政策搞好抗旱双保。

6. 继续抓好植树造林问题,全区育苗保四万亩以上。

当前林业重点,抓三条:一抓育苗;二抓速生林的样板;三抓好现有林木的管护。

二、搞好计划生育

有三种情况,一是好的基本发动起来,莘县、阳谷已发动起来;二是一般号召多,缺乏具体工作;三是认识上不去,下不了决心。

怎么办呢? 1. 坚持两种生产一齐抓。2. 当前抓的重点是引流产,要采取积极措施,坚决完成任务。3. 抓好责任制的落实,形成经常化、制度化。4. 领导要坚持常抓不懈,一抓到底。

三、精神文明问题

1. 坚持常抓不懈,总结经验,肯定成绩,表彰先进,建立制度。2. 要加强政治思想工作。3. 建立必要的规章制度,农村大队建立乡规民约。4. 搞一些必要的公共卫生设施。5. 组织检查评比形成制度化。

四、打击经济领域违法犯罪问题

违法犯罪案件共 100 多件。县级 5 件,经济方面 1000 元立案犯罪。下步要把这项斗争深入开展下去,更有力地打击经济犯罪。1. 继续解决领导层的认识问题。这是和党中央能否保持一致的问题。搞认识,下定决心解决问题。带领干部解决怕字,敢抓敢管的问题。知情要报,不要姑息迁就。自身不干净的要主动交待,法乎轻重争主动。

2. 要充实办案力量,领导要过问,集中力量迅速突破一些大案要案。

3. 通过打击经济犯罪活动,对党员干部进行党章、党性、党风的教育,推动党风的好转,带动民风的转变。

张程震书记:

一、一定要和党中央保持一致的问题。这个问题越来越迫切,越来越重要,特别是主要领导干部,要注意这一点。这个问题是正比例,体温表你保持一致,变化就大;不保持一致,变化就不大。怎样保持一致呢? 吃透中央指示精神,自己行动言论要受中央指示的,要以中央指示为准则。中央两件事:一是精减〔简〕机构,二是打击经济领域的犯罪。实践行动的结果,说明落实中央指示的程度。

二、对形势的看法问题。三中全会以来,聊城形势发展是快的,形势好,各级党组织和干群积极努力,也说明聊城地区的党组织是战斗有力的。各级领导应怎样对待大好形势：一要很好的分析研究形势大好的根本原因。二是在大好形势下，要看到我们的薄弱环节。对困难方面，要认识到不足。三是发展形势，全区先向哪发展，下步棋往哪里走。这样形势越好，越能看到自己问题，能保持清醒的头脑。

三、当前工作的指导思想。中央要求中国农村尽快实现小康水平，实现这些目标要有一些小战役，还有一些小战斗，因此要认清这是中央的大局，还要认识小局，要认识自己的特点。要研究一下为实现小康水平怎样工作，我们能否在1990年实现小康水平，实现得快慢主要看我们的工作。85年每人占有500斤、600斤、700斤，棉花贡献人均150斤、200斤、250斤。粮食面积决定棉的发展速度，调整粮棉布局。一是从实际情况出发；二是有一定的经济效益；三是从群众的意见要求出发。将来农业生产要比速度，比经济效益，比对国家的贡献。棉粮调整，莘县、茌平调得不够，要走上步看下步，要抓好林业，要把林业生产看成是我们2个地区的战略布置。地区450万亩，草500万担。

四、改善我们的领导作风。实行生产责任制，催耕催种要有力度。一抓思想政治工作，抓苗头。二抓政策，靠政策调动积极性。三抓重要的关键环节，不能失误。四要逐级帮助下面解决实际问题。五抓两头，一头抓好的，一头抓差的。

魏景山：要注意安排好牧草生产；注意抓好发展养猪的问题。

谢专员：抗旱情况，小麦管理。

1982年4月4日

下午，传达胡耀邦同志讲话。

统一领导，全面规划，灵活反映，坚持原则的经济方针。因少失多，因小失大的事不能办。对外经济关系必须打开新局面。

闫书记：这个文件很重要地讲了打击经济领域的违法犯罪活动。各级领导要……，当前我们正在进行的反对资产阶级自由化倾向，打击经济领域的违法犯罪活动。要求我们在党风上、在精神文明上有一个根本性的好转。今年国内的两件大事：一是精简机构，轮训干部；二是打击经济领域的违法犯罪活动。同志们要坚定不移的在政治上同中央保持一致，大家在大的问题上要头脑清醒。正直的、廉洁的、清白的干部要继续发扬这个作风。要下决心把这场斗争进行到底，决心要大，行动要快，打击要准，坚持排除各种干扰，打击的矛头要始终对准经济领域的违法犯罪分子。一千元就是犯罪。经济领域的不正之风，要在整党整风中加以解决。要提高认识，下定决心,消除顾虑,消除"怕"字。知情要报,不要纵容干部,不要姑息包庇。认真排查本系统、本单位的犯罪活动。自身不干净的,要洗手洗澡,早做交待,轻装上阵。良药苦口利于病,对领导同志们的批评要报以正确[的]态度。要做坚定的、清醒的、有作为的马克思主义者。对党员干部进行一次党性、党风的教育,使党风来个彻底转变,以党风来带动民风的好转。

1982 年 4 月 5 日

县委召开统战会议精神。

1982 年 4 月 6 日

上午,俎店公社棉花试播现场会。

一、认清形势,适时早播。从天气、气温来看播种时间,从几年来总结经验教训。去年播得晚吃了亏,霜后棉花占 30% 多。

二、搞好发动,搞好试点。以队为单位开好会,主要讲这次会议的精神。要解决群众的顾虑,要拿出去年的典型说明问题。每个队都要搞试点,从整地的墒情,到拌种,到播种,都要给群众讲,实际上是一次实地练兵。最好在干部地里,也就是带头搞好试播。

三、帮助群众解决实际问题。没有把地落实到户的,回去后连夜开会抓实质问题,把地落实下去。首先解决统一浇水问题。要解决油、电、机器、井的问题。解决技术问题,怎样拌种,怎样种。公社干部、技术员、供销社干部要下去。利用田间地头,夜间、中午办技术训练班,时间紧缺,讲的东西要实际。

四、当前几项工作的摆布。播种,这是中心的中心。计划生育。造林育苗。

五、加强领导,转变作风。要振作革命精神。什么叫振作革命精神,要解决实际问题,克服一般化工作作风,要深入到组,深入到户,深入到个别人去做工作。

六、为什么有的干部,有的领导班子精神不振作。个别同志对三中全会不理解,对实行生产责任制有这样那样的想法。个别队提留没解决,为什么没解决?一是大队小队干部经济上有问题,群众信不过,不愿给。二是基层干部为集体管事少,不为群众的生产服务,社员不愿发辛苦费。三是干部软弱,在提留中遇到个别难缠户,工作无力。四是个别社员自由化倾向严重,不能正确处理国家、集体、个人三者关系。

1982 年 4 月 7 日

地区管主任在妹冢谈计生情况。

周中江:吴庄、韩庄计划生育工作抓得不错。

西妹冢大队副支书张城生了二胎,81 年上半年公社机关生二胎的 4 个,其中 2 个是合同工。正式的职工:高中[的]高学英、孟月琴;农机厂 [的]胡焕云。

4 月 20 号转入计划生育工作。

管春梅主任:不管怎样不能让工作凉下来,重点突出与经常工作相结合。要抓机关生二胎的问题,要严处理。在好队搞个敬老院看怎样? 处理好遗留问题,计生工作希望莘县名列前茅。

李同志:首先要把底子摸清。

给管书记汇报计划生育情况:

一、县委的意见打算。1. 学习了中央 11 号文件。2. 统一认识,党委两种生产责任制一齐抓。3. 闫书记指出,全面发动,重点突破,专业队不停。

二、当前活动情况。1. 基本上起来啦。2. 工作好的社:大张、王庄、城关、朝城、古城、张寨。一般的社:八九个公社。抽掉 16 个局长下去。差的 6 个公社。

三、下步打算。1. 开个电话会。2. 20 日棉播大流过后,立即掀起一个计划生育高潮。3. 重点抓一下政策贯彻落实。

四、存在的问题。1. 发展不平衡。2. 政策不落实。3. 后进公社没有抓住。

1982 年 4 月 8 日

上午,地委计生办李秘书作计生的报告。

一、阳谷四棚孙庙大队。大队研究,二胎不作引产对象,公社去摸情况,一摸、一透视①,八个怀二胎的,关键的是摸清底子。

二、发动检查是一个组,第二个组落实政策。工作队进村有职有权。

三、莘县计划外怀孕的不知为什么这么高。

四棚公社毛庙大队,计划外怀孕的还有 6 个,为什么呢?

管春梅主任谈计[生]意见:莘县从 81 年开始跃入计划生育的先进行列。困难时才体现出党的领导,群众有了困难才去找我们。重点突出与经

---

① 透视即医学检查。

营性的工作相结合。中央八号文件要很好研究,制定我们的政策办法来。阳谷搞了个八条意见。按中央公开信来办,对党团员干部就是要求要严才行。防止事故的发生。

※　　　　※

俎店公社各管区棉花任务

管区名	面积	落实面积	未浇地数
董杜庄	9580 亩		
楼庄	6140 亩		
毕屯	4690 亩	4696 亩	1100 亩
山堂	3990 亩		500 亩
前炉	7900 亩		
陈集	6140 亩		
许村	5810 亩		
张端	5760 亩		
合计	50010 亩		

※　　　　※

晚上,俎店公社党委会议。

一、当前生产形势。全县试播时间 4 月 5 日,进入大流播种,4 月 10 日、20 日大面积生产任务完成。后进的社上得快,燕店公社、妹冢公社。当前天气、气温、地温。

二、俎店的情况。上得快,公社领导抓得紧。工作作风深入,解决实际问题。群众已认识到适时早播的好处。

三、存在的问题。仍有一万多亩白地没有灌。对播种提前仍有疑虑,存有等待观望思想。对困难大的队,缺乏具体的措施和办法。

四、当前的工作。立即抓,已灌好 3 万多亩地的播种,18 日以前要拿下来。首先解决干部群众的思想问题,一定抓住干部带头早播。抓 1 万白茬地的造墒。对这些队要具体分析并帮助解决实际问题。落实面积任务,层层抓试播。

计划生育工作。1. 全县情况。2. 咱们怎么办。按闫书记讲的全面发动,重点突破,专业队不停。3. 抓两头带中间。4. 抓政策的兑现落实。

造林育苗问题。1. 专人抓,具体落实。2. 种子不够,杨苗棍不够怎么办。3. 要高质量地育好苗子。

学习问题:要学好全国农村工作纪要。

俎店有 8000 亩高亢地没有水源。

※ 　　　 ※

什么叫大案？一是万元以上,二是公社书记……

这运动能否搞起来,关键是领导,领导的关键是决心,决心的来源是认识。

毕屯:还有 1100 亩没灌的,需要二级倒水的 500 亩,11 日有 4 个队播种。毕屯二队,机器人专业承包。一年给他 620 元(个人机器和人)。每天烧 2 升机油,柴油 2—3 斤,这个队 270 亩地。

山堂:任务 3990 亩,能完成 3600 亩。还有 750 亩没浇,有 200 亩根本浇不上。12 日能有 5 个大队开播,共 8 个大队。肖郭庄,4 个队,分 16 个组。5 个组能达到五统一〔以〕下的包干。山王庄,王拐队,生产队一个牲口也没有啦(三队)。这个管区统一浇水,没解决的 16 个小队,共 25 个小队。

前楼:棉任务 8900 亩,没浇的 2000 亩,程营队共 1250 亩,才落实 700亩,最多种 900 亩。42 个小队,有 15 个队能统一浇水。11 日有 2 个队播种,高庄三队地没有落实到户。

许村:10 个队,棉 5800 亩,能完成任务。已浇 4400 亩,还有 1400 亩未浇,11 日有 4 个村能播种。

董杜庄:任务 9580 亩,能完成任务。已浇 7000 亩,还有 2500 亩没浇。最差西韩场 500 亩,只浇 50 亩地。12 日播种有 3—4 个队。没落实到户的有 4 个小队,没有把地落实下去。

楼庄:任务 6140 亩,基本上完成,已浇 5000 亩。播种有一部分队开始,13、14 号进入大流。

陈集:任务 6140 亩,能完成 4300 亩,有 1840 亩完不成,已浇 3500 亩。

张端:任务 5760 亩,已浇 3000 来亩。

1982 年 4 月 9 日

闫书记已传达地委会精神,上午主要贯彻中央 17 号文件。

白书记讲话:选拔中青干部问题:即说精机①是改体的一场革命,不□□革,如不搞这革命,机不清……不可得群。赞成。的确到了不能容忍的地步,时间不能再拖啦。1. 端正思想认识,努力做工作。2. 选拔优秀中青干部是最紧迫的一项工作。选贤任能也是一场革命。省委书记平均年龄

---

① "精机"是精简机构的简写。

67.8 岁，党委书记平均 64.7 岁。干部要求：德才兼备，年富力强。我省 50、60 年代的大学生有 62 万多名。3. 安排好退居二线老同志的工作。

经济犯罪利用不正之风，不正之风掩盖经济犯罪。

张洪荣同志讲话：加领问题①。洪荣书记指示：在打击经济犯罪中，各级领导要认真思考几个问题：一、所有领导有没有问题，严重不严重。二、对这场斗争敢不敢抓。三、对领[导]干[部]有这样四条要求：1. 认识要上去，决心要下去；克服阻力，排除干扰。2. 知情要报，不能隐瞒包庇。3. 自己不干净的要主动交待。4. 对自己亲友问题，要帮助考检清楚。

张程震书记：一、反复强调和中央保持一致的问题。目前领导班子的自觉性有相当不一致。和中央能否保持一致的问题，严格地讲是党性问题、党风问题。能否保持一致，要看政治觉悟，不紧跟中战论②，就要掉队。对党、对人民的事业的问题。是不是适应形势的问题，有的至今中央 17 号文件还不传达。打击经济犯罪上半年要搞上去。搞不上去，这个单位的领导就值得考虑。

二、机构改革问题。1. 认识机构改革的深远意义，机构改革是革命，选贤任能也是革命。如果这问题搞不好，四化建设就没有希望。2. 理解改革对老同志的要求，要站好最后一班岗，交好班，选好接班人。3. 端正态度，搞好工作。

三、打击经济领域犯罪问题。重点工作：一是要抓经济犯罪，尤其是重大经济犯罪，二是领导人的经济犯罪，不要把不正之风和经济犯罪混淆起来。四月份搞到什么程度？办好这几件事：一是深入宣传，把气氛搞得浓浓的。二是排查一些线索。三是组织专人靠上抓，组[织]一批力量。四是重点突破一些案件。

四、对干部进行政策观念的教育。1. 在工作中，要把政策研究好。2. 领导能否清醒，指导思想一定要明确，工作安排一定要突出重点，不断研究抓两头的问题，不断研究新情况、新问题，安排不好就是混战。希望大家，兢兢业业，扎扎实实，以实际行动把工作抓上去。

魏景山：讲了机构改革问题，关于如何做好迎接机[构]改革工作。"文革"前 2900 名干部，81 年 4700 名干部，增加 1800 名干部，以工代干 13000 人。"文革"前，前地党委平均年龄 47 岁。

谢专员：立即开播。地温已超过了播的标准。1. 继续搞好思想发动工

---

① "加领"是加强领导的简写。

② 可能是"终战论"。

作。2. 解决实际工作的困难。3. 贫水区要用种地瓜的办法。

地直机关党委书记桑梦纲:全区立案的150起。县级5个,加上社会的205个,万元以上的23个。斗争的规律:领导说要有个过程问题,突破案件,由听汇报到亲自来抓。

县机关徐书记谈打击经济犯罪情况。全县29个人,局公社书记级的7个人。县组力量共4件。棉2元,涉案5千多元,已交2500元啦。城关左庄走私11000元,已交出9000多元。棉任务5万亩,已浇地36150亩,还有13850亩地没浇。柿子园郑庄大队10日大部分播完。

※　　　※

下午,闫书记指示。

一、要进一步提高对这一工作的、对这一斗争的认识。白书记说现在的老虎又大又肥又猖狂。犯罪的特点:靠山吃山,靠水吃水,利用工作之便,大搞经济犯罪。

二、认真排查重点案件。县委和各公社都要认真排查,抓住重点案件。采取主动进攻的方式,对关键单位、关键事、关键人物都要认真排查。排查注意:1. 棉花加价,软变通款,在还返粮上来查。2. ……3. 社队企业,特别是空场。4. 掌握紧缺物资的部门。5. 掌握招工和户口的部门。6. 引黄济津工程。对关键单位、关键事、关键人要抓住排查。

三、组织一批政治较强、头脑清醒、有办事能力的人来抓这项工作。办案采取"四定一包"的办法。排查的案件,不明的调查清楚。

四、要把斗争气氛搞浓。大力宣传17号文件。人大二十二号会议决议。积极准备召开宽严大会,大张旗鼓地处理一批案件。

五、要注意正确掌握方针政策,严格区分两类不同性质矛盾,矛头始终对准经济领域中的犯罪。白书记讲,划清五个界线:1. 工作失误和违法犯罪。2. 不正之风和个人。3. 搞活经济。4. 正常的经济活动和……5. 公私不分、占小便宜和贪污受贿,侵吞国家、集体财产的界限。对经济上犯有一般性错误的人,要采取人民内部矛盾的办法处理。

六、层层建立贯彻一号文件领导小组,各局各公社都要建立领导小组。

七、号召各级干部按张洪荣同志提出的四点要求去办。县委领导分两条线工作:一条线抓经济领域的犯罪,二线抓当前的生产。

棉播现场会,每三片召开。一是认识问题,二是面积,三是后进队,四是质量,五是抓造墒。

1982 年 4 月 10 日

在妹冢乡召开中片棉播现场会。

各社汇报情况。

十八里:去年霜后花占 40%,任务 5 万亩,造墒 38000 亩,能种 42000 亩,整好的地 33000 亩,已播 1000 亩。7 号有 27 个队处理种子,今天各管区对播种进行大检查。扩大三荒地,从中不提提留,不定产啦。大部分是使用机播,12 号大检查有 70%的队能动起来。社直部门抽了部分人下去量地。

朝城公社:整好地 27000 亩,有 13 个都已开始播。已有 70 个大队处理种子啦,进入大队有 3—4 个村。抓干部、抓党团员的带头。计划生育 90 个大队,有 20 个大队没停,凡是引产结扎的,队里给种地。

俎店:任务 5 万亩,已灌 37000 亩。4 个队播种,24 个队浸种。形成大流 12 号左右。能全灌上的 43000 亩,还有 7000 亩没井又没有水。25 天就没有油啦,大小队干部有工资的 720 个,抽 2 个技术人员,把技术送下乡、送到户。

徐庄:造墒 2000 亩,任务 31000 亩。有 5 个大队处理种子啦。计划生育、战区公社书记兵分两路,有 10000 亩浇不上地,采取人海战术。

张寨:任务 36000 亩,造墒 32000 亩,整好地 25000 亩。播种 9 个队,500 亩,浸种的 42 个大队,播种形成大流 12 日、13 日的。保面积、保时间、保质量、保安全。81 年任务 30000 亩,实种 25000 亩。20 号前拿下 30000 亩。朱三这个队没有分下去。

妹冢:浸种 40 个大队,开播 15 个大队。

12 号形成高潮。

一、任务 50000 亩,落实了四万亩。

二、保证面积的八条要求。1. 认识要提高。2. 困难户、五保户要帮助他们种。3. 荒地、碱地、没水源地要想法。4. 麦棉兼作的,留的行小,要想法种上。5. 自留地。6. 种子,田都要种好棉花。7. 搞点夏播棉种。8. 逐队逐户丈量面积。

三、充分利用广播的作用。

脱产干部下去盯,回去怎么办? 一、决心要大,工作要深入,责任要明确,措施要得力,特别是后进队、困难户的工作抓得要具体。二、做到"四保",保面积、保质量、保时间、保安全。三、把这次会议精神迅速传达下去,把党委一班人的积极性和脱产干部的积极性调动起来。中片棉田任务 25 万亩,已浇 173000 亩,到 10 日,已播 3.4 万亩。南片柿子园公社已播了 7

千多亩。

各社的经验。柿子园公社的新棉区，由于公社地区工作组抓得细，工作做得扎实，因此播种进度快。朝城在播种中，大抓了干部、党团员的模范作用，组织技术人员下乡的办法都很好。妹冢公社，为了解决面积问题，制定的十条要求都很好。十八里为了解决落实面积问题，对开发三荒地、宅基地扩种的不提留、不定产。为了解决进度质量问题，组织大检查、评比的办法都很好。张寨对播好种、早播种，提出了保面积、保质量的办法。

夏子明同志：全省60000万亩春地已浇。存在的三个危险：面积完不成，播期拖长，一播不全苗。要有一个警觉：就是大好形势怎样得来的，两个文明建设一齐抓，要把思想工作和播种工作一齐抓。关于科学种田的问题：适时早播，一播全苗，缩短播期，做过细的组织工作。做好三落实：一是岗位责任制，二是面积落实，三是落实一播全苗的组织落实。抓好三后：后进队、后进户、后进地块要落实。

闫书记：一、进度慢。原因：一是认识上不去。二是缺乏具体的发动组织工作。对一、二、三类没具体做工作。三是关键问题没有解决好。总的要求：17日，好地播完；23日，碱地播完。回去抓干部党员先进队，先进户带头播种，以实际行动影响群众。抓处理种子，这是适时早播的关键。队里有种子的统一处理。第二办法，队里统一指挥，集中分散处理好种子。分别传授技术，分别进行处理也行。抓播种的方法，提倡摆播和其他良好的办法，目的是一播全苗。两把土，一锨墩办法，碾压办法都行。墒不行的徒手包包。地墒不行的，提水点种。

二、面积。领导要有决心，依靠发动群众开展扎实的工作。千方百计采取多种措施，一定要完成计划，特别要抓住三荒地。

三、抓好后进队困难户的问题，要帮他们解决实际问题。

12日、13日要形成高潮。

1982年4月13日

开公社书记会，研究打击经济领域的犯罪。

一、充分认识经济领域问题的严重性，面大量广，触目惊心。

二、认识排查各社的关键人、关键事、关键单位。观城"生有灵"野药。部分人利用职权、工作之便大量侵吞国家财产。

三、要把矛头始终对准经济犯罪。

四、排查出来的案件要安排去抓，要派专人去抓。

五、对干部提几点要求。认识要上去，决心要下去，克服阻力，排除干

扰。知情要报,不能隐瞒,包庇不报的,要追查责任。自己要争取主动,不正
之风要说清楚。对自己的亲友要帮助。

计划生育专业队不停,发动群众不停。

学习一号文件问题,为什么要公布这个问题:一是群众不知道这个文
件,没传达。二是个别人对推行责任制有错觉,认为前段搞过头啦,要纠
偏啦。

1982 年 4 月 14 日

上午,柿子园。

十八里公社:任务 43000 亩,落实 40975 亩。其中春地 36933 亩,大垅
麦子 3399 亩。二垅麦子 948 亩,可能种不上。

柿子园公社:27000 亩棉田,实种 13000 亩。加“三荒地”4000 亩,共计
31000 亩。约计 17 号种 2 万亩。

郑庄大队解决“三荒地”的问题。一、政策,分地下去不提留,按劳力进
行分。二、546.5 亩,10 个生产队(不包村头荒)。贷款 8151 元(加村头荒
地 600 亩),每亩贷给磷肥 60 斤,饼肥 60 斤,碳酸氢铵 30 斤,每亩合 15 元
的贷款。546 亩地有 20 年没耕种啦。社员(公社信贷主任退休啦)李张
代开了一亩荒地,每亩 500 斤小麦。分了地后,社员连夜耕翻,现在耕翻
了 50 多亩(两三天内)。全社“三荒地”5000 亩,今年准备种 400 多亩。
郑庄 340 户,1570 口人。有 20 户左右没有要“三荒地”的,耕地面积 3100
亩,每人合 2 亩。村头荒碱地加在一块 900 亩,平均每人半亩地(6 分
地)。这样每人合 2.6 亩地。

全县耕地面积 1325400 亩,土壤普查结论 170000 亩地。郑庄 600 亩荒
地,已耕出 350 亩地。公社已有 10 多个大队,对“三荒地”进行耕翻约 1000
亩左右。干播的棉田在郑庄沙地 500 亩。

4 月 1 日种,5 日结束的。4 月 14 日部分见苗啦,大部出土,18 日能全
部出土。

※　　　　※

朝城公社。

棉任务 3.8 万亩,总产 380 万斤,“三荒地”4000 亩。全社 95 个大队,
103 个自然村,盖房占耕地每村合 5 亩,这样算得 500 亩。已播种 5186 亩,
没造墒的地 9000 亩,已造墒的 29000 亩。1—7 日能播 22000 亩好地。刘菜
园任务 7500 亩,已播 1600 亩。城关后口大队地没分到户里去,主要是有三
户在耕地里盖了房子。

郑庄"三荒地"900 亩,从 58〔1958〕年就没有种。主要原因:一、政策不落实,想种不敢种。二、地远(3 公里)地沟渠没法种。三、没有技术,毛草多,不想种,不会种。办法:一、按劳力分下去,几年不变,也不收提留。二、贷款,每亩 15 元的贷款。买成肥料分下去,60 斤饼肥,60 斤磷肥,30 斤碳酸氢铵。三、地远小河没桥,立即修桥。四、党团员干部带头种。

※　　　　　※

张寨公社:任务 36000 亩。三荒地 1000 亩,落实任务能完成。20 号重点抓面积的落实。36000 亩,已造墒 32000 亩,耕种到今天 10000 亩。桑庄管区东大四大队有 40 亩没落实下去,主要是后王庄没地种。

1982 年 4 月 15 日

下午,精神文明月表彰大会预备会议。

王志文部长主持会,郝风元专员参加会。

赵连水部长:会议是地委行署召开的,全区文明礼貌月总结评比大会。会议主要是总结前段活动情况,表彰好的单位和先进代表,布置 82 年的工作。经验要总结,先进要表扬。参加会议的人员共计 356 人,各县各部门 96 人,代表 164 名。16 日正式开始,17 日结束,2 天时间。16 日总结交流经验。由专员先传达省委的通知,然后大会发言。17 日,张洪荣书记讲话。上午讨论,下午发光荣榜、授奖。主要是总结经验,肯定成绩,然后发个倡议书。另外搞一个九城镇公约。授奖选两个代表:一是个人代表,另一个是先进单位的代表。发言的有 17 个单位、个人。

郝风元专员:当前集中力量播种,抽出时间专门开这个会议不容易,要开好。这个会既是总结经验表扬先进,也是对下步精神文明开展的动员任务的布置,要把这项工作再接再厉开展下去。

1982 年 4 月 16 日

全民文明礼貌月活动总结表彰大会。

1982 年 4 月 17 日

上午。

张洪荣书记作报告:前段活动情况,城镇卫生面貌有明显的改进;下步怎样开展下去。

王志文讨论:一、对前段工作如何估价,也就是如何提高自觉性。怎样深入持久地抓下去,提出意见。抓好总结评比,一是全面总结,二是分类进行总结。一是总结治脏、治乱差的典型经验。二是总结……总结经常化、制度化、典型化、规范化的经验,总结加强思想政治工作的专题经验。总结领导方法的经验,同时总结城镇带好农村的经验。

二、注意总结经常化、制度化的建设,也就是把群众创造的好的经验加以分析,搞几条。

三、加强精神文明方面的理论研究工作,从理论上提高认识。1. 两大文明建设的关系。2. 与党风社风的关系。3. 与当前打击经济犯罪活动,打击资产阶级自由化的关系。4. 文化和整个的精神文明是个什么关系。5. 这项工作与各项工作的关系。

四、抓紧安排五一节的活动。

郝风元专员:一、对张洪荣讲话,要认真地传达,结合自己情况,拿出自己的意见,抓贯彻落实。二、抓紧筹备召开精神文明礼貌月总结表彰大会。三、组织广大干部群众学习这次会议的先进单位、先进代〔带〕头的经验。四、五一节期间开展一次大规模的精神文明活动。

※　　　　※

各县领导座谈会。

王志文:当前宣传生产各项工作都很紧张,各单位各部门要充分发挥积极主动性。一、宣传五讲四美的精神文明工作。二、贯彻好 17 号文件。三、抓好经济工作、生产工作的宣传,这也是政治工作。四、还要抓好机构改革方面的政治工作。越忙应越高兴,越要把工作安排的有条有理才行。聊城县 13 日已开过大会啦。

赵连水:一、解决脏、乱、差三个字不变,重点解决三类单位(聊城县每月 25 号为卫生日),解决排污,消灭蚊蝇,孳生地,如家属院、工厂。市场打好拆小棚的仗。划行归市,搞市场的必要设施(水泥台),固定专人管市场,盖个小房,挂出宣传牌,清理好无证小商贩。开展"假如我是一个什么人"的讨论。二、五一节前,检查前一段工作,总结贯彻规章制度的情况,在经常化、制度化、责任化上下功夫。

张书记讲话:各县典型,发言好的,要广播。城镇公约、倡议书。六月份人口普查宣传月。

宣传部李少林:经济理论学习要抓一下,聊城县学习得好、茌平好,差的有莘县、冠县。一是采取读书班,二是采取上大课的办法。马克思再生产的理论读书班。

参加学习的有行署领导、各县分管工交财贸的书记、县长,4 月 23 日开学,22 日到地委党校报到。每县一名,时间一个月,带领学习马克思关于再生产的理论、陈云同志文稿选编。聊城县党校组织教员下公社巡回讲课,利用十日大课制的办法,3月15日开始讲的。哲学班的学习问题,学习马克思主义的哲学大纲。关于党课的问题,学好中央的决定。

　　洪荣书记:一、围绕五一节把宣传搞好,工作搞好,抓死角,抓老大难单位,抓薄弱环节。抓法:领导带头,大家一齐动手,综合抓、专业抓相结合,综合抓脏、乱、差,围绕单位的实际进行专业抓,专业专行抓,不但要有声势,而且要扎实,关键要把驻地眼皮底下抓好才行。当前工作:一、打击经济领域犯罪,大面上组织大家学习,再一个抓大案要案的工作,五一前突破一批大要案才好,力量不足的要充实加强。二、抗旱播种的问题,全面已播200多万亩,17日前差不多。一是以播种为重点,一气呵成。二是克服麻痹思想,要一播全苗。三要抓好难度大的社队户。四要播种后的苗管要研究。五是下去的各级干部要面对面的领导。六是晚麦要追点肥,可能超去年总产。去年11亿2千斤,今年300万亩,可能拿12亿斤。三、计划生育这是个难事,非抓不可,这也是精神文明的一部分,最近两三年非下苦功不行。工作要有机结合,这样不会影响工作。

1982年4月19日

　　俎店医院。

　　第一季度营业总结收入94425元,业务收入82785元,总支出84610元,纯节约9815元。81年第一季度业务收入83000元,82年比81年同期增长19785元。第一季度提奖金1900元,全院职工干部、医护人员92个,加临时工15人,全院工作人员107名,大学生、中专生36个。内科9个,外科2个,妇科1个,眼科……

※　　　　　※

　　下午。

　　俎店已种3万亩。

　　魏庄医院马改兰已生第二胎,她说小产啦。王改华已怀孕7个多月啦。医院院长吴墨录说反正他没有法啦,公社叫她〔他〕去调查去,他也不去。供销社主任李永堂,这个单位一年吃喝1万多元。李银山的爱人叫刘风琴,李〔银山〕的父亲在供销社看大门,李书现四几年参加工作的,赌博得了10000多元。棉花种3.3万亩,任务3.1万亩,能种3.5万亩。29日全部结束。

1982 年 4 月 20 日

上午,单庙公社。

棉花任务 35000 亩,已种 21000 亩,没有造墒的 10000 亩。造林育苗任务 250 亩,已完成 300 亩啦。问题:1. 抓面积。2. 抓质量。3. 抓具体的责任。4. 抓困难队、困难户。5. 解决具体问题,油井、电机等问题。马庄管区岳庄 1100 亩,种了 100 亩啦。蒋庄有几户种谷子的啦。刘庄管区刘庄大队新增人口 40 个。单庙大队从东北来了 18 口,至今地没有落实下去。

计划生育:单庙大队重点突破。遗留问题 24 户,已处理 21 户,还有 3 户没处理。

魏庄:石佛堂已完成三分之一的任务,棉田 31000 亩,准备 35000 亩,已种 27000 亩。

专业队主任程书记,副主任韩怀成。魏庄供销社李银山,人事股长,爱人生了第三胎,公社报。魏庄医院现在生二胎的 2 个,去年一个生三胎的,卫生局没有态度。一个叫马改兰,已生二胎。另一个叫……人事股长李银山和供销社主任李永堂关系好,所以不处理。魏庄医院第一副院长吴墨录,是集体工人,对工作不负责。

1982 年 4 月 21 日

大王寨管区。

棉任务 6200 亩,已种 3050 亩。人口 8000 人。4500 人,棉 2700 亩,已种 1400 亩。河涯大队已打小机井 50 眼。县给任务 15000 亩,已种 11000 亩,落实任务要种到 20000 亩。

1982 年 4 月 23 日

聊城地区棉面积 400 万亩,单产每亩 120 斤,总产 500 万担。要有单产 150 斤的公社,人均贡献 200 斤以上的公社。不再有人均贡献 100 斤以下的县,不再有亩产 100 斤以下的公社。要求莘县、聊城、临清总产平均拿 70 万担。

5 月份,地区开三个类型的会议:一是亩产 150 斤的社,人均贡献 200 斤的社,亩产 100 斤以下的公社。张程震书记要求:面积 500 万亩,单产 150 斤,人均贡献 200 斤。这个指标 85 年前要实现。粮食人均占有 500 斤、600 斤、700 斤,总产达到 24 亿斤或 30 亿斤。82 年粮总产 24 亿斤,棉花 450 万斤,争 500 万斤。

要加强政策观念、党的领导观念。

※　　　　※

关于在中原油田建化肥厂的问题。

一、化工局石局长石广荣:地县合办化肥厂,三年搞完。

二、需用资金 5600 万元。

三、年产 6 万吨合成氨。

关于小炼油厂的问题,上 10 吨的项目,主要是和油田搞好关系。

刘金钟县长汇报棉花加工问题。省县允许七个棉厂搞扩建,又批给三个联营厂,2191000 元的资金搞这两项建设,张鲁、古城、樱桃三个联营厂。

※　　　　※

下午,汇报柿子园案子。

动用贷款 253000 元,动用棉加价款 118000 元,从税务供销社动用 3 万元,从生产队动用 2.9 万元,主要是用于贩买牛皮、栏板,约计得利 9 万元。录音机 2 部,手表 1 块,电扇 8 台,折合物价 5000 元。

主要参与人员:李兴加;吴保春,鞋厂;郝兴全,副厂长;张振纲,副厂长;张银兴,工交副组长;王怀芝,工交统计;秦宝,银行营业所;左佃忠,信用社;李秀阁,营业所出纳。

李兴加问题:一、投机倒把主犯。1. 积极组织、鼓动别人搞投机倒把,给李振纲打气撑腰。2. 积极筹集活动资金。3. 以谋取暴利为目的。天津五清县鞋厂一次行贿 5000 元。二、贪污受贿问题。81 年 8 月,一天早上,李兴加从郝兴全手里拿钱 500 元。81 年 6 月,李兴加给吴保春要钱 1000 元。82 年 2 月……81 年 6 月,李让郝兴全从济南买双喜牌电扇 138 元。

81 年 7 月,工交组张银兴从范县买电扇一台,133 元。81 年 7 月,郝兴全去济南给李兴加买车,57 元。81 年 12 月,李兴加从供销社物资部拉木板材(133 元)又用辦庄一梁头,连加工费共计 313 元整。81 年 11 月,李从鞋厂要了六梁头合款 217 元。81 年 5 月,郝兴全买录音机一部 300 元,双日历,铁狮牌手表 130 元。81 年 4 月,张振纲去上海出差,李兴加、张振纲到广州张沟买老酒 42 元(3 斤)。81 年 4 月,张振纲买海米海鱼 40 余元。李兴加从物资站拉沙子,少付运费 43 元 6 角 5 分。81 年 11 月,家用煤球 1519 斤,合款 23 元 7 分。81 年在煤场要煤 1500 斤,合款 39 元。82 年元月,从物资部拉水泥 15[袋],合款 90 元。以上合计 3086 元 3 角 5 分。81 年 9 月,李兴加叫张银兴在临清参观,到鞋厂拿钱 1000 元。

鞋厂厂长郝兴全问题:1. 81 年 9 月,一次贪 2860 元。2. 78 年,让代洪章倒卖铁贪 240 元。3. 78 年,和郭庆祥又分 230 元。4. 郝兴全从鞋厂弄走木头合 70 元。5. 郝兴全买椅子一把 20 元。6. 报的条子上又多报 2200 元。7. 给李久余(上海)送钱 1000 元,自己又留下 1000 元。

副厂长张振纲:1. 倒卖猪皮 15000 斤,获利 4377 元,自己得 3677 元。2.82 年 8 月,从河北吴桥买栏板 23000 平方英尺,回来多报 1150 元。贪污全部现款共计 5127 元。

公社工业局住柿子园工交统计王怀芝:1.81 年 10 月,在聊城买猪皮倒卖,获利 3300 元。2.81 年 3 月,王怀芝从北京购皮鞋 1143 双,买价 4.1 元一双,回报按 5.09 元报的,贪 1131.24 元。3.81 年 3 月,王怀芝从北京买帽子,白条报的,多报了 100 元。王怀芝共得赃款 2731.24 元,已退 1160 元。

张泽元:贪 1800 多元,退了 270 元。

鞋厂支部书记吴保春:1.81 年 11 月,和阳谷北街吴书文给厂里倒卖猪皮,贪 200 元。2.81 年 12 月,吴保春和李义斌到上海买皮子,可能贪污4000 余元。

银行营业所问题:秦玉宝,银行;左佃忠,信用社;李秀阁,营业所出纳。以上三个人 8000 多元。

张银兴:1.4 月 12 日通过张广安补 3 个三千元的提款条子。2. 去年上临清参观棉花,从工交组提款 800 元。3. 补 3000 元、1000 元、200 元的条子。4.80 年盖房子用款 3 万,是在农修厂报的。5.80 年从外地弄来白酒2000 斤,每瓶加价 2 毛。6.81 年买院子一处,用钱 800 元,用物资站张洪举500 元。

关于攻守同盟活动情况,调查组的意见:一、叫李兴加停职检查。二、调张银兴到县检查。三、王怀芝的案子到北京检查完,交公安处理。四、张振纲不能宽大处理。

※   ※

精神文明代表会。

主要内容:一是精神文明;二是计划生育工作。政工副书记或副主任、宣委、代表来三个。把计划生育工作突击一下。要研究一下办法,打击经济犯罪,抗旱突击种棉。武器弹药保管问题,每社雇 2 个人。

1982 年 4 月 24 日

有关单位共同研究全民文明礼貌月表彰大会筹备工作。

一、代表的产生。每公社一至二个代表,一个集体,一个个人。另外每社来一个政工书记,一个宣委,42 个代表,加公社领导 84 个。

县直:各部委办局、公司、厂站、分管政工的负责人参加会议,约计

120 个人。

代表的产生

	集体	个人
县社	2	1
商业局	2	2
工业	2	1
粮食局	1	1
物资局	1	
交通	1	
农业	1	
林业	1	
教育局	3	2
文化局	2	1
卫生局	2	1
国棉	1	1
□□局	1	
建委	1	
公安	2	1
电管	1	
招待所	1	
档案局		
政府办	1	
县委办	1	
农机局	1	
邮电	1	
工商局	1	
外贸局	1	
法院	1	
人武部	1	
广播局	1	
城关镇	2	2

24 日下午通知各局,26 日各单位把名单报上来。发言人员及单位:1.

县医院。2. 百货楼。3. 燕店公社。4. 招待所。5. 消防队。6. 一中。

1982 年 4 月 25 日

召开县直违反计划生育的科局会议。

一、商业局:烟酒公司杨观英强生二胎,局里做工作。张环芝调王奉区社,79 年强生二胎。蒋秋荣 79 年生二胎,调旅社。

二、工业局:1. 印刷厂巩秀芳,81 年强生二胎。2. 冯贵秋 81 年强生二胎,已罚 300 元,去年到现在一直扣工资。3. 被服厂李北五 81 年强生二胎扣工资,没罚款。4. 化工厂孙墨存,81 年强生二胎,从去年开始生二胎。5. 木器厂刘翠平,81 年强生二胎,从去年扣工资。6. 被服厂范素梅,81 年强生二胎。7. 被服厂李北云,81 年强生二胎。

三、林业局:任巧菊,现张鲁公社事业干部,81 年 10 月强生二胎。冯玉双,现在怀二胎,爱人在农委工作,叫陈红江。

四、社管局:蔡小华,主动流产。靳喜玲 81 年 11 月份强生二胎,从今年 4 月份开始罚的。

五、卫生局:王秀玲,原县医院调王庄,生二胎后又调电管局。张贵兰,原县医院调朝城去啦,已怀二胎。刘玉山,原有 2 个小孩,已离婚,又找了个对象,已生一胎啦。

六、金培勇:强生三胎,80 年提股长,81 年纳新,82 年又提工资。

七、邮电局:王瑞娥,古城邮局,强生二胎,81 年强生二胎,已做好工作。女方态度不好,说二胎我结扎后两个月不能上班。另外,有三个计划外怀孕的,都是头一胎。

八、机械厂:强生二胎,赵月臣,81 年。翟延平,82 年 3 月份。

九、检察院:李玉芝,81 年 4 月 6 日强生二胎,请病假回去的,爱人王学超,从县宣传部调广播局。

十、电管局:人事局马福启知道。

※　　　　※

一、为什么要开这次后进单位的工作会。

二、要同党中央保持一致。1. 对中央的方针政策,坚决贯彻执行。2. 有了困难,努力做工作。3. 领导要带头做好计生工作。

三、要组织学习贯彻中央 11 号文件。1. 领导带头学。2. 组织干部职工学。3. 组织违反计划生育工作的同志学。4. 根据本单位情况制定计划生育的学习。

四、要做好思想工作,处理好遗留问题。1. 采取经济措施不是目的。

2. 做思想工作,以做通为目的。不能把思想工作做到出生后,要做到出生前。3. 做好遗留问题的处理。4. 对"一孩化"要给予奖励。

1982 年 5 月 1 日

上午,十八里公社。

棉任务 43000 亩,已种 38000 亩,准备种 45000 亩。

十八里医院:孙改莲,引产师,怀二胎,已跑啦。她的爱人是运输公司杨学温。妇女主任常瑞霞,要了 3 个小孩,又怀孕怎么办?马敬波是纪律检查委员,家[住]朝城西街,已强生第三胎。张翠珍怀第二胎,崇学善,水利干部,财贸组长的儿媳妇。医院秦院长:82 年第一季度纯提利除开支外 2130 元,另外发奖金 640 元,每人合 14 元。奖金最多的 120 元,100 元以上的 2 个。随云,内科医生,奖金 120 元。韦兴之,放射科,奖金 130 元。全体职工 58 个,临时 6 个,党员 14 个人。

1982 年 5 月 3 日

县委工作会议。

一、关于对农村形势的看法问题。1. 形势大好的表现? 2. 形势大好的根本原因? 3. 在大好形势下还存有什么问题?

二、关于对农业生产责任制的认识问题。1. 在推行生产责任制中有什么经验教训。2. 在推行农业生产责任制中存在什么问题。

三、关于如何进一步完善责任制的问题。1. 对农业生产责任制应抱什么态度。2. 当前应急待解决的是什么问题。

学习文件的重点:

一、中央 1 号文件。三部分:1. 中央批示。2. 关于农业生产责任制问题。3. 关于加强思想政治工作党领导问题,基层组织建设问题。

二、4 月 7 日人民日报社论。结合研究的问题:县委四个文件的贯彻问题:农村干部的职权范围,农村基层干部的退休问题;关于完善生产责任制;关于完善事业生产责任制的问题;各社各组讨论的情况反映的问题,要写出书面情况,报县委办公室。

※　　　　※

4 日上午 8 点,张全景部长作报告。

※　　　　※

5 月 3 日下午,俎店公社。

一、王安头大队,有一户提出要退社,要解放前的地,要解放前的宅子。

二、罗庄管区,黑刘家大队,有 20 户,乱占宅基地,都在三荒地上盖的。

闫书记:要看到基层党组织整顿的重要性、必要性、紧迫性,我们过去会没少开了,劲没少使了,但效果不大,关键是没有抓到点子上。我们不要护短,要正视问题。

讨论:1. 基层党组织整顿的重要性、必要性、迫切性。2. 重点要解决基层党组织软弱涣散的问题,对生产责任制的认识问题。3. 采取什么样的办法?

1982 年 5 月 4 日

下午,参观阳谷教育面貌。

翟庄小学有院墙、有篮球场、有树、有活动场所。翟庄联中,管区自己筹资盖的,标准高,速度快,80 年冬盖的,现已完工。

1982 年 5 月 5 日

地区教育会议各县参加人员。

县名	领导人	教育局长
阳谷	王继奇	孙百川
聊城	顾大伍	
临清		
东阿		
冠县		
高唐		
茌平		

下午大会发言。

茌平梁子英:一、全党办教育,县委常委统一认识。81 年 12 月,党小组会上对没办好教育,我作了检讨,然后县委听取了教育部门的汇报。1. 国民党头子……土匪头子罗召荣也办教育,为什么我们就办不到呢? 2. 从小学教育入手,阴历正月初八召开的全县教师会议,县委六名书记四名书记讲了话。筹备这个会,县长春节都没有休息。解决小学教师实际困难,自行车100 辆,招工、户口一视同仁。民办教师待遇。大队配有教育委员,公社配专职教育干部,一年四季不停。82 年前后总共拿出 50 多万来办教育,集资

55 万元办教育。这次会后,突出抓好政治面貌问题,准备再次组织公社干部到泗水县,组织干部来阳谷、莘县学习。

尹作华同志作中小学教育改革的报告。

管书记:已开了两次教育政治面貌会议啦,这个工作顺民心、顺民意,群众来信来访没有反对这个问题的。现在连年丰收,群众生活提高啦,这就有了物质条件,回去后作好汇报,搞个汇报意见提纲,争取 10 号前给各县领导汇报完,抓紧行动。

1982 年 5 月 7 日

柿子园公社赵海大队。

后赵海大队:3 个生产队,114 户,628 口人。队耕地 1300 亩,大队长赵西银,支书赵西玉。

前赵海大队:赵文藏。大队长,赵存记。4 个生产队,人口 615 人,耕地 1480 亩。81 年粮食单产 505 斤,棉花单产 101 斤。村内四眼吃水井,砖井有 10 米深。现在旱情重,吃水困难,含氟量 5 克,几辈子是黄牙。腰腿痛的比较多,村东 20 来岁就有腰痛的,一般都是 30 多岁才腰痛。

支部书记:我 19 岁当兵,24 岁回来的,从 25 岁开始腰腿痛。男性 70%多有腰腿痛,妇女从外村来的就轻一些。不光腰腿痛,脚后跟也痛。

赵培佛:因 25 岁一嘴黄牙,找不上对象,就换成金牙啦。

赵文军:73 岁,从 40 多岁开始腰痛。

赵西村:35 岁,从 24 岁得腰腿痛病,即将残疾。

后赵海书记赵西玉:深 80 米的井含氟 3 克,23 米的井含氟 9 克,7 米左右的井含氟在 1 克以下。前后赵海 1320 多人。前后王关村的井离赵海 2 里多地,含氟 4 克。前后赵海饮水平均含 9 克氟。

两个支部意见,全村 1300 多人,每人拿 2 元钱,打深井。

1982 年 5 月 9 日

上午,十八里铺公社。

王春朝:供销社临时工,他爱人已生二胎,他爱人是畜牧场正式工人(女),公社已开除。

田金香:已生二胎,6 日生的二胎,供销社正式工人。

马敬坡:党委委员,公社党委意见罚款 400 元。

常瑞霞:要 3 个小孩,又生小孩。

张随礼,女,爱人张大华,都在医院工作。

孙改莲,医院工作,现在卫生局,叫去啦。

重点对象已动员成功 12 个,掌握的数 49 个。8 个战区,组成 7 个小分队,每个小分队最少 30 人,多的 40 人。公社党委委员、战区书记都抓这项工作。十八里大队去年计划生育上不去,现已突破。

上午,徐庄公社。

棉任务 2700 亩,4000 亩"三荒地",实际种 25000 亩,主要原因是没有水。刮风受灾的棉田、小麦 17600 亩,每亩预计 320 斤,81 年 19000 多亩。

公安安排白天做计划生育工作,晚上宣讲一号文件。

※　　　※

下午,张寨公社。

棉任务 3.6 万亩,能完成 3.2 万亩。贯彻县会 2 天,第一天学文件,典型发言七个单位;第二天上午讲工作意见,下午讨论落实。周去后召开大小队党员干部会议,每个大队一个脱产干部,然后再开群众会。

当前工作:一是抗旱双保,完生责制①。二、计划生育。三、打击经济犯罪活动。计划生育组 2 个专业队,一个专队包两管区,书记和管区成员带领 6—8 个人。完善生产责任制和计划生育工作有矛盾。

1982 年 5 月 10 日

下午,古云公社。

棉任务 2.5 万亩,能完成 2 万亩。风灾 6000 亩,有 3000 亩全完啦。全社种菜 4000 亩,种西瓜 400 亩。

计划生育:组织了五十个人的工作队下去。书记、主任包管区,定奖罚。超生一个罚支书、专门干部 10 元,罚其他干部 5 元。大会作检讨,拿了岳庄当典型,进行了批评。岳庄 1040 人,计划外怀孕的 10 多个。古云公社全社干部 34 个,比较少,要求调几个干部。

管区书记:财助没有、水利没人、民政没有人。

※　　　※

晚上 7 点,会议贯彻情况。

8、9 日两天,参加人员:脱产干部、大小队干部 500 余人。

前史楼介绍了情况:第一六统一,第二干部十项职责,第三社员十项义务。支书 30 多岁,78 年当书记,70 年当大队会计。东开大队也发了言,制定了规章制度。从会议看,原来好的队,搞几个统一,贯彻落实 1 号文件比

①　完善生产责任制的缩写。

较快。

急待解决:一是认识问题。二是班子问题,大队小队。三是完善生产责任制。四是落实合同。五[是]财务制度建立。

回去贯彻问题:公社组织了50个人,采取队队有人,重点抓后进队。先党内党员干部层层贯彻。班子需要解决的4个:四合村、保西村、西吴庄、后夏沟。

棉花3.2万亩,实种3.2万亩,受灾7000亩,重新种3500亩。麦子受害3000亩,个别有割的啦。麦子20600亩,单产300多斤,去年160斤。

计划生育:张宪全,已生三胎,古楼联校的。兽医站李进修,80年强生二胎,已罚了款。供销社和秀玉,81年生二胎。

张鲁:重灾3500亩,杨村三个大队、马村北大队北庄。北安头北队400亩,潘海有250亩,北小张250亩。麦子张鲁南街有死的啦。麦子绝产的有1500亩,相村管区、划庄管区,麦子总计30000亩。现在看400斤单产,总产去年1070万斤,今年1200万斤,争取1500万斤,因为旱情严重,现有150眼井。吃水困难的,38个大队有17个大队。会议开了三天,学习了10个文件。大队参会支委有400人。

重点解决:计划生育;生产责任制;抗旱双保。振奋精神,艰苦工作,打好计、完、抗三个硬仗。

重点解决干部的认识问题:1.解决干部对责任制概念不清的问题,把承包说成分,把统说成归。2.解决了对社会主义性质的认识,生产责任制。干部认为责任制不是社会主义的,所以不愿干啦。3.正确认识统与包的关系,为什么不统?第一,生产好的不用统;第二,认为没条件不能统,认为机械分啦,集体财产少啦,不好统;第三,思想不通的,不愿统;第四,个人种责任田,故不愿统。

讲了统的重要性:第一,生产互相制约,申管目大队20个人,用了52斤油,花两天时间,浇了三分地,造成群众干部之间不应出现的矛盾。第二,生产发展不平衡。第三,已出现了困难户,一是没资金;二是没牲畜;三是不会生产;四是没有实力。这些户叫天不应,干瞪着眼,种不上地,这样长此下去,不统后患无穷,将成为历史的罪人。

正确处理三者关系;解决干部在生产中的作用,群众化倾向严重。说什么听中央的、县里的,听公社一半,大队不听,提留没门。李官目大队落实宅基地,有两个职工说我听中央的,县委的不听。干部中不正确思想:一是对责任制看不惯;二种思想卖不着这一份,不做工作。三是光顾自己不管群众。麦收前解决五个问题:一是土地公有制,这样宅[基]地也好办啦。二是解决后进队、大小队班子问题。三是解决遗留问题,财产不清,账目不清,政策兑现不好。四是进一步搞好几统一。五是签订合同。

李官目大队李玉振说:一、使生产责任制,调动群众积性。二、干部参加劳动。三、不再说干部靠群众拥护啦。

赵安州支书赵福山:原来当一辈子干部,不干了后,连社员也不如。现在能退休,物质上能得到照顾,要感激党和政府的关怀,别看年龄大啦,还得干几年。

耿楼大队原来 16 个生产队,分得散,会商合并了,8 个队会商买了一个变压器,准备安几台电机浇地。

干部提留:51 个大队,全部解决的 25 个大队。部分解决的 15 个大队,一点没解决的 6 个大队。

计划生育:全党动手,全民发动。清理非农业人口的户口,凡超生的,按县 26 号文件办,不落户,不发票证。强生二胎的扣 7 年责任田,超生费一年交清,三胎的 14 年超生费。强生二胎 200—300 元,三胎 500—800 元。

农业人口:一、79 年以来超的二胎罚 100—300 元,三胎的罚 300—500 元。二、强生三胎的 7—14 年不划分责任田。三、79 年以来强生三胎,结扎一方,不结扎的罚 800—1000 元。

公社干部五不怕:一不怕困难;二不怕得罪人;三不怕撤职;四不怕犯错误;五不怕作检查。引产任务 70 个,已完 12 个。

1982 年 5 月 13 日

单庙公社。

棉任务 3.5 万亩,已种 3 万亩。计划生育后遗症原 24 户,前段处理了 21 户,余 3 户。大队会计又生了第三胎,社员单伟林已生三胎,要生第四胎,这个大队还有 6 个,都是多胎。社员孙申如 3 个女孩,要生个男孩。

※ ※

朝城:去年总产 827[万斤],3.14 万亩。今年 2.86 万亩,总产 1094 万斤。去年征购 70 万斤,今年 90 万斤。增加的大队:兹营管区、范庄,去年单产 100 斤,今年单产 300 斤。

姚庙大队:去年口粮 100 斤,今年 300 斤。

徐庄:82 年面积 18973 亩,单产 397 斤,总产 7621550 斤。81 年总产 6176911 斤。增产多的:罗屯、李屯大队,预计单产 700 多斤,面积 300 亩,总产 21 万斤。81 年单产 300 斤,总产 10 万斤。

四有、三讲、两不怕,有理想。

1982 年 5 月 15 日

棉已种 4.85 万亩,能完成 5 万亩的任务。

教育组梁长征坚决要生第四胎。供销社已成熟 6 个啦。社直部门农电马振东,强生第三胎,又怀第四胎。

※　　　　　※

上午,马庄。

党员:马振东,党员,农电职工,每月工资 70 元,从来不在家吃饭。家里有 5 口人,每年棉花 1000 元,多种经营 500 元,一年绝大部分在家生产。

前楼大队:全村 50 户,其中三胎以上 13 个。马雨,31 岁,现已生三胎,四胎已怀孕。

※　　　　　※

下午,魏庄医院。

吴梅录:第一季度亏损 1300 元,人员 45 人,医生共 8 个,助产士 3 个,护士 2 个,接班今年 10 多个。行政,3 个院长,会计 3 个,2 个门诊会计,1 个总会计,供应室 2 个,保管 1 个,制剂师 2 个。副院长邢车祥在邹巷点,已买 1000 多元,6 个人。副院长安现奎。

马改兰,助产士,第二胎,怀孕 7 个多月回家商议。77 年参加工作,结果产啦,已死。婆家河店杨楼,她爱人曹藏忠,公社农业技术员。王改华,女护士,第二胎,已回家,怀孕七个月。家在张鲁公社大薛庄,本人家在燕店柿子园大队。她父亲是冠县检察院院长,她爱人是供销社现金出纳、采购员。

※　　　　　※

晚上,魏庄公社。

一孩化的奖励落实啦。这几年处理后遗症罚 4000 元,组织了三十八个人进驻了二十四个大队。17 日开后进加强工作会议。邹巷大队遗留问题39 个。

1982 年 5 月 16 日

下午,王奉公社。

18 号开大会,重点解决 1 号文件。落实第二计划生育工作,重点解决落后大队 10 个。

棉花任务 1 万亩,已完成 1.3 万亩。小麦面积 2.3 万亩,亩产 70 斤,刮风死 7000 亩。全社人口 37000 人,耕地面积 64000 亩,已种地瓜 7000 亩,旱 10000 亩。

※　　　　※

大王寨公社。

今天开了计划生育专门会议。参加人：生产队长、大队全体支部成员、全体脱产干部、社直负责人，共计 260 个人。再次抓紧动员起来，把计划生育搞到底。全党动员，书记动手，分管的协助。公社书记、管区书记、大队、小队四级负责。

组成四个小分队。四个书记带着小分队，到各管区亲自做工作，主要解决打不开的队。机关今晚开会，三天结束。19 日形成高潮，今后三天出成果。

1982 年 5 月 18 日

柿子园公社。

棉任务 3.7 万亩，已完成。另外，开 2000 亩三荒地，每亩贷款 15 元，80 斤磷肥，80 斤化肥，50 斤饼肥。

计划生育：24000 人，有生育能力的 2750 人，按这个数，2750 人重新查体。先处理遗留问题，共罚款 5 万多元。

※　　　　※

王庄公社。

棉花 3 万亩，已种 29000 亩。受风灾影响 2000 亩，已重种。小麦 23000 亩，单产 400 斤。去年 2000 亩，单产 260 斤。

贯彻中央一号文件，解决干部认识问题。一、实行责任制是前进啦，还是后退啦。二、实行责任制是社会主义性质，还是资本主义性质。三、实行责任制是削弱党的领导，还是加强党的领导。四、实行责任制是社会主义到了头，还是适应了生产力的发展呢。

给群众讲：1. 三中全会的政策到底好还是不好？用十五个方面的变化说明问题。2. 粮棉包了户，用不用支部管？3. 正确处理三者关系要不要？计划生育，以雨后的生产为中心，以计划生育为重点。

后张村社员张居兴一家七口人，种了五亩棉，出苗的全碱地。磷肥拌种出的比较好，五亩，八寸一棵，差 8 棵苗子。松地 2.6 亩，基本完啦。棉种得早的有四片针叶啦。

※　　　　※

下午，张寨公社。

工作分了三个班，计划生育落实中央 1 号文件，打击经济犯罪三个班。

计划生育：高书记、李、柴、孔宣委、卫生组长。搞了四个村，一个管区一个村。

1982 年 5 月 21 日

上午,张鲁公社。

79 年以来强生三胎的 317 个。

※　　　　　※

俎店公社。

俎店农电马振中强生四胎,除罚 2480 元外,开除公职。董杜庄队:遗留问题需要处理怎么办? 一、解决干部认识问题。二、办学习班。三、孕龄妇女到医院检查。四、定制度,按制度办。

1982 年 5 月 22 日

计生局刘局长:县医院有 52 张床位,真正住的 38 张。

※　　　　　※

上午,各公社带队。

需要抽调的干部:饮食服公司王玉清、团委张建华、直属库李贵梅、防疫站张关成、外贸刘北英。另外,再抽 5 个科局长,搞 2 个月(6—7 月)。

闫书记:明后天开电话会。一、公社书记、分管副书记、主任、有关部门人员参加。二、搞得好的发言。三、抽调 20 个干部,建立两个小组。四、抓几个晚生的典型,通报一下。五、当前把引导作为重点。六、计划生育麦收不停。适当时机,组织几个小分队去各社。24 日下午四点,正式开电话会。

存在问题……

※　　　　　※

23 日下午,农民教育先进代表会议。24 日集合,25 日开,26 日结束。总结农村实行生产责任制,以后怎样开展农民教育。典型发言十一个,开始领导讲话,最后总结。先进代表 110 个,每个典型发手电筒、水杯,奖旗四面。

张鲁、单庙、古云、燕店,地区教育局报 500 元。

抽调计生干部:水利局鲁金元,机械局张世清(组长),林业局刘汉文,财政局白局长,电管局范局长,粮食局李贵梅,交通局李局长(组长),饮食公司王玉清,防疫站张墨城,团委张建华。

※　　　　　※

电话会议。

各社同志们请注意,今天开的是计划生育电话会议。参加会议的有各公社书记、分管书记、分管主任、计划生育专职干部、医院院长及县直有关部门等同志。

今天电话会议由张鲁、十八里、古云介绍经验,然后闫书记讲意见。特别第三类公社个别干部仍存有……要克服一怕、二等、三不敢的现象。存在的问题:一怕得罪人;二怕出事故;三怕犯错误;四怕难缠户。

有的公社个别同志说,我们公社难缠户多、疙瘩头多、遗留问题多,之所以有难缠户、疙瘩头,就是因为党员干部没带头,政策不落实,遗留问题没处理。通过这次电话会议,各公社各单位要研究自己的战略布置,坚决克服那种"大呼隆、一阵风,上边紧下边松、风头过去照样生"的现象。通过这次计划生育工作,张鲁公社党委决定要建立一个强有力的计划生育小分队专业班,坚持天天抓、月月抓,每隔三个月,对全公社育龄妇女进行一次查体,把这项工作纳入正常轨道,使之制度化、经常化。张鲁的"三集中""五不怕",值得大家学习。大王寨、王庄、妹冢也准备这样抓,其他公社可以参考一下。

根据县委闫书记讲的意见。各公社可根据自己的情况,就地研究一下计划生育工作,下一步这个仗怎么打法? 一是就这次电话会议,一抓到底,切实抓出成效,下定决心一气呵成。二是不分析不研究,盲目行动,仓促上阵,半途而废,应付一下,不了了之。

各医院院长、卫生部门同志,坚决做好各种准备。一是思想准备,二是技术力量的准备,三是人员的准备,四是物质的准备。防病、治病、计划生育是我们卫生部门的三大任务,做好这项工作责无旁贷嘛,更不能不负责任,采取应付的办法。

※　　　　※

城建汇报开街。

一、政府前大街,14 户 45 间,机关 46 间,这条街 15 米宽。

二、老大街南北大街,106 户 384 间房子,机关 9 家 47 间,共 431 间,大街宽 20 米。

三、县医院东、西、南、北大街,四条街,社员房子 565 间,按每间 195 元一间,共计 110175 元。

1982 年 5 月 31 日

关于物价大检查,31 日计委开的会。

参加部门:工商局、商业局、美工局、工业局、社管局、县社、城关镇委、派出所、外贸局。限期五天,明码标价。

参加的人员:每个局一个局长。抽调人员:计委 3 个,工商局 3 个,商业局 2 个,县社 3 个,计量局 2 个。组织三个组,办这个事。不执行价格的,三点:一是教育,二是罚款,三是没收营业执照。国营门市前不准摆摊,小摊贩要固定地点。

1982 年 6 月 1 日

晚上 9 点 40 分,单庙公社党委会。

李月娥书记:单庙管区 13 个大队,从 6 个大队来看,三胎以上的 16 个。单庙罚强生费 26 个人,生二胎 11 个,3 胎以上 15 个,共罚款 6000 元。

王庄管区袁书记:明天有 20 多个有问题的来查体,潘庄大队这几年抓的不错,基本上没有三胎的。

刘庄管区:吴庄计生抓的不错。问题大队,刘庄支部书记不愿干,没干部。孙边家大队支书宣布不干啦。

马庄管区:杨书记包的,实际排上号的四个人。7 个大队,6000 多人。

白西大队:社员队长孙广里,爱人宋焕梅,已怀第四胎,已生两个男孩一个女孩,管区书记做了半月工作。王书记和四个人做了四天工作。

张屯管区:5 个大队,6000 多人。公社医院冯民心,会计,生第三胎,家在单庙冯海。供销社两个,蒋风英生第二胎,已调外贸。杨秀香,会计股长,生第三胎,爱人在电厂。粮所岳风华,合同工,生第二胎。

1982 年 6 月 2 日

上午,单庙大队。

六、八、四队队长不愿干啦。村党支部书记孙世田,副支书单文成,64 年。支书孙世田 81 年春节结的婚。

白西大队支部书记冯单坤,副支书冯安祥,大队会计冯立增。小麦 700 亩,去年单产 200 斤,今年单产 300 多斤,能做到三个统一,困难户每亩地按 300 斤,粮食给他,队里给钱。

※　　　　　※

6 月 2 日晚,公社党委委员碰头会。

张屯管区李育才:前高庙,有八个没来透环的,一天不来罚 20 元。大队会计强生二胎,今年刚生的,收他责任田,罚款 2400 元,不愿交。另外有个三胎的,还没动员成。后高庙处理了 30 个人的遗留问题,罚 4000 元钱。需要透环的 200 多人,有 2 个已怀三胎啦。县林业局李月文强生二胎,又怀三胎啦。

单庙管区:有 4 个大队,透环 28 个人,透出 6 个没环的。前十里岔大队

4 个多胎的,两个怀三胎的,两个怀五胎的,怀三胎的有个支部委员。小邹家大队 30 号透的环,还有 7 个该透环而没透环的。

刘庄管区:冯海村 10 个没上环的,立即上环。冯永旺爱人第三胎,[已]经做通工作啦。徐丁黄大队有 18 个遗留问题的,罚 2600 元。徐洪军爱人怀三胎,已 7 个多月。需要透环的 52 个。

马庄管区:白东大队支书白东明,比以前有好转,愿抓这项工作啦。自己已生三胎啦。这个大队遗留的问题 24 个,原来罚了 12 个,计 1070 元,又退给人家啦。

王庄管区:邹东大队,周会香,赤脚医生,爱人强生四胎,到县医院体温 37.8 度。前大邹家村,三个支委光割麦子,原来定的透环没来,9 个透环来了 6 个。

1982 年 6 月 3 日

下午,曹楼大队。

8 个生产队,5 个没队长。100 亩果园被砍光 700 株。有的干部说,社员见社员,满兜都是钱。队长见队长,两头打不响。支书见支书,难的都想哭。遗留问题 23 个,按制度罚款,强生三胎的罚款 300—500 元,已交 1500 元啦。

全大队 42 个党员,用集体的地换宅基地有 4 户:董保代,党员,用口粮田换曹孟镇和马丙江的宅基地;曹增贤,县化工厂副主任,党员,用责任田换宅基地;曹西江,用责任田换宅基地;王永庆,用责任田换宅基地。

这个大队杨树被盗 3000 多棵,在地里盖房子的有 30 户左右,强占这地的有 20 户。75 年每人合地 2.5 亩,现在合 1.86 亩。全村 1500 人,八个队,有四个没队长的。买卖婚姻有 3 户,共花 2800 元,已跑两啦。

1982 年 6 月 4 日

晚上,单庙。

张屯管区:张屯大队原来罚款。民兵连长宫学珍爱人又怀二胎,党员李景元又怀第二胎,宫建山又怀三胎,后高庙李月文(林业局)干部家属,怀三胎啦,去年给他 400 元,他还骂人。

马庄管区杨书记:柴徐村大队,遗留问题 13 个,共罚款 2400 元,遗留没处理完的还有 5 个,又发现 2 个 3 胎的。一个叫孙春生,一个叫路秀平。

岳庄大队遗留问题 8 个还没处理,又怀二胎的 3 个。曹屯大队处理遗留问题 4 个,共计 9 个。

单庙管区:前十里岔发现 3 胎的 2 个,5 胎的 2 个,7 号往县送人。单庙
两次透环 54 个,还有 68 个没有透的,其中有 13 个怀二胎的。

1982 年 6 月 20 日

常委会研究民兵工作。

全县民兵 7 万多人,其中基干民兵 1.3 万人。基干民兵 18—28 岁,全
县民兵有武器 5012 只,武器保管最差劲的古城、徐庄。全区武器保管莘县
是第四位。

民兵连队 1125 个,基干女民兵 918 个,民排 3098 个,建班 7691 个,建
营 22 个,建基排 511 个,高射机枪 12 个,张鲁侦察连比较过得硬,全县排以
上干部 10000 多名,40 岁以上的还有 208 个,民兵连长应调的 500 多名,实
际调了 200 多名,还有 300 多名没有调。民兵没调整前 20.3 万人,范围
16—45 岁,从形势上,民兵人员多,实际上不太起作用。

会议贯彻 25 日左右,三天时间。参加人员:书记、政工书记、青年妇女、宣
传委员。一是先解决全党抓武装的问题。二是研究一下当前的工作。秋增
运动、人口普查,听完传达,分别研究。当前注意:一是第一代棉蛉虫的防治;
二是 25 日前完成征购任务;三是做好防汛排涝的准备,建立好值班制度。

※　　　　　※

王书记:地区棉花会议精神。棉花主要是对比赛的县进行检查。一是
看棉苗的长势;二是看棵距间的安排;三是三夏间的管理。王得秀同志三个
观点:一是生态平衡;二经济学的观点;三是环境保护的观点。

一、全区棉花,一是苗全,二是一类苗大于任何一年,苗全、苗旺、苗子
壮,这是历史上没有的。

二、棉花生产当前存在三大危险,办好四件事。存在的危险:1. 第一代
棉蛉虫比往年大 20 倍。2. 棉花密度大,行距小,施肥过多,不懂科学施肥。
不懂轻、重、巧三个字。3. 涝灾、冰灾。四件大事:1. 治棉蛉虫,第一代彻底
治。虫情测报要准。2. 防止疯长,使用“缩节安”。3. 因地制宜,防涝防
旱。4. 狠抓三类苗的升级问题,莘县有 7 万亩三类苗。总的要求,单产要
达到 150 斤。技术员的待遇问题,每社要配五名农业技术员,大队小队要有
技术员。普遍建立示范队、示范户,抓好当前的物资供应工作。

谢惠玉专员讲话:棉办意见,开会要讲,喇叭要广播,派上去说。虫情测
报要及时,技术要先行。克服忙〔盲〕目乐观,排涝问题没解决、想法改单产
问题,脱产干部下去解决实际问题。主要第一代棉蛉虫,分类指导的问题。
科学技术管理,科学技术下乡。

1982 年 6 月 22 日

上午,常委会。

纪委汇报王章柱的问题。王章柱,39 岁,学生。71 年,任团支部书记,79 年任公社党委副书记。常委意见,开除党籍,撤销党内外职务。

张振亭部长:基层党组织整顿会议情况,参加会除有省市外,中组部、宣、新、电等部门都参加啦。中组副部长杨士杰同志讲了话,传达了纪要,全国党员数量 3960 万,有 10% 的党员不合格。实行双包的……

四教育:1. 抓好共产主义、社会主义教育;2. 抓好党的方针路线政策的教育;3. 抓好抵制资本主义腐蚀的教育。基层组织的关键是整顿好基层组织的领导班子。杨士杰部长讲话,会开得好,表现在四个方面:一、通过学习提高了对基层党组织的认识;二、会风很好;三、会议的主题明确;四、交流了经验。开得适时,开得必要,提高了认识,增强了信心。经验各有特点:关于对基层党组织的认识问题。黑龙江省从 79 年开始整顿,连续四年抓了这项工作,但有的等待中央十二大会后再整顿。我们做每项工作要从实际工作出发,早整顿早主动,晚整就被动,要克服单纯的任务观点。教育党员:1. 坚信共产主义的信念,现在有的党员说共产主义是虚无漂缈的,共产主义是社会发展的必然。2. 树立同中央保持一致的信念,对党的方针、政策不能随心所欲。3. 树立全心全意为人民服务的观点,任何个人都要先想着人民,吃苦在先,享受在后。4. 树立在新形势下存有阶级斗争的观点。要联系实际,不能空头说教。5. 关于加强对基层党组织领导的问题。

县里的打算:一、对六个企业单位准备进行整顿,是全面铺开还是先搞一两个再定。二、基层组织整顿准备,按燕店的做法,继续抓下去,先抓单庙公社,7 月上旬进点,3 个多月的时间,7 月各县都准备搞一个点,其他县 7 月 5 日开始进行。咱们先训练骨干,7 月初训练 5 天,各社参加两个人,争取九月底十月上旬结束。

单庙后进队十四个,柿子园搞单项教育,主要根据案件抓反腐蚀教育。

闫书记:企业基层党组织整顿要搞,单庙要进行,先训练骨[干],每社来组织委员。柿子园进行反腐蚀教育,参加人组织、宣[传]、纪[检]可参加。关于七一的问题。1. 召开先进模范支部会议。2. 县社局过好组织生活会,主要总结生活思想工作。基层支部七一前,下个通知过一次组织生活会。3. 常委组织生活会七月一日后开。

书记定几个事:统计局副局长王书光;物价局副局长刘云九;申春建提计委副主任;王先明到物资局当副局长;一中校长张振华、王革民、刘保中,高凤云调十八里中学当副校长。二中校长迟培良,45岁,教导副主任,60年中师毕业。宋合银,城关中学副校长,56年中师毕业。战贵合,现古城中学教导主任,38岁,大学生,调城关中学副校长,或到二中当副校长。三中校长安学中,进修校副校长,50年中师毕业。魏松林,57年中师毕业,任副校长。师范校长申合生,副校长王银增。盛少伟,46岁,原一中副校长,57年中师毕业。代永春,教育局干事,大学毕业生,40多岁。

教师进修校:徐子涛,专职书记,校长赵连会,副校长曲经莆。樱桃中学校长仇海堂。美工局撤销,成立革制品公司。梁立臣,县社主任,革制品一把手,蒋上江到革制品当副经理。郭银德宣[传]部副部长。张登峰大王寨副书记。孔祥林,组[织]部党委秘书。

※　　　　　※

下午,常委会研究林业问题。

80年向联合国申请速生林场。81年5月3日联合国来了三个人,看了马西林场,联合国批准了六万亩,莘县、冠县各3万亩,每亩地30棵树。每亩地400斤小麦。王奉1万亩,魏庄3000亩,大王寨1.5万亩,张鲁2000亩。

张程震:解决王奉、大王寨问题,一是水、二是土、三是肥。

闫书记:马西几个社,从现在起,3年把面貌来改变,社员分配水平低。自产粮人均达到500斤。三年后给国家要有贡献。因地制宜发挥优势,综合治理突出重点,着眼长远,立足当年,自力更生为主也要外援。主攻方向水、权、土。水是以井为主,引蓄补源,力争85年每亩地一眼到两眼井。

张书记:政策问题,多给一点自由,多给一点自由权。当务[之]急抓井泉水。我们给王奉220万斤统销,到现在还有38万斤没买[卖]下去。

今年小麦增产3100多万斤。全县粮田64万亩,计委统计棉田646643亩。秋季增产运动,争四亿斤,保2.2亿斤。

几种灾害要注意:一是涝,二是秋旱,三是各种虫害。

坚定信心决心,立足抗灾。夺丰收,抓好后进社队。科学种田,抓关键措施。总结小麦增产经验的队社,公社300万斤以上的,搞好秋种计划。秋种任务50万亩,总产25000万斤(2.5亿斤),单产500斤(仅450斤)。今年棉总产保75万担,争80万担。

基本建设:1. 剧院门头建设15万元,2. 招待所餐厅、会议室、第七排、高级房间的设备、水塔共计10万元。3. 改建公划厅,报计划7.5万元。4. 老干病房,两个医院各10间,加上设备6万元。5. 干休所地7亩多,要现金3.5万元。另外再拿4.5万元,这四项共计8万元。6. 人大、政协盖房4.5万元。六项加计 50.5 万元,这几项开支用去年的节支,去年节支 65.5 万元。

1982 年 6 月 23 日

上午,燕店公社。

已有 3 个大队完成小麦任务,孟家、剪子股、于临庄,章庄今天结束。25 号全部结束,到今天已完成 10 万斤。

办法:党员包户,支部包队的办法。81 年总产 710 万斤,今年总产 750 万斤,面积实收 17000 亩,今年单产 70—80 斤。今年比去年少 1000 亩,去年单产 320 斤,今年 450 斤。

魏庄:麦子收购已完成 10 万斤,去年总产 440 万斤,今年 400 万斤,去年交 17 万斤,今年交 24 万斤,社员平均 150 斤左右。现在有 12 个大队,12900 人,需要吃统销粮食 20 万斤。

当前魏庄抓的工作:一是统购,二是棉蛉虫、宣传车、明白纸、干部下乡、技术赶集、电影幻灯,三是人口普查,四是计划生育。

钟表厂张耕居,2 人在魏庄,张鲁大队爱人怀第三胎,公社给表厂去了个信,并专门来做工作。汽车八队裴现良,西姜店大队,两个小女孩,要生第三胎,公社给八队去信,八队带着他交给大队党支部处理。叫广播局给公社广播站派个站长。

医院:各项开支能开出去,第一季度盈利 300 元。全院 28 个正式职工,临时工 4 个,中医 2 个,内科 2 个,助产师 3 个,正式护士 2 个,接班的小孩 5 个,药房 4 个人,化验 1 个。

※　　　※

全县干部 3000 多名,公社干部只有 800 名,全县干部中 40 岁以下的 800 名。

单庙 40 个大队。

赵世旺、蔡爱莲要求调到县医院或城关医院,因家中父母无人照顾。

1982 年 7 月 1 日

党的生日。

主席著作认真读,坚信马列不动摇。远大目标心中装,为党为民要勤苦,个人主义一边抛。

1982 年 10 月 4 日

下午,县委常委会研究各社领导班子。

1. 城关：蔡守怀（书记）、刘申儒、孙宗正、刘宗起、秦光法、孙全平。

2. 燕店：王书俭、赵西增、王文珠（主管管委工作）、李增栋、王贵水。

3. 魏庄：杨井文（书记）、刘保平、程之芳、郭树泉、李去峰。

4. 大王寨：曹存德、李西风、隋立贤、冯纪光、薛保君。

5. 王奉：李学连（书记）、闫纪涛、王怀胜、王善庆、王朝法（副主任提副书记）。

6. 张鲁：曾昭起（书记）、马明文、史文义、刘春青、王双玉、王观柱（年纪大点）。

7. 妹冢：周中江、王纪思、郭月、苏联贵、张爱云。

8. 宋加玉（书记）、丁兴荣、李爱增、叶建民、杨木针、李井仁调出。

9. 张寨公社：高风标、刘学海、李宪立、杨纪纯、宁更臣。

10. 王庄公社：于伟民、尹学明、李金显、李素文、赵庆怀。

11. 观城：孙念光、陶士江、陈良井、王纪尧、李石来（纪检委员），郝兆文调出来。

12. 柿子园：郝兆文、郝改朝、陈子亮、张朋来、刘传太。

13. 大张：胡兆甫、牛松山、城士敬、白正库、陈同江、石光然。

14. 樱桃公社：孙俊中、范传兴、位金山、楚金生、郝继文。

15. 古城公社：王保友、梁立臣、张新怀、谢金元、吴佃启。

各社提拔了十四个人，调动了7个人。

考查的副主任：

城关：杨思臣，42岁，管区书记；井怀高，37岁，城管区书记。

河店：王启文。

魏庄：韩怀盛，宣委；王宪荣，妇女主任，36岁。

王奉：范兆河，组织委员，41岁。

张鲁：王洪波，管区书记；路宪斌，宣委，48岁。

俎店：赵增臣。

妹冢：杨海莲。

柿子园：付居连。

樱桃园：徐玉英，妇联主任。

王庄：李克章，39岁，宣传委员、管区书记。

张寨：梁元德，组织委员，49岁；董义民，宣委，52岁。

单庙：李月娥，43岁，水利局专业干部，大专毕业，水利技术好。

古城：吴玉保，群众反映有问题，暂时不提。

外来干部：陈景芝，河南清丰县的公社副主任。

※　　　※

晚上,研究棉花收购。

县社杨易臣:古云有 1200 多户,没有卖棉花的户占 20%。

观城:为什么没有外流? 准备把 4.5 元的手续费赔进去。

王瑞才:新棉检人员多,咱县在全区价格低,是什么问题,主要是不懂棉检,老认为今年棉花不好,给人家价格低,现在价格有点回升。

棉花收不上来的原因:1. 群众有顾虑,加价款能否对〔兑〕现。2. 前段时间个别社队扣款多,樱桃园、刘楼扣的多。3. 前段时间价格低。4. 外省、外县、边远政策和我们不一样,他们高兴。申官目大队 900 亩棉,库存 11000 斤皮棉,地县存 15 斤,每亩已卖 90 多斤。

闫书记:一、对搞好收购工作的重要性、紧迫性认识不足。二、收购进度慢。三、在验收去杂上有些问题。四、外流仍然存在。五、收购工作不平衡,观城、樱桃园库存比去年多。怎么办?

一、对收购工作提出认识,多收购好棉花,工作是大局,棉花收购情况反映贯彻三中全会的成果,今年棉花来之不易,是用汗水、油、水换来的。应收的收起来,说不清问题。现在收购是斤两必争,当前时间紧迫,今到小雪还有十八天,收购任务很重,越来越艰巨,时间拖长了,收得晚了,有收不起来的危险。当前无论如何,要争分夺秒,时间就是产量,尽早把棉花收起来。

二、价格问题。验收、价格、去杂要处理好,研究一下,实事求是,合理价格。多收籽棉,籽棉价格要好一点,场站、社价格要好一点。

三、要集中力量加快棉花收购进度。一是教育公社搞好发动组织工作;二是搞好价格;三是教育好厂站人员,端正服务态度;四是向群众宣传好政策,粮〔棉〕政策要兑现。

四、搞好四防工作,一定要克服麻痹思想,万万不能粗心大意。

五、加强领导。这段工作,仍然要集中力量,抓棉收购工作。做好各方人员工作,不要有对立情绪,不要互相赌气。收购慢的社队、厂站要具体帮助解决。

1982 年 11 月 4 日

常委会。

闫书记:地区县委书记紧急会议,阳谷案件问题。

张洪荣讲话:一、讲讲对聊城地区形势看法,我区形势一年比一年好,四句话,政治安定、经济兴旺、人民高兴、充满信心。主要是对夺取明年胜利满怀信心。在大好形势推动下,人民精神面貌发生了很大变化,党风有所转变。主要四个方面:一、抓经济工作的自觉性越来越高。二、贯彻中央路线方针政策自觉性越来越高。三、从实际情况出发,按客观规律办事得越……四、搞好党风,严明党纪的自觉性越来越高。党风近年来有改善,有进步,但没有从根本上解决问题。阳谷农行招工问题就是一例,性质严重、影响很坏,应引以为鉴,接受教训变为动力,各县都要对照阳谷农业银行的问题普遍检查。当前几个突出的问题必须认真对待:一是招工问题;二是农转非;三是经济领域中的贪污盗窃投机倒把问题;四是利用公务营建私房的问题。以上四个问题不但没解决好,而且是个发展的趋势。更为严重的是在如何对待这个问题,各级领导存在着软弱涣散问题。这个问题不解决,抵制各种不正之风没有力量,就要脱离群众。当前在党风当中,应突击抓好以下几个问题:一是抓政治纪律,在政治上要和党中央保持一致性。二是抓经济纪律,着重抓经济领域中的贪盗投机倒把问题①。三是抓党内的不正之风。在今年下半年招工中要认真对待,坚决纠正不正之风。利用公款公物盖私房的问题,要下决心解决。农转非要立即查,要立即刹车。

　　如何抓好党风:一、抓教育。大量问题是教育问题,深入贯彻决议、准则和中央三十号文件,要和总工作、正党风结合起来。二、健全党内生活制度。各级党委成员要到双组生活会,认真开展批评与自我批评。三、抓正反两个方面的典型,表扬好的,处理个别屡教不改的。要做到准则以前的从宽,准则以后的从严。坚持错误的从严,搞打击报复的从严,领导干部从严。四、坚决强调领导带头,强调自己带头,自己不搞歪门邪道,敢于支持党风好的典型,敢于处理坏的典型。坚决处理领导上焕〔涣〕散软弱状态,要敢抓敢管。五、加强纪委工作。各级党委要支持纪委的工作,要充实加强纪委的力量,纪委的人数应相当组织部人数、地委纪委计划充实到 30 人左右。六、当前几项工作。1. 党训班开学,地□公社书记分两批训完。2. 人代会问题,今年 12 月份开完,不能明年开。3. 基层党支部整顿问题,今年冬要狠抓党支部教育,搞好双评。改造党支部,支部改造要有条件、有计划、有领导的进行。4. "三会一课"制度要坚持下去。要抓好机关工作,当前政治经济形势很好,机关工作如何,适应新形势,这个问题要很好研究。当前机关存在问题:一是精神状态问题;二是工作作风问题;三是工作效率问题,这些问题必须认真抓紧解决。

　　张程震:一、对今年形势的分析。通过分析形势,进一步认识形势好、表

---

① 在此后单独一页上写着"通过学习,本着理论上弄通、思想上提高、认识上统一、实践上运用"。按照笔迹颜色,此页与讲话无关。

现形势好的原因。当前形势好有三条原因:(一)认真贯彻三中全会[以]来的党政方针政策。什么是党的方针路线政策?集中精力狠抓了经济,实事求是,抓了科学技术推广。在我们聊城不要津津乐道大好形势,要谦虚谨慎,不要骄傲自满。(二)群众的思想觉悟高、翻身的愿望强烈,要看到这个威力。(三)干部的思想状态好,总结分析形势的目的,在于统一思想认识。二、继续解放思想,进一步搞好调整。(一)干部不同程度的[地]产生自满的情绪和新形势下产生新变化,主要是对聊城地区的优势认识不足,不要认为你抓了棉花,就把优势发挥完啦,还有一些优势没发挥出来。聊城有四大优势:一是棉花、二是林业、三是畜牧业、四是加工业。这些优势都要逐步发挥出来,生产责任制要进一步放宽眼界,要充分发挥三个积极性:一是劳动积极性、二是投资积极性、三是智力积极性。前两个问题已基本解决,后一个积极性是无穷的。好责任主要表现两个方面:一是群众乐意接受,二是发展生产。(只要土地不买卖就行)。(二)要解决好薄弱环节。我们聊城有六条:集体家庭空,家庭薄;生产条件改善得不好,主动权还很小,农田基建大有潜力可挖;技术水平很低,而且科学技术推广、普及不好;生产责任制还有不少不完善的地方;集体经济优越性发挥不够;生产上存在着很大的不平衡。三、明确主攻方向,加快步伐。对农业结构认识不能满足现有的情况。近期(五——十年)要集中攻四个优势:林业、畜业、棉业、加工业。对林业的认识远远不够,造成不科学,步伐太慢。在抓优势当中要穿插进行,要逐个击破,加快步伐的目的是实现一块美金,即小康之家,一切都要围绕这个目的考虑。政策问题,认真把生[产]责任制搞好,其他人的经济、知识分子也要搞好。领导作风问题,一是要谦虚谨慎,二是要实事求是,三是要走群众路线。往往下边的强迫命令,是我们领导造成的,出了问题,领导要主动承担责任。计划生育要坚决搞,无论如何,不能搞强迫命令。严肃党纪,端正党风,保证旺盛的革命精神。我们的指导思想要叫群众都知道,变成群众动力。

关于当前工作安排:

1. 继续抓六会贯彻学习。2. 搞好棉收购工作。3. 搞农田建设,抓好水、土、林。4. 搞好技术训练普及。5. 认真总结贯彻政策的经验,进一步完善责任制。6. 认真研究抓两头的问题。最好开两个会:一是林业生产会,二是民兵会。9 日省开地县书记会:社会风气、社会面貌、社会治安没有根本好转,主要是党风不正造成的。

闫书记:一、《人民日报》10 月 28 日的文章,阳谷农行私招工问题。邓小平同志谈端正党风问题,学习聊城文件关于临清干部私自盖房问题,学习张书记讲话。二、县委组建人、劳、纪、公安部门,组织起来学习。三、在此基础上各单位党团员过一次组织生活会。四、发现问题纠正问题,研究立即刹车的问题,普遍检查一下准则落实情况。

1982 年 11 月 12 日

下午,王世魁主任谈劳动就业问题。

招工指标给莘县 60 人,供销 50 人,其余 10 人自己分。这个要求是16—25 周岁未婚青年。另外,招 300 个待业青年。今年完成,去年招工还余 170 个岗位。

封车而没封的:教育局、工商局、县社、林业局、农行。地区封车办公室给 13 个车的指标。棉办有车。

1982 年 11 月 14 日

上午,召开常委、主任、县社、棉办负责人会议,主要研究棉花。王书记谈地区电话会议,关于浇小麦问题。

收购棉 2830 万斤,观城已超 17 万斤,樱桃园差 20 多万斤不到去年数,燕店赵堂每户存有 600 斤籽棉,徐庄的马庄、宋庄有棉基本上没有卖。现手里有棉没有卖的队,原因:一、留的种子棉,轧了再卖;二、等着加粮、加布票时再卖;三、关于扣款问题,群众有顾虑,社里不扣,队里可叫社员拿扣,等办法;四、公社干部抓得不具体,有的公社没有人抓。

关于如何加快棉收购问题:一、分头下去抓问题。1. 抓干部精神状态。2. 公社干部要分工负责,要定任务。3. 分类采取措施,最好队队有脱产干部抓棉花。二、要从政策上进一步解决问题。1. 价格问题。2. 要给群众讲清政策。3. 各部门都不能乱扣款。三、公社书记抓棉站,盯棉站,解决具体问题。教育棉站人员。四、要开群众会、干部会,讲政策、讲任务、讲大局,党团员干部带头交棉花。加快速度,加大力量,抓实抓细,任务明确,责训严明。各公社书记报的总收购数 491 万担。定 10 天完成任务,每天 1 万担,10 天 100 万担。五、抓紧浇麦子,克服麻痹思想。六、农田基本建设不平衡,主要是组织问题、领导问题。

计委汇报物价问题。贯彻国务院 81 年(52 号)文件。涤棉布降价,香烟、酒涨价问题。化纤涤棉,每公尺降 6 毛 6 分钱。烟价上涨,每盒 2 角 9分 5 厘,每包提 8 分,调 3 角 7 分 5 厘。提幅度:甲级上调 0.29 元,乙级提0.08 元,丙级提 0.02 元。酒类价格:粮食白酒各档酒,地区管的产品平均每瓶提 0.44 元,幅度 20.2%,省产品幅度 23.5%。莘县大曲原 1.55

元,提到 1.95 元;特曲 1.99 元,提价后 3.4 元。从本月 18 日开始。

我的意见:16 日下午召开有关物价领导会议。县供销社、美术工艺局、工业局、工商管理局、社队企业局、商业局、宣传部、纪检委员会、财局、检察院。17 日下午 3 点 30 分至 5 点 30 分,召开职工代表大会。召开会同时,关门停售盘点,换新价格。二级站 15 日晚送到各地市,15 日下午集合供销社主任,16 日上午给他传达。成立班子,县长重点抓供销。

1982 年 11 月 18 日

下午,和棉办研究棉花价格。

地委要求:县委办公室主任去、棉办去一个,共开了两天时间。解决"三到户"的问题,结算、兑现、收购"三到户"。菏泽县"三到户"共 600 个,到户啦。收购到户,每户有一个收购证,有面积、人口、包购基数、收购任务、农业定金,一个大队建立一个卡片。

结算到户:兑现、三联单、兑现粮的盖个粮字章。搞政策兑现的点。春天怎样定的,现在怎样落实。

邢贵臣:今冬抓一个教育、两个落实,进行六中全会决议、省农村工作会议精神的教育。

两个落实:一是分配政策,按"三落实"办。生产责任制进一步完善加强,掀起冬季生产高潮,农田水建设高潮。二是平整土地,丰产沟。三是林业,林的规划,林的认识,林业的政策。育好苗子,每人平均 60 棵苗子。各单位都要搞好样板。

张洪荣书记:一个月后,搞一个社的"三兑现"的点,12 月 20 日搞完。春天怎么讲的怎么办,扣留部分给群众讲清楚,"三到户"不要一刀切,要有先有后才行。不要大刮低产风,德州已超过聊城啦。搞好棉花栽培技术训练班。

莘县三个代表发言:前高庙的高产经验;河店的丰产沟;张鲁的植保公司。

收购底子:高唐,40 万担;聊城,48 万担;临清,53 万担;东阿,32 万担;茌平,40 万担;阳谷,38 万担;冠县,46 万担;莘县,保 40 万担。总计 337 万担,去年 320 万担。

关于换购问题,6 月 1 日后自留棉一斤半到 2 斤,发售棉证。

"三兑现"工作组:办公室、粮食局、农行、棉办、棉麻经理部、县社。

北片:……

城关:李先韩;张鲁:孙保增、王新法。

中片:……

朝城:楚登峰;妹冢:翟明刚、李新春。

南片:……

大张:吕风林;樱桃园:贾北魁。

朝城:光宋海30多户7000斤皮棉,完不成基数的后甄大队,每亩才2.5斤,还有15个大队没完成基数。秦庙大队有三分之二的棉没交,等着上边换购,有别的想法。干部放松领导工作,一是待遇不解决,二是精神不振。这个社每天最少1.5万斤,最高6万斤,主要是棉厂收不完,吃不过来。比去年同期单产少20%,总产可拿230万斤,去年193万斤。

十八里:社员手里有棉70万斤,剥壳20万斤,已收151万斤。去年201万斤。如果日进两万斤还得40天。

十里井大队:300亩棉,才交1200多斤。支书陈玉香随波逐流。

杜庄大队:才交14000斤,去年87000斤。抓张洼战区,主要强调大小队干部大会先带头卖。五庄战区已收16万斤,去年16万斤,已超过去年。只要价格解决了,日进3万斤没问题。今年可拿200万斤。

俎店:社员手里还有20(万斤)皮棉,组织30个干部到24个大队。抓棉收购工作,准备日进4万斤棉花。

徐庄:今年能拿80万斤。抽了34个干部已下去啦,每人平均再交12斤皮棉。当前要认清形势,鼓足勇气,分秒必争,斤两必夺。

妹冢公社党委成员:

周中江书记,常庄;

王纪恩副书记,胡集;

郭月副书记,高庄;

郭保云副书记,妹冢战区;

张爱云副书记,棉厂;

苏联贵副书记,草佛寺;

周金河副主任,谭庄;

刘庆元副主任,常庄;

杨海连副主任,妹冢。

技术站:周朝举、李金果、赵家祥。

组织干事:韩文海。

青年团:陈海发。

财助:贺文章。

供销社:王保里、孔令果、任孟臣。

采购站:石东森、张贵梁。

再和供销社要 5 个人。

市管所:雷主任。

银行:刘主任。

粮所:魏兆乐(再带一个)。

医院:张院长(再带两个人)。

税务所:郭主任。

任务:已收 123 万斤,再收 120 万斤。每天进 6 万斤,每亩按 2 斤收。

妹冢党委成员会议,棉花问题:一、认清形势,鼓足勇气。二、措施得力,行动迅速。三、发动群众,搞好宣传。四、统筹安排,抓住重点。

1982 年 11 月 19 日

晚上,妹冢公社党委会。

搞好棉花收购,党委是关键。妹冢公社党委成员分配任务(棉收购)。去年 445 万斤,今年 350 万斤,实交 230 万斤,今年比去年减少。

妹冢战区已交 60 多万斤,差 36 万斤,去年 131.5 万斤。

常庄已交 20 多万斤,差 14 万斤,去年完成了 46 万斤。

谭庄已交 34 万斤,差 16 万,去年 63.9 万斤。

高庄已交 30 万斤,差 11 万斤,去年 52 万斤。

胡集已交 45 万斤,差 30 万斤,去年 97 万斤。

草寺已交 23 万斤,差 13 万斤,去年 36.8 万斤。

※   ※

地区棉花收购会议。

王国治书记:各县先汇报的,地直部门讲了讲,然后书记、专员又讲了讲。一是主要进度慢,对大量收皮棉认识不足。二是思想发动组织差。三是政策上有问题,主要是去年、今年我们又没有宣传,要变慢为快。

怎么办? 一要发动组织,表扬你的公社。二要进行政策教育,过去的要讲清,全年要兑现。三要加强领导,地县要组织一批人员下去,解决后进社的问题。另外摸三个底:一是思想底子;二是政策底子,包括今年的和明年的;三是棉源底子,到底有多少棉花。

张金德:一、这个会是紧急动员会,过去主要是劲头不足,根本问题在领导。二、过去没组织上去,现在要组织上去,把棉收购当硬仗来打。三、工作重点一是思想发动,号召全国学习女排精神。棉收购关系到我国的大局,争取 20 天拿上来。力争全区每天 4 万担,20 天拿 80 万担。东阿、高唐、茌平三个县超去年水平。今年棉收购的进度比去年同期慢,比德州地区慢,比预想的慢。原因:一是思想麻痹,对新情况认识不足。二是精力分散。三是具体工作抓得不紧,集中抓半月,20 天力争完成。增产不动摇,去年 324 万担,现在差 80 万担。现在有冷风,有热风。总的要增产,不能动摇。落实交售任务,落实到公社管区、队、户里才行。

落实兑现政策:一是直接到户,二是间接到户。一是加款,二是肥,三是粮食,四是饼皮、油。包购基数,任务都要搞好。做好交售组织动员工作,领导集中,县、社、管区队,主要领导都要抓棉花。再一个,认真抓好分配,抓好棉才能抓好分配,抓好分配,才能完善生产责任制。

抓生产:一是浇麦子,时间晚。再就是农田基本建设,整棉田,魏专员来电给聊城,不要光贯彻会议精神。

徐庄:已收 469000 斤。全社每人完成 12 斤、26 斤,加起来共 72 万斤。战区完成后每人 40 元奖励。脱产干部奖励 10 元,到 25 日结束。日进合 4 万多斤。去年 975000 斤,流失有 40 万斤。罗屯支书刘孟海有籽棉 1510 斤已卖啦,家里还有一部分。

抽调干部 47 人:徐庄:董书记、于主任;谢集:孟书记;陈庄:左书记、魏主任;罗屯:王主任;钟鼓楼:吴书记;棉站:于书记。

徐庄乡 7.2 万多斤;谢集 4.5 万斤;陈庄 4 万斤;罗屯 6 万斤;钟鼓楼 5 万斤。去年 1.36 万亩,975000 斤;今年 1.64 万亩,720000 斤。陈庄、营庄大队外流多,去年 130 亩,总产 10400 斤。今年 100 亩,单产 130 斤。郭葛庄去年 330 亩,总产 34650 斤,今年 35000 斤,330 亩,实交不到 10000 斤。通过摸底得出每户还有 50 斤,共 130 户。翟庄、郭洪章,130 户,620 口人,种棉花 700 亩,去年成活 300 亩。贫水区从外村拉水种棉,每亩合 70 斤皮棉,3 亩中有 2 亩成的,共 5 口人,已交 120 斤籽棉。

李义民家四口人,因爱人到朝城工作,没有卖一点棉花,有 350 斤。周玉柱家四口人,从来没有卖过棉花,约有 2500 斤。

1982 年 11 月 21 日

上午八点整。

一、79 年财局拨款 330300 元,实开支 295989.72 元,差 34310 元零 2 角 8 分。

二、79 年 12 月 31 日晚上拨的,拨卫生上 7000 元公费医疗。

三、79 年 2 月—81 年 10 月份,计生开支 60 多万元。其中有三分之一或二分之一拨出去啦。

四、80 年 12 月份,光开支 7000 多元。

※ ※

闫书记给中央电视台于同志汇报:这县是贫困县。78 年人均粮食 450 斤,棉花人均 38 斤。人均分配 37 元,口粮水平 300 来斤。80 年人均粮食 480 斤,棉人均 122 斤,总产 4150 万斤,花生 1450 万斤,人均分配由 37 元增至 109 元。今年大风干旱早霜。今年粮 4 亿斤,花生 800 万斤,人均分配 150 元以上。

主要原因:一、因地制宜,发挥优势。今年棉田 20 几万亩,发展到 45 万亩。二、放宽政策,落实生产责任制。三、狠抓农田基本建设。水浇面积由 45 万亩发展到 80 万亩。抓了水,扩大了灌溉面积,由试行、发展到普遍。主要是统一大包干形式的责任制。有的认为大、分、平、统就是社会主义,这是一场争民主、争自由、争自主权的斗争。这是群众摆脱左的影响、摆脱大锅饭、摆脱苛捐杂税的一场斗争。百病出于统一分配,它是大锅饭、平均主义的核心。过去是上工喊一阵子,到地里坐一阵子,记工时闹一阵子,分配时吵一阵子。生产责任制的分配,要取消统一分配。尹庆说闫运来同志是乘着三中全会的东风来的,他又提拔了一批虎将。

东治沙,西改碱,中间建设稳定高产田。从三中全会开始到现在提了一百零八名干部,到七月份止,全县县委常委十三名,平均年龄 46.4 岁。

※ ※

梁朝训:去年收棉花 15 万斤,今年收 11.5 万斤。四队今年不减产,今年种 770—800 亩,基数 124 斤。口粮田 3.5 分,加一分自留地,共计 4 分半。人均分配 200 元以上,去年 220 元。

城关、观城超去年总产。

接近去年总产的:古城,147 万斤/150 万斤。燕店,已交 189 万斤。樱桃园已交 1938821 斤,去年 199 万斤。

1982 年 11 月 23 日

上午,观城现场会议。

孙念光介绍经验:狠抓棉花收购,大搞农田基本建设。1000 斤棉户,178 户。全社每亩平均 117 斤。主要加强教育,大抓突击。棉花共 28000 亩,可达 230—250 万斤,比去年增 80 万斤。准备拿措施,狠抓收购。加强收购班子,去年 25 人参加收购,今年供销社 56 人参加,日收达到 10 万 3000 斤,没有一户过夜交上的。挖完沟后,明年 5.5 万亩保证能浇上水。统一规格、标准。特别是公社的六条沟子,提出六不准,确保质量要求。加强麦田管理。

　　单庙袁书记汇报:棉田 2396 亩,收棉 2136000 斤,每亩 90 斤。每人贡献 80 斤。管区超过去年的总产,比去年多 30 多万斤。

　　樱桃园:已收 185 万多斤,去年总产 191 万斤。现在 189 万斤,差 14 万斤。能收购 230—250 万斤。一是摸分给户的地数。二是摸预产数、摸已卖数、摸存放数、摸外流数、摸基数。根据这些定任务、措施,突击交售棉花。

1984 年

1984 年 4 月

　　办公研究和张福山谈话,超生问题。

　　主要是来信,一是和王朝会见面,二是和他本人谈①。

1984 年 8 月

　　21 个公社镇基本情况②。

　　总职数 184 人,其中党委正副书记 98 人,管委主任 86 人,女 7 人,年龄 47 岁以下的 134 人,50 岁以下的 11 人③,51 岁以上的 39 人,60 岁以上的 3 人。

　　全县 21 个公社共有职工干部、工人 951 人。83 年底统计职工干部数为 938 人。其中干部 882 人,职工 52 人(武装干部在其中)。

※　　　　　　※

　　召开乡镇党委一、二把手会议。

　　关于火化问题。

　　一、前段情况。1. 由原来的倒数第一跃到前两名,大家出了力,做了难,开创了火化工作的新局面。领导班子统一了认识,亲自布置,亲自组织力量,亲自做困难户的工作。2. 当前存在的问题。认识问题没解决,县委抓得紧,我就抓得紧;县委主要负责同志不讲啦,我也就不干啦。专业班子解散啦,领导力量是削弱啦。认为当前头绪多、任务重,顾不过来。没有抓住典型、难缠户,困难队没有打开局面。

　　二、怎么办。1. 从思想上解决各级领导的认识问题,主要是解决一阵

---

　　① 　此部分内容没有署名具体日期,故而按照日记记录顺序,依次记录。
　　② 　此部分没有署名具体日期,位于该本日记开头。按照前后时间推算,将其置于 4 月。
　　③ 　指 49—51 岁之间的。

风、应付一阵子的思想。2. 重新组织力量,下大力气把工作抓上去。3. 注意抓党团员、大队干部的模范带头作用,注意抓典型。4. 深入基层,做好宣传工作,做老大难的工作。5. 搞好评比活动,兑现奖罚制度。

三、12 月份好的乡镇和差的乡镇。好的乡镇,舍利寺完成 100%,单庙完成 84.6%。

※　　　　※

和政协研究政协代表会准备工作。

政协党委要求 60% 的代表是党外人士。

※　　　　※

研究待安排人员。

王振明,49 岁,卫生局长。宋景章,48 岁,农业局副局长。石成安,54 岁,调研员。郑太林,50 岁,检察院副检察长。马福启,43 岁,劳动局副局长。左新然,53 岁,劳动局副局长。董修功,安排到工业系统。张世青,安排到农机公司。对马福启结论:证具〔据〕不足,不予认定,安排适当工作。

乡镇待安排的干部。郝改朝,39 岁,副书记,古云;王子连,49 岁,经济联社,朝城;柴金喜,39 岁,张寨;巩胜如,46 岁,经济联社主任,进党委。

张登峰、苗中玉、李国杰、于子文、楚登峰、谭玉贞、宋加玉、张同州、谢丁元、李俊厚、杨春礼、章保家、李寅堂、范秀兰、战贵河、马绪坤。

需要立即谈的:于子文、张登峰、宋加玉、李寅堂、左新然。

和老干部周风臣谈。

※　　　　※

政协工作。

全委 132 人,其中党内 49 人,非党员 83 人,占 62% 点多。政协常委 35 人(计划 27—29 人)。

1. 张继成主席;2. 李传博副主席;3. 齐光前副主席;4. 曹存德副主席;5. 黄力建;6. 李向成;7. 唐守杰①;8. 王启达,古城医院大夫,学侨属;9. 王冲,林业局副局长②;10. 邵泽图,师范讲师;11. 李光普,工程师;12. 韩光丹,87 岁,上届委员,台属;13. 赵学印,县医院,大学学历;14. 张春生(大张),道东大队社员,专业户(养鱼、种菜、发电、预制件),39 岁,建学校拿出

---

① 在日记本右侧有些补充性文字,"党内人士共十一人,党员占 35.3%。党员 14 人,占 48%。原常委 12 个人。党外的 21 人。王善成;田良臣;刘海生;苗清文"。

② 其名字上又存在删除痕迹。

500 元来;15. 李淑真,城关东街小学教师,台属;16. 吴连坤,回民大学生,广播局机务员;17. 徐万明,单庙大邹家大队妇女主任,四川妇女;18. 姜维珍,女,酒厂工程师,38 岁;19. 刘克庆,51 岁,王庄乡刘元专业户;20. 王振江,21 岁,大张乡陈庄团支书;21. 王雨石,70 岁,化庄的老中医;22. 李中礼,农业局农医师;23. 杨恩成,回民,张鲁街,70 岁;24. 常风亭,55 岁;25. 杨立英,上届常委;26. 朋金来,水利局,62 岁,助工师;27. 蔡永清,83 岁,张鲁阿訇,上届常委;28. 王希风,37 岁,大学学历,一中教师;28. 杨培仁;30. 孙玉珠,请示再说。

张继成书记建议:张星南,人大副主任;张培仁,政协副主席;孙玉珠,工商局副局长,是否保留在人大;赵学印是否任政协副主席;杨恩成,张鲁回民。

※　　　※

政协主席、副主席。

张继成,党员;李传博,党员;齐光前,党员;曹存德,党员①;杨立英;邵泽图;吴连坤,35 岁,回民,大学学历,广播局机务员②;孙玉珠,工商界;杨培仁;杨思成(省政协常委)。

※　　　※

关于县人大会。

县代表 355 名。干部代表占 23%,党员代表不超 50%,妇女代表已超过 20%。

乡镇代表会 9 月 13 日前全部结束。

崔厅长讲意见:改革的意义,对社改乡的重大意义认识不足,三个牌子一个门,当家的还是一个人。社改乡只是换换衣服,换换装。党委乡政府,要搞好分工。政企不太好分,还是个领导关系。

※　　　※

几个调研员的安排:

人大常委:石玉兰、李中杰、翟永恩、贾传信。

政协常委:王义升、田良臣、刘海生、苗清文。

人大常委党外人士达不到三分之一的行不行。

※　　　※

关于人大代表会筹备问题。

---

① 其后有删除文字,"王冲,拿到人大当副主任"。
② 其后有删除文字,"张春生,地区意见可不参加"。

一、大会秘书处

秘书长：王树奎；副秘书长：杨巨源、马自越。

二、下设四个办事组

1. 组织组

组长：王朝会。副组长：吴广岱、赵万真、江峰。

2. 秘书组

组长：任汉文。副组长：郭银德、申春健。

3. 宣传组

组长：钟伟臣。副组长：李新村。

4. 会务组

组长：王平德。副组长：张崇德、吴文森、魏江海。

三、大会设四个委员会

1. 代表资格审查委员会

主任：李先源。副主任：林东福、路安良。委员：王德清、孙振东、岳采森。

2. 议案审查委员会

主任：曾广福、张星南。副主任：邢跃明、向秀珍。委员：高风标、杨长瑞、谭风森、张振英。

3. 预算决算审查委员会

主任：刘子林。副主任：骆怀宝、刘怀德。委员：杨易臣、史银玉、翟永恩、孟兆柱。

四、关于主席团的组成

1. 28 个乡镇书记、四个办事处主任、县两个代表团，共计 34 名。

2. 县委常委、副县长 11 人。（钱政委不是代表）

3. 人大委员会正副主任（新老主任）共 9 名。

4. 政协 2 名。

5. 专业户 1 名。

6. 武装部 1 名。

7. 工人代表：孙振东、王朝会、马自超。

8. 政协列席：钱政委、徐寅生等，共计 6 人。

五、常务主席

县委 4 名书记、人大 6 名主任、武装部 1 名、政协 1 名，共计 12 名。

六、会议日程，几个报告安排

1. 开幕词：肖俊英。

2. 闭幕词:孔繁森。

※　　　　※

和张主席商量政协代表会。

第四届政协代表会,在人代会的前一天集合。

一、上午集合,下午预备会。

全委参加 132 人,第三届 89 名代表。预备会通过:1. 日程;2. 议程;3. 提案审查委员会;4. 分组名单和召集人;5. 本届政协委员会筹备说明;6. 通过主席团名单、秘书长名单。

二、第二天开幕。

开幕词;县委书记讲话;政协主席作工作报告;第二天下午讨论;参加人代会。

最后一天:一、向政协主席团提议候选人名单,主席、副主席、常委建议候选人。二、建议完后大家进行讨论。三、确定候选人名单后正式选举。四、选举完后通过各项决议。五、闭幕。六、闭幕后开第一次常委会。

开幕式书记全部参加,县长、人大主任参加。政协主席团参加人员正副主席。四个调研员是否进政协当委员。

※　　　　※

政协委员徐万明,单庙小邹家村,妇女主任、妇女代表,换成工会代表李希勤,上届常委。

1984 年 8 月 20 日

原二十一处公社党委管委领导班子情况。

党委正副书记98人,平均职数4.7人,平均年龄44.01岁。其中:35岁以下的3人,占3.1%;36—40岁的34人,占34.7%;41—45岁的21人,占21.4%;46—49岁的16人,占16.3%;50岁以上的24人,占24.5%。文化结构:大专11人,占11.2%;中专(高中)36人,占36.7%;裙带关系以下51人,占52.1%。

管委正副主任86人,平均职数4.1人,平均年龄45.96岁。其中:35岁以下6人,占7%;36—40岁15人,占17.4%;41—45岁21人,占24.4%;46—49岁18人,占21%;50岁以上26人,占30.2%。文化结构:大专学历9人,占10.5%;中专(高中)学历23人,占26.7%;初中学历以下54人,占62.8%。女7人。

原公社党委管委正副职184职。其中,副书记兼管委主任9人,平均8.33职,平均年龄44.42岁。文化结构:大专学历20人,占10.9%;中专

（高中）59 人,占 32.1%;初中以上 105 人,占 57%。

※   ※

二十八乡镇党委政府领导班子情况。

党委正副书记 99 人（女 4 人）,平均职数 3.5 职。平均年龄 39.8 岁,比原党委正副职小 4.21 岁。其中:30 岁以下 2 人,占 2%;31—35 岁 15 人,占 15.1%;36—40 岁 41 人,占 41.4%;41—45 岁 29 人,占 29.3%;46—49 岁 12 人,占 12.2%。文化结构:大专学历 13 人,占 13.1%;中专（高中）学历 44 人,占 44.4%;初中学历以下 42 人,占 42.5%;缺 35 岁以下正副职的有 14 个乡镇党委。

正副乡镇长 118 人（女 11 人）,副书记兼正副乡镇长 29 人。平均职数 4.2 职,实职副乡镇长 89 人,平均 3.2 职,比原公社管委副主任降 0.9 职。平均年龄 39.5 岁,比原公社管委副主任小 6.46 岁。其中:30 岁以下 10 人,占 8.5%;31—35 岁 15 人,占 12.7%;36—40 岁 40 人,占 33.9%;41—49 岁 21 人,占 17.8%。文化结构:大专学历 15 人,占 12.7%;中专（高中）学历 56 人,占 47.5%;初中学历以下 47 人,占 39.8%。缺 35 岁以下政府干部的乡镇政府 5 个。

乡镇政府党委领导班子交流情况共 72 人,占 38.3%。其中,党委交流 46 人,占 46.5%;政府交流 26 人,占 29.2%。

乡镇改革中提拔任党委正副书记,正副镇长 128 人,其中:提正职 51 人（副职提正职 43 人）,提副职 77 人。30 岁以下 12 人,31—35 岁 26 人,36—40 岁 48 人,41—45 岁 30 人,46—49 岁 12 人。文化结构:大专学历 15 人,中专（高中）学历 70 人,初中学历 43 人。有技术职称者 5 人,妇女 5 人,非中共党员 3 人。

经济联社共安排 56 人,原班留任 25 人。25 人中,年龄在 50—52 岁。其中,50 岁的 8 人,另外有病的 2 人;51 岁的 7 人;52 岁的 8 人;共 25 人。县直下去共计 24 人。

乡党委政府、经济联社平均职数 8.7 职。

社改乡待安排的 8 人。

1984 年 9 月 17 日

上午,研究人大政协会。

政协会:18 日上午集合。18 日下午预备会议。19 日开幕式和会议。

人大会:19 日集合。19 日晚开预备会议。

20 日预备会。21 日开幕及报告,预决算和国民经济报告。22 日人大报告。上午接着讨论，下午定候选人。23 日选举，预选。

县直代表团：王启录，公检法党政群；史银玉，工基交；毛代臣，农林财贸；马自超，主席团；主席团正式成员 63 名。

列席：钱政委、徐寅生，政协 11 名。

1984 年 9 月 18 日

上午，人代会准备工作汇报。

一、新建议案组，需要 3 个人，由议案委员会负责，陈庆云、张书军、冯存山。

二、召开县直代表团团长副团长会议。杨巨源、马自超负责召开。设立办事局。

三、常委主席的排列。县委书记、人大领导、政协领导、武装领导。

四、监票人。总监票人：张振华。总记票人：王朝会。记票人：姜峰、吴广岱、赵万真、赵景卫、张明山、孟兆华、刘庆海、张新林。监票人……

　　　　　　　　※　　　　　※

组织部汇报。

一、乡镇应配 106 个正副书记，已配 100 名，一名副书记又去学习，缺 7 个乡的副书记。河店、张寨、舍利寺、樱桃园、柿子园、古云。十八里缺 2 个副书记，王铺多 1 个副书记。

二、副乡镇长应配 88 人，已配 98 人，多 10 人。多副乡镇长的乡镇：董杜庄、王奉、闫集、徐庄、十八里、张寨、马集、观城、樱桃园、王庄、古云。少副乡长的：城关少两个（去学习一个，少配一个）。

三、缺青年团书记的 8 个乡镇，柿子园、闫集、城关、徐庄、刘庄、河店、大张、马集。

四、缺妇女主任的 11 个乡镇，燕店、刘庄、邹巷、王奉、岩集、徐庄、舍利寺、十八里、樱桃园、古云、柿子园。

五、关于吴善玲退休的问题，刘示广离休的问题。

六、组织员办公室。

七、企业政治部班子问题。

八、老干部的特需经费。按规定每年每人 350 元，集体掌握。

九、经济联社主任，已配 60 个。安排的调研员共 18 个人。

城关：杨文新、王平福、程之芳。大王寨：张再仁、杜佃贵。魏庄：纪少经。

马集：陈景芝。朝城：左新然。徐庄：刘华，张鲁的副主任。十八里：郝西亭,要求去县直。张寨:李兴镇,家住王庄,要求回王庄。古城:白传福。观成:张信生。樱桃园:张建芝、董一民。柿子园:李新恒,要求去县直。大张:胡兆甫。

1984 年 9 月 27 日

关于落实知识分子政策问题,召开落实知识分子领导小组会。

关于召开落实知识分子政策会议贯彻中央省地县的文件。

※　　　　　※

姜峰建议:一是水土保持实验站,是否让潘云海任站长。潘云海,45岁,党员,农艺师,现任土壤肥料站站长。二是马西指挥部办公室,是否让于广聚任办公室副主任。

1984 年 10 月 5 日

下午,给王加胜书记汇报工作。

地区要结论的共 9 件,除 3 件没结论的外,都已有了结论。

※　　　　　※

晚上。

"文化大革命"中犯这样那样错误的 29 人。局级 24 个,24 个人中已查清安排了 12 个,没安排的还有 12 个人。其中,基本查清的有 7 个人,问题严重的有 6 个人。

魏景山书记:材料要搞清楚,材料面要宽要实。

1984 年 10 月 12 日

下午,和肖书记研究的问题。

1. 机构设置问题。2. 纪委常委科室的编制问题。3. 几个干部的安排问题。4. 企业政治部的设置问题。

※　　　　　※

未安排的干部:秦广池、楚登峰、辛保甲、李寅堂、于子文、谢丁元、苗中玉、李国杰、谭之贞、范秀兰、宋甲鳌(打董子良科长)、李俊原、杨春元、战贵河、马绪坤(一般干部)、张同丹。

纪委:委员 15 人,常委 7 个。书记设一正二副。

常委科长考查对象:陶永怀,正营;顾生贤;吴光举,42 岁,大专;李书杰,29 岁,大专;郑连举,农业局会议辅导组副组长,大专,44 岁;樊西静,中专,36 岁;商庆林,中专,36 岁;观城乡,徐同静,57 岁,工交组长没安排工作,本人要求再干 2 年。

1984 年 10 月 27 日

几个干部的安排。

1. 辛保甲:多人证明,按过宋宗学的头,但本人至今不认,暂做安排,待整党时再说。安排卫生局副局长。

2. 于子文:安排河店副书记。叫李先源爬。别人先说的,他后说的,至今不认账。78 年结合河店公社常委,批斗当权派积极。

3. 李国杰:办清队学习班时,有推拉当权派的行为。当时在王庄区办的学习班,贾广智说,李国杰打过他。张寨副书记,最后一把。

4. 苗中玉:第二次到武装部抢枪,抢前,他建议开团长会议,而且他也去啦,到武装部门口没进去就回去啦。当时,他听说地区分区有人在此开会。在去冠县的路上,住到王奉,假借于长兴的名义,叫秦明采搞几支短枪,结果抢了七支短枪、一箱子弹,打冠县时他也跟着去啦,在冠县梁堂住了四五天时间。安排他担任马西林场副场长。

5. 范秀兰:韩考进之死和她的关系没有弄清楚,先安排,待范县搞清后再说。安排物价或民政副局长。

6. 李寅堂:关于张金岳问题,可安排审判员。审判调研员。

7. 宋加玉:主要是在地区党校,打骂董科长,自己不认。

没有进行机构改革的单位:1. 物资管理综合公司;2. 马西林场;3. 人大办公室;4. 政协办公室;5. 县委招待所;6. 老干科;7. 信访科;8. 档案科;9. 机要科;10. 党史办;11. 地方志办公室;12. 民侨宗办公室;13. 安办;14. 职工教育办公室;15. 劳动服务公司;16. 组织员办公室;17. 水土保持实验站;18. 企业政治部;19. 项目办公室(2606 项目①)。

1. 副经理:王明振。物资公司②

2. 马西林场

---

① 党的十一届三中全会以后,林业部根据新时期的林业发展目标,结合国际援助的要求和特点,分别选择山东聊城和四川珙县两个区域作为我国林业外援项目的首批试点,力求探索出一套不同立地条件下营造速生丰产林的经验和办法。该项目于 1982 年 10 月正式实施,项目编号为中国 2606。1981 年,孔繁森第一次援藏返回家乡,正好赶上中国 2606 项目的实施,组织上分配他担任莘县县委副书记,并兼任中国 2606 项目工程指挥部的副指挥长,具体负责外援项目的实施工作。在此期间,他多次强调,外援项目造林不同于一般性造林,项目干的好坏影响到全县、全省乃至全国的声誉,一定要高度重视,认真对待,不能出丝毫差错。

② 其下原有经理及相关人员,后被划去,此处不录。

书记:狄贵民。场长:于振宗,45 岁,大专,林学系。

副场长:苗中玉。第一副场长:张怀臣。副场长:周炳文,47 岁,中专,工程师。吕建臣、隋立贤,调研员。

3. 水土保持实验站

站长:岳振海。

4. 2606 项目办公室

主任:于广聚,28 岁,助理,农艺师。

5. 安办

主任:申培军。

6. 企业政治部

部长:□□□①。副部长:李瑞荣。张进忠,工业局调来当干事。

7. 地方志办公室

副主任:陈庆立。

8. 民侨宗办会室

副主任:杨立英。

9. 没安排的大学生

陈庆立,28 岁,81 年 12 月毕业,1 月份参加工作,安排棉麻或地方志。

杨桂清。

王朝纲,综合贸易公司,科委。

李玉芝,工业局,29 岁,体委。

杨立英,民侨办副主任。

10. 体委

副主任:徐文华、李玉芝,张保江调出去。

11. 劳动服务公司:经理:□□□②。副经理:耿金祥、刘福祥。

1984 年 10 月 31 日

上午,和肖书记研究班子。

乡镇书记、副书记 113 个。除城关 5 个人外,其余都是 4 个人。乡镇长、副镇长,除樱桃园、朝城外,都是 5 个。书记、副书记缺 13 个,现有 100 个。乡镇长缺 16 个,现有 98 个,应 114 个。

县直部门已考查的没下文的干部:

---

① 此处,原件即为空缺。
② 原件经理处是空白。

张书军,32 岁,中专,十八里书记。

张同材,27 岁,中专,副乡长。

孟兆朋,中专,36 岁,副乡长。

贾培义,46 岁,高中,副乡长。

孙红岩,35 岁,中专,财校毕业。

郭增山,33 岁,中专。

白永朝,30 岁,经委。

张子义,32 岁,初中。

王德山,41 岁,中专,汶上县,副乡长。

李存岩,45 岁,中专,农艺师,植保站长、书记。

岳振海,31 岁,中专,事业局办公室主任。

高启平,36 岁,高中,教育局。

徐长岭,38 岁,初中,家魏庄,多办。

关广会,33 岁,中专。

王英,粮局。

刘文堂,调河店。

楚丁柱,燕店提一个副书记。

公社原来考查没安排的:

贾新年,47 岁;

胡九旺,38 岁,初中;

王明文,张鲁的纪检干部;

孙文清,两次作风问题;

范明恩;

王长荣。

缺 13 个书记:魏庄 1 个、刘庄 1 个、河店 1 个、岩镇 1 个、徐庄 1 个、张寨 1 个、马集 1 个、舍里寺 1 个、十八里 1 个、樱桃园 1 个、古云 1 个、柿子园 1 个……

缺乡镇长的乡镇:城关 3 个、单庙、张鲁、河店、王铺、燕店、古城、刘庄、柿子园、俎店、大王寨、位庄、邹巷。

乡镇经济联社需调出的:

河店,王海强,41 岁,高中,原来宣委副乡长。

燕店,王山英,提副乡长。楚丁柱,副乡长,提副书记,调魏庄。

岩集,郝西忠,42 岁,提副乡长。

刘庄,王怀英,提副乡长,36 岁,初中。

王铺,张秀杰,提副乡长,46 岁,高中。

李保存,原管区书记,33 岁,高中,提副乡长。

李广才,原大张组织干事,调办事处吧。

张寨,吴玉俊。

王庄,陈云显,原张鲁财助,提副乡长。

马集,苏万英,原王庄管区主任,29 岁,80 年工作的。

大王寨,胡九旺,"文化大革命"中说有问题,没提起来,这次提副乡长。

樱桃园,范兴海,36 岁,初中,樱桃园管区书记,征求尹学明意见。

提副书记:唐峰伟、楚丁柱、张书军、李存岩。

提副乡长的干部:徐长玲、张子义、孟兆朋、贾培义、张同材、王英、邹景良。

招待所所长:张怀良,副所长:王瑞田、李连奎。

县委行政科长:王太东,调研员:李连明。

信访科:科长王贵峰。

档案科:科长张本然,副科长沈春怀。

几个人的安排:

辛保甲;

于子文,十八里副书记;

李国杰,柿子园副书记;

唐峰伟,樱桃园;

王德山,古云;

李存岩,魏庄;

刘文堂,调单庙副书记。

几个乡镇长的安排:

王海强,河店。

连继川,副乡长提副书记,仍在岩集;

郝西中,在岩集不动。

王怀英,在刘庄乡不动。

张秀杰,王铺。

李保存,原徐庄调柿子园乡。

陈云显,调大张乡。

胡九旺,在大王寨不动。

范兴海,征求尹学明意见或调古城。

王山英,在燕店不动。

张子义,俎店。

王英,城关。

徐长岭,邹巷。

张同材,张鲁。

孟兆朋,征求谢景元的意见。

邹景良。

耿金祥,城关副镇长。

1984 年 11 月 1 日

关于几个大学生的安排。

王振兴,借调办公室;王朝纲,贸易综合公司;杨桂清,物资公司;李玉芝;耿金祥;李文祥,棉麻公司;杨忠遂,体委主任;李玉芝,体委副主任;张保江,调出。

关于人员编制:

办公室 37 人,书记、副书记 4 人,主任、副主任 4 人,办事员 5 人,打字员 2 人,收发室 1 人,保密室 1 人,行政科科长 1 人,调研员 1 人,会计 1 人,通讯员 3 人,司机 5 人,门岗 1 人,信访科 4 人,机要科 4 人。

组织部 18 人,干部科 7 人,组织科 3 人,干审科 3 人,部长、副部长 5 人,组织员办公室 7 人(4 个办公室各有一个),老干部科 5 人。

宣传部 10 人,部长、副部长 3 人,秘书 1 人,干事 6 人。

纪委会 23 人,书记、副书记 3 人,常委 4 人,办公室。

统战部 7 人,部长、副部长 2 人,调研员 1 人,干事秘书 4 人。

农村工作部 7 人,部长、副部长 2 人,调研员 1 人,干事 4 人。

政法委 5 人,书记、副书记 3 人,干事 2 人。

企业政治部 7 人,部长、副部长 2 人,干事 5 人。

机关党委 6 人。

工会 5 人,主席、副主席 2 人,干事 3 人。

团委 8 人。

妇联 5 人。

科协 5 人。

1984 年 11 月 8 日

下午,书记办公会。

辛保甲,计生局二把手。

刘效荣,计生局一把手。

于子文,十八里副书记。

李国杰,柿子园乡副书记。

苗中玉,马西林场副场长。

李寅堂,法院调研员。

几个班子的安排:

一、马西林场

书记:狄贵民,45 岁,中专,农校;

场长:于振忠,45 岁,大专,农学院;

副场长:张怀臣,中专,第一副场长,32 岁。

副场长:苗中玉;

副场长:周炳文,46 岁,中专,工程师;

吕建臣、随立贤,分别 55、56 岁,任调研员。

二、物资综合服务公司

经理①:

副经理:王明振,20 岁;董修功,46 岁;杨桂清,31 岁;郭月、华文龙、李本章,调研员。

三、水土保持实验站

岳振海:站长,32 岁,中专,家在王奉乡,69 年参加工作。

四、2606 项目办公室

主任:于广聚,29 岁,大专。

五、安全办公室

主任:申培军,属经委。

六、企业政治部

部长:马子越;副部长:李瑞荣。

七、民侨宗办公室

主任:杨立英。

八、招待所

张怀良,55 年工作,46 岁。王瑞田;李连奎,31 岁。

九、县委机关行政管理科

科长:王太东(副科级),49 岁;

调研员,李连明,53 岁。

十、档案科(副科级)

---

① 此处原文空缺。

科长:张本然,46岁;副科长:沈春怀。

十一、体委

主任:杨中遂,山师体育系;李玉芝,副主任,30岁,列徐文华之后。

　　　　　　　　　　※　　　　　※

几个人的安排:李宗芳,经委副主任;王朝刚,贸易综合公司副经理;李文祥,28岁,棉麻公司副经理;陈庆立,地方志办公室副主任;张同德,工会副主席;耿金祥,城关镇副镇长;王英(粮局办事局)城关镇副镇长;张子义,俎店乡副乡长;徐长岭,邹巷副乡长(多办);王海强,42岁,河店经联社副主任,调副乡长;王山英,30岁,中专,77年工作,燕店党委秘书,提副乡长;王怀英,刘庄经联副主任,调为刘庄副乡长;陈云显,王庄联社副主任,26岁,中专,调为副乡长;胡九旺,39岁,初中,66年工作,现在大王寨管区书记,提为大王寨副乡长;孟兆朋,36岁,中专,朝城办事处秘书,提为朝镇副镇长;王德山,41岁,中专,民政局办事员,提十八里副书记,列于子文前;李存岩,46岁,中专,农艺师,农业局植保站长,提为魏庄乡副书记;刘文堂,岩集副书记,调单庙副书记,44岁,高小文化。

政法委委员:王启录、岳帮君、王德清、刘广恩、高风标。

书店:正经理孟祭孔。

运输公司:李纪书,男,46岁,高小,58年工作,现任运输公司办公室主任,拟任运输公司经理,让他组阁。

妹冢:孔祥林回来后,王怀胜回妹冢,任一把手。

王铺乡:李长江,任一把手。李长江说,张建元,34岁,中专,古安村校由管区书记;宁更臣,调徐庄;车佃锁,提为正乡长;张秀杰,由经济联社副主任,提为副乡长。

　　　　　　　　　　※　　　　　※

县医院班子情况:民意测验175人,其中9人弃权,实投票166人,得票者24人。

杨长瑞,119票,正职17票;李书学,118票,正职90票;江少林,83票,正职21票;冯润田,92票,正职9票;刘宗尧,36票,41岁,正职2票;赵学仲,34票,正职7票;黄承学,28票,49岁,正职3票;姜玉梅,24票,41岁,正职5票;蔡可芳,18票,28岁,大专;江志敏,2票。

卫生局的意见:

县医院:李书学,54岁,支部书记,建国前参加工作;江少林,47岁,院长,大专;杨长瑞,50岁,主治医师;冯润田,54岁,副院长;刘宗尧,41岁,大专,副院长;蔡可芳,28岁。

朝城医院:141 人,实际参加投票 103 人,其中有 3 人弃权,实际投 100 人,得票人共 14 人。徐可让,84 票,正职 84 票;潘庆林,62 票,正职 2 票;朱敬海,49 票,正职 1 票;刘延乐,26 票,正职 3 票;吴保山,19 票,正职 1 票;姜兰兴,19 票,正职 5 票;魏中奎,11 票;李启兴,9 票;赵春明,6 票。

卫生局意见:徐可让,53 岁,院长、书记;朱敬海,46 岁,副院长;潘庆林,53 岁,主治医师;刘延乐,38 岁,大专。平均 47.5 岁。书记办公会:徐可让、潘庆林、刘延乐。朱庆海调其他单位,另外再安排一名 30 岁左右的,最好是内科。

翟方勇,调大张副乡长;姚辛印,调古城第二副镇长;陈之贤,提王庄副乡长。

王铺乡:车佃锁,提副书记、正乡长;张秀杰,经济联社副主任,提副乡长;张建元,34 岁,中专,古安村校由管区书记,提副乡长,列秀杰之后;唐峰伟,调古云乡副书记,列李善修之前。

※ ※

研究未改革的班子。

未改的班子:1. 纪委,原定一个办公室、三个科,检察科、审理科、办公室。

2. 组织部:干部科、干审科、基层科、老干科、组织员办公室。

3. 机要科。

4. 党史办(副局级)。

5. 信访科。

6. 宣传科。

7. 统战部。

8. 县委办公室。

9. 农村工作部。

10. 企业政治部。

11. 政法委员会。

政府:一、职教办;二、劳动服务公司;三、公证处;四、法律顾问处;五、人大办公室;六、政协办公室;七、政府办公室;八、经委;九、政府信访科;十、电厂。

1984 年 11 月 24 日

组织部研究意见。

1. 县委办公室:设秘书,徐继红,副局,正营。

2. 机要科：刘章庭，副局级，33 岁，高中，70 年 8 月工作。

3. 党史办：王协振，主任副局级，37 岁，高中，张鲁。

4. 信访科：科长徐继红。

5. 宣传部：丁敬斌，38 岁，中专 21 级，68 年工作，秘书。

6. 统战部。

7. 组织部：干部科，张明山任科长，副科级；基层科、干审科。张明山，秘书，36 岁，中专，朝城，68 年工作，组织员；办公室，吴部长兼主任；老干部科，孟兆华任科长，副科级。

8. 纪委：常委：陶永怀、顾生贤、郑连举。陶永怀，37 岁，初中，正营，68 年 4 月工作；顾生贤，41 岁，中专，60 年 8 月工作，20 级；郑连举，44 岁，大专，65 年，山大中文毕业，19 岁〔级〕。审理科，陶永怀。检察科、监察科：顾生贤。办公室，办公室副主任李富杰，73 年工作，80 年毕业。信访科，吴光举，42 岁，大专。打击经济犯罪办公室副主任王明文，45 岁，1939 年 11 月生人，57 年 3 月工作，69 年入党，20 级。

※　　　　　※

政府：1. 职教办，李继全任主任。2. 劳动服务公司，徐书正任经理，副科级；刘福祥，任副经理。3. 公证处，郭发中任主任，50 岁，高中；万代明，任副主任，50 岁。4. 法律顾问处，蒋官起，45 岁，副主任。5. 人大办公室，主任任汉文；副主任杨兰明。6. 政协办公室（常委已研究啦），黄力建任主任；高昌武，副主任；郭永贵，副主任。7. 政府办公室，张海泉，35 岁，高中，70 年 4 月工作，23 级，副主任；刘义军，32 岁，高中，70 年 4 月工作，23 级，副主任。8. 政府信访科，张福居科长。

物价。

统计。

丈八陵园：刘希光，42 岁，副主任，二级单位。

1984 年 11 月 28 日

和马、杨、冯三同志研究县委、县政府成立支部或总支问题。

政府划五个支部。

科委、计量为一个支部，25 人；

办公室一个支部；

计委、统计、审计、物价一个支部，41 人；

人事、劳动、计生一个支部，39 人；

经委、油办、职教办、安办一个支部，44 人。

政府院建党总支。党总支,邢跃明任书记;马子越,副书记;蒿志杰,副书记;赵万真,委员;王先明,委员;张海全,委员;刘汝兰,委员。

县委:

办公室一个支部(包括住、档、机、党、行);

招待所一个支部,党员 18 人;

组织部一个支部(老干、干休、组员);

宣传部、统战、农工、企业部一个支部;政法、纪委一个支部;

机党委、工会、科协、妇联、团委一个支部。

党总支:赵书记、杨主任、林东福、钟伟臣、郝岚峰、张怀良、孔繁义、冯英杰、徐继红。

※   ※

张寨:吴玉俊,中专,30 岁,现在任县经联社任副主任,抓乡镇企业抓得不错,是不是应该提副书记。

※   ※

研究支部、党总支问题。

办公室:支部书记王平德;副书记郭银德。

招待所:支部书记张怀良;副书记王瑞田。

组织部:支部书记姜峰、吴广岱。

宣传:钟伟臣、王世崇。

纪委:书记孙繁义。

机关:冯英杰、郝岚峰。

1984 年 12 月 1 日

当前急待解决的几个问题。

一、召开县委常委会、书记办公会。

1. 汇报县委政府未改革调整的几个班子。

2. 伙房交政府办公室。

二、召开县第六届党代会筹备委员会会议,主要是讨论四个办事机构和委员研究两级党代会的具体工作。

三、待交待的几个同志的安排问题:谭之贞、范秀兰、宋加玉、李俊原、杨春源、战贵河、张同丹、楚登峰、秦广池。

四、县委政府成立党总支和支部问题,讨论有关科局成立党委问题。

五、县委机关工作人员关于建立岗位责任制问题。

1. 关于三个通讯员的安排问题。

2. 建立巡更值勤队。

※　　　　※

物资局下属单位四个公司,一个在朝城镇,局里四个股改四个科,一个工会,共配 16 个人,平均年龄 38.5 岁。其中,中专 2 名,高中 2 名,初中 8 名,高小 4 名。原来班子平均 48.5 岁。原来文化结构:高小 11 个,初中 7 个,中专 1 个,其中有 2 个工人是不错的。朝城白学勤,工人,31 岁,高中毕业。木材公司,赵来强,工人,31 岁,初中学历,两个都是业务员。

※　　　　※

关于几个干部的提拔怎样报。

1. 张子义,初中学历,32 岁,已安排为俎店副乡长。俎店已有 3 个副乡长,连他 4 个。

2. 李存言,45 岁,中专,农艺师,魏庄副书记,主要是改变文化结构。

3. 王德山,41 岁,中专,十八里副书记。原配 3 个副书记,有 1 个去学习,又补的他。

4. 孟兆明,36 岁,中专,朝城副镇长。理由,大乡 45000 人,原有 3 个副镇长。

5. 徐长岭,38 岁,初中,邹巷副乡长,原来有 2 个副乡长。

6. 王山英,30 岁,中专,燕店副乡长,已有 3 个副乡长,加他 4 个副乡长。

7. 王英,30 岁,高中,城关镇副镇长,原来 2 个副镇长,一名学习。

8. 王兰贵,35 岁,大专,从劳动局调公安任政委,充实大学生学历,改变文化结构。

9. 李文祥,28 岁,大专,拟任棉麻公司副经理,机改缺职。

10. 王朝纲,27 岁,大专,贸易综合服务公司副经理,机构改革缺大学生。

11. 李宗芳,40 岁,大专,经委副主任,机构改革缺职。他原来是农机研究所副所长。

12. 陈庆立,30 岁,大专,任地方志办公室副主任。属机构改革调整的班子。

13. 李云芝,30 岁,大专,原工业局工会副主席,提为体委副主任。机构改革调整的大学生。

14. 于广聚,39 岁,大专,提项目办公室主任,新设机构配备干部。

15. 岳振海,32 岁,中专,林业局办公室主任,任水土保持实验站长。

16. 杨桂青,31 岁,物资综合公司副经理。机构改革调正[整]班子。

不报的:申培军,47 岁;杨立英;王太东。

※   ※

常委会未通过的书记办公会通过的怎样报(11 月 15 日研究的)。

王铺:车佃锁,39 岁,初中。由王铺副乡长提为副书记、乡长。

张建元:35 岁,中专,由管区副书记提为副乡长。

翟方勇:由马集调大张乡。

姚章印:由王庄副乡长调古城副镇长。

张秀杰:王铺经济联社副主任提副乡长。

唐峰伟:由樱桃园去古云任副书记。

※   ※

书记办公会未通的,和肖书记研究。

机要科:刘章庭。

党史办:王协振,37 岁,上高中 2 年,正营级干部,副主任。

丁敬斌:38 岁,中专,宣传部秘书。

张明山:36 岁,中专。

赵景伟:岩集副书记。

徐继红:办公室秘书。

纪委常委:陶、顾、郑、吴、刘庆海、徐、孔。

陶永怀:37 岁,初中,正营级,安排纪检委检查科科长。

顾生贤:41 岁,中专,正营级,安排审理科。

郑连举:44 岁,大专,农经站站长,打击经济领域办公室主任。

李富杰:28 岁,大专,纪委主任。

吴广举:纪检信访科科长,43 岁,大专。

王明文:任打击经济犯罪办公室副主任。

刘希光:调统计局任副局长。

徐书正:38 岁,高中,从外贸公司提为劳动服务公司经理。

刘福祥:任劳动服务公司副经理,高中毕业,34 岁。

郭发忠:50 岁,重新任命主任。

杨兰明:30 岁,大专,提为人大办公室副主任。

政府办公室:张海泉,高中,35 岁,任政府办公室副主任。刘义军,32 岁,高中毕业,任办公室副主任。

政府信访科:科长张新林,中专,68 年工作。

杜玉德:调总工会任副主席。

公证处:万代明,50 岁,初中,原公社处副主任,行政 17 级。

法律顾问处:蒋官超,原副主任,19级,45岁,初中,任副主任。

胡文栋:调丈八烈士陵园任主任,从魏庄调出。

张西华:劳动局副局长,看是否是高中毕业。

职教办。

县医院:采取组阁的办法,由李书学组阁。条件:年龄不超45岁,领导班子职数5职,大专学历,有职称的占50%以上。

朝城医院:徐可让,53岁,任支部书记、院长,由其组阁。平均年龄不超45岁,班子职数4职。

地名办:马继贞任主任。

电厂。

1984年12月7日

下午,书记办公会议。

石国云:中专,33岁,农工部秘书。

王庆和:上高中一年,39岁,统战部秘书。

县委信访科:徐永华任科长。

※　　　　※

常委会议,研究人事安排。

纪律检察委员会常委,兼职的吴广岱、刘庆海。

不兼职:

顾生贤,41岁,中专,60年8月工作,64年12月入党,20级,纪检委常委,审理科长。

陶永怀,37岁,初中,正营级,68年4月工作,69年12月入党,21级,拟任纪委常委,监察科科长。

郑连举,44岁,大专,助理农经师,65年8月工作,75年入党,19级,农经站长,拟任纪委常委兼打击经济犯罪办公室主任。

李富杰,28岁,大专,80年贵州工学院毕业,73年10月工作,78年12月入党,技术13级(行政22级),拟任:纪检办公室主任。

吴光举,44岁,大专,67年12月武汉雷达学校毕业。61年7月工作,63年12月入党,行政21级,拟任职纪律检察委员会信访科科长。

王明文,45岁,高小,57年3月工作,69年11月入党,行政20级,张鲁纪检委员,拟任职打击经济犯罪办公室副主任。72年以前在青海地质堪探队干纪检工作,来时是副科级干部。

※　　　　※

1. 王协振,37 岁,高中未毕业,正营级,党史教员。66 年工作,68 年入党,行政 20 级,拟任党史办副主任。

2. 刘章亭,33 岁,高中,70 年 8 月工作,76 年 12 月入党,县委办公室干事,拟任职务机要科科长。

3. 徐继红,38 岁,高中毕业,66 年 3 月工作,69 年 4 月入党,行政 20 级,部队正营级,县委办公室干事,拟任县委办公室秘书,副科级。

4. 徐文华,体委副主任,45 岁,大专。62 年 8 月,曲师调信访科长。

5. 朱德林,55 岁,初中,任信访科调研员。

6. 张明山,36 岁,中专,68 年 7 月工作,71 年 1 月入党,21 级,组织部干事,任组织部秘书,副科级。

7. 丁敬斌,38 岁,67 年 8 月工作,80 年 3 月入党,行政 21 级,宣传部干事,任宣传部秘书,副科级。

8. 王庆和,39 岁,高中毕业,64 年 4 月工作,67 年 3 月入党,行政 23 级,统战部干事,拟任统战部秘书,副科级。

9. 石国云,33 岁,中专,68 年 5 月工作,70 年 8 月入党,23 级,农工部干事,拟任农工部秘书,副科级。

林玉德:马西办事处调工会任副主任,33 岁,大专。

刘义军 32 岁,高中毕业,70 年 4 月参加工作,机构改革办公室干事,拟任改办公室副主任。

张海全:35 岁,高中,70 年 4 月工作,75 年 8 月入党,23 级,政府办公室办事员,拟任政府办公室副主任。

张丙华:33 岁,高中毕业,70 年 3 月工作,77 年 6 月入党,行政,23 岁劳动局干事,拟任职劳动局副局长。

徐书正:任劳动服务公司经理,免去贸易公司副经理职务。

刘书祥:高中毕业,34 岁,69 年工作,70 年 6 月入党,21 级,78 年前在部队,80 年 11 月到劳动局,拟任劳动服务公司副经理,股级。

刘希光:42 岁,中专,60 年 7 月参加工作,70 年 8 月入党,21 级,老干科干事,拟任统计局副局长。

张新林:36 岁,中专文化,69 年 12 月工作,75 年 8 月入党,现人事局干事,23 级,拟任政府信访科科长。

郭发忠:50 岁,51 年 3 月参加工作,62 年 9 月入党,原公证处副主任,现任主任。

万载明:50 岁,初中,51 年 2 月工作,60 年 8 月入党,行政 17 级,部队副营,现公证处副主任,拟任公证处副主任,股级。

蒋官起:45岁,高小,58年工作,60年9月入党,行政19级,现任法律顾问处副主任,原武装部训练科科长。任法律顾问处副主任。

马继贞:政府办公室副主任兼地名办副主任。

赵景伟:36岁,初中,78年3月工作,70年12月入党,23级,组织部干事,拟任岩集乡副书记。

车佃锁:39岁,初中,78年10月工作,71年9月入党,23级,现任王铺副乡长,拟任王铺乡副书记兼乡长。

张秀杰:现任王铺乡经济联社副主任调为王铺乡副乡长。

张建元:35岁,中专,68年12月工作,77年6月入党,23级,现任王铺乡管区书记,任副乡长,缺点是说话不注意方式。

陈云显:11月10号研究让他去大张当副乡长,还是在王庄乡任副乡长。

唐峰伟:原来定的樱桃园副书记,改古云副书记

翟方勇:由马集调大张任副乡长。

姚章印:王庄乡副乡长,调古城镇任副镇长。

1984年12月9日

武装部钱政委提议。

张盈昌:35岁,初中,现任刘庄乡武装部副部长①,提为刘庄乡正部长。楚合江:35岁,初中,23级,姝冢乡武装部副部长,提为该乡正部长。常委全部通过。

1984年12月16日

林部长。

1. 发现吴学诗,王铺副书记,原来在县委“文革”中有打人的现象,和赵连雨一块打过人。

2. 田昌杰有造反夺权的问题,他是头头,和柴金喜是一块的。

姜峰:杜佃举没有参选,公布不公布。

※　　　　※

下午,书记办公会议。

刘义军:地方志办公室副主任;

陈庆立:企业政治部秘书;

张建元:不提拔;

---

① 张盈昌为刘庄乡武装部副部长。

　　杨兰明:再请求地委组织部;

　　张西华:不提拔,以后再说;

　　杜佃举:职务照常宣布;

　　王朝纲。

　　2606 项目办公室的级别、水土保持实验站的级别,二级单位。

　　李文祥、姬常谦、徐书正。

　　王兆文的级别(烟草公司)不动。

　　马西林场两人的安排:吕建晨,要求到电管局当调研员。随立贤要求到大王寨当调研员。

　　井部长说:孙振兰要求到电管局当调研员。

　　王保文,副科级。高振福,副科级。车佃锁:代理乡长。

※　　　　※

　　王曙光同志:

　　2606 项目办公室调整一下:

　　组长:王县长、邢县长、曹部长、毛部长①。成员:李保善、王冲、孙志光、王保友、李希风、于广聚、刘洪泉。

　　下设办公室主任:于广聚。

※　　　　※

　　1. 好的乡镇。大王寨完成 76%,河店完成 69.2%,刘庄完成 57.1%,王奉完成 64.3%,十八里完成 50%,爼店完成 50%。

　　2. 差的乡镇。马集完成任务 5.9%,王庄完成 13.6%,邹巷完成 13.3%,古云完成 17.9%。

※　　　　※

　　道路林网,一、二、三级路共修 7600 多华里。

1984 年 12 月 20 日

　　各乡镇办事处讨论。

　　刘效荣:当前是头绪多,任务重,时间紧,难度大,要求高。有利条件,群众有了觉悟,干部有了经验,工作有了基础。做好工作,解决计划中跑、闹、告的问题。

　　县社成立党总支:

　　杨易晨任书记,县社主任。

---

① 邢县长、曹部长、毛部长为副组长。

副书记:何兆文;马风钦,副主任;马海朝,副主任;王好法。

支委:吴天太、李春光。

※　　　　　　※

分管的单位:组织部、人大、统战、政协、农工部、民政、企业政治部、干休所、检察委员会(纪委)、老干科、工会、民侨宗、妇联、青年、公检法司、信访科、档案科、县委办公室、科协。

※　　　　　　※

贯彻省地信访工作情况。

统一认识,组织力量,限期处理积案。

1. 统一县乡两级党委的认识作为新班子建立后的一项重要工作。

2. 克服官僚主义作为深入基层解决实际困难的大事来抓。信访有没有群众观点,这是最好的实践。

3. 搞好责任制,一级抓一级,保证矛盾不上交,把问题处理在基层。

※　　　　　　※

朱科长给省信访处汇报信访情况。

所有来信来访案件共 76 起,已查结 36 件,占 63%;待研究 11 件,占 20%;正在查处 10 件,占 17%;年底全部查结。

※　　　　　　※

社队□□张井民一案:

共收回 30 万零 8000 元①,还有 12 万没收回来,其中有 4 万元是机关内部门市部欠的,另外 8 万元不好查实收回。

※　　　　　　※

古城王庄吴方全反映:土改时他的十间房子斗出来啦,51 年又给他啦。而且给他房证,"文革"中给他扒啦,房产证叫文革副主任王文学拿走啦。王文学给支书王金起啦,现在支书是吴端丙。走访了原来老支书吴全香,他是"文革"前书记。

1986 年

顺境不傲、逆境不卑、荣辱不惊、心气双平②。

---

① 此处原文 30 后面应该是漏了数字"万"。

② 写于 1986 年日记本扉页。

1986 年底基本情况

县市	乡镇数	村委会	总户数	总人口	土地面积（万亩）	耕地面积（万亩）
合计	166	6376	1129623	4701629	1285	850.49
聊城	22	997	174454	737260	186	127.41
临清	22	602	156317	611479	143	100.17
阳谷	21	812	147897	641008	153	102.74
莘县	28	1137	190800	785822	207	130.04
茌平	22	781	115438	486328	165	109.14
东阿	14	552	87629	377068	118	73.27
冠县	22	749	149937	646375	172	113.64
高唐	15	746	107151	416289	141	94.08

1986 年林业产值（按 80 年不变价格计算）

单位:万元

县市	合计	幼林产值	林产品产值	果品产值	桑叶产值	新增木材蓄积产值
合计	7892	2426	1828	2860	3	775
聊城	731.1	246	116	330.1		39
临清	553	188	88	255		22
阳谷	894.1	293	232	321.1		48
莘县	820	451	136	153		80
茌平	1190.4	300	126	630.4		134
东阿	674	147	166	311		50
冠县	2216.4	668	655	572.4	3	318
高唐	813	133	309	287		84

1986 年底林业状况（一）

单位:立方米/亩

县市	木材蓄积量	其中国营	林地面积	其中用材林	经济林	防护林	薪炭林
合计	3191440	51057	908179	457111	380576	70371	201
聊城	295000	1100	113603	44285	53994	15324	
临清	263143		56457	21671	33766	1020	
阳谷	361590	1574	100125	66144	29541	4440	

续表

县市	木材蓄积量	其中国营	林地面积	其中用材林	经济林	防护林	薪炭林
莘县	514626	21250	163899	114768	43772	5359	
茌平	462521	7842	99314	33287	56335	9692	
东阿	237550		71796	26146	33824	11625	201
冠县	762791	12291	248688	121855	107811	19022	
高唐	294219	7000	54297	28955	21533	3889	

1986 年底林业状况（二）　　　单位：万亩、万株、万斤

县市	四旁树木	农田林网	农枣间作	农桐间作	栽植灌木	果品产量	果园面积
合计	8676	600.11	41.8	3329①	1585	12208	35.1
聊城	1178	77.3	4.56	5.2	234	1458	4.0
临清	943	30.3	0.08	33.6	24	1192	3.4
阳谷	1176	74.4	2.42	47.1	128	1330	2.9
莘县	1246	128.0	0.9	90.7	186	653	4.14
茌平	931	77.7	28.85	0.26	71	2055	5.3
东阿	843	42.1	4.67	0.69	204	1034	2.4
冠县	1161	115.0	2.32	102.72	138	3372	10.8
高唐	698	55.2	0.1	50.67	600	1114	2.2

国营林场基本情况　　　单位：亩、立方米、万元、人

林场名称	经营面积	其中林地	耕地	木材蓄积量	产值	全场人口
合计	45283	34731	3009	47444	337	602
阳谷赵王河	1586	746	110	1474	4	35
莘县马西	11088	9550	600	17950	48	190
莘县十八里	3701	1846	425	3300	35	60
茌平菜屯	1781	1350		4219	5	60

---

　① 数值应改为 330.94。

林场名称	经营面积	其中林地	耕地	木材蓄积量	产值	全场人口
荏平广平	2252	1000	300	2300	13	50
冠县毛白杨	5841	4773	500	9401	200	71
冠县马颊河	2805	1580	400	1800	13	30
高唐旧城	16229	13886	674	7000	19	106

国营苗圃基本情况　　　单位：人、亩、万元

苗圃名称	职工人数	经营面积	产值
合计	654	12957	253
聊城白洼	50	2100	10
聊城堂邑	14	141	4
临清苗圃	105	1619	34
阳谷孟洼	32	1100	4
阳谷马庙	11	142	15
阳谷朱庄	6	70	1
荏平王老	69	2007	10
东阿张汉吴	50	690	80
东阿大王	16	108	20
冠县唐寺	284	4750	69
地直田庄	17	230	6

1986 年 7 月 23 日

光岳楼
环城湖水清，
光岳擎天倾。
登楼览岱岳，
极日大洋东。

一九八六年七月二十三于聊城
秦风翥

1987 年

1987 年 9 月

2606 项目进展情况（一）　止 1987 年 9 月①

单位名称		涉及乡镇个数	村数	户数	人口（男）	人口（女）	使用工日（个）	接受小麦（吨）	食油（吨）	椰枣（吨）	罐头（吨）	牛肉干（吨）	白条（吨）
合计	一期	10	108	28607	26943	15218	6489000	14443.376	259.14	15.012	35	5	84
	二期	15	159	32890	33860	16350	5143367	16715.943	面粉 6430	汤料 39.54			
莘县	一期	4	43	13378	13445	6220	3355128	7601.713	129.57	75.06	17.5	2.5	42
	二期	5	68	16899	17540	8220	2986504	9706.138		23.12			
冠县	一期	6	65	15309	13498	8998	3133872	6841.663	129.57	75.06	17.5	2.5	42
	二期	10	91	15991	16320	8130	2156863	7009.805		16.426			

开工时间 1982 年 11 月 5 日开始，中期评估 1984 年 7 月份。

2606 项目进展情况（二）　止 1987 年 9 月

单位		造林任务（公顷）	实际完成（公顷）	完成%	在实际造林面积中			
					毛白杨	欧美杨	三色桐	刺槐
合计	一期	5250	5250	100				
	二期	6500	3714	57.3	1507.3	2410.7	1285.9	46.1
莘县	一期	2730	2730	100				
	二期	3800	2006	63	521.9	1846.2	315.8	46.1
冠县	一期	2520	2520	100				
	二期	2700	1308	48	985.4	564.5	970.1	0

两期共 11750 公顷

---

① 此处写"止 1987 年 9 月"，意味着数据统计时间至少在 9 月。此处未署名具体时间，故放于此。

一九八七年上半年林业发展情况

县市	造林面积（亩）	其中							
		用材林	经济林	防护林	新育苗（亩）	四旁植树（万株）	扩建林网（万亩）	扩大农枣（万亩）	扩大农桐（万亩）
合计	177704	22044	152860	2800	1535	913	93.5966	2.216	20.288
聊城	4253	2030	2223		150	113	26.0333		0.328
临清	11964	720	11244		0	185	31.38		15.7
阳谷	15969	6150	8564	1300	193	65	8.0	0.014	0.8
莘县	23660	3660	20000		299	119	0	0.2	1.2
茌平	60058	200	59858		174	115	0.5033	1.602	
东阿	8300	1300	5500	1500	0	56	7.68		2.26
冠县	36279	6279	3000		619	103	1.25	0.4	
高唐	17221	1750	15471		100	157	18.75		

※　　　　　※

给省林学会工业产品加工会介绍情况。

一、基本情况。全区八个县市,166 个乡镇,6332 个村民委员会。人口 465 万,其中非农业人口 38.18 万人。农业人口 426.83 万人。全区总面积 8590 平方公里。全区耕地 1285 万亩。87 年全区粮食总产 42 亿斤。棉花总产 520 万担。工农业产值 50.8 亿元,87 年实现了翻番,其中工业产值 27.9 亿元。

纯工业产值 14.4 亿元,实现利税 9479 万元,全区人均分配 500 元。

二、林业情况。1. 林地面积 113.53 万亩(速生杨 90 万亩),用材林 49.19 万亩,经济林 57.73 万亩;2. 四旁植树 9489 万株;3. 农田林网 650 万亩;4. 农枣间作 40 万亩;5. 农桐间作 400 万亩;6. 果品产量 1.76 亿斤;7. 木材蓄积量 329 万立方米;8. 年采伐量 7015 立方米;9. 国营林场 8 个;10. 国营苗圃 11 个;11. 速生丰产林 90 万亩。

三、2606 项目。第一期,1982 年 11 月开始,1995 年 6 月结束。第二期,1985 年 12 月开始,1989 年 12 月结束。共 17 万亩,已完成 14 万亩。

1987 年 9 月 15 日

1987 年 9 月 15—19 日,参加全国粮援项目工作会议。

会议地点兰州友谊饭店。

1987 年 9 月 20 日

上午 9 点,飞机上。

通过参加在兰州召开全国粮援项目会议,我深深地感受到粮食来之不易,分发要合理,要用于改善人民的生活,要用于生产的开发,要用于提高人民生产能力,要通过粮援项目,启发人民的自力更生精神。教育人民要热爱祖国,热爱人民,同时要和全世界热爱和平的人民和国家保持友好的关系。

9 点 30 分。

参加兰州会议,通过参观和个别访问,我亲眼看到甘肃部分人民群众的生活还是艰苦的。一是吃饭问题没从根本上解决。二是住房条件太差。三是普及教育问题解决得不好,有的地方甚至吃水相当困难。

从这里我联想到,应该让中央及有关部门的领导都了解此情况。又使我联想到,中央部门有些会议为什么要到大城市开,为什么到海滨城市去开?为什么越是富裕的地方会议越多?同是中国人,我们应相互体贴,相互关心。

9 点 45 分。

祖国的大西北和祖国的边远贫困地区是教育党员的好课堂,应教育我们的高级干部和共产党员。这里的人民还吃不上饭,喝不上水,这里的人民更没见过电冰箱、彩电、洗衣机。同是炎黄子孙,同样是在共产党的领导下,为什么这样不公平?凡是有觉悟、有良心的共产党员、国家干部都应认真地沉思一下,以实际行动积极地做出努力。

1988 年

1988 年 1 月 20 日

上午,与北京林科院林业木材加工处长陈处长会谈。

介绍在意大利罗马参加会议的情况。主要内容:关于生产胶合板问题。要发展人造板,要和发达国家搞好分工及来往。中密度纤维板全世界有 57 家工厂。现在实用的都是单盘磨浆机,操作方便,产量高。

※　　　※

参加地委紧急会议。

曹书记:应到 99 人,实到 81 人。参会人员主要是地直单位一把手、各县书记、县长。

省委组织部张部长:就聊城地委班子想听听大家意见,我和党政干部处郭处长一块来的,也就是推荐地委书记。

关于民主推荐工作讲四点:

一、为什么在这个时间民主推荐地委书记候选人。

第一,这是因为一方面地委书记曹学亮同志年龄的关系。同时,还有另一方面的问题,省人大会即将召开,对曹书记的工作,省里是另有安排,一旦曹书记的工作有所变动的话,如果我们不提早对地委书记做点准备,会出现空档,这样对工作不利。省里充分考虑了这个问题。

第二,省委省政府对聊城地区广大干部群众是非常关心的,对聊城的领导班子建设是十分重视的,并提上了重要的议事日程,要求对这一问题马上做准备。领导认为,只有把班子解决好了,才能发展聊城的大好形势,如果班子解决不好,一般来说,工作断无成就。

第三,这也是干部人事制度的一个改革,是一次尝试。这种实践在聊城搞,不是先从聊城开始的,是先从省三大班子改革开始的。梁书记说,要扩大民主,要公开化,进而实现科学化,这种形式在其他地区也进行了,实践证明是行之有效的。相信绝大多数干部是有这个觉悟和能力的,逐步扩大民主才能健全民主,使我们干部管理民主化、公开化,是发扬民主的好形式之一,领导已看到了这种形式的有效性,这不是搞形式,更不是权宜之计,就这点,某种意义上带有方向性。这能够在干部选拔上,使用上起到重要的参考,相信今天使用这样的办法,大家是会拥护的。

第四,按照什么样的标准推荐,贯彻干部四化的方针。干部四化的方针,十三大已充分肯定了。梁步庭书记在三大班子建设时讲得很全面,大家根据四化方针的理解,这个标准交给大家,让大家独立思考。大家要从大局着想,从聊城地区人民利益出发,从党的利益出发,谁能干得了,谁能干得好,那么你就推荐谁。简单地说,德才兼备,候选人、推选人由大家自己独立思考,不给大家定调子,靠大家自己考虑。这次是定向考查,定向民意测验,这次民主推荐,是在上次推荐的基础上来搞的,只推荐一个人,不涉及班子整体。

二、怎样进行民主推荐。每人发一张票,独立思考不讨论。得票多少,不反馈、不公布票数,仅供领导参考。

三、几点希望。1. 要求同志们要具有高度的政治责任感,要以对人民极端负责的精神投好这一票;2. 要按规定填好这一票。

1988 年 1 月 21 日

王洪金汇报省职政会精神。

刘兆岭:林业厅召开的会议,主要交流高工评比的情况结果及材料的弄法。春节前任务。12月3日为止,全省报133人。两次高评通过了65人,没通过35人,缓评33人,主要是工龄学历不到,如中专只到56年的。报11个通过了4个,有朱效祥、郑天诣、于振东、杜云肖。没通过的3个:乔树柱、张庆增(高唐)、姜柱华(朱站长爱人)。4个缓评的:赵怀权、于敬臣(冠县)、周丙文(马西)、孙全祥(高唐)。

春节报,再把缓评的整整〔理〕材料报上来,上次未批准的3个,加阳谷1个,再报4个中级的。烟台82年的没有。

※　　　　※

和省厅项目办公室马主任谈项目,按协议每亩123元。

1月21号,曹子丹向姜省长汇报项目工作,省长很热情,表示完全赞成争取项目,要求省地尽快写项目报告,省厅于23—24日将报告呈上。姜省长表示,省厅先报上去,上边的工作由他做。总的来说,省长对项目是很赞成,很支持的。因时间短,曹子丹同志未向省长汇报透。

2. 曹厅长说,此项目是林业部外事司直接和省厅和聊城签署的,其他部门都不准乱插手。李龙基同志本打算从森工角度向国家计委申请贷款。曹厅长不让他们插手。

3. 关于写报告的事,地区写出申请报告,由省政府盖章后上报。

配套资金:包括建厂房,三材用电,流动资金开始时用一些。一些项目与2606项目不一样,必须投点资金,不要被配套资金吓回去。项目的可行性报告要写。本打算聊城领导要来济南一块向省长汇报,因时间紧未成。项目很有进展,目前能向姜春云和马忠臣同志汇报,并能取得他们的支持,说明了进展很快。

临沂局长来省厅找,曹厅长很婉转地做了解释。

要有思想准备,和轻工部门联合搞。联合也可以,反正以林业部门为主,利润分成。

经贸部、国家计委这一关过去后,谈判就比较顺利了。

曹厅长要求,1月28日下午和省厅计财处、森工处以及张厅长共同研究、申请报告工作。大家共同研究一下,集思广益,很有好处,营林处也要参加。

曹厅长和马忠臣讲,为什么把项目放在聊城,因为聊城项目少,对项目的要求也很积极,政府领导要层层要求,从两个渠道往上找。

省厅经济林站温同志要求介绍纯度高的优良品种。温同志介绍,少量的可到省果科站购买,大量购买还要到老百姓手里去买。

1988 年 2 月 7 日

给省厅项目办汇报工作。

周朝华汇报,听汇报的有马主任、代科长、彭科长。

1 月 28—31 日对两县进行了检查,冠县郑部长参加。莘县毛部长、于广泉参加。

检查情况:冠县已植树 3390 亩,200 亩挖坑没植;莘县 1299 亩,挖沟 850 亩,造林地准备得不少。存在问题:第一是报的和实植的差距大,第二是梧桐树多,第三是县领导重视不够,县里提出初八上阵。莘县已准备搞项目档案。

彭科长:莘县完成二期 41019 亩,占任务的 72%,剩 3000 多亩;冠县完成 23650 亩,占计划 58%,剩 1000 多亩。林业部说,国家要对财务审计。

代科长:省里先审计一下。

代科长:冠县每亩合 100 多元,莘县每亩合 80 多元。关于改种经济林问题,原则上都同意,800 公顷(以此为准),外宾不去的地方少量地搞,面积投入多少,回收多少,地区拿个章程①。

1988 年 2 月 13 日

党组扩大会议。

研究干部,王洪金缺席。

一、经济林站:刘秀代提正站长。

二、林工商:王保太调林工商,提经理,兼党支部书记;姜云庆任林工商副经理。

三、田庄苗圃:修以蒿任田庄苗圃副主任。

四、林业公安科:辛同月同志任副科长。

五、政工科:提刘采云。

1988 年 5 月 21 日②

曹厅长:6 月 2 日或 3 日去北京。5 月 28 日,粮农组织高级官员查看世界杨树会议的准备工作,一天时间,此人看两个项目:一是第十八届国际杨

---

① 即"办法"的意思。

② 此处内容用铅笔写的,日期是 78 年 5 月 21 日。结合前后文内容以及世界第 18 届杨树会议召开时间,笔者确认是 88 年。第 18 届国际杨树会议是 1988 年 9 月在北京召开。

树会议,二是东北火害援助项目。官员是丹麦人托龙晒佳先生。

※　　　※

去年冬季植树造林数报得多啦,重报一下。

关于审计问题。

※　　　※

冠县司法局王登芳:1992 年在冠县法律顾问处工作,同年在省司法厅第四期律师培训班结业(全区 11 名,去年这些同志全部已取得律师资格)。因 85 年机构调整,调到冠县司法局任股长,仍持专职"律师工作者"证书,做兼职工作。这次地局文件让去年参加全国律师统考不及格者补考,他属于考分差 6 分不及格者,又是 86 年 3 月份前在法律顾问处做过专职律师工作者,因此,想争取这次补考机会。律师科李科长说,作为特殊情况,得请示范局长,故烦孔书记,让范局长照顾一个准考机会。今天是最后一天报名时间,听律师科同志说三五天内要报省厅,故最好近日给范局长说说①。

1988 年 10 月 18 日

省委组织部召开省进藏干部预备会议。

人事局马局长:中央给进藏任务 35 人,我们这次去 32 个,还有 3 个明年去。明天下午省委省政府组织部、人事局领导参加会议。明天是 9 月 9 日重阳节,明天上午 9 点、明天下午,了解熟悉西藏情况,后天大家议议,后天下午参观,大后天上午做准备,下午出发。

王部长克玉同志:今年去 32 名,党政干部 5 名,技术干部 28 名,这次去西藏是中央领导提出来的。从 14 个省市,3 个中央部门,挑选 400 多名,山东 35 名,说明中央对山东是信任的。这次没有出现一个不服从的。79 年山东工作做得不好,潍坊的寒亭受了处分,还有……明天姜春云同志、张全景、李春亭,还有组织部、人事局的。李省长主持会议,姜春云同志讲话,张部长讲话,会上领导讲话后,同志即席讲话。援藏同志都是业务能力高、政治热情好的同志。

18 日下午,在西藏工作多年的同志介绍西藏的情况。于洪杰同志在西藏工作 5 年,李红海同志在西藏工作 25 年。

后天上午(19 日上午)交流情况,19 日下午参观济南市,20 日上午个人整顿行李、行装。20 日下午一点正式启程。

---

① 从笔迹来看,此段内容不是孔繁森所写,应该是别人的请托之言。因为在日记本中,故录之。

生活安排：每人每天生活费 17 元，19 日晚上是电影晚会，火车包的硬卧车厢。

注意问题：1. 会议时间短，少回家，作为一条纪律。2 月 20 日到徐州停留 2 个小时。3. 换宿，党政干部由原党委统一安排。蒋处长宣布名单编组情况，共三十三名同志，这是青岛到徐州的 313 次。

※　　　　※

上午 9 点，山东省欢送援藏干部会议。

张全景部长讲话，李春亭省长主持会议。

姜春云省长讲话：第一，这次到西藏有着特殊的重大的意义，同时也是全省广大干部和党员的光荣，赴藏名单是经过常委广泛讨论的。第二点，说明我们的干部党性是高的、党性是强的。党需要的时候，大家能挺身而出，说明大家觉悟是高的。第三点，说明了干部亲人家属觉悟高、风格高，为了边疆的工作，承担了不少的困难，如果家属亲人不支持的话，工作也干不好。支边是党中央的重大决策，是广大人民的期望。越是艰苦的地方越得检验，大家要过环境关、生活习惯关、民族关系关，这是学习锻炼的机会，是开创局面的机会，是开阔眼界的机会，是考验的机会。不要忘记我们是中央、省委组织部派去的，到西藏要出色地完成党组织交给我们的任务，到那里要和藏族人民交朋友，虚心学习，要做两个文明建设的模范，要认真学习党中央的方针政策。

1988 年 10 月 20 日

为孔专员援藏留言：人有悲欢离合，月有阴晴圆缺，此事古难全，但愿人长久，千里共婵娟①。

1988 年 10 月 24 日

能攻心则反侧自消，从古知兵非好战；不审势即宽严皆误，后来治蜀要深思。②

抄自四川武侯祠
88 年 10 月 24 日

1988 年 10 月 25 日

上午，四川成都。西藏驻成都办事处程书记介绍情况。

---

①　郭维忠赠送孔繁森的日记本赠言。
②　这句话出自清代赵藩题成都武侯祠联。

西藏纬度虽在南边,但海拔高,比较严冷,平均海拔 3600 多公尺,昌都 2900 公尺。山东的菜长势比较好。拉萨的政治形势是比较平稳的。

政治部王主任介绍情况:1987 年 9 月 27 日,西藏少数反动分子为了达到搞独立的目的,采取了闹事的活动。去年 9 月 27 日闹事,我们没有动用部队,调了部分武警,共逮捕了 200 多人,今年 9 月 27 日又有 7 个喇嘛闹事,逮捕啦。直升飞机只飞 5000 公尺,所以解决不了。

※　　　　　※

需要做的工作:

一、整理行李,明天上午托运。

二、做好明早 7 点出发的准备,早 7 点装行李,明天下午搞托运,早、午饭在飞机场吃。

三、昌都的两名同志两天后等待出发。

四、统一借款,分头还款。

吾在蓝天中,心已把乡还。

1988 年 10 月 26 日

下午 1 时 17 分,从四川成都飞往拉萨。

朵朵白云像堆堆积雪,好一派北国风光。白云、蓝天、雪山连成一片。

※　　　　　※

下午两点,于飞机上。

座座雪山像美丽的姑娘,亭亭玉立;朵朵小溪像绿色玉带,把雪山绕缠;块块碧绿的湖水,像宝石一样安放在座座雪山中间。

此时此刻,我多么希望你来到我的身边,共同在飞机上观赏一下祖国西南的大好河山。这里有白云、雪山、羊群和蓝天,不知为什么我从不喜欢一人领略这一幅幅壮丽的画面,什么也不缺,就差你在我的身边。

※　　　　　※

人在空中悬,心在故乡边。山川美如画,思情心中添。

※　　　　　※

峥嵘岁月三十年,二次出征到边关。踏遍荒山犹未老,历尽千辛更知甜。冰山愈冷情愈热,耿耿忠心照雪山。

1988 年 10 月 27 日

上午,听自治区介绍西藏的经济形势。

省计经委主任向阳同志,自治区财政厅厅长,来自广东、广西、河北、山东共计 140 名同志。

计经委主任向阳介绍情况:全自治区 120 万平方公里,平均海拔 4000 米以上。有 7 个地区市,71 个县,208 万人口。藏族人口占 95%,198 万人。河流多,水资源 2 亿千瓦,草原 12 亿多平米,木材 14 亿立方米。动物 458 种,鸟类 430 多种,有 70 多种矿。热电能发展到了 3000 多万千瓦[时],耕地 343 万亩。青稞单产 100 多斤,牛羊 2300 多万头,农牧业占产值的 80%,平均人占有牲口 10 多头,工业产值不到 2 个亿,平均每平方公里 1.8 人。

80 年以来发展的情况。农牧业两个长期不变的政策:一是土地,二是牲畜归户。87 年工农业总产值 1.8 亿元,农业总产值 7 亿元。西藏旅游业从 86 年开始,拉萨能接待 10 万人,对外贸易已达 1.4 亿元,国际援助项目 6 个。43 个项目,有 9 个省市帮助建设,43 个项目中央拿了 1.7 亿元,其余都是地方财政自筹的。教育有了新的发展,学校共有 2494 所,高校 3 所,中等 14 所。电视的覆盖率 26%。

当前存在的问题。一、工农业发展慢。79—87 年,工农业发展只有 4.5%,粮食生产 77 年突破 10 亿大关,87 年的人均占有 400 多元。二、企业亏损。84 年亏损 1.47 亿元,87 年亏损达到 9000 多万元。三、全区文盲、半文盲占 70%—80%。四、财政亏损多。

到九五期间,7 年时间里的变化。一、农牧民脱贫致富,尽快富裕起来。二、增加地方财力。三、抓好能源、交通和教育。到 1995 年,工农业生产值达 13 亿元,平均递增 5%。工业做到 3.8 亿元,平均每年递增 9.6%,旅游到达 10 亿人。一江两河①是重点开发区域。

自治区财政厅田厅长:

一、财政机构设置情况。

自治区财政厅 100 多人,两个事业单位是财政税务所和财政学校。税务工作作为厅的二级单位存在。西藏的财政是 52 年才建立起来,是按军费开支的,到今年 37 年啦。中央对西藏的投资已达 110 多亿,不包括地方的预算。

二、财政的五个时期。

1.52—58 年,7 年的时间,党的任务是发挥统一战线的作用,依靠中央财政的支援来开展工作,每年 3000 多万元。56 年最多,有 1 亿多元,体制

---

① "一江两河"是指藏民族的母亲河雅鲁藏布江及其支流拉萨河和年楚河,其中部流域东起山南桑日县,西到拉孜县,南抵藏南河谷区,北达冈底斯念青唐古拉山脉南麓,流域面积 6.6 万平方公里,其中包括拉萨、日喀则、山南三个地市的 18 个县(市),人口约占西藏总人口的三分之一。

统收统支,和合同一样。

2. 第二阶段,59—65 年,平息了西藏的叛乱,发展生产,财政工作深入到县里去啦。发展生产,稳定物价,开创财源。从 58 年开征部分地方税,这是过渡型发展为转变型。地方财政收入达到 26000 多万元,财政支出达到自给的 65%,还是统收统支的财政体制。

3. 第三阶段,65—75 年。西藏的财政收入急剧下降。

4. 75—79 年。

5. 79—87 年。

免征了农牧业税,对中小学生、五保户、农村干部的待遇采取了全包的政策。84 年提出了 43 项工程,大约 5 亿多元,拉萨占 21 项,财政收支达 1.4 亿元。归纳几个特点:一是没有经济的发展,就没有财政宽裕。二是西藏财政收支的起伏大,规律性差。三次叛乱事件损失 1000 多万元。税法是从轻从减合理负担农、牧业税,西藏是单独的。

三、西藏当前的财政形势和问题。

1—9 月份收支是可以的,财政数 2200 万元,目前扭亏为盈啦。往后看,问题就严重点,问题突出。中央对西藏实行总额包干的办法,全年已达到 8.98 亿元,粮食销售 2.4 亿斤,收购 5000 万斤。今后西藏财政的形势,中央对西藏的补贴已定死啦,各项建设事业的发展,物价一天天上涨,人民币一天天的贬值,西藏财政面临着严重的突出的困难。

※　　　　※

下午,自治区领导接见进藏干部。

多吉才让,自治区主席;热地,自治区副书记;巴桑,副书记;旦增,副主席;王海林同志,自治区党委组织部长;江村罗布,副主席。

多吉才让主席:西藏困难不少,但也是能待下去的,面积 123 万平方公里,207 万人,耕地 340 万亩左右,草原 8 亿多亩,能用的 6 亿多亩,牲口共计 2300 多万头,木材有 12 亿立方米,我们控制的有 6—8 亿立方米。海拔平均 4000 公尺以上。西藏有一江两河,"两河"为拉萨河和日喀则的年楚河,一江为雅鲁藏布江。边境和五个国家接壤,边境线 4000 公里。自生经济,封闭性经济,供给性。中央对西藏一是采取减的政策;二是免征免购;三是保,学生保吃穿,老百姓免费医疗;四是让,一切都让利于群众。现在还有 15% 的人民群众温饱问题没有解决。政治局势基本上是稳定的,70 多个县,6 个地区,边境基本稳定,群众安居乐业。从去年 9 月 27 日到今天,拉萨发生了 10 起骚乱,民族宗教活动点有 1000 多处。

巴桑:西藏人民对"援助"两个字有点不理解,西藏是祖国的一部分,是我们国内自己的事,西藏在 1951 年和平解放。

1988 年 11 月 2 日

下午,于拉萨贡嘎机场为蒋处长等四位同志送行而作。

眼中蓄泪泪空悬,

送别亲人贡嘎边。

紧握双手难开口,

千言万语留心中。

一路顺风到家园。

1988 年 11 月 3 日

晚上。

遥思东昌亲朋旧雨,高原之人荣念于怀。

夜静四无临,犬声忧我心。

思乡思亲友,何处安孤魂。

寒风吹白云,万里渡艰辛。

夜梦心绪乐,曲曲动我魂。

秋声不可闻。

1988 年 11 月 4 日

自古忠孝难成全,每忆老母涕泪流。

1988 年 11 月 8 日

上午,参加拉萨市双建表彰大会。

拉萨市有 8 个县,4 个区,25 个居委会,207 个乡。

1988 年 11 月 12 日

参加市医院座谈会。

参加人:卫生局长加措;院长石诚忠;书记扎西多吉;办公室主任次旦朗杰。

整个拉萨有 7 家医院,没有一家专业性的医院。市医院比较强的科室:1. 外科有一个麻醉副教授。2. 小儿科。3. 泌尿科。自治区医院 700 人,干工作的 400 多人,市医院 300 人。

亟待解决的问题,帮助还一下账。离退休人员的安家补助费,需要 5 万元(卫生局已借给)。12 月份,欠 4 万元的工资。医院有 4 个车,一个武汉丰田(坏的),一个东风大车,一个老解放。

市长办公会需提出的:欠广西柳州抗菌素厂 3.57 万元;欠安徽药袋厂 8000 多元。去年修水塔花 4 万元。第二批改革增加工资 1.237 万元。去年建的房子扣的包工队的钱,急诊宿舍、护士楼共 2 万元。欠自治区医药公司 5 万元。12 月份 4 万元的工资。共计 30 万元。

鼠防队问题:一是钱;二是人员编制,有 13—15 人,其中 3—5 人的招干。

市医院:150 张床位,共有医务干部职工 294 人。另外,有 38 个离退休人员。工作人员 70%是技术人员,30%是行政管理和工人。技术人员中,护士 97 人。医生中高级职称的 10 人(副主任医生,还有 4 个离退休的)。正高级一名,李会珍专家;多名主任,中级 23 名。

经费:1. 强毒室问题,付点钱可以。2. 鼠防队,两个车,一个大车,一个北京牌,需 22 万元。一是设备 5 万元;二是药;三是公车 8 万元;四是经费补助,每人每天 7 元补助。

1988 年 11 月 13 日

星期一,市长办公会议。

孔副市长主管办公厅、监察局、教育、卫生工作。

扎副市长:政法、外族、民政。

王副市长:几个项目、农牧业。

赵副市长:城市建设、经委系统。

任清副市长:统战、体育、牧业。

今天主要研究今冬明春的主要工作。有三个方面的工作:

一、经济工作大检查,包括财务、税收等几项大检查。1. 抓落实。2. 宣传动员工作。3. 政府要经常交流掌握情况,可用简报。4. 多请示汇报。分管的可直接去请示汇报自治区的领导。

二、城市管理工作。1. 抓综合治理工作。16 号上午,召开城市管理会意见,听他们的汇报。市管如何配合这次大检查工作,拉萨市的卫生管理工作差,要发挥基础的作用。如落实"三包",军民共建文明街问题,环卫机构的问题,城关领导督促卫生任务重。4 年前搞一次卫生运动,保护鱼类资源问题;危房改造问题;肉和酥油的问题;狗害问题;资金已发展到 1.8 万元;流动人员的管理。三大节日的准备应付问题:一是治安方面的问题,摸清动态;二是喇嘛的住房问题;三是供应问题;四是肉茶酥油问题。拉萨市需酥油 300 万斤,以前没有库存酥油,全靠工商及内蒙古搞了 50 吨,北京 10 吨,个体户 20 吨,内蒙古又签字 20 吨,每斤 6 元钱。检查危房改造和城市建设。

三、农牧区的工作。1. 农田水利建设 150 元的落实。2. 抗灾保畜的准备。3. 冬季造肥的检查落实工作。4. 抓好农畜产品的生活问题。5. 调查摸底排队分析。6. 三三五七项目①。检察〔查〕城关工作准备的怎么样。领导小组汇报下〔步〕工作进展、下步的目标。7. 调查研究工作。研究农畜区的改革问题;脱贫的措施;农村牧业的发展和酥油自给的措施。8. 总结计划工作。办公厅要把了解的工作总结出来。

89 年的计划工作:

1. 有几个区机构的调整问题。区机构:设计院、交通管理站、公路工程设计室、矿产管理办公室、建筑企业管理办公室。

2. 和群众对话。成绩要讲够,问题讲透。

3. 学习发展藏语言的问题。

4. 向自治区政府汇报 2 次工作,这个月底或下月初,全面汇报。

洛嘎市长:机关管理问题,关键是领导问题。年终总结问题,召开办公厅主任会议布置下去。给自治区汇报问题。最近召开办公会议研究 10 个问题。

※　　　　※

蒲怀效谈车子情况。

14 台车子,大车 3 台,其中一台解放车报废。74 年有 2 台大车,包给驾驶员啦。一个月一台车上交 575 元钱,工资待遇一切不管啦。三台面包车,一台大面包车 22 座,是 79 年买的车子。一个给大小伙房服务,81 年买的车,一个面包车 9 座,三菱牌。3 个丰田车,其中一个好的闫生涛开着,去年买的。另外两个黄色的,80 年买的。5 台卧车②,尼桑一台,洛市长开;桑塔纳,原来窦市长开;两个上海轿车,3 位市长,拉木市长;伏尔加 60 年买的,坏啦。

管理局副局长汪于革分管车。司机共 14 人,一个长期在内地,还有一个邓师傅,准备都办退休。开大车的两个,还有 12 个人。其中有 4 个内调:王元国、周光文、王文清、闫生涛。想法给编制局一个〔辆〕车子。

---

① 1988 年 5 月 9—29 日,以约翰尼斯·门杰沙为团长的联合国世界粮食计划署评估团,对拉萨河谷农业综合开发 3357 项目进行实地考察。同年 12 月 12 日,在罗马会议上正式通过 3357 项目为对中国西藏的援建项目。

② 即小轿车。

1988 年 11 月 16 日

召开市长办公会议,"有关部门参加"。

一、八一农场要求解决职工由兑换粮转为商品粮供给的报告。有 355 人,共 30 万斤粮食。意见:由市政府写个报告,给自治区政府。

二、关于加强拉萨市场管理的问题,继续修改。

三、城关区政府公安局关于几类人员户口问题的报告。1. 7 个天葬人员的户口问题①。2. 104 个人征用土地,工人②。3. 民族工人 10 人③。征用地 282 亩,要转户口的 163 个人。

四、计委关于非商品收费的报告。

五、农牧局关于加强动物检疫工作。

六、农牧局汇报今冬明春农田水利建设情况。项目五个,总投资 155 万元。其中自治区委给 108.6 万元,市县自筹 46.4 万元。项目:1. 曲水县两个项目,锦达乡水库扩建和泄洪道的改造,投资 7.8 万元,自治区 5.5 万元,自筹 2.3 万元。2. 曲水其奴水塘扩建投资,自治区 1.6 万元,市县 6000 元,共 2.2 万元。3. 达孜县桑竹林干渠扩建投资 25 万元,其中自治区 17.5 万元,市县 7.5 万元。4. 堆龙德庆县万穷干渠 100 万元,自治区 70 万,市县 30 万元。5. 非商品:林周县尤家水库的改建,主要闸门和泄洪道改建 20 万元,其中自治区 15 万元,市县 5 万元。今后的投资要和大的贡献和高的效益挂钩,凡今后投资市县,要最少拿 15% 的配套投资。

王市长:1. 我们要的多给的少,但还兑现不了,立即做个计划,怎样搞,搞什么,写明指导思想、措施计划、要求任务。2. 把市水电局力量组织起来,把几项工程设计出来,把我市各县活动情况总结通报一下。3. 拿 150 万元的小型农水款子,准备分下去,先提出几点要求。4. 市上的 30% 怎么拿法,小型农水款子,可先用上作配套。

卫生局加措局长:一、成立鼠防队的问题。1 号病有 13 万平方公里病区,尼木县、当雄县比较严重。解决 13—15 人的队伍。其中 3—5 人的劳动招工指标,资金需 35.1 万元,交通工具需北京小车一辆(可暂不解决),最好一辆大车。需交 18.1 万元,今年给 13.1 万元。

医院石院长:一、这个月工资发不出,需 4 万元。二、欠工程队的盖房

---

① 后面注有"解决"。
② 后面注有"分批解决,分三年解决"。
③ 后面注有"解决"。

款。三、欠药款近 10 万元。需 30 万元才能应付过去。今年总共给 150 万元，人头费 110 万元。药械涨价 45%（包括药费）。新增因素近 20 万元。病人增加啦，加上收费不合理。公费吃了，群众的每人 11 元，去年平均 100—120 元。今年绿化用 6 万元，欠退休人员 5 万安置费。

财政局周局长：今年每人增 27 元钱。

1988 年 11 月 17 日

下午，教体委白姆汇报师校工作。

教职工 107 人，藏族 54 人。县级 3 人，区级 9 人。经费 119.8473 万元，其中专项 7 万多。中专 33 人，进修的。师校附小 630 人。

去年调整的班子是不成功的。学校党委书记加央扎西，原为尼木县人大主任，不懂教育，不会做思想工作，连办公桌也没有。曲加每天四次接送学校，给他房子，他也不住。他每天还领 2 元钱的自行车费。搞行政的都有自行车费，教师没有。我是什么都不懂，但我是老革命，有资格当领导。校长江泽元，大学毕业生，业务能力强，积极肯干，但他不民主，主观独断，热心抓事务工作。索朗央金是副校长，原墨竹工卡人大副主任，工作热情高，工作主动，但他不懂业务，说话没人听。群众说他是四无领导：无德、无才、无能、无事。

教师队伍情绪低落，没有积极性，信心不足。老师之间、学生之间打架多，老师和学生谈恋爱。老师黄军和一个学生谈恋爱，黄已调达孜县，已给他谈话啦。教学未按计划。其中一个藏族班，让打字员给学生上课。后勤工作环境面貌差，行政人员多，干事的少，管理不善，缺乏规章制度，浪费严重。200 多张床，已破坏了 100 多张。

新班子"三把火"。"第一把"是植树，花 1 万多元，没活。丢失东西多，联合国投资 10 万美元，照相机丢啦，电视机丢啦，过去丢失的。办了个甜茶馆，问题不少。

调查组意见：江校长主要是武断、不民主、个人主义，个人说了算，什么都是自己去干，不相信别人，将他调离。央金：可学□校，主要是老实。加央扎西：有个叫达桑的，在尼木当副县长，有个原来的校长张文和，在教体委党组〔当〕成员，当过四中的校长，四中选调他啦。原来有个平措校长已退休啦。

财政局副局长：审计上，两同志预算上抽掉〔调〕了一个，和教体委谭一块查的，查了半月的时间。

1988 年 11 月 18 日

下午,和教体委张主任谈情况。

学生共计 4 万多人。其中,一中学生 7000 人多一点。15 处中学,公办小学 62 处,2 万人。民办小学 392 处,1.4 万学生。师校,普通班 10 个,400学生。还有在职教师培训 35 人,教职员工共计 3100 多名(汉族 400 多名)。办学的布局基本合理,达孜县教师的安排基本结束。当雄的入学率占21%,其余的 70% 的入学率,农牧民的入学率 67%,西藏的教育经费占财政支出的 15%。另外还有 1000 万的基本建设费,拉萨 2000 多万元。

教体委几项工作安排:一、今、明、后年的深化教育改革的十条措施。二、下星期,找教体委研究拉萨市的教育工作,厂矿学校 25 所,交通中学都想交给我们,准备共同搞教育科研问题。三、12 月 15 日,召开拉萨地区教改、教研研讨会。

1988 年 11 月 20 日

参加市委常委会议。

主要是人大视察教育的情况汇报。

人大王主任讲一中的情况,用一个星期的时间,先到师校,后到一中进行了解。

一中:副校长主持工作,谈了三十多人,主要是对宋珍同志有意见。副校长一个姓于,一个姓罗,叫罗玉村。不是集体领导,没有体现党的领导。说什么,一中姓宋,教体委姓张。主要问题是不团结,一个人说了算,宋珍凌驾党委之上,把教体委也没放在眼里啦。想调谁就调谁,不通过教体委人事科来办。第二个问题就是管理问题。有的钱无账可查,钱乱用,开运动会,大吃一顿,他老婆从内地回来也大吃一顿,现在连工资也发不出去啦。运动会发奖金不请示报告,从内地买来一万多的乐器,大都放到私人手里。人事调动不请示报告、不研究,自己说了算,好的调走啦,有的没文凭、没户口的,调来当临时工,管文凭等。伙房除了一人是正式工外,都是临时工,管理员也是临时工。不重视使用藏语文字,对藏语教师也不重视。

宋珍的问题:一、经济问题。(一)84 年休假超过 8 个月,和他弟弟倒卖小汽车,和宝鸡化工厂倒卖化工产品。他说用 5 万元的,给别人了结了小车问题。(二)维修校舍。批 20 方木材,校里没有见到。(三)挥霍公款。开运动会 1300 多元。今年 5 月,宋珍的爱人,从内地回来用公款吃喝一顿,报没报不知道,到飞机场去,专门用小车接他爱人。(四)宋珍买东西,到成都,单据不对头。

二、工作作风问题。他一年三次到内地出差,只有一次是经过教体委同意的。他还排斥化学老师唐文清。李玉成老师到四中骑车上课。

三、顺我者昌。董老师年龄大、多病,想减少课程,宋珍不同意,两人争论后,宋珍停他的课,董老师五次登门,宋珍将他拒之门外,另外还扣了他七十多元工资。还有一个老师有作风问题,到成都,宋珍也不管。有一个老师让学生偷木料,他不管。

处理意见,教职工意见:1. 撤销他的职务。2. 对他的问题进行调查。3. 医疗费的包干,他按职称来分。4. 辞去他一中教体委主任的职务。

调查组意见:1. 辞去张荣扬一中职务。2. 组织力量,对宋珍的问题调查。3. 目前领导班子中,没有藏族干部,增加一名。4. 宋珍和张荣扬的关系好,宋珍给张荣扬的老婆又评了高级职称。

教体委副书记索朗白姆:经费,一中 120 多万元。拆四栋房子,每栋4000 元,共 2 万多元,没有收入。学生费也没有账,伙房烧啦,〔损失〕3.5万多元,宋买的台球 8000 多元,坏的没有用。

对一中的问题处理。1. 要全面认识、分析一中的问题、宋珍的问题。宋珍的问题是个工作方法问题,还是个素质问题、品质问题,要正确地分析,宋珍的问题有没有别的因素。2. 慎重起见,要派个调查组深入一中全面调查,从教学管理到党支部的作用,教学的质量安排,都全面考察,要认真听取教体委的意见,不能采取撤销的办法,最多先停职。3. 加强党的领导,充实领导班子,要配一个好的业务校长,配一个比较强的党支部书记,要让藏族校长参加领导。张荣扬不要再兼一中的书记。拉萨市 9 个中学。

曲加书记①讲意见:1. 对一中要全面、正确地、辩证地、慎重地对待、分析,对宋珍的问题反映是强烈的,学校的事是复杂的,要全面、慎重地对待分析。2. 对张荣扬和宋珍要分析,张荣扬是一个什么样的问题,就是什么问题,宋珍的问题,张荣扬到底有多大责任,需通过进一步了解才行。查宋珍的问题,涉及到谁就是谁。尽管张荣扬有这样那样的毛病,但张荣扬是一个有事业心的人,是一个能干事的人。

第一,意见怎么办。宋珍在组织、纪律观念上等都需要加强,问题有多大,现在还下不了决心,市政府派个副市长分管。由检察局、财政、组织部、教育,抽调几个人,继续深入考察。第二,另外正面和宋珍同志谈一次话。

---

① 1986 年 8 月至 1991 年 2 月,曲加任西藏自治区拉萨市委书记、市政协党组书记。1991 年2 月至 1996 年 5 月,曲加任西藏自治区外事办公室党组书记、主任。

谁谈,现在没下结论,李再说。视察组下去,要教育各类同志,首先坚守工作岗位。第三,宋珍怎么办,张荣扬的书记动不动待后说,藏族有合适的也要先安进去,最后怎么办,要教体委党组拿意见,检察组的意见可和教体委交换一下。

1988 年 11 月 22 日

　　当雄县南木湖随笔
　　三九严寒未来临,
　　千里冰封已到此。
　　皑皑白雪遍山野,
　　一块银盘落中央。

※　　　　※

　　下午,到当雄县。

　　书记阿典,45 岁。副书记达瓦次仁,人大常委主任。菜多,副书记、县长,40 岁。副书记代树清,原组织部长,41 岁。常委、武装部长阿布。副县长桑嘎,42 岁。副县长多桑次勇,44 岁。副县长西乐,39 岁。人大常委副主任戈桑,42 岁。纪检书记热典,42 岁。

　　全县 508 户,33000 人。6 个乡,2 个镇,28 个村民委员会,171 个行政组。牲畜 53 万头(只),其中牛 19 万头,绵羊 23 万只,山羊 9 万只,马 7000 万匹。去年国民生产总值 1600 万元,人均收入 437 元。五保户 67 户,67 人。县建了个敬老院,建到中嘎村,敬老院共 8 户 8 人。五保户,每年肉 100 斤,酥油平均 24 斤。肉生产 190 万斤,羊毛 33 万斤,国家收购 25 万斤。

　　教育情况:6 所公办小学,其中一所中学,17 个民办小学。入学率达到 21%。58 年支援教育经费 13 万元,县投资,搞校办牧场。"三包"①学生吃高价粮。过去一车干牛粪 20 元,现在 80 元。公办学校必须是三年级以上的,81—82 年入学率 7%,入学率低的是咯答乡②、南托乡。三中的学生光会吃穿打扮,也升不了学,回来干不了事。

　　当雄县委机关缺编 60 多名。

　　教育局长介绍情况。23 号上午,县教育局介绍一年来情况,下午看乌

---

　　①　西藏自 1985 年实施教育"三包"政策,在免费接受义务教育的基础上,对农牧民子女实行了包吃、包住、包学习费用的"三包"政策,对城镇困难家庭子女实行了同等标准的助学金制度和财政补助政策。

　　②　即格达乡。

玛塘乡小学①,公办。24 号上午,纳木湖乡②。下午看公塘乡小学③。25 号上午,宁中乡,下午看县中小学。26 号上午,到羊八井镇看小学。

教育局局长次仁多吉,副局长强巴朗珠。

教体委几个同志的名字:当雄县文教局长次仁多吉;副局长强巴朗珠。平措朗杰,市教体委副主任。徐开发,教育科科长。顿珠旺堆,教育科副科长。石香文,教研室中文教研员。胡适明,教研室资料员。伊苏,市教体委驾驶员。

※　　　　　※

上午,当雄县教育局长汇报情况。

次仁多吉:今年又办了 12 处民办小学,原来有 17 所。县委书记、县长都亲自做了动员。薛客乡那龙村、胡卢村一二村 3 所小学,还有四村各办了 1 所。羊八井、格达村办了 2 所,羊八井镇拉多乡办了 1 所,宁中乡二三村各办了 1 所。米林村办了 1 所(四村)。当雄镇红旗乡原来说要办一所,结果领导不重视,未〔没〕有办成。去年 17 所民办小学在校生 298 人,今年共达 490 人,新发展 12 所。县公办民办小学共计 34 所,其中公办小学 6 所,中学 1 所。公、民办学校在校生共计 1352 人,其中公办 6 所,学生 788 人。中学三个班,共计 74 人。全县教师共 165 人。其中,公办教师职工有 64 人。全县有 4 所“三包”小学,其中今年发展 2 所,公塘小学、宁中小学、公玛塘小学、纳木湖小学 4 所。“三包”学生有 338 人,全县中小学公办住校生有 634 人(包括“三包”),全县民办学校共计 71 个班级。年初估计全县适龄儿童 3986 人,入学率已达 21.85%,比去年高 1%点多,巩固率已达 94%,毛入学率达 40%多。

教师职称改革。高级教师 1 人,小学的,格桑多吉。小学一级教师 22 人,小学二级教师 21 人,小学三级教师 8 人,共计 52 人。高级教师报 5 名,批了 1 名。教师教材〔教法〕考试过关 30 人,其中没文凭的 18 人。今年四月份办了三期,每期 2 个班,职业技术班,主要补习文化,有兽医、藏医、妇幼保健,学习人数 143 人。十二月份还要办 1 期,2 个班,兽医班、普法培训班,文化主要是三年级以下的教材,培训时间一个月。对全县学校领导班子进行了调整,每个学校都有教导主任、校长。

改善办学条件。4 所公办中小学,添课桌凳 62 套。纳木湖和公塘乡党

---

① 即乌玛塘乡小学。

② 即纳木湖(与文中出现的“南木湖乡”均指同一地方)乡。

③ 即公塘乡(与文中出现的“公堂乡”均指同一地方)小学。

委添 150 套厚垫子。给纳木湖添 40 个铁床。厚垫 48 元一个,床 160 元一个。今年 6 所公办学校,坏桌凳 6 套。维修危房 4 间,面积 82 平米,还有危房 450 平米,公玛塘还有一间。6 所公办学校都有篮球场。公办小学有一个有乒乓球桌子的,买了 120 套跳绳和部分皮球。

勤工俭学。6 所公办和公玛塘勤工搞了点,收萝卜 5000 斤,收入 1250元,用于学生改善生活,白菜 700 斤,勤工搞好的格达乡小学,元根收入1300 斤,折款 340 元,每斤按 3 毛钱算的。挖药材,虫草 1.5 斤,收入 1490元;贝母 1.5 斤,250 元。其他收入,格达乡小学牧场 24 头牛,牛奶、牛粪收入 1000 元,教工要啦。总收入 4510 元。

副局长发言。要提高教学质量。87 年小学生 63 人,合格的 46 人,考西藏班的一个没有。88 年 58 人,其中合格 45 人,参加内地通考① 23 人,考上的 21 个,去年一个没有。勤工俭学。用校办牧场收入 27040 元,买牛羊616 头(只、匹)。其中,纳木湖乡买奶羊 100 只,款 3000 元,加上折旧券的4000 元,用 7000 元买奶羊 100 只。分聂忠乡购山绵羊 85 只,每只羊 45 元钱。瓦哥党乡用 11040 元,买奶羊 200 只,县公办小学 5000 元。公堂乡 500元,基本花下来,买回公塘 14 头牛。县小学羊 143 只,全县勤工俭学,收入5300 元。

今年一年内县政府投资。修建县中学 10 万元,办牧场 2 万元,扩建维修 1 万元,召开县教工作会议 1.4 万元,教师节拿出 2 万元,维[修]小车28000 元,体育 5000 元,职业班 1.6 万元,共计 169800 万元。

今年县召开教育工作会议,从县书记、县长到五大部门领导全体出席,都发了言,经费紧张,有的教师没办公桌用。村办小学要稳发展,成熟一个发展一个。农村牧区发展由于农区发展不用,原来要求达到 5%,主要是上面不够重视,还有牧民不愿把孩子放到学校。87 年入学率 19.6%,88 年达21.5%,要达到 50%,首先要解决认识问题。87 年 3 月份,公塘加根入学时,63 名学习〔生〕,88 年去看,只有 6 个学生,下面群众不支持、不借给房子。

※　　　　※

下午,乌玛塘乡小学座谈。

三中毕业的老师的问题:一是吃高价粮;二是工资只有 100 元;三是没有户口。糌粑亏损 7884 斤,按每斤 0.53 元计算,合计 4090 元。教龄最长的,75 年师校毕业,叫决阿次仁,工资 290 元,小教 2 级。校长是作达,30

---

① 疑为统考。

岁,78 年师校毕业。教师宿舍不够,有的借到了房,有的住学生宿舍,有 6 个老师没房子。得到"三包"的只有 36 人,是不是明年二年级的给"三包"政策,有 14 个学生父母去世了。

纳木湖办学的困难是大的,成绩也是很大的,前途是光明的,与学校领导、老师的努力是分不开的。希望学校一是继续发扬成绩,克服困难,继续办教育做出贡献。二要扎扎实实的〔地〕把这所学校办好,来影响一代代人。三要不断加强自身的学习。

1988 年 11 月 24 日

到达当雄县纳木湖乡。

小学校长平绕,副校长次仁巴桑。

学校 3 个班,分了 3 个年级。四年级到公塘,有数学、英文、音体老师。家长不愿让孩子来,老师走乡串户去动员学生来上学。同样的分数线,牧区的学生上不了学。学生捡牛粪每年有 8 大汽车。一卡车木材需 450 元才行,伙房不够烧的。这个学校是公办"三包"学校,要求一台柴油发电机。

代课老师:两次考上中专分数线的,都未录取。

副校长:八个教师评职称,没有一个评 1 级的。王扎是教导主任。

强巴朗珠:虽是"三包"经费,没有给够。

南木湖乡:书记王堆;乡长曲多;副乡长群培。

全乡 3372 人(去年),四个村。去年人均收入 400 多元。五保户共五个人,生肉每月 18 斤,一年 200 多斤肉,酥油每年 24 斤。老百姓没有病,医院有 5 个人。教育"三包"标准还要继续贯彻下去。预计 80% 的学生没上学,因为两个村是游牧性质的,不好上学。

※　　　　※

晚上,卫生局。

局长罗桑:全县有一个医院,一个预防保健站,有 5 个乡卫生院。国家正式职工 64 人,卫生局 3 个正副局长。索朗顿珠负责预防保健;次仁顿珠负责计划生育、爱国卫生。细菌性痢疾多,有 60 多个;格达乡,4 月、5 月、6 月、7 月,村厉害病例 62 例。乌玛乡八嘎村,又发现此病 30 多例,死了一个。格达乡死了一个,龙仁乡又发现了几个病号。缺药比较严重,药品停留 80 年基础上,药品经费还是 9 万元,那时的人口 1.8 万人,现在 2.4 万人,西药药费涨了 50%,藏药涨了 60%。今年买药花了 8.5 万元,从财政看,买了 10 万元的药,实际 8.5 万,其中中西药 2.9 万元。今年 8 月 10 日到 10 月初,抗菌素一点也没有,今年病人多。去年病床,人头月率 60%,今年 98%

多。藏医 6 个中级,2 个初级。4 个西医医院,医生中级 3 个,初级 19 个。防疫站一个。

1988 年 11 月 25 日

县中小学。

中学校长罗桑群典;次长,兼教导主任。小学校长强巴吉马;次仁金梅,副校长;周慧芳,教导主任。在学校吃饭的 293 人,全校 93 人获得助学金,小学助学金每人 18 元,其中 52 人是中学生。盖教学楼 1600 平米,其中教室 10 间,实验室 2 间,办公室。资金 60 万元,县提供 10 万,教体委提供 20 万,教科委提供 30 万,联合国配套 25 万美元。

班主任守则,其中一条规定:对学生要动之以情,晓之以理,导之以行,持之以恒。中小学教师 28 人,职工 7 人(正式 2 人),教师中有 6 个代课。大专 7 个,中专 13 人。7 个大专中,有一个是中央民院①毕业的,其余 6 个是西大②毕业。初二班,86 年招生 44 名,因不及格退学的 15 名,有 6 名转学的。小学一年级教师 9 人,小学二年级教师 6 人,小学三年级教师 2 人。

86 年办的中学班,中学生 67 人,3 个班。中学没有教具,缺少物理、化学老师。

※　　　　　※

下午,公塘区中心小学。

校长吉美,副校长罗桑,兼总务主任、会计。教导主任次仁拉姆、扎西扎典。

教职工 23 名,正式教员 9 名,代课教师 6 名。职工 1 名,保管员。临[时]工 5 名,其中放牧的 1 名,炊事员 3 名,洗衣工 1 名。

68 年建校,原来在神嘎,80 年迁来,学校有教室 5 间,校舍 11 间,学生共计 176 名。其中,享受"三包"政策的学生共计 163 名,其余都是走读生。勤工俭学,牛共计 24 头,再买 14 头。种白菜 500 斤,元根 1300 斤,虫草 1 斤,贝母 1.5 斤,合款 3580 元。草场 18.6 亩,草地 7 亩。

教师宿舍 15 间,其中 10 个套间。仓库 3 间,伙房 2 间。仓库是危房,210 平米。教桌 20 套好的,86 年给配的,门、窗各班承包啦。搞坏凳子赔 5 元,桌子赔 20 元,玻璃赔 2 元。有一个篮球场,框不好。学生来混的比较多,但"三包"经费不足,7 公里以外,文件说可享受"三包"政策。单职工半

---

① 中央民族学院,即现在的中央民族大学。
② 西大即西藏大学。

享受"三包",双职工不享受。现在奶牛 12 头,5—10 头能挤奶。

职称:一级有 3 个,二级有 9 个。去年退学了 5 名,主要是家[庭]困难。乡每年开一次家长会议,开了两天,县领导参加,家长到会率为 71%—80%。87 年,县给修了 210 平米房子,用款 2.97 万元。87 年地方财政拿出经费 7.575 万元支持校房。88 年拿出 16.38 万元。

领导班子好的是宁中乡中学。代课老师,高中老师工资每月 110 元,初中老师工资每月 100 元,小学老师工资每月 90 元。

※　　　　　※

晚上,和当雄县文教局长座谈。

羊八井、格达乡比较偏僻,到羊八井比较远,路不好走。10 月份张主任到格达乡去啦,当时也没说给他钱。

组织纪律强的是文教卫生局。7 天假,文教局批 10 天,县委组织部来批的,80% 以上的能执行,扣的钱用于奖金,发给优秀老师。明确规定老师上课不能吸烟不喝酒。自今年以来没有体罚学生的。固定资产进行登记。不合理教师清理了 8 个,都是民办学校的。文教局共 8 个人,其中一名司机、一名会计。学生入学率 21.86%。

1988 年 11 月 26 日

上午,宁中区小学。

校长平德,副校长次仁平措,教导主任曲吉桑。

学生四个班级 104 人,一、二、三、五各一个班级。享受"三包"政策的学生 80 人,本学期退学 3 个学生。教学每学期评比一次,年终作为奖励的条件。留级率在 5% 以下,藏文和汉语、数学平均分到不了 60 分的学生就留级。全班如果半数到不了平均分数,假期复习重新考试。评一等[奖]条件,升学率 95%;二等奖条件,升学率 83%。升学考试由文教局统一出题,单册由学校统一出题。这次文教局出题题分 86.1,没有逃学的现象。每周星期六下午劳动,捡牛粪、打扫卫生,有时到区委机关做好事,给五保户捡牛粪。

85 年经费 9.2015 万元,主要用于享受"三包"政策的学生、办公用品、教师工资、助学金。学校有 2 匹马。民办教师的工资要开,共 8 名,需 770 元。炊事员给 70 元。固定资产,87 年 5 月 13 号统计为 8.4516 万元。民办教师工资 75 元,三中毕业的老师给予 100 元。一年级学生,坐在垫子上。老师 15 名,中专毕业 6 个,初中毕业 9 个,代课老师 8 名。初中的正式教工 7 名,职工 6 名,炊事员、驾驶员、放羊人、卫生员。有解放牌汽车一辆。一级教师 3 个,二级 1 名,三级 1 名。教材教法 8 个考试全部及格,有一个汉文老师没有过关。

学校困难。88 年考入内地班的 17 名,学校有各项规章制度,有 10 条,后勤有 9 条制度,全校教职工有 9 条请假制度,老师有 8 条规章制度,共有制度 36 条。用制度来管理学校。1—5 年级是第一届毕业生。参加内地藏文班 19 人,全部考上,两名学生有病不能上。总共毕业生 44 人,有 2 个没考取,其余全部考取啦。今年招取部分"三包"生和走读生,走读生有 24 名。汽车的经费现在由助学金里出啦。

问题:1. 教学仪器少,自然、地理仪器没有,地理挂图也没有,藏文没有。2. 住房条件差,下雨漏雨了,3 栋房子都是 80 年盖的,门都是三合板的,教室面积小。3. 伙房有困难、有危险,而要盖教室现在也没有材料,教师没有房子住。

罗张:我工作 8 年啦,全部买高价粮,每月 100 元工资。

※　　　　　　※

下午,羊八井小学。

教导主任嘎马。校长该玛,没在家。公办小学,学生 116 名,其中,101 名住校。没有"三包"政策的学生,有助学金的 101 名。一所民办小学 14 个学生。原来和格达乡是一块的,分开啦。有 91 个学生享受 18 元助学金,有名学生享受 9 元钱的助学金。开学后有 3 个转学的,有 2 个退学的。学校没牧场,勤工俭学没有办。有篮球场和足球场。馍低价解决了,20 车柴禾,200 元一车,去年底镇里解决了 3000 元。今年初,桌椅有 80 套,铁床 30 个,学生大部分睡地下。有教学计划。教室没生火,主要没柴禾。今年经费 5.9163 万元,用于学生助学金、民办教师工资。开设藏文和数学两门课。学生早上吃糌粑主粮,中午吃米饭、清茶,晚上馒头、清茶。教师 11 名,6 个中专毕业,4 名初中毕业;代课老师 1 名,县小学毕业。高级教师 1 名,一级 2 名,二级 1 名,三级 2 名。教材教法考试没有通过的。

※　　　　　　※

"致家乡"

我走的太急促啦,没来得及和领导同志们握握手,没来得及回回头。面对给我送行的人群,只点了点〔头〕。从领导的表情上,已看出大家对我的厚爱和深情,看出了亲朋好友对我的寄托和希望。我不知为什么,连说一声再见的勇气也没有。我的两只眼模糊啦。我的心动啦,我急忙钻进了车。此刻,司机似乎更理解我的心情,立即发动车,急速离开了生活近十年的聊城。我从来不爱做梦,不知为什么自从来到高原后,每当夜幕降临,我就梦回到家乡。梦见家乡的铁路也通车了,梦见新电厂的机器轰鸣的马达声,梦见范筑先烈士陵园落成,给美丽的小城增添了亮丽的光彩。梦见凤城湖的鱼跃舟帆。梦见与亲朋好友正举杯共饮,梦见老妈妈微笑着把我呼唤。

梦魂萦回,醒来是更迷惘如怅。家乡明年的规划蓝图已经绘好啦!节日的物资已备齐了吧!正月十五的彩灯已扎好了吧!绿化大地的第二个战役准备工作就绪了吧!家乡的菊花已凋零了吧!迎春花快开了吧!

家乡的一草一木,老老少少都魂牵梦萦。我从来不信神,但我在默默地祈祷,今年家乡风调雨顺,祈祷领导和同志们在新的一年万事如意,团结奋进。祈祷老人幸福长寿,青年人快马扬鞭前进,前进。高原的风是冷的,气候是寒的,然而我一想起党组织对我的嘱托,亲朋好友对我的厚爱,我忘记了前进路上的艰辛和坎坷。我觉得我身上有使不完的劲,我早已把苦涩和危险置之度外。

※   ※

何必轻洒伤心泪。铁肩担道义。

※   ※

几——1;尼——2;松——3;西——4;珂——5;徐——6;吨——7;节——8;古——9;九——10;尼修——20。

卡配那——你来啦,你好。

薛室家——你咋啦?

切让扩巴太嘎——你到哪里去?

切让那米嘎扎的——你家有几口人?

加马抗啦欧卡菜日——多少钱一斤?

古苏得卜音白——你身体好吗?

做那个都假——你胃痛吗?

切让名啦战日沙——你叫什么名字?

切日罗穷穷日——你很年轻、你很聪明。

色茶——吃过饭啦。

它爪——绳子。

罗不扎——学校。

扎西得勒——吉祥如意。

※   ※

林业局购买东西:1. 箱子:400 元(200 元,85 元,70 元,50 元)。2. 衣服:100 元。3. 大衣:200 元。4. 棉上下衣:200 元。5. 茶杯饭盒:30 元。6. 借收录机壹〔一〕台:500 元。7. 石英表:100 元。

※   ※

自古忠孝难成双,每忆忠门涕泪流。

小窗寂寂凝秋色,情寄新诗吟未见。

凄风苦雨,天昏地暗。

少年、青年、中年、老年。

※   ※

鲁迅:

人生得一知己足矣,斯世当以同怀视之。

※   ※

濛濛雨凄凄风,再要相聚已无期。

※   ※

《我热爱美丽的西藏》

我热爱美丽的西藏,

这里有高入云天的雪山,

有绿色无边的草原,

有潺潺的流水,

有肥壮的牛羊,

还有数不尽的宝藏。

1988 年 11 月 28 日

拉萨市总人口 341664 人。其中,藏族 298679 人,汉族 41030 人。城关区 117679 人;林周县 47072 人;当雄县 32003 人;尼木县 25622 人;堆龙德庆 35099 人;达孜县 39145 人;墨竹工卡县 19049 人;曲水县 26085 人①。

※   ※

下午,林周县。

参加人员:县长、副县长、文教局长。

林周县面积 4400 平方米,人口 47000 人,其中吃商品粮的有 1800 多人。87 年人均收入 270 元。有公办小学四所,中学一所,共五所。民办小学 11 所。适龄学生 7746 人,在校生 5518 人,全县的入学率 66%,原来是 71.5%(去年)。公办小学班级 37 个,中学 10 个班,公办"三包"小学 752 人,巩固率达 94.55%。民办小学的巩固率 67%,入学率 55.2%。全县正式

---

① 此段数据材料记在日记本的扉页,没有署名日期。点校者根据前后文记载,将其置于此。此处的人口数据可能是旧数据,与后文中的记述多有矛盾。

教师 52 人,代课教师 78 人,民办教师 134 人,班级 174 个。公办小学的职工 24 人,临时工 23 人。中学生在校生 432 人,享受"三包"政策学生 402 名,巩固率 100%。公办小学生 1528 人,今年毕业生 317 人。公办小学占地 12668 平米(5 所公办小学建筑面积),占地面积 237000 平米。88 年修筑面积 3210 平米,新建 11538 平米公办小学。民办小学有 863 平米,民办小学在校生 3198 人。课桌凳子占 15%,总修小学 70% 的砸坏啦。公办民办菜地面积 174.2 亩,130 头牦牛。民办小学教师原工资 48.50 元,现在提到 65 元。代课教师高中毕业的基本工资 110 元,加资历工资 140 元,公办代课教师最低工资 120 元。中学代课教师工资最高达 124 元。校长兼课最多达 24 节,最少 8 节。县中学正式教师 5 个,体育工作差,全县没一个正式体育教师。草垫共计 837 个。固定资产 661700 元,631700 元是今年经费。今年欠文教局,欠县政府。县配给彭波中学一辆车,叫军区修理去啦。修后没钱付给人家,每天扣 10 元钱,7000 元扣了快一年啦。87 年欠县政府 5 万元,主要用于维修。87 年用款 72 万多元。中学搬家的钱 7400 元,还没给人家。一年来民办四所小学维修花钱 4000 多元。

89 个教师参加统考,辞退 5 名,合格率 20%,17 个过关啦,这五个光教几个字母,别的不会。民办教师,公塘有一个每月工资 45 元,他觉得少,不干啦。他说我路上 5 毛钱,上课 5 毛钱,回去路上 5 毛钱,我不干啦。

县长:第一,旁多农场的工资,每个民办教师 90 元,而县城这里只有 45 元。代课教师那边 132 元,我们这边 110 元,有的乱加工资造成教师工资不合理。攀不小学校长刘阿右工资涨啦,教学质量反而下来啦。参加内地考试 16 个,只考上 1 个,全县参加 58 个,考上了 20 个,原来 35 个乡,现在变成 19 个乡啦,现在我们正研究学校布局问题。第二,整顿公民办的教育。有本事的招来,宁肯多给点工资,把好的拿来。第三,当雄乡的小学一定建起来。整个乡没有学校,更找不到老师,有 45 个学生,原来铁木社的房子给他们,派一个教师干三年,支部书记也不认字。工资要统一规定,同时对南北部要有差别,南边是二类区,北边是三类区。第四,旁多中小学要分开管理,要整顿中小学的领导机构,孙帮小学管理比较差。学校布置,旁多小学改成林周小学,中学叫林周中学。南部要四所公办小学。拉杆乡 9 个村较偏僻,搞个大的小学,现在只有一个乡办的学校,其余都是村办。第五,每个乡配一个文教干事。工资由文教局来支配。现在乡里没人具体抓,87 年文教局旁多插中学教育经费 11 万元,去年欠县里财政 5 万元。

教育经费 110 万元,专款 5 万元。强嘎 14 名,县完小 5 个,中向小学 1 个,旁多 1 名。原来干部职工的孩子享受"三包"政策,现已取消,1—3 年级原来每人 10.8 元,现在取消。享受"三包"政策经费可能有 1154 人,粮食大米按 5 毛钱一斤买的。

　　教育局长:今年入学率比去年低,原林周林场的人头经费 65 万都是自给,84 年交给的。旁多林场 85 人的停薪留职的人头经费没有给。机动经费县里只有 4 万元,文盲 9816 名(不包[括]旁多),扫盲没进行。全县教师有大专文凭的有 4 人。

※　　　　※

　　林周县卫生局。达瓦县长、局长罗桑扎西。

　　全县有三个医院,一个预防保健站。三个医院都分别有外内科、五官科、妇科、藏医科。南北共计有医生 96 人,乡村医生 50 人。国家正式职工 48 人,编外 13 人。扩厂工原来 76 人,都是搞医的,都不在编,待遇太低,南边的工资 120 元。原彭波农场的上南部,只有 60 多元钱。另外有 4 个临时工。

　　技术结构。主治医师西、藏各两个人①。初级西医师 32 个。主治医师有一个是扩场工,每月 60 元钱。藏医生 5 个人、西医生 21 人、藏医士 2 人②、护士 5 人、勤杂工 9 人。大专毕业生 2 个人,防疫站 1 个,一个不是学医的,当局文书。中专毕业生 40 人,防疫站一个是四川医学院毕业的,无学历 53 人。党员 16 人,团员 21 人。

　　有 X 光机 30 毫安的小机器,没别的设备。南北白内障共搞 16 例,都成功啦。彭波医院,开了 46 例手术,都成功啦。去年开始,南北共收病号 500 多人,治愈率 70%,共 30 张床位(不包彭波)。传染病年年多发生,四季不断,江多乡 96 个痢疾,全县有 400 多例。今年死 6 人,大都是江多乡的,小孩去年死了 2 人。医疗队到江多就控制住啦。有的人迷信,住院后又把孩子偷走,死啦。痢疾卡那梅秦好些。卡孜乡有一个麻风病已是晚期。

　　经费,财政预算 87 万,拨 42 万。87 年买药 10 万多,不够又增拨了 3 万。去年购了一部车——救护车。今年买了 12 万元的药(不包括卫生厅 2 万,市防疫站 1000 元,县财政 5000 元)。群众每人合 4 元多钱,去年合 3.7 元。88 年预算给 38 万元,包工队有个发电机 6000 多元,……连胸透都搞不了。

　　林周县有四种待遇,编制 13 个人。外县 140 元工资,我们是 119 元。加上扩场工 67 人,扩场工和编外有 8 个有文凭的。

---

　　①　指西医和藏医。
　　②　指藏族西医生。

※   ※

上午旁多乡学校,下午松盘乡小学。

旁多乡学校教职工24人,其中代课老师14人,正式教师3人,共17个教师。职工8人,其中正式职工,代课老师每月工资110元。有任教18年的还是临时代课老师。14年工龄以上的2人。正式职工中,中专毕业老师1名,高中毕业老师1名,小学毕业老师1名。代课老师11个,高小毕业3个,初中毕业8个。教材教法过关的只有2个。老师旷一节课罚款5元,有的个别老师不备课就上课。危房和危墙比较多,学生吃饭,早晨稀饭馒头,中午……

下午松盘小学。校长扎桑,教导主任文桑战堆。总务主任论珠尼玛。

中午吃米饭、菜,晚上吃馒头。升学率97%,考入内地学校1个,今年升学率78%,是指的年级升学率不是毕业升学率。

全年经费,每月8395元,包括民办教师的工资。82年,县人民政府定的1—3年级每个学生每月10元钱,全部取消啦,所以巩固不住。公、民办学校有70个学生退学,全乡公办学校学生270名,民办学校学生335名。全乡适[龄]儿童公办学校学生入学率67%,民办入学率60%。

大米每斤57分,面粉每斤54分。

※   ※

强嘎乡小学。

校长桑典;教导主任旦镇巴桑;党小组组长齐梅。

教师22人,代课教师13人,正式教师9人,正式职工4人,临时工4人,炊伙、打钟1人。民办小学21所,教师22人。公办小学学生390人,住校生98人,享受"三包"政策的234人,每人22元钱。民办学校57个班,学生总数530人。

适龄儿童1179人,入学率78%。学生退学问题,公办学校这学期7人退学。师资训练情况,今年办了一次小学教法过关班。教师过关考试,公办教师5人,其余都是代课老师。正式教师,高中毕业4人,中专毕业4人。另外还有个教员是小学毕业。代课教师初中毕业的4人。一级教师1人,二级教师5人,三级教师2人。7—15岁文盲849人。

勤工俭学,菜地30亩,其中收青稞2800斤,合款1400元。土豆2500斤,折款500元。萝卜4000斤,折款400元。猪5头,已杀3头。公办学校10个班级。

※   ※

林周县彭小区中小学,原甘丹曲果乡。

校长安桑罗卜，副校长王杰、吕化天，教导主任白口化增，总务扎西罗布。

中小学教职工287名，其中中学教师30名，代课教师20名，中学教师正式职工10名。小学教师34名，其中代课教师21名。有一个党支部副书记刘迁龙退休啦。行政人员4名，伙房炊事员17人，正式职工7名。还有一名校外辅导员，助理辅导员属民办的，代过课。民办小学29所，另外援办的还有4所，松盘乡一所，卡孜乡一所，江热夏乡、甘丹曲果乡各一所。29所小学，87个班级，民办学生总数1713名。民办教师43人，其中2名中专生。中学学生432名，住校生413名，享受"三包"政策的学生402名，公办小学生562名，住校生214名。"三包"政策有指标，没有经费。中学"三包"经费59600元。全区适龄儿童2226名（7—11岁），其中在校学生1447名。88年，小学入学率65%，巩固率62%，毕业率80%，初中巩固率100%。82—86年，每年暑期搞民办教师的培训，每期1.5个月。民办教师原来86名，现在只有43个教员，有的不干啦，有的当了喇嘛。教材教法过关4名。职称，中教一级2名，二级2名，三级3名。小教高级1名，一级1名，二级3名，三级2名。全区总人口1.8万人，文盲占25%，半文盲占10%。

勤工俭学，沙滩地26亩，种青稞1547斤，合款642.8元。土豆种半亩。校内菜地2亩，土豆2232斤，合款558元。小白菜40斤，合款10元。萝卜收100斤。有四头猪，从北边迁过来的。

有两个篮球场，单杠、高低杠各一副。化学实验没有药品，教室桌凳560套，88年损坏了60张桌子，新增桌凳330套，教体委给配了100套桌凳，质量不行。铁床原来有60套，现有110套，木床230套。原彭波的中学生，每人每月给15元。备课检查每期两次，教学观摩每学期一次。有考勤制度，教师旷［一］天课扣一天工资。大专生7个，胜任的4个，中专毕业2名（拉萨师范学校），高中毕业15名，初中毕业7名。另外，次典平措老师家中困难，家里购买拖拉机，出租拖拉机。张海庭，男，他弟出事啦，请了一个月假。

小学教师中专毕业9名，高中毕业3名，初中毕业22名（代课）。88年，37名毕业生，录取32名，14名考取中专，到高中分数是18名。民办学校危房627平方米，本校没有危房。新建教学楼993.6平方米，学生伙房452.51平方米。今年本校经费45.47万元，其中工资每月平均1.3万元，共15.6万元，包括民办学校教师工资。今年维修用款12万多元，燃料开支（柴禾）一年用款5万元（包括运费）。电费5000多元。教材费今年上半年1.9万元。

对该校印象:一、由于学校归属的移交问题,总起来看主要是乱,管理乱,教师和学生思想混乱。二、缺乏对学校的统一认识,规章制度不健全。三、改革不彻底,存有大锅饭现象,没有从根本上解决老师职工的问题。

副校长:1. 代课老师工资 130 元,小学老师工资 120 元。为了稳定老师,每人增加 10 元钱。2. 对代课老师搞点物价补贴,代课老师户口没在这里,需要买高价粮食,学校补。3. 四所学校的 100 吨柴油,没有款买回来,教体委财科所叫银行贷款,银行不贷。4. "三包"学生的口粮是高价的,学生口粮 20.1 元,每人才 35 元钱。大米 50 分钱 1 斤,面 5 毛 4 分钱 1 斤,清油 1.9 元 1 斤。能否按平价来买,拉萨三中按平价买的。5. 防止人才外流,招工是否给学校解决点指标问题,原来招工时提出文教卫生人员不准招工,这种学生不安心,去年我们学校考上公安人员有 4 人。6. 缺教员,文科里边只有一个刘化点是正式工人,其余都是代课教师。

门口写着:严谨治学、奋发求知。

1988 年 11 月 29 日

歌词《请你热爱西藏》
请你热爱西藏,
这里有数不尽的雪山,
这里有无边的草原,
有肥壮的牛羊,
有数不尽的宝藏。

※　　　　　※

晚上。
思乡观月清宵立,
忆弟看去昼不眠。

1988 年 11 月 30 日

下午,达孜县唐嘎乡小学。

校长西乐。学生 174 名,全住校,享受"三包"政策的 112 人。民办学校 17 所,公办教职工 15 人(其中公办教师 7 人,正式教师 2 人。)公办学校有校长、教育助理员、保管员、炊事员 4 个。民办学校学生 607 个。公办小学教师,中专毕业 1 名,高中毕业 5 名,初中毕业 2 名。适龄儿童 843 个。五天没有上课,有 70 多名学生住院。教材教法考试没有过关的。唐嘎乡总人口中文盲 585 人,半文盲 191 人。扫盲班 3 个,84 人参加,利用晚上 1.5

个小时,要求达到三年级的水平,10月放假继续办。

　　勤工俭学情况。养猪4头,已杀6头,折款2000元。菜地18亩,收30袋土豆。萝卜2000多斤,合人民币160元。有排球和篮球。乡政府维修民办小学房子花费1100元,专门派了一个干部管理学校。桌凳141套。升学率是达孜乡第一名,自治区统考中考取内地西藏班5个,录取1名。参加达孜县考初中的31名,考取了29名。存在困难,办公没椅子,缺教师,缺汉语文教师。这个学校有2、3、4、5年级。代课教师每月工资分别是150元、140元、130元。民办学校19所,35名教师2个正式教员。

1988 年 12 月 1 日

　　上午,达孜县帮堆小学。

　　文教局长车仁多吉。校长巴桑,副校长次典,兼教育助理员,教导主任由校长兼任,总务主任由校长兼任。

　　教职工总计19人,教师11人,中专毕业3人,高中毕业2人,初中毕业4人,小学毕业2人。两个校长没有兼课。正式教师3人,5个二级教师,代课老师8个。教材教法过关,没有接到通知。行政后勤8人(包括2个校长),管理员1人,开拖拉机1人,炊事员4人,其中临时工6人。拖拉机主要用于买粮。公办学校小学生186人,住校生120名,享受"三包"的学生91名。五年级"三包"解决住、吃的用品。四年级解决了部分床、垫子。三年级没实行"三包",学校解决了草垫子。学校是五年制。民办小学14所,教师20名,学生454名(民办)。公办小学生454名,四个班级(2—5年级)。民办小学一年级14个班,二年级14个班,三年级7个班,共计35个班。适龄儿童551名,7—12岁。全乡12—40岁文盲,347名。12—40岁,半文盲336名。全乡的初中毕业生40名,小学毕业生609名。入学率80.4%,巩固率72.1%(民办)。公办学校巩固率100%。

　　为了孩子上学,群众来献"哈达",哭……

　　星期六下午,全校教职工学习2小时,以提高教学水平。

　　勤工助学。菜地12亩,土豆有3500斤,合款875元。萝卜3600斤,折款每斤2毛钱,合款720元。白菜600斤,每斤4毛,合款240元。养猪10头,宰了5头,900斤肉,合款2150元。早上吃馒头、稀饭,中午吃饭菜,晚上吃馒头、菜,每天两顿肉。县长、书记下乡,都到学校吃饭。植树4000多棵,成活率70%左右。文教局买了块果园,花3万多元。有篮球,有足球。乡里买给学校两头牛,580元,乡里给学校一块足球场,10亩菜地,一块温室,为生活困难的教师解决困难。给学校解决6只羊,每只20—30元。制度,旷一节扣 3 元,代课老师请一天假扣一天钱。

学校党员 2 名,团员 10 名,每月查一次备课本。88 年,全县评了 51 名优秀教员。

困难:1. 没有厕所,人多厕所小。2. 没有围墙。去年谭书记来后说给解决 6 万元,没有解决。张、谭说解决 3 万,结果没给。3. 夜校 4 所,点灯照明没有解决,职教办周主任说给 8000 元,结果一块钱也没给。4. 这个院子里没有水井,要解决吃水的问题。

明年五年级毕业的有五个班,192 人。

1988 年 12 月 3 日

下午,拉萨市体育代表队参加全国城市运动会,代表团汇报工作。

有 40 个城市参加了运动会。本着隆重、热烈、团结、友爱的原则。拉萨市 53 人次参加,普市长代表参加。获奖项目,自由摔跤边巴次仁,第四名,该项目实际参加人数 26 人。

一是竞赛,二是学习,三是实现宣传的指导思想。

建议:1. 各县都有文教局,体育没人管;2. 成立一两个项目的体工队。

几点意见:1. 开阔了眼界,增长了知识,赛出了水平,鼓足了后劲;2. 总结经验,找出不足,制定计划;3. 抓优势,抓人才,抓措施,抓普及,抓认识。

1988 年 12 月 5 日

雪山一座座,白云一朵朵。前人无迹处,何人来开拓!

※   ※

朵朵白云飞满天,不知何处把家安。

※   ※

参加市长办公会议,上午。

一、公安局汇报,原来户口问题已违背政策的,62 人处理。原来自治区有个 3 号文件,凡在藏 15 年以上的,可解决直系亲属户口。62 人不到 15 年工龄也解决啦,怎样处理。

洛市长:此事宜粗不宜细。惩罚不是目的,不到年限国家给你补贴啦。作为归还国家的补贴,来罚点款。

二、市政协关于解决户口的问题。政协 7 人,要求解决 8 人户口。旺扎要求解决 2 个人的户口,侄子、自己全部解决。

三、民政局汇报,收养的人员、收容的无人照管的老人 27 人,88 年解决 12 人,89 年再研究。

※　　　　※

12月5号,市长办公会议。

赵市长:城建局面临破产的问题(市建筑公司),准备和环卫局合并。88年,基本建设项目共83项,其中收尾14项,新开工61项,新续项目8项,完成金额3538万元,需接转的8项。关于市公安局地址问题。关于城市档案馆的建设问题。市建公司保留100人,余下的归环卫。活动经费给5000元。燃料公司只有十几个人取消,不保留啦,部分人交木材公司。

洛市长意见。

王市长:1.全国举办市长学习班,为期2个月,在北京党校。主要是城市建设,让城建局长次仁旺堆参加。2.尼木县合德乡4800公尺以上,是否可以改四类地区。3.自治区政府准备专门研究拉萨市的特殊情况。三三五七工程小麦180元一吨,现在按130元,共58000多吨小麦,计1010美元。选人,林周县次旺南木杰,当雄县次列。

文教卫生汇报:1.拉萨市教体委督导室建立问题。2.关于加强流动人口计划生育管理工作报告。3.卫生局对中层人员和各院长进行民意测验。4.准备召开拉萨市中学校长会议,对88年作出贡献的学校老师准备集中宣传报道一下。

拉木市长:1.传招节问题,解决喇嘛的住宿问题。2.拉萨市盖了民族宗教办公室,但没有住得地方,另外寺里住的喇嘛多,不安全,卫生不好搞,主要解决住房问题。3.拉萨市书店问题,主要是少,西郊一个书店(别人房子),北郊一个书店,图书主要卖给四中,部分经费支持;西郊一个书店,另外在城里办个书店,大约可卖20多万元。

洛市长:1.喇嘛住的问题,先让拉木拿个方案;2.北郊书店卖给四中的问题,可以考虑;3.民宗局房子是否让检察院搬迁一下。

洛嘎市长:1.最近召开计划财政会议,洛、王、赵参加,有拉、孔、陈市长轮流值班,有重大问题通口气。2.会内会外搞好结合。3.会议回来后如何搞好传达落实,2月上旬召开,将会议精神贯彻下去。4.社会治安问题,中央有指示,这方面由扎市长来抓。

最近要抓的工作:一是办公厅下属的办公室秘书科、职能部门,注意发挥他们的作用,学会层层抓。今后市长办公室秘书……二是88年工作总结和89年的工作计划安排,文字要精练,重点突出,措施要得力,开发性项目多写点。三是市场供应要进行检查,因两个节日即将来临。四是老城区和机关卫生工作。五是彭波和林周农场的遗留问题。六是会议期间的安全保卫工作。七是对企业的优惠政策,叫经委起草一个材料。

　　　　　　※　　　※

　　满城酥油散函香,北风凫凫佛面凉。迈步大街闻消遣,异族风光趣味长。

　　　　　　※　　　※

　　人在高原中,心在故乡边。夜梦亲友乐,思情日日添。

　　莘县聊城与西藏,四年友谊永难忘。

1988 年 12 月 6 日

　　下午,到达尼木县。

　　县长齐梅,分管文教卫生。县中学校长张宗成,副校长达瓜,教导主任由副校长兼任,总务主任次旦多吉,副教导主任嘎玛。

　　领导力量强,治校严格,教职工 200 人,较稳定,勤工俭学搞得比较好,去年考试,汉文全市第二名,藏文是第一名。学校种的菜能自给。

　　尼木县小学教职工严谨善教,教书育人,携手并肩,共育桃李。校长嘎玛扎让,副校长仁增、次桑,教导主任于真,总务主任普勖。在校学生 391 名,其中一年级一个班,二年级一个班 45 名学生,三年级一个班 43 名学生,四年级 3 个班 136 名学生,五年级 3 个班 122 名学生。学生主要是县机关和塔荣乡的学生。有 11 个教师已占 9 间房,一间办公室。“三包”学生有 276 名,其中住校 133 名,其余都是走读生。“三包”经费的改革问题,不是采取每人一份,存在大锅饭的问题。教职工总数 31 名,其中党员 3 名,团员 5 名。其中,正式教师 12 名,代课教师 11 名。后勤 28 名,其中 2 名正式职工。2 名大专毕业,1 个西藏民院毕业。教师中,中专文凭 6 名,初中文凭 3 名,高小文凭 12 名。实际上,三年级毕业教小学生。教材教法考试 12 名,11 名过关啦。上学期,学生有 315 名,年末有 289 名。上学期毕业 60 名,考县中 48 名,还有 12 名考入内地,升学率 71.2%。今年升学率准备达 90%以上,严格控制退学和转学的人数。全校占地面积 20.5 亩,建筑面积 1734.8 平米,其中教室 600.79 平米。

　　县委政府不关心学校,光买高价肉和柴禾。87 年,收菜 2 万斤,今年近 2 万斤。86 年,菜收入 500 元,87 年收入 300 元。代课教师工资分 120 元、110 元、90 元三等。代课老师工作最长的 10 年,校长都代课。希望解决一点菜地和车子。

1988 年 12 月 7 日

　　上午,尼木乡小学。

　　旦英罗布主持工作,副校长次仁南木杰,教导主任扎西爬竹。校长旺文,南京学院进修。教职工20人,教师17人,其中代课教师9名,正式教师8名。职工中有2名合同工炊事员。教师中大学学历1名,中专学历5名,高中学历2名,初中学历4人,小学学历7名。学校学生总计259人,住校学生77名。

　　民办小学15所,教师33名。民办小学毕业当老师的有2个。民办老师有初中毕业教员3名,其余都是小学毕业。公办小学有6个班。民办小学生511名。适龄儿童731名(3个乡的数),在校生562名。公办学校今年退学7名,都是一年级学生。五年级留级3名。民办学校在编教师每年培训15—20天,最少45人参加。公办学校老师星期六集合到一块学习,光老师上课。教材教法考试过关情况,参考人数40人,已过关的24人。文盲3707人,半文盲422人,没办扫盲班。公办小学有3亩地,青稞收1544斤,折款750元。土豆200斤,合款800元。民办小学有30亩地,收青稞11211斤,合款4003元。没有篮球场,有乒乓球活动,有跳绳活动。乡政府给青稞1260斤,没要钱,改善教职工生活,都只给民办学校用。乡政府有时每年给民办小学补50—80元。学生旷一节课罚款1元钱。升学率,报考52名,录取47名,升学率90.3%。学生一天三顿清茶,自己带的糌粑。教室不够,校舍不够。教师没有伙房,教师文化结构差。公办小学有尼木、东嘎,卡如乡管,有扯皮的现象,偏僻的村对上学缺乏认识。

※　　　　※

　　下午尼木医院。

　　局长格列,副局长次仁,藏医。有卫生局、医院、防疫站。全县医务人员33名,其中防[疫]站1人,各区共4人。主治医师2个人,加内地的1个,共3人。医师18人,医士12人,编外人员11人,在县4人,各区有6个人。行政2人,是保管、挂号员。财政由县政府统一管理。全年门诊33341个,日门诊91.3人次,其中藏医占14%。病床20张,治愈率72%。防疫站3个,2个编外人员。全县人口24800多一点,14岁以下的小孩8600多名。地方病四种:克山病、地甲病、大骨节病(安钢区、徐□乡、徐麦乡①)。4200多名,40%有此病,缺硒。布什干菌病。出生率4.7‰,肝炎发病率占(原文如此)。乡村医生和接生员工资待遇太低,工资35元钱。全县妇科共3人,全县在编的藏医共6人。医院没有分析天平仪器。

　　困难:1. 人员少,素质差,没有行政人员;2. 没有手术室,有了病号只能

---

　　① 即续迈乡。

送出去;3. 没有医护人员的住房,只有 7 户医护人员有房子,都是危房,60 年代盖的房;4. 药费紧张,87 年购药 8 万元,88 年购药 8.5 万元,市卫生局只给点地方病的补助。续迈乡伤寒发病 27 人。麻江乡、牙麦乡发现"旱塔"大孔病,经化验是 1 号病。帕古乡也发现啦。收入:今年收了 6000 多元,87 年收 4000 多元。医院领导班子强,医生的素质好,被县评为全县的先进单位。

※   ※

尼木县教育局汇报工作。

一、教育的基本情况。二、师资队伍。三、教学工作和管理。四、经费和教学改革。五、学校管理现存在问题。六、当前需要解决的问题。

一、教育基本情况。全县有 58 所学校,中学 1 所,公办学校 6 所,民办学校有 51 所,全县教学班 385 个。其中,县中学 6 个班。6 个公办学校,31 个教学班。民办学校共 148 个教学班。全县在校生共 3016 人,比去年增加,完成计划 99.3%。6 所公办学校,1099 人,比 87 年增加 101 人。公办高小在校生 504 人,民办在校生 1667 人,比 87 年增加 81 人。全县教职工总数 243 人,其中任课教师 200 人,其中县中学 26 人,公办 6 所学校 81 人。全县代课教师 59 人,县中[学]13 人。全县行政 43 人,其中正式 15 人,合同 28 人。全县占地 201 亩(学校),包括 55 亩菜地。现在有危房 690.4 平米,今年解决 105.5 平米。

二、师资队伍情况。88 年,专职教师 200 人,其中大专毕业有 7 人,占 3.5%,中专、高中毕业 39 人,占 13.5%。初中毕业有 21 人,88 年送内地的有 29 人。今年入学率 73.1%。儿童总数 3099 人(7—11 岁),其中已入学的 2765 人,比去年增加 106 人。

三、今年全部在校生有①。各科平均合格率 59.5%。拉萨中学考试,总分第二名,藏文是第一名。小学考试,在 22 个单位中倒数第八名。全县扫盲情况:全县总人口中文盲,13767 人,半文盲 3725 人,两数占总人口的 86%。总人口 24000 多,加城里的 25000 人。

四、经费和办学条件的改善。88 年预算 90.75 万元,其中正常经费 75.75 万元,为了改善办学条件,上级拨来 9 万元。去年解决办学条件,奖 6 万元。实际支出 90.27 万元,另外欠 9.8 万元,实际支出 107 万元,原因是人数增加,享受"三包"政策的学生增加。

五、学校管理情况。

---

① 此处日记中没有写上数额。

※　　　　※

几点意见。

一、说明来意。在家的县委政府领导都参加了今天的会议,说明了尼木县领导对教育事业是关心的,从检查的情况看,领导对教育事业的认识是充分的,是有战略眼光的,抓住了千秋大业教育为首这个神圣的职业,感谢领导对教育事业的支持。尼木县能工巧匠多,为国家培养的人才多,培养的领导干部多。

二、对几个学校的印象。学校的校风是好的,教风是端正的,学风是优良的。看到的景象是"歌声、笑声、读书声,声声入耳;洁净,教室净、伙房净,处处清洁卫生"。有的学校里,校舍条件比较好,但比较混乱,老师打学生,学生打老师,门窗玻璃不全,桌子凳子不全,学生不全,甚至有的学生、老师参加赌博。我们看到的现状是牛叫声、狗打架声。问起领导,一怪领导不支持,二怪手中没有权,三怪学生不听话,就是不怪自己没有责任心。总得来说,教育事业发展是快的,升学率是高的,这与领导的支持是分不开的。存在的困难仍然是很大的,但前途是光明的。

三、几点希望。(一)提高认识、总结经验、巩固发展,更上一层楼,这是民族兴旺发达的希望,经济发展的希望。(二)认真搞好教育改革,提高规模化、科学化,提高老师的责任心、责任感,解决大锅饭的问题。(三)办好教育事业,要调动三个积极性,一是学校领导及老师的积极性,二是学生学习的积极性,三是领导和群众支持办好教育的积极性。(四)正确对待当前的困难。办好教育,一是领导支持,二是教师队伍的整齐,三是有一定的资金保证。如何对待当前困难,在条件允许的情况下,首先解决危房子、烂垫子、黑孩子问题,然后再进一步地改变办学条件和老师的待遇问题。

※　　　　※

尼木县县长土登同志:我们考虑工作,平时想农牧业生产多,抓教育少。认清形势,统一思想,找出差距,定出今后的措施。县里到8月份,只有机动经费28万,到今天又只剩下11万元。今年的大水破坏,损失就达70多万元。上边设卡子太多,该给的经费不给到位,今后对我们的工作请给予实在的支持。

教育局长:明年招生,没有房子,要抓紧给予解决。去年答应给盖个教学楼,至今没有兑现。

1988年12月8日

尼木县吞巴乡小学。

校长顿珠扎西,副校长旦巴。77 年改为公办小学,59 年办的民办小学。教职工(学生)213 人,其中教师 11 人,6 个代课老师。校长兼文教干事,炊事员 1 人,两个行政人员。教师,中专毕业 4 人,初[中]毕业 2 人,小学毕业 5 人。学生 121 人,住校 18 人。10 所民办小学,民办小学教师在编 12 人。适龄儿童 294 人,其中入学学生 229 人,入学率 77.8%,巩固率 95.4%。上学期退学 11 人,主要是因为家庭困难。星期四下午,老师在一起学习。民办老师每月集中 3—4 天学习。民办教师教材教法能过关 2 人。公办老师应考人员 7 人,过关的 5 人。全乡总人员 2529 人,其中文盲 1588 人,半文盲 425 人。公办小学菜地 2.5 亩,收青稞 800 斤,合款 400 元。收土豆 1200 斤,折款 480 元。民办小学菜地 4.4 亩,收青稞 3250 斤,折款 1625 元。

区里比较支持学校。一是给了篮球架子,二是动员群众孩子上学,三是区里的各种供应和区干部一样,区里帮助修水坝子,进行义务劳动,明年准备开设五年级,缺教室和宿舍。危房 9 间,学生宿舍面积 227 平方米,要建个篮球架和水泥篮球场。

※   ※

曲水县卫生局。

医院藏草药标本 300 种。院长边巴。主治医师 3 个,藏医师 1 个,防疫站医师 1 个,放射医师 1 个。副主任医师 1 个,藏医。医师 24 名,护士 5 名,都是医师。编外 23 名,22 个从事医疗。全县医务人员 99 名,赤 25 名[1],区卫生院 15 名。局行政人员 5 名,院行政人员 6 名。大专学历的 5 名,中专学历的 29 名。今年经费 36 万,去年 42 万(含基建经费)。全县人口(农牧民)24300 多,购药用 10 万,去年 9 万。今年人头经费 19 万。

今年常见病。上半年瘫痪 1000 多人,小孩死 20 多个。伤寒 5 个(治痫)。地甲病全县较普遍,原因缺碘,山沟较多。治疗方法,服碘丸,准备对育龄妇女普遍用药。布氏干菌病。

要求:健全领导班子,进行合理分工,建立科学管理制度,职工思想不稳定,大部分有因工资低,公开要求代理的情况,多属编外人员。目前医院的合格医护人员是只出不进,临床医护人员短缺。医院只有 100 元以内的临时经费支配权。

※   ※

曲水县蔡纳乡小学。

由阿旺罗珠临时负责,校长已调走。索朗已调往西安民院进修。6 个

_____

① 即赤脚医生。

班级,117 个学生。9 个教师,1 个炊事员,还有 1 个进修的,共 11 人,其中 2 个正式的教师。其中,教师初中毕业 6 个,中专毕业的一个(校长),小学毕业的 2 个,代帕中学毕业的 1 个。享受"三包"政策的学生 38 人,住校 48 人。民办学校 6 所,教师 12 人,其中初中毕业 7 人,5 名小学生毕业。学生 337 人。全乡总人口 3698 人,适龄儿童 358 名,这个公办小学巩固率 97%。

除县搞培训班外,校里没有办学习班。2 个正式教师,只有一个中专毕业的。教材教法应考人数 5 人,过关一个人。民办教师考试没有一个过关的。二级教师 1 个。菜地四亩,收土豆 1200 斤,每斤 2 元 5 分,折款 300 元。养猪 2 头,杀一头,300 斤肉,每斤 3 元,折款 900 元。全乡文盲 124 人,半文盲 200 人。篮球场一个,2 个球,打爪 2 根,羽毛球拍一副。数学教具一套。五年级毕业生 12 个,考入内地 1 个,县中学 11 人。存在问题:校舍差,30 多人住一间房子,漏雨;师资队伍差。

1988 年 12 月 9 日

下午,曲水聂唐乡小学。

校长群典,到拉萨进修,副校长旺堆。教职工 11 人,教师 9 人,其中,中专毕业 2 名,初中毕业 4 名,正式教师 3 名,代课教师 6 名。二级教师 1 名,三级教师 1 名。教材教法参加过关考试的有 7 人,没有过关的。民办小学 1 所,教师 19 人,自考没及格。民办教师中有 2 个初中毕业生,其余都是小学学历,12 名。

聂唐小学 6 个年级,三年级 2 个班,其他每年级一个班。公办小学学生 205 名,住校学生 95 人。民办小学 10 所,18 个教学班,19 名教师,学生 305 人。牧业村有 2 个村,2 个学校,共 4 个班。两乡适龄儿童 526 人。

聂唐乡、纳木乡总人口 4651 名,文盲 1820 名,半文盲 515 名。入学率 79%,巩固率 88%。学校菜地 3 亩,土豆 1000 斤,每斤 2 毛,合款 200 元。萝卜 2000 斤,每斤 2 毛,合款 400 元。两头猪死啦。一个篮球场,球 2 个,足球一个,打爪一个,两个乒乓球拍。乡里给学校 3 亩菜地,今年 3 月份给的,学校买柴禾不收自产费。修学校,乡村出劳力,江村修四间小学,只给了他们 2000 元。没有教学计划。今年退学的学生共 9 名,一个去当尼姑,一个去当喇嘛。

※　　　　　※

下午,曲水县达嘎中心小学。

校长阿旺,中专学历。副校长次仁巴珠。对学校的主要印象:老师不知道学生数,该上课的不上课,学生旷课得多。

1988 年 12 月 10 日

上午,曲水县县完小。

校长白马多吉;副校长达瓦,兼教导主任;副校长次仁扎西,兼教导副主任。教职工 29 名,其中女教师 16 名,男教师 13 名。其中后勤 5 人,2 名临时工,2 名干部,1 名工人。任课老师 24 人,其中 19 个正式教师,3 名代课老师,2 名民办老师。大专毕业的 3 个,中专毕业的 9 个。大专毕业教师来自西藏、山西、中央三个民院。教师中,高中学历 2 名,初中学历 5 名,小学学历 5 名。

现在有 3 名教师在进修啦,2 个休假的。10 个教学班,现在正式上课的 19 个老师。六年级、五年级各一个班,一年级 2 个班。二—四年级,各 2 个班。学生 297 名,男 155 名,女 142 名,住校 52 人。52 个享受"三包"政策的。单职工享受半包政策,有 16 个半包的,享受"三包"政策的学生每月 22 元。超过 20 年教龄的有 2 人,其中有 2 个人代课 20 年,20 年教龄的 1 人,15 年教龄的 15 人,10 年以上教龄的 6 人,5 年教龄的 9 人,5 年教龄以下 4 人。

除按文教局的规章制度办外,又增加了几条规定,比如:旷课一节扣 2 元钱的工资。从开学第五周开始每个学期检查一次备课本。晚自习 7:30—9:30,已解决了用电的问题。搞学习竞赛,数学、藏文、书法竞赛,和达嘎乡六年级进行书法竞赛,教研室出题目。坚持星期六下午老师集体学习,去年一年和今年年初坚持啦。请中队、公安局辅导,上法制教育课,每年请中队 3 个警察当校辅导员。办了个图书室,有 800 册书。教材教法过关考试,10 个参加考试的,过了 3 个。高级教师 2 个,一级教师 2 个,二级教师 5 个,三级教师 2 个。

对学校的印象:领导是得力的,事业心是强的,教育是得方〔当〕的,教学质量是高的,校风是正的。

※　　　※

曲水镇小学。

校长次仁旺久,副校长索朗巴桑。原来曲水镇管 3 个乡,3 个乡 3237 人,其中文盲 2345 人,半文盲 1886 人,扫盲班 783 人,共 4 个班,已脱盲的 1046 人,扫盲主要是在冬季。84 年开始,三乡有民办小学 10 所。镇小学有教职工 8 名,其中 7 名是教师。其中正式教师 3 个,代课教师 4 名。教师中,中专学历的 2 名,4 名代课教师都是初中学历。教材教法考试没有 1 人过关。职称:二级教师 1 人,三级教师 1 人。镇小学生 159 名,住校 85 名,班级有 3 个班,一至三年级。民办学校小学生 199 人,民办教师 12 名,4 名初中学历,[其]余小学学历。适龄儿童 531 人(7—11 岁),11 所小学,退学 6 名,其中镇小学有 2 名。

学校菜地 4 亩,其中 3.5 亩租出去啦,一年给 130 元。5 分地种土豆,收 316 斤。菜地太远没法种,去年种一年青稞本钱 100 元,收回 100 元,所以今年租出去啦。3.5 亩,地一年收 150 元。

教师在开学前统一备课,提前备 5 节课。自定奖励的措施,在县文教局的基础上降了分数,缺课的老师(无故),缺半小时扣两天的工资,学生旷课 1 节扣 1 元钱。学校缺床,住校学生多。

※　　　　　※

曲水中学。

校长曾小东。11 月 14 号开课。建筑面积 990 多平米,投资 30.3805 万元。学校是由四川崇庆县工业建筑公司承建的,先交半边楼使用,12 间教室,后边有一排教工宿舍。教师四名(借用一名),三名正式教师,一名代课教师,其中大专学历一名,中专学历三名。代课教师是高中学历,叫李志新。有中教二级教师 1 名,小教一级教师 2 名。数学、语文、藏文、体育老师各一名。现有学生 59 名,分两个教学班,男同学 42 名,女同学 17 名,"三包"生 50 名,全部住校。

汉语课有一名教师。开语、数、藏、美、政课,劳动技术和音乐没有开,每周 8 门 35 节课。存在困难:要求解决教师、学生宿舍的问题。原来这个县 76 年有中学,81 年 9 月解散,送走两届学生。

教师要自尊、自重、自强、自奋、自治、防骄、防□、防懒、防贪、防轻。同时要以教为荣,要以校为家。要正确对待荣誉和幸福,把自我价值和集体领导的价值同等的[地]来对待,正确的[地]来对待。曲水县领导对教育工作是支持的,文教局的工作是得力的,教育事业发展是迅速的,改变教师队伍的措施是有力的,但学校发展是极不平衡的,部分素质学校的领导力量是薄弱的,教师队伍的素质是差的。

几点希望:1. 统一各级领导和教职员工对教育工作的认识。教育事业是千秋大业的首业,各行各业都要支持。教育事业的发展,领导要有战略眼光,对支持教育事业的,要给予表扬鼓励。人大政协领导要视察学校。学校、社会、家庭拧成一[股]绳来办好学校。2. 在政治上要关怀,生活上要关心,业务上要支持,要树典型,要激发他们的热情。要制定吸引、稳定教师的政策和措施。要在稳定教师队伍、整顿教师队伍、提高教师队伍素质上下功夫。

※   ※

曲水县文教局孔局长汇报全县工作。

全县 47 所小学,中学 1 所。公办高小学校 5 所,公办初级小学 1 所,全日制民办学校 38 所,牧区小学(11 月—5 月底)2 所。另外有一所保育院,20 个孩子。夜校两所,参加学习的有 56 人。全县教工 175 人,其中公办小学老师 45 名。代课小学老师 27 名,临时工 12 名。民办小学教师 80 名,正式工人 1 名。后勤干部 2 名。县中学公办教师 3 名,代课教师 1 名。正式工人 3 名,临时工 1 名。文教局教研室 4 名,又有 2 名兼职的。

文化结构。全县公办教师大专学历 7 名(包括中学 1 名),中专学历 25 名,其中 2 名在中学,高中 1 名。初中学历 4 名,小学学历 11 名。全县代课教师,高中学历 1 名,初中学历 22 名,小学学历 5 名。民办教师中,初中学历 46 名,小学学历 34 名。职称:2 名高级教师,一级教师 7 名,二级教师 11 名,三级教师 7 名,共 27 名。中学 2 个教学班,学生 59 名。小学 115 个教学班,学生 2520 名。全县"三包"学生 268 名(包括中学 50 名)。全县享受助学金学生 390 名。

88 年,全县适龄儿童 2599 名,已入学 2011 名,入学率 78%,巩固率 87%。全县 6 张乒乓球桌子,45 个小学生坐垫。用脚〔角〕钢做了一百张床,上边铺木板子。全年新建 3 所小学 473.98 平米,江村、罗饰岗、才纳二村(民办的)。新建民办宿舍 24 平米,办公室 54.14 平米。伙房 42 平米、围墙 300 米长。中学新楼 999.36 平米,12 间,伙房 129.02 平米,厕所 70 平米,围墙 639 米长,传达室 50 平米,大门路面 280 平米。全县危教室、伙房 480.08 平方米,危宿舍 420.52 平方米,今年已解决危房 471.49 平方米,未解决 132 平方米,主要是达嘎小学,曲甫乡小学。全县学校体育,水泥球场 1 个,留足球一个,篮球 7 个,架子七副,乒乓球桌 6 张。

今年办两期师训班,37 名教师参加,第一期 4 个月,第二期 1 个月。全县教材教法考试过关 7 名,参加 56 名。全县人口 26456 名,其中农村户口 24702 人,城镇户口 1754 人。全县文盲 8959 人,半文盲 5153 名。两项占全县人口的 53.3%,脱盲的 3516 名,今年计划扫盲 524 人。公办小学菜地 25.3 亩,收粮食 3812 斤,收菜 15200 斤。各校植树 802 棵。农牧局举办两期培训班,一期兽医班,一期农业技术人员学习班。县文教局每年到乡小学、民办小学检查两次。有 5 名教师因不在工作岗位,扣发 10% 的工资,增长工资没有他们。今年辞退 9 名不合格教师,其中 8 名是老教师,按乡干部待遇搞的,每年每人 25 元,一次性给完,发给荣誉证书,最大 71 岁,有 2 名 60 多岁,3 名 50 多岁。有图书室的有 2 个学校。师资力量弱,集中在达嘎县完小、镇小学。县财政每年拨给教育奖金 1 万元。民办小学 76 年以前没像样的房子,光有几个破垫子。86 年前,入学率 36%,86 年升到 64%。85 年,全县 968 名学生,公办学校学生 497 名。

1988 年 12 月 13 日

墨竹工卡县。

卫生局副局长曲杰桑布,副局长央金卓嘎,兼县医院院长,副局长达瓦。下属单位共 7 个,5 个乡卫生院加县医院和预防保健站。人员 64 个,其中编外人员 13 人。乡村医生 69 人。防疫接种疫苗已达 90% 以上。县医院 26 个床位,护士 6 人,医生 13 人,建筑面积 50000 平米,宿舍 1000 平米。86 年采取目标管理的办法。病床的使用率,85 年 34%,86 年 70.6%,88 年达 103%。卫生局有党支部,医院、防[疫]站、卫生局共 10 个党员,晏巴区①搞农村卫生工作试点。乡村赤脚医生,每月有 20 元,都参加考试啦。有 13 人没参加,保留考试资格,每月 9 元钱。财政预算 36 万元,87 年 36 万元。88 年 35 万元,防疫站 5 万元,计划生育 5000 元。全县总计 405 万元。买药 13 万(87、88 年),87 年追加 2 万元。现在已开支到 43 万元。藏医门诊量占总门诊量 36%。患痢疾的 87 年 5 人。扎西岗乡骨节病严重。推行新法接生,每接生一人奖励 7 元钱。要求占到 45%,新法接生今年差。

1988 年 12 月 14 日

墨竹工卡县门巴小学。

校长尼玛,该学校不是"三包"学校。副校长是公决曲群。教职工 8 人,其中正式教师 6 人,代课教师 1 人,还有一个临时工,做炊事员。中专学历 6 人,师校毕业,1 名代课教师是小学学历。学生 98 人,住校 40 人。民办学校 2 个,学校学生 25 人,教师 2 名小学[学]历。小学属门巴乡、日多乡。紧靠喇嘛寺,寺庙共 115 人,可能 150 多。喇嘛共有 13 个左右,都是毕业后去的。尼姑有 100 多个,在德宗寺。乡书记的孩子当了喇嘛。两乡 98 人,适龄儿童 291 名(7—12 岁)。4 个班级,一、二、三、五年级各一个班。教材教法考试应去一人,不知过关否?学校菜地 4 亩,种青稞 1120 斤,折款每棵 13 元,共计 520 元。土豆 70 斤,折合 21 元。有个温室。准备办个牧场,买 15 头牛。准备办个小商店,钱用卖旧学校房子的钱。拾柴和挖草药已卖 3000 多元,拾柴 16 车折款 2342 元。药材治眼睛的,合款 115 元 2 角 5

---

① 现门巴乡。

分,62.1 斤。平地修墙节支 830 元。勤工俭学的钱用于学生改善生活,去年买 5 头牛,每头牛 400 元左右,今年买 3 头,每头 130 元左右。乡政府动员学生招生,今年招 37 名一年级学生。老师待遇和乡干部一样。新校用款184375.5 元,教体委给的钱。乡里穷,门巴乡书记公决孩子送寺庙去啦,有一个上了四年级退学,上学期退的。教师规章制度除县文教局外,自己又制定了 10 条。明年毕业生 19 名。老师没有房子,学校没操场。

※　　　※

下午,墨竹工卡县塘加乡、张达乡。

中心小学校长达瓦次仁。学校 178 个学生,其中 39 名女学生,住校生149 名,其中"三包"生 72 名,分布在一——五年级。9 名教员和 2 名职工,教员中代课教师 4 名。正式教师 5 名,中专学历,代课教师 2 人,高中学历。2名工人,主要是烧茶的临时工。代课教师中、初、小学历各 1 名。教材教法2 个参加考试的,已过关。7 个区 11 所民办学校 13 个班,只有 2 个学校开二年级。民办教师共计 13 个,小学毕业教小学,学生有 210 名。只有一座教室,危房 30 平方米。85 年,92 所民办小学,老师 118 个。学校菜地 30亩,收青稞 1260 斤。油菜籽 761 斤,每斤 6 毛 5 分。萝卜 2000 斤,每斤 3毛,计 600 元。土豆 100 斤,每斤 2 毛 3 分。给学生每人一双棉鞋 6 元,老师每人一件衣服 25 元。捡牛粪 1700 斤。篮球场、足球场各一个,乒乓球拍一副,篮球 4 个,拔河绳一根,跳绳 6 根。

乡政府给解决 7 袋化肥。乡长顿珠结布亲自抓教育,亲自抓亲自干,送给民办小学使用的房子 175 平方米,盖学校,还有 3 亩的院子,还交给 100平方米收的房子(东布乡)。搞了四个扫盲班,参加扫盲 210 人,12 月 5 号开学。今年当喇嘛的有 3 个学生,都是四年级。85、86、87 年在校生,全县有 29 个当喇嘛。这是公办学校,其中有我们的尖子生,还有退休干部的孩子,索朗多□是区干部。

早上、晚上都有自习。勤工俭学年收入最多时 5000 元。享受"三包"政策的学生,学校扣 6.5 元茶水费,余下的发给学生,发给学生 23.5 元。过□桥不方便,柴禾运不过来,风大危险。办好农场又怕影响教学,学生住房紧。

※　　　※

组织信任、领导支持、群众拥护理解、工作胜任、班子团结,这是最大的幸福。组织不信任,领导不支持,发生误解不理解,有□□。

1988 年 12 月 15 日

12 月 15 号,墨竹工卡县医院。

预防保健站,站长罗桑。全站 8 人,2 个行政人员,还有驾驶员和会计。6 人中,有 3 人是有学历的,两个恒阳卫校毕业,一个西藏民院毕业。甲状腺肿大病的发病率最高,八鲁区、四甫乡发病人数最多,塘加区的墨竹工卡乡。88 年,全县三乡抽样调查,发病率为 87.22%。大骨节病的发病率占 33.8%。全县中小学患病数字,87 年地甲病肿大率占 26.32%,患病率占 10.8%,85 年中小学中肿大率占 46.6%,患病率占 24.3%。尼玛江热区羊日岗乡的大骨节病严重。一个赤脚医生光工资 300 多元,加防疫补助,加上副业收入,低的 500 元,高的 1000 元。县财政给防治经费 5.2 万元,已用 5.3 万元。全县妇女避孕吃药 2000 人,带环 20 多人,县里结扎 1 个人。

　　　　　　　※　　　※

上午 11 点 45 分,听墨竹工卡县文教局汇报工作。

县里参加人员王县长、吕书记。县长罗桑多吉,人大主任。文教局长加措,范副局长。

一、基本情况。公办小学 6 所,中学一所,民办小学 53 所,146 教学班(含中学)。中学 6 个班,公办小学 33 个教学班。民办小学 107 个教学班。全县适龄儿童 4226 个,公办学校在校学生 1190 人,民办学校在校学生 1514 人。中学生 243 人,毛入学率达 70%,农牧区达毛入[学率]65%,享受"三包"政策 460 人,住校生 634 人,享受助学金 161 人。12—40 岁文盲 7812 人。

二、教职工情况。全县公办正式教师 52 人,民办教师 68 人,代课教师 31 人,正式职工 10 人,临时工 13 人。文化结构:公办学校教师中大专学历的有 9 人,占全部教师的 17%。高中和中专学历的教师 31 人,占 60%。代课教师大部分是三中(高中)毕业的。公办学校的小学生教员 6 人,高中学历的教师 4 人,79 年以来分来 5 个教师,调走 7 个。各学校实行统考,第一名学校奖 4000 元,第二名奖 3000 元。

三、存在问题。办学条件差,师资队伍差,管理差。门巴乡一家有八个孩子,都上到二年级就不上啦,没有上三年级。

县领导:今年给中学解决 2 万元,加强对塘加小学、门巴小学的支持。日多乡给学校提供柴禾。王县长:主要问题第一是师资队伍差,实际经验差,师资队伍稳定较差。第二是,办学经费的使用上有问题,要考虑如何用到最得力上,要用钱抓师资培训,要常年办培训班。

※　　　　※

听取墨竹工卡县工作汇报后谈几点意见。

说明来意。

一、对墨竹工卡县教育工作的看法。总得看,县委人大政府领导、乡镇领导对教育工作是重视的,从政治上、经济上、领导上是支持的,生活上、工作上是关心的,群众是支持的。文教局的工作是扎实的、事业心是强的,成绩是显著的,教育事业发展是快的。从校风校貌校纪上来看是良好的,师资队伍是比较强的,教学质量是不断上升的。存在问题:1. 发展不平衡,主要受资金较少、教师力量小的限制;2. 在抓教育质量的同时,对培养学生"四有"上要下功夫,不但要教书,而且要育人。

二、几点希望。(一)总结经验,发扬成绩,找出不足,继续把教育工作当做各级领导的千秋大业来抓。凡是一个合格的领导,有战略眼光的领导,都要把教育工作当做首位的工作。为了西藏的经济发展,群众生活的改善,更需要抓好教育工作。现在全区经济大发展,沿海大开放,内地大开发,西藏怎么办? 西藏要从封闭性经济向开放性经济发展,要从供给性经济向经营性经济发展,要从自然经济向商品经济发展。西藏的耕地面积 340 万亩,森林 9400 万亩。矿藏 70 多种,小大湖泊 1500 多处。水风资源占全国第一位的,地热 500 多处,草原是全国的五大草原之一。从旅游事业的发展来看,西藏的教育需大力发展。教育要改革,队伍要整顿,师资素质要提高,教育事业要大发展。(二)要从西藏的实际情况出发。西藏人少地多,居住分散,历史上文化发展不平衡,投资大,效益小,再一个起点低,基础差,起步晚,难度大。既要看到西藏教育的特殊性,又要看到它的共性。要重点抓基础教育,下决心花气力,抓好师资队伍的培训,同时要从实际出发,办各种专业、多种形式的专业技术学校,还要抓好巩固,整顿,提高高等教育。(三)不要照搬内地的教学方针、方式方法,要分层次地搞好教育。(四)要明确培训目标。(五)整顿教师队伍,目的是提高教师的素质,解决"大锅饭"的问题。首先让老师树立教育为荣、以校为家的信念,要有事业心、责任感,要自尊自爱、自奋自立自治,要防骄、防铙、防懒、防负、防轻。同时要学会教育学生,管理学生。各级领导要关心教职工,老师要关心、爱护、尊重学生。要通过多种渠道搞好师资队伍的培训,要提高业务素质,要提高思想觉悟。在提高教学质量的同时,要抓好学生的德智体全面发展,要培养有道德、有文化、有知识、有理想的共产主义的接班人。苏联教育家加里宁说,作为一个教育工作者不光要给学生传授知识,要为人师表,要成为人类灵魂的工程师。

吕书记:对我们工作给了很高的评价,我们要对工作做实事求事〔是〕的回忆和总结。

※　　　※

下午,达孜县拉木中心小学。

今年10月办的扫盲班,2个班共80人。办到明年农忙,明年三四月份。县政府动员办夜校,给学校解决2亩菜地。学生来自拉田、章多乡、塔杰乡三个乡。乡支书直管学校,特别是民办学校。乡政府给四所民办小学分别解决了40元、60元的资金,共计330元,主要用于过六一儿童节。县政府召开了乡级八大组织的会议,支持办教育,塔吉乡办得好,升学率高。民办学校是最好的,房子设备都好。

塔吉乡一校办的好,毛入学率91%多,一校有55人。篮球场半个,篮球有3个。学校菜地收土豆6000斤,每斤3毛。萝卜2000斤,每斤2毛5分,折款500元。猪6头,杀2个,还有4个猪。杀2个,肉600斤,每斤3.5元。钱主要用于学生生活,改善老师的生活。师生共用一个伙房,老师用折子。"三包"生有4个班。

存在问题:学校没有围墙。今年有5个学生到喇嘛庙去啦,其中有一个是五年级的,考入内地学校不愿去。

校长罗桑多吉,69年师校毕业,被评为"拉萨市先进工作者"。

1988年12月19日

上午,堆龙德庆县。

县长、教体局长参加座谈。

堆庆公办小学汇报,校长南嘎战堆。

有10所公办小学,教职工21人,民办老师17人,公办小学学生210人。学生总计583人,其中民办学校学生471人。公办学校6个班,其中"三包"生152人,适龄学生593人,在校生583人(7—11岁)。入学率94%,巩固率也是同样。为老师办培训班一次,培训15天。教材教法过关考试通过21人,应考24人。公办教师9人,民办教师12人。学校菜地6亩,猪2头。收入土豆萝卜10000斤,其中萝卜4000斤,土豆6000斤。土豆每斤0.35元,折款2100元,萝卜每斤0.05元,共1000元,共计3100元。篮球场一个,篮球2个,足球2个,羽毛球拍一副。乡供应了牛肉,按计划供应的,一头最贵不超190元,6头牛,羊崽供应2只,共55元。有一个教研组,3人组成,听课后进行讲评。这个学期,有2名学生退学当了喇嘛,去年有一个。

存在问题:民办教师工资低,特别是两口子都当民办教师的;运牛粪和粮食没有车;学生不愿学习汉文,五年级光会念,不懂什么汉文意思。75年,学校要垮啦,自从换校长后起了变化。

规[章]制度借用古荣小学的。期末统考,全班藏文 85 分以上得一等奖,78—85 分二等奖,70—78 分三等奖。如果分数平均只有 50—60 分,扣老师的奖励工资的 20%,平均分 40—50 分扣奖励工资的 30%,30—40 分扣奖励工资的 40%。数学和汉文差不多。平均分,藏文达 70—80 分,汉文低一些,30—50 分。

※　　　※

下午,堆龙堆庆马小学。

校长土典次仁,副校长扎巴,教导主任平措。

有民办学校 7 所,民[办]教师 19 人,班级 38 个。该校教职工 16 人,五个班,退学 1 人。入学率 87.7%,巩固率 85%。适龄儿童 465 人,享受“三包”政策学生 129 人。民办学校学生 247 人,公办学校 152 人(129 人享受“三包”政策)。教材教法过关应考 28 人,其中公办学校 9 人应考,全部过关。民办学校 19 人参加考试,过关 17 人。

该学校教师结构,中专学历 1 人,高中学历 5 人,初中学历 10 人,民办学校初中学历 19 人。学校菜地 6 亩,其中 2 亩种菜,4 亩种青稞,土豆收入 1900 斤,每斤 0.35 元。萝卜收入 2200 元。青稞 1176 斤,每斤 0.45 元,合计 529.2 元,总收入 1479.2 元。猪还有 4 头,原来已杀了 2 头,折 910 元,勤工俭学共计收入 2389.2 元。制定了校长、班主任责任制。政府解决了两头牛 200 元,100 元一头。

乡里专门来开了会,一是加强团结,二是扫盲班问题。有规章制度,有教研究组三个,藏语、汉语、数学。每个老师的课听 2 次,两周查一次教案,把期末考试成绩作为评选先进的条件。惩罚条例规定,班级平均分,汉文 55 分、藏[文]65 分、数[学]60 分以下。第一次罚教师利用假期给学生补课 8 天,第二次补课 11 天,第三次补课 15 天。教师请事假,学校只给 3 天时间。把 12 元的节支奖作为教师年终的出勤奖。制定学生罚奖制度,开展少先队活动。今年毕业生 27 人,其中 8 个参加拉[萨市]统考。考入内地 5 名学生,县中录取 12 人,送东嘎六年级 10 人。

※　　　※

堆龙德庆县古荣小学。

校长次仁,教导主任干堆。

这里有 1 所公办小学,5 所民办小学,一所村办小学,共 7 所学校。79

年成立的公办小学,以前是民办(学校公、民办在一起)。公办学校学生 160 人,5 个班,其中住校生 66 名,走读生 24 名,享受"三包"政策生 84 名。教员 13 人,职工 2 人,共 15 人,实际教书的 12 名,有 5 名代课教师,正式教师 4 名,其余借民办学校教师,校长不兼课。教材教法过关考试的应考试 6 个人,过关 5 人。教师中专学历 3 人,高中学历 5 人,民办学校有 5 名初中学历教师。炊事员有一名是中专学历,因不胜任教员改行的。民办小学的 74 个民办教师,教材教法应考 10 人,过关 2 人。全区适龄儿童 563 人,入学 424 人。民办学校学生 264 人,班级 12 个班,入学率 75.3%。去年毕业 8 人,考入内地 3 人,中学 4 人,一个人没考,升学率 87.5%。85、86、87 年三年没有毕业生,原因是生活困难的可暂时停办学校,所以三年只剩下 18 个学生。

现在有一个教研组,两周听一次课,检查一下备课情况。两周每人放两天假,让学生回家。教师如连续 3 次上课迟到,每迟到 5 分钟,就扣他 5% 的工资。奖励制度,期末统考藏文 85 分以上获一等奖,78—85 分获二等[奖],70—78 分获三等[奖]。数学最高得 70 分,最低得 50 分。汉文平均 30—50 分,藏文平均 70—80 分。奖励了 7 人,惩罚了 5 人。如果统考平均只有 50—60 分,扣奖励工资的 20%,40—50 分扣工资 30%,30—40 分扣工资 40%,各科成绩平均 60 分以上可升级。

公办学校巩固率 90%,民办学校巩固率 80%。今年退学 2 名,1 个去当喇嘛,1 个去开拖拉机。学校菜地 3.6 亩,其中 1.5 亩种菜。土豆 2700 斤,每斤 3 毛,折款 810 元。萝卜 4300 斤,每斤 1 毛 5 分,折款 645 元。白菜折款 300 元。青稞 392 斤,每斤 4 毛,折款 176.2 元。养猪 5 头,杀 2 头,230 斤乘以 3.5 元,折款 805 元。买了一头牛 150 元人民币,杀啦,折款 400 元。共计 2986.4 元。

1988 年 12 月 20 日

上午,堆龙德庆县柳梧乡、桑达乡。

校长班典,教导主任土登群培。

公办小学有 137 名学生,"三包"学生 47 人,今年 9 月份实行"三包"政策。享受"三包"政策小学生享受 32 元补贴,中学生享受 39 元补贴。班级一一五年级。教职工 16 人,专职教师 14 名,其中正式教师 6 名,其余借用民办学校的教师 7 名,代课教师 1 名。学历结构,老师中专学历 4 人,高中学历 1 名,代课教师中初中学历 9 人。教材教法应参加考试 9 人,已过关 2 人。民办小学 5 所,共 244 人,1—2 年级。原来乡里有 4 个民办小学,村办小学在则悟村。民校教师 9 人,初中学历。民校教材教法过关考试参加 9 人,已过关的 3 人。全乡适龄儿童 450 人,6—11 岁在校生 354 人。入学率 78.7%。桑达乡全乡人口 2309 人。有数学教具一套。有兰〔篮〕足球,没场地,羽毛球拍一副。菜地 5 亩,种油菜,菜籽卖 227 元,收青稞 168 斤。9 月份买小猪三头,羊 4 只,每只 25 元。牛 3 头,每头用款买到手 225—230 元。

学校教师管〔理〕制度有 7 条,学生制度制定了 10 条。去年建学校,由于管理不善,只有 54 名学生,一个班只有 4—5 个学生。去年,毕业生只有 4—5 人,主要是民办学校没有办好,影响了公办小学。今年毕业 8 人,考取内地 1 人,考县中学 6 人。教师首先要吃透教材,备好课,教师要为人师表,衣着要整齐,不能体罚学生,老师在学校不能喝酒,不能打"筛子"。教育教职工、学生要以校为家。对民校要制定管理的规章制度,并根据学习成绩考评,学生主要存在不按时上课、开学的问题。平均 60 分以上的受奖,达不到受罚。升学率高的奖励 30 元钱。公办的小学每学期公开听一次课。学生一学期搞一次知识竞赛。全县民办教师每月 20 元奖金,原来是一学期发一次,该校定的一等奖 230 元,二等奖 200 元,三等奖 170 元。去年一等奖 4 人,二等奖 1 人,三等奖 4 人,每人 170 元。奖励主要依据两条,一是教学质量和升级率,二是看出勤率。原来(去年)老师下午喝酒、打"筛子"开不成会,自从定制度后没有这种现象。巩固率 100%,这是采取强制性上学的结果。规定上学的不来,每日罚款五毛钱。每年搞一次书法比赛和体育文艺会演。小学的好老师是民办学校次仁卓玛,去年一年送 6 个学生毕业,她一人担任两个班的课,并且把学生带到她家去上课 20 多天,而且她家比较穷。

对桑达小学的印象:制定的规章制度是切实可行的,调动老师的积极性是充分的。校舍是漂亮的,教室是整齐的,宿舍是干净的,教职工的精神状态是好的,教学方法是对头的,成绩是突出的,学生的身体、思想、学习都是健康的。希望你们学习学习再学习,努力努力再努力,前进前进再前进。突出成绩、突出人才,山沟里要飞出金凤凰。

※　　　　※

下午,堆龙县万琼小学。

校长达瓦,教导主任次曲多吉,78 年师校毕业。教职工 21 人,正式教师 8 人,代课教师 2 人,其余借用 9 名民办教师。教师中,中专学历的有 3 人,高中学历 2 人,初中学历 14 人。20 多年教龄 1 人。教材教法过关考试 14 人,已过关 11 人。学生人数 242 人,其中住校 71 人。全部享受"三包"政策生 132 人,半包生 8 人。班级 7 个,五年级、四年级、三年级、二年级、一年级。民办小学 6 所,教师 14 名。民办教师的学历是初中毕业。民办学生

361人,都是1—2年级。适龄儿童666人,入学率80.5%。在校学生6—11岁的共413人。规定一家有1个孩子的上学,2个孩子的上1个,3个孩子要有2名上学的。

民办学校7所,乡里给解决80元柴禾钱。给公办小学解决了两头牛,共436元。乡政府给教员一人一个牛脚,合35元。学校菜地有5亩,收入白菜10000多斤,每斤2毛,计2000元。土豆10000斤,每斤3毛5分,折款3500元。萝卜6000斤,每斤1毛5分,折款900元。青稞1500斤,每斤4毛5分,折款675元。猪7头,6头已卖出去啦,小的共90元。共计7165元。篮球、足球、排球各一个,单杠有一个。规章制度采取记名办法,最后评奖。

1988年12月21日

上午,堆龙德庆县羊达乡公办小学。

羊达乡包括帮普、桑木、通嘎四个乡。校长穷白穷村,副校长罗桑罗卜,教导主任格桑罗布。教职工22名,其中教师19人,正式教师11人,代课教师4人,炊事员2人,管理员1人。借用民办学校教师4名。教师学历结构,中专学历5人,高中学历4人,初中学历10人。教材教法过关考试应考9人,已过关5人。民校7所,有教师18人,初中学历。民办教师教材教法应过关的18人,已过关7人。7所民校中,共18个班,民校学生459人。公办学校学生249人,住校66人,享受"三包"政策学生116人。六年级一个班25人,二至六年级各一个班。适龄儿童有944人,在校生6—11岁有633人,入学率67%。巩固率99%。公办学校今年退学2人,民办学校退了8人。学校菜地3亩,土豆800斤,折款280元。萝卜1000斤,折款150元。青稞448斤×0.45元＝201.6元。猪3头,杀了一头,260斤×4元＝1040元。共计1671.6元。今年毕业生36人,考入内地的4人,考取县中学15人(包括去内地1个),升学率50%。学生每天都有家庭作业,定奖罚制度,要分出班级档次,不一刀切。

对学校印象:教学成绩是好的,年年有进步。

※　　　　※

堆龙德庆县小学。

校长桑决,副校长罗桑次仁,教导主任坚赞。有教师38人。学历结构,一个大专(西藏民院79年毕业),和初中差不多;中专学历17人,师校毕业的;高中学历6人;初中学历13人,高小毕业生1名(原供水服务员),实际小学毕业,只能教三年级。正式教师26名,其中12名女教师。代课教师8

人,借用民办学校教师 4 人。教材教法过关应考 13 人,实际过关 10 人。学生 503 人。

13 个班级:一年级 2 个班,87 名学生。二年级 2 个班,94 人。三年级 3 个班,99 人,汉文班。四年级 3 个班,107 人。五年级 2 个班,81 人。六年级 1 个班,35 人。学生共 503 人。学校菜地 3 亩,分给教师种啦。退学的只有一个,成了小偷,拘留三次啦。教师有规章制度 9 条,教学规章制度 5 条。有六名汉族教师,只有一个汉文班,13 名学生。存在问题:教室不够,要求盖教学楼和宿舍。

※   ※

堆龙德庆县已经发现药材 300 多种,已制成标本 217 种。

1988 年 12 月 22 日

上午,堆龙德庆县中学。

参加人员:县委书记尼玛,县长群培,副县长刘洪波,副县长索朗旺堆,文教局局长巴珠。

中学汇报:74 年成立的中学,去年升学毕业 65 人,考上中专 5 名,考上高中 50 名,升学率 82.7%。88 年应毕业 72 名,考中专 9 人,考上高中 56 名,83% 的升学率。在校生人员 299 人,住校生 188 名。全校 7 个班,4 个年级,"三包"生 255 人。初三 1 个班,初二、初四、初一都是 2 个班。每年举办两次运动会、歌舞会。

教职工情况:教工 39 人,教师 30 人,藏族教师占 57%。学历结构,大专、本科生 7 名,大专生 4 名。藏族老知识分子 2 人,占 6%,教龄 20 年以上。中专学历 10 名,占 33%。招、借代课教师 7 人,占 23%。中专学历 2 人,5 名代课教师高中毕业,一个高小毕业。高小毕业老师次仁顿珠,考试过关 87 分,中专学历考试 97 分,藏文教得比较好。职工 9 人,正式职工 3 人。学生农牧子弟 232 人,占 76.5%,机关干部孩子 60 人,旁听生 7 名,平均年龄 14.7 岁,有 86 名团员。今年初中 14 个县市参加会考,我们第 6 位。每星期一搞一次政治思想教育。

文教局汇报:全县在校 3384 人,入学率 87%。专职教师 251 人,正式教师 87 人。代课教师 34 人,民办教师 130 人,代课、民办教师工资最低,100 元。奖励工资平均 20 元。86 年—88 年公办小学维修 4461.55 平方米,投资 78.3860 元,徐心、柳梧、马村、东嘎四所小学维修了 1422 平方米,63492 元。87 年、88 年,民办学校共新建 1077.85 平方米,投资 126600 元,其中国家补助 36000 元。民办学校维修 415 平方米,校投资 33200 元,国家补助

6000 元。民办学校只有一个小学,90 多平方米差点,曲桑小学。

副县长:下一步抓扫盲、职业和基础教育。

书记尼玛:县教育基础素质好,换届的时候提出开创局面从教育开始,今年 2 月换届。5 月开教育会,是历年规模最大的会议。会议主要安排三件事:一是总结经验,提出设想;二是教育上的先进集体、个人交流经验;三是讨论通过三年教育的规划。联系堆龙经济发展规划,确定教育发展规划,有计划地培养经济发展所需要的人才。

群培县长:中小学办公楼,建小学需搬家,另外再建一所中学。

书记:明年我们准备在县小学设一个汉文班,现有 6 个教师。

文教局长巴珠。县中校长群培,副校长冀洛川,教导主任罗布次仁。

※　　　　※

上午,对堆龙县教育工作的看法。

一、堆龙县的教育基本走上了正规化,科学化、规范化的道路。我们看到的景象:校舍是漂亮的,教室是整齐的,宿舍伙房是干净的,教育改革的方法、措施是得力的,教师队伍的精神状态是好的,校风、校貌、校纪是良好的,学生的身体、思想、学习是健康的,成绩是突出的,教育事业发展是快的,学校受到中央和自治区的表彰是当之无愧的。这与县委政府、县文教局领导的重视是分不开的。从目前看,你们的任务是重的,压力是大的,发展是不平衡的。

二、要总结经验,制定新的措施,奋发努力,争创新战绩。要变压力为动力。继续把教育事业当作战略重点来抓。西藏的经济发展,要从封闭性经济向开放性经济、从供给性经济向发展性经济、从自然经济向商品经济发展转变,从等靠要向贡献、多贡献的观点来发展教育。要看到西藏教育的不利条件:人少地广,居住分散,路途艰远,基础差,起点低,投资大,见效慢。要分析堆龙的有利条件,利用有利条件,要出人才,多出人才,要走在各县的前面,把教育当作千秋大业来抓。

具备什么样的知识结构,才能胜任四化建设的任务? 首先要具备两个方面:一是懂物质文明,二是懂精神文明,这就要求我们干部既要懂得相当程度的社会科学理论,又要具备一定程度的自然科学知识,特别是教育学、心理学。如果说专家是专才,那么当一名领导干部首先应该是通才。这里说的“通才”不是“万金油”,我们说的通才是指的知识博雅、眼界开阔、思维敏捷、魄力宏大的人,通才应该是个“杂”家,知识要多,知识面广。如果做到多而不泛,杂而不乱,那么知识的用处就大啦。人的才能才干永远是和知识的多少联系在一起的,谁见过知识匮乏的才干? 谁又见过真才实学的草包!

三、对堆龙县教育的几点希望。第一,经验要找足,教训要找透,红旗要争不要保。第二,要抓教师队伍的培训,提高师资队伍的素质。第三,抓学校班子建设,抓好校长素质的培训。开展当好校长的讨论,了解怎样做一个合格的教育领导干部。首先,要热爱教育事业,要有献身精神。郑板桥说过:"满者损之机,亏者盈之渐。损于己则利于彼,外得人情之平,内得我心之安,既平且安。福即是矣。"孔子曰:"其身正,不令而行,其身不正,虽令不从。"其次,要在坚持四项原则的条件下,有一股敢说敢干的闯劲,即创新精神。三是应有知识、才能和胆略,不怕受风险。四是要有爱才之心,用才之能,知人善任。五是应有科学的工作方法,驾驭全局的能力、工作方法,最基本的是走群众路线。六是胸怀要宽广,要光明磊落,要严于律己,宽以待人,特别要注意团结和自己意见不相同的人一道工作。第四,在搞好教育改革的基础上,制定明年规划。要制定调动教育积极性的措施,要解决"大锅饭"的问题。要稳定教师队伍,要关心教师,同时要吸收扩大教师队伍。第五,在抓好教学的同时,注重学校的精神文明建设及培养"四有"人才。希望堆龙县教育学习、努力、前进、提高。

1988 年 12 月 24 日

上午,城关区纳金乡中心小学。

区长白玛。校长罗桑次旺,高级教师;副校长普琼,民办教师。教导主任阿曲、多吉,公办教师。教职工数 37 人,任课教师 27 人。正式教师 5 人,民办教师有 18 人,合同教师 4 人。后勤管理员 1 人,炊事员 5 人,生活老师 1 人。看菜地 2 人,职工 29 人,校长 1 人,合同教师 4 人。学历结构:中专毕业 6 人,小学毕业 21 人。从事教育 20 年以上 1 人,10 年以上 15 人。教材教法应考 21 人,已过关 6 人。学生 357 人,住校生 170 人,"三包"生也是170 人。每人每月生活费 30 元。

8 个班级:一年级一个班 39 人,二年级一个班 32 人,三年级一个班 48人,四年级一个班 39 人,五年级一个班 50 人,六年级两个大班 99 人。还有学前班 50 人。入学率 89.7%,适龄儿童 362 人,只有 5 个没有上学的。纳金乡有 6 所小学,除纳金中心小学外还有 4 所,都是公办,五六年级都在中心小学。

藏热小学 6 个班,师资队伍比较强。红旗乡小学 5 个班。牧民村 1 个班,10 名学生。嘎巴乡 5 个班,8 名教师,76 名学生。扫盲班准备办 15 个班,今年底开始,下边 4 所公办小学教师。

勤工俭学:学校菜地 6 亩,温室 2 亩,土豆 2000 斤,折款 740 元。萝卜

5000 斤, 折款 1000 元。养猪 15 头, 杀 11 头, 1900 斤, 每斤 3.5 元, 折款 6650 元。买了 4 头牛, 春买冬杀改善生活。实际学生每月生活费 35 元, 该校 4 月 6 日下午举办藏文专业学习讲座, 三中一名教师来讲话, 69 名教师参加学习。升学: 今年共有学生 88 人, 考入内地学校 70 人, 考入拉萨市三中的 18 人。去年 86 人, 考入内地学校的 41 人, 考入当地 44 人。

存在问题: 1. 教师宿舍不够, 12 平方米住 5 个人; 2. 没餐厅; 3. 没有班车。"三包"生政策是虚的, 不能真正解决问题。

85 年—88 年, 共考入内地 160 人, 主要是上海。

※　　　　※

下午, 听取检察局汇报一中的问题。

一、关于财务管理问题。二、关于吃喝风问题。三、宋珍的问题。四、调查中存在的问题和下步意见。

一、财政局王义民汇报第一个问题。

第一, 88 年教育经费 137.1 万元, 其中市教体委下达正常教育费 107.7 万元, 专项一次性支出 12.4 万元。向教科委带帽下达的专款 17 万元。88 年元月到 11 月份, 支出 98.6 万元, 扣除教科委下达的 17 万元, 支出占整个预算的 82.1%。

第二, 财务制度不健全, 只要白条, 没人签字。开支无规定、无标准。88 年五次运动会, 本校和全市的运动会, 有账可查的 16376 元, 其中购运动衣 5 次, 计 5032.2 元, 不包括 11 月份举办的篮球排球比赛。区教科委拨款 10 万元, 会计暂存啦。3 月 17 日汇到上海普托教具厂, 从银行汇去 3.7 万元, 又汇到中化仪器公司上海分公司 6.3 万元。经手人是本校教员李广德, 没计入往来账, 6.3 万元又退回来啦, 3.7 万元查不到在什么地方。

第三, 88 年 2 月 25 日, 开出银行汇单的是 56212 部队, 购买教学用品 2500 元, 实际购回压面机一台, 会计凭银行汇单下的账。

第四, 8 月份在校办厂购作业本花费 2 万元, 一没开收具, 二没发货单, 三没人签字, 会计根据转账的存根来下账。

第五, 88 年 6 月, 一中参加拉萨市中小学生运动会, 在这期间, 为了提出现金, 采用以领代报的做法, 于 6 月 4 日开出转账支票, 转到区国际旅游体育公司 6103 元 6 毛。购买运动衣 47 套, 用去 2716.3 元外, 还余 33887.2 元。这笔钱, 一中采取三次提取的办法, 6 月 7 日开出转账发票, 开到友谊商店, 也是购买运动衣 5138 元。除购买兰啤酒 9 箱用款 410.4 元, 还余 4727.6 元, 都提出了现金, 两次转账支票金额为 11241.5 元, 共套出现金 8114.8 元, 两项转账支票均由体育老师王坤明、达杰两人经手, 均已做了开支支出啦。

第六,固定资产的管理。会计没有比对账目,没注册登记。

二、账外资金。

据一中账外资金管理,一是学生桌椅押金外,单位场租收入、对学生的罚款收入、插班学生收费,均由校总务主任豆结森负责管理,虽有账可查,但都是流水账,白条多不好查。87 年 10 月 13 日到 88 年 8 月 3 日桌椅押金共收 3742 元。通过了解,这笔款项主要用于维修、更新桌椅以及教室设施。88 年 1 月 26 日,宋珍借去 1000 元,11 月份前没有还。88 年 8 月 29 日,李广德借出 1500 元,返回 1384.29 元。杨胜运借出 300 元。88 年 9 月 12 日,校账务上借去 300 元。88 年 11 月 1 日,张思斌借去 500 元。88 年 10 月 21 日,预付购木耳 900 元。扣除已还的,共计 2115.71 元,余下的由豆结森管理。从 87 年 10 月 27 日到 85 年 10 月 24 日外单位的场租收入,学生罚款收入,插班学生收费,三项收入计 2180.08 元。这部分钱用于高三教师给学生补课,用去 100 元。公安部门帮助监考时,购酥油 2 斤,用 18 元。该校成立家长委员会,招待费用 100 元。招待上海、杭州慰问团和校运会领导吃饭,用去 2400 元。购啤酒 5 箱,可口可乐 2 箱,合款 298.36 元,送教科委教材处。错扣老师电费的罚款 63.6 元,发给卫生纪律先进班奖金 180 元,购奶粉 22 袋,99 元,退杭州教师队卫生罚款 64.24 元,发给插班学生,用于老师改卷补助 272 元,以上开支共计 1435.2 元,余款合 744.88 元,存豆结森处啦。教职工的反映:凡本校学生存放车辆,每学期每人交费 8 元,由总务处巴桑发存放证。88 年下学期存车费共收 1928 元,这部分钱主要用于 4 名看车人的工资。

校办工厂收入情况。据了解,校办工厂一无专职会计,二没有技术人员,账只有银行存款日记账和现金日期记账。一些经济往来主要是原始凭证,所以资金的来往活动无法准确校对名称。如 88 年 7 月 19 日,汇成都市省林厅招待所周树荣 700 元;88 年 10 月 5 日,转给八林邮电 3535 元,不知什么地方。88 年 11 月 16 日,转自治区物资印刷厂购纸款 8 万元,没经手人,没记账,光有转账支票。以上三笔款项除经手人知道结转给谁、干什么外,账上看不出来。88 年 7 月 14 日,汇往陕西印刷物资公司及其设备款 1.8 万元,据说设备运输剩的钱已退回 1000 元,但没见原发票,无法调查。从 5 月—11 月 31 日账目无人记。

往来账不能及时清理。到 11 月底,会计报表反映,财务上的暂付款 89260 元。用账外资金借出去的钱,光白条 87350.71 元。以上两笔资金如不及时清理,要出混乱。未经批准,私自购买控购商品。从市一中查到有:

88年4月25日购买沙发7对,2695元钱。三人沙发6对,2250元钱。88年6月14日,购君子兰洗衣机一台,558元。88年11月23日,购买皇冠吊灯一大套156元。88年6月3日,购投影机一部、摄像机一台、黄河14寸彩电一台,共计7000元。88年6月12日,购东芝吸尘器一部,662元。春华吸尘器一部,288元。地毯200张,每张16元,共3200元。以上几项共计16809元。

固定资产的变价收入。88年,先后拆卖旧房子4栋,约840平米,计10800元。未经批准动用5300元修房子,其中有一栋自治区体委公布啦,副主任1500元,88年元月处理的。还有二栋卖给本校退休干部,每栋200平米,一栋2000元,共4000元,他们是马士兰、任增朗杰。今年10月份,卖给包工队啦,200平米4500元。

关于财务管理以外问题。(一)吃喝风问题。4月27日,校运会开始办,招待部门同志,宋珍和于跃华商量办了两桌,酒和热菜,两桌280.44元。5月24号,拉萨市职工运动会,向学校沙茶餐厅包桌2桌,20人参加,648元,条子是沙茶餐厅开的,沙茶餐厅反映当时只200多元,一中让开648元,经手人王坤明,王坤明说吃了900多元。6月中旬,拉萨市中小学生运动会以后,由校体队出钱到兴隆餐厅,2桌20人,900元左右。今年7月,学校欢迎教师队,摆了十五桌,凡教工家属都参加啦。特曲酒一箱400元,北方二曲一箱125.6元,红酒2箱123.36元,糖、奶粉、茶335.75元,共计1232.71元,不包括菜。欢迎杭州教师慰[问]团两次,每次一桌,菜是学校做的,120元,从学生罚款中支出,烟酒糖费不详。今年9月15日,可乐48桶,计112.52元。9月28日买啤酒5箱186元,共计298.36元,在9月底送教科委教材处设备科王堆科长啦,从学生罚款支付。购买木耳的问题,一是准备给教职工发福利,二是伙房用。实际购360斤,每斤18元,计6480元。从学生预付押金中支付900元,余300斤的转了支票。听说木耳是假的,立即从河林分里处要回钱啦。代课老师王润芳不称职。87年用上下学时间让学生给他偷木板70余块,40多人次,事发后王润芳威胁学生。学校叫王润芳作检讨,王润芳检讨不深刻,1988年11月27日学校校务会决定辞掉他和他爱人。

三、宋珍的问题。

第一,6—7月间宋珍通过学生吴□□在市林业局批木材20立方米,调单没写日期。

第二,88年6月17日,宋珍在区物资局清化建材公司,批木料20立方米,理由是创办校办工厂,宋珍签字,区找不到介绍信啦,这20方立方米是在林芝林业局提的,学校没有见到。

第三,88 年 10 月 12 日宋珍和教师李□□一起找计委申世海,由申世海出面写条子,写给区年培书记,给一中解决 10 立方米木头,到林芝调林。理由是学校要建太阳能。豆说由本校驾驶员布普拉回来啦。

第四,关于去机场拉宋珍的爱人问题。6—8 月宋珍爱人到拉萨来,6 月 5 日宋珍的爱人到机场,由一中教师周树荣安排教科委甚师傅开车接回来的,走时一中用车送回去的。

第五,关于宋珍的爱人一块到当雄旅游的问题。今年 8 月 20 日去的,用当雄县达瓦次仁书记的车去的。8 月 21 日坐高世珍车回的拉萨。今年 6 月宋珍的爱人到啦,正是[校]体组在兴隆餐厅聚餐,请他们一块吃饭,宋珍的爱人没去。

四、调查中存在的问题及下一步意见。1. 教工有顾虑,怕打击报复。2. 财乱以拨待□,不好查。3. 个别单位不给支持,物资局黄局长刁难。个体户沙茶餐厅不支持,不说实话。4. 有的领导要到外地调查。决定分两个组:一是到一中继续调查,对校风校纪调查。另一组到西安、成都调查。

※   ※

纳金乡嘎巴小学。

负责边巴次仁。入学率 78%,设一、二、三、四年级。教职工数 8 人,5 个班,还有牧民村,全部是民办教师,一个是初中学历,其余是初小。

1988 年 12 月 26 日

上午,巴尔库中心小学、拉普中心小学。

校长王登,教导主任尼玛次仁,教导副主任王杰。教职工人数 42 人。其中,任课教师 36 人,正式教师 11 人,民办教师 25 人。教材教法考试应过 8 个,实际 8 个全过关。民办教师 24 名,已过关但没有发证。学历:中专学历 8 人(正式),高中学历 4 人(民办),初中学历 23 人,高小学历 1 人(正式)。学生 537 人,其中住校 257 人,"三包"生 148 人,半包生 27 人,还有 51 人,每月交 30 元,和"三包"生一样。班级 12 个班,学前班一个,一、二年级 2 个班,三、四、五年级都是 2 个班,六年级一个班 48 人。6 名职工,5 名炊事员,一名司机,全部是临时。下属三所小学,布夺底小学、娘热小学、当坝小学,都是公办小学。

布夺底小学:9 个教师,其中正式教师一个(中专学历),余下全部是民办教师,初中学历 4 人,小学学历 4 人。正式的教师教材教法过关 1 个,校长是民办[的]。五个班,其中学前班一个 29 人,一年级 44 人,二年级 28

人,三年级 31 人,四年级 20 人,共计 152 人。上课的教室 6 间,宿舍一栋,仓库 1 个,有一个伙房,中午烧茶。

娘热小学:教师 9 名,其中正式教师一名,民办教师 8 人,初中学历 2 名,高小学历 6 名,教材教法考试没有过关的。有一个汉族正式教师。校长强巴。学前班 25 人,一年级 26 人,二年级 28 人,三年级 27 人,共计 106 人。

当坝小学:教师 9 人,正式的 3 人,民办的 6 人。教材教法考试过关 3 人,教师中中专学历 1 名,初中学历 4 人,高小学历 4 人。五个班,学前班 34 人,一年级 41 人,二年级 40 人,三年级 38 人,四年级 26 人,共计 179 人,这个小学入学率 96.6%。

娘热乡入学率 62%,夺底乡入学率 51.6%,当坝乡入学率 73.4%。入学率低主要原因是居住分散,家庭困难。四个乡适[龄]儿童 726 人(7—12 岁),这个年龄的在校生 496 人(7—12 岁),平均入学率 68.3%。

勤工俭学。拉普小学温室 1 亩。学校菜地 0.5 亩,11 月份给的白菜 200 斤。猪 13 头,卖 7 个,每头 50 元,共 350 元,大的一头卖 350 元。每个小学平均两亩菜地,罗布林卡一亩。拉普小学有篮球 3 个,足球 2 个,羽毛球 2 副。山羊木一个,跳绳 20 根,乒乓球拍 5 副。"三包"生没有被子。

升学率。86 年毕业 50 个学生,考入内地 33 人,考入本地中学 14 人,不及格 3 人,升学率 94%。87 年,2 个班毕业生 98 人,考取内地 87 人,考入本地中学 11 人,升学率 100%。88 年,2 个班毕业生 71 人,考取内地 60 人,本地 11 人,100%的升学率。

规章制度从 85 年开始每年修立一次。教职工的规章制度 8 条,一条请假制度,要求教师提前 10 分钟到办公室。口头或事后请假都视为旷课,请假的要给学生补课,事假一天扣 0.7 元,事假累计超过 7 天以上扣 1.4 元,每天旷课一节扣两天工资。迟到 15 分钟每分[钟]扣 5 分钱,15 分钟外每分一毛。教学制度,星期一放学后教员活动。奖励指标:一年级藏文 87 分,数学 80 分,升级[率]85%。二年级藏文 90 分,数学 80 分,升级率 93%。三年级藏文 87 分,汉文 75 分,数学 75 分,升级率 92%。四年级藏文 87 分,汉文 73 分,数学 70 分,升级率 90%。五年级藏文 85 分,汉文 70 分,数学 65 分,升级率 96%。六年级同五年级一样。学前班:藏文 80 分,数学 70 分,升级率 95%。达不到目标的占 60%以上,每分扣 5 毛,目标在 59%以下,每分扣一元钱。超过标准的每分奖励一元钱,这样奖得多,罚得少。参加城关区统考,中学生总分第一名,奖励教师 40 元,第二名奖励教师 30 元,第三名奖励教师 15 元,第六名以下每一级扣一元。毕业班考试(拉萨市)第一名,全班得 120 元,第二名得 100 元,第三名得 85 元,第四名得 70 元。这个班连续三年得第一名的学生得到奖励啦。达不到不扣,第六名以下扣。班主任的职责,班主任承包班级家访工作。开展好少先队活动,团员每两周开展一次活动,团员 24 名。少先队员 402 人,每次活动要有记录。后勤管理,一个学期汇报一次财会管理情况,财会人员有兼课的。炊事员的工作。领导班子的职责。生活管理人员的职责。

存在问题:1. 教师队伍素质差,要分给教员,要培训教师队伍;2. 学校器材少,包括教学和体育器材,没扩音器没法做操;3. 学生生活经费不够,学生宿舍一间住 22 个人,没有校屋;4. 民办教师工资低,最高的 160 元,最低 90 元;5. 由于奖罚制度的建立,个别教师有意见,是否给学校一点权力。

1988 年 12 月 27 日

上午,城关区文教局。

局长,副局长毛建。

共有 17 所小学。农村小学 11 所,2 所"三包"学校。城市有 6 所,实验小学、二小、吉日小学、吉崩岗小学、巴果小学、雪小学。公办教职工计 286 人,正式教员 268 名,其中城市教员 255 名,农村 31 名。民办教师 123 名,其中代课教师 59 人。临时工 27 人,城市 13 名,农村 14 名。总共教师 495 人,城市占 327 名,农村 168 名。从事教学工作的 450 人,其中城市 296 人,农村 154 人,工勤人员 9 人,另外 9 名行政人员都在内。少数民族教职工 427 人,城市 263 人,农村 164 人。正式职工的文化结构:大专学历 13 人,中专学历 139 人,高中学历 18 人,初中学历以下 116 人。163 个班级,城市 99 个班,农村 64 个。学生人数 7110 名,城市 4919 人,农村 2191 名,其中"三包"生 345 名。入学率:巴尔库入学率 96.6%,藏热乡入学率 93.4%,娘热乡入学率 62%,红旗乡入学率 93.6%,多底乡入学率 51.6%,次角林入学率 93%,当巴乡入学率 73.4%,蔡公堂入学率 91.4%,纳金乡入学率 97%,白定乡入学率 54%,成巴乡入学率 90.8%。平均入学率 81.5%(十一个乡平均数)。

今年添桌凳 800 套,每套 85 元,计 6.8 万元,换玻璃共计 3750 元(25 箱)。农村 11 所学校,城市 1 所学校,平均每所学校用费 312.5 元。今年修建教学楼 2 栋,巴尔库一栋,二小一栋 1540 平米,国家投资 58 万元。巴尔库一栋面积 999.36 平米,国家投资 33 万元,政府一年支持教育拿出 8 万元,其中改善办学 5 万元,奖励 3 万元。成巴小学翻修用 2.5 万元,用的教育经费。巴尔库围墙也是教育经费开支的,和二小共开支 2.3 万元。今年教育经费预计是 193.38 万元,实际拨了 224 万元。存在问题:吉日小学教师宿舍 400 平米,已是校危房。

师训班情况。从 77 年开始办,共培训 36 期,人数 1560 人,内容藏文、数学、汉语文、历史、自然、地理、英语、行管。88 年共办了四期。藏文 1.5 个月,16 人;数学 34 人,内容藏文、数学,时间 3 个月;三期三算班,从河北财会学校请来的,50 人参加,10 天时间,参加人城关所属小学还有西藏师范学校的。音乐班周二、四、六、七下午开设,从西藏大学请来老师,参加数共 11 人。

今年小学招生 1487 名。其中,城市招 1046 人,农村招 441 名。今年小学毕业生 581 名,达到内地分数线的 348 人,自治区内录取的 211 名,落选 22 名。巴果小学留级 16 人,实验小学班级 6 个,其余录取率都是 100%。植树造林,今年栽了 3000 棵树,成活率 97%。在拉萨□中心,今年城关农牧局得奖 5000 元。

吉日小学搞了个商店解决子女就业问题,12 间房子,255 平米。盖了三栋楼,1661 平米,退休楼 24 户。申请条件:教龄 20 年,小学高级教师,40 岁以上。小学高级教师 34 名,一级教师 54 名,二级教师 135 名,三级教师 24 名。

做好思想教育工作的几个条件,中央颁布的文件已翻译成了藏文。今年春节前夕,开表彰大会,对优秀教员、班主任和老师进行表彰。今年五四青年节搞了球类比赛。今年六一前夕搞了舞蹈比赛。今年 9 月份搞了征文活动,《我的老师》《难忘的一件事》。对城里 6 所小学搞了爱国主义教育,每周一次升旗教育。元月份请西藏大学汪教授讲了西藏历史的讲座,给老师讲的,全部老师参加,半天时间。

存在问题:没有爱国主义教材、西藏历史、地理的教材,教师讲起来没有针对性。教师的责任心和素质差,教学方法差,教育经费差。原来维修费 9 万,实际花了 20 多万元。民办教师的待遇低,现在工资一等 160 元,二等 140 元,三等 120 元。新参加工作的教师工资 90 元,刚参加工作,但表现要好。

去年八廓小学考入内地 15 人,本地 64 人,落选 10 名。今年考入内地 13 名,本地 50 人,落选 16 人,共 79 名。去年位于拉萨市第八位,今年倒数第一位。

民办教师教师等级待遇。一等工资 42 人,每人 160 元。二等工资 60 人,每人 140 元。三等工资 32 人,每人 120 元。四等工资 32 人,每人 90 元。五等工资 32 人,每人 70 元。198 人,平均每人工资合 121.61 元。没调整前,一等工资 130 元,二等工资 120 元,三等工资 105 元,四等工资 90 元,五等工资 70 元。

※　　※

对城关的教育几点看法。

一、城关区的教育应赶在全市的前面。有利条件:1. 靠近区市,距领导近,领导支持多;2. 校舍条件比较优越,民[办]教师待遇比较高;3. 教师队伍的素质文化比农牧区强一些;4. 领导、老师的思想比较解放,学生思想开化;5. 有多年的教学经验,有自己的典型。

二、不利因素和下一步工作。1. 不利因素。2. 下一步工作:要继续改变各级领导的认识;要提高领导班子的战斗力、凝聚力;继续提高教师素质;要总结经验,树立自己的典型、推广典型;加强思政工作,排除干扰,搞好教学,培养四有人才。

※　　※

下午,检察局两局长给洛嘎市长、高世珍书记汇报一中情况的调查。

1988 年 12 月 28 日

上午,市长办公会议。

陈市长汇报在南木湖建立淀粉厂问题。

洛嘎市长:可作为 89 年的星火计划,短平快项目。地点仍是南木湖,要由小到大,摸着石头过河,同时还可以解决部分就业问题。

洛嘎市长:1. 搞个调查报告,两种文字,两种典型,都要业绩,以市领导的名义。下一步教育工作怎样赶上去,抓两头,促中间;2. 台球要采取限制手段,市政府拿点条件;3. 给教科委汇报一下;4. 明年教师节前开好教育工作会议。

※　　※

下午,高世珍书记召开会议,研究明年西藏民族改革三十周年纪念活动。

郭部长:3 月 10 日纪念日。这次宣传是"三个揭露""五个宣传"即可。市里活动安排:一、3 月份准备开一个比较大的报告会,准备和自治区一块进行。市委统战部和市政协举办爱国人士和藏族同胞座谈会。民政局召开各界人士座谈会。二、文章。2—5 月期间集中宣传一次。拉萨晚报发评论员文章。市政协、市统战部召集知名人士写文章,市委党校组织写一两篇祝福文章。城关区宣传部编写一个综合材料,反映居民生活变化情况。拉萨晚报、市电视台组织征文活动。三、电影、电视、图书文艺活动。北京影剧院和八家影剧院集中演历史电视。市新华书店举办图书专柜活动。市电视台在办好藏历年春节的同时,反映我市妇女干部成长,办好有关妇女、幼儿、保健、藏汉团结的电视节目。四、各单位的宣传活动。3月10日纪念日,2月5日藏历年,2月6日春节,2月8日传召日。

1988 年 12 月 29 日

下午,扎西市长传达 12 月 10 日事件和有关治安问题的指示。

12 月 10 日是世界人权日四十周年纪念日,在这之前,区党委做了布置,让我们做好突发事件准备,意见:反对分裂是我们长期的任务,是各级党组织的一个大事,这场斗争有它的特点,几十年前就有这方面的斗争。对这场斗争的长期性要有足够的认识。西藏内部事件 248 件,占整个事件的 98%。

洛嘎市长讲意见:扎市长根据常委会的意见讲了反分裂的问题,同时传达了自治区的意见,最后提出了三个方面。一是加强思想政治工作,党员要起带头模范作用。二、讲了斗争的长期性和复杂性。严格区分民族宗教和搞独立的区别。三、齐抓共管,共同搞好社会治安和市场管理问题,充分发挥各部门的作用。另外,关于加强关系,加强内保工作和保安问题,加强事业心、责任感的问题。

另外几个问题。1. 关于治理整顿工作问题,决心是大的,行动是快的,进展是顺利的,群众担心雷声大雨点小,走过场,不认真。2. 毛如柏①听取了对三大节日供应的汇报,包括百货和三个篮子问题。3. 关于市直人才考核问题,法律考试由人大统一出题。

1988 年 12 月 30 日

上午,研究废除封建农奴制 30 周年纪念活动(西藏实行民主改革三十周年)。

参加人员:市领导小组。

纪念西藏实行民主改革三十周年庆祝会。

一、要充分认识搞好这次纪念活动的重大意义。

第一,关系到能否全面正确的总结、回忆三十年以来的重大变化和取得的巨大成就,同时让全国各族人民看到西藏的变化后,为共同建设繁荣昌盛的新西藏共同努力奋斗。第二,搞好这次活动能取得国际上的支持、帮助。

---

①　毛如柏,时任西藏自治区党委副书记、西藏自治区人民政府副主席。

第三,搞好这次纪念活动,能粉碎少数分裂分子的阴谋活动。第四,搞好这次活动能促进各民族的大团结,促进经济发展。

二、纪念活动,要动员各机关各阶层,让全市人民都能投入这次活动中,也就是让各机关单位都要重视这项活动,并做出自己的计划。

三、要从西藏的实际情况、各单位的实际情况出发。一是要深,二是要广,三是要实,四是要变,五是要早。既要有实际性,又要注意趣味性、艺术性,同时又要注意厉行节约、量力而行。早布置、早准备、早检查、早落实。

教育局张主任:征文150篇;每个班搞个社会调查;搞演讲会,老师、学生分别搞;拉萨市教育发展成果展览;书画展;全市4万学生都要参与这个活动。

城关:城关是重点,举行各种形式报告会。

广播电视局:分二到三月,三到四月,四月到五月三个阶段来进行。歌舞团准备搞一台节目,还要和自治区歌舞团联合演出一场。我们搞一次现代歌舞会。大型的藏文图书展销会。电影公司搞电影周,每天三场,每场要500元。准备出6本藏汉文的书。

拉萨晚报:把这次会议传达下去,让每人都表达个态度。31日发一个大的评论员文章,准备多发几篇。另外,第一,开一个图表的栏目,重点还是拉萨市的内容。第二,开辟在大家庭里……第三,报道开展民主改革以来的名人故事、文物,举办爱西藏、爱祖[国]的征文。举办拉萨市摄影比赛。

卫生局:结合护士节搞护士杯竞赛。

高世珍书记:庆祝活动要多样化,要针对达赖的分裂活动来搞,是我们的宣传压倒他们,还是他们的阴谋活动压倒我们,这是摆在当前的一个大问题。要组织发动全党全民族都来重视这项工作,积极参加这项工作,宣传的对象是机关学校、工厂,重点是群众,活动要有针对性,政策性要强。要宣传、动员、武装群众,不要为宣传而宣传。长期宣传和突击重点宣传相结合,要有重点性、活跃性、趣味性、群众性,要揭露分裂分子的活动阴谋,要揭露奴隶社会的反动和黑暗。基本要求:要热烈节约;文字要慎重,活动要谨慎,口径要统一。各界人士要团结,工作要扎实,效果要明显,领导要重视。

※ ※

上午,洛嘎市长和教体委张主任、索朗白姆研究学校动态。

1988 年 12 月 31 日

市委、市人大、市府传达12月30日下午自治区会议精神。

一、高世珍书记传达会议精神。达赖要求和中央谈判,中央说谈判可以,要有条件、要有前提、要维护祖国领土的统一,谈判不能让外国人参加。明年3月份要纪念民主改革30周年,要大搞。十一月份以来连续出现大案。有的借结婚、乔迁大搞赌博、封建迷信,明年三月份闹事的可能性是大的。

二、着重抓的几点。要当大事来抓。要及时掌握动向,提高政治敏感性,把问题解决在萌芽状态。

第三、对市区各学校的情况要了解一下。今后谁分管谁就负主要责任。公安武警的工作要支持,要支持公安武警部门的工作处理。去年收审407人,宽大了404人,判刑的是少数,开庭要做好准备,借开庭来教育群众。

曲加书记:要按自治区的布置抓啦,今天主要是传达自治区的会议精神,扎西也做了介绍,目的是对当前的局势要有一个清醒的认识。三届六次全委扩大会议也讲了这方面的问题,只有抓好了政治环境,才能给经济建设创造一个良好的环境。一是不害怕,二是要警惕,要消除恐惧、恐慌的心理。要想把分裂活动彻底摧垮,最根本的是把经济工作搞上去。1. 各级党政部门的领导对当前的形势要有个清醒的认识。12月10日是世界人权日,元月份、春节藏历年,加上3月份所谓"起义30周年纪念日",加上12月份印度外长的访华。2. 做好本单位思想工作外,要配合公安和统战部门及城关居委会的工作,对付分裂活动分子和维护社会治安工作,是当前一项重要工作。3月19日是西藏平叛解放30周年。

洛嘎市长:加强组织纪律,做好本职工作,市人大已对各科局、委办的正职进行考核,对副职也准备进行考察一下。注意:1. 防止走过场;2. 实事求是;3. 被考察的同志要正确对待;4. 考察、工作两不误;5.89年1月30日要结束;6. 搞好考察总结,有重点地做素质报告。

夏书记传达关于人事问题的决定。中共中央任命胡锦涛①同志任西藏自治区党委委员、常委、书记,免去其贵州省委书记。刘正威任贵州省委书记。田聪明同志任西藏自治区党委副书记。

1989 年

1989 年 1 月 3 日

上午,师校中层会议。

---

① 胡锦涛,1988—1992 年担任西藏自治区党委书记,西藏军区党委第一书记。

参加人员：教体委三名主任。

说明来意。

一、对师校①的一点印象。几年来师校为国家培养了大批的人才，培养的人才受社会欢迎，受群众欢迎，受学生欢迎。教育基本上走上了正规化，有近期安排，有长远计划。从目前看，学校教职员工和学生在大是大非面前态度是明朗的。存在问题：有不团结的因素和现象，罢课绝食；领导和教师不团结；某些方面管理混乱。个别领导和老师责任心不强。

二、对西藏拉萨市教育工作的几点看法。一快、二实、三好、四缺、五统一。

三、几点建议和希望。1. 在大是大非面前态度要明朗，拥护精神，做好工作，防止意外事故的发生。对西藏大学的游行示威要态度明朗；对少数分裂分子活动，社会上目前有四种态度；要深入基层摸清情况；善于引导，要做好工作；2. 认真搞好 88 年的工作总结。要全面总结、民主总结、肯定成绩、找出问题。3. 要教育教职员工，要以校为家，以校为荣，要有事业心，责任感。4. 怎样当一个合格的领导者。

※   ※

孔张两城来相见，万水千山一日间。夜半钟声多忧忧，远征边关不任留。人生在世有离合，眼望东海社稷歌。

※   ※

晚上。

心烦意乱无思处，情至苦际只思悲。

莫言伤感为思乡，滴滴热泪牵肚肠。

1989 年 1 月 7 日

卫生局魏局长和办公室主任。

农防队员劳动指标要 5 人，另外再要 5 个食品检验人员。需市人事局先提出意见，让政府决定再给劳动局下个文件。共计 10 个人，食品检验现有 4 个人，比较合适。去年已考试 35 个人，劳动局不同意。物价检查问题。12 月 7 日下午和劳动局高局长、人事局赵科长，研究卫生人员招工指标问题。高局长提出：水厂 40 人，食品厂 30 人，华侨商店 20 人，7 个县 20 人，还有 10 人是做机动的，和市长研究一下，调整几个指标给卫生局。

---

① 师校即拉萨市师范学校，现为拉萨师范高等专科学校。

1989 年 1 月 8 日

上午,自治区政府小礼堂听报告。

毛如柏副主任作报告。全区计划财政改革工作会议,会议主要传达中央会议的精神,是 88 年计财工作,布置 89 年的工作,搞好两个盘子的安排。

第一,88 年全区工作情况和存在问题。工农业总产值 9.87 亿元,几个主要方面问题。农牧业生产接近历史最好水平。粮食达 10.5 亿斤,人均收入 380 元。工业、交通运输业生产良好,可达 2 亿元,比 87 年增长了。公路运输可完成 65 万吨。财政状况,去掉亏损,略有节余,财政收入是多年来没有的。市场基本稳定。企业在改革中取得了好的效益。利用资源优势,转为经济优势。由封闭型、自然型、供给型转向生产型。坚持对外开放,有新的进展,出口 3200 多万美元,外贸出口利润 3000 多万元。教育文化建设有了很大的发展。存在问题:社会需求大于生产供给,资源优势没有真正发挥。

第二,89 年计划财政安排,财政预算的目标。

指导思想:1. 按中央指示的要求,努力增加社会供给,压缩社会总需求;2. 继续贯彻改革开放的方针;3. 切实压缩社会过大的总需求,加强基层管理;4. 合理调整生产结构,首先在抓好农牧业的基础上,抓好工业、交通运输业运输工作;5. 把治理整顿和深化改革结合起来;6. 今年的计划安排财政预算,不但要看到今年而且要看到明年。

调整目标:零售物价指数明显低于去年;保持工农业发展生产的增长指数;固定资产投资规模控制在 1.7 亿元,主要是计委安排的 1 个亿,自筹投资 7000 万;全区财政预算,财政支出 9.4 亿元,货币投放国家安排,88 年我们 2 亿,实际到账 2.5 亿元。突出的有三个大问题:财政比较紧,中央给 8.98 亿元,今年增加了 4000 万元,这样就是 93800 万元。低于 88 年对 87 年的增长数。内调经费没安排,行政预算有缺口,工资出台没给安排。稳定市场控制物价上涨的难度大。石油紧缺,能源不足。

第三,关于 1989 年的经济工作。

抓以下几方面工作:1. 切实抓好农牧业生产。粮食 10.6 亿斤。扩大粮食面积和播种面积;增加对农牧业的投入 1.8 亿元;建立好商品粮和农牧产品的建设;做好农牧生产的后勤供应;大力推广科学技术的发展措施,搞好科技承包工作;有效的实行粮食的合同收购。2. 严格控制物价上涨,物价上涨指数要明显低于去年。3. 广开财源,增加收入问题。4. 加强能源交通建设。5. ……6. 继续深化体制改革。推行企业改革,厂长任期目标责任制,第一步要达到 60%,年底要达到 80%,88 年只达到 30%。7. 大力推进横向联合、经济协作。8. 经济结构需要调整。9. 必须重视教育和科学技术的发展,要在提高人的素质上下功夫。"你们一定要把注意力放到教育上,放到提高人的素质上。"科技进步和人员素质的提高是西藏经济发展的根本所在。第一,抓教育体制改革。把国务院召开的援藏会议精神落实下去,使基础教育、师范教育加强,第二,专业技术教育认真抓起来。

1989 年 1 月 10 日

下午,和市有关单位商量拉萨市关于集会游行的暂行规定。

1989 年 1 月 12 日

参加商业局罗桑书记和马局长的民意测验。

拉萨市商业局班子团结并开创了局面。86 年亏损 100 多万元,今年盈利 300 多万元,罗桑是从农牧区当雄县调来的。参加评议的共 35 人,罗桑得优秀 11 票,称职 24 票。马局长得优秀 10 票,称职 25 票。

※   ※

参加市直机关素质经验报告会。

一、这次市人大、市委、政府研究确定对市直领导班子、领导干部进行全面考核,这项工作的开展是根据中央有关指示,也就是如何解决干部的政治、业务、文化、知识素质的指示来确定的,是根据中央如何深化干部队伍改革,解决干部中存在的大锅饭、终身制的指示来制定的,同时也是为下一步正确地使用干部、培养干部,提高干部的领导管理水平来确定的。同时,也是根据干部领导班子的状况来确定的,是根据干部群众的要求来决定的。这项工作的开展,实践证明,干部群众是欢迎的,考核中层干部,群众是实事求是的,这项工作的进展是顺利的,所取得的成绩是大的,对班子干部的考核是成功的。

二、通过对领导班子干部全面民主的考核有五个好处。1. 领导机关人事组织部门,领导干部从中了解、掌握下属班子、领导干部的真实情况,对班子、对领导、对一年来的工作做到了心中基本有数,为下一步使用干部、培养干部、调整干部有了比较可靠的依据;2. 通过这次考核,干部、群众振作了精神,促进了工作,增强了事业心、责任感,特别对那些"一请就到,一喝就倒,不给就要,一批就跳,一表扬就哭,晚上打麻将,白天打瞌睡"的干部,是一个比较大的震动,对那些软班子、懒班子、散班子,外战外行、内战内行的班子是一个震动;对那些积极干的、有正义感的干部是一个表扬和支持,对那些看的、算的、捣乱的是一个教育。

三、为下一步表彰先进,树立先进典型奠定了基础。

1989 年 1 月 14 日

市长办公会议。

洛嘎市长传达自治区的计财会议,我们提出的问题比较多,解决了一些问题,答复了一些问题。怎样贯彻自[治区]计财会议?打算春节后召开,节前准备,下星期二(17 日)上午在会议室召开有关部门会议,参加人员有计、经、财、农、税部门人员。农、教、财、计、经委拿出具体的会议意见,作简单的汇报。会议时间三天,会中有关部门讲工作总结,讲意见。会务由计、财、经负责。

赵市长传达会议精神,重点是我们计财和教育有关问题。向市政府、联席会议汇报,汇报会议精神和 88 年情况;许可征收城市维护税,用于城市街道建设;林周县再增 98 万元,说没答应,但同意增加市财 20 万元。

三个口子:一是社会统筹;八一农场漏掉的要补;干部安家费要给,待业青年问题。

赵市长:让建设银行参加,王市长会议精神也贯彻下去。

1989 年 1 月 17 日

下午,参加爱国卫生突击月动员会。

一、充分认识搞好卫生突击月活动的重大意义。1. 应看到这是精神文明建设的一个重要组成部分,卫生程度是检验一个单位、一个城市的文化素质、管理素质、精神状态好坏的重要标志,这是精神文明建设的重要窗口,凡是脏乱差比较严重的,说明这个城市、这个单位精神状态不佳;2. 应看到搞好爱国卫生是经济发展的需要,是对外开放的需要;3. 应看到搞好爱国卫生运动是提高劳动者素质的需要。

二、搞好爱国卫生运动的有利条件。1. 中央、自治区、市委市政府领导特别重视,不但有一定的资金保证,而且建了立新卫生管理机构;2. 由于民族文化素质的提高,大家对搞好爱国卫生有了一定的认识,并且积累了一定的经验,特别是从科学文化的发展方面认识到了搞好卫生的重要性;3. 建立部分卫生设施,出现了一批讲卫生的典型。

三、存在的问题。1. 没有引起各级领导的足够认识,没认识到这是一个民族兴旺发达的重要标志;2. 宣传工作没有跟上,措施方法不得力;3. 对多年来历史上遗留下来的不良习惯听之任之,对改变这些习惯缺乏信心。

参加会议稀拉松、突击一阵风、突击过后没动静。对不卫生的现象是看惯啦,懒惯啦,习惯啦。

四、怎么办。1. 认真传达研究贯彻文件会议精神;2. 从本单位实际情况出发,制定强有力的措施,要搞好宣传发动,从个人从机关抓起;3. 定期检查、定期评比,奖罚要兑现;4. 要搞好宣传工作,要树立民族自尊心、自信心,要树立讲卫生光荣,不讲卫生可耻的信念;5. 领导抓、抓领导,奖罚要与领导的切身利益挂钩。

1989 年 1 月 22 日

市委组织部介绍情况。

参加人员:夏书记,组织部长卓嘎,多吉科长。

全市有 58 个县级单位,其中 7 个县一个区,另外有市委办公厅、宣传、组织、纪律。拉萨市事业单位 6 个,师校、医院、党校、编局、经济研究室(原文所列单位个数与所列单位名称数不一致)。人大:办公厅、法院、检察院。3 个县级企业是拉萨市八一农场,粮食局,旅游局。群众:政协办公室、工青妇办公室。中直党委 4 个,分别是中心支行、邮政,电信、建行。垂直管的,市工商局、税务局。长期临时机构:三三五七工程。

市政府:办公厅、计委经委会、财政、文广电局、教体委、卫生局、公安局、司法局、城建局、农牧局、商业局、宗教局、民政局、外事、旅游局。

县有:墨竹工卡县、达孜县、林周县、当雄县、尼木县、曲水县、堆龙德庆县、城关区。

拉萨市所属机关县级干部 202 名(实职)。市直机关县级干部 115 名,8 个县区的县级干部 87 名。202 个干部,其中少数民族 176 名,汉族 84 名,党员 195 人,非党员 7 名(县级)。大专以上学历 50 名,中专学历 73 名,高中学历 21 名,初中学历 73 名,小学学历 43 名。31—35 岁 12 名,36—40 岁 6 名,41—45 岁 78 名,46—50 岁 94 名,50 岁以上 50 名,平均年龄 45. 92 岁。不在职的 58 名,主要是退休的,一部分准备内调,还有武装部转来后安排职务的。

八县区的干部情况:共 102 名,其中少数民族干部 73 名,汉族干部 29 名。党员 83 名,4 名非党员。大专学历 19 名,中专学历 37 名,高中学历 10 人,初中学历 24 名,小学学历 12 名。31—35 岁共 5 名,36—40 岁 14 名,41—45 岁 50 名,46—50 岁 23 名,51 岁以上的 10 名,平均年龄 44. 45 岁。

干部职工共计 1307 人。其中提任实职的 1098 人,不任实职的 209 人。乡级单位 91 人,配干部 362 人。全市干部共计 6830 名。其中,行政单位

2919名,事业单位1647人,企业单位678人,中小学教员干部1586人。党群系统684人,国家系统6143人。全市党员计6474名,正式党员8837名,预备党员637名。男性7787名,女性2287名。汉族1484名,少数民族7994名。农牧民占4134名。

纪检、公安、法院、检察院一把手都是副县级,拉萨分区师级单位,武警支队是县级单位。

全市地专级干部25名。书记曲加,副书记:洛、高世珍、夏书记、扎西顿珠。常委窦……副市长:王、赵、拉木仁青、孔、陈。人大副主任:拉巴卫东、平康次仁顿珠(非党员)、阿王平措、蔡长寿。政协主席:曲加书记兼任,副主席:卡索朗卓娅(非党)、索加、次门索朗班觉、普龙茶巴次曲、阿旺朗杰(党员)、桑林次仁班觉(党员)、江金次仁旺田。副地级还有:检察院土登群培检察长、法院书记、院长罗布旺堆。

组织部(人事局在内):有八个科室,县级干部由自治区审批,干部调配科管一般干部调动。分别是组织科(包括机关党委办)、干部教育科(干部培训)、老干部局、工资福利科、干部教育科局科、干部管理科、干部编制科、办公室。

夏书记:84年5月完成的改革。86年9月地市级改革出台。县级在87年4月12日出台。市里有虚设单位:机关党委、政法委、党史办、藏语言指导委员会、爱国卫生运动会、城管委员会、科协、佛协。城关区和堆龙德庆县有政协,共4套班子。市纪委和组织部没有下乡的车子。纪委、组织部、办公厅、宣传部住房紧张。

※　　　　　※

一、几个教育数字。中学150所,学生7410人。中小学生42501名。7个县入学率75%,当雄县入学率21%,两个86%。巩固率:公办学校巩固率90%,民办学校巩固率70%。当雄89年入学率是40%,89年全市的入学率能达到80%。拉萨市的师生比例1∶15。小学师生比1∶17,中学师生比1∶8,平均师生比1∶14。农牧区小学生2.5万名,人口24万人。

二、改变基本办学条件。"三有一无","三有":有教室、有课桌、有老师;"一无":无危房。"三包"学生:高中、初中、小学。

三、加强宏观指导,理顺关系,建立正常的教学秩序。下放权力,分级负责。

四、开展改革试点和为深化改革做准备。

五、下一步意见和打算。教学教育改革、管理体制的试点改革全面起步,抓校长负责制,主要抓四中、一中和一小学。实行教育经费包干、工资包干。经费包干,包括人头费、办公费、设备费。工资总额包干,在部分学校实行教职工聘任制的办法,四中挂□了13名老师。职务、效益、工龄和档案工资挂钩。二中挂职业高中的牌子。农村来的初高中毕业生没升上学的,再学习半年至一年,学一两门技术再回去。普通学校开办劳动课,每个中学增加两个老师。职业教师到外地去学习,服装、家庭经营。农牧区教育改革的试点,达孜县是农区的试点,当雄是牧区的试验点。强化常规管理,一抓评估,二抓20所合格学校的样板。每个县2所学校,民办公办各一个学校。条件:班子、教师、设备、质量。

需要请示的几项工作。一是少数民族老师203人,胜任的76人(藏族40人),重点培训85人,其中藏文老师20人,汉文老师24人,数学老师23人,物理老师7个。89年每期每科培训10人,培训560个双语教学的教师。共720人,培训560人。二是经费1800万元。拉萨中学和其他中学的报告问题,厂矿的23所小学,200多名藏族学生没学藏文。

※　　　　※

教科委领导讲意见。

一、各级领导重视教育是教育工作的保证,拉萨市要继续重视教育工作。

二、校长是关键,下一步对班子普遍检查一下,不合格的要调整。

三、勤工俭学问题很重要,西藏尤为重要。

四、教师的培训问题,本地市负责培训小学的教师。

五、职业技术的培训问题,要和经济发展和当地的脱贫致富挂起钩来。

六、教育体制的改革问题。

七、抓好师德教育。

八、改革问题,在总结四中经验和教训的基础上逐步开展,要稳定进行。校长负责制,优化组合一步一步地来。

几个问题:1.藏语文授课的问题,准备计划安排,93年开始;2.经费的问题,1.32亿元;3.中小学体制问题;4.厂矿学校的藏文授课问题。

邹主任:一是拉萨市工作量大。二是今后汇报给我们,留点时间。三是加强爱国主义教育。

1989 年 1 月 28 日

上午,参加自治区三届七次全委扩大会议。

胡锦涛书记提出三点希望:1.集中精力开好会议;2.发扬民主,群策群力;3.坚持团结一致向前看,形成统一思想,加强团结,召开振奋精神的会议。

多吉才让传达中央对西藏工作的指示。继续抓好反分裂斗争,这是个长期的任务,必须立场坚定,这是敌我性质的矛盾,宗教问题基本上是人民内部矛盾。部队和进藏干部和我们培养几十年的藏族干部是我们的骨干力量,对极少数分裂分子必须依法惩处,西藏的干部队伍是好的,包括各个时期进藏的干部。落实改革问题,做好统战工作,建立以诚相待的作风。切实加强党的基层建设,现在西藏有9万名党员。

热地代表区党委常委讲话:我代表党委对中央指示的学习讲几点体会,一、正确分析和认识当前西藏形势,工农业总产值9.7亿元,粮食5.2亿斤。二、扎扎实实地抓好经济建设工作,以经济建设为中心,大力发展生产力。以改革统揽全局,变供给型经济为经管型经营,变自然型经济为发展型经济。三、……四、做好民族宗教统战工作。五、加强党的领导和党的建设。

※　　　　※

晚上,自治区卫生厅阿典厅长和有关领导研究拉萨市的计划免疫问题。

阿典厅长:我们组成几个队,检查计划免疫,看来是很有希望的。日喀则康马县一年只发生一例麻疹。计划免疫投资少,效益大。到拉萨市去了5个县级单位10个点,当雄县和堆龙德庆县、曲水县、城关区。

一、发展不平衡,曲水才纳乡没有一个合格的。谈的是接种问题。堆龙德庆县、当雄县、城关区都搞得不错。二、计划免疫需三证,拉萨市只有一证,要补上才行,时间填写87—88年。三、加强领导问题。不要挂名,要亲自抓。四、要加强宣传工作。五、加强对乡村医生的培训工作。六、对接种漏种的要补上去。91年接种率再达85%。

计划免疫办公室通报拉萨市的基本情况。

1989年2月13日

上午,市长办公会议。

主要研究召开计划财政会议问题。17日上午,市政府给自治区政府汇报89年工作计划安排。

洛嘎:先汇报总的指导思想。然后农牧林,再一个工业、交通运输业财税,再一个城市建设和管理问题,再一个解决住房难的问题。群众热门问题:三个篮子问题,企业体制改革问题,改善工作条件问题。

要求:1. 关于理顺关系问题、电的问题;2. 增加财政基数;3. 林周县搬迁、八一维队、霍卡林场。

1989 年 2 月 14 日

上午,研究西藏民主改革三十周年纪念活动安排。

藏历的 15 日,少数人要活动。3 月 10 日是西藏民主改革三十周年纪念日,他们要活动。2 个座谈会,关键是做好发言的准备。出版一本书,注意书的内容和质量、速度。准备审查演出节目和电影。各阶层人士的文章安排了五人。

高书记:前段工作有点慢,但不是没有动,目的是反对分裂维护祖国统一,加强民族团结。

1989 年 2 月 15 日

上午,财政局汇报工作。

88 年,亏损企业 19 户(19 户亏损,除政策性还有 7 户)。其中粮食……全市收入 18812.8 亿元,比去年 14447 亿上升,比计划 16038.9 亿上升。生产成本和流通费用……工业职工人数 694 人,工厂 7 家,收入 502 万元,收入比上年增长 26.72%。87 年盈利 30 多万元,88 年 70 多万元。旅游事业人员 160 人,收入 400 多万,支出了 300 多万,创汇 75.6 万美元,实现利润 152.3 万,上交税利 7 万元。增加的原因……支出 358.8 万元。市医药公司……外贸公司销售收入 500 多万元,上年收入 300 多万元,整个企业收入比上年增长 25.3%。经营性亏损 7 户,98.3 万元。八一农场收入 26.7 万元,87 年 13 万多元。

财政局提议:1. 奖金领导应把关;2. 预算外资金搞基础建设应审查。

意见:一是财政局工作基本上是好的;二是财政工作人员思想也要解放,为发展经济服务;三是财政要搞点调查研究,要给领导当好参谋,如亏损的原因,盈利的原因;四是财政要支持教育事业的发展。

洛嘎市长:企业在好转,问题依然存在。

计委申世海同志汇报:经济是发展的、健康的。国民收入 13200 亿元。粮食计划 1.8 亿斤,实际收入 1.6354 亿元,粮食按测产来报的量 1.8 亿斤。牧业 178 万头(只、匹),比去年增加 11 万头(只、匹)。工业、交通运输业生产总产值 2008 万元,其中民族手工业产值 1015 万元。固定资产 530 万元,38 个项目。教育基建 580 万元,计委 2978 万元。更新改造和教育完成得好。去年职工的工资总额 7174 万元,比去年增加 28.85 万元,人均分配 379 元。物价指数 21%,零售指数 18%。

89 年的指标:工农业产值 11135 万元,比去年增长 8.7%。其中,农业

8855 万元,增长 7.52%。工业 2280 万元,增长 13.54%。主要产品:粮食生产 1.85 亿斤,油菜籽 500 万斤,肉类 1680 万斤,奶类 3063 万斤,毛皮 82 万斤,综合商品率 18%。牲畜存栏数 165 万头(只、匹)。农民的人均收入 400元。发电量 310 万度。硼□1000 吨,油菜籽油。公路运输 9000 吨,比 88 年增长 2.27%。基建 2861 万元,不包括教育和农牧,另外 750 万没落实。其中市财政自筹 425 万元,包括各县及部门的自筹资金 757 万元。自治区预算内的投资 1189 万元。银行贷款 490 万元。没有落实的三三五七工程,配套 150 万。老城区的改造,市财政和区城关各筹 150 万元,自来水投资 814万元,去年安排 400 万元,今年再安排 419 万元,自来水配 300 万。东风副食安排 20 万,地毯厂 59 万元,其中贷款 20 万元。物资钢材 1000 吨,木材8000 吨,大段钢材盖 1000 平米。旅游安排 850 万元。商粮外贸零售 2.08亿元。毛皮收购 24 万斤,入口总额 30 万美元。对尼泊尔贸易 150 万元。自筹基建,我们安排 1000 万元,自治区安排 400 万元,今年贷款没有指标。

项目:南院 60 万,党校 35 万,歌舞团 30 万,群艺 15 万,税务局 25 万,公路交通 35 万元,城关区经委 45 万,达孜县政府 45 万元,曲水县职工宿舍25 万,当雄县会议室 18 万元,淀粉厂 10 万元,市财政局微机 60 万元,八一农场吊桥 30 万元,八一农场 15 万元,八一职工宿舍 15 万元。食副品公司15 万元,贷款共 30 万元。市工业批发公司贷款 250 万元。冲赛康自筹 50万,贷款 150 万元。儿童商场自筹 50 万,贷[款]200 万元。墨竹工卡县电院安排 30 万,其中县 10 万元。老城区的改造,自治区拿 800 万元,拉萨市出 300 万。河心岛 25 万元。自治区代付的:三三五七工程 150 万元,老城500 万元,自来水供水 300 万元,北郊水厂 115 万元,自筹资金 1182 万元,共计 3257150 万元。

切块项目:市检察院 45 万元,曲水县武装部 10 万元,墨竹工卡县电院20 万元,市太阳能 15 万元,另外有 30 万元,自治区自筹资金 4000 万,我们拉萨市准备自筹 1182 万元。

1989 年 2 月 16 日

自治区政府召开会议。

毛如柏主持会议,多吉才让讲政府工作意见安排。对上半年工作设想通报一下,并对各单位各部门提出要求。88 年工农总产值比 87 年增 8%,88 年粮食突破 10 亿斤,财政消灭了亏损,财政不稳定,基础脆弱。今年是整顿经济环境、深化改革的关键一年,一手抓经济工作,一手握稳定局势工作,包括思想政治工作,综合治理工作,突出地抓好经济工作。西藏要稳定、要发展,关键的是抓好经济工作,发展生产力。区党委成立两个领导小组,胡锦涛任财改经济工作组组长。热地是稳定局势的领导组长。

第一项,抓农牧业生产这个基础。切实抓好春季农牧业生产,三三五七工程要认真抓好,抓好"一江两河"的治理,同时抓好农牧基地的建设,两个集中使用。一个重要的建设,资金和人才的集中,重点抓科学技术的推广。抓好三靠:一靠政策,二靠科学,三靠投入,也就是群众欢迎的政策。科技主要抓人才。

第二项,治理经济环境,整顿经济秩序工作。一要认真处[理]好在整顿中发现的问题,做到边清理边处理。二是使我区经济工作尽早纳入正常轨道。三是继续研究布置治理整顿工作。

第三项,要认真抓好工业、交通运输业生产,主要是电力、水力、矿产、交通运输和民族手工业的生产,以提高企业经济效益为目的。改革……

第四项,大中型基建项目,特别是能源项目要认真落实,要以能源交通通信为主要目标,还有农牧业的基础建设。拉萨市区危房的改造,自治区拿600万元,贷款200万元,拉萨市和城关再筹一点,突破1000万元。

第五项,进一步加强经济工作的横向经济联系和经济合作,同时开好五省区六方经济协作会议,6月份在拉萨召开。

第六项,抓好教育和科技工作。这两年有进步,但问题不少。中央政治局常委会说,除抓好经济工作外,很重要的[地]抓智力开发、人才培养,即教育工作。政府专题听取了教科委的汇报,同时要认真落实藏语文的教学工作,主要抓教师的培训。

第七项,抓好藏语文的使用工作。从党政机关开始,从教材开始抓好。

第八项,结合党风的教育,抓为政清廉和机关工作作风的建设。四个字:新、早、重、实。体现一个"新"字,着眼一个"早"字,突出一个重点,立足一个实字。所谓"新",上半年工作要有新的切入点、新的面貌、新的作风。不少单位作风较慢,纪律松,不少人对工作得过且过。新的精神面貌、新的工作作风,中央和区党委的精神都要认真进行传达,要用中央指示精神来统一大家的思想,统帅大家的思想,"新"字必须有改革和创新的精神、开拓的精神。着眼一个"早"字。工作早安排,计划早落实,领导早行动,一切工作都要向前看。突出一个"重"字,即抓重点,要实行重点突破。立足一个"实",各项工作要建立在一个实在的基础上,抓住两个环节。一是抓紧上半年工作的领导,经常关注经济工作的动向,按照党委的决定、各自的分工身体力行。二是切实转变作风,充分发挥主动性,实实在在的[地]解决存在的问题。

1989 年 2 月 17 日

上午,拉萨市政府向自治区政府汇报 89 年工作计划和要点。

抓几件实事:1. 老城区改造;2. ……3. 三个篮子问题;4. 林周尼木路的问题;5. 继续完善家庭牧场;6. 继续抓好黄牛的改良,已改良 6000 头;7. 河心岛的规划治理;8. 城市吃水的治理。

几个要求:1. 农田水利拨款,是否增加一点;2. 社会统筹补贴,退休干部越来越多;3. 林周县的搬迁问题,282 万元,到民政部跑;4. 平措电站;5. 城市维护费增加的问题,现在只有 200 万元,账上 5000 多万元,人头费 300 多万;6. 拉萨市财政基数低;7. 手工业扶持资金太少(在工业电力厅);8. 群艺馆的问题。分管教育的副主席图道多吉。

※　　　※

下午,给自治区领导提几点要求。

一、拉萨市是西藏政治经济文化的中心,是整个西藏的窗口,是整个西藏的门面,同时也应成为西藏培养人才的中心,因此要下大力抓好,特别是自治区领导应帮助、指导我们抓好各方面的工作。

二、领导如发现拉萨市工作有这样那样的问题,或者下达了任务,因各种原因没有完成,应及时给我们通口气。我们是在领导身边工作,领导有些问题发现得早,听到得多,看到得准,应及时给我们指导。

三、自治区在抓转变机关作风,加强相关建设的同时,要和拉萨市通口气,联合起来抓。

自治区领导讲意见。

毛如柏副主席:对城市工作,我们还不是很熟悉,对拉萨市工作有几点想法,突出的有几个问题。

一、毫不放松地抓好农牧业生产。1. 全区农牧业产值占工农总产值中的 80%,拉萨市占 82%。全市 3 千万人口,其中农牧人口 22 万。一年一变的农牧业生产,去年农牧业增长不大。自治区下达的生产任务,一定认真落实好,在没特大自然灾害的情况下,生产指标一定要完成。粮食播种任务 53 万亩,任务 1.85 亿斤,羊 1.9 亿斤,牧业生产应走出自己的路子,应成为西藏的样板。2. 三三五七工程必须下大力气做好,资金近 8000 万元,应搞好,工程要 5 年时间。3. 科技力量比较雄厚,把农业的科技利用要搞好,农牧业生产工作很大一部分是科技工作,潜力在依靠科技。4. 乡镇手工业的发展要有突破和发展。

二、如何千方百计的〔地〕发展生产,增加财政的问题,具备很大潜力。

财政增长的步子拉萨市不算大,全区 80—88 年财政增长 10 倍,而拉萨市只增长了 2 倍。城市经济要认真研究。一是大力发展加工业,阿里畜产品去年收入 1400 万元;二是商业的发展;三是旅游业的发展,拉萨市去年收入……四是对外贸易;五是抓好城市的稳收工作,应占 90% 以上才行;六是认真开展经济横向联合工作。西藏发展经济的问题一是资金不足,二是没有人才。

三、城市的建设和管理问题。突出的〔地〕抓:一是把老城区改造好,两年给你 1600 万,市和区再拿出 1000 万,精心规划城区的改造。应解放思想,90 年底老城区要面貌一新;二是继续抓好小区规划;三是加强城市建设的管理,既是重点也要重视管理。

四、保证市场供应问题,特别是副食品的供应。菜的产量太低,保证菜地不受侵害,增加细菜;抓菜的储存问题,群众自我存放;酥油的供应问题,同时要抓好自己酥油的生产;认真抓副食品供应。

五、加强教育和科技工作的领导。一要重视学校的政治思想工作,涉及到培养什么样人的问题,同时也是稳定局势的问题。中小学的德育教育。二是要在智育教育上,拉萨市应走出一条路子来。现在需要一定技术的人才,这也是有效解决待业青年的一条路子。科技工作认真抓一下,科技工作的改革抓一下。科技的星火计划,抓小型科技项目。

建议要针对拉萨市的特点,经济发展的特点,搞点学习研究工作。

热地主席:"两手抓"的问题,一手抓经济生产,另一手抓稳定局势,综合治理问题。"两手抓",拉萨市可倒过来,先抓稳定局势,其次抓好生产的建设工作。拉萨市对教育工作是重视的,有远见的。党委 87 年突出的抓教育,15% 的财政经费拿出来抓教育,我希望拉萨市真正的落实自己提出的任务。基建经费 350 万,基建的三分之一投教育,拉萨市也应拿点钱来支持教育。再一个抓好德育,特别要抓好爱国主义教育,师资队伍的建设问题、待遇问题、稳定教师队伍问题,用藏语文教学问题、八中的问题,市和教科委商定吧。

普穷副主席:一方面缺建设资金,一方面建得乱,主要是 80 年初建得乱,已成了危房,盖的房子没规划。副食品的供应问题,加工问题。拉萨机动节余 2000 万元。要多……加强工商管理,目的是为税收创造环境。加强粮食工作,去年总产 1.85 亿斤,收购完成 2000 万斤。

马里胜副主任:和部门交换一下意见。第二个建议,抓住几个带有普遍性问题。抓成熟的、有效益的问题,抓开发性的问题,一头抓拳头性的项目,另一头抓开发性的项目,搞立体农业、大林业,像三三五七工程。城市建设一是抓规划,二是抓管理,强化管理方面,有哪些问题规定几条制度。再一个就是市场问题,拉萨市有困难提出来,否则责任就是你拉萨市的。形成意见,统一行动,形成决议,提出责任目标。

多吉才让主席:拉萨的位置、拉萨的影响决定着两级党委要抓好拉萨市的工作。拉萨市的综合治理准备汇报一次,拉萨市和其他地方一样又不一样。不一样体现在,要以城市工作推动郊区工作,郊区工作要为城市服务,城市工作又反过来影响郊区工作。促改革和稳定局势的工作,坚持两手抓。财经领导小组不代替市政府市委的工作,市里成立了一个稳定局势综合治理小组。毛如柏讲了五项工作,我都赞成,整理成文字。第一项工作以三三五七项目为重点,抓好农牧区的工作,重点落实到秋季粮食增产上,想得深点,看得远点。拉萨三三五七工程和基地建设、商品基地,再一个副食品和蔬菜基地建设,同时提出了乡镇企业以加工农副产品为主的指导思想。第二项以治理整顿和深化改革为重点,抓好现在企业的整顿,同时抓加工业、旅游产品,抓横向联合。首先是区内联合,区内特别是牛羊肉和地方产品联合。

多吉才让主席:以服务业和一般的加工业为主。第三是旅游外贸工作,主要任务是拉萨,要当作你们的优势,研究怎样加强。开放程度关键是提高管理能力。第四是加强税收征管工作,多拿几个人加入市场管理,稳收关键是加强管理。第五是市场问题,再一个是对食品的供应问题,就是副食品的供应环节问题,解决□办。加强城市管理问题,旧城区的管理问题。改造问题,特别是危房,两年内要基本上得到改造。有布署的〔地〕改造,房子上下水电路齐上,有时我主张搞一点摊派,建筑个人投点资。

旧房子可让他自己投资,房子要研究,你们下决心清理一下。加强公房管理,有些单位有了房子,私房又出租,把多占的房子拿过来。建房要多规格,要有层次地建。落实改革时的款可拿点,加上原来的2600万,差不多有3000万。加强管理要充分发挥基层组织管理的作用,可多少拿点钱,建、管同等重。教育科技工作方面,教育不要铺的太大。

办四件实事。第一件,旧城区的改造,两年基本完成,今年多少,明年多少,建成大家满意的房子。第二件,拉萨市的电力供应如何管理问题。第三件,市场管理和供应,特别是三个篮子。第四件,治理城市的脏乱差问题,增加点经费和清洁工问题。

※　　　　※

闫作溪,男,现年33岁,大专文化,现任西藏自治区计经委办公室副主任。一九七七年参加工作,一九七九年从山东进藏,组织派遣。要求进省计委,山东省计委王主任在全国计划会议期间表示接收。其爱人张凤兰,女,现年 32 岁,初中文化,现在自治区计经委综合处任科员。一九七八年一月参加工作,一九七八至一九八五年在市医药公司任会计,八五年调计委。现档案和调函已发往山东。

1989 年 2 月 23 日

上午,墨竹工卡县。

主要了解瑞典华侨支援办学一事。嘎则村:加羊、依西。该支援是以瑞典西藏文化交流协会的名义出现的。瑞典西藏教育文化协会主席索南雅木杨林。去墨竹工卡县的人员:教科委强巴央金主任,教体委平措主任、石小文、达央、墨竹工卡县王县长。

我们需要办的事:提供地方支援;给予建材照顾。

※　　　　　※

各县搞通讯报道的人员名单:

城关区:樊开发;曲水县:贾永藏;尼木县:彭照辉;当雄县:尼玛;林周县:……墨竹工卡县:仇西明;堆龙德庆县:靳文松、杨文田;达孜县:贺安荣。

※　　　　　※

召开县长座谈会议。

这次会议只有六天的时间,可以说贯彻了三个会议精神,既贯彻了自治区计划财政会议精神,同时也传达了中央对西藏工作的指示及自治区的扩大会议精神,另外我们还传达了自治区农牧会议精神。可以说时间短、任务重、头绪多、要求急。从各县的讨论中也可以看出,你们对今年的任务信心十足,计划是周密的,困难仍是大的,前途是光明的。可以说,各有各的优势,各有各的任务,各有各的计划,各有各的安排,各有各的难处,各有各的打法。希望大家根据这次会议精神,从本县实际情况出发,制定出切实可行的计划,集中力量,打好 89 年的战役。

当前亟待抓的几个问题:

一、根据本县的情况,抓紧时间集中人员,贯彻好这次会议精神。用中央的指示,自治区扩大会议精神,市政府计划安排,统一班子的思想,统一干部的思想,统一群众的认识。会议的形式和内容要从本县实际情况出发,要采取灵活多样的方式,把会议贯彻好。会议要从效果出发,从实际出发,抓主要矛盾,抓牛鼻子。

二、当前应抓的几项工作:(一)思想观念要更新。要树立商品观念,要有经济效益观念,要从供给经济、自然经济、自给自足经济中解脱出来,要从等靠要的思想中解脱出来。要有开拓精神、改革精神、敢担风险的精神,要解决大锅饭、铁椅子的问题。当前主要是解决干多干少一个样的问题,要实现解决干的不吃亏,看的不沾光,乱的要惩罚。让每个人的积极性都能调动起来,每个人的优势都能发挥出来,这就是改革的其中一个目的。(二)想千方设百计提高经济效益,广开门路,增加财政收入。紧紧抓住农牧业生产这个纲,80%的人口是农牧民,80%的收入来自农牧区,这是稳定局势、安定民心的关键,也是我们工作的主要对象。抓水、肥、土的建设,矛盾是水利建设。抓化肥、机械的供应,更重要的是抓科学技术的推广,抓粮种的更新。抓牲畜的更新换代,草场的更新。科技存在的问题:一是队伍不稳,二是现有的科技人员作用发挥不好,三是领导不重视科技人才的作用,科盲太多。(三)转变机关作风,加强机关建设,提高工作效率。领导干部的主要任务是什么? 一是出主意,二是用干部,要调动两个积极性,提高领导艺术水平,不要当辛辛苦苦的官僚。要树立正反两方面的典型,要严格分清干的、看的、算的、捣乱的。要把大家的积极性引导到两个文明建设上来,要首先解决行政干部的大锅饭、铁椅子的问题,对各类干部要有点刺激,要有点吸引。要修改、制定、落实干部岗位责任制,要抓机关建设,要转变作风,要为政清廉。机关建设要有三不怕精神:不怕吃亏、挨骂、失败。要把看惯啦、习惯啦、懒惯啦,转变为……领导抓,抓领导。注意发挥党支部和党员作用。对不健康的活动要抓紧、抓好。既要看到西藏的特殊性,更要看到西藏和全国的共性。(四)百年大计,教育为本,经济发展,人才第一。要解决一财贸、二工交、三公安、四文教的指导思想。要在教育上办几件实事。政治上要关心,生活上要体贴,工作上要支持。亟待解决的问题:加强管理,提高教学质量,稳定教师队伍,解决教员后顾之忧。制定吸引教师的优厚条件,引进人才。抓紧教师队伍的培训,为全面贯彻藏语文授课做好准备。改善办学条件。(五)经济要靠卫生事业做保障。(六)理解、谅解、支持问题。关于下基层帮助群众解决实际问题。机关人少,加上骚乱,没车。拉萨市是在困难之中,大家提的问题:一是要车,二是要钱。我们财力有限,要广开财路。西藏的经济开发项目,一是能源不足,不能搞;二是没人才,不能搞;三是思想不解放,不敢搞。

洛嘎市长:从发言中看出同志们有决心完成今年经济工作的计划,特别是尼木县大干农田水利建设的劲头很足,而且粮食创造了历史最好水平。仁青同志讲了三个方面问题:一是文化建设问题,二是藏语文的使用的问题,三是寺庙管理问题。我讲两个具体的问题:一是同志们提出的具体问题,王、赵市长做了回答。还有几个问题:1. 林周提出招工问题,要想一次性解决困难,不太好办,自治区不给;2. 技术职称问题;3. 墨竹工卡县油菜籽的加工问题,要保证计划完成后再搞加工;4. 林周县的搬迁问题、机构问题。机构改革要报市机改办公室。

二、提几点要求。(一)农牧业经济是我们市的主体经济。今年一是粮食生产任务重,二是畜产品收购任务重,种植结构要认真做好。不然,一种二养三加强都是一句空话,豆类要增加一点,蚕豆、砚豆多种一点,粉条的加工就是短原料。二是畜牧业的生产、畜群结构要调整,我们现有 178 万头牲口,继续增等于牲畜自杀,关键是提高牧畜比例。三要重视农区的畜牧业的生产,生产饲料和维持饲料我们没注意,现在只是维持饲料,牦牛和黄牛的杂交大有文章,是成功的。(二)安排好农牧民的生活问题,特别是问题大的乡镇村工作要细。(三)要求各县成立一下综合治理小组。(四)转变作风,加强机关建设。

三、按高书记、次旺政委意见贯彻这次会议精神问题。

高书记要求:1. 全面认真贯彻这次会议精神;2. 形势教育很好,抓一下;3. 做好西藏民主改革三十周年纪念日的宣传活动工作;4. 注意发挥乡政权的作用,加强基层政权的作用;5. 党史和组织史要抓紧、抓好;6. 关于落实政策问题。

次旺政委要求:关于征兵问题。全区名额 800 人,招解放军 400 人,武警 400 人,在拉萨市 140 人。征兵时间 3—4 月(原来 10、11 月)。文化政治条件要求高啦,民兵有所调整,原来 1010 人,现改为 500 人。

1989 年 2 月 27 日

市卫生局召开全市卫生工作会议。

一、这次会议主要是总结 88 年的工作,布置 89 年任务。参加会议的有自治区卫生厅的领导、部队卫生部门的领导,以及自治区卫生部门的领导,还有市委的高书记、各县区的领导、以及来自第一线基层的领导同志。同志们在过去的一年里做了大量的工作,为全市人民群众的健康做出了贡献,我代表市政府、代表高书记向同志们表示衷心的感谢。88 年,同志们是在艰苦的环境中过来的,是在困难之中过来的。一是环境艰苦,二是资金困难,三是药品奇缺,四是人员少。就这样,同志们工作是扎实的,成绩是大的。特别像墨竹工卡县、达孜县、城关区的工作做出的成绩更大。

二、要充分认识卫生事业在国民经济中的地位和作用。1. 卫生事业是阳光下神圣的职业,是人类发展以来不可缺少的事业,是个国际职业。2. 经济要发展,政治要稳定,离不开卫生事业做保证。3. 卫生工作是精神文明建设的窗口,是衡量一个民族、一个地区、一个国家人员素质好坏的重要条件。4. 卫生工作是开放搞活,引进外资,搞好旅游事业的先决条件。

三、当前搞好我市卫生工作的有利条件和不利因素。有利条件:1. 有卫生厅正确领导和支持,有区卫生部门领导及老大哥单位的帮助。2. 有市委市政府人大的领导。3. 有多年的工作经验和一个比较坚实的基础。4. 有一支能打胜仗、能吃苦的卫生队伍。5. 开放开始出现了好的局面。不利条件:1. 资金奇缺,药品价格上涨;2. 病源多,传染病多,要求条件高;3. 个别单位领导管理水平差,责任心不强;4. 工作还没完全消除大锅饭的问题。

四、提几条希望:1. 集中时间、精力开好会。2. 思想解放,观念要更新,改革要加快。能攻心则反侧自消,从古知兵非好战,不审势即宽严皆误,后来治蜀要深思。3. 要转变作风,深入群众,为解除群众的疾苦而努力,解决等客上门的思想。4. 加强技术队伍的培训。5. 要发扬民主,民主办院,办卫生事业。6. 当一个合格的领导者。

※　　　　　※

下午,教体委张荣扬主任汇报工作。

参加人:高世珍书记;谭元早,第一副主任、书记;白姆,专职副书记,负责政治、人事;阿旺,负责体育;平措,负责3个业务科室。

分工问题:计划政治处、人事科、纪检谭元早一个人管;教研室、督导室张文河一个人管;办公室、职教办、招生办索朗白姆一个人管;张主任分管全面和计财科;平措负责教育科和内地办学。

中央提出89年是教育年,对拉萨市是落实年。职业教育形成体系,成效显著。二中办七个专业。农村教育改革试点,主要是职业学班,由堆龙德庆县和当雄县来办,另外各中学安排职教课时。

平康主任(市人大)给市教体委提了意见:

一、班子团结;二、对藏族干部的培养;三、关于教学质量问题,不如日喀则。工作上的二、三、四、五、六,二是指经费2000万,三是指3000名干部,四是指40000多名学生,五是指500多所学校,六是指每年招生考试6000名学生。今年的正常经费1716万元,比去年增加130万元,改善办学条件,基建300万元。基建303万,其中压达孜、彭波,给八中安排100万左右,这样共340万元。今后各种专款可能给100万元。

几个问题。1. 一中问题。宋珍同志能力强,但用人不当,对人不一视同仁,对宋珍的经济问题要查清,我们好安排工作。有人说我和宋珍关系好。2. 自治区人民政府88年12号文件,中小学校长的任命由地市教体委任命,我们要执行。3. 当前问题多的是二、三中学。二中老师的思想混乱,三中平措书记已打报告不愿干啦,问题不少,实干差。想把七中强巴调三中任校长,此人实干精神好,管理教学好,但脾气不好,固执。七中由旦巴继续抓。三中实行校长负责制,平措调二中任书记做思想工作。4. 师校班子怎么办。姜校长提出任命几个中层干部,想实行校长负责制,怎么办。5. 教体委召开89年度工作会议,3月13—17日。会议内容汇报一天,经费安排一天半,89年工作安排意见。会议的开法:文教局长、市直单位的负责人参加;想把分管的副校长请来,分管的副县长汇报工作。6. 明天上午10点,图道多吉副主席。7. 赵市长召开关于教育上的现场办公会议。

※   ※

市长办公会议。

洛嘎市长:一、关于中小学校长任命,由教体委找组织部负责;二、师校地皮费,以后由办公室专门定。

1989 年 2 月 28 日

自治区图道多吉副主席到市教体委办公。

市教体委张主任汇报:犯罪率30%;教学质量稳步提高;一中留级率8%;初中学生开办爱国主义教育,在二中搞试点。对骚乱的认识,整个拉萨市中学不正确认识、片面认识[的]占30%,同情支持的占2%。经费标准,88年民办小学生每年90元,公办小学245元,初中420元,高中510元。关于藏语文学习的问题:从一小、实验小学开始,保证藏语文教学的同时,开展汉语文的学习,用三个学期达到汉语文小学毕业,为学外语打基础,六年达到初中程度。内地中学招生每年300名,拉萨市能占一半。重点中学开展英语班,重点小学也开展英语班。中学教员中有203个藏族老师。职业教育,二中搞七个专业技术班,挂牌子为拉萨市第一职业高中班。堆龙德庆县和当雄县搞教育改革试点,凡回乡的高中生集中起来学习半年到一年。勤俭办学,当雄县除羊八井外,每个学校都有牧场,学生平均每人1.3只羊。88年勤工俭学的收入100万元,学生平均每人20元。中央要求小学生收入10元,中学生20元。管理体制的改革,采取校长负责制、校长聘任制、经费包干制,从四所学校开始。去年校长负责制已在四中开始,今年准备在一中、三中、一小开始。

当前主要困难和问题:1. 办学条件差;2. 管理人才差,480所学校有60%的管理人员不胜任教学管理;3. 师资队伍仍然存在突出的矛盾,藏族老师少,全面实行藏语文教学需720人,现只有203人,民办学校教师现在50%不胜任,公办学校20%的老师不行。

建议:1. 实行办学指导思想为主的方针,虽然提出来啦,但没办。建议乡小学办成公办,拉萨市有 91 个乡镇,乡小学有 40 所。公办小学教师应占70%才行。2. 普及和提高的问题。应先抓普及,比如当雄县今年要达到40%。3. 藏语文教学体系问题,要采取不同层次的进行师资培训。4. 职业技术培训应引起重视。5. 政府搞点教政实验区。6. "三包"生适当控制,个别需要调整。堆龙德庆县有一户存款十几万元,孩子在三中也享受"三包"。7. 拉萨市有 23 所厂矿小学,4000 名学生。8. 师校问题。203 个藏族教师,胜任的有 60 人,其中 40 人是搞藏语文教学的,其他很少啦。

图道多吉副主席指示:近两年教育事业有发展,和市领导和教体委努力是分不开的。我准备在拉萨市看看学校,明天到城关区听听情况,后天看看城关学校,星期六到堆龙德庆县,半月以后再座谈。

※　　　　※

参加市长办公会议。

办公厅 110 人,已超编 20 人,编制 81 人。打字室 4 人,秘书科 3 人,通讯员 2 人,收发员 3 人。干部 37 人,工人 73 人。

王秘书长意见:财务上增加一个人,建议每个市长配一个秘书。

索秘书长:春季生产;植树造林;落实县长会议精神。

王市长:人员结构要调整,工作关系要理顺,制度已建立,关键是抓落实,自治区有关部门的关系要理顺。

洛嘎市长:我认为我的工作比较辛苦。问题是缺乏领导艺术,没当好班长,再一个是对下边人员迁就过多。过去碰的钉子比较大,也得罪了上级有关领导,工作布置多,检查落实少。我对市财政看不起,其中 60% 是人头费,不如农垦厅,觉得没多少值得管的。我对办公厅的工作过问少,对上级有关部门的协调不够。我的工作不适应,我是搞畜牧业的,而且特别喜欢自己的专业。这一个月我是紧苦恼的,心情不痛快。我们的工作内耗太大,这是主要的。再一个政府办公厅连续出事,这也是我痛苦的,没遇到过这么多丢脸的事。开办公会,就[问]卫生局借水。再一件,就是开计划财政会议。赵市长做了大量的工作,提出了不少事。会头一天,机器没检查,坏啦,停了一个小时,还请了自治区的领导来,丢人啦。最后县长座谈会,给我通知三点,有的说三点三十分,给县里说四点。有的同志斤斤计较,为了达到个人的目的不择手段。

另外,同志提的几个建议:1. 正确处理好三家关系。2. 办公厅的机构问题。3. 缺秘书的问题。现有秘书分好工,物色对象,区级干部的任命还由组织部负责。改善办公条件问题。今后工作不允许犯自由主义,当前社会上有人说政府和人大关系不好。关于加强组织纪律性和责任心问题,今后办公会议事先要有准备。加强人财物的管理,问题多,不能操之过急,工作要稳中求快。市政府的班子是团结的。

1989 年 3 月 1 日

上午,图道多吉副主席在城关区听取汇报。

城关区文教局强巴戈桑局长:城市 6 所学校,农村 11 所学校。公办教师 286 人,民办教师 123 人,代课教师 59 人,临时工 27 人,共计 495 人。495 人中,中专学历教师 450 人,少数民族教师 427 人,其中大专学历 13 人,中专学历 139 人,高中学历 18 人,初中学历以下的 116 人。在校生 7710 人,其中城市 4119 人,农村 2191 人,"三包"生 345 人。农村四、五、六年级实行"三包",农村适龄儿童入学率 81.5%。城关区文教局 77 年成立,当时学生 3000 多名。79 年,摸底考试 60% 的老师不合格,从此开始了教师的培训工作。培训内容涉及行政管理、藏汉语文、数学,共培训 36 期,1650 多人次。85—88 年,4 年中输送合格的毕业生 2795 人。其中,达内地分数线的 1201 人。巴尔库和纳金小学升学率 100%。78—88 年,先后拨款 631.80 万元,地方财政拨了五十多万元。88 年教育经费 200.6 万元,基建经费 90 多万,共 300 万元。11 年修校舍 2 万平方米,修教师退休房 1161 平方米。教龄 20 年、年龄 40 以上的高级教师加 1 级,教师基本上都给安排了,每家平均 120 平米住房,一个院子,修了 250 平米的商店。努力提高教学质量,请内地特级教师来讲课,观看录像。对教师从农村到城市都是统一的。88 年升学率 96.2%。入学时,举行升旗仪式、唱国歌,给老师讲西藏的历史。

存在主要问题:1. 加强教师的责任心;2. 采取校长负责制办法,副校长、教导主任由校长自己任命,采用教师聘任制。落下来的老师,一是培养,二是没前途的改行,三是工资待遇上有差别。搞校办企业、服务行业。校长负责制准备搞两所,吉热小学和第二实验小学。财政权、人事权准备下放,采取资金包干办法。3. 提高民办教师待遇,公办教师月工资最多 180 元。民办教师退休后,准备和老退休干部待遇一样。4. 解决教师食宿难的问题,"三包"政策学校解决生活车的问题。

白毛区长:文教局的干部不能参加教师职称的评定,区财政支援教育经费,86 年拿出 20 万元,87 年 5 万元,88 年 8 万元。

※　　　　※

下午,参加全市卫生工作会议。

卓嘎厅长讲意见:世界卫生组织儿童基金会 3 月 6 日来到拉萨。评价一个单位、一个干部的工作好坏,世界上有四个指标,我们忽视了卫生上的指标。卫生事业的发展,光靠国家支援的财力没有活力,关键是改革,改革的关键是思想更新。解放公费医疗,采取减、免、收的办法。加强医德医风教育,纠正行业的不正之风。

1989 年 3 月 2 日

和图道多吉副主席看城关几所小学。

纳金小学教工 34 人,后勤 10 人。8 个班级,学生 857 人。问题:1. 民办教师共 24 名,一直没有转正机会,平时不让回家,坚持上班。2. 教师学生宿舍太少,几个老师住一个房子。3. 勤工俭学,喂猪、种菜,改善学生生活,学生家长也主动帮助学校种菜。上边每个学生拨款 30 元,每月 5100元。每个教师每月拨 3 元钱的办公费用。

巴尔库小学职工 41 人,在职 32 人,临时工 5 人,职工 5 人。共 14 个班,学生 537 人,其中住校学生 259 人。少先队员 405 人,党员 1 人,团员 23人。公办教师 11 人,其余民办教师,中专学历毕业 5 人(师校毕业),初中学历 3 人,高中学历 2 人。年龄最大的 39 岁,最小的 18 岁。85 年,校长来的,每学期搞一次制度,让大家讨论,学校先拿出意见。3 年升学率 100%。87 年,98 名学生除 11 人外,都达到升学线,早上多学一小时,晚上上课一小时,自习一小时。请假制度:教师旷一堂课扣两天工资,平时提前十分钟到课堂。事假一堂课扣 1.2 元,按工资高低来扣,迟到 1 分钟扣一毛钱。老师有特殊情况学校给予帮助,真有病不扣工资,要给照顾。坚持听课制度和共同审教材。教师要交换课,要经教研组同意。

一年级藏文达 87 分,数学……二年级藏文 90 分,数学 80 分;三年级藏文 87 分,汉文 75 分,数学 75 分;四年级藏文 87 分,汉文 73 分,数学 70 分;五年级藏文 85 分,汉文 70 分,数学 65 分;六年级还没有定。以往毕业班平均95 分。60 分以上超一分奖 1 元钱,不足一分奖 0.8 元;60 分以下少一分扣 1元钱。城关区得第一名,奖 40 元,第二名……如第六名扣 5 元,依次类推。升学率一等奖拿 150 元,二等奖拿 100 元,三等奖拿 85 元。如第七名扣 20 元,第九名扣 80 元。头一年文教局给钱,兑现啦。以后没给兑现。以后文教局未给解决。注意家访,特别是对后进同学的家,要注意家访。门窗和桌凳、玻璃由班主任管理。制定了后勤人员的规章制度,炊事班的规章制度。希望对老师抓培训,现在老师年龄小,没经验。要求配两个医生。内地办班开支大,我们每个学生 30 元。民办老师最高工资 160 元,最低 90 元。巴尔库小学校长土登,年龄 38 岁,小学学历;教导主任尼次,年龄 27 岁,中专学历。

图道多吉副主席:土登校长的责任感强,值得大家学习,为提高教学质量想了很多办法,制定了改革制度,而且有比较显著的提高,升学率达100%,这个经验是否可推广一下。好的推广,不成熟的给予研究,城关区、拉萨市文教局应给予帮助。

※　　※

教体委召开扩大会议,师校汇报工作。

姜校长:教工102人,少数民族53人,占52%。退休教工8人,待退休教工1人。后勤人员12人,临时工……共计124人。校级领导3人,校长姜,书记加相扎西,副校长索朗央金。2个支部,分别是教师支部、后勤支部。专职教员55人,兼课老师11人,计66人。大专学历58人,占87.9%,中专、高中学历8人。高级教师2人,藏汉各1个人。中级教师17人,其中藏族10名。助理讲师30人,有职称的教师49人。党员36人。学生474人,藏族学生384人,占81%;汉族学生90人,占18.98%,全部住校。12个教学班,汉族班3个。伙食费每人每月28元,服装费每人每月3元,零用2元,临时补贴每月1元,肉食补贴10.5元,物价8元,每人每月共计53.5元。

经费:1. 日喀则师范学校367个学生,经费73万元,平均每个学生1989.1元。2. 山南42万正常经费,学生156人,平均2692.31元。3. 昌都师校70.82万元,学生242人,平均2926.45元。4. 那曲经费84万元,学生101人,每人合8316.83元。拉萨市86年正常经费42.3万元,学生279人,平均1521.58元。87年经费414560元,学生278人,平均1491.22元。88年,92万元,学生474人,平均1898.13元。另外给9万多元。

学校占地70亩,另要了30亩地,共计100亩。建筑面积8850个平方米,危房占36.7%。1975年建的师校,81—89年开办5个教师进修班。学校存在问题:1. 有些课程没进行完。2. 缺乏有经验的教师,20年教龄的只有3人,最近分来的老师占70%。3. ……4. 教育经费不足,拉萨市中专4978元[①]。5. 不正之风严重,吸烟喝酒谈恋爱、学生集体闹事。改革的方案:1. 教师全年教学考核,好的奖励,坏的批评。2. 对学生思想工作加强指导。3. 把学生学习管理工作和毕业挂起钩来。4. 准备实行校长负责制,中层干部聘任制,中层干部有7人。不能用的人员:总务副主任宁效果;政治处主任罗少群;79年工农毕业大学生;教务处副主任弭元套;总务处副主任赤列。

---

① 指每位学生年平均的经费。

　　书记:1.西藏大学毕业的理科教师不会用藏文上课。2.风气不正,歪风严重,学生、老师互不尊重,中层不起作用。3.教员的精神状态不好,一说就是钱的问题,不完成授课任务,扣了工资还到处告状。4.自治区纪委去了一次,拉萨市纪委去了四次,最后也没有个态度。

　　张主任:1.班子同志们工作是有事业心的,做了大量的工作。要害问题是要稳定局势,振作精神,把工作干好。2.关于经费问题,对师范学校是从优的指导思想,是支持的,平均每人2300元,加上追加的2400元,整个经费134万元,超1.493万元。国家规定中师每人平均建筑27平方米。

　　在师范学校讲几点意见。

　　一、师校的任务是繁重的,校长书记是有事业心的,而且也是做了大量的工作的,几年来的发展成绩是大的。从目前看,由于多种原因,教职工的思想是不稳定的,困难仍然是大的,工作是艰巨的。

　　二、提出的几个问题,解决的办法和意见。1.教育改革问题,包括奖罚制度等;2.经费问题;3.中层干部的聘任问题。

　　三、加强师校管理,互通情报问题。

※　　　　※

　　自治区党委召开地专级以上干部大会。

　　巴桑:传达中央2号文件,中办发89年2号。中央外事工作领导小组对国际形势的看法和我国的对策,89年2月13日。

　　一、国际形势正在发生转折性的变化,正在转向缓和,战争的因素在减少,世界形势有利于和平经济建设,导致和平紧张的局势并未完全消除。形势的基本特点:1.两极向多极发展,美苏虽在军事上占优势,但经济……日本成为第二经济大国。美苏东西割据的局面正在发生变化,国际关系更加复杂。三大国向……单靠军事手段不能保持大国的地位。西欧1992年建成统一大市场的计划。世界国际经济化,西方经济发达国家正在搞经济结构调整……

　　二、我国的对外政策,继续反霸权主义和独权政治,坚持五项原则,积极开展民间外交。1.继续确立独立外交,坚持五项原则,广交朋友,中美苏大三角关系也有变化。对美保持长期的友好关系,中美在台湾和西藏人权问题的矛盾将长期存在。发展中苏关系时防止一哄而上,防止苏霸权主义。对日本注意青年一代的关系。继续加强与第三世界的关系。重视亚太关系,亚太与我们的安全、经济息息相关,要密切重视亚太的动向。继续保持与北朝鲜的关系,发展南朝鲜关系以民间贸易为主。对越南做长期斗争的准备,对印度要发展友好关系。

　　三、进一步加强经济外交。外交要为我国"四化"建设服务,通过发展经济关系发展我们的外交关系,经济关系的重点是美和西欧、日本,对苏要加强外贸关系,有 138 个国家与我们国家有外交关系。台湾同 28 个国家有"外交"关系,准备开展弹性外交,坚决反对"两个中国"及"一台一中"的提法。

……

五、重视多边外交关系,对裁军斗争要积极。

六、加强对外宣传工作。做好对外宣传工作,几年来我国做了不少工作,取得了显著成绩。对外宣传要以实际出发,灵活多样,在外事上有各行其是的现象。

江村罗布副书记通报反分裂斗争的情况和几点要求。西藏要稳定发展,根本的任务是发展生产,这是中央提出来的,区党委提出了两手抓的方针,中央对处理骚乱工作是肯定的,从总得看西藏形势是:一、反革命反动传单不断发生,有上涨上升的苗头,今年特别突出。二、反动传单由原来的手抄转打印、铅印,多种文字,除阿里外都有发生。三、干部群众职工学生中思想混乱。极少数参与活动,极个别领导态度不明确。

讲几点意见:反分裂斗争是长期的,关系到祖国统一,关系到西藏人民的切身利益。(一)党员干部、职工必须旗帜鲜明的〔地〕站在反分裂第一线,增加我们的战斗力,认真学习中央对西藏指示,用中央指示统一我们的思想,规范我们的行动。对经不起考验的,首先教育,教育不听的要严肃处理。要以自己的实际行动带领群众站在反分裂的第一线,严肃党纪政纪,要关心群众的疾苦,增加党在群众中的威信。(二)要齐抓共管,综合治理。这既是政治问题,又是社会治安问题。党政各机关,谁主管谁负责,充分发挥各方面力量,紧紧依靠各族人民,紧紧依靠我们培养起来的干部,加强对付反标案件和特务的活动。今后凡哪个单位挂出雪旗、贴了反标,及时报告,及时处理。会后,各部门要迅速召开党员会议,通报当前形势,对党员提出要求,注意发挥党支部战斗堡垒和党员的先锋作用。(三)切实加强民族宗教和统战部门作用,对打着宗教搞分裂的活动,要有高度警惕。要深入持久的开展爱国主义教育,在社会主义初级阶段,民族问题是人民内部矛盾,在西藏已成为不安定的因素,讲马克思主义的民族观和实行两个一起抓的方针。(四)要支持、配合、理解公安武警的工作。充分认识公安武警在反分裂、维护社会治安工作中的作用,同时从严治警,教育公安武警要珍惜自己的荣誉。

胡锦涛书记讲话:刚才,巴桑传达了中共中央办公厅转发的中央外事对国际形势的看法和我们的对策的意见,这对我们正确认识国际形势有可靠的依据,这对我们全民开展反分裂斗争有了可靠的保证,特别是我们党的高级干部要认真思考和对待,要增强改革开放的紧迫感。同时,认真开展反分裂斗争,做好稳定局势工作。江村罗布讲的我完全同意,最近我走访了几个单位,听取了汇报,我再补充几点。

一、要牢牢掌握开展反分裂斗争和稳定局势的工作。当前反分裂斗争仍然是非常严重的,这就要求我们牢固树立两手抓的思想准备,对经济部门、业务部门、自身部门要做好教育,干部群众队伍是稳定的,再闹也没什么了不起。各部门都要树立两手抓的思想。要稳定局势,关键是稳定思想,这就要求我们把党中央的指示传达学习好。靠党中央指导精神,搞我们的政策,靠我们旗帜鲜明的态度,对党员干部群众要原原本本地传达,而且要把主要精神传达到群众、大中专学生、寺庙之中。真正做到用党中央精神来规范我们的行动,在继续抓反分裂斗争中,中央有一系列精神。首先一点,要深刻认识到反分裂斗争的性质是一场严肃的政治斗争,是关系到祖国统一,关系到民族利益的大问题。任何无动于衷、麻木不仁的态度都是不对的。在大是大非面前要态度明朗,同情支持参与更是不对的。二要深刻认识反分裂斗争的长期性。由于种种原因,西藏分裂和反分裂斗争由来已久,国内外的分子决不会轻易放弃他们的观点,即使经济发展啦,人民群众生活大提高啦,少数分子也不会善罢甘休,因此必须有长期斗争的准备,不能急躁。三要深刻认识反分裂斗争的复杂性。复杂性是由特殊性决定的,西藏分裂和反分裂斗争往往和民族宗教搅在一起,反动分子利用节日把寺庙的人推到第一线。大多数群众出于民族感情、宗教感情,在大是大非上搞不清楚,被少数人利用。宗教、民族和分裂完全是两个根本不同的内容,既要毫不手软地打击少数分裂分子和打击不□□的分子,又要争取少数上当受骗的群众。既要狠打击又要注意政策,用中央指示作为反分裂斗争的武器。

二、坚持综合治理的方针。稳定局势要抓综合治理,稳定局势是社会系统工程,坚持综合治理方针,采取五管齐下的方法,充分发挥党组织党员的作用,团结民族宗教和上层爱国人士,光靠公安不行,把思想教育、纪律、法律、经济手段都利用起来。首先发挥党组织的作用。只要党组织坚强有力,身为党员,旗帜鲜明,就不会发生大问题。越是艰苦的环境,越要注意发挥党组织、党员的作用、力量,回去先要召开党员大会,原原本本地传达,我们相信一大部分党员干部、职工会站在斗争第一线,至于极个别的、经不起考验、屡教不改的,坚决清除出党。其次,要紧紧依靠广大人民群众。我们的力量在群众之中,我们反分裂斗争符合人民群众的利益,广大人民群众希望祖国统一,希望……分裂骚乱不得人心,这就是我们的力量所在。少数人搞分裂骚乱不得人心,因此要牢牢树立群众的观点,充分发挥他们的作用。另外,应看到群众中有这样或那样的困难,我们牢固树立为人民服务的宗旨,坚持为人民群众多办好事,对于有不正确认识的人,只要注意他就可以。

三、坚定不移地团结民族宗教上层爱国人士。他们长期和党共事,他们在群众中有影响,要依靠他们做工作。充分发挥统一战线这一法宝,同时,要求他们做好工作。反复重申党的信仰和民族宗教政策,决不允许打着宗教旗帜搞分裂活动。

四、必须更好地发挥部队公安干警和武警部队的作用。驻藏部队、武警是稳定局势的重要力量,事情没发生以前尽量做好准备工作。充分认识公安干警和武警在稳定局势中的作用,相信公安干警和武警部队会从严治警。

1989 年 3 月 3 日

和图道多吉副主席听取堆龙德庆县教育工作汇报①。

人口共计 3 万人。耕地 96233 亩,其中 9.1 万亩种粮食,主粮青稞冬麦。天然草场 39 万亩。牲畜总头数 15.929 万头(只、匹)。大小车 634 台,其中汽车 92 部。55 型铁牛 210 台,手扶拖拉机 320 台。马车 850 辆,大小电站 42 座,1605 千瓦。

教育基本情况:各类学校 49 所,其中中学一所。公办完全小学 7 所,民办小学 41 所,在校学生 3947 人,中学在校生 299 人,公办完小在校生 1864 人,民办小学在校生 1964 人。全县 12 岁以下的适龄儿童 3384 人(7—12岁),在校适龄儿童有 2944 人。适[龄]儿童入学率 87%,全县共有教师 251 人,其中国家正式教师 87 人,代课教师 34 人,民办教师 130 人。251 名教师分布情况:中学 29 名,公办学校教师 136 名,民办学校教师 86 人,中学每班配教员 4 人。公办完全小学 3 名,民办小学 1 名。全县从事教育服务职工32 名,其中干部 10 人,工人 6 人,临时工 16 人。全县公办学校占地 16.69万平方米,其中基建面积 2.0907 万平方米,菜地 545.49 亩,平均年收入1.1—1.5 万元。各公办学校养猪 21 头。

为办学采取的主要措施:一、切实转变指导思想。1. 认识到教育的重要性;2. 切实加强领导。85 年前入学率 60%,以后下降到 30%(83 年),全市下降到 25%。常委会搬到分区开,专门研究教育问题。88 年在做好充分准备的情况下召开了教育工作会议,实行"三包"政策学校 7 所,学生 758人,经费 27.24 万元。去年地方财力支持教育 7 万元。87—88 年共投资

---

① 日记中没有署名日期,按照逻辑推算,大约在此时间段内。

120万元,88年增到135.07万元的经费,占全县财政预算的36%。二、不断改善办学条件。三、深化教育体制改革,教育要条块结合。四、大力开展尊师爱教活动,稳定教师队伍,县中学一级教师5名,二级……小学高级教师一名,一级教师20名,二级教师37名,三级教师3名。民办教师原来最高月工资70元,最低60元。现在最高130元,最低100元。五、积极培训教师队伍,不断提高教师素质。公办教师送拉萨师校培训(包括送内地32名),民办教师集中假期培训。为高级学校输送毕业生900多人。本县中学毕业生为本县服务的干部120人,往内地输送学生110名。农牧业高中毕业生都给予了安排,三年安排34名。

　　89年的打算:继续抓基础教育,中学搞年级责任制,全县开展教育,包括基础扫盲和职业教育。县中学开办一期职教班,从社会上招收的,学习内容是农牧技术推广,24人,计划学习3个月。县中学搞教学楼和实验楼,1100多平方米。县小学搞一个教学楼560平方米。

　　县长:春耕是生产重点,第一抓水利设施配套,第二抓种子,第三抓肥料,第四抓农牧科技推广。调动三个积极性。国家拿点,财政拿51万元,调动群众的积极性。采取群众拿点,群众筹集了14万元,种子问题主要是质量差,量不足。88年比87年产量增加122万斤。全县12个乡,有5个乡受了霜灾。豌豆种子解决了8万斤,青稞种子内部调。亩用农家肥,每亩要求达120筐,现达到96筐。全县农牧科技人员7人,妇女多。农牧科所来为职业班讲课每天17元。化肥已进750吨。农药一点也没进。油分啦,但石油站没有油。堆龙河、拉萨河治理任务严重,光河堤用了45万元啦。今年农牧生产已安排啦,但种子太差。现在还需返销粮15万斤。88年给社会提供粮595万斤,实际入库375万斤,市下达任务450万斤,实际完成375万斤。交售任务超过2000斤的有2户,超1000斤的有4户,超500斤的共计4户,每超500斤给一袋化肥。人均收入432元。

　　县共有寺庙24个,喇嘛、尼姑300多名,不超400名。干部严重缺编,几年的干部,乡级干部工资105元,一般干部90元,不愿干,工资低。孩子上学困难,要调拉萨。汉族干部孩子上学困难,也有想法。70多名汉族干部,有7个孩子不是一个班,撤区并乡工作没有理顺好。干部素质差,好的调走啦,写材料的人也没有啦。原来是6个区,现变成12个乡,油车都解决不了。

　　八措局长:公办学校德庆、马柳小学建得比较好,差的是中学和县小学。

　　图道多吉副主席:主要了解堆龙德庆县的教育情况,今年春耕生产也听一下,教育发展是快的,你们发展更快点,教育资金占财政总支出的36%。

（一）头等任务是贯彻三届七次会议精神和中央的指示，集中起来是两手抓，当前主要稳定局势，首先把中央文件传达到党员。（二）经济建设当前主要是春耕生产。春耕生产好不好直接影响到今年的收成，拉萨市应给予支持，农药、化肥、种子等，科技推广要很好地抓一下，靠"娘子军"不行。（三）教育问题。你们是中央表彰的教育先进县，是全区唯一的一个，你们不要丢掉荣誉，要千方百计的巩固荣誉。86—88 年的工作成果，主要是县委政府领导重视教育的结果，两年县里拿出了 12 万元支持教育，随着县财政的增长，应给予帮助更多一点。西藏的财政主要靠中央的补贴，对教育发展不要过于乐观，光靠教育上的一点经费是不足的，维持不了。老师的问题，尊师重教搞得比较好，发展教育一是资金，二是教师队伍。加强数学教学的工作，改变数学教学质量差的问题，藏族学生不爱动脑子，干部也是这样一个问题，藏语文的使用、学习、发展是当前大问题。要全面实行藏语文主要还得靠教育。再一个，基础教育、职业技术教育、扫盲教育，三教抓好。主要力量应放到小学教育上，资金分配上是不是把小学教育放在首位，用在基础教育上的经费少啦。扫盲教育、职业技术教育，西藏的职业技术教育刚开始，真正考上大学的还是少数，大多数还是回农村劳动。小学三年级、五年级、初高中毕业后抓职业技术教育也可以，教育要为经济建设服务，实际上我们抓得很不够。希望在保持荣誉的基础上加把劲，有更多更新的创造。

该县情况：一快、二好、三高、四多。二好：一是领导重视，抓得好，二是队伍精神状态好。

1989 年 3 月 8 日

下午，参加卫生局会议。

魏局长：如何录用编外人员的会议，在自治区召开的，有四家联合下文。条件：35 岁以下，个别放到 45 岁，聘用 45 岁以上。没有中专学历的，工龄15 年以上的可以考虑。委托地市卫生局组织考试，统一出题，统一时间，不存在试用期的问题。指标：中央给 988 人，全区实际报 1096 人。其中，中央下达的 988 人中有干部 798 人，工人 197 人，中央给的指标占现有人数91.65%。给拉萨市 156 人，其中干部 123 人，工人 33 人（合同制）。实际拉萨市有 184 人，还差 28 人。

要求：

一、各地市成立领导小组。孔繁森、旦巴部长（组织部）、劳动局、魏局长、财政局、公安局、粮食局、职改局。

二、成立办公室。主任魏局长，副主任文科长，主抓卫生科干事。

三、分配指标的原则。给了 84.78%,同时准备召开八县区的"三长"会议。13 日报到,14 日开会,时间一天。

四、退休保险、待业保险问题。主要指导思想,合同制工人,拉萨市 33 人。

1989 年 3 月 10 日

市长办公会议。

陈大信副市长汇报。

一、南木湖捕鱼问题。1. 渔网问题。2. 请捕鱼队问题;3. 小规模鱼粉生产;4. 加工鱼肉松、鱼干片的问题。研究问题,鱼皮制革问题,大规模鱼粉、鱼内脏加工、鱼油之类的东西,高原湖藻类的养殖问题。目的是培养自己的捕鱼队伍。县捕鱼队给他承包,每月捕鱼 300—350 吨,给每月工资 350—400 元。

二、重点抓 12 个项目。1. 利用废纸再造纸问题;2. 木材的边角料加工纸浆问题;3. 野生动物豆料问题;4. 真丝哈达和混纺哈达问题;5. 太阳灶问题,玻璃钢问题;6. 地毯生产人员的聘请问题;7. 彭波农场半细毛草的加工利用问题;8. 石膏制品、陶器制品生产问题;9. 脱粒机生产问题;10. 木器厂生产高档家具问题;11. 豆制品的生产问题;12. 制药加工机器工艺和内地联营问题。

三、调研考察。1. 沙胶;2. 骨胶生产问题;3. 牲口羊肠线和晚梅生产;4. 电动割草机、打包机;5. 电动打酥油机;6. 家用扬场机;7. 硼砂盐化生产;8. 矿产品的加工问题;9. 炒熟青稞的设备;10. 西郊石膏生产联营问题。

有关项目进藏待遇问题。1. 捕鱼问题;2. ……3. 美术设计人员,地毯、玉石。提供路费,高原补贴 150—200 元,工作成果,住宿。4. 承包联营项目的技术人员,提供住宿条件。5. 协助调查人员来的待遇,路费。6. 一年以上进藏援藏干部(双方定人),按援[藏]干部的待遇来定(试用三个月)。

杭州经济考察成员:陈市长、土登(经研究)、罗桑扎西(城关)、阴永亭(科委学电子计算的)、达古(经委副科长)、朱观根、刘丝顺、向东,参加 8 人,为拉萨市党政代表团访杭州做准备。经费各单位自付。录像带、小礼品 2000 元。路线:从拉萨到上海、杭州,然后分两路,一路舟山、无锡、南京。时间一个月之内。

洛嘎市长:8 人的杭考团,抓几项经济工作,想法很好。人员问题,陈市长再考虑一下,出去的人员要选择好。请进来人员要考察好,技术、身体及精神状态,突出一个稳准,然后才能狠狠地抓,抓出成效来。项目以小为主,南[木]湖搞好还可面向全区。有资源有市场,突出短、平、快,最后落实一下效益。小的项目,加工后可分散扩大到家庭。具体问题:1. 技术援助捕鱼,先定 3 年。2. 待遇问题。把待遇和经济效益挂起钩来,不能搞铁饭碗。从事这项工作的技术人员,收入和效益挂钩,培养人才和奖金挂勾〔钩〕来,要慎重稳进,稳中求快,出去的人任务要明确,写出考察报告。礼品问题,陈市长考虑 1500—2000 元,不能太大手大脚,礼品控制在 1500 元以内,回收废纸搞小的造纸厂,搞 2—3 个即可。到拉萨市回访,安排到 9 月份。

陈:关于经济体制改革问题。

※   ※

研究政府党组的问题。

原来党组几名副市长都有啦,增加新来的两名,索秘书长、拉萨新华分社群桑。

1989 年 3 月 14 日

下午,卫生人员编外招收录用问题会议。

一、应感谢各级党组织对我们卫生事业的关心。这是自治区领导、卫生厅领导、拉萨市共同努力的结果,同时也是工作需要的结果。二、这项工作一是要快,二是要细,三是要准,四是要明。三、这次录用的文件、条件以及本县工作的打算要向县委、县政府领导汇报,统一领导的认识。四、通过这次干部职工的录用,对卫生战线上的医护人员进行一次热爱党、热爱祖国的教育。

※   ※

自治区体委领导:主任达瓦;副主任胡宝、贡布、姬加(女);体工队长土登;登山处长郎杰;体委副主任卓玛。

1989 年 3 月 17 日

关于建立老年体育协会问题。

一、抓好老年人体育工作是一项十分重要的工作,这是党对老年人的关心。全国 80 岁以上的老人 800 万。(一)这也是两个文明建设的需要,老年人应受到社会的尊重。为了祖国的繁荣昌盛,他们立下了汗马功劳。为了他们的健康长寿,我们应积极为老同志办点实事。老同志的今天就是我们的明天。(二)老年人体育活动开展起来,不光有利于老年人的身体健康,而且能激发老同志的积极性,利用他们的晚年发挥他们的余热,有助于两个文明建设的发展。(三)能促进经济的开发利用,能引进项目的开发和横向联合的开展。老有所养,老有所靠,老有所为,老有所伴。

二、成立有权威的老年体协,并设立专门的办公室,以便开展工作。(一)要有权威的领导参加。(二)要有专门的、热心这项工作的同志担任办公室工作。要有资金,要有场地。

三、要搞好老年活动的规划,要从西藏的实际情况出发,要到内地学习取经。

注意几个问题:一、向自治区党委和领导汇报。二、在位的德高望重的来担任领导。三、到内地学习一下,取一下经,再办也可以。

1989 年 3 月 18 日

下午,自治区体工会闭幕。

参加人员:自治区副书记丹增,自治区副主席吉普·平措次登。

体委主任格桑达瓦讲意见,如何贯彻好这次会议精神,要从本地实际情况出发,力所能及地办好业余体校,办好老年体育协会。

自治区党委副书记丹增讲话:一、这次会议的评价问题。西藏宏观意识比较弱,微观意识比较强。不能光想着增加机构,增加人员,加大经费。大家说这次会议定的战略决策是切实可行的,是符合西藏实际情况的,是有战略意义的。二、会议大家提的意见。机构不全,资金少,人员不健全,等于领导不重视。三、补充几点意见。(一)战略计划要实现,要引起各级领导的重视,加上同志们的努力,要认识到体育是精神文明建设的一个重要组成部分。如果光说金银牌,就引不起各级领导的重视,只有归结到精神文明建设上来,才能当成大事来抓。最近中央领导同志多次讲了两个文明一起抓,特别是精神文明建设讲得很多。如果光说奖牌,党委就会说这是政府的事情。今天宣传、财政都来啦。(二)重点加强学校体育。这个有条件、有组织、有基础,一定要加强基础的工作。近几年学校体育建设薄弱,要认真抓起来。有德无才可能要办坏事,但有才无德办不了事。如果有德有才身体不好,也办不了事。因此,德、才、体都得具备才行。回去怎么办? 两个字,落实。

吉普副主席:会议开始,我给大家提出了要求,大家进行了热烈的讨论,提出了很多意见。丹增书记讲的、达瓦讲的我都同意。会是全区性的、大家集体讨论战略问题,大家充分讨论了体育工作的战略任务。这次大家总结了多年的经验,提出了今年的规划,虽没拿到钱和物,但大家的宏观意识增强啦。这次会议讨论的问题,还要和左邻右舍协商,然后报自治区政府批准,回去后要给领导汇报,先抓工作,不要等自治区的文件决定应先抓什么,先做什么。整个会议期间,大家提了不少的建议,感谢大家。

宣传部长:会议开得很成功,我看了材料后,给我一个突出的印象,充满了开拓精神,希望保持好的势头。一个好的企业,必须有一个好的目标方向,一步步地进行实现。体育和文艺一样,立足西藏,最主要是把学校体育搞上去,激发面向全国、为我区争光、振奋民族的精神,另外走向世界。同时,要善于宣传自己,要将体育的位置和作用展现在社会面前,保持发展前进的势头。

1989 年 3 月 20 日

上午,听取北京周正教授讲登山探险有关报告。

根据世界登山探险的大好形势,发展我们的登山探险工作。我讲的题目是《团结起来,为迎接西藏喜马拉雅山黄金时代的到来而共同奋斗》。从 1950 年的 6 月 3 日—1964 年 5 月 2 日,叫喜马拉雅山的黄金时代。在 50 年前,从来没有一个人登上 8000 米以上的任何一个高峰。1922 年、1924 年,王马洛里、索马维尔、诸顿、拉□,从喜马拉雅山北边登山到 3800 米处。欧文登上过 8670 米处,一去不返啦。霍恩拜茵。(原文如此)1950 年 6 月 3 日,拉什耐尔、埃尔左格,都是法国人。沙莫尼①是登山发源地。1986 年 6 月,登山,欧洲蒙石啦山 8407 米。希望西藏成立世界登山训练基地。安纳普尔那登上世界第十高峰,8091 米。中国 9 位登山运动员,登上 8012 米的希下邦马峰②,美国说此山是第 13 高峰,8046 米,64 年 5 月 2 号登上的。世界上 7000 米以上的高峰,都在亚洲,而又集中在喜马拉雅山周围,喜马拉雅长度 2400 公里,世界上海拔 8000 米以上的有 14 座山峰。1950 年 6 月 3 日—64 年 5 月 2 日,全部人登上了 8848.13 米珠穆朗玛峰。干城章嘉③峰 8598 米,第三高峰不开放。欧洲高峰 4807 米,东部欧洲高峰 5633 米,叫厄尔布鲁土。日本最高的富士山,3776 米。第四座高峰是洛子峰④,8511 米,半中半尼。第五座高峰是马卡鲁峰,8481 米,第六峰是乔乌雅⑤,8201 米。85 年,西藏登山

---

① 霞慕尼。

② 希下邦马峰,在世界 14 座 8000 米级高峰中排名第 14 位,也是唯一一座完全在中国境内的 8000 米级高峰。

③ 干城章嘉峰位于喜马拉雅山脉中段尼泊尔和印度边界处,被称作“五座巨大的白雪宝藏”。

④ 洛子峰,英文名 Lhotse,为世界第四高峰,地处珠穆朗玛峰以南 3 公里处,其东侧在中国西藏自治区境内,西侧属尼泊尔王国。

⑤ 卓奥友峰同样是隶属于喜马拉雅山脉的另一座最高峰,它距离珠穆朗玛峰约 30 公里的距离,海拔高度达到了 8201 米,它的北部位于西藏境内,南部位于尼泊尔。

队登上去啦。5月1日,不用氧登上。登顶同时不用氧气,称之劲旅。第七峰是达拉极利①,8172米,是难登的山,已死72人,被称为魔鬼峰。美洲最高峰阿空加瓜②,马金力③是美洲第二峰,马金力6193米,日本的山田升死啦,此人想登8000米的14座,已登了七座啦。很早前登山属和尚喇嘛,高山属于神话和魔鬼的殿堂,原来叫法。乞力马扎罗峰5895米,非洲高峰,是由火山形成的。第八高峰马纳斯鲁〔卢〕,8156〔米〕,位于尼伯〔泊〕尔境内。第九高峰南格〔迦〕帕尔巴特,8125米。52年到今,此山已死100多人啦。第十高山8091米④。第十一高峰迦雪布鲁姆⑤,8068米。第十二高峰布若阿特⑥8047米。珠峰有14条路。全世界公布的7000米以上的高峰317座。Peak,山峰英文名字。6000米以上的山峰618座,有三分之一在中国境内。70多座7000米以上的,我们只开放了22座。

　　我会英语、日语、法语。1964年到目前是白银时代。原来说8000米以上是生物禁区、死亡地带。苏联最高峰7495米。1960年中国登上珠穆朗玛峰,无氧登山3个人,刘连满没上去。同志们给他留下的18块糖和氧气,但刘没用,并写了遗书。75年上去的9名运动员中有潘多⑦。日本登山的刊物有6种。登山可培养爱国主义感情和激发对祖国大好河山的热爱。中国是三山六水一分田,苏联和德国发生过占领山峰的战争,就是苏联调用了登山运动员打败了德国。科学的需要,所以有托尔峰的调研,托尔峰7435米,位于中苏边境上。1949年,苏联说这是苏联的第三高峰。苏联1956年登上此峰啦。56年出版的地图上叫胜利峰,79年苏联发声明五名运动员登上3714米的列宁峰,苏联承认了托峰是我们的啦。西藏登山活动开展的同时,开放旅游纪念品商店。珠穆朗玛峰是地球第三极。

　　如何做友好工作,以诚待人。四川贡嘎山,7556米,1932年9月美国哈佛四个大学生专门登此山,当时的政治形势是日本占领东三省。四个美国

---

①　道拉吉里峰同样是属于喜马拉雅山脉,海拔达到了8167米,位于尼泊尔境内,1960年首次被探险队征服登顶。

②　阿空加瓜山,地处阿根廷门多萨省西北端,临近智利边界,海拔6962米,是亚洲之外最高的山峰,为西、南半球最高峰。

③　麦金利峰。

④　安那布尔纳峰,海拔高度8091米,属于喜马拉雅山脉,在尼泊尔境内。

⑤　加舒尔布鲁木I峰(Gasherbrum I)位于中国和巴控克什米尔边境的喀喇昆仑山脉,距离乔戈里峰约21千米,海拔8,080米,是世界第十一高峰。"加舒尔布鲁木"在当地中意为"美丽的山"。

⑥　布洛阿特峰(Faichan Kangri;Broad Peak)位于中国和巴控克什米尔边境的喀喇昆仑山脉,距离乔戈里峰约8公里,海拔8,047米,是世界第十二高峰。

⑦　潘多(1939—2014年),世界首位从北坡登顶珠穆朗玛峰的中国著名女登山家。

学生是友好的,是反对日本侵中行径的。中国登山队员 57 年登了此山,说人类第一次登上的贡山,说人家搞特务活动。现在有 2 人活着,一个叫英瑞,84 岁,活着;另一个杨帝泽,86 岁,美海军烈士,写了一本书叫《人在云雾中》。

突破季节禁区,好时节是 4—6 月,有 6 周。秋季 9 月份为最佳时间。夏帮峰的气候和风力:1976 年美国测定风速 96 米/秒,温度 56℃。珠穆朗玛峰有十四条路线上山,第一条是北边路线,从尼泊尔出发,温孔布冰洲出发,南边出发,西山脊路线,呼音巴音路线。意大利 8 月 20 日梅斯那儿的路线。75 年 5 月 27 日,中国登山运动员登上了珠峰。

大洋洲最高峰库古峰 3762 米,非洲乞力马扎罗峰 5895 米,阿穷加爪 6960 米(美洲)。开展高山滑雪、高山滑翔项目、高山滑船,还可开展科学考察站,可考察人体变化,考察动植物,考察气象的变化。西藏和新疆的分界线是昆仑山,木孜塔格山 6973 米(原说 7723 米),有西藏的一半,属西新共同的山。藏北的木孜塔山有野驴 6000 头,野牦牛 4000 头,昆仑山的周围野生动物比较多。

外国人为什么要登山? 一是这与经济的发展是分不开的,二是精神上的一个追求,三是商业性的登山为了做广告。6000 米以上的山要搞清,要把名字的来历搞清楚。把神话故事编起来,积累资料培养人才。解决问题:一是收费标准要改变,二是技术登山。三大北壁①:玛大霍壁② 4478 米,埃格尔③ 3970[米],古三焦拉斯④ 4184 米。1974 年开展攀岩比赛。

※   ※

西藏基本情况:面积 122 万平方公里,人口 207 万人,其中藏族 198 万人。7000 米以上的山峰 74 座,8000 米以上的山峰 14 座,其中 9 座属中国。西藏地图 833 张,2399 元。希下邦马峰,纯属中国。西藏国际级登山运动员是临时工,西藏登山队至今没宿舍。

---

① 三大北壁是阿尔卑斯山上三座山峰的三条北壁登山路线,也是 UIAA 国际化认定的三条难度很高的攀登路线。

② 马特洪峰(Matterhorn),海拔 4478 米,位于瑞士与意大利边境,北壁垂直高度为 1200 米(从 3260 至 4478 米),平均坡度为 55—60 度,中间夹杂冰雪坡。

③ 艾格峰(Eiger),海拔 3970 米,北壁垂直高度为 1800 米(从 2100 至 3970 米),平均坡度为 70 度。

④ 大乔拉斯峰(Grandes Jorasses),4208 米,北壁的垂直高度为 1200 米(从 3000 至 4200 米),平均坡度为 70—80 度。

1989 年 3 月 22 日

上午,卫生局会议。

北京卫生部孙教授检查计划免疫工作。88 年卫生经费共计 626 万元,其中 143 万用于防疫。

1989 年 3 月 24 日

下午,西藏儿童计划免疫实现 85% 的工作总结。

参加会议的有吉普主席、中国卫生部孙教授。

孙教授:第一次实现了计划免疫 85% 的任务,卡介疫苗 91.94%,希望你们继续做出贡献。什么叫计划免疫? 按科学规定的办法,对四种药品进行接种。1945 年联合国成立,实现儿童计划免疫,第一个全部通过。拉萨在旧社会有一次因天花死去 700 人,当时西藏只有 7 万人。

1989 年 3 月 25 日

今夜风雪寒,情怀反觉暖。

思乡随月走,众托记心间。

不负党教诲,我志献高原。

新诗如有翼,飞至东昌边①。

※　　　※

站在世界屋脊,寄语浮云晚霞。

纵然是天涯海角,我们永远是一家。

※　　　※

你捧给我的是太阳,我回敬你的是月亮。

评说我们相处日月,只有两个字,理解相知。

※　　　※

虽然我们远离万水千山,两颗心儿一线牵。

回想起三十年的里程,充满了艰辛和坎坷。

三十年充满了酸甜苦辣咸,青年中年到老年。

悲也是喜,苦亦是甜。

※　　　※

拉萨市教体委系统教职工"祖国颂"演讲比赛。

---

① 此诗没有署名具体日期,按照后一则日期放于此。

1989 年 3 月 28 日

3 月 28 日正式开会①。28 日开幕,29 日大会发言,30 日教育经费等有关问题的报告。30 日下午总结,市委、教科委领导讲话。

会议任务:学习"中七"指示,总结交流全区第三次教育工作会议以来的工作,进一步布置 89 年的教育工作,研究探讨拉萨市教育的规律特点,及需要解决的问题。

张主任:正常经费 1716 万元,教科委下达的还有 300 多万元的基建经费(正常经费 1480 万)。西藏学生 4.3 万人,全国小学生 1.25 亿人。拉萨市小学生 3.5 万人,占总人口 10%,入学率达到 80%。

※ ※

自治区教科委扩大会议。

一、当前任务是贯彻第二次援藏教育会精神,要坚持办学方针,要结合实际贯彻,最主要的是职业教育,抓得不够,速度慢。

二、抓好职业技能教育。一定要积极发展职业教育,职业教育是西藏教育的真正潜力,今年职业教育要走一大步。

三、藏语文教学问题。贯彻自治区的意见,不能怀疑啦。近年实际藏语文教育问题不少。今年下半年办四个点:山南、日喀则、拉萨、拉中。拉萨市办到堆龙德庆中学,下半年开始藏语文教学。

四、教育经费问题。用在学生身上的经费多啦,社会、家长应负担一点才行,要与助学金、奖学金结合才行。

五、教学问题。学校中心工作,现在不少学校混乱。

六、教改问题。不能一个模式来改,应多种模式。

七、我和教科委的关系。

八、加强教育的自身建设。

※ ※

中央党校副校长高狄同志在 1988 年 11 月 24 日上海市党校处级以上干部会议上透露,邓小平同志最近讲,科学技术是第一生产力,知识分子应该从"老九"提到第一的位置上。邓小平会见穆塞韦尼时谈十年改革,最大的失误是教育发展不够。

教育四大问题:办学经费、教师待遇、教师地位、师资问题,再加一个办

---

① 应该在 3 月 25—28 日之间的事情,根据前后文落实,应该是西藏自治区教科委扩大会议的预备会。

学方向和教育质量问题。

1989 年 3 月 29 日

上午,自治区政府多吉才让、龚达西副主席在拉萨市召开会议。

多吉才让副主席:最近两年拉萨市的蔬菜发展是快的,"三办"了解了统计,菜地有 7000 亩。86、87、88 年三年国家投资 850 万元,今年农委又安排了 50 万元,共 900 万元。拉萨市政府这两年做了大量的工作,为解决吃菜难的问题,做了大量工作,生产单位也尽了各自的努力。起作用的有七一农场、八一农场、城关、部队、地热,多数单位尽了自己的努力,也做了贡献。地热已建 17000 平方米,温室的钢化玻璃。最近也卖了点菜,但至今连自己职工的吃菜也解决不了。目前生产的蔬菜数量少,菜的价格贵,供求矛盾突出,要想办法解决。

希望要求:首先要提高认识,对蔬菜生产应引起高度重视。目前最敏感的关系到千家万户的就是菜、肉、油三个篮子,今天就谈菜篮子的问题。菜的供给解决了,就稳定了一大半,既关系到群众吃菜问题,又关系到生产生活经济问题,又关系到安定团结问题,不仅是经济问题,也是政治问题,蔬菜供应关系到全局大问题。菜、油、酥油解决了,市场供应就解决了一大半。酥油还不敢说大话,拉萨市抓菜不是小题大做,要提高认识,引起高度重视。哪个单位蔬菜搞得好,职工就满意稳定。目前少数分子打砸抢,我们抓市场供应是对的,是大局。抓市[场]供应,菜供应量上不去就等于市场供应没有抓住。我给地热讲啦,你不干就把温室收回,你要服从拉萨市的领导。我给七一农场也讲啦,你光卖给二道贩子,你吃的是事业大锅饭。如果供应不了蔬菜,就是企业的问题,占着这么大的地,养着这么多职工,不提供商品。部队搞好不易,地热 17000 平米的温室,国家投资 300 多万,什么时候去也没菜,蔬菜摊点 500 多个,菜价上涨 10%。我们上市的菜每天 1.4 万斤,陆地运来 2.3 万斤,包括空运 3 个点,地运的 5 个点。目前价格相当高,可能还有上涨的趋势。

二、要采取有力的措施,认真抓好蔬菜生产。要解决市场供应的问题,首先是抓生产。凡内地种的菜,在温室我们都能种。第一,要两手抓,一手抓菜,有菜地的都抓起来,哪个单位有菜地、温室,不提供菜[的]收回来,把菜地承包给别人收回,收回春耕。党委政府的菜地种得最不好,收回来其他人就老实啦。西郊大站占这么多地,自己不用也不让别人种。第二,一抓蔬菜基地的建设,抓骨干力量,这是重点。拉萨市能指挥得动,能调得动,要起推动示范作用,发挥田机的作用。拉萨市种菜要有计划,要有比例。现在失调,目前这个季节种大路菜。搞蔬菜生产要有投资,要有计划要有收入。第三,要支持,要搞好服务。贷款贴息要分别的〔地〕搞,要培养自己的种子,基地建设物资部门必须按计划供应,审批权还在拉萨市掌管。第四,城市菜地建设要有计划,菜地建设搞好后不要乱动,但也不要在城里,最好远点。

三、确实改善菜地流通环节,使生产销售配套。生产销售一条龙,全国各大城市都有蔬菜公司,唯独拉萨没有,不是按内地的模式来办,经营蔬菜要有营业执照。八一、七一农场你的菜不能光给二道贩子,你那样就没良心啦。国家投资的,消费者、国家都得不到利,让给了二道贩子,不对头。如果这样,我收回菜地。加强市场管理,一是价格管理,二是卫生管理。要有限价才行,西藏的山东白菜 1.5 元一斤,太贵啦。原来一斤牛羊肉才多少钱,大路菜要季节限价,搞个市场管理组织。

龚达西:我同意多吉才让同志讲的,我讲点机关生产蔬菜的问题。机关国家投资不少,机关建了不少温室,但如今回到市场抢购蔬菜的不少。同志们把才让同志讲的很好的〔地〕研究一下,不然又到市场上去抢购菜。原来能发动干部搞义务劳动,今天就不行啦? 一杯茶一张报坐半天的单位干部不少。晚几天带着电视台的同志到你单位检查,好的表扬,差的点你的名,半月后再检查。第二,最近一段时间,戒严后工作应走向正常,不能再马马虎虎。第三,拉萨市的工作,为了加强菜的工作,拉萨市要支持蔬菜办的工作。市里召开这次会议要很好的研究一下,市里应很好地重视一下,原来组长是王市长,现在又降格啦。

※　　　　※

曲水贾瑞:建议请市委市政府召开各县区主要负责人会议,研究教育工作,让其汇报教育工作。

曲水办几件事:1. 辞退不合格教师。2. 解决学生的烧柴问题。

※　　　　※

拉萨市教育战线教职工数。

总数 2820 人,其中正式教职工数 1632 人,正式少数民族教师 773 人。总数中民办代课教师 756 人,公办代课教师 438 人。学生总数 40710 人。其中,初中生 5153 人,高中生 1717 人,小学生 12395 人。各县公办学校小学生数 8433 人,民办学校小学生数 14729 人。经费 2000 万元,干部 3000名,学生 42000 多名。学校 500 多所,每年参考学生 6000 名。

张荣扬讲意见:89 年工作要坚持十抓:1. 抓劳动技术教育。2. 抓改革试点。3. 抓思想政治教育和爱国主义教育。4. 抓教改、教研及评估督导工作。5. 抓合格学校的建设。6. 抓师资队伍和班子建设。7. 抓财政管理和校舍的建设。8. 抓勤工俭学工作。9. 抓经济效益和宏观控制的问题。10. 抓检查落实和表彰工作。

※　　　　※

拉萨的教育：一快（发展快），二高（教学质量、入学率巩固率高），三好（教师学生精神状[态]好，校舍校貌好），四多（重视教育的多，支持教育的多，群众主动送孩子上学的多，教育战线出现好人、好事多）。

称职合格的教育领导干部具备条件：一、首先要热爱教育事业，有献身教育事业的雄心壮志。二、在宏观控制上要明白，要有远见，在微观上要清楚。要有切实可行的计划，并按计划办事。也就是说，在坚持四项基本原则的前提下，对教育事业要有远见，要有开拓精神、实干精神。三、业务能力要强，知识面要广。四、要学会对人的管理使用，胸怀要宽广，要光明磊落，要严于律己，宽以待人，在人员的使用管理上应有爱才之心、用才之能，知人善任。在人的管理使用上，要坚持三原则：一是实事求是，使教职员工达到双向理解。二是一体化全方位，使人的教育管理、使用紧密结合起来。三是开放民主，增加透明度，让教职员工参政议政、参教议教，充分行使民主权利，也就是说紧紧抓住教职工这个最活跃的生产力，充分发挥人的潜能。五是要从西藏实际情况出发，利用科学的工作方法，驾驭全局的工作能力，来领导发展开拓西藏的教育。从实际情况出发，注意这么四个环节：一是制定规划时，不照搬内地的一套，县与县、学校与学校之间，不搞一刀切。二是继承传统时取其精华。三是借鉴内地和国外的，为我所用，创造自己的，刻意求新。四是在调动教师积极性上，思想教育、经济手段和行政手段相辅相成，同步运行。

1989 年 3 月 30 日

教育会议总结。

教科委副主任强巴央宗：教育是大的系列性的工程，教育不是独家经营。一是德育工作，第三季度召开德育工作会议；二是职业教育。

※　　　　※

3 月 2 日、3 月 5 日前夕，图道多吉副主席视察了市的教育工作，看了学校，谈了几点看法，其中一个是职业教育问题。坚决维护贯彻二援会①的精神，要创造性的[地]执行，比如藏语文教学问题、职业教育没得到应有的发展。办学要与经济发展、与效益结合起来。

---

① 1987 年 9 月，国务院第二次援藏工作会议在北京召开。

※   ※

市长办公会议。

一、建行汇报工作。自治区贯彻全国建行工作会议精神,请示几个问题:1. 原来没经过建行下达的分散的项目管起来,自筹部分先存入银行,需要存 8 万元以上,存够再发证。2. 各单位的基建,必须把图纸送建行,工程概算给我们银行按招标办法审查。3. 89 年的建设基建资金应存入银行,通知有关部门放到银行监督执行。4. 拉萨市有八户施工企业拖欠工程款 800 多万元。5. 市政府表过态,房改我们参与,是不是也要把资金存入建行。6. 与建行有关的会议,让我们参加一下。

二、农牧局汇报当前工作。1. 当前农牧业生产争取到各项投资 400 万元,比去年多争取到 160 万元,包括药 78 吨,共 41 箱。拉萨市准备调进共计 5108. 5 吨化肥,比去年多 1000 多吨。气象变化:拉萨市 5—6 月雨量小,7、8、9 月三个月份正常。今年领导重视农牧生产,加大了生产的投入,化肥平均每亩 20—30 斤,有机化肥的投入也比较多,亩产 1500—2000 斤,资金投入也比较大。机耕机播也比较多,处理种子认真,冬作物管理比较认真。丰产方抓得比较好,已落实 7. 3 万亩。冬播作物原定 12 万亩,已落实到 9. 95 万亩。春播 46. 3 万亩,包括已播 3 万亩油菜,共计 56. 3 万亩。化肥共计使用 5343 吨,全市每亩 23. 6 斤,去年 15 斤,前年 8 斤。平整土地共计 6000 多亩。种子处理 12 万亩。机耕棉 26 万亩,去年 18 万亩。化学灭草 16 万亩。精选种子 814 万斤。培训农业技术员 927 人次。2. 牧业主要是抗灾灭灾问题。当雄灾后自治区给 10 万元。尼木县马江下雨 50 多公厘[1],群众口粮造成缺口大。丰产方 80 多万元也利用好。油料不足,机械用油。第三部分群众缺口粮和种子,城关蔡公堂、纳金两乡 75 户 2000 人缺粮,种子也缺。墨竹工卡县缺粮。还有 15 户的群众缺口粮。水利投资三个丁字坝缺 140 多万元。3. 林业可能完不成,县里还干着。存在问题:需搞消毒房 5 万元,自治区给了一台检疫车需 3 万元。

几点意见:1. 农田建设,要高质量把资金用好,用到恰当处。2. 化肥要合理施肥,要对肥质进行检验。3. 关于群众缺粮问题,要认真对待,要查清。4. 数字统计要准确。5. 要深入到基层检查帮助工作,特别在抓住丰产方面要下大力气。6. 林业工作要评比,要检查,要奖励。

三、教体委谭书记汇报。一是社会力量办学的问题;二是关于督导室的建立问题。

---

[1] 可能是毫米。

四、民政局汇报。关于成立残疾人员基金会的问题。

王市长:同意 6 月份召开。

1989 年 3 月 31 日

参加第四次全区民政会议。

多吉才让:基层建设,救灾、抗灾啦,都是你们的工作,特别是扶贫工作应很好地抓一下。第一层意思,有一部分群众长期处于贫困状态,各级财政给点钱啦,光靠这个扶贫,也不是根本的办法。一方面先把前几年工作总结一下,每个县总结一下,民政部门做好大量的工作。第二层意思,从区到县,都把款集中一下,防止撒胡椒面,集中突出解决一个大的困难,工作细点,行动快点,效果好点,突击重点解决一下子就是啦,当然是十分贫困的地方。第三层意思,扶贫以扶植生产为重点,扶植上以思想上、精神上、物质上、钱款上相结合,以上指的是把群众发动起来,互相帮助。第四层意思是有偿无偿相结合,无偿是否逐步转向贴息,拿出无偿作为贴息行不行,胆子要大一点。第五层意思是资金、物资的扶植,以技术为主,把科技和管理与物资扶植相结合,希望大力开拓思路,解决思想。第六层意思是搞扶贫,要因地、因户、因人制定,来发挥他们的优势,扬长避短。扶贫不是民政部门一家的事,是全党的事,是政府的一项重要工作,希望地县两级财政都要做好这方面的工作,把各方面来的资金集中起来,捆起来使用。有一条要带回去,各级党组织把支持民政工作带回去,再一个无论如何重视,扶贫工作要为主。

自治区副主席龚达希同志讲话。

1989 年 4 月 1 日

和赵市长及市直有关单位研究学校布局。

1. 东关建设一个小学;2. 夺底路小学;3. 团结小区小学;4. 沿河西路小学;5. 藏热小学;6. 八中地皮和西郊水库地皮;7. 一中南墙界线;8. 二中的道路和中间房屋;9. 一小同藏医院地皮。一小 15000 平方米,校舍基础建设面积 7900 平方米,学生 2000 人。

※　　　　※

人大对教育事业的讨论发言。

阿旺主任:责成有关部门解决,人大支持你们的工作。拉萨市教育工作有了很大发展,师资力量加强啦。存在问题:1. 部分学校的教师政治思想、道德品质差,只顾眼前利益,向钱看。德育、爱国主义教育更差,比如一中教师叫学生偷木料,叫学生销售他的商品,师校教师把床拆掉板子。2. 个别学校领导班子不得力,如师校和一中。师校领导多主观武断,对下压卡。做人做工作还是要内行积极,但不注意中层干部工作,书记不安心,不懂教育。一中宋珍有不少问题……3. 法制观念淡薄,要开展法制教育,没抓义务法、教育法,应有强制措施才行。4. 教育经费的使用问题,有没有使用不当的,我们人大应监督,使用不当有反映。5. 学校管理混乱的问题普遍存在。三中管理比较差,卫生差,里外都差,不像学校,学生纪律差。二中参加骚乱的有 9 人(共 18 人),一中也有,四中较好。6. 各中学藏族学生的比例问题。一中藏族班学生,今年高考不考民族卷的问题。(边巴反映)43 名学生,高三六班没考民族卷。没上藏文课,但平时学啦,应用藏文卷。从现在开始可加班给他们上藏文课。四中谈恋爱的多。一中实行工资总额包干后,搞优组合,搞校长负责制,让教师自己找单位,经费包干出现了小金库,财务上也不知道。医费包干不合理。

教育改革问题应听取社会各阶层的意见,考虑怎样多培养藏族人才而做出决定。支持教育,要引起各级领导的重视,要帮助解决实际问题,不能光停留在口头上。人大多做些实际的帮助,比如民办代课教师就业问题、二中院中住户搬迁问题。

平康主任:三中不像样子,太脏,教育经费多,不知干什么用啦。学校教员有的不称职。

纪委副书记普泽仁:一是看法,二是建议。1. 对教职工加强职业道德的教育,是不是有经商的、打麻将的;2. 解决代课教师的就业问题,人大可下个文件,代课教师待遇低;3. 搞校服,家长可出一点钱;4. 对教员加强职业道德的教育;5. 加强勤工俭学问题;6. 加强体育工作的领导;7. 政治课加强向先进人物的学习;8. 加强学校的伙食管理;9. 团组织建设,先进教师到内地学习很好。

平康:加强学生历史教育,讲西藏的来历,光说文成公主不行。

1989 年 4 月 5 日

给个别干部"画像"。

什么样的酒也喝不醉,什么样的舞也能跳,什么样的麻将也能打,什么样的工作也不会。

※　　　※

陈永亭,墨竹工卡县综合仓库、油库副主任,72 年 12 月入伍,山东省成武县人。家庭情况:父亲退休,母亲半身失去知觉。家属 87 年随军,在墨竹工卡县无工作,身体不好,住在娘家,生活无法自理。根据家庭状况,要求转业。

※ ※

昆明市总人口 350 万人,工农生产总值 77 万元,财政收入 15 亿元。成都市人口 900 万,面积 1.2 万平方公里,工业总产值 100 亿元,今年 220 亿元(工农),财政收入 17 个亿。拉萨市人口 13 万人,全市(八县区)33 万人,工农业总产值 1 亿元,财政 3000 万元。重庆市人口 1400 万人,财政收入 20 个亿,上交 10 个亿,留 10 个亿,和西藏一样。

※ ※

拉萨市几个方面的基本情况。

教育:(一)2300 万元的教育资金;(二)3000 名教职工;(三)40000 名学生;(四)500 所中小学;(五)6000 名学生参加考试。

西藏的资源:390 万亩森林,500 处地热点,73 种矿产。7000 米以上的山峰有 14 座,8000 米以上的有 9 座。水的资源更为丰实。

西藏拉萨搞项目的优势:交通方便,资源丰实。气候干燥,阳光充沛。

1989 年 4 月 6 日

关于加快重视藏文的使用和发展问题。

为了加速西藏两个文明建设,为了加快农牧区扫盲工作,应加速重视藏文的使用和发展。首先,要统一各级领导的认识,特别要提高上层领导人的认识。第二,制定切实可行的措施办法,重视藏文的使用、学习、研究。一是干部提拔晋级职称。二是选择藏文好的到机关。三是开办藏文学习班。第三,从领导机关抓起,从学校抓起。

※ ※

4 月 6 日下午,给政府提的意见。

平康主任:上次人大会有的政府人员没批准,主要是票数不够。人大行使职权是对的还是不对的,政府应给人大答复。政府机构就缺他吗? 就缺到这个地步吗? 政府要考虑人大的处境,今后要互相配合,人大行使职权,要支持。

拉巴主任:关于立法问题,两届政府都不重视,比如土地法,赵市长今天划这个地皮,明天划那个地皮,要成立立法办公室或法治办公室,要有专门人去管。

1989 年 4 月 10 日

晚上,研究藏文班开班问题。

参加人:赵继援、人大秘书长、任副秘书长、罗珠科长。

需研究的问题:1. 领导小组要成立;2. 规章制度;3. 学习时间;4. 教员的报酬。

现报名人数 47 名,政府 8 名、组织部 14 名、工青妇① 7 名、市委办公厅 4 名、纪检 4 名、人大 8 名、政协 1 名、编译 1 名。

1989 年 4 月 11 日

上午,卫生局。

一、当雄县为了解决资金不足的问题,群众集资,每人 4.5 元,乡村医生原来工资每月 30 元,现在增加到 90 元。二、林周县医院搬迁问题,林周县拿 60 万元,市卫生局拿 30 万元才能解决,坚珍县长不同意。三、编外人员,林周报了一个 85 人的县统计,编外 36 个,给彭波医院 18 个,给林周县 65 个名额,他们共 80 个。林周县 80 个,报给市卫生局 65 个,其中 67 个扩长工。彭波县医院报 36 个。

※　　　　※

拉萨市人口增长率 13.79‰,总增长率 26‰,全国增长率 16‰。

1989 年 4 月 13 日

上午,参加林周县松盘乡群众会议。

参加会议 14000 人,全县人口 44916 人。19 个乡 1 个区。这个乡有五个方面好:一是土杂肥每亩 1500 斤;二是化肥增加;三是种子处理得好;四是机耕面积大;五……

※　　　　※

郭兰旦巴:书记

坚战:副书记、县长

解诚善:副书记

格桑次仁:常委、副县长

才旦朗杰:副县长

詹星文:副县长

达娃次仁:副县长

才旺写布:常委、武装部政委。

---

① 指工会、团委、妇联。

1989 年 4 月 14 日

郭兰旦巴书记:1. 是不是指派一个文教局长。2. 关于整顿问题,3 月 10 日整顿的,在此,校长负责制当前不好办。

县长:1. 吃财政资金 800 多人,还有 195 名扩长工。2. 关于"三包"问题,按政策来,应享受的享受。乡小学政治上应归乡政府管理。3. 关于学校定编问题,同意。4. 县教育局问题。两个副局长不动,没会计。成立中学工作组:解书记、嘎桑兹仁(副县长)、兹旺南木杰(人大副主任)、普穷(小次仁)、罗桑罗布(校长)、罗卜屯珠(市教体委)。

※　　　※

关于医院问题,市里给县搬迁经费,县里上报 290 万元。公检法的编制,县已报告市政府啦,抓紧定下来,在北部搞个公安分局。

关于林周编外人员招收问题,原报 80 个,市卫生局给 65 个。彭波医院报 36 个,其中 2 个超龄,解决 18 个指标。还有 18 个,在乡村当医生(扩长工)。上南部扩长工 31 个,还有 4 个回家的。北部编外人员 13 个,给 65 个指标。80 个编外人员中,超龄 3 个,80 人中彭波剩 16 个。

※　　　※

教育的主要问题:一是师资问题;二是办学条件问题;三是领导、社会重视问题。师资的问题,主要是教师的地位、待遇。教师要教书育人,为人师表。

1989 年 4 月 15 日

关于卫生突击月联合行动问题。

城建局:1. 卫生专业人员增加 100 人,雪嘎林场给我们 80 人,现在工资没有解决;2. 环卫的卫生收入费不上交,留下来专搞城市的环境卫生、消毒用,给城市环卫下达任务 5 万元;3. 买个推土机问题;4. 八廓街有 12 个厕所;5. 城关区环卫局(卫生局代理),现在不供给汽油。要尽快批准城关区的环卫局,确定下领导班子;6. 城关大队归谁管,至今没有明确。现在属于市政府管,我们城关局又管不着;7. 城市管理委员会和爱卫会各行其是。

1989 年 4 月 16 日

4 月 16 日下午,参加市委中心学习领导小组学习。

17 日上午曲加书记会传达文件。

一、认真学习三个文件和中央四中全会的公报中领导的讲话。

二、通过学习消除顾虑、增强信心、统一思想、统一认识,坚定的〔地〕贯彻中央的指示。

三、坚守工作岗位,积极努力工作,完成自己的工作任务,以实际行动,来贯彻中央的指示。

四、认真贯彻党纪国法,办几件看得见、摸[得]着的事情。

五、在学习贯彻区党委的会议精神[时],要注意发扬支部和党员的作用,特别注意发挥领导干部的表率作用。

六、整个学习贯彻工作中,一切着眼于加强团结,一切着眼于稳定形势、稳定大局。

※　　　※

几个数字:1988 年,工农业总产值 10243 万元,其中农业总产值 8235 万元、工业总产值 12008 万元、民族手工业总产值 1056 万元。牲畜存栏 178 万头。农牧民人均收入 379 元。旅游业总收入 787.6 万元。财政收入达 2568 万元,其中工商税收 2090 万元。全市社会商品零售额 27327 万元。①

洛嘎市长:

(一)制约经济发展的因素。1. 人员素质差,政治和业务素质差;2. 干部定编不定人,不安心;3. 城市欠账大;4. 改革不配套,能源物资无法保证;5. 理顺关系不好办,政出多头;6. 干扰大;7. 城市中心建设没纳入计划重点。

(二)文件的修改。1. 经济工作矿业生产要突出出来。2. 待业青年问题,去年到今年上半年解决 1200 人,共有 1556 名待业青年。每年 500—800 人走向社会,30%的待业。3. 绿肥复种。4. 半山育林 105 万亩,短期绿肥。现有猪 3200 多头。三三五七工程多提点,投资大,这是第一个联合国投资项目,是试点工程,又是生态农业,7000 多万美元。5. 交通运输数字要和 86 年有个比较。原来是亏损的企业,现在的变化是什么。

1989 年 4 月 17 日

4 月 17 日,拉萨市四大领导班子会议。

主要通报中央及自治区领导最近指示。洛嘎市长传达 3 月 27 日中央领导接见西藏的全国人大会议、政协会议代表讲话。接见时间:3 月 17 日下午 2 点 30 分开始(2 点 30 分—7 点),乔石、田纪云……乔石指示:你们与

① 此数据原日记如此。

党同舟共济、肝胆相照。班[禅]大师不幸①……包括藏族在内的全国人民都很悲痛。班大师是伟大的爱国主义者、社会活动家。中央不断关心西藏建设,对西藏政策决不会改变,以后有什么重要事情,再和大家商量。

邓小平说,除去藏独残余和达赖,什么都可以谈。最大的问题就是稳定形势,3·5事件后,中央认为西藏戒严是完全正确的。

※　　※

多吉才让在4月16日地市委书记会议上讲话。

一、深刻认识当前反分裂斗争的严峻性。不安全因素日益增多,向基层和农牧区蔓延。1. 反动传单越来越多。2. 寺庙的少数喇嘛带头跳出来。3. 谣言多。当前的反分裂的形势十分严峻。有的领导干部认识不足,个别领导态度不明朗。

二、稳定局势是当前西藏工作的头等大事。邓小平指出,中国压倒一切的工作是稳定形势。不安全因素已蔓延到昌都、那曲,而且西藏藏民手中的枪支多,一旦有风吹草动,危险很大。

稳定形势要开展综合治理,突出抓以下工作:

第一,加强对干部的思想教育。

第二,加强对寺庙的管理,不管不行,管而不严也不行。把寺庙的权力掌握在爱国、遵纪守法的僧人手里。

第三,加强对学生的教育工作。绝大多数由学校教育,要平等开导和引导工作,加强爱国主义、理想主义、法制工作的教育。

第四,支持加强公安武警的工作。理解支持他们,对部队公安武警工作的缺点,要从爱护关心角度提出来帮助他们,不能评头论足。

第五,注意发挥爱国人士的特殊作用。

第六,加强边境管理工作,发挥党组织战斗堡垒作用,加强党的领导。

提四点要求:一是要把贯彻这次会议精神和反分裂斗争、稳定形势结合起来,对参加的党员坚决清除出党。二是党政军要协调好关系,统一指挥。三是各级领导班子必须起表率作用,带头统一认识,带头参加反分裂斗争,对反分裂斗争不利的领导班子要限期解决。四是各地市要坚持一手抓经济工作,一手抓稳定形势工作。

曲加书记:自治区要求考校班子,我们怎么办,对工作要充分落实,同时,要实际的[地]分析我们存在的问题。

※　　　※

---

① 此处是指1989年1月29日十世班禅额尔德尼去世。

　　在藏历年春节即将到来之际,我们在阳光明媚的拉萨传来了阵阵春晓之声,那动人的歌声,就像春天的脚步声,激励我们奋发向上,那一阵阵雷鸣般的掌声,是对同学们精彩演出的最好评论。我代表市政府向在座的同学们、同志们表示最热烈的祝贺。

　　为了祖国的兴旺发达,为了西藏的繁荣昌盛,为了迎接春天的到来,尽情的〔地〕演出,唱出我们的心声,唱出我们美好的祝愿。愿通过更多的这样的机会,诞生更多的民族歌唱家。最后,预祝同志们、同学们节日幸福,身体健康,扎西德勒。

　　　　　　　※　　　　　※

　　一个民族光依赖过去,不求发展不行。同样,抛弃过去,企求发展也不行,只要炎黄子孙齐心自信,任何先进的物质财富都可以创造出来。

　　　　　　　※　　　　　※

莫干山上的风雨
刘大白
朝朝暮暮,尽是风风雨雨。挟着些云云雾雾,向高山喷喷吐吐①。

　　　　　　　※　　　　　※

　　西藏拉萨经济工作的难点:一是缺乏人才,二是缺乏能源,三是缺乏先进的设备。

1989 年 4 月 22 日

　　师校青年团活动日。

　　一、说明来意。1. 共青团 70 周年纪念日前夕,和同学们见见面,目的是统一一下对形势的认识,对学校工作如何加强的认识;2. 师校这几年的成绩和存在的问题;3. 和同志们交个朋友。

　　二、教育战线几年来取得的成绩和存在的问题。

　　三、西藏三十年来取得的成绩和存在问题。同心协力,共谋良策,共渡难关。

　　1. 当前全国人民思想。全国人民思政治稳定,思经济稳定,思物价稳定,思社会稳定,对十年"文化大革命"的痛苦,已不愿再审视,对十一届三中全会以来的生活水平提高感到既满足,也不满足。西藏人民三十年来的

----

　　① 全诗如下:朝朝暮暮,尽是风风雨雨,挟着些云云雾雾,向高山喷喷吐吐。花翻草覆,藤飞树舞;不管淋漓零乱,癫狂得不由自主。记得满山楼阁,参差无数;怎朝也白茫茫一片无寻处,怎暮也黑漫漫一片无寻处? 亏它近处几星灯火,云雾也难遮住;到晚来依稀透露,约略是邻家三五。

变化,修公路21600公里,学生16万名。人均占有粮食近700斤,人均分配380元。三十年前,拉萨市面积3平方公里,3万人,今日面积已发展为34平方公里,13万人。三十年风雨,三十年坎坎坷坷,三十年巨大变化,三十年辉煌历程。记录了广大翻身农奴的奋斗,通过奋斗从而改变了自己的人生地位。

2. 在庆祝胜利的同时,更要看到存在问题。我国将遇到政治上、经济上的危机。经济上的人口危机,2000年人口将达到13亿人,人口老龄化,农村人口10亿人,农业失业人口3万人,90年60岁以上老人可能突破1亿人。资源危机、环境危机、粮食危机、科技人才危机。政治上,思想信仰危机、党的组织纪律危机、道德文明危机、思想教育危机。

3. 青年心理虚脱和精神贫血。一是传统观念的崩溃,在部分人中产生失落感,可称之为心理虚脱现象,二是由于个人精神的单薄性,而产生的空乏感,可称之为精神贫血。因而,出现五热四冷。五热:迪厅、台球、麻将、唱歌、经商热。四冷:学习、工作、政治、集体冷。

4. 出现这些问题的原因。马克思主义基础薄弱,没有牢固地树立人生观,缺乏奋斗目标;知识面太窄,缺乏唯物论、辩证法;社会风气不正造成的,党风不正造成的,有些领导人不廉洁,以权谋私,党在青年中的威望不高造成的。经济体制改革的同时,政治体制不配套。

四、对3·5事件的看法。1. 西藏是中国不可分割的一部分。自古以来就有爱国主义传统,鸦片战争以来,帝国主义入侵西藏,妄图把西藏从祖国版图上分出去,遭到西藏各族人民的抗击和反对,在对付外来侵略者的面前,西藏各族人民表现出巨大的爱国主义热情和强烈的向心力,出现了可歌可泣的英雄人物。2. 西藏"独立"的前景。他们的理由:可以让西藏变成"西德、瑞士那样富强文明和轻松……"独立后谁来统治?噶厦政府?嘎厦目前情况。靠西方国家的帮助? 3. 西藏永远不能独立。西藏人民不答应,中国各族人民不答应,中国共产党不答应。4. 青年人要多动脑筋,要善于思考。青年人的特点:热情、敢想敢干、爱冲动。历史的教训值得注意。

五、几条希望。1. 加强组织纪律性,稳定局势。2. 为西藏的两个文明建设努力拼搏,刻苦学习。明确学习的目的,西藏的资源开发和经济建设。为当一名合格的教师而努力奋斗,少年易老学难成。不辜负党和人民的希望,为明天、为祖国、为自己学习。3. 支持、理解、谅解、友谊,尊重学校领导教职员工的工作和劳动。4. 要树立自强、自奋、自尊、自爱、自治精神,防骄、防绕、防轻卑。5. 要培养、发扬艰苦奋斗的精神。

※　　　　　※

咬定青山不放松,立根原在破岩中。

千磨万击还坚劲,任尔东西南北风。

千锤万凿出深山,烈火焚烧若等闲。

粉身碎骨浑不怕,要留清白在人间。

天赐颜回一锭金,外财不发穷命人。

家贫命穷志不短,不可因财昧良心。

1989 年 4 月 24 日

参加全区检察工作会议。

出席会议 83 人,今天参加会议 200 人。

自治区检察厅长罗桑次仁传达中检工作会精神。12 月 20—24 日召开,认真贯彻党的十三届会议精神。

多吉才让主席讲话:既要贯彻中检会议精神,又要布置全局的任务,自治区政府对如何开好这次会专门进行了研究,统一认识,明确任务,坚定信心,取得胜利。重视加强行政检察工作,以廉政检察为重点。三项任务,检察机关是重点,党、政机关是重点。党政机关重点……廉政建设是反分裂斗争、稳定局势的需要。抓三件事,一是实事求是地分析我们检察工作中存在的问题,包括领导干部、领导机关及管财务的部门。强化制度建设,两公开一监督,公开办事制度。件件有交待,事事有回声,特别对署名举报者要给以保护和保密。两个坚定不移,开放搞活和保证廉洁清正不移。二是加强检察队伍的自身检察。组织、队伍、思想三项建设要抓好。任务重、情况特殊的县,也可建立检察机构,检察人员配备要少而精。努力提高干部的素质是加强检察机关的大事。领导的不正之风,难下决心,难查,查不好,难看。三是加强对检察工作的领导,支持检察部门开展工作,让检察部门参加政府的有关会议,使他们敢于碰硬、敢于查案、敢于结案。检察机构主要是机构人员配备,办公条件住房问题。

胡锦涛书记讲话:重复补充三点意见。(一)充分认识新形势下加强检察工作的任务。我国已进入改革开放的关键时刻,并取得了巨大的胜利,西藏也不例外,大量的事实可以说明。另一方面,应看出在大好形势下出现了一些问题,物价上涨,还有不可避免的问题,有一些还相当严重,怎么办? 一种意见是退回去,回到老路上去,这显然不符合广大群众的愿望,退到 80 年以前时代去,不符合广大群众的愿望。另外一种思潮,全面照搬西方的一套,在资本主义中找药方,既不符合国情,也不符合人民的利益,以上两种都行不通。唯一正确的就是坚定不移地贯彻党的十一届三中全会以来的政策,继续搞好开放,搞活经济,大力发展生产力,另一方面,加强思想政治工作,加强法制和各项规章制度建设,把改革开放搞活,推向前进。党提出了清理整顿、开放搞活的方针,这都与行政检察工作有密切的关系。(二)继续贯彻边组建边工作的方针。要建一支廉洁奉公、公道正派的队伍,让有能力、熟悉业务的同志参加这一项工作。从另一方面不照搬照套内地的经验,提出一个以反贪反盗窃为主的腐败斗争,抓住群众反映大、影响大、危害大的腐败现象,一抓到底,也是反对分裂稳定局势的需要。(三)各级党委政府加强领导,支持检察工作。我们面临着十分尖锐复杂的斗争,各级党委政府要给予支持。一是如何开展工作,要加强领导;二是关心检察机关的组建工作,特别是班子要配套上;三是支持检察机关的检察权力,排除干扰;四是为检察机关创造条件。

宣布中央检察部的贺电。

※　　　　　　※

参加武警中队复员退伍老战士座谈会。

人生道路多坎坷,天下众生苦求索;

世代沧桑方变化,风浪之中看万波;

千河万川争奔流,志士杰人踏险峰;

风求索、雨求索、苦求索、乐求索,

几多烦躁,几多欢乐;

蹉跎岁月,岁月蹉跎。

劝君前进路上奋进,激流之中看豪杰。

1989 年 4 月 25 日

参加自治区教育讨论会议。

一、关于加强领导问题。把一个地区部门教育工作的好坏,作为考核干部的一个重要条件,考察一级班子政绩好坏的重要条件。

二、教育工作不是一个部门的问题,是整个社会的大问题,要形成一个支持教育,尊重教育的社会风气,要给教育办实事。

三、老少边地区的教育要加快步伐。

四、教师待遇、地位、办学条件要迅速提高,公办教师平均工资 250 元。

五、加强爱国主义教育。

六、关于加快职业技术教育问题。

图道多吉副主席:1. 根据中央关于教育有关决议的决定,委托我和丹增书记来召开座谈会。大家不但对中央的决定提了好的建议,而且对西藏的教育提出了好多好建议。2. 中央党代会上准备通过这个决议草案,我们抓住时机搞好西藏的教育。3. 经费问题,在经费没解决前,要靠我们做扎扎实实的工作。4. 全社会都来支持重视教育工作。

教体委阿旺主任:一是教体委办一个商店,名叫教育体育服装器材服务公司。税务免税问题,财源提出以教养教;财政上要允许办,盈利不要上交。二是拉萨市成立一个或两个专业项目的队伍问题,不成熟。准备办体育中专问题,准备在一中,培养足球、田径运动员 50 人。三是体委门口停车场要求收回体委。

※ ※

当前学校教职工及学生动态。

林周县:3 月 5 日—4 月 12 日发生反动标语事件 25 起。3 月 28 日学校发生 2 起,周围 4 起。全校学生 966 人,其中住校 627 人,大多来自农牧区。教工 83 人,其中藏族 56 人,态度明朗的只有 5—6 人,占 17%,正式教员 16 名。

教体委马主任:1. 大部分人态度明朗;2. 相当部分人对骚乱性质认识不清,还有的人有借骚乱解决问题的想法;3. "两个离不开" "认不清",认为汉族是来挣钱、混饭吃的;4. 有的学校,不敢公开进行爱国主义教育。学生参加骚乱,收审 9 人,在公安备案 18 人,教工 1 人,是少年宫的教员、团支部副书记达凡兹仁,22 岁。主持声讨会、演讲会,有部分学生不敢发言,怕发言后社会上青年报复。二中有一次搞祖国颂演讲比赛,发言后社会上的人用石头打啦。几个学校都搞了爱祖国演讲比赛,一中搞了对话。给烈士扫墓,一中、六中、七中、九中中学到烈士园。五中、七中、一小对执勤武警慰问。24 日,一中学生打老师,打的是湖南老师,把老师打伤。

4 月 24 日,教体委召开中层干部及学校校长会议,主要内容:一是统一对当前形势的认识;二是如何加强学校管理,提高教育质量问题。做好爱国主义教育及历史教育。举办各种形式的诗歌朗诵和歌咏比赛。

1989 年 4 月 26 日

参加自治区召开的座谈会。

参加人:胡锦涛、江村罗布、热地书记等。

江村罗布:公安部通知,关于少数人借闹打砸抢烧的问题。

图道多吉副主席:骚乱的因素没扫除,对骚乱的认识模糊,在学生中反映多,主要还是社会家庭的影响,学生思想较简单,思想没顾虑。这些问题不能当成小事,不能忽视。这些工作主要是机关、社会、家长的工作,做工作要从西藏实际出发,不能简单化,同时要坚持两手抓,光开会不行,正常的教学还得开展才行。

胡锦涛书记:今天主要研究稳定当前学校的形势。推动和振兴西藏教育是很重要的问题。丹增、图道多吉正在开研究会调查,今后的教育问题今日不谈啦。

具体工作上提几条:一、加强稳定学校局势工作的领导。会后,请自治区、拉萨教科委召集有关部门开会给学校领导会议通报一下情况,同时要给各级领导提出要求,要旗帜鲜明、理直气壮地做工作,要敢说敢讲。为什么有学校乱,这与领导软弱有关系。二、充分发挥党团员的模范带头作用。大家想加快民主建设的步伐,想加快西藏建设,加快教育的步伐,这些愿望是对的,但要通过正常的渠道来,过激行为对学校、国家、西藏都不利,因此在这方面党团员同志要起模范带头工作,大家一起做疏导工作。三、一定重视做好教职工工作。尤其要把师校中学的教工工作做好,如果向正道引导就……反过来做工作,会把青年引向全国。各校校长要起模范带头作用,对个别的要给予批评,严重的要处理。四、要做好重点院校的工作。特别是西大和师校,丹增、图道多吉副主席要帮西大做好工作,拉萨市要帮师校做好工作。五、要认真地细致地做好五一、五四活动工作。要多搞小型分散的丰富的活动,防止少数坏人借此事搞别的活动,加强必要的防范工作,公安可穿便衣活动。五、部队公安武警要保持高度警惕,要继续文明、严明值勤。这段时间大家反映很好,公安武警也做了大量的工作,要组织好、实施好,要研究处置应急的方案,要掌握好界线。学校出问题,要控制在学校,也要避免发生正面冲突,学生有过激行动,要控制在学校内,不把这扩大到校外,要严格贯彻戒严令,按规定去办。

热地书记:把有关主要部门请来,主要是稳定局势,其中既有我们的因素,也有全国的因素。一是把胡锦涛同志讲的六个问题要分别研究一下,今晚可通报一下,明天可开展工作。自治区教科委和拉萨市教委要认真研究一下,重点是五一、五四的这段时间防止发生学校的突发事件,一是我们的因素,二是全国的因素。从我们掌握的情况来看,外地发来的电报,要串联活动。及时掌握动态,掌握情况。加强教职工的思想工作,要认真学习中央在 4 月 26 日《人民日报》上发表的社论①,中央通知各级党组织认真组织学习,同一切违反原则的活动作斗争。对五四活动,你们要很好的〔地〕组织一下,前提是防止出现别的问题。

---

① 4 月 26 日,《人民日报》发表题为《必须旗帜鲜明地反对动乱》的社论。

1989 年 4 月 27 日

上午,参加拉萨市教体委白姆同志传达自治区胡书记的讲话。

参加人员:各学校书记、谭书记、白姆书记。

强调几点意见:一、三中全会以来,我们在各项工作中不同程度地取得了一个又一个的胜利,在大好形势下,我们还存在不足。(一)经济改革的同时,没抓住政治体制的改革,也就是政治工作没跟上形势的发展。(二)由于政治工作没跟上形势发展,青年人心理上失去平衡,精神贫血。一是传统观念崩溃,思想信仰危机,在思想深处没有寄托,产生失落感,出现了心理虚脱,由于精神的单薄性而产生空乏感,可称为精神贫血。因此,当前在青年中出现了"五热四冷",追求西方的所谓民主热,台厅、麻将、迪厅、经商、唱歌热,"四冷":学习、工作、公共活动、党团活动冷。二、当前青年社会思潮的分析。一是认为改革失败,要退回十一届三中全会以前的路子上去。二是追求西方的所谓民主,照搬西方国家的一套,在中国实现全盘西化,在资本主义国家找药方。三是继续贯彻党的十一届三中全会以来的方针政策,加强政治体制改革,加强政治工作,清理党内的不健康的东西。

※   ※

教科委座谈会。

一、在八中地皮上要 10 亩地,盖招生院的问题。

二、派工作组到西大、师校的问题。

1989 年 5 月 5 日

上午,与师校姜校长、书记座谈。

教职工数 104 人,临时工 13 人,其中教员数 60 人。104 人中藏族总共 53 人,教工 21 人,回族 3 人。有 9 名离退休人员。学生 474 人,其中进修生 75 人。藏族学生 384 人,占 81%,汉族学生 113 人。领导班子:校级领导 3 人、书记 1 人,校长、副校长各 1 人,党委成员 5 人,3 名委员,徐开发已调走啦。

科室:1. 政治处,主任罗超群兼团委书记,干事卢国斌。还有打字员、岗卫、收发员;2. 教务处,3 名主任、副主任。主任谭太荣,党委委员;副主任次仁德吉、米亢奎(负责学生工作)。另外有 3 名科员;3. 总务处,2 名主任、副主任,赤列、宁效果。

※   ※

下午,参加市卫生局总结流动人口计划生育管理情况。

一、摸清底子,克服重重困难,落实政策,不怕风险。有五难:1. 居住分散;2. 没领导,没单位;3. 缺乏法制、政策观念;4. 群众对这项工作的重大意义认识不足。当前存在问题:武警二支队和军区部门不支持。三胎 3 对(3 人),汉族二胎 31 人,手续不全 88 人。藏族有一对夫妇五胎的。共抽掉 26 人到基层摸底子。越是穷的,孩子越多,说"要钱没有要命一条"。

几点体会:1. 凡单位支持的工作就顺利;2. 计划生育工作搞得好的单位,工作好执行;3. 这项工作要继续,要搞好,不能半途而废。

二、下一步工作。1. 搞好这次工作的总结,向区市直机关和居民通报这次活动情况。2. 继续做好宣传工作,目的是引起领导和群众的重视。3. 从实际情况出发,研究贯彻落实 13 号文件的措施和办法。如何引起部门单位领导重视;建立情报工作网,注意发挥基层计生人员的作用;有计划有目的地搞好有关部门的协调;4. 发动群众,依靠群众;摸清规律,熟悉政策。

1989 年 5 月 6 日

参加自治区宣传部会议。

参加人:旦英书记、宣传部部长李维真、张部长。

关于加强学生爱国主义教育工作,综合性的爱国主义教育。分裂和反分裂斗争是长期的。应从学生的世界观来着手,应宣传唯物论、无神论。具体工作:第一,分组调查研究,要实事求是,对模糊的认识、原因弄明白,为下一步工作做准备。第二,要分析研究,不同类型的情况都要调查分析。第三,起草一个材料。

李维真部长:市教体委平措当个副手。

1989 年 5 月 8 日

参加城关老城区危房改造签字仪式会议。

参加人:自治区计经委向阳主任、吴主任。

老城区改造房面积还有 8 万平方米的任务。

※　　　　※

下午,参加拉萨市卫生局电影台主办"南丁格尔"杯知识竞赛。

1989 年 5 月 10 日

晚上,和师校教务科谭科长座谈。

1989 年 5 月 11 日

市长办公会议,检察局汇报工作。

第一,反贪污、反腐化,以相关领导为主,领导干部为主,第二,以纪律监督部门为主。检察部门要有威慑力量,党委要加强检察部门的领导。

多吉才让:1. 重视检察工作,以廉政工作为重点。加强执法检察,开展反贪污反腐化的斗争,开展廉政建设。一是要实事求是分析全区各地市廉政方面存在的问题,对群众反映最多,意见最大的问题进行处理。第二是加强制度建设,实行两公开一监督的办事制度。三是有针对性的〔地〕开展点调查研究。2. 加强检察队伍建设问题。加强组织建设,队伍、思想建设。加强检察工作的领导,开展以反贪污行贿为重点的斗争。

贯彻意见:一、召开区级以上干部会议;二、搞好自身的四项建设;三、搞廉政调查,总结典型;四、抓自身的组织建设工作。

几个具体问题:1. 给事业编制 5 个。现在行政编〔制〕2 人,已到 11 人,共 13 人啦,准备分科。2. 检察事业经费问题。3. 办公室问题。4. 干部的住宿问题。5. 干部的调配问题。

※   ※

下午,讲师座谈会。

索朗措姆:问题不能怪姜校长一个人,分管领导的干什么去啦,整天几个人凑到一块,今天想坑这个人,明天想坑那个人。姜校长有优点也有缺点,领导班子要换,部分中层也得换才行。

※   ※

参加市医院会议。

院长石诚忠,副院长强巴白珍,院党委书记扎西多吉。

护士节是 5 月 12 日。

一、整顿医疗秩序,开展文明优质服务是稳定局势的需要,是开放搞活发展经济的需要,同时也是贯彻医务部门宗旨的需要。1. 为什么开展文明优质服务和稳定局势与提高党在人民群众的威望有着直接关系。2. 为什么开展优质服务和发展经济有直接关系。

二、要尊重、热爱、贡献伟大的神圣光荣的医生职业。1. 它是一个国际职业,是太阳底下神圣的职业。2. 它直接关系着人类的生存和健康。

三、开展优质服务,从自身做起,从今天做起,从小事做起,从领导做起。1. 首先在提高认识的基础上,把服务对象当上帝对待,当亲人对待。2. 开展优质服务要加强团结,要持之以恒。3. 搞好优质服务,要正确对待社会上的不正确现象。4. 加强学习,提高服务质量,解决"三高""四笑"问题,解决"三难"问题。"三高":病号多时声音高,对待基层来的群众声音高,对待没钱的病号声音高。"四笑":看到亲朋好友笑、看到领导笑、看到有钱有物的笑、管人的服务对象笑。5. 把搞好优质服务,同改革、规章制度结合起来。

※　　　　　※

晚上,市委常委会议。

师校的问题调查。

一、班子的情况。几年来工作是有成绩的,但由于各种原因,问题是严重的。三位领导人有事业心,有责任心,但缺乏民主,缺乏领导艺术,不能调动中层和 104 名教职工的积极性,致使学生不愿学,教师不愿教,管理混乱,偷盗成风,邪气上升。加央扎西,来自尼木县人大。姜校长……索朗央金,墨竹工卡县副县长。

二、中层班子太弱,工作不协调。不维护集体领导,不能忠于职守,追逐名、权、利严重。

三、教师队伍素质差。青年教职工过多,没有教学经验。缺乏职业道德教育,缺乏事业心、责任感。社会干扰大,影响正常社会教学秩序。

需要解决的问题:一是班子配备不合理,缺乏职业道德教育,教师素质差,年轻。二是资金不足。87 年欠 15 万元,87 年学生人均经费 1400 元。88 年学生人均经费 1800—1900 元。

师校民意测验

名字	胜任	基本	不胜任
加央	5	7	51
姜校长	10	13	41
索央	7	17	37

推荐票

索朗白姆	12 票	
李运中	1 票	
平措	1 票	
索朗央金	5 票	师教务处
益西央宗	4 票	教体委
平措顿珠	5 票	三中
丁艺文	9 票	
赤列	12 票	

罗超群　　　　　　　　5 票

米元奎　　　　　　　　5 票

次得吉　　　　　　　　2 票

张文和　　　　　　　　7 票

徐开发　　　　　　　　3 票

教体委意见:第一套方案是殷德华(市政协秘书长,藏、汉文都行)、张文河、达桑(尼木县副县长)。第二方案是殷德华、达桑、徐开发。

洛嘎市长:姜校长不动,派一名强有力的书记,派一名藏族副校长,再一个,除掉害群之马。

高书记:同意洛嘎市长意见。

曲加书记:情况基本清楚啦,师校弄成这个样子,我比较痛心。一、对师校要客观地、实事求是地去分析,班子不是烂,是不协调。主要原因:书记业务不熟;中层领导素质、教工素质差;社会影响;新班子先天不足,市委有责任。二、怎么办。领导作必要调整,进一步落实加强,调一个书记去,校长留下。索朗央金留下,教体委去个书记。中层领导班子等新班子进去后再调整出去,不能教学的,可作特殊条件回去。进去后从抓教工、教德入手。三、看看师校还存在什么样的问题,今年底师校来个彻底解决。

1989 年 5 月 12 日

上午,参加图道多吉副主席召开的中专学校座谈会。

图道多吉:中专重点是学校、主管、分管,要把这三者关系理顺,计委、财政也很重要。三个内容:1. 汇报学校的情况,解决的办法。2. 教科委对中专管理方面的配合问题。3. 当前学校存在的问题。

图道多吉副主席:一、应重视中专教育工作。教育形势非常好,对教育十分有利,切实把中专学校工作抓起来,中学发展,总得讲,还是比较好的,但不适应西藏形势的发展。二、处理好三者关系,理顺好三者关系。主管部门为主,教科委给予帮助,主要由学校来管,从严治校,一是配好领导班子,这是关键的关键。二是县经费、办学条件及设施,主要由主管部门配备。三是专业教员配备和管理,主要还得靠主管部门来调配。四是改变工作作风,深入到学校,树立领导就是服务的观点。三、研究解决中专学校存在的困难,应以学校的主管部门为主,解决不了的政府解决,主管部门解决不了的主要包括教员、经费、地皮、场所、电等问题,学校应积极做出努力,有关部门共同开会研究加以解决,下星期二,5 月 16 日共同开会研究。计委、财政、人事、电力厅、拉萨市参加。四、这个月重点是解决中专学校存在的问题,从4月21日至5月21日,集中解决中专问题,继续深入中专学校、县帮助他们解决困难,银行领导确实重视学校工作。拉萨市以前不重视中专,现在比较重视。五、关于4月21日开会问题,做好工作为四中全会召开做准备。最后,希望你们继续深入学校,把情况及时报给教科委。

1989 年 5 月 13 日

参加教体委党组会议。

谭辉:今年九月份,想去送学生到北京看病——胆结石。另一个要挂职务,要以那里为主,时间一年。

索朗白姆:市委下决心才行,党校校长完全可以,这是彻底的办法。

张荣扬:叫我们去一个,不是根本的问题。如硬叫我们去,局面是稳住的,但我们经受的困难也是较大的。另外,社会上也有谣传说我和姜校长的关系。

※　　　　※

三中藏文教师仁真卓玛:关于职称评定问题,因搬新房子扣半月工资,而且停止了我们的工作,现在 10% 的教师升工资,也没有我。我有 33 年的教龄,我没有功劳有苦劳,我有意见。平措的亲戚评了一级教师,平措财务不清。

1989 年 5 月 15 日

下午,参加市政府办公厅机关整顿会议。

一、提高对整顿的认识。目的是转变作风,提高工作效率,调动所有干部职工的积极性,搞好三服务,为两个文明建设做出新的贡献。

二、整顿要抓住重点。什么是重点?群众反映大的问题,比较突出的而且已影响了正常工作的问题,违反了党和群众利益的问题。比如:一是干部的贪污腐化、以权谋私、吃喝作风。二是官僚主义作风,有的领导不是人民勤务员,已成了人民的官老爷。三是有章不论,有法不依。四是办事效率低,自己分管的工作不能完成。五是好人主义、自由主义、个人主义。

三、整顿要见诸行动,整顿要持之以恒。

1989 年 5 月 16 日

参加图道多吉副主席召开的中专学校问题讨论会议。

地皮:自治区卫生学校;拉萨市师范学校没运动场、菜地;银行学校没运动场,准备把军区后勤部的一块地皮买回来。

缺专业教师的:邮电学校、银行学校。

领导班子问题:农牧和体育学校、公安学校。

编制问题。经费和基建问题。职称问题。

电力厅:西郊的学校供电较差,去年冬供电更差。一停水电后,问题就突出啦。只能维持市区用电,西郊难保。

职称:拉萨市中级报 22 个,又追加了 5 个,实批 28 个。

图道多吉副主席:有关问题主要是由主管部门解决,解决不了的主动找一下有关部门领导。比如,基建找一下计经委;职称问题主动找人事部门;电的问题,厅长来啦,可回去再研究下,尽力给予解决。专业教师应以本民族教师和愿意长期在藏工作的汉族干部教师为主。

※　　　　　※

市政府向市委汇报第一季度的经济工作。

矿业全年总产值可达 1000 万元。

洛嘎市长:1. 市政府的工作已开始出现成果,一是老城区的改造,二是市场供应,三是经济工作的发展。2. 存在问题表现在:农业的后劲不足,农牧业结构配备不合理问题;手工业产品生产问题;市政府没有秘书长,工作太忙;防洪工作准备问题;旅游业的发展问题。

曲加书记:市政府工作多,力量紧张,大工作没出现失误,一切工作都在向前推进,今后还会出现不可想象的困难,今后一是注意按计划抓落实工作,二是根据汇报的情况再细点,增加一点透明度。有两方面意见:(一)几方面工作。1. 蔬菜生产和管理工作,投资下去后,今年藏历春节年要效益,要想抓粮食,去年抓菜的生产。2. 自来水工程,一定按原定计划去完成,主要是配套。3. 老城区的危房改造问题。4. 市场建设、市场管理问题。(二)增加透明度问题。1. 市人大政协开会前让代表考察一下,然后让他们提意见。2. 叫城关组织部分基层干部和群众参观一下,然后给他们介绍一下,让他们看,知道市政府在干什么,同时也可让青年干部及学生到有关地方去参观一下。3. 把一季度经济建设分析总结下,并把情况及时给市委人大通报一下。

1989 年 5 月 17 日

晚上,市委常委扩大会议。

曲加书记:对外开放,总地讲,对西藏的经济发展起了作用,但也随之而来地出现了不少问题。这项工作政策性很强,涉及面很广。区政府把这项工作当做一项长治久安的大问题来对待,我们对这个文件规定,要坚决贯彻执行,在执行中再修改。今天这件事,不是什么大事情,但这给我们一个启示,如果处理不好就会出问题,特别是宣传工作不够,有不深不透的问题。流动人口必须有乡、县政府的证明,暂时没有的,可到办事处出示证明,但三个月后要有乡、县政府的证明。给城关区讲一下,让他们给居委会开个会,把精神传达一下。第二,大家都把稳定局势当做大事来抓,人人都要关心,来做稳定局势工作。要把这个事同北京发生的问题联系起来看,我们下去的同志注意两手抓。第三,问题不可怕,但要引起高度的重视。要搞主动对话,不要搞被动的对话。第四,对拉萨的局势要引起高度重视,要互通情报,要保持拉萨 32 平方公里的稳定。

1989 年 5 月 19 日

洛嘎市长传达自治区党委会议精神。

李鹏总理在中央和北京市党政军干部大会上做重要讲话,要求大家坚决动员起来。做好深入细致的工作,不准参加任何活动。在停止动乱中作出贡献,必须坚守工作岗位。

1989 年 5 月 20 日

曲加书记:市委市政府主要做排忧解难工作,从后天开始去,要依靠学校领导,对部分人善意的活动要教育,对借机解决个人问题的人也要教育,对个别暴动闹事的人要从思想上清理了。严格要求,细心工作,立场观点要鲜明。

1989 年 5 月 23 日

上午,和师校研究当前工作。

姜校长:保证开水、凉水的供应。饭折子已发到学生手中。报纸杂志已订下来,每班三份报。生活:学生生活费 38.5 元,其中菜金 25.5 元,主食 13 元,35 斤粮食。助学金副食补贴 10.5 元,所有的助学金经费共计 50.5 元,包括 10.5 元的零花钱。看电视已解决,周三至周五,有四部电视机可以看。

下一步的主要工作是稳定局势。1. 宣传贯彻落实中央领导李鹏总理的讲话。2. 做好中层领导和班主任的工作,做好全体教工的工作,把大家的思想统一到中央指示上来,统一到教学上工作上。3. 认真研究、落实、兑现在对话中学生提出来的问题。4. 树正气,抓典型,完善、修改规章制度。5. 彻底搞一次卫生。

今年基建准备 280 万元,自治区教科委杨主任同意。

1989 年 5 月 24 日

上午,教体委研究藏文学习问题。

自治区教体委的意见:藏文班从城镇小学一年级开始,汉文班从小学三年级开始,初中每周三节藏文课,教科委的计划没说从何时开始。藏文学习开始有七中、四中、六中、三中,学的比较好的是四中。采取行政和经济手段抓藏文学习,指导干部教师学习。毕业时发考核合格证,工资兑现,讲什么考什么,发单科结业证。自治区搞四个点:山南、拉中、日喀则、堆龙德庆。

堆龙德庆县藏文教师情况:物理、数学教师各一名,生物有一名,化学没有,历史、地理、音乐、美术、政治没有。动植物课程没有教材。张文河同志建议由平措抓藏语文教学试点。专门召开藏语文教学专业会议。藏文好的是一中平措坚赞,任彭波中学副校长。

白姆书记:1. 主要问题:一是家长对学习藏语文不感兴趣;二是缺师资,不是一般的缺。2. 藏语文教学领导小组是兼职的,没人专管。3. 自治区、市委是否把藏语文教学和职称、工资挂起钩来。4. 搞好堆龙德庆的试点,配备好教师,要给优惠待遇。5. 初高中学藏语文的学习要从实际出发,再一个是教材问题,学习是否采取过渡的办法。6. 藏语文教学的师资是否从退休教工中找,到教体委专抓藏语文教学。双语教师,物理 2 名,化学 4 名。城镇学生、汉族学生中汉族学生 3000 人,藏族 1600 人,主要指汉文班的学生,100 个班。市直中学汉文班,汉族学生 1800 人,藏族 1100 人。

双语教学的关键问题:(一)领导、群众、教工、学生、社会对双语教学重大意义的认识。(二)师资队伍问题。一是充分发挥现有教员的认识;二是离退休的有藏文教学水平的教员的利用问题;三是制定政策,吸收外地优秀教师;四是有计划、高效率地培训双语教师。(三)中小学学生普及藏语文教育的措施办法。小学三四年级汉语班的藏语文学习。初中高中藏语文学习问题。(四)教科委调整领导小组,加强藏语文学习的领导,设立专人抓藏语文的学习。

张荣扬:第一,学习使用藏语文的问题,教学体系要在 2000 年形成,社会上全面使用藏文,要从实际出发,不能操之过急,不能脱离实际,87 年教体委专门下了文件,领导比较重视。第二,对双语教学我们进行了检查。第三,所有文件的起草大都有藏文、汉文,一块下达,机关干部的学习已开始抓啦,教师培训计划已落实。第四,存在的问题。1. 学习宣传工作不够,要通过学习宣传,统一大家的认识。2. 把藏文授课得好坏作为考核干部、校长的重要条件,有点奖惩办法。3. 抓领导班子的调整,设专门人员抓。4. 机关干部的学习,制定规章制度。5. 师资培训考试,聘请离退休教员。师校丹增平措不愿在师校教学。一中平措坚赞教学,彭波中学副校长。堆龙德庆有 3 名老师。藏语文学习,小学从四年级开始,初中从初一二开始,学第五册,高中藏族学生,每周三个自修课。

※　　　　　※

一中李素芳,校医。54 年参加工作,到内地学习一年多。57 年第二次到咸阳民院学习啦。58 年到四川、西安学习 5 年多,中专待遇。学的医,分到江孜医院。65 年调拉萨,在噶尔县工作。75 年调回拉萨财经学校任校医。85 年职称评定,声称"我有病,没有参加职评,我毕业时是医师"。

※　　　　　※

参加市医院第二阶段的整顿会议。

党委委员徐主任:一、加强党员工作,有些文件要传达到党员。二、加强科主任的管理工作,对他们要关心,更要严格要求。目前,他们比较特殊,提前下班,奖金觉得少啦,有的科主任不错。

石院长:主要是整顿组织纪律、医疗质量和医德教育。

※　　　　　※

5 月 24 日晚,毛如柏副主席召开紧急会议。

自治区常委召开了常委会议,多吉才让去自治区参加班〔禅〕大师的葬礼。自治区召开厅局长大会,讲中央指示意见。我们今日开会,主要是贯彻和稳定学校和学生问题,进一步加强学校和学生的工作问题。中央指示发表后,西藏的形势是稳定的。

今后,一是各级学校和主管部门认真负起责任来,不要等到学生和政府来对话才解决问题,要多层次多部门做工作,主要是靠学校,靠青年团组织。可从三方面去做工作:第一,反分裂斗争,讲西藏,讲"骚乱",这是最大的爱国。如发生分裂啦,学生的愿望也就没有啦。第二,从我们西藏历史上看,我们经过几次大乱,一是 59 年叛乱,二是"文化大革命"时期的叛乱,三是这几年的"骚乱"。第三,我们要安定好,相信共产党,无论革命战争时期还是和平建设时期,都离不开共产党。前段时间,对个别少数人过急行动,不要去追究去处理。我们国家领导人说过,这个精神不光对学生,对其他人也要适用。明天上午想召开大一点的会议,把有关的校长请来。讲当前意见,不要搞打击性的语言。不管过去对组织,对这个对那个有意见,借此机会参加游行,对话的人数不要过多。对话可采取多种方式,深入到学生宿舍,个别谈、几个人谈都可以。一般不要采取答记者问的方式。学校如没这方面的要求就不要对话。

1989 年 5 月 25 日

上午,自治区毛如柏、图道多吉副主席召开中专中学领导人会议。

毛如柏主席:学校工作改变,主要讲当前的思想教育,学校的工作应加强。

※　　　※

市政府在市医院召开现场办公会议。

4 月 13 日开展了整顿工作,成立了宣传教育、纪律检查、医疗组三个组。第一阶段半月时间,第三阶段已开始。主要是组织纪律、医疗质量、服务态度三个方面,主要抓组织纪律性。在第一阶段还开展了四次对话。

一、现状。编制 250 人,有 150 张床位,现在 296 名专业人员,有户口的 461 人。有主任医生 1 名,副主任医生,医院圈地 8 万多平米,人均有 11.47 平方米。88 年全院完成门诊量 143858 人次,入院 2222 人次。87 年入院增加 300 多名,床位利用率 61%。

二、比较。市医院床位 150 张,职工医院 150 张,山南医院 140 张。88 年门诊 7 万多人次,职工医院才 3 万多人次。拉萨市医院去年收入 30 万元,一年半不休假的多给 500 元,光这项节约 9000 元。去年 7—12 月收入 23 万元,去年 1—6 月收入 6 万元。发奖金占总收入 55%,每人平均 31.14 元,平均每月支出 9031 元,今年支出 5 万多元。去年收费用于绿化,用于盖两座护士楼,护士楼共用款 43 万元,市财政局拿出了 10 万元。

三、医院经费现状。总 1715000 元,市卫生局拨给的公费医疗 12 万元,社会救济 2.5 万元。各项加到一块,人头费 126.4 万元,占总经费 73.7%。现在只有 45 万元的经费,电费平均 12 万元。原因:1. 基数小,负责 4 万人的免费医疗,人均 5 元多。2. 公费医疗要求 12 万元,负责 1 万人的治疗,人均 12 元,平均一个处方 4.99 元,今年一个处方 4.66 元。住院一个月平均 15 元多。3. 物价上涨。88 年底统计,药平均涨 98.43%。柴胡原 0.77 元一盒,现在 6.6 元。4. 人头费增加,去年初要内调一部分人,我们接收了一部分护士,吸收 24 人。5. 公费医疗吃药免费。6. 历史遗留下来的欠账太多。内科 80 年有本科学历 19 人,现在 3 人,过两年后只有一人啦。政治素质、文化素质、业务素质不高。

四、我们的设想。一是政策上改变一下,指导公费医疗改一下。免费医疗改一下,不行的话挂号费、医疗费改一下。改变一下包干制度,财政局把工资设备建设包一下,看一个病号多少钱,自治区看一个病人 4 元,收一个住院病人 14 元。取消收费上交,原定两年已到啦。制定合理的收费价格,物价局叫我们按 81 年的收费标准来收费。搞点社会集资办医院,谁来出面集资,用什么办法来集资。二是拉萨市有 7 所大医院,共 200 张床位(不包括部队),全国平均 2.7‰张床位,我们 10‰张床位,苏联 12.1‰张床位,日本 10.6‰张床位。拉萨没有一个专科医院,传染病患病率居全国第一位,需要搞专科医院。

提几点建议:

一、会议的目的。汇报前段工作,提出需要改进和解决的问题,让领导掌握全面情况,便于掌握情况。

二、对医院的印象。整顿前后的变化;现在需加强的工作。

三、下一步工作的建议。一是加强全面的管理。二是加强职业道德的教育,要引导,要教育,经济手段和政治工作同时进行。更重要的是加强政治特别是思想工作、职业道德的教育。三是提高医疗质量,加强医护人员的培训。

财政局长卓玛杰同志:(一)财政厅给我们市财政基数和其他地区一样,我们干部多支出 2000 多万元,加上拉萨市没有城市费,医院问题要一步一步地解决。(二)收入方面,开支有问题。市医院收入 35 万元,用在搞基本建设上啦,不合理,在这个基础上再增加 10 万元、8 万元的可以,多了我不敢保证。我们是综合部门,就是撒胡椒面。去年节约 2600 万元,其中有 300 万元结转继续用的。1300 万元是县里的,我们只有 1000 万元。

洛嘎市长:市医院工作比较突出,有成绩,调整医院的工作方向问题。公费医疗再商量后答复;挂号费和其他收费,再和厅及有关医院商量;所收费用今后不上交,医院留用,再研究;救护车的养路费问题。

1989 年 5 月 27 日

上午,市政府贯彻全国全区检察工作会议精神。

一、认真组织干部、职工学习贯彻中央和自治区检察工作会议精神,目的是使他们充分认识检察工作的重大意义。(一)商品经济发展的今天,权和钱的交易,已成为检察机关的重点。(二)十一届三中全会以来,改革开放的形势是好的,带来了经济的发展,人民生活的提高,但政治体制的改革没跟上形势的发展。(三)为了保持党的正确领导,为了使党在人民群众的威望不断提高,必须加强检察工作。

二、要支持信任检察部门的工作。

※　　　　※

下午,参加自治区召开的县级以上干部大会,主要传达中央领导同志讲话。

姜洪泉①司令员:在党和国家命运前途的大问题上,部队也要表个态。对李总理的讲话,我们军区党委和驻藏部队是完全赞成的,请中央、中央军委和西藏人民放心……

田聪明同志讲话:现在把自治区党委会议精神给大家通报一下,今天上午召开了省级党员干部会议。第一,最近一个月出现的问题,出现在党内领导层内,个别领导犯错误、不顾大局,我们以前对有些传言就不清楚,但坚决执行中央的指示没什么问题,我们的态度是坚决拥护。第二,全国出现的不正常情况,其造成的后果对政治、思想、经济造成的损失是不能低估的。相信我们的党有能力控制局面,完全有能力处理好这个局势。我们党已走过了 68 年的历程,历史上出现了不少问题,每次问题的处理都是依靠我们党自身力量来解决的。第三,在我们自治区,今天下午传达的四位中央同志的讲话拉萨市要继续抓好学习,继续稳定拉萨、西藏的局势。我们处在反分裂斗争的第一线,处在戒严的特殊情况下,处在边境地区。一是自治区党、政、军、人,全员都要从自己做起,和大家思想统一到中央指示上来,必须和中央保持高度的一致。思想问题解决要注意工作方法,力戒简单化。回去后各单位领导要组织讨论,时间自行安排,把各级党组织学习情况向自治区党委报告。二是严格区分两类不同性质的矛盾。陈云同志特别强调了这个问题,把极少数和广大群众严格区分开来。三是应看到问题的复杂性,一方面要强调各级党组织、党员必须同中央保持一致,但也应看到问题的严重性、复杂性、长期性。对社会上的问题,要极端负责任地对待。哪个单位的干部犯了错误,哪个单位的领导就有责任,哪个单位领导就应感到内疚。四是继续严格执行戒严,给部队热情地、坚定地、旗帜鲜明地支持。

1989 年 5 月 29 日

上午,参加市长办公会议。

对李鹏总理代表中央讲话的认识。

作为一个党员,首要的就是无论何时何地都要和党中央保持一致。对于中央的指示坚决拥护,并积极地贯彻执行。

---

①　姜洪泉,山东梁山人,生于 1932 年 1 月。曾长期在西藏军区工作。1981 年任西藏军区副司令员。1984 年 4 月任西藏军区司令员。1991 年 4 月至 12 月任成都军区副司令员兼西藏军区司令员。

几点建议看法。

（一）对当前的严峻形势，面对党的大是大非问题，首先应统一全党的认识，特别是上层领导的认识，统一部队的认识，统一新闻部门的认识，要加强组织纪律性教育。

（二）每一个党员和党的干部和有良知的公民都要为维护党的团结、维护国家的安全作出自己的贡献，相信我们党有能力、有力量解决这些问题。首先，拥护党的命令；第二，坚守工作岗位；第三，正确对待党内的矛盾和我党出现的失误；第四，不听信谣言；第五，加强组织纪律性的教育；第六，不但自己要同中央保持一致，要教育自己的子女，要保证自己分管的部门、干部、职工要同中央保持一致。

（三）深入基层，深入群众，多层次、多方式的搞好对话，并帮助基层解决实际问题。

（四）中央领导应做维护党的团结的模范，为了全党全国的大局，为了人民的利益，为了国家的声誉，应实事求是地做出解决当前形势的新的果断的办法和措施。

（五）严格区分两类不同性质的矛盾，对学生既要肯定，又不要去追究。在对待干部工人、教员、党员的过激行动，更要采取慎重态度。

（六）我区各级领导干部要认真总结这次事件的教训，要从中吸收点营养，今后无论在工作中、作风中以及个人的家庭、财产上都要增加透明度，目的是接受群众监督。

洛嘎市长：当前三项重要工作：一是整顿市容，二是社会治安，三是经济开发。最近要召开六省市经济建设会议，中央有关部门可邀请一下，比如建设部。当前工作主要是就业、蔬菜生产供应、民族手工业的发展、危房的改造问题。当前清查工作量仍然比较大，由扎市长多负责一下。市政府召开会议，有关经济部门参加。

1989 年 5 月 30 日

下午，陈大信同志汇报杭州考察情况。

共十一个人到上海、杭州等地考察情况。3 月 21 日到成都。

五个项目：肠衣加工；人造丝哈达；地毯的洗毯；废纸造纸；细毛纱。肠衣，主要加工羊肠线。哈达投资 30 万元，年产千万条哈达，每年 10 万元利润。地毯洗毯生产线。彭波细羊毛 4 万吨加工问题，生产 75 吨的毛纱机，每年 100 吨的原料。造纸项目，最小设备用户一吨才行。小型的脱粒机。杭州木器厂和拉萨市木器厂联营问题。油菜籽加工油去毒问题，浙江农大的技术。关于造船捕鱼问题,船最低 17 万元一条。现在都是个体户造,大型钢船是国营的来造,岱山县来给造。钢船 18 万—19 万元一条。

几点看法:开阔了眼界,解放了思想;加深了感情,增进了友谊;为拉萨经济开发打下了基础。

洛嘎市长:前后派出三个考察团到内地,这次去考察主要以渔业项目为主,带了几个小项目。由于走得急,资料不多、不全。哈达厂一年就把本捞过来啦。

※　　　※

关于艰苦奋斗和解决群众热点问题。

实施艰苦创业的目标,各级干部必须廉洁执政,特别要靠各级领导干部的言行影响,来带动一般干部的艰苦奋斗。从领导干部自身做起,从领导班子自身做起,从领导人所分管的部门单位做起,做到勤俭执政,不挥霍,执行制度不特殊,行使权力不谋利。

关于如何解决群众热点的问题,新旧体制观念的撞击不可避免的给他们带来心理失衡,加上改革中的失误,于是出现物价上涨、党风不正、社会分配不公等现象,成为群众关心的热点问题。要解决这些热点问题,领导者应学点心理学,了解人,懂得人的行为规律,如果采取热处理的办法,生硬简单的工作方法,就会加剧群众中的不满情绪。

解决群众热点问题掌握的五项原则:一是疏导的原则。对群众的热点问题,不能压,不能堵,要坚持又疏又导,在疏通中引导,在引导中疏通,达到活血化瘀的作用。既要广开言路,畅所欲言,又要循循善诱地说服教育,提高群众的觉悟,让广大群众都能平心静气地、实事求是地分析和认识当前的各种困难和问题,把大家的思想引导到治理整顿和深化改革上来。二是发泄的原则。群众有怨气要让他们出,有多少出多少,就是一些过火的话,也要让人家讲完。然后,选择适当的时机和方式,进行引导和教育。这种发泄,实际上是一种安全阀效应。当人受到外界的物质、精神方面的压力时就要发泄,不然就会像高压锅,憋到一定时候要爆炸的。三是升华的原则。现代心理学研究成果表明,人有多种需要,既有低层次的需要,如吃、穿、住等,也有高层次的基本需要,如事业、理想等。人们一旦有了较高层次的需要,就会抑制低层次的需要,把人们的需要由低层次引向较高层次的需要就是升华。目前人们存在着许多不满,总得看,大多是基本需要,如住房、工资、物价,当然群众的这些需要是合理的,就应当努力去满足。满足不了的,就说明情况,对一些不应当的需要不能迁就,要教育说服,使其放弃这些需要,引导人们从较低层次的需要向较高层次的需要升华。四是转移的原则。说白了就是采取办法转移大家的注意力。五是自我控制的原则。这是指领导干部在解决群众的困难问题化解热点、处理上访闹事等问题时,必须善于控制自己的情绪。语言和行为设法避开一点,防止正面冲突,这样才能有效地控制事态向恶化的方面发展。如果用生硬的命令来对待群众,这是不讲科学民主的做法。领导干部应讲究语言艺术,发自内心的话要掏给群众。以上原则属于人们进行心理调适的范畴。任何改革,都会给人们带来一时的心理失衡,因此对人们进行心里〔理〕调适是必要的,所谓调适就是把人们的思想调到改革开放上来,使其适应社会变革的需要。历史上成功的改革都是从心理调适为先导的。如西方的文艺复兴就是向后来的时代转轨,提供了心理准备,就我国来讲,"文革"过后出现的关于真理标准讨论就是一次为后来形成改革开放局面而进行的心理调适。所以,调适人们的心理就是当前政治思想、政治工作的重要任务和研究的课题,也是全国人民渡难关的重要前提。

1989 年 6 月 2 日

上午,参加市政府办公会议。

1. 关于农牧局安排接收二十名撤场工的问题。

洛嘎市长:仍由市计经委接收。

2. 市建行关于基本建设投资管理中存在的几个问题。

※　　　　※

又参加高、夏书记和谭元早书记谈话。

谭元早书记:在非常时期你这样提好不好,请你认真考虑一下,考虑好了以后,再给市委汇报。这是曲加书记给我的三句话,我非常寒心。

……几点建议:1. 加扬扎西同志是正县级,50 多岁啦,市委主要负责同志应给他谈谈话,听听他的意见,应该说他在师校是做了大量的工作的。该同志为人公正,没有歪风和不正之风。2. 姜泽元校长固执己见,不注意发挥别人的作用,派车自己派,各门的钥匙都是自己拿着。姜泽元打算调出38 名教师。曲加书记说要和姜谈心,到今日已有半月,至今没有谈。抓紧和姜校长谈话。3. 几点意见。一是对师校要退的、要留的领导谈一次话。二是我去兼职的时间多长,是半年、一年、几个月,市委给我讲清楚。三是今年我要到北京去治一次病。四是孔市长给教体委说一下,借一下公家的被褥。五是校中层干部和部分教师要调整一下。请市委支持我们一下,调出数 10% 为合适。六是我去后,以师校工作为主,但教体委的干部任命、教师的调配、全局性的大的计划、工作安排、大的活动要通知我参加。七是请市委高、夏书记到师校开半小时会议,公布一下班子,讲点意见。前几天,旦巴部长让我用车子把达桑带去,我没同意,他又不是临时工,他是县级干部,我不好给师校说。

夏书记:谭书记说的第一个事,谭书记原来也表过态,服从命令,听从组织安排,自治区组织部也基本批下来啦。曲加书记要求急一点,不要有别的想法,以后可和曲加书记谈的。曲加书记那几天也比较忙,事多。第二,谭书记是去半年、一年,当时组织没有定,我个人意见是一年之内。

　　　　　　　※　　　　　※

市人大藏文研究办公室和市教体委研究双语教学,实现藏文授课问题。

中学需 120 人,现有 203 人,基本胜任 72 人,现在确定培训 47 名,双语教员一年以上,今年安排 10 人。拉萨市有 23 所工矿企业办的学校,4000名学生,小学藏汉分开编班,从 87 年开始的。拉萨中学生 1 万人,汉文班100 个班,学生 4600 人,其中汉族学生 3000 名。今年初中一年级开藏文课。

　　　　　　　※　　　　　※

基层干部的难处。

地分啦,房卖啦,人散啦,心乱啦,又讲政治、民主、自由啦,现在什么事也不好办啦。现在办事处处要票子、条子、面子、门子、路子。

今后领导要把功夫下到关心人、爱护人、尊重人、理解人、教育人的事情上。现在是只给任务不给"尚方宝剑"。

有的党员认为,"党员不党员,只差五分钱";还有的认为,头上戴了个"紧箍咒",出外捞钱办事不方便。

战士苦练一身大汗,干部空喊看看转转。

　　　　　　　※　　　　　※

新加坡青少年教育的特点。

既有东方文化传统,又有西方文化影响的特点;既要继续发扬、发展东方的中国文化传统价值,提倡儒学,又要学习和吸引西方科技文明。中小学教育偏重于实用,为青少年进入商业社会奠定基础,而对一些理论性的、条法性的知识只要求有所知晓即可。

一、有以下几个特点。

(一)既让每个青少年都有发展本身潜能的机会,又力求要减少教育上的浪费。为达目的,小学从四年级开始就要通过考试,把学生进行"分流",即按成绩好坏分成三个不同的课程班,开始侧重点不同的教育。

(二)进行"双语教育"。即用英语作为教学语言的同时,提倡学生选学自己的母语,华人子女学中文,马来族子女学马来文,印度子女学泰米尔文,这样每一个小学生都学双语。

(三)根据国家经济发展的需要培养人才,因此,中小学课程主要是让青少年掌握为促进国家经济发展所需的必要知识和技术,教育和国家发展要求相结合。

(四)培养学生的正确的道德观念和价值观,抵御西方价值观的影响,使学生热爱祖国、尊重老师和文明礼貌。

二、小学教育分如下几个阶段。

(一)学生一般6岁入学,在小学一至三年级学的课程是一样的,没区别,三年级结束时考试。考试及格者便升"正常双语班";不及格的学生分两种情况:如果三年级期末考试不及格但小学二年级考试及格者,则可进入"延长双语班";如三年级期末和二年级期末考试均不及格者,则要进行由教育部门安排的智能考试。这项考试及格者可进入"延长双语班",智能考试仍不及格者,则进入"职业性单语班"。进入双语学习班的学生在小学去学习3年,然后进行小学毕业考试,考试内容有英语、母语、算术、科学知识,"延长双语班"的学生要在小学再学5年,总共8年。在小学八年级时进行毕业考试,内容与正常双语班一样。职业性、单语班学生必须再学习五年,在小学八年级期末进行"小学知识考试",考试内容为英语、母语的口试以及算术。"正常双语班"和"延长双语班"的学生根据其小学毕业考试的成绩进入"第二级教育"(相当我国的初中)。而"职业性单语班"学生在第八学年考试后,可进入职业和工业训练局提供的职前教育学习课程。虽然小学生从三年级就开始了"分流"进入不同班级,但考虑到儿童智力发展不平衡,因此也可根据学生的成绩,可以插班,即……新加坡小学教育的重点是语言学习,特别是小学一至三年级期间,重点是训练儿童的听、读、说、写。此外,还有算术、品德、手工、音乐、体育、卫生课。小学三年级开始有科学知识课,但不考试。从四年级开始考试科学知识课,小学四年级开始有历史、地理课。

(二)"第二级教育"则根据小学毕业生的毕业考试成绩分别进入三个不同的"第二级学校"的班级。(1)特别双语班,即尖子班,这个班级人数只占小学毕业班总数10%,学制四年,四年级进行"普通水准考试"又称"0"水准考试。(2)双语快班,学制四年,四年级结束时进行"0"水准考试。(3)正常双语班,该班学生一般也是学四年,结束时进行"正常水准考试"也称"N"水准考试。"N"水准考试不及格者,则进入社会寻求职业。上述学生在获得"普通水准"即"0"水准及格证书后方可进入"大学预修班""初级学院"和各种职业高中(所有这些相当于我国高中)。同小学教育一样,在"第二级教育"阶段中,虽然分"特别双语班""双语快班"和正常双语班,但各班学生可凭成绩好坏进行插班。"第二级教育"的重点是语文、数学和品德。在三年级开始时有宗教知识教育,因为新加坡是个有多种族的国家,了解不同宗教知识对民族和睦和团结有重要作用,特别双语班学生可选学第三语文。在第二级教育的头两年,学生所学课本一样,但在第三年开始,学生开始"分流",可任选四门功课中的一门为主修课,这四门功课是文学、科学、商业、理工。

（三）大学预修教育。根据第二级教育,毕业的普通水准考试成绩,学生被分配进入初级学院,或在第二级学校的大学预修中心。初级学院学制两年,大学预修中心学制三年,学完大学预修课程后,进行高级水准考试,也称"A"水准考试。然后再根据这一考试成绩进入大学或各种学院。

综上所述,新加坡青少年教育一个明显特点是"分"较早。这样有利有弊,有的认为这有助于儿童发展,尽早确定其发展方向,能充分发挥其潜能;也有的认为,分流早影响儿童的潜能。

"双语教育"政策在新加坡的成功,曾引起日本教育专家的兴趣。新加坡学生英语表达能力强,母语的水平也不错,这项教育政策为新加坡国际化都市的建设,特别是在建立国际贸易渠道,吸引外国技术和投资方面发挥了重要作用。由于语言便利,许多外国厂家选择这里作为贸易基地和生产基地。但是,英语作为教学语言,也带来另一个问题。由于青少年直接阅读外国报刊,观看外国电影、电视,收听西方国家电台,天长日久,其思想意识受西方文化、西方价值观的影响,这主要表现在要求绝对自由和民主,不要纪律,生活放荡,家庭观念淡薄等,有的甚至吸毒犯罪。为防止西方价值观的影响冲击,其中一个措施是重视推广中文的学习和应用。

1989 年 6 月 3 日

下午,参加二中职教班和有关单位财会人员进行的珠算比赛。

职业班存在问题:师资;资金困难;分配去向。

厨师二级以上每月工资 800 元。

现有 3 个班,一是文秘班,主要培养打字员;二是财会班;三是炊事班。

1989 年 6 月 6 日

下午,稳定局势领导小组会议。

曲加书记:9 日开人大会,16 日结束。政协会。拉萨市自 3 月 8 日戒严后,形势比较稳定,但"骚乱"分子的活动一直没有停止,而且伺机闹事,可能要制造大的骚乱。我们拉萨的人大会是在特殊的环境中召开的,同志们要有思想准备,选取在这个非常时期,把这个会议开好。

四点要求:一是会议要组织好,人大政协会要检查准备得怎样了。保卫保密工作要专门专人去办;一定要根据会议的目的、要求、议程、日程,引导代表为稳定拉萨的局势做工作;我们这次会议面临的问题比较多,要做好准备。二是按照社会综合领导小组要求,分别做好学校、寺庙、武警、公安等方面的工作。三是今天会后,要分头去安排各自的工作,保证两个会议顺利地开好。四是整个会议期间除参加会议外,要拿主要力量、精力去做好社会安定工作。寺庙的部分僧侣和部分居民,加上学校的个别人可能借此来"表现"一下。市委市政府大楼的管理工作到底怎么样。

※　　　　※

在师校新的领导班子会议上讲几点意见。

一、为了加强师校的工作,进一步提高教学质量,经市委反复研究,自治区组织部批准,确定充实加强调整师校的领导班子。

二、提几点希望。第一,领导班子不要辜负市委市政府的希望,要加强团结,增强事业心、责任感,首先要以身作则。第二,要团结意见不相同的人,一道进行工作,善于团结。第三,……

1989 年 6 月 7 日

上午,师校领导班子分工。

※　　　　※

下午,机关建设领导小组会议。

机关整顿小结:找搞得好的单位在会上交流一下,利用一个半小时交流经验,利用 40 分钟总结前段情况。

1989 年 6 月 9 日

上午,市委召开各科局会议。

将目前学校工作给大家通报一下。

一、经过一段时间的努力,各学校的形势是稳定的,教学秩序是正常的。

二、但根据全国的波及影响,已影响到拉萨,西藏内地班的学生最近要回来。一是在内地已无法上课,需回来探亲。二是回来串联发动新的学潮和动乱。

三、胡锦涛书记要求各级党组织都要全力以赴做好学生工作。一要开会给干部、职工讲中央指示、讲自己的态度,讲不要把自己不正确的观点影响到学生中去。二是讲西藏的形势,讲安定的重要性,讲分裂分子在活动。三是通过学生家长做工作。

四、各单位学习讨论情况要及时汇报,对不同意见要正面疏导,要旗帜鲜明地讲自己的态度。

夏书记:一、认真组织学习社论、李鹏总理讲话和中央告全国人民书、中宣部的通报、袁□同志讲话。目的是讲清楚一个颠覆、两个否定。加强党团模范作用,发挥支部战斗堡垒作用。党干部要不信谣,不传谣。要做干部家属子女的工作。中纪委对全体党员已作了几条规定,要认真学习对待。党员要和中央保持一致。二、相关的安全保卫工作,要保持正常的值班制度。

1989 年 6 月 12 日

下午,市政府和人大代表对话。

敬老院 33 人,争取到 93 年 60 岁以上的老人进敬老院。前段双扶已用了 1300 万元,几乎没发挥作用。

民政局长帕姆旦:救济金存在的问题。一是平均主义,二是走后门,该给的不给。

农牧局:化肥已用 556 万斤,农药数量今年比去年有所好转。

商业局局长曲达。

教体委:职教班,现在已有 3 个班,财会班学生 100 人,今年再增加 250 人。我们也编了 30 万字的教材。派 45 名教师到内地学习,花了 15 万元。堆龙德庆县举办 300 人的多期学习班。职业教育,准备的是在堆龙德庆县开展,自治区就一个县,准备到北京培训。扫盲教育,三三五七工程的赞助给了帮助,八廓街 850 人学习英语、藏语。农牧区的教育,今年农牧区的经费比去年增了 100 万元。民办教师工资低,平均 70 元,我们是按 120 元拨给的,城关区按 130 元。民办老师转正问题,全区还有 1000 人的指标。今年所有的高等院校毕业生一律下基层。入学率已达 60%。"三包"经费中学生每人 36 元。

财政局:关于退休统筹基金,3 年需 1000 万元。88 年、87 年需 300 万元还没落实,采取借支的办法。今年还没有解决房费问题,87 年、88 年、89 年每个 6000 元,有的 8000 元,有的 10000 元,本来各级财政都应拿点。企业需 202 万元,已全部解决完啦,87、88、89 年共解决 700 多万元。安家补助费。城市维护费,去年解决 135 万元,今年解决 135 万元,这是补助,加起来共 500 多万,需 700 多万元。企业亏损 1700 万元,占经费的 20%。

市银行行长曲旦:大家对贷款有反映,全市贷款 1012 万元,平均每人

35.99 元。79—85 年,减免 2 次贷款,计 2030.5 万元,贷款主要是收不上来,群众不想还。群众一方面存款,另一方面贷款。前段时间贷款购买机器 170 万元,没有收回来,今后要改革贷款。城里贷款人声称,"还款没有,要命一条"。

1989 年 6 月 13 日

上午,陪自治区丹增书记到师校听课。

第一节听藏文课,旦真教员讲藏语文。第二节课汉语文,古诗十九首,失意文人内心的矛盾。

到师校听课的有丹增书记、朗杰副秘书长、自治区教科委杨主任、自治区宣传部领导。

丹增书记:一、通报一下北京的情况。北京 22 所高校已恢复好转。西藏在内地上学的大学生 1200 人,最近有 300 人左右回来。二、几条要求。德才兼备,热爱祖国,同中央保持一致,服从党中央的领导是最大的德。

※ ※

在各学校书记、校长会议上讲几点意见。

一、前段的情况。

二、要学习贯彻落实自治区丹增书记和其他领导的讲话,要以实际行动来回答领导对我们教育事业的关心。

第一,把教职工、学生的思想统一到中央指示上来,统一到中央领导讲话精神上来。作为领导来讲,要旗帜鲜明、立场坚定。要敢于、善于做思想工作。在教工中,允许有不同意见存在,但在思想上、行动上要和中央保持一致。要利用反面教材,来教育广大教工和学生。

第二,坚守工作岗位,搞好教学。对前段时间坚守工作岗位的教工,要给予表扬。对于脱离工作岗位的个别人,要给予帮助、批评,适当的时机要认识检讨。

第三,充分发挥党支部的战斗堡垒作用,党员的模范带头作用,发挥学校行政领导班子的作用。学生的问题在教师,教师的工作在领导。要加强教工的思想政治工作,加强组织纪律观念。怎样当一个合格的教师,怎样才能为人师表,要开展教育讨论。要教育教工知道自己身上的担子,要自尊、自爱、自强、自治。

第四,要研究探索西藏的教育规律。加快西藏教育工作的步伐,要为西藏的教育作出新的贡献。

1989 年 6 月 17 日

市直机关整顿总结会议。

一、经验交流。市人大、市财政局、市教体委、八一农场。

二、夏书记作总结，讲下一步工作意见。

首先，要明确机关整顿的目的。目的就是通过整顿解决跟不上形势发展的、不适应机关建设的思想作风，还有群众反映比较大的问题和不合理的规章制度，目的是调动所有干部职工的积极性，最大限度地来提高我们的工作效率，加快两个文明建设的步伐，把"三服务"真正落到实处。

第二，就是解决整顿的内容、措施和办法。内容主要是思想上、行动上能不能同中央保持一致的问题，以及我们机关不同程度地存在的官僚主义和以权谋私问题，工作态度、作风、组织纪律性问题。通过整顿，要解决机关内存在的"大锅饭"的问题，鼓励干的，教育看的、算的，处理捣乱的。

第三，加强领导总结经验，找出问题，制定修改整顿计划，继续搞好机关整顿。（一）结合这次会议精神，总结本单位整顿的经验，找出存在的问题，统一认识，继续搞好机关整顿。从前段情况来看，绝大多数是认真的，效果是显著的，解决问题是认真的。极个别单位由于领导不力，搞了形式主义，走过场，没有认真抓，处于应付状态。还有的个别人认为，大气候不好，本单位人少，工作忙，人员分散，没多大问题，不想搞，不好搞。还有极个别领导本身有问题，不想搞。还有的认为现在风气不正，怕搞出问题，领导不给撑腰。（二）统一认识，制定计划，抓住重点，依靠群众，继续搞好相关整顿。整顿刚刚开始，还有很多问题没涉及到，任务还不小。整顿中要注意发扬民主作风，发动群众一起搞，这样整顿的效果才能巩固。整顿中一定要抓住重点，要从本实际情况出发。（三）整顿中要注意发挥党支部的战斗堡垒作用，党团的模范带头作用，特别是注意发挥领导的模范带头作用。

曲加书记：一、解决不平衡问题。最基本的要求，政府保留意见，加强组织纪律性。二、现在整顿有着特殊的意义，坚持"一个中心，两个基本点"。

1989 年 6 月 19 日

参加市长办公会议。

市计委申主任：工业总产值比去年同期下降 48%，为两个现场办公会做准备。一是待业青年座谈会，二是蔬菜生产座谈会。

关于待业青年问题，劳动服务公司丁树正汇报：全国待业率 2%，拉萨 5%，全区……全市 8 县区共有 1433 人待业，其中汉族 342 人，待业青年年龄为16—25岁。集体企业107个,从业人员2010人。88年下半年到现在安排1160人,其中参军70人,自谋职业11人,临时工2860人。88年2月开办职业高中班130人,3个班,再招7个班,计划268人。有青年开办了青年语言培训班,英语、藏文班,参加人员400人。拉萨12万人口,外来人员4万人。存在问题:一是就业观念不明确。二是长期受农奴制形成的等级观念。三是享受观念增加,劳动出力的观念下降啦。种菜的每月100多元工资,干了七天不干啦。预制件厂干了几天不干啦。四是待业青年素质太差。五是没有劳务市场。六是劳动服务公司没钱,只有6名干部,大部分是初中毕业的,不懂待业工作。初中学历以下的待业青年占90%多。意见:一是建一所专门的职业学校,拨专项经费,动员社会都来支援,支持办好职业班。二是建立劳务市场,招工前要有待业部门招收。三是要把招工和职业培训挂起钩来。83年以来,劳动服务公司安排了446名青年。四是开办培训中心。城市初中毕业生1400名,今年高中收700人,中专招300人,除去职业高中250人,还有初中毕业200人。今年办6个职业班,250人,学制3年,职业高中班。今年高考850人,去年900人,今年高中生留下300人。高考入学率占45%,今年差不多考400人。二中挂职业高中班牌子,初中不招啦,今年光职业班花100万元。

洛嘎:一、基本情况①。84—87年底,四年才就业400人。去年到今天,就业1000多人,全市待业1445人。少数民族1312人,占84.9%,女性占51.8%。社会科学院对待业青年有研究,汉族223人,占15.1%。每年走向社会的500—800人,待业人数每年按30%幅度增长。现在待业84.9%是本民族的,待业中大多数是初中学历。具有高、初中学历900多人,大都是16—19岁。

二、待业难问题的原因。1.各党政企事业人员超编比较多,素质差。2.就业观念没更新。3.待业和需求有矛盾。4.职业教育起步晚。5.第三产业问题。拉萨市三轮车130辆,原来3名蹬车的,现在又报了29名。

三、设想。(一)采取措施②。1.培训农村教师。2.办好职业培训,种养、加工、旅游、缝纫、财会、文秘。3.城关区成立劳动服务公司,把待业青年管起来。4.从事开发性事业的工矿、农场。5.加强计划外用工管理。6.整顿清理外来人员和外来人员用工问题。(二)解决待业青年就业问题,拿

---

① 标题为注者所加。
② 标题为注者所加。

出具体东西,特别需自治区解决的问题。按照中文①规定,待业青年开发的产品全部免税。经费上,搞点低息贷款,搞扶持基金。(三)职业学校列入教育经费开支。(四)制定城市青年到农村去有吸引力的政策。

※　　　※

注意发挥各职能部门的作用。凡是领导定的要积极去办,出了问题领导负责,要关心群众,抓好群众所关心的问题。

群众满意的:1. 老城区改造;2. 市场供应问题;3. 水和林卡问题;4. 路的问题;5. 就业问题;6. 环境卫生问题。

洛嘎市长:搞个材料给自治区汇报,关键解决淡季蔬菜的供应。去年冬储菜共 1200 万斤,内地进来 1500 万斤,平均净菜□,缺口 150 多万斤淡季蔬菜。提高生产最重要,八一农场平均 1 万多斤,城关有的合 8000 万斤。抓几个事:一是提高单产;二是储存问题;三是抓一下品种;四是技术问题;五是流通问题;六是机关企业单位不生产;七是蔬菜公司的成立问题。

※　　　※

参加自治区党委会议。

田聪明副书记:以党委政府的名义,开展热爱学习解放军的决定。7 月 5 日,弄个决定以党政的名义下发。7 月 15 日,见报道。八一建军 62 周年,掀起学习解放军的高潮。由办公厅或宣传部起草,中央群团发了一个,我们也发一个。

一、各级党委政府部门要看望部队,各县区要看望部队的家属。拉萨市和各地区可派一些文艺团体去慰问演出,举行看望慰问活动。

二、通过报告会、讲演会来回顾武警和部队的贡献。部队听从命令,服从领导,在西藏革命的建设中作出了贡献。

三、组织参观报道武警和部队文明执勤的经验,要号召学习他们,学习他们发扬老红军、老八路的光荣传统,党指导到哪里就战斗到哪里;学习他们对人民热爱,对敌人恨的精神;学习他们一不怕苦,二不怕死的精神;学习他们吃苦、文明、团结的精神。

四、要把军民共建活动更加深入求实地开展下去。把共建的点加以巩固,不搞形式主义,要引导学校。

五、在八一节,既要隆重地表彰一批拥军优属、支持部队工作好的典型单位和个人,从现在做准备,又要开展得深入扎实,不搞形式主义。

搞具体方案,民政局和拉萨市牵头,7 月上旬开始,8 月 1 日结束。组织

---

① 应该是笔误,可能是"中央"规定。

参观文明执勤点,各乡镇怎么办都要安排;慰问以精神荣誉为主,热烈、隆重、节俭、实效;文章题目《相信我们的党有能力克服党内的腐败现象》。

1989 年 6 月 21 日

上午,自治区召开物价会议。

张秘书长:物价局起草一个材料,再交政府审定。红白糖、茶、肥皂、洗衣粉、盐要限价。

1989 年 6 月 22 日

下午,召开民政厅会议。

内容:主要是研究 6 月 20 日区党委政府召开的关于拥军活动安排及有关问题。

党委政府作出关于拥护热爱解放军的决定。另外,起草一个慰问信,以党委政府的名义,主要对解放军和武警部队的慰问。第一层是对部队平定反革命暴乱的评价,第二层是各级领导看望慰问部队、烈士军属和平息叛乱中死亡战士的亲属。要举办各种类型的报告会,参观部队执勤点,把部队在建设中、平息"骚乱"动乱中的动人事迹给予报道,强调热烈、隆重、节俭。时间为 7 月上旬开始,7 月 5 日见报。

拉萨市的安排:(一)总体本着热情、热烈、隆重、实效、节俭的原则。防止一哄而起、形式主义,部队唯以〔恐〕应付。(二)成立慰问分团,负责安排拥军的统一活动。(三)邀请部队作报告和到部队演出参观。(四)军民搞联谊,加深感情,增进了解。(五)给部队办几件实事。比如到 149 师侦察连。目的是依靠积极的广大干部、群众、党团员,教育团结迷惘的,打击暗藏动乱、"骚乱"的。

拉萨市需解决的问题:一是无军籍 160 名职工,其中拉萨市退休的 100 多名,今年部队开支工资,明年到财政支出。二是有 20 多名退伍战士没安排。

1989 年 6 月 24 日

听取堆龙德庆县城总体规划汇报。

规划局长坚真:堆龙德庆县面积 2600 平方公里,人口 39600 人,堆龙德庆县有 1000 多年的历史。

1989 年 6 月 28 日

到公安四处检查犯人患急性传染病情况。

在押犯人 376 人,其中 12 人患肝炎。

康局长:本处关押条件不超 60 人,现在已超 10 倍。每月经费 2 万元,今年共计 25 万元。犯人回家规定,每月 30 斤粮,2 斤油。要求:1. 卫生局抽 2 名医生和 2 名护士;2. 解决两间医务室;3. 解决一栋死刑犯人的住房。

※　　　※

下午,防汛救灾表彰动员大会。

共到人数 69 人,应到人数……拉萨市直机关。

防汛救灾工作的关键,一是思想落实,对今年的防汛救灾要做动员。干部的素质好坏,看关键时刻能否顶过去;二是领导落实;三是组织措施,物资落实。四是任务、地点、责任落实,领导、群众要清楚。

1989 年 6 月 29 日

上午,洛嘎市长召集市长碰头会。

一、学习四中全会公报,抽半天时间,赵负责。

二、工作关键是抓落实。

三、政府工作,准备向市委汇报。干部配备问题,师校、市歌舞团、三三五七工程;八月份召开市长联系会、外省会议;到杭州回访问题;蔬菜基地安排;待业青年的就业安排。

四、防汛问题。

五、准备召开一次大的座谈会,八位市长参加。

六、召开一次全市农牧会议,在堆龙德庆县召开。财政今年好于往年,农牧业不错。

七、三三五七工程会议。

八、关于划地皮问题。劳教所(公安厅);教科委要八中地皮问题,先让教体委拿个意见。

1989 年 7 月 1 日

在市区医院过组织生活。

具备一个合格共产党员的条件:

(一)无条件地服从党中央的决议,在政治上、行动上、思想上,同中央保持一致,严格按党章办事。

（二）对中央提出的"一个中心""两个基本点"，要坚决地贯彻执行。

（三）要有知识、有能力、有胆略、有实干精神，有献身精神。

（四）要襟怀坦白，要光明磊落，要坚持正义。

（五）要善于团结同志，要有民主作风，要严于律己、宽以待人。孔子说，其身正，不令则行，其身不正，虽令不行①。

如果当一个领导干部，应加一条，应有科学的工作方法、有驾驭全局的能力，要善于调动一班人的积极性。第二，要关心、体贴、理解你的部下。第三，要善于学习，既要懂得相当程度的社会科学理论，又要具备一定程度的自然科学知识，特别要懂点马列主义基本理论，要懂点历史，要懂点心理学。如果说专家是专才，作为一个领导干部应是通才。这里说的通才不是"万金油"，我说的通才是指知识博雅、眼界开阔、思维敏捷、知识面要多而大，魄力要雄大的人，通才应该是一个杂家。做到多而不泛，杂而不乱，人的才能、才干永远和知识的多少联系在一起的。

作为一名党员要自尊、自爱、自奋、自强、自治，要有理智、良知。当你做出一个大的行动时，首先要问一个为什么，是否符合党和人民的利益，是否有利于党的团结。

1989 年 7 月 3 日

下午，听检察局汇报情况。

物资局情况，6 日组织的调研队，6 月 8 日去的。五名同志分两个小组，一组 3 个人，扎西罗布带队；二组 2 个人。

存在问题：一是从交通厅公路管理局购买钢材再卖给墨竹工卡县。一座［桥］49224.72 元，每座桥 3% 的保管费。每座桥加价 22958.11 元，共加 91832.4 元，四座桥挣的……二是电缆线问题。

在现阶段怎样做好检察工作：

一、首先提高对检察工作的认识，要热爱、献身检察工作。

二、检察干部要模范带头执行党的决议，遵守党的法律和政策，要树立一身清正、两袖清风的思想。

三、要善于学习，要掌握党的路线方针政策，要善于观察、查清处理各种复杂的问题。

四、对人的处理要谨慎，重要的是有依据，同时要注意保密工作。

五、在政治上、行动上、思想上同中央保持一致。

---

① 出自《论语·子路》，原文为："其身正，不令而行；其身不正，虽令不从。"

检察局当前亟须解决的问题：一是干部群众对检察工作不理解、不支持，怕字当头；二是不懂经济财会工作。

※   ※

参加上海回民中学的几位老师召开的学生家长座谈会。

西藏处主任李昭民，副主任吴志华；初三班主任朱胜娣、夏素英。

西藏在上海回民中学的学生共 303 名。上海闸北政府规定，学生到医院看病不排队，一要主治医生以上的大夫给学生看病，有一个学生已花 1.2 万元，最高明大夫给诊治的。学校学生来自 14 个民族。该校 87 年评为全国民族先进学校，4 年来没发生过一次民族矛盾。上海市从 85 年开始，每年给学生补助 600 元。节假日，市政府闸北区领导亲自到学校。节假日组织到北京、庐山参观游览。上海市长朱镕基带领四十多名领导参加西藏班 95 级毕业班学生的毕业典礼。

朱老师的班平均分数 92 分，学生次仁旺堆评为上海市"三好学生"，六门功课 575 分。

1989 年 7 月 9 日

晚上，研究接待瑞典代表团工作。

参加人员扎、洛、张荣扬、王锁成、索局长、格多。

热情友好，不卑不亢，主动大方，内外有别，统一口径。发现问题，及时报告。去年协议签字的是索朗加央。

1989 年 7 月 10 日

上午，扫黄领导小组研究扫黄现场会的准备工作。

没参加的单位：工商局、公安局。

※   ※

下午，英国儿童基金会座谈。

卫生专家：经过调查，总的认为卫生工作不错，但有的方面比较差，妇女科室的医务人员水平比较差。这是条件限制的结果，尽管路途远，群众也要到拉萨来看病，有时还要自己掏钱。生病前的防疫工作做得好，疾病也调查。冬天小孩肺炎多，夏天腹泻痢疾、佝偻病、肺结核、大骨节、甲状腺亢进多。佝偻病在 1—1.5 岁发病率为 20%，孩子冬天不见阳光，贫血用 13 毫克不标准。儿童贫血率 8%，13 毫克检查是 53%，这个数字是不对的。对这个贫血应继续调查。对甲状腺也要调查，茶叶里加碘是对的，好的。对大骨节病进行调查，达孜、墨竹工卡县进行了调查，病人求他们解决患病问题。痢疾主要是公共卫生不好引起的。肺结核主要是房间太封闭,透不过空气。营养方面……

营养专家:主要介绍妇女组的情况。群众看病难,药费付不起,到县医院住院拿不起钱,乡村医生又没有药。市医院、县医院对老百姓的态度不好,也不给讲每天吃几次药,光讲汉语又听不懂。老年人愿到藏医院去看病。城关区的营养高于堆龙德庆县、曲水、达孜县。县里营养状况低于城关区的水平,农户喂养孩子的糌粑应当放点酥油。食物来源主要是糌粑、小麦,菜主要是大白菜、土豆,有时是野菜,除此之外要买酥油、盐巴、糖,群众没有那么多的青稞来换酥油之类的东西。

水质专家马士卡尔:对 32 个村的水质调查,32 个村是三三五七项目之内的,水的改造堆龙德庆县占 47%,达孜县、墨竹工卡县占 5%。墨竹工卡县水的来源大都是河水,有的用水要到好远的方向去取,余下的用水 15 米内取水,每人每天用 15 升的水,少量的水用于洗衣、手、脸,所以得皮肤病的多。各县用农药的越来越多,对水的污染严重。对公共卫生和个人卫生做了调查,比如家庭的厕所,都在一个院子里,要建个像样的厕所,墨竹工卡县更差一点,要提高他们的卫生知识。小学调查,现堆龙德庆县和城关区比较好,小学生卫生差的不让踢足球。水质、公共卫生、个人卫生,主要是水质问题。曲水县的峻巴村用水是先进的,水质好,水质调查情况详细资料都有。

马先维特团长:在农村缺少医务人员,主要靠办培训班来解决,农村应有妇女卫生人员,妇女不愿让男卫生员检查。农村医生缺药,什么样的村应用什么样的水,水专家已有详细资料,项目要一起来商量。卫生资料的片子给你们,给群众宣传,学生卫生教育课没开设。

我代表市政府向团长和在座的先生女士们表示感谢。你们的工作是深入的,是辛苦的,工作是有成就的,我们听了是高兴的,对你们的工作从内心是感激的。

几位先生小姐的名字:

DR.SARAM ATKINSON(Nutrition)

DR.PATRICK KOLSTERON(Health)

MR.KEN MASKALL(Water and Sanitation)

MR.MARK WAITE(SCF-TIBET CO-ORDINATOR)

DR.FIONA HARDY(SCF-Regional Health Adviser)

※　　　　　※

血汗洒边疆,丰碑树高原①。

————————————

① 写于日记本尾页。

热爱、保卫、扎根、建设边疆。

丹增：1. 基建上应提出提高工程质量,降低工程成本。2. 要提出加强基层政权建设的问题。

财政局：1. 草场优势问题,现在是以草立畜的问题,草场目前不是优势。2. 不应提草原站开发。3. 产权分列不提好。

1989 年 7 月 11 日

参加体委系统召开先进个人、集体的会议。

※　　　　※

各学校班子考察情况。

一、存在问题

(一)政治工作没人抓,政治工作采取以罚来代替。工作责任心不强,打麻将。个别青年教师资产阶级自由化倾向比较严重,不能同中央保持一致,到处发牢骚。

※　　　　※

4 月 26 日,人民日报社论"反对动乱"①。

5 月 19 日,中央作出平定反革命暴乱的决定。

1989 年 7 月 12 日

民政厅召开会议研究成立八一慰问团的决定。

总的要求,注意学习宣传解放军的效果、规格、内容规模上要大于往年。时间 7 月中旬到 10 月 1 日前这段时间,八一、十一间要掀起高潮,要搞得扎扎实实,要解决实际问题。胡锦涛、田聪明、丹增书记指示,慰问要注意演出效果,节目一定要审查把关,不健康节目不演,动员社会力量给部队办实事,解决实实在在的问题,从现在到八月上旬这段时间。7 月 17 日上旬,看望慰问烈士军属,复退残疾军人,总团举办,拉萨市的要参加,已准备。7 月 18 日、20 日、21 日、22 日、25 日、26 日,这段慰问演出,组织服务小组,包括电影。7 月 18 日,白天到羊日岗军械仓库,拉萨歌舞团。7 月 18 日,理发小组到高炮团、308 团医疗小组。7 月 20 日,到曲水舟桥营演出,拉萨歌舞团。7 月 21 日,修理小组到工兵十五团,商业厅负责。7 月 22 日晚,空指礼堂演出,市歌舞团。7 月 25 日,商业厅理发组到武警拉萨支队。7 月 25 日,卫生厅医疗小组到武警二支队。7 月 25 日,自治区歌舞团白天到 45、47 团综合

---

① 孔繁森将重要评论和中央决定的名称写于此日。

仓库慰问演出。7月25日,到综合仓库放电影,文化厅负责。7月26日,到武警教导大队电影厅,文化厅负责。7月27日,自治区歌舞团到149师部演出。7月26日,全天看望慰问文明执勤点三大寺、达孜大桥和八廓执勤点。7月27日,慰问部队伤病员,总院和武警总院,慰问总团办,拉市在内。7月27日,团委组织青年服务小组到汽车十六团。7月27日下午,烈军属暨慰英模代表座谈会。7月28日晚,有个电影晚会,在武警一支队。7月29日晚8点30分,在人民会堂举行自治区拥军慰问大会,自治区领导讲话,军区讲话,然后举行文艺晚会,赠送旗帜。7月31日白天,区团委组织青年服务小组到武警服务。7月31日晚,自治区歌舞团到武警部队演出。8月2日晚,区歌舞团慰问演出。8月4日白天,区歌舞团到机场演出。自治区有关部门分别召开邀请部队的座谈会,给部队要切实解决问题。自治区组、人、财、交、粮、物、公、教等部门。

军区安排的活动主题:热爱西藏,向西藏人民学习。7月17日,部队召开排以上干部动员大会。7月28日下午四点,军区召开小型座谈会,自治区人、组、统,拉萨市商业、公安、土地、民政参加。7月20日,部队给群众办好事,打扫卫生。7月21—23日,组织为民学习小组,有医疗小组、家电维修组、理发组。

1989 年 7 月 13 日

下午。

曲加书记:总结经验,清理思想,教育多数。总结经验教训:第一,派一个纪律副书记,组织部去一个,由教体委牵头,帮助一中学习四中全会的精神。第二,去后宣布童和宋停职检查。宋主要是负对学校的领导责任,领导不力,准备接受组织的审查。第三,整顿教师队伍,向各学校通报,调查核实童和宋的问题。8月底前把这些问题调查清楚。注意:(一)思想教育先行。(二)情况一定调查核实清楚。(三)处理人时,注意五方面因素:一是时间动动,19日前后,19日后要追究责任,19日前的必须做批评和自我批评;二是拉萨戒严后;三是正常的违反法律的要……四是按组织程序办;五是处理人最后再研究,请有关部门……力求保持一中正常的教学秩序。

1989 年 7 月 15 日

曲加书记作报告,拉萨市三届一次全委会议。

一、认真学习贯彻了中共中央十三届四次会议精神。

二、市委两年来的工作。市委在大小"骚乱"动乱中坚持两手抓。两年来改造危房 5 万多平方米,今明两年计划解决 8 万平方米。

三、坚持以经济建设为中心,取得了新的进展。人均分配数达到 425 元后,因大灾下降到 375 元。

四、以实际行动贯彻十三届四次会议精神。深入持久地开展反分裂斗争,努力稳定拉萨的局势。一是对在反分裂反动乱中立场不坚定的党员要认真处理。二是对以权谋私的人,要进行严肃地处理。三是在抓治理整顿中,查出的要认真下决心处理。四是认真贯彻(藏党发 1988 年 24 号)文件。五是在前段机关整顿的基础上,九月份在党内进行一次整顿。六是今冬明春办党员培训班,学习十三届四次会议精神,学习邓小平同志讲话。七是国家执法部门在现有的基础上公开办事制度,8 月 1 日开始。

1989 年 7 月 19 日

参加市人大常委会议。

18 日,全天学习中央文件。

19 日,市卫生局汇报工作。

(一)基本情况

现有卫生机构 127 个,其中县以上医院 10 所,县以上防疫部门 9 所,县级卫生妇保健院 9 所,区乡卫生院 81 所。现有卫生人员 1263 人,其中卫生技术人员 1073 人,占 84.9%;高级职称 23 人,中级职称 88 人,初级职称 861 人,卫生员 101 人。每千人约有卫生员 3.6 人。另外,乡村卫生人员 259 人。现有病床 444 张,其中县以上医院床位数 344 张,区卫生院床位 100 张,每千人约占病床 1.27 张。卫生事业总经费约 600 万元,其中人头费约占 61%,公费医疗约占 7%。今年 179 名编外人员,录用了 163 名编外人员。去年人口增长 13.8‰。市财政给医院 140 万元,今年从各方已达到 180 万元。享受公费医疗的共 12 万人。

(二)市人大常委会给卫生工作提建议

何秘书长:把市医院的问题提交自治区人大会议解决。

统战部:除给自治区汇报外,拉萨市应解决十万元给群众办点实事。拉萨市一年进口十几辆小车,不坐进口小车就解决不了问题了吗?

拉巴:市医院办好办不好,关系到党和政府的形象问题,市医院是首府市的医院,应办好。

何秘书长:医院奖金发得多,公费医疗要改革,是否分到各单位管理。

医院问题:一是人员素质差,攻攻业务素质;二是资金困难,设备差。以免出现进门难、看病难、话难听、要药难。

※　　　※

人大给农业工作提建议。

过去提以牧为主,应因地制宜分类指导。彭波区只有2头耕牛。农牧局要几个数字也要不到,地方志没法写。农牧局领导班子不力,应加强。加强农牧领导,应和人大通口气,到京买油主义,要从根本上解决。

阿旺:农牧总产值占80%,应重新再认识,说我们不断以□说,我们不深入,不能光看形式,看效果,深入调研。"经研究",是研究不研究农牧工作,市委对农业第二步改革没解决出来。要加农业成本的核算。去年粮食实际产量1.65亿斤,今年投入化肥5000吨,投入多,产出得少,土地管理问题到底谁来管。

农业问题:(一)首先解决对农牧业的认识问题,指导思想问题。农牧业关系到西藏形势稳定问题,关系到今后经济、政治发展问题,要重视,不能停留在口头上。(二)应认真回顾几年来的经验和教训。1. 十一届三中全会后有发展。2. 农业的第二次改革没有跟上形势发展。3. 教训。集体经济没有啦,党的领导削弱啦,农田水利破坏啦。4. 生态破坏,植被减少,农牧丰收靠天。(三)农业要上去,干部要下去。1. 干部要下去了解真实情况。2. 下去给群众解决点实际问题。3. 根据实际情况制定新的措施和办法,引进北京黑白花奶牛,投入200万元失败啦,西藏四座糖厂已全部失败。支农资金去年300万元,今年320万元。

1989 年 7 月 20 日

下午,市人大作出在全市开展执法大检查的决定。

阿旺主任:以书面形式给市委打招呼。事先应很好研究,成立班子。7月下旬开始到10月份这段时间。

1989 年 7 月 21 日

上午,堆龙德庆县柳梧小学。

副校长土登群培:今年村办小学5所,乡办小学2所。柳梧乡小学是乡办学校,3名教师,70名学生。乃琼小学,学生家比较穷,一名教师,15名学生。桑布小学准备从德阳请个老师,桑布比较困难,80多户村民,前段学校散啦。准备9月份办起学校定点制度。达东原来是乡,120户人家,现有学校一所,2名教师,学生30名,生活条件比较好。这个学校原来条件差,87年下半年调整班子,新校长班典,制定了6条规章制度。16名教工,其中2名炊事员,5个年级,从今年下半年办六年级,乡入学率达60%。现在该校

130 名学生。学校领导共 3 名,校长都兼课。学校投 20 万元建起来的,面积 70 平米①,整个学校面积 11506 平方米。去年 10 月实行"三包"政策,享受"三包"政策 82 名,其中 39 名走读生,43 名在此吃饭。学校菜地 3 亩,青稞地 7 亩,菜地承包啦,另外还有 2 头猪。学校是 74 年办的,10 月 4 日开学,到去年没有输送过毕业学生。去年毕业 8 名学生,一名考入内地,7 名送县中学。今年争取把五年级全部升到六年级,共 14 名。以前管理差,群众不愿送学生。去年定制度,平均成绩达不到 60 分,扣全奖金,现在群众争送学生。期末实行统考,各小学参加,根据成绩进行奖罚。开课以藏文、汉文、数学为主,付〔副〕科 3 门。根据成绩进行奖励。有 4 名正式教师,另外一名在师校进修。14 名教员中正式教工 5 名,中专学历 4 名,高中学历 1 名,初中学历 5 名,小学学历 6 名。

乃琼小学兹仁卓玛在没盖起小学前,把学生带到家上课。去年教材教法考试全乡第一名。她是小学毕业,自学比较好,她送的学生基础最好。群众 30 户,生活苦,没办学条件。因此她把孩子当做自己的孩子,87 年办的学校,88 年送了 5 名学生。

本校桑达小学班子团结,协调得好。存在困难,缺教员,特别是六年级班,教员更缺。

桑达乡卫生所。全乡共 2303 人,医生 3 名。今年特别缺药,调来更好,医药公司里都没有药,庆大霉素没有一盒。

1989 年 7 月 25 日

参加中央国务院经济工作组座谈会。

卫生部门:保健医疗对象 349900 人。卫生机构 127 所,县级以上 10 所。群众看病,每人每年合 9 元。

市医院经费 165.5 万元,人头经费占 76%,用于购药的钱 40 万元,负责 2 万人的医疗。其中公费 4 万元,负责 1 万人医药费,每人合 10 元。存在主要问题:一是人才缺;二是资金困难,其中药品涨价 123%。市医院每年门诊量 14 万人次。设备 B 超机 1 个,500 毫安 X 光机 1 个,心脑电图机 1 个,自动生化仪 1 台。

教育资金 2300 万元,教职工 3000 人,有 40000 名学生在校,学校 500 所。国家教委没有来过人。

国家计委:1. 拉萨市给计委、国家旅游局等单位写个专题报告,要点专

---

① 数字原来是 1372 平方米,13 处删除,可能是笔误。

项款,拉萨是首府,应建设得好一点。2. 农牧生产,把林周县搞成农产副食品基地。澳大利亚的牛排运到拉萨 20 元一斤。3. 教育是大事,抓现有人员的培养,国家教委准备来。4. 公费医疗问题。5. 市长抓老百姓的急用生活用品。拉萨市的野狗太多啦。6. 搞点旅游产品,投入少、见钱快。拉萨市应开点小灶。

1989 年 8 月 1 日

卫生局加措同志给中央卫生部科技司秦新华司长汇报工作。

卫校办 7 个班,278 人,卫校教工 12 名。84 年,拉萨市麻疹死了 116 名儿童。84 年,患传染病 8542 人。几年预防保健投资 477 万元,卫生援藏干部 9 批,157 人。

秦司长到妇幼保健部参观,院长强巴白珍汇报。

下午,参观达孜县。

卫生局局长次仁白珍汇报:达孜县 1373 平方公里,88 年出生 400 多名新生儿,新法接生 900 多名[①]。

达孜县卫生防疫站长巴朱:疫苗接种率达到 98.8%,全县节育率 69.8%。

※　　　　※

8 月 1 日,晚上。

一中:书记平措;副书记马升昌;支部委员边更华、汤文清、德吉卓嘎、张洪,缺一名支委。校长马胜员;副[校]长平措、仁真即杰、边更华。

二中:校长刘廷君;副[校]长旦巴穷来、索即、次旦平措。书记旦巴穷来;副书记刘廷君;支委索郎、次旦平措、土登。

三中:书记拉巴;副校长拉巴、平措、张元奎;副书记平措;支委张元奎。

四中:不动。

五中:校长谭太荣;副校长占堆、雷贵龙。支部书记谭太荣,副书记占堆。

六中:校长次仁卓嘎;副校长杨成林。书记次仁卓嘎;支委杨成林,再找一名教师。

七中:校长强巴;副校长谢青林、路西林、楚嘎戈桑。书记强巴;副书记楚成戈桑;支委谢清林。

九中:副校长边巴。总务主任李金玉。

---

① 指近几年的数字。

少年宫:主任韩小伍;副主任根踪、至昆山。书记根棕;支委韩小伍、至昆山。

保育院:强巴央金副书记、副院长,主持工作。林华副院长、支委,贺曙光支委。政治处李明臣任主任。罗超群任院办副主任。

师校:次仁德吉任教务处副主任。

三中:刘松臣调师校,任教务处副主任。

九中:刘跃能调师校,任政治处副主任。

三中:小旦群调师校,任政治处副主任。

免去:少年宫吴中权副书记、副主任;罗桑去典副主任、支委;林效果,师校总务处副主任;阿旺朗杰,师校副校长。

1989 年 8 月 2 日

六中情况。

教职工 38 名,其中任课老师 24 名,后勤人员 12 名,炊事班 2 名临时工。烧的油解决不了。学校 6 个班,本学期二年级 3 班,有 18 人旷课,已经不上啦。大部分是水泥厂的子女,藏汉各半。学生 180 人,6 个班。初一一个班,初二 3 个班,初三一个班。学生流失严重,主要是军修厂和水泥厂招工学生,不断退学,最少的班才 23 名学生。水泥厂小学八个班,质量不高,交给六中比较好。去年他们经费约 20 万元,高中老师比较多,七中教师太少,可调给他们,最好合并到七中去。今年六中经费 17.6 万元。

※　　　　※

市劳动服务公司。

共 14 人,其中 4 人内调,一人准备退休,一个人考成人大学(四川财经学院)。现在人员中,干部 6 人,其中内调 2 人,退休一人。只有 3 名干部,其余都是工人。领导扎西顿珠,38 岁。83 年公司筹建,84 年开展工作。85年分给 35 万元开发费,15 万元流动资金,20 万元买地皮,盖楼给 40 万元。

自办的企业:1. 东郊农场,5 人,除发工资,有点盈余。2. 北郊预制件厂,借款办的,农场 20 多亩地,借 12 万元,预制厂借 5 万元。3. 饭店招待所 6 人,招待所 12 间,能住 60 人。

2500 名待业青年的出路何在?

门市部去年亏损 4 万元。市劳动服务公司去年上税 2 万元。

1989 年 8 月 4 日

下午,参加自治区人大会第二次会议。

　　热地主持会议,阿沛①委员长作报告。

　　很多问题上次讲啦,还有一两个重要问题没有讲,今天讲一下。一个问题,和平解放西藏《十七条协议》②签订的过程。当时只有 36 人,在座的有何康、全钟等,其余大都已经去世啦。解放军刚进藏时谣言多,说解放军吃胖子、奸妇女、无恶不作,可解放军到了昌都以后就不像他们说的那样啦。当时一看到解放军的实际行动,我们 36 人就主动地去接待人民解放军。我们觉得和平解放西藏,从各方面来看都比较有利,我们 36 人就写了一个和平解放西藏的报告。报告当时开头就是现在在拉萨的政治负责人,不好写哪一个人。因为听说都跑印度去啦,当时叫全钟和见真两个人,亲自从昌都送到拉萨来的。

　　当时达赖走时已同意到昌都和解放军谈和平解决西藏的问题。当时和谈,阿沛是首席代表,达赖当时提的条件:一是不放弃独立,西藏不是中国的一部分;二是解放军不能进驻西藏。当时根本谈不下去,后来又给王其美说是不是共产党代表到拉萨去谈,第二次没解决问题,又派了第三批代表团和解放军谈判。以后接受了谈判,但怕达赖又不同意,后来又遇到了问题,主要是写进保持十三世达赖和九世班禅的地位问题。协议总算签订啦,当时有人谣传说共产党收买了我阿沛。后来在噶厦政府③会议上我作了说明,以后达赖又给毛主席发了致敬电,这是我给大家补充的第一问题。

　　另外,关于藏语文的问题。87 年,班禅大师④来后提出,政府很重视这问题。87 年至今很重视,我们藏族很重视藏语文的使用,我认为自治区政府对使用藏文是很重视的。常委扩大会议使用藏、汉两文开会,这是第一次,胡锦涛书记是很重视这一项工作的。现在关键是区和县里要很好地重视。

1989 年 8 月 5 日

　　教体委举办区级以上干部学习班。

---

①　阿沛·阿旺晋美(1910—2009 年),藏族,西藏拉萨人。1983—1993 年,任全国人大常委会副委员长、全国人大民族委员会主任委员,西藏自治区人大常委会主任。1993—2009 年,全国政协副主席。

②　1951 年 4 月,李维汉受命为中央人民政府首席全权代表,负责同西藏地方政府的代表商谈和平解放西藏问题。从 4 月 29 日开始第一轮谈判到 5 月 23 日协议签订,在长达 25 天的时间里,经过多轮谈判最终签订和平解放西藏《十七条协议》。

③　噶厦为清代到新中国初期西藏地方官署名,即原西藏地方政府,藏语称"噶厦"。"噶"是命令的意思,"厦"是房屋的意思,"噶厦"就是发号施令的地方。

④　十世班禅额尔德尼·确吉坚赞。

教体委举办系统区级以上干部学习班,进一步认真贯彻中央十三届四中全会精神,也就是用四中全会精神,来统一大家的思想,从几个同志发言中可以看出效果是好的。

一、对中央出现的动乱以至发展成反革命"暴乱"的几点看法。

正像邓小平同志说的,这是由大气候和小气候所决定的,具体的来说:

(一)别有用心的人蓄谋已久,目的在于否定"四项基本原则",推翻共产党的领导,如方励之、李淑娴①之类。

(二)国际上妄图推翻共产党的大气候不是一天形成的,四十年代的艾奇逊,五十年代杜勒斯②,早就有预言要用和平演变的办法来推翻共产党的领导。西方资本主义国家首先是武力侵略。失败后,采取经济侵略,特别是实行开放搞活以来,有些国家名为支援,实为侵略。从家电、汽车到项目的联合开发,就是不给技术支援。第三,采取文化渗透,专门向中国发放乌七八糟的东西。第四,用"糖衣炮弹"拉共产党的干部下水,特别是在干部知识分子出国后,采用一切办法腐蚀共产党的干部,采取一切手段引诱我们党培养的人才外流。

(三)十一届三中全会后,经济体制改革和政治体制改革没有同步发展,也就是政治体制改革没跟上形势的发展,正像中央领导同志说的出现了一软一硬不配套。政治如何保证经济发展,没起到保证作用,因此出现了党的工作无所适从,党的领导失控,党的领导无力。由此,出现党的领导软啦,党员思想散啦,不少党员在开放搞活的大旗下迷失方向啦。

(四)资产阶级自由化的泛滥,也就是说资产阶级自由化没有从根本上解决。从"文化大革命"结束后,资产阶级自由化有所抬头,以致于到胡耀邦同志死,到四五月份"暴乱"达到了高潮,其目的想搞全盘西化,否定四项基本原则。

(五)理论上的混乱,宣传报道上的失控。

(六)部分青年精神"贫血",出现信仰危机、心理虚脱。表现在部分青年强调自我价值,没把自己和党的培养、集体的力量联系在一起。缺乏奋斗的目标,思想变化多端,出现"冷热病"。在不能满足虚荣心理要求时,个人目的达不到时要求出国,调动工作,寻求刺激。这主要是由于马列主义基础太薄弱,没有真才实学,缺乏务实的精神引起的。

---

① 方励之、李淑娴为夫妻。

② 约翰·福斯特·杜勒斯 John Foster Dulles(1888—1959 年),1953—1959 年任美国国务卿,是冷战初期美国外交政策的主要制定者。

（七）近几年来党的干部队伍中出现了严重的官僚主义、贪污腐化现象,致使党在群众中的形象太差,党的威望太小啦,在群众中的信任度太低啦。

（八）这次的动乱发展到反革命的暴乱与赵紫阳同志有直接的关系。身为党的书记,不抓党的工作,主张取消政工干部。87年"闹学潮",他说形势好转啦,学潮平息啦,资产阶级自由化不存在啦。今年5月4日,他接见亚行的代表时说学生不是推翻共产党,是纠正我们工作中的错误。开放搞活的时期,他说腐化现象也是必然的。多次讲话中,他说"四个坚持"主要是坚持党的领导,其他之项可以不提。5月5—17日,他顽固地坚持反动立场。在会见苏联戈尔巴乔夫时,他把邓小平抛出来。中央做出决策后,他不管不问,让他参加会议他不参加,说有病。学潮达到高潮时,他站在人民大会堂观望后去打高尔夫球。通过学习要解决知识分子"四性"。

二、用中央十三届四中全会的精神来统一我们的思想,为西藏的教育事业作出贡献。

（一）正确处理主观与客观、理论与实践、个人与集体的关系。从主观理论上讲,大多数同志想把自己从事的事业搞好,可是事与愿违。没处理好个人和集体的关系,不懂什么叫集体领导,不懂什么叫民主领导,不懂个人负责和集体领导的关系。心胸狭窄,缺乏驾驭全局的能力。一个领导者的任务、责任是什么？领导者应具备的条件是什么？要理解人,谅解人,关心人。

（二）总结教学经验,摸清教育规律,为西藏的教育事业作出应有的贡献。正确认识教育工作中共性与个性的关系。马列主义哲学原理告诉我们,任何事物都有共性和个性两个方面,共性又称一般,个性又称个别,西藏和全国的教育共性是什么？首先是在党的领导下,按照全国的教育方针培养"四有"人才。西藏的个性是起点低、基础差、起步晚、不平衡、师资少、素质差,加上人少地广,居住分散,交通不便,受宗教影响大。要重视双语教学,为提高教学质量认真研究探求双语教学的方法步骤。首先,应重视藏语文的普及教育,特别是在基层。其次,认真回顾双语教学的经验和教训,要搞对比,要搞实验,要深入机关、干部、群众。眼界要宽,要有战略眼光,要实事求是地提出双语教学的方法措施。

三、要热爱教育事业,忠于教育事业,献身教育事业。

（一）教育事业是阳光下最神圣的事业,教育事业是历来受人尊敬的事业,教育事业是社会民族发展的大业。

（二）要献身教育事业,要具有不怕吃亏的精神,特别是在当今社会风气、党风没好转的情况下,作为教育者更应头脑清醒。什么是人生最大的幸福?

(三)作为一个教育者,要有知识,要有才能。

(四)作为一个教育者,要为人师表,对青年教师要加强职业道德教育。

(五)要注意树典型、抓先进,让大家学有榜样,赶有目标,把正气树起来,把歪风邪气压下去。当前部分老师存在想法有:西藏条件差,气候不好,民族关系不好处理;在西藏工作看起来钱多几元,一探亲回家花光啦,还是"穷光蛋";夫妻长期分居,老人得不到照顾,孩子得不到培养,一误误三代;西藏工作养小不养老,回去没人要,不如早回去好。

(六)汉族干部要安心工作,献身教育事业;要从思想上,尊重少数民族;要克服"等三年,混三年,晕晕乎乎干两年"的思想;要勤奋工作,努力学习。藏族干部教师要给汉族老师工作提供方便,对个别民族情绪大的,不利团结的,要敢于出来说公道话,要勤奋学习,要正确地处理民族和宗教问题。

同志们:我们的事业是伟大的、神圣的,西藏的物产是丰实的,天空是广阔的,我们肩负的担子是重的,党和人民对我们寄托的希望是大的,让我们携起手来,振奋精神,为西藏的繁荣昌盛努力奋斗吧。

※　　　　※

几个模范老师:

一小,白珍;四中,次典朗杰;实验学校,王文□;巴尔库小学,土登。

※　　　　※

下午,研究全国少数民族首府城市市长联席会议有关问题。

陈市长:第三次市长联席会在拉萨,8 月 14 日报到。会议内容:第一,交流一年来市之间经济合作的情况。今年由呼和浩特市长主持汇报,呼和浩特市来 9 人。第二,经济工作中有些需要向中央提的,联合提出。第三,少数民族市的互相照顾优惠的条件。另外,邀请了 10 个部委、20 个局司的领导。

夏书记:认识各市领导,让他们了解认识拉萨,建立感情,支持拉萨。

洛嘎市长:负责人员不要变啦,防止多头的问题。

曲加书记:(一)这次市长联席会,不光是经济工作,要贯彻四中全会精神,要体现"两手抓",一手谈经济,一手抓宣传,既要抓物质文明建设,又要抓精神文明建设,稳定局势是大事。讲话提两个方面,一是经济,二是政治,指导思想上要明确。(二)代表团组成,洛嘎任团长,陈市长增加进去,仁青市长增加进去,民宗局增加进去。(三)项目班子合适不合适不好说,总起来不要太零碎。(四)关于首府城市单列的问题,可准备个稿子。(五)关于送纪念品的问题,给各单位下命令不要乱送。

※　　　　　※

关于回访杭州市的问题。

由 17 个人组成,另外去工作人员。经济协作,城市管理,时间是 9—10 天。

曲加:由市委办给自治区打个报告,组成党政代表团去一下,交流情况,洽谈项目,人员要综合性的。

※　　　　　※

和卫生部秦司长听医院汇报工作。

自治区医院日均门诊量 416 人次,职工 700 多人。市人民医院日均门诊量 600 人次,职工 289 人。自治区第二人民医院门诊量 150 多人次。

秦司长:医院是知识密集的地方,你们提出的问题,我回去给部长汇报一下。科研应和市科委挂起钩来,同时要成立院专家学会之类的组织。人的要求三个层次:一是基本的要求,吃、穿、住;二是享受;三是把自己的知识、才能贡献出来。

保育院:职工 56 人,到湖南师范教育进修有……到天津师范学校训练过的有□个。其中,后勤 25 名,25 名中有 2 名医生。保育院的地点是自治区政协副主席雪康家。81 年 7 月筹建保育院,院长林华,藏族。现在学生 210 名,84 年 290 名,最多的一年。89 年经费 27.5 万元。

山南医院经费 140 万元。

拉萨市医院经费 210 万元,职工 289 人。病床使用率……

参加在内地学习培训同志的名字、地点:

市医院内科达娃,山东医科大学进修;妇产科□卓嘎,广东中山医学院进修;外科罗布旺堆,北京医科大学进修;市防疫站赤列、加措,武汉大学、同济大学,属附属医院进修。

1989 年 8 月 9 日

上午,和卫生部秦司长到墨竹工卡县。

县长洛多:全县 3.4 万人。

卫生局副局长、院长央金汇报:以预防保健为主。六种免疫疫苗能基本控制传染病的发生。医疗、防疫、保健三项工作,在全市是比较好的。副局长曲吉桑布主管,有开拓精神。防保站长罗桑。门诊量定的指标 2900 多人次。病房使用率 91.6%,全区 60%多,拉萨平均已达 70%,市医院使用率最差。出生儿死亡率 29‰,孕妇死亡率 29‰。拉萨市产妇生儿死亡率 37‰,

全国要求 3‰。

1989 年 8 月 10 日

上午,中央教委柳冰主任参观六中和哲蚌寺。

※   ※

下午,三中。

全校在校生 721 人,其中中学住校生 580 人。高中毕业班 53 人,过高考分数线的 31 名。该校以藏语文教学为主,以招收农牧民子弟为主,以藏族学生为主。

柳冰:流通带动职业培训。

1989 年 8 月 11 日

和中央教委柳冰主任到达孜县拉木乡小学。

拉木乡中心小学汇报:教工共 19 人,其中 9 名教员,2 名行政,炊事员……4 个班,145 人,其中住校生 128 人,走读 17 人。自 75 年办学以来,每年输送 20 人左右,向各级学校已输送了 250 人。勤工俭学搞得比较好,一是捡牛粪,二是种蔬菜,三是养猪抓得好,共养了 10 头猪。看管林卡每年 400 元钱,利用林卡的草地养了 14 头黄牛。学校管 3 个乡的小学,14 所民办小学,25 名教员。适龄儿童 697 人,入学的 650 人。同时,抓了扫盲工作,去年开办了三个班。由民办小学的 6 名教员来担任教员。扫盲教师每月 35 元的补贴,扫盲班最小的 15 岁,其中参加扫盲的 45 个。全县扫盲学校 18 所,558 人参加学习。三三五七工程四县一区办了扫盲班,民办小学最大的问题是房子问题、教师问题,困难最大的是主西乡①。全县农民收入人均 397 元,全区人均 380 元。90% 的农民解决了温饱问题。该学校最大的问题是房子差,学生住得差,人多。县一所中学,5 所公办小学,经费 78 万元。

柳主任:第一,今后"三包"政策改为助学金为好,另外政府要有依靠群众办学的措施,让群众把学校当做自己的学校办才有发展前途。第二,采取勤工俭学的办法来办好学校,3 个学校办得不错,与大抓勤工俭学有直接关系。

达孜县 2.07 万人。

达孜县次仁多吉给中央教委柳主任作汇报:全县 71 所民办小学,5 所

---

① 现为主西村。

公办小学。中学 1 所,其中 10 个班,任课教师 84 人,正式老师 37 个,藏族老师 66 人。民办老师 110 人。公办学校 1120 名学生,"三包"学生共计……"三包"政策小学每人 21 元,中学生 24 元。10—16 岁没上学的达 1600 多人。文盲 2670 人,总人数 2.07 万人。全县适龄儿童 3200 名。全市教育全部使用六年制教学,没有五年级制的学生啦。有些人盲目地宣扬西方国家,美国已 200 年啦,我们才 40 年,40 年还有"文化大革命"10 年,"大跃进"、抗美援朝各 3 年,加上"反右派",1960 年的生活[困]难,我们搞经济建设才 20 多年,发展这么快,应看到这个大变化。

张荣扬给柳冰主任汇报:全面实行藏语文教课需 720 人,现有 150 人。

柳冰主任:(一)加强学校思想政治工作是全国性的,要进行安定团结的教育,有部分学生向往美国,工人平均工资 2000 美元,瑞士的收入是世界第一位的,认为他们国家比较安全。我们国家自 1840 年鸦片战争以来,接着列强入侵,接着辛亥革命、军阀混战,第一、二次国内革命战争,接着八年抗战,后又土地革命,真正搞建设的时期是 53—57 年。从鸦片战争到今有 150 年,搞建设只有 20 来年时间。现在最宝贵的是和平安定的时间。工农业总产值增速保证 7.8%,搞 50 年,我们的胜利之大有希望。不要忘记,帝国主义亡我之心不死,要讲美国、英国、日本的侵华史。(二)西藏教育的模式。今后国家财政收入,中央财政收入占大头才行,现在地方收入占大头。今后再增加中央的投资不大可能。要增加投资,一是国家投点钱,二是想办法,多渠道的办法,西藏减、免、让、包的政策要改变、改革。最重要的是教师队伍的建设,逐步过渡到以藏族教师、本地教师、公办教师为主,这样有利于教师队伍的巩固。重要的是加强西藏师范教育的发展。全区 5 所师范学校要办好。最重要的是加强中学教师的素质。职业中专要和有关部门配合,职业教育主要采取包的办法。加强藏族教学教材的建设,特别是西藏的地理、历史教育教材的编印。采取双语教学,阿□□小学还是以藏语为主,到中学藏汉都通才行,因为要上内地大学,五年制的学校从三年级开始学汉语。

中学生每年 900 元的"三包"费;中专 2400 元。

1989 年 8 月 16 日

上午,九中。

教职工 30 人(不含退休的),其中代课老师 6 人,汉族老师 3 人,另外 1 人是合同工。学历,汉族 3 人中专毕业。12 名藏族教师,其中大学学历 5 名,4 名高中学历,3 名初中学历。

领导成员,书记楚成格桑,40 多岁;副校长刘跃能,汉族,西安;后勤 9

人,其中干部 4 人。

任课的 12 名教师,另外 3 名在南京学习。代课教师 6 人。学生原来 8 个班,现增加 3 个班。学生 343 名,其中藏族分一、二年级。一年级 2 个班,二年级 2 个班,三年级 2 个班,四、五、六年级各一个班。学生来源,工程五队、青办农场、七一农场、拉汽一队。小学升初中升学率 96%,最高达 99.5%。今年考入内地班 13 人,是历年考内地班最多的。

双语教学,一年级 3 个班,其中汉文班一个,用汉语教学;另外两个班用藏语教学。三年级以上全部用汉语教学,本校以汉语教材为主。藏族学生占 80%,定编后的经费每年 19.29 万元。教员课程最多的每周 28 节课。教务副主任刘经帮,中师毕业。存在问题,13 名退休的不好办,要求照顾多。

※　　　　※

当雄县赛马会的安排。

日期	上午	下午
20 日	开幕式	县宣传队演出
21 日	马长跑 1 万米	机动
22 日	马长跑 1 万米	男女长跑比赛
23 日	马小跑 5000 米	民兵射击比赛
24 日	马小跑 5000 米	抱石比赛
25 日	马术表演	自行车比赛
26 日	马术表演	拔河比赛
27 日	拔河决赛	文艺演出

场地已修好,长 1000 米、宽 20 米的带铁栅栏的标准赛马场。运动员 300 多人次,大项目 16 个,开幕式开始入场。

1. 市歌舞团演出的问题。

2. 解决信号枪、发令枪、空弹、彩旗、表。

21 日,阿沛阿旺晋美和热地要来。

1989 年 8 月 17 日

上午,和世界粮农组织儿童基金会到蔡公堂乡(英国多不特夫妇)。

乡村医生有 6 名。四种接种率已达 92.12%。由于饮水的问题,痢疾病比较多。2 个月有 300 多人闹肚子、闹痢疾。发病率 18.17%,死亡一人。一个平方米有 57 个苍蝇。今年上半年生了 73 名孩子,死 3 名。新法接生 48 人,占 65.75%。

※　　　　※

自治区体委召开会议。

主要内容:研究召开九月份拉萨地区民族传统体育运动会。

举办单位:自治区体委、自治区民委、拉萨市委。

项目:共计 10 个。

拉萨市:赛马,重点民族传统的马术、藏式摔跤。

时间:准备计划在 10 月 2 日、3 日,北郊体场。

注意:宣传报道;治安。

业务处平措处长:时间从 9 月 20 日开始,至 10 月 3 日。国庆 40 周年民族传统运动会。

徐主任:给财政厅要了十五万元的经费。

※　　　　　※

关于拉萨市给六县(区)下通知问题。

研究的问题:1. 大会组织委员会,有自治区体委、自治区民委、拉萨市政府,主任由分管的副主席参加,副主任三家领导出。2. 组委会下设:竞赛组,业务处和市体委负责;宣传保卫组,由民委抽人;后勤,体委办公室,包括医务人员;保卫组,由拉萨市公安局负责,抽一名局长。每个县 7 匹马,6 个县区,每匹马给 70 元钱。

1989 年 8 月 25 日

下午,二中。

职业高中班准备录取 240 人,其中已录取 200 人,准备办 6 个班。藏汉比例 7:3 开。第一志愿报职业班 30 人,第二志愿 10 人,第三志愿 105 人。

刘燕军:(一)二中大致情况。普教 23 日开学,教师编制 82 人,已按 74 人职教所需,按编 41 人。现在有 5 名,另外请了三名职业老师。现在全校教工 150 人,编制原来 148 人,全校 31 个班,现有老师 111 人。另外,职工 218 人,新调进 10 个人。现在普教安排课后,还有 21 名教师准备搞职教工作。职业教师去内地学习 6 名。在内地和在本地休假的 11 名,其中内调 4 名。周先岐调来 2 年没上课,来后又住院,准备商调。现在缺少语文老师,2 名上高中语文课的。现在代课老师 14 个人,生物、化学教师多一名。本学期工作重点 4 个,下大力抓好职业班;抓好教学常规管理;抓好爱国主义教育;抓好教工的思想工作。目的(指导思想)一个,把教学质量抓上去。

(二)当前工作。一是抓实班级管理工作。两步走,班级管理,原来虎头蛇尾,财务包干管理制度(班级),上学期修门窗 2 次,一次去掉 4000 元,

1 万元为基数。第二,加强班级制度的管理和行为训练。班级管理交给政教处。第三,加强形势教育。一个月内,第一周校规校纪教育,第二周文明语言教育,第三周卫生习惯教育,第四周爱护公物教育。

9 月份开始形势教育,第一,用三课时,开展热爱共产党、热爱祖国、热爱劳动的教育。第二,讲西藏地方史的教育。第三,共青团活动。第四,和部队搞共建,给部队上藏课,派教师给他们讲音乐课,搞联欢,部队军训高三学生。第五,社会教育,安定团结,新旧对比。准备上一次法制课。

(三)支部工作、党务工作。(1)支部在学生中的地位。(2)学校党支部对重大问题做决定。支部委员 5 名,18 名党员。(3)组织建设。(4)思想建设。行动上一致;学习四中全会精神;加强党章、党的基本知识学习。(5)学习建设,党员模范带头作用。王杰华,男,党员,不起作用,商调回去。王慧勤,一般老师,群众威信不高,商调回去。周先岐两年没上课,回来又住院,准备让其商调。发扬民主接受监督,增强班子的凝聚力。

(四)教工的师德教育。(1)为人民服务的教育。(2)教书育人,为人师表的教育。(3)法制纪律教育。(4)提高自信心,增强自尊心的教育,维护学校声誉,做学校的主人。(5)抓好四中全会的教育,反对资产阶级自由化,加强四项原则教育。(6)联系西藏实际,进行爱国主义教育,西藏历史教育。(7)抓学生的德育教育,搞一个爱国主义教育的试点班。(8)领导要切实关心教工。抓好学籍管理。教学的业务管理,教学计划、教研组的活动、教师的业务档案,安排教师的公开课。校长都兼课,每名老师都写一篇论文。超课时给补贴。教导处对班级业务管理。

※　　　　※

藏语汉语对照①

明天下午	桑哈其卓
明天上午	桑哈哈卓
明天早上	桑哈雪巴
再见	克里培
你好	卡培那
你身体好吧	谷苏得堂因白
坏啦车子	木扎军雪下
喝水	求曲(求冬)
生活怎么样	错娃肯泽都

---

① 孔繁森学习藏语,写于日记本尾页。

对不起,我听不懂	广巴马冲一阿苦根门都
喝一半	切嘎
喝干	纲嘎

1989 年 8 月 26 日

上午,召开有关单位扫黄会议。

界线要清楚,政策要明确,任务要具体,分工要明确,态度要坚决,重点要突出,力量要集中。

※　　　※

下午,参加全区旅游系统业务工作会议。

毛如柏同志讲意见:

(一)有利形势。形势基本得到了稳定。十一届三中全会以来,给西藏的政治经济改革带来了变化和生机,改革开放的基本方针不会改变。接待外宾有了一定的经验,同时具备了一定的设备。两个月接待外宾近千人。去年接待登山团队 30 多个,今年已接待了 23 个团队,958 人。

(二)提高服务质量,增强竞争能力。适应旅游发展的外部条件,给游客提供优质的服务条件。加强政治思想工作,加强业务培训的同时,加强职业……注重效益,加强管理。87 年游客 4.3 万人,今年力争达到人数。达不到,但效益要力争达到或者超过。加强行业之间的管理,应注意的问题:必须充分发挥职能部门的作用;要注意为经济、为企业服务;正确处理好一、二旅社之间的关系。

1989 年 8 月 27 日

带歌舞团去当雄县参加闭幕会。

1989 年 8 月 28 日

墨竹工卡县参加会议。

西藏青杨育苗成功是一名工人搞的。

蔬菜生产,商品菜 712 万斤已上市,比去年增 17%,提前上市 15—30 天时间。7500 亩蔬菜让城市每人每天争取达到一斤蔬菜。工交财贸工作有新的发展。工业产值 1—7 月份净利润 59 万元。交运 1—7 月完成货量(原文如此),亏损比去年有所减少。肉食供应问题大有好转,酥油从外地调来 500 多吨。藏历年人均供应 6 斤,全市有 800 多个"五保户"。

全市的基本建设取得了比较大的成绩,三三五七工程是我市的大项目,要把这办成全区外援项目的样板项目。

会议的贯彻问题和今后工作意见:

(一)狠抓各项计划指标的落实,主要督促检查 10 项任务。研究明年计划指标生产,不发达资金的使用要早点落实,狠抓农牧林会议精神的落实。青稞、小麦今年总产可望突破 2 亿斤。塔巴乡农牧林业生产比较主动,以身作则,深入调查研究;依靠发动群众;学科学,用科学,农作轮茬问题解决得好,抓优良品种的选育;有艰苦奋斗自力更生的精神。

(二)农业种植结构要有突破,要有改变,蚕头产量最多 700 多斤;第二件,大搞农田水利建设。

(三)牧业要建立育肥基地,达孜县的帮堆条件好,产后服务没有跟上形势发展。要实行抓秸秆、草的利用,油饼去毒问题。抓家畜的改良问题。

(四)林业要实行秋季造林,我们封山育林达 105 万亩。开展次林的修枝问题。

(五)修布达拉宫,国家拨款 3000 万元,还需 5000 根杨木。

今后发展农牧生产以脱贫为目标,以生态平衡为原则,以抓农牧林为重点,抓好农牧业生产。民政搞的互助筹金会是个新的事物。

曲加书记:就今冬明春生产讲几点意见。今年农牧业生产是喜人的,与县乡领导同志们努力是分不开的。一是争取做到丰产丰收,继续做好防灾抗灾工作;二是抓勤俭节约的教育;三是关于粮食收购问题,今年任务 2000 万斤;四是为明年春耕春播做好准备,抓农家肥的改造工作;教师节要到啦,各县要认真做好安排。

1989 年 8 月 29 日

与市教体委、电视台赵站长研究教师节的安排。

出席自治区先进集体的单位 2 个,先进个人 32 名。一小和城关区拉普小学大会讲经验。

出席全国的先进个人:一小白珍;尼木、城关、当雄代表。

全市教师节的慰问信;教师节前搞专刊;召开离退休干部职工座谈会。

电视报道:一小,主要是管理有成绩,德、智、体全面发展,重点报道一下白珍同志。巴尔库纳金小学,优秀教师巴尔库土登,重点报道纳金考内地西藏班,今年考上内地班 170 人,纳金占一半。三中搞几个镜头,700 名在校生。六中,优秀教师次仁卓嘎。二中,开展职业高中教育。达孜县开展勤工俭学。堆龙德庆县从全县的角度,对柳梧报道一下。

1989 年 8 月 31 日

参加市长办公会议。

一、地皮问题。1. 昌都办事处需要 21 亩地;2. 宰杀场,征地无人管,6 万元征地□;3. 实业开发中心,其中 7. 56 亩农田,2 万平方米合 30 亩,批给 1. 6 万平方米,自党校大路南路西边;4. 卡巴索朗卓玛用地 500 平方米,先通口气。

二、关于化肥预付款的报告。4000 吨化肥现有货,市财政给农机系统解决 30 万元贷款,各县根据情况,其余事项由农机公司解决。30 万元的还期是明年 3 月份。

三、工商局盖房问题。

四、纪检委汇报 1. 9 万元办公费问题,同意追加 2 万元。

五、市体委改造楼房问题,需 75 万元,自治区体委给 40 万元,市政府解决 25 万元……

六、公安四科,看守劳教所解决医药费 5 万元。消防队盖仓库办公室解决 12 万元。武警一中队解决 4 万元。曲水中队,扎市长答应 5 万元,财政局已同意。

陈市长:(一)全市矿业工作会议 9 月 10 日开始,58 个代表,会议在计经委院开,开会时间 3 天,来去共 5 天时间,经费 7860 元,同意报经委。(二)市长联席会议,会上超支 1 万多元,不到 2 万元,原来是 7. 98 万元包干。窦市长意见,市政府办公厅写个报告解决。(三)双建 275 万元,由民政和赵、陈市长研定。

市长办公会研究教育之事:节日前写个尊师重教的决定;写个慰问教工的信;拿出 3. 5 万元的慰问费;代课教工的转正问题,由教委写个报告;到内地看望西藏内地班的学生,由教体委写个报告。

1989 年 9 月 8 日

市直各单位支持教育采取的措施。

1. 中心站,准备买点礼品到一小慰问。

2. 市卫生局到市卫校慰问一下,到学校给教工看病。

3. 统战部。

4. 计经委代表 13000 名职工去慰问。

5. 文化局准备送一面旗,买点书。

6. 商业局专门召集了会议,并拿出了 3000 元。

7. 市医院到学校给教工看病。

8. 城关区拿 1000 元支援教师节。

9. 工青妇准备召开座谈会,给 1000 元。

10. 市农牧局还没研究。

粮食局、检察院、民宗局、司法局、民政局、电讯局、公安局、工商局、市政协、市中行、宣传部没研究。

※　　　※

中秋节在日喀则军分区度过,需要办的几个事:

一是参加民兵工作会议。二是到日喀则文教局了解有关双语教学的经验。三是到岗巴县学习办学经验,主要是学习提高入学率、巩固率的经验。

1989 年 9 月 15 日

参加成都军区边防少数民族地区民兵工作会议。

9 月 13 日出发,9 月 14 日休息。9 月 15 日开幕,9 月 18 日闭幕。

(一)军区杨安忠副参谋长讲话。

(二)龚达西副主席致开幕词。

(三)大会发言。云南文山军分区从战区实际出发,抓好民兵参战支前。云南临沧军分区大力开展以劳养武、扶贫致富活动,促进边疆民兵建设。

西藏专武干部乡级 480 多个。

1989 年 9 月 17 日

上午,成都军区副司令员张太恒①召开地方座谈会议。

拉萨市的基本情况:民兵 5000 人,专干 34 人(城关区 10 人)。

当前民兵工作存在的主要问题:

一、对和平时期民兵工作的重要性、必要性、可能性、困难性认识不足。

(一)认为和平时期民兵工作可有可无。

(二)实行改革开放后,全国各行各业都以经济建设为中心,民兵工作光讲贡献不好办。

(三)组织不健全,地广人稀,居住分散,资金不足,难组织,难领导,难

---

① 张太恒(1931—2005 年),男,汉族,山东广饶县东张家庄(今属大王镇)人。1944 年参加革命,中国共产党党员。中国人民解放军高级将领,上将军衔。1985 年 6 月任成都军区副司令员,老山前线指挥员。1988 年 9 月被授予中将军衔。1990 年 4 月任司令员。后任济南军区司令员、全国政协常务委员会委员等职。

开展。

二、统一各级领导认识,认识民兵工作的重要性,加强民兵工作的领导。

(一)民兵工作应适应形势的需要,民兵工作要改革,要以经济建设为中心,要有吸引力。

(二)健全组织,配备人员,疏通渠道,加强领导,总结经验,开展工作。

(三)民兵工作要加强思想政治工作。

(四)民兵工作要和其他部门搞好配合,包括青年、民族群众。

(五)民兵工作要成为培养人才、培养干部的重要阵地。

(六)要关心人民武装工作,要帮助他们解决实际问题。

(七)专职武装干部要加强自身建设。

三、建议。

(一)要关心支持培养专职武装干部。

(二)组织民兵工作的先进典型做巡回报告,目的是促进各地民兵工作的建设。

(三)通过这次会议要解决组织不全、人员不足、资金困难的问题,交通工具陈旧的问题。

(四)这次会议的宗旨和存在的问题向自治区领导汇报。

张太恒副司令员讲话:

一、在和平时期,以经济工作为中心的情况下,对如何搞好民兵工作要思考,对民兵预备役工作要加强,还要建立一定的预备役部队,四川准备建立一个师,军分区要加强。民兵预备役工作在思想上要有位置。

二、民兵预备役工作做好了,会是一支很大的力量。

(一)维护社会治安。从北京动乱可以看出,凡民兵工作搞得好的,就没动乱。天津没动乱起来就是发挥了民兵工作,上海出动了 10 万名民兵。

(二)可发动民兵宣传党的方针政策。他可带动全家,可带动一大片,带领群众脱贫致富,在发展矿业、运输业上可起带头示范作用。

(三)抢险救灾的主力军,不可缺少的力量。靠军队是有条件的,没部队的地方,民兵起大作用。

(四)增强国防观念,加强边防建设。85 年,我在北京工作,再后来我来到四川,在对越作战中,注意发挥了他们的作用。要把民兵工作列到位置上,意义是很大的。在当前加强民兵预备役建设的重要性不能忽视,能促进全藏局势稳定和两个文明建设。

三、对同志们提出的几个问题的看法。

经费问题,给总部讲一下要增加点。编制问题,可适当的增加点人数,要给总部汇报,原来讲的 9 人,可增加到 12 人。工作关系要理顺,要和其他有关部门结合起来搞。带头致富,要和有关经济部门结合起来。关于武器管理问题,又要符合当前实际,又要加强管理,刀枪入库也不是办法。希望你们对武装部门的工作给予支持,在适当场合要给予呼吁,感谢大家对民兵工作的支持。

※   ※

下午,参加西藏组讨论。

拉萨市次旺政委:

一、关键是提高认识和解决编制问题。自治区领导对民兵工作认识是不够的,重视是比较差的,民族干部太少,而且越来越少。(嘎司令员:我现在只有 15 名藏族干部,明年用完啦)。

二、资金太少,车轮破旧,无法工作。

三、民兵教育缺教材,特别藏文教材更少。

四、拉萨市财政支援武装总部不少,我们的房子都是钢注水泥的。

几点看法①:

一、既然各级领导都认识了民兵工作的重要性,就要见诸于行动,就要下决心解决一两个民兵建设中存在的问题。集中一点,解决编制问题、经费问题、办公条件问题。

二、要加强自身建设,要以自己的实际行动来取得各级党委政府的支持。武警部门的工作,除稳定安定团结局势,对付突发事件,完成急险难的任务外,要配合党和政府的中心工作,开展自己的工作。有了人民武装,要让干部群众有安全感,有信任感。同时,通过开展民兵工作,要让民兵同志感到参加民兵的自豪感。

三、民兵工作要改革,要适应变化的新形势。同时还要主动和有关部门搞好配合。

总之,各行各业都要发展,各有各的任务,各有各的困难,各有各的优势,各有各的打法。

国防部的处长:领导要重视,一是要想法取得党委政府领导的支持,上级文件和任务要及时向领导汇报,不要认为我和你们是同级的,不属于你领导。地方上要认为这是我的一个部门,是我们的军事机关,要帮助它解决一切实际困难。二要把有关文件给地方领导看,并从中了解有关规定,不要叫他认为是一种负担。

---

① 孔繁森同志的会上发言。

1989 年 9 月 18 日

下午,民兵工作会议闭幕。

参加会议的领导:成都军区张太恒副司令员、杨副参谋长、西藏军区杨副政委。

杨副参谋长:一是会议的概况;二是近几年来民兵工作的成绩,"三通五能","三通"是指通水、通路、通电,"五能"是指能打、能藏、能生活、能休息(原文如此)。79 年打仗,实际上是一半军一半民,最小的民兵只有13 岁。

对会议纪要几个方面的说明:

(一)关于今后一个时期的工作方针,认真贯彻中央十三届四中全会和中央军委 2 号文件,巩固组织,打好基础,建立一支快速应急武装部队。95年西藏民兵发展到 10 万人。云南在不减少总数的情况下,适当增加人员。西藏战略地位十分重要,都必须依靠自己的力量来应付突发事件。穷的地方,民兵工作也应重视,组织民兵发展生产,建设家园。

(二)关于民兵军事训练问题,着眼需要,突出重点,确保质量。关于配发武器管理问题。

(三)关于军政联防问题,打击敌人,稳定边防,主要是完善、加强、整顿、提高问题。

(四)关于民兵维护社会治安问题,防爆、防偷,护"三路":护公路、护油路、护电路。

(五)关于战备动员问题。

(六)关于人民武装部的建设问题。

(七)关于这次会议的传达问题。要向党委、军区传达贯彻,特别是会议的纪要,张太恒副司令员的讲话。明年专门召开城市民兵工作会议。

总参动员部宋处长讲话:一要把组织民兵防治暴乱、"骚乱",稳定社会治安,加强边防建设作为主要任务。二要加强民兵的政治思想教育,要用中央十三届四中全会精神来统一教育大家的思想。三要认真组织民兵工作整顿,严格政治审查,严格把好关。西南边防的民兵工作……

※　　　　　※

下午,张太恒作报告。

会议是推动民兵工作,加强预备役建设的重要会议……对如何做好预备役工作,大家统一了思想,提高了认识,再讲四点意见:

一、坚定不移地贯彻党的十三届四中全会精神。

这是我们下半年的中心任务,原来北京部分"骚乱"、动乱分子想在9.12搞所谓的纪念日,国庆节期间要搞统一活动,说明他们心不死。现在有些认识还不完全统一。今后抓好以下三点:一是学习十三届四中全会精神,将它作为头等大事,抓紧抓好,这是工作方针。二是用四中[全]会精神统一广大民兵的思想,认识中央决策的正确性,澄清一些模糊认识。三是用四中全会精神指导我们的工作,要和民兵预备役工作结合起来,开展爱国主义教育。

二、充分认识民兵预备役在边防建设中的战备地位。

少数民族地区边境线7000多公里。解放以来,我国进行了四次自卫战争,都发生在云南和西藏边境线上。讲起来重要,用起来急,平时工作排不上号,军队减少100万人,经费减去40亿,300万军队。民兵预备役一是一支守边卫国的重要力量,可补充部队力量不足的问题。二是一支安定团结的骨干力量。三是一支治穷致富的胜利军,同时也是完成急、难、险、重的胜利军。

三、要因地制宜,高标准地完成各项民兵预备役工作。

纪要上讲了七项任务,这七项都是十分重要的工作,也很全面。一要着眼全局,落实好各项任务。二要区分层次,分类指导,突出一线,加强二线,兼顾纵深的原则。三要拓宽工作途径,着眼实际。四要克服困难,发挥主观能动性。通过这次会议,一是对大家提出的问题、困难,梳一下辫子,凡军区能解决立即尽快解决,解决不了的上报总部。二是给各级人武部的干部提要求,要保持艰苦奋斗的思想,去发挥主观能动性。

四、要切实加强少数民族地区民兵预备役后备力量工作的领导。

首先要坚持两个建设一齐抓,抓关键。二是人民武装部的建设,首先抓好人民武装部的自身建设。三要转变工作作风,改进工作方法,要树立领导就是服务的思想,要深入实际调查研究。

1989 年 9 月 22 日

自治区田副书记、巴桑副书记在拉萨市召开扫黄现场会议。

拉萨市拉巴次仁汇报:抽掉县级干部30人组成工作组来抓这项工作,写出情况反映5期,简报8期,主要是学习、宣传、摸底。销售录音磁带的个体29户(城市)、放录像的23家、台球厅104家(室内)、舞厅12家。清查书,已查四种刊物455本,电话会议之前清的。拉萨市电视台有9盘磁带,已封啦。拉萨公安局查出一个录制黄色录像的团伙,共四个人,已作了处理。86—88年,公安收回不健康扑克290副,查处无证经营销售录像带、录音带。

田聪明副书记:不要利用群众无知,以售其奸。群众担心走过场,或一风吹〔阵风〕的现象。再一个声势不够大,还没形成强大的攻势,学校清出书37册。卖经书的共12户,夹杂着封建不利的东西。拒黄光荣,放黄可耻,贩黄有罪。拉萨市可开个大会。

一、拉萨市对这项工作是比较重视的,他们把城关和学校作为重点是对的。

二、你们反映出来的群众信心不足问题。宣传声势不够,这是关键,要加强领导。发动群众,先从党员开始,我赞成开动员大会,首先解决认识问题,这项工作关系到子孙后代,关系到党的事业成败的大问题。

三、掌握政策是关键问题,关系到能否得民心、能否顺利进行的问题。音响由电视广播厅负责,民族宗教方面的由民宗委负责,图书刊物由出版部门负责。关于达赖像的问题,过去有规定,民宗委拿个意见。

四、要始终贯彻两手抓好的问题,对发行贩卖传播的加强查处,严重犯罪分子,从重从快处理。算命打卦的弄回去。

五、关于黄乐①的问题。

六、经费问题。关于经费,索达秘书长可联系一下,该花点钱的就花,参考中办13号文件。

七、关于协调问题,关键是自治区机关的协调,由索达负责。

八、关于宣传报道问题。总得讲,贯彻十三届四中全会精神,扫黄的声势不够,没造成兵临城下的局势。团结奋斗,共同努力。

巴桑副书记:大家抓得有成效,下一步工作,具体抓工作的同志:一是下定决心,树立信心,持之以恒把这项工作抓下去。二是任务艰巨,工作量大,要树立知难而进的思想。三是思考治标和治本问题怎样结合起来,增强防御和识别能力,解决堵源塞流的问题,同时要增强抵抗能力。四是破与立怎样结合起来。通过整顿,该立的立起来。五是关于自查和抽整的问题,关键的是要抓住本单位的领导。注意抓好的典型,两手抓,既要抓扫黄,又要繁荣。

1989 年 9 月 25 日

参加市政府办公会议。

1. 农牧局:经费超编70人,发工资已借金额13万元。

---

① 黄色音乐。

2. 计委:成立拉萨市全国第四次人口普查领导小组。组长由窦副市长和计委主任担任,有关领导同志参加。抽调人员,公安局抽 3 名、卫生局抽 2 名。

3. 关于社会统筹问题。37 个单位离退休人员。全年应统 231.2 万元,年应支付 605 万元,统支相抵,差 350 万元。其中,200 万元是自治区下放企业工人造成的。

1989 年 9 月 26 日

昌都、江达县等六县。

发生炭疽病① 440 余人,死 160 人。皮肤炭疽 60 年前发生过。拉萨市林周县彭波今年 7 月发生一例炭疽。

1989 年 9 月 28 日

参加市委常委扩大会议。

稳定局势会议的报告材料。

一、充分认识自治区这次会议精神的重要性。

特别是拉萨形势的稳定与否,直接影响着全区形势的安定与否;拉萨局势安定与否,直接制约着拉萨政治经济的发展,而且对全国形势的发展都有一定的影响。

二、总结两年来拉萨反"骚乱"动乱的经验。

凡是领导得力,政治工作扎实,注意重视了党员模范带头作用的,那里的形势就安定。几次大小"骚乱"动乱中,绝大部分领导都能站到第一线,亲自指挥,亲临前线做群众工作。有几次事件很快平息下来,个别"骚乱"动乱分子的阴谋不能得逞。在平息"骚乱"动乱中解放军、武警、民兵、公安在对平息"骚乱"动乱中起了关键性的作用。存在不足:个别单位的个别领导态度不够明朗,工作不得力;个别领导"怕"字当头,在群众面前不敢理直气壮地做群众工作。

三、加强对稳定局势的领导。

首先,统一各级领导和党员的认识,强调注意发挥党员的作用。提倡做扎实的工作,做群众工作,做主动工作,不要临时抱佛脚。

---

① 炭疽是由炭疽杆菌所致,一种人畜共患的急性传染病。人因接触病畜及其产品及食用病畜的肉类而发生感染。临床上主要表现为皮肤坏死、溃疡、焦痂和周围组织广泛水肿及毒血症症状。食草兽最易感,人类中等敏感,主要发生于与动物及畜产品加工接触较多及误食病畜肉的人员。

1989 年 9 月 29 日

下午,自治区计经委张主任汇报关于全国第四次人口普查问题和拉萨市的试点工作。

张:主要是抓试点,明年 7 月 1 日正式开始,在拉萨市进行试点,培训骨干问题。一是城关区,二是墨竹工卡县作为试点。

※　　　　　※

下午 5 点,研究落实政策的文件问题。

拉萨市落实政策任务是大的,难度是大的,情况是复杂的。我们落实的是冤假错案,严格按照区党委的规定去办。没有涉及平判[叛]和改革的事,不要重新搞原来的问题。

1989 年 9 月 30 日

上午,参加纪检、检察局、法院、检察院联席会议。

宗苏平措谈物资局案子:主要问题,一是原材料就地加价问题;二是账外物资处理问题,16.4 万元基本不存在问题;三是关于打击报复问题,信上说了十个人被打击,我们找了五个人,基本不属打击报复,还有说黄有靠山。还有大吃大喝问题,2000 元办了四五桌酒席,每桌 500 元。查的情况,当时经支部研究又请示了市政府个别领导同意。另外,还有包工队的问题和 7 个人关系密切,包工队给黄买摩托车,黄又给多吉的弟弟买摩托车,包工队从仓库拿瓷砖,国少雄拿了七块[元]的。还有人拿了 200 元的物资,500 元的物资,以上两笔共 2.79 万元。长达 15 个月,都有条子。但是,当时的责任是对经理易继光处理的,黄卖给别人玻璃 4000 多元钱没收回来,但都在条子上。

黄存在毛病:一是不学习;二是不相信人,对人采取苛刻□□手段;三是清高,看不起任何人;四是大事小事一个人独管。主要是违反国家物价规定的 14 万元。

夏书记:物资局一事,请检察局写出结论报告给市政府,问题已清,尽快作出结论。

※　　　　　※

关于对黄建国来信反映问题的调查处理意见:

一是在作结论后向本人说明。

二是召开物资局领导会议,说明查的问题,便于今后的正常工作,包括计经委。

三、违反物价问题,要征得物价大检查领导小组的意见,然后再提出处理意见。

四、企业要把允许的、不允许的严格区分开来。

五、教育黄建国要坚持社会主义企业的方向。

下次联席会研究新的形势、新的动态,注意保密性、原则性、策略性。

※　　　※

下午,市委召开县级干部会议。

主要传达(藏党发第 13 号)文件和自治区胡锦涛书记讲话,市委对清查工作的意见。

曲加书记讲话:每个单位都要根据市委的意见开展工作,对每一个党员、干部都要做具体分析。

一、主要还是各级领导要充分认识清理工作的重大意义。拉萨"骚乱"和北京动乱,都要认真地分析,和分裂分子斗争已有血的教训。虽然实行了戒严,但斗争并没有停息。这场斗争究竟是民族之间的斗争,还是敌我之间的斗争,是信教和不信教的斗争,还是唯物主义和唯心主义之间的斗争,要认真地分析对待。在西藏除分裂斗争外,现在离心思想比较严重,总想脱离共产党的领导。当前青年都带"九眼绝",什么意思? 有的说以前用牦牛鞭子打击过英军,现在要用它把汉人赶走。这几年处于高度戒备状态,把分裂斗争抓好,集中精力抓一下改革。

二、我们领导干部一定要立场坚定,经受住分裂和反分裂斗争的考验。领导要亲自抓,希望个别同志要亲自说清楚,并不希望组织部、纪检委再通知你说清楚。开批判会,有的同志就不敢主持会议。教育上培养的学生、人才,首先看是不是维护祖国统一,做不到这一点,党政干部就改做其他工作。

三、要预计到难度,要认真分析到各种情况。在分析的前提下,确定重点人、重点单位、重点地段,重点单位有没有重点人物。态度明朗,工作要细,调查在前,结论在后。同时防止意外事故的出现,也不要搞的人人自危。

四、积极努力做好工作,力求得到好的结果。主要看我们的工作情况进行的如何:1. 重点的事、重点的人是否查清楚啦。2. 本单位错误的观点认识,有些人是不是认识清楚啦,对个别人要进行帮助。3. 广大干部是不是进一步分清了是非,提高了认识。4. 通过清查清理各单位的领导,落实群众团结是否加强,工作效益、组织纪律是否进一步得到了加强。5. 希望各单位和城关区寺庙要积极的配合,必要时还要抽调人,主要对寺庙的清理。

关于教师节的问题,教育是社会问题,人人重视关心支持教育,市直单位是不是给教育办点好事,这次教师节是北京发生反暴乱后,拉萨发生"骚乱"后的第一个教师节,要做好工作,引起社会对尊师重教的认识。各单位做点表示,把教工召到你单位去开个座谈会,或到学校去慰问一下。

※　　　　※

一、内部单位需摸排的工作。

(一)"骚乱"事件的幕后策划者、组织指挥者,以及地下反动组织的主要成员、已发现的成员。

(二)参加"骚乱"事件被司法机关判处后宽大处理的人员。

(三)发现……包庇窝藏反动分子的,为其提供方便的,传递情报的,已发现包庇骚乱分子并提供方便的人员。

(四)在公开场所鼓吹西藏"独立"的,制造、散布反……

(五)散发反动传单,制作、悬挂雪山狮子旗,近几年散发反动传单恐吓他人。

(六)组织观看达赖在国外的录像和听达赖录音的人,录制达赖……

(七)向达赖和外国人提供我国内部文件、消息和"骚乱"照片的。

(八)用电话电报电传向……呼吁外国人支持西藏"独立"的人。

(九)非法出境后,回来后又有异常言行的。

(十)参与北京动乱的,参加非法组织的,准备参与非法组织,准备成立反动组织的。

(十一)……

(十二)持非法枪支的。

二、社会面上需排查的,包括内部单位调查的方面。

1989 年 10 月 4 日

陪瑞典外宾到墨竹工卡县考察办教育问题。

1989 年 10 月 5 日

参加市委召开的稳定局势会议。

洛嘎市长主持会议。

曲加书记传达自治区会议精神、胡锦涛书记讲话。

1989 年 10 月 6 日

参加自治区政府召开的关于武警提出的有关问题会议。

唐秘书长:武警总队给自治区政府写了一个报告,是根据军委、国务院88 年 79 号文件来写的。武警部分担负着 124 处地方单位的执勤任务。国务院文件第三条规定,生活品的运输、炉灶、住房、执勤的必备条件应由用兵单位加以解决;差旅费、执勤补助费应由用兵单位给予报销;据文件规定,不符合派军的单位 18 处,其中 9 处应撤销,有拉萨市、自治区政协。保留的:自治区政府、广播电台核心、一监狱、西藏银行中心处、白定发射台、领事馆。

商业厅阿旺厅长:我们关系不错,照顾他们也不错,实在不行,我们发工资。

电视广播厅:我们对他们的炉灶、炊具都负责,住房都解决啦,就是柴火不好解决,要加强对战士的教育管理。我们部队太少,出事太多。

唐秘书长:自治区搞个方案,根据西藏的实际情况而定。我给武警队的领导协商一下,先把暂时问题解决一下。武警总队报告的第四条:各单位要对原来的情况做一次检查,凡应我们解决的、有文件规定的,检查一下,把他们问题解决一下,要来个雪中送炭。要给他们基本的生活条件。部队的素质问题,我转告,让他们加强训练管理。

1989 年 10 月 7 日

10 月 7 日 12 点,给毛如柏、图道多吉副主席汇报瑞典文化协会来西藏家乡办学一事。

赵翻译瑞典文本:要成立项目委员会,要有地方名望的人士参加。另外,拉萨市副市长、卫生厅、教委各出一名参加。

图道多吉副主席:外国人第一次在西藏办学校,我们没经验。首先,我们表示欢迎来家乡办学。从全国来讲,一方面要坚持四项原则,另外一方面要坚持改革开放,两方面统一起来。既要坚持……又要改革开放,总的采取欢迎态度,但他的真正意图,我们还不了解。刚刚接触,不能马上判定他怎么样,要有多种考虑。如按他们的……如光靠国家,财力不足,从国外引进资金是对的。欢迎是第一位,还要坚持我们的原则。办饭店由外事部门负责,教育不同。我们刚开过四中全会,教育培养什么人的问题很重要,在原则以内妥协一点没关系,只要他承认我们培养的目标,让点步没关系。如学校名为中瑞友好学校更好,如中国西藏瑞典学校也没多大关系。总的欢迎,原则坚持,某些策略可让步。

毛如柏:同意图道多吉副主席的意见,要坚持四项基本原则、祖国统一。第一,藏胞回家办学校,欢迎他来,政府批准他来,就在于些……这与我们坚持改革开放是一致的。第二,应考虑到教育的特殊性。我们应坚持基本的原则、立场。这学校是他们援办的,坚持维护祖国统一,必须接受政府的领导。如语言问题,可能有意提出把汉语当外来语对待,他们可能不了解我们情况,但不排除他们有别的目的。如我们讲清楚啦,他们清楚接受啦就行。商谈只要双方没挑衅的,要正面做工作,如正面挑衅,可批驳。第三,一定要对方把项目的主要问题明确,不要含糊。学校到底是中学、小学? 规模多大? 主要投资哪些方面? 学校领导组成、教资配备如何? 教材还要坚持以我们为主。以我们为主,教材也可用他们的,但应经过我们教育部门同意。

※　　　　　※

尼木县:59 年叛乱外逃 124 人,另有 40 人没有下落,据查有 20 人已死掉啦。

1989 年 10 月 8 日

参加稳定局势会议。

星期天上午,讨论。

下午,参加大会。

拉萨市寺庙 124 座,3000 多名僧尼。另外,三大寺还有 7000 名无编制的。

1989 年 10 月 9 日

上午,瑞典文化教育协会和教科委、拉萨市会谈在墨竹工卡办学事宜。

下午,瑞典红十字协会科拉森小姐和卫生局会谈。

妇幼保健站共 9 所(8 个县),共用款 477 万元,世界儿童基金会支援 3.25 万美元。

1989 年 10 月 10 日

下午,和瑞典继续会谈墨竹工卡嘎则①办学一事。

房子二层为好,每平方米造价 400 元,学生的上课桌凳每套 150 元,住的床 200 元一张。

※　　　　　※

晚上 10 点 30 分,到毛如柏副主席处请示瑞典文化教育协会问题,并把材料送交图道多吉副主席。

1989 年 10 月 11 日

上午,陪瑞典红十字会科拉森到卫校会谈参观。

---

① 现属于墨竹工卡县工卡镇。

11 点到外办拿翻译材料。11 点 30 分到自治区毛如柏、图道多吉副主席处拿修改的材料。12 点和教科委、教体委研究副主席修改后的项目协议书。

中午,强央副主任、群真去毛如柏、图道多吉副主席处请示和瑞典会议的情况。

下午 1 点和索南主席交换意见,条件成熟准备草签。

晚 6 点,和强央、群真找到毛、图副主席,汇报会议的进展情况和遇到的问题。

晚上 7 点 30 分宴请,参加人为自治区图道多吉副主席、市委政府领导、教科委领导、教体委、外宾。

晚,图道多吉参加宴请瑞典代表团,夜间修改打印协议书。

毛如柏副主席意见:自治区签字让自治区教委出面。如拉萨市签协议,让市政府签即可。文件中有的地方写文化协会,有的叫教育协会,最好统一一下。文字表述如用地方政府,一律用地方政府。

1989 年 10 月 12 日

早晨 6 点,在日光宾馆宴会厅二楼举行签字仪式。副主席和市长意见,由我代表市政府签字。

※　　　※

下午,参加曲加书记召开的稳定局势会议。

拉萨市所有县都要搞民宗局。试点工作组到寺庙去的,要集中培训,集中吃住,集中办公。试点工作在色拉寺还是在哲蚌寺最后定。

※　　　※

研究社会清查小组的工作。

扎西多吉:居民原收审 260 人次,已放 200 人,在押 60 人。三居可能有个组织。有人烤了 430 个饼子给监狱里送去。有个……居 28 户,每户收 20 元,2 斤粮,是一个收审释放的女性。八廓街社拉珍,释放的,要去抓她,她穿上新衣,在家等着。

曲加书记:第一,抓不抓大不一样,从汇报的情况看思路比较清楚,要进一步造成一个气氛和声势。让基层干部气顺胆壮,表明党和政府的除恶务尽是坚决的。教育有过问题的人员坦白自首。要保护检举揭发人,如检举了部门的负责人,要保护他。第二,社会清查领导小组搞一次骨干培训,把居委会的基层干部、办事处的干部,集中起来学习 13 号文件,进一步明确任务,形成一个骨干线。每个居委会都要由专人来负责清查,摸清思想动向,特别对3·5事件后放了的,注意动向。第三,对少数[参与]"骚乱"回来的[人],群众意见大,这些重点人再梳梳辫子,排排队。

1989 年 10 月 13 日

下午,参加中心组学习。

江泽民同志的讲话,利用历史唯物主义和辩证法的观点,总结了建国40年来的成就和失误。

江泽民同志首先肯定了我们党四十年来取得的十大成就:

(一)建立和巩固人民民主专政的国家政权,实现了全国范围的(除台湾外)国家统一和全国各族人民的大团结。

(二)战胜了帝国主义、霸权主义的侵略破坏和武装挑衅,维护了国家的安全和独立。

(三)基本完成了对生产资料私有制的社会主义改造,建立和发展了社会主义经济。

(四)农业生产条件发生了显著的变化,生产水平有了很大提高,十一亿人口中的绝大多数过上温饱生活,部分地区开始向小康生活迈进。

(五)建立了独立的、比较完整的工业体系,工业建设取得了重大成就。

(六)教育、科学、文化、卫生、体育事业,有了很大发展。

(七)中国人民解放军得到继续壮大提高,最近迅速平息了北京发生的反革命暴乱,安定团结的政治局面得到了巩固和发展。

(八)我国在国际上的地位越来越高,在国际事务中发挥着越来越大的积极作用。所有这些都是举世公认的铁的事实。

1989 年 10 月 14 日

上午,列席常委会议,研究内部清理工作。

周永杰汇报情况:共 69 人,参加骚乱 36 人,男 30 人,女 6 人,干部 5 人,区级 1 人。党员 2 人。29 人中 2 名党员,公安收审 23 名,已解除 8 名,法办 2 人,劳教 2 人,在押 11 人,单位给处分的 5 人,待处分 6 人。

对宋珍、童恽,教体委意见是撤销职务,开除党籍。5 月 19 日、5 月 18 日,全市 300 多人次上街,教工、晚报参与 60 人次。25 人召开会,要成立教联会。6 月 4,一中、三中、四中;6 月 4—6 日,他们为天安门死的人戴黑纱。5 月中旬,26 人捐款,金额 2000 余元。杭州袁明华回杭处理。晚报李志以拉声援团名义 18 日到北京。胡京沙以东方文化研究中心名义,组织学生 19 日到北京,在天安门广场待了一天,21 日他和胡回来啦。西藏青年报除名的 5 人。拉中牵头,二中、三中盖章,给北京发声援电。

清理工作进展情况:晚报谢强,回家四个月没回来,已打了两次电报,催他回来。存在问题:个别单位不够重视;等待观望;重点人需要排队,只限公安收审的;对重点人事的调查,有畏难情绪。重点单位:农牧局、税务局、城建局、经委。深入学习区党委 13 号文件,到各单位重点督导。发挥各单位党组织和党员的先锋模范作用。充分发动群众,号召大家揭发检举,排队摸底工作要做好。清办工作组到各单位要深入了解情况。

夏书记意见:从市里讲,领导是重视的,组织是落实的。从县以上干部上讲,原则上说都是重视的。关键是统一各级领导的认识,该不该抓中共中央定的四件大事,第一个大事就是抓清理清查工作,是不是当成大事。广泛发动群众。反复学习文件,反复动员,注意领导的带头作用。内部清理,办公室人员适当集中一下,月底前把重点人、事弄清楚。

个人的意见:一、统一认识,亲自上阵,打第一枪,上前线,把这项工作开展的好坏,当成对各级班子领导的考验。二、对县级领导班做一次动员、发动。动员起来,让大家共同担担子。三、抓重点单位、重点人,抓典型,促后进。四、深入发动群众学习文件。五、深入基层了解真实情况。

曲加书记:进展还不够快,主客观原因都有。加强领导、抓紧工作,争取比较快地抓出成效。一是加强领导,集中精力,夏、孔副市长半月集中抓好,充实人员到办公室,近一两天先不开会。过几天,再召开一、二把手会议。二是在现有基础上抓专题研究,重点事、人,分两大类,市主管县以上领导干部。重点事:一中、晚报社。5·18、5·19 动乱、“骚乱”清理、清查方面的重点事和人。三是各方面情况搞细、准、清。个别人事可作为内部的专案,必须有举报材料,交待人、揭发人都要签字画押。四是一定注意政策,注意两类不同性质的矛盾。先做调查,后下结论。已明确的,要抓紧先处理。五是领导小组抓紧整理一下前段情况和下一步的打算,田聪明书记说要听拉萨市汇报,内部的、社会的、寺庙的都要听。六是思想清理,歌舞团的节目,电视台的节目都要清理一下,还有晚报问题。

1989 年 10 月 16 日

上午,师校。

上学期 80% 老师不能按时上课,最长的达 20 分钟不到教室。60% 的老师提前早退。这学期基本上得到了控制。

清理清查工作:从 10 月 7 日晚开始,到 27 日结束。第一阶段主要是每周学习 6 次,星期一到五,每晚 8—10 点。分 6 个组,附小 2 个组,师校 4 个组,每组 20 人左右。市委对清查、清理安排得不具体,光原则地讲,最后可能出现滑过去完啦,走过场。

1989 年 10 月 17 日

参加市长办公会议。

需要市长办公会议通气的几个事:

一、瑞典西藏文化教育协会在拉萨市会谈的情况。一是给大使馆的汇报材料。二是还有 2 名老外没有走。

二、市政府和教体委到内地看望西藏班的学生。到内地去的目的;组成人员 4—5 人,有 7 个点(省),2000 多名学生,80 多名老师;时间一个月左右。

三、一年一度的教育工作大检查,教育战线当前面临的形势。

四、几个卫生问题。

(一)市医院差 43 万元,光发工资需 30 万元。今年预算 171.5 万元,其中专项经费 14.5 万元。全年收入 35 万元,合计 206.5 万元,现在有 19.7 万元。

(二)伤寒问题。发病 50 人,其中城关区 22 人。出现发病人员单位是市水电局、妇幼保健院、藏药厂、西藏大学、城关几个居委会。

(三)加拿大儿童基金会 10 月份来,英国儿童基金会 11 月份来。

拉萨市今年粮食 1.99 亿斤,其中油菜 570 万斤,加城关区 2.1 亿斤。今年使用化肥 5000 吨,明年计划 6000 吨。

财力 1172 万元,其中市直购车 105 万元。六项共用款 1177 万元,亏 5 万元。

五、关于人口普查问题。

六、检察局问题。

七、关于"双清"问题。

八、关于旅游局工作问题。

九、关于机关藏文班学习问题。

※　　　　※

89 年西藏中高考情况。

大学报名人数 856 人,录取数 444 人。其中,汉族录取 207 人,占 47%;藏族 237 人,占 53%。录取分数线:藏族文科 240 分,理科 220 分;汉族文科 290 分,理科 270 分。

中专报名 1517 名,其中汉族 610 名,占 40%。少数民族 907 名,占

60%。录取总数 295 名,其中汉族 112 人,占 38%;少数民族 184 人,占 62%。

今年大中专考点:日喀则、拉萨、山南、昌都。

88 年情况:报大专 900 人,考入 312 人;中专报名 2042 人,录取 412 人。

1989 年 10 月 18 日

下午,参加市委内部清查工作研究。

内部双清办公室主任则啦部长。

夏书记:学习乔石讲话。清理工作不平衡,主要是通过学习、过组织生活、查证落实。查证落实的目的是为调整干部做准备。自治区确定拉萨市是党员登记的单位,时间上不一刀切,总的除恶务尽,不留后患。县级干部 5 月 29 日以后的情况要查清,以前的也要说清楚。签名、搞捐款的都要说清。

※　　　※

下午,参加市长办公会议。

一、几个企业投资问题,办公会上再议。

二、企业横向联系问题。

三、财税大检查的问题。

四、派人到内地考察企业问题,时间 30 天,王秘书长不能去,重点在北京。

五、明年是否到杭州定不下来,和市委商议后再定。

赵副市长提的:1. 城市维护问题;2. 开发公司的问题,提到办公会上通过;3. 布达拉宫维修问题,洛嘎市长办;4. 沟渠、公园义务劳动问题;5. 粮食产量方面,土豆算不算产量,不算按 2. 02 亿斤报。奖金兑现问题,已落实 16 万斤,表彰会农牧局做准备。副食办问题,王市长把意见留下来。副食办从成都购买大白菜问题,请窦市长定,不亏本才行。青办农场接收可以办,交付食办管理。丰产方十万亩问题。绿化基地问题,一定要搞起来。

窦副市长:1. 关于财政难度大问题,要调查出主要原因。2. 财政管理需加强,一是过严过死,二是过宽,有的要当政府的家,这个现象存在。财政数字一定要有保密性。

研究生财之道问题,同意窦市长意见。一是税收要加强;二是有些费用,请上边解决的,要找上边;三是城关区的潜力比较大,房租费欠收问题,弄好可收 80 多万元;四是工矿企业的利润要如实上报;五是街面店的土地占用费要兑现;六是拉萨大桥收费的问题;七是明年基建,把抢险救灾放到第一位,二是配套,三是新建。13 万平方米的危房,明年就改完啦。河心岛投资 80 万元。窦市长提的几个问题,商业流通等有关问题,以市政府名义找一下自治区,像三级站 2000 多万元。

仁青副市长:1. 寺庙工作组需要车辆问题,民宗委先确定 100 人的名单,包括自治区的人员,由自治区和市办公厅确定后抽调。2. 关于经费问题,搞预算报自治区。3. 歌舞团普布次仁的补贴问题,职称补贴 2 个人,由窦市长考虑。4. 歌舞团阿多转干的问题,文化局起草报告,市政府签字,报市委组织部。5. 新华书店问题,组织工作组。6. 三家藏语文学习班补贴问题,办公厅提出来。7. 民宗局经费问题,民宗局打报告给窦市长。

孔繁森提出的问题:一、政府组织去内地看望西藏班应该去啦。时间允许情况下,孔定时间。3 个人的开支,教体委负责。二、教育大检查,请人大、政协一块参加。三、医院事业费不足问题,窦市长拿款。四、关于伤寒病的问题,3 年连续都有,提倡预防为主,秋末冬初。

工作方法:一是集体领导下的分工制问题,人财物以及重大的问题集体研究解决。二是职权内要大胆解决。三是调动职能部门的作用。四是班子间加强团结、协调,成为为群众办实事的班子,同时学会抓典型树样板问题。

日常工作窦市长大胆去抓、去管;召开办公会,窦市长主持;市长办公室党组会由我来抓。

1989 年 10 月 21 日

下午,参加晚报的会议。

李志宝、舍学先、谢强在动乱中所犯错误的检讨。

李志宝:我是晚报的组织委员,本应站在党的立场上,而是置党纪国法而不顾,亲自给他们写横幅,不听部领导的劝告。

舍学先:作为一个新闻工作者,我本应……缺乏对党坚定不移的信念,缺乏组织观念。通过这个惨痛的教训,我坚信了共产党,拥护共产主义信念。通过这个教训,我的组织观念也加强啦。

谢强:支持参与了动乱,而且打了横幅。对国务院发出的戒严令置之不理,践踏了国家的法律。违背了自治区、市委规定的"三不"。有错误,有资产阶级新闻观点。

1989 年 10 月 23 日

法院匡立和汇报清查工作。

9 月 19 日开始的这项工作。法院领导、县级干部是一个层次,区级干部是一个层次,一般干部是一个层次。党组成员 4 人,一名院长,2 名副院长。平措在戒严期间骂了部队,而且拿着子弹吓唬部队人员,至今没检查。

※   ※

文化广播电视局汇报:内部清理领导小组 7 人,已开了三次会议。尹桂芳,藏族,今年 3 月 6 日,她向武警吐口水,投石头,是书店的正式工人。

1989 年 10 月 24 日

曲加书记:明天自治区领导来听取拉萨市双清汇报,一是双清,二是贯彻 25 号文件情况,三是关于扫黄问题的清查。

1. 双清工作,13 号文件贯彻后的回顾和我们工作进展的情况,高书记汇报后,内、社和寺庙的三个组再回答。

2. 纪委、检察局关于建私房重大要案作简单汇报。

3. 拉巴兹仁把扫黄工作汇报一下,建私房和为政清廉问题要汇报。

我们 9:40 分先到齐,会议 1 点结束,我们用一个半小时汇报,主要工作是高书记汇报。

※   ※

下午,教体委给市委内部清理组汇报。

白姆书记:从 8 月份开展学习,反思内部清理。8 月 3—5 日,办了区级以上干部学习班,主要培训骨干。8 月 5 日,市党校做了专题辅导。8 月 5—7 日,教育系统全体办了学习班。9 月 16 日,办了第二期学习班,再次动员并提出了五个重点,并开了三次情况交流会。机关区级以上干部写思想小结,每人必须 2500 字以上,一般干部 1500 字。四中 7 个人参加游行都谈了话。三中 12 人,已谈了 6 人。二中 6 人,已全部谈了话。一中 30 人,已都谈了话。五中 2 人谈了话。六中、七中、九中、一小没有。一中还召集 26 人的会议。教体委 22 日又和邹、宋、童三个人谈了话。五中对 2 个人谈话,参加教师联合会筹备会的人员。一中在 5 月 18 日、19 日旷课的 20 多人。现在基本上没有啦,打架、体罚的少啦。

1989 年 10 月 25 日

自治区副书记等来拉萨市听取双清工作汇报。

双清、廉政、扫黄三项工作汇报。

参加领导:田、巴、江、侯、王部长、曹志。

田聪明副书记:进寺庙工作组和社会清查的工作组要分工,要成立党的组织,要形成核心,要坚强有力。管理制度要和清查结合起来,谁负责,管了管不了,今后怎么办。八廓街有 9000 多户,其中 6000 多户有我们的干部职工,其中 50%以上是自治区的干部职工。

高副书记:从 87 年以来收审 1005 人,到 10 月 15 日止,收捕 116 人,判刑 74 人,劳教 84 人,解除了 765 人,宽大处理。15 座寺庙,佛学院参加骚乱 512 人次,收审 278 人次,处理僧尼 25 人。长期不归,违[反]教规解除 138 名。

江村副书记:寺庙工作组人员一定要选好,不获全胜绝不收兵。除恶务尽,要打总体战,各方要配合好。几家是联系在一起的,原来我们开会,人家很快就知道啦,方方面面都要配合好,这对长治久安大有好处。

巴桑副书记:拉萨市的任务很重,几次骚乱都在这。拉萨市所处的位置十分重要,各方任务都很重,要提高对重要性的认识。各级领导态度一定要明朗,工作要细,政策要准、稳,事件的来龙去脉要搞清楚。

曹志:我第一次参加现场办公会议,拉萨市做了大量的工作,我们是总体战,要研究如何打好。第二,我们这个现场会,不要走过场,不要停留在布置开始的工作上。指导思想上要明确,行动上要抓紧,注意千万不要内耗。统一思想,统一什么,到底统一的怎么样。重点是什么,重点事、人是什么,不要笼统对笼统,这就是隐患。比如,对达赖到底怎样看待,西藏是祖国不可分割的一部分,到具体上就不好说啦。从重点的事再到人,八廓街 9000 户,有 6000 户是干部职工,到底怎么办。寺庙和我们机关有没有关系,我们干部的亲属有在寺庙的,你做工作了没有。工作队是积极的组成,还是被动的组成哩。

田副书记:今天是自治区党委就清查、清理、稳定反分裂问题听了市的汇报,在家的书记、常委、顾委、计委有关领导同志参加的会议。对于前段工作充分肯定,对进一步开展双清、稳定局势做了安排;强调了加强领导,扎扎实实做工作,绝不能走过场。这项工作关系到党和国家的兴衰,关系到形势的安定,这是对干部党员的考验。市委市政府在今后特别要加强团结,该做的而没有做好是失职,要经得起考验,不要互相扯皮,第一个阶段要打好。

※　　　　　※

拉萨市教育基本情况。

一、88 年高考情况

报考普通高校共 900 人,比去年多 143 人。报考类分类,文科 542 人,理科 358 人,兼报藏文专业 51 人,兼报外语 86 人,兼报体育 64 人,兼报艺术专业 105 人。录取 312 人,占实考人数 34.7%。其中,文科 165 人,理科 147 人。中专报考人数 2042 人,男 937 人,女 1105 人。其中,少数民族

1169 人,占总数 57.25%。今年我市共录取 412 人,占总数 20.18%。

二、教育基本情况

三、四、五……入学率 75%,当雄 21%。

※　　　　　※

拉萨市商业局汇报双清工作。

党组书记罗桑见真:一是抓了扫黄;二是抓了干部建私房。建私房 58 户,其中正在建的 21 户,建好 37 户,已搬到私房的 31 户,仍住公房的 6 户,出租房的 2 户。借公款的 11 户,共 6.2 万元,如期归还 6 户,计 4.98 万元,仍欠 5 户,计 1.2139 万元。对 3·5"骚乱"的清理,当时了解可能有 8 名不清,后来了解真正参与的 3 名。

※　　　　　※

关于贯彻两院部通告问题。

五金公司有个案子,工人土典,85 年和姓马的合作,佘出去商品,圆钉 41176 元,已追回 6000 元,还欠 35176 元,马是包工头。

老友谊商店,当时有批呢子,给浙江定的合同,说浙江人到格尔木接货,叫王堆去送这批货。王堆等一个多月没来人,领导同意当地出售,被贸易货栈姓徐的接收啦,徐把货拉走啦,价值 9.1818 万元。后来单位去了几次追款,共收回 3 万多元,仍欠 5 万多元,8 年前的事。

河坝林批发部,提货员嘎麻,87 年 1 月 29 日做担保,给昌都的人从库里提货 3.5129 万元,后来追回 2 万元,欠 1.5129 万元。

河坝林批发部周承保,没职业,他哥哥在娘鲁批发部。他说,我去格尔木给你们提货,可能便宜一些。货价值 12 万元,把这批货拉到樟木口岸,日喀则公安给扣住啦,机关立即去人,现在仍欠 3.6 万元。

内部清理,用 10 个半天学习文件、领导讲话。

讲几点意见:一是除去正常业务外,要把双清工作当作大事来抓,学习文件很重要,联系实际更重要。二要认识双清是对班子的考验,是对领导的考验,是对党员的考验。

1989 年 10 月 26 日

上午,参加市财政局组织生活会议。

卓局长:一是对北京动乱的认识。二是对拉萨"骚乱"的认识。现在中央不提阶级斗争啦,不讲啦。通过江泽民同志讲话,认识到这个问题还是存在的,社会主义国家波兰共产党已不掌权啦,匈牙利已变啦。从 59 年到今,多次骚乱都与达赖有关系,主张西藏"独立"是三大领主想恢复过去他们在西藏的统治。

　　拉萨85年开始建私房,87年底盖的,原是一个水坑,10%的耕地,水深地方达一米。我们两家700—800平方米,我占400平方米,我和公安厅马一块建的,马负责石头,我负责木料,财政局的车运两次,农牧局的车运四次,我都付了油票。有一半木料是我从雪卡林场群众家买的,每根8—9元。石料700—800立[方]米,我从石材厂买了部分,每块1.5—2元。买了50平方米,付1600元。如果按2元,我还得付3000元。我借的水泥。我从青海买了21吨水泥,每吨170—250元。施工队伍开始是劳改局搞的,第二次请的公安厅西边一个包工队给搞的。包工队每平米收35.6元。资金部分,银行贷10000元,积累7000元,我又能节约3000元,共10000元。我提前领了退休补助费。现在有的钱没付,包工队的没付,石料厂的没付。楼板的问题,是机关女同志爱人给我买的,今年又在第四建筑公司买了21块楼板。

　　副局长阿桑:一是对北京"骚乱"的认识。二是对达赖喇嘛的认识。三是建房。地皮87年9月批的,我找城建局局长,我是最后要的,给了地面接收站,西边的低洼地没人要,四分之一算耕地,250多平方米,后又占了路,城建局长同意的。现在有350平方米。建房款,借公家6000元,提前领取了退休建房补助费。用车比较多,拉木材、石料,自己跑石油票,木材共用七、八车,光串子木2车。借单位油票1500多公升。其中模木2车。房子建成大约花费5万元。单位的车用了一个多月,去年9月17号动工,10月28日停工,今年又开始啦。建房请假,去年请假3个月,今年请假3个月。

※　　　　　※

　　拉萨市的寺庙160多座,僧尼5000多人。全区寺庙1400多座,僧尼36000多人。参加"骚乱"的僧尼512人次。违反教规、长期不归被解除的138名。

※　　　　　※

　　晚上,自治区人口普查办公室召开会议。

　　主要研究明天上午会议的安排,27日召开会议,训练、学习三天。31日下午,分两组,分别到墨竹工卡县和城关区开始工作。从10月1日开始进点工作。会议11月7日结束。

　　分组:1.拉萨市;2.阿里、昌都、那曲、公安厅和区办;3.林芝、山南、日喀则、区普办。

　　在全区人口普查拉萨试点会议上发言。

　　一、自治区确定在拉萨市搞人口普查试点。这是自治区领导对拉萨市的信任和关心,我代表拉萨市人民政府表示欢迎和感谢。我们将尽最大的努力支持参加这项工作。我相信,这次普查试点一定会取得圆满的成功。这次普查试点的有利条件:1. 中央制定了明确的政策和界线;2. 有自治区的正确领导和支持;3. 我们有前三次全国人口普查的经验;4. 自治区已组织了精干的人口普查队伍;5. 强有力的宣传工作,深入到群众心中。

二、第四次全国人口普查工作能否搞好,不仅仅有重大的经济意义,而且具有不可忽视的政治意义。能否把这项工作搞好,全国各界人民在看着拉萨。西藏甚至世界各国都在关注着中国第四次人口普查,特别是拉萨市的同志们,要借这次大好时机努力做好工作,工作中注意一个"发"字,注意一个"细"字,大抓一个"严"字,落实一个"准"字。相信在自治区领导和各地区帮助下,一定会取得圆满成功。

三、提点希望。1. 希望自治区领导和各地区领导在拉萨工作期间,对拉萨市的各项工作给予帮助和批评。2. 在试点工作中,领导和同志们有需要帮助的地方,有什么困难,我们一定尽最大的努力给予帮助。

最后预祝各位领导……

※ ※

第三次人口普查,拉萨经费 470 万元;第四次人口普查,拉萨经费 300 万元;第四次人口普查工作,全国经费 26 亿元,第四次人口普查的人口基数 11.8 亿。

1989 年 10 月 27 日

回答英国议会代表团的几个问题。

一、拉萨市的基本情况。

拉萨市位于雅鲁藏布江的北岸,拉萨河的下游谷地,平均海拔 3650 公尺,由于北有冈底斯山脉阻挡,寒流……南部受印度洋西南季风的影响,气候宜人,年降雨量为 450 毫米,雨量多在 7—9 月份,年平均气温 8℃。

拉萨市有 7 县一区,全市面积 2.9 万平方公里。全市总人口 34 万人,市区人口为 12 万人,流动人口约为 2—3 万人。

拉萨市有 13 种矿,100 多处地热点,羊八井为全国重点开发的地热点。

工农业总产值 1.8 亿元,其中农业总产值 1.2 亿元,工业总产值 6000 万元,利税 2000 多万元,财政支出 7000 多万元,其中国家补贴 5000 多万元,粮食 1.8 亿斤(89 年可达 2.1 亿斤)。人均分配 88 年 379.02 元,89 年 405 元。油菜产量,88 年 416 万斤,89 年 516 万斤。

拉萨市教育:中专 2 所,中学 16 所,内地 7 省为拉萨培养学生 2000 多人。89 年高考情况,报考 856 人,录取 444 人,其中汉族录取 207 人,占

47%,藏族录取 237 人,占 53%。录取分数线,藏族文科 240 分,理科 220 分;汉族文科 290 分,理科 270 分。中专报名 1517 人,其中汉族 610 人,占 40%;藏族 907 名,占 60%。录取总数 296 名,其中汉族 112 人,占 36%;少数民族 184 名,占 62%。

商业:商业、饮食业、服务业网点 7537 个,商业零售额 2.7327 亿元,比 87 年增长 7.6%,商业利润 300 万元,比 87 年增长 2.4 倍。

公路:除川藏、青藏公路外,航空可达北京、成都、西安、上海、广州。88 年又增开了拉萨—尼泊尔的航线。

邮电:有邮局所 50 多个。

旅游业:85—88 年共组织国外旅游团 720 个,接待外宾 1.8 万人,总收入 703 万,创利 378 万元。

二、有关"骚乱"的几个数字。

87 年 9 月 27 日以来,先后"骚乱"共 19 次。根据《中华人民共和国宪法》第八十九条第十六项规定,决定 1989 年 3 月 8 日零时在拉萨实行戒严。

"骚乱"造成的损失:损坏国营商店 20 个,个体户商店 99 个,烧砸公安派出所 4 个,破坏城关分局、城关区委,破坏交通岗亭多处。砸坏、烧毁机动车辆 70 多辆,其中公安车辆 25 辆,摩托车 30 辆。抢砸烧过往行人车辆 110 辆。自 87 年 9 月 27 日以来,打伤公安武警近千名,死亡 2 人。"骚乱"分子伤亡人数……无辜受伤的人……今年 3·5 事件以来,造成的直接经济损失 2000 万元。

全市 95%以上的群众、僧尼是爱国的,拥护共产党的领导,热爱社会主义。参加"骚乱"闹事只有千分之三。城关区居民近十万,自 87 年 9 月 27 日以来,参加"骚乱"的人有 265 人。

戒严部队为群众办好事:1. 植树 10000 多株,治病 4859 人次,为群众理发 3450 人,修理各种车辆 2195 辆,疏通污水沟 3500 米,修路 12500 多米,清除垃圾 750 多吨,设茶水站 35 个。2. 设家电修理部 7 处,共修电器 580 多件。3. 为修筑河堤搬运石头 1860 多立方米,平整土地 18000 平方米,修花坛 28 个。4. 承包"五保户"38 户,还出动 1500 多人次帮助秋收。5. 清理文化宫污水、人工湖两个,5000 平方米,节约资金 1 万多元。6. 抢救自治区统计局伙房失火,节约资金 3 万多元。7.3 月 31 日 7 点,次仁多吉的爱人才旦卓玛得了急病,卫生队长陈国民、赵得利诊断为急性肺炎,军医官正华为抢救病人累倒在地。8. 位于海拔 4500 米的甘丹寺,群众、喇嘛吃水困难,部队主动提出建一个幸福井、修一条光明路活动。9. 城关白定乡发洪水,冲毁了排水沟,威胁着曲水和电视塔转台,部队主动出动 1000 多人次和 27 辆车,利用 3 天时间修复了 1100 多米的水渠。10. 各层人士对部队的支持,给部队解决彩电、黑白电视机 32 台,放像机 5 台,送猪 61 头,菜 8500 公斤,罐头 420 多箱,腾住房 1350 多间,提供桌凳办公用具 1300 多件,送哈达 2630 条,锦旗 54 面,慰问演出放电影 150 多场。西藏总人口 215 万人,95% 是藏族。11. 为改变拉萨市人民群众的生活,从 87—89 年购进酥油 900 吨,为保障蔬菜供应,一是建温室,二是从外省调进蔬菜,三是采取价格补贴的办法。改造八廓街危房,87—89 年国家投资 240 万元,到 90 年投资 370 万元。

三、西藏民族宗教问题。

西藏有 32 个民族,少数民族干部 31000 多名,占干部总数的 60%。省级干部占 70%,地级干部占 57%,县级干部占 55%。庙寺 1400 多座,僧尼 36000 多人。1959 年前,西藏共有大小寺庙 2716 座,包括清真寺和天主教堂,僧尼 11.4107 万人。现有寺庙 234 座,宗教活动点 743 处,共 977 处,僧尼 14320 人,活佛 331 人。

1989 年 10 月 28 日

下午,英国议会代表提出的问题。

英国保守党成员两位。代表团团长为大使馆二秘。

团长:英国同中国西藏有着长期复杂的关系。我最近读了《茶和梦》的书,英国杀死了很多西藏人,我表示歉意并道歉。西藏问题是你们的问题,不是我们的问题,但是有几个问题想提出来。作为我们研究中国问题的人来说,经济上几年发展,我们是看不清楚,但是……关于经济和政治关系,你们想让很多人、旅游者重返西藏,但他们很害怕,政治和经济是联系在一起的。

晚 10 点 55 分,请示毛如柏副主席关于"骚乱"以来收捕的人数、在押的人数。

1989 年 10 月 29 日

晚上 8 点,毛如柏副主席来电话指示,回答英国议会代表团提出的关于"骚乱"有关问题。

1. 3 月 5 日"骚乱"以来有 400 多人被收审。

2. 3 月 5 日事件共逮捕判刑 63 人,尚未宣判的有 4—5 人。

3. 悔过自新解除审查的有 300 多人。

4. 在今年的 3·5"骚乱"中,公安、武警受伤 40 名。

5. 今年 3·5"骚乱"共死伤 16 人,其中群众 3 人,"骚乱"分子死亡 13 人,另外,公安、武警死亡 1 人。

※　　　　※

内部清理办汇报清查问题。

主要是近几天的进展情况,小多吉、朱为民汇报。

一、经济研究室:从 9 月 7 日开始学习,联系实际,在家学习 11 人,没有需要清查的问题,准备 11 月上旬告一段落。

二、编译局:清查工作已基本结束,分三个阶段,从 9 月 14 日开始,至国庆结束。普布次仁没谈旺堆次仁的问题,没发现有参加"三乱"的人和事。以前有的同志说"三乱"与我们党的腐败有关,通过学习认识上有了进一步的提高,但没从根本解决。过去认为"三乱"的制裁太严厉啦,通过学习提高了认识。对清查清理工作开始想不通,是不是要搞阶级斗争啦。通过学习,提高了认识,这段时间学习的自觉性提高啦,不愿参加学习的少啦。怕双清有虎头蛇尾的现象。没发现重点的人和事,两位领导没写自我认识,他们说没有什么东西可写。

三、市政府办公厅:王成树同志介绍的情况,办公厅成立了领导小组,王锁成任组长。

四、检察局的情况:四人组成双清小组,冠任组长,每周三个半天学习,共 14 个人,有 12 人参加。

五、市医院:分四个行政组进行学习,以前学习不敢发言,市医院有问题的几个人还没有接触谈话。

六、市委办公厅:谈的比较简单,没发现什么问题。

七、人大办公厅:现在正在反思阶段,阿旺、拉巴、穷达和扎西罗布已反思完啦。

八、法院情况:马根参汇报的,每周用三个半天进行学习,星期六已结束了,全院区级干部的思想清理已完成,通过摸底没有发现要打击的对象,出差的、回家的通知其本人,邮寄回来反思材料。

法院存在问题:一是联系实际不多,不敢联系自己和本单位;二是对双清意义的认识不足;三是对"三乱"认识不一致,比如对动乱的认识,计划月底前告一段落。重点人:平措,党员,经济厅副厅长,今年"骚乱"中说了不应说的话。土登罗布,行政厅长,3·5"骚乱"间叫他去执勤,他说要在家保护个人财产,3 月 5—9 日没有上班。

没听情况汇报的:工青妇、民政局、经委、司法局、纪委、八一农场、公安局、农牧、城建。应该去了解的共 41 个县级单位。

墨竹工卡 11 月 1 日开稳定局势会议。

1989 年 10 月 30 日

下午,在商业局听取党组生活会活动情况。

罗局长:77 年,调整班子时,我进的领导班子。存在问题:一是工作方法不当,深入不下去,工作中不注意发挥其他同志的作用,个人管的多。二是当前库存压力大,价值 1.2 亿元。当前主要问题,宏观失控,重复进货。原来我们库存只有 4800 万元,现在自治区把货都压给我们啦。商业贷款 9000 多万元,工业品 7000 多万元,靠贷款来经营,全国是没有这种情况的。牛羊肉库存 900 吨,每年消费 1000 来吨。库存 900 吨主要是猪肉,牛羊肉缺,从那曲要了 100 吨。

张局长:我是列席党组会议的。有人两次给我送礼,一次是省厅老同志的小孩,因工作给我拿 50 元钱,我批评了他。二次是有个司机给我送火腿,我也没有接受。

政策研究室张国生至今还欠回家借款 8 元钱,市里就给他转正,我有意见。调查了一年多,最后 87 年不了了之,处理了此事,而且上调。当时局里提出撤销他的职务,而市里就偏偏的只免除他的经理。

1989 年 10 月 31 日

上午,参加曲加书记召开的地级干部会议。

桑典副主席、南木杰副主席。

同意对达赖进行公开批判,在群众中揭露他的真实面目。

1989 年 11 月 1 日

上午①,双清办公室。

有言论的:1. 医院:边巴央宗;皮肤科哥龙。2. 教体委体育科:顿珠、王清、王杰。3. 市工会副主席索朗旦真。5. 编译局:87 年 9 月 27 日事件,第一批到甘丹寺庙的工作组。6. 粮食公司嘎麻。

1989 年 11 月 3 日

上午。

张荣扬:资产阶级自由化是从 80 年开始的。83 年,批资产阶级自由化

---

① 原文写的 10 月 1 日,根据前后日期的连续性,应该是 11 月 1 日。

28 天,就不让批啦。87 年,批资产阶级自由化。坚持四项基本原则是 80 年下半年提出来的。动乱之因:第一,资产阶级自由化造成的后果。第二,无组织无纪律造成的,缺乏党的观念。第三,一切向钱看,不讲贡献而造成的。第四,理论上的混乱,宣传上的错误导向。第五,有些同志错误的言行和支持所致。第六,不从中国的国情出发,强调民主过多啦。

一中张际凡,上高三的课,2 年来基本上不改作业,愿上课就上课,不愿上课就拉倒,支持学生打架。四中任发平在押,偷摩托,打架,现在要释放。拉中数学高级教师 17 日到二中、四中、五中去的,5 月 19 日晚到师校去的。郑国良,50 岁,我们找到拉中,拉中隐瞒不讲。组织处理比较容易,思想处理是任务繁重的。

谈对学习江泽民同志讲话的认识。

讲话的四个基本点、十个问题,我都同意。坚持四项基本原则和开放搞活是有矛盾的,开放搞活在经济经营上就要引进西方的东西,就要搞点物质刺激。像合资企业怎么支持四项基本原则。讲西方的民主多啦。私人经济发展过快,分配不公,不是按劳分配啦。当时中央提出七大问题:社会治安问题;物价问题;人口问题;教育问题;廉政建设问题。廉政建设,阿旺建租房问题,没住公房,而是出租啦,现在住武警部队爱人的房子。

教体委领导班子生活会,讲关于本人、机关廉政建设问题。

谭元早:师校学生中毒,自治区防疫站罚款 200 元,我拿出了 30 元,管理员拿出了 30 元,炊事员每人罚 26 元。阿旺建房出租没说清楚。白姆书记盖房子土地问题,把原来地皮卖啦,又从东边买了一处。

索白:原来的房子 230 平方米,现在的 160 平方米,平时行贿受贿问题我没有,我分管政工工作,不少熟悉的老同志不断送点糖、啤酒。有老师要人事调动,三中有名老师送来 10 多斤酥油,有个人送来两床毛毯,我叫他们拿回去啦。

师校私人建房 8 家,索朗央金没搬家。听说旦真平措老城区有房子,三中也有房子,用了公家 20 多张铁皮,现在调到三中。还有 6 户没有落实,其中县级有 2 户。

下午,参加教体委深入民主生活会。

几点希望:要加强通气、配合工作,分工和配合是紧紧联系在一起的。

※　　　　※

在西藏残疾人联合会白内障康复中心开幕式上发言。

首先,我代表拉萨市委、拉萨市人民政府、拉萨市人大、政协对白内障康复中心的建立表示热烈的祝贺,并预祝你们旗开得胜,马到成功。

　　眼科康复中心的建立标志着拉萨卫生事业的发展,标志着党和人民对残疾人、对西藏人民的关心和关怀,这项工作的开展将给残疾病人、给患有白内障的病人带来幸福和光明。这是一项艰巨而光荣的事业,是深受广大人民群众拥护的一项事业。希望医院领导、眼科的同志,一是不负党和人民的希望;二是努力学习刻苦钻研,用我们的高超技术解除病人的痛苦;三是深入基层,深入农牧区,把服务送到最基层。

※　　　　※

　　参加市委市政府联席会议。

　　财政执行情况:收入增加 110 多万元,共 2000 万元。支出 1052 万元。比上年财政节约 2600 万元。

　　窦市长:市财政已欠损 5.5 万元。商业上的商品要全区一个价。另外,商品销售三级站,一是多给自治区,二是要不然自治区把二级站交给我们。自治区的公司只能搞批发,不能零售,零售只能是拉萨市来做。

　　曲加书记:三个综合部门讲了今年的经济工作,形势是很好的,一是有些问题需请自治区解决,二是市里要协调解决一些问题,三是市政府再开个会研究下如何贯彻的问题。向自治区政府、党委汇报下拉萨市的经济工作。有几个包袱,我们背下来啦,要给自治区领导汇报,如雪嘎林场、维修队问题。第二个意见,控制物价上涨,要注意协调,下决心解决。第三,市政府召开专门会议,把经济工作安排一下,准备给自治区党委汇报。

1989 年 11 月 4 日

　　上午,内部清查组汇报各科局民主生活会的情况。

　　开过民主生活会的有 13 个单位:财政、教体委、党校、法院、司法局、广播电视局、城建局、医院、民宗局、统战部、商业局、政协、卫生局。

　　民政局情况:已转入反思阶段,前后开了三次动员大会,已开了党组扩大会议。

　　团委:找不到张,找到后再单独给他谈。

1989 年 11 月 6 日

　　拉萨市委召开清查工作会议。

　　参加人员:江村罗布书记、江措副主席、曹旭主任、高副司令员。曲加书记主持会议。

　　江村罗布书记讲话:关于社会两清查和寺庙清查工作,自治区应给予必要的人和物的支持。

一、关于寺庙和社会两清理的重要性及有利条件。

依靠谁很重要,这个也依靠,那个也依靠,都依靠等于都不依靠,我看主要还是依靠多年来党培养的干部、劳动群众。维修寺庙的目的不是发展寺庙,而是满足广大信教群众的需要。有的同志说我做群众工作几十年,现在倒不会发动群众啦,主要原因是指导思想不明确。

有利条件:第一,中央对"骚乱"性质根源明确啦,反分裂斗争是坚持四项原则同资产阶级自由化分裂主义的斗争,是尖锐的阶级政治斗争,是维护祖国统一和分裂祖国的阶级政治斗争,这里不存在"左"的问题。第二,党中央的方针是明确的,区党委的态度是明确的,立场是坚定的,将来不存在平反落实政策的问题,对"骚乱"性质分子不存在落实政策问题。第三,"骚乱"中各种人物的面目都已表现出来啦,各种人物都已登台表演啦。几年来打死打伤公安武警 900 多人,损失 2000 多万元。第四,我们有一批坚定的基层党员干部,特别是基层干部和群众。群众批评我们说,你们抓了放,放了抓,这是干什么?第五,这次清查清理是全国性的,我们的工作是社会、寺庙、机关清理三管齐下。

二、这次清理的目的和工作要求。

我们就是要打击并剔除分裂分子和后台来,通过清理把寺庙的权牢牢掌握在爱国寺庙僧尼的手中。前段时间我们对寺庙管理失控,可以说寺庙权基本上没在我们手中,我们挖了一个大的地下组织。要让僧尼成为爱国、爱教、遵纪守法的僧尼,让寺庙真正成为佛教的圣地,要把反动组织挖出来,要把制造"骚乱"的地下指挥组织打掉。

工作组同志,一要旗帜鲜明,立场坚定,决不能有半点的动摇和含含糊糊。坚持反分裂斗争必须开展双清。反分裂斗争工作小组处于第一线,要坚决完成党和人民交给的任务,不达目的决不罢休,决不收兵。二要认真地调查,精心工作。调查研究工作的过程也是解决问题的过程,四个办事处有 17 个居委会,1000 多户。第二次进工作组,寺庙对付我们的办法有多种,想办法把我们赶出去。工作组要进行必要的研究,对发生的每个重大事件要一个一个地清理。要严肃纪律,严格考验。三要讲究方法,步子要稳定。比如达赖问题,达赖既是宗教人士,又是长期流亡在国外从事分裂活动的罪魁祸首,国外的敌对势力就是在民族问题上制造矛盾,破坏军民团结。李鹏总理讲,最近跑到国外的所谓"精英"就是在民族关系上来作文章。四要求工作组同志要以身作则,要密切联系群众,要相信依靠群众。

三、关于加强领导和多方配合的问题。

我们同敌对势力的较量和斗争要求公安、民宗、统战、群团等部门和团体都要在市委的领导下进行工作,加强请示报告。市委要切实负起责任,重要问题和情况要及时向区党委报告。自治区有关部门若扯皮,我们要追究责任。抽调的人员要及时报到,各方面都要协调,要打总体战。

四、关于时间问题。

上次讲的工作组是 2 个月时间。2 个月看一看吧,但不要定死,时间要服从任务,标准是保质保量地完成任务,完不成任务绝不收兵。当前群众对我们寄予很大希望,但也担心,一怕搞不彻底,二怕对分裂分子打击不力,三是怕泄密,四怕工作组走后遭打击报复。我们要用阶级分析的方法,看待分析我们的群众。

曹主任讲话:第一,工作组的任务是艰巨而光荣的,是党组织对我们的信任。如果我们清查工作搞得顺顺利利,我们的经济工作就能顺利开展。清查工作是重点,是围绕经济工作开展的。美国对中国有两张牌,一张是资产阶级自由化,第二张是搞民族分裂,是"骚乱"的继续。清理就是清理我们的队伍,就是把队伍组织纯洁一下。第二,工作组本身要注意加强对文件的学习。第三,注意对政策的学习和研究,同时要注意情况的掌握。从开始到中间到最后,都要注意掌握,同时注意材料的保存,不要工作组结束啦,材料也不知弄到哪里去啦。第四,加强组织领导。八廓街 9000 多户,其中有6000 多户是我们的干部职工。这些干部职工中,52%的是自治区机关的干部、职工、党员。这项工作要同整顿领导班子、同党员队伍登记结合起来。工作组同志们没有半点后退的余地,没有半点后退的权力。

几点意见:

一、领导班子要提高、统一对这个问题的认识,明确办学的目的和方向是什么,从这个事件中应接受什么样的教训,要把坏事变好事。

二、加强领导,成立强有力的班子。

三、要借这个事件的发生重新发动群众,深入地搞好双清工作。一要有点声势,开大会时讲表现,讲危害,讲重点事。二要发动群众来大揭发。三是教职工采取多种形式进行反思。四是抓重点人的工作。五是做好学生工作,启发学生的觉悟,安定学生的情绪。

四、安排好正常的教学工作。高三二班派的汉族的班主任,学生不听他的话。初三二班学生犯了错误,让他写检查,他恐吓汉族老师。

1989 年 11 月 9 日

市委召开有关部门会议。

内容主要是三届二次会议决定公开办事制度以来的情况,采取的办法和取得的效果。

公安：一是户口管理工作公开，85 年前个人批准了就算，86 年后集体研究决定。

关于公开办事制度问题：一要提高对公开办事制度的认识。二要对群众反映比较大的，而且是干部群众比较重视的、引人注目的事情，一定要采取公开办事制度。如干部调动，调入、提拔、晋升；财政开支，住房分配；办案及审理、处理；税收和市管等问题。三是公开办事要动真的，干实的，防止形式主义，走过场，瞒天过海玩虚的，愚弄群众的做法。四是以市委的名义发文，让各单位对前段公开办事制度的执行情况作个检查总结。

曲加书记：会议的目的是交流情况，互相监督，进一步加强这项工作。这是党的十三大会议总的要求，取得了比较明显的成效，但有差距，有主客观原因，有领导抓得紧不紧的问题。下一步怎么办？除各部门及市领导讲的意见外，各部门要结合学习江泽民总书记讲话精神，除结合自己区稳定局势有关讲话精神外，要很好地进行专题研究，概括为 24 个字：提高认识，健全制度，注重落实，抓好队伍，接受监督，密切配合。"两公开"关系到党的形象，关系到党和群众的关系，关系到办事效率，关系到稳定局势问题。对老百姓讲，我们就是党和政府的形象。健全制度有个指导思想，总的要依靠法律、法规来建立制度，同时体现宣传教育要先行。建立制度要从经济社会效益出发。注重落实，定一项，落实一项。抓好队伍，学习掌握法律规章制度，要严明纪律，转变作风，要带出一个过硬的队伍。要防止从队伍内部破坏我们党的纪律、法规、队伍的形象。对接受监督问题，要敢于接受监督，要欢迎接受监督。密切配合问题，防止画地为牢。

※　　　　　※

下午，市委常委研究内部清理问题。

扎西副市长：要造成点声势，各类人物都要有点触动，税务局的达嘎怕字当头，类似这方面人不少。"骚乱"对……我也有想法，和朗杰说，我们别成了历史上的罪人。内部清理要搞个验收标准，让书记签字，要加点担子和压力，清理办公室可到公安去找一下有关涉及的人和事，公安厅四处也有。

窦市长：内部清理、清查难度最大，重点工作是清查。清理是在贯彻江泽民总书记的讲话，自治区须讲清，逐步解决，解决参与动乱、"骚乱"的问题。标准：一是私下讲的话和上街参与要分开；二是把班子情况掌握清，一种是自己有问题不敢清，二种是领导无能力解决；三是参与动乱"骚乱"的人事都清楚啦，重点人和事由办公室去查。

次旺政委：思想战线很难说清楚，有的人在党内说我是党员，在机关说我是干部,到群众中去就说我是藏族。要摆正业务工作和清查清理工作的关系。

高书记:有些问题统一口径,比如一中教师联合会的名字。二是钱损失了到底是多少,人员去向问题?都要弄明白。十四个单位都已开了生活会啦,是否清查清楚啦。

曲加书记:10 月初领导力量加强后,进展是快的,动乱是比较清楚啦。下一步是深入的问题,要面对面地领导。

一、动乱基本清楚啦。抓紧把学生的思想包袱放下,不予追究学生的问题。要把学校、教体委支部的意见拿出来。一中的问题要很好搞一下,正确的教育方针没占主导地位,要教育学生提高警惕,提高认识,必要时开一下家长会。初中 5 月 19 日前的做了自我批评的人就要解脱。事情的原由要弄清。

二、"骚乱"的 34 个人……态度暧昧也好,一一地弄清楚,要和公安一块处理,误伤就是误伤。每天落实 5 个人,把 34 个人的问题抓紧处理完毕。党组会要围绕"三乱"问题,其他以后再说,34 个人要面对面的落实。34 个人解决后,群众有态度暧昧的,还有些有言论的,分层次去解决。

三、重点是抓县级以上干部以及重点事和人,要让大家都提高认识,提高防御能力。县以上的单位民主生活会已开 21 个,要分分类,差在什么地方,生活会有问题谈问题,没有问题要统一认识,要明确的定义。县级干部要写自己的思想报告,几百个干部多少人写了。县级单位要分析清楚,比如五个单位又是什么情况,要找他们主要负责这项工作的人谈一谈,看看是什么情况。时间要服从质量。

四、动员会开不开、讲什么、是开什么样的动员会?是县级还是区级,动员会不是党员干部会议。

1989 年 11 月 10 日

上午,内清办开会。

夏书记:给教体委安排解脱一下。一中的事再安排一下,动乱中的童、宋、周等人,至今态度不好。一中的地下反动组织如何做工作,要继续做好工作,尤其是学生工作和教工问题,动乱中的近况要让教体委经常向上汇报。人的处理要逐级送,行政干部送检察局。对清查清理工作,34 个人中,已查出的主要让本单位去处理或提出处理意见。让各单位对党员、干部排排队,找出重点。51 个县级单位,263 名县级干部。民主生活会的问题,验收应加个标准。凡没有汇报的,没接触的,要再汇报一下。开会的范围最好开到区级以上干部,开到一、二把手也行。

1989 年 11 月 11 日

上午,城市建设局张春录来汇报情况。

职工 2160 多人,干部 160 人,其中区级干部约 43 人,县级干部 4 人。

次仁旺堆,局长、副书记;张书记;多吉,副局长,主管企业。

内清工作:已查出 13 人。

※　　　※

下午,学习中共中央十三届中央委员会第五次会议决定。

会议开出了全国人民的心声,开出了对经济工作的信心,明确了发展方向,从中央这次会议看出中央领导班子进一步加强啦,国防建设进一步加强啦。

1989 年 11 月 13 日

粮食公司汇报内部清理工作。

宗嘎,粮食公司党委委员,分管政工;袁玲,政工科。

※　　　※

师校汇报双清工作。

谭书记、索朗央金副校长。

从 10 月 17 日正式集中学习,每月 5 个晚上和 4 个星期日下午学习,到 11 月 11 日群众性的学习、讨论基本告一段。共用了五周时间,其中用 2 周时间学习讨论,提高认识。干部职工 88 人,实际参加 76 人,出差休假 10 人。另外,数学教师张跃没参加,不参加理由是职称没有批下来。达杰,藏文教师,10 月 8 日晚上他的爱人因车祸死亡。他爱人死亡后,交通部门判赔 3000 元,另外 1000 元困难补助,他坚决再要 10000 元,现在已给他 5500 元啦。他恐吓人家说,我是昌都人。

第二阶段揭发检举,收了 240 多份揭发材料,有价值的有 29 份。

※　　　※

法院汇报内部清理情况。

法院在编 65 人,其中干部 54 人,县级 4 名,汉族 8 名。从 10 月 22 日开始,主要对平措、阿旺索朗、土登罗布、张俊、王静等人问题。问题查处的重点是马德胜、丹增兹仁、宋世凡。待查的:王幸福、马鹏霞、李平川、姜丝保。

1989 年 11 月 26 日

参加晚报余学光、谢强的进一步检查。

余学光:原来强调客观原因,强调国内外的大气候,不从主观上找原因。主要是长期受资产阶级自由化影响,平时不注意学习。刚来晚报社工作时,学习工作比较积极。后来骄傲啦,听不进批评,两年来没认真读过马列、毛主席的书,而对西方的文学产生了兴趣。我们的干部多数是好的,贪污只是少数,而去大力宣扬腐败问题,恰恰帮了敌人的忙。几年来我对党的感情淡薄啦,平时工作比较随便。母亲来信教育我,同志们帮助我。我要再次恳切希望大家的帮助。

谢强:夏书记碰到我啦,我要求他来听我们的检查,今日他有事来不了,给我讲了几句话。开始时我有点压力,通过这段的学习,我比较自觉一点啦,主动一点啦。自己由于受资产阶级思想影响,有怀才不遇的想法。2 月7 日,看了《美国之音》一书后,我产生了错误的体会。2 月 5 日,我在编稿时产生了政治错误。平时对领导有意见,甩下工作不干,写了 3 个小说,讽刺一个领导不懂艺术。

1989 年 11 月 27 日

上午,和检察局研究物资局的案子。

组织了五人,用 3 个月时间查了问题,原来是 18 个问题,后来又反映出一些,共 26 个问题。共接触 100 多人次。

最后三大问题:

(一)就地加价转手倒卖国家统配物资。87 年 3 月份,确定给县修 5 座钢架桥,由物资局供应材料,从公路工程管理局处购买。公路局每座桥平均价为 4.9224 万元,公路局按进价加 3% 的保管费出售给物资局,每座是5.0701 万元。物资局又加了价,4 座桥每座按 7.5 万元,另一座 3 万元整出售。我们扣除了装、下、工具费、运费,5 座桥就地加价 8.6618 万元,挣9.624267 万元。因是不发达资金建设项目,5 座桥总计 33 万元。5 座桥的实际价格为 23.375724 万元,总销售为 33 万元整。9.6 万元里边,收 10%的服务费,为 9624 元,实际非法收入 86618.48 元。

(二)农用薄膜问题。按物价规定,农用薄膜可在进价基础上加 16%,工业用加 26%。87 年、88 年,共进薄膜 7442.2 公斤,销售了 6016.165 公斤。曲水计委用 933.25 公斤,在加 16% 基础上,每公斤多收 0.5 元,共475.96 元。总的非法收入 13601 元 6 分。以上两项非法收入共计 10.0219

万元①。

（三）88年5月，给包工队打白条，拿瓷砖欠款2.8892万元，两个包工队是易继光办的。包工头郭少雄和吴志用□的欠条。

处理意见：第一，非法收入10万元全部交国库。第二，按国务院规定罚款一倍，交国库合计20.0439万元。第三，由市物价局执行。第四，其他有关物资问题，请物价局列入89年物价大检查中。第五，包工队白条子限期如数追回，并加18个月的利息，当事人写书面检查给经委。

处理根据：就地加价统配物质，88年元月11号；国务院关于价格规定第四条，88年5月14号；物价局关于价格违法行为的处罚通知，85年8月10号；国家物价局……物价大检查，2年来自己没有自查。

1989年11月29日

出发到成都。

1989年12月1日

上午，成都拉萨饭店同杭州教育代表团会谈。

1989年7月，杭州代表团到拉萨市去慰问援藏教师，杭州现有10名教师。

几个问题明确一下：

首先，感谢杭州对拉萨的支援。其次，用一分为二的观点看待分析教师队伍。第三，找出经验，弥补不足，继续抓好援藏教师队伍建设。选好队长；双方都要关心教师队伍；严格挑选援藏教师。

杭州教委黄主任：教委已管38所学校，不包区外的学校。

※　　　　※

西藏的地貌，河谷的农业，窄谷的林业，高原的牧业。

宗教局陈仁向泰国贵宾介绍宗教问题：

西藏是13世纪中叶归中国版图的。84年人口96.68万人，藏族及其他少数民族人口89.216万人，汉族7.6万人，占总人口的4%。西藏有33个民族。

（一）民[族]政策。坚持民族平等、民族团结。在少数民族地区实行民族区域自治政策，是在党领导下由少数民族管理自己的政策，有利于发展少数民族的民族文化和经济。少数民族干部占干部总数的63%，汉族干部

————————

① 指修桥物资和农业薄膜非法收入。

占 39.66%。

（二）宗教。6—7 世纪形成了藏传佛教。西藏五大教派：白、红、黑、花、黄教派①。花教即萨迦，白教即噶举。活佛转藏，即转世灵童。天主教堂和寺庙有 3200 多座，佛教徒占总人口的 20% 以上。民主改革前 2711 座寺庙，59 年前喇嘛尼姑 11 万人，民主改革后保留 553 座，僧尼 6900 人。十一届三中全会后，寺庙有 1459 座（89 年），僧尼 34680 人，活佛有 1200 人，原来 1600 人。宗教政策：公民有信仰宗教的自由和不信宗教的自由，90% 以上群众信教，信黄教（格鲁派）的人最多。大昭寺是西藏具有代表性的寺庙。佛教协会正、副会长有 13 人。有 119 座庙寺，4000 多人学经班，自治区有佛学院，北京有藏语系佛学院。

（三）西藏文化。藏文有 1300 多年历史，现在文盲、半文盲占总人口 74%。

1989 年 12 月 8 日

重庆市藏族中学。

司校长汇报：原来这个中学是 31 中，重庆重点中学，地处海拔 500 公尺，城里海拔 200 公尺。夏天最高温度 37 度，自然风光好，地名歌乐山②。校级干部 4 名，书记杨国名，原 59 中的书记、校长。副校长李宇汉，副校长赖德明。

85 年至今，国家教委给教育经费 160 万元。重庆市教委、沙坪坝区共投资 89 万元。开班费专款给 50 万元，市财政给 40 万元，西藏给 10 万元，共 50 万元。到目前基建经费 230 万元，建校园 1 万平方米。今年，国家教委拨来 30 万元，修操场、洗衣室，再搞一个单元的宿舍。现有健身房和游泳池、澡堂。85 年市委万书记、分管市长肖竹修下决心把这个学校改造好。重庆有 9 区 12 县，1 万所中小学，分管市长每年来学校 2—3 次。老学生每年 725 元，新学生每年 900 元，西藏教委拨的经费。西藏的标准，每人每年 500 元，余 200 元，每年冬、春、夏、秋买一件/一套衣服，每名学生每年补助 450 元（医保、服装、食品）。

---

① 藏传佛教先后出现的 5 个大教派，都是在宗教力量和地方政治势力、政治与经济上的紧密结合的情况下产生的。先后出现的教派是宁玛派、萨迦派、噶当派、噶举派、格鲁派，分别对应红、花、黑、白、黄。这些教和教派中的重要人物都在西藏历史中扮演过重要角色，甚至一度掌握西藏的地方政权，

② 重庆藏族中学坐落在重庆市沙坪坝区歌乐山云顶峰下，占地面积 45257 平方米。该校原名为四川省重庆市 31 中，始建于 1953 年，是一所完全中学。1985 年秋，接受中央教育援藏任务，开办西藏班，决定每年从拉萨招收百名藏族小学毕业生。1986 年 9 月，正式更名为四川省重庆藏族中学，同时升格为重点中学。

今年,市财政补给 25 万元,用于学生生活。老学生每年平均补助 1400元,相当于内地刚毕业的一名大学生的工资。用于汉族学生的经费每年 92 万元。培养一名藏族学生的费用相当于培养 15 名汉族学生的费用。学校学生每月生活费 52 元,其中市财政补 12 元,中午三菜一汤,其中 2 个肉菜,晚饭 2菜一汤。供肉,按大学生标准,每月 7 斤。肖市长亲自办的,每月 2—3 斤牛羊肉,粮食 40 斤。寒暑假组织学生到昆明参观,教师在节假日不能休息。

学制四年,第一年补习小学课程,第二年开初中课程。89 级首届毕业生,相当于内地中学中下的程度。40 名学生参加全国统考,32 名学生考上高中。毕业班 88 名学生,66 名是团员。现在有 108 名团员。藏族学生 9 个班,413名学生。4 年之内,学生平均身高增长 15 厘米,体重增长 15 公斤。

存在问题:1. 气候不适应,病多,有肝炎、结核、皮肤病。西藏武警中队群培的小孩病啦,贫血(地中海式贫血①),专家参与抢救,先天性的病,花了5000 多元。洛丹和扎卫东打架后,扎卫东做了颅脑手术,现在进行特殊照顾。126 名学生得疥疮②,经治疗病情全部控制啦。88 名学生除一名结核外,87 名学生上了高中和中专。部分同学吸烟、喝酒,个别同学把表卖掉吃零食,还有的借钱。吸烟的学生占三分之一,约 20 多名学生。藏族班,每班有 10 名教师。

区教育局黄书记:学生有了病,市政府领导就亲自来安排,校长亲自守在病房。86 年,组织学生到大竹净土寺参观,和邓小平同志碰到了一块。

方局长:希望家长给予大力的配合,共同抓好教育。

※　　　　　※

教师座谈会。

阿曲:藏文教课希望不大,存在困难。每个周 24 节课,学校比较重视藏文课。普多一个人教三个班的课,是否再派一名藏文教师。学生有病,我们去看,路费没法开支。现有学生 413 名,9 个班。其中男生 197 名,女生 216名。89 年入学的男生 65 名,女生 36 名,共 101 名学生,分成两个班。88 年入学的 2 年级,男生 52 名,女生 50 名,共 102 名。藏文教师巴桑的正式课有 14 节。87 年入学的三年级,男生 56 名,女生 47 名,共 103 名。86年入学的四年级三个班。一班男生 18 名,女生 15 名,共 33 名。二班男生 18 名,女生 14 名,共 32 名。三班男生 17 名,女生 26 名,共 43 名。四年级三个班学生共 108 名。每星期天学生上半天课,放假半天。9 个班 4

---

① 地中海贫血又称海洋性贫血,是一组遗传性疾病,分为多种类型。
② 疥疮是由疥螨在人体皮肤表皮层内引起的接触传染性皮肤病。

名教师,教学任务太重。藏文教师、生活教师各缺一名。学生住院期间,生活费每天1.5元,不够。

司校长:藏族教师对学生不敢大胆管理,个别教师和学生一块吸烟。经费紧张,每名学生每年60元不够,再提30元差不多。活动费80元不够,包括看电影、旅游。个别学生有民族情绪,特别在拉萨"骚乱"期间,有个别学生有不当言行。个别学生组织纪律性差,吸烟喝酒。市人大拉巴卫东主任的孩子每天吸一盒烟,喝酒后在街上乱打胡闹。藏文教材不能按时寄来。

1989 年 12 月 9 日

下午,重庆藏族中学召开教职工、学生大会。

首先,我代表拉萨市委、政府、人大、政协,代表全市34万人民,代表学生家长,向为西藏培养人才作出贡献的重庆市人民政府、重庆市教委、沙坪坝区领导及教育局领导、重庆中学的领导、全体教职员工表示衷心的感谢。经过两天的工作和座谈,学校给我的印象是学校的面貌环境是优美的,学校的管理是得力的,学习成绩是突出的,生活管理是令人满意的,教职工和学生的精神状态是良好的,尊师重教的风气、藏汉团结的氛围都是值得赞扬的。这些成绩的取得与学校领导、全体教工的努力工作是分不开的。你们把为西藏培养人才当做党交给的重任,把学生当做自己的亲人、自己的孩子来对待,你们把全部精力奉献在西藏学生身上。你们没过过一个像样的星期天,没有和全家过一个团圆的节假日,用你们的心血为西藏培养了大批的人才。学生的家长将永远感谢你们,拉萨的人民将永远感谢你们。我们代表团是受市委、市政府的委托以及西藏人民的委托来看望、慰问领导和全体教职工,同时也来看望一下同学们。

同学们,你们要努力学习,不辜负重庆市领导和教育界领导及学校教职工对你们的殷切希望,不辜负拉萨市人民、拉萨市委政府领导对你们的希望。几年来,拉萨变化比较大,但我们拉萨的政治经济形势是稳定的。今年我们的农业又是一个丰收年,粮食总产量可达2.1亿斤,工农业总产值1.8亿元。城关区的危房改造明年可全部完工,布达拉宫的维修正在动工。政治形势是安定的,市场是繁荣的。

借此机会给同学们提几点希望:一是努力拼搏,加强学习。二是尊重教师,加强团结。三是加强组织纪律,争当三好学生。总之,希望同学们努力努力再努力,学习学习再学习,以优异的成绩来感谢重庆市领导、重庆市中学领导和老师对我们的关心关怀,以优秀的成绩来回答拉萨市人民、领导、家长对你们的希望。

西藏是一个美丽的地方,是一个地大物博的地方,西藏有矿藏73种,地热点500多处,而且是全国五大牧场之一。水的资源、森林资源都位居全国的首位,这就是祖国在善待着你们,西藏人民在盼望你们。总之,希望你们要身体好,学习好,用你们的才能来开发建设美丽的西藏。西藏的气候是恶劣的,环境是艰苦的,生活是困难的,但西藏是一个美丽的地方。西藏的人民是热情的、友好的、勤劳的、好客的。我真诚地希望在座的各位领导、教职工到西藏去考察、去参观、去指导工作。

请允许我再次代表拉萨市委、政府、人民,对重庆的领导和全体教职工表示衷心的感谢,并预祝你们工作顺利,身体健康,万事如意,全家幸福。扎西德勒。

1989 年 12 月 11 日

参观学习树人小学①。

1938 年建立,全国政协副主席胡子昂②曾是这个学校的董事。学校有6个年级,每个年级10个班,1400多〔名〕学生,教员74人。重庆6所重点中学,沙坪坝3所。85年抓教法改革,湖北一个教授的教学法推广啦。由单科改革改为整体改革。重点抓三个建设:班子建设、师资队伍建设、教学设备建设。每个领导班子抓一个方面的改革。高级教师占38%,中级教师占40%,初级教师已没有啦。图书1.3万册,有微机室,有各种琴。抓一个根本,进行两个改革。一是抓文件,抓人才,实行包干。第二,实行目标管理。第三,扩大校长负责制。第四,实行委托管理制。抓了"三梯""两性"的建设。通过五条途径开展工作,四个工作系统去执行。实行校长全负责制,党支部要起监督作用,依靠工会、教代会开展工作。副校长给校长签订责任状,教师合理的组合,优化的组合。一个标准,两个选择,三者兼顾。

沙坪坝教育局长:一个孩子病了后,我们几个局长都去轮流值班。抓教学改革、教育管理,抓过程管理,将竞争机制引进学校。阳光普照,雪中送炭,锦上添花。

※　　　　　※

---

① 1938 年,开明绅士杨若愚先生创办树人小学。民国时期,中央大学校长罗家伦、同济大学校长周均时、重庆大学校长胡庶华、国民政府参军长吕超、著名实业家胡子昂等名流任学校董事。

② 胡子昂(1897 年 3 月—1991 年 11 月 19 日),汉族,曾用名胡鹤如,四川省巴县(今属重庆市巴南区)人,中国民主建国会创始人之一,中国民族工商业者的杰出代表、著名的爱国民主人士、政治活动家。曾任中国人民政治协商会议第五、六、七届全国委员会副主席。

参观南开中学。

常忆南开苦读情,几番风雨伴书声,莫道山高行①。

校长:校办工厂产值 100 多万元,利润 30 多万。

1989 年 12 月 20 日

下午,参加上海回民中学藏族教员座谈会。

桑布:教师的课程多,每周 21 节课,没空补课,学生的藏文素质差距比较大,有的刚会写自己的名字。教师想搞作文、书法竞赛,但没有时间开展活动。来了三个月,还不认识班主任,而且也不给我们介绍。有的汉族教师说,你们藏文差不多啦,学不学没关系,我们不愿看到藏语文在班里出现。学校给学生处分,原来通过我们,现在根本不通过我们。有的孩子五岁开始吸烟,一下子戒不掉,学生因吸烟已处理 8 人啦。给学生警告处分,纪律处分。吸烟的学生占 30%。当地请了 10 名生活教师,学生不听老师的话。本地生活教师也不负责,派几个藏族生活教师为好。每个藏族教师带三个班,没法补课,需再派两个藏文教师为好。学生生活每顿一个菜,米不干净。

※   ※

到交通中学参观学习。

学校占地 39.2 亩。建筑面积 2 万平方米,不包括宿舍、实验楼。共有 6 个专业,有海、陆、空技术人员。学校共 966 名学生,教工 250 人。专业教工 86 人,加兼职教工 120 人,有来自 19 省市的学生。汽运管理专业原有藏族学生 30 名,现在有 29 名,有一名日喀则的学生得了肺穿孔。加强领导,健全组织。建立西藏班领导小组,配两名班主任。59 年建校以来,第一次接收西藏学生,提高对办好西藏班的认识,到其他学校取经。关于生活问题,安排了 7 间宿舍,安排彩电、录像、活动室,其他民族学生 8 个人一间宿舍。教师宿舍安了电扇。10 月 9 号正式开学,9 号以前补课。

存在问题:思想已稳定,好同学 5—6 名,山南的比较好,90 多名。29 名中,来自拉萨市 12 名,其他来自山南、昌都、日喀则。来自河北石家庄河北师院附中西藏班的五名同学,昌都的学生比较差。大部分学生能做到维护祖国统一。来自辽阳的 14 名同学比较好。物理不及格的 14 名,其中 20 分以下有 5 名,最低得分是 6 分。化学考试 25 个人,不及格的 12 人,40 分以下 6 人。数学和以上各科成绩差不多。交通部统测,数学全班最高分 35 分,来自其他省的班平均 70 分以上。原因是:1. 初中基础没打好,石

---

① 孔繁森可能时间紧,没有写完。下面一句是"莫道山高行路远,明月半片横烟波"。

家庄的藏族生化学、物理课开卷考试。2. 少数同学不愿意学习基础课，特别不愿意学政治课。3. 个别同学素质差，石家庄来了一个同学名叫扎西香巴，小扎西旷课 80 多节。

生活费每月 68 元，用于平常生活，不包括服装，我们又补助 35 元的冬装费。有的学生不带被子、衣服。老愿意享受"三包"政策，不实行"三包"政策有想法。12 月 14 日，星期四，该班一天没上课。理由：专业课是运营和修理，要求毕业时发执照；要求压缩基础课及政治课，包括音、体、美课程；要求配录像机。

费用是西藏交通厅定的，学生生活费由西藏出，教师费用当地出，学校建设由教委、财政部门出。开班费市财政拿了 18 万元，协议定的是每年每人拿 840 元，伙食费 60 元，5 元零用，上海又加 3.8 元。节假日每年每人 120 元，装备费每人一次性 120 元，医疗费每年每人 40 元，住院实报，取暖、降温费每人每年 30 元，活动费每人每年 100 元，公杂费每年每人 60 元，共计每年应拿 3.48 万元，由西藏拿钱，至今没汇出一分来。给他们补课，学生不参加。全国交通学校 53 所，该学校被交通部评为先进学校。

※　　　　　※

上海回民中学领导班子

虞国平	副书记
贡祥鸣	副书记
宋霆	副书记
彭存宣	副校长（主管西藏班）
朱正谊	副校长

藏文教师每超一个课时给 3 毛钱，现在每周 18 节课。

除去西藏的待遇外，上海回民中学教师发补贴都有藏族教师的，学生每月生活费 54 元，隔天有一斤牛奶，每周 5 天晚自习后有点心。

1989 年 12 月 24 日

晚上 7 点 30 分，给上海回民中学提点希望。

一、西藏的人民和各级领导感谢你们的工作。

二、继续发扬回民中学传统，加深对少数民族的理解，增强同少数民族之间的感情。要理解、谅解、信任、关心少数民族教师，对少数民族学生要采取关心、体贴、启发、诱导、鼓励的工作方法。

三、加强对学生的爱国主义教育,加强德育教育。

总的希望,成绩要发扬,管理要大胆,方法要灵活,工作要深入,重点要突出。

1989 年 12 月 26 日

到达浙江南绍兴中学。

1989 年 12 月 27 日

上午,在绍兴中学座谈。

参加人:俞副市长、钱副校长。

85 年 9 月开始办西藏班,四年时间副省长李德宝……专门成立了西藏班部,由副校长负责,配备 300 名能力较强的教师和班主任。昨天搞了家长之声活动,举办了元旦文艺会演,西藏班得了一个一等奖,被评为三好学生 90 多人次。省教委拨专款 176 万元,省政府拨款 62.6 万元,其中包括 14 万元的搬迁费,专门买了大客车。经费 19.8 万元,最近又拨 6.8 万元,不包括增补的基建费。市政府拨 13.5 万元,其中搬迁费 10 万元,伙食补贴 3.5 万元,不包括教工的经费。

西藏班有 4 个教室,学生宿舍楼一栋占地 967 平方米。生活方面,拉萨给 38 元,市里补每人 25.5 元,加在一起 63.5 元,另外每人 4 元的零用钱,省教委补 10 元。当时西藏班和综合楼都没建起来,钱是分四年给的,主要问题是有的拆迁没完,没有方便的浴室和厕所,土地只有 39 亩。上海回民中学 59 亩,上海的学生不到我们的一半。现有学生 1350 名,教工 131 名。省委书记李泽民 11 月份专门来过,省教委 2 名主任来过,省计经委来了 3 人调查。建浴室拿 12 万元,厕所拿 3 万元,综合楼补 12 万元,共 27 万元。综合楼原定 50 万元,这次共计 62 万元。浴室、厕所藏历年前完工。综合楼 90 年完成,新生来后使用,每一个班有一台彩色电视机。西藏班教师由市教委补贴原工资的 15% 作为津贴。

办好食堂:市政府专门派了技术好的同志到伙房,增加了四个人到伙房,派了一名厨师到成都去学习,春节前回来。原来吃饭每人一份菜一份饭,从今年 11 月份开始,学生采取买饭制,饭票发给本人,学生没有丢饭的现象。每晚上有夜宵,学生还发了奶粉和糖。学生吸烟多,有的学生说六岁开始吸烟,专门请防疫站的医生讲了讲危害。86 级 47 名学生还有五名吸烟的。87 级……88 级的也有不少吸烟的学生,89 年 12 月 19 号开始发动戒烟。现在有 2 个学生住院,得了肺结核。

以爱动起行,以严动起爱。开展了纪律、卫生、文明三项竞赛活动,88级的昌决教师比较负责。张文才教师能力强,但身体不好。每周搞一次道德规范课,劳动课每周一节,45分钟。12月17日下午(星期天),组织他们去看节目,回来踢足球,和汉族学生打了起来,当时被学生团员制止啦。学生冬热考了60多分,哭啦。86级学生主动要求补课。

※   ※

参加西藏老师座谈会。

1. 达瓦次仁,26岁,教语文课,今年10月份来自纳金小学民办教师。2. 普布次仁,24岁,藏文教师,来自堆龙德庆县完小,88年9月份来的,工作2年。3. 昌决,23岁,生活教师,88级,从纳金小学来的,85年一中毕业,高中毕业。4. 巴桑,教藏文,今年9月份来的,爱人的母亲死啦,11月24日回去的,不回来啦。

达瓦次仁:今年九月份前管理、生活都不好,省委一把手李泽民来后情况好多啦,87班的高干子弟表现比较差。86级已教完10门课啦,每周8节课,学生不愿学习藏语文。愿意上高中的学生,86年级占25%,大部分不愿意学习,愿意上中专。47名学生,有十几名学习认真,大部分学习不认真。最差的10名学生,数学都不行。86级学生退饭票1200多元。22名学生有8名吸烟的。我们借了录音机,学校不给用,汉族教师可以借。教师节福利有汉族教师的没我们的,三个教员没有粮票。

※   ※

西藏拨款:新学生每人每年900元,老学生725元。新学生的开班费在900元内,其中老学生伙食费45元,医药费60元,活动经费每年80元,另外还有学杂费45元,共725元。重庆每人每月54元,其中4元的零用钱,伙食费50元(54元中,西藏给42元),另拿出2元作为节假日的补贴。学生原有个洗衣机,现在没有啦。

※   ※

中午,召开学生座谈会,召开部分汉族教工座谈会。

赵鲜美:担任87级语文课。有的同学不尊重教师,而且还有学生打教师的现象,现在抓德育教育后好多啦,损坏公物的也少啦。原来60名男同学吸烟,经教育现在还有17名同学吸烟,学生共有68名。而且开展三个红旗竞赛后,学生主动做好事,卫生也比以前好多啦。

学生学习的基础太差啦,小学的东西也不懂。学习态度不端正,也不记,不愿听。87级男同学有2名学习好的,女同学有5—6个学习好的。我们停留在抓学生的组织纪律上,主要是学生学习积极性没有,另一个是基础太差。85 级 40 名毕业生,上高中的只有 9 名,其他都选择上了中专。南昌 17 中学有一个班,教师都愿到该班去上课,因为学生听话,有礼貌。

谢老师:教政治课,优秀班主任。我到西藏班一年多,体会到南昌 17 中比我们强,主要南昌西藏班学生是农牧区来的。我们学生说,不管学得好坏我有办法。第二,南昌市领导重视程度比我们强,江西省长、市长都参加了毕业班典礼,我们学校领导也不重视。第三,对严重违反纪律的学生没有处理,旷课几星期不管,吃饭后到街上去玩,在社会上打架,打教师也没人管。9 月 30 日到校外看录像打人,把玻璃打碎。学生张伟买鞋子不给钱(这个学期)。88 级米玛次仁把语文教师张坤老师打啦,88 级拉巴次仁把体育教师沈老师给打啦,体育教师王老师劝架也被打啦。汤海洋,87 级,期中考试偷看了两次,张老师说他,他把卷子撕破,丢在教师脸上,还要用脸盆去打教师。化学教师也被打啦。我们的值周教师、值日教师、生活教师的责任不清,中午、晚上休息都不管。我当了二十多年教师都没有今天上课吃力。学生上课,一是睡觉,二是看小说,三是吵架。86 班边巴顿珠看小说,我说了他,他从此跟我过不去。

张振业:86 级班主任、数学教师。87 年到西藏班的,张校长动员我教西藏班,我听说不好教,我不敢答应,但还是服从领导的安排,教书 30 年啦。西藏班学生只要关系好,他什么都听,只要关系不好就翻脸啦。今年 10 月份我的生日,全班学生给我搞了个生日晚会。86 班的学生也有很勤奋的,特别是几名女同学,有两名同学自学英语,因为没开课,主动找高中学生打听老师。女同学共 25 名,有 14 名想升高中,男同学只有 3—4 名愿升高中的。《西藏日报》9 月 3 日表扬了郑州中学,批评了绍兴中学。

方伟平:87 级班主任。学生基础太差,领导的管理不严。

※　　　　※

和绍兴一中座谈。

一、各级领导对办好西藏中学班都比较关心和重视,学校几年来都付出了辛勤的劳动,特别是最近一段的管理和生活得到了改善。

二、发扬成绩,加强管理,把西藏班办得更加完善。一要不断总结经验教训,加强对西藏班的领导和管理,对西藏班的学生要关心、爱护、体贴、启发、诱导,要按学校规章制度办事。二要注意发挥藏族教师的作用,对藏族教师要教育帮助,大胆使用,同时要关心、照顾藏族班汉族教师。三要采取多种形式的办学方法。要使学生德智体全面发展,特别要加强爱国主义教育。

三、互通信息、共同管理、多方结合、齐抓共管。

※ ※

学校提出的问题。

钱校长：一、关于打破铁饭碗的问题，升级升学、"三包"政策都是铁饭碗。86级毕业班有两极分化的问题，数理化分化比较大，准备分班上课。最担心的是87级，原来的基础差，留级的多，在学校今后留级的还多。90年暑假有的学生要留级到88级，88级分成两班。二、拉萨市教委严格把好学生质量关，一是文化基础，二是身体素质，三是品德问题。尼玛将才他父母在医院，原来身体就不好。三、经费问题。85年定的标准，到今天差距变化大，特别寒暑假活动经费不够。医药费60元不够。四、藏族教员问题。张文才老师负责生活管理，学生有意见。89年9月26日晚上，学生绝食一顿，是为给一个汉族教师解决房子问题，与张有关系。该同志不服从学校的管理，对其他藏族教师学生不尊重，说他们是乡巴佬。我们学校请生活老师怎么样？五、工作不够理顺。我们今后工作给谁请示，请国家教委协调一下。

教育经费，浙江省教委每年拨6.8万元，教员的人头费市里给。

※ ※

同浙江省警察学校座谈。

来的学生都是初中毕业生，40名，在校生共600名。汉族学生2年制，藏族学生3年制。学生都是从优安排住宿，先发服装，被子都是定做的被罩。3年学25门课，今年学7门基础课。10月10日到达上海，来自西藏七个专区，拉萨15人，日喀则8人，林芝2人，那曲2人。分布7个专区的16个学校，年龄最大19岁，最小16岁。学生布普浪甲，1.68米，得了病开刀，光药费700多元，西藏至今没给钱，任课教师都拿着礼物去看望他。有一个学生吃了带来的肉，生病啦。住到医院，大家都去看他。有一个同学得了肾结石。学生每星期看一次电影，每天看新闻。

存在问题：一、学习成绩不平衡，日喀则学生得97分。二、吸烟，有的说从5—6岁开始，现在大部分学生吸烟，当面不吸，背后吸。三、有的同学要求去母校旅游。四、国家教委计划司来过，学校主要想解决个综合楼，请代表团给自治区教科委和中央教委反映一下。汉族学生每月38斤粮食，藏族学生每月45斤，生活费西藏没给过我们，最近给了7000元。每人每年1700元人头经费。学生每人每天2元钱，每月60元，另给6000元的服装费。每月45斤粮食不够，主要是油不够，学生要喝酥油茶。

1990 年

1990 年 1 月 4 日

从浙江杭州到达合肥。

1990 年 1 月 5 日

到合肥六中。

※   ※

下午,在合肥六中召开藏族班汉族教师座谈会。

初二班主任、语文教师霍老师:绝大部分学生是刻苦学习的,但也有个别同学认为来内地学习,是"铁饭碗",个别学生学习劲头就不足啦。从学生的来源看,拉萨市来的不如林周、达孜县来得好。拉萨市的学生管理差,成绩、纪律差,小学抓不好就麻烦,个别也有走后门来的,学习一点不慌。经费不足,医药费最突出。个别教师认为西藏班是个包袱,学校领导都亲自去做工作。西藏班教职工,很少住到学校,没有人管,全部住校外,把房子都给了普通班教师。有些莫名其妙的开支,也拿到西藏班来开支。西藏班的开支要检查,要单独立账。

藏二班沈老师:学生学习比较刻苦,团结好、有礼貌,有的同学进步慢,希望拉萨招生严格把关。教师住房问题,房子盖起来,听说有别的分配方案。经费紧,不必要的花费又乱安排进来,管口太多。

司机王兆友:办好西藏班,第一领导要重视,第二是经费和人员。

西藏班办公室主任张老师:编制问题,编制不够。我教两个班的物理,还担任办公室主任,还担任生活老师,我每周回家三次,希望编制要兑现。所有办西藏班的学校是否协调一下,互通情报,如何办好。要教育学生爱护公物,严重浪费粮食、菜特别多。

藏四班语文教师周老师:我本来不想讲,认为讲了没有用。六中占地17000 平方米,西藏班占地 4000 平方米,教室都是 50 年代盖的房子。现在盖这么多新房,学生看电视在走廊里,没有娱乐的地方,这个问题学生家长、教师都提啦,至今没有解决。各方都有活动室,为什么没西藏班学生看电视的地方?盖 1100 平方米新住房,都给谁啦,西藏班教师一名也没有。德吉央中学习不错,但给退回去啦,他没有父母,说他得了神经性耳炎,但这个成绩都是得耳炎后给考的。普布次仁学习也好,得肺结核走啦。一个班,88

年、89 年 10 多名得病,病退的非常多。85 级退回去 9 名。

85 级班主任朱老师:现在预备班有部分学生听不懂我的话。85 级有的藏族学生认识汉字不到 200 个,预备班有 13 名不及格的学生,都是拉萨市的。

司务长夏师傅:学生不够吃的,每天只有一斤一两粮。

保华(医生):发病率高的病是肺结核,196 名学生里有 13 名学生得肺结核,照一个片子 12 元,吃药每人平均 40 元才行。小普布次仁一个人用 3000 元还没治好,被退回去啦。

安徽省 5100 多万人,合肥市区 60 万人,加郊区 100 多万人。解放初期 3—4 万人。

周校长:学生的经费我们还是按 85 年的标准来使用,今年拨给经费 14 万多元,是自治区拨的。

1990 年 1 月 6 日

上午,和安徽合肥六中交换意见。

对六中的看法:

一、几年来六中为西藏培养人才付出了辛勤的劳动,作出了贡献。领导对西藏班是重视的,管理是严格的。学生德、智、体全面发展,取得了良好的效果。今后的打算和计划是符合实际的。

二、认真总结几年来办学的经验和教训,统一对办好西藏班的认识,做出规划,加强领导。在总结经验的同时,重要的是在思想和行动上实现统一,重视做四项工作:一是加强领导,二是加强师资队伍,三是资金上优先安排,四是提升培养人才的素质。统一认识,制定新规划,加强领导。办几件小事实事和力所能及的事,如笔记本的问题、学生看电视场地问题、澡堂、餐厅问题。

三、办好西藏班要从西藏的实际出发。首先要有一支对培养西藏学生有事业心、责任感的教工队伍。其次,教师要和学生建立感情,要理解学生所处的环境,要掌握学生的心理状态。第三,教学上要灵活多样,要循循善诱。第四,交流经验,互通情报,不断改进办学的经验。

※　　　　※

合肥市六中经费情况:

老学生:生活费 502 元,装备费 120 元。

合肥新学生:伙食助学金每人每月 42 元。

老学生:生活费 504 元,医药费 60 元,学生服装费 60 元,书费 50 元,活动费 50 元,防寒费 36 元,合计 760 元。

西藏拨款:老学生 11.31 万元,新学生 3.6720 万元,合计 14.982 万元。

合肥六中学生经费,拨给市财政 34.6737 万元。

※　　　　　※

下午,合肥师范学校。

1989 年接受的任务,成立了西藏班办公室,专门制定了计划,落实了办学资金 29.93 万元,国家教委解决 30 万基础设施建设经费,西藏教委给 5.5 万元。招生计划 75 人,后来报到了 77 名学生。其中,拉萨市 24 名,昌都 18 名,那曲 7 名,山南 15 名,阿里 15 名。男学生 30 名,女学生 47 名。其中,团员 43 名,学生共来自五个学校:河北师范学院附中、山西大学附中、天津红光中学①、常州西藏中学、重庆藏族中学。抓了培养目标的教育,抓了常规教育,学习、考试等制度教育,民族团结的教育。

存在问题:1. 学生自控能力差。2. 学生存在不好的生活习惯。生活费平时每月 45 元。3. 学生发病的多。4. 学生专业思想不稳固。5. 学习成绩差别大,来自天津红光中学的好点。6. 少数同学自由散漫,不遵守纪律,加之自己有优越感。7. 经费。开班费,合肥六中开一个班 6 万元,两个班 10 万元,我们没有经费。装备费每名学生只给 60 元,按一半学生数给的,按农牧民的孩子给的,也没给 120 元,一名学生装备费需 300 多元。六中有取暖费,师范学校没有。寒暑假的旅游费没给,六中有。医疗费不够,77 名学生仅 3 个月已超支 5000 多元,西藏全民公费医疗学生应实报。生活辅导员没有给经费。

违纪现象:扎西次仁、罗川左、高怀亮几十节不上课。二班米玛多吉外出看录像,看电影,不遵守作息制度。吸烟的占三分之二。学生打架,在光明电影院打,和外单位的人打架、打球,和本校学生打架,有一部分学生有藏刀,打群架。不爱护公物,浪费严重,乱踢球。男女之间不注意,称兄道妹。乱用电炉,偷老师的煤球。好学生尼玛次仁,他姐夫在拉萨市新华书店工作,全面发展比较快。学生吸烟没钱就向教师借钱,5 元买包回来。最差的有学生 4—5 名。

藏族教师扎西群培:春梅——(父亲)卫生厅长的孩子,课堂纪律差,年

---

①　天津市红光中学始建于 1949 年 10 月 1 日,与共和国同龄,它是原中国人民解放军总参谋长杨成武将军亲手创建的一所部队子弟学校。1985 年,红光中学积极响应党中央教育援藏的号召,成为全国最早的三所(重庆、成都)内地西藏学校之一和天津市唯一的一所藏汉学生共同就读的学校。红光中学为西藏培养了数千名优秀的建设者和接班人,为党的民族教育事业做出了突出贡献。

龄小,好动好玩,文科成绩不错。普男——重庆来的差生,旷课、吸烟。尼玛多吉——喜欢诗歌,不愿意学习,重庆中学毕业,家在曲水县政府,□县长孩子。次央——建筑设计院院长的孩子,纪律差。穷达——家长在电力实验所,不愿意学习,开始时表现好。罗串珠——表现最差,作曲家罗可议的儿子,三门不及格,每天睡三节课。学生家长千万别多寄钱,光吃零食。在火车上,一名学生丢300元,不在乎。两名女学生在火车上吃了三只烧鸡,喝七瓶啤酒。一班成绩跟不上的有7—8名,大部分学生是穷的,昌都的学生好。

民玛次仁——拉萨市妇幼保健院文美的孩子,表现好,全面发展,是课代表。刘月英——家长在北郊建筑公司工作,表现非常好的。学校规定两门课不及格留级,多门课不及格,不能毕业,要退学。

1990 年 1 月 8 日

由安徽省合肥乘飞机到北京。

1990 年 1 月 9 日

上午,到北京西藏中学。

下午,和北京西藏中学全体师生见面的讲话提纲。

一、代表西藏拉萨领导和群众感谢北京市领导和学校领导的关心和爱护。

二、当前西藏的形势。政治是安定的,经济建设是持续发展的,物价是稳定的。拉萨市 88 年人均收入 375 元,89 年人均收入达 410 元。粮食总产 89 年突破了两亿斤大关,工农业总产值突破了 1.8 亿元,其中工业总产值 6000 万元。商业市场繁荣,物价稳定,商业饮食服务网点新增到 7537 个,商业零售额达 2.7 亿元。文化教育外事工作大发展。89 年高考报考人数 856 人,录取 444 名。中专报考人数 1517 人,录取 296 名。

※　　　　　※

参加北京西藏中学领导座谈会。

87 年 9 月 17 日学生到校。学生刚来时,用小学试卷测试,平均才 20 多分。后来在朝阳区 92 所中学中,数学第六名,平均 92 分多,语文 64 分多,成绩中下等。

今后的培养方向是什么? 目的是想办到超过和相当于区重点学校,毕业的学生是否就是考西藏大学和民族学院? 现在既开藏语课,又开外语和汉语课。到底培养的方向是什么? 从建校到现在投入 1800 万元,北京市政府投入 1100 万元,国家计委投入 700 多万元。现在经费比较困难,学生一年四季在学校。市重点学校每年经费 40 多万元。中专生每人平均 1600 多元,中技生 1200 多元,高中 200 元,中学 170 多元。该校学生生活费 52 元,大学生毕业一年后工资 62 元。今年招生中患肝炎的高中生 6 人,初中生 3 人。

张校长:介绍学校基本情况。学校领导 3 人,中层 13 人,有 6 个处、1 个办公室。教职工 136 人,任课教师 48 人。学生 380 人,四个年级,预科班和初一、二、三和高一。预科班 100 人,初一 80 人,初二 100 人,高一 100 人。初一是在南沙滩小学借读。89 年 8 月份迁到该校。学校占地 48 亩,基础建设面积 2.04 万平方米,投资 1800 万元。87 年开始建,89 年 7 月搬到此处。第一批学生 87 年 9 月 19 日报到,至今 2.5 年时间。学校首先把德育放在前位,其次是学习目的的教育、行为规范和人生观的教育。北京寒假 28 天,暑假 50 天。52 个星期日,加起来放假 123 天,一个学期上课 121 天,把 123 天的节假日统一安排使用,参观北京的文化古迹,祖国大好河山,到工厂参观学习,参观 18 中,找到了差距。参观密云县小学回来后,西藏学生把自己丢下不要的校服洗干净捐给该小学。组织参观清华大学(清华 7 万多人),每组织一次活动,预先有安排、有目的、有总结,每个节假日、星期天都有安排。学校和北京科技中心建立友好联系。国庆晚会,西藏中学学生参加 100 名,其他学校都没有机会,只有西藏中学。这是陈市长特邀的。

在"三乱"中,学生思想比较稳定。学校培养学生良好的生活习惯,但学生反映管理得太严。做到粮食一粒不浪费,教给学生怎样文明吃零食,达到卫生文明。适度掌握教育学生怎样花钱,有的学生从西藏到北京路上花掉 900 元,有的花 400 元。做到量力为出,花得合理。新年晚会,把学生存款利息取出,每班发 50 元过晚会。有的学生从家带来 200 多元,至今没花。四元钱的助学金由大家评,困难的 6 元,差点的 4 元、3 元、2 元,大家评得很好。还要培养学生生活的能力。

教学方面:一年预科是关键,调的都是小学优秀教师,数学是补习,语文就是重新学,今年汉语水平更低。开学开始先搞军训。现在有 7 个地区的学生,先学汉语拼音。用顺义县的试卷考试,语文 90 分,数学 80 分,藏文 91 分。比较好的学校学生是辽阳、天津的,差一点的是临潼。87 年举行的歌唱比赛,学校获得和平杯一等奖,还有优秀歌手奖。89 年朗诵比赛,学生获得一个二等奖,四个三等奖,有 12 名孩子参加了拉萨的书法竞赛。次平同学报纸发表文章 40 多篇。学校成立了藏汉互译小组。拉萨市 100 多名学生,第一批 30 名,第二批 50 名。

北京藏文教师 2 名。汉族教师到北京双工资,而我们没有,特殊教育费我们没有。高一的没有藏文教材。生活老师不是藏族,不好办。医生对学生不好,说学生你昨天吃了药,今天怎么还不好。学生作业多、集体活动多,没自由活动时间,有压抑感。

12 月 4 号,自治区来通知说干部子女(高中)没有装备和服装费,农村来的子女装备费和服装费各半,服装费原 100 元,这次确定 60 元,通知下发前我们已花 1 万多元买了服装和装备。另外,四年毕业后不让回家工作的问题。

西藏在内地办中学,没有竞争机制。自治区领导和教科委领导要加强对西藏班的领导,总结一下经验。5 年来,学校各自为政,而且应有一些相对统一的要求,加强教学领域的管理,不能形成教学上的无政府主义,想开什么课就开什么课,不按教委国家法定的方案进行,不能因为是基础课程,就砍掉其他课程。内地 18 所学校共性是什么,个性是什么。六本语文书,一年要补完,怎么补法,各有各的办法,有研究通气的必要,组织专业性的会议。行政和教学管理应加强。藏族中学的学生在北京给北京人民留下了文明、礼貌的好印象,两年来没有一个吸烟的。今年高中两个记大过的,主要是吸烟。这两个学生学习差,活动组织能力也差。初二的学生很有应变能力。学生主张自己组织开班会,班主任几天不到班里,也没有关系。

从北京藏族中学来看,他们对初中预科班花的力气大。

1990 年 1 月 11 日

到石家庄。

1990 年 1 月 12 日

上午,石家庄。河北师范学院附属西藏学校。

一、基本情况。89 年 9 月份开班,100 名学生,以后每年招收 100 名。88 年太原会议上确定,河北继续开办中师班。89 年 3 月份独立为师范学院附属西藏学校。现在在校生 439 人,其中预科班 2 个,初中 6 个班,中师 2 个班。其中拉萨市的学生 249 名,86 年有 97 名,87 年有 100 名,88 级一个班 51 名学生,另外中师班还有一名。学校教工 64 名(汉族),藏族教工有次仁白母、索朗仁青。教工编制到 91 年定为 104 人。1902 年建的校,当时叫北京师范学院。今年地方财政开支 35.5 万元。人员配备 1∶8,一般中学 1∶3.5。省委吕书记、王省长经常来看望学生。85 年征地 11.5 亩,盖房投入共 200 万元,主要从地方开支拿出来的。今年又征 39.15 亩地,准备建教学实验楼,电化教学楼。今年(89 年)又投资 230 万元。

二、学校管理问题。89 年 6 月 2 日发生了打架问题。校训是团结、守纪、朴实、好学。培养学生坚定一致方向,朴实廉洁的生活作风,勤奋好学的学习精神。生活管理老师 2 人,正准备调几个过来。个别科目还缺教员。教员中,高级职称 5 名,中级 19 名,初级 12 名。教工中大专学历 23 名,本科学历 18 名。食堂主要问题是浪费严重。学生生活费每月 42 元,其中西藏给 39 元,平时每顿 6 个菜,节日每顿增加 4 个菜。现在有 3 名大夫在医务室。从 85 年开始,拉萨因病退回 2 名(86 级),昌都退回 2 名,共 4 名。89 年 33 人次住院。另外,退了两名违纪的学生。目前有 3 名学生住院,87 级有一名贫血的,他是拉萨来的。学校建了个食品店。

三、经费情况。89 年应拨款 25 万元,实际拨 35.5 万元。师大附中,给拨 61 万元,30 个班 2000 人,装备费不足。实际支出 4.8248 万元,西藏拨款 1.2360 万元,超支 35880 元。学生入学装备每人 120 元,实际每人用了 232 元。中师工杂费没有拨,但有支出,没有开班费、取暖费。中学拨工杂费 1.85 万元,每人按 50 元拨的,还没用完。助学金拨来 21360 元,支出 7766 元,伙食拨 21.012 万元,已支 7.41 万元。服装费西藏拨 27700 元,支出 29540 元,超支 1840 元。生活费拨 18950 元,大部分经费没有用。89 年西藏拨款 37 万元,河北省拨 35.5 万元,两项共 72.5 万元(400 名学生)。现在已超支 7 万多元,其中医疗费超 2 万多元。

四、教学。主要是过语言关和抓好预科班,85 级三名学生没毕业,一是有病,二是道德品质不行。培养学生明确学习目的、端正学习态度十分重要。对学习好的采取奖励的办法。学习好的占三分之一,有三分之一学生学习一般,两极分化严重。参加市里中学统考,分数在下等。采取单独辅导和面对面地改作业的办法。学生吸烟的占三分之一。教工的特教费从 89 年 3 月份发的。抓青年教工的思想工作。寒暑假天天上课,寒假共放假 21 天,补 14 个半天。

※   ※

中午,召开石家庄西藏学校学生座谈会。

南木甲:刚来时觉得各方面都差,组织纪律性管理、教课都比较差,生活差,学生光自由,没人问,有的学生到了不可救药的地步。原因:1. 生活老师、藏语教师不齐,一名教师教 4 个班的课,9 月份来了名藏文教师教不了,因他是小学毕业,自己已回去啦。现在生活老师只有一名,其他的光是汉族老太太,光会说好话,光会摸头顶。现在比 9 月份前强多啦,领导敢抓啦。实验器材太差。中师班的服装费每月只有 3 元,不够用,另外听说中师以后

要自费。学生偷东西的比较多,绝大部分男生吸烟。偷东西受处分的有:87
级 2 班 1 名、86 级 2 班 1 名、86 级 1 班 5 名、87 级 1 班 1 名。88 级 2 班有偷
东西的 3—4 个人。学生主要是偷东西、打架,有的不上自习,去看录像。89
级没有藏文教师,原来有一名教师只能教小学三年级。没有看电视的活动
场所,没有洗衣机,学生小,不会洗衣服。教师和学生接触太少,有的教师看
到吸烟的学生不管,生活老师更不管。没有早操,早晨不起床,不吃饭的多,
饭菜不干净,患胃病的多。

※　　　　　※

下午,汉族老师座谈会。

86 级一班班主任:刚开始以为学生基础差,部分学生的劲头不足,有的
学生没上进心,没有进取心。旷课的认了错不改,这样的有 3—4 名学生。
这几名不愿学啦,也有偷东西的现象。初三啦,学校抓得紧点,现在好啦。
比较好的有 14 名同学。加措不光偷东西,学习也不行,对别的孩子影响大。

86 级 2 班班主任王老师:接这个班 3 年啦,对这些孩子时刻挂到心上
才行。藏族孩子爱冲动,三年来,我真正把他们当做孩子来对待。几年来,
孩子病了我都关心他们,凡是来了家长,我都主动和家长联系。格桑次仁的
妈妈听说他偷东西啦,他妈妈又是来电话,又是来信,十分牵挂。88 年夏天
有偷东西的,一年多没有啦,旷课现象也不多。要求家长给孩子、学校来点
信。教学用的统编教材是根据内地的孩子来编的,对西藏的孩子来说不一
定接受得了。老师给他们教课要有耐心,要多讲、多练。石家庄统考语文,
二班考试最高分 86 分,最低 26 分,21 名不及格,大都是 50 多分。学生组
织能力强,自制能力也强,

87 级 2 班班主任:每人有 4 元钱的助学金,城市孩子经济好,身体好,
城市孩子花钱多。米玛次仁基本上不吃伙房,表现不好。□严旺堆,来自林
周县,兄弟 11 人,生活比较困难,得了肝炎,这个学生全面发展。罗多,来自
拉萨市,他父亲说孩子学不学没关系。有 15—21 名学生学习好。明玛学习
好,但不准备考高中。男同学比女同学好,差的也多,这个班愿意上高中的
只有 2 名。

88 级二班班主任:有 51 名学生,26 名男生,有个来自拉萨市里的,其余
都是县的。有的入学刚 11 岁,好动好玩,能歌善舞天真活泼,和有的同学谈
话还得用翻译。学习完了回拉萨去考试有好处。每名学生每年 10 元作业
本费包给老师啦。

89 级张主任:有三分之一的学生刚来时汉话不会说,老师把孩子当做
自己的孩子来看待。

中师一班郑主任:一提到当小学教师,他们就不高兴。有个同学丢了钱包,同学们给他集了100多元,有的教师也给了他钱。

※ ※

学校领导座谈会。

赵校长:有的学生家长一次寄1000元,这样不利于学生学习,学生有特殊感、优越感。学生入学后,考小学六年级试卷,数学最多的是30分,最低几分。学校没有统一的教材,用的是内地的,预备班的时间、教材不统一。

1990 年 1 月 13 日

上午,和石家庄西藏学校领导座谈。

一、谈谈对该校的认识。领导是重视的,教师队伍是胜任的,学生的住宿条件是好的。学校的管理开始走向正规化。办学有计划有措施,条件开始有改善。学校领导教工对学生有热心、耐心、关心、慈母之心。

二、认真总结几年来的办学经验和存在的不足。一要充分肯定几年来的办学经验。二要用一分为二的方法,来找出我们存在的不足。三要制定新的作战方案,继[续]开创新局面。

三、从实际情况出发,从西藏的特殊情况出发,结合石家庄实际情况办好西藏班。弄清什么是本地的实际情况,什么是西藏的实际情况。处理好个性和共性的问题。共性,培养的目标是一致的,学生应遵循的守则是一致的,教学的大纲基本上是一致的。个性,学生是从特殊的环境里成长起来的。学生入学的基础差,有语言障碍,学生爱动,重感情,凝聚力强,能歌善舞,爱激动,爱吃零食。从实际出发采取四结合的方法,共同搞好管理,学校和家长和西藏和领导结合。办学要灵活多样,同时要开办好第二课堂。适当地搞点军训,适当增加点启发和娱乐相结合的办法,增加点文体活动,开办好第二、三课堂。要善于和学生交心,当朋友,要善于抓后进生的转化工作。

四、开拓视野从严治校,把竞争机制引入学校办学之中。宽严要从实际出发。把竞争引入到学生的生活中,把竞争机制引入到学校的教职工管理之中。要开拓视野,要使孩子的德、智、体全面发展。

五、在总结自己办学经验的同时,要走出去,借鉴学习外地的办学经验。学校的培养目标要明确,对学生要进行理想和文明的教育。

※ ※

下午,石家庄,和西藏班学生座谈。

1. 尼玛占堆,86 级 1 班,家在第三居委会,父亲在第三家具厂上班。2. 87 级 2 班普布次仁,来自八廓学校,母亲在供所帽鞋厂上班。3. 86 级 1 班加措,来自拉萨市一小,父亲是索朗。4. 旦真,87 级 1 班,父亲在水电工程处水工队上班。5. 普布桑珠,88 级 2 班,父亲在话剧团工作。6. 格桑顿珠,88 级 2 班,家在社科院对面,父亲强巴旦达,在自治区编译局工作。7. 扎西尼玛,88 级 2 班班长,父亲尼□在地矿局工作。8. 达瓦次仁,88 级 2 班,家在色拉寺下退休房,父亲是公决达杰。9. 87 级 1 班班长扎西罗布,家在西藏大学,父亲是公决旺杰。10. 达瓦,87 级 1 班,家在西军区东郊木材加工厂,父亲是旺东。11. 86 级 1 班边巴努达,家在机电安装公司,父亲是阿达。12. 尼玛旺堆,87 级 2 班班长,来自林周县强嘎乡。13. 87 级 3 班尼玛次典,家在西拉运输公司二分公司,父亲是次旦平措。14. 87 级 2 班吉美扎堆,来自八廓街小学,父亲是阿旺桑珠。

1990 年 1 月 17 日

听取华清中学介绍情况。

学校现有汉藏学生 1800 名,教工 190 人。设立了管理处专管学生工作。基建费 330 万元。省政府决定从 89 年开始,每年补贴 40 万元。

甄主任介绍情况:85 年办的班,有 7 个班,学生 336 人,其中男生 140 人,教工 48 人,行政管理 4 名,后勤 11 名,由吴校长主管。医务室有 2 名医生,配了救护车、大轿车。

一、领导高度重视。成立了以省市县领导参加的西藏班领导小组,孙达人①副省长为组长。每年省财政厅拨款 40 万元补贴西藏班,并和部队搞了共建。

二、加强思想政治工作。三名干事负责学生思想工作。加强爱国主义、四有人才、民族团结、学生准则的教育。先后入团学生 107 名,优秀学生干部 17 名,9 名优秀学生评为市级三好学生和学生干部。

三、加强教学管理。不断提高教师的积极性,明确办学的目的。语文老师父亲患病,但她没缺一节课。数学老师马秋风手把手地教学生,注意了帮差工作,并出现了几个学生尖子。参加全国统考,我们名列前茅。物理老师父亲有病,也没请过一天假,该教师利用的星期天结婚。语文教学四字经:预、听、复、练。学生学习方法的改革,改变作业题海的办法,领导深入课堂,对教学开展评教活动。对后进学生建立帮差小组。开辟第二课堂,开展影

---

① 孙达人,1983 年至 1991 年担任陕西省副省长。

评和诗歌朗诵会活动。

生活是两菜一汤,伙食标准每人每月 50 元,另外 4 元钱的零用钱,发给学生 2 元,另外 2 元集体用。西藏班的钱是专账。西藏给 31 万元,省里给 40 万元,另外 40 多人的教工工资 10 多万元。

※　　　※

上午,参加藏族教师座谈会。

华清中学伙食太差,大家吃混菜,和 30 元的生活费差不多。卫生有好转,比去年强。学生吸烟的多,男生绝大部分吸烟。现在学习的积极性比较高,但学习藏文的积极性不高,藏文一周 6 节。夏季的服装没发,89 年的也没发。学生住院,领导去的少。校医服务态度不好,学生病啦,要车没有,我们自己背。原来的车子没有给学生用过就坏啦。学生洗澡少。

※　　　※

下午,参加华清中学汉族教师座谈会。

1. 86 级数学教师马秋风老师:85 级巴桑卓嘎、扎桑学习好,经常叫我补课,不看电影。学生对老师关心。

2. 初三化学刘老师:藏族孩子很可爱,热爱劳动,基础差,语言更差。刚来时没宿舍,汉族学生主动把宿舍让给藏族学生,他们住在教室里,学习刻苦。

3. 初二班冯老师:86 年级的格桑卓嘎刚来时一句汉话也不会说,急的哭,当时急病啦,想要回去。经过努力,第二学期学习赶到了前面。学校抓了升留级制度后,纪律好多啦。学生对统编教材不适应。西藏往内地送学生,一定要注意学生的品德。89 年 10 月 20 日送回的次旦扎西,和社会上小偷勾结到一块,胸前刻了鸟。老师管,他还要扒老师的皮,他爸爸是尼木县公安局的。家长要和我们结合起来,家长来了不管上不上课,光想把孩子带到西安去玩。家长不关心学生的学习思想,光关心学生的生活。这一学期来的学生素质不如上几届来的。这期的预科班只有一个会汉语的。47名学生,只有小男孩会汉语。

4. 初三雷老师:个别同学认为来到内地就有"铁饭碗"啦。有病的回去一名,不同意留级的有一名学生。6 个班有 7 名学生留级。

1990 年 1 月 18 日

西安咸阳乾县师范学校。

学生 1231 名,有 24 个班,师资队伍比较好。92 年要建成全国一流的学校,西藏班两个班,65 名学生。

邢校长汇报学校情况:

　　一、基本情况。89年5月份确定办西藏班,给了30万元的开办费,15万元的购车费,200万元的基建费,成立了西藏班管理处。被褥、单子、枕套、被套,每位学生都是配了两套。9月22日接来的同学,29日举行开学典礼,开学时省市县等30位领导参加开学典礼,晚上举办了晚会。

　　二、思想工作。学生来自四个学校,合肥六中、上海回民中学、云南师大附中、华清中学。65位学生有51位是拉萨市的,14名是日喀则的,云南是日喀则的①,合肥的学习不错,上海的纪律差点。普次生活上不紧张,被谈话20多次。

　　三、教学工作。13名任课教师,其中高级教师1人,讲师6人。教师平时可吸点烟,喝点酒。假期间补课,任课老师对学生个别辅导。抓好第二课堂,组织足球队,足、篮球比赛都是冠军。

　　四、生活管理。伙食费46元,困难补助1元。服装费每月3元,零用钱每月3元。省教厅给每生每年补助1000元。生活费每人每月60元(当地汉族学生27元)。困难补助费每月按3元,服装费每月份按5元,讲义费每月2元。助学金每人每月20元,共73元。医疗每月5元(主要是患肺炎)。西藏给装备费(农牧区)每人60元,旅游费每生每年100元(助学金补20元,加旅游费共28元)。粮食定量,普通班每生31斤,西藏班每生36斤,大米按粮食的一半供给。酥油已买了49斤,准备过节。彩电买了一台。藏族教师电视机一台,洗衣机一台,给同学们一个热水袋。冬季服装100多元(防寒衣、人造毛裤、罩裤)。学校配了生活管理教师,负责44名女学生。边巴卓玛住院,老师住到医院亲自护理。学生一月洗两次澡。学生热情有礼貌,有感情。该校培养了两千多名干部。藏汉团结得很好。汉族学生一间住8人,藏族生住4人。老师的教工食堂给了藏族学生。社会上说西藏的学生有礼貌,汉族学生主动帮助藏族学生补课。

　　对学校印象:办学条件是优越的,领导是重视的,教学的方法是从实际出发。

1990年1月20日

　　下午,召开华清中学藏族教师座谈会。

　　初二二班班主任张光新扣了学生家长寄来的钱,打学生的也是他,打了两个女学生。次拉机、央中、穷吉三名都是女学生,因为给住院的同学送饭,上课来得晚了点。他说学生不听他的话,他说他和吴校长关系好。19日初

---

　　①　指学生来自云南师大附中。

二二班同学罢了课,要求换班主任。他让学生洗衣服,不洗衣服不给家里寄来的钱。有 3—4 名学生把被子卖啦。

1990 年 4 月 10 日

上午,地点:民族会议室。

参加人员:市政府仁青副市长,机关局江白、旺久处长、卓玛杰,市编译局次仁旺堆,市法院、检察院人员。市人大卫东副主任、周副主任、何秘书长。会议由市人大主持。

卫东主任:今天请有关单位来,是关于召开人大会的事情。经市委同意,6 月份召开人大五届四次会议。区人大会议在 5 月份召开,到时候我们又要抽车抽人,是十分紧张的。

何秘书长:市人大 90 年 9 号文件内关于召开市人大五届四次会议通知,听取市政府关于提案办理情况的汇报。今天主要是研究一些有关事宜。一是政府工作报告的内容,开好人大会主要是政府工作报告。二是今年的政府工作报告,主要是突出近三年来的情况,要把稳定局势、深化改革写进去。三是政府工作报告,最好在 5 月 10 日以前有了初稿,这样便于市人大审议,征求意见。四是政府工作报告,在审议前最好是打印的。人大会过后,最好有个红头,然后再铅印。在市人大会期间,市政府的主要领导同志最好是在审议政府工作报告的时候,深入到各代表中间听取意见。政府还有一个五届三次会议批评、提案、建议的报告,办的成的办,办不成的提出原因,给代表说清楚。受政府委托,市计经委负责国民经济报告,市财政局负责今年的预算和去年的决算报告。

1990 年 4 月 12 日

达孜县抗灾物资:麸皮 208 斤,口粮 700 斤,糖□592 斤,德□480 斤、1520 斤,共计花费 5034.5 元。

林周县:县每个人口粮 18 斤,往年都有。今年的正常口粮没有供应,缺粮共计 54 万斤。多吉扎西,全家四口人,劳动力有 2 人,死了 4 头羊。现有羊 12 头,牛 11 头,全家有口粮 500 斤。来尼沟的尼玛次仁,25 头牛,死亡 12 头,其中 10 头母牛,2 头小牛。母牛还有 7 头,7 只羊死了 5 只,口粮还有 7—8 克①。扎西次仁,全家 8 口人,劳动力有 3 人。66 头牛,死亡 24 头;羊 34 只,死亡 22 只;山羊 45 只,死亡 20 只;奶牛 6 头。1800 斤口粮,还剩

---

① 克是西藏的一种计量单位。

500 斤。

林周县:从我们县来看,南部受灾情况要好一点。北部达荣乡拉尼村、藏雄村,是雪灾比较严重的村。1473 头牦牛,死亡 443 头,占 38.83%。213 头是近段时间死亡的。绵羊 638 头,死亡 342 头,占 53.6%。山羊 517 头,死亡 154 头,占 30.17%。今年这个村牲畜死亡率比去年有所增加。这村 37 户,912 人,32 名劳动力。有 23 户缺粮,缺粮都是到七月份为止。现断粮有一户,快断粮还有 7—8 户。到目前为止,这个村到麸皮 15242 斤,还有 3 车草。现在的任务是保母牲口,今年要配种的牲畜要保护。我们从拉萨和县里集中送到乡里的麸皮 28 车,从南部捐草 15 车,共计 43 车次。

古荣乡班德村也是二村,有一名女人到山上放牧,从山上摔下来,摔死了。我们县听说这件事以后,就到这家去看望了一下,送了 200 元。

1990 年 4 月 13 日

当雄县。

巴嘎村,牛死亡率达 40%。巴嘎村有一户,60 头牛,死亡 28 头。绵羊 23 只,死亡 3 只。山羊 3 只,死亡 1 只。马 2 匹,没有死亡。

乌玛塘乡、公塘乡有缺粮户 115 户。牛 53 头,死亡 33 头。这一家有口粮 330 斤,雪灾后把口粮也给牛羊吃,现只剩下 18 袋口粮。乌玛塘一队,34 户。索朗次仁家,5 口人,劳动力有 3 人。牛 59 头,死亡 29 头,其中大母牛 13 头。羊 26 只,死亡 6 只。山羊 23 只,死亡 11 只。口粮一直没有买,主要是没有钱。米桑,55 岁,家 10 口人,劳动力 3 人。牛 68 头,死亡 34 头。牦牛 13 头,死亡 6 头。22 只羊死亡。16 只山羊没有死亡。口粮原有 18 袋,现有 1 袋。小旺堆,53 岁,家 12 口人,劳动力 3 人,10 个小孩,出嫁一个,最大的 21 岁,7 名女孩,3 名男孩。牛 60 头,死亡 27 头。羊 28 只,死亡 9 只。山羊 7 只,没有死亡。口粮原有 8 袋,现有 4 袋。桑吉,家 7 口人,劳动力 3 人。牛 48 头,死亡 21 头。羊 17 只,死亡 7 只。山羊 21 只,死亡 6 只。牛 22 头,死亡 11 头。羊 9 只,死亡 2 只。山羊 4 只,没有死亡。

乌玛塘乡汇报:元月至 4 月 8 日之间,牲畜死亡统计,牦牛死亡 4367 头,占 9.22%;绵羊死亡 3402 只,占 8.66%;山羊 563 只,占 5.34%;马匹 57 匹,占 3.35%。死亡总数 8389 头(只、匹),统计到 4 月 8 号为止。巴嘎村共 6 个组,牦牛死亡 1875 头,占 15.49%;绵羊死亡 12 只;山羊 202 只,占 11.36%;马 35 匹,占□□。总死亡数 3359 头(只、匹),占 15.05%。3 月 22 日到 4 月 8 日之间,全乡牦牛死亡 2488 只,占 5.24%。绵羊 1921 只,占 4.89%。山羊 278 只,占 2.64%。马 29 匹,占 1.59%。此时间为牲畜死亡占全乡的 4.76%。牦牛 1137 只,占 9.39%。绵羊 665 只,占 8.67%。山羊占 7.3%。马 19 匹,占 4.91%。纳龙村,牦牛死亡 513 只,占 8.15%。绵羊 413 只,占 7.36%。山羊 21 只,占 1.54%。马 2 匹,占 0.81%。占全乡 4.03%。① 牦牛 660 头,占 10.41%。绵羊 866 只,占 10.09%。山羊 49 只,占 3.6%。马 4 匹,占 1.45%。占全乡 9.48%。口粮情况,115 户缺粮,共计 665 人。到目前 139 户缺粮,共计 758 人。基本是断粮户。受灾情况,巴嘎、郭尼村是从去年 11 月开始下雪的,特别是 3 月到 4 月 8 日左右下雪特别多,牲畜死亡特别大。郭尼村 4 组的江日沃那,家 6 个人,32 头牦牛,死亡 17 头,占 50.2%。全县共有 9 车麸皮,共 490 袋。送到巴嘎村和郭尼村的有 5 车麸皮,一车草。巴嘎村有困难户 53 户,284 人。在乌玛塘乡的抗灾工作组共有 5 个人,当雄县里的干部,加上乡里的共有 36 人。

我们县的饲料是不够的,给我们县里麸皮 35 万斤,现在只拉回来 10 万斤。我们的要求是给 3000 个袋子的饲料。我们县的兽医是有的,可是药根本不够。群众现在是特别缺粮,就是没有钱买粮。

※　　　※

市人民医院医疗队的反映:1. 我们到县里后没有一瓶注射液。2. 我们到灾区来支援,没有交通工具,希望能给解决交通工具。医疗队赶到当雄县。2 辆车,由陈市长指定留下一辆车来给医疗队使用,汽油先从县里借,过后由市卫生局解决。

当雄县巴嘎村最困难,受灾最多。

陈市长:1. 你们要求的麸皮,我们回去给粮食局商量,尽可能给你们解决一点。2. 发动没有受灾的地区,给受灾的群众支援一点饲料。3. 关于粮食情况,按人均 18 斤先分下去。关于支援的粮食请你们尽快到拉萨去拉。抗灾的要求:一不能死人;二饲料要重点使用,款和油都一样。

阿登书记:市委和市政府到我们县来看望群众的受灾情况,我们表示感谢。关于口粮的问题,每个人 18 斤先分下去,但就这 18 斤口粮是不够的,我还是要求市里尽可能给我们解决一点救济粮,还要求一点救济款。救济粮,我们最少要 30 万斤。还有一个饲料的问题。我们的主要问题就是粮食和钱。市里给我们县解决粮食时,最好能给我们多解决一点糌粑,糌粑没有就给我们解决一点青稞。

※　　　※

通知市电视台、农牧局录制受灾情况,在市电视台播放,请求支持。

---

① 这是两个前后不同的统计阶段。

1990 年 5 月 10 日

到达拉萨。

※   ※

进藏干部基本情况①。

1. 共 32 名,其中党政干部 7 名,业务干部 25 名。

2. 党政干部。

李生瑞	日喀则
姜和良	林芝(地纪委)
王玉昌	阿里(陵县②)
邹伟银	阿里(邹县)
王佃常	因病已调回(成武县)
马士进	因病已调回(无棣县)

3. 因病已回来的:王佃常、马士进、孙继求、张跃峰、朱晓晨。

4. 因工作不需要回来的:田征、都本光、赵水、单一平。

5. 工作调动的:姜和良、李生瑞、于宏伟。

1990 年 5 月 11 日

上午,参加自治区卫生工作会议。

59 年西藏人口 100 万多一点,89 年已达 216 万人,现在每年增加 3 万人。按这个速度 20 年翻一翻(400 多万),人口增长率将达 16‰。教育基建经费财政厅每年给 1000 万。人均分配在全国各省市倒数第二,倒数第一的是贵州。西藏有 14 个民族。

吉普主席讲意见。

1990 年 5 月 12 日

上午,参加城关区人口普查训练班结业会议。

一、这次训练班,领导是重视的,同志们的学习是认真的,取得好成绩是可喜的,这与领导重视、同志们的努力是分不开的。为此,我代表市政府向

---

① 此部分内容没有标注日期,根据笔迹和前后内容,应该属于 5 月 10 日或者 11 日的内容。

② 括号内为来自的地域名称或单位。

同志们表示热烈的祝贺和衷心的感谢。实践证明,不管什么工作,只要认真去对待,就一定会成功的。

二、同心同德、齐心协力,搞好人口普查工作。这次人口普查工作能不能取得成功,关键是看我们在座的领导和同志们能不能把我们这次学习班学到的东西用到实际工作中去。养兵千日用兵一时,我相信同志们能够齐心协力,同心同德,把这项工作按时准确地完成好。

1990 年 5 月 15 日

下午,在自治区政府会议室研究中、美、苏三国登山运动员联合登山活动。

运动员 20 日下午 5 点到达文化宫,组织欢迎仪式。自治区领导献花、献哈达。5 月 21 日,组织宴会。5 月 23 日,离开拉萨到达北京。

参加会议的有索朗秘书长、自治区体委、曲加书记。

组织一次热烈的欢迎仪式,胡书记有这个打算,李总理也亲自过问。20 名运动员登顶,包括 2 名女运动员。5 月 20 日欢迎仪式,2000 人参加。市教体委组织 1500 人学生队,要盛装。文化厅要搞藏戏团。从文化宫东门开始,领导开始献花、哈达、酒,随后是藏剧团、歌舞团,从北门出去。安全由公安厅、市公安局来做,观众 4 点 30 分入场完毕。

索秘书长:李总理访问苏联时,戈尔巴乔夫提出了此事……胡书记说要隆重,组织 3000 多人参加。北门文艺单位顺序歌舞团、藏剧团、艺校、市歌舞团、雪山居委会藏剧团,随后是小学鼓乐队,大中小学生排在最后,北门。星期五下午汇报组织准备情况。学生要盛装,打彩旗,有乐队。

学校:城关教育局一、二小。

1990 年 5 月 16 日

下午,市有关单位研究迎接中、美、苏三国登山运动员胜利而归问题。

人数分配:一、二中各 250 人,城关小学 600 人,市第一小学 400 人。

1990 年 5 月 17 日

师校。

资金:5 月份拨了 12 万元,正常经费 15 号才拨。学生现有 517 名,12 个班,另外有 2 个进修班 30 人。教工 90 人,缺数学教师。517 名学生,其中 339 名学生的经费已拨,每人 2463 元,尚缺 178 名学生的经费,学生是全区招生的,应由教科委给,一年共 44.6 万元。原来胡启力讲中专生每人

2600元。数学老师张跃教汉藏两班,对藏班不负责任,一学期只教三页教材,他说对藏班学生不想教。

体育老师依恩、藏文老师培杰,职称让教体委给去啦,这次已写报告。

1990年5月18日

下午,自治区政府会议室。

各单位碰头研究欢迎三国运动员联合登山的问题。

1990年5月19日

上午,市长办公会议。

一、公安报告稳定局办先解决资金7万元,然后给自治区财政厅报。二、公安四处打水井,同意资金以后给,暂时没有资金。三、关于5辆212车的分配问题,同意给三三五七项目2辆,团委1辆,农牧局1辆,城建房局办1辆。

1990年5月21日

参加双清办会议。

1990年5月23日

上午,参加民主评议党员会。

一、对民主评议党员和党员重新登记的认识。

二、回顾入党以来对坚信共产主义的认识。从65年入党以来,对共产主义的信念始终没有改变。在"三乱"中自己的头脑基本上是清楚的,能够立场坚定,站稳脚跟,在关键时刻能站在斗争的前线。自参加工作30年来,对共产主义的信念,我没有动摇和改变过。不管是工作顺利的时候,还是我们党处于困难时期,自己都能坚信党的领导,坚信共产主义信念。

三、对"三乱"的认识和自己对待"三乱"的态度、立场、行动。"三乱"既有国际上的原因,又有国内气候的影响,主要是国外分裂分子蓄谋已久,企图分裂共产党,分裂祖国,和国内分裂分子遥相呼应而造成的。造成"三乱"的原因,还有一个就是近几年以来我们的政治工作、党的思想教育工作削弱啦。特别是实行改革开放以来,部分大学生强调自我价值过多,对一切都看不惯,要表现自己。作为领导干部要为维护党的团结、国家的稳定做出积极的贡献。

四、自我评价入党25年来的思想工作。对党的信念是坚定的,工作是积极认真的。工作30年来,因事只请过三天假。回顾多年,没有违反党的纪律的表现。参加工作以来当过兵,当过教员,做过青年工作、宣传工作、县里工作、林业工作、机关工作,都能做到干一行爱一行。对二次进藏的认识和工作态度。人生最大的幸福是什么? 组织信任,群众拥护,工作胜任,能为他人解除点困难和痛苦,我认为这是人的最大幸福。作为一个领导干部,要体贴人、关心人、理解人,并且要善于使用人。要深入群众,要以心换心,以情换情;要首先理解别人;从小事做起,从自己分管的工作做起,从自己的能力和力量做起,下决心为西藏人民做点贡献,为增进藏汉团结做出点贡献。尽管西藏气候是寒冷的,条件是差的,工作是艰苦的,但西藏人民是正直的、热情的,而且感情是十分深厚的。两次发生事故感受到西藏人民的关心;在"骚乱"中西藏人民对汉族干部的关心。

五、自己的缺点和弱点。工作不够大胆。对党内的不正之风看不惯,不敢管,不想管。

※   ※

怕鲁乡①小学,有四名公办教师、六名民办教师,公办教师打麻将,群众对此意见大。

墨竹工卡县小学的房子。

门巴乡小学房子已裂了缝,听说是莫老板盖的。

门巴乡、日多乡是全县受灾的乡,人均年收入 800 多元,现在牲畜死亡率最高,有的群众受灾严重,像得了"神经病"一样。

门巴乡一户 80 多头牦牛,死了 80%。

扎西岗乡一户生了 15 个孩子。

墨竹工卡县书记、县长、人大主任的名字:书记塔杰,县长罗桑多吉,人大主任拉松。

1990 年 5 月 25 日

上午,参加墨竹工卡县党代表会。

参加选举的 112 名,缺席 17 名,全县党员 600 多名。

※   ※

下午,在墨竹工卡县第四次党代会上的讲话。

一、墨竹工卡县第四次党代会,在县委的正确领导下,在 129 名党员代表的共同努力下,经过充分的酝酿讨论,在充分发扬民主的情况下,选举产生了全县人民信赖的新的县委组成人员和纪检委组成人员,为此我代表拉

---

① 拉萨各县没有这个乡的名字,可能是尼木县的卡如乡。

萨市委,代表拉萨市人民政府,并代表曲加书记、洛嘎市长向大会表示热烈的、真诚的祝贺。

二、向新的领导班子提几点希望。新的领导班子是全县人民信赖的班子,新的县委班子是符合四化标准要求的班子,新的领导班子、领导成员产生和市委确定的目标是一致的,新的领导班子是个战斗的、团结的、干事业的,能为全县人民谋利益的班子。(一)新的领导班子要认清形势,明确目标、总结经验,开拓前进。首先是认识到肩上的担子是重的,不要辜负全县人民的希望,不要辜负全县党员的希望,能不能带领全县人民战天斗地,苦战三年,使墨竹工卡县的经济有个大发展,人民的生活有个彻底的改变,希望就寄托在新的领导班子身上,希望就寄托在到会的129名党员身上。(二)新的领导班子要带领党员,要做维护祖国统一的模范,要做同分裂分子斗争的模范。(三)新的领导班子要深入群众,要关心、理解、体贴干部和群众,要善于调动干部和群众的积极性,同时要善于使用干部。(四)新的领导班子要学会"弹钢琴"。

三、给129名代表、给全县党员提几点希望。(一)每名共产党员都要模范执行党的决议,要模范执行党的纪律。要正确看待社会上的不正之风,在各项工作中要起模范带头作用。共产党员要做抗灾救灾的模范,要做群众的贴心人。(二)共产党员要永远做好事,不做坏事。我这次来主要是参加墨竹工卡县的第四次党代会,向大会表示祝贺,二是根据市委分工,我和曲加书记的联络点是墨竹工卡县,我们来的目的就是学习,希望领导和同志们给我以帮助和支持。同志们生活工作在墨竹工卡县,工作是积极的,生活是困难的,条件是艰苦的,我一定虚心学习。

同志们,今年是马年,希望老同志、老党员要老马识途,青年同志在工作中要一马当先,希望中年同志在工作中马到成功,希望新的领导班子在马年带领全县人民出现一个万马奔腾的局面。

1990 年 5 月 31 日

上午,在教体委召开各中学书记、校长会议。

主要传达中央的两个电报。

提几点要求:一是应把稳定形势当作头等大事来抓,虽然北京和西藏的戒严已解除,但不安定的因素仍然存在,分裂与反分裂、动乱与反动乱的斗争,始终没有停止过。作为一个单位的领导,要保持高度警惕,头脑要清醒。二要召开不同形式的座谈会,并且深入群众,了解教工、学生的动向。三是发现问题及时上报,要把问题消灭在萌芽状态。

　　　　　　　　※　　　　　※

　　下午,在妇幼保健站座谈。

　　妇幼保健部共用款 219 万元,1984 年建立。四级保健人员 702 人。已培训 11 期,参加人员 660 人次。院里先后有 37 人次到内地培训过。85 年拉萨地区的孕产妇的死亡率为 43.3‰,89 下降到 27‰。85 年,农牧区按新法接生占到 6%,拉萨市里占 70%。89 年,农牧区按新法占 42%,城市占96.5%。儿童的死亡率至今仍高于全国。89 年因生孩子,死了 11 位母亲。新法接生率为 23.3%。

　　　　　　　　※　　　　　※

　　财政厅文教卫生财务处普阿牛:全区教育经费 1.4 亿元。到 4 月份已拨 4700 万元左右,实际用了 3000 多万元。

1990 年 6 月 4 日

　　上午,三中。

　　去年 8 月底,和武警拉萨市支队搞共建,每星期让学生看一次电影、一次电视。除此之外,全部上晚自习。食堂采用改灶,原来烧油,每月 4000元。现在烧煤,每月 2000 元左右,节约 2000 元,对学生生活也没有什么意见啦。去年,自治区人大解决了 4 千瓦的发电机。自治区教科委出 3 万元,市教委出 7000 元,共 37000 元。学生每月生活费 36 元,每天 1.2 元,学生每天吃一次肉。

　　全校有学生 805 人,住校生 584 人,不住校 221 人。教职工 99 人,其中代课教师 13 人,临时工 20 人,共 132 人。去年学生上街主要是罗俊岭。汉族教师 50 多名,超假的罗兵,原来失踪三次,已超过 2 个月的假啦。肖玉传超假啦,自己要考研究生,要请假半年,已打电报让他立即回来。

　　学校存在问题:张荣扬去年答应维修西栋教室,17 个班,地面大约需 4万元。

　　谭校长:去年答应给钱换变压器,去年变电所罚 9000 元,平均每月电费3000 元,应由拉萨市供电所出。

　　　　　　　　※　　　　　※

　　市卫生局、市医院去年买了三十六万元的药,库存没啦。自治区医院看一个门诊病 4.5 元,一个住院的病号每天收 14.5 元。市医院每年买 48 万的药,市医院 267 人。今年给资金 181.5 万元,实拨 164 万元。市财政公费医疗给 15 万元,负责公费医疗 1 万人,每人大约 130 元。每月给医院 15 万元的经费,每月人头费 9 元。

1990 年 6 月 6 日

和自治区体委研究区亚运会圣火接力问题。

随跑队 2016 人,组织 56 个方队。

分配:军区四个方队,武警四个方队,交通厅三个方队,卫生厅三个方队,自治区教科委三个方队,经贸厅二个方队,商业厅三个方队,财政厅二个方队,邮电管局三个方队,地质局三个方队,拉萨市 28 个方队。每个方队 36 人。还有六地一市 75 个县的代表。

1990 年 6 月 8 日

洛嘎市长在市党员代表会上讲上半年工作通报。

一、农业生产。措施扎实,抗灾救灾抓得紧,牧区工作总的大有希望,植树造林近万亩,丰产林又搞了 5 万亩,共 150 万亩。

二、工业生产。在去年的基础上,经济继续增长。

三、基本建设。

四、流通情况。副食供应满足需求,物价稳定。

五、财政情况。比较好,工商工作大抓个体工商业,拓宽就业路子。

六、……

七、三三五七工程工作进展较好。

八、国内外的横向联合搞得比较好。

存在问题。1. 农牧业受灾严重,6 个县 31 个乡,牲畜受灾 13 万只。2. 今年的春害严重,按时播种、种植不理想,今年下雨 500—600 毫米,六月下雨七月干,八九月份雨量多,十月份旱霜来得早。3. 建筑业的利润下降 80%。4. 商业负债累累。

下半年工作安排。1. 要牢固树立抗灾夺丰收的思想。2. 做好灾区的生产和生活工作。3. 对三三五七工程,县里重视不够,要加强。10 个项目已上了六个项目,已见成效。已搞 50 多公里的水渠,灌溉面积已达 5 万多亩,共 8000 多万元的投资,"一江两河"开发主要是三三五七工程。

※　　　※

参加自治区党委召开的扫黄工作会议。

参加人:田聪明副书记、旦真副书记。

文化厅梁厅长:拉萨市公安局把群艺馆的四个台球案子给抬走啦,毫无道理。

田书记:拉萨市成立整顿办公室是对的。群艺馆如违反规定是另一个事。第三,力戒简单从事,找找领导通口气。

图道多吉副主席:……

田聪明副书记:首先肯定去年开展扫黄工作以来做了大量的工作,取得了很大的成绩,现在的问题是要克服松劲和不平衡的现象,继续加强深入做好工作,为我们自治区两手抓创造良好条件。1. 从思想上、组织力量上、领导上、工作上必须继续抓紧,不能有半点麻痹、松劲的思想情绪。2. 必须坚定不移的一手抓稳定,一手抓精神文明。要宣传好的作品,用爱国主义的产品、作品占领思想文化阵地。3. 应逐步建立健全文化市场的管理体制,以便保证一手抓整顿,一手抓繁荣。4. 对音像制品,既要抓紧定性,又要慎重。5. 要选择典型购买的、制作的、制造出售的,杜绝以罚代罚。6. 书报刊的整顿。凡是对那些不择手段的"六害"①,发现一个要核准一个,处理一个。7. 一手抓扫黄,一手抓繁荣,这是长期的一项工作,各级要站在自觉高度的立场上,本单位要自觉服从大局,在具体工作方面,切忌方法简单。8. 各级各部门要继续加强党的领导,各单位自查没有完成的,继续抓好。

※ ※

窦副市长:到内地考察,准备给市委汇报。基建问题要注意,不要出现危房。

洛嘎市长:要召开区县长会议,要专门研究。当前立即抓的工作:1. 建筑企业问题,今年竞争厉害,自治区计委已拿意见。2. 关于征税调查问题,去年超收 600 万元,共收 1000 多万元。3. 小区规划和文化管理问题。4. 农牧区的教育要单独研究。加强农机工作管理,体现在产品不对路,再一个服务不到家,主要是体制上的问题。粮食收购定什么样的政策,教育、农机发展的政策请各部门拿出意见来,把部门的意见拿到区县会议上来。

※ ※

中央电话会议,全国第四次人口普查电话会。

中央:副秘书长刘崇德、国家民委陈兴。

一、福建省副省长陈明义发言。一是加强领导,5 月 31 日召开的电话会,12900 人参加会议。二是动员社会力量。三是广泛深入宣传教育工作。离标准时间只有二十二天啦。

二、贵州省常委、副省长张贵如②发言。宣传力量不断加强,宣传队伍

---

① 1989 年 11 月 13 日,国务院召开电话会议,部署在全国范围内开展扫除"六害"社会丑恶现象的统一行动,涉及卖淫嫖娼、制作贩卖传播淫秽物品、拐卖妇女儿童、私种吸食贩运毒品、聚众赌博和利用封建迷信骗财害人等。

② 在贵州省委常委名单中没有找到此人。

不断扩大,宣传效果不断显著,领导深入检查工作。

三、北京市昌平县副县长刘德明发言。领导班子建全,物质上有保证,先拨 13.5 万元的经费,共拨 35 万元经费。各项工作安排:划分 358 个小区;做好处理工作;抓好业务培训和试点工作;抓关键环节。

四、山东昌乐县副县长发言。强化领导抓机构建设,要增强凝聚力、向心力。

五、兰州副市长王振兴发言。

六、国务院副秘书长、人口普查领导小组副组长刘崇德发言。受国务院第四次人口普查领导小组的委托讲几点意见:工作进展不平衡,对普查工作的定性、连续性认识不足,经费不足,重点工作在于如何保证质量,这是一项重大的工作。铁映①说,如普查不合实际,应追究责任。各地务必保证普查一次成功,不合格的要下力立即重登。其次,检查指导工作要深入下去,发现问题立即登记。抓好以下七项工作:1. 完成普查员的培训工作,同时普查员要做好宣传工作。2. 认真搞好户口的验收工作,6 月 15 日把户口的普整上报国务院。3. 切实掌握普查登记前的人口底数。4. 尽快解决贫困地区县的经费问题。5. 搞好对流动人口的清查工作,防重、漏登现象。在 6 月 28 日、29 日补登为宜。6. 落实宣传日的各项普查宣传任务,动员社会力量搞好配合。7. 做好普查数据的处理工作。现在离登记只有 22 天,现在要做认真的检查工作,今天的电话会议是临战前的一次重要会议。

自治区人口普查办张主任:1. 全面系统地了解人口普查进展,登记中存在哪些问题。2. 普查人口验收工作,每地市抽查一个乡,看填登表怎样。3. 抓紧抓好手工汇总工作。4. 检查验收户口的整顿工作,建立户口的工作。5. 做好数据的处理工作。机房的安装建设,6 月底前搞好。

马副主席:1. 把中央国务院讲的意见和建议整理一下,把当前存在的问题,下一步工作意见整理发下去。2. 下去抽查看合格不合格。3. 从宣传的角度看,前段声势不够,可以通过报纸、电视、电台深入,家喻户晓。4. 当前领导干部是不是都那么重视,要强调各级领导重视,动员社会力量参加这项工作。下一步检查到哪个乡有什么问题,要追究责任,不负责任是渎职的行为,措施要落实到人头。不要光听汇报,要抽查一下。

1990 年 6 月 11 日

上午,自治区办公厅图道多吉副主席秘书平措朗杰来电话。

---

① 李铁映时任国务委员、国务院第四次全国人口普查领导小组组长。

1990 年 6 月 12 日

上午,参加文化厅会议,主要是如何贯彻自治区党委田聪明副书记召开的进一步抓好扫黄工作会议精神。

1. 纳金派出所破获一个黄色录像带团队,是就地复制黄色东西。
2. 防暴大队处理的一起案子,贩卖录像带。

1990 年 6 月 13 日

上午,参加自治区政府召开关于亚运会物资展销的准备工作会议。

唐秘书长参加。

费用展台由自治区拿钱,到京出差食宿由本单位负责,展台 10 万元。产品运输,空运费半价,由唐秘书长负责。25 人参加,8 名工作人员,17 名服务人员,包括 3 名布展,2 名服务员。"三大家"每家 4 名服务员,一家是文化旅游厅,二家是经贸厅,三家是电力工业厅。产品包装自己负责。产品说明用藏、汉、英三种文字,用打字机打印即可。价格问题要适当的变动,价格要把运费加在一起。7 月 15 日准备完毕,准备起运。

1990 年 6 月 14 日

参加拉萨市计划生育表彰现场会议。

一、首先我代表拉萨市人民政府、拉萨市委向参加会议的同志表示热烈的祝贺,并向战斗在计划生育战线的各位同志表示衷心的感谢。你们战斗在第一线,阻力大,资金少,生活艰苦,人员分散。当前工作三大难:计划生育难、青年就业难、儿童入学难,但计划生育是第一大难,主要是受封建主义传统观念、宗教迷信的影响。

二、充分认识这项工作的伟大意义。59 年西藏人口 100 万人多一点,89 年 216 万人,2000 年预计 400 万人。每年人口增长率 16‰,每年增 3 万人。拉萨市 89 年 35.27 万人,2000 年 70 万人。控制人口数量,为提高人口素质而努力奋斗。当前西藏缺乏的一是人,二是钱。世界都在注目西藏的计划生育工作。

三、艰苦奋斗三五年,把我市的计划生育工作搞上去。要树立咬住青山不放松的精神,搞好计划生育工作,奉献计生工作。扎扎实实地搞好宣传动员工作,首先提高妇女的地位。制定适合西藏实际的政策,鼓励先进,表彰模范,教育后进,切忌简单粗暴,动不动先罚。抓领导干部,发挥在职职工的模范带头作用。

※　　　※

上午,参加自治区宣传部召开的有关宣传文化、音像、出版管理工作会议。

宣传部副部长:需要不需要成立文化、音像、出版管理委员会,音像归电视广播厅,电影录像、文化归文化厅。

出版局:丹增书记同意在拉萨市召开一个现场会,请拉萨市做好会前的准备工作,对其他地区做好模范带头作用。宽严要结合,拉萨市公安局要配合,会议地点、时间、内容定后向丹增书记汇报。精心准备,精心安排。

1990 年 6 月 16 日

参加拉萨市计划生育协会成立会议。

一、协会的主要任务。主要是宣传党的政策,宣传计划生育的伟大意义,动员组织群众,认真搞好计划生育工作。其次,协调计划生育方面的有关的问题。第三,及时反映计划生育工作中群众的意见,也就是说协会要给领导和计划生育部门当好参谋。

二、要积极参加协会的活动,在日常工作中要尽职尽责。

三、当前计划生育工作的有利条件和不利因素。有利条件:有各级党员、组织的领导;有内地计生工作的经验教训,有我们这几年的工作的经验教训;群众干部有了一定的认识和觉悟;有一支比较理想的计划生育队伍。不利因素:受封建主义和迷信传统观念的影响,群众对计划生育还不认识;经济基础薄弱;计划生育队伍不够理想;社会风气不正;缺钱、少物、没实权。

※　　　※

上午 11 点,研究贯彻自治区扫黄会议精神。

文化局拉巴书记:调整充实领导小组成员,宣传部应换人,工商局、司法局、城关区领导应参加,教体委应换一个人。抽调人员:工商局李贵安、公安局、宣传部王军,市委领导参加。

1990 年 6 月 21 日

国务院人口普查办副主任沈主任到当雄县检查工作。

计主任汇报:县里主要有西洛县长亲自抓,8 个乡镇 36000 多人。5 月 20 日开始培训,参加人员 156 人,半脱产 28 人,共用了五天的时间,参加培训人员 85%是小学文化。培训人员考试 156 人,平均分 87.5 分。5 月 29 日进点,5 月 30 日进点。6 月 14 日格达乡登记完毕,然后开始复查。8 个普查区 28 个指导员,297 名普查员。171 个调查小区,163 人参加,搞了三天的培训,80%的普查员 82 年搞过。

※ ※

市人大五届四次会议 6 月 21 日召开。

1990 年 6 月 23 日

上午,参加人大曲水县讨论会。

聂当小学生活太差,炊事员得了肝炎,"三包"太差,每天两勺糌粑、青菜,羊卓雍错湖占曲水耕地多,破坏小麦严重。老百姓看病没药。麻风病员的管理问题。

干部退休经费是 70 年代定的,盖房困难,现在需要修改。基层干部缺编,文化水平低,市里干部又超编,大专院校的毕业生又下不去。招工是不是从基层招,干部从基层培养,再回基层。最缺的是教师和医生,基层力量越来越薄弱。

※ ※

参加自治区召开的会议,主要是纠正干部建私房中的不正之风。

江村罗布主席:有 3274 户建私房,其中地专级 112 户,县级 991 户。

胡锦涛书记:首先对这个问题要统一认识,特别要统一领导干部的认识,这关系到西藏长治久安,关系到党内的不正之风的处理问题。去年,西欧共产党发生的问题还不应引起我们的警觉吗?主要是纠正建私房中的不正之风问题,要提高到关系党的盛衰兴亡的大局来看。

二、要严肃认真地对待这个问题。处理这个问题一要认真,二要坚决。这个问题,我们自治区党委有责任。过去 32 号文件是党委定的、下发的,允许建私房。关键是不是存在以权谋私啦,关键是建私房有没有问题,有没有违法乱纪的问题。要认真检讨,纠正错误可不给处分。

三、各级领导干部要带头。各级领导干部要杜绝搞不正之风,都要从我做起,带头纠正这个问题。领导要敢抓敢管,真抓真管,各单位把会议精神尽快传达到群众。拉萨市可搞新闻发布会,要抓落实,拉萨市收集落实的情况。

1990 年 6 月 25 日

参加当雄县人大会讨论。

提的意见:1. 需要救灾款和物资。2. 基层干部下乡每月补助 25 元,市县干部下乡自治区每天补 5 元不合理。3. 羊八井电站应给当地老百姓提供用电。4. 关于草场的建设指导思想是什么,市里不明确。5. 给群众的返销粮需要糌粑,群众不喜欢面粉、大米。6. 畜产品收购价格问题。7. 教育问题。当雄县高中从没有学过英文,拉萨市要考英文。

招工招干考试不应以藏文为主。

困难户 455 户,3000 多人。现在 1015 户,困难群众 5075 人。受灾 3104 户,涉及 21000 人,牲畜 35 万头(只)。

县里干部捐:青稞 2 万斤,面粉 2000 斤,大米 800 斤,茶叶 253 斤,人民 币(县机关捐)3912 元。

乌玛塘乡捐款 2879 元,粮食 656 斤,茶叶 51 斤。有名区级干部一分钱 没捐。有名汉族干部存款 1 万元,他说他借了两元捐的款。

司机格桑捐款 320 元,高局长捐款 350 元。

※　　　　　※

下午,拉萨市召开县级以上干部新闻发布会。

认真坚决纠正干部建房中的不正之风。

洛嘎市长传达江村罗布主席的讲话。私人占地共 76 万多平方米。

赵继援①副市长宣布关于自建私房中乡占地的处理意见。

曲加书记传达胡锦涛同志讲话。

曲加书记讲话:1. 要统一各单位领导对此项工作的认识,要自觉纠正。 2. 在拉萨市,地级干部要带头执行,然后县级干部要带头。7 月底,地级干 部要纠正结束,写报告给自治区,县级干部年底前完成。3. 凡是建了私房 的,还是要抓紧搬出公房,借了公款的要按利息上交。4. 要按自治区、市政 府的规定,抓紧落实。地级干部的由市委负责,正县级干部由市委、市政府 分管的领导负责,副县及以下的干部由本单位来负责。

金书记:这项工作是关系到端正党风的大问题。第一,召开会议贯彻, 要尽快传达到全体职工,内容是胡锦涛书记、江村主席、曲加书记、赵市长的 讲话。第二,要尽快自觉地抓好落实。第三,要一步一步地抓落实,抓住 不放。

1990 年 6 月 26 日

上午,达孜县。

小旦增副县长负责人口普查,原来是齐梅县长管。领导小组成员 7 人, 办公室人员 2 人。5 月 9 日办学习班,进行业务培训。办了四天学习班,参 加学习班 64 人。5 月 15 日开始搞的户主底册,6 月 1 日搞完的。7 个人下

---

①　赵继援同志 1934 年 2 月出生于内蒙古自治区奈曼旗,1954 年 9 月参加工作,1979 年 2 月 加入中国共产党。历任拉萨综合农具厂木工车间副主任、西藏自治区基本建设委员会建 材处副处长、西藏自治区基本建设委员会建材处处长兼自治区建材公司经理、西藏自治区 城乡建设环境保护厅副厅长、拉萨市副市长等职。

去 4 个,分成两组。6 月 15 日下边普查搞定啦,抽查出了不少的问题。计委主任罗桑列措任人口普查组副组长,参加市培训的四个人。桑竹彬和 X 重新搞的。

达孜县塔杰乡人口普查情况:年龄报大啦,学历不清,有的没有名字。

1990 年 6 月 27 日

召开市直区级以上干部会议,传达贯彻全国和自治区检察工作会议精神。

洛嘎市长讲了四个方面的问题。归结起来一个任务、两个建设、三个认识、四个领导。一个任务:把廉政建设当作一个长期任务;两个建设:一是监察队伍的自身建设,二是思想和业务建设;三个认识:一是提高当前形势下加强监察工作的认识,二是提高各级领导对监察工作的认识,三是做好宣传教育工作,提高群众对监察工作的认识;四个领导:一是检察工作要摆到各级领导的议事日程上来,二是要给监察部门撑腰,三是人员配备要强,四是改善办公条件。

几点意见:全国和自治区的会议精神、洛嘎市长的讲话,在适当的时机要向全体干部职工进行传达,并且要进行讨论。各县主要是传达洛嘎市长的讲话,通过学习,一是要提高对廉政建设的认识,在提高认识、统一认识的基础上,修改本单位关于廉政建设的规定和措施;二是在开展支持监察工作时,如何对待对举报和自查的认识。

1990 年 6 月 29 日

参加自治区亚运之光火炬接力赛的方案讨论。

拉萨市的工作:1. 组织 20 个方队,每队 36 人,服装要整齐,气质要好。2. 大会会场,组织 300 人的队伍。3. 组织 1 万人的欢迎队伍。4. 洛嘎市长准备接火炬。

※　　　※

西藏经费平均每人 6800 元。

1990 年 7 月 2 日

参加自治区主席召开的会议。

内容:讨论亚运会有关问题。关于组织亚运会观摩团的问题,给西藏 500 个名额,我们拉萨组织 150 人,每人经费约 3000 元,时间 20 天。

1990 年 7 月 3 日

上午,接见瑞典外宾。

关于在卡孜乡办学校问题,提供资金 1000000 法郎,约合人民币 968523 元,瑞典代表团 7 月 7 日到达拉萨,共 31 个人,想看几所学校。

1990 年 7 月 4 日

下午,参加军分区青武干部集训班结业典礼。

参加训练的有 38 人,共 15 天的时间。

一、在军分区领导的直接领导和关怀下,在教导队领导的教育和努力工作下,经过半个月的集训,今天以优秀的成绩,胜利地完成了预定的任务。为此,我代表市委、市政府向同志们表示热烈的祝贺。在百忙的时间里开展训练工作,说明领导的指导思想是对的,是有远见的,这一行动符合市委关于开展部队训练整顿的要求。实践证明,民兵在经济建设和文明建设中是做了积极贡献的。

二、提几点希望。一要把这次学到的东西用到实际工作中去。二要热爱民兵工作,忠于民兵工作。三是民兵在各项工作中要起模范带头作用。四要加强自身学习,理论上要更加成熟,思想上更加统一。

※　　　　　※

瑞典外宾 31 人,每人交通费 230 美元,共计 19 天。每人每天平均 12 美元,合计 7130 美元,约合人民币 33521 元,每人每天平均约合人民币 56 元。

1990 年 7 月 11 日

检查墨竹工卡县人口普查工作。

李玉明县长:7 月 12 日搞的汇总,手工汇总数据。缺表五《文化程度表》,20 号交表有点困难。人员变动情况没有搞完。

1990 年 7 月 19 日

扫黄现场会的准备会议。

市委、市政府副秘书长、扫黄办的工作人员参加。

一、材料的准备。1. 市委领导讲话,扫黄办通报情况。2. 实物。3. 自治区领导讲话。

二、初步定 8 月初召开会议。

※ ※

拉萨市教育基本情况。

一、现有各类学校 469 所。其中,中学 16 所(包括一所职高),中专一所,小学 452 所(公办小学 54 所,民办小学 398 所),内地西藏中学 7 所。

二、教职工情况。教职工共计 2371 人,含代课教师和临时工。其中,正式职员 1904 人(少数民族教工 1212 人,少数民族教工占 64%;汉族 692 人,占 36%)。

三、拉萨市 16 所中学情况。正式教职工 634 名,其中大专学历有 464 人、中专、高中学历有 21 人,高中以下文化程度的 149 人。小学正式教师 467 人,其中有大专学历的 10 人,中专、高中学历 317 人,初中学历的 136 人,初中学历以下 4 人。

四、市区中学、中专、小学教师中,有高级职称 8 人,中级职称 158 人,初级职称 540 人。

五、拉萨市在校生共计 41342 人,其中中学生 9166 人(藏学生 7300 人,占学生总数的 80%)。内地西藏中学里有 2400 人,职业学校学生 340 人。

六、享受"三包"政策学生,农牧区 4652 人,经费 161 万元。

七、89 年普通高校招生 857 人,其中少数民族学生 400 人,占考生总数 47%。89 年高校录取 324 人,其中少数民族学生 200 人,占录取总数的 62%。

八、每年平均经费 2000 万元。

九、去年建设完成 16150 平方米。

十、入学率 70%。

十一、职业教育。二中有六个专业,有建筑、服装、烹饪、文秘、旅游、财会。

市一小情况。87 年以来投资 112 万元,修建了一栋教学楼,一栋办公楼,一栋 643 平方米的宿舍楼,一个占地 180 平方米的食堂,一个有太阳能的洗澡堂。教职工共有 143 人,其中藏族职工有 102 人,汉族职工 41 人。113 人中有高级职称的 13 个,13 人中有 11 名是藏族教师。教学班 36 个,其中藏文班 20 个,汉文班 16 个。学生总数 1836 人,其中藏族学生 1204 人,汉族学生 632 人。52 年建校,38 年中共培养学生 6000 名,送内地西藏班 300 名,藏文班升学率 80%,汉文班已达 100%。

职业教育已拨 19.6 万元的经费,89 年招生汉族学生 120 名,藏族学生 95 名。去年招收 6 个专业,现在共有学生 343 名。每年普通中学学生 1800 人,每年招收 900 名初中生。每年高中、初中毕业待业青年 500 人。拉萨地区有待业青年7000人。其中高、初中毕业占65%,其余为初小毕业。有3个专业和计委签订了合同,它们是烹饪、建筑、财会专业。

堆龙德庆县人口35077人,其中农牧人口……面积2042平方公里。总产值1600万元,人均产值369元,人均收入460元。教职工283人,正式教师97人,正式职工530人,高中、中专学历占一半以上。初中升高中报名58人,升上高中42人。全县初小毕业的700人。蔬菜户已发展到35户。半亩地的蔬菜大棚,一年收入1万元。

1990年7月25日

上午,讨论拉萨市迎亚运有关宣传活动日的安排,由宣传部主办。

一、提高对亚运会在我国召开的伟大目的的认识,把整个社会动员起来,各阶层、各行业动员起来。

二、搞好迎亚运宣传。1. 专题报道。2. 走向群众,走向社会宣传。3. 以实际行动迎亚运。

　　　　　　　※　　　　　　※

$VB_1$100g　VB_{12}500g　A 小 P20g　10支

地巴唑　强的松5g　节丁　VE　30

当归12、白术10、西参15、黄芪24、陈皮10、升麻12、柴胡10、冬草10、姜虫10、地龙12、全虫6、防风10、荆芥10、七力10、虫蜕10、红花10、桃仁10、勾藤10、羌活10。

　　　　　　　※　　　　　　※

京口瓜洲一水间,钟山只隔数重山。春风又绿江南岸,明月何时照我还[①]?

　　　　　　　※　　　　　　※

桃李满天喜看人才辈出,振兴中华更须尊师重教。

　　　　　　　※　　　　　　※

历尽千辛为民从教,赤胆忠心许为育人。

　　　　　　　※　　　　　　※

鸿案相庄百年偕老,凤占叶吉五世其昌[②]。

　　　　　　　※　　　　　　※

西藏有32个民族,少数民族干部31000多名,占干部总数的60%。省

---

① 《泊船瓜洲》是北宋诗人王安石创作的一首七言绝句。

② 这是一幅结婚楹联。

级干部中少数民族干部占 70%,地级干部中少数民族干部占 57%,县级干部中少数民族干部占 55%。寺庙 1400 多座,僧尼 36000 多人。59 年前寺庙 2716 座,僧尼 11.4107 万人。

拉萨市寺庙 160 多座,僧尼 5000 多人。15 个寺庙中的部分僧尼参加"骚乱",5100 多名僧尼中参加"骚乱"的有 512 人次。

※　　　※

七贤西辞串九州,
腾去丹飞兼路走。
南国风光碧空献,
银光千里眼底收。

※　　　※

历经磨难,功成正果。
人在景中游,情在景中生。
漫游幻境,乐在其中。

※　　　※

善良何日见青天。

※　　　※

89 年 11 月 29 日出发,90 年 5 月 10 日到拉萨,共 6 个月零 10 天,合计 190 天①。代表团到各省市考察时间、地点。11 月 29 日,拉萨出发,下午到达成都。12 月 7 日,从成都出发,8 日晚到达重庆。12 月 8—13 日在重庆考察。12 月 13 日出发,乘江渝 18 日往上海出发。12 月 18 日下午,到达上海。12 月 26[日],到达浙江省绍兴。12 月 29 日,到达杭州。

90 年 1 月 5 日上午,到达安徽合肥。1 月 8 日上午,乘机由合肥到达北京。1 月 11 日,由北京到达石家庄。1 月 15 日下午 5 点,由河北石家庄乘火车,1 月 16 日到达西安。

※　　　※

郭梅:师校 902 班,三好学生,团支部组织委员,学习成绩前 1—2 名,藏汉文都好,字体好。

※　　　※

能攻心则反侧自消,自古知兵非好战;

---

①　在日记的尾页,简单记录了到内地考察西藏学校的情况。1989 年冬,孔繁森下乡遭遇车祸,生命垂危,经抢救脱离危险,转往济南治疗。1990 年春,病情好转,继续返回西藏工作岗位。

不审势即宽严皆误,后来治蜀要深思。

※　　　※

师苑栽梅烂漫红。

※　　　※

天赐颜回一锭金,
外财不实薄命人。
人穷命薄志不短,
不可外财昧良心。

※　　　※

千锤百击出深山,
烈火焚烧若等闲。
粉身碎骨浑不怕,
要留清白在人间。

1990 年 7 月 30 日

白姆书记汇报大学生分配情况。

共 57 名大学生,其中本科 26 名,专科 31 名。党组原来意见,本科留拉萨市,专科分到县。专科毕业生,地理专业 3 个人,西藏大学毕业,罗桑旦真、杨朝济被点名分到一中。何海生分八中,糜玉娟分四中。生物专业 3 人,西藏大学毕业,分配到一中、六中、四中。汉语文专业,本科 7 人全部留拉萨;专科 7 人,市组织部留 2 个,留边巴次仁、龚会才;三中留一个,罗桑朗杰因他妈妈索朗央金身体不好,方便照顾。

※　　　※

人事变动情况。新提拔 8 名,1. 杜洪河,政教处副主任;2. 孟东月,教育科副科长;3. 次仁顿珠,师范附小教导处主任,中专生,提到教育科副科长;4. 何云贵,一小班主任,提副校长;5. 李春和,五中语文教员,在内地上两年;6. □□学①,责任心比较强,提八中副校长;7. 王文燕,七中附小教导主任、支部委员,提九中任副校长、副书记;8. 钟平,一中的教员,汉语文教师,提副校长。

副职提正职 6 人:于跃华,提招办主任;周阳光,职教办副主任提正主任;顿珠旺堆,教科副科长提八中校长;谢丽平,保育院副院长提院长、副书记;韩小五,少年宫副主任提主任、副书记;跟宗,少年宫的副主任提书记、副

---

① 此处姓名不全,应该是漏字了。

主任。

调整了四个人,平调。七中,路喜玲调五中任副校长;二中,谢清林调三中任副校长;三中,米运奎从三中调七中任副职;五中,雷贵龙五中副校长调七中。

1990 年 8 月 3 日

下午,和市人大何秘书长、贾瑞到一中座谈藏文试点班情况。

89 年 8 月 25 日成立的试点班,指定学生 45 人,实际 48 人,专职教师 6 人。教体委由张文河抓,试点班由一中仁真朗杰副校长抓,班主任由平措坚赞担任。共开了七门课,汉语文教学由钟平抓。政治老师达瓦次仁,历史和生物从西藏大学借的教工。

藏文班成绩上不去的主要原因:(一)学校重视不够,教师晚上值班算 2 个课时;(二)任课教师工作不踏实,特别是班主任,他想调到西藏大学;(三)学生来源,按正常班级招收过来的,内地学校挑选完后,来的学生大部分成绩在 120 分左右,其他地区选拔的是优秀生,选最好的老师;(四)食物中毒后,7 月 1 日至今基本没上课,也受一定影响。

下一步打算:一是加强领导,工作由马校长和仁真朗杰两个人抓;二是调整教师,把班主任调一下。班主任第一学期还可以,第二学期闹个人的职称问题。三是个别学生准备调整一下,从初一开始调,下学期调初二。西藏大学校长次旺俊美①的两个孩子都在一中汉文班②。

这次数学考试,一中学生平均 29.5 分,山南学生平均 55 分。学生的来源都是普通市民的孩子,只有个别是区级干部的孩子。试点班为要安静环境,大都安排到高中教学楼,而且是新桌凳,并且和教工一块吃饭。

※   ※

拉萨市总面积 29504 平方公里,市区面积 516 平方公里。其中城市建设面积 40 平方公里。1951 年和平解放。拉萨有 1300 多年的历史。59 年民主改革时,城市面积 3 平方公里,3 万人口。1965 年,自治区成立。1984 年九省援建 43 项工程,拉萨市区有 18 项工程。

---

① 次旺俊美,男,藏族,1945 年 9 月出生于西藏拉萨。1970 年毕业于北京师范大学教育系,先后在西藏自治区师范学校、西藏师范学院任教。1985 年,西藏大学成立,次旺俊美成为全国最年轻的大学校长。

② 日记原文中用括号括起来,作为一个补充。

1990 年 8 月 7 日

晚上,参加热地①书记召开的迎亚运会准备工作汇报。

齐加汇报:门票在香港已增加到 600 美元,参加观摩的代表团长是热地,代表团共 150 人,接待 150 人由北京办事处负责。中国组委会分给 500 人,订票 300 张,大都是甲级的。二、亚运之光火炬传递端点方案。8 月 23 日,火炬由北京传到拉萨。24 日十点三十分,拉萨举行交接仪式。组织 3000 人的方块队,组织 3000 人的歌舞队、法号队在主会场。另外,前边有 35 个参赛国和六地一市 75 个县的代表。56 个方块队,拉萨市占 20 个,沿途 100 个横幅,100 个彩条标语。原定 150 人,后部队增加 15 人,武警增加 25 人,现在已达 202 人。

热地书记:对参加北京观摩的同志要提出严格要求,经费一切自理,要遵守纪律。

1990 年 8 月 8 日

上午,到飞机场,参加欢送亚运会起火种的客人。

　　　　　　　　　　　　※　　　　　※

上午 11 点 30 分,参加田聪明副书记召开的进出藏干部政策领导小组成员会议。

王海林汇报:18000 名汉族干部的进出西藏问题,15000 名干部内调已结束,现在有 18000 名汉族干部,其中有 4000 名地专级干部。总书记提出,做好在藏、进藏、出藏的配套政策,现在藏族干部占干部总数的 66.66%。

1990 年 8 月 9 日

下午,西安市委和拉萨市委、自治区教科委座谈。

徐副团长:去年底投资 330 万元,教学设备已配套,暖气已开始使用。汉族学生没有这样的待遇。实行教学目标管理的三方面改革:1. 教学方法改革,刚开始快讲粗讲,后来根据西藏的实际情况采取慢讲多讲;2. 考试改革;3.……第一届毕业生参加全国的统考,去年毕业生考上高中 36 名,入团 119 人,市级三好学生 15 名,优秀学生干部的……全市成立了第一家保卫科,今年 4 月份发生了一起事。

---

① 热地,男,藏族,1985—1993 年任西藏自治区党委副书记,自治区政协主席、党组书记,自治区纪委书记。

存在问题:1. 华清中学所在县是一个农业县,大环境对教育不利。2. 管理差,特别是生活管理。管理的意识落后,不懂现代化的管理理念,管理措施有 39 条,但不落实。解决办法:1. 调整领导班子;2. 整顿教师队伍;3. 彻底更换生活管理人员;4. 解决吃水和食堂的扩建问题;5. 搞一个规划。

临潼县王玉梅县长:咸阳民族学院培养出的干部共 14000 名。

谈几点意见:一、办好内地西藏班有着重要的战略意义,办好内地西藏班是中央的正确决定。实践证明,领导是满意的,家长是拥护的,学生的进步是快的。二、西安市对办好内地西藏班是花费了很大心血的,代表团的同志对办好西藏班思想端正,态度诚恳。从内地几个省市的情况来看,各自都取得了很大成绩,可以说各有各的任务,各有各的优势,各有各的经验,各有各的困难,各有各的计划,各有各的打法。

拉萨藏族教员共有 200 名。

1990 年 8 月 10 日

研究扫黄现场会议的准备工作。

参加人:文化局领导格平、旦真以及法院、检察院领导。

1. 会议讲话。扫黄办介绍前段时间工作情况;市公安局领导讲话;市委领导讲话;自治区领导讲话。

2. 赃物准备。有五种:黄色录像带 31 盘;扑克 300 副,扑克复制机;黄色画册 278 幅;毒品鸦片 0.95 公斤、海洛因 25 包;赌具有麻将、象棋,麻将 3—4 麻袋,当场烧掉一部分。

3. 当场宣判几个案例。纳金派出所去年 2 月破获一起制造扑克案,城关正在审;贩卖黄色录像带一案,城关已开庭过啦;巴尔库派出所破的吸毒案。

会议安排:扫黄办讲前段时间情况,市委曲加书记讲话,公安袁承全副局长、旦真书记讲话,市检察院范优民、法院赵祥德讲话。

1990 年 8 月 14 日

18 时,赴西安学习。

※　　　　※

参加军分区召开的各武装部生产生活管理工作会议①。

首先,我代表市委、市政府对在生产生活中做出贡献的干部和同志们表

---

①　此部分没有注明会议日期。本次会议介于 15 日至 23 日之间,具体日期无法确定。按照前后衔接顺序,置于此。

示感谢,对做出成绩的、受到表彰的同志表示热烈的祝贺。

二、军队的后勤工作、生产生活管理工作是关系到部队建设第一位的问题,应当受到领导的重视、人民的尊重。自古以来都把民以食为天当着大事来抓,生产生活关系到干部、战士的身体健康。要加强对生产生活的领导,要关心、体贴、理解、谅解、帮助后勤工作。要注意从后勤中培养干部、战士,要模范执行各项规章制度。

三、生产生活工作是一个非常重要的工作,是一个大有学问的工作,希望同志们要热爱这项工作,熟悉熟练这项工作。做好这项工作要有事业心、责任感,尼木县武装部……要熟悉这项工作,掌握这项工作的规律。要善于学习,要加强组织纪律性。烹饪注意色、香、味、形、气、养。要学习历史名菜,龙丹兰、雪夜桃花、水煮肉片、金钩挂银条、锅巴海参、佛跳墙。要从现有条件出发,要从干部、战士的口味出发,要看人下菜谱。

要发扬特别能战斗,特别能吃苦,特别能忍耐,特别能创业的精神。自古知兵非好战,能攻心则反策自消,不审时度势即宽严皆误。

1990 年 8 月 15 日

全区寺庙共计 187 座,其中尼姑寺 23 座,僧尼总数 6638 人,其中尼姑 1354 人①。

※　　　　　※

文化局长汇报召开文化广播电视工作会议的工作。

全市的文化广播电视局成立三年啦,87 年只开过一次会议。会议内容:1. 学习贯彻中央对文化广播的指示,学习毛主席论文艺的讲话,明确文化工作的方向;2. 传达两厅(文化厅今年 5 月份开的会,广播厅去年开的会议)会议精神;3. 回顾总结三年文化、广播电视合并以来的工作,三年的成绩、存在问题以及下一步打算;4. 各县交流文化广播的经验和存在问题;5. 理顺领导关系;6. 组织参观曲水。下一步的工作:一是提高对文化工作认识,加强领导;二是配备人员,解决素质差的问题;三是文化经费的落实问题;四是县宣传队的待遇和户口问题,当雄县 15 人,原来 25 人,10 人需解决户口;堆龙德庆 14 人,原来 23 人,7 人需解决户口。

参加人员会议包括各县主管文化局长、宣传部长、文化馆长、县广播电视转播组长、电影馆长、书店的经理、县主管文化的县长,共计 70 人左右。

---

① 此部分在日记本首页,没有注明日期。按照前后衔接的原则,置于此处。

时间 3—5 天①。

※　　　　※

江村罗布书记召开会议。

江村罗布书记:昨天出了大事故。下午 6 点半,川师附中 100 名藏族学生外出旅游参观,在西安到宝鸡途中撞车啦。死 11 人,伤 41 人,没事的 15 名同学。陕西省长到现场,图道多吉副主席②和教科委达瓦书记今天上午已乘飞机到成都。成立一个 8·14 事故工作组,组长索达秘书长,副组长杨朝济,市政府、市教体委西珠朗杰为组员。受伤的学生在铜川市。一是弄清学生的情况,受伤的、死亡的学生名字、来自地区,了解情况;二是给家长提供方便,轻伤的学生家长就不要去啦,经费由教科委先支付;三是目前要保密;四是社会上本来对内地办班有不同看法,要注意动向。

※　　　　※

教体委给市委政府领导汇报全面工作。

在校中学生 7600 人,公办小学学生 23006 人。民办学校 395 所,学生……全市享受“三包”政策中学生 1800 人,全市教工 3700 人,教工学生比 1∶14 人。农牧民孩子入学率 75%,巩固率 90%,毛入学率 88%。办学条件得到了改善。84 年教师脱产培训 500 人。全区小学生 15.3 万人,拉萨市占 41000 人。今年,高中毕业生其他地区都是 150 人左右,拉萨 1038 人。小学生要会考,使用藏语文教学。87 年开始,小学第一年开始采用藏语文授课。

存在的问题:1. 改善办学条件不够,还有危房。公办小学面积 17 万平方米,还有危房 12600 平方米,占总校舍 7.4%,国家要求低于 3%。其中,严重危房占 50%,需 300 万元;部分学校教师、学生住房紧张。2. 教师队伍不适应教学需要,藏语文教师授课难,数量上不少,质量不够。小学教师 1900 人,代课教师占 40%。初中生 1800 人,考高中的极少。

今后工作:1. 贯彻教育党建会议精神;2. 改革教育工会和团委;3. 培训教师,调整不合格人才;4. 抓教改工作;5. 抓好藏文班的藏语文教学;6. 抓好学籍管理工作;7. 抓爱国主义和行为规范教育,贯彻国务院批准的体育和卫生条件要求;8. 抓二中的职业教育;9. 11 月份对各县教育进行督导检察;10. ……

几点建议:1. 希望坚持半年听一次教育汇报;2. 欢迎市委、人大对教育

----

① 此部分在日记本第 2 页,没有注明日期。按照前后衔接的原则,置于此处。

② 图道多吉,藏族,1985.11—1991.10 任西藏自治区副主席。

工作加以监督指导,掌握的情况反馈给我们,也听听你们的意见;3. 职业高中今年 35 人毕业,分配时要照顾;市委机关从学校调到机关的人员职称问题;保育院房子太差,保育院的职工 70% 没房子;团结新村小学建设是必要的。

※　　　　　※

谭元早汇报党校会议的贯彻落实情况。

每班 40 名学生,配教工 8 人。短期训练班的培训费问题。师校学生2463 名,去年师校经费 112 万元。

※　　　　　※

讲几点看法:谭元早、张荣扬对教育工作的汇报是实事求是的,既回顾了前几年所做的工作,又找出了存在的问题,同时对今后工作的打算也作了安排。对今后的工作提点看法:一、大力加强党支部的工作和注意发挥党员的先锋模范作用,同时要把政治思想深入到学校,深入到教职工,深入到学生之中。从领导班子到教工都明确办学的方向和目标,抓住几个群众反映比较大、影响比较大的问题开展讨论。如,资产阶级自由化问题;缺乏事业心,玩忽职守问题;赌博问题。二、各学校开展一次半年工作总结,要全面地、实事求是地总结上半年的工作。三、在教育布局已基本合理的情况下,入学率已达到比较理想的情况下,注意抓教学质量,特别是藏汉语的教学,几个试点班要加强管理。四、加强师资的培训,提高师资教学水平。五、研究探索农村教育的经验,制定合适的政策,鼓励大中专生下农村,到县城任教。

窦市长发言:班子是有事业心的,这几年是有成绩的。改革的几个制度是有力的,制定的规范制度是对的。财务制度开支是合理的。基建搞得不错。几点建议:1. 家长担心孩子在社会上受到不好影响;2. 抓样板;3. 农牧区的教育抓一下,经费上要多给农牧区一点,不撒胡椒面;4. 关于"三包"政策的问题,粮食价格,农牧区学生体质下降,学校炊事员身体要检查;5. 保育院的基建和保育院问题,明年列入计划。

夏书记发言:关键是教学质量问题,教工的业务素质,注意抓爱国主义教育。设党委、纪委,请曲加书记考虑。关于西藏内地班,生活老师差。

曲加书记发言:第一,市委、市政府要切实加强对教育工作的领导,87年坚持得比较差。要抓住教学质量这个中心来下功夫。质量高不高,关键看培养的人是不是红色的,是不是社会主义的接班人。教育质量是不是比别人高,现在我看还不算高。山南的中学教育质量也比我们拉中、一中高。第二,抓德育教育,教体委要成立党委,公安、经委……第三,教师队伍管理工作,采取的措施不少。

1990 年 8 月 23 日

晚上,自治区亚运会组委会开会。

参加人员:丹增书记、吉普主席、索达秘书长。

达瓦主任:方队的间隔问题要注意,宣传的口径要统一,比如观众34000 人,怎样报。方队 3000 人。

丹增书记:准备工作是充分的,效果是好的。一是安全问题。原来敌人打算在大型活动前几天搞破坏,哲蚌寺挂了"雪山狮子旗"。在雪顿节,罗布林卡几名喇嘛和尼姑想闹事。二是组织问题。总书记视察过拉萨,又刚解除了戒严,各方要确保万无一失。

※　　　　※

8 月 25 日,到飞机场送火炬;8 月 27 日,到林周县参加教育工作会议;8 月 28 日,接待建设部副部长;8 月 29 日,到曲水县、飞机场。

1990 年 8 月 26 日

参加检察院会议。

讨论城关工商局次多局长的案子问题。

1990 年 8 月 27 日

参加林周县第三次教育工作会议。

一、首先代表市委、市政府对在教育战线做出成绩的领导和同志们表示感谢。从今天的会议可以看出,县委政府领导对教育工作是重视的,是有战略眼光的,抓住了根本。

二、要充分认识教育工作的重要性。

三、各级领导要集中人力、财力抓好教育,提高认识,动员群众办好教育。从实际出发,搞好教育改革。

四、要转变作风,深入基层,为群众办好事、办实事。

※　　　　※

林周[县]①:19 个乡一个区公所,168 个村民委员会 7972 户,48650

---

① 该页日记上面空白处写着:自古知兵非战,能攻心则反则〔侧〕自消。不审时度势,即宽严皆无〔误〕,后来治属要策。此处,孔繁森同志引用了光绪二十八年(1902 年)暂居四川盐茶使者的云南剑川人赵藩所撰写的"攻心联"。原文:能攻心则反侧自消,从古知兵非好战;不审势即宽严皆误,后来治蜀要深思。

人。其中,农业人口 45913 人,面积 4600 平方公里。原来是三个县,卡啦山为界①,南部农业,北部是牧业。耕地 18.1 万亩,今播种 16.6 万亩青稞、小麦。牲口 29.9 万头(只、匹),粮食产量任务 5000 万斤。和自治区、市农业部门签订粮食合同 6000 万斤。89 年 4500 万斤,今年可增产 1500 万斤。自治区四个科技师〔示〕范县,林周是一个。林周有 5 万亩丰产田,要求单产 550 斤,测算可达 600 斤。成绩取得的主要原因:1. 领导班子重视,三家齐抓,采取领导包片、部门包乡的办法等。采取产粮挂钩,达到受奖,达不到受罚。2. 增加收入。资金三级投入 100 多万元,动员群众劳务投入,积肥修水渠,改造低产田,每亩投农家肥 1600 斤,丰产田亩[产]2000 斤,改造低产田 2500 亩。加土 49296 立方米,捡石头 5094 立方米。增加化肥 1616 吨,平均每亩 19.5 斤,比去年每亩增加 10.5 斤。修复水利设备投入 62 万元,比去年增加 55% 的投资。3. 大抓技术培训。培训 5262 户,占全县总户 74%。4. 推广粮种的优良品种。已达 12 万亩,去年 5 万亩,引进 23 万斤粮种。5. 消灭地下害虫。有一个乡(春堆乡)用呋喃丹② 20 吨,农药拌种。6. 增加机耕机播 12 万亩。7. 加大播种产量,青稞每亩 28—30 斤,小麦 30—32 斤,冬小麦 33—35 斤。8. 加强田间管理,人均 5 亩地,田间管理要跟上。组织人员到尼木县参观田间管理,稳住一类,促进二类,大抓三类。9. 大抓防洪、防霜、抗旱、防雹,用迟碎和点火的办法防霜、防洪。一保人,二保牲畜,三保土地。牧业牲畜 4 万头(只、匹)。

受灾捐款 7000 元。

1990 年 8 月 28 日

拉萨市政府接待建设部副部长一行。

拉萨市人口 18 万人,其中 3—5 万的流动人口。

汇报西藏概况。西藏地域广阔,自然条件奇特,资源丰富,具有异国他乡的民族风情,是一个即〔既〕古老而又年轻,即〔既〕神秘而又神往的地方。西藏地处祖国的西南边陲,青藏高原的西南部,地貌秀丽多姿、色彩斑斓,面积 122.84 平方公里,相当于 33 个台湾省。平均海拔 4000 米以上,国境线达 3842 公里,发展边境贸易有着很好的条件。西藏辖有林芝、昌都、山南、日喀则、那曲、阿里六个地区,72 个县,总人口 215 万人,耕地面积 332 万亩,可利用草场面积 7.9 万亩。89 年,农业总产值 7.65 亿元。工业有一个

---

① 应为卡拉山,卡拉山是念青唐古拉山的支脉,将林周县划分为南北两个部分。

② 呋喃丹是一种氨基甲酸酯类杀虫剂。

毛纺厂、皮革厂、啤酒厂、几个森工企业和一些小型手工业,89年工业产值2.2亿元。西藏已有1300多年的历史。拉萨市的矿业产值已达500万元,城市公房23万平方米。13万平方米的危房改造,解决了700万元的配套资金,计划明年改造完,今年已全部改完。住房难,一是有400对青年男女结婚没房子,有300名还俗的喇嘛住房没有解决,老城区有2000个厕所需要改造。

建设部周司长:解放初,拉萨市3万人,现在已发展到十几万人。城市建设的发展与经济发展形势的稳定有着直接的关系。八廓街2平方公里,已成为世界注目的地方。综合开发、配套设施、基础建设是关键,旧城的改造必须综合治理。一是派人来,搞规划的搞点设计,派四、五个人十月份或九月底来;二是管理工作,要有章程;三是找个城市,和拉萨差不多的,学习几个月。

计划财政司张司长:城市管理搞点定向培训。

谭部长:我们这次来主要一是了解认识西藏,二是来学习西藏的"一江两河"的。开发是关键,但要把城市的发展规划纳进去,充分发挥中心城市的作用,发挥西藏旅游资源的作用,要用现代的文化建设来烘托古老文化的建设。二、城市的文化、历史、建筑要出专著。三、城市的建设要高标准、严要求,体制要理顺,区市镇要捆在一起。自治区领导当后台,市长当组长,自治区计划委员会领导当副组长,有关部门参加,每年开两次会议。城市建设负责人要当秦始皇,要有铁手腕。明确建设目标,要建全国第一流的旅游城市,变零星建设为重点建设。拉萨市现在是40平方公里,20万人,只要20平方公里就行,相对集中,填空补齐,基础设施要抓。居民建房的造型要改进,要继承和发展,内部要向现代化发展,布局合理,功能齐全,民族的要继承。管理工作薄弱,房地产的经营要研究。我们帮你们做什么? 做宣传;技术人才上支持;项目帮你们跑。做好重点地段的规划,加强规划管理,思考如何保持各城的特色。我们派人来,派干部来挂职,短期培训人才。帮你们解决钱的问题,建设、改造、维护要三集中,要搞实人民城市、人民建设的问题。

1990 年 8 月 29 日

上午,参加自治区的扫黄工作会议。

※   ※

市教体委平措、孟汇报工作。

内地西藏班分给拉萨市指标405人,其中前往重庆100人(格木3人),

往上海 100 人,往临潼华清中学 90 人,往合肥 45 人,往绍兴 45 人,往北京 25 人(要求农牧民占 80%,城市户口 5 人)。今年汉文班只有重庆,其余都是藏文班。分数线(体检线),藏文班 140 分,汉文班 126 分。照顾农牧区孩子,降 4 分参加体检。城区 138 分,共计淘汰 54 人,比预想淘汰的要少。藏文班堆龙德庆县有 2 人去不成,已体检啦。汉文班有 3 名市里的暂时不能去。

1990 年 8 月 31 日

上午,雪莲宾馆参加自治区扫黄现场会议。

一、扫黄任务的大小与社会环境有着直接关系。首先肯定中国实行对外改革开放政策以来的伟大成绩,主要是搞活了经济,发展了生产,提高了人民的生活,但在肯定主流的同时,应看到给社会带来一些不利的东西。面对这些乌七八糟的东西,我们应该怎么办。我们党的宗旨是全心全意为人民服务,为解放全人类而奋斗,让人民走上共同富裕的道路。

解放后,1964 年周总理向全世界宣布,中国已消除了性病,清除妓院,可现在又开始出现。中国向来以夜不闭户、路不拾遗为美德,现在变啦……出现这些问题的主要原因是什么?一是目前某些部门、某些地方、某些领导在抓经济工作的同时,忽视了政治工作,忽视了党员的工作。二是理论上的失误,政策上的多变。三是让一部分人先富起来,怎样先富起来?引导不力,带来的副作用太大。四是对各种刑事犯罪打击不严,对贩黄、涉黄惩治不严。五是政策不明、界限不清、宣传不力。

二、加强领导,理顺关系。要加强领导,第一个内容是党委要亲自领导,这是意识形态工作,责无旁贷,建议领导小组重新调整一下。第二个内容就是抽调得力的干部组成个班子,最好成立专门的班子。第三个内容,在办公条件上要有保证。要理顺关系,要有利于工作,有利于协调,上下要一致,明确任务界限。

三、拉萨市今后任务的重点。一是各机关内部的黄毒,二是社会上的清理,三是抓黄源的清理,四是抓好文化市场的繁荣。

四、自治区继续给拉萨市大力支持帮助。

丹增书记:当前存在问题:重视不够,机构不全,经费不足,人员不得力。

一是认识问题。总体来讲,重视不够,对黄毒的危害认识不足,现状分析不透。各级领导要高度[认同]扫黄工作,不然社会主义的精神文明无从谈起,影响青少年,影响精神文明、经济的建设。黄毒已在全国泛滥成灾,引起了公愤。西藏有扫除黄毒共性的一面,还有特殊的一面,那就是分裂与反分裂的斗争。加上反动的经书,有的将过去的经书加上反动的东西,还有现在出版的具有反动内容的新书,还有酒吧、台球厅、舞厅。这一些带来的严重后果,第一是影响了青少年,第二污染了社会空气,第三破坏精神文明建设。

二、通力协作,齐抓共管。现在是有利的争,无利的推,不是站在党的利益上、人民的立场上。站在个人立场上干工作造成互相扯皮打架。扫黄工作是多部门合作、协调才能抓起来。地区能统一起来,自治区单位统一不起来。

三、认真贯彻,一手抓扫黄,一手抓繁荣。只顾扫,不注重繁荣,不是中央的政策。繁荣是多种,多方面的。拉萨市抓得还是很不错的,孔市长亲自来抓,抓得不错。拉萨到处是舞厅,要办健康的舞厅。台球厅是赌博的根源,要制止。

四、机构要健全。要有一个相对稳定的机构,要有相对精干的领导机构,不是常设机构。如没有一个相对稳定的机构,谁也没法解决。

全区扫黄会要有一个纪要,主要报送党委。一是会议的开法,基本情况;二是目前存在的问题;三是具体解决的办法,总要设个机构,负责人员、经费、协调都要理顺关系。今年扫黄工作的指导方针怎么办,报党建领导小组来讨论解决,这是第二个大问题。第三,感谢大家做了努力,做了大量的工作,党委感谢你们,工作都有一些新的起色。(原文顺序如此)

扫黄工作是深入人心、民心的工作,就是资本主义国家也搞这项工作。乱七八糟的东西,他们也不允许存在。对复制黄书的要一狠再狠,这是严重的道德问题。

索达秘书长……

1990 年 9 月 3 日

上午,市政府三个秘书长开会,研究机关工作。

办公室有 8 个科室,人员 103 人。政府办公室秘书科杨成林科长长期治病,洛珠……机关事务管理局有江白局长、冯翠英副局长。警卫科王永革副科长正区级待遇,索朗旺久协助工作。档案局 9 人,有 3 人副县级待遇;苏文学局长,旦确副局长。信访办江措副科长,平措、曲珍副科长。法制局,人员没有明确。副食办,蔡得江主任。党支部书记旦真,江白、李秀珍副书记。

办公厅几项工作:办公室、秘书、警卫、机关事务(基建)、检察、信访、法制、人事、支部、外事。□□负责办公室、信访、检察。丹增负责机关事务、基建、支部、警卫。王锁成负责人事、对外协调,协助机关办公室对外接待工作。原索朗负责财政、对外协调、信访。

需要解决的几个问题:1. 增加秘书。2. 机关事务管理局要加强,保管要加强。3. 副食缺会计。4. 法制局定领导一个,成员 2 个,唐晓忠商调同意。办公室需明确个主任。信访办没有写材料的,王红彦调信访是否可以。工作关系要理顺,现在工作都找市政府办公厅。

办公厅主要工作:市政府文件、决议、信息、简报。市政府会议:党组会、市长碰头会、市政府办公会。市政府组成会议,主要是通报情况,安排工作。市、区性的会议:自治区、部队参加的会议、市长们的协调会议、主管市长的业务会议。

旦真副秘书长:一、分工要明确;二、财务管理乱,签字乱,要求一支笔。开支的数额多大,归谁签字要明确;三、人事问题,要开秘书长会议,集体定;四、三大家分开的问题;五、七个仓库东西多;六、关于基建问题;七、电影院流动红旗评比,自治区文化厅负责。东方红电影院电线乱,舞台失修。胜利(八廓电影院)土墙要维修。市政电影院影幕不行;八、车子问题。现有 2 辆桑塔纳,2 辆上海,1 辆伏尔加,3 辆面包车(大的 22 个座),1 辆尼桑,1 辆北京牌,2 辆丰田车。服务对象 11 名地专级,4 名秘书长;九、保卫科王永革要求退休,49 岁。

王锁成:1. 机关事务管理局可撤销,市委、人大、政府各建行政科。三个食堂分开,保卫科撤销,各办公厅自己负责。南大院由市委负责,组、宣、纪委家属院房子实行分片管理。会议室分片管理,要改造市委第一会议室,窦市长说年底。常委会会议室改造,曲加书记同意。秘书长分工问题、法制局的班子、办公室的班子、调几位秘书。检察、管理、维修需 15 万元。

需要定的几个事:一、前段工作的评价,要树立三服务意识。二、关于分工问题。三、当前几个急办的事。秘书的配备,一要慎重,二是要集体研究,三要先试用考察。基建问题,先和财政局通气,先借支动工,改造市委办公楼前的两栋宿舍,西院市府领导房子的下水道维修,电影院维修。加强车辆的管理。伙房的管理问题。财务工作要全面汇报一下。四、做好分家的准备工作,要做出计划。涉及办公地点、住宿、保卫、机关事务管理局、人员、车辆。五、几个要办的小事。电影院、武警宿舍、电视机、仓库、司机。六、到银川开会。

次旺格列:1. 法制局、办公室秘书的配备;2. 分工问题;3. 王锁成去银川开会,如果早回来,可回家看看;4. 尹显宇调到信访办,担任副区级职务,明确一下,给组织部汇报一下再填表;5. 李秀珍、钟启群、赵国庆的提拔问题;6. 办公会形成制度问题,半月开一次会议。

1990 年 9 月 5 日

人口普查办公室汇报工作。

统计局王局长:8 月 16 日到 9 月 3 日,共 45 天,是编绘工作。自治区召开总结会,讲了五点意见。拉萨市 1626 名普查员,乡工作人员 373 人。按自治区的分配要求,我们突破啦。突破主要在市直机关。市直两级表彰会的办公费、交通费 15.5 万元。

经费,自治区给 22 万元,市财政给 8 万元。

※　　　　　※

师校。

军训的经费问题,8000 元—1 万元。9 号军训结束,下午会操。

※　　　　　※

堆龙德庆公安的尼玛旺堆,人口普查要立即来人。

1990 年 9 月 7 日

参加自治区外办会议。

关于接待外国记者团的问题。记者提到各单位的事,关系到单位的回答,与本行业无关的问题,最好不回答他。做到积极主动,热情友好,坚持原则。外国人对中国的三大兴趣,一是台湾,二是西藏,三是人权问题。

※　　　　　※

给山东省慰问团汇报援藏干部情况。

32 名干部已走 7 名,在拉萨有 13 名。

基本情况:拉萨:王德、于洪卫、赵子斌、刘建中、竺士连、张学昌、段深夏、张学礼、都本光、高纪明、单杭年、王维、孙奎新。那曲:吴学忠。山南:苏文龙(计委),傅成玉(计委)。日喀则:李生瑞。阿里:王玉昌(普兰)、邹传银(措勤)。林芝:姜和亮、于洪康、任刚。昌都:孙文军、魏洎生(农委)。

因病已回山东的:张跃峰、王佃常、孙继永、田征、朱晓臣、赵冰、马士进。

※　　　　　※

山东省委赴藏慰问团,与在藏干部座谈。

刘主任:山东农业总产值位[居]全国第一(在全国有十个第一),水果 84 亿斤,基本解决温饱问题。人均收入 630 元,职工平均收入 2029 元/年。沿海开发区有威海、烟台、青岛,漫长的海岸城市,形势发展喜人,人口占全省 1/3 还多。国家增加黄河、淮河、海河农业开发、东部大开放、西部大开发。旅游业打造一山一水一圣人，仍是得天独厚的优势，外加崂山、孟子。干涸 32 年之久的济南泉水，现泉水潺潺。7 月 24 日，泉城人民沉浸在趵突泉重现往日风采的喜悦之中。公路方面，有济南到青岛的一级公路。石化工业，济宁齐鲁钢材公司。农、轻、重比例协调，稳定发展。小麦 620 万吨，山区丰收。聊城地区连年丰收。

山东发展的不足之处。改革开放的不够。按照省委指导，兵分两路，南下北上，引进先进技术，开发资源。继续稳定加强同南韩、中国台湾的联系。来山东的客人居全国第二，吸收外资，前景很乐观。山东干部 180 万人（包括技术干部），党员占 11% 强，基础好，为兄弟省份提供了大量的骨干力量，以朴实能干而著称。物产丰富，除木材、白糖外，基本完全实现自给自足。

组织部张部长：1. 从渤海之滨到世界屋脊见到山东的老乡，一句话，老乡见老乡，人人喜洋洋。2. 西藏，特别是拉萨的巨变，是党的正确领导的好结果，这一切变化与山东在藏干部密切相联，息息相关。来的任务有二，一是向西藏人民学习，二是向援藏干部学习。来这前，已电告在藏工作的亲属，并带来亲人的嘱托。夏季大丰收，秋季（除惠民外）丰收前景喜人。认真研究进藏干部的政策、待遇问题。对内调干部的大门永远敞开。

人事局李处长：有机会在世界屋脊见到大家非常高兴。80 年以来，接待三批干部内调，人数 2100 多人，居全国第三。我为主要负责人之一，保证解决援藏干部内调的后顾之忧，大家安心服务于西藏人民。山东省形势稳定，人人争着为亚运会尽心尽力。

大众日报记者：主要任务为一是学习，二是宣传。过去做的工作：1. 弘扬沂蒙精神，主要为脱贫致富，得到宋平同志的高度赞扬，纪录片将与广大群众见面。2. 莱西经验，基层组织建设，宋平同志参加。3. 山东代表团访南韩。9 月中旬，山东威海代表团访问南韩。4. 沿黄河九省市的开发，要求同志们提供教学的素材，进行很好的宣传。

孔繁森代表大家对省慰问团表示衷心的感谢。

1990 年 9 月 10 日

下午，参加自治区组织部召开的山东赴藏慰问团座谈会。

调配处长王永道：西藏面积 120 万平方公里，相当于 11 个浙江省。阿里所在地海拔 4500 公尺以上，西藏国境线 3500 公里，西藏西、北是高山，东也是高山，底〔低〕谷地段……人口 226 万人，民族有 30 多个，干部 55222 人，少数民族干部 32200 人，占 66.6%。省级干部 46 人，其中女性 6 人。地级、县级 3510 人，党政 21400 人，企业 6000 多干部，科技干部 20000 多人，其中少数民族干部 17000 多人。内调山东干部 331 人,已通知 322 人。四川在藏干部 8000—9000 人。

山东 15.4 万平方米,工农业总产值 2469 亿元。山东有 13 项产品占全国第一位。全国 15 个沿海开放城市,山东有 3 个。

1990 年 9 月 12 日

参加青年旅行社座谈,关于单亦平同志的工作。

参加座谈的王松平总经理、上海援藏吴。

参与管理又要带团,既是将又是帅,完成本职工作外,对党支部的工作也大胆地提建议,去完成。没有拿出经理的架子,而且脚踏实地进行工作。希望在西藏多留一段时间。

小吴:……

※　　　　　※

山东农民说:雅马哈①,万字头,双门冰箱二层楼。

山东招远的金矿占全国的第一位。

1990 年 9 月 13 日

参加日喀则座谈会。

山东籍的干部同志 99 名,其中男干部 98 名,女干部 1 名。地专级干部 2 名,县级干部 2 名,区级干部 19 名。

宋部长介绍日喀则概况。日喀则 17.6 万平方米,与尼泊尔、不丹、锡金接壤。1500 公里的国境线,43 个边境乡,海拔 3856 公尺,人口……山东干部:1. 政治素质好,特别是在"三乱"中没发现问题;2. 工作安心,有长期建藏的思想,突出但不高调;3. 吃苦性强,工作热情高;4. 待人谦和,和藏族同志的感情融洽;5. 文化程度高,思想解放。存在问题:1. 后顾之忧比较大,29 名同志内调的有 26 名,这次分到县城以上;2. 全国粮票买不到粮食;3. 退休干部安置,个别同志没人管,退休房有高价、平价的,是否能享受当地干部的待遇,要求参加当地干部的政治活动;4. 休假的同志没房子住,能否搞个度假村;5. 援藏干部和以前进藏的干部对待不一样,援藏的提职、提级都比较多,老的进藏干部也是援藏的而没人管,是否可一视同仁。江苏来的领导给援藏的干部收录机,而老的进藏干部一个包、两条毛巾;6. 进藏干部的孩子到内地上学没户口,要拿高价学费;7. 要求在西藏的干部家人和援藏

---

①　这里指雅马哈摩托车。

的一样,落实个单位,解决后顾之忧;8. 好好宣传一下在藏的干部,希望各级组织理解在藏干部。

※　　　　※

孔子是伟大的教育家,当时为了教育周游了 5—6 个诸侯国(就在山东),孔子的学生号称弟子三千,并有 72 贤。

※　　　　※

13—16 日在日喀则。

1990 年 9 月 16 日

下午,汇报进藏干部情况。

李生瑞:热爱西藏,对西藏有深厚的感情,年纪大,但能带病坚持工作。

姜和良:该同志素质好,有业务能力,有领导水平,在极其艰苦的环境中能带病坚持工作,善于团结同志,在阿里休克多次,但仍要留西藏工作。

王玉昌:有工作能力,直爽,工作说一不二。

邹传银:有工作能力,善于团结同志,有组织能力,在极艰苦的措勤县带病坚持工作,关键时刻能顾大局,以党的利益为重。

赵子斌:业务能力强,有吃苦精神,能独当一面,在大是大非面前头脑清楚,民族团结好。

于宏伟:有工作能力,有写作水平,有组织能力。工作认真,并有吃苦精神,在个人利益和党的利益发生冲突时,能自觉服从党和人民的利益。

刘建中:工作热情高,工作积极主动,并且带病坚持工作,工作需要出发到格尔木,身体不好,发烧,但能坚持完成任务。

段荣夏:忠厚老实,有工作能力,并且有长期建藏的思想。在完成本职工作时,坚持带徒弟,注意为西藏培养人才,平时能帮助学校处理其他公共事务。

王薇:事业心强,办事认真,为人处事老练,和藏族同志团结好,并能主动当好领导参谋,平时刻苦,自学精神特强。

竺士连:为人耿直,办事认真,业务能力强,平时有较强的吃苦精神,在领导同志的指导下,和同志们团结奋斗,超额完成了收购任务,实现建站以来最高利润。

都本光:业务能力、组织水平比较强。在和外宾交往中,既能坚持原则,又能完成任务,让外宾、领导满意,平时能团结同志。

单亦平:有领导水平,有组织能力,在关键时刻、困难时刻能想办法,凭自己能力扭转局面。在发生车祸之后,能以大局为重,该同志心胸宽厚。

吴学忠:典型的山东人,耿直忠厚,待人诚实,业务能力、吃苦精神强,平时不计较小事,有领导组织能力水平。

王德:有业务能力,吃苦精神强,领导交给的任务能想千方、设百计地去完成,平时不计较个人利益,平时藏汉关系处理的比较好。

张学昌:有一定的业务能力,完成本职工作,能独当一面,工作中任劳任怨,吃苦性强。

张学礼:办事认真,业务上能独当一面,有一定的业务能力和组织能力,平时和同志们、领导关系处理得比较好,能带病坚持工作。

来藏后遇到的几个困难。一、气候不适应。当时有病的有赵冰、孙继永、王佃常。二、生活困难。有的单位没伙房,王薇、单亦平、朱盛臣、都本光;自己没炊具,有的没房子。三、民族情绪大。先后被打的,都本光、张学礼、张学昌、王德。四、部分领导不理解,认为"三五干部"①是来发财的,待遇高;认为工作能力差,工作上不给支持。五、来的干部情况不一样,素质不一样,互不了解。个别同志有短期行为。

几点要求。一要加深对在藏干部的理解、谅解、支持;二要帮助他们解决一两个实际问题;三要定期报道在藏干部的情况。

1990 年 9 月 19 日

上午,乘飞机到成都参加民兵工作会议。

1990 年 9 月 23 日

召开民兵工作会议。

地点:成都军区四所,望江宾馆。

晚上预备会议。一是会议介绍经验,二是参观,三是表彰,四是领导接风。

参加会议的 128 名同志,地方上的干部 20 多名。

1990 年 9 月 24 日

关于城市民兵工作会议的贯彻问题。

第一,会议的中心任务、内容、指导思想,城市民兵工作的作用、地位,要讲一下;第二,要把会议纪要传达一下。

---

① 三五干部是民间的百姓对官员的戏称。百姓戏称"打麻将三五夜不睡,喝连酒三五场不醉,游山水三五月不累,收贿款三五万不退"的当权者为"三五干部"。孔繁森对干部的这种行为,提出过严厉批评。

1990 年 9 月 26 日

参加会议讨论。

一、从几天的会议,深刻地认识到加强城市民兵工作的重要性。打江山要靠部队,保江山要靠部队,现在搞两个文明建设,更离不开民兵。今后稳定局势,搞好社会治安,更离不开民兵。张副司令员的报告十分重要。首先,总结了五年来的三条经验,对下一步工作讲了四点指示。三条经验:1.从"摆位"入手,加强对城市民兵工作领导;2. 在改革创新上下功夫,使各项民兵工作有新进步;3. 注意发挥职能作用,在双文明建设中作了重要贡献。四条意见:1. 深化对城市民兵工作认识,增强做好民兵工作的自觉性;2. 按照"三落实"要求,高标准地完成各项民兵工作;3. 贯彻中办发 12 号文件,进一步做好民兵维持社会治安工作;4. 坚持党管武装原则,切实加强对城市民兵工作的领导,通过现场会受到了启发教育,提高了认识。

二、抓好城市民兵工作,要从解决领导的认识入手。当前的有利条件:一是从中央到各级领导对加强民兵工作有了新的认识;二是几次大的波动,考验了民兵,发挥了民兵的重要性;三是几年来有成功的典型和丰实的经验。不利因素:第一,领导认识问题没解决,没位子,没房子,没票子;第二,经济不发达,资金困难,现在靠输血过日子;第三,典型不过硬,甚至典型没推广出去;第四,社会风气没根本好转,对民兵工作不利。尼木县武装部造林 1900 多亩。达孜县武装部参与三三五七工程建设。

三、从西藏的实际情况出发,制定切实可行的民兵工作发展方案。首先,要整顿、巩固我们现有的民兵队伍;其次,有计划地、大胆地、有组织地发展我们的民兵队伍;第三,注意在两个文明建设中的作用;第四,解决思想,走出去学经验、求办法。

四、抓好武装部机关的自身建设,抓好现役军人的自身建设。

1990 年 10 月 5 日

下乡的感受。

近几年,群众生活虽有所改变,言语之间仍感满足,对党和政府有说不尽的感谢之情。

看拉萨小楼林立,小车如梭,饮酒论道,满腹牢骚大有人在。两相比较,真乃简奢分明。感慨之下,我自辗转反侧,虽是深夜,难于入睡,心情沉重。中央三令五申,天天讲廉政为民,到底有多少党员听了进去,又有多少干部照此"办理"。古人治政,尚有能做到虽万里之外,朝令而夕奉行者。为何现在近在咫尺,却久难见效。自我反思,关键在于其身不正,纪不严而已。

古来"为政治主要在于安民,安民之道在于察其疾苦"①,我等既为父母官,不为民解忧,何言以公仆,不正其身何以服众人。

1990 年 10 月 8 日

墨竹工卡小学。

学校共有 10 个班。六年级一个班,五年级、四年级各 2 个班,三年级 3 个班,二年级 2 个班,一年级 1 个班。六年级 43 人。五年级 2 个班,一个班 49 人,一个班 50 人。全校共计 445 名学生。

教职工共计 33 名,其中临时工 5 人,正式教师 12 名,后勤正式职工 2 名,炊事员正式工 2 个人,代课教师 11 人,校木工一人。

1990 年 10 月 9 日

上午,墨竹工卡县格老窝乡②。

乡长次典索朗汇报:全乡人口 2832 人,458 户,劳动力 1106 人,土地 5390.9 亩,牲畜 13699 头(匹)。格老窝乡是原来的三个乡合在一起的,"文化大革命"前是扎雪区,发展基础比较好。互动储金 15.1126 万元。参加储会金的 2240 人。15 万元中有 2 万元储存在信用社。70%已脱贫,25%的户是严重困难户。过去,有些户从元月开始吃返销粮。今年解决种子 2700 斤,口粮 22000 斤,25%的要继续扶贫。学生要到扎雪上学,路途远,不方便。群众要求办一所公办小学,原来是三个区,现在是一个乡,我们可动员劳动力。卫生方面,原来 89 年前靠区政府的卫生院,现在培养了自己的卫生人员。要办一所卫生院,现在缺药品。兽防站有 7 人,药品从扎雪乡提,要求单独设。6 村以上群众是半农半牧,土地人均不到一亩,今年平均亩产达 13 克③,达到 15 克也满足不了生活的需要。今年生产抓得还好,去年亩产是 11 克,今年达 13.79 克,去年 11.7 克。乡干部主要有书记、乡长,还有 2 名副乡长,3 名工作人员。乡是 88 年建的,乡炊事员没有户口,没工资,要求列入编制。乡没有团委书记。上学的学生 176 人,在民办学校。孩子没上学的原因,学校远,教师不多,有一半多没上学。五保户有 10 人,国家[给]每人

---

① 语出明朝张居正《答福建巡抚耿楚侗》,原文:治理之道,莫要于安民;安民之道,在于察其疾苦。

② 现在归入扎雪乡。

③ 这个"克"是藏族的计量方式。参见东噶·洛桑赤列著《谈古代藏族计量单位标准的发展和演变》,https://www.sohu.com/a/274838585_784980。

310 元,每人 14 克粮食。今年 4 月底发生痢疾病,死了 4 人,得病的 73 户 430
人,其中男 210 人。民办学校 4 所,学生最多 40 人,最少 20 人。

唐岗村 6 村:齐梅央宗 11 口人,3 名劳动力,母女二人、丈夫。男的 64
岁,差瑞,原来在那曲红旗□。仓木决 4 口人,没有一粒粮食,一年中主要靠
要饭为生,时间长达半月,7 只山羊,一头牛,2 头牦牛。兹卓嘎,乡医生,有
4 个孩子,欠公款 2000 多元,有一头耕牛。吉美,男,38 岁,全部家产不到
100 元,有几只山羊。

卓拉,40 岁,11 口人,9.7 亩地,3 头耕牛,3 头黄牛,17 头牦牛,10 头奶
牛,7 只绵羊,30 只山羊。2 名强劳动力,2 名半劳动力,马 4 匹,房子是有 9 个
柱子支起的房子。生产责任制以来生活变好的,还到藏北搞交换,85 年给的
双扶款 900 元。去年(89 年)给 600 元,今年 300 元扶贫。下一步,年龄大啦,
孩子脑子不好用,准备开荒种地。86 年,他参加县的勤劳致富大会。

扎西,63 岁,9 口人,2 名强劳动力,10 亩地。13 头牦牛,7 头奶牛,27 只
山羊,2 只绵羊,2 匹马,一头犏奶牛①。公社化时生活不好,生产责任制以来
改变得好啦。儿子是赤脚医生,原来贷款 1000 元,靠卖日用品挣了点钱。

1990 年 10 月 10 日

上午,墨竹工卡县给市人大汇报工作。

加措汇报教育情况。民办学校 59 所,公办学校 6 所,其中中学一所。
公办、民办学校在校生 3100 人。适龄儿童 4552 人,适龄入学率达 55%。现
有民办教师 71 人,公办正式教师 61 人。其中,代课教师 43 人,正式职工 6
人,临时工 19 人。全县公、民办教师 174 人。教学教法管理是 1985 年以后
开展的。89 年前,民办教师 118 人,正式上课的有 18 所学校。教师待遇
低,但坚持了上课。现在民办教师每月 40 元,每月奖金 9 元、6 元、3 元,拿
出 40%的工资做奖金。一年进行两次评比,每月要算 20 天上课时间。84
年,县中学是主要投资对象。85 年开始进行公、民办学校的建设。制定了
各项规章制度。一是请销假制度,教师一个学期可请 10 天假,超十天每天
扣 2 元,不请假扣 4 元。开学时各教师要有计划,结束要有总结。出差问
题,搞了统一的规定,出差费每人每季度 50 元,节约当奖金。教师节在县集
中学习五天。教师节拉松书记到会讲话,李县长五天亲自参加会议。全县

---

① 犏牛是牦牛与黄牛杂交的品种,分为犏牛(公)和犏乳牛(母)。肉、乳生产能力、役用能力
接近于牦牛。产奶量一般 3.5—5.5 公斤/日,但奶质跟牦牛相比较差。在一定条件下,产
肉量比牦牛要高,肉质差于牦牛。

成立了教育工会,并修改了制度,下边提了 20 个意见。教师节时,县政府拿出了一万元给教育战线。教育财力安排,全年正常教育经费 84 万元,不包括基建。其中,人头费 45 万元,现在到 9 月份已支出 35.175 万元。公用经费 9.28 万元,到九月已支出 5.1715 万元。学生"三包"经费 22.03 万元,到九月已支出 16.4733 万元。维修费 7.03 万元,到九月已开支 13.2626 万元。合格学校一所,给门巴学校 5000 元。到 10 月份已拨款 71.0106 万元。71 万包括调资 2 万元,不包在预算。剩余 10.9838 万元,还有 3 个月,就这些经费。去年欠县财政 5 万元,主要是"三包"经费超支。其他县"三包"学校最多 3 所,墨竹工卡县有 6 所。"三包"是按四年级在校的 40% 拨。我们 90% 的学生是"三包"生,全县 70% 的是"三包"生。县中学 343 名学生,除掉干部孩子 23 人,其他都是"三包"对象,正式"三包"生 256 人。少数民族教师 166 人。其中,大专学历 7 人,中专学历 44 人,其余 123 人。87—89 年进修教师 25 名,主要到西大、师校学习。今年出 10 名教师,进修 8 名,2 名在内地班教书。存在问题:一是缺少教员,到 93 年全面实行双语教学,现在能双语教学的只有 2 名教师。二是教学质量差,管理跟不上。党代会、人代会群众最大意见是教学质量差。考入内地的学生少,回家的多,又干不了活。今年参加中专考试 47 人,录取了 5 名,考上高中 10 名。三是财力不足,每年增经费 1—2 万,学生增得更多。四是"三包"政策不明确。光包吃、穿的问题没解决。现在县中学六年级每月 30 元,四年级到五年级每月 28 元,初一到初三每月 36 元,小学生每月 28 元,粮食是高价粮。五是学校的学生、教师宿舍不够。民办小学学校维修费,每人每年 10 元。县委支持教育,今年 1 万元。

卫生工作汇报。全县医院职工 49 人,防疫站 8 人,大学文凭 3 人,中专学历 9 人。主治医生 2 人,藏医、西医各一名。医师 15 人,医士 6 人。无职称 4 人,外科 1 人,X 光 2 人,化验 2 人,药剂医师 2 人,护士 7 人,藏医 5 人,后勤 8 人。县医院 41 人,乡村赤脚医生 78 人。有 15 所卫生所,门巴乡没门诊所,有 45 人在卫生所工作。有的卫生所分三人,有的四人,其中初中学历 32 人,小学学历有 13 人。在农区卫生所工作每月 25 元,牧区每月 30 元,每名群众每月收 2 毛钱。去年,新生儿 892 人。从 85 年开始,凡有生育能力的妇女建立卡片。去年出生 892 人,死 2 人。171 个村的水质调查,水质沸点高的 3 个乡,有羊日岗、斯布①、仁多岗。斯布恰加村治疗好转率达 15%,服药占有病的 90%。县医院门诊人次 27699 人次,每天平均 75.94 人

---

① 现归入扎西岗乡。

次。县医院用药和病人费用 69.27126 万元,比 88 年增加 2.4147 万元。乡村医生看病 35137 人次,用药钱数 3.65908 万元,另外藏药 8949 元,共计 4.5547 万元。乡村医生处方每张 1.30 元,医院每张处方 1.2 元。乡村医生每年看病 428.5 人次。89 年比 88 年增加药费 1.0230 万元。计划生育方面,89 年建立的计生协会。全县妇女 16270 人,育龄妇女 7930 人,已结婚 6683 人。要求采取计划措施的 3549 人,已服药打针 2802 人,已上环 561 人,做手术 186 人,出生率占 14.80%。89 年拨款 49.5 万元。今年预算 40.2 万元。今年,1—9 月份医药费 11.1415 万元,工资补助 12.1402 万元,公务费 2.992779 万元,购置费 1183.19 元,修缮费 2.2139 万元,副食补助 4746 元,退休费 12000 元,计生费 1121.55 元,乡村赤脚医生补助 3.6933 万元,共计 34.086759 万元。群众药费每人每年 3.3 元,机关平均 120 元,两名病号在内地治疗费已花 15 万元。希望多派一点毕业生。79 年—90 年医生已调拉萨 23 个人。医院条件可以啦,但人才少,超声波也没人开。中央报纸上说的是免费医疗,可根本实现不了。乡村医生待遇需提高,现在每月 25—30 元不够,希望医生和干部职工的待遇一样,不想医生不稳定。交通工具太差。

民政汇报工作。五保户 176 人,其中牧区 26 人,一年经费 55230 元。牧区每人 330 元,农区 310 元。农区粮食亩产 400 斤,中等水平平均每年用生活费 520 元。敬老院有 4 所,2 个已使用,2 个没使用。工卡镇 4 户,水、柴都专人供给,电不收费。89 年,享受待遇的有 2 人,费用 334 元。享受优待三年以上的有 18 人。87 年没兑现,88 年、89 年已兑现啦。退伍兵 106 户救济户,其中 14 户给救济,给 3000 元的生活补助,692 户军属。今年解决群众口粮 20 万斤,现金 3000 元,救济款给 7 万元。抚恤金 3 户 10 人,给 6320 元。原昌都第九兵团(藏军),原来每人 35 元的生活费,现在改为 80 元,从 1—8 月共 1320 元(起义兵团)。从 9 月开始,统战部负责此事,共 2 个人。85 年开始,双抚 626769 元,双抚回收周转 25670 元,两项加起来合 652439 元。88 年,隆珠岗五户 33 人脱贫。格老窝 110 户,900 人脱贫。羊日岗 98 户,630 人已脱贫。90 年脱贫 50 户,256 人,今年年底解决。88 年困难户 1348 户,6869 人。格老窝乡一户,班觉家劳动力 6 人,共 11 人。他家土地 21 亩,7 只山羊,3 匹马,耕牛 6 头。85 年给格老窝 7.7 万元扶贫款,29 户,平均每户 2600 元。给这户 8400 元扶贫,买拖拉机 2 万多元,争〔挣〕回 5706 元。现在耕牛 6 头,绵羊 12 只。山羊原来 7 只,现 17 只,犏牛 2 头。格老窝乡五队格顿珠,7 口人,以前一无所有,指望要饭为生。85 年,给 2 户 1.3 万元的贷款,先买旧的拖拉机,后卖掉又买汽车,跑运输。已存款

8000 元,准备借点款买新车,已买啦。过去没有人叫他名字,光叫阿就,现在已找了对象,成了家。现在 2 头毛奶牛,2 头牦牛,5 只山羊,14 只绵羊,3 头黄牛,2 匹马,盖了房子,增加了家具。扶贫 6 个乡,23 个村,576 户,3770 人,15 个项目。89 年统计,已基本脱贫 218 户,1575 人,占总户的 37.8%,占总人数的 41.7%。雪灾牲口死亡率 20.32%,纯牧区死亡率 65.17%,希望增加双抚款或无息贷款或低息贷款。

平康主任:现在条件是改变多啦,形势比以前好。关于药的问题,各级卫生部门已向中央汇报过,大家也想办法。关于两名群众去内地治病,要想办法解决。医生要注意医德。

讲几点意见。一、和人大来视察是学习的机会。二、对县里工作的看法。班子是团结的,大部分干部工作作风是深入的,几年来的变化是大的,但存在的困难和问题也是不能忽视的。三、关于教育问题。首先提高对教育的认识,有没有战略眼光,有没有从根本上解决问题的决心和认识。当务之急最缺的是什么? 怎么办? 战后的日本是怎样抓教育的? 其次当务之急,教育要解决三差问题,一是管理水平差,二是师资水平差,三是平均主义,改革意识差,办学的方向不明。第三,当前存在问题。资金不足问题,主要“三包”政策不落实,缺少教工宿舍;缺乏教师问题,双语的教师只有 2 名;入学率、巩固率的问题。建议:要改革,要解决大锅饭问题。要长期对教育进行评比,要让乡镇书记、县领导参加。大抓入学率、巩固率,大抓教学质量。四、卫生问题。1. 总的看法。2. 存在问题:技术力量差,资金不足,群众吃药难。建议:继续贯彻毛主席救死扶伤……民政,工作有成绩,今后继续抓好。任何时间不要忘记人民大众的事。

拉松:原来 6 个区有看马的,有炊事员,现在没有啦,当务之急是炊事员缺乏。不要拖长时间,15 个乡的炊事员。

1990 年 10 月 12 日

林周县 4.7 万人,18 岁以上的 28025 人。

彭波中学校长扎西罗布,书记吕化天。小学校长朗珍。

彭波中学:学生 383 人,住校生 273 人,教职工 50 人。其中,正式工 24 人,行政 2 人,正式教员 10 人,保管 1 人,出纳 1 人,炊事员 6 人。临时工、代课教师 26 人,其中代课教师 16 人,伙食会计 2 人,炊事员 7 人,勤杂员 1 人。72 年建校,现任校长是第一期毕业生。78 年开始有初中班。扎西罗布今年 3 月份当代校长,学校实行校长责任制。今年初三毕业三个班,考上高中 173 人,考上中专 8 人。存在问题:学校老师住房紧,要维修一栋,但是没钱。有个车子给学生搞生活,但没汽油指标。

小学朗珍汇报。教工 39 人,正式教师 15 人,其中一人不在学校,在内地西藏班教学,正式工还欠一名炊事员。小学 15 名学生配一名保教工。有中专学历的 10 人,代课教师 24 人,其中 1 人是勤杂工。代课教师中有 3 名高中学历,其余初中学历。学生 617 人,16 个班级,校舍 3 栋,四间教室,一名在中学部借的教师。小学有一个附小,2 个班级。存在问题:缺教师,住校生 280 人,住房紧张。今年 33 人参加考试,考内地西藏班 3 人。中学没有图书室,实验室给破坏啦。89 年 3 月份出现的反动标语。

平康主任:从昨天(10 月 12 日)县委、人大、政府的负责人反映情况和亲身的观察看,林周县教育工作从整体上来说还算可以。但是,学校与学校的教育质量、学生的思想和师资质量的差距大,个别学校抓得较好,升学率比较高。可县中学和县小学的升学率就比较低,应花大力气,抓紧抓好,抓出成效来。另外,教育工作首先要加强政治思想工作,从教职员工做起,从我做起,从校领导做起。学校是培养国家有用之才的园地,因此教职员工的面貌直接关系到学校工作的各个环节。昨天我和市政府孔市长到南部学校。他们的经验非常好,开展勤工俭学对学生、对学校都有利,应积极发扬,不断深入。另外,在学生中开展法制宣传教育工作非常重要,如前段时间出现的聚众斗殴,贴反动标语等事情,就是因不重视加强思想教育工作和法制宣传教育而造成的。对此类事件应用法律手段进行制裁,不能手软。希望在最短时间内,抓出成效来。

在林周讲几点意见。一、林周县在艰苦的环境中取得了可喜的成绩。一是粮食突破 6000 万斤,二是搬家没出现问题,三是文教、卫生、科技有所发展。好的学校强嘎、松盘小学。二、对个别问题的看法。教育上,学校多,学生多,教员多,分布广,交通不便,经济发展不平衡,教育发展不平衡。危房多,不合格的教员多。

平康:我完全赞成孔市长的意见和看法,市长在百忙之中莅临你们县,这是对你们县的荣誉,也是重视你们县的卫生、教育工作的表现。从我来看,我不是一名共产党员,但是为了共产主义事业,愿付出自己的一生,这次到你们县考察,看到了你们县的希望。你们县的农牧业生产搞得比较出色,粮食产量达到了历史最高水平。因此,我代表市委对广大群众和各县干部职工表示衷心的感谢。林周县的教育工作,如十个指头,长短不一。但是,关键在于如何加强,如何完善,如何落实,这是最重要的。要搞对此项工作,首先要从教师做起,不要因前段时间工作的失误,而对教学工作失去信心。其次要发挥学校党支部的作用,要相信党、相信人民,要加强民族之间的团结,对反动标语要用法律制裁。第三要解决好县南、北派的工作,要先天下之忧而忧,后天下之乐而乐。

※   ※

要求连边角,林周县要建公办小学,人口多,近 5000 人。全县 19 个乡,168 个村委会,还有一个区。

乡人大委员会的待遇、乡干部待遇低,平均不到 300 元。

※   ※

权利商品化,官倒①盛行。

靠山吃山,靠水吃水。

吃拿卡要,弄权勒索。

投机倒把,贪污受贿②。

※   ※

原来拉萨市面粉厂长张志清的工资待遇没有落实的问题③。

※   ※

林周县④:44916 人,7850 户。公办小学 107 所,其中民办学校 102 所。中学一所。学生数,中学生 408 人。公办学校 4 所,1192 人。民办学校 102 所,3484 人。共 5084 人,合 16 名学生 1 名教师。教职工 317 人,其中中学教师 28 人,公办教师 148 人,民办小学教师 134 人。代课教师 58 人,主要在中学和公办学校。入学率 77.6%,巩固率 67.8%,毕业合格率 99.6%。全县文盲 28742 人,学龄前儿童 1—6 岁 6850 人。县合并后,抓了学校的整顿和危房的改造。藏雄乡⑤之前没有一所学校。松盘乡建乡前,入学率 12%,现在达 60%。彭波入学率,88 年前是 27%,现在 66%。87 年前北部入学率 71.6%。五所公办小学和中学教师质量比以前差,并抓了勤工俭学。强嘎抓得好,松盘小学抓得也比较好。87 年,中学盖了座楼,质量差,市教体委搞的包工队。原来师校毕业的 13 名教师 2 名已改行啦。去年培训教师 118 人。没培训前各科成绩及格占 37%,现在通过培训已达 67%。全县100 多所学校,教育局人少,管理不过来。群众对学生上学认识不上去,一

---

① 官倒是指一些官员们利用手中的权力和职务之便,倒买倒卖紧俏物资,钻双轨制的空子,从而实现了财富的快速积聚,并且成为首先致富的一族。

② 写于日记本的扉页,没有注明日期。

③ 写于日记本的扉页,没有注明日期。

④ 此部分内容没有注明日期,但是按照孔繁森的日程安排和相关记述,基本确定为 10 月 12 日在林周县的调研。

⑤ 现属于唐古乡。

是群众文化程度低,认识不上去;二是劳动力少,没孩子干活;三是认为孩子上学没前途,招工也招不到我们的孩子。北部退学的多,主要是一年只能回家两趟,群众要求在北部办一所中学,不然不来上学。预科班正在北部办,30多名返校的。学校中学教师本科、大专学历6人。其中,包括一名保管,大专学历。现317名教工,其中教书288人,包括民办。其中,中专学历30人,高中学历31人,初中学历49人,大学学历144人,初小学历37人。学校没工会组织。中学有党支部,中小学党员19名,中学党员8名。过去,教工不愿入党,现在好多啦。

副局长大普穷:市教体委拨教育经费148万元,基建经费20万元。今年,北部公办小学买了一辆东风车,花56000多元。89年买的,款没付。已给2万,3万全是借的。今年教体委又给2万元,县给1万元,正常经费拨124万元。强嘎乡急需扩建712平方米,投资19万元。强嘎乡搞了篮球场,11700多元。全县危房维修了4342平方米。今年维修房子共用9万元,购买桌子、床,开支48844元。教体委翻修房子,花费7万元。"三包"经费支出情况,1—10月,两所公办学校594人住校,平均每人每月30元,开支178200元。中学生住校285人,平均每人36元,"三包"生开支共102600元。购买教材以及学杂费75000多元。存在问题:1. 在老县委北部办预科班,中学预科。每年增加预科班人数,学生经费紧张。2. 边觉林乡办一所公办小学。3. 初三毕业且没升学的,要办职业班,需要资金,还缺教员。全县有4万多人,其中有2万多文盲,想办学校,主要靠工、青、妇来办。文教局2名领导忙不过来,副局长桑典和大普穷。民办代课教师的工资要改革,原来民办代课教师每月70—130元,现在平均118.5元。公办代课教师原来每月最低70—130元,现在平均120元。

卫生局长罗桑扎西:职工223人,其中乡村医生55人。国家正式职工168人,副主任医师1人。藏医主治医师5人,初级57人,医药技术55人,医生10人,护士18人,行管18人,后勤13人。大专学历5人,中专学历50人,初中学历4人,小学学历164人。公费医疗费3万元,平均每人20元。群众药费,平均每人4.2元。公费人员吃药免费。采取群众集资办医的办法,解决药品难的问题。政府批啦,人大通过啦。除五保户,职工每年一个人筹5元,政府为每人每年出3元钱。同时,解决乡村医生的待遇。北部已有五个乡实现啦。实行考勤制度和工资挂钩的制度。全县育龄妇女15—49岁10184人。其中,已婚妇女5479人。汉族干部职工家属49人,已婚46人,领结婚证14人。藏族干部职工家属已婚246人,其中,领结婚证5人。北部妇产科只有一个人,日巴工作不好,又找不到合适的医生。存在问题:卫生经费紧张。过去经费 81 万元,现在 101 万元。其中药费 20 万元,预防保健费 2 万元,计划生育经费 1 万元。全县人均经费 4.2 元。

※   ※

液体制造,原来两个医院都能搞,现在中央已都不让县级医院搞。医院条件差,北部好点,县驻地太差。县里办了 15 人的藏医学习班,已培训 3 年啦。市卫生局答应每人每月 75 元的生活补贴,毕业后自己行医。想编到乡村医生里边,经费又解决不了。要求上级分配给点毕业生。

※   ※

强嘎乡小学旺建校长:教工 28 人,正式教师 9 人,后勤正式 3 人。学生 234 人,8 个班,代课教师 3 人,临时工 8 人。去年勤工俭学总收入 6000 元,其中土豆 1200 元,猪 600 元。收青稞 200 克,合 3600 元。今年考入内地西藏班 7 人。89 年,考入 11 人;88 年,考入 12 人;87 年,考入 21 人;86 年,考入 12 人;85 年,考入 7 人,共计 63 人。需解决水费 1 万元。

※   ※

田聪明副书记:在西藏汉族干部现有 1.8 万人。对老同志,过去有功,现在需要,将来离不开。对进藏干部,多大比例好? 原来总理说过,三七比例。有的说,要按照一定比例。还有的说,少而精。西藏干部现有 5.57 万人,最多时 5.9 万人。

1990 年 10 月 15 日

山东在藏人员 1222 人,所有干部 700 多人。山东省已收 7000 亿斤棉花,1—9 月份工业增长 7.1%,加乡镇增 11%。去年,农民人均收入 630 元。

※   ※

市旅游公司,89 年亏损 56 万元,90 年盈利 3.6 万元,91 年亏 36.6 万元,92 年亏(年底)166 万元。累计亏损 255 万元①。

※   ※

一、世界上海拔 8000 米以上的大山 14 座,中国有 5 座。世界上有 2 名运动员已登完 14 座大山,他们是意大利和荷兰的运动员。

二、西藏海拔 7000 米以上的大山有 73 座。

三、珠峰最高 8840.13 米,已有 2000 多人登上此山,死了有几百人。

四、海拔 8000 米以上的大山,西藏有 5 座。

※   ※

---

① 在日记本尾页,具体日期不详。按照前面日期,整理在此处。

自治区体委巴桑交待,杨英是市电视台试播的通讯员,索朗□□□同志需要和局长说一下。

※　　　※

天下事,了犹未了,何妨以不了了之①。

※　　　※

艺苑奇葩,冰奇先生创指画之高峰,览之欣喜不已。

※　　　※

市人大领导:高世珍、平康、阿旺、拉巴、周文斌。

政协:恰巴、索加、南木杰、迟门索朗班觉、桑林兹仁白珍、江金亦仁旺姆、普龙扎巴兹典。

※　　　※

冯晓玲,一双鞋(33 码)。

平措,男孩子鞋,14、15 码;衬衣 2 件,39 号。

※　　　※

曲水中学教学楼是重庆县于志理的包工队干的,漏水,现在由堆龙德庆重新搞的。当时造价 30.4 万元。

※　　　※

参加中央组织部工作组,山东宋法棠副省长、陈建国②书记召开的座谈会。

一、首先感谢省委、省政府领导来西藏看望我们。美不美家乡水,亲不亲故乡人。看到你们的到来,有说不出的高兴。每当看到电视上、报纸上报道山东的消息,心里感到格外激动。

二、山东在藏的同志,在西藏高原,在艰苦的岁月年代,付出了辛勤的劳动,在西藏作出了贡献,同时也为家乡人民争了光,像白玉英同志、崔书记、孙光明、袁局长等。

三、对稳定西藏形势,发展西藏经济的几点看法。一是对现在在西藏工作的同志,要关心、要理解、要支持、要帮助,特别要做好老西藏同志回内地的安排,解决他们的后顾之忧。一是安置,二是孩子,三是房子。二是中央要在总结西藏工作取得伟大成绩的同时,要修改制定新的规划政策。对西藏政治上要关心,经济上要支持,政策上要适应。经济上关心的同时,政治

---

① 这句话出自《菩提本无树》,原文为"世间人,法无定法,然后知非法法也;天下事,了犹未了,何妨以不了了之。"

② 时任山东烟台市委书记。

上要关心、要帮助、要批评,但不能迁就。祖国是一个大家庭,对家庭的每一个成员,每一个子女,要教育,要批评,要一视同仁,但不能迁就,更不能娇生惯养。干部政策、干部路线,要从实际出发,能者上,弱者让。推进一江两河,三三五七工程。解决西藏所需人才的进藏问题。

1990 年 10 月 16 日

参加市委有关部门研究学校工作、党组织工作的会议。

谭书记:已贯彻今年 8 月份党建工作会议精神。1. 拉萨市教体委党组织的设置问题。我们报的是党委,由 7 人组成(党委或工委),书记或副书记由一人兼职。在现在政治处的基础上,增加 2—3 人抓党的工作。2. 对教育上的中小学班子要充实加强,特别是一小和师范的班子。3. 八县区教育大检查,各县的县长参加。4. 充实加强各县教育局和学校的领导班子。5. 关于成立督导室的问题。6. 关于 5 名有职称人员的职称落实问题。

洛嘎市长:1. 同意建立工委,办公室不单设,要增设 2—3 人,要根据他的工作而定。2. 师校、一小的班子要加强,关键是提高教学质量。3. 召开全市教育工作会议问题,准备工作十分重要。对全市教育工作大检查的问题,抓好尊师重教的教育,加强教工的自身教育,应抓些典型影响全社会。

金书记:1. 要重视教育工作。2. 成立教体委工作委员会,要抓紧落实。3. 在今年底,以市政府名义召开教育工作会议。4. 各县文教局要加强力量,文教局目前不变。5. 关于成立督导室的问题。6. 八月十五日研究的教体委五名同志的职称问题已解决。

1990 年 10 月 17 日

曲水县汇报工作。

全县农牧民人口 25600 人,加机关人员共 26935 人。47 所学校,其中中学一所,公办完小 5 所,公办初级小学一所,全日制民办小学 38 所。有 2 所牧区小学,11 月—5 月上课,一年学半年课程。有保育院四所。另外,有 16 处扫盲点,参加扫盲学习 800 人。教工共 198 名,其中小学公办教师 53 名,代课教师 27 名,临时工 14 名,民办教师 76 名,工人 1 名,后勤 6 名。

中学公办教师 11 名,代课教师 11 名,工人 4 名,临时工 2 名。有大专文凭 12 名,其中中学占 7 名。公办学校中,中专学历 34 名,初中学历 4 名,小学学历 11 名。代课教师中,大专学历 1 名,高中学历 4 名,初中学历 22 名,小学学历 4 名。民办学校教师中,初中学历 46 名,小学学历 36 名。全县 127 个教学班,其中中学 4 个教学班,公办小学 37 个班,民办学校 86 个教学班。学生共有 3295 名,其中中学生 166 名,公办小学生 1148 名,民办小学生 2041 名。全县住校生 681 名,其中享受"三包"政策 489 名,享受助学金的 192 名。全县有适龄儿童 2841 名,已入学 2414 名,入学率 85%,巩固率 90%,毕业率 84%。全县 47 所学校,占地 292942.12 平方米。其中县中学占地 72000 平方米,全县校舍 144475.01 平方米。今年,新建、扩建校舍 1069 平方米。

职称方面:中学二级教师 1 名,小学高级教师 2 名,小学一级教师 10 名,小学二级教师 11 名,小学三级教师 7 名。采取的措施:一是建立了各项规章制度。二是建立教师进修制度。三是文教局制定的教研组工作职责。四是中小学的补充规制。五是曲水县教工者奖励条例制度。六是师资队伍的五年规划。七是中小学领导的职责。解决离、退休教师的后顾之忧。对代课民办教师政治上关心,生活上体贴。87 年以来投资 4 万多元,全县基本上没有危房啦。加强了学校的各项管理工作。加强师资队伍的建设,85 年对培训基地所有老师已培训两遍,同时更新师资队伍。89 年建立了文教局教研组,主抓教师的编制,对下面也进行业务指导,公办中小学成立了教研组。勤工俭学 50 多亩地,可收菜 5 万斤,青稞 1.2 万斤,养猪 40 头。今年考入内地西藏班 27 名,85 年至今有 90 名在内地上学。

比较出色的学校是县完小。县完小情况:领导班子好,能以身作则,今年国庆节开展活动,教工自己掏钱,校长拿 10 元,其他拿 5 元。政治思想工作开展得比较好。请县公安、法院同志上法制课,没发现学生无故不到校的。一经发现不到校,老师立即到家去找。84 年、85 年、88 年、89 年、90 年升学率 100%。档案齐全。基建 3 年投资 100 万元,县委每年拿 1 万元作为奖励资金。

※　　　　　※

在曲水讲几点意见。

一、县委、县政府、人大几年来的工作是有成绩的。农业增产 100 多万斤。1. 文教、卫生、科技、文化有发展,特别是教育。教育布局合理;入学率、巩固率有发展;规章制度比较健全;手中有典型,县中学有新起点;教育质量有新的提高,今年考入内地 27 人;有长远规划,建有教师培训基地;县委、县政府、人大领导比较重视。2. 政治上比较安定,群众生活基本上有保障。3. 班子比较团结,干部职工情绪比较高涨。提几点希望。一是各级领导要把教育当作战略重点来抓,要把教育当作曲水县彻底摆脱贫困的手段来抓,要把教育当做振兴民族、发展经济、自立于民族之林的关键来抓。二是重视教育,要从实际出发,要从帮助学校解决实际困难和解决具体问题入手。主要是思想上要有位置,计划上要有考虑,行动上要有影子,解决具体问题要拿票子。县委、县政府、人大领导重视的同时,县委、县政府、人大要有专人负责。要关心、体贴、谅解、支持教育。要解决教职工的后顾之忧,在住房、办公条件、户口、招工等方面有体现。对教育工作每年要检查两次,表彰一次。

二、卫生工作。班子比较团结,基本条件比较健全,医务人员队伍比较整齐。存在问题:一是缺药;二是个别医务人员的作用发挥不好,深入基层不够;三是乡村医生的待遇解决得不好;四是医院还有危房。

三、民政工作。民政工作是直接联系群众,帮助人民群众解决温饱的重要桥梁,同时是帮助群众扶贫致富的重要途径。敬老院办得比较好,但不能忽视农牧区的五保户。帮助群众扶贫,但不要光注意扶干部。

四、注意发挥党团员的作用、群团作用、民众的作用。主要抓党员的先锋模范作用、支部的战斗保垒作用。抓典型,抓先进。

五、抓机关干部的作用转变。工作要上去,干部要下去,转变作风,深入基层。要制定修改已定的规章制度,要检查制度的执行情况。注意奖勤罚懒,要鼓励干的,教育咋呼的、看的、算的。要关心、体贴、理解、帮助、信任干部。政治上要关心,生活上要体贴,工作上要支持。牢固树立"三服务"的思想,立足点是群众。各级领导班子和每个支部党员都要过好组织生活,学习党的路线、方针、政策,开展批评与自我批评。要以一个普通党员的身份,参加党支部活动。在抓先进典型的同时,不能忽视干部职工的不正之风。

六、把三三五七工程、"一江两河"的开发当作县里经济开发的重点来抓。

七、解放思想,开拓前进。要把输血经济转向造血经济、供血经济,也就是把等、靠、要,转向干、创、节;把供给型经济转向发展型经济;把小农经济转向集约经营发展、经济联合发展;把自然经营转向科学经营发展。

※　　　　　※

曲水问题:市卫生局把我们技术力量调走啦;把计生费(准生费)全部上交。

※　　　　　※

晚上,在曲水中学座谈。

一、没水没电,打井需 1.5 万元,拉电线需 3 万元。

二、学校住房紧张。学校 13 名教师,7 名后勤人员。在学校没住房的 5 个人,在校有住房 2 人。一间房子的学生 116 名,其中享受"三包"政策 95 名,21 名走读的。现在有 5 间学生宿舍,4 个教学班。

三、达嘎乡小学的食堂,10 个高级吊花灯,26 个 100 瓦的普通灯。中学大门 4.7 万元,厕所每平方米造价 300 多元。

四、4 名代课教师,其中 2 名户口已解决,担心转不了正,每月 150 元工资,是否从四分之三的自然减员户口中解决。

五、学生基础差,汉语课程最多听一半。

1990 年 10 月 20 日

参加墨竹工卡县两项工程的验收。

墨竹工卡县验收住院病房楼和门诊楼,9 公里公路验收。

县长介绍:专款拨了 25 万元,市财政拿 2 万元,市卫生局 9 万元。住院楼面积 692.64 平方米,造价 27.705 万元,每平方米造价 400 元。按 40 张床位安排,40 张床每张 300 元,共 1.2 万元,床头柜每个 50 元,共 2000 元,两项合计 1.4 万元。建筑单位是市建一公司,7 月 10 号建的。

※   ※

宋法棠副省长提出,继续发扬成绩和多贡献的精神,搞好汉藏团结,搞好山东的团结,汉族内部之间的团结。

1990 年 10 月 25 日

上午,在拉萨市城市教政教研会议上讲几点意见。

一、拉萨市的教政教研会议已开了三天。会上,第一,交流了经验,端正了思想。第二,对提高教学质量提出了不少的新的建议和措施。第三,对如何搞好双语教学,交流了不少的经验。第四,如何在现有的基础上,发挥实验室、重视实验室的作用,进行了现场参观。第五,对如何进一步搞好校长负责制的试点工作,进行了认真地研究和探讨。第六,特别是如何发挥支部战斗堡垒作用、党员的模范作用,同时加强德育教育的经验总结,值得大家深思。值得表扬的是岗旋业余语言学校①,该校校长在会上作了经验介绍,一个藏族残疾青年在社会各界的关心帮助下,集资办起一所学校,这是一种民族精神、爱国主义精神的具体体现。实验小学如何在抓教育质量的同时,不忽视德育教育,以及第一小学的实〔试〕点经验都值得学习。四中实行了校

---

① 1988 年,在拉萨市政协的帮助下,西藏史上第一所民办学校岗旋语言学校正式成立,开辟了西藏民办教育从无到有的里程碑。当前,岗旋语言教育学校的学生包括了从幼儿到就读小学、初、高中的青少年,乃至四、五十岁年纪的在职及准在职成年人。学校的规模经过 30 余年的发展,从初期的一间教室,一位老师,几张桌椅,七、八名学生发展成为西藏自治区规模最大、专业最多、历史最久、年龄跨度最宽的民办学校。

长负责制,使学校的面貌、教工和学生的面貌以及教学质量都发生了可喜的变化,对高中的"三语"①教学也摸索了一些经验。一、二中在稳定局势、抓好军训的同时,注意了第二课堂的作用、实验室的作用。同时,对如何调动集体教工的作用,采取了切实可行的措施和办法。三中在抓主要矛盾中,也就是教职工反映强烈的后勤工作、食堂工作,可以说取得了可喜的成绩,同时抓组织纪律性,敢抓敢管,取得了可喜的成绩。

　　总之,近几年来拉萨市的教育形势是好的。尽管拉萨发生骚乱,对学校教学有一定的影响,但在教体委的安排下,各校抓住了分裂与反分裂斗争的教育,抓住了爱国主义教育,使我们的教学工作很快纳入了正常工作。这几年的升学率、巩固率都比较高,特别往内地输送的学生一年比一年多。

　　二、存在问题。

　　(一)领导力量薄弱,管理人才缺乏。缺乏事业心、责任感;不懂教育规律,不学习教育的规律科学;班子变换太勤,对班子不是从思想上、教育上下功夫,动不动搬家②。

　　(二)师资队伍素质差。表现在不安心从事教学工作,强调困难特殊。徐向前元帅:"戎马生涯挥鞭踞雕鞍,功勋华夏丰碑映苍天""赫赫战功将,堂堂正正人"③"一生清廉昭千古,万世流芳溢忠义"。业务素质低,双语教学水平低而且人才少,培训的效果不明显,进步不快。双语教学的步子慢,规律性东西少,没抓住。我担心个别学校的学生藏汉文都没学好。为什么这几年教学质量徘徊,不吸收先进的教学方法,教学方法一刀切。最近,一中几个班主任提出从初一开始学外文,此事自治区人大已提出来啦。

　　(三)个别学校忽视了学生的德育教育,忽视了教工的职业道德的教育,忽视了党支部和党员的作用,特别对留级生的管理。学生厌学,老师厌教,学生不遵守学生守则,吸烟、打架、乱搞。个别教工的为人师表差,道德观念退化。郑板桥有言:未出土时先有节,已到凌云仍虚心。党组织、团组织生活不正常。

　　(四)教育结构不合理,基础教育与职业技术教育发展不平衡,比例失调。

　　(五)个别学校忽视了勤工俭学工作,拉中的勤工俭学比较好。

　　三、提几点建议。

---

①　指藏语、汉语、英语教学。

②　日记最上面还写有"A.关于特殊问题,特殊性和普遍性问题"。

③　1990 年 9 月 21 日,徐向前与世长辞,这是几句挽联,是对他一生功绩的描绘。

（一）从本校本单位的实际情况出发。结合这次会议精神，根据教体委的安排，从领导班子到教职工认真总结自己的经验教训，并制定新规章制度和规划。成绩摆够，差距找准。注意走群众路线。严肃认真，不掩盖矛盾。做到"五不"，即：一不怕丑，二不怕痛，三不护短，四不袒护，五不走过场。领导要带头。边整边改，改中增加透明度。

（二）领导班子在增强凝聚力的同时，提高领导艺术水平。领导的主要任务：出主意、用干部，一是拎，二是引。当前在用人问题上，一是知人知心。知人是用人的基础，知人才能善任。知人的关键是知心，知心的前提是诚心，诚心的表现是交心，以心换心，以情换情，将心比心。二是坚持标准。这个标准是德才兼备和应具备的"四化"。讲德就是看理想党性，公道正派，讲才就是知识水平。三要出以公心，也就是处事待人要一碗水端平，办事不能从个人思想出发，从好恶出发。四要用人之长。对任何人不能责备求全，世界上没有纯而又纯的东西。五要胸怀宽容。要容的下和自己意见不相同的人，也就是说要具备领导人的气质。大肚能容天下难容之事，开口常笑天下可笑之人。六要用人不疑，注意充分发挥人格的力量。所谓人格力量，多数人赞成的意见，即说教行一致，带头实践自己提倡的道德标准和价值关键。七要有胆有识。要有爱人之心、识才之眼、护才之胆、举才之德。八要善解人意，要理解、关心、体贴人。关心干部就是想办法提高干部素质，并要提高干部的马克思主义素养。九要有献身精神，要热爱教育事业。郑板桥：满者损之机，亏者盈之渐。损于己则利于彼，外不得人情之平，内得我心之安，继平且安。福即是矣。十要有着眼长远利益，奠定坚定的发展基础的思想，不要有短期行为。当前核心的问题，还是人的问题，只有做好工作，调动每名干部职工的积极性，才能使工作持续、稳定、协调、健康的发展。

※　　　　※

下午，文化广播电影电视会议。

一、会议的情况。开的很好，大家畅所欲言，既总结了经验，又找出了存在的问题，同时制定了下一步的规划。其次，通过这次会议，大家提高了对搞好文化工作重要性的认识，认识到文化工作是精神文明建设的重要组成部分。再次，会议上交流了经验，解放了思想，拓宽了对文化工作的认识。

二、存在问题。一是个别地方关系不理顺，个别领导对文化工作重要性认识不足。二是人员素质差，知识老化。三是工作条件不具备，资金少。

1990 年 10 月 26 日

给尼木县资金。

格列:比利时给尼木 40—50 万元,主要是用于卫生、防疫、保健工作。总共给 24 万美元。尼木的房屋条件差,计划免疫、防疫工作都比较满意。病房和职工宿舍差,妇幼防疫站都是卫生局解决。

1990 年 10 月 27 日

尼木县续迈乡。

大骨节病发病率 21.012%。有一名妇女,30 多岁就进了敬老院。

续迈乡小学,学生 170 人,教员 12 人,6 个班。学校 79 年办的,学生患大骨节病的比较多,几乎大部分都有。

从仁布来的一户,头三年没事,三年后又得了大骨节病。

续普乡尼雪村,88 户,487 人,427 人服药,症状减轻,没有治愈的。

1990 年 10 月 28 日

尼木县卡如乡赤朗村。

公办学校,学生 8 人,已毕业 2 人。全村 15 户,201 人,半农半牧,最多一家 12 口人。6 名学生分三个年级,当前只有 3 个年级。今年毕业 2 人,家长因牲口多不让去上学。教员巴桑,县公办小学毕业,33 岁,每月 92 元工资,家 6 口人,四名小孩和爱人,小孩最大八岁,最小 2 岁。2 亩地,牦牛 5 头,黄牛 2 头,山绵羊 21 只。5 村在山沟里,没上学的学生。4 村原来上区学校的多。2 村、3 村也有所学校。

1990 年 10 月 29 日

上午。

一是金书记讲尼木县七届人大代表会的人事安排。

二是听取县卫生、教育、民政工作汇报。

一、卫生局格列汇报。全县 34 名医务人员,后勤 5 名。其中防疫站 3 人,各乡 9 人。县医院 22 人,乡村医生 57 人,计划免医疫工作做得比较好。出现的地方病:1. 鼠疫,88 年发现的。2. 地甲病,服典丸比较好。3. 大骨节病,出现在续迈、续普、林岗乡的部分村。89 年 11 月,调查 3402 人。调查了一半人,发现 715 人得大骨节病,潜在性的 101 人,总发病率 23.99%。服了药,效果不大,小孩 7—8 岁才能发现此病。妇幼保健院 88 年开展这项工作,主要人员业务差,群众对这些认识差,没系统地去查。妇幼保健院主要是孕产妇的保健,但由于经费、人员少,效果不明显。孕产妇的死亡率高,今年达到万分之六十。今年已死 3 人。医院抢救 4 人,都活啦。缺药多,90

年买药 14 万元。乡村医生手里没有药。调动医务人员的积极性方面比较好。计划生育工作,领导小组是今年调整的。上环(7 月—现今)……有 9 人坚决不做计划生育,坚持多生。计生人员技术差,人员少,资金太少。县 90 年给计生经费 300 元。要求解决问题:宿舍;病房;手术室。放射科差。大骨节病多,除服用亚硒酸钠外,我们想在续迈、林岗乡建卫生所。地方病经费要增加才行。解决办法,一是改水,二是换粮,吃住改善一下才行。去年超支 2 万元,今年已超 1 万元,总经费 31 万元,工资占 16 万元,购药 14 万元。

尼木县人均收入 316 元,粮食总产 2600 万斤,总人口 25500 人。

二、尼木县教育汇报情况。59 所中小学,其中公办中学 1 所,公办小学 6 所,民办小学 52 所,各乡公办小学 5 所。乡没公办小学,7 个乡没公办学校。学生共 3080 人,其中县中学 301 名学生,公办小学 1467 名,民办小学 1312 名。全县住校生 547 人,其中县中学生 194 名。享受“三包”政策 446 人。中学生每人每月住校 37 元,另外享受助学金的学生 560 人,每人每月平均 15 元。享受助学金和“三包”政策的共计 1302 名。入学率 65%,巩固率 94%。中学升学率 76%,小学考内地只有 1 名,89 年考入内地 3 名。今年上中专 5 名(师校),考高中 26 名(三中),技工学校 4 名。全县 301 个教学班,中学有 8 个班,6 所公办 42 个班级,民办 147 个班级。全县教工 266 人,其中专任教师 227 名。227 人中国家正式教师 58 人,中学正式教师 13 名。公办学校中正式教师 45 名。代课教师 64 人,其中在中学 14 名。公办代课教师 52 名,民办教师 102 名。227 名教师中,大学本科学历 3 人,专科学历 5 人,中专学历 36 人,初中以下学历 183 人。经费 92.1 万元,其中工资 54 万元,公用经费 9 万元,学生经费 25 万元。92.1 万元中,1—10 月已用 77.9 万元,基建经费 60 万元。

师资培训情况。民办教师培训有个基地,市教体给 6 万元,每年办[培训]2 期,每期 25—30 人,从 78 年已办 14 期,约 350 人参加培训。全县有 8 名汉族教师。职称方面,中学一级教师 1 名,二级教师 2 名,三级教师 3 名(87 年的)。公办小学一级教师 10 名,二级 27 名,三级 8 名。

89 年教材教法过关情况。中学应考试 19 人,已过关 9 人。公办小学教师 77 人,已过关 45 人。民办应考 76 人,已过关 23 人。存在问题:一是缺钱,学生经费超支大,公办的中小学享受“三包”、助学金比例 98%。二是烧柴困难,到拉萨拉柴每车 1300 元。90 年,县支持教育 1.5 万元,89 年支持教育 2000 元,90 年支持教育 2000 元。三是代课教师多于正式教师,代课教师报考公安防暴队的 8 名。

三、民政汇报。全县人口 25506 人，4142 户。群众生活上，口粮不足 200 斤的 458 户，2789 人；不足 360 斤的，4455 人。不足 200 斤的，占全县总户 11%，占总人口 10.93%；不足 360 斤的，占人口 17.46%。首先是普松乡，再就是续迈、续普乡，吞巴村、东嘎村，主要是地少，自然条件差，水不行，人多地少。尼□，9 个人，7 亩地，单产 400 斤。每年社会救济 45000—47000 元，返销粮需要 10—11 万斤。建立扶贫互救会，每乡都有，去年 5 个乡，今年 8 个乡。从 5 月 10 日—9 月 20 日，参加入会 3944 户，人口共 24786 人，群众集资 37866 元，集体集资 33556.4 元。干部职工集资 1039 元，捐赠、双扶款 38.9 万元，总共 461461.9 元。钱都在乡里边，乡负责成立发放和组织，3 个人以上定。贷款 1500 元以上需请示民政局，资金主要用于买耕牛，应对突发自然灾害。去年，续迈乡建的扶贫互救会，社会效益、生产效益都比较好。全县 11% 的贫困户，200 多人。五保户 67 户，人口 76 人，口粮 504 斤，310 元零用钱。5 所敬老院，人口 37 人。

※　　　　※

在尼木县委、县政府、人大领导座谈教育会谈几点看法。

一、几年来尼木县的经济是发展的，政治是安定的，人民群众的生活是不断提高的，教育、文教、卫生、民政、科技工作也是在不断巩固和前进的。政治安定，干部职工的思想基本稳定。但是基础条件差……农牧业生产今年是有点减产，但这种自然灾害是难以避免的，纵观几年的生产看是大发展的，大部分群众的温饱问题已得到解决。教育、文教、卫生事业发展也比较快。入学率、巩固率比前几年大有提高。特别是卫生事业成绩比较突出。医院的管理水平比较高，规章制度健全，基本上打破了"大锅饭"的工作方法。药品的出入库管理比较严格，杜绝了行业不正之风。医务人员的积极性比较高，为人民服务的思想比较端正。妇幼保健工作走到了前头。抓住了地方病这个特殊矛盾、要害问题。注意乡村医生队伍的建设和培养。民政工作有发展，有改革。建立了扶贫互助基金会，而且发挥了它的作用，克服了光发救济款就算完了的做法。心中有群众，工作有重点。军民共建，团结一致，携手奋战，成绩显著。

二、提几点建议。

第一，尼木县三大家要把教育当作战略重点来抓。首先，要统一对教育工作重要性的认识。什么才算重视教育工作？思想上有位置，工作上有安排，行动上有影子，关键时刻有票子。平时安排工作，首先安排教育。评比检查工作，要把检查评比作为一项内容，同时作为年终考核干部的重要内容。在人才使用上，首先满足教育的需求。要解决黑屋子、危房子、泥孩子问题。各级主要负责人和分管的同志,对教育工作平时要做到心中有数,手中有典型。动员整个社会都来支持关心教育。其次,当前尼木县教育存在问题。一是管理不善,教育经费使用不当。扩大了"三包"经费,干部子女不应享受"三包"的,采取不同方式也享受啦,附近的走读学生在家吃饭的也享受啦。二是教职工一缺、二超、三差。一缺:缺有水平的、有能力、有事业心的教师和管理人才。二超:一是超代课教师和民办教师,开支大,全县平均11名[学生]合一名教职工,中学不到11名学生和一名教师,二是资金超支大。三差:一是教育质量差,二是办学条件差,危房还不少,三是教工的素质差和管理水平差。德育教育和勤工俭学有所忽视。第三,工作建议。县委、人大、政府领导最近认真听取一次教育工作的汇报,并制定全县的规划。县委、人大、政府每年要评比检查两次教育工作,要让乡镇长一块参加。对教职工要关心、体贴、理解,并解决实际困难。制定吸引、稳定教师队伍的政策和措施。书记、县长要亲自抓,县委、县政府、人大要有一名同志分管教育工作并且要有自己的工作联系点。县领导、乡领导在抓经济工作数字的同时,不能忽略人的数字和素质。办学中要注意发挥、依靠群众,采取三结合办学。

第二,卫生事业。要研究解决群众吃药难的这个问题,抓住地方病这个主要矛盾。

第三,民政工作。要把扶贫互助基金会的工作抓好,抓出成效来,要用典型引路。扶贫和救济结合起来,注意救急不救贫,不救干。

第四,政府和人大是这次七届人大选出的新的领导班子,不要辜负全县人民的希望。要有新的计划、新的目标、新的打算,任职期间要给全县人民办几件实事。工作要上去,干部要下去。下去干什么? 要办几件群众看得见摸得着的实事。下去要与群众同甘共苦,要想群众所想,急群众所急。要注意加强党的建设,领导要坚持正常的组织生活,要开展批评与自我批评。要加强藏汉团结,不断进行爱国主义教育,开展"两个离不开"①的教育。领导要有爱人之心。

※　　　　　※

平康主任:续迈乡小学的用电问题,市教体委要解决电杆、电线;医院住房难,市里要想法解决;解决煤油的指标;冲赛康居民委员会有一名画家,对民族文化有贡献,需解决房子。

※　　　　　※

洛嘎市长:人大几名主任商量了几件事。一、教育考察的情况,准备过

---

① "两个离不开"指的是,汉族离不开少数民族,少数民族离不开汉族。

几天给市委、市政府汇报一下。二、人大同意组织有关单位对市人民医院全面考察一下。我的意见,财政局、卫生局、税务局、市政府、洛旦秘书长参加。三、关于人大地皮的问题,让我转告你是否请金书记、扎市长、才旺、人大领导,一块给他们研究一下。

1990 年 11 月 5 日

参加市政府有关部门办公会议。

申主任:把明年国民经济发展计划给同志们通报一下。工农业总产值 88 年 1.024359 亿元,人均 1.1433 万元,增 11.7%。90 年预计 1.2142 亿元,比 89 年增 6.1%。91 年计划 1.2827 亿元,比 90 年增 5.64%。工业总产值,88 年 2008 万元。89 年 2309.72 万元,增 15.2%。90 年 2421 万元,比 89 年增 4.82%。91 年计划 2600 万元,91 年比 90 年增 7.39%。农业总产值,88 年……90 年 9133 万元,91 年预计 9700 万元,增 6.43%。粮食产量,88 年实产 16354.76 亿斤。89 年,19610.5 亿斤。90 年,预计 2.1807 亿斤,比去年增 11.2%。91 年预计 2.246195 亿斤,比 90 年增 3%。91 年是八五规划的第一年。

总的基建投入 6423.5 万元,其中自治区 5353.5 万元,市财政 404 万元,县区自筹 416 万元,贷款 250 万元。不包括“三三五七”工程和“一江两河”、农牧业和教育切块资金、不发达资金。

洛嘎市长:基建上报项目要和“一江两河”分开报,七五计划执行情况要很好总结一下。措施里边:一是农牧林结合,要把水突出来。二是矿业开发要突出来。城建主要是抢救、配套、改造、维修。三是教育,主要应写一是基教差,二是职教差,应写上师资差,管理水平差。四是病灾严重的乡村,不仅不能征收粮食而且要退税。

1990 年 11 月 6 日

上午,堆龙德庆县桑达乡。

公决拉杰乡长、南木杰副乡长、杰桑副乡长(藏医改行的)。

原来一个区两个乡,原来三个乡已变两个乡。418 户,2303 人,其中半牧民 42 户,415 人。全乡耕地 6498 亩,其中粮食作物 5290 亩,行政村 6 个,3 个支部。去年粮食 187.9 万斤,今年预产 210.6 万斤(包括油菜籽、土豆),今年粮食比去年增 14 万斤。去年,乡里测产低了 20 多万斤。德阳和达东两村的群众生活比较困难,又加上两次干旱,群众生活差。

乃村人民公社时好,最近三年倒退啦。从 86 年开始主要靠农田水灌,是最后一个实行灌溉的。去年灾情重,缺水、虫灾、雹灾都有。33户,187人,有9户有粮吃。90年三次返销粮食10000斤,整个乡救灾款5000元,主要是三个村。乃村85年110多人,现在增加到187人,84年90多人。从84年开始,每年增16个人。第三个是没有副业门路,730亩地,其中一部分缺水,要轮休,水的蒸发量太大。有几户太懒,群众说像虫子一样从壳出来,晚上再钻到壳里,被子从不动一动。全县最差的德阳和达东两个村,还不如人民公社时期的生活。

达东116户,除半农12户以外,纯农业的2户能自给。其余全部要救济,除去2户外,都有困难,都要吃救济。89年6月29号,达东下了冰雹。达东、德阳购粮基本上没安排。上级提出不准冻死、饿死人,这不行,把他们惯坏啦。

需要解决桑达乡和柳梧乡的道路,市里需花几个钱帮助群众解决一下。

1990年11月23日

上午,参加市长办公会议。

1. 关于自治区交通厅公路工程公司第一分公司申请解决职工户口迁入拉萨问题。

2. 关于撤销自建住宅清查办公室的报告。暂不撤,做好收尾工作。

3. 关于强巴欧珠等四名同志专业技术职务资格的报告。同意。

4. 关于李文德同志五名聘任中等专业技术职务的通知。文件退回,让职校报。

5. 关于王锁成同志续假报告。同意。

6. 樊开发同志调市政府办公厅的问题。同意。签订合同干5年。

7. 关于艾仁浪同志调办公厅一事(党校)。洛嘎:能干是主要的,而且英语好。

洛嘎市长:

1. 关于王锁成同志问题。希望大家按规定续假,只能续半月。这次又续一个月,不能再续啦。

2. 唐小忠调动问题。老说调自检①,一听说签订8年合同,他又不同意啦。又说要调农委,农委又来人调查。已超假,让他快回来。

3. 去北京要钱一事,争取一星期回来。三三五七工程,3万亩造林要分到各家各户。干渠500多公里。去北京一找农牧部;二找林业部刘副部长,

---

① 自治区检察院的缩写。

搞封山育林;三找文物总局,甘丹寺的维修问题;四找建设部,老城区的改造问题;五找财政部。

当前问题:1. 三项大检查,陈市长负责。2. 副食生产,三个篮子问题。民政厅救灾问题。3. 农田水利会议,25 日报到,26 日开会,今后牧业基本建设会议,让秘书长参加。4. 城市卫生运动。搞一个月时间,城区成立领导小组,办事处力战搞一个月。环卫局搞大面的,老城区下水道交市政公司。请武警总队负责,不搞突击性的,对口搞,对居委会不要搞人海战术,搞共建。动用市直机关,搞一个月。5. 坚持星期一上午的会议。

1990 年 11 月 24 日

上午,研究贯彻自治区扫黄工作会议精神。

拉木市长主持会议,平措传达会议精神,自治区参加全国扫黄工作会议的有自治区党委丹增书记。廖副厅长参加了会议。

今年 11 月至明年 3 月集中扫黄工作。

贯彻自治区会议的初步打算。

1990 年 11 月 26 日

下午,参加自治区农牧业会议。

1. 自治区农业先进县 17 个,其中拉萨市 3 个,分别是林周县、曲水县、达孜县。

2. 水利先进县 7 个,其中有尼木县。

3. 先进乡 10 个,其中拉萨市 2 个,分别是堆龙德庆乃琼、墨竹工长塔巴①。

4. 农业先进个人 49 人,其中拉萨市 8 人。

5. 农田水利先进个人 26 人,其中拉萨市有 3 人,水电局葛献华,城关区 1 人,墨竹工卡县 1 人。

1990 年 11 月 27 日

参加全区农业生产、农田水利基本建设会议。

马副主席:粮食总产 11.1 亿斤。第一,通过经验交流找出我们规律性的经验来。第二,我们的单项经验要更完善。80 年已突破 16.9 亿斤,84 年接近 10 亿斤,幅度最大的是 2 亿斤。73 年 7.3 亿斤。主要原因:与农业的

---

① 塔巴现属于工卡镇。

指导思想上有关系,一会说以牧业为主,一会说以旅游为中心;与投入有关,变化大,79年投入1.1亿元,85年、86年降的幅度大,大起大落。江孜县,82年、83年、84年,稳步上升,88年后到8000万元以上啦。江孜县按1∶6的投入。江孜去年提供1.46亿斤粮,给自治区减少补贴4000多万元,我们给江孜投入1000多万元。江孜群众收入600多元。今后,江孜经费如何保持持续稳定的发展。粮食生产要和牧畜业、多种经营、加工业发展结合起来,形成良性的持续的发展。第三,对西藏农业的发展,如何加强领导问题。政治的稳定、经济的发展是长期的,不是暂时的。工业产值2.3亿元。每年降雨400毫米左右,但蒸发量大。水利要占农田投资的一半以上才行。劳务投入8000万人次,每名劳工每日3.5元,每年光劳动力投入几千万元。今后,每年投入1亿元左右。群众、集体、国家、科学技术的投入都比较多。山南、日喀则、拉萨市在一个起跑线上,今后谁上得快,主要看领导的重视。粮食要向商品经营的方向转变才行。

※　　　　※

下午,参加曲水县教育大检查。

达嘎乡小学,76年建校,80年以来开始走向正轨。另外,有9所民办小学。8所民办学校加一所公办学校,共31名教工。88年后,村民委员会和学校签合同。教师文化程度,中专学校3人,原西藏师院1人。专业教师29人,2名炊事员。胜任教学的9人,基本胜任的3人。正式教师4人。能胜任双语教学的17人。正式的4人,其中3个人为教员,1名管理人员。学校设立了团组织、先锋队组织。党支部有1个,5名党员,1名支书。"三包"生76人。全校171人,住校104人。达嘎乡适龄儿童466人,其中一村有一所学校,入学344人。其奴乡适龄儿童68人,学生入学的464人,巩固率75%。公办入学率不低于80%。达嘎乡和其奴乡共6401人,其中文盲1047人,半文盲3047人。其奴已扫盲130人。教师31人中,双过关的1人。87年考试以来,公办学校一级教师2人,二级教师2人,党员5个人。勤工俭学方面,公办小学有2.7亩菜地,88年产700斤菜。4头猪,360斤,折款1360元。89年,地2.7亩,产菜1234斤,折款308.5元。养3头猪,200多斤。90年,白菜2450斤,折款600多元。6头猪,折款420元。三年折款3666元。8所民办学校,有4所学校有地,7.2亩。种青稞,三年收粮2100斤,折款1050元。94年毕业14人,其中4名考内地西藏班,其余考县中学,升学率100%。每年76000斤柴火,乡安排村里送。每斤柴火,学校按5分钱运费运到学校来。4个乡无偿给学校解决柴禾。

※　　　　※

下午,和教体委研究几个事。

张主任汇报。

一、关于筹备召开教育工作会议问题。1. 34 面旗帜,自己做 2000 元,外面做 4000 元。2. 参观点一中实验楼。接着看实验小学,德育教育搞得好,叶静介绍情况,然后看录像,听课藏文、数学、汉文课,少先队活动,听课时间为半小时。接着,看第二课堂学生做手工艺品。第三个参观点,纳金小学(标准的小学)配套、实验室、体育器材、图书室。3. 典型发言 7 个:城关边巴讲;堆龙副县长;曲水县完小;当雄县公塘乡;达孜县扫盲教育;实验小学叶静;八廓街业余语言小学;各县委书记表态。4. 市委报告,曲加书记,二万字。

二、这次会议要解决的问题。1. 关于"三包"政策的问题。学生的口粮,吃高价问题要解决,阿里和其他地区都解决啦,拉萨没解决。市里是否按城关区经验,学生家里把口粮卖给粮食部门,不付款啦。然后,由粮食部门按平价再给学生,加工费由地方财政负责。燃料,除尼木县没解决外,都解决啦。2. 各县成立教育局,不要和文化局合在一起,其他地区都解决啦。3. 教师干部调配,要执行 88 年 12 号自治区人民政府的文件,所有的地区都解决啦。4. 团结新村和夺底路要建一所小学,解决地皮,市政府负责。5. 师校要建标准运动场。6. 二中的职业班就业问题。

明年的工作任务,共 10 条。一是加强党的思想作风建设。二是把德育教育放在首[位],深入开展爱国主义教育。三是强化常规管理,开展办学评估。四是加强教研工作,抓好教改实验。五是稳步发展技术职业教育,大力开展扫盲工作。六是加强对农牧区教育工作的指导帮助。七是继续实行校长负责制,国家规定中小学逐步实行。四中继续搞,明年 4 月评估,5 月份组织新班子。八是认真抓好师资队伍建设,明年提高民办教师待遇,小学教师每月 150 元,中学教师每月 165 元,教材教法过关的再增加 10 元,双科过关的增加 20 元。九是加快学校配套建设步伐,进一步改善办学条件。坐草垫上学的有 14000 名学生,要配桌凳,三年解决完毕,教体委承担 50%,各县解决 50%。体育器材教体委补贴 30%。十是改进工作作风,深入基层,抓点带面,现场指导。1. 堆龙德庆县的农村综合改革试点;2. 当雄教育改革;3. 一小党建工作试点;4. 一中的教研教改试点;5. 二中的德育教育;6. 二中的职业教育。

第五次教育工作会议,第一天曲加书记讲话,孔繁森主持。第二天教体委主持,下午县委书记讲。第三天上午参观,下午表彰总结,洛嘎市长讲话。

1990 年 11 月 28 日

下午,研究财政问题。

两名会计参加。

编制 81 人,超编 45 人,需政府发工资 125 人。12 月份的电费 1 万元,水费 1000 元,邮电费 8000 元,工资 7 万元。借市人大会议费 8000 元。11 月 26 号,拨给 8 万元,其中人大 3 万元,市委 1.6 万元,礼堂 1 万元,武警 8000 元。每年总经费 56.1 万元,人头费和办公费公用,其中每月工资 3.9 万元。

※　　　※

11 月 28 日晚 7 点 30 分,研究大会发言问题。大会发言一天半时间,农业 13 个县发言。

1990 年 11 月 29 日

上午,一是参加农牧会,二是到师校检查工作。

中专评估检查团约 40 人。市里参加单位:市委、市政府、计委、组织部、教体委、人大。

需要解决的问题:1. 运动场 400 米跑道,40 亩地;2. 校园的绿化道路;3. 危房 4 栋,2900 平方米;4. 研究的办公条件;5. 学生宿舍的碗柜桌子;6. 图书资料;7. 交通车辆,丰田车。现在 6 辆车,大客车 45 座一辆,213 一辆,吉普一辆,面包 26 座一辆,东风 130 一辆;8. 师资缺编。

※　　　※

在自治区农业生产、农田水利基本建设会议上讲几点意见。

一、为了贯彻落实好全区召开的农业水利工作会议精神,市政府打算十二月底召开农牧工作会议。首先,会议主要结合本市的实际情况,贯彻落实自治区的这次会议精神。其次,根据其他地方的先进经验,总结回顾我们市这几年的经验和教训。再次,根据自治区领导的意见,农委下达的生产指示,制定落实拉萨市的计划安排。第四,明年的规划和打算。(原文顺序如此)

二、会议准备采取"二摆""三找""四不""五抓""一转变"的办法。"二摆":一摆 10 年来拉萨市农业生产徘徊不稳定的经验和教训,虽然自 87 年以来连续 4 年丰收,但 82 年、83 年、86 年粮食减了产,总结由 1.8 亿斤降到 1.3 亿斤的教训;二摆虽然连续四年丰产丰收,但存在的问题是什么。"三找":一找,从各级领导自身,找农村经济发展不快的原因;二找,由于主观上没努力,有没有造成损失;三找,本市本县本乡的先进典型推广了没有。在"二摆""三找"中要做到"四不"。"四不":不找客观原因,不找群众的责任,不护短推卸责任,不掩盖主要矛盾。"五抓":一抓各级领导对农业这个大基础的认识。二抓通过解决认识问题,要让上面各级领导对农业思想上有位置,工作上有计划,行动上有影子,季有安排,月有打算,关键时刻出点子、拿票子。三抓主要领导要有自己的联络点来引导工作。四抓科技兴农,首先抓对科技兴农的认识。一是科技兴农的宣传,二是样板示范县乡、示范户,三是扫盲和科技知识相结合。同时,要抓好"一江两河"和三三五七工程的样板示范。五抓领导班子,给钱给物不如建个好班子。毛主席说,政治路线确立之后,干部是决定的因素。所以,首要的任务就是抓班子,抓干部队伍的建设。"一转变":干部要转变作风,深入基层。

通过这次会议要更新对农业基础的再认识,同时切记发挥两个优势,抓住三个薄弱环节。一个基础就是思想上认识到农业兴,万事兴,农业难,万事难的辩证关系。二个优势,一是连续四年丰收,有了一定的经验和物资这个优势,二是"一江两河"、三三五七工程。三个薄弱环节,一是个别领导轻视农业的认识;二是科技兴农,人才缺乏;三是农田基本建设。

通过这次会议,各县的领导深刻地认识到每年的生产任务是艰巨的,困难是大的,但夺取明年的农业大丰收是充满了信心的。同时,认识到明年生产各有各的任务,各有各的计划,各有各的优势,各有各的难处。

1990 年 11 月 30 日

下午,参加市旅游冬季培训工作会议。

请允许我代表市政府、代表扎市长,对市旅游局公司为提高发展旅游事业举办这次训练班表示赞成和祝贺。

一、几年来,拉萨市和旅游事业发展是快的,一是给国家积累了资金,二是培养了人才,三是提高了拉萨的知名度,四是促进了拉萨经济的大发展。

二、发展提高旅游事业是发展西藏经济的一项战略措施。西藏具有特殊的地理环境,世界屋脊、太阳城。西藏有悠久的历史文化和特殊的风土人情。西藏是佛教的圣地,全区有寺庙拉、康、日、色等 187 座,其中尼姑庙 23 座,僧尼总计 6638 人,其中尼姑 1354 人。有数不尽的高山和湖泊。西藏有丰实的矿产资源和其他资源。

三、发展壮大拉萨的旅游事业的几个必备条件。(一)各级领导提高对发展旅游事业的认识,加强对旅游事业的领导。一是政治上的领导,二是改善现有的条件。要敢于投资,善于投资。投资一是资金,二是智力,三是人才,四是关心、理解、支持、体贴旅游事业的干部职工。抓好班子的建设,给钱给物不如建个好班子。(二)紧紧抓住人才素质的培养和提高。对人才的培养要有紧迫感,对人才的培养要有竞争意识,对人才的培养要抓重点,对人才的培养要有规划,要严格要求。(三)加强现有设施的管理。一是要检查维修配套,启用现有设备;二要有分工,有检查,有奖罚;三有计划地增加必要的设备。(四)做好后勤保障工作。严把财政关,杜绝浪费。各部门要在分工合作的前提下努力搞好协调。要努力改善以"吃"为纲吸引游客的这个念头。要具有人无我有,人有我优,人优我精的发展理念。(五)严格执行规章制度。要完善修订现有的制度,要树立集体荣誉感,要树立旅客就是上帝的思想。要把旅客不断请进来,而且还要有从窗子里拉进来的本事,同时要具备三服务的条件。

四、关于纠正行业不正之风问题。于谦有言:千锤万凿出深山,烈火焚烧若等闲。粉身碎骨全不怕,要留清白在人间。

1990 年 12 月 1 日

上午,参加评估团对师范学校的评估。

学校自评 85.4 分。

※　　　　　　※

下午,参加自治区农业水利工作会议闭幕式。

秘书长次仁桑珠讲意见。推广繁育良种的问题,世界有 25 个国家引用了他们(墨西哥)的小麦良种,菲律宾的稻种已有 55 个国家来引用。美国的玉米 20 年前单产 200 公斤,现在每亩已达到 900 公斤。每年从内地调的粮食 3 亿斤。84 年粮食贴补 80000 多万元。

1990 年 12 月 2 日

上午,参加师校中层干部座谈会。

刘松臣:办好师校具备的条件,首先是管理,坚持原则,以仁治校。(原文顺序如此)

张良田:师校人数已达 662 人,85 年 170 多人。上学期每星期 29 节课。师校应多培养音、体、美老师。应加强师校的党建工作,已成立了学校政治工作管理处。学生会应经学生充分讨论进行选举,学生会应是学生头,不应是学生官。应在学生中注意发展党员,山南师范学校发展了六名党员。

边队长:对学校思想工作比较重视。如何做到人尽其才,物尽其用。

※　　　　　　※

下午,星期日,师校教工座谈会。

体育老师:82 年来的,住房有大的改善。对教师的关心不够,干得好与坏没有个评价,教师干得怎么样没有评价。对学生的目标管理应既有长远目标又有近期安排才行,评估团兴师动众的有什么好处。教学方法死板,学生水平低,听不懂。对学生职业道德的培养不够。藏文资料室只有 12 本,教材不多。

1990 年 12 月 3 日

参加自治区评估团对师校的总评。

和市教体委集体研究:

一、中层干部缺编问题。寒假期间争取配齐,至少每科室配一名。

二、教师缺编问题。现有教师 67 人,另外援藏的 4 人,共 71 人。每班按 8 名教师配,每班学生 35 人。

三、机构编制问题。原有机构教务处、总务处、政治处。准备新加机构:1. 团委,按规定 200 名以上团员可成立团委;2. 政教处,主要分管学生政治思想工作;3. 办公室,主要协助党委抓人事劳动、工资、文书资料。把原来政治处去掉。

四、绿化和改造校园的路面。绿化,明年教体委拿出 7 万元的绿化费。路面由教科委帮助解决。

五、图书。现有 8 万册图书,3 万册参考资料。按规定每生 170 册参考书。教体委明后两年解决,明年先拿 5 万元经费。

六、危房问题。4 栋房屋,请 3 名专家鉴定后,由市教体委协调自治区教科委解决 2000 平方米。

七、幼师班的办学设备。由教体委解决,教体委明年拿出 3 万元经费。

八、运动场地的问题。如确定明年建,在院内建,给 10 万元。方案一,现有院子面积 110 亩,规划一个小一点的运动场,250 米长的跑道。方案二,扒掉旧伙房、车库、琴房,搞一个 600 米长的标准跑道。方案三,在院子的西边征一块 40 亩的地皮。

除去以上八个方面的具体意见外,一是加强充实师校班子的建设工作;二是市委、市政府、人大每年两次听取、检查师校的工作,并帮助解决实际问题;三是带领师校的领导和教师代表走出去,学习外地的经验。

学校存在问题:一是缺乏竞争机制,干多干少一样,对教工关心不够。二是后勤管理跟不上形势的发展。三是政治工作还比较薄弱,个别同志厌学问题,个别同学宗教信仰问题。四是教学质量不高,教材要改革,教法要改进,管理要加强。

※　　　　※

评估团对师校评估的意见。

一、政工检察组建议。1. 学校领导部门之间要加强协作配合;2. 贯彻好党建会议精神,重视在教师中发展党员;3. 各项重大事情的决定,要听取教师的意见;4. 建议加强思想政治工作、检查工作、总结工作。评 24.3 分,总分数 76.93 分。

二、管理组建议。1. 学校是懂行的,管理是好的。2. 对教职工和学生的管理是严格的,档案是齐全的,并开展了第二课堂,注重了德、智、体、美、劳全面发展。3. 校长亲自上课。4. 有教书育人的气氛。5. 各种管理制度比较全。6. 办学层次明确,效益比较突出。7. 发挥学生的自我管理、自我教育比较好。8. 建立教职工代表大会,而且充分发挥作用。9. 中层干部发挥作用比较好。工作建议:1. 党委要进一步发挥集体领导作用、政治工作的作用,既有分工又要有严密的配合,是否增加党委成员,增加一名懂行的副校长。2. 中层力量比较弱,机构不健全,要理顺机构,人员要充实。要加强中青年骨干教师。3. 学校要增加竞争机制,对教工要有奖有罚。要调动全体教工做学生的工作。4. 加强学校宿舍的卫生。有两间宿舍有达赖像,还有经书,环境卫生差。5. 教学改革还要深化。6. 使全体干部职工树立为教学服务这个中心开展工作的理念。7. 对学校要有个全面的规划。评15.2 分,总分数 79.2 分。

三、教学组建议。1. 办学的方向、效益、指导思想是正确的,全面贯彻党的教育方针,面向农牧区……有幼师班,有中师班,有教师培训班,坚持了以教学为中心,已培育 586 名学生和 500 多名教师。2. 教学计划齐全,计划考试、岗位责任制都比较齐全,并举办藏汉文书法比赛、美术展览和演讲比赛。3. 教研教改有新的起步,开设了选修课、小学少先队活动课,加强了……4. 师资队伍的建设,藏族教师占 46.3%,学校中级教师 18 人,高级教师 2 人。5. 教师的上课、试验、批改比较认真。6. 开设了电教课,设备基本健全。工作建议:1. 进一步深化教学教改,提升学生适应能力;2. 要制定师范生适应目标,有计划、有步骤地进行,搞师范毕业生验收条件的试点。3. 教学方法的改革。除学生原因外,教员应想点办法,使学生有点兴趣。教学管理进一步科学化、规则化。建议学生到小学去,搞调查研究,能兼点课更好。4. 图书资料少,教体委要给安排专项资金。评 23.5 分,总分数75 分。

四、后勤组建议。1. 为教学服务的思想明确,36 个人为 800 人的衣、食、住做了大量工作。分管后勤的领导对工作比较熟。2. 努力为教学服务。3. 炊管人员个人卫生比较好,饭菜质量好,特别是主食,财会人员对业务熟悉。4. 车辆管理有制度。5. ……6. 医务室的人员服务态度好,药品管理可以。7. 后勤人员有岗位责任制。8. 学校把住了建设质量关。9. 仓库管理好。工作建议:1. 后勤政治思想工作差,靠金钱刺激,无私奉献精神差。2. 膳食管理工作失去控制。伙食账没盈亏账,购多少东西,盈了多少;伙食账是按季度公布,不是按月公布,而且出入大。学校放松了把关,会计成了出纳。出入库没账,伙食会计账九月份建的,记得简单,没有日清月结。采购手续不全,一个人买,拿回单子报销。9 月 9 日买的牛腱子,高于零售价,食堂内部有漏洞。学生食堂每月盈利应是 3000 元,账上 200 元。学生学委会组成人员缺乏民主,伙食会计能力业务差。一亩菜地四个温室,8000 元承包出去,给了皮包公司啦。财务财产管理账不全,报销的单子手续不健全,个别发票没有审批人。物资管理脱节。得分 68. 33 分①。

周主任谈意见:师校办的是有成绩的,师校居 16 所学校的前 5 名,培育了大批合格的教师。市委政府领导是重视的,学校的班子是懂行的,有的同志不分昼夜干,还兼课。教育是一项光荣的工作,抓住了教育就抓住了未来。学校内部应是党委领导下的校长负责制。师范学校要稳定,班子要加强,当然也要调整。班主任不要来回换。学校要大力加强思想政治工作,要加强"两个离不开"的思想教育,要开展马克思主义民族观的教育。学校要深化改革,主要是教学脱离学生实际。要加强对学生动手能力的培养,要加强学生基础教育的学习。

※　　　　※

和教体委几位领导研究师校要解决的问题。

一、中层干部缺编问题。寒假中间,配中层干部,不少于一个人。

二、教师缺编。在岗任课教师 67 人,援藏教师 4 人,共 71 人。现在规定,每班分配 8 个人(包括职工)。任课教师每班 5 人,15 个班需 75 人,现有 68 人,差 7 名教师。

三、编制机构。办公室;教务处;教育处;总务处;团委。

四、绿化问题。路面请自治区帮助铺。

五、图书。明后两年配齐,每生平均 170 本。

六、运动场。请市委、市政府、人大领导人来现场办公,再安排。

七、危房。签完后,明年解决。

---

① 汇总得分。

现在资金有 30 万元，全年拨了 180 万元。现有参考价值的图书 3 万册，按 600 人计算，每人 50 册啦。另外，有 5 万册教科书。

八、幼师班的准备。明年再给 3 万元。

绿化 7 万元，图书 5 万元，幼师 3 万元。

1990 年 12 月 4 日

下午，参加自治区为纪念西藏和平解放四十周年动员会。

明年 5 月 23 日，庆祝西藏和平解放四十周年大会。热地主持会议，江村罗布和丹增讲话。

丹增书记：明年 5 月 23 日，西藏和平解放四十周年纪念日，也是十七条协议签字的日期。要求：一是学习自治区 17 号文件，把纪念日筹备工作列入议程，当作今冬明春的一项主要工作来抓。本着促稳定，促经济发展的思想，着眼基层，着眼群众，促进军政、军民、藏汉团结。二是明年活动经费问题。除了个别大型的集体活动，自治区统筹，其余的都列入本单位的计划开支。三是加强领导问题。

江村主席作动员报告。

1990 年 12 月 5 日

下午，参加市委政府联席会议。

金书记：一是扫黄工作的意见；二是组织部、宣传部、党校培训干部规划问题。今天主要学习传达自治区的扫黄工作会议精神。1. 市委政府各级领导要提高认识，树立常抓不懈的思想，从反渗透、反分裂来认识。一是领导的高度重视，二是广泛的发动群众，三是采取坚决措施，综合治理。2. 下一步的意见。根据自治区提出的要求，今冬明春要集中搞一次活动；采取一手抓扫黄，一手抓繁荣的办法；从根本上说，要和群众的政治思想工作结合起来；要和严格的管理结合起来。3. 关于加强领导的问题。要充实、加强扫黄领导小组，搞大组小办公室。主要问题须由小组研究，主要工作由精干的小组去办；工作要抓紧，注意掌握政策。4. 各方面要搞好协调。

几个事：1. 计划会要开啦，15 日开。2. 全区对外宣传广播会。3. 需抓的工作，一是农田水利会，认真学习中央关于农业的文件；二是全市计划会要考虑；三是教育工作会；四是全市统战工作会，明年 2 月底开完；五是星期五下午传达编制会精神。

1990 年 12 月 7 日

下午,传达自治区编制会议。

泽拉部长:拉萨市的人头经费占财政支出的 65%。市直机关严重超编,市大院有个单位,后勤人员占 60%。县里严重缺员,有的县缺 40—50 人,如当雄、墨竹工卡县。要求:1. 政策是大部稳定,局部微调。提高认识,不盲目,要求增加编制机构。2. 在调人工作上要有节制。超编的单位只能出不能进,满了的单位,先出后进。缺编的,从超编的单位调配。3. 提高在职人员的素质。4. 调进调出、增编,要严格审批手续。5. 超编的单位,要做好消肿工作。6. 自觉抵制上级业务部门为本部门增机构说情、走后门。机构改革管理制度要尽快制定出来。

1990 年 12 月 10 日

参加教体委研究会议。

一、七中。强巴,调师校学生管理处任主任。次卓嘎,调七中任书记、校长。米元奎,调七中任副校长。

二、保育院。巴桑,提副院长。谢丽平,副院长任院长

三、一中。顿珠旺堆,任副校长。旦真平措,任一中副书记。钟平,任副校长。

四、李春河,任八中副书记。德吉卓嘎,一中办公室主任,调八中任副校长。九中,七中教务主任王文燕调九中任副校长。六中,边巴调六中任副校长,边巴是九中的副校长。

※　　　　※

对青年学生要坚持一分为二。不要一会说,你们是民族的希望、民族的脊梁。结果,不从实际出发,不加强思想工作,发生动乱之后不说是三乱分子。一旦考不上学,就说是朽木不可雕也。

从动乱开始认真分析一下,学生平时有爱国热情,但缺乏坚定正确的政治方向;有忧国忧民的意识,但缺乏对国情、区情的了解;有民主愿望,但缺乏民主素养和法制观念;有雄心壮志、立志成才的决心,但缺乏实事求是、刻苦学习、自我牺牲的精神。

※　　　　※

下午,参加市长办公会议。

一、市扫黄办借车的问题。二、关于艾加浪同志的调动问题,内调一年多啦,唐已回来,王锁成已催。三、关于市直单位的伙食评比表彰问题。

洛嘎市长讲意见:1. 扫黄办要车的问题,今后办公厅处理,是否让人大出车。2. 艾加浪不同意调。3. 文明食堂表彰会什么时间开?孔市长参加,对工会表彰一下,讲一、二、三等奖单位的主要特点。4. 矿业二队就业问题。5. 三三五七工程,"一江两河"。6. 政府的小唐主任的问题,同意陈市长意见,办公厅和支部和他谈。休假先不表态,他的问题先和他接触。7. 陈市长提出的几个人,长期占用借款的问题。

※　　　　※

市长办公会需要通报的问题。

1. 中专评估团问题。2. 各县农牧区教育大检查的结果,一等奖城关区、堆龙德庆县;二等奖曲水县、当雄县。3. 市卫生局领导出国的问题。4. 自治区农业水利工作会议的问题。会议的奖励,一等奖日喀则市江孜县,二等奖拉萨市林周县。农业增产 37.7%,全市增长 2300 多万斤,林周县就增 1697 万斤。上级给林周县投资 60 万元,增加收入 729 万元,减去农、水、机械全部成本投入,纯增 600 万元。5. 瑞典外宾的问题,12 日回瑞典,明年常驻。6. 扫黄工作问题。要以市委抓为主,要成立班子。7. 市医院的专线问题。8. 拉萨市职业班参加招工考试问题。9. 玻利维亚外宾来拉萨市卫生局考察问题。

※　　　　※

洛嘎市长到北京的情况。

在京共 9 人。

1. 西南预算司接见,并向他们作了汇报,一是今年去得晚了点,二是他们明年来拉萨。2. 建设部明年 3 月份来人,接待也比较热情。刘部长亲自接见啦,给拉萨出本名城册子。3. 农业部对"一江两河"可作为三三五七工程配套,调用粮农组织的钱。三三五七工程明年评估,要开项目会议。林业部选了一个,三三五七工程的去联络。4. 文物总局给大昭寺维修 1000 万。国家宗教局给甘丹寺维修 2500 万元,设计图绘要经阿沛委员长的同意。

当前要做的工作:年终工作总结。自治区计划会 7 天,市里元月中旬召开。年底召开 5 个业务总结会:农牧会 4 天 3 晚,表彰林周县、当雄县,区级单位 12 个,支农单位 6 个;宗教工作会议;三三五七工程一年来的工作总结表彰会;综合治理的一个会议;计划会;教育工作会议。三个节日的安排准备,市供应处要下通知,开展三项大检查的总结。

1990 年 12 月 11 日

研究市直单位文明食堂表彰会。

一、88 年搞了一次。好的单位:公安、农牧、政府二食堂、卫校。卫校这次罚款啦,市防疫站罚款啦。城建局食堂罚 500 元,食堂没人管。

二、这次好的单位:一等奖电讯局;二等奖市教体委、工商局;三等奖市广播电视局、政府二食堂;鼓励奖三中。三中学生每天 1.2 元,养猪 78 头。

哪里的伙食搞得好,哪里的干部精神状态就好;城建局食堂一是没人管,二是条件好,菜地多,但没人管。差的单位,城建、防疫站、市卫校被罚款,1 月左右再检查一次。

开会时间定在星期五下午三点三十分。参加人员:分管行政领导、办公室主任、管理、炊事员代表。

1990 年 12 月 12 日

最近主要办的事。

城关区拉鲁中心小学贡布旺堆。

关于日喀则地委书记洛桑同志孩子调市工商局问题,市土登已同意,但要经过自治区工商局。

刘和喜:林周县工作,在藏时间应该是 12 年,少算 4 个月的时间。

佛协副主任错木林。

1990 年 12 月 14 日

下午,在 1990 年市直机关文明食堂评比竞赛会议上的讲话。

同志们:

1990 年的职工食堂文明竞赛活动今天就结束啦。首先,我代表市委、市政府向在这次评选中获得优秀成绩的电讯局、市教体委、市工商局、广播电视局、政府二食堂、三中表示热烈的祝贺,并向以工会为首的组织、发起单位的领导和同志们表示感谢!

一、先进单位的主要特点和经验。一是领导重视。电讯局、市教委、工商局、广播电局、二食堂、三中、电讯局和教体委在八八年评比中受到了警告处分,并罚了款。从此领导下了决心,大抓职工生活。电讯局从 88 年后,自筹资金建了一个 500 平方米的食堂。目前,一是卫生好;二是有计划,会安排,花色品种多;三是管理人员和炊事人员的积极性调动得好,有积极性。市教体委……工商,三中……二是选拔得力的有事业心的同志,有一定技术的同志来从事这项工作。三是在现有的条件下,配备必要的设备。四是领导对炊事人员关心,可以说达到了关心、理解、谅解并支持这些同志的工作。

二、当前存在的问题。1. 领导不重视。主要表现在没把搞好职工生活看作是一个大事,其次强调没钱,再者对炊事人员不关心。2. 管理差,主要表现在不懂管理,不会管理,再就是漏洞大,浪费大。再一个不敢用人,最后一点,缺乏民主管理,个人说了算。3. 没选拔好人才。

三、几点建议和希望。1. 提高认识,加强领导。首先应把搞好职工的生活,看作是关心群众生活的一个重要方面。头头抓,抓头头。应把吃看作是人生的第一需要。2. 要注意选拔起用人才,关心人才。要有紧迫感,竞争意识,抓重点。3. 领导要熟悉这项工作,掌握这项工作的规律。比如平常的生活常识,如何蒸馒头、做稀饭、做花生米、手抓羊肉。4. 搞好食堂工作,要注意发扬民主,要抓生产。天天辛苦为谁忙,为人为己应分详;只要无愧于人民,休管他人论短长。5. 建立各项规则制度,严格执行各项工作制度。

1990 年 12 月 15 日

上午,参加城关和武警总队共建座谈会议。

拉萨支队与八廓街办事处,一支队与冲赛康;二支队与吉朋岗。

宣传 18 日、19 日、20 日三天。

※　　　※

自治区人大、政协到市卫生局。

加措汇报:9 所县级医院,8 所防疫站,96 个乡级医疗机构,卫生局本身30 个人员编制。

※　　　※

市里要给自治区人大、政协领导讲工作。

一、首先代表市委曲加书记、市政府洛嘎市长对自治区领导表示感谢。

二、卫生局的工作,班子团结,战斗力强,工作有事业心、责任感,几年来成绩突出。1. 指导思想明确。计划生育 21%,人口自然增长率 16‰。2. 医疗机构布局合理,就医难的问题基本得到了解决。3. 思想解放,有开拓精神。利用外资来补充资金不足;加强队伍素质建设,"四为主":以藏族为主、就地培训为主、培训中级为主、以农牧区为主。4. 班子团结,战斗力强。新法接生 85 年占 6%,89 年达到 46%,现在孕产妇死亡率万分之六。存在问题:缺药问题没解决;资金比较困难;人员素质提高不快。

三、市人大支持市政府的工作,并且深入基层解决了不少问题。1. 一是监督,二是支持,三是深入。2. 解决了一些实际问题。墨竹工卡;林周的强嘎;曲水中学用水电;尼木县措南小学;市卫生局;堆龙德庆县的乃琼村。

改水 372 个村,需 10 万英镑,今年外援资金 120 万元。三年内可再落实 200 万元。群众的公费医疗,每人每年 3.6 元。尼木的续迈乡 5700 人,共 20 个自然村,发病率 23%多,有病的群众 1789 人,人口自然增长 18‰。解决办法:每人每年调 18 斤粮食,120 万斤粮食纳入计划。打深井需 40 万元。打一个井 8 万元,包配套,先解决 5 个村的问题。搞个门诊部,编制 4 个人,需 72 万元。医院 155 张床,职工 255 名。80 年内调走骨干 48 名,5 年进来 2 个人。去年,市医院经费为 202 万元,90 年为 181 万元,人头经费占 85%。

自治区人大、政协、统战部、卫生厅、财政厅领导讲意见。

郎杰主任[①]:第一,关于公费医疗、"三包"政策,准备通过立法解决,准备叫中央让利的问题。第二,支持角度来说,我们可说话,但是没钱。单项的报中央,让洛嘎市长做个提案给中央。关于市医院的问题,高级职称 10 名,9 名藏族,财政厅要考虑;市局团结好,有战略眼光,工作也抓了重点。

统战部郭英部长:市卫生局工作干得好,班子团结搞得好。西藏基金会已给地方投资 800 万元,资金主要是外来的。

1990 年 12 月 18 日

参加尼木县民兵造林表彰大会。

一、首先代表市委、市政府对在民兵造林工程中做出优异成绩的先进集体和个人表示热烈的祝贺。向造林工程的直接组织者、带头实干的尼木县人武部表示衷心的感谢。向今天参加会议的林业部的领导、自治区林业部门的领导,向拉萨军分区的领导,向参加会议的新闻界的朋友和拉萨市有关部门的同志表示衷心的感谢。

二、在县委政府的领导下,在人民武装部的亲自组织下,在广大民兵的共同努力下,经过两年的艰苦奋斗,在荒滩上造起了 2000 多亩的防风林。这在拉萨的历史上是一个奇迹,可以说为人民办了一件大好事。这不光在经济上给尼木县人民带来了利益,而且在改变生态小气候上给尼木带来了变化,同时为今后的高原造林提供了科学的依据。更重要的是,通过工程造林,锻炼了民兵,培养了人才,促进了人民精神面貌的改变。可以说,尼木县的民兵工程造林是政治精神双丰收。

三、看过去,绿树成荫,成绩辉煌;展望未来,任重而道远。科学计划,希望同志们:一要在县委政府的领导下,在人武部的组织下,整装待发,打好第

---

① 郎杰,藏族,1983 年—1998 年任西藏自治区人大副主任。

二个战役;二要继续得到林业部、自治区有关领导的支持,科学快速管林,并采取"三大一深两快"的办法,高标准地造好第二个样板。管好林地,造福后代为人民。

同志们,你们艰苦奋斗,做出了不可磨灭的贡献,要把你们的经验介绍到拉萨市的各县区,同时希望你们总结经验,发扬成绩,为人民再立新功。

※　　　　※

才旺秘书长讲工作:

一、搞了个办公手册,包括工作职责、办公厅的管理制度。

二、财政上的情况。到 12 月 14 日止,共支出 111.6312 万元,收入 84.45 万元,超支 27.1812 万元。用编译局、检察局、政研究资金补上的。最近给了市修车费 3.2 万元,电影院 1 万元,中队 8000 元,共 5 万元。现在手中有钱 18.2 万元,应扣除预付款 7.3 万,还余 10.9 万元,再扣窦市长 2 万出国的费用,这样还余 8.9 万元。基本建设专项款 14.8 万元,已支出 115072.87 元,余 32927.13 元,扣除超支 2.327201 万元。和市委老房子保修期 3000 元,持平啦。8.9 万元怎么办? 车队买配件 1 万元;财务买个保险锁 1500 元;购办公用品 5000 元;打字机修理费 1500 元;消防 1500 元。

三、办公厅自身的总结问题。

※　　　　※

召开全市教育工作会议①,时间定在 1991 年 1 月 10—12 日,3 天。10 日由市委主要领导作报告,11 日交流经验,12 日参观。表彰 32 个单位。先进县城关、堆龙德庆。先进单位市直一小、三中。吃饭、住宿经费 1 万元。奖品、奖金 7.2 万元。

1990 年 12 月 26 日

下午,在班主任座谈会议上的讲话。

一、班主任工作的意义。1. 班主任是学校的细胞,事关小环境和大环境的关系。2. 西藏地区班主任学校班级的特殊性,具有共性的一面,又有特殊的一面。3. 根据不同的特点,分析不同的情况开展工作。

二、班主任所具备的条件。1. 要有事业心、责任感。2. 有良好的班级教育管理意识、管理方法。3. 以身作则,言传身教,要具备勤、细、新、爱、严。勤,深入班级要勤。细,组织安排要细。新,注意学习开拓创新。爱,对学生要处处体现友爱之心。严,从严管理,严格要求。4. 知识面要广。5.

---

① 此处是写的工作计划,写作时间在 1990 年 12 月 27 日之前,具体日期不详。

班主任的心胸要宽广。

三、班主任的主要工作方法和途径。1. 以中央制定的教育方针为宗旨,结合班级实际创造性地开展工作。2. 建立以班主任为核心的,任课教师为基础,和班级干部、家长相结合的教育管理机制。3. 代表学校、社会、家庭,积极开展横向联系。4. 以思想教育为主导,严格管理为手段,行为训练不放松,与社会教育相结合。严在当严处,爱在细微中。5. 开展对班级、班主任的评比活动。6. 抓动态,抓苗头,不失时机地开展教育,展开讨论。对学生要争取三不和启发式教育。7. 教育学生要有自制能力,自己教育管理自己的能力。8. 不断开展批评和自我批评。9. 开展多种形式、多种内容的教育活动。

四、当班主任应具备的特点。1. 谦虚的品德。2. 无私奉献精神,克服用钱领、用钱管、用钱转的错误思想。3. 高度的责任感,强烈的事业心等优秀品质。4. 倾注爱心的高尚情操。5. 多层次、多途径的方法。6. 身体力行的榜样作用。7. 知识面广,爱好广的素质。

五、要关心支持班主任工作。要理解体贴班主任工作,要交流评比总结班主任工作,对知识分子要理解,要有爱才之心、护才之胆、举才之德。

1990 年 12 月 27 日

上午,和市委金书记研究四十年大庆的问题。

参加人员:办公室主任王志科,副主任董,人大副秘书长扎西罗布。

1990 年 12 月 28 日

参加拉萨市庆祝西藏和平解放四十周年筹备会议。

一、提高对这项工作的认识。

二、班子要精干,工作要扎实,分工要明确。

三、口径要统一,重点要突出。

四、办几件群众看得见,摸得着的事。

五、宣传活动结束,要总结,要表彰。

经费,自治区拿出 400 万元,资金由自治区掌握。拉萨市需要提供 135 万元,财政拿 30 万元。

※   ※

参加拉萨市教育工作闭幕会。

同志们:

拉萨市第五次教育工作会议,是一次总结经验、表彰先进的会议,是一次提高认识、加强领导,各行各业都来关心支持教育的一个会议,也是继续贯彻自治区教育党建工作的会议,同时也是一次找差距、定措施,深化教育改革、全面提高教育质量的一个会议,也是为振兴经济打基础的一个会议。

拉萨市第五次教育工作会议是 90 年代、八五期间市委政府召开的第一个会议。从会议的准备、典型单位的发言、县委领导的表态以及自治区领导的支持,教科委的关心,市委、市府、人大、政协、军分区五大家的关心,都是空前的,前所未有的。今天参加会议的教体委的同志、教育系统的先进代表,都受到了极大的鼓舞,同时给我的教育也是深刻的。为此,我代表拉萨市教体委,代表全市 3700 名教职工,代表参加会议的全体代表,向自治区的领导、教科委的领导,以及各科局、各县的领导表示衷心的感谢。今后,怎样贯彻这次会议精神,按洛嘎市长讲的,同时要采取"一抓""两摆""三找""四不""五防"。

"一抓":抓会议的贯彻。要把会议贯彻情况报市委、市政府和市教体委,明年三月份教体委同志下去检查。"二摆":一摆这几年教育发展变化的经验,取得成绩的原因;二摆当前教育上存在的根本问题是什么。"三找":一找,对照会议精神,先进单位的经验,找找本单位的经验和教训;二找,由于主观上没努力造成的教育质量不高、发展不快的原因;三找,"等靠要"的思想解决了没有,本县本单位的先进典型推广了没有。"四不":一是不找客观原因,二是不找群众的责任,三是不护短推卸责任,四是不掩盖主要矛盾。"五防":一防止目光短浅、临时观点,平时只注意抓粮、牦牛,不注意抓人头。二防止班子换,教育规划变。一人盲目出主意,忙的大家团团转,出了问题乱埋怨。三防止一叶障目,骄傲自满,盲目乐观,满足现状,不求进取。四防止只强调客观原因,满脑子困难,只知道钱钱钱。五防止会议期间听了典型发言激动,看了现场感动,回去后就不动啦。

同时,要从本单位、本县的实际情况出发,善于抓主要矛盾。一是基础教育最重要,加强管理是关键。二是合理使用"三包"政策经费。三是稳定教师队伍。一要关心体贴群众,谅解知识分子,特别是民办教师队伍;二要政治上关心,生活上体贴;三要尊重知识,尊重人才,要有爱才之心,护才之胆,识才之能,举才之德①;四要制定吸引教师队伍的政策,三教之中抓重点。

同志们:回顾过去硕果累累。看今天,各级领导十分重视、热情关心,各行各业大力支持。展望未来,任重而道远。

---

① 在此处,孔繁森同志日记上,还写有"马江乡与马塘乡",应该是举例说明。

※　　　　※

尼木县大骨节病情况①。

续迈、续普、林岗三乡,总人口共计 5700 人。对二病(大骨节和克山病)共调查了 3402 人,参加调查率为 58.64%,发现大骨节病②人 715 例,发病率为 21.02%,加上潜在性病人 101 人,累计患病率为 25.99%。有克山病③临床病症者 34 人,体征阳性者 15 人,心电图检查 1074 人,发现异常者 297 人。根据克山病诊断标准,初步诊断患潜在性克山病者 314 人,患病率为 29.24%。

墨竹工卡县患大骨节病有 4 个乡。仁多岗乡一个村(巴尔卡村)50 人患病。日岗乡孟热村 100 人,尼玛江热乡羊日岗村 300 多人,扎西岗乡卡加村 200 人。

※　　　　※

民政厅给拉萨市救灾款 350 万元,90 年底追加的资金。

扶贫,年初分下去 60 万元,90 年再给 25 万元。

91 年社会救济款 25 万元,90 年分 25 万元。

拉萨市 90 年将近 500 万元的各项款。

拉萨市 90 年救济款 400 万元,实用 246 万元。

90 年专项救济款 20 万元,90 年扶贫给 65 万元,自治区下拨救灾款 385 万元,三项共 470 万元。拉萨市北郊社会□□又给 7 万元。社会福利社给 24.8 万元,已用 4.8 万元。收容站给了 5 万元。城关民族手工业综合加工厂给 23 万元。以上几项不包括民政和优抚款。

※　　　　※

市政府办公厅现有 122 人,其中有 16 名退休人员,5 名临时工。干部 45 人,其中藏族 26 人。工人 56 人,其中藏族 26 人。办公厅现有 8 个科室,分别是办公室、秘书科、法制局、机关事务管理局、信访科、副食办、档案局等。这 8 个科室都是区级建制。

※　　　　※

---

① 日记上未署日期。

② 大骨节病是指一种地方性、变形性骨关节病,国内又叫矮人病、算盘珠病等,多分布于山区和半山区,平原少见。各个年龄组都可发病,以儿童和青少年多发,成人很少发病,性别无明显差异。

③ 克山病亦称地方性心肌病,1935 年在我国黑龙江省克山县发现,由此得名。患者主要表现为急性和慢性心功能不全,心脏扩大,心律失常以及脑、肺和肾等脏器的栓塞。

徐禾①:北京中国人民大学,静园 13 楼 20 号,电话:288246(家)。

※　　　　※

内地西藏班名额共 405 人。

上海 100 人,北京 25 人,绍兴 45 人,重庆 97 人,格尔木 3 人,合肥 45 人,临潼 90 人。

参加考试的学生 1848 人。藏文班预录 305 人,汉文班预录 97 人,体检不合格的 54 人。

1990 年 12 月 30 日

上午,尼木县,参加对续迈、续普、林岗三乡解决大骨节病现场办公会。

参加人:……三个乡,人口 57000 人,人口自然增长率 18‰。解决办法:一是原来每人每月 9 斤粮食,改为每月 16 斤。二是改水问题,共计 20 个自然村进行改水。三是改善住房问题,解决潮湿问题。四是办个防治所,6 个人编制,盖间房子,十张病床。用藏医的藏浴的办法。用维生素、塞、亚硒酸钠来治疗。

※　　　　※

一、现场办公会是成功的,解决问题是实际的,对解决三个乡的大骨节病是有了希望的,按照群众的话说是神仙下凡,灾难解除。

二、工作要上去,干部要下去。下去干什么,了解群众疾苦,帮助解决实际问题,宣传党的方针政策。

三、办法。感谢卫生厅、财政厅的意见,同意洛嘎市长的意见。成立短小精干班子,搞调查,定方案,可行性报告。

※　　　　※

下午,尼木县。

各级领导研究大骨节病的解决方案。

卓嘎厅长:检查粮食有没有麦场;探检一下水的深度和水质;建立卫生所;解决交通工具,自行车三辆、摩托车和手扶拖拉机;X 光机,心电图,维生素 C,塞、亚硒酸钠。

卫生厅平措厅长:数字、文字要系统地统计一下。

洛嘎市长:抓主要矛盾,以防为主,防治结合。一是调查研究,找病源,情况要明,才能决心大。二是先治水,后抓综合治理,先抓点后抓面。三是

---

① 　徐禾(1925—2002 年),河北乐亭人。中国著名的马克思主义经济学家,中国人民大学政治经济学学科重要奠基人之一。

组织落实,组成全市性的地方病指导小组,然后拿出具体的方案,狠抓落实。四是经费。治疗地方病的经费要集中使用,区财政补贴。采取外援,向中央提议案。建议用"一江两河",采取一举两得的办法。五是提高对这个病的认识。

朗杰主任:做个试验,主要是解决水,打深井。第一是控制,第二是试验打深井,第三是方案,第四是落实。

金钟主席:同意卫生厅、财政厅厅长讲的意见。防治这种病需要多少资金,县委、县政府、人大要考虑。70 年代前没发生这种病,今天发生时要找原因,建议三分之一的群众迁居。

生钦主任:来后又高兴,又难受。高兴的是平康主任带人来考察过,洛嘎市长……一是治,二是防,三是根治。第一,解决治水问题,碱性大,细菌多。解决水,要打深井,要打三十米、五十米的深井。搞好试点,推广全区。第二,建个医疗站,解决群众的痛苦问题。要搞深入的调查研究,要关心他们,要解决经费问题,全社会都要关心。对这么多病号,县委、县政府要多多给予关心。(原文顺序如此)

平康主任……

1991 年

1991 年 1 月 2 日

下午,市委、市政府的联席会议。

参加人员:市委曲加、金书记、钟、格、新来的＊＊秘书长、市政府洛旦副秘书长、唐主任、宣传部王部长。

张汇报:表彰的单位,一小、四中、三中、八廓街语言学校、才纳学校。农村工作优秀单位有:堆龙德庆、城关。开会时间,9 日、10 日、11 日。9 日上午,曲加书记作报告。10 日发言,城关、堆龙德庆、实验叶静、达孜扫盲工作代表、曲水县完小、当雄公塘、八廓街语言学校。11 日上午参观现场,下午表彰闭幕。参观一中实验室、实验小学、城关纳金小学。已成立了会务组、后勤组。会议费 10 万元。两个县,每县发奖金 1 万元。32 个单位共发奖金 8 万多元。

解决的问题:一、经费。二、机构,各县成立教育局。三、"三包"问题。原来吃的高价粮,其他的自己解决啦。1 万多名"三包"生,可补贴 50 万元。四、学校规划地皮问题。团结新村;夺底路;西郊大站附近。教科委意见,地皮由市解决,建筑由科委解决。五、师校要建标准运动场。六、教体委的办公楼、危房问题,经费66万元,面积1500平方米。市政说拿20万元。七、职业高中的问题。现在每年补贴50万元,就业政策要解决。八、机构问题。3600名干部,经费2000万元。43000名学生,500所学校。师校的中层机构包括行政办公室、教务处、政教处、学生处、后勤处。机关主要是督导室。教体委现有人员100人,编制30多人。一中是否升格问题。九、干部任免。88年12号文件,自治区教体委有文件,干部归教体委管。十、每年检查两次教育工作。去年,自治区给教体委的经费1900多万,今年2100万元。另外,基建经费300多万元。

明年工作要点:1. 加强党的思想建设。2. 加强德育教育。3. 开展办学评估工作。4. 加强教研教改工作,"三语"教学问题。5. 稳步发展职业教育,大力开展扫盲教育。全县有70多个点。职业教育明年发展堆龙德庆、当雄县。6. 加强对农牧区的工作领导。尼木中学、完小有300个走读的,中学每月发36元,小学每月发30元,准备改为助学金。7. 校长负责制问题。8. 改善办学条件,小学桌凳配套,教体委拿资金的60%。体育器材,教委拿30%。9. 师资培训和待遇。代课教师1000多名,现在工资100元左右。准备增加工资,小学代课教师每月150元,中学165元。

阿旺:1. 体育场修建一下,需30多万元。2. 体育科的办公、住房都比较差。曲水的达嘎乡,乡长对教育比较重视。

金书记讲意见:在此会议上,把全区党建工作会议精神贯彻一下,总的目标是培养合格的人才。1. "三包"问题,城关的经验可介绍一下,不做具体的规定。2. 把四中的校长负责制总结抓好,其余学校以后再说。

曲加书记:继续贯彻自治区的党建工作会议精神,开好这个会。会议准备就绪,准备得比较细。开法上,我同意老孔的意见。第一天开始,全市的县级干部都要参加。有条件的、独立区级单位要参加。经费由市财政上来拿。通过这个会议,加强对教育工作的重视,争取教育的管理工作得到改善。下决心培养一支又红又专的师资队伍。原准备讲几件为之一振的事,研究这些问题晚了点。关于机构问题和学生的口粮问题,请两家办公厅和编委、宣传部、文化局座谈,定下来就叫教育局,文化归宣传部。如时间来不及,可以以后研究,要征求文化广播电视厅意见。关于口粮问题,教体委、政府办公厅、粮食局、财政局开个座谈会,看怎样解决,柴火由县乡解决。新建三所小学的问题,一年一所怎么样,今年先搞一所,落实地皮,政府找城建。地皮钱由市财政拿。市教体委的房子拿30万元,实在调不出教委的钱,拿36万元。师校运动场需要联合办公解决。职业高中发展问题会后专题研究,教委、计委等有关部门研究起草行文。电视台集中宣传一下教育工作,搞专题报道。扫盲点,全市 80 个,4000 名学生。90 年经费 2080 万元,比 89 年增加 100 万元,但光调工资就增加 80 万元。"三包"学生有 1 万名,"三包"生今后从 4 年级开始。走读学生 3000 名,每名学生一年 300 元。中小学危房有 14600 多平方米。教育面积 24000 平方米。有 14000 名小学学生就在地上上课,准备 2 年配齐桌凳。

王市长:1. 加强西藏学生在内地班工作;2. 学校主要是加强管理,特别是边远的农牧区乡的学校;3. "三包"问题,考虑一下投资方向怎样才合理。

洛嘎市长:1. 关于会议经费问题,财政审核解决;2. 关于基建问题,办公楼已是危房,我们考虑新建办公楼;3. "三包"的粮食问题,我自己协调;4. 教育法的普及问题。几点建议:1. 职业教育要抓得紧一点,步子迈得大一点;2. 扫盲工作要加强,要坚持;3. 教育的关键一是管理问题,二是师资问题,三是基础教育;4. 藏语文的教学问题。会议目的,一是学先进、赶先进的会;二是教育改革的会议,增加竞争机制。师校的中层机构问题,我们和编委研究。

1991 年 1 月 4 日

参加卫生局研究初级卫生保健。

参加人:卫生厅阿典副厅长。

准备在达孜县 2000 年实现初级卫生保健工作。达孜县,人口 23000 人。卫生人员 50 人。89 年人均卫生经费 15.7 元,人均药费 5.27 元。新法接生的占 15%,住院生孩子的占 20%。卫生保健费现在占财政收入的 11%,初级保健要达到 13%。

需要解决的问题:(一)1. 建县医院病房,需 21 万元,面积 700 平方米。2. 职工宿舍 400 平方米,4 万元。3. 8 所(个)乡卫生所,扩建 320 平方米,9.2 万元。4. 县防疫站,4.8 万元。5. 防疫站宿舍,8 万元。6. 县卫生局办公宿舍,120 平方米。合计 57 万。(二)购设备、仪器。全市 128 个乡,需 20.4 万元。卫生人员培训需 65000 元,分村医生设备 7.7 万个。(三)改水费用。修厕所 1580 户,而我们只发 79□改。修□□需 3.9 万元。共 14.2 万元。(四)乡村医生待遇,人均需 70 元。增加对卫生的投入,县财政每年上报。几项加起来 5 年投资 264.3 万元,其中国家拿的……

加措:264.3 万元,利用联合国和澳大利亚三三五七工程、"一江两河"拿 164.3 万元,其余 100 万元由两级政府来拿。

全市肺结核病人有 5567 人。

阿登①,邓处长,卢副处长。

阿登副厅长:开展初级保健工作,最重要的是提高各级领导的认识,要把这项工作列入经济发展规划之中。经费支出,一是培训,二是设备。

※ ※

纳金小学②。

校长次仁,90年8月从吉日调来。全校教工37个人,其中临时工6人,任课教师27人,行政4人。有9个班,405名学生,住校233人。"三包"生每月30元吃饭,入学率92%,巩固率98%。从87年开始,考入内地西藏班222名,从318名里送走222名。六年级2个班,五年级3个班,四年级以下都是一个班。37名教工,党员2名,教师平均年龄27岁左右,藏文好。37名教工中,民办教师23名,正式教工8名。边巴次仁,76年任教,工资140元。民办教工工资,一等180元,共2名,校长、教导主任或成绩突出的教工;二等160元,教学工龄5年;三等140元;四等120元。从80年以来,师校没分来一个毕业生。专门教体育、音乐、美术的教师没有。要求到内地进修,校长次仁79年师校毕业后没进修过。正式教师8名,中专学历5名,3名是从民办学校录用的。5名教师中专毕业,其余没上过初中,小学5年级就毕业啦。

※ ※

在全市纳税先进单位和先进个人表彰会议上讲话。

同志们,首先我代表市委、市政府,对纳税先进单位和先进个人和税务局的110名干部职工表示衷心的感谢。

拉萨市农牧业连续四年获得大丰收,粮食总产突破2.1亿斤,人均分配420多元。财政收入又有新的增加,这与在座的同志们的共同努力是分不开的。90年市税收6700万元。拉萨市可以说政治上安定,经济上发展。西藏财政收入11.83亿元,其中税收占12.26%。拉萨市财政收入3000万元,税收占30%左右。

提几点希望。1.发扬成绩,找出不足,制定新计划、新措施,为明年夺取新的成绩而奋斗。2.加强税收的宣传,提高各级领导对税收工作的认识,把我们的税收纳入正常工作。3.加强业务人员的素质培养,一是业务素质,二是政治素质,三是不断增强竞争机制,注意发挥人格力量。4.加强团结,增强税务队伍的凝聚力。

---

① 疑与前文阿典为同一人。
② 此部分没有注明日期。

回顾 90 年,硕果累累;展望未来,任重而道远,前途光明。要想完成任务,首要加强团结。千锤万凿出深山,烈火焚烧若等闲。粉身碎骨全不怕,要留清白在人间。

1991 年 1 月 9 日

参加教育工作会议。

洛嘎市长主持会议,曲加书记讲话。

全市教职工 3700 多人,全市学校面积 24000 平方米,当雄县拿出近 100 万元。邓小平同志说道:"忽视教育的领导是不称职的领导。"

下午,参加县委书记、分管县长讨论会。

城关区边巴副区长:1. 经费问题;2. "三包"政策问题。

墨竹工卡县的加措副县长:"三包"生,中学 36 元,小学 22 元,经费严重不足。稳定教育队伍问题,民办教师要转正,不转正的话,防暴大队把人都招走啦。88 年教育经费超支 5 万元,89 年超支 10 万元,90 年超支 12 万元。对教育的贫困县能否采取倾向政策。各县要单独成立教育局。

堆龙德主县米玛书记:全县教工 198 名,代课教师 107 名,"三包"学生买高价粮食。堆龙德庆县人口 36000 多人,其中农业 32000 人,现有 12 个乡。

※   ※

次旺秘书长汇报市长办公会问题。

洛、扎、王、拉木市长,次旺秘书长。

王市长说:"三三五七"已争取了 10 个项目,原来 6 个。"一江两河"的项目已通过啦。粮食收购可完成 2000 万斤,自治区定 1700 万斤,已超过。油菜籽自治区定 220 万斤,已完成 170 万斤。

拉木市长:三套集成的书需资金 3 万元。

扎市长:1. 招干 144 人已完成,准备集训半年。2. 监狱工作,一个房间 16 个平方米,关十几个人,不维修不行,两级财政各拿 65 万元。3. 综合治理研讨会,37 个单位参加,现在主要治脏乱差,3 月份再抓市容,交通抓了一下。400 名学生参加"小交通"活动。中队抓狗的问题没敢动,打算 4 月份搞,先发狗证。4. 冬季纪律整顿工作抓了十几天。5. 政法委已配 12 人,要求增工人 2 名,车子一辆。6. 民宗局要解决 300 个喇嘛的户口指标。7. 开了基层基础工作会议,还开了扫黄工作会议,治保配公安特派员,指挥中心手头有 110 万经费。还有 4 个方面的困难:1. 防暴大队 400 人的用房地皮;2. 政法委住房紧张,要求修一栋楼,要求经费 30 余万元;3. 市民政局的收容站,住房条件相当差;4. 旅游公司班子,现在没领导;5. 外事旅游局,是否在市政府办公厅下面设外事旅游局。

洛嘎市长:今年经济形势不错,牧业也不错,工业稳中有升,实际计划产值2550万元,比去年增加了6.6个百分比。乡镇企业差劲一些,固定资产任务完成好。税收比去年多收50万元,计划会25日左右召开,各工作已基本完成。自治区党代会结束,政府定市级会议时间。城市建设,要修5条路,落实了一条夺底路。几个事:1. 大昭寺总体方案,政府研究批准执行。经费300万元,中央、自治区出250万元,拉萨市出50万元。50万元,大昭寺拿30万元,拉萨市拿20万元。2. 三套集成有必要召开会讨论,人要少。3. 四十周年大庆的活动要从上边要钱。4. 寺庙定编等工作,上边有了明文规定再说。5. 各县设民宗局,上边有文件,扩大会议后研究确定。6. 修经寺问题,可以修"龙王潭"。7. 监狱所落实不说啦。8. 狗害安排是可行的,对野狗要下决心,要从机关的狗下决心。9. 城关区的环卫工作人员不能放下去,以后再定。10. 要求一个秘书长跟着扎市长。11. 要求增加2名工人问题,以政法委名义写个报告给市劳动局。12. 财政困难,人大盖楼要贷款。

评比先进单位、个人问题。先进单位是办公室、小车队、二食堂。先进个人22人。

※　　　　　※

攻城不怕坚,攻书莫畏难。科学有险阻,苦战能过关①。

※　　　　　※

需要说的事②:一、外事工作,1. 瑞典;2. 塞尔维亚。二、人大视察。三、成立英语学习班。

1991年1月10日

上午,发言。

第五次教育工作会议是一次总结经验、表彰先进的会议,是一次提高认识、加强领导、各行各业都来关心支持教育的会议,也是继续贯彻自治区教育党建工作的会议,同时也是一次找差距、定措施、搞改革,大力发展我市教育,促进经济发展的一个会议。

教育工作应注意的几个问题。一、目光短浅,短期行为,临时观点,平时注意抓一抓。二、防止领导班子换,教育规划变,一人盲目出主意,忙的大家

---

① 自绘图,铅笔上写有"学习",对着一座大山。此诗和图在日记背面。
② 写在日记尾页背面,没有署名日期。

团团转,弄的分管同志没有主动权,出了问题乱埋怨。三、防止一叶障目,骄傲自满,盲目乐观,胸无大志,满足现状,不求进取。满脑子是困难,这也办不成,那也办不成。四、防止只强调客观原因,不是知难而上,积极进取。要在困难中找规律。五、从实际出发,抓主要矛盾。要正确区分三教中的辩证关系,即教书育人、管理育人、服务育人。

※　　　　※

下午,各县领导发言。

一、达孜县,抓规划,抓班子建设。

二、墨竹工卡县,县委书记分管教育工作,分管的副县长分工抓教育工作。

三、当雄县代书记,分工明确,规划具体。

四、曲水县副书记常海阔同志发言,如果教师两年不休假给予补助,每年拿1万元改善办学条件。

五、尼木县,动员政府办教育,为教育排忧解难。

曲加书记在各县委书记发言会上讲话:听了县领导发言,充满了信心。这是市委、市政府91年召开的第一个会议。通过会议,各级领导提高了对教育工作的认识。思想认识是统一的,经济要振兴靠人才,人才的振兴靠教育。要做到一个中心,两件大事,三个确保。

旦真书记作指示:一、……二、拉萨的教育设施有了很大的改进。小学是基础,管理最重要,效益是关键。坚持办学的方向。

1991 年 1 月 14 日

堆龙德庆县搞综合教育试点研究。

该县面积0.25万平方公里,耕地9.5[万]亩地。总人口3.2万人,其中农业人口3万人,农业机械91台。学校54所,其中中学一所,公办小学7所,在校生4087人。适龄儿童入学率90%。全体教工289名,其中正式教师89人。全县15—40岁文盲有7000人,占总人口40%多。87—90年拿出23万元支持教育,群众集资24.6万元。现在民办小学已有47所。职称方面,中学一级5名,二级6名,三级5名。13个扫盲点,26个班,562人参加。加热乡最好,88年已有517人脱盲啦。教师上课,每晚补2元钱。达到初小程度就脱盲。从85年往内地输送165名学生,每年平均30名左右学生考入内地。职校已举办2期训练班。现在办了13个人的班,原来20人。学习内容是农业、种植、缝纫、农机修理。园艺班从86年开始,办了三期。有一户农户种了半亩大棚,开始两年每年平均收入2000元,90年半亩地收入8000元。

现在菜户 35 户,26.5 亩菜地。

工作设想:一、学习文件,提高认识,扫障碍。二、准备搞职业学校。中学 80%升学,小学升初中每年 300 人左右,中学 3 个班,每年转入内地 30 人左右。有 50%的学生升不上学啦。拉萨每年升高中的 1000 人,开中专 300 人。职业中学需要解决一是师资,二是实验基地。三、在乃琼搞综合试点的义务教育乡。养殖户发展 25 户,菜户发展 100 户,乡村的农业技术员 180 人。85 年未达到 2000 户,到 92 年达到 6000 户。四、扫盲教育。每年搞 1000 人,从 91 年开始,每年拿出 10 万元办教育。粮食总产 3568 万斤,人均 1065 斤。以农业为基础、教育科技为重点,多种经营来实现大发展,五村大合唱,党的领导作保证。柳梧乡、桑达乡、德庆条件差不多。全县人均收入 482 元,粮食人均 1065 斤。

讲几点意见:1. 要统一对综合教育试点的认识,要统一领导的认识,统一群众的认识,统一各行各业的认识。要有战略眼光,要树立人民教育人民办的思想。2. 办好综合教育的有利条件。自治区教科委、市委政府、教体委重视;有一定的基础;县委政府领导有充分的信心;离得近,交通方便,人才多;有一定的物资基础。3. 要组织强有力的班子,一抓到底。组织的人员有奖有罚,有职有权。4. 发动各行各业,齐抓共管,有机结合。扫盲教育要把教师发动起来,要把各科局机关干部发动起来;综合教育试点,要和科技兴农、县的工作结合起来,要和"一江两河"、三三五七工程结合起来。5. 搞规划,定政策,抓重点,抓队伍,抓场地。规划要从实际出发,一定几年不变;结合实际,突出重点,如运输业、种植业;定政策,一是吸引教师的政策和学生的政策,二是奖罚政策;三是大抓师资队伍的建设。6. 抓好六会贯彻,抓重点,把教育会议精神全面贯彻好。

教科委周主任:堆龙德庆县的试点辐射 18 个"一江两河"的县。组织力量,市里要以堆龙德庆为主。投资的重点是基地。要了解市场,占领市场。

达瓦书记:1. 农村教育,势在必行。重视教育,一是为高一级学校输送人才,二是培养有知识的劳动者。经济和教育、科技不要搞成两张皮。2. 堆龙德庆的优势条件明显,首先是有思想基础,前期做了大量的工作,各行各业都愿在此搞试点。这是一项系统工程。3. 定领导小组,组织调考组,搞规划拿方案,先易后难,突出重点。

※　　　　※

"公事国事天下事,事事不管;私事家事身后事,事事操心"[1]。

---

[1] 该册日记本尾页,没有注明日期。指出了当时某些官员存在的问题。

"五子"登科:孩子,票子,房子,车子,位子。

1991 年 1 月 19 日

常委会议。

研究四十周年大庆活动安排。

旦真书记:自治区有 100 个项目(活动),有五个主要项目。中央来一个政治局常委,规格和江总书记来的规格一样,一个副总理、人大主任来。来代表团 40 人。另外,有一个 40 人的文艺团体。邀请了内地老干部 50—60 人。七个地市,七个代表团。离退休领导干部、知识分子、少数民族代表、农牧民代表,每代表团 10 人。

一、22 日开庆祝大会,在体育馆,4000 人的规格。会场的布置,万人的夹道欢迎,胡庆安负责。

二、歌舞团正准备文艺晚会。要求:第一全部新的节目,第二[档次]高,第三活跃气氛。文化厅肖敏厅长负责。

三、节日之夜联欢晚会,劳动文化宫放烟火、礼花。5 月 23 日各界各族人士、中央代表团参加。自治区工会、拉萨市、军区三家搞。联欢晚会领导小组负责。

四、举办展览。四十年成果展览,文化厅强巴厅长负责。

五、罗布林卡的游园。教育、政协、工会、中央代表参加。另外,在罗布林卡安排两台藏戏。军区 308 团蔡如成中校负责。

节日之夜,一是设计方案;二是造预算,放烟火请部队承担。

※ ※

研究四十周年大庆,武警王参谋长介绍放礼花的问题。

二十年大庆时买礼花花费 39 万元,加运输费共计 51.5 万元。其中,伙食补助 1.5 万元,运费 5.4478 万元,差旅费 1.6282 万元,包装费 1.5173 万元。生活补助,内地来的 9400 元,其他 641 元。礼花由北京礼花第一分厂制造,在丰台西边,当时驻京办的副主任和他们谈的。放炮礼花 3 个小时。从答应合同到到货用了 2 个月零 20 天时间。3 个副参谋长带领部队 2 人去北京订货。从厂家请两个人来,从北京武警总队来两个有经验的战士。

1991 年 1 月 21 日

参加财政局小组讨论。

民政局局长彭局长参加。

当雄县:南木湖鱼粉问题不一定成功。83 年,60 万元扔到湖里去啦。

当雄牲畜 55 万头。酥油每年 60 万斤,人口 3 万人,每人 20 斤。牲畜出栏率 18% 点多。

曲水:经济上西藏最穷,政治上最红。中央给的钱,农牧业投的少,钱都给城市啦。服务是面向城市,而不是面向农村基层。

各组讨论情况。

1. 城关、林周。加强老城区的改造;农牧生产发展慢,投入少,科普差;欠 85 年老城区改造的 40 万元;团结新村欠城关区地段 40 万元;河心岛还差 15 万元;市农机公司和城关区交换地皮;对副食商场改造,贷款 200 万元能否解决;城关要求成立环卫局。

2. 当雄、曲水财政组。

3. 墨竹工卡和达孜县组。

尼木组长:把经济工作作为工作的中心是对的,原来提以旅游为中心是不对的。农牧业生产要加强。宗教问题光提信教,不提可不信教。

※　　　　　※

下午,卓玛杰发言。

拉萨市 80% 的人口在农牧区,全市产值的 80% 来自农牧基层。再一个,冬小麦应保持 12 万亩以上,粮食就能达到 1.8 亿斤。全区企业承包已达 35%,拉萨市达 11%。

※　　　　　※

参加讨论农牧业发展慢的原因。

一、对农牧业生产重视程度不够,特别是实行承包后有点放任自流的现象。

二、农田水利建设吃老本,甚至近几年失修破坏严重,只能靠天吃饭。

三、没抓住科学技术的作用。队伍不稳;现有科技队伍也没发挥作用;关键领导也是科盲。

林周:88 年收购虫草 15.7 公斤,收购贝母 400 公斤,收羊毛 5 万公斤。山南的土地 45 万亩,用 500 多万元支农资金。拉萨市的地 57 万亩,只有 300 多万元支农资金,只用 174.8 万元支农资金。

1991 年 1 月 22 日

上午,到续普、续迈乡。

续迈乡有 21 个自然村,林岗有 17 个,续普有 24 个,共计 62 个自然村。没病的村,续普 3 个;贡纳 4 个自然村,分别是匹给、拉嘎、申结、达热村;续迈一个村,是色龙半牧区;林岗 2 个村,齿巴、结巴。续迈上边的山叫嘎措,有约 150 米深的湖。续迈另一个湖奴措,150 平方米。安岗河是东西方向,河东的病人比河西的少。原来续普乡打过一口井,群众说有好处。安岗村打过一口井,23 米深,井让老百姓给破坏啦。续普打了一个大口井,76 年打的,打了 12 米深,群众用了几年后又不用啦。

白麦乡书记说,安岗宗许村 64 户,生病多,大骨节病占 48%。续普上岗村 180 多人,有病的 4—5 个人,他们的饮水是河水,不是安岗河和德乡水。为什么大骨节病少,外人说他们村的姑娘从外地来的多。

地矿局工程师梁增寿,党办主任;张玉明;达珍。和得沟水比较好,和德乡 408 人没有生病,纯牧乡,已取水样。贡朗村取水化验,此村人没有生病。续迈乡安岗村病人多,取水化验。

家访续迈乡 2 组 25 户,168 人,其中患大骨节病 7 人。东嘎家情况,困难户,8 口人,3 名劳动力,每年差 2 个月的粮食,17 亩地,产量低,黄牛 5 头,马一匹,牦牛 3 头,山羊 10 只,其中有 2 头奶牛,没有患大骨节病。饮水是嘎措湖的水。康夏家,11 口人,4 名劳动力,一个爷爷,三个奶奶,大女儿有 4 个小孩,2 个女儿,一个女婿。马 2 匹,黄牛 13 头。其中,奶牛 4 头,牦牛 6 头,羊 62 只。其中,山羊 49 只,绵羊 13 只,土地有 27 亩。奶奶 70 岁,没有患大骨节病。饮的水是嘎错〔措〕湖的水。嘎枪家,12 口人,4 名劳动力,生 13 个孩子活 12 个,女主人 49 岁。马 3 匹,牦牛 4 头,犏牛 1 头,黄牛 10 头,其中奶牛 4 头。羊 9 只,山羊 23 只。有大骨节病的 2 人,吃的是嘎措湖的水,两个孩子得了场病后留下的后遗症。同饮一湖水,续迈乡土修村就有 7 个病人。

※   ※

晚上,续迈乡群众座谈会。

参加座谈会的人员,五个人全是安岗村宗绪组的。王钦,60 岁;贡觉,60 岁;拉旺,48 岁;阿旺,46 岁;热不杰,49 岁。

王钦说:生活可以,宗绪二组长家里 7 口人,没得病的,劳动力 4 人。旧社会认为是关节炎,没钱看病,土生土长的都有这种病。过去,工作组打了一口井,当时管得好,河里的水有一种小虫。村里有 268 人,健康的有 40 多人,大都是从外地来的,认为主要是水问题,64 户中,29 户粮食不够吃的。他们家 2 个孩子在外工作,从外地带米面。另一户叫达瓦,他们家一个人在外工作,也没这种病。达瓦,55 年的干部,8 口人没病。普穷家在外工作,也没有病,7 口人。王钦家原是大户,经常到外面。

贡觉,59 年的,乡长说主要是水源问题,每年吃了很多药,作用不大。需要打几口井,冬天喝的积水有小虫子。家有 7 口人,他儿子、孙子都有此病。他是古热村来的,30 岁来的,没有病,喝单独挑的水。

拉旺,一家 7 口人。孩子一个 5 岁,一个 7 岁,没发现病,其余都有病。他爱人 17 岁从外村来的,没病。她现在患大骨节病走不动啦。

阿旺,7 口人,儿子、女儿从 18 岁就不行啦。爱人从续普来的,18 岁时没病,来后不行啦。有个儿子,小学后,上尼木县中学,没有此病。水里有虫,要求改水。我们就这个样子啦,你们要帮助我们解决下一代的问题,求求国家。

热不杰,8 口人。26 岁女孩病重,每次招工、征兵因他们有病都没他们的份。为了后代,求求政府解决一下水的问题。他原来和爱人都是在帕果乡。19 岁、18 岁来的这里,现在都患病啦。17 岁、15 岁的孩子,手开始伸不直啦。

1991 年 1 月 23 日

晚上,召开续迈、续普乡部分基层干部座谈会。

旦真,安岗村民委员会主任,39 岁。多不杰,安岗村归热组的会计,30 岁。旺久,归热组组长,43 岁。次旺,安岗村群泽康组组长,43 岁。

旦真:解放前有此病,从解放后到现在,这个村 5 个小组,其中 2 个小组的人病重。恰恰是生活不好、生产不好的 2 个小组。年年靠国家救济,生活好点的村,病的少点。2 个组吃、住、卫生条件都差。2 个组用的努措湖水,其他三个组用安岗河水。如果换粮食就难办啦。先解决水,穷的地方病多。宗绪村格桑曲扎家,7 口人,15 亩地,2 头耕牛,买四头小犏牛,挤奶的只有 2 头,现在粮食 14 克,包括种子,每人平均 2 亩地。古热村索朗家,5 口人,3.5 亩地。一头牛是母黄牛。场刚打完,剩下了点粮食,现在粮食不多啦。承包分地时,81 年分一个人的地,现在 5 个人,有 3 个孩子。解决办法,一是搞卫生所,二是动员群众讲卫生。第三个想法是,如每个村打一口井,国家没有那么多钱,是否国家给重病村打一口井。第四个想法是国家要扶植我们发展生产,搬家谁要我们,换粮能坚持多久。

多不杰:我们归热村,要求架座小桥,修条路。

次旺:群泽嘎村 68 人,有病的 24 人。住在安岗河东岸潮的地方,村里很穷。一部分人喝努措湖的水,一部分人喝安岗河的水,群众不愿搬家,30 岁以上的没病。

旺久:他同意以上谈的,他们村老年人病人少,青年人病人多,与生活有关系,与卫生习惯差有关。他们愿搞卫生,归热村打井不一定打到水。

1991 年 1 月 26 日

上午,堆龙德庆县。

堆龙德庆分管的县长,日桑副县长汇报:德庆乡榜村最穷,但学校办得不错。扫盲教育,签订合同,实行奖罚制度。职业技术教育,以县中学职业教育为中心,以推进种植业、养殖业为重点,三年内达到掌握 1—2 门技术。对各乡工作采取打分制的办法,把学校当作重点,把入学率、巩固率和扫盲教育当作重点。县委每年拿出 1—5 万元作为教师奖金。对教师家缺劳动力的,免除公益劳动,对教师家有困难的,要切实加以解决。桑达乡桑古村小学,地头积肥但自己没有地。对享受"三包"政策的四年级以上学生,学校和家长签订合同。各公办学校的校长,由乡里的副乡长兼任,各分配一名教育干事。要求上级给县排忧解难,是否搞科技副县长、挂职校长,让他们抓几年。县中学基地建设规划 10 亩地,县中学的改建由自治区教科委解决。

急办的事:1. 划出 10 亩地给县中学;2. 中学改建,请教科委给解决经费;3. 规划计划安排,尽快拿出来;4. 科技推广项目,尽快拿出方案;5. 乃琼乡公办小学改造由教体委拿钱,县里是否拿出 5 万元。总共 16 万元,其中 10 万元改造民办小学,5 万元用于乃琼公办小学,教师奖金 1—2 万元。

※   ※

张荣扬同志谈调查组意见。

堆龙德庆的教育试验点工作已经上马啦。今年是堆龙德庆的教育年,行不行。今年是上下各行各业齐抓教育的一年。"三教"基础是基础教育。三个要点:一是改善办学条件,乃琼小学 800 平方米,四栋房子配套。部门集资一点,教体委拿大头,建设标准小学,5 间房子,一个厕所,有围墙。46 所小学是否一半达到合格小学;二是常规管理,有计划有规章制度,有点名册;三是大抓师资队伍的建设,抓教材教法统考,单科就是藏文。关于成人教育,要下达指标;各部门要有自己的点;制定奖励办法。马乡包新小学办得漂亮,搞无盲村点。职业技术教育,要加强师资队伍建设,一是为教育办实事,二是提高待遇。关于配备文教干事问题。

※   ※

教科委周主任:教育综合试点要解决两张皮的问题,农、科、教联合起来,改革教育的路子,促进堆龙德庆的经济发展。财力上要统筹,把公办学校作为推广农牧技术的网络。基地要提前规划出来,好给群众作春耕的示范。要抓人民教育人民办,农科教三结合这两个试点。

请县委县政府给教科委和市委书记汇报一下。

※　　　　　※

上午,在堆龙德庆讲几点意见。

一、要提高统一对教育综合试验点的认识。堆龙德庆的振兴应从教育入手;认清有利条件和不利因素。

二、搞个纪要。1. 试点的规划、措施、办法,领导重点是要搞个纪要;2. 规划、任务、责任、奖罚要具体,不搞花架子,不在文字上做游戏;3. 纪要要有点改革创新的突破思想。重视教育和重大决策,对一个单位、乡的工作采取百分制评比的办法。教育规划不是重点,要敢于提拔、奖罚;要有吸引教师的改革办法;抓群众建设办学的典型;乡领导担任公办学校的校长,并抓好配文教干事工作。

三、做好开好教育工作会议的准备。搞动员,造声势;讲意义,提认识,定任务,定奖罚;通过抓教育,培养干部,提拔干部。

农委准备投资 30 万元。教科委投资 35 万元。

※　　　　　※

分管是动员,各行各业齐参战①。

中心不忘记,教育是重点。

堆龙要起飞,人才是关键。

三教抓基础,扫盲快加鞭。

职教抓实际,师资要过关。

今朝整师会,年终要实现。

※　　　　　※

下午,参加自治区召开的四十年大庆活动动员会议。

丹增书记:这是西藏和平解放四十周年庆祝活动的再次动员会议,着眼基层,着眼群众。……庆祝活动,中央认为要搞得隆重热烈。准备七个出国团体,两个文艺团体、两个文物团体、两批藏学家到国外讲学。有关对外宣传的领导已到 20 名。

总的原则:第一,要着眼于基层群众。第二,就是要精心做好在拉萨的庆祝活动。第三,要本着热烈、隆重、俭朴原则,抓好重点项目的活动。在保证重点的同时,抓好面上的工作。

区党委组织五项重大活动,主要是中央代表团参加的。一、举办西藏和

---

① 写在日记本背面,没有具体日期。

平解放四十周年的成就展览。二、召开庆祝大会。三、在罗布林卡搞游园活动。四、在自治区劳动文化宫举办夜间文艺晚会。五、……准备项目，传统的体育活动，光在拉萨的活动有 50 多项。中央派一个大型的党政代表团，是高规格的，人数接近去年总书记来的规模。中央还派一个 50 人左右的艺术团来，还请一部分西藏工作过的领导同志。还有 7 个地市的代表团，每团10 人左右。另外，还有驻京的记者，外国友好人士。

如何办好每一个项目。(一)要出一本和平解放四十周年的宣传提纲，已去印 25000 套。(二)西藏的和平解放四十周年的标语口号。自治区搞了两张宣传画，发到村级，自治区发到机关团体、企业事业单位。另外，搞一个纪念章。怎么搞？一是西藏和平解放四十周年的成就展览，各厅局办展览的，要服从自治区的展览。二是四十周年的庆祝大会，体育馆可容纳4000 人。(三)准备搞游园活动。一顶帐篷是中央代表团的。第二个是自治区文化厅，接待中央代表团和自治区文艺界联欢。第三个是自治区政协一顶帐篷，接待上层爱国人士。第四个是自治区民宗局负责，七个地市代表团和西藏的各族各界人士在一起。第五个是自治区教科委，主要负责知识界的代表和中央代表团见面。第六个是拉萨市，负责城关区的农民代表和中央代表团见面。第七个是自治区工会搞一个代表团，摆两台藏戏和一台歌舞。共组织了九台文艺晚会。在体育馆搞一场综合性的晚会，节目是全新高水平的，达到最高水平。(四)节日的狂欢夜话活动。参加 1.5 万人左右。一是安上透光灯；二是放烟火；三是组织两台晚会，一台是中央代表团，一台是拉萨市队；四是几千人跳"郭协"舞，礼宾席就座的 500 人左右。(五)马术表演队演出。(六)军区搞一个大型的阅兵活动。

二、安全保卫问题。大会 4000 人，晚会 4000 人，狂欢之夜 1.5 万人，马术表演 5 万人，游园 3 万人。达赖去年"出访"12 个国家，今年要"出访"20个国家。对拉萨市的要求，第一是安全，第二是卫生，第三是节日供应。现在拉萨市依然存在偷盗、打架斗殴、赌博等现象。

三、自治区各厅局要高度重视庆祝活动，把这项活动当作教育干部职工的一项工作。要本着节约，总的热烈隆重节约的原则。经费问题，需经费890 万元。原则上控制在 400 万元左右，不要突破 500 万元。凡自办公助的，补贴一点。凡自办的，自己单位负责经费。

大庆办设六个组。保卫治安组，周岐顺负责，公安厅牵头。机关事务管理局成立一个接待组，负责接待 7 个地市、中央艺术团、老干部、新闻记者代表团。还有中央代表团的接待小组。请宣传部成立宣传组，主要负责四十周年庆祝活动五大项目的宣传。以亚运精神来组织好四十年大庆活动。

※   ※

四川省崇庆县五均乡双河村 2 组,2 代学刚,1 代学强,5 代光辉,4 代光碧,3 代光丙。

1991 年 1 月 29 日

参加中央政协委员到达孜视察。

生钦①主席,才旦卓玛,平康主任。

达孜县 1373 平方公里,海拔 4500 公尺。9 个乡,198 个村,4093 户,24230 人。其中,男性 11945 人,女性 12255 人。全县人均收入 625 元。年产 2864 万斤粮食。人均最低收入 162.88 元(指白沱乡里的户)。卫生机构 2 个。次仁副局长兼院长,主治医师 3 名,其中藏医 1 名,西医 2 名。卫生人员共 45 人,其中防疫站 9 人,医生 6 人,医师 2 人。保健有个科室。9 个乡都有乡村医院,54 名乡村医生。传染病患病最多的就是达孜县。传[染]病发病率 7.18%。其中,患痢疾病 296 人,肝炎 46 人。全县 500 名学生中,学生查出乙肝 36 人。肺结核患病达 94%。地甲病在全县不同程度的都存在。育龄妇女 5529 人。德庆乡,847 户,28 个村,4341 人。其中,患病的,白朗三村 14 人,四村 15 人。五村 30 人,38 户,人均分配 357.47 元。发病的地方,卫生条件差,生活差。四村有几个更严重的病号。大骨节病患病 1500 人,9 个乡都有。患肺结核 720 人,甲状腺病 3200 人,麻风病 6 人。医院面积 4300 平方米。干职家属 110 人,其中,干部职工 32 人,床位 20 张,主治 3 人,科室 13 个。90 年门诊量 39000 人,住院 416 人次,治好 41.76%。存在困难,医院是 64 年建的房子,需要 30 万元维修。

阿旺书记:全年县经费 180 万元,差 30 万元,负担重,每户 200 元左右。县卫生突破 36.9 万元。

生钦主任。

才旦卓玛。

1991 年 1 月 30 日

下午,看城关区手工业品展销馆。

展馆 1800 平方米,投资 105 万元。其中,贷款 46 万元。大展厅 8 个,一楼小展厅 8 个,89 年建的。自治区手工业管理局给了 18.5 万元,城关财政拿了 10 万元,县财政拿了 7 万元,展馆归属城关区经委。城关的手工业

---

① 生钦·洛桑坚赞,藏族,1979 年 8 月 14 日—1998 年 5 月 19 日任西藏自治区人大副主任。

产品有 5 个是全国优质产品。自治区有 104 个优质产品,拉萨市有 53 个。需展览的有 1600 个品种。90 年出口大的地毯 2 万多平方米(综合一厂),已出口四个国家。第二个展厅是民族宗教用品、工艺品。搞一个轻纺产品展厅。搞个各种民族服装产品展厅,包括旅游产品展厅。搞全银首饰和钢器产品展厅;农牧局的各种生产生活用具用品展厅,食品之类的展品以及家具用品,木制、铁制品。

现在需要办的事:没展厅柜台,需要 10 万元,区解决 2 万元;解决集体工人的待遇;现在正式职工 12 名,其中退休职工 7 人。集体工人有 25 人,开展工作需 35 人才行。

1991 年 1 月 31 日

陪自治区人大生钦主任、才旦卓玛、平康主任到墨竹工卡县视察。

错木巴尔卡村,全村 124 人,明显有病的 64 人,拄着棍子走路的 60 多人,明显有病的占 50% 多。94 年,从上游搬到下游约 1000 公尺的地方,但仍然没解决问题。年龄最小的 3 岁,到 9 岁都不能走路。

门巴乡汇报情况。县委拉松书记先汇报,前年 10 月,这个乡雪灾造成的死亡大,近百年没有过的。去年牲畜死亡 4%,今年达 19.38%。地广人少,125 户,779 人。去年,补存栏 13659 头(只),因雪灾死亡 5883 头(只),死亡占 43.07%。四个村(沟),巴哈村牲口死最多。去年,牲畜 5044 头,死亡 2629 头,死亡占 52.12%。80 年 13 号文件下发后,畜牧业生产发展快。去年发生雪灾后,实际上牧业户连奶牛都没啦。去年秋天,县领导在人民代表大会上作的抗灾动员。灾后,群众到处搬家,发生雪灾后互相帮助。有个直贡梯寺支援了 53 头牲口给群众。99% 的牲口给了药,1300 多头牲口采取了措施。准备了 80 多垛草,饲料 75000 斤,麦麸 8556 斤。县里买 5000 元的支持物资,拉萨市红十字会给了 3000 元,社会救济 5700 元,机关干部捐款几百元,扶贫款 3650 万元。从 89 年 9 月 14 号开始下雪,连下两三天。以后是晴天,但是特别冷。去年 3 月 21 号开始一直下雪,从中午下到第二天。4 月底又下了一场,雪厚 80 公分到一分尺左右。八村,村民达瓦,有 115 头牲口,死了 91 头,死了 79% 多。现在群众生活困难。山后,那曲供应 30 斤粮,我们门巴只有 9 斤。发了救济款后,从工布江达县买点牲口分给群众。牦牛山每户每年 450 元。

门巴乡书记公决、乡长切不如:我们的贷款,20% 买粮,80% 买牲口。现在没粮食吃,以前没有缺过粮食。

格老窝乡,458 户,2832 人。其中,严重困难户 87 户,467 人。有困难

的 151 户,895 人没解决温饱问题。其中,最严重的 35 户,169 人,只有 200
亩地。有一户 6 口人,4 亩地,欠款 2000 多元。准备在三三五七工程开工
后,让这些人搬迁。这里水比较困难,地少,没法灌,能否采取点特殊政策。

米洛乡,59 年 500 人,到 87 年 1100 多人。

1991 年 2 月 1 日

下午,墨竹工卡县。

拉松汇报情况:16 个乡镇,1052 户,纯牧业 835 户,总人数 37831 人。
其中,牧业人口 5202 人,农业人口 31046 人。吃商品粮人口 1584 人。土地
84500 亩,90 年可种地 66766 亩,90 年粮产量 2656.54 万斤,油菜 335 万斤。
90 年比 89 年增 25.7%。牲口总数 26.0966 万头(只、匹),牲畜死亡 46238
头(只、匹),死亡率 19.79%。困难户 743 户,最困难的 3758 人,占总人口
的 12%。患大骨节病的村,八巴卡(疑为门巴乡)的仁多岗村 124 人,有病
的 62 人。羊日岗乡羊日岗村 716 人,其中有病的 314 人。斯布乡卡加村
287 人,其中有病的 165 人。尼玛江热乡马日村,三个村 267 户,1127 人,其
中有病的 541 人,有病的人口占 49.6%。唐加乡莫冲村患病的有 96 户,患
肺结核病人口 427 人,已确定肺结核病的 37 人,有 131 人怀疑有肺结核,去
年死了有 4 个人。整个唐加乡死了肺结核病人 15 人,有一户只剩下两个小
孩,8 口人死亡 6 人。

卫生局长把缺药情况汇报一下。缺医务工作人员。正式医务人员 53
人,乡村医生 80 人。每名卫生人员管 333 人。大学毕业生只有 3 人,动不了
手术。乡村医生待遇每月 25 元钱。存在缺药的问题。每年 10 万元的药品
费,16 种药,去年涨价 45%。地方病主要有大骨节病、地甲病、肺结核病患者。

生钦主任:会同政协的几个同志来视察,主要是大骨节病,同时了解全
区缺药的问题。拉萨市有 7000 多例大骨节病。

※　　　　※

讲几点意见:

一、县委政府要从思想上认识领导来县视察的重大意义,这是对全县人
民的关心,领导这种深入基层的精神,应教育干部群众。

二、怎样解决当前的地方病和缺药问题。(一)认真搞好调查,要有数
据,并找出规律性的东西。自治区领导准备向中央汇报,采取多种办法。
(二)当前要解决的问题,一是温饱,二是缓解痛苦,三要给群众做好宣传工
作。(三)缺药问题的办法,在上级没有彻底解决的情况下,一是管好药,二
是集部分资金,三是采集中草药。(四)解决缺医的问题。(五)要抓计划生

育,抓爱国卫生教育。

三、当前需要注意的几个问题。(一)深入基层,急群众之所急,想群众之所想,办群众之所办,要为群众排忧解难。(二)藏历年的物资准备供应工作,重点是五保户、困难户。(三)注意搞好拥军工作。

格老窝乡唐嘎村,吉美家、次仁卓玛家,借款已 3000 多元,全部家产不到 100 元,他们兼乡村医生。

1991 年 2 月 3 日

尼木县。

班登县长汇报:3 乡 9 组,12 个村有病。没病的 3 个乡,1173 户,5918人。病区户数,3 乡 1077 户,5918 人。总耕地 14767 亩,人均 2.5 亩地。牲畜数 32602 头(只)。3 乡粮食 15056 斤,人均 394 斤。要解决病因问题,林岗乡一年死了 26 人,主要是克山病引起的。有病的 1400 多人,大骨节病占27%,克山病占 42%,患克山和大骨节病共计 3751 人。

贡巴沙副主席:这次人大会议安排到各地实地调查,最后经过协商,选择了尼木县为考察地点。这次市长、书记也来了。这个工作,市里也很关心,以前这个工作就搞过,你们也知道。但现在主要的是怎样把这个病治好,怎样把群众的生活搞上去。希望有关部门经过调查,对水源问题给予解决,这个问题放在首位。全省尽早解决这个问题,请有关部门尽早给予解决。查找病因也是一个最主要的问题,最好搞一个方案,有关部门大力合作。药的问题、挖井的问题、搬迁(村)问题都需要钱,请有关部门解决。有些市区解决不了的问题,请上报自治区党委,也可以提交人大会议,三月份在北京举行。药的费用在增加,国家给予大的帮助也不可能,最主要的还是依靠咱们。通过各种渠道搞药,请省里给予支持。这是一个传宗接代的问题,制定计划也好,采取一些措施也好,请落实。

1991 年 2 月 5 日

上午,参加经委工作总结表彰会议。

1991 年 2 月 8 日

上午,参加市政府办公厅工作总结表彰大会。

一、一年来,在市政府的领导下,在办公厅秘书长的带领下,大家齐心协力,可以说圆满地完成了领导交给的各项任务。办公厅的工作是一个任务头绪多、文件多、通知多、接待多、应酬多的综合工作。各有各的任务,各有各的责任,各有各的打法,各有各的难处,可以说办公厅的几家都打了个胜利的仗。档案馆,办公条件差,人员少,完成任务好。车队,一是领导多车少,车的质量差,但……伙房……财务……保卫……办公室机要秘书部……

二、提几点希望。1. 发扬成绩,克服缺点,鼓起勇气打好今年的战役。一是评上先进的单位、个人,戒骄戒躁,要正确对待荣誉;二是没有评上先进的同志,也要正确对待自己,正确对待别人,不要泄气、怒气、不服气。只要认识到干了工作,问心无愧就行啦。2. 要树立一盘棋的思想,要树立集体荣誉感。3. 继续发扬协作精神,要多增加一点理解、谅解、友谊、支持。大肚能容天下难容之事,开口常笑天下可笑之事。水至清则无鱼,人至察则无徒。4. 继续发扬艰苦奋斗的精神。5. 牢固树立"三服务"的思想。

※　　　　　※

参加自治区领导组织的市地专级干部会议。

江村罗布:自治区组织部列确①部长任市委书记,曲加任自治区外事办公室党组书记。

巴桑书记主持会议,毛如柏参加会议。曲加书记是 86 年 9 月任命的②。拉萨市的反分裂斗争,一年一步,一步一个台阶。市委能旗帜鲜明地站在反分裂斗争的第一线。86 年,人均分配 300 多元,90 年达到 440 元。财政收入,86 年 1600 万元,90 年达到 1800 万元。

几点希望。1. 党委希望今后的市委是立场坚定、旗帜鲜明的班子。2. 希望市委班子是一个团结的班子,是一个加强藏汉团结的班子。团结,首先是市委核心的团结,是心往一处想、劲往一处使的班子。3. 希望拉萨市委是一个深入实际、实事求是、调查研究的一个班子,求实、务实、办实事。4. 希望拉萨市的班子是一个联系实际、密切联系群众的班子。要严于律己,不以权谋私,坚决与各种腐败现象作斗争。

1991 年 2 月 20 日

上午,参加拉萨市计划财政会议。

会议的任务,贯彻自治区计划财政会议精神,根据自治区计划财政会议精神,制定我们市计财政的规划。会议还要传达贯彻落实中央领导对西藏工作的指示,同时还要贯彻农牧会议精神。会议的宗旨,以中央对西藏工作的指示,以自治区扩大会议精神为指导,以落实中央和自治区扩大会议为内

---

① 列确,1991 年 2 月—1995 年 4 月任拉萨市委书记。

② 曲加,1986 年 8 月—1991 年 2 月任拉萨市委书记。

容,以深化拉萨经济体制改革为目的,实现我市经济大发展的目的。会议的目的,就是把大家思想统一到中央领导指示精神上来,统一到自治区扩大会议精神、自治区计划财政会议精神上来,统一到我市经济工作上来。

要求大家集中时间、集中精力组织好讨论。今天下午,主要讨论洛嘎市长传达的中央的指示和热地书记的讲话。中央指示和自治区的精神是统一思想、统一认识、统一步调的基础,是发展西藏经济、稳定西藏形势的保证。因此,希望大家学好文件,吃透精神,加强组织纪律性,提高会议的质量和效果,特别是市直单位的同志要按时到会。

1991 年 2 月 25 日

阿旺汇报关于全国第二届城市运动会问题。

9 月中旬,在唐山开幕①,从 3 月份开展预赛。共有 16 个大项,参加运动会的有 42 个城市,首府市和计划单列城市,还有解放军代表。

体育科的意见:参加部分项目,射箭、射击、长跑、摔跤、柔道。我们的项目在 5 月份开始,代表团人数在 40 人以内,凡参加运动会的运动员必须在 22 岁以下。经费主要用于吃、住,机车票由拉萨市负责,其余的由自治区体委负责。预算经费及全□办 22 万元。运动员取得名次后的奖励办法……

吉加主任:参加运动会训练费还要给解决,同时对运动员的专业服装费应给解决部分。

※   ※

下午,和世界儿童基金会马克维它先生会谈关于援助问题。

马克维它:主要是今后的援助项目问题。原定的是 6 个月和农业部交换一次意见,这样太麻烦。我们是通过农业部和世界粮农组织来拉萨工作的。我们原在三三五七项目内的四个县工作。项目外的也搞,比如乡村医生的培训和八个录像机的配备。需要制定一个长期的协议,比如和卫生教育搞个三年的协议。需要和卫生、教育的更高一级领导达成协议,还是在拉萨市搞。

※   ※

窦连朝,市公安局档案员,工资套改的问题,秦局长知道此事。

※   ※

---

① 第一届全国城市运动会于 1988 年 10 月 23 日至 11 月 2 日在山东济南举行,第二届全国城市运动会于 1991 年 9 月在河北唐山举行,这是唐山第一次举办全国性的大型综合运动会。

四年来,老城区改造经费 3700 万元,改造了 13 万平方米的房子。工业,四年前工业产值 1300 万元,今天达到 2000 多万元。"一江两河",拉萨市 19 个项目,资金达 9000 多万元,三三五七工程资金达 8000 多万元①。

※   ※

澳大利亚驻中国参赞古斯瑞莱斯女士。

※   ※

刘和喜,林周县。在藏工作时间应该是 12 年,少算 4 个月的时间。

1991 年 4 月 11 日

上午,在北京通县西站和北京市礼花厂谈运输问题。

礼花用的是硝酸盐。电话是 2180 号。

1991 年 7 月 1 日

上午。

体育科阿旺主任:运动员集中不齐。1. 女篮人员齐,已训练好 10 人;2. 足球队员已齐啦,18 名队员,加教练共 22 人;3. 射击 8 人,队员 4 男 4 女,差 4 人;4. 田径应 22 人,男、女各 11 人,现在女的差 4 人,男的多啦;5. 藏式摔跤已取消啦;6. 男篮应 10 人,现在已到 6 人,公安男篮队 4 人打算参加前卫,这样市男篮就不行啦。市财政给 11 万元,市体委拿 2 万元,体育科 3 万元,其中拿出 1 万元作为奖金。唐山第二届城运会,进入决赛的有三个项目 5 人次。我们共参加 4 个项目,三个决赛项目。女子柔道一名;射击,男子长枪一名;自由式摔跤 3 名,共计 3 项,5 人次。第一届城运会共 42 个城市参加,第二届有 98 个城市。拉萨市参加第一届决赛的共 3 人,现在是 5 人进入决赛,还有一个预备队员。

需要定的问题:(一)代表团组成人员。5 人组成,一名团长,一名副团长,一名联络员,一名管训练的,一名会计。9 月 21—29 号,唐山运动会代表团团长孔,副团长阿旺。队员:小苏,苏玉莲,冯明新,一名会计。另外,三名记者,2 名文字,一名摄影。(二)经费。城运会需经费共 14 万元,由 13 个人组成。交照片,交两面城运旗子,两种文字书写。

※   ※

党政联席会议。

内容:关于二中职业班的招生问题。

---

① 此部分,在该册日记本尾页,没有署名日期。

职业高中已办了三年,6个专业,12个班,344多名学生。面临的困难大,实际学生270人。每次招工、招干对学生冲击大。人数最少的班级只有9名学生,是建筑班。师资有困难。几个问题:(一)专业,现有6个专业,分别是服装、建筑、烹饪、财会、文秘。(二)今年的招生计划,准备增加旅游、财会专业。职业高中每生每年平均1100元,普高平均500元。一个职业班平均只有4名教师。

(三)招生办法。原来和普通高中一样招收,同时招[生],现在要改变办法。主要是学生自愿,单位推荐。

(四)就业办法和措施。

※　　　　　※

自治区劳动局:现有待业青年1.6万人。去年毕业一个班32人。

赵科长:要制定一个以计划为主,招收分配列入计划的文件,面向全区来下发。学校的体制要确定下来,要面向全区招生。

自治区劳动局:一是采取谁办谁受益的办法,二是代培性质的专业比较好。

自治区劳动局徐科长:要建建筑班,而且要办好。拉萨市四个公司都是包工队来顶。全区264个企业,80%的处于亏损状态,企业职工30%多是文盲。待业青年16000多名,约占人口5%,全国待业青年只有3%。社会急需文秘(文书、档案)、建筑、汽车驾驶员。

二中刘燕军:今年毕业生共有90人,三个班已分配10多人。其中,财会42人,炊事员16人,打字32人,实际还有70人要分配。9名学建筑的学生。几个问题:招生问题;服装班,要招生,但说明不包分配;汽车班,学习一年;炊事班,要办;建筑班,和经委联办;旅游专业,征求自治区旅游局的意见。

1991 年 7 月 8 日

参加会议。

参加人:财、计、卫负责人,窦市长、石院长。

关于市医院投资建住院部,购买配套设备的问题。

※　　　　　※

参加市委政府联合办公会议。

议题:1.统战会议准备情况;2.汇报自治区秘书长会议的情况。

统战会,7月23日报到,24日开会,5天时间。会议名称:全市统战宗教会议。筹备小组,次仁平措部长、胡局长。分设秘书组、会务组。每县来三个人,共 100 人,预算 24786 元。主要贯彻全国宗教会议精神和江总书记的讲话。主要解决认识问题,认识新时期统战工作的重要性……19 号文件规定,全民信教的地区,僧尼人数不超 2%。我们 57000 多名僧人,按 35 万人计算,才 1.7%。提高对统战工作的认识,认识建国以来统战工作的作用。认识宗教信仰和封建迷信的区别,当前宗教工作存在主要问题是什么,怎么办,定几条措施和试行的规则。会议的材料,准备要充分。会议的目的明确,抓重点。会议的方法、时间要抓紧。会议要抓典型,要抓样板。

中央会议精神:宗教信仰自由;加强管理;要依法打击利用宗教信仰搞破坏和搞分裂的活动。

※　　　　　※

汇报秘书长会议精神。

会议 7 月 3—8 日召开,主要传达中央办公厅秘书长会议精神。

会议内容:1. 总结四十年来的办公室工作。2. 存在问题:人少;办公条件差;业务素质不平衡;忙于事务,参谋助手作用不够;办事效率低;文件处理;办公室自身建设不够。办公室要发挥参谋作用、助手作用、上传下达作用、信息传递作用、协调作用、处理日常事务的作用。会议贯彻问题:一是不召开全市各县会议,可召开市直单位办公室主任会议;二是搞个书面的材料下发;三是召开一次全市办公室秘书表彰大会。推荐出席全区会议的代表,总结过去的文秘工作。改善办公条件,每县先拿 7600 元,一台四通打字机1.5 万元。建议市直党校每年办一次县、乡文秘人员培训班。保密工作,确定保密级别,秘密、机密、绝密三级制。

洛嘎市长:召开市直办公室会议,由窦市长讲话。

1991 年 7 月 14 日

当雄县格达乡。

岩羊已死 30 多只,群众说死亡了 50 多只。如不是 1 号病,就是传染病,群众要求查清原因。发现岩羊死亡大概 6 月 20 日左右。扎让沟岩羊死得多,扎西平措发现后想剥皮子,开尸后觉得味大就没剥。7 月 8 日,县防疫站每天在那里观察,发现一只病旱獭①勉强进洞啦。已看到死旱獭 3 只,岩羊每天都有死的。打防疫针从 7 月 13 日开始,药发了部分,防疫针只能

---

① 旱獭,别名哈拉、雪猪,属于啮齿目、松鼠科、旱獭属的一种大型地栖啮齿类哺乳动物,体呈棕黄褐色,体型粗壮而肥胖,尾短。喜马拉雅旱獭为穴居、群居动物,洞巢成家族型,是青藏高原特有种,主要分布在青藏高原以及与中国接壤的尼泊尔等国的青藏高原边缘山地,为该区域内鼠疫的主要储存宿主,是青藏高原区域鼠疫预防的重点监控对象。

打 100 人次。

※   ※

全乡人口 3262 人,4 个村民委员会,26 个自然组。乡干部 10 名,国家正式干部 2 名。乡党委书记南木杰、通讯员索朗塔青。7 个正式干部。87 年自治区 39 号文件撤区并乡。乡没有学校。民办小学 8 所,学生 120 人左右,入学率 36%。8 所学校,初中一年级只有一名教师。主要问题是缺一、二年级课本。群众生活,人均收入 354 元。

乌玛塘乡八嘎村 20 多户,从没吃过救济。因雪灾牲口死亡 50% 多,最多的户牲畜死 70%。乡有两户五保户,其中一人搬到班戈县去啦,另一个人在加多村。赞堆,62 岁,每年给他 320 多元。全乡 500 户,有 30 户收入差一点,12 户收入最差。加多村第五组平措卓玛,家有 9 口人,没有男的。乡里有一家最多生 12 个孩子,县里一家最多生 14 个孩子。乡有 40 多人要求结扎,去年 38 人已结扎。去年,全县结扎 100 多名。

来的人,防疫站 4 人,防疫站共 7 人来了 4 人,兹仁局长好。市防[疫]站 7 人,罗桑站长、平措姜村、李朝树、达瓦、顿珠次仁、巴桑。每天 10 名民工,2 名杂工。畜牧局、兽医站的下来啦。

成立防疫 1 号病领导小组,热典县长参加。成立三个组:防治组,负责疫苗的结种投药;流调组,负责采样,找疾情范围;宣传组。

1991 年 7 月 20 日

听青年教育家魏书生的报告。

人是矛盾的集合体,在教书一事上,在心灵的天平上发生了倾斜。建立为学生服务的观点;建立互助互学的人际关系;注意发挥学生的个性和潜能、人性。要学会尊重人,理解人,帮助人。什么样的本领都要学,但整人的本领不要学。平时多琢磨事,少琢磨人。国家有三根支柱支撑着,一是教育,二是科技,三是管理。

※   ※

国家卫生代表团视察。

卫生学校,校长多吉,副校长卓嘎。现有职工 14 名,其中已退休 2 名。85 年建的学校,86 年招生。全区性在职学习 6 期,共 189 人。6 期乡村医生班,学期半年,再实习 3 个月,参加 290 人。14 名职工,有职称的 4 人。办班坚持四个为主:就地为主、藏族为主、在职为主、初中级为主。要求乡村医生 3 年全部培训一遍,参加培训的人员每月给 75 元。学校有 700 平方米的温室。在职的使用中专教材,学习 1.5—2 年。乡村医生学习半年。

黄司长:要学习,要进修,要更新知识。教师既要政治上过硬,又要业务上过得硬才行,要到内地学习交流。

※　　　　※

中央卫生代表团到市医院检查工作。

石诚忠院长:62 年改为市医院,负责部分居民和 7 个县区的群众医疗。全院 150 张床位。全院职工 255 人,一线人员 186 人,占总人数 72%。高级职称 8 人,中级职称 23 人,初级职称 155 人。行政人员 69 人,占职工的 27%。人床之比 1∶1.7。院领导 4 人,院长 1 人、副院长 2 人,科室工作人员 34 人。科级科室 19 个,其中 5 个行政科室。医院面积 8 万平方米。每年门诊量 11.3 万人。住院 2200 人次,周转率 87 年为 14.38%。实行定额管理、超额奖励的办法。每人应得到的 50 元,医院拿出 10 元作为奖励。90 年,毛收入 47 万元,奖金 11.3 万元,每年人均 436 元,每月 36.47 元。

87 年经费 169 万,88 年经费 187 万,89 年……90 年经费 202 万,人头费占总经费的 89.2%。91 年经费 214.5 万元。前几年收入自用,从 91 年开始上交 10 万,去年收入 47 万元。

存在问题:(一)基数低,是 82 年前的平均数。去年,买 68 万元的药,其中后来追加 30 万元买的。89 年,全年人均门诊 5.67 元费用,一张处方 4.99 元。(二)县里来市医院住院。去年 624 人住院。今年,县里来 383 人入院的。其中,传染病 89 人。(三)物价上涨。西药上涨 117 元,中药 230 元,消毒药品涨 263 元。执行 81 年的收费标准。(四)公费医疗吃药免费。经费共给 30 万元,公费人员 19000 人,平均每人 15 元。三年的调查显示,人均每年公费 120 元,医院要起码负担一半。(五)设备。58 年 200 毫安的 X 光机。唯一一个 B 超,85 年给 50 万元买的。连血器分析仪都没有。妇产科用 30 年代的房子,其他病房大都□代的。有一人小儿脑病没好,又得了肝炎啦。(六)人才外流。79 年—81 年走了 48 名人员。3 年补充了 2 名大学生。原来内科 19 名本科大学生,现在只有 3 个人。外科现在只有一名正常动刀的。内科 14 名医生 39 张床。

全市药费免费,经费差 100 万元,其中市医院差 45 万元。公费医疗人员市直单位有 2 万人,县里不到 1 万人。全市差 90 万元。

※　　　　※

患肺结核病的有 3600 多人,墨竹工卡塘加乡……患大骨节病的有 4 个县,尼木 5000 多人,有一半人患病。初步计算,四个县病区 2 万人。扎雪乡、格老窝乡最严重。墨竹工卡县任多岗乡的八尔卡村,羊日岗乡。达孜县人均药费每年 5 元多。尼木县三个乡,有大骨节病 1300 人,克山病 2000

人,三乡人口 5700 人。患病率:大骨节病 21.02%,克山病 39.4%。

达孜县拨款年人均 15.7 元,扣除人员工资,年人均药费仅 5.2 元,规定每人不得少于 10 元,减去 5.2 元,还应补 4.8 元。全市 37 万元,每年应增拨 111.6 万元。

※　　　※

1. 机构设置。教务处,1 位主任,2 位干事,抓教学管理。政教处、团委在其中。教政办公室负责文秘、档案、教材的编印。党支部书记就一人,干事一人。后勤……2. 学校的各项计划。6 万字的规章制度,把它写在校志上,制度是引导大家向上的,不是治人的。

1991 年 7 月 23 日

上午,听魏老师讲课,主持闭幕式。

同志们:

在庆祝西藏和平解放四十周年的今天,我们请来了受尊重的教育家魏书生老师来拉萨讲课,可以说这在拉萨教育史上是第一次。魏老师的讲课用了三天多的时间,可以说已成为我们教育界的热门话题。三天的报告感人,吸引人,教育人。平时我们无论哪级领导作报告,可以说没有超过两小时的,而魏老师的报告 3.5 天,大家听得津津有味。魏老师的讲话,为什么有这么大的吸引力? 第一,魏老师的讲话没有大话、官话、空话,而是讲了内心的话、实话。第二,魏老师讲得大都是自己的经验体会和教训,也是我们平常遇到的一些具体问题,他没讲阳春白雪的东西。第三,魏老师不光具有伟大的共产主义觉悟,而且知识面广。他不光懂得教育学,而且掌握了大量的心理学、哲学知识。

扎扎实实地结合西藏的情况,结合本单位的实际情况,结合自己的实际向魏老师学习。学习魏老师,首先要学习他与人为善的真诚的处世哲学和世界观,也就是说琢磨事、琢磨人的问题。其次,学习魏老师咬紧青山不放松的精神来对待教育事业。可以说,魏老师高官不坐,厚禄不取,一心一意从事教育事业。把教育不光看成是教书育人,而且把它看成是一门科学。第三,学习魏老师严于律己,宽以待人的胸怀。魏老师把自己当作一个正常的人,从不把自己当作人上人。特别是魏老师正确对待自己、正确对待别人、正确对待社会的高尚风格和共产主义精神。

1991 年 7 月 26 日

9:45—12:00,参加中专考试的巡场。

12：00—1：30，参加自治区人大会议。

朗杰主任：就普及义务教育法的检查工作，要以自查为主，分三步走。11月份结束，目的是奠定思想基础，搞好义务教育法宣传工作。

杨主任：1. 要通过宣传提高升学率；2. 通过宣传达到提高各级领导和群众对教育工作的认识；3. 通过宣传教育，要宣传"人民教育人民办"的思想。民办公助教员工资上级政府解决。堆龙德庆县48所公办小学，群众投工投料已修了一半。西藏危房占11%，山东只百分之零点几。

邓小平讲，教育要从小学抓起，要5年一小变，10年一中变，15年一大变。

1991 年 7 月 29 日

市医院汇报当前情况。

石院长：90年，财政给181.5万元，局给3万元、5万元，后来财政给30万元，合计219.5万元。最后超支3.3万元，实际开支222.8万元。去年，修了个厕所，搞了个草皮。90年收入47.4725万元，实际用款270.2725万元。91年，财政给214.5万元，其中包括事业费182万元、公费医疗30万元、社救2.5万元。财政局让从收入中交10万元，实际上今年维修费多。33万元，去10万元，只多22万元。（原文如此）1—6月的开支，拨款120万元，收入19万元。共有138.9万元。

上半年支出139.68578万元，超支7362.97元，业务支出107.852万元，其中：工资63.49万元；离退休费用5.8万元；车旅费2.327万元；福利费9000元；工会费2956.68元；职工药费9717.43元；安葬抚恤金4074元；建房补助2万元。共计75.908万元，每月平均开支12.6万元。另外，20年固定增一级，5月开支，151人每月需增2300元；普调一级256人，每月增8200元，共1.05万元。实际上，每月工资13.7万，12个月共164.15万元。

业务支出：上半年买药11.5766万元；卫生材料费1.855万元；邮电费1.1641万元；水电费5.948276万元；机械修理费1.3666万元；上交财政5万元；燃料费9476元；微机2.5万元；维修费6846元；印刷费8950元。共计31.9384万元。

专项支出12.2337万元。公费医疗12万元；社会救济2337元；暂付款19.6068万元。

三大项支出139.6万元。今年余94.5万元，每月平均15.57万元。门诊量，87年14万人次；89年14万人次；90年11万人次。门诊量月均下降9.4%，住院量下降13%。处方花费，今年每张处方最高2.73元。住院同原来相比,现在每月 15.28 元。现在每月相差 3.18 元,最高每月相差 11 元。职工数量,87 年 284 人;88 年 289 人;89 年 278 人;90 年 255 人;91 年 251 人。人均每月工资 380 元左右。今年两辆车花费 7.8 万元,卖车收入 3.3 万元。

关于奖金问题。1—6 月,收入 22.1595 万元,纯奖金 6.83855 万元。按职工 251 人算,每人每月奖金 45.4 元。除临时工工资,每月支出 35 万元左右。90 年,每人每月平均 36 元,一年平均 440 元。国家卫生部所有收费的 30%—35% 作为奖金。去年,23.97% 拿出来发奖金。

下半年余经费 94.5 万元。需用的方面:每月个人奖金 13.7 万元×6 = 82.2 万元;水电费每月 5.9 万元,加冬天供暖 1 万元,共 7 万元;邮电 1.16 万元;上交财政 5 万元;机修 1.366 万元;燃料费 9746 元;维修费 6846 元;印刷费 8950 元;车旅费 2 万;离退休经费 6 万元;福利费 9000 元;工会费 2900 元;抚恤费 5000 元。13 项共 109 万元,不包药费、卫生材料。药费每月 6 万元×6 = 36 万元。下半年开支,109 万+36 万+1.8 万 = 145.8 万元。现有 94.5 万+18 万收入 = 112.5−上半年超支 7300 元 = 111.77 万元。差 34.03 万元。

加措:财政给 30 万元才行;市医院每月 6 万元药费。市财政到医院查账;加强医院管理,烧电炉出工不出力;以身作则问题。

魏局长:市医院财政拨款,增的是工资调升问题。8 年固定一级,70% 普遍晋升一级。管理要加强。开展新服务项目,增加收入。收入不上交。看一个病医院补 4 元,住院一个补 113 元。业务费每年递增多少。公费医疗医院不负责,各单位负责。以财政为主,派工作组到医院。

石院长:市政府能不能解决市医院问题? 市政府想不想解决市医院问题?

丁局长:市里一是给钱,二是给政策。

※   ※

教体委平措副主任谈内地班招生问题。

今年 2181 名考生,报内地班的占 70.9%,藏族考生增 27%。汉文班报内地西藏班 315 人,藏文班报内地西藏班 1223 人,共 1538 人。以上指干部职工子女。农牧区考生全部报内地班。90 个考场,内地西藏班 64 个考场。汉文班考场 13 个,藏文班考场 51 个。分数线,城市藏文班 158 分,城市汉文班 160 分,农牧区 150 分。内地西藏班分配名额,拉萨总计 381 人,其中汉文班到重庆 90 人。藏文班 291 人,其中到北京 21 人,上海 100 人,合肥 45 人,临潼 80 人,绍兴 45 人。

1991 年 8 月 5 日

当雄县郭尼村检查 1 号病。

1991 年 8 月 7 日

下午,参加市委市政府联席会议。

卫生局汇报 1 号病的问题。

如每人服黄安苏达〔磺胺结晶〕需 9.2 元。发现病区的地方,一是当雄的格达乡,二是乌玛塘乡的郭尼村,三是堆龙德庆县的郎巴乡。乌玛塘乡 6500 多人,需要 18 万元口服药。加土堵洞的药共需 25 万元。

金书记:一是引起重视;二是成立领导小组;三是急需解决经费。财政拿点钱,县里拿点钱,群众出工义务劳动。

8 月 25 日,林周的热振寺举行 12 年一次的宗教活动。

窦市长:会议决定搞,一是重视;二是层层负责,格达乡已花 6.7 万元;三是 18 万元药费,市财政拿一半钱。

※　　　　　※

下午,市委党校汇报工作。

90 年用经费 37 万元,91 年下达经费 30.2 万元。今年上半年已办 7 期学习班啦。

金书记:党校工作已请示自治区,可成立行政学校。党校校长和行政学校校长人选,组织部研究后报常委会研究。关于增加编制问题,可按程序上报。

窦市长:党校以培训为主。财政上,今后在保证人头经费的情况下,业务经费多拨一点。

1991 年 8 月 8 日

上午,参加西南五省六市监察工作会议。

成都监察局:一、纠正行业不正之风,抓四方面教育。一是抓为人民服务宗旨的教育;二是抓纠正行业不正之风,学会吃亏思想教育;三是抓行业不正之风对社会危害的教育;四是纠行业不正之风是一项长期工作,抓错误地认为是教育活动一阵风。二、抓纠不正之风,抓重点。

1991 年 8 月 9 日

上午,世界儿童基金会马克维它先生有关问题的协调。

参加人员:基金会晋美;三三五七工程达瓦次仁、小□;经贸厅;教科委吴处长;教体委张主任;马克维它先生和两位女士。柯德女士主管教育。

马克先生:为方便工作,提出基金会改变新的挂靠单位,准备来一位主管教育的,今年底来拉萨。

※   ※

卓玛杰:1. 城市维护费去年 800 多万元,自治区给 100 万元;2. 公安维持治安费每年 1000 多万元;3. 建城区 40 平方公里,柏油路 90 万平方米。

※   ※

藏历 14 号晚,林周县热振寺宗教活动预备会。

参加领导:丹增书记、吉普主席,自治区厅局领导,市四大家领导,西藏武警总队政委章柱,拉萨市公安局局长,林周县领导。

坚赞县长汇报:林周县大小寺庙 36 座,热振寺的 1—6 世活佛都是爱国的。发出请柬 208 个,我们是按 300 人规模准备的。搭建 1500 顶帐篷,30000 人参加活动。

1991 年 8 月 19 日

陪同邮电部杨副部长到堆龙德庆县。

全县 2700 平方公里,全县 4 万多人。12 个乡,90 个村民委员会。邮电局全局 16 人,其中 3 名合同工,一名临时工。生产用房 866 平方米,100 门交换机实际使用 64 门。1—6 月份完成的任务,电报 2583 次,完成年计划的 43.5%。收入 12247.93 元,完成年计划的 30%。电报完成年计划的 36.6%。邮票收入,……长话收入 3000 多元,完成年计划的 31%。其他收入 641.41 元。总收入 68600.75 元。16 人分工:话务 3 人,负责话传、电报;营业 4 人,负责邮政、电信。党员 3 人,成立了一个党支部。存在困难,只有一条线路到拉萨。

县长索朗旺堆汇报,田桑副县长参加。12 个乡有 7 个乡有农话,另有 5 个乡没电话。

杨副部长:……

※   ※

分检上 2 人,业务会计和出纳 2 个人,投递 3 个人,农、市话维修员 1 人,局长 1 人。

※   ※

陪杨副部长到达孜县。

孙局长:全县 23000 多人,农业人口 21000 人。全邮局 8 人,全年收入任务 7.5 万元,已完成任务的 60%。1—6 月,电报发出 2527 份,完成任务的 50%。市话 33 部,农话 5 部。

杨副部长讲话。

1991 年 8 月 21 日

市政府办公会议。

洛嘎市长:关于热振寺①的宗教活动问题,它是每 12 年一个周期活动。一是人员多,二是路途远,三是参加的人员层次多。首先加强领导,再一个是经费先给 1 万元,再增 5000 元,参加的人有 3 万多人。前两天是佛事活动,后几天做生意。注意的问题:道路不平,有危险性;社会治安方面,要注意去的人杂,防止坏人发反动传单和呼口号。问题:一是交通安全,二是通讯联络,三是防止政治事故发生。

洛嘎市长:组成代表团,孔副市长任团长,其他为成员。去后,孔市长说明来意,给热振寺活佛说明来意,介绍来人情况。跳舞不要献好哈达,送红白礼金不要超过 500 元。24 号去,26 号回来。

1991 年 8 月 23 日

办公会议。

洛嘎、窦、孔、王、才旺共 5 人。

安排人事工作。

一、办公厅以工代干 13 人。王伟,26 岁,男,84 年参加工作,在行政科工作。拉巴兹仁,男,83 年参加工作,26 岁。徐全胜,男,82 年参加工作,89 年到市工作。

二、科员享受副区级待遇。邓荣华,女,科员;普珍,83 年工作,技工,26 岁;王洪彦,26 岁;茶果,44 岁;次卓嘎,66 年工作,41 岁,中专学历,卓嘎,会计,小学学历,77 年工作;扎西顿珠,大专学历,85 年工作;张晓燕,女,30 岁,副食办会计,79 年工作,中专学历。

三、科员提副区级职务的干部。赵国庆,32 岁,大专学历,秘书科副科长;王爱莲,女,34 岁,初中学历,党员,74 年工作,助理馆员,拟任档案馆副馆长;次平,男,大专学历,88 年工作,科员,任副食办副主任。

四、副区级提为区级的干部(实职)。李秀珍,29 岁,79 年工作,拟任办公室主任,89 年提的副区级;钟启群,山西人,84 年调办公厅,拟任司法局

---

① 热振寺在拉萨市林周县境内。它始建于 1057 年,距今已有 900 多年的历史。

长,37 岁。

五、冯覃英,46 岁,机关事务管理局副局长,高中学历,曾在河南副食品办工作过,现在副区级享正区级待遇;江措,信访办,47 岁,初小学历,党员,60 年工作,信办科副科长,85 年到办公厅;群英,50 岁,中专学历,65 年工作,助理馆员;樊开发,41 岁,高中学历,党员,70 年工作,副区级拟享受正区级待遇。

六、正区级享受副县级待遇。江白,男,45 岁,中专学历,59 年工作,现在机关事管局工作,79 年调办公厅工作至今;罗珠坚英,48 岁,56 年工作,正区级,秘书科副科长,享受正区级待遇。87 年调办公厅工作,藏文好,拟任副县级。

洛嘎:是否将王成树的副县级提为享受正县级待遇。

1991 年 8 月 24 日

8 月 24—27 日,在林周县热振寺参加活动。

1991 年 8 月 28 日

在曲水参加 7·4 事件表彰会。

1991 年 8 月 31 日

参加市长办公会议。

一、粮食收购指标。

群培局长汇报:堆龙德庆县粮食收购指标 350 万斤不好调,去年完成 390 万斤,其中皮大麦①收购 80 万斤。达孜、墨竹工卡各超 100 多万斤。市下达的各县指标 1700 万斤,多收一斤奖励一角钱。全市粮食超 298 万斤,油菜籽超 12 万斤。全市粮食收购任务 1700 万斤,油菜籽 192 万斤。对堆龙德庆县不奖不罚,对 91 年收购计划下调。全区 90 年粮食总产 2.22 亿斤。

二、城建。研究拉萨市城建党委工作的报告。

三、关于全市税务、财政会议召开问题。全区 1—7 月财政收入 2727 万元,已成正数。支出 76283 万元,完成全年计划的 70%。主要是新增开支多。

拉萨市 1—7 月的财政情况。财政收入 1800 万元,占年度预算的 77%。

---

① 大麦根据籽粒稃壳有无分为皮大麦和裸大麦两种。皮大麦产区分为春播区和冬播区,主要用作啤酒原料和饲料。

支出大于收入,支出 1900 万元。净结余 624 万元已用完。实际赤字 800 万元,加上急办的事项需 500 万元,共赤字 1450 万元。9 月 10 号开会,150 人参加,会议 5 天。

拉萨市税收,1—7 月完成 4298 万元,占全年的 70%多。年度任务 6400 多万元。

1991 年 9 月 2 日

上午,参加城关区达嘎乡英国 ST 组织饮水项目会议。

首先,代表市委、人大、市政府、政协对达嘎乡饮水项目的顺利完成表示祝贺,并向英国儿童基金会的先生们、女士们表示衷心的感谢。为了解决群众吃水难的问题,为了改善群众饮水卫生问题,ST 组织拿出四万元来解决这一困难,加上群众集资 3000 元,使群众多年要求迫切解决的问题今天得到了解决。

现在首要的问题,就是要把项目管理好。从这个项目中,我们可以看出群众的力量是无穷的。在英国儿童基金会的帮助下,发扬了自力更生的精神。虽然我们的生活还不富裕,但群众还积极集资 3000 多元。特别是一个半月的工程,只用了 28 天就顺利完成了。这项工程说明群众的力量是大的,在今后的各项工作中,我们要注意依靠群众,发动群众,为早日实现小康生活而奋斗。

最后再次代表市……

1991 年 9 月 3 日

上午,堆龙德庆县桑达乡、柳梧乡。

※　　　　※

下午,市委组织部会议,研究民办教师转公办教师的问题。

全区 240 名,90 年中央同意录用 160 名,几年之内的……

自治区藏教 13 号文件,有明文规定……

教体委刘科长汇报情况:496 人报名,其中有 6 人是昌都人。小学代课教师都是藏族。原定去年 12 月 25 日、12 月 26 日考试的。后来推到今年 3 月份下的指标,由各地市组织考试。文科 205 分,理科 210 分。中学汉族教师考试共三科。藏族 200 分。小学代课教师 170 分,民办教师 138 分。审查标准,一是条令,二是教令,三是户口。审查后,拉萨市合格人数 158 人。指标情况,今年全区转正 300 人,解决 240 个户口指标。代课教师,中小学 60 人。民办转公办指标共 300 人,汉族教师占 5%,应取 15 人。小学代课教师 42 人。中学汉族教师 17 人,藏族有 1 人。自治区审定的,拉萨市指标 112 人,有两名候补,共 114 人。中学教师 4 人,汉族 3 人,藏族 1 人。拉萨 小学代课教师 17 人,两名候补,共 19 人。小学民办教师 91 人,共 114 人。 91 人中,包括转户口、录用,实际有 92 人。

1991 年 9 月 4 日

上午,和平康主任谈尼木县大骨节病。

财政厅说和卫生厅研究。卓厅长说,分两方面,一是医疗归卫生厅解 决,二是打井、盖房子,由财政厅解决。再写个报告,分两部分解决问题的 报告。

1991 年 9 月 5 日

上午,达孜县拉木乡。

全乡 1500 多人,病人就诊人数 1200 人次。乡长白玛次仁,县防疫站站 长扒□。

※　　　※

墨竹工卡县洛多县长介绍:平均海拔 4000 公尺,面积 5200 平方公里, 耕地 8.63 万亩,牲畜 27 万头(只、匹)。有 15 个乡一个镇,人口 37000 人, 其中非农业人口 1585 人。

1991 年 9 月 7 日

参加体育科座谈会。

主要是对第六届运动会进行工作总结和对今后提出意见。运动员没选 择好;训练不严格;缺乏强有力的政治思想工作,存有向钱看的思想;缺乏打 硬仗的思想准备,个别运动员盲目乐观,心理素质缺乏训练;思想上有压力; 缺乏新生力量,平时开展群众性的体育活动不够;领导重视不够;组织纪律 性差。今后措施和办法:加强领导;注意开展群众性的体育活动;集中训练 和平时训练相结合;抓重点人才的培养;思想解放,挖掘人才,防止人才外 流。总结经验,振奋精神,重整队伍,以利奋战。

足球教练:得了第二名。

田径李卫:总分第四名,第一教科委,第二那曲,第三昌都。存在问题: 田径运动员青黄不接,训练抓得不紧,新运动员心理素质差。

女篮:平均 26 岁,身高 1.62 米。意见:周二、四、六下午集中训练。

获奖:14 名运动员,一块金牌,三块银牌。

参加了运动会 8 个项目,足球、女篮、田径、象棋、射击……共 4 金,9 银,7 铜,总分名列第六。参加田径 24 人,学生(中小学生)16 人。

※　　　※

给市委联席会通报几个问题。

参加热振寺活动;电讯工作会议;英国儿童基金会;教师节。

窦市长:市委市政府召开教师节座谈会,由市委办公厅、政府办公厅承办;发个通知。

办公会:以市委市政府名义在电视台上发个通知,晚报……以四大家名义开教师节座谈会,由市委、市政府主办。挂出标语、横幅。

1991 年 9 月 15 日

从拉萨到北京参加唐山城市运动会。

比利时国际组织给 56 万元,其中现金 23 万元左右,其余主要是帐篷、棉被等物资。

※　　　※

市医院:最好的设备是 B 超。全部卫生系统的事业费 320 万元左右。市医院副主任医师 7 人。

西藏自治区 987 个乡。

孔繁森日记

The diary of Kong Fansen

（下）

赵少峰　梁　婷　校注

人民出版社

下 册 目 录

1992 年

现在,全国人均收入 700 元①。

90 年,拉萨人口 35.66 万人,大中专学生占 10%。大学生占 2%,有 7400 人。中专生 3 万人。91 年,全市总人口 36.38 万人,农、牧民人均分配收入 474 元。其中,农业人口 23.73 万人,耕地 59.4 万亩。财政收入 4034 万元,中央补贴 66908 万元。粮食总产 2.43 亿斤,人均 1029 斤。15%左右的牧、农民没解决温饱。2000 年人口达 42.15 万人,人均收入 850 元。按照小康的提法,人均年收入应达到 800—1000 美元。

内地人口自然增长率在 12‰以下,城市在 8‰以下。

1992 年 5 月 1 日

要做到:勤政、廉洁、团结、求勤、务实。

1992 年 5 月 12 日

上午到达拉萨。

1992 年 5 月 20 日

上午,卫生局魏、丁局长汇报情况。

一、乡卫生院配套资金的落实问题。19 号文件是卫生厅等 5 大家联合下的文。拉萨市有 68 个乡镇,除去达孜县,还有 41 个乡,每乡需 5.3 万元。

二、财政预算拨款。今年 384 万元,81 年 362.5 万元。今年扣除工资增长因素,多了 2 万元。今年要求上交 30 万元,卫生局再往下分。91 年上交 18 万元。市医院公费医疗今年拨款 30 万元。

三、项目。1. 英国儿童基金会 217 万的项目。4 个项目是在堆龙德庆县、城关区、达孜县、墨竹工卡县,涉及改水、健康教育、改厕、培训。91 年试点,92 年全面铺开。2. 比利时的尼木、林周项目,资金 24 万美元,还有原来答应的两辆交通车。92 年开展改水和妇幼项目。林周的项目,比利时拿 50 万元,我方政府拿 60 万元,新建的医院还差 23 万元,由政府来拿。尼木县投资 26 万元,比利时拿 16 万元,政府拿 10 万元。3. 澳大利亚大使基金项目总共 40 万元,用于改水和大骨节病,主要用于达孜县和堆龙德庆的白浪

---

① 此部分没有注明日期,在日记本扉页。此本日记主要记载 1992 年的事,故放于此。

村。欧共体位于比利时布鲁塞尔,它是个国际组织。

四、计划生育。会议准备在 5 月底 6 月初开,100 多人参加,每县来两个人。

五、卫生局搬迁的问题。或在教体委后边,城建局房建筑面积 15000 平方米左右。或设在朝佛点,面积小点。或在家具厂的南边。

六、治疗大骨节病。财政厅出经费 19 万元,其中搬迁 10 万元,改水 9 万元。97 个乡镇,有 68 个乡镇没卫生局,93 年全部完成。

※　　　　※

张荣扬主任给市委汇报的工作。

一、定编的办法。

二、工资包干,93 年 1 月开始。

三、改革高中招生办法。今年初中毕业生 1800 人,去年报考高中的 200 人,今年可能考高中的有 700 人。

四、初中招生制度的改革。普及一年级到中学教育,完成中央提的普及九年义务制。现在内地班中学生有 1400 人。

五、课程设置。

六、收费问题。初高中复读生的收费,高中生每学期 200 元,初中生 150 元。没拉萨户口的中小学生收费标准,高中生 200 元,初中生 150 元,小学生 100 元。保育院 310 个小孩,每个小孩每年 1000 元。收费按自治区的标准,每个小孩每月 62 元。

七、九中改为城关管理,今后不叫九中。

1992 年 5 月 21 日

参加市委教育联席会议。

市教体委汇报:一、近期工作汇报。教育经费和建设经费 2026 万元,比去年增加 100 万元,光工资增加 120 万元,基本建设增加 400 万元。开展了教育的检查,变化大的是林周县,弱一点的是达孜县。五中、师范附小工作好。开展的财务检查问题,把预算内资金当奖金来发,师范学校发 5 万元;二中违章变价。90 年初自治区给二中 20 万元专款。合同报价 19 多万元,和安徽订的,实际付款 18 万元。市物价局价检 8 万多元,亏损 9.8 万元。订的东西:纸张、作业本、食堂用品。安徽姓吴的负责订货,共 50 多万元货物。二、近期几次改革的措施。(一)改变教工的定编办法,农村以学生人数定编,教育经费按学生人数来分。(二)教委下的 12 个单位,采取工资总额包干的办法,节约归己,超支不补。(三)改革初中的招生办法,从 92 年开始,城区的小学生不会考,直接升初中,就近普及初中教育,初中不搞重点学校。今年,拉萨有 3000 名小学生升初中,准备拿出 100 名学生参加内地西藏班的考试,内地班要 300 人。(四)改革高中的招生办法。每年拉萨市考中专的 400 人,全区 1200 名中专生,原来都是中专录取后再上高中,高中招生不准从中专落榜人中招生。92 年高中毕业生 1200 人。今年的高一开始,学一科考一科。(五)提高有关项目的收费标准。高中复读生每学期 200 元,初中收 150 元。现行中学生 800 元,小学 400 元。没有拉萨户口的要收费,每学期高中 200 元,初[中]150 元,小学 100 元。保育院现在每个孩子每年 1000 元,现在 310 个孩子。现在每月收 13.2 元,自治区每月收 27.9 元。自治区伙食每月收 36 元,我们每月收 27.9 元。关于课程设置问题。贯彻教育为经济服务方针,开经济课;加强双语教学。从今年开始,藏文不及格的,不准上内地西藏班。藏文班的汉语文课,开展试点班,四年级开汉语文课。汉班的藏文课作选修课。管理体制,小学由城关区来管。9 中归城关来管,10 个班,300 名学生都是小学生。

1992 年 5 月 23 日

卫生局和防疫站汇报火锅店使用罂粟壳的问题。

防疫站站长罗站长:检查了 17 家火锅店,用眼看的,12 家有罂粟壳子,共收集了 3.2 斤。罂粟,《本草纲目》中李时珍就用于治病。个体户,拉萨市有 8500 户,82 年不到 1000 户。

※　　　　※

卫生局经费,92 年总计 384.5 万元,91 年总计 362.6 万元。92 年增加 21.9 万元。91 年比 90 年增加 42.9 万元,主要是公费医疗费用增加。92 年增加的 21 万元,主要是行政经费 1.4 万元,业务费增加 20 万元,计划生育费增加 5000 元。

业务费方面,92 年 325 万元,91 年 305 万元。行政费,92 年 22 万元,91 年 20.6 万元。社会救济,92 年、91 年都是 2.5 万元。计划生育费,92 年 5 万元,91 年 4.5 万元。公费医疗,91 年、92 年都是 30 万元,机关 2 万多人。卫生收费上交任务,今年 30 万元,91 年上交 18 万元。从全国来讲,妇幼保健院、防疫站都不上交税。91 年,妇幼保健院上交任务为 5 万,防疫站上交任务为 3 万元,市医院上交任务为 10 万元。92 年上交 30 万元,财政上没给分,让卫生局分。

※　　　　※

晚上 11 点。

陈大信同志在电话上说：一、借的办公厅的用品，包括大小床各一张，床单一个，被子一床，枕巾一条，枕头一个，枕套一个，水瓶一个，脸盆一个；二、小方桌、碗给秘书小赵；三、电视机柜给郭宁。

※　　　※

西藏解放前人均年龄 36 岁，到 90 年平均年龄已达到 64 岁。

※　　　※

从 84 年至 91 年 8 月 21 日，外国在藏投资卫生领域情况①。

英 SCF：446 万元（446.4151 万）。世 UNCF②，209 万元，84 年开始准备配给一套先进的儿童口服液的机器。玻利维亚 NCF 投资 201 万元。澳大利亚给 40 万元。加拿大给 5 万元。共计 1101.4151 万元。

卫生部秦司长准备给市妇幼保健院建一个遗传中心。

※　　　※

春风得意，江山起宏图；

日月知心，人民大团结。

1992 年 5 月 25 日

一中。

陈洪，20 岁，高三文科。王翠英，18 岁，高三文科。

估计星期六下午（23 日）在拉萨河边自杀。会考成绩不好，平时成绩都不错，平时成绩 16—25 名间。这次考试在 34、35 名，考了 190 多分，全班 39 人参考。陈洪家是藏大的，高二时，有自杀现象，星期四宣布成绩后出走的。

一中，缺 4 名语文教师，缺 4 名数学教师。张际凡共缺课 20 多天。一中教工 162 名，教课的 121 名，学生 1300 名。缺教工，一名教师带 3 个班的课。后勤 34 人，干工作的只有 16 人。

1992 年 5 月 27 日

市动物检验所汇报猪肉的检查问题。

站长冯扎西：5 月 11 日向洛嘎市长汇报了一下情况，5 月 16 日召集联席会议进行了汇报，会上定了检查的内容，洛旦秘书长讲了话。准备在堆龙德庆设卡检查外来猪肉。

拉萨市食品卫生防疫站索朗多吉：给猪打笨金促胆红素生长。检查组

---

① 没有注明日期，写于日记本封底。

② 联合国儿童基金会缩写。

由工商、防疫站、动检、公安人员组成。

1992 年 5 月 27 日

会见瑞典外宾。洛旦秘书长参加。

1992 年 5 月 29 日

上午,市长办公会议。

洛嘎市长谈意见:今年农、牧业都比较好,只要不继续干旱下去,丰收有希望。林业发展得更好。三三五七中期工程评估七月份来 20 名外宾。外事邀请我们出国访问的博尔布特市,还有其他国家。瑞典大使馆一秘张震锋……大昭寺的维修费 300 万元。甘丹寺维修费 2000 万元,这是落实政策的经费。计划 5 年完成,现在保证 3 年完成,争取提前 2 年完成。

赵市长:重点县建设经费 600 万元,曲水县、尼木县。

※　　　　※

向市政府领导需要通报的几个问题。

1. 休假期间,参加了全国城运会;去卫生部、财政部争取支持卫生资金;到国家档案局要钱的问题;参加常州召开的全国城市教育改革会议。

2. 休假回来后(5 月 12 日)办的几个事。陪教授考察;卫生部门,和外宾见面;查火锅店,猪肉的问题;市医院的问题;国家教委周主任检查堆龙德庆教育,差的达孜;体育;瑞典问题。

窦市长:关于市医院建设,先按 300 万元设计。交通的问题、成都办事处的问题共需 850 万元。办事处属县团级,需 10 亩地,定编 30 人。先安排 3 个人筹备。

※　　　　※

办公会议上洛嘎市长谈意见。

一、科技人员招工问题。二、房地产经营贴息问题,1500 万元。三、医院的 100 万元问题,住院部 300 万元,宿舍 80 万元,共需 400 万元,先盖宿舍再说。四、关于股份制的试点问题。五、流通企业的租赁问题,先不搞出售。六、农、牧、林业八五期间改革。七、城办建设问题。八、档案局去人的问题。九、市场上出现的三个问题,火锅放大烟,猪肉问题,牛肉加水问题。十、市医院的班子问题,孔市长负责。十一、成立工商联的问题,同意由统战部牵头。十二、喇嘛户口问题,原来已解决 700 人(农转非),现还有 60 个喇嘛需解决户口。十三、美国博尔布特市医团的来访问题,今年不接待可以,但回信要有策略。十四、龙王潭①问题,交城建局。平时不开放,节假日再开放。

对下一步的工作提几点意见。工作临时分工:1. 陈市长分管的经济工作,由赵市长分管;2. 扎市长的民政工作,由孔市长临时关照;3. 城关社教工作队想办几件事;4. 关于多处占房的问题,约有 800 户;5. 城建局七、八月有两个会议,由赵市长具体过问一下。

1992 年 6 月 2 日

市旅游公司。

段总经理:当时交班②职工 273 人,现在 283 人。工资全年 60 多万元,实际发 87 万元。当时交班外债 331 万元,实际 400 多万元。拉萨市旅游公司欠外边共 320 万元。外边欠市旅游公司的 193 万元。91 年,购新车 6 辆,用款 73 万元。段接才旺思达工作是 91 年 4 月 1 日。从去年 4 月到今年 4 月共收入 300 多万元。92 年可能收入 350 万元。273 名职工,10% 的人都是小学、初中学历,大专学历的占 10% 多。公司领导是段总经理、董天林。90 年修车 22 辆,60 多万元。要求成立公司党委。

1992 年 6 月 6 日

下午,市长办公会议。

需要通报的问题:1. SCF 代表来访问题,住哈达旅社。教育工作;卫生工作。2. 瑞典外宾来访的问题;3. 旅游局、公司的班子;4. 动物检查站、防疫站检查猪肉的问题。

洛嘎市长:(一)三三五七工程的问题,主要是中期评估准备,成立领导小组,下设三个小组,为材料、接待、后勤。7 月 31 日到拉萨,外宾 20 人。(二)在堆龙德庆县成立农民科协的问题。(三)城市脏的问题。存在四个问题:1. 脏的问题非常严重,乱倒垃圾,主要为建筑垃圾;2. 各单位和摊点、饭店不保洁;3. 城建局的下属单位,环卫局、养护处、园林局工作不协调;4. 门前"四包"没落实;5. 摊点不文明经商。主要是相关单位领导不力,管理不善,其次环卫局精减了 80 多人(集体工),再者拉萨市的外来人员猛增。(四)目前乱伐树木、破坏绿地问题严重。孔市长抓一下综合治理问题,进行电视讲话。天葬台架桥的问题,拿 6 万元钱,窦市长考虑。德吉路的路面比较好。林廓东路比较差,先集资金。有些物资倒流的问题。职工佛事,小

---

① 龙王潭,藏语日鲁康,是拉萨著名的园林建筑之一,位于布达拉山后。
② 交班指更换公司领导人。

范围地搞……大昭寺的维修,第一期已结束,总结时对表现好的可表彰一下。对外开放工作的几个材料,要给市委汇报。承办 10 亩地 45 万元。西郊检查站问题,同意办理。

1992 年 6 月 8 日

上午,和医院白珍院长谈工作。

下午,研究城区的卫生问题。

1992 年 6 月 10 日

综合治理办公室开会。

城关扎西书记:实行门前"四包"后,垃圾扫到街面上去啦,环卫要跟上。八廓街的"六定一奖"有所落实,八廓街一圈没有厕所。有厕所的地方,环卫打扫得不及时,脏得厉害。要增加机械清扫。

城建局张书记:前天领着城建五个下属单位检查了一下,环卫局减掉了 84 个人,有的单位工资发不出。没有油,已烧 3 季度的油,今年差 16 吨油,车坏没法修。园林局两辆大车,两辆解放已坏。公共厕所有 28 间,厕所能正常用的有 26 间,但上下水不通。修商品房把人行道侵占啦,大量伐树建商品房,建设性地破坏。布达拉宫前广场乱,规划不能严格执行,商业活动没位置。有的厕所,吸粪车进不去,维修厕所需 6—7 万元,造成脏乱问题,外来人乱解手。清洁工早晨换打……开饭馆的把剩饭倒在路中心。开展城市意识的教育,要从小学开始。公共设施被破坏,果皮箱最多用两个月,雨水井盖被盗回家。城市管理委员会没活动过。

洛、扎、赵、法院院长、检察院院长先后发言。要从根本上解决问题,要依法来管,同时采取经济手段才行。

法[院]院长:1. 根本的要发挥主管职能部门的作用,要尽职尽责;2. 要支持部门的作用,防止说情风,思想解放,奖罚兑现;3. 要提高对三乱的认识,提高群众的环境意识;4. 要常抓不懈,要对检查情况通报一下,奖和罚结合起来。拉萨的建设投资不少,但管理差。厕所 28 间,每间投资 5 万元。基础设施要敢于投资,先地下后地上。

侯书记:加强管理是稳定局势、保障开放搞活的一个重要内容。刑事案件大幅度地上升。1. 要清理玛尼堆①,影响交通,影响人们的身体健康。同

---

① 玛尼堆,藏语称"朵帮",是垒起来的石头之意。"朵帮"又分为两种类型:"阻秽禳灾朵帮"和"镇邪朵帮"。在西藏各地的山间、路口、湖边、江畔,几乎都可以看到一座座以石块和石板垒成的祭坛。

时,有玛尼堆的地方也是个别人散发反动传单的地方。2. 门前"四包"各单位要负责。整个色拉路厕所只有一间,教育干部群众要增强首府城市意识。爱卫会要做点参谋工作。3. 要加强交通管理秩序,发动群众来搞好交通秩序。三轮车 400 多辆,出租车 400 多辆,交警要注意形象。4. 加强市场的管理,要活而不乱,工商、税收、城管要依法管理。5. 城关区要抓门前"四包",实行奖罚。6. 收治安管理费问题,准备写报告,卫生也要适当集资一点。7%的城市收维修税。区域划分好,责任明确,定期评比检查。

税务局长:关键是经费问题,应让财政局参加,部门的困难应让财政局知道。自治区应让领导牵头抓这项工作,自治区应解决市里的具体困难。城市管理委员会应起作用。87 年成立了城管委员会。

综合治理办会议的情况及今后意见:一、会议情况,开得好,说到了关键,讲出了要害,讲出了存在的问题。二、综合治理办要敢于负责,要抓好本职工作,要把自己的事办好,要动员本部门的干部职工把大家组织起来。三、要把本部门开展工作的计划研究一下,要明确责任,要有专人负责,比如教育上……城关区、工商局、卫生局要相互配合。四、各部门要召开动员会。三轮车 400 多辆,有 200 辆是待业青年的。

综合治理办:年年抓,年年没解决问题,突击一阵子,解决一阵子。一是领导要重视,要建立城市管理机构,但现在还没发挥城市管理的作用。政法委综合治理主要抓治安。二是要搞理论研究。三是目前拉萨的违章建筑严重。四是注意发挥基层组织和群众的作用。

1992 年 6 月 16 日

旅游公司。

财务科长杨:原来贷款 335 万元,还欠 115 万元,另欠拉萨饭店 190 多万元,欠日喀则车队 60 万元。欠泽当、自治区车队、西藏宾馆计约 15 万元。公司 87、88 年营业好,89 年开始亏损。89 年亏 56 万元。90 年盖房花费 3 万元。91 年,老段去后亏 37 万元,实际 50 多万元。92 年上半年,80 多万的亏损。才旺思达规定各部门支出 200 元内,部门经理有权决定,200 元以外公司研究确定。罗曲原来在财务上,副经理去年 5 月被老段给调出去。财务上有 10 人,其中干工作的有 6 人。餐饮漏洞大。段自己修房子花去 5 万元。现在正式职工 191 人,临时工 90 人。现在工资每月 7 万多元。欠拉萨饭店,每月滞纳金 5 万多元。银行滞纳金、利息 900 多元。

※　　　　※

市长办公扩大会。

一、门前"四包"。1. 包环境卫生;包管绿化;包公共设施;包社会治安。2. 凡驻拉萨的单位,重要道路沿街商店及居民都要签订门前"四包"。3. 由市人民政府发布实施,城关区执行,城建、公安等部门配合,不多头处罚,由签订合同的单位处罚。4. 经费由财政适当补,城关区每年列专项开支,城关区罚的款要交城关区财政,再用于门前"四包"管理。

二、研究千分之三的户口问题。千分之三共 963 个指标,千分之五共 240 个,共计 1203 个,已分配 1183 个。留 20 个机动指标,其中 10 个给知识分子解决。

三、武警拉萨支队的基建问题。总队已拨 20 万,由 54 人增编到 120 人,政府需再拿 15 万元建办公楼。窦市长:让计委审查需多少钱,拿多少钱,今年列入计划。

四、成立拉萨市房改领导小组问题。

1992 年 6 月 20 日

徐立芹。91 年 4 月从那曲计委调来的。员工士气低落,普遍的没有事业心。

1992 年 6 月 23 日

下午,召集有关单位研究布置治理"三乱",迎"七一"。

一、前段工作情况。

二、当前存在问题。1. 对治理脏乱差的认识不够。2. 存有等、靠、要的思想。等节日突击,等领导发命令;靠武警、解放军来清扫;要钱、要待遇、要人。3. 职能部门的作用发挥不好。4. 关系不理顺。5. 存在"大锅饭"现象。6. 没注意发动群众,门前"四包"没落实。

下午 6 点 30 分,参加卫生厅召开的初级卫生保健工作会议。

卫生部地方病司高同志:世界卫生组织提出(70 多个国家)2000 年消除缺碘的问题。对西藏缺碘病人,每年拿出 120 万元经费。初级卫生保健有 13 项指标。改水的县区有 6 个,曲水的君巴村(打温村)改改水。市卫校已培训四期卫生人员在乡村工作。

1992 年 6 月 24 日

上午,参加旅游公司会议。

1992 年 6 月 25 日

上午,和卫生局魏、丁局长研究工作。

关于市医院工作。听说自治区医院副院长在党校学习三年,即将毕业。当雄卫生局副局长次仁顿珠是主治医师,大专学历,有事业心,外科手术可以。

石院长任书记。白调走,李平川的爱人一年不上班。胡免副院长职务,保留外科主任。

第二个办法,招标。

次典朗杰给自己司机安电话,卫生局已同意调出去。

1992 年 7 月 1 日

上午和仁青谈事。

上午和外事局李、市医院石、卫生局魏谈博尔布特市来西藏的问题。

准备 8 月 2 日来。四个队 20 人,旅游 7 人,医疗 13 人,3 个医疗队。要配 3 名翻译,每个队要 3 名医生,每个队要 1 名协调员。

眼科队:1. 进藏 8 月 2 日,出藏 10 月 24 日,威连凡那克;2. 三名眼科医生,罗丝 8 月 8 日出去;3. 秋菊也是眼科,8 月 8 日出去;4. 帕得利息,女,护士,8 月 2—8 日;5. 塔德娜,公共卫生专业,8 月 9—15 日。妇幼:1. 苏之,女,管理人员,8 月 2 日—9 月 5 日;2. 雷那德,医生,8 月 2—15 日;3. 斯克特,医生,8 月 2—15 日;4. 克里斯丁,女,护士,8 月 2—15 日。治疗高血压队:1. 喜福,女,计划员,8 月 2—22 日;2. 里那德,医生,8 月 2—15 日;3. 格林,医生,8 月 2—15 日;4. 凡克斯曼,医生,8 月 2—15 日。

1992 年 7 月 6 日

市长办公会。

1. 汇报在延吉市召开的市长联系会问题。

2. 和成都市结成友好城市问题。

3. 当雄县的问题。

1992 年 7 月 8 日

上海代表团谈上海回民中学的情况。

全校 700 名学生,其中 400 名是藏族学生。德育为首,狠抓教学质量,科学管理。大部分同学都能达到上海初中毕业的程度,极少数比较差。第二课堂开展得比较差。上海教育改革,中学实行校长负责制的占 40%,小学占 20%。教师聘任制,工资结构制,工资已包干制。现在上海 12 大行业,就工资待遇来讲,教师是第十一位。

存在问题:1. 上海的教材改革,主课减少,选修课增加,课外活动增加,西藏班的办学是否按上海的教材来办。2. 个别藏文教师水平差,惹是生非。四名教师已回来三名,还留下一名生活教师。3. 藏文资料少。4. 青尼玛,90 级学生,学习差,顶撞老师,迟到,不上课,吸烟。三门课不到 100 分,本人要求回来。5. 关于经费问题。学生生活费每月 65 元钱还不够;医疗费太少,有一名学生腿不好,一个月花 6000 元的费用。学生每人每年 60元,实际需要花 75 元。一年生活费,西藏每年给新生 820 元,老生 600 元。

每年内地西藏班办公费用 200 万元,主要用于车旅费。现在增加到400 万元。医疗费增加到每年每名学生 120 元。

1992 年 7 月 9 日

旅游公司段秋民汇报北京会议情况。

这次是第二届全国旅游观光年,第一届在上海召开。开幕式到闭幕式共四天,开阔了眼界,结交了朋友。特别和上海锦江旅游公司接上了头,四川金桥答应将 70%—80% 的客户介绍给市旅游公司,和北京的天鹅集团挂上了钩。

存在问题:上半年客户少,主要是我们宣传不够;通讯太差,内地和我们联系不上;公司组织纪律差,不能坚持正常的工作。自从来工作后,已还债80 多万元,发工资 79 万元;班子不团结。

今后意见和打算:在北京和成都设点;引进外资问题;银行贷款;解决外联权问题。市谈定的计划是 90 年完成 220 万元营业额,接待客人 2000 人。

　　　　　　　　　※　　　　　※

自治区公安厅外管处强巴处长打电话,给瑞典两位客人延期 10 天,原定的到 7 月 17 日延期到 7 月 27 日。

1992 年 7 月 12 日

达孜县拉木乡 SC 改水项目,验收大会。

拉木乡人口 900 多,用款 6 万元,原来计划 9 万多元,实际只用 6 万元,搞了 9 个水管。县长齐梅多吉主持会议。参加具体改水的人员:罗布、康家贵、普布旦真。

1992 年 7 月 14 日

上午,城关区。

下午,八廓街办事处,书记旺堆多吉,主任次多吉。

商业:国营 15 户,集体 16 户,个体 882 户。从业人员 908 人。区内个体户 582 户,从业人员……区外个体户 222 户,从业人员 232 人。尼泊尔商人、侨商 72 户,75 人。归国藏胞 6 户,6 人。服务业 6 户,修理业 5 户。卖经书、唐卡,135 户。

市工商局局长:市区个体户,91 年底 5196 户。区内 2845 户,从业人员 6691 人,5196 户中从事商业 3581 户。区外 2351 户,从业 2859 人。饮食业 1111 户,从业 1941 人。服务业 151 户,从业 264 人。交通运输业 423 户,从业 451 人。修理业 60 户,从业 79 人。手工业 144 户,从业 171 人。其他行业 110 户,从业 129 人。以上是 91 年底的数字。

92 年新办的 604 户,其中区内的 312 户,从业 369 人。区外 292 户,从业 351 人。农副产品户还有 1000 多户。91 年,一年办证 600 户,92 年上半年就办证 600 多户。81 年前 303 户。现在整个拉萨市城区已发展到 5000 多户。

尹苏:91 年的企业数,包括城关区。91 年,区外国营、集体企业有 155 户,从业 2437 人,资金 5963 万元。区内的,国营企业 34 户,从业 295 人,资金 746 万元。集体企业 121 户,从业 2142 人,5217 万元。92 年 1—6 月份,区外国营、集体新办 10 户,临时 5 户,区内国营企业 5 户,集体企业 11 户。尼泊尔企业 141 户,从 84 年开始办的,从业人员 232 人,资金 33.9 万元。

八廓街办事处旺堆多吉书记:有四个居委会,2427 户,5707 人。有 18 个集体企业,个体户 913 户。原来只有 100 多个体户,包括尼商。改革开放前,人均收入 500—600 元,现在居民人均收入 1300 多元。现在 82 人的温饱问题没解决。87 年 9 月 27 日以来,骚乱 52 起,最大的有 3 起。藏历年前,打击小偷 46 人,判刑 5 人。川省市商人在此经商。

和张小平、肖行访八廓街道办事处居民。次德吉现任鲁固居委会副书记。他的爱人达瓦次仁,月收入 5000 多元,全家五口人,家有彩电、电冰箱,还有 5 万元的存款。

※　　　　※

残疾福利民族手工业综合厂。

归属市城关区吉崩岗办事处木如居委会。该厂由 6 个合作社合并。现在有 57 名职工,其中妇女 40 名。残疾人职工 24 人,占 42%。学文化,主要学习英文、藏文,每晚 2 个小时。学技术,设四个班。

1992 年 7 月 15 日

下午,区财政厅听取拉萨市政府汇报。

92 年,城市建设投入 71 万元。今年需 788.5 万元,五大类。拉萨市离退休 2400 多人。拉萨市在成都建办事处的问题,10 亩地大约需 460 万元,连建设需资金 1200 万元。县团级单位需 30 人,属于政府部门事业单位。拉萨的建设,包括自治区单位,每年 2 亿元人民币。户口按 3‰、5‰[①],共 1183 个。另外解决 500 个户口,每个 8000 元。

田厅长:1. 100 万元补贴,中央给的;2. 城市的改造 600 万元,项目太分散,事情该办的立即办,主要用于城市建设;3. 市委政府投资 190 万元,改造再给 100 万元,以上共 800 万元。关于收费问题,心不要太狠。

1992 年 7 月 16 日

自治区工作组开会研究关于几个违法问题的处理。

1. 措木林寺,上边住人,下边念经,看怎样解决上边住人要搬迁问题。

2. 下密院的出租问题。给印经院啦,里边住了不少的群众。考虑怎样管理,收费不好办。

3. 小昭寺问题。不少喇嘛住在外边,不好管理。寺庙的房子,机关群众住着,23 户有产权问题。

4. 雪居委会的门前"四包"问题。大部分是机关单位,群众极少。搞个门前"四包",派四五个人专职管理,搞经费来源。单位自来水公司、歌舞团。

5. 小昭寺街,地热公司后边有 35 户人家,地热把人家的通道给堵上啦,暂时留了个洞,城建局至今没办成。

6. 雄嘎居委会住了 29 户。洛丹通过规划局在 3.5 米的基础上占去 2.5 米,只留下一米。

7. 小昭寺这条街,54 团搞了共建,二中的围墙突出来啦,要取直。划了红线,至今没解决。

8. 扎细新村居委会存在问题:一是小学生上学没学校;二是粮站;三是银行;四是派出所。

9. 人民医院收费问题。住院收押金问题;看病没药,开处方外购药。

---

① 农业户口转成非农业户口。

10. 户口问题。城关困难户占 10% ;5‰、3‰的户口问题。听说机关要 300 元,群众 500 元。

11. 住房问题。工作组成立回访小组,对几个居委会进行回访。

12. 五保户喇嘛的解决问题。有户口的喇嘛由宗教局解决,没住寺户口的、户口在街道居委会的,需民政解决。

拉巴书记:措木林上边住了五户。下密院的问题,明确户权。小昭寺的桑东,房子的户权,23 户全部是喇嘛,要明……

13. 扎西居委会的林卡问题。民改时明确户权啦,以后兽防总站就借过去啦。

14. 城关区 8 户农转非问题。扎西居委会从原来 28 户已转 20 户,8 户让人顶替啦。

15. 木如寺的一间房子,在大昭寺后边,现在八廓居委会管着,要求归还木如寺。

16. 让军居委会,16 岁进藏的李永青和孩子住 12 平米房子。

17. 措木林寺,住持租房,每月交 100 元的房费,要求解决。

18. 人民医院收费。措木林居委会,男的,边巴兹仁,他孩子住院需 50 元的住院押金,最后到解放军总院输血得到 30 元。

19. 雪居委会的门前"四包"问题。

20. 拉萨的脏乱差问题。

老城区危房还有 22 万平方米,5 万平方米极危房。自来水公司解决了 608 户的吃水问题。

1992 年 7 月 17 日

上午,市长办公会议,研究治理脏乱差和基础设施建设问题。

哈森多吉到北京财政部争取的资金共 1000 万元,大庆时用了 400 万,现在还有 600 万元。

财政局益西:市 91 年安排 715 万元。城建经费 570 万元,包括正常经费、工资在内。145 万元的专用费,30 万元的园林费,9 万元的垃圾箱购置费。

600 万元的费用使用。

城建:还有 22 万平方米的危房,需要抓紧解决的有 10 万平方米,亟待解决的有 5 万平方米。每年老城区房租收费 40 万元,但每年老城区房子维修就得 60 万元,老城区房屋面积 48 万平方米。

洛嘎市长:1. 墨竹工卡县格老窝乡 4 户,搬迁问题;2. 柳梧公路维修问题;3. 垃圾场的处理问题;4. 下水道的维修问题;5. 老房子维修问题;6. 城市的总体规划有啦,要有详细规划,重点的规划先拿出来,人民路、龙王潭、罗布林卡要先搞现状规划;7. 5 万平方米的极危房改造。

窦市长:600 万的经费使用,列表进行分配下发。一是路,搞直路,通水。二是下水道,14370 米的维修,先通 8000 米。三是交通设施,更新 3—4 辆小面包车;候车亭建立起来;交通岗楼、指挥灯、栏杆给 20 万元。四是环卫的配套,公厕 60 万元;环卫工人的运输工具 40 万元;纪念碑栏杆;垃圾处理场。五是八廓街搞一个多功能的电影院,选址问题。六是改善政府的办公条件。

基地问题:1. 墨竹河的治理,15 万元不变,财政安排;2. 柳梧公路的维修 3 万元;3. 建设培训中心,农牧局院内,列入计划;4. 卫生院 33 万元的改造,经费由财政拿;5. 危房改造,上报整理材料;6. 牛区小区规划,从正常经费里拿。

1992 年 7 月 24 日

上午,参加市长办公会议。

财政:1. 墨竹河治理,15 万元;2. 柳梧公路的治理,先拿 3 万元;3. 23 个卫生院的建立,市财政拿 23 万元;4. 堆龙德庆县妇幼保健院 55.5 万元,自治区拿 15.5 万元,拉萨市 20 万元,县负责 20 万元;5. 税务局修建单身宿舍的问题,报告上要 7.5 万元资金,160 平方米;6. 回民坟的问题;7. 公安大队新楼搬迁问题,配套资金 90 多万元,不知哪去啦;8. 老干部活动中心地址问题,占地 60 亩,在龙王潭或西罗布林卡。赵市长:如果不同意在龙王潭,可在"车吉林卡",第二个地点"青年林卡",或者自治区旅游局路南交通厅招待所南侧,90 亩地,德吉林卡;9. 嘎玛贡桑路公园,需资金 29 万元。

1992 年 7 月 25 日

上午,接待卫生部部长陈敏章。

下午,自治区小礼堂听报告。

学习江泽民同志 5 月 22 日在中央党校会议上的讲话。

陈奎元书记:巴桑书记传达了中央 4 号文件。冯军部长传达了江总书记的讲话。江总书记的讲话内容很丰富,意义很深刻,讲了六个方面的意见,主要是对社会主义如何认识、如何理解的问题。我国的改革开放是社会主义的自我完善,我们搞改革开放,一是要坚持社会主义方向。过去,我们讲社会主义和资本主义是对立的东西,没讲互相补充学习借鉴的一方面。西藏经济体制必须改革,改革开放是第二次革命,第二次革命谁也逃脱不掉;西藏的旧体制是可以改革的;对于改革开放,我们要有紧迫感;改革开放有利于西藏局势的稳定,有利于思想的解放,有利于经济的发展。当前存在问题:一是姓资姓社的问题;二是怕肥水外流;三是有些机关认为权力弄完啦,我怎么办;四是怕权力放下去,自己没权;五是不放心,就像母亲抱孩子一样,让别人抱不放心;六是关于党的建设问题;七是关于抓落实的问题。

※　　　　　※

墨竹工卡县总人口 38000 人,每年雨量 450 毫米。医院共 38 人,16 个乡,每乡 2—3 名医生。320 个自然村。

1992 年 7 月 29 日

市长碰头会。

一、旅游公司班子。

二、八一农场的班子。班子成员达瓦次仁、阿旺桑巴、齐加为副厂长,厂长是王成杰。

三、八一农场副书记李道山调三三五七工程啦,现在还没任命。

四、车吉林卡原归一居委会,现在是农委畜科所的基地,城关区要归还。

五、江孜县有户老两口,在拉萨住了十几年啦。

需要通气的工作:1. 博尔布特市代表团 8 月 2 日要来的问题,30 日要研究,赠送 7.5 万美元的仪器;2. 自治区旅游局明天上午(30 日)10 点半来,研究小包交团的问题;3. 瑞典外宾的问题;4. 大专、中专、内地西藏班考试问题;5. 卫生部陈敏章部长一行来检查的问题;6. 民政局工作,关于逐级掌握使用扶贫、救灾有偿回收资金的通知;八一节前拥军讲话。

1992 年 7 月 30 日

市卫生局研究博尔布特市代表团的接待问题。

石院长:87 年和博尔布特市建立友好城市。81 年,第一次来市医院。友好城市会长比尔主席。代表团长 20 人,13 名医学交流的,7 名是旅游的。时间 8 月 2—9 日。3 日、4 日、5 日市在医院交流情况,6 日上午在妇保院交流,6 日下午在达孜县。

市内的交通由医院负责,包括迎送在内。接待组分两块:一是接送,联系翻译,车辆陪同,由白珍和医务室扎西负责;二是交流,由胡院长负责,和三个科室交流,内科、眼科、妇科。外交手续由石院长负责。

几个问题:宴会什么时间搞? 谁参加? 到达孜县妇保院谁参加?

带来的四件仪器和他们的费用,共 7.5 万美元。

上午,自治区旅游局张书记、马处长,研究拉萨市的外事旅游工作如何开展。

张书记:经济团、散客,毛副主席说让拉萨市管起来并且管好。散客团,要符合章法。散客团接待站,一是加德满都,二是北京,三是成都。市旅游公司事业主要存在关系不协调,不理顺,形不成拳头的问题。旅游局和旅游公司的关系、公司和城关的关系都没有理顺。散客团的问题,要在市旅游公司内部成立一个散客部。

马处长:一要理顺关系,这是干好工作的前提和保证。主要是市旅游局和公司、公司和城关局的关系问题;二是次多吉的团如何接待问题;三是关于外联权的问题。

需要说明的几个问题:一是感谢自治区领导、自治区旅游局对我们的关心,同时需要继续给我们帮助,主要是在人、财、物、客源上多支持我们;二是关于散客经济团的问题;三是拉萨市旅游公司班子调整后,准备开一个外事旅游工作会议,请自治区领导参加,特别是外事旅游局的领导,要亲自给我们作指示。

1992 年 8 月 1 日

上午,尼木地震受害情况①。

帕古乡色巴村 3 户受害。其中,杨配家 6 口人,6 间房;白马家 4 口人,2 间房;杨吉家 4 口人,2 间房。共 14 口人,14 间房,现已搬至小学去住。

7 月 30 号下午 4 点 25 分左右发生地震,色巴村还有 4 户,裂口房已成危房。普穷家,3 口人,6 间房;查果家,8 口人,7 间房,已有 5 间不能住人;卓马曲吉家 9 口人,5 间房;索拉家 5 口人,5 间房。

普松乡曲水村 84 户,房子有损害的 41 户,部分倒塌的 7 户,已搬出外住的有 4 户。有 6 条水渠塌方,12 处 150 米。

东嘎乡普巴村②,有 27 户房子受害,其中 12 户已成危房。

彭岗乡的帕普村③,分农、牧区组。牧区组 14 户,8 户房子全部倒掉,6 户严重裂缝,已不能住。有帐篷的只有一户,有的房屋已裂开。农区组 44 户,其中房全部倒掉 4 户。村委会房子也倒啦。严重裂缝的有 30 户,轻微

---

① 1992 年 7 月 30 日 16 时 24 分,在西藏自治区拉萨西北发生 6.5 级地震,造成了财产损失。据对拉萨市、堆龙德庆、当雄和尼木等县 36 个乡、村实地调查证实,估算受灾 1160 户,房屋损失 94870 平方米,共损失 767 万元。灾情严重地区有帕古、彭岗、麻江和格达等乡。

② 现在属于尼木乡。

③ 现在属于帕古乡。

裂缝的 10 户。

续普乡房裂缝严重的 10 户。山岗乡房屋不能住的 4 户,全乡共有 30 间房子受损。

不明情况的有霍德乡、吞巴乡、林岗乡、尼木乡。

续迈乡房屋严重裂缝的 6 户共 29 人,不能住人啦。卡如乡赤郎村倒掉 2 户,15 人受灾,死了两只羊。卡如乡房子 6 处裂缝,麻江乡情况不明。

县委政府的领导同志们分四个工作组已下去。

※　　　　　※

怎么办?

一、县里成立救灾抢险组,最好每乡一个组,由县领导带队,动员县乡的有关领导参加。

二、下去的任务,一是摸清情况;二是动员干部、群众、党团干部自救;三是帮助群众解决实际困难;四是做好宣传,防止敌人破坏。

三、摸清情况,写出材料,立即上报。

四、市里成立领导小组,立即下去协助县里解决实际困难。

五、先解决受灾严重的住所问题,一是从拉萨买点帐篷,二是弄部分粮油,分给特困困难户。先买 30 顶帐篷,拿出 5 万元解决当务之急。

尼木县北部 7 乡 37 个村 2385 户,14161 人受灾,不能住的危房有 200 户。裂缝严重的 7 个乡,占总户 2385 户的 20%。有轻微损失的占总户的 80%。200 户受灾户,每户按 5 人计算,每户每人按 40 平方米计算。其中,按每人 20 平方米住房,每平方米 250 元计算。每人户 20 平方米牲畜住房,每平方米 100 元计算。80% 受灾轻微户,每平方米按 100 元计算。需要解决资金 7.5 万元,其中 2.5 万元社会救灾款,5 万元特大救灾款。解决 3000 公升汽油,解决 30 万斤粮食销指标。

1992 年 8 月 2 日

晚上 9 点 20 分,尼木县领导碰头会。

各组碰头会,汇报灾情情况。

麻江组顾县长:7 月 30 日下午 4 点 20 分左右至今已发生 13 次地震,麻江的雪崩达一个小时。3 个村 9 个组 278 户。房子主要是土木、石木结构,总人口 1876 人。民房 646 间,10336 平方米。一是毁坏 2 间,倒啦,损失 8000 元,按 250 元一平方米计算。二是严重破坏 217 间,128 户,占房总数的 46%,按每平方米 200 元计算,基本上需要重修,需 69.44 万元。三是中等破坏 382.5 间房屋,一间按 16 平方米,每平方米 150 元算,119 户,损失

61.2 万元。四是轻微破坏 28 户,42.5 间,每平方米按 50 元算,共损失 3.4 万元。机关房屋 145.5 间,轻微破坏 2296 平方米,中等破坏 2 间 32 平方米,损失 11.8 万元。道班破坏 3 间 48 平方米,中等损失共 4800 元。人畜情况,第一次震时 20 人摔倒,2 人轻伤。其中,一名在山上放羊的,从山上摔下来啦。另外,2 头牦牛找不到。现在全乡 50% 的户在外住帐篷。三座大桥都有损失,其中玉龙桥损失严重,需要 5 万元维修。另外,2 座桥每桥 1 万元维修费用,三座桥共计 7 万元。寺庙情况,岗布寺房屋 32 间房 512 平方米,损害中等,需 16 万元。嘎尼寺的新建房屋从地面到顶上裂开啦,损失 4 万元。牛羊圈全乡共 41700 米,80% 的遭破坏,预计损失 7.5 万元。乡电站中等破坏,损失 2 万元。牦牛 2 头,1600 元,每头 800 元。全乡损失 178.78 万元。急需物资:流感药、高血压药品;帐篷 100 顶;560 个草垫;60 对帆布,5000 米,盖东西用;雨衣 200 件;棉被 200 床;炉子 100 个;水泥 150 吨;木料 250 立方米;铁皮 2000 张;牛毛毡 3000 米;粮食 15 万斤。采取的措施:1. 加强领导,以党组织为主;2. 对危房的搬迁;3. 疾病的防治;4. 做好宣传工作,防止敌人破坏;5. 做好善后工作;6. 开展互助互帮。

人大办主任汇报:续普乡干部报来的。全乡 442 户,人口 2256 人。442 户的房屋在灾区的占 10%。毁坏倒掉的 40 间整,严重破坏的 977 间,中等破坏的 782 间,轻微破坏的 515 间,共计 2473 间,34439 平方米。基本完好的 159 间。房屋损害比较严重的 19 户 99 人,126 平方米。集体房子,村公房损坏 256 平方米,房屋损害比较严重并搬到外边住的有 6 户 29 人。

续迈乡总户 374 户,受灾 289 户,占全乡总户数的 77.27%。损失 3.2368 万平方米,1734 间,柱子 1870 个。受灾 1590 人,占总人口的 71.65%。不能住人的 8 户 46 人,房屋 38 间,44 个柱子,699 平方米。8 户损失 9.1248 万元。

卡如乡卡如村总户 73 户,人口 471 人,有不同程度的受灾。房屋遭严重破坏 3 间,中等破坏 11 间,轻微破坏 2 间,共 16 间。卡如赤郎村受灾 26 户,人口 215 人。严重破坏四间,已倒掉。中等破坏 14 间,轻微破坏 12 间。山羊死了 2 只,牛受伤一头。

尼木乡,房倒 1 户 1 间,曲林村。尼木村中等损坏 1 户,6 间裂缝。

彭岗乡、帕古乡干部工作不理想。彭岗受灾 155 户,1081 人,房屋 16180 平方米。其中受损失 9560 平方米,严重的 3910 平方米。其中,全部倒房 11 户,440 平方米,损失 93.57500 万元,家具损失 1150 元。中等损坏 5370 平方米,需要 67.1250 万元,按每平方米 125 元算。倒畜圈 3255 米,损失 3.2250 万元。共计需要 163.955 万元资金。牲畜 2 头,牦牛死啦,伤一头。17021 头(只、匹)牲畜惊吓,至今找不到。彭岗 49 户住在外边。急需物资帐篷 70 顶,口粮 20 万斤。5 组房倒啦,吃的没有啦。

1992 年 8 月 5 日

下午,给自治区政府汇报尼木县地震情况。

四川地震局,民政厅达瓦厅长参加会议。

震中在尼木县以北。地震受损严重的是格达、帕古、彭岗、安岗、山岗等乡。严重破坏造成损失 120 万元;中等破坏造成损失 270 万元;轻度破坏造成损失 360 万元,共 760 多万元。

自治区地震局的谢局长。

赵副秘书长:1. 请拉萨市人民政府转达自治区对市农、牧区受灾人民的慰问。2. 国家、自治区地震局做了大量工作,向你们表示感谢。3. 以自治区人民政府的名义,向国家报告一下,请国务院解决 413 万元。4. 国务院没正式批复前,先从民政厅、财政厅解决部分资金垫支,应急来用。5. 拉萨市按自己的部署去开展工作。6. 组织慰问组到灾区去慰问。

1992 年 8 月 6 日

民政厅达瓦厅长研究尼木县、当雄县地震情况。

注意的问题:1. 灾后群众的情绪问题,群众的生产自救问题,防止有依赖思想。2. 灾后的疫情问题。3. 受灾严重的群众越冬问题。

※　　　　　※

下午。

当雄县委书记:7 月 30 日下午 4 点 28 分,格达乡发生地震。格达乡 572 户,3432 人。格达 3 组,一户 6 口人,房子全部裂开啦。县里已给他解决了木料和盖房子的用品。群众危房 38 间,涉及 23 户。群众房屋倒塌两间。乡公共用房受损 160m²,粮所 4 间房屋受损 277m²,乡供销社 3 间房屋受损 100m²,已成危房。

讲几点意见:1. 格达乡地震后你们立即赶到现场,并做了大量的工作。市政府向你们表示感谢。2. 加强领导,组织抗震救灾,工作要细,要深入基层。3. 当前任务是继续做好防大震的准备。摸清情况,实事求是上报。做好群众工作、宣传工作。稳定群众情绪,防止敌人破坏,造舆论。帮助受灾群众解决实际困难。

1992 年 8 月 7 日

和西藏军区嘎玛①副司令员到尼木县救灾。

资金：自治区 50 万元，市 50 万元。

※　　　　　※

下午，市社教总结表彰大会。

列确：1. ……2. 调查研究乡镇企业。3. 自身建设。

※　　　　　※

方解石②，CaCo3。

特征：常见为菱向体，复三方偏三角面体，六方柱等，集全体种类也是很多，晶簇状，玉文密粒状〈大理石〉。玉文密隐晶质〈石灰石〉钟乳状等。颜色因含杂质有所不同，菱面结解现。透明无色称冰湖石，加 HCL 剧烈起泡。

铜丝，大头针可划动，f3。白云石半透明，滴稀盐酸起泡。

1992 年 8 月 8 日

上午，和自治区巴桑书记、列确书记到尼木县。

地震发生 600 余次，二级以上的 312 次。最大的是 6.5 级，4.9 级一次，近期可能还有 5 级以上的地震。

巴桑书记：地震的损失比原来想象的要重，6.5 级地震不低。震后，自治区党委政府、市委政府都比较重视，县里面更不用说啦。今天的会，区有关部门和市里有关部门来，先看一下再定该解决的问题。近期可能还有 5 级以上的地震，这个看怎么办？下步怎样做好这方面准备，做最坏的准备。出了问题不能惊慌失措，首先解决住的、吃的、医疗用品及汽油的供应问题。要做好基本思想准备，物资准备也要做好。地下问题谁也说不清，出了问题不要惊慌失措。我们要对群众做好宣传工作，讲科学，让群众懂科学。地震知识要宣传，震时不要慌，要有预防的措施，要进行宣传。今天，我们来主要是代表自治区党委政府表示慰问，再一个实地看一看，要把群众的生产、生活安排好。县里要继续认真调查，研究分类，给予补助，还要留有余地，防备今后的地震。在前几段工作的基础上，继续做好工作。

民政厅副厅长强巴赤列：自治区先解决 50 万元，已解决 200 斤酥油，10

---

① 嘎玛泽登，1936 年生，藏族，四川省甘孜地区人。1974 年，担任西藏军区日喀则军分区副司令员。1983 年，荣升军分区司令员。1988 年 9 月被授予少将军衔。1991 年 8 月，提升为西藏军区副司令。

② 此部分记在日记本上，没有日期。

条茶叶。

　　列确书记:把党的关心、支持、慰问转达给群众,同时把自救工作做好。原来的救灾工作不错,在此基础上继续做好工作。给群众做好思想工作,注意防大震,不要放松警惕。再出现任何问题,也不要出现人身伤亡。不要惊慌失措,要给群众做好宣传工作。我再次代表……

　　准备分四个组:一、巴桑书记去巴杰乡;二、列确;三、赵秘书长去彭岗乡;四、强巴厅长去续迈、续普乡。

1992 年 8 月 13 日

　　当雄县格达乡。

　　乡干部嘎布。

※　　　　※

　　办社教学习班,差十几人未到。

※　　　　※

　　学习①——罗穷切;睡觉——尼娘;讲卫生——藏扎切;鞋子——卦国;外边玩去——载美载卡松;要听话——看你,亚不你;藏文——波义罗总去;汉文——甲乙罗总去;稀饭——土巴洞;看电视——龙成对;穿衣服——土罗坤;加火——麦通;拿焦炭——多索朗学;倒水——球路;苹果——古修;大米饭——泽索;抓紧回来——决斯罗肖;听老师的话——给拉卡拉尼沙;要有礼貌——;要团结同学——罗卜卡巴拉顿它去;冷不冷——卡个都卡昌木都盖;昨天——康尼;上午——雪盖;下午——公达;肚子饿不饿——朵个都盖;冷了就回家——昌母都罗祖改因。

1992 年 8 月 19 日

　　下午,参加自治区办公会议。

　　毛如柏副主席:关于开展散客旅游问题。

※　　　　※

　　自治区组织部开会。

　　冯军:召开各省市三长座谈会解决问题。

　　中组部来 7 人,财政部来 4 人。30 日下午 3 点 30 分召开座谈会,地点自己定。到自治区招待所接各省的部长。拉萨市组织部次洛参加会议。

---

　　①　此部分是孔繁森学习藏语的记录,没有注明日期。

1992 年 8 月 24 日

上午,参加自治区召开的中小学藏语文工作会议。

1992 年 8 月 30 日

上午,成都地震局专家从成都到拉萨机场后直接到尼木县。

1992 年 9 月 2 日

参加市公安召开的会议。

一、邮电大楼朝佛点。两个朝佛点 511 人,其中男 244 人,女 267 人,15 岁以上 133 人,麻风病人 37 人。其中,贡觉县 364 人,男 184 人,女 180 人,其中 15 岁以上 91 人。芒康县 32 人,男 32 人,女 18 人,35 岁以下 9 人,麻风病 8 人。江达县 15 人,男 9 人,女 6 人。察雅县 16 人,男 7 人,女 9 人,15 岁以下 7 人,麻风病 1 人。八宿县 16 人,女 12 人,15 岁以下 5 人,麻风病 2 人。类乌齐县 7 人,女 6 人,男 1 人。洛隆县 2 人,男、女各 1 人。左贡县 2 人,女 2 人。另外,林芝 2 人;四川甘孜自治州 54 人,麻风病 7 人。雄岗林卡点有 88 人,男 35 人,女 53 人,15 岁以下 30 人,麻风病 56 人。主要是丁青县 59 人,15 岁以下 23 人;左贡县 10 人,麻风病 7 人;芒康县 5 人,男 2 人,女 3 人,5 人都是麻风病患者。贡觉县 4 人,男女各 2 人,麻风病 2 人;察雅县 1 人;八宿县 1 人;江达县 1 人,女,麻风病;洛隆县 2 人,男、女各 1 人。92 年 5 月份,给了四万元人民币,开车费 1.92 万元,送回 110 人。每天花费 7 元,共 7770 元。共用 28400 元,余 11000 多元。30 辆车需 9.6 万元,补偿朝佛人 3.577 万元,共计 13.1770 万。

二、统一认识,下定决心。

三、麻风病人不走。别有用心的人挑拨。

四、外省人怎么办。

昌都副专员:成立清理领导小组。我们有 140 户 548 人去朝佛点。其中 54 户全家来。麻风病 95 人,还有 4 人需住医院。现在愿意回去的朝佛人 62 人。其中,全家要回去的有 6 户 18 人。社会流动人员有 45 人主动要求回去。请领导给予支持,解决 190 户的安家费,每户 5000 元。

几点意见:1. 统一认识,制定措施,互相配合,下定决心,一鼓作气。2. 政策性要强,方法要得当。3. 抓重点,抓难点。4. 要解决经费。5. 分工明确,任务具体。

子成书记:1. 工作前移。2. 成立个领导小组,由市委和昌都参加。3.

有关部门要支持他们的工作,清理的所谓朝佛人,实际上是游民,好吃懒做,能偷则偷,能抢就抢,能要就要。4. 回去要妥善处理,要让他们有个家,不然送回去又跑回来,主要是解决教育、帮助安排问题。

列确书记:1. 前段工作情况。昌都找到市政府几位秘书长,不给支持,态度不好。送上门的工作,不理睬是不对的。2. 如何巩固遣返回去的人员,主要是要安置好。全家遣回去的,政府要给补助。3. 加强对朝佛人员的管理。4. 各单位要把自己单位的地段管好,不要乱搭帐篷。市委市政府、政法委、公安、民政要全力相助,做好这项工作。

自治区政法委郎杰副书记:9 月 27 日前,抓紧清理工作。今天会议写个简报。关于经费问题,市政府已有报告。麻风病人哪里来的,回到哪里去,没治好的全部收起来治疗。今后,凡治好的,卫生厅送当地的办事处,或通知所在地区行署来领。工作开展起来后,10 天碰一次头。

1992 年 9 月 17 日

当雄县。

1992 年 9 月 18 日

宁中乡①沙子岗新建民办小学。

主管沙子岗 1—5 组的小学。学校 3 间教室,1 间办公室,1 间住房,投资共 1 万多元。所有的木料由县文教局投资。有的五保户捐了一只羊。建筑面积 170 平方米,5 间房。

灵村 5 组、6 组、7 组,建 2 间小学。5 组有名初中生当老师,每人每月待遇 100 多元。小学建筑面积 66. 25 平方米,使用 50. 6 平方米。全村共300 余人。

当雄县学校适龄儿童 5600 人,毛入学率 50%。在校生 2500 人,其中民办学校 1400 人,公办学校 1000 人。已婚妇女已有 4500 多名。当雄县的适龄儿童占总人口的 13%,全国的适龄儿童占总人口的 12%。全县总人口36000 名,其中城镇人口 2000 名。

曲才村民办小学是 1 组的,2 组已有学校。学校建筑面积 127 平方米,使用 101.5 平方米,3 间教室,全村总人口 750 人。3 组村工作组和乡干部捐 1000 元建了一间教室,群众每人捐款 5 元,共 1300 元。

---

① 当雄县辖乡。“宁中”系藏语译音,意为“中间平坝”。1960 年设宁中乡,1970 年改公社,1984 年复置乡,1988 年撤区将堆灵、巴灵、麦灵、萨孜岗 4 乡合并为宁中乡。

1992 年 9 月 18 日

下午,当雄公塘乡小学。

今年毕业生 33 人,考取内地西藏班的 6 人。宁中乡 16 人考上 13 人,其中 5 名考入北京西藏班。

公塘乡:二年级学生中有 5 岁的 3 人,三年级 7 岁 9 人,六年级年龄最小的 11 岁,全班 34 人。全校学生 212 名,6 个年级 7 个班,住校学生 175 名。教职工 26 名,其中教师 17 名,代课[教师]4 名。

县中学、公办小学是一个支部,中学校长罗曲,小学书记强巴斤巴。中学学生 171 人,今年招初中预科班 79 人。中学教工 14 人。小学教工 24 人,专职教工 14 人。小学共有学生 249 人,6 个年级 7 个班。中学住校生 130 人左右,没垫子。小学生住校生 17 人。

1992 年 9 月 19 日

当雄情况。

今年建民办小学 13 所。其中公塘乡①1 组学校建筑面积 130 平方米。中嘎 3 组 130 平方米。拉根 1—2 组,学校建筑面积 160 平方米,四间教室。拉根 3—4 组,学校建筑面积 160 平方米,四间教室。甲根 1—2 组,学校 120 平方米,4 间教室。巴嘎当 2 组,中心支行协助建 33 平方米教室。宁中麦灵七组建了 66 平方米。乌玛塘乡②,曲旦学校有教室 5 间,180 平方米,1 组、2 组、3 组。宁中乡,沙子岗 5 间教室,170 平方米,4 个组共建。堆灵 2 组,2 间,66 平方米。巴灵,5、6、7 组共建,66 平方米。堆灵 1 组 1 间教室,35 平方米。宁中乡曲村 1 组,3 间教室,127 平方米。羊八井拉多岗教室 5 间 170 平方米。合计 1629 平方米。

中心支行建 2 所小学,240 平方米。加中支行建 1869 平方米。共建 16 所民办小学,50 间房子。现在民办小学 68 所,大约有学生 1604 人,教员 72 人。公办小学 6 所,学生 936 人,共计 2600 名学生。当雄县扫盲学校 23 所,805 人参加。91 年脱盲 59 人。92 年脱盲 305 人,已考试完毕,合格 141 人。

上午,当雄武装部。

---

① 当雄县公塘乡辖中嘎、甲根、拉根、巴嘎当 4 个村委会。以牧业为主,牧养山羊、绵羊、牧牛、犏牛、黄牛、马,产虫草。

② 乌玛塘乡辖巴嘎、郭尼、纳龙、郝如 4 个村委会。

同部长、政委研究双拥问题。

兵站表现比较好。西郊大站政委,赵国新,34463。青藏兵站的工作,归解放军后勤总部。90 年立集体二等功,91 年立集体三等功。当雄兵站汪海英教导员、岳富帽站长。当雄县武警中队副队长秦明忠,教导员龙加全。

羊八井小学,下午 3 点 30 分。

校长格多:学生 142 人,其中一年级 32 人,二年级 110 人。共 6 个班,住校生 110 多人。教职工 23 人,其中任课教师 16 人,代课教师 4 人。地热开发支援 21 万元人民币。

格达乡小学。

1992 年 9 月 22 日

参观拉萨市业余语言学校。校长是夏仲仁不欣。

1992 年 9 月 23 日

下午,西安市以张市长为首的 8 人代表团来访。

西安市教委李主任:先后有 400 名学生已毕业啦,85 年建西藏班。教师 52 人,专职教师 30 人。省委书记张勃兴①、市委书记都先后到学校看望学生和教师,先拿出 10 万元用来改善学生生活,张市长亲自协调。临潼中学有一名副校长专门分管西藏班。以科学的态度,积极的工作来办好学习班。对学生一是加强爱国主义教育,二是加强民族政策教育。去年 80 名学生,其中 12 人患有肺结核,占 15%。

张市长:在西安财政困难的情况下,投入教育不少钱,对西藏中学的支持要高于普通中学。我们还有不尽如人意的地方。

拉萨市教体委平措主任:……

个人几点看法:一、感谢西安市的领导对我们的关心,看一个政府、一个单位是否对教育重视,有三点,一是是否拿最好的教师来担任西藏班的教师;二是是否在条件允许的情况下,在财力上给予支持;三是学生在内地学习,经过一段时间的检验,学生知识面是否明显提高啦。可以说,西安华清中学一步一个台阶。二、我们存在的问题。一是对内地西藏班的教师、教工关心不够,光把孩子交给你们啦,我们协助的少;二是对华清中学宣传不够;三是录取到内地的学生质量不高,对挑选的藏族教师把关不严。三、几点希

---

① 张勃兴,男,汉族,1930 年 8 月生,河北霸州人。1947 年 10 月参加革命工作,1950 年 11 月加入中国共产党。1987 年 8 月至 1994 年 11 月任中共陕西省委书记。

望。一是今后互通情况,共同管理;二要从严治校;三是学校之间互相交流经验。

1992 年 9 月 25 日

市政府召开各县及市直部门领导会议。

当雄县阿登书记:解决救灾运输汽油票 1 万公升。

尼木县长:地震受灾 200 户,有 400 户没房子,住帐篷里。解决 115 万元,市里给的 50 万元已用去 40 万元。明年解决救济粮 63 万斤。农田水利修复款 20 万元。

林周县解书记:解决油票 1 万公升。

墨竹工卡县:现在有 30 户没帐篷。

城关区区长:关于门前"四包"问题。

当雄县书记:我们旱灾严重,至今没给解决问题。

达孜县:□界工作搞得不好,自治区有意见。

粮食局群培局长:去年返销粮 1000 多万斤,需补 1100 万元。

民政局群旦:特大雪灾经费 30 万元,给尼木县 5 万元,麻江雪灾经费 5 万元,墨竹工卡县今年 2 月下大雪给了 5 万元。羊日岗地震经费 5 万元,社会救济 4 万元。今年 4 月,墨竹工卡县又报来灾情。给林周县 6.6 万元。现在民政局还有 4.5 万元。缺粮户占总户数的 35%。县长、乡长拿奖,群众缺粮。

粮食局:92 年需要 200 多万斤粮,返销粮建议墨竹工卡县粮食不要收购啦。

农牧局:去年平均每亩产 25 斤,今年不到 20 斤。为什么缺粮,第一,山沟高寒地不增产;第二,人口增,地不增。

洛桑市长:关于粮食收购问题,在留下种子口粮的前提下再收购①。

几点建议:1. 关于安全保卫工作。1—8 月骚乱 16 起,9 月 27 日、10 月 1 日国庆节已到,加上楚布寺的活佛转世坐床,各单位要加强保卫工作。2. 关于救灾问题,给中央报 1460 万,460 户没房住的问题是当务之急。3. 关于教育大检查问题,重点是堆龙德庆的综合教育。

洛桑市长:当前工作三个重点,发扬成绩,总结经验,继往开来;加快改革;勤奋廉洁。

---

① 　在右侧有单独的几行字:1. 对新的成绩市委、市政府先表祝贺;2. 对市委、政府分工的任务尽最大努力完成;3. 为增强班子的向心力要做到十个字:勤政、廉洁、团结、求实、务实。

※　　　　　※

全市缺粮 209.89625 万斤。

列确书记:1. 讲干部作风廉政;2. 群众路线的问题,增强群众意识,发挥市直 7000 多名干部的作用。

※　　　　　※

参加西安教育代表团召开的华清中学西藏班家长座谈会议。

市教委教育科次仁顿珠主持。

1. 华清中学介绍基本情况。

2. 代表市政府讲几点意见。(一)代表市政府、代表学生家长向西安代表团的同志表示衷心的感谢。学校是在一座历史悠久的文化名城,是历届政府都十分重视的一座学校。现已毕业 400 名学生,学校的学习成绩在中上游。原来办学条件差一点,90 年开始好转。(二)给家长提几点希望:要积极配合西安的领导、学校,来把西藏班办好;同时,要相信西安的领导、教师一定会把我们的孩子管好、教育好;要教育我们的孩子发扬艰苦奋斗的精神,努力学习。(三)市政府和教体委的打算。

1992 年 9 月 26 日

上午,听中央外交部唐家璇①部长助理讲国际形势的报告。

报告从一九八九年开始讲起。

一、苏联的瓦解。60 年代后,我们两国关系发生了变化。……

二、实践是检验真理的唯一标准。中国从 1978 年、1979 年开始改革,实践证明,中国的改革是对头的。特别是邓小平南方谈话后,无论是赞成中国的、反对中国的,都承认中国的改革是成功的。

三、冷静观察,站稳脚跟。我们在国际上的声望不是降低啦,而是提高啦,发展啦。

四、西方国家攻击中国的高潮已经过去,后来又软硬兼施。发展到第三阶段,硬的行动还有,但又想和中国发展关系。日中、日美关系同等重要,这是日本首相提出来的。

五、为什么说国际环境对我们有利。抗美援朝后,中苏关系破裂,后又出现西沙群岛战争,随后中越战争。去年,中越关系已恢复正常化。柬埔寨留下个尾巴,但……日本天皇到中国来访,和韩国建交,同印度、巴基斯坦关

---

① 唐家璇,男,汉族,1938 年 1 月生,江苏镇江人。1991 年至 1993 年,担任外交部部长助理、党委委员。其后任外交部副部长、部长、国务委员等职。

系有新的改善。所以说,周边关系是建国后最好的时刻。美国和西方国家之间的矛盾正在扩大。我们正好利用这个空间来发展我们的外交关系和经济。美、日、法也在发生争夺领导权的问题。第二次世界大战后,日本是被美国吃掉的,现在日本又在美国搞房地产。社会主义运动虽然处于低潮,但西方国家想尽早把社会主义国家吃掉的想法破灭啦。当前国际形势大好,但国际矛盾依然存在,有时还会很尖锐。

再讲几点。(一)中美关系。八一七公报①内容是美国向台湾出售武器问题的公报,以后要逐年减少出售武器问题。我们对美国的态度是一贯的。我们对外的关系,主要问题是来自美国,国内法应服从国际法。美国奉行强权政治、霸权主义,但我们在原则问题上是不让步的。……我们和南朝鲜建交,对台湾、对美都是一次打击。向台湾出售武器问题,今后的形势:一是看美国的选举问题,如果是里根上任,形势将会缓和;二是如果我们让步,客观上形成"一中一台"的局面。我们的态度是,对今后无论谁上任都要注意,我们要做好各种准备,中美关系可能要倒退。(二)中国和俄罗斯的关系。(三)和朝鲜的关系。南、北朝鲜已进行第八次会谈,在广度、深度上有发展,北朝鲜和日本进行了第七次会谈。北朝鲜管外交的书记和美国国务卿会谈。我们今后要防止出现南热北冷的现象。(四)我们和日本的关系。现在日本的天皇50多岁,他父亲是昭和天皇,是日中战争的发动者。现在的天皇是在欧美长大的,是和平时期长大的,对中国的文化更是喜欢。天皇是国家的象征,他上来后对我们有利。……(原文顺序如此)

※　　　　※

外交部负责印度、尼泊尔的王处长作报告。

(一)尼泊尔的情况。尼泊尔把君主制解放为议会制,今年5月大选。国王是象征性的,尼泊尔现在有三股势力。三股势力以相互依存和排斥的形式存在。

我们和尼泊尔的关系稍不同,大会党执政前就和它关系好。我们继续执行对尼泊尔的政策,中尼没有根本的利害冲突。

(二)中印关系。50年代友好;62—76年处于冷淡;76—88年互派大使;88年—现在,开始发展,随即友好关系发展。76—88年,恢复了边境谈

---

① 中美八一七公报是中美双方于1982年8月17日发表的《中华人民共和国与美利坚合众国联合公报》。它是双方经过10个月的反复谈判,就分步骤直到最后彻底解决美国向台湾出售武器问题达成的协议。

判,其他来往只限于副部长级,直到 88 年拉·甘地①访华。在谋求边境统一认识的基础上,可发展其他方面的合作。邓小平和印度拉·甘地说,过去的就过去啦,今后向前看。我们和印度要建立长期稳定的友好关系。91年,李鹏总理访问印度,两国总理友好会谈。阻碍两国关系的有两个问题:一是中印边境。61 年,没谈成打了一拨。症结在哪里? 印度提出合法利益分段解决。我们政策是互谅互让。二是印度在达赖问题上的认识。尼赫鲁在位时提出,达赖是避难,他承认西藏是中国的一个自治区。89 年至现在,中印已举行四次会谈,成效不大。第四次,今年 2 月份会谈有进展,但短时期内不会有多大突破,主要是我们历届政府都不承认麦克马洪线,印度方面在说法上也有所改变。今年 10 月份举行第五轮会谈。达赖集团问题,印度是采取两面手法,一方面承认西藏是中国的一部分,一方面说不允许在印度搞反华活动,但叫印度把 10 万人赶回来是不可能的。

※　　　　　※

下午,市委列确书记、洛桑市长和西安教育代表团张市长一行谈西藏班。

洛桑市长:……

张市长:一是要把西藏班办好,回去把情况汇报好。二是增加投入,每年增加 20 万元资金。三是回去整顿管理、生活、卫生,一两个月内要有个根本性的转变。四是加强西安、拉萨之间的联系,加强同家长的联系。邀请学生家长、拉萨市电台、教委到华清中学参观。

华清中学闫校长:……

1992 年 9 月 27 日

上午,公安值班。

10 点,自治区拉巴副主席办公室开会。国家教委 135 号文件,4 月 8 日下发的文件。四条:1. 关于联合办学;2. 关于无条件的资助办学;3. 关于培训中心;4. 批准手续问题。

索达秘书长:原则赞成拉巴副主席的意见,我们拿出我们的意见。以拉萨市政府的名义给瑞典大使馆回信,直接和索央先生见面。

---

① 1988 年 12 月,印总理拉·甘地访华,邓小平与拉·甘地会晤,两国关系进入一个新阶段。双方同意在边界问题解决之前,共同维护实控线地区的和平与安宁,同时努力改善和发展双边关系。决定成立边界问题联合工作小组和经贸、科技联合小组,还签署了科技和民航合作协定。中印关系进入正常化阶段。此后,关于边界问题的副外长级联合工作小组共先后举行 14 轮会谈。

陈副主任:我同意副主席、秘书长说的意见,给瑞典大使馆发电报,说我们一向欢迎瑞典投资办学,建校任务完成后,他们的任务结束啦。不过,提到今后监督检查学校,参观考察评估都可以。协议以中文和瑞典文为准,两种文字的文本有同等效力。

巨处长:学校名称为卡则村小学为好,不加瑞典两字。回避第四条。学校建起后,双方派代表管理。双方都做出一些让步。

索达秘书长:根据生源情况,保证生源。适龄儿童教育,根据我们的学制,保证足够的生源。

1992 年 9 月 30 日

上午,市长办公会。

大昭寺门前,主要是脏、乱、差问题。

※　　　　※

下午,税务局。

副局长、副书记、达嘎同志。

目前,13 个税收税种,拉萨市级的 8 个。税收人员 175 人,包括增加的 20 个编制。现有 134 人,其中县级 4 人,区级 17 人;男干部 80 人,女干部 53 人;藏族干部 88 人,汉族干部 40 人;文化程度,大专学历 19 人,中专学历 44 人,高中学历 27 人,初中学历 36 人,小学学历 7 人,绝大部分大专是在职学习回来的,正式大学毕业的 2 人。年龄阶段分布:20—25 岁 31 人,26—30 岁 53 人,31—35 岁 22 人,41—50 岁 13 人,50 岁以上 4 人。党员 33 人,团员 37 人。

87—91 年,自治区下达任务 25605 万元,实际完成 30918 万元,超收 5313 万元。市里下的任务 1.0655 亿元,实际完成 1.3751 亿元,超收 3093 万元。60—86 年,完成税收 2.7715 亿元。87—91 年,5 年内完成 3.0918 亿元。92 年 1—8 月,收入 6331.96 万元,为年度计划的 91.75%,比去年增收 1625 万元。其中,工商税比去年增加 660 万元;所得税 26013 万元,比去年增长 43.53%;农用基金 925 万元,完成年度计划的 71%。市级收入 2511 万元,比去年增 441 万元,增 21%。争取全区完成 7300 万元,市级争取 3450 万元。骨干企业的税收让利,自治区 66 个,拉萨市 8 个。其中,38 个属市级征收。38 个所得税明年减少 2166 万元,调节税减少 880 万元,农交减少 600 多万元。西部检查站去年收入 110 万元。今年减少的主要是商业、销售,少 3300 多万元,这样税收就少啦。

广开税源:1. 组织市内检查组;2. 稽查队查建筑税;3. 清理个人调节税,主要是机关;4. 组织人员下乡协助工作,可收回 40 多万元,主要是奖金税;5. ……6. 税收检查,拉萨市市区有 147 亩地租给外地人种。

秉公执法,勤政为民,树立形象。

1992 年 10 月 13 日

自治区教科委刘庆慧①召开会议。

关于师校的问题。参加人:洛桑市长、加措副市长。

自治区教委大中专处刘处长谈意见:80 年以来,教制改革都比较好,都有提高,还存在适应小学教育方面的不足。存在问题:1. 班子不团结。87 年以来不团结,党委领导下的校长负责制没发挥出来,现在党政都是姜校长一人负责,出现半停课的状态,影响到群众中。2. 校务会、党务会难以开成。副校长不支持校长工作,谁也不听谁的。3. 人心散,不稳。姜校长有工作能力,有教学能力,听不得别人意见,独断专行,严重脱离群众。央金校长工作认真负责,注意维护班子团结,她认为达桑想怎么干就怎么干。后来进来的人复杂,不知怎么来的。达桑认为,900 多名学生的吃住有保证就可以啦,谈话后有所改进,工作为教学服务不够,卡教师,独断处理问题,有东西不给别人讲。他想怎么花钱就怎么花,钱已超支 13 万元。建议:1. 教体委加强对师校的管理,教体委不管不问是不可以的。2. 领导班子抓紧调整,姜和达桑要调走,央金可不调,教学要改革。

刘庆慧:学校教师队伍不错,要配好校长和副校长。学校的规划问题。

洛桑市长:形不成合力、向心力不好。一是尽快落实班子;二是教委继续给予支持;三是教材的问题;四是要加强后勤工作。

1992 年 10 月 14 日

参加中心组学习。

"学习十四大江泽民讲话"。江总书记的报告:一、实事求是地肯定了改革开放十四年来的成绩;二、明确了今后工作的十大任务、奋斗目标;三、更加明确了党的工作的位置、两手抓的辩证关系。

1992 年 10 月 15 日

参加市长办公会议。

一、财政汇报。治理"三乱"的经费问题,区医院西日夜停车站投资 37

---

① 刘庆慧,汉族,1951 年 2 月出生,山东寿光人。1992 年 4 月—1994 年 10 月,担任西藏自治区教委副主任、教工委委员。其后,担任西藏大学校长、党委书记等职务。

万元。

二、新建 5 个厕所,共 25 万元。

三、活畜市场,北郊交易市场,由农牧、防疫部门……

四、西郊停车场(416 对门),20 万元。

五、老城区道路改造 15 万元。

六、原定的厕所改造 14.5 万元。

洛桑:先给尼木县 50 万元,先给墨竹工卡县 30 万元,先按 1100 万元分下去。

下午,堆龙德庆县。

研究双拥现场会议。

1992 年 10 月 16 日

上午,达孜、林周、墨竹工卡三县社教工作队汇报情况。

林周县江热夏乡①,教体委工作组。

一、基本情况。8 月初建立,14 人,藏族 10 人,党员 10 人。平均年龄 40 岁。县级 2 人,区级 6 人。8 月 12 号进点。

第一阶段,开头工作 10 天。第一步,学习文件,提高认识,明确任务,加强自身建设。第二步工作,讲明来意,消除顾虑。第三步,培训骨干,交待政策。8 月 17—20 日培训骨干,抓住一个主线、两个保证、三项任务、四个文件的学习。宣讲社教的意义,培训 64 名骨干,每天学习文件的群众有 1200 人。

第二阶段,帮群众办实事,四名同志抓秋收,今年秋收比去年提前一周。召开妇女会、老人会、党团会,动员抓社教和扫盲。大部分群众利用晚上学习,老人白天学习。年老有病的进行登门宣讲。牧民,我们到帐篷去组织学习。全乡人口 2614 人,应受教育 1644 人,已受教育的 1601 人,达 97.4%。每周 4 个晚上学习,党团员参加社教达到 99%。已放 18 场次电影。国庆节,群众开展颂国庆、歌唱党比赛活动,参加人员最大年龄 70 多岁。选拔人才,重点培养,为第三阶段做准备。认真检查,认真考核。全乡 183 人参加第二阶段考试,及格的 177 人,不及格 6 人,平均 84 分。身先士卒,取信于民。4 个月,同吃同住,同劳动,同学习,同受教育。

---

① 林周县辖乡。“江热夏”系藏语译音,意为“东柳园”。1960 年置江热夏乡,1970 年改公社,1984 年复置乡,1989 年从彭波农场划归县属。辖江热夏、联巴、吉龙、加荣、拉定 5 个村委会。

多办实事,服务于民。九件好事:第一件,组织 1103 名党团员劳动 3 天,埋土方 2760 立方米,修通 2570 米的水渠,节约资金 4400 多元,使 3 村 500 名群众浇上水。第二件,有 33 户缺粮,召开两次贫困户的会议,筹集 5400 多斤粮食,解决暂时困难。第三件,投资 5049 元改建充实村卫生所,主要用于买药设备,目前是县里比较好的卫生所。第四件,工作组花 900 元购买增长素。第五件,全乡 2617 人,文盲 1322 人,占总人口的 45.3%。投资 2657 元购夜校设备,办 17 个扫盲班,参加学习 466 人,占应扫文盲数 79.92%。第六件,为群众治病 672 人次。第七件,用 417 元给农牧处村打了口井。第八件,为群众理发 200 多人次。第九件,在索朗白姆书记带领下,工作组筹集 400 多元,帮助群众解决困难。活动共五阶段,安排 116 天,机动 4 天。全乡 3046 人,应受教育群众 15—65 岁以下的有 1663 人。其中,乡村干部 39 人,党员 54 人,团员 26 人。15—28 岁的青年 581 人,喇嘛 64 人。第一段已经结束。第二段 9 月 1 日—10 月 5 日。

二、主要抓的工作。讲明来意,消除顾虑,交代政策。63 岁老党员多开,开始时对工作组不放心,怕变,怕光记工分、不分配的日子。首先,成立社教临时党支部,由 7 人组成,洛桑、书桑(乡党委书记、副书记),平均年龄 36 岁多。参加社教小组会议 1273 人次,召开 181 次会议。深入田间地头 69 次,参与 313 人次。受教育面 96.2%,党团、乡干部受教育面 100%。青年……喇嘛,4 座寺庙 60 人。宣传员 103 人,最小 9 岁。扎雪乡从来没有一份反动标语。

三、抓 6 个方面的教育。1. 乡干部、村干部抓路线及学习邓小平的讲话;2. 青年学习社会主义民主法制、社会主义优势;3. 对喇嘛突出抓民族、宗教、爱国主义教育;4. 对妇女抓计划生育的教育。

四、给群众办实事。10 件实事总投资 5.9698 万元,其中工作组自己投资 880 元。

五、编写了 8 期简报。

六、深入实际调研,为第三步组织建设打基础。现在申请入党的有 26 人,申请入团的 43 人。有的入党条件够啦,但不申请,怕影响宗教活动。采取的措施做法,坚持三个贯彻,学习邓小平南方谈话,坚持考察培养干部为先。"三个入手":从关心群众入手,从办实事入手,从抓教育入手。"一个依靠",即依靠当地党委和乡政府。"两个发挥",即充分发挥乡村干部和党员的作用。"一个加强",即加强工作组自身建设。"五个保证""两个联系"。多不吉家三口人,年年缺粮,不会经营,花费 600 元买牛,300 元又卖啦。扎旭 40% 的时间缺粮。落实"五个抓好"和"十个掌握",掌握群众动态。五保户 13 户 15 人;掌握离退休干部的情况。开展三比三看活动。下一步打算:一是自检自验和补课工作。二是准备办两件事,羊毛加工厂,投3.5 万元;乡办农副产品加工厂,加工面条,投资 4 万元。

※　　　　※

墨竹工卡县拉松书记:扎雪乡是搞得最好的工作组。

一、基本情况。16 个乡镇,社教上半年已搞两乡。本县剩余 14 个乡,自治区负责 2 个,拉萨市负责 8 个乡。共 4848 户,31099 人。14 个乡中有寺庙经堂 33 座,喇嘛尼姑 637 人。

二、主要工作。8 月 10 日进点,健全组织,制定制度,成立 14 个社教领导小组和临时党支部。

※　　　　※

达孜县德庆乡工作组,自治区妇联杜副主任汇报。全乡 28 个村,其中牧业村 4 个,农业村 24 个。851 户,4394 人,3 个党支部。党员 86 人,团员77 人。民办小学 14 所。寺庙一座,桑阿寺。

一、社教情况。准备阶段,座谈了解情况,成立临时党支部。妇联共 10人,地、县级各一人,区级 6 人,党员 14 人,包括乡干部。制定了制度,安排意见。四个阶段:全面发动阶段 16 天,普教阶段 50 天,第三阶段建立健全基层组织建设,第四阶段总结安排。

第一阶段,发动群众,说明来意,消除顾虑。培训骨干,开动员会。群众次仁白珍,50 多岁,患病四年,也参加了会议。大忙期间,走村串户,150 户,深入学习,和群众同劳动,边劳动边了解情况,1362 人次参加了学习。教育群众勤劳致富,克服等、靠、要的思想。利用新旧社会对比办法,教育、发动离退休老干部一块搞社教。今年粮食总产 512 万斤,91 年 506 万斤。

二、办实事。1. 筹集 4200 元,种子和口粮 17000 斤,为 47 户解决了困难。2. 建立文化室,准备投 5 万多元,已投 2 万多元。3. 慰问孤寡老人。索朗普珍说,旧社会秋后三大领主来收租,现在你们来帮助我们解决困难。4. 举办扫盲学习班,文盲占 70%。5. 修拦水坝。6. 给群众解决书 1500 多册。

三、自身建设工作。建立乡和工作队的考勤制度,有名同志结婚七天就回队啦。加强自身学习。下来后,同志们感觉和群众更近啦,和基层干部的关系更好啦。下乡学骑马,从马上摔下来继续再上。有的同志带病坚持工作。

下一步工作打算:抓好第二阶段的补课;学习十四大的文件;继续给群众办实事;抓组织班子整顿;搞点文体活动。

※　　　　※

　　达孜县委阿王加措书记:组织 110 人的工作队,党员 68 名,团员 20 名,大专学历 13 人,中专学历 20 人,高中学历 9 人,初中学历 25 人,小学学历 42 人。其中,市和自治区……年龄大的 50 多岁,年龄小的 17 岁。8 月 10 日,妇联进点。14 日、15 日,先后进点。

　　一、宣传发动,培训骨干,消除顾虑。讲明来意,交待政策。注意发挥基层干部、党团员的骨干作用。

　　二、调查了解,掌握情况。有重点地抓教育,实行普遍和重点相结合。冬小麦占总面积 45%,今年产量 3100 多万斤,冬小麦占总产量三分之二。11 月初,打场完毕,实行机械化。

　　市建行修三所民办小学,占地 460 平方米,共花 10 万元。章多乡①还解决吃面条等问题,县成立了工作组临时党委。农村需要搞社教,群众欢迎搞社教。打架、喝酒、赌博的少啦,小偷少啦。

　　存在问题:7 个工作组开展的教育深度差。21 日,开始第三阶段。

　　　　　　　　　　　　　　※　　　　　※

　　林周县解书记:主要汇报三个方面,基本情况、基本做法、下一步工作意见。全县 19 个乡,已搞 2 个乡。自治区和市承担 11 个乡,县组织 6 个乡。工作进展是顺利的,发展是健康的。8 月 10 日左右进点。

　　一、基本情况。坚持贯彻邓小平南方谈话。2 个乡没有县级干部进点。林周县 13 名县级干部。计划生育最差的是阿朗乡,县里搞三天培训。工作中三个注意:一是要注意请示汇报;二是互通情报,出工作简报 8 期,8 月 20 日召开工作组的第一次碰头会,10 月 5 日召开第二次会议;三是注意抓死角,没有忘记牧场。"四个发挥":发挥基层党员的作用;发挥基层干部的作用;注意发挥离退休干部的作用;发挥积极分子的作用。实行宣传教育多样化;任务具体化,分到户、分到人的教育,社教工作通盘化,已转第三阶段。"八结合":社教与生产相结合,10 天一次碰头会;与回忆对比相结合;社教与计划生育相结合;社教与扫盲相结合;社教与给群众办实事相结合。县检察院一名干部程绪捐款 200 元。解决 4 所民办小学……社教与社会调查相结合;与抓稳定局势相结合,32 座寺庙 1657 名喇嘛;与教育别人同教育自己相结合。

　　二、存在问题。检查不及时,深度不够,原来要求面上达 90%,党团骨

------

　　① 章多乡是达孜区辖乡。"章多"系藏语译音,意为"沿河小村庄"。1960 年置章多乡,1970 年改公社,1984 年复置乡。位于县境中部,辖朗泽、热下库、更堆岗、曲月、切嘎、章多、章多二、强措、恰村、巴那学、坡荣那卡、江热 12 个村委会。

干要达 100%。

三、下一步任务。学习十四大文件；民主评议党员；加强组织建设；财务清整；建立健全组织、班子；建立健全各项规章制度。

1992 年 10 月 17 日

给自治区政府汇报地震情况。

每户按 1.2 万元计算，共 461 户，需 221 万元。尼木县 400 户，墨竹工卡县 54 户，当雄县 7 户，共计 461 户。

次仁桑珠秘书长：给拉萨市 90 万元，再增加 74 万元。

洛桑市长：救灾费 164 万元，留 40 万元明年用。分配 124 万元，尼木县85 万元，墨竹工卡县 32 万元，当雄县 5 万元，堆龙德庆县 2 万元。

1992 年 10 月 19 日

上午，自治区政府会议室毛如柏副主席召开会议，研讨泰国王子来西藏接待事宜。

毛如柏副主席：外交部指示，最近有两个高规格代表团来藏，一是泰国的王储，二是尼泊尔前首相，到北京前在拉萨待两天。泰国的王储按国家元首的规格来接待，尼泊尔的规格基本上同等对待。

建华处长：泰国的王子，主要访问少数民族 30 人，国家民委副主任陪同，加中方人员 40 人，以观光旅游为主，要热情、周到、细致。泰国的外交部副部长也陪同来西藏，要热情、认真、周到、细致、安全。王储来华是向往已久的。10 月 25 日，王储到拉萨。参观布达拉宫、大昭寺、地热站。到机场迎接人员毛、普、孔、次仁、□厅长、赵厅长，山南宣传队欢迎。住假日酒店的元首楼。下午，举办会见、欢迎宴会。26 日上午，第二天大昭寺，孔市长、市宗教局献哈达，递到手上；参观藏医院。26 日下午，布达拉宫、罗布林卡，晚上藏餐。26 日晚，假日酒店，藏戏团参加。27 日上午，地热站，羊八井，中午吃饭。27 日下午，参观当雄县的宁中乡。28 日，送到新疆参观。安排好市区的出租车，不要造成事故。八廓街的小商贩问题怎么办。

曲加书记：一是做好保密；二是各级领导要重视。大昭寺讲解，用汉语讲解；送一条哈达。当雄县长不出面啦。

毛如柏副主席：泰国王储来访一定按照热情、友好、周到、安全的原则来办，这是关系到周边关系的大问题。安全问题要万无一失，必须做到一是人身安全，二是交通安全，三是卫生食品安全。安全主要是市公安局和武警负责，不要出任何问题，不要满街是兵，岗哨林立。市容市貌还差得很远，特别是拉萨市要清扫一下,整理一下。23日、24日打扫一下,参观地点要干净一点。拉萨市容貌要干净,大昭寺、当雄宁中乡是重点。大昭寺整理一下,线路要排好。大昭寺上顶的问题。24日做全面的检查。

※　　　　　※

尼泊尔大会党代表团访华的问题。

前首相当过国防部长、外交大臣。当前首相不允许达赖在尼泊尔搞分裂中国的活动。两位贵宾,主席、总书记共10人。

到机场时,自治区党委、市委书记出面到机场迎接,和接待泰国贵宾是一样,24日到机场。参观大昭寺、八廓街、布达拉宫、罗布林卡。新闻发三条消息。中联部副部长专门从北京来接待。24日到26日走,不吃牛肉。晚会在饭店神仙餐厅。25日,前往大昭寺。接待由市民宗局强巴蒙龙局长负责。解说由市民宗局典确负责,用汉语。

※　　　　　※

给地震四县安排救灾款的使用应注意的问题。

一、县委政府要集体研究资金的使用。

二、救灾款不要平均使用,不要采取撒胡椒面的办法,要根据困难户的情况,要在资金上加以区别。

三、通过救灾款的分发,让群众感受到党的关心和温暖,同时要教育群众,要树立自力更生的精神。

四、教育各级干部在救灾上要秉公执法,不搞任人唯亲,要一碗水端平。救灾款不允许任何人以任何理由挪作他用,如有发现要严肃追查处理。

五、救灾款的发放要逐人逐户进行登记,并由被救济者签名盖章。

六、对救灾情况要搞好总结,并逐级上报,总结的内容要详细,对被救济的乡村户要有详细的数字。

1992年10月29日

参加市委列确书记传达十四大精神会议。

会议是继往开来、催人奋进的会议。一是大会的概况,二是十四大的主要精神,三是如何传达贯彻落实的问题。

一、大会概况。10月12日开幕,共7天时间。第一段,12—14日,听江泽民总书记作报告,分组讨论提出修改意见。第二段,15—18日,选举工作。会议是差额选举的,中委和纪委委员候补委员预选,预选后进行差额选举。参加代表1989名,特邀代表46名。应到2035名,实到2007名。西藏代表20名(包括陈俊生),还有7名地市委书记。正式代表,领导占78%。

英雄占 22%,妇女占 15%,少数民族代表占 10%,55 岁以下占 58.9%,46 名德高望重的老党员、老干部代表。十四大是一个举国关注、举世瞩目的会议。中外记者 500 余人参加报道。大会举行了几次记者招待会。内容:1.审议第十三届中央委员会向大会提交的报告;2. 审议中央纪律检查委员会工作报告、中央顾问委员会工作报告;3. 修改党章。报告共用 2 个多月时间完成,修改 10 稿。有 3000 多名党员干部参加报告修改。第九稿提交中央十三届委员审议修改,报告 26000 多字。整个报告响起 22 次掌声,报告的思想性、理论性、政策性很强。党章修改主要是总纲的修改。会议有两大任务,一是修改报告,修改党章;二是选举第十四届中央委员会。预选后,确定正式选举时采取差额选举。预选 199 个名额,差额 189 名,9 名列入候补中央委员之中。中央候补委员 144 名,实选差额 130 名。中纪委委员 108 名,候选人 113 名。西藏 2 名代表当选中央委员会委员,2 名当选中央候补委员。热地和陈奎元为中央委员会委员,丹增和江村罗布为候补委员。西藏代表讨论认为,看过去西藏起了翻天变地的变化;看未来责任重大,看现在坐卧不安。

二、大会的主要精神。1. 十四年来我国发生了巨大的变化,经济、人民生活水平上了三个台阶。我国的国力上了个大台阶,国民经济增长率 12%,居世界首位。经济平均年增长率 8.6%,世界增长率为 2.3%。79—90 年,农业生产高出 4 个百分点。棉花、粮食、煤炭产量,79 年由世界第二位已上升为第一位。城镇增长已提高 1.1 倍。电视机每 1000 人拥有 110 台。80 年以来,拉萨市都有了明显的改变。2. 系统地阐述了中国特色社会主义的理论,进行了几个方面概括。3. 努力实现十四大提出的十大任务,坚持三个不动摇。以经济建设为中心不动摇,社会主义道路不动摇,四项基本原则不动摇。4. 国民经济增长率原定 6%,现在可按 8%、9% 的速度来进行。5. 我国经济体制改革的目标,就是以市场经济为主。邓小平提出,同意社会主义市场经济模式。6. 我国外交政策的目标。

三、怎样学习传达落实问题。1. 大会精神的传达。主要原原本本地学习江泽民总书记的报告,要逐段逐节逐句地学习,并结合实际,围绕加快改革开放,结合本单位实际,精读细研,做到学懂弄通。2. 认真组织党员、干部、群众学习报告。3. 对学习要加强组织领导。各级领导要带头学习才能把学习引向深入。

陈奎元传达十四届一中全会江总书记的讲话。会上讲四个问题:十四大是在新时期召开的,是团结的大会。报告是在中国社会主义特色理论指导下,是邓小平同志指导下形成的。学习宣传要抓紧、抓好。党的七大确立了毛主席的领导地位,党的十四大确立了邓小平同志的新时期经济建设的指导思想。要坚持以经济建设为中心,冷静观察,沉着应付。培养选拔年轻干部,视野要宽。要加强团结,坚持民主集中制。只要勤勤恳恳、兢兢业业,我们的事业就会胜利。

1992 年 11 月 6 日

上午,市民政局研究港台同胞捐赠物资的问题。

参加人:成都市鼓楼地区残疾人协会,青年区自力电器厂厂长徐敏。

拉萨市残疾人 1.8 万人。无偿援助赠送小本、小汽车三大件 200 套,纯铝箔 1200 吨,都是无偿的。

※　　　　※

下午,征兵领导小组会议。

男兵 120 名,女兵 10 名。武警 40 名,女兵 5 名。共 175 名。

讲几点意见:

一、提高认识,搞好宣传,加强领导,严格把关。

二、当兵去向。军区后勤部、通讯总站、武警总队、山南、日喀则、昌都。分配情况:军区司令部男女各 1 名。后勤部男女各 2 名。十五团,男 1 名。总院男女各 1 名。通讯总站女 1 名。武警总队男女各 1 名。现役军人的子女,按 1:3 的办法分配。

三、市征兵办公室设在民政局安置办,电话 24271。城关区征兵办主任朗部长,组长塔查,政委欧阳河担任副组长。

1992 年 11 月 8 日

参加市民政局交班会议。

一、民政局前段工作。包括下属单位,共有 72 人。民政工作是政府的一项重要工作,是社会化十分强的一项工作。民政工作是关系到整个社会的两个文明建设的大事。近几年民政部门做了大量的工作,把党的方针、政策,把党的温暖送到了群众心中。可以说,由于民政工作做得好,促进了局势的稳定,促进了经济的发展。

二、希望大家继承发扬老局长的光荣传统,开创民政工作的新局面。老局长工作可以说兢兢业业、勤勤恳恳。学习老局长对工作强烈的事业心和责任感,学习老局长关心同志、办事公道的作风。

三、解放思想,更新观念,改革开创民政工作的新局面。

1992 年 11 月 12 日

参加市旅游公司改革方案讨论会。

现有正式人员 156 人,另外临时工 70 人左右。

1992 年 11 月 13 日

上午,民政厅。

研究当雄县和班戈县的边界问题。当雄县以 62 年协议为基础。85 年,自治区 19 号文件。自治区民厅边界办电话 33869。

1992 年 11 月 19 日

拉萨市 91 年人均分配 480 元①。

※ ※

格多汇报林周县松盘乡社教情况。

工作组共 12 人,平均年龄 43 岁。

91 年,人均收入 536.41 元。有 6 座寺庙,其中尼姑 153 名,喇嘛 99 名,共 252 名,不在编的没有统计。

做好事:解决粮食 3000 多斤,衣服近 4000 件,捐现金 2340 元。党员纳新 42 人,原来 60 名党员,现在共 102 名党员。原来团员 90 名,新发展团员 21 名。6 座寺庙都是群众捐资办起来的。三中的学生回去当喇嘛的比较多。

1992 年 11 月 20 日

上午,自治区民政厅。

关于噶尔县和当雄县草场边境纠纷问题。

强巴厅长讲话,苏处长参加会。讲分界线,双方都不满意,不欢而散。

※ ※

20 日上午,旅游局楼房验收。

造价 40 万元。原定 800 平方米,实际 700 平方米,每平方米造价 480 元,由二建公司和重庆县包工队承担。

---

① 写于新日记本的封面,没有署名具体日期。

1992 年 11 月 21 日

参加市委政府联席会议。

吴全林汇报"一江两河"工程问题。

自己看法：1. 在各级的领导下取得了可喜的成绩。2. 存在问题：人员少，管理差；责任不明确，任务不具体；没有注意发挥基层干部和群众的积极性。财务管理混乱。

下一步意见：1. 加强领导，充实力量。2. 从内地聘任懂经济、会管理的人员来参与管理。3. 丢掉大锅饭观念，责权利挂钩。4. 采取措施，增强群众的参与意识。5. 对原来的工程采取补救措施。6. 对所有的项目要定期检查评比，要奖罚分明。

江河办的任务：一是立项投资监督指导，评估协调工作，县是执行单位，是甲方。二是一套人马，三块牌子。三是"一江两河"、三三五七工程提取10%的管理费。

列确书记：1. 工程质量、参与意识都要加强；财务管理混乱。2. 加强沟通，理顺关系。3. 加强班子建设。4. 加强财务管理。5. 已建完的项目，加强管理，工程交给所在县管理，以工程养工程。三三五七工程投资 8000 万元，中方投资 4000 万元，5 个县 21 个分项目。

1992 年 11 月 23 日

参加综合治理领导小组会议。

地点：市政法委。

侯书记：1. 需要不需要成立稳定局势领导小组？2. 关于干部人事制度改革的问题要加强。单位要提高干部素质，平者让，能者上，违者罚。现在是三级管理，局、分局、派出所。改为两级，把分局砍掉。为什么这么做？中间环节多，分局 260 人。局本部 107 人，占 41%。分局局长、副局长 3 人，政委、副政委 3 人。如砍掉，法律上怎么通过？准备留 10 人，叫法制处，对外称分局。成立拉萨市保安服务公司。城关区办事处增加一名公安人员，任办事处副主任，抓公安治理，和派出所一块搞。

法院副院长达瓦：……

邓检察长、那吾欣珠副检察长……

城关区塔杰区长：14 个居委会，14 个退休点的建立问题。团结新村，42%的群众是已退休的，其余是在职的。

拉萨市已有稳定局势领导小组。

※　　　※

参加卫生局召开的英国儿童基金会改水会议。

参加人:肯·马斯廓、苏·马斯廓、水利部李琪副秘书长、卫生部黄建生。

罗布介绍情况:91年开始改水,改造以来近2年时间。全市7县一区,内地叫两管一改。改水资金按4:6的比例,基金会拿60%,政府拿40%。原计划(1991—1993年)在三县一区建饮水工程,139个自然村,其中饮水点33个。需要改水的有52个村,改旧井40个,改泉水和防护设施25个。52村新建大口井159个,压井179个。

肯·马斯廓:……

1. 日喀则改水,请拉萨市改水有经验的单位给予帮助。2. 加措提出在城市卫生综合教育上给予帮助。电影机宣传工作之类,肯·马斯廓说可在10万美元内考虑。3. 尽管英国儿童基金会对拉萨市的改水做了大量的工作,我们世界儿童基金会也同样给予帮助。4. 原来我们把改水放第一位,现在我们考虑应把健康教育放第一位。健康教育和改水应有一个精干的领导班子,平措一人身单力小。阿康、普布单真、罗卜可给日喀则帮忙。

※　　　※

杨奎亮,男,21岁,在天津市邮电学校金融专业学习一年后,因父母患病,支付不起学费,而于今年上半年退学。要求找一个工作,尽量在地区安排①。

1992 年 11 月 24 日

上午,林周县旁多乡②社教工作队汇报工作。

工作队由市政协、市外事旅游局、市师校组成。

政协:土登目典,58岁;江村群配,63岁;依希公嘎,58岁;强典,53岁。旅游局孙宝祥,30岁。

1992 年 11 月 25 日

上午,林周县会议记录③。

---

① 写于日记尾页,没有注明日期。
② "旁多"系藏语译音,意为"山麓"。旁多乡位于西藏拉萨市林周县。1960年置旁多乡,1970年改公社,1984年复置乡。位于县境南部,辖苦如多、扎热、旁多、色则、加格、乃穷、次龙、宁波、日布、热荣10个村委会。旁多乡拥有丰富的天然野生红景天资源。
③ 从笔迹来看,不是孔繁森自己写的字。

一、社教工作,采取多种教育形式。

二、社教工作的基本情况。以邓小平同志南方谈话为指导;加强社教工作的领导;统筹安排及有力加强社教工作的保障;把握社教工作方向;动员群众,发动群众,相信群众,依靠群众;宣传社教育;把握社教重点。坚持一个中心,保证社教工作的顺利进行。

三、成员问题。工作发展不够全面,个别工作组成员的形象不太好。

孔市长做指示。孔市长代表拉萨市社教办公室向为林周县作贡献的同志们问好。社教工作的开展,找到了致富的路子。一要提高觉悟;二要加强感情,锻炼自己,同志之间的感情加深了;三是建立了感情,发展了经济,找到了致富路子。提几点希望:首先,希望在林周工作的同志,回去后,开会总结一年的工作,对下一年提出要求和希望。其次,对新党员上课,特别是对几位刚入党的党员提出希望。第三,各单位回去后,开一次座谈会。最后,不要忘记林周的父老乡亲。领导人员要加强对林周县人民的关心与领导。总之,林周县是可亲、可爱的地方。

下午,林周武装部。

在高标准、严要求的指导下,做好征兵工作。2个乡征兵报名超过6名。用一天半的时间,已超过3:1的比例。已报31名,26日体检结果出来。商品粮户口人员已报24名,已参加体检13名,5个参军指标。农业户口指标7名,报名38名,体检的17名。农村户口和非农户口参加体检的共30名。

政委:县里重视征兵工作,报名一天半的时间,已大大超过指标要求。有的青年没报上名,哭啦。

张县长:征兵工作顺利,征兵中汉族青年报的多。

1992 年 11 月 26 日

上午,常委会议室研究教育改革。

赵书记:校长负责制下的校长选任很重要,不要选平平庸庸的校长,说成聘任校长比较好。主要是注意教育质量的提高。

列确书记:教育改革的方案可行,但质量进行得怎样,评估没说清楚。学校中摆正党的位置,如何加强政治思想工作要体现出来。再次征求一下各学校的意见。

※　　　　※

西藏饭店外方总经理和财务总监谈日光饭店欠款的问题。

欠款 280 多万元,还有 90 万元的利息。其中,3‰的滞纳金,按照 90 年

（120 号）藏旅文件。

窦市长：低息贷款给市旅公司；拿点周转金。

1992 年 11 月 27 日

参加市政府常务会议。

划拨地：熟地按每亩 4.5 万元计价；菜地 10 万元计价；荒地 2 万元计价。根据市场经济的情况,地价随时变动。另外,每亩地加 20% 的建设基金。外资企业用地费用增加一倍,但对外来企业给予优惠,减半划拨给对方。土地出让金,郊区每亩 3 万元,市区 4.5 万元,中心区 6 万元,每年计算。商业用地,市中心出让金每年每平方米 90 元,市区每年每平方米 67.5 元,郊区每年每平方米 45 元。2 号令出台,自 12 月 1 日起实施。

※　　　※

桑珠,拉萨交通厅；扎西次仁,山南地区扎郎县扎塘乡二村；牛富山,拉萨市工业电力厅。荣珠次仁,山南穷吉县邮电局；次旺,山南地区行署；高利平,拉萨城管分局；张文利,山南地区检察院；苟正明,四川乐山沙湾红阳黑留地村一组。

※　　　※

全区 1—9 月情况。

预计粮食总产可达 60 万吨,油菜籽 1.8 万吨。工业总产值 1—9 月 3.2 亿元,比去年增 4.97%。1—9 月,全区进出口总额完成 4809 万美元。全区固定资产 11.6 亿元,其中基本建设 11.1 亿元。当前存在问题:在新建立的运行机制下,思想不解放,观念陈旧,步子不快。在基本建设投资结构中,生产性投资占比仍然偏小。在大幅度增长的地方财政收入中,直接来源于物质生产部门的很少,财政收入和稳定增长缺乏雄厚的物资基础。

1992 年 12 月 2 日

上午,在当雄县陪自治区人大朗杰主任察看雪灾。

杨县长汇报:11 月 23 日夜 11 点下大雪,灾情地有乌玛塘乡、龙仁乡、公塘乡、当雄镇（宁中乡有一小部分）。县里采取措施,一是牲畜分类,杀掉一部分；二是转草场,一部分转林周县草场,龙仁乡、拉龙乡转林周县。全县牲畜 52 万头（只、匹）,其中牛 17 万头。公塘乡甲根村 3 组次配,56 岁,女,一名妇女养 15 头大牲畜。对共产党感情深,一年舍不得杀一头牲畜,自己穿的衣服不好,怕外国人给照相损害共产党的形象,说"我从来不吃救济"。

乌玛塘乡书记次典,副书记拉努。全乡 6 个村,这是今年最大的一次雪。雪后天气特冷,膘情下降,明春牲畜可能死亡的多。雪有 15 公分厚。

龙仁乡,1237 人,227 户,五个组。雪后准备和林周县联系牲口搬迁事情。

1992 年 12 月 3 日

关于美国议会代表团来访问题。

代表团人员 7 人,另外有 3 名外国记者。参观监狱、大昭寺、八廓街、哲蚌寺。明天下午 2 点,参观大昭寺。3 点半,参观八廓街;4 点半,参观监狱;5 点半,参观布达拉宫。4 日下午 1 点,参观哲蚌寺。美国驻华大使馆杨先生(杨道书)今年 8 月份私自到哲蚌寺和看门的老喇嘛谈话达 2 个小时,他想和喇嘛继续接触。大昭寺的尼玛要注意。

市民宗局佛协办副主任典确参加。

上午,洛桑市长召集有关部门的会议。

一、关于日光宾馆和大中型餐厅的改造问题。

二、商业部的问题。

三、关于三三五七工程的问题。世界粮农组织明年 3—4 月再来检查。第二期工程暂不执行。工作意见:1. 继续加强领导,已叫农业开发管理局……2. 充实技术力量,特别是基层的技术。3. 加强财务管理工作。4. 制定一期工程管理条例和办法。

四、旅游开发与合作。朱氏集团前来商讨投资问题,集团主要经营彩票。朱的活动,12 月 3—8 日,4 人在成都(朱太太、妹妹同行)。8 日进藏,5 人同机到机场,进住饭店。12 月 9—10 日,在拉萨考察,会见市长,看雪景。12 月 11 日离藏,住宿、吃饭自理。

窦市长:1. 由孔副市长和有关的部门接待。2. 宇拓路口的商业大厦,原计划投资 1200 万元盖商贸大厦。3. 日光宾馆的改造。4. 房地产的开发。

12 月 9 日下午,洛桑市长接见吃饭。

※　　　　　※

参加世界残疾人纪念日活动。

土登:诊所有 3 名残疾人,已工作多年还是临时工。诊所共 6 人,3 名干部。3 名临时工,平均每月才 100 多元工资。

残疾人纪念日讲几点意见:一、首先感谢有关部门领导对残疾人的关心和支持。二、当前拉萨残疾人的生活工作状况。三、提几点希望:1. 加强对残联工作的领导。2. 搞好宣传工作,让整个社会都来关心残疾人。3. 办好残疾人的福利事业,解决残疾人的后顾之忧。

1992 年 12 月 5 日

参加征兵工作汇报。

城关武装部长汇报情况:要定 90 名男青年,15 名女青年。自治区机关 40 名,拉萨市 30 名,城关……

※　　　※

资料:1. 宇拓路百货公司现有面积 3300 平方米。加宿舍、仓库共 27 亩,17720 平方米。2. 如果朱氏集团投资 2600 万元,我方投资 1000 万元(27 亩地,每平方米 100 元计算。每亩按 40 万元计算,房地产价每平方米 600 元)。如果建娱乐中心,将吃、住、购、娱、行包括在内。建四星级酒店,15000 平方米,土建每平方米造价 2000 元,装修每平方米 2000 元,这样共需 6000 万的资金。

※　　　※

参加商业局、旅游局关于如何接待马来西亚朱氏集团问题。

一、6 日星期天,机场接待。

二、7 日星期一,上午参观布达拉宫,下午会谈旅游。

三、8 日星期二,上午与商业局谈,下午与市长见面签协议。

四、9 日送机场。

朱氏集团人员:朱正华,董事长、总经理;朱太太;朱淑芳;可茉丽代理人。

一、商业百货公司。按 100 元一平方[米],17000 平方米,每年 170 万元,10 年 1700 万元,20 年 3400 万元。朱再拿 3400 万元,利润对半分成。建设 2000 元一平方米。79 年每年效益 2300 万元,销售利润 221 万元。按每年利润 400 万元算,商品精品加上娱乐中心每年利润 400 万元,利润每年共 800 万元。

二、谈朱氏集团要办的项目。

多吉根真:商业地,出让金每年每亩 8 万元,每平方米 90 元。27 亩地每年 216 万元。按 40 年计算,出让金计 8000 万元。划拨地另议价,主要是合资为好。成都二环路七十亩,每平方米 100 元,每年每亩 6.6 万元,20 年每亩收入 132 万元。17720 平方米,包停车场。

商业局第一个方案,每亩地 37 万元,我们以 1000 万元地价来算,外商如投资 2600 万元,共 3600 万元。每年利润 800 万元,我们得 220 万元。如每亩地 30 万元算,外商投 2600 万元,如年利润 800 万元,我们分利 190 万元。固定资产 90 万元,也要算在内。

旅游方面,朱氏投资 6000 万元,10 年收回成本,按照二八分成。朱氏占 8 成,我们占 2 成。10 年后,按照五五分成,20 年结束。酒店 200 张床位,主体四层楼,四星级标准,建筑面积 3000[平方米]。前院有 6600 平方米。

1992 年 12 月 9 日

上午,经贸厅栗副厅长指示。

关于郑德华先生给市残疾人赠送 10 套台汽车配件和 120 吨铝箔(360 万美元)的问题。护照,身份证明改成回乡证或探亲证。接受捐赠的单位应改成残联或残疾人福利协会。声明 9 月 3 日的赠书作废,改成市社会福利服务公司。同意后,报自治区机电办,自治区机电办同意后报国务院。

铝箔,1200 美元一吨。如果是 120 吨,合 360 万美元。汽车四大件,一套 1 万美元,200 套共 200 万美元。捐赠共 560 万美元,合 3360 万元人民币。1 美元合 6 元人民币。

下午,市委市政府联席会议。

洛桑市长汇报北京之行情况。

1. 5 项投资 1700 万元,建设部是危房改造和道路经费,建设部掌握的只有 1.3 亿元。

2. 广播电影电视部的贾司长说给财政部打报告,270 万元用于更新设备。

3. 交通部支持从堆龙德庆到拉萨大桥的沿河路。

4. 民政部,水利部。建设部谭部长说,关于布达拉宫广场建设投资 7000 多万元。原来的 500 万元,先搬迁 100 户,每户 5 万元。

※　　　　※

参加市长办公会议。

1. 关于阿朗乡救贫的问题,温饱工程联系点。

2. 计划生育工作。

3. 十四大精神要落实到群众之中。

4. 加强青年工作。

5. 朱氏集团投资由经协办协调。

6. 郑德华捐赠事宜。

7. 民政工作大检查,同意制定明年民政工作意见。

1992 年 12 月 12 日

参加堆龙德庆县羊达乡农灾合作保险会议。

一、首先要了解什么是简易农灾合作保险。简易农灾合作保险工作的伟大意义是什么？简单地说,它是对受灾群众给予提供物资救助,也是体现群众个人责任、力量和互助合作的一种社会制度。它是在乡政府领导下,群众自我保险、保障的救灾组织。通过保险工作增强群众的自我保障、心理承受能力和互助合作意识。

二、要给群众讲清道理,理顺关系,提高群众的保险意识和互助精神。

三、管理好资金,使用好资金,让群众放心。

※　　　　　※

学习十四大文件问题。

一、十四大基本情况。

二、学习文件,更新观念,提高商品意识,联系实际,发展经济。

三、学习十四大文件,提高人口素质,深入群众搞好计划生育。第一批五县社教发展党员 1209 名,发展团员 4000 多名。达孜县团员占青年总数的 2%,喇嘛、尼姑占青年总数的 7%。

1992 年 12 月 15 日

在当雄县和列确书记察看雪灾。

人大主任达瓦汇报情况:10 月 4 日—12 月 8 日,连续下雪十三次,比较重的是 23 日。12 月 2 日、12 月 3 日、12 月 8 日下的雪大。受灾面积,8 个乡镇中已有 4 个乡一个镇。羊八井镇、龙仁乡、乌玛塘乡、公塘乡、南木湖乡,171 个行政组有 110 个组受灾,3623 户,受灾人数 21371 人。受灾牲口 35.3055 万头(只、匹),其中牛 13.1198 万头,绵羊 16.6065 万只,山羊 5.529 万只,马 5263 匹。牲畜膘情下降,牲畜流骨血,牲畜流产(已知 3 头),农牧交换已受影响。

县里采取的措施:1. 加强领导,成立抗灾保畜领导小组。9 月底前,县乡村干部成立了班子。2. 草场全面规划,合理使用。划分三种草场,羔育幼的草场、冬季放牧草场、抗灾草场。3. 抓冬杀出栏率,计划出栏 18%,已达 20% 以上,有的个别户出栏率 37% 以上。4. 落实物资准备。一是先救人和大牲畜,该出栏出栏;二是重点饲养的牲畜;三是能转移出乡的牲畜。乌玛塘就转移到林周、转黑河部分。5. 抓转移的落实。1269 人转南木湖,和牲口一起走。粮食、饲料 27000 多斤,草 41 万斤,已做好了准备,南木湖牲群821群。南木湖正贷款7万元。6. 进行思想动员。个别群众思想麻痹,个别群众不想转移,等、靠、要救济。从89年9月22日开始到90年下雪107场。7. 发扬共产主义风格,互相帮助,一方受灾八方支援。8. 加强请示汇报工作。

需要解决的问题:缺粮现象。969户缺钱,占全县18.2%。人口5522人,占全县人口17.27%。其中,缺粮536户,占全县10.8%。人数3279人,占全县10.25%。存粮26560斤,536户里边平均每人8.1斤。需要解决每人每月14斤,全年182斤,需解决59.6778万斤,每斤5角2分,需现金31.0324万元。

市计划生育控制人口增长在17‰,实际只有15.1‰的增长,全县粮食库存饲料10万斤,再需30万斤,约6万元。人畜药品比较缺,需10万元的药。油料缺1万公升,糌粑缺10万斤。

在当雄讲几点意见:1. 领导重视,布置得当,措施得力,深入群众,解决问题。2. 同意欧局长意见。3. "三抓":抓重点灾户,抓重点矛盾,抓领导抓骨干。"两依靠":一是靠上级党组织,二是依靠群众。

1992 年 12 月 30 日

12点9分和12点18分,中日联合登山运动员加布、次仁多吉、边巴扎西、山本一夫、田浩、山本等6名同志相继登上了南迦巴瓦峰①峰顶,海拔7782米。

1993 年

1993 年 1 月 4 日

参加市长办公会议问题。

1. 法院提出,罚没款的提留问题。

2. 工业电力厅在拉萨开发轻工业合作开发区的基建用地,七一农场两片荒地每亩1300亩,熟地每亩345亩。自治区同意这片地搞轻工业开发区。加措:荒地每亩24000元,熟地每亩54000元。

3. 计委、劳动局秦局长:91年底已退休的2266人,全部系企业职工。

---

① 南迦巴瓦峰,地处喜马拉雅山脉、念青唐古拉山脉和横断山脉的交会处,是中国西藏自治区林芝市最高的山,海拔7782米,属于喜马拉雅山脉,位于喜马拉雅山脉最东端。

每年退休费 742.7 万元。现在有固定职工 3451 人(不含合同制),工资总计
1303.9 万元,按 20%统筹是 260 万,收支相抵后财政补 403 万元才行。92
年已给 200 万元,还差 203 万元。市直 57 个企业先拿出 170 万元,垫支以
后再说。92 年又报了,报来 1082 名退休的。

如果按原来的政策批 500 人,按领导人讲话 1000 多名。洛桑市长指
出,按政策办。

关于三级站的问题,职工 406 人,现在光付利息,每天付 1 万元,全年付
360 多万元。贷款现有 6000 多万元。挂在账上的,两年亏损 998 万元。固
定资产 1383 万元。

※　　　　　※

企业改革的力度不够,转换经营机制动作缓慢,缺乏市场竞争意识,经
济效益还未从根本上好转等。

今冬明春几项工作:1. 继续重视和加强农牧业基础地位。农牧业是我
区国民经济基础,其产值占全区工农总产值 80%。2. 抓紧资源工业的开发
建设。3. 加快第三产业发展步伐。4. 进一步发展个体经济和私营经济。
5. 转换企业经营机制,加大企业改革力度,各企业要在转变经营机制和适
应社会主义市场经济体制上下功夫,提高市场竞争力,真正成为自主经营、
自负盈亏、自我发展、自我约束的商品生产者和经营者。

1993 年 4 月 15 日

阿里地委、行署交流工作。

狮泉河地区海拔 4297 米[1]。阿里面积 34.5 万平方公里,其中改则
13.5 万平方公里。日喀则隆格尔区[2]原属阿里,如恢复县可归阿里管,扎苍
茶卡盐湖[3]。人口 62900 人,其中机关干部职工 3300 人。改则县 1.4 万人,
革吉县 1.03 万人,措勤 9700 人,噶尔县 9100 人,普兰县 7000 人,札达县
5000 人,日土县 5700 人。全区 30 个区 1 个镇,这里是区管乡,乡干部半脱
产。乡 106 个,359 个行政村,11000 户,其中农户 1790 户,牧业户 9210 户。
边境线长 1116 公里。

---

[1]　狮泉河镇海拔 4297 米,阿里地区平均海拔 4500 米以上,阿里地区面积 34.5 万平方米,改
则县面积 13.5 万平方米。

[2]　隆格尔县是西藏自治区阿里地区曾经有过的一个县。1983 年 10 月 8 日由国务院批准设
立,以仲巴县部分地区为其行政区域。实际上因故没有正式成立隆格尔县。1999 年 9 月
21 日,民政部批准(民发[1999]54 号)撤销隆格尔县。现为日喀则市仲巴县隆嘎尔乡。

[3]　扎仓茶卡是藏北最大的盐湖。

　　自然资源:草场4亿亩,占全区面积87%,可利用的草场只有2.8亿亩。草原退化、沙化、鼠害严重。几年来干旱影响,沙[漠]化重,耕地3.6万亩,实际耕种2.88万亩。人民公社时期种过4万多亩。农业主要是青稞、小麦、豌豆、油菜。牲畜总计268万头(只),其中牦牛25万头,其余为羊、马。白山羊绒是日土的出口产品。盐矿、硼、镁、铝矿。硼砂①,细硼结石,在改则县麻米区。日土有铝锌矿,金矿在日土、改则县。水资源,普兰、札达、日土、狮泉河。日土电站,1200万元,发电600千瓦,三个机组只有一个发电,水电。革吉光电10千瓦,改则20千瓦,措勤30千瓦,风力机发电没有成功。全年风速每秒在3.2米以上,大风每年140天(11月底—5月底)。89年,最低气温零下40多度,最高不到20度,全年平均温度零度以下。旅游资源丰实,神山②、圣湖、玛旁雍措、古格王朝遗址③、野生动物资源。

　　教育情况:地区有一所完全中学,9所完全小学,14所区里公办小学,民办小学13所。教工406人,在校生3413人。适龄儿童入学率27.82%。普兰今年办一所中学,自治区已拿100万元。

　　卫生情况:医院9个,其中藏医院1个,防疫站8个。区卫生所31个,乡卫生室14个,医务人员310人,病床297张。自治区计委定的520万元搞基建,自治区先拿200万元,阿里自筹300万元,没法兑现。

　　干部情况:全区干部2249人,其中少数民族干部1864人,占干部总数的83%。其中,妇女干部660人,占干部总数29.3%。年龄结构,30岁以下的有940人,31岁—40岁863人,共1803人。41岁—45岁234人,46岁以上的212人。中专学历以上的1454人,占干部总数64.7%,其中,大专学历439人。地专级14人,去年统计汉族2人。县级干部140人,其中少数民族121人,区科级482人,其中少数民族干部380人。行业行政干部1170人,事业888人,企业191人。地区机关基本不缺编,县缺编40%。党组织,党

---

① 硼砂,一般写作Na2B4O7·10H2O,是非常重要的含硼矿物及硼化合物。通常为含有无色晶体的白色粉末,易溶于水。硼砂有广泛的用途,可用作清洁剂、化妆品、杀虫剂,也可用于配置缓冲溶液和制取其他硼化合物等。硼砂毒性较高,世界各国多禁用为食品添加物。人体若摄入过多的硼,会引发多脏器的蓄积性中毒。
② 这里指冈仁波齐山,位于西藏阿里地区普兰县境内,是冈底斯山的主峰,海拔6638米。冈底斯,藏语称"冈仁波齐","冈仁波齐"的意义是雪山之宝。
③ 古格王朝的前身可以上溯到象雄国,王朝的建立大概从9世纪开始,在统一西藏高原的吐蕃王朝瓦解后建立的,到17世纪结束,前后世袭了16个国王。它是吐蕃王室后裔在吐蕃西部阿里建立的地方政权,其统治范围最盛时遍及阿里全境。它不仅是吐蕃世系的延续,而且使佛教在吐蕃瓦解后重新找到立足点,并由此逐渐达到全盛。古格王朝在西藏历史上具有重要意义。

委 10 个,其中办事处两个。全区党员 3360 人。基层党组织基本健全。札达县 3 个未改乡①。

民族统一战线:政协委员 71 人,其中自治区政协 15 人,地区政协 46 人,西四县有政协机构。爱国人士,安排政府 3 人,普兰、札达、日土安排副县长。

边防情况:边境存有争议的地区。

经济情况:92 年召开了三干会议,制定了 29 条农牧区的工作重点。92 年,全区工农总产值 13160 万元(按 90 年不变价来算)。其中,农业产值 12713 万,占全区工农业总产值的 96%;工业产值 447 万,占 3%,主要是矿、电、汽修。粮食播种 2.8658 万亩,总产 1100 万斤,91 年 950 万斤,92 年增长 60 万斤。78 年,阿里粮食总产达到 1400 万斤。80 年后,在 800 万斤左右徘徊,去年超 1000 万斤,去年单产 393 斤(亩产)。

牧业情况:92 年幼畜成活 46%,比 91 年多 50 头(只、匹)。年末存栏数 268.42 万头(只、匹),比 91 年增 18 万头(只、匹),牲畜出栏率达 16.4%。农牧产品综合商品率达 35.74%,农牧民收入 701.39 元。

交通运输:92 年计划运量 21000 吨,实际完成 13000 吨。93 年 15000 万吨就够,92 年自己运了 5000 多吨。普通货物每吨/公里是 0.775 元,石油 0.93 元,今年实行同路同价。新疆提出,今年普通货物每吨/公里 1.51 元,比去年增一倍,石油 1.86 元。93 年自己运 8000 吨,自治区运 5000 吨,其余部分企业自己找。

商业情况:有一个批发公司,基本上起到供应生活用品作用,去年销售额、社会零售总额 440 万元。最困难企业,积压商品 300 万元,去年欠 50 万元,90 年盈利 30 万元。外贸,统一收,统一销,统一价格。去年,收购 2579 万元,售出后创外汇 110 万美元。去年盈利 320 万元。外贸局长索朗平措。

旅游情况:去年接待客人 1282 人,其中印度客人 215 人,去年创收 10 万美元。

财政情况:92 年预算收入 900 万元,支出 5800 万元。92 年,自治区定额补贴 2530 万元。93 年,自治区定额补贴 3318 万元。另外,教育事业费给 450 万元。自治区给阿里专项资金 457 万元,其中包括边境事业费 100 万元,不发达资金 100 万元,阿里特补 100 万元。93 年,地区总财力 4835 万元。92 年,实际财政收入 989 万元。93 年,财政收入预计 660 万元。92

---

① 当时实行市(地区)、县、区、乡的管理体制。札达县的萨让区和底雅乡、什布奇乡、楚鲁松杰乡至 1993 年仍未进行民主改革。

年,流动节余有 300 多万元。困难的县有普兰、札达、措勤、噶尔、日土。日子好的有革吉县、改则县。革吉节余 100 万元。92 年,基本建设投资 2162 万元,实际完成 2137 万元。

企业情况:共有 14 个大小企业,其中县级 6 个,运输公司、批发公司、外贸公司、旅游公司、资源开发公司、煤矿公司,多数企业日子好过。农机政策性亏损 40 万元,商业批发公司亏损 80 万元,运输公司政策性亏损 54 万元。

存在问题:有 87 条通往国外的路。有 57 条常年通道。达赖的第二基地在日土对面。农牧业基础弱,靠天吃饭。干部素质较差。交通能源差。

93 年工作重点,把十四大精神和自治区扩大会议精神贯彻好。开好经济工作会议。企业第二轮承包要搞好。

宗教问题,大小寺庙 44 座。僧尼 301 人,定编 315 人。

1993 年 4 月 17 日

上午,研究干部情况。

公觉次仁书记、塔青副书记、安七一秘书长。

一、普兰准备换刘明。刘继华,上海人,要退休,好干部,清廉,但工作方法太少,全国优秀党务工作者。

二、札达县,罗桑群培,原县长,任书记,人忠厚老实,群众关系好。

三、革吉县,郜书记不动。郜瑞林,34 岁,叶城的副县长援藏干部。

四、改则县,原县长拉加,46 岁,准备任书记,改革,是有事业心的干部,拉加为人正派。原书记,任青扎西,50 多岁,准备调地区。

五、措勤县,肖达瓦继任书记,原来改则县组织部长,直接提县委书记。87 年上任后,中央党校学习一年,自治区党校 2 年,真正任县委书记 3 年。

六、噶尔县,现任书记江白,45 岁,任书记早。79 年任县委副书记,他提出书记、县长一人当,已上报自治区组织部,热地书记对江白说可以试一试。83 年,中央党校学习 3 年。

七、日土县,张孝玉,河北承德市广播局党组书记,对县里工作不熟,还没开过一次会议。措勤贡布副书记任日土书记。

11 月 12 日上午,地委定的让贡布,公、曲、拉、塔、罗参加了会议。

※　　　　　※

县委书记:措勤不动,噶尔、革吉书记。

七县长情况。

一、普兰,次仁多吉任县长,原来任噶尔县委常委、副县长,43 岁,中央党校毕业,工作能量能力强。原来的县长格巨坚赞,35 岁,准备调札达县,在普兰已工作六年啦。本人提出普兰工作杂,要调动。

二、噶尔县,由江白兼任县长。

三、日土县,嘎玛仁青任县长,37 岁,大专文化。现在日土任县委常委、副县长,文化程度高,压力小。

四、革吉县,县长人选扎西,46 岁,中专生,中央党校毕业,原来是札达县常委、副县长,工作能力比较强。

五、改则县,副县长仓珍准备任县长,90 年任副县长,中央党校学习 2 年,对经济工作不熟。

六、措勤,准备让达瓦扎西任县长,现在是措勤副县长。师范毕业,90 年提副县长,工作可以,34 岁。

人大主任安排。

一、普兰,顿珠次仁,50 岁,原来的人大主任不动啦。

二、札达,扎西旺久,52 岁,现在札达法院院长,林芝人,品质好。

三、噶尔县,多吉顿珠,52 岁,人大主任不动。

四、日土县,罗桑,49 岁,那曲的,现在是日土县人大副主任,准备任主任,工作可以。

五、革吉县,由郜瑞林书记兼,原人大主任退休。

六、改则,准备现任县长拉加来兼任。

七、措勤,原来人大主任班诺继续任,人品、工作可以。

西四县的政协:普兰县,刘明兼任;札达县,罗桑群培兼任。噶尔县,江白兼任。日土县,贡布兼任。

问题:1. 日土的班子。2. 噶尔县。3. 普兰,两名汉族候选人可能落选。林发洪,苗族。杨建国,甘肃,藏族,副书记。孙景发、孙昆要,东北的,来后不久说小孩病啦,回来又治病。

地委同意调走的,已上报自治区。1. 日土副县长薛献付;2. 改则副书记李冰练,福建的。于承铨有病,已同意调走;3. 普兰的孙景发,辽宁通化人,普兰的副县长。

92 年 3 月份,要 23 名援藏干部……实际只有 10 人在岗。

日土雅向前,从自治区交通厅来的副处级,搞了四个电站,一个大的,三个小的。已回去,还属于日土县长,回去至今不回来。

现在七县情况,原来副县提正县 10 人,原来正区提副县的 11 人,地区机关区级干部到县任副县的 6 人。1. 地农牧局办主任张胜利到革吉任副书记。2. 阿旺次仁,教委教育科长,准备到革吉县任副县长。3. 永忠,原来武警支队的副队长,接到检察局当科长,准备到噶尔县任人大副主任。4.

塔布地农牧局农牧科长调噶尔任副县长。5. 曲尼杨培,地区兽医总站站长,区级,已提农牧局副局长。王玉昌要上报行署秘书长。

※　　　　　※

地直机关干部。

副县提正职四名。1. 王玉昌,普兰县副县长,准备调任行署秘书长。2. 罗桑久美,35 岁,组织部副部长,准备调任正部长,忠厚老实,文字可以,噶尔县人。3. 桑旦,地区统战部副部长,任部长,47 岁,脾气不好,文化和工作都可以。4. 彭俭,江苏人,商业局党组成员,准备调任局长,65 年来的汉族干部。

从县调区机关的干部。1. 仁青扎西,改则县委书记,好人一个,是否调人大联络处主任,升半格,51 岁。2. 南木杰平措,札达县书记,有心脏病,人大主任,纪检专职副书记。3. 塔杰,煤矿书记,50 岁,准备调任科委主任。

科级干部提副县级。1. 多吉次珠,组织部人事科长,准备任地区人事局副局长,家在日土,79 年转业劳动局,30 岁。2. 任付山,40 岁,大专,山西人,经委办公室主任,准备提经委副主任,从部队下来的。3. 普穷,经济委科技科科长,准备任科委副主任,32 岁,中专。4. 王长清,35 岁,陕西人,行署司法处的科长,准备任副处长,高中学历,有律师资格。5. 旺拉,30 岁,现任行署编译科副科长,准备任编译室副主任,中专学历。6. 次仁塔杰,43 岁,大专学历,家是那曲,现在是地区良种场场长,准备任地区农牧局副局长。7. 曲尼杨培,31 岁,中专,现在是农牧局党组成员,兽防站长,准备任地农牧局副局长,有群众威信。8. 索多,35 岁,小学学历,地区旅游公司经理,准备任交通局副局长。9. 罗桑,中央党校毕业,曾任开发公司经理,正科级,准备任商业局副局长,40 岁,业务熟,准备兼任批发公司经理。10. 桑吉,女,47 岁,高小,医院门诊部副主任,准备提卫生局副局长。11. 次仁卓嘎,40 岁,大专,地区人民医院住院部副主任,准备提人民医院副院长,副县级单位。12. 次仁巴桑,42 岁,高小,普兰县农区书记,准备调门士煤矿任书记,副县级。13. 李九成,门士煤矿副矿长,正区级,已调任运输公司任党委书记兼经理,37 岁,文化中专,河北省财经学校毕业。14. 公觉次仁,38 岁,地区粮食公司经理,正区级,准备任粮食局副局长,文化高小,懂业务会管理。

※　　　　　※

92 年元月 4 日,报自治区组织部情况①。

----

① 这是 93 年 4 月份的反馈情况。

索朗桑布,公安处副处长,92年元月报的至今未批,用人不公正,工作方法不当。去年元月四日报自治区共九名,3名副职批啦。财政局副局长次顿,民政局副局长王智,行署副秘书长其美。

当时报的正职6名没批。1. 索朗平措,行署副秘书长,报正秘书长。2. 晋美扎巴,行署副秘书长,报的纪检副书记,正县级没批。3. 加措,政协副秘书长,报正秘书长没批。4. 土旦格桑,现任地区工会副主任,报的主任没批。5. 索朗保布,公安局副处,报正处没批。6. 法院副院长仁增,报的正院长没批。

检察院党组4人,3人是亲戚。组织、宣传、统战部没有汉族干部。

公觉次仁书记:缺的人,一是公安,二是财政,三是经济委。没有一把手的,公安、财政、计委、商业局、行署办、教委。地委委员,有一名副专员、军区领导、纪检委。

塔青副书记:地直机关、县级机关(含企业)55个人,其中党政机关48个人,企业7名县级干部。地直机关县以上单位(不含企业)29个,企业县级(副县级6名),区级企业8个。两个办事处,一个是驻拉萨办事处,3名县级,书记益西,主任洛桑,副主任次仁达瓦。一个是驻乌鲁木齐办事处,2名县级,书记、主任白玛次仁(原商业局),凌松柏副主任。

地直县级干部共60人。地级干部现在有18人,其中地委5人。行署6人,洛桑旦达、次仁、任士伦、贵桑、扎西(拉孜县委原书记)、白玛欧珠。政协5人,平措副主席(党员)、丹增旺扎(本教活佛)、罗桑顿珠(喇嘛)、赤列(原副专员)、布登(监察局长)、法院院长拉巴罗布、纪检书记嘎玛。(原文如此)

地委排列:孔繁森、塔青、洛桑旦达、达瓦次仁、才旺桑珠、安七一。

中直单位:1. 人民银行行长次仁,副行长次旺曲加、边巴。2. 气象台台长次仁巴桑,副台长罗桑扎西。3. 邮电局长张天华,副局长伦珠、张永胜、强巴。4. 海关关长陈传开。5. 工商,现在没有人任职。6. 税务,现在已报,没批。7. 建行行长钟晓龙。

1993 年 4 月 19 日

下午,听取下乡工作组的汇报。

一、其美、民政局阿穷汇报东三县情况。

措勤、改则党团学习每周二、四、六下午。措勤每个乡村都有藏文报纸,两个县的改革方案已拿出来啦。

(一)当前农牧业生产和群众生活。

　　措勤,4个区,21乡,55个村委会,面积2.3万平方公里,可利用草场1.8万平方米。人口9667人,其中牧业人口8986人,非农681人,占总人数7%。92年,牲口存栏数57.4778万头(只、匹),全县牲口成畜死亡率控制3.4%以内。92年年底,人均收入732元,比91提高236.57元,按市场价格来算的。人均口粮270斤。困难户170户,700余人,其中特困户60户,300人。困难户人均占畜30只以下为困难户,20只(头、匹)以下的为特困户。饿死、冻死的牲畜比较多。措勤的牲畜的死亡率可能达到7%或8%,幼畜成活率,6月份可达60%或70%。江让区的牲畜1.4万头(只、匹),死亡1993头(只、匹),大部分都是羊只。第一季度的死亡数……财政上给了2万元的救灾款。措勤今年主要是雪灾和风灾,冻死牲畜。

　　改则,4月12号到改则。92年底,2872户,13926人。牲口71.52万头(只、匹),比91年增11%。幼畜成活率75.3%,比91年提高30.3%,成畜死亡率控制在4.7%。人均收入650元,按市场价格给算的,比91年增长25.7%。93年第一季,牲口存栏71.6339万头(只、匹),其中全县适龄母畜羊28.0377万只。母畜产畜18.2553万只(山绵羊),成活14.3087万只。幼畜死亡3.0296万只,成畜死亡2.5063万头(只、匹),占全县总数的3.5%。麻米区拉青乡雪灾,牲口死亡率占17.12%,死亡数7804头(只、匹),其中幼畜死5695头(只、匹)。拉青乡死亡牲口数13499只,光雪灾死亡就5994头(只、匹)。群众有五人得雪盲症,一个把脚冻坏。县解决5吨大麦草,分别解决款700元。目前群众缺粮比较多,要求解决1万元的粮食。麻米区的幼畜成活率可达70%左右。

　　改则的北部,9个扶贫乡。物玛区:甲措乡、先遣乡。察布区:鲁吉乡、丁固乡、玉扎乡、洞鄂乡。洞措区:罗坡乡、森多乡、昌东乡等这九乡平均海拔5000米,九乡牲畜247720头(只、匹),人均占30头(只、匹)。九乡32个村,1246户,6193人。92年人均收入514.7元,九乡人口数占全县人口数的44.5%,贫困户数占全县总户的43.3%。91年,银行给九乡有偿贷款40万元,已偿还13.201万元,已到期。13万元中,劳务投入9万元。

　　(二)要求。

　　措勤提出:1.县内的300多公里路养护归自己管。搞了3—5年的方案。利用3年100人整修,3年建5个道班,每道班5—8人,4月—10月份的修复,需资金180万元,每年需资金60万元。2.措勤和盐湖的问题。如不让挖盐,每人每年减少100元收入。3.措勤县要求解决交通工具。已有3辆丰田60型、62型,86年进的已跑19万公里,89年进的62型已跑10多万公里。4.成立乡镇企业局。要求贷款无息和低息,有偿贷款3年。5.今年的油料指标。92 吨不够,比去年少。6. 措勤建种畜场,要求明年列入计划 70 万元。7. 古布草场,明年配套设施给立计划。8. 措勤河的桥,要求列入计划,原县长计划需 300 多万元。9. 程控电话,县已付 5 万元,需邮电局给安排一下。10. 措勤儿童有 80 多人已病,诊断不明。地区卫生局长罗桑已解决 1 万元药费。

改则县提出:1. 要求解决 91 年拨的以工代赈的 19.3 万元。2. 县机关要求地区民政局协同县对 9 乡扶贫调查,拿出具体扶贫的办法,搞可行性报告。3. 有偿资金的 40 万元贷款要求,还有 20 多万元采取半免或免。提出……4. 要求贷款 100 万元,扶持车队,社会车辆加到一块,车子共 83 辆。要求解决油料指标,有十几台车辆。5. 察布区小学已恢复,30 名小学生家中特别困难,现在没粮食,是否列“三包”。当务之急,解决 1—2 万元的炊具和用品,已解决 3.5 万斤粮食,机关解决的。6. 太阳能水井再搞 10 个,每个 5 万元,共需 50 万元。7. 改则县完小的油料,增加汽油柴油。要求在狮泉河拉油,现在已安排到那曲。8. 康多区的改造,要求列入 94 年计划。9. 县里车辆多,要求建立交通管理站,派一个得力的人建个分站。10. 县里的路人桥需列入计划,他们已有可行性报告。11. 察布区有 4 个乡,要求每乡分配一辆东风车,帮助扶贫。每辆东风车 8 万,共 32 万元。

二、安七一秘书长汇报。

(一)札达县情况。

(二)日土情况。多玛区二村旦真多吉,大儿子在札达当副县长,二儿子在邮电局当副局长,三儿子当司机,原来有 500 只羊,现在只有 120 多只。

(三)过巴乡,公社时期往外调粮,现在不够吃的。

(四)札达县。1. 库存没种子啦,除群培县长能说清楚,其他人都说不清楚,农牧业的基本数字不清。2. 商品粮和化肥挂钩兑现不了,2 万斤没钱买。3. 波林农业点(扎布让区)修水渠 9 万元,可灌地 110 亩地,开荒 40 亩地。4. 通往未改乡的 63 公里,需要投入修,关键是一座桥的问题,需 160 多万元,现在没钱。5. 南水北调可灌 4 万平方米草场。古格王朝遗址近来需 100—200 万元。6. 一河两沟项目需投 1400 万元,已报自治区“一江两河”办公室。7. 要求更新拖拉机站的两台机器,共有 13 台拖拉机,每年需 5—10 万元。增油料计划,要求增加收费标准。县财政每年补 6 万元的人头费,有 13 人。8. 搬迁热布加林村 10 户 38 人,因每年都受灾,生活困难。9. 要求解决 425 型的 17 根无缝钢管。

(五)问题。一、干部带领群众干的问题。二、要制定贫困户的标准,现在贫困户越扶越多。三、各县改革方案多余,没有多少能落实的,而且都是向上级要钱的。

1993 年 4 月 21 日

听取计委汇报。

计委基本情况。57 人（不含退休），男 35 人，女 22 人。年龄,24—29 岁 25 人,30—35 岁 17 人,36—40 岁 8 人,41 岁以上 7 人。文化程度,大专 16 人,中专、高中 20 人,初中 11 人,小学 10 人。机构,党组一个,机关有一个支部,计委机关党员 17 人。行政办一个,计经管科一个,统计一个,物价一个,工业电力局一个,劳动一个,社保一个,劳动服务公司、勘探设计所、基建科各一个。

阿里概况:面积 34.5 万平方公里,平均海拔 4500 米,边境线长 1116 公里。行署 1953 年成立,有 7 个县,30 个区一个镇,106 个乡,356 个村民委员会。总人口 6.52 万人,狮泉河镇 4000 人,另外流动人口 1500 人,人口密度每平方公里 0.2 人,分东三县、西四县。

一、农牧业生产。

（一）农业生产。总产值,90 年工农业总产值 3439.2 万元。其中农业总产值 3228.96 万元（牧业在内）,工业总产值 210.6 万元。91 年,工农业总产值 3146.71 万元,其中农牧业 2751.81 万元,工业 394.96 万元。91 年比 90 年工农业总产值下降 14.78%。牲畜死亡率 11.6%,主要是灾年,幼畜成活率 51.43%。92 年,工农业总产值 13160.72 万元,其中农牧业 12713.63 万元,工业 447.09 万元。按 90 年不变价算的,已达 90 年的水平,农牧业增 28.39%。

粮食产量,90 年为 4664 吨,91 年 4774 吨,92 年 5611.34 吨,已达 1122 万斤。亩产达 393 斤,人均 187 斤。面积,90 年 2.7 万亩,91 年 2.86 万亩,92 年 2.87 万亩,93 年计划 3 万亩。粮食商品率,90 年 22.5%,91 年 26.86%,92 年 27.12%,93 年计划 28%。农副产品综合商品率,90 年 40%,91 年 38.79%,92 年 35.74%,93 年计划 45%。

（二）牧业生产。牲畜存栏头数,90 年 271 万头（只）,91 年 250.78 万头（只）,92 年 268.4 万头（只）,93 年和 92 年持平。肉类产品及商品率,90 年 6012.57 吨,91 年 5974.19 吨,92 年 5535.55 吨,93 年计划 6030 吨。肉类商品率,90 年 28.72%,91 年 30.48%,92 年 30.12%,93 年计划 36%。奶类产量,90 年 7595.44 吨,91 年 6090.59 吨,92 年 7502.3 吨,93 年计划 7665 吨。奶商品率,90 年 4.36%,91 年 2.57%,92 年 5.34%,93 年计划 6%。羊毛产量（绵羊）,90 年 1407.9 吨,91 年 1278.38 吨,92 年 1259.2 吨,

93 年计划 1310 吨。90 年商品率 85.34%,91 年 86.68%,92 年 87.45%,93 年计划 88%。山羊绒产量,90 年 190.22 吨,91 年 141.92 吨,92 年 169.16 吨,93 年计划 175 吨,商品率都保持在 98%。绵羊皮产量,90 年 17.96 万张,91 年 20.43 万张,92 年 23.74 万张,93 年计划持平。山羊皮产量,90 年 6.12 万张,91 年 6.19 万张,92 年 16.67 万张,93 年计划 17.67 万张。牛皮产量,90 年 4768 张,91 年 7998 张,92 年 8748 张,93 年计划 8774 张。牲畜出栏率,90 年 15.16%,91 年 15.32%,92 年 16.46%,93 年计划 18%。农牧民人均纯收入,90 年 738.19 元,91 年 619.2 元,92 年 701.39 元,93 年计划 730 元。

二、工业交通生产能源建设。

(一)工业交通。92 年,总值 447.09 万元。生产硼镁石 4500 吨,盈利 481.9 万元,有前几年的数字。发电量 246 千瓦/小时,大修汽车 41 辆,利润 10.52 万元。92 年生产红砖 180 万块。门士煤矿生产煤 370 吨。公路建设,累计投资 380 万元,开通公路 84 公里。公路货运总量,92 年 34155.49 吨,其中进藏货物 13542.99 吨,出藏货物完成 4700 吨(硼矿),包括新疆运的,分运物资 15912.5 吨。92 年新疆各大运输公司承接共 7987.96 吨,新疆运输占去年运量 59%。区内车辆共完成 5555.43 吨,占运量 41%。91 年阿里地区运进藏货物 2300 吨,92 年阿里地区运进藏货物 5555.43 吨,93 年阿里地区运进藏货物 8000 吨。阿里地区所有运输车辆 544 辆,其中地运公司 59 辆,能跑的 20 辆。地直其他部门共计 239 辆,农牧民车 246 辆,能跑长途的 100 辆。

(二)能源建设。属无电地区。1. 札达县的水电站前期已完成,造价 1500 万元,1000 千瓦时。2. 狮泉河电站。3. 日土德汝电站,92 年 10 月 15 日已验收,目前良好,造价 1100 多万元,装机量 600 千瓦时,目前只用了 200 千瓦时。4. 普兰电站造价太高,不立项,7500 万元,1500 千瓦时。5. 措勤的光电站,250 万元,93 年投产,发电量 30 千瓦时。6. 改则的光电站,20 千瓦时,已烧啦。7. 革吉,10 千瓦时,今年扩 20 千瓦,正常运转。8. 噶尔县没电站。

三、基本建设。

92 年,全社会固定资产投资计划 2162.37 万元,实际完成 2137.77 万元,完成了计划的 98.86%。房屋总竣工面积 18206 平方米。其中能源交通项目 6 个,投资计划 239.24 万元。文教卫生项目 6 个,投资计划 312.99 万元。生产性建设项目 10 个,投资计划 551.73 万元。县区乡基础项目 31 个,投资计划 1214.58 万元。札达县丁子坝工程投资 157 万元,前期工程 17

万元。工程投资 140 万元,这个项目今年浇水季节才能验收。

四、企业生产情况(计委直属企业)。

1. 资源开发公司。86 年成立,92 年职工 44 人,其中固定工 13 人,6 人是干部,合同制 1 人,临时合同工 30 人。92 年定的以销定产 450 吨,利润 481.9 万元,最好时 91 年生产硼镁石 7800 吨。开发公司固定资产 189.5 万元,其中房子 70 万元,600 平方米。流动资金 141.5 万元,定额流动资产 65.1 万元。

2. 物资公司。职工 55 人,固定工 34 人,其中干部 9 人,其他职工 21 人。92 年销售额 882.84 万元,利润 136 万元,库存商品 291.3 万元,固定资产 158 万元,汽车 23 辆,小车 5 辆,流动资金 120 万元。

3. 门士煤矿。92 年 99 人,固定工 75 人,干部 9 人,其他职工 24 人,92 年完成挖进尺 47 米,生产煤 370 吨。93 年计划 250 吨,固定资产 119 万元。

4. 自来水公司。事业管理,1985 年成立,92 年职工 12 人,固定职工 11 人,干部 1 人。92 年生产能力 87.6 千立方米。

5. 电力公司。事业管理,65 年成立,92 年职工 36 人,固定职工 34 人,其中干部 11 人,合同制工 1 人,其他职工 1 人。92 年发电 62.1 万千瓦时,固定资产 171.7 万元。

6. 建筑建材公司。90 年成立,职工 46 人,固定职工 7 人,其中干部 1 人。合同制工人 4 人,其他工人 35 人,是临时请的。92 年完成建筑产值 695 万元,利润 70 万元。固定资产 125 万元,流动资金 102 万元,定额流动资金 55 万元。

93 年打算,已出台企业第三轮承包方案,全员风险共担责任制。加强基础建设的管理,有 9 个工程队。转变职能,定编定额。

几个问题,进藏物资的运输问题;自治区给的 3100 吨油指标和补给的 1000 吨,油指标至今没有落实。

※　　　　※

财政局副局长次顿汇报:现有职工 21 人,其中党员 7 人。文化程度高中、大专的有 16 人,多数是财校毕业的。四个科,1 个办公室,全地区税务局有 24 人,有 5 名党员。

1.92 年财政收支情况。实际完成收入 939 万元,其中工商税 335 万元,国营企业上交利润 499 万元(包税),国营企业计划补贴 212 万元,其他收入 145 万元。

2. 自治区给阿里的各项补贴 4387 万元,其中定额补助 3318 万元,专项补助 953 万元,各项结算补助 116 万元。

　　3. 91 年上年的流动节余 750 万元,92 年底总财力总收入 6219 万元(包括社会养老收入 133 万元)。支出情况,92 年支出总数 5469 万元,其中基本建设费 574 万元,地县两级自筹部分。企业挖潜改造 20 万元,简易建筑费 20 万元(自治区下的专项款),科技三项费用 18 万元,流动资金 150 万元,支援农村生产支出 141 万元,农牧业单位事业费 224 万元,工业交通等部门事业费 5 万元。城市维护费 124 万元,其中 100 万钱还没有使用。文教卫生支出 912 万元(不包括实际教育)。其他部门事业费支出 105 万元,抚恤和社会救济 152 万元,民兵事业费 5 万元,行政管理费支出 1657 万元,公检法支出 350 万元,价格补贴支出 69 万元,支援不发达地区支出 140 万元。其他支出 800 万元(包括三授、社教等支出)。92 年流动节余 517 万元,其中地区 443 万元,县 74 万元。包干结余 151 万元,净节余 366 万元,其中地区 291 万元,县 75 万元。

　　92 年底各县的收入支出节余情况,合计收入 301 万元,支出 2065 万元,结余 74 万元。1. 普兰,土地收入 30 万元,支出 314 万元。负债 22 万元。2. 札达,收入 21 万元,支出 313 万元,结余 2 万元。3. 噶尔县,收入 18 万元,支出 288 万元,负债 4 万元。4. 日土,收入 45 万元,支出 264 万元,结余 6 万元。5. 革吉,收入 33 万元,支出 266 万元,结余 35 万元。6. 改则,收入 105 万元,支出 331 万元,结余 51 万元。7. 措勤,收入 47 万元,支出 289 万元,结余 6 万元。92 年底,固定职工人数 2909 人,不包括企业退休人员 338 人,企业固定职工 678 人,不含中直单位工作人员、教育工作人员。92 年企业,地方 21 个企业,其中盈利企业 16 个,亏损企业 5 个(运输、农机、电力、旅游、门士煤矿)(原文如此)。商品销售、产品销售 7484 万元,利润 885 万元,其中盈利企业盈利 1087 万元,亏损企业亏损 202 万元。企业当年留利 330 万元,应交的留转税 204 万元,应交的所得税 462 万元,应交调节税 63 万元。应交的利润税 106 万元,应交能源交通基金 62 万元。年底,固定资产 4248 万元,固定资产净值 3550 万元。全部流动资金 5168 万元,其中国拨流动资金 1344 万元,流动资金借款 1701 万元,其他流动资金 2122 万元。

　　93 年财政安排情况。一、地方收入。660. 3 万元,去年 930 万元,自治区定额补助 3318 万元,91 年 2530 万元,两项合计共 3978. 3 万元。加上上年结余 517 万元,共计 4495. 3 万元。财政收入最高年份,89 年 1700 万元。二、支出。按 3978. 3 万元来安排。1. 基建,250. 8 万元,92 年 574 万元。2. 科技三项费用 1 万元,92 年用 18 万元。3. 支援农村 148. 6 万元。4. 农林水气费用 232. 4 万元,去年 224 万元。5. 工业交通部门事业费 6. 5 万元,去年 5 万元。6. 城市维护费用 20 万元,自来水、防洪水。7. 城市青年就业费 5 万元。8. 文教卫生事业费 722.3 万元,不包括教育。9. 其他部门事业费 74.9 万元。10. 抚恤社会救济 44.6 万元。11. 民兵事业费 5.1 万元。12. 行政管理费 1597.3 万元。13. 公检法支出 326.5 万元,去年 350 万元。14. 价格补贴 38.5 万元。15. 其他支出 309.8 万元。16. 总预备费 195 万元,其中地区 100 万元,县 95 万元。三、专款。1. 教育 450 万元,去年 410 万元,留 30 万元机动。2. 其他专款,477.6 万元,特惠政策 150 万元,边境费 100 万元,不发达资金 120 万元,乡村道路 53 万元,农牧业抗灾 20 万元,城市维修费 20 万元。

※　　　　※

教工委书记欧珠汇报教育情况。

日土第一所小学 50 年代初建立起来。人民公社时入学率……,阿里地区当时有 64 所学校。79 年 176 所,在校生 4746 人。82 年调整后,大部分学校被撤销,只剩 37 所。72 年建的狮泉河中学,当时教的小学。85 年建了高中班。87 年后建立了太阳能七县小学和地区太阳能中学。

中学一所,在校学生 435 人。9 所完全小学,学生 2215 人。14 所区公办小学,学生 450 人。13 所乡办民办小学,313 人。全区共有各级学校 37 所,学生 3413 人。90 年适龄儿童 8457 人,入学率占 40%,往上报的 28%。87 年,在校生 2068 人,入学率 25%,适龄儿童应占总人口的 12% 为适合。阿里总人口 65200 人,全国有 22000 万人为文盲,我区每万人有 8000 人为文盲。

教育系统的机构设置,教工委书记 1 名,委员 3 名。教体委 3 名副主任,下设办公室、招办、政工人事科、民族教研室。全地区有 406 名教工,其中专业教师 316 名,中学教师 48 人,小学教师 268 人,工人 64 人,行政工勤人员 26 人。小学教师学历达标的占 52%,教材教法过关的 51%。中学教师教材教法过关的 50%。

93 年工作设想:认真贯彻全区第四次教育工作会议精神。93 年,适龄儿童共有 9525 人,在校生 3413 人,7—12 岁入学率应为 35%。去掉中学生 435 人,入学率为 31%。初中两个毕业班,高中一个毕业班。内地西藏班有 287 人(山西太原),其中有 78 个人初中毕业要回乡探亲。全地区有 186 名学生要升内地班。

※　　　　※

农牧局向秋汇报工作。

总面积 34.5 万平方公里,草场面积 27500 万亩,水面 1862.72 万亩,林地面积 1.2 万亩,耕地 3.9 万亩,平均海拔 4500 米。年平均日照时间3416.5 小时每年。年平均气温 0 度,年平均降雨量 73.4 毫米。

农牧局下属单位:农机公司、草原站、种畜站、兽医总站、牧工商公司(副县级单位)。局机关编制 23 人,实有人数 31 人,有办公室、农林科(含土地管理科)、林业公安科、水利科、畜牧科、项目管理科、乡镇企管科、稽征科、多经科。

兽医总站 17 个人。草原站编制 9 人,实有干部 7 人,临时工 26 人。种畜场编制 32 人,实际 56 人。农机公司,现有 16 人,正式职工 12 人。

92 年的生产情况,播种面积 28658 亩,粮食总产量 1122.6 万斤,单产393 斤,创历史最高纪录。

92 年牧业生产,牲畜存栏 268.42 万头(只、匹),人均占有 48 头(只、匹)。268.42 万只,其中绵羊 144.84 万只,山羊 105.43 万只,马有 2.28 万匹,牛 15.71 万头。年产羊毛 251.84 万斤,山羊绒产量 33.832 万斤。各种肉的产量 5535.55 吨,奶产量 7502 吨,皮张 50.12 万张。农牧业总产值9814.11 万元(92 年价格)。计委报的 1.2713 亿元(90 年不变价),农畜产品综合商品率 35.7%。农牧业总收入 4425.7 万元,其中农业收入 443.12万元,牧业收入 3262.22 万元。第二、三产业收入 356.97 万元(多种经营乡镇企业),占总收入的 8.06%。总收入去掉总费用 667.88 万元,占整个总收入的 15%,实际收入 3757.82 万元,人均收入 701.39 元。按 55600 人来算,应为 670 多元。噶尔县 92 年人均占有 110 元,实际按 700 元算的。计委统计工农业总产值 1.3 亿元,其中农业 1.2 亿元。

93 年工作安排:1. 农业播种 3 万亩,总产 1084 万斤,单产 360 斤。2.牧业生产,牲畜计划总量增 20%,成畜死亡率控制在 3%,出栏率达 18%,净增 2%。年报存栏总数 273 万头(只),现在 268 万头(只、匹)。农牧业商品率 45%,比去年增 9.65%。3. 牧业基础设施建设,人工种草 5000 亩,草原三灭① 6 万亩。草原围栏 1—2 万亩,现有 11 万亩。草场灌溉争取达 4 万亩。完成土种选育 2.05 万只,绵羊改良 4000 只。职工住宅建设。完成植树造林 22 万株。

1993 年 4 月 22 日

政法部门汇报。

政法干警 350 人,其中公安 197 人,检察院 62 人,法院 81 人,司法 8

---

①　三灭是指灭虫、灭鼠、灭毒草。

人,政法委 3 人。350 人中,男的 291 人,占 83.2%,女的 56 人。民族,藏族 283 人,占全干部人数的 80.8%,汉族 64 人,占全干部人数的 18.2%,其他民族 3 人。政治结构,党员干部 114 人,其中藏族 90 人,汉族 24 人。副地、县级干部 23 人。正区级和享受区级待遇的 85 人,藏族 76 人,占 89.4%,汉族 7 人,占 8.2%,其他民族 2 人。文化,大中专 114 人,占总数 32.5%;高初中 170 人,占 49%;小学 65 人,占 18.5%。年龄,25 岁以下 122 人,占 35%;26—35 岁共 135 人,占 38.5%;36 岁以上的 93 人,占 26.5%。器材装备,从 87 年到今年有所改进。

政法委,87 年成立,兼职的。90 年配的专职干部,编制 5 人,实有 3 人,其中从武警借了 1 人。92 年接收人民来信 6 件。问题:政法委人员不齐,办公条件差。

※　　　　※

公安工作汇报。

边境比较平稳,边境长 1116 公里。山口道路 180 处,人口密度,平均 5.1 平方公里只有 1 个人。92 年各类案件 93 起,破案 66 起。其中较大案件 23 起,破案 16 起。重大案件 4 起,破案 2 起。92 年盗窃案件 74 起。92 年治安案件 162 起,查处 156 起,查处率 96.3%,主要是打架斗殴,在一个舞厅卡拉 OK 场所。92 年交通事故 3 起,损失 8 万元左右。92 年火灾 6 起,死 2 人,伤 3 人,损失 24 万元。

索加,公安处政治部主任,副县级。公安 201 名干警,男 170 人,女 31 人。藏族干警 163 人,汉族 35 人,现在有副处级 3 名,区级干部 32 名,其中正区级 12 名。党员 60 名,团员 57 名,以工代干 52 名,职工 17 名。年龄,20 岁以下 29 人,21—30 岁 96 名,31—40 岁 46 人,41 岁以上 30 人。文化程度,大专 17 人,中专 50 人,高中 23 人,初中以下的 111 人。

公安处情况,地区 78 人,男干警 60 人,女干警 18 人。藏族 60 人,汉族 16 人,其他民族 2 人。处领导 2 名,正副科干警 16 名。党员 23 人,团员 26 人,以工代干 2 名,职工 6 人。文化程度大专 10 人,中专 8 人,高中 8 人。

各县局干警 123 人,其中男 110 人,藏族 104 人。文化程度大专 6 人,中专 22 人,高中 14 人,初中以下 81 人。

※　　　　※

检察院汇报工作。

编制 72 人,现有 63 人,县里有 40 人,地区检察分院 23 人,其中汉族 13 人,藏族 50 人。63 人中,女 12 名。党员 26 人,团员 19 人。文化程度,大专 6 人,中专 6 人,高中 14 人,初中以下 37 人。25 岁以下 15 人,26—35 岁 28

人,36—45 岁 15 人,46—55 岁 4 人。副地级 1 人,正县级 1 人,副县级 7 人,正区级 4 人,检察员 7 人,助理检察员 8 人,书记员 16 人,法警 10 人,无法律职称的 10 人。

92 年工作情况,选送 10 人到内地和自治区学习,学习比较差的 2—3 人。

※   ※

法院格桑加措汇报工作。

编制 82 人,两级法院现有 78 人,其中县法院 50 人。78 人中,男 62 人,女 16 人,藏族 69 人,汉族 9 人。党员 24 人,团员 27 人。大专 10 人,中专 13 人,小学 15 人。25 岁以下 31 人,26—45 岁 41 人,46 岁以下 6 人。副地级 1 人,拉巴罗布,58 岁。正县级 1 人,仁增,中央党校学习,42 岁。副县级 1 人,格桑。七县副处级 7 人,缺 3 名县法院院长,县级。区级 4 人,中院区级审判员 6 人,县法院副区级 2 人,在边贸点设法律服务。

※   ※

机关党委 13 名成员,机关支部 135 个,党员 638 名,机关党委编制 4 名,现在只有 2 名。

※   ※

武警支队刘思寿队长汇报工作。

80 年成立大队,正团支队 2 个,普兰边境检查站和阿里级,副团级 5 个部门,正营 5 个部门,10 个中队。团级支队党委 2 个,基层党支部 14 个。全支队 440 人,其中干部 98 人,战士 332 人,今年转业 10 人,实际现有 430 人。正团级支队长现有 4 人,副团级支队长 4 人,正营 5 人,副营 1 人,连排 84 人,预备提拔的 10 人。副团级部门缺 3 名正职,副职差 2 名。干部战士来自 10 个省市,5 个民族。430 人分布 7 县之中,普兰有 46 人。430 人中党员 154 人,团员 182 人。

92 年以来做的工作:一是充分发挥党委的战斗堡垒作用。二是抓干部的培养和教育,把握干部的提拔、使用、调动、转业。三是去年 6 月召开党代会。四是党委加强政治思想工作,普法、精神文明教育。五是抓行政管理,从严治警。纪律、条例的贯彻;加强军事训练,拳术、队列、战术的训练;理顺部队内部关系;严格群众纪律;边防、消防工作。

存在问题:干部素质差,不会管,不敢管,责任心、事业心不强;个别同志组织纪律性差;军事业务素质差。

下一步工作打算:加强政策理论的学习;加强军事训练;加强廉政建设;加强行政管理;抓双拥工作;抓边防、消防工作。

※　　　※

听公检法汇报后的意见:

一是总的看法。

二是存在问题。改革的意识不强,措施不得力。队伍的素质不平衡,有的干部不称职。当前存在的困难比较多,领导班子不健全,个别干警素质差;办公条件差,干部职工待遇低;个别领导要求不严,致使部分干警有违法乱纪的现象,也就是个别同志的形象在群众中不好。

1993 年 4 月 23 日

上午,各系统汇报情况。

交通局肖顿珠汇报工作。

一、基本情况。

56 年成立的监察四科,90 年成立的交通局。交通局下属七个单位,其中行政四个,企业三个(运输公司、保养厂、配件公司)。局机关编制 17 人,现有 42 人,其中退休 8 人。党员 10 名,团员 5 名。大中专毕业的有 8 名。固定资产共 106 万元。职工住宿有一座楼,8 套间,其余是 60 年代的破房子。生活车一辆,丰田车一辆。91 年,交通部投资 104 万元建成了客运站。

养路队:职工 32 名,其中退休 8 名。党员 2 名,团员 3 名。固定资产 80 万元,其中东风车两辆,丰田车一辆,扫路机一台。

运管所:87 年建立,共计 10 人。党员 8 人,团员 2 人。固定资产 50 万元,其中办公楼一栋,造价 30 万元,没有住宿的地方。

征稽所:92 年 5 月成立,总人数 7 人。党员 2 人,团员 1 人。固定资产 13 万元,北京、野马牌车各一辆。

运输公司:74 年成立,职工 104 人,其中正式职工 94 人,合同工 10 人。党员 24 人,团员 7 人。固定资产 412 万元,净值 362 万元,流动资金 31 万元。房屋建筑面积 6334 平方米,造价 115 万元。其中,危房 1911 平方米,需维修 2500 平米。车辆 59 辆,其中 9 辆待报废。50 辆车里面 1 类 11 辆,2 类 14 辆,3 类 24 辆。另外,有一名驾驶员开车走了,下落不明,已经走了四年。

保养厂:运输公司下属单位,37 人,正式职工 23 人,合同工 14 人,其中退休 8 人。党员 7 人。东风车一辆,北京牌一辆,固定资产价值 56 万元,净值 36 万元,流动资金 27 万元,房屋面积 2618 平方米,造价 34 万元。

配件公司:17 人,正式职工 12 人,合同工 5 人,干部 3 人。党员 4 人,团员 2 人。固定资产 85 万元,危房面积 1650 平方米,造价 78 万元。东风车一辆,北京牌一辆,流动资金 70 万元。

二、92 年的工作情况。

92 年养路投资 120 万元,突破 49.4 万元,自养 55 万元,92 年真正用来养路的只有 76 万元。进藏物资任务 1500 吨,出藏 1000 吨,实际完成进藏 986 吨,出藏完成 479 吨。运输收入 148 万元,支出 191 万元。上交税金 4.6 万元,上交养路费 18 万元,上交运管费 1.7 万元。92 年运输公司亏损 56 万元。配件公司,购进 180 万元,售出 210.6 万元,实现利润 18.14 万元,比 91 年增加 21.5%,上交利税 11 万元,比 91 年增加 22.8%。保养厂,折合大修 40 辆,收入 54 万元,修理成车 32 万元,利润 13 万元。运管所,实际收入 11.0732 万元,任务 8.5 万元,超额完成 30.2%。征稽所情况,完成任务 67 万元,5 月 1 日开始工作。上级下达任务 31.1 万元,完成任务 217%。

三、93 年工作计划。

养路,自治区交通厅给 40 万元的事业费,全地区 665 辆车,其中农民 300 辆,老解放 120 辆,实际还有 180 辆,再报停一半,90 辆能跑,收养路费 23 万元。国营企业有 365 辆,生活车 100 辆,收费 26 万元。还有 265 辆车,其中特种车 29 辆,还有 236 辆车,其中 84 辆车报停,应收费的车 152 辆,每年可收 79.04 万元。另外,小车 30 辆,可收 4.6 万元,实际收入 130 万的养路费。

※　　　　　※

文化局赤列局长汇报工作①。

一、基本情况。

机关两科一室,社文、办公室、财务。局领导 3 人,编制 13 人,现有 15 人,退休 1 人。四个部门,文工团 43 人,编制 50 人。群艺馆编制 15 人,现有 13 人。电影公司在编 9 人,现有 9 人。新华书店编制 5 人,现有 5 人。文物,文物点 42 处,其中石器点 9 处,岩化点 17 处,主要是日土古墓室 1 处,古遗址 8 处,古代寺庙 6 座,共 36 座寺庙。国家级文物古格王朝遗址,抢救文化遗产。扫黄工作。基层文化建设。文工团,二级演员 2 名,中级 5 名,初级 8 人。群艺馆工作,85 年建的,3000 平方米,投入 400 多万元。新华书店,事业单位,企业化管理。

二、92 年的工作。

存在问题:1. 文化机构不顺。2. 缺编,文工团 50 人,只有 43 人有编制。新华书店现在 5 个编制。电影公司 2 个编制,力量太小。文物科只有

---

①　标题为注者所加。

1个人。3. 缺乏人才。4. 缺乏住房,大部分职工没有住的地方。

三、93 年文化工作重点。

1. 文化经济政策。

2. 召开阿里地区文化工作会议,没召开过。

3. 文物建档工作,需 2—3 万元。

4.5 套集成的问题。

5. 加强区队的放映工作。

6. 古格王朝遗址的维修。

7. 基层文化建设,先建普兰县文化馆。

9. 图书馆的教材库房问题。

10. 群艺馆的设施问题,先解决 10 万元。

11. 职工的住房问题,先解决文工团的住房问题。

12. 职称问题,特别是文工团。

13. 文工团招生的问题,自治区艺校给了 6 个名额。

14. 加强队伍的建设。

※　　　　　※

卫生局石加汇报工作①。

一、基本情况。

现有 9 所医院,有藏医院、防疫站、30 个区卫生所。床位,地区人民医院床位 84 张,全地区共 297 张床位。全地区现有人员 782 人,其中地、县级医务人员 372 人,乡村医生 410 人。现有职称的工作人员中级以上 56 人,初级 186 人,高级 2 人。护士,全区共 64 人。782 人中藏族占 95%,现有学历的大中专毕业的 45%。医生和护士比例是 7∶1。地区人民医院建筑面积 5537 平方米,门诊住院部、职工住宿。地区防疫站 962 平方米,妇幼保健建筑面积 779.8 平方米。藏医院面积 1756.91 平方米,地区卫生局职工住房 220 平方米。卫生局下属四家地直单位,共县级干部 4 人,一般干部 236 人。地区医院编制 84 人,现有 103 人(包括 7 名合同工在内)。藏医院编制 35 人,现在是 35 人。卫生局编制 10 人,现在 15 人。医院的经费 30 万元,财政拨款 19 万元,每年收入 11 万元(主要是包工队)。全地区的门诊数 11.9719 万人,比 91 年增 210 人次。手术 389 人次,比 91 年增加 176 人次。

二、93 年工作重点。

为了 2000 年达到人人享有初级卫生保健的计划,恢复地区卫校,成立

---

① 标题为注者所加。

阿里地区红十字会。推广改则目标管理制的经验,加强边远乡镇的卫生所的建设,改革公费医疗制度。放射科没有工作人员,原有的两名工作人员已经去世。藏医院没有药厂,藏医院已独立核算。防疫站的搬迁问题。医院的住房只有 16 家。计划生育只有一名工作人员。

※   ※

听取军分区班觉参谋长汇报工作。

一、阿里部队的组建和沿革。前身是在二军骑马师的基础上建立起来的,当时下设一团、二团。任务,一团修路,二团担负进军阿里的任务。8 月1 日从和田出发,8 月 29 日到达阿里的改则县。先遣连由 136 人、七个民族组成,51 年 5 月 6 日,280 人的后续部队由二团副团长安志明带领,6 月 29日到达普兰。阿里骑兵支队,52 年 3 月,安志明任支队长,设四个连队。59年 4 月,成立阿里军事管制委员会。68 年 4 月 1 日,成立军分区,在喀什成立的。7 月 11 日完成接管任务。

阿里军分区政委,第一任刘少智,副政委闫长发。现下设 17 个科室,7个边防点,5 个情况点,6 个县武装中队。70 年成立了县武装部。现在有团级单位 5 个,25 个单位(科室),连级 17 个(8 个边防连),相当于连级单位 9个,全体干部战士 1995 人,干部 395 人,战士 1600 人。一是完成了战备值勤任务,巡逻任务每年 25000 公里,每年 340 多次巡逻任务。二是每年完成120 天的训练任务,参训 80%任务和 1000 多名民兵整顿工作。三是 70 年代要不断完成剿匪任务。75 年 8 月 1 日,最后一次剿匪任务,至今没发现再有匪徒。四是 83—85 年完成三年边防营建设任务。五是完成边防会晤任务。每年 6 月 25 日、10 月 5 日各一次,已完成 6 轮会谈,今年用电话联系。

二、边防的情况。阿里边防线长 1116 公里,北从空嘎山口,南到扎拉山口。三个段,(一)中印边境西段,600 公里,其中阿里防区从班公湖南算起400 公里,阿里防务 200 公里。(二)中印边境中段,从北起 6798 高地算起,南到中印尼三国交界处 450 公里。(三)中尼边境从普兰的强拉山口东到扎拉山口,266 公里。主要山口道路,通往国外的有 52 条道路,其中五条由13 团管理,其中阿里段 47 条,中印西段 18 条,中印中段有 21 条。

三、印度的卡子和布署。印方设了 45 处哨卡,都是靠前,每条山口道路都有他们的哨卡。离我们哨卡最近的 3.5 公里,兵力在我方对面,两个师,6个旅,1 个炮兵团,最近的师部离我们 180 公里,人员有 5—6 万名。

四、争议地区。有六块争议,现在我们公开去巡逻,他们也巡逻。

五、民兵。阿里有一个营八个连,每县一个连,日土 2 个连队。民兵有

1000 名,有 154 名持枪民兵。军政军民关系,从战争年代到今天保持得良好。

六、提出的问题。(一)民兵武器库的建设问题,阿里要向自治区请求解决才行,革吉、噶尔新建民兵武器库,7 个县都有改建加固民兵武器库任务。(二)军事设施的保护问题。札达、普兰问题比较严重,请地方上发个保护军事设施的通知。(三)什布奇口岸市场大管理工作要跟上去,典角河市场印度过来打探消息。

丁德福政委:凡是军民关系搞得不好的,连队不能达标。凡是军民关系搞得不好的,不能提拔。凡是军民军政关系搞得不好的干部,不是好的干部。

1993 年 4 月 26 日

关于加岗小学的办学问题。

※　　　　※

上午,外贸汇报情况。

一、经贸局和公司的概况。两个班子一套人马,四人组成。职工 44 人,其中汉族 6 人。年龄,40 岁以上的 21 人,40 岁以下的 23 人,占 52%。文化,大专 11 人,占 25%。高中 6.8%,3 人,而且女同志多。下设日喀则樟木分公司 3 人,拉孜转运站 3 人,乌鲁木齐 1 人。公司内部有财务股、业务股、储运股。外贸有个小商场,党团支部、工会都有。

二、近年来的经营情况。公司 71 年成立,经贸局 85 年成立。85 年提出统一计划、管理、对外的三统一。86—92 年间经营,六年中共盈利 5084.64 万元,平均每年 847.41 万元。六年上交财务税利 3175.94 万元,平均每年上交地财政局 529.32 万元。六年返还各县财政 1639.59 万元,平均每年返还县财政 273.27 万元。六年企业留利 268.93 万元,平均每年留利 44.82 万元。大头给了财政和群众了。六年全地区群众人均增加 600 元(每年 100 元),六年创汇额度 1145 万元,56% 上交财政,六年共创汇 1185 万美元,主要是羊毛,羊毛在国内市场卖断。外贸有流动资金 76.9 万元(共 70 万元国拨),企业留利资金 433.5016 万元,年上交利润占财政所有企业缴费的 85%,群众的收入外贸所得占 85%,企业的收入畜产品所得占 85%。

92 年的数字,创汇 110 万美元,实盈利 302.8 万元,其中上交财政 154.45 万元,返县 121.14 万元。

三、今后的打算。树立三大观念:一是大经贸观念,旅游、矿产都包。二是大市场观念。三是大流通观念。四是四个结合,商贸结合;工贸结合;农贸结合;内外贸结合。五是创两创,创汇和创利。六是有效地占领三个市场,国际、国内和区内市场。走一条加工出口创汇的道路,开发促开放、开放促改革,努力建设一个有阿里特色的外贸路子。

(一)在总的原则指导下,狠抓一点,"五条线""一个厂"的工作重点,地区的大点建设好(投资 300 万)。

"五条线":1. 樟木①、普兰的创汇点,已在樟木买了地皮。2. 普兰,现货和拼货贸易。3. 拉萨点,出租了高法的第三产业的房子。4. 乌鲁木齐的点,政策生意、经售公司,投 20 万元。5. 北京办事点,畜产品的出口点在天津。"一厂":梳绒厂,每年 170 吨,绒收入 1000 万元,加工后可挣 1500 万元。如再纺纱可挣 2500 万元,这样可直达国际市场,搞这样的厂需 350 万元左右。请新疆的天山毛纺厂的厂长来当厂长。

(二)实现 5 个突破。一是基础建设的突破,流动资金太少。二是利润挂帅,经营上的突破,5000 吨钢材;20 辆拉运车。三是扩大和新建口岸上的突破,主要开辟巴基斯坦和独联体的……四是以外贸业为主,多种经营上的突破。五是企业内部开放上的一个突破,劳动用工、人事、工资三制度的改革。

(三)今年的工作。现在有 130 多名客户,四县已签订经济合同。宏观调控,微观放开。采取地方经济保护手段,必须发挥国营外贸的主渠道作用。坚持两个原则:一是等价交换原则,二是以质取胜的原则。确保三个利益:国家、企业、牧民的利益。走向统一、稳定、创汇的外向经营外贸市场。原则:一是保证牧民收入,二是保证县财政,三是保证企业的收入,四是保证区外贸企业收入,稳住市场方便群众。

羊毛每公斤 7.5 元收益,羊绒 75 元钱。全地区羊毛 1200 吨,今年收900 吨,山羊绒 90 吨。收购占总产值的 80%。5 县可实现 300 万元的财政收入。群众可每人获得 650 元收入,五县每县的商业可收入 26 万元。

※　　　　　※

次仁副专员对新疆的运输协调情况汇报。

共用了 32 天的时间,自治区交通厅益西达瓦带队。79 年国务院文件,阿里运输由新疆承担,运价两个自治区政府协商解决。新疆提出,市场放开了,不能再按指令性指标来运。普通货 0.755 元,要翻一番,每吨公里 1.51

---

① 西藏自治区日喀则市聂拉木县辖镇,辖樟木居委会、帮居委会、立新居委会、雪布岗居委会4 个居委会。东南西三面与尼泊尔接壤,海拔 2300 米,距拉萨 736 公里。

元。油运价 1.86 元,油每吨公里原来 0.93 元,现在 1.86 元才行。油料指标要解决,开发公司欠他们 100 多万元。交通厅提出,每吨公里提到 1.2 元的基础上下浮动 5%,我们同意。自治区提出的,交通厅不同意。我们测算每吨公里 1.05 元比较合理。一是要求自治区尽快召开一次阿里的会议,主题运输问题。二是安狮公路整修问题。三是石油运输问题,自治区能否同意由一个运油车队来解决此事。

新疆应承担阿里的供油 4000 吨,新疆提出要涨到 2.8 元,去年 1.8 元。粮食还没有落实。物资,水泥原计划 5000 吨,咱公司欠人家的多。要动员自己的车队才行。已运回 1200 多吨,自治区的车能组织 282 辆,能承担 8460 吨。少运粮食,仓库有库存。油从叶城加,不在山上加了。和田地区承担 1000 多吨。

建议:一是交通养路费在阿里报手续,办完再下去。二是成立运输领导小组。三是向自治区作专题汇报。

白玛欧珠副专员:1. 参加运输车 282 辆,按每月运一次,1—6 月共 6 个月,每辆东风车六次共 30 吨,能运 8400 吨,今年计划 1.5 万吨,去年完成 1.3 万吨。2. 阿里有 600 多辆车子,能运的 282 辆。完不成一吨指标的,扣半吨油指标,超 10 吨奖一吨油指标(钱要交),油由阿里运输公司来承担,现有油缸 15 个,再加 20 个油罐。

几点建议。

一、通过调藏物资运输协调,应看到市场经济在全国的发展,也应看到改革大潮对我区的冲击,现在全国的发展形势逼着我们要参加市场经营这个大潮。在改革开放的今天,等靠要的思想已靠不住。现在,应看到在市场经济的今天,靠谁都不行,要靠自己的力量,要想自己的办法,要走自己的路才行。

二、成立交通运输协调领导小组。一是分析形势,二是搞好分工,三是组织车辆、任务、人员,四是落实。

三、向自治区写报告。

四、从长远的观点出发,建立专业运输车队。

1993 年 4 月 29 日

上午,和组织部多吉次珠、党宗莲通报一下干部问题。

92 年 11 月 1 号研究的干部,提拔交流干部共 52 名,其中由区级提为副县级 29 名,副县提正县级 4 名。

个别干部情况:1. 曲珍:小学学历,劳动局长,区级,噶尔县人,提妇联副主任。2. 索多,旅游公司经理,公司三年亏损,准备提交通局副局长,39岁,小学学历,在配件公司时干得不错。3. 桑吉,医院门诊部主任,已准备任卫生局副局长,主治医生,中级职称(改则县),业务、口才都行,42 岁,自学成才,爱人肖顿珠,交通局副局长。4. 次仁塔杰,农牧局种畜厂长,那曲人,已准备提副局长,有经济头脑。5. 札达的书记、县长都是札达的。6. 噶尔县书记江白,当公安处党组书记合适。宣传部副部长旦增(阿里军分区原副参谋长),群众反映比较好。

29 人中,地直副县提正县 4 人,正区提副县 14 人。各县副县提正县 8人,正区提副县 15 人。

缺的人员:1. 革吉,法院院长。2. 措勤,检察长。3. 札达,法院院长。4. 改则,法院院长,边巴扎西表现一般。

地直机关缺的人员:财政局长(冯建报的局长、党组书记)、计委主任、法院院长(改则拉加比较合适,但县里没人)、检察长、公安处书记。

1993 年 4 月 30 日

阿里地区七县 30 个区,106 个乡,全区总人口 65383 人,其中农业人口56245 人,非农业人口 9138 人。交通局,93 年收养路费 228 万元,交通厅任务是 147 万元。93 年完成进藏物质 11741.03 吨。

57 年全国耕地 16.8 亿亩,乡村劳动力 1.9 亿人,人均耕地 8.7 亩。1992 年全国耕地 14.3 亿亩,乡村劳动力 4.4 亿人,劳动力人均耕地 3.2 亩。按 57 年计算,农业剩余劳动力 2.7 亿。1992 年乡镇企业已安排 1.06 亿乡村劳动力,目前全国农村剩余劳动力 1.7 亿人。①

※　　　※

地区行署联席会议精神。

研究石油涨价问题。新藏线运费每吨公里 0.95 元,不是最后结论。运费上浮不得超过 10%,下浮不限。购买 100 辆东风车,自治区已同意。经费已落实 135 万。石油由安狮公路进,水泥、钢材、粮食由新疆进。重新测算用油量。

※　　　※

一、自治区人民政府会议精神。

狮泉河电站选点已定札达 1000 千瓦电站,需 7000 万元;普兰重新测算;买车款不一定全给运输公司,可成立运输粮食车队。以工代赈前期费还未落

---

① 此部分内容没有注明日期,写于日记本扉页,据后文日期放于此。

实。我们要做的几项工作:抽几个人测算,计财抽人;运输测算。

二、拉萨办①的房子问题。

公家修的,没有明确公房、私房,原地区行署会议决定为公房,但商品化,出售给私人,三月底以前拿出意见,至今没有结果,希望地区行署催促计财尽快测算,然后转给个人。做到一视同仁,涉及到领导,一般干部房子有300多平方米,地级只有129平方米。现还剩下几十亩地,可修房子。去年12月8日开会研究过这个问题。

行署通报石油提价等问题。

次仁副专员:1. 狮泉河电站选址已同意,前期1700万元,成都水利电力勘测设计院来设计。2. 普兰电站,杭州没通过,重新设计,5月再通过。3. 札达电站1000千瓦时,可行报告已出来,7000万元,投资大,难列计划。

　　　　　　　　　　　※　　　　　※

旅游公司汇报情况。

王伟民经理:美国的旅游收入,从86年200亿美元增加到400多亿美元。中国从78年2.5亿美元,增加到36亿美元。92年来西藏旅游2万多人次。阿里去年收入126万元,亏损2.6万元。阿里的优势,神山、圣湖、古格王朝遗址、班公湖、鸟岛。

刘毅:阿里高原风光奇,特种旅游更诱人。自治区已给阿里外联权,已开辟了阿南线,普兰方向。岗布奇口岸已开放,主要对尼泊尔和第三国家的上香游客。存在问题,公司正式职工51人,聘任20人,共71人。其中导游和翻译5人。新疆5人,没翻译。接待条件差,工程不配套,交通困难,通讯跟不上。

旅游公司基本情况。1. 共71人,平均年龄29.5岁。51人中,中专学历11人,初、高中学历21人,其余小学学历。2. 有11个部门。公司下有行政办公室、外联接待总部、外联接待一部、外联接待二部(普兰)、总财务部、成都设阿里办事处、三个宾馆饭店、设旅游商品经销公司、出租汽车公司,装修公司正在筹备。3. 酒店床位。狮泉河饭店有168张,冈底斯宾馆76张,普兰宾馆90张床。全年的床位利用率12%,全地区40%。车辆问题,公司丰田车一辆,90年接来的,已更换22名驾驶员。原来有两辆大轿车,东风货车有3辆,北京212车一辆。最近批准银行贷款30万元。酒店设施,电视机只有25台,床上用品需要更新。王伟民是去年11月11日到任的。今年旅行团8个,120人左右。北京介绍一个摩托团,10人。自组

---

① 阿里地区行署驻拉萨办事处。

团,尼泊尔最多给 20 个团,我们最多接 10 团,100 人。搞阿里大型画册,6000 册,10 多万元。

抓软件服务,理顺关系,调整机构,实行半承包。已定承包期四年,今年的工作打算。

一、积极推广外联工作。充实外联力量,在尼泊尔设代理商,加强宣传工作,双边旅游合作。

二、从普兰到尼泊尔的公路抓紧修一下,建议修到圣湖的路线。车辆更新,四年更新四辆,客车四辆。狮泉河饭店的上下水和热水供应,冈底斯宾馆的自来水问题,完善普兰宾馆的浴池。加强娱乐场所的配套,扩建冈底斯宾馆和普兰宾馆,加强对用具的更新。对外开设藏式餐厅,新建冈底斯宾馆餐厅。关于购物的问题,旅游商品的供应,开发圣湖的矿泉水。

三、需要解决的问题。1. 流动资金至今没有 1 分钱,需 100 万元。2. 外办交的遗留账目,相差 40 万元,已欠财政上的款 80 多万元。3. 解决贷款指标 300 万元,财政厅同意贴息。500 万元的贷款,5 年。4. 解决停车场的问题。

※　　　※

商业局汇报。

局下属四个单位,石油、医药、燃料、局机关。全系统 216 人,党员 47 人,团员 22 人,退休干部 10 人。

1. 批发公司,81 人,正式干部 21 人,固定合同工 60 人。92 年销售 893.8 万元,其中批发 515.2 万元,零售 378.6 万元。92 年费用(包括工资办公)221.6 万元。92 年批发公司利润 42.9 万元,主要是拆借加来的利息差。91 年盈利 50 万元。92 年购进商品数 580 万元。库存商品 1449 万元,积压得多,70 年代的积压商品约 300 万元,能收回一半的钱。流动资金 719.8 万元,其中国拨 667 万元,企业流动资金 52.8 万元,固定资产有 603.8 万元,可经营 480.8 万元。仓库面积 3420.8 平方米,经营场所 2000 平方米,职工住宿 2031.8 平方米。

2. 石油公司。52 人,其中正式工 42 人,临时工 10 人,党员 10 人,团员 9 人。石油公司去年购进油 4007 吨,售出 4122 吨,自治区分公司每年给阿里补贴 250 万元。92 年,石油亏损计 533 万元,真正亏损 283 万元,三年增亏。石油公司固定资产 305 万元,流动资金 65 万元。仓库有 15000 平方米,职工住宿面积 1 万平方米。油库存油面积 1800 吨容量,柴油容量 300 吨,自治区每年给 3010 吨的指标。油的运输原来是 0.93 元,现在每吨公里 1.86 元。现在阿里油平均价格每公升 1.44 元,其他地区 2 元多,油罐车只有 15 辆。库存只有 1 个多月的油。

3. 医药公司。共 8 个人,其中一名合同工,党员 3 人,平均年龄 34 岁左右。有流动资金 37 万元,固定资产 42 万元。经营面积 1180 平方米,其中仓库面积 561 平方米。商品进口 192 万元,比 91 年增加 6.8%,去年销售 82 万元,比前年减少。去年,工商局、商检局给我们 50 万元的假药,自治区药管局已电报通知我们说是假药。印度的寿比南 60 万元,积压。公司 92 年盈利 9 万元。

93 年打算,销售和工资要挂钩,试验结果,有的职工一个月拿 600 元,有的只拿 50 多元钱。

1993 年 5 月 6 日

下午,给公觉次仁同志作鉴定。

公书记:一、抓干部培养,一是到内地交流锻炼;二是大学生到自治区锻炼一下,提上来。二、党校的搬迁问题。

一九九三年五月六日,给公觉次仁书记的鉴定①。

参加人:孔繁森书记、塔青副书记、纪检嘎玛书记、次仁副专员、安七一、组织部多吉次珠和原书记公觉次仁本人。由塔书记主持。

1993 年 5 月 9 日

上午,公觉次仁书记提的希望。

一、解放思想搞好改革开放。

二、加强民族团结,每名同志不管来自哪个民族,哪个地区,哪个县,首先是党的干部。

三、要脚踏实地把工作干好。

1993 年 5 月 11 日

上午,地区人大汇报自治区会议情况。

人大联络处公觉伦珠汇报,塔青副书记主持会议。

一、自治区会议要求。

(一)要把县乡换届工作作为一件大事来抓,列入议事日程,早抓早动手,早结束这项工作。(二)加强县乡换届的选举宣传工作,加强维护祖国统一的教育,宣传中充分体现党委的意图。(三)参加被选的人员,要提前

---

① 　此事孔繁森同志又在别处记载,现合并一处。

到位,把参选的人员要介绍清楚,要提前做工作。(四)充分发扬民主,充分体现人民代表的意愿,要按民主集中制的办法来办,但民主集中制是有原则的。(五)5 月底全面铺开,11 月底结束。建议把各县的领导和县乡换届的领导小组负责人请来开个会议。

二、方法。

1. 建立机构学习法律,成立选举委员会,县乡都要成立委员会。2. 层层培训学习骨干。3. 做好换届选举工作的宣传工作,把普法工作贯彻始终。上届代表名额不变,阿里区代表 495 名,90 年参选人数占 97%。我区选举 5 月底开始,9 月底结束。注意代表的广泛性、代表性、群众性。上届妇女代表占 14.3%,中央要求不低于 20%。4. 加强对换届选举工作的领导。

三、大家的意见。

次仁副专员:1. 调整一下领导小组。2. 同意以会代训。3. 组织每县 3 人的工作小组。4. 强调"两个离不开"。5. 集中精力、时间,抓紧完成。6. 基层干部要相对稳定,一般注意不要大换班。

增加几个人:宣传部长旦增、组织部科长多吉次珠,公觉伦珠兼办公室副主任。

1993 年 5 月 14 日

研究朗久地热电站的问题。

张利平副指挥长、欧湘蜀副指挥长、计委欧珠副主任、电力工程师加央。

办公室赵汇报:15 口井,2 口没气,另外 13 口井有不少有问题的,通井是大问题。目前困难:没有柴油机、吊车、柴油、汽油,解决医生和烫伤的药。现在正式职工有 72 人,部分骨干调走,物资管理问题要加强。87—88 年运行了 180 天发电,至今没事干。

副指挥长欧珠主任(计委):82 年开始朗久电站工作,温度只有壹佰零几度,朗久每月发电最长 21 天,最短的只有 3 个小时,对启动机都有损坏。压变 105 个,911 井,这个井比较好。很可能打出高参数的井来,有四口井通井锤堵啦,先后已调走 14 人。

讲几点意见:

(一)统一认识,做好准备,迎接专家评估。

(二)加强领导搞好分工,责任明确,任务具体。

(三)集中兵力,动员群众共同参战。

(四)理顺关系,加强财务管理。

（五）搞好整顿,制定规章制度。

（六）存在问题:人心散,班子软;缺乏凝聚力;管理混乱。

1993 年 5 月 15 日

下午,阿里地委行署几位领导研究自治区组织部的特级电报。

内容:关于日土县张孝玉书记的安排问题。因会没参加到底,大家的意见……把日土的三位主要领导请来,地委、行署领导一块谈。

1993 年 5 月 18 日

上午,参加政协讨论。

工商局长说:一是打麻将的多,对孩子影响大。二是干部不下乡,群众有意见。三是普兰口岸开放,群众说一只羊八只狼。四是近亲结婚的多,特别是普兰、札达。

※　　　　※

参加佛协组讨论。

现在僧尼 303 名,编制 315 名。

托林寺①,历史悠久,文物多。

※　　　　※

下午,才旺桑珠副书记、次仁副专员和日土县三位领导谈话。

一、贡布:我有个看法,不应拿着我像皮球一样,踢来踩去,好在我气足,怎么踢都行。总觉得地委对这个问题不严肃。我们工作尽快考虑,最好不要下县了,归口也可以,当教员也行。

二、张孝玉:我原来打算回原单位,既然领导又让我干县委书记,我只好服从命令。作为……今后希望领导多给我提出批评。领导到日土去后也不找我们,我们有什么缺点也不找我们谈一下,不是我们要来的,是组织派来的。

1993 年 5 月 19 日

参加联席会议。

白玛欧珠副专员谈普兰口岸开放问题。普兰县已播种 1.09 万亩耕地,

---

① 指托林寺,托林寺坐落于中国西南部西藏自治区阿里地区札达县城西北的象泉河畔,始建于北宋时期,是古格王国在阿里地区建造的第一座佛寺。1996 年被列为"国家一级文物保护单位"。

预计打 600 万斤粮食。札达已播种 7900 亩,比去年多 120 亩,预计产量 200 万斤。

一、普兰口岸定点的情况。原来是唐嘎市场,自治区副主席桑珠说应定在江嘎市场,地区拉巴专员去的,当时定下来啦,普兰政府、群众意见大。白玛欧珠副专员对三个地点进行了考察,唐嘎、江嘎、格如三个点可供选择。和县政府共同考察,三个点都是冬天没有水,江嘎有 60 万平方米,如建四万平方米市场,需征地 60 亩。一亩 400 斤粮食,每斤 1 元钱,一个村的地都在此。格如是荒地,路又是通内地、新疆的必经路,但冬天没水,冬雪大。普兰口岸成交商品最高金额 1200 万元(88 年)此后每年平均 400 万元。

二、大家的意见。刘继华书记意见,仍建在唐嘎,600 亩,需架桥引水,引水渠 4000 米,需 5 万元。修公路 1.5 公里,需 10 万元。架桥,30 万元,强拉山口的路自治区给了 50 万元。刘书记说,交给县政府比较好,让群众修强拉山口,17 公里。斜尔瓦公路 18 公里,是通尼泊尔的,县政府要求上边投资。白玛欧珠副专员说光投劳务就行。群众意见大,认为几家卡的太死。动物检疫部门意见大,另外,饭店应交当地政府。对于工程交包工头,不交给群众,意见大。原有摊点 192 处,有 1500 平方米,新建 1500 平方米的房子为商户服务。

次仁副专员:市场定唐嘎不变,市场建设拿出图纸,牵头来搞。修路架桥先设计,今年先引水。工商局要拿出可行性报告要有经济分析。

1993 年 5 月 21 日

下午,听政协各组讨论汇报情况。

日土代表平措:生活作风乱……草场纠纷严重。需加强法制教育,现在乱摊派的现象多,有些人无视法律,草场乱罚现象多。日土区往三个乡分配的任务,一等羊 40 元,二等羊 25 元。乌江处在边境区,外商过来后,弄人家东西。日土县前几年和外地勾结起来乱开矿,矿石也拉走啦,结果县里一分钱也没得到。让新疆来打鱼,鱼拉走啦,群众什么也没有得到。群众要求自己挖矿,不知政府同意不同意?

统战部:1. 基层好的干部调动太快,再一个是缺医少药的问题严重。部分基层干部在下边喝酒,不干工作。2. 司法机关不以身作则,打架、违法现象多,根本没法去教育别人。3. 办了夜校,得不到区县支持,连点油也不给解决,有些干部还是乱砍红柳。区上的编制 16 人,结果只有 10 人。日土县的热角区只有 3 个人守家,区上的人少、质量差,昆莎区平时下乡只有 3 个人,分羊时有 54 人。噶尔县统战部说,群众反映外出探亲手续不好办。

4. 边防。日土县境内，东孜口岸，康巴人有 14 顶帐篷，康巴商人在此横行霸道，不让外商进来。5. 流浪小青年……群众比较怕康巴商人。康巴商人来后，群众主动把房子交给他们，要什么给什么。6. 改则、措勤县的政协委员已后继无人啦。7. 札达的楚鲁松杰乡交通问题，50 公里至今没有解决。8. 收税部门和政府要一致才行。9. 普兰的贤柏林寺①的文物让部分群众弄到尼泊尔的丁嘎尔县去了，"文化大革命"期间弄走的，需政府和尼泊尔丁嘎尔县交涉才行。

1993 年 5 月 25 日

上午，普兰县领导班子汇报情况。

一、刘继华县委书记汇报。从拉萨到普兰，从北线 2000 公里，海拔3900 米，处在喜马拉雅山和冈底斯山中间。面积 12505.3726 平方公里，县城占地面积 1800 亩，交界印度、尼泊尔，平均海拔 4500 公尺。最高点纳木那尼峰② 7728 米，最低点 3323 米。神山冈仁波齐 6656 米。圣湖玛旁雍措③ 4588 米，面积 412 平方公里。气候处于温和地方，每年降水 168.6 毫米，相对湿度 47 度，全年日照 3124 小时，平均温度 2.5 度，最高温度 28 度，最低零下 29 度。无霜期每年平均 119 天，作物生长 120 天。中印边界 90.5公里，中尼边界 319.7 公里，通国外的山口 21 个。到印度直径距离 16.3 公里。92 年 7 月 15 号开的强拉山口④，贸易额平均每年 400 万元。89 年，羊毛大战，达到 1200 多万元。尼泊尔第三国的旅游团有 10 批，600 人。去年，印度商人 41 人。尼泊尔有 169 户，进出的人每年 1 万多人。交通，普兰出发从南线到拉萨 1334 公里。

全县 3 个区，10 个乡，51 个村。农区 6 个乡，牧区 4 个乡。全县 1234户人家，人口 6513 人，加上机关人口共 7159 人。劳动力 4700 人，耕地

---

① 指夏格巴林寺，位于普兰县城西北面。夏格巴林寺也称为"贤柏林寺"。贤柏林寺是 17 世纪末西藏和拉达克战争结束后，在普兰宗境内创建的第一座格鲁派寺庙。

② 纳木那尼峰，藏民称之为"圣母之山"或"神女峰"，位于喜马拉雅山西段，与神山冈仁波齐峰遥遥相对。纳木那尼峰方圆约 200 平方公里，主要有 6 条山脊。山脊线上有数十座6000 米以上的山头，高低错落。

③ 玛旁雍措在西藏阿里地区普兰县城东 35 公里、冈仁波齐峰之南。其周围自然风景非常美丽，自古以来佛教信徒都把它看作是圣地"世界中心"，是中国蓄水量第二大的天然淡水湖，湖水透明度最大的淡水湖，藏地所称三大"神湖"之一。它也是亚洲四大河流的发源地。

④ 强拉山口，印度方为里普列克山口（Lipulekh Pass），海拔 5334 米，名义上位于中国、印度、尼泊尔三国交界处，但境外尼泊尔区域被印度侵占。在中国西藏阿里地区普兰县县城的西南部约 30 公里，是喜马拉雅山脉的一个山口。

10876 亩。92 年产量 5964343 斤,单产 548 斤。牲畜存栏 16.0527 万头(只、匹)。92 年总的收入 604.1911 万元,人均收入 876.53 元,地区核定 793 元,按混合价算的,群众自用按 80 年不变价算的,其余按市场价算的。如果按 90 年不变价算,总收入 985.0628 万元,人均总收入 1526.76 元,去掉生产费用,纯收入 1388 元。提留,县控制在不超 5%。粮食 596.4 万斤,酥油 13.6969 万斤,出栏牲畜 2.6651 万头(只),绒毛 23.179 万斤,皮张 2.3122 万张,副业收入 130.07849 万元,平均每人 200 元。去年,农业收入占总收入 37.98%,牧业收入占总收入 40.37%,副业占总收入 21.65%。牧业幼畜成活率 65.54%,成畜死亡率占 4.3%,出栏牲畜 18.1%,净增 8.99%,总增 27.09%。教育,15 所学校,其中 3 所“三包”,2 所公办学校。教职工 75 人,在校生 687 人,入学率 77.19%。92 年比 91 年减少学生 59 人。财政情况,各项行政经费定了 211 万,另外教育 56 万元。财政收入计划 25 万元,92 年达 29.8 万元。发工资 274 个人,包乡干部和统战人士,要发出去的工资和补贴 165.68993 万,真正用于办公的、维修的只有 50 多万元。92 年超支 22 万元。

二、县长介绍情况。

(一)加强农牧业基础建设。普兰县产量占阿里地区的一半,而且 100 万斤粮食要出口,90 年产 522 万斤粮食,92 年 596 万斤。农村总收入,92 年 985 万元,90 年 532 万元。

(二)能源建设问题。科迦电站和大电站,有希望。

(三)对外开放问题。印度正在修路。

(四)中波转送站。现在已完成,而且效果很好。

(五)加强通讯设施的建设。现在主要是靠电报来请示工作,现在和地区邮电联系一下。

(六)加强教育事业。普兰县生源多,内地班多,农区入学率达 95% 以上。

(七)乡镇企业刚刚起步,干部群众都有积极性。

(八)县级财政建设。增加收入,压缩开支。

(九)稳定局势工作。虽然普兰县位于三国交界处,由于加强了这方面的工作,目前看还没有出现什么问题,干部、群众思想稳定。

(十)目前工作。1. 春播已结束,比去年略增加了一些。2. 牧业生产,灾害不大。3. 边贸工作刚开始。4. 当前抓田间管理,抓市场建设,91 年副业收入 130 万元。5. 准备组建建筑队,派二十二个人到地区有关单位学习一下。6. 县乡换届的问题。7. 建一个戴帽中学,100 万元未到位。问题,建立商品粮基地请地区支持一下。

（十一）今后工作的打算。1. 抓学习,解放思想,更新观念。2. 破除靠供给制的思想、等靠要的观念。3. 领导力量向经济工作倾斜,人才向经济建设方向倾斜。4. 采取领导分工制的办法,转变职能。5. 对干部进行新的考核办法。6. 抓边贸市场建设,准备建立外贸局对外经营,阿里地区至今未同意批。7. 乡镇企业:圣湖浴场、藏白酒加工厂、人工地毡厂。8. 抓收入增加、财政建设。改革现有财政体制,调动单位和干部职工的积极性。9. 继续抓好教育事业,明年戴帽中学开课。10. 提高干部职工的生活福利待遇,以利于吸引人才,留住人才。

1993 年 5 月 26 日

上午,在普兰县区级以上干部会议上的发言。

一、对普兰的看法。1. 几年来发生了巨大变化,粮食 560 多万斤,财政收入 30 万元,账外 47 万元没上报,人均分配 879 元。2. 人的思想观念发生了新的变化,商品观念增强,经商下海的越来越多。3. 文化教育卫生又有新的发展。

二、谈谈全国改革开放的大好形势。1. 南北地区及沿海的形势。2. 中央领导最近的指示。3. 我们西藏阿里的形势。

三、提几点希望。1. 继续更新观念,解放思想。普兰的优势、不利因素。2. 加强团结,自愿协力搞好改革开放,首先是各级领导班子团结,其次加强藏汉团结。3. 加强学习,跟上全国形势的发展。

1993 年 5 月 27 日

上午 11 点 23 分,普兰会议室。

工作组和县领导研究市场的设点问题。

陈光明:1. 路的问题,普兰到强嘎山口[①] 27 公里,已修 17 公里,再修 10 公里新路,需要建丁嘎桥一座。修路架桥 50 万元不太够,需 80 万元。86 年发生了洪水,赤德桥水都漫过啦。2. 唐嘎市场,沿河而下、沿河而上的路,需架 20 米的桥,50 万元,桥两头修路,还需 10 万元,共计 60 万元,修路 4 公里。3. 江嘎市场,从孔雀大桥起 8.5 公里处改路到江嘎路,8 万元一个涵洞,两米的,加改线。这样不通过农区和灌溉渠,路面由当地群众修,桥必

---

① 这里是丁嘎山口。该山口在强拉山口东边附近,全称是丁嘎(丁喀)里普山口(Lipu Dhura Bhajyan;Tinkarlipu Pass)。此山口是通尼泊尔的。

须由专业队伍修,另外路的维修问题。

地区工商局副局长:江嘎占地多,还有部队菜地 122 亩,8100 万平方米,群众种地 290 亩。从孔雀桥到江嘎 3 公里,从唐嘎到江嘎有差不多 5 公里。群众种地,江嘎有发展前途。唐嘎市场引水点有 4 公里多,唐嘎市场有 70 亩地。自治区工商局长卓扎多吉说,我的意见同意在唐嘎,一是不占地,二是老市场,三是离桥头市场近。

计委洛桑:1. 修丁嘎山口的公路,27 公里,已有 17 公里基本修成,还有 10 公里未修。原来说路由刘继华书记设计,群众修,现在问题是钱不够,怎么办? 修后维修怎么办? 2. 市场,一是江嘎,二是唐嘎。唐嘎地方小,通路、通水有难度,通水 5 万元解决不了。修路、架桥 20 米 50 万元,修路 10 万元,可能拿不下来。江嘎市场,每亩 800 斤,每斤 5 毛,每平方米 400 元,十年 4 万元,赤德乡 7 个村的地。

县长:92 年 8 月 24 日,泽仁桑珠和拉巴专员来考察,我去的。我同意建在江嘎,唐嘎市场发展前途不大,"三通"不好办。江嘎"三通"没问题,外商来去方便,不走弯路,有发展前途。眼光放远一点,还是在江嘎市场。如建在唐嘎,集水渠不好修,修起来每年大雨后冲垮。

林发洪副县长:立足长远,抓住机遇,积极发展。我同意江嘎,一是扩大国际影响,二有利于培养农民的商品意识观念,三有利于市场的发展规划,四有利于投资,桥路水电的问题。建议:一是发展培养市场。二是让利给外商,以利于扩大市场。三是引入竞争市场,鼓励个人、集体、国营一齐上。四是要舍得投入,占地是暂时的。投资上边给点,地方拿点,集资点或征贷贷一点。

人大主任顿珠:今年初,罗次专员来时说,如建新的市场,也就是移到江嘎,只能批 30 亩,再多我们没有权力。我倾向在老市场,大商户都愿去甲尼玛。

杨副书记:我同意从长计议,在江嘎。

政协副主席、副县长:我同意在唐嘎建市场,对今后的预测,谁也不知道。

拉巴欧珠:同意建在唐嘎。

刘继华:也可建到武装部南。

　　　　　　　　　　※　　　　　※

中午,给普兰提几点建设。

一、总的看法。普兰这几年在大家努力下,经济发展,社会安定,群众生活不断提高,普兰发展有潜力。

二、几点希望。更新观念,统一思想,立足长远,搞好规划。抓住机遇,利用优势,积极稳定发展。加强领导,互通情报,增强友谊,同心协力。

关于市场定点问题,既要从长计议,又要实事求是,立足当前,权衡利弊,尊重群众,择优定点。

1993 年 5 月 28 日

上午,门士煤矿,书记次仁巴桑,科长多巴。

书记是今年调来的,原来在普兰工作,40 岁。党员星期六学习。在第一线采煤的只有 27 人。8 号煤层原计算说有煤一米厚,总深度 523 米,已打 470 米,还差 50 多米。从新疆拉焦炭每吨 1400 元左右,我们正在炼焦。

矿区的基本情况,我们准备开水晶,别的第三产业也开不成。煤矿 72 年建的,主要煤层薄,运输远,采一吨煤 600—800 元,卖不出去。有的每吨只卖 200 元,去年卖 110 元一吨。炼焦是土办法,基本成功,需要炼焦的机器 30—40 万元。

正式职工 64 人,合同工 16 人,共 80 人。另外退休干部 12 人,发工资的共 92 人。92 人中,汉族 6 人,妇女 15 名,党员 31 名,团员 17 名,中层干部 6 名(区级),技术人员没有。有 3 名保卫人员,有 2 支手枪,能不能建个民兵组织。

存在问题:1. 工人待遇低。企业待遇,高原补贴 66%,机关 87.65%。再一个是工龄补贴没有,参加工作 8 年工资才 250 元,去年取暖费每人 200 元。书记原来在普兰工资 380 元,现在只有 352 元钱。2. 住房条件差,大部分是土房。3. 欠账 135 万元,财政每年给包干经费 60 万元,除发工资还有 22 万元用于购买生产工业料、办公用品。国家能源部给 300 万元改造费,最后一年 100 万元。4. 人员缺乏,没有工程技术人员。64 名正式工人,有 19 名下井的。5. 原来有个邮电所,有名小伙子抓走了,电话电信都没有,听说邮电要撤走。四吨煤炼一吨焦,买 1 立方米木材 1200 多元。

多巴科长:如继续挖煤需要新招 20 名青年。

洛桑主任:72 年成立煤矿,建议地委行署专门召集会议,听取煤矿的汇报。

1993 年 5 月 28 日

到达札达县。

上午,听取县委政府领导汇报情况。

纪委旺久书记汇报:

一、基本情况。县城海拔 3782 米,平均海拔 4500 米,27054 平方公里,实际控制 24400 平方公里,边境长 570 公里,通往印度的山口 13 个。全县寺庙 47 座,批准保护的 16 座(自治区批),其中著名寺庙是托林寺。大小河流 14 条,总耕地 10192 亩,实播 7800 亩,粮总产 240 万斤。草场 14000 亩,牲畜存栏 15.0579 万头(只、匹),其中大牲畜 2.4292 万头(只、匹),羊 12.6287 万只,人均牲畜 34 头(只、匹),酥油人均 25 斤。92 年农林牧总收入 279.36 万元,人均收入 596.9 元。全县 6 区 15 乡,58 个行政村,全县人口 5430 人,其中乡村人口 4512 人,农村劳动力 2439 人。全县在职工人干部 341 人,其中妇女干部 42 人,汉族干部 18 人,具有大中专文化的有 69 人。其中区级干部 32 人,县级干部 10 人,工人 163 人。现有 24 个党支部,其中农牧区 12 个支部,全县党员 313 人,其中正式党员 230 人。

二、去冬今春的工作。去年社教,自治区和地区来 120 人,加上县里 80 人,共计 200 人,分 6 个工作组。教育,14 所小学,比去年增加 3 所,其中 8 所公办,6 所民办,在校生 445 名,比去年增加 60 名。91 年入学率 45.1%,92 年入学率 46%。全县存款 319 万元,其中农牧区 147 万元。县财政收入,91 年 12.3 万元,92 年 17 万元,流动结余 3 万元。地区补贴定额 207.9 万元,体制外补贴 33.9 万元,加上本县财政收入共 255.8 万元。行政工资支出 139.5 万元,全县工资支出 194 万元。

※　　　　※

札达县长群培:

一、未改乡:1. 什布奇乡,距县 400 公里,人员 150 人,乡长次仁。2. 曲松区楚鲁松杰乡,全乡 345 人,乡长顿珠多吉,自治区人大代表,家庭比较富。有一个边防连,山岗边防连在后,群众在前。3. 底雅乡,200 人,乡长公觉。

二、请地区给 6 万元,各区马匹需要更新一下,交通工具主要是马。

三、去年财政收入最高 19 万元,最底 7 万元。

1993 年 6 月 3 日

参加地委行署联席会议精神。

一、嘎玛书记汇报纪检工作会议精神。

93 年 4 月 13 日在自治区召开的纪检工作会议,阿里优秀纪检干部两名,我们地区获评一个先进集体。开幕时,郑光举讲了话,布穷副主席讲了话,巴桑副书记讲了话。一是自治区纪检会议情况。二是在全区开展党纪党规教育的问题,党纪党规教育的重点和内容;党纪党规教育的目的和要求。

二、宣传部旦增同志汇报外宣工作会议精神。

93 年 5 月 1—5 日在自治区召开的会议,参加会议的共 80 多名同志。在西藏已召开了第四次外宣工作会议。区党委丹增副书记任外宣领导小组组长,江措副主席任副组长。建议:(一)成立对外宣传领导小组。宣传部意见,由一名副专员任副组长,或配一名专职县级副组长,配外宣干事。(二)西四县配自己的外宣人员。(三)财政要安排外宣专项经费。(四)外宣交通工具。(五)尽快建立普兰外宣办公地点。(六)召开全地区对外宣传工作会议。

三、外事工作会议精神。

4 月 25—29 日在自治区召开的外事工作会议。参加会议的有 120 人。一是传达了李鹏总理、钱外长的讲话。二是外办的工作任务职能。地方的外事要为当地的经济建设服务。外事工作要配合外宣工作做好工作。

区党委丹增副书记:要明确外事工作在我区面临的形势。外事工作的特点,一是人权问题已成国际斗争焦点;二是如何树立我们的光辉形象;三是如何为我区经济工作牵线搭桥。要有一定数量和素质较高的外事工作人员。周总理说,外事授权有限,外事无小事。建议:一是将外事科升为县级机构。二是将外办和旅游合并为外事旅游局。三是充实外事工作人员,向自治区要求多分给一部分大学生。能否把地区中学的学生送到内地培训。四是向上级要求开放一些对外的口岸。五是成立阿里外事工作领导小组。

桑珠书记:什布奇①开放是印度提出来的。

※　　　※

研究当前干部问题。

参加人:塔青、洛桑旦达。

塔青副书记:本着小动、大不动原则,噶尔县班子需要动。札达县领导班子本县工作不太合适。日土县领导班子按自治区要求动一下。另外,计委、政财班子需研究。准备噶尔的次仁多吉调日土当县长,日土的嘎麻仁青准备当普兰县长,普兰的格巨坚赞任噶尔县长。贡布任噶尔县委书记,噶尔县的次仁多吉任日土的县长,札达县的副县长扎西原定的调到革吉任县长,现在当区档史办主任。札达书记朗杰调到区机关任党委书记,群培任书记,其美任县长。仁青扎西调到阿里地区任人大联络处主任。革吉的骆岩生副县长懂建筑、计划、财政。措勤人大主任思想不端正。噶尔的江白任政法委

———————————

① 什布奇山口,是 1993 年 9 月 7 日中国与印度开放的边境口岸之一,供从事边境贸易的人员、货物和交通工具出入的山口,以便进行商品交换和交通运输。

副书记,赤列文化局调到财政局任局长。江白多吉现在纪委审理室任主任,调乌办①。扎巴调政协秘书长。

※　　　　　※

地委领导:塔青、洛桑旦达、达瓦次仁、桑珠、安七一、军分区领导、嘎玛、次仁。

行署领导:洛桑旦达、次仁、任士伦、贵桑、扎西、白玛欧珠、丹增、曲扎。

政协:平措、赤列。

人大:仁青、扎西。

法、检院。

1993 年 6 月 5 日

上午,参加第二期党校十四大学习班结束会议。

党校仁青讲话:教学的基本情况。以解放思想、更新观念为先导,从全面理解,正确把握十四大报告的基本精神,注重以解决思想、认识问题为宗旨,以三为主,三结合为教学方法,通过学习思想解放了,眼界开阔了。

洛桑旦达:换脑筋,把握机遇,理清思路,改革开放。

※　　　　　※

武继烈专员调动工作座谈会。

武专员:在阿里工作 23 年,感情很深。1. 涉及到部队工作,10 个部队的司机下地方指标一直没解决,当时说的五年解决。2. 北京的西城物资公司和昌平县沙河镇公司,他们是借资生财,我们是借地生财,实际上他们得到的多,合作定的五年,已达三年了。3. 上海南市区教育的互市公司、工贸公司。4. 镇江的投资 300 万元,已还给我们 150 万元,明年 2 月 18 日全部归还,超过一天按万分之五的利息给我们。5. 兰州 30 万元的资金还没收回来,钱是 90 年汇出的。6. 开发公司锡明签订的 150 万元,和自治区贸易中心签订的。7. 江苏台青 500 千瓦的发电机问题,我们的钱汇到新疆维吾尔自治区水利局,加差问题,主要是张利平搞的。8. 自治区邮电管理局 17 万元发电机问题,拉回来后是淘汰的机器,电力公司搞的,具体是景美办的。9. 拉办②的副主任,退休后到德阳至今户口没落实,核心问题是小孩没处落户口。

建议:1. 山羊绒的开发,不要卖原料,要加工。2. 皮子加工问题。

---

① 阿里地区行署驻乌鲁木齐办事处。

② 阿里地区行署驻拉萨办事处。

1993 年 6 月 6 日

和洛桑旦达专员谈干部问题。

措勤县:原来计划书记达瓦,县长达瓦扎西(现在任副县长),准备副县长班典群配任书记,组织部长公觉旦增任县长,达瓦扎西现在不动。

革吉县:县办主任索郎扎布任副县长,政办主任报的副县长比较差,扎西旺堆不能提。原定洪雪峰调措勤,在革吉不动。蒲国满调措勤怎样。

改则县:拉加任书记,仓珍任县长,平措原定阿里纪委,需动。政府,县纪委书记洛加次仁,提副县长;县办主任扎拉,原定任纪委书记,改任政府副县长好。区教委副科长阿旺次仁,原定革吉副县长,调改则副县长。县委副书记于成泉和日土副县长交换一下,柴腾虎副县长调地直机关。

革吉县:郜瑞林书记不变。县长扎西,现在中央党校学习。副县长强巴扎西,现任日土副县长,有能力。地区农牧局张胜利调革吉副县长,不动。尼玛平措,大学生,现任普兰宣传部长,原来定的调日土副书记,改为革吉副县长,调措勤仍任副书记。

日土县:书记张孝玉,县长原定嘎玛任青,现党校学习,调普兰。噶尔县的副县长次仁多吉,任日土县长。副县长刘国明仍在日土,革吉的加布调日土当副县长。农牧局综合科长达尔布,地委原来定的噶尔县副县长,调日土副县长。

噶尔县:书记日土的贡布,县长格巨坚赞(普兰的县长),副县长文光陶,副书记王德火,副县长多吉(组织部),副县长任青(噶尔县农牧局副局长),副县长次成多吉(地区医院副院长),原来班子没提过。

札达县:群培书记,县长其美(行署副秘书长),副县长夏光凡,副县长班典益西(老藏医)。普兰的商业局长曲尼贡布,原定的……欧珠,基层的区长。老班子没定,洛桑的意见提副县长。

普兰:书记刘明;县长嘎玛仁青(疑与嘎麻仁青为同一人);副县长旦真罗布;副县长康尼巴桑(藏医)。人大副主任边巴,任副县长。原班子没定。农牧局兽医站长曲尼杨培是否提副县长?

行署部门:财政局局长候选人①:赤列塔青(文化局)、旦真(宣传部)、次仁多吉(噶尔副县长)。副局长:次顿不动;洛桑,原开发公司经理;程新平,副科长。阿穷,党组书记不动。

---

① 为便于理解,"候选人"为注者所加

计委：路景坤书记不动。主任候选人①：宣传部旦真（行署三人研究，农牧）、农牧局明久（商业局）、地委次仁副秘书长。副主任：任富山（改则县）、罗远山（搞农牧的）。

农牧局：向秋，科委比较好；明久，商业；旦真，农牧局局长；塔尔杰，农牧局党组书记。

教委：欧珠任书记，主任调离；党校仁青任主任。副主任占堆，不动；副主任赵其桂，不动；副主任索朗顿珠，不动。

交通局：现任局长阿旺平措，本人要求退，洛桑平措任局长。副局长：小顿珠，不动；札达县人大副主任索郎坚赞，索多原定的提。改则平措调交通上，索郎坚赞任纪委。

文化局、党校校长：王惠生当文化局长，小达瓦调党校校长。

经贸：索朗平措局长，彭俭商业局副局长任书记。

工商局：原定的次仁。次仁专员提出，永忠监察局，副县。

行署办公室：晋美调监察局局长；王玉昌不变，秘书长。

法院：现在中央党校学习的仁增，正县，副院长，调检察院检察长。

检察院：土典格桑，副检察长，正县级，调法院副院长。

1993 年 6 月 9 日

地委行署联席会议。

洛桑旦达汇报工作，工作组 5 月 24 日出发。一是农牧业生产情况，二是普兰市场定点，提五个点：唐嘎、江嘎、桥头、武装部、丁嘎，重点是唐嘎、江嘎。

普兰：我的意见定到唐嘎为好，第一因为是老市场，东西都有发展前途，第二不占耕地，准备盖两座桥，先建一座桥。（原文顺序如此）

工商：唐嘎没有发展前途，但群众、外商习惯在这里经商。

税务：定江嘎为好。

外贸：从长远观点看，唐嘎路不通，不具备条件，定江嘎我们投资。

建行：我们准备出 80—100 万元投资建设市场，定在江嘎为好，泽仁桑珠的意见已定。建成自由贸易区为好，集聚国家、集体、个人、外商一齐上为好。唐嘎市场 3000 平方米。

王玉昌：我同意唐嘎市场。我建议建立普兰市场管理委员会，一次性收费，不要乱收。

---

① 为便于理解，"候选人"为注者所加

　　次仁副专员:定点是不是向主席(桑珠)请示一下。

　　白玛欧珠副专员:历史上成交额达到过 1000 万元,现在只有 400 万元。我们认为唐嘎市场客观点,一是老市场,二是不占地。

　　洛桑旦达:口岸是中英谈判而定下来的国际性口岸。从长远的观点看,江嘎市场为好。

1993 年 6 月 9 日

　　研究矿业开发问题。

　　王玉昌汇报:(一)矿业开发是阿里的经济支柱之一,已开了五个矿。1. 扎仓茶卡,门士煤矿。2. 茶拉矿,硼金矿 88 年开发的已停止,有 5000 吨左右,每吨 2000 元左右。3. 色当金矿,改则的物玛区,85 年探明的。4. 马明湖,钠硼解石矿。5. 军分区开过的洞措区硼金矿。(二)自治区来了几次电报,总的自治区有关部门对我们有意见,过去的证明继续使用。(三)几种费。一是收取矿产资源开发补偿费,二是矿业产品税。

※　　　　　　※

　　下午,研究卫生部门问题。

　　卫生局:关于公费免费医疗问题。(一)乡村医生每月工资是否由每月 45 元增到 75 元。乡村医生给群众看病每次收挂号费 2 毛,打针,肌内注射 4 毛,静脉每次 5 毛。计划生育经费,原来每人每年 5 毛改为 1 元,乡村医生 375 人。(二)公费医疗。公费医疗原定的每名干部职工每年 65 元,现在改为 350 元,所有干部职工 3105 人(不包括企业),这一项增加 93 万元。乡村医生 45 元增加到 75 元,这一项增 10 万元。(三)关于 1 号病的问题。同意明年解决,防疫站的问题,强毒实验室明年解决,车明年解决。(四)关于培训乡村医生的问题。一是学员 47 个人,36 人每人每天 7 元,共 2. 26 万元。二是经费,4 万 6 千元。三是学习时间 5 个月,学习 3 个月理论,学习 2 个月的实践。同意办 3 个月学习班。

1993 年 6 月 11 日

　　给西藏自治区分行塔杰行长汇报工作。

　　一、阿里的基本情况。

　　(一)在党中央、自治区的领导下,阿里发生了巨大的变化,绝大部分群众的温饱问题已解决。

　　(二)人民群众干部职工对党的感情很深。

　　(三)边境线长,口岸多,矿产品多,旅游景点多,加上边贸畜产品都是阿里的优势。

（三）制约阿里发展的因素,一是交通能源差,二是人才奇缺,三是财力不足,四是干部群众的思想、观念陈旧。五是物价高,水泥每吨 1700 元,钢材每吨 5000 元,木材……

二、需要自治区人民政府和塔杰行长工作组帮助我们解决的问题。

（一）继续在政治、生活、工作上,市场经济发展中给予支持和帮助。

（二）帮助我们解决干部职工的后顾之忧。

（三）给阿里制定优惠政策,扶我们一把,四号文件落实、汽车运输公司、交通能源问题。

（四）在资金、人才上给予帮助支持。

（五）请塔杰行长跟我们干部职工见个面,讲讲全国全区的形势。

（六）分行能否把阿里作为工作联络点、扶持点。

塔杰行长:阿里是最困难的一个地区,我回去给主席汇报一下,争取派个工作组。提到的会销方面的问题,回拉萨后再说,我们在阿里工作几天后再和您见见面。

1993 年 6 月 14 日

上午,自治区电力工业厅顿总、姜总工作组和地委行署人大政协及有关科局研究朗久电站的现状和发展问题。

顿总:我们 4 月 6 日来的,我们认为可以恢复发电,现在 5—6 口井可发电 1000 千瓦时左右,特别投资需 5000 万元左右。

姜总谈地面的考察工作:6 月 6 日开始工作的,对电站的各个系统进行了考察,现场调查 6 月 10 日结束。要排除电站对面河流对电站干扰。(一)要改造的第一个部分是生产井的问题。5 号井好,但污垢严重,还没有放喷。911 号井当时说可以发电 900 千瓦时,我们认为实现发电 500 千瓦时,也就差不多啦。其他四口井,一口井作为通井备用,其他 3 口井再发 500 千瓦时,共计可发 1000 千瓦时。两条小河改道,防止对群井凉水的侵蚀。(二)井口装置的改造。主要是除垢,咱们想在生产中除垢,需卷扬机和通井锤。(三)可用分离器改造。(四)蒸汽用套围的办法。(五)气直接进入气轮机,原来是水。(六)辅压后自动防爆门,采取手动消除各部门的漏气,气轮机的本体部分。(七)电器部分,直流全部损坏,调度总机无损坏,需换新的。(八)厂区的雨水进入电缆沟,需改进。电厂的饮水困难,住房需要维修,而且没有双职工宿舍,另外需要一辆生活车。(九)需发放资金 593 万元。第一项 268 万元,第二电器部分 79 万元,第三项场区排洪 5

万元,第四部分□达部分,第五设计调研费列 12 万元,第六项临时设施费 15 万元,第七项施工用电费 30 万元,第八项启动调试费 30 万元,第九项其他费用 20 万元,第十项引水、宿舍修建 57 万元,第十一项施工队伍搬迁 30 万元,第十二项不可预见费 40 万元。以上几项共计 592 万元。明年两个半月可发电。朗久的人财物应冻结,把朗久的骨干集中起来学习,组织机构不能多、大。这里有两台 500 千瓦时的发电机组要维修。

张利平:原来共发电 162 万度,最长一次发电 23 天,总建筑面积 5912.9 平方米。5 月底,财务决算、工程决算 3864.6 万元,其中地质方面 1532.5 万元,地面 2332.1 万元,总投入 4617 万元,其中自治区 3595 万元,阿里 658 万元。5 月底账目存款 34.7 万元。库存材料 216.1 万元。设备投资 473.5 万元,其中没动用过的设备 234 万元。财产损失 99.2 万元,往来挂账 68 万元,欠外债 139.1 万元。现在正式职工 76 人,原来 107 人。76 人中,干部 17 人,其中大学生 5 人,汉族 51 人。

洛桑旦达谈意见:几点意见,认真清理,加强管理。一是总结经验,接受教育。二是制定规划,集聚人才,筹集资金。三是建立制度,领导挂帅,明确分工,理顺关系,工作组有信心,我们有决心,上下团结一条心,攻克难关,早日发电。四是统一思想,齐心协力,攻克难关,尽早发电。

1993 年 6 月 17 日

自治区分行塔杰行长一行四人和地委行署交换工作意见。

塔行长带领工作组于百忙中,挤出 20 天的时间对阿里地区四个县的部分乡镇和地直单位、两行等单位进行了全面的考察。

对塔行长提的几点要求,我们地委行署的领导要好好地研究,贯彻执行,同时对塔行长在政策上、资金上给我们的优惠政策,要向全体干部职工转达。其次,对塔行长给我们的优惠政策,根据我们的情况研究方案,向自治区领导、向分行的领导进行汇报。第三,几点希望。

1993 年 6 月 18 日

研究二级班子的上报问题。

塔青书记:去年 11 月研究的,4 名书记参加,当时研究了 50 名干部。县级干部现有 154 人,去年 11 月研究的,有 4 名副职主持工作。报正职有:王玉昌、桑典、洛桑久美、彭俭。区级提副县的有 15 人。县里副县提正县的有 8 人,区级提副县的 15 人。

各县情况:

普兰县:书记刘明,由札达县调到普兰;副书记嘎玛仁青,中央党校学习,日土副县长,该同志文字比较好;拉穷不动;杨建国,甘肃藏族,不动。政府县长嘎玛仁青,日土副县长;副县长旦真罗布,不动;副县长边巴,普兰人大副主任;副县长康尼巴桑,县政协副主席凌旭峰,商业科长,调到普兰;人大主任顿珠次仁,不动,在普兰30年啦。政协主席刘明(兼);副主席阿旺郎加,活佛,专职副主席。县法院院长阿旦次仁,原来的。检察长旦确,原来的。纪检书记拉巴欧珠,原来的,49岁,文化低,身体不好。

洛:政府力差,要名汉族干部,叫商业局的凌旭峰去。

札达县:书记洛桑群培,47岁,原县长;副书记其美;副书记格桑,香孜区书记;蒲国满到札达任副书记。政府:其美任县长(行署副秘书长);夏克潘,副县长,曲尼贡布副县长,普兰的商业局长,原普兰的后备干部,原商业保管员出身;班典益西副县长,党外人士,调政协任专职副主席。县人大原来没有主任,现任的法院院长,扎西旺久,52岁。纪委书记,旺久不动。政协主席罗桑群培(兼)。副县长欧珠,书记曲松。检察院徐继文。法院阿旺次成。

噶尔县:书记贡布;副书记格巨坚赞;副书记蒲照兴,原改则副县长;副书记王德火,上海人,调出来;副书记索朗顿珠,教委副主任。县政府:县长格巨坚赞,原普兰县长;副县长文英布;副县长达尔布,农牧局综合科长;副县长任青,噶尔县农牧局长。人大主任多吉顿珠,53岁,原来人大主任;副主任永忠,原武警支队的副支队长,该同志有部队作风,文化水平低。纪检书记多吉扎巴,不动。政协主席贡布(兼)。法院长强巴年扎,不动。检察长尼玛扎西,调日土老家。日土的次仁群觉调噶尔。

革吉县:书记郜瑞林;副书记扎西,现札达县副县长,中央党校学习;副书记才旺罗布;副书记,缺一名副书记。政府:县长扎西,原札达副县长,文字水平高,中央党校学习;副县长骆岩生,调藏干部,47岁,准备调;副县长强巴扎西,日土的副县长,调革吉副县长。阿旺次仁,教育科长,大学生,30岁,改为教委副主任兼中学校长。人大主任郜瑞林(兼);副主任扎西拉达,全区优秀党务工作者,邦巴区委书记,一直在基层。纪检书记,现在让才旺罗布任书记(兼)。检察院长杰索朗,现任的检察长。法院院长,党外人士,塔尔青,中院正区级审判员。格桑,原来的,年龄大,身体不好,文化水平低,同意退休,目前法院院长没有。小学校长欧珠调到革吉任副县长,洪雪峰留下来作副县长。

日土县:张孝玉书记;副书记次仁多吉,噶尔县副县长;冯小兵,副书记,调藏干部,准备调走;任建春,县委副书记;单真次仁,副书记,组织部组织科长。政府:县长次仁多吉,噶尔县副县长;副县长刘国民,新疆昌尔调藏干部;副县长加布次仁,从革吉调日土;副县长尼玛平措,普兰宣传部长,大学生,年轻。人大主任由张孝玉(兼),不动;副主任格桑旺久,现任的党外副主任。政协主席张孝玉(兼);副主席平措旺堆,党外人士。纪检书记桑珠,现任组织部副部长。法院院长尼玛扎西,现在噶尔县检察长。格桑朗杰,法院院长,调为检察长。副检察长田洪旗,原日土副检察长。

改则县:书记拉加,现任县长;副书记仓珍,现任副县长;副书记罗东旗,江西的调藏干部;副书记,仁青扎西,县委组织部长,党委提为县委副书记。县长仓珍,原来分管文教的,中央党校学习过;副县长洛加次仁,原来的纪检书记,有一定的经济头脑;副县长白玛扎西,革吉县办主任;副县长索朗罗布,草原站长;副县长柴腾虎,调干调来的;副县长图德布,蒙古族,43岁,身体不好,文体程度低,汉语差。人大主任,拉加兼任;副主任普热里,物玛区书记,基层工作多年,43岁,71年工作入党,文化低。县纪检书记扎不拉,县公安局教导员,原来当过办公室主任。检察长普拉姆,本地人。法院院长次旺罗杰,是正区级审判员。

措勤县:原来老地委定达瓦继任书记。书记班典群培,45岁,副县长,原来任过人大副主任,任县委书记,改则人,文化程度低;副书记公觉旦增,现任组织部长,大学生,35岁,正区级破格提拔;张胜利,调措勤副书记;副书记索郎扎巴,措勤县办公室主任,大专,34岁。县政府:县长公觉旦增;副县长达瓦扎西,不动,33岁;维色,财政局的办公室主任,措勤为副县长。人大班子不动。县纪检索朗旺杰,不动。法院院长云丹,不动。检察长乌建,县公安局长。

1993年6月19日

地直单位的班子干部变动情况。

1. 王玉昌应变动一下,原定的地委秘书长仍为行署秘书长。

2. 次仁,副秘书长,正县级。

3. 组织部洛桑久美,副部长,原上报组织部长。

4. 统战部桑典副部长,提为部长。

5. 彭俭,商业局副局长,商业局党组成员,65年进藏,提为商业局局长。

6. 组织部人事科长多吉次珠,报人事局副局长,我建议改为组织部副部长。

7. 任富山,计委,提经计委副主任。

8. 王长清,现任的司法科长,行署司法处的,任司法处副处长。

9. 普穷,科委科技科长,提科委副主任。

10. 旺拉,提编译室副主任,提拔前是编译室的副科长,副区级。

11. 地区兽医总站站长曲尼杨培,提为农牧局副局长。

12. 次仁塔杰,阿里地区种畜场长,准备任农牧局副局长。

13. 地区人民医院住院部主任次仁卓嘎提为院长、副县级。

14. 桑布,医院住院部副主任,62 年参加工作,自学成才,能动刀,准备提卫生局副局长。

15. 索多,准备提交通局长,小学学历,自治区不同意,原旅游公司的经理。

16. 开发公司原经理洛桑,仍然回商业局任副局长。

17. 次仁巴桑,原来普兰农区区委书记,已准备调煤矿任党委书记。

18. 李九成,原煤矿副矿长,副县级,已调运输公司经理、党委书记,已公布。

19. 粮食局公觉次仁,经理,准备报局长,副县级,原来是正区级。

这十九位是 92 年 11 月份研究的。

92 年元月研究的干部:1. 次顿,财政局副局长。2. 王智,民政局副局长。3. 其美,行署办。4. 正县,索朗平措,报的行署秘书长。5. 正县,晋美扎巴,纪检专职副书记。6. 政协副秘书长加措,报的政协秘书长。7. 工会土典格桑,报的工会主任。8. 索朗桑保,公安处长。9. 县法院副院长仁增,报的是院长,副地级,现在中央党校学习。

平调的:1. 札达副县长次珠多吉,调地区编译室。2. 原煤矿党委书记塔杰,定的调科委任主任,至今没落实。3. 改则县书记仁青扎西,去年研究任监察局长。4. 札达县书记南木杰,准备调任纪检副书记。5. 改则县副县长平措,准备调任交通副局长。6. 札达索朗坚赞,人大副主任,爱人已调到法院,本人调任纪检审理科主任。

去年没研究的,当时领导不齐:1. 计委:洛桑旦达主张提丹增,塔青主张洛桑。2. 财政:洛主张赤列,塔主张欧珠。3. 宣传部单增,任公安处党组书记。4. 教委主任由党校的仁青来担任。5. 江白,政法委副书记。6. 次仁,地委副秘书长,本人要求工商局,我同意。7. 塔杰,原煤矿党委书记,原意见任科委主任,准备塔杰调农牧局党组书记,向秋调科委,明久任农牧局局长。8. 措勤的书记达瓦,调党校,任党组书记。9. 札达书记朗杰平措,留机关党委当书记。10. 纪律检查委员会审理室主任,副县级,强巴多吉,有文化,有水平,调乌办当书记,白玛当主任。11. 阿里地区成立审计局,成立党组,副县级单位,财政局行财科科长金堆多吉任局长。12. 曲珍,劳动局长,区级,调妇联任副主任。

　　洛桑旦达:1. 王玉昌,行署秘书长。2. 地委次仁,工商局。3. 组织部长,同意。4. 桑旦提部长,应配副部长。5. 彭俭,我同意提商业局长。6. 多吉提副部长,我同意。7. 任富山提副主任。8. 王长清可能要调回,同意。9. 普穷可提科委副主任。10. 旺拉,提编译室副主任。11. 曲尼杨培,可提农牧局副局长。12. 次仁塔杰和明久是对头?13. 医院次仁卓嘎提院长,她不同意,可叫班久当院长,征求一下次仁卓嘎的意见。14. 桑布,技术好,卫生局副局长,书生。16. 开发公司洛桑,提起来放财政上去。对 17、18、19 人选没有意见。

　　1. 索朗平措,经贸局长,同意。2. 晋美扎巴,纪委专职副书记。3. 政协加措,同意提正秘书长。4. 工会土旦,同意提主任。5. 公安处桑保,同意提处长。6. 仁增,现法院副院长,同意提院长,已放中央党校学习,是否放到检察院任检察长。7. 计委洛桑,同意提。

　　平调的几个干部:1. 札达的次玛多吉,水平低。2. 煤矿的塔杰,定的科委主任不变。3. 改则县仁青扎西书记,调监察局长。4. 札达书记朗杰平措有病,应让他休息。5. 改则平措,同意调交通局。6. 札达副主任调交通局。7. 措勤小达瓦,调党校。8. 噶尔县江白,同意放政法委专职副书记。

　　几个综合部门:1. 行办,秘书长王玉昌;副秘书长管机要秘书的,藏、汉语都好点的;副秘书长次白,正县级副秘书长,负责行政。2. 计委,路任书记;主任……副主任任富山,革吉骆岩生;再配藏族副主任。3. 财政局,阿穷书记;局长赤列;副局长洛桑,开发公司;企材科长程新民,任副局长。4. 审计局,金堆多吉财政局副局长兼任审计局局长。5. 教委,仁青调过来任主任;副主任占堆,不动;副主任赵桂起,天津人;副主任阿旺兹仁,兼学校校长。6. 农牧局,明久任局长,向秋调出去;曲尼杨培副局长;次仁塔杰,牧工商书记、总经理,和农牧局脱离;车新明副局长,原来措勤的调藏干部。7. 交通局洛桑、阿旺平措,现在的书记、局长;小顿珠副局长,不动;索朗坚赞,札达人大副主任;平措,从改则调来副局长。8. 文化局,王惠生任局长;次成副局长;柴腾虎副局长,改则。9. 卫生局,局长洛桑,不动;副局长扎西班久,爱喝酒;副局长史加任计委主任,免卫生局副局长。10. 税务局,旺堆副局长,报的局长;党组书记需要重新配。11. 驻外处办,正县级需要配主任。乌办,主任白玛次仁;书记江白多吉,纪律的副县级。拉办,需要动,主任洛桑旦巴,外界关系广,办事处工作没做好;副主任次仁达瓦,文字可以,爱喝酒,打麻将。11. 公安,旦增到公安任书记;桑保处长;扎西次仁副处长,措勤的检察长,身体不好。12. 检察院、法院,仁增,任检察长,法院副院长;土登格桑调法院任副院长。13. 地委副秘书长李玉建,行政的;桑保,组织部汉族副部长。14. 宣传部旺堆部长已退休,报告已打,米玛次仁是否可提起来,需要名汉族同志。15. 机关党委,图德布,改则县的,任副书记。16. 工会副主任,色布,不干工作,原运输公司经理。17. 团委。18. 噶尔县的副书记王德火,调行署任计委副主任。

1993 年 6 月 21 日

上午,继续研究干部。

参加人:塔青、洛桑旦达、桑珠、安七一、次仁、嘎玛、多吉。

次仁专员:1. 计委,洛桑仍放在计委好。2. 检察院、法院一是提,二是调整。3. 农牧局,明久同志情况和曲尼杨培合不来,唯一合的来的是张胜利、边巴,白专员说这两个人都调出去。4. 财政。赤列,这个同志不成熟,他爱人的妹妹,民办教师私自转正,财务上的问题反映大,改则县、日土反映都比较大,他的亲戚在文工团,私自开丰田走啦,赤列同意的。阿穷让他退休好,愿意叫旦真(宣传部)去财政局。……5. 公检法的问题。检察院处理外贸的羊毛问题不对头,检察院、法院要调整。6. 噶尔县江白要求去公安局,我认为合理。7. 卫生部门最好不要改行。

安七一谈个人意见:1. 地办的班子,把次仁秘书长留下来。行政科长提起来不合适,没文化,提起来也批不下来。2. 工会的主任色布,已打了退休报告,让他退休。3. 团委的班子,书记孔元华工作一般,要求内调,同意。杨建民同志提为副主任科员。中学索朗次仁是教物理的,可以提为团委书记。4. 同意曲珍当妇联主任,再配名妇联副主任,再给他配名男的办公室主任。5. 宣传部的班子,米玛字写的好,但文字不行。柴腾虎调宣传部当副部长。6. 公检法的问题。检察院的亲戚多,这个班子不行,调整。法院班子也不行,错穷多有地方情绪。仁增有情绪,是否把仁增和土登对换一下,这两个人都不提。公安可以去,宣传部的旦增去当书记,桑保同志先放一下再提。7. 教委的欧珠不适合当财政局长,欧珠当书记,党校的仁青当主任,赤列留在文化上,财政局长从现在财政上调出来。8. 计委洛桑同志可任计委主任。9. 卫生上的业务人员最好不要调。10. 次白,司法处不要动,工作刚有点起色,再动不好。晋美副秘书长继续留在行署比较好,提到纪委,上边也不会批。

桑珠书记:1. 公安。自治区派日喀则公安局长调公安处任副处长,和桑保又搞不到一块。桑保文化、业务水平差。桑保报处长可以,同意旦增去可以。2. 检察院。亲戚帮派多,我去时一个人也没带,土典有缺点,但派的人亲戚多,是组织派的。且真、土典副检察长在党校学习,土典工作方法不当,个性相当强。3. 法院。仁增不是水平问题,处理强奸案,是思想意识问题,仁增不易提。格桑和仁增也有些矛盾。两院稳定,院长上边派来。4. 司法处。次白刚任不久,不动为好。王长清要走,别提啦。5. 计委。洛桑先用上,且增人不错,但业务不熟。6. 财政。欧珠不合适,次顿提起来合适。阿穷最好退下来,党组书记以后配备也可以。7. 文化。赤列继续留下来,在革吉县霸道。8. 教委。欧珠放到外办,仁青任教委主任,毛病爱喝酒。9. 地办。次仁要求去工商,拉穷调地委副秘书长。10. 改则书记仁青,放人大主任,我同意。11. 农牧全部调出来。

嘎玛同志:1. 财政,次顿提起来或由一名副专员兼,次顿主要是活动能力差。赤列在县里工作上有反映。2. 计委,洛桑同志可以,有毛病,以后可谈话指出。阿穷反映大,退下来比较好。3. 工会,色布可退下来。4. 且增继续放到宣传部好,工作热情,文字,口才都可以,适合搞党务工作。5. 噶尔县江白同志放到公安处当书记。6. 两院,暂时不动可以,仁增暂时不提也可以。7. 教委,欧珠调出来也可放外办。8. 行署,晋美扎巴文化水平低,放到纪委不合适;江白多吉到乌办当书记,我同意,不然当纪委专职副书记也可以。

多吉科长:1. 教委欧珠,放到宣传部可,外事也行。2. 且增,放公安处比较好。阿穷、色布、格珠(人大)、拉巴(法院)、朗杰平措,该退休了。图德布放到何处?

※　　　　※

下午,继续研究班子。

一、地委办:安七一秘书长,李玉建、拉穷任副秘书长。

二、组织部:洛桑久美,多吉次珠。

三、宣传部:欧珠,柴腾虎。

四、统战部:桑旦部长,图德布副部长。

五、团委:孔元华任书记。

六、工会:土典格桑主任。

七、妇联:副主任,曲珍。

八、人大:仁青扎西任主任,公觉伦珠副主任。

九、党校:小达瓦任校党组书记,王惠生校长。

十、政法委:江白专职副书记,正县级。

十一、机关党委:朗杰平措。

十二、党史。

行署系列班子：

一、行办：王玉昌秘书长；晋美扎巴、次白副秘书长。

二、经济委：洛桑平措；王德火副主任，上海，专搞项目；任富山副主任。

三、财政：局长……；次顿副局长；洛桑副局长；程新明。

四、审计：金珠多吉局长，副县级。

五、工商局：次仁，局长、党组书记；杨建军副局长，正区级。

六、税务局：局长旺堆。

七、公安：旦增，党组书记；桑保，处长；次仁多吉、扎西次仁党组成员、副处长；索加，处党组成员。

八、教委：仁青任教委主任；占堆副主任；赵贵起副主任；阿旺次仁兼中学校长。

九、文化局：赤列塔青局长；楚成副局长。

十、农牧局：塔杰，书记；骆岩生，局长；车新明、曲尼杨培副局长。

十一、牧工商：次仁塔杰，党委书记、经理。

十二、科委：向秋任科委主任；普穷科委副主任。

十三、商业：彭俭提局长；班公副局长。

十四、外贸：索朗平措任党组书记、局长；林发明任副书记、副局长。

十五、交通：阿旺平措，党组书记、局长；肖顿珠任副局长；平措任副局长。索朗坚赞副局长。

十六、外办。

十七、监察局：明久任局长。

十八、司法处：顿珠次仁。

十九、检察院、法院暂不动，旦真土登提正县级副检察长。

二十、乌办主任白玛次仁；凌松柏副主任。

二十一、纪委：江白多吉专职副书记，正县级；晋美调纪委专职副书记。

二十二、医院：次仁卓嘎提业务副院长。

需要退休的干部：1. 法院：拉巴罗布，副地级。2. 宣传：旺堆。3. 财政：阿穷。4. 人大联络处副主任，格珠次仁。5. 工会办主任，色布。去年报的 10 个退休的，今年一块报。

商调的干部：薛宪富，日土副县长；于成泉，改则副书记；李水练，改则副县长；刘兆雄，措勤副书记；王中范，措勤；孙景发，普兰副县长。

※   ※

下午，关于增补地委委员问题。

军分区，丁德福；行署，次仁；纪检，嘎玛；秘书长，安七一；加五个书记，共 9 人。

参加党校学习的人员名单。

共 7 名同志,原则上县级,个别可以区级①。

1. 地区政协,加措,43 岁,身体差,大专学历。2. 地办,次仁,42 岁,大专学历。3. 地区文化局,赤列,44 岁,初中学历。4. 普兰,拉穷,35 岁,大专学历。5. 改则纪检书记,罗加次仁,34 岁,中专学历。6. 农牧局,塔布,拟任噶尔县副县长,大专学历,35 岁。7. 邮电局,石曲加布。8. 组织部,多吉次珠,31 岁,中专学历。9. 农牧,曲尼杨培。10. 审计,金珠多吉。

1993 年 6 月 24 日

上午,地行联席会议。

一、听取农牧区基本情况的汇报,主要是农牧民收入问题。

任富山:1. 改则县:我和＊＊＊②进行了九天调查,5 月 29 日开始的,两乡十一村,18 户进行了调查。18 户平均占有牲畜 299.72 头(只),其中牦牛 10.67 头,羊 289.05 只。人均占有牲畜 51.38 头(只、匹),其中牦牛 1.38 头,羊 49.55 只。康多区人均收入调查 464.45 元,县报的 721.85 元。全县人均收入 705.79 元,原来报的。康多区已有 59 户断了粮,总户 363 户,1891 人。

二、行署的几个急事。

洛桑旦达:(一)进出物资的运价问题。每公斤 2.60 元,原来定的 2.668 元。每公斤 2.6 元,从 7 月 1 日开始,已运 6000 吨,进藏物资今年需运 16000 吨。柴油每公斤 2.593 元,石油公司算的,我们每公斤 2.588 元。农用价格,柴油每公升 0.8 元,每公斤 0.9 元。计划外……损耗率,按 3200 吨,按损耗率 12% 来算,384 吨。计划外柴油 3.89 元,汽油每升 3.97 元。运价,新疆进阿里每吨公里 0.775 元,去年阿里地区基本运价 1 元,特别物资 1.2 元,特大物资 1.3 元。焦炭去年职工用了 300 吨,出藏物资每吨公里 0.2 元,如按 0.22 元,企业就要亏损。区内的运价每吨公里 0.54 元,自治区定阿里每吨公里加 70%,这样每吨公里 1.7 元。现在 80% 的任务,进藏物资由阿里自己承担。

(二)几个水电站的情况。1. 国家水电站 55 千瓦为好,投资 94.09 万元,区计委 48 万元,水利局 20 万元,阿里拿……2. 普兰县水电站,960 千

---

① 此名单应为遴选名单,因为个别名字前有问号,可能不是最终名单。

② 日记原文如此。

瓦,投资 2500 万元以下。3. 狮泉河水电站,投资 1.4 亿元,4000 千瓦,前期费 1700 万元,现在还没有落实。科迦电站,55 千瓦,农委 20 万元,阿里 30 万元,计委拿 50 万元,区计委来包工队。4. 普兰电站,6500 万元,基本不同意取消了。5. 札达,投资 7500 万元资金。

洛桑旦达:1. 在上海考察 6 个项目,意向性的只一个。王德火上海一个项目,总投资 1000 万元,阿里投 400 万元。效益,今年底投产,4 年内全部收回,每年给我们 100 万元。洛桑和银行,再去三个人去上海考察。2. 参加五省六方会议的项目,一是山羊绒加工厂,二是水泥厂。3. 公检法食堂维修,检察院办公室维修,办公室面积 120 平方米,23 人,2 个科室。公安买枪支弹药 4 万元。4. 财政。6 月中旬,收入完成 35%,支出 724 万元,机动财力 200 多万元。

阿里地行组织生活会。

当前不正之风的主要表现:一是以权谋私,钱权交易,不给好处不办事。二是纪律松弛,有纪不守,有法不依,弄虚作假,欺上瞒下,对党和人民不负责任。三是重大问题,个人说了算。四是自由主义严重,会上不说,会后乱说;当面不讲,背后乱说,不负责任的道听途说。五是官僚主义严重,不调查、不研究、不请示,在工作上造成失职、渎职现象。六是拉帮结派,搞小圈子,要搞五湖四海;在用人的问题,不搞封官许愿。七是深入基层,转变作风,搞好调查研究,注意有计划、有步骤地解决群众中的问题和困难。八是经常开展批评与自我批评,经常互通情报。

1993 年 6 月 26 日

上午,调研饭店。

正式职工 58 人,合同工 12 人,外联 6 人,都是说英语。去年接待客人 1200 人,今年要比往年多。饭店最大的问题,客服部,14 个人,服务管理人员。餐饮部 7 人,包括厨师、服务员。整个旅游公司固定工资 1.47 万元,合同工、临时工工资 3200 元,共计 1.79 万元。

下午,地委行署领导有关会议。

内容:塔青副书记去自治区汇报工作,通报一下上报干部的情况。

一是到拉萨后抓紧给自治区组织部上报干部情况,7 月 10 日前必须把干部的任职批回来,7 月 15 日至 20 日必须到位,特别是各县参选的情况。7 月 10 日左右,召开各县县委和政府领导会议,宣布命令,提出要求。二、需要的干部要提条件,请自治区领导给我们把关,给我们提提要求。三、到中央党校学习的报批的干部,也立即批一下。四、几名干部的问题。冯小英、孙景发、雅向前县长的问题,多待一段时间。五、干部的待遇问题。六、几个项目帮助跑一下。

洛桑旦达:1.第七届运动会的问题,在北京举行,预交四千元经费,塔书记和体育科旦扎参加。2.普兰电站,93年无望。3.治沙工程,以工代赈300万元。4.上海的项目,洛桑(开发公司)和银行的才旺去,今年的信贷8000万元,还有4000万元。

※　　　※

下午,军分区、地委行署联席会议。

关于双拥工作的开展和下一步行动。

麻富省副政委:把噶尔和札达建成双拥模范县,9月底10月初地委行署表彰一下,召开双拥工作动员大会。1.双拥工作的重大意义。部队和地方有唇齿相依的关系,对稳定边境安定团结具有巨大的促进作用,对部队培养两用人才有着重大作用。2.双拥工作的重点和措施。重点促进部队建设和阿里的经济发展,在改革开放的90年代,在市场经济发展的今天,要有新的起点,新的眼光来搞双拥工作。一要有计划,有措施,有布置,有检查;二要帮助群众解决一些热点、难点的问题;三要帮助部队解决一些多年想解决而没解决的问题。

成立双拥领导小组

组长:洛桑旦达。

副组长:麻富省、次仁副司令、桑珠副书记、安七一秘书长。

办公室:安七一、徐玉泉(部队)、曲达(民政局局长)。

领导小组成员:噶尔县书记贡布、刘思寿支队长、噶尔县公安公觉热旦。

1993年7月1日

赤德乡一队。

队长格桑达瓦,44户,233人。农业三年一直上升,93年农业形势好。最多的户,羊200只,30头牛,最少的3—4只。92年平均收入900元,最富的6户。阿玉顿珠,外来户,汽车司机,最富的一家,这两年靠生意富起来。现在困难的7户,秋收时粮食不够吃。凡是该上学的都应上学,不上学的都有办法。

赤德乡多岗村(赤德三村)队长郭如,赤德乡长欧珠(女)。目前有30人在市场盖房子,8人做生意,怕税多收。竞争意识差,贷款2万元,乡贷款10万元。依靠集体的力量,打入市场。有30人的建筑队,在赤德9000元的项目,乡村公路需要支持,给点钱。复合肥每斤0.63元,粮食每斤0.45元。维修水渠(扎拉水渠)需要水泥,修水渠需要2吨炸药。学校学生30

名,教师 3 名,其中 1 名是当地民办教师,两名是公办教师。民办教师每月工资 140 元,不想干,嫌少。去年,农牧局给了 3 万元,结果村里得到 8000 元。五保户 2 户。8 家贷款 12 万元,做生意。

※   ※

需要贾行长帮助解决的问题。

一、阿里地处环境特殊,基建每平方米 1500—1800 元,今年基建 2000 万元的任务。能否在基建政策上给予放宽。1. 基建资金能结转下年使用。2. 基建项目是否由阿里支行审查,权力下放,不再上报自治区分行。

二、帮助搞信贷资金,搞合资和外联的项目,开发本地资源的新项目。

三、给一部分无偿的援助。

1993 年 7 月 3 日

在普兰县和建设银行西藏分行贾行长交换意见。

阿里工农业总产值 1.2 亿元,人均分配 700 元,粮食总产 1000 万斤。财政收入 80 年前没有,87 年达到 200 万元,92 年 923 万元。自治区财政补贴 2500 万元,专项资金补贴 1000 万元。大型企业有 17 个,盈利的开发公司每年交 200 万元左右。盈利的企业还有外贸公司,每年上交 300 万元。教育每年补贴 500 万元,入学率 25%。

当前阿里面临的主要困难:每年自治区给石油补贴 250 万元,实际需要 500 万元。日用品、焦炭的补贴 400 万元。人才缺乏。资金不足,经济难发展。东三县利用光电站,每县 20 千瓦,西三县搞水利发展。阿里水电需 1.2 亿元,4000 千瓦。

贾行长:1. 我的任务是筹资金,发放贷款,管理固定资产投资的专业部门。2. 阿里支行 89 年建的,建得晚,发展快,信贷资金 700 多万元,发放的贷款 500 多万元,现在已发展到 30 多人。3. 问题,筹集的资金不雄厚,不适应形势发展。业务素质差。班子不力,领导力量弱。4. 基本建设管理问题,不能光监督,要全方位的服务,少花钱,多办事,办好事。基建计划的执行上,属自治区拨款的项目,立即到位,及时一点。每年的结余资金,当年使用不完,通通归国库所有,阿里可结转使用。信贷指标,使用资金负债自行发放,有项目报分行,我们研究批。现金投放,尽量满足地方的需要。阿里的战略性的项目要重点支持,全方位的服务,项目可行,我们给贷款指标。搞银企合作项目,采取投资入股的办法。阿里支行基建本身欠 150 万元。提点要求,要对建行高标准,严要求,监督地区支行的工作。班子建设,林发洪给我们,我们感谢。有计划地配备民族干部,把对藏族有培养前途的干部充实进去。阿里支行干部的稳定,关键是解决他们的后顾之忧。

阿里支行钟晓龙行长。

※　　　　※

普兰 3 个区,10 个乡,51 个村,人口 6500 人,全县农村经济总收入 608 万元,人均收入 790 元。全县农业总产值 1304 万元。

1993 年 7 月 2 日

听取普兰县工作汇报。

参加人:阿里地委行署现场办公工作组。

格巨坚赞县长汇报。

一、上半年的工作。

(一)农牧业。自去冬今春以来,播种 1.084 万亩,比去年增加了 17 亩。存栏 16.039 万头(只),上半年增 3.4192 万头(只、匹)。幼畜成活率 70%,成畜死亡率 3%。93 年造林总面积 50 亩,总计 200 亩。去年粮食 590 万斤,93 年可突破 600 万斤,今年用化肥 95 万斤。

(二)教育。学校有 15 所,其中"三包"学校 3 所,"三包"学生 261 人。教职工 74 人,其中公办教师 45 人,民办教师 11 人。全县适龄儿童 831 人,已上学的 626 人,入学率 74%,毛入学率 87%,巩固率 90%。总学生 626 人,其中民办学校 280 人,"三包生"261 人,公办学校 146 人。全县校舍占地 41681 平方米,建筑面积 4968 平方米,危房有 1780 平方米。

(三)财政。工商税计划收 17 万元,上半年 11.55 万元。92 年财政收入共计 34 万元。包干经费 211 万元,教育 56 万元,共 267 万元。全县预算支出经费 281.1 万元,上半年已支出 136 万元,完成 48%。教育全年支出 56 万,1—6 月已支出 28 万元。行政支出 108 万,实际支出 66 万元。焦炭每人平均吨计算 800 元,381 人。92 年,实际赤字 22 万元。

二、全年下半年的计划、打算、措施。

(一)开展找差距大讨论。

(二)农牧业生产。羊毛每年收 17 万斤左右,自行出口的山羊 4.1022 万只。羊毛每公斤 6 元,活羊每只 100 元,山羊绒地区收购每斤 75 元。

(三)口岸市场。1. 每乡建四间商品房。2. 多油乡手工业联社启动资金 2 万元,定 3 年。3. 赤德乡带贫困户脱贫,经营贷款 5 万元。4. 多油乡团支部组织团员办酒吧。5. 赤德乡木荣村贷款 10 万元,发展第三产业项目。

(四)县组建车队。9 辆车子,每辆车子,第一、二年交 2 万元,第三年交 1 万元。

（五）每年剩余粮食 60 万斤，商品粮基地建设。普兰人均土地 2.3 亩。富余的劳动力全县剩余 972 人（全县 6.5 万人）。农业人口 6513 人，劳动力 2755 人，其中从事农业生产人口 1184 人，农区从事牧业生产人口 404 人，农区经商人口 195 人，剩 972 人。普兰的工商户：本地 28 户，外来 40 户，尼泊尔商人 17 户，最多时达 150 户。

和革吉县的草场纠纷在冈底斯山后面。芝热寺庙是革吉的，草场是普兰的。搞藏白酒厂和外地联营。搞普兰饭店。联营车队，能组织 15 辆车。要大客车拉客人，新疆的车 10 万元一辆，从狮泉河到普兰每人 80 元一张票。圣湖浴池，太阳能的，40 万元。阿里 2000 平方米的地皮，搞经商。

关于口岸建设问题，联检单位怎样开展工作；收费严重，众多收费，给外商带来麻烦；市场开始官员会晤会议，每年至少一次。强拉修公路的问题，工子镇往南还有 40 公里，他们说 3—5 年全部修好，工子镇到强拉山口 27 公里，我们在境内要延伸 10 公里。市场管理问题，要成立机构，成立边贸局。市场建设问题，今年保持老市场，开发江嘎。市场税费政策，要进一步优惠。

八一物交会问题。免税；设开光之类；加油，解决 10 吨汽油。八一物交会开支费用：文工团、地区外事、对外宣传费、民间节目的准备。

胜利水渠预算 68 万元，自治区批 43 万元，地方配套 20 万元，92 年的事。实际缺口 20 万元，交通桥 8 座，已搞 4 座。洪水渡槽 25 个，已搞 21 个，差四个，需 6000 元。人行桥 30 座，已完成 12 座，差 18 座，需 3000 元。田间渡水槽 30 个，已完成 12 个，需 1.26 万元。一个大的沟需要 10 万元，小的沟需要 3 万元。胜利桥漏水，需 2 万元维修。113 人，工费 6.1 万元，交通费 2 万元，其他费 3 万元，共计 19.8 万元，保证 10—15 年运水。

科迦电站，前期费 30 万元，已用招待费 3 万元。

自来水的问题。财政局张签的字，德阳第三建筑公司搞的。

外贸的经营权力问题，主要是出口经营权。

教育 91、92 年教育亏空 14.7 万元。3 年教育需开工资 77 万元，只给了 56 万元。

年底开支要 315 万元，预算 285 万元，缺口 30 万元。

89 年，县改造 31 万元，已解决干部住房 42 户，农区和部分干部还没有房子。

建个加油站的问题。

科迦斜尔瓦公路的问题。

各乡的会议室问题，每乡一间房，每乡一两万都可以。

商业门市部已给 20 万元，自治区给的。

　　财政建设。

　　海关的罚没收入留一部分给县,听说有一个文件。

※　　　　　　　※

　　普兰电站的情况。93年元月前情况,电站90年提出来的,91年8月份自治区电力工业厅水利设计院第二次来的。当时计划92年开工,92年5月份第一个设计才出来。当时设计1500千瓦,投入3000多万元,没通过,主要原因是投资大,设计不合理。第二次设计2个,装机容量一个是1500千瓦,另一个是1000千瓦,两个共2500千瓦,投资4000万元,审查没通过。第三次设计方案,我们要求设计960千瓦的方案,今年元月份搞完的。6月6日在拉萨开的审查会,计委和电业厅基本上同意,设计最低4500万元和6500万元,最后自治区电力工业厅又改为1500千瓦的投资7500万元。共三个资料。

　　杭州提出装机容量降到960千瓦,投资3000万以下,修改工作6月4日完成的。6月9日到北京水利部汇报,后来张司长同意拿1000万元,贷2500万元。原来坝高22米,宽8米,4000万元就够了。

1993年7月3日

　　下午,工作组碰头会议。

　　洛:1. 普兰92年的赤字22万元解决。2. 教育去年超支解决10万元。3. 胜利水渠解决20万元。4. 桥解决30万元。5. 招待费解决5万元。6. 汽油解决10吨。

1993年7月5日

　　下午,地委行署综合工作组听取札达县群培县长汇报全县的情况。

　　县城海拔3756米,全县平均4500米。播种8075亩,其中青稞、小麦共有……今年春,雪灾死亡牲畜2000头(只、匹),今年1—6月牲畜有15.06万头(只)。幼畜成活率78%,大牲畜死亡率3%。曲松的砂金矿比较好,有两个有历史传统的边贸市场。

　　1. 萨让公路已修一半啦,希望地委行署给帮助。

　　2. 未改乡①。头人土地多,群众土地太少,要重新分配或者把外逃的人

---

　　① 所谓"未改乡",就是尚未经过民主改革的区域,就是"没解放",生产资料掌握在少数人手里。地方封闭,同外界极难交通。当时,楚鲁松杰是阿里地区札达县曲松区下辖的一个"未改乡"。

员的地分给地少的,把城镇有户口的土地收回来分给群众,或者买回头人的地分给群众。采取开荒的办法把三个乡的没地群众困难给予解决。

3. 拖拉机的更新问题。原来是 70 年代买的,机耕机更新 10 台。机耕地面积占总耕地的 60%。

4. 楚鲁松杰公路维修需 10 万元。

5. 30 万元恢复楚鲁乡的电站问题。

6. 底雅乡两个村的小电站,一是什布奇,鲁马杨村。

7. 帮助解决县车队 10 辆,原来次仁专员说贷款,地区财政给我们贴息。

8. 种畜场和土林东嘎乡的草场纠纷问题。

9. 琼隆乡和门士区的草场纠纷问题。

10. 区、乡干部都是骑马,60 年代买的马匹现在需要更新。县财政每年收入 7—8 万元,我们想更新大牲畜,资金 6 万元。

11. 全县 6 个区,还有 2 个区没有改造,请解决。

12. 公检法的办公、宿舍都是危房,人民医院住院部仍未建新病房和宿舍。

13. 小学老师的住房改造问题。

14. 税收至今没有干部,原有的已调走啦。

15. 当地粮提点价,行不行,卖给国家只有 0.45 元,粮食库存 122 万斤。92 年粮食总产 240 万斤,单产 290 斤。

16. 增加教育经费。92 年,预算 48.324 万元,实开支 52.467 万元,教育超支 4 万元。93 年,预算 47 万元,比去年减少 1.3244 万元,今年缺口 8 万元。教育,14 所学校,其中 3 所“三包”学校,入学率 47%。

1—6 月份,县财政支出 106 万元,收入预计 10 万元。1—6 月份,已收 2 万元,总支出……燃料每人 700 元,每人每年经费 8000 元,地区给 1.1 万元。92 年赤字 12.1 万元,92 年结余 1.1 万元。正式职工 264 人。总耕地 10100 亩,平均每人 3 亩地。

朗杰书记:1. 三个乡的生产资料要解决,光靠救济不是长久办法。底雅和什布奇能不能发展水果,有的群众已试种成功。2. 楚鲁松杰乡的公路问题,久巴到什布奇 11 公里路。3. 楚鲁松杰乡也是一样,还有一个是边境上的部队,在群众后方,群众要求部队迁到前方。4. 旅游景点的建设设施。5. 香孜的水电站恢复问题,建个大的企业,卡垫生产问题,毛毡问题,抓乡镇企业就拿香孜做示范。市场建设可放到底雅或香孜。加几辆车到县城不可能,九巴太小不可能行。不利于富起来的群众去搞生意。什布奇到九巴有 20 公里路不通,通车 6 月底到 11 月初。从县城到九巴有 381 公里路。6. 开采金矿。7. 群众对物价上涨有意见。群众存款 140 多万元,总人口 4500 人。

　　夏县长:把全县能动脑、懂经营的人集中起来召开会议,每村至少一名,讲改革开放政策。要求开矿的权力和政策,先开水晶石矿。"一河两沟"的综合开发问题。农业开发潜力大,提高单产的产量是大问题。有的乡群众的产量达到单产 700—800 斤。

1993 年 7 月 7 日

　　底雅区什布奇村。

　　9 户 39 人,其中有 1 户 1 人的。正常劳动力 21 个人。土地 95 亩耕地,实播 72 亩地,平均每亩产量 300 斤。大部分都做生意,原来每年种两季,现在人少,只种一季。牲畜有 800 头(只、匹),羊和牛各占一半。全村没有上学的,也没有学校,全村认字的有 11 人。

　　商人热不真,会印度语,藏族,带点大米、白面,通过边防站走后门进来的。在电台里听到说这个口子要开放,从印度嘎纳走 3 天时间,嘎纳有 100 多户。从嘎纳过来走一天,有个市场,是个大村子,300 多户。从南大加村往这里走一天。过去山后,和这边的山一样高。步行后,要坐两天的汽车才能到城市。四只活羊换一条藏毡,印度需要活羊和羊毛。印度市场早开好,政府还没有通知我们。

1993 年 7 月 9 日

　　上午,地委桑珠副书记、白玛欧珠副专员召开碰头会议。

　　1. 日土电视转播站,原来西藏广电厅设的,现在需要换位置,已报自治区。

　　2. 党纪党规的贯彻执行情况,10 号、8 号文件精神①,自治区纪检委。

　　3. 自治区工会要求咱们工会主任土登格桑参加全国工会会议,要求上报代表。

　　4. 党校王惠生校长休假的问题已批啦。

　　5. 接待了建行工作组。

　　6. 开发公司洛桑去上海的问题,塔行长说他从北京开会回来后再说。

　　7. 宣传部旺堆部长来了个电话,要名唱歌的,原来想请昌都的去,昌都

---

　　①　根据下文可知,两文件是自治区的 10 号文件和阿里地区的 8 号文件。

的益西卓玛,唱一首歌 2 万元。要求我们阿里派人去,叫贡觉玛去的,现在又不让去了。

8. 法院副院长仁增原定不去了,中央党校说如不去,按退学处理。找到塔青书记就不去了。

9. 工商局机构配班子的报告,杨建军打的报告,以后处理,暂不定。

10. 改则的电报,图得布内调,改则问题没答复。

11. 宣传部米玛到东三县检查地面接收站问题,已回来,没汇报。

12. 开了地直机关 33 个党支部会议,传达了自治区 10 号和地区 8 号文件,提出了些要求。

13. 革吉亚热乡干部要求解决茶叶问题,已给 500 条,已解决。

14. 丢枪的问题。

15. 农牧局和建材公司打架的问题。

16. 组织工商、税务、防疫、检察院对供应假商品的调查,量大面广,给地区行署汇报再说。

17. 接待自治区气象局格桑曲珍副局长,自治区气象局给阿里带来 8 万元先进的器材。

18. 拉萨办事处来电话,说拉巴平措副主席要来,孔书记不要去拉萨。

19. 自治区藏胞接待站要召开会议,桑旦已联系,阿里、昌都可以不去参加会议。

20. 自治区宣传部来传真,是关于加强政治工作的通知。

21. 普兰巴嘎区寺庙,宗珠寺被盗,要求公安处去。

22. 曲加书记说,原纪检书记马占山,已退休啦,要安电话,电费要求我们掏。

白玛欧珠副专员:

1. 革吉县郜书记到狮泉河说干旱重,特别是亚热区,牲畜死亡率占 5%,个别群众没粮吃,这些占总人口 10%。去年报了 2 个项目,以工代赈的款 400 万,听说已落实。已批下来 400 万元,自治区戴帽下达,札达南水 150 万元,狮泉河治沙 150 万元,剩 120 万元,欠去年包工队 100 万元,建材公司李德元的工程。地委行署现场办公何时来东三县。

2. 拉办来电,办事处益西说,中央原则同意解决狮泉河电站,前期工程 1700 万元,中央承担 40%,自治区承担 60%,阿里承担 100 万—200 万元。

3. 财政局阿穷来电话,财政厅给阿里解决有偿资金 150 万元,其中改则县 60 万元,一是招待所扩建,二是门市部在阿里建驻地。革吉 40 万元,项目矿业开发。日土 20 万元,在扎西岗下边加岗,东孜市场建市场。措勤

20 万元,报扩建用的。普兰 10 万元,桥头市场扩建。

　　4. 拉萨地皮已付 158.76 万元。

　　5. 地区财政借给江苏镇江的钱 300 万元,吴青答应延期了。

　　6. 北京西城区,地财政借给他 60 万元,超一年了,原定的罚千分之三,到期了。现在何低血压,要求在拉萨休息几天。

　　7. 卫生厅:改则初得 5 万元,改则防保站 2 万元。普兰初得 3 万元。地区 1 号病防治经费 9 万元。地区妇幼保健 2.5 万元。购藏药费 3 万元。

　　8. 开发公司王俊,改则盐湖的硼镁矿已挖完,找到一个矿,请地区批准。

　　9. 自治区外办边境处来电话,7—8 月中旬,尼泊尔有 3 名地专级领导到普兰会晤。内容,89 年的堪界谈判,关于过牧的问题、边贸问题、边民朝佛的问题。89 年竖界桩的损失情况要统计,谈判内容、地点、时间、贸易组成人员尽快报外事办来。

　　10. 财政厅来电,抓紧上报农牧区生活调查情况。

　　11. 体改办来电话,要求地区把企业经营管理体制上报自治区。当前主要困难,运输方面,油库存只有 161 吨,各县都来电要油,主要是新疆炼油厂炼油后不交石油公司。先把叶城 300 吨油调过来。

　　当前干旱严重,主要是改则、革吉 2 县。日土老百姓反映,养路费太贵。去年,高价油每桶 300 元,今年 700 元,酥油 14 元。油从新疆库尔勒调①3000 吨,现在才调了 900 吨,现有库存 163 吨。

1993 年 7 月 10 日

　　下午,参加公安处会议。

　　29 人到会。

　　6 点 30 分参加专案会议,主要是讨论反动标语和丢失手枪的问题。……

1993 年 7 月 12 日

　　财政情况。

　　包干经费 3318 万元,自治区补贴。财政收入 93 年计划 6603 万元。92 年收入 938 万元。92 年支出 4600 万元,93 年 5000 万以上,包括教育 450 万元。自治区各项专款原来下达 476 万元,92 年底 970 多万元,结余 391 万

---

　　① 库尔勒。

元,信托公司 550 万元,不算结余。安家补助费 100 万元。80 年 9 月 30 日以前,奖励工资去年留 100 万元,需给各县。狮泉河铺马路的能源交通基金 100 万元,外贸外派调节收入 570 万元,买车需 400 万元,余 170 万元。企业流动资金 150 万元,应落实企业。塔行长 300 万元,信托有 100 万元的利益。

※　　　※

1. 日土县定补 190 万元,教育 26 万元。财政收入,现在已开支 190 多万元。

2. 法院 28.7 万元,支出 16.5 万元。

3. 检察院,指标 30.99 万元,开支 23.1 万元,余 7.8 万元。

焦炭,92 年每吨 900 元,93 年每吨 1300 元,取暖费每人每年 150 元。

1993 年 7 月 13 日

地行联席会议。

研究接待自治区联合工作组的有关准备工作。

各单位汇报。1. 农牧局,三天完成文字工作,基本数字已报上来了。2. 宣传部,安排 16 个单位写了横幅、标语。上半年工作、下半年安排已搞定。要进行新闻报道,跟踪报道。3. 商业,一是服务工作,二是商业工作汇报,三是石油问题。4. 政协。5. 银行。6. 民政。7. 支队。8. 交通。9. 公安。10. 教育。11. 财政。12. 饭店,一是吃、二是住、三是服务。13. 计委,上半年工作情况,数字;存在问题,物价,每个县改造,自治区给 200 万元,地区拿 100 万元,物价太高,解决不了。市政建设,供水、排水。

今后工作的打算。

茶叶,85—93 年补贴 400 多万,应给解决,至今没解决,每担茶补 71 元。

洛桑旦达:1. 成立接待领导小组,孔、洛、布、军,设办公室负责具体事务,成立三个小组。材料组,安、齐、任、次、强、林、旦真、觉。接待小组,次仁、晋美、次白、赵新。安全保卫组,桑、刘、阿旺。分工接待,日常工作桑保;洛接待,次仁正常工作。宣传报道通讯,旦增、张天华、赤列。

几点意见:

一、各单位的领导要引起高度重视,主要领导要亲自抓,同时要搞好分工。

二、汇报工作要统一口径,上下左右要一致,文字要精炼统一,专项文字材料要打印。

三、汇报要有重点,要抓主要矛盾,需要领导帮助解决的问题要统一口径,要抓一两项关键问题。

四、成立几个组,一是材料组,二是后勤活动组,三是安全交通通讯组,四是宣传报道组。

五、地委行署的综合汇报内容,一是全地区的概况,二是上半年的工作,三是自治区的四号文件的贯彻情况,四是对下一步贯彻四号文件和改革开放的举措,五是当前我地区面临的形势和存在的问题。

六、提高警惕做好工作,以实际行动迎接工作组的到来。

四个组的组成人员:接待组,次仁秘书长;材料组;安全保卫组;宣传报道通讯组。

洛桑旦达:地委行署有综合材料,统管各部门的专题材料。接待组由次仁负责,饭店的工作由次白和赵新负责。保卫昼夜加门岗。

地委行署的汇报材料:要以地委为中心;第一部分概况,第二部分上半年的工作、下半年的工作,第三部分,改革开放存在的问题,石油问题、物价问题,群众承受不了的问题,基本建设的差价问题。缺口,普兰40万元,札达30万元,日土已用80%。阿里地区干部职工的办公住宿和燃料缺口。当前出现的灾害干旱、矿业开发面临的新问题。下一步意见:1. 能源交通。能源,狮泉河前期费1700万元,中央拿40%,自治区拿60%,其中包括阿里要拿100万—200万元,普兰1000万元。2. 交通建设。适当提高点包干基数,建通安狮公路。3. 边境建设。路的问题,狮泉河大桥。4. 地县两级财政建设问题。日土淀粉厂80万,阿里财政局给贷贴息,札达县车队70万元,由阿里贴息。农牧业基本建设,"一河两沟"建设,粮食基地建设。5. 干部职工福利待遇和县干部的办公条件。6. 干部管理权限问题。

四大压力,商品市场的压力;财政压力;人才流动的压力;社会稳定的压力。

※　　　　　※

公安,索加主任去措勤县。

电视台,周斌。

财务,程心民。

计委,张进科。

人大,公决伦珠。

日土,段安东。

下午,参加行署办公会议。

日土张、刘书记、副县长:德汝电站问题,7月3日停的电,维修。自治区电建公司当时留下20万元,需要100万元。主坝有一条横向大裂缝,漏水严重。副坝表面抹的水泥,里边没有处理。渠道的问题,168米渠道需要新翻修。1 号机组不能正常运行,尾水渠渗漏容易使厂房倒塌,德汝电站缺口 138 万元,日土电站投资 1300 万元。

2. 白玛欧珠副专员:气象工作组格桑德吉;建行贾行长接待问题,比较满意。

油,叶城油 400 吨,乌鲁木齐 350 吨。

1993 年 7 月 15 日

自治区拉巴平措副主席一行 22 人工作组在措勤县听取汇报。

县委肖达瓦书记汇报:面积 2.2 万平方公里,可利用草场 1.8 万平方公里。平均海拔 4770 米,县城 4720 平方米。县城东边有个湖叫扎日南木措湖①,所以取名叫措勤县②,纯牧业。矿产有钢、硼砂。野生动物多,野牛、野驴、羊、狗熊。草场占全县面积 77%,只能满足饲养 50 万头(只)牲畜的需要。

71 年 1 月 26 日,国务院批准措勤县和改则县分开。71 年 7 月 22 日成立独立县③,当时 4 区 21 个乡,原来 53 个村,已于 92 年改为 55 个村,县城驻地点叫门东。措勤离拉萨 996 公里,措勤到狮泉河 783 公里。

全县人口,92 年 2011 户,农牧业人口 9650 人,实际参加分配 9477 人,劳动力 4601 人。男女比例,女占 53%。牲畜存栏 57.659 万头(只、匹),其中绵羊 33.1863 万只,山羊 20.8188 万只,牦牛 3.4520 万头,马 2432 匹。71 年,42.7136 万头(只、匹)。适龄母畜占 46.12%。绵公羊是该县的主要运输工具。全县平均人均 59.7 头(只、匹),全县 92 年出栏 8.1328 万头(只、匹)。去年,成畜死亡率达到 2.6%。今年上半年,成畜死亡率为 5.97%,最多的年份成活率 73%。上半年 1—6 月,存栏数 66 万头(只、匹)。

经济收入情况,92 年羊毛产量 42 万斤,山羊绒 4.3166 万斤,地区外贸返还款 91 年、92 年 60 万元。山羊绒一等每斤 32 元,二等每斤 21 元,三等每斤 15 元。酥油每年 19 万斤—20 万斤,平均每人吃 20 斤。92 年农牧业总产值 764.77 万元。91 年农牧业总产值 556.75 万元。92 年,牧业达到 644.56 万元,牧业占总收入 84%,副业主要是盐粮交换 72 万元。第三产业更少,47 万元 5 千 9 百多一点,占总收入 6%。社会车辆共 10 辆,都已淘汰。92 年人均收入 715 元,91 年只有 459.43 元。

口粮平均每人每年 320 斤青稞,其中 216 斤国家供应,每斤 5 毛计价,

---

① 现名为扎日南木措湖。
② 藏语中措勤的意思就是大湖。
③ 解放后至 1970 年属改则县管辖。1971 年 7 月 22 日由改则县的路南 4 区设立措勤县。

调进每石补 77 元,平均每斤 1.3 元,盐粮每斤平均差不多。存粮大户占 24%,江让区存粮 400 万斤。92 年,全县困难户 290 户,人均不到 30 头(只、匹)的称之困难户,占总户数 14%,人数 1208 人,人均收入 200 元左右。严重困难户,人均牲畜不到 20 头(只、匹),111 户,人员 465 人。没有一头(只、匹)牲畜的有 6 户。全县有 33 户,33 人为五保户,每年每人 330 元的补贴,剩余部分由乡村给补贴。

干部职工,全县 4 区,科级单位 22 个,有区级干部 35 名。县级干部 8 名,其中书记、县长各 1 名,副县长、人大副主任各 1 名。副书记、法检院长各 1 名,人大主任 1 名。区级 35 名,正区级 21 名,副区 14 名,股级干部 5 名。全县干部 259 人,其中藏族 245 人,汉族有 13 人。国家正式职工 173 人,藏族 159 人,正式工人 45 人(藏族),合同制工人 9 人。另外,合同工 32 人,干部中党政 105 人,教育系统 29 人,公检法 22 人,卫生系统 36 人,畜牧系统 22 人,电广宣 11 人,离退休 17 人。工资总额 109.8 万元。干部编制 196 人,现在 173 人,缺编 23 人。包干经费 225 万元,其中教育 25 万元。乡乡有党支部,共 26 个党支部。党员 381 人,其中基层党员 314 名。

教育,只有几所完全小学,学生 215 人。全县学龄儿童 1644 人,入学率 13.1%。教工 29 人,其中教师 17 名。215 名学生中“三包生”157 人,被褥每人 70 元,衣服每人 54 元,伙食每人每月 34 元,全年每名学生生活费 408 元。去年,教育事业费用支出 532 万元,今年给 450 万元。措勤区开办一个学校,采取民助公办的办法,自筹 30 万元,自治区给 40 万元,70 万元盖了一栋楼。今年 10 月 1 日开学,每吨水泥 1450 元。

卫生,四区有四个卫生所。人口增长,出生率 15‰左右。乡干部 63 人,9 个人在基层单位工作。不年轻的 9 人。乡村医生吃补贴的有 50 人,工资每年共 2.25 万元,每人每月 30 多元,误工补贴。乡村兽防员 80 人,工资每年共开支 3.936 万元(财提)。乡干部 63 人,工资每年 13.9104 万元。三部分人,乡干、乡医、兽医每年工资共开支 17—18 万元。

92 年财政上结余 2 万元。93 年 1—6 月份,支出 153 万元。93 年预算支出 230 多万元。93 年给地补贴 225 万元。92 年教育支出 38 万元,93 年给 25 万元。阿里水泥每吨 1600 元,木材,钢材。

近期工作,干部过冬每年发 10 只羊,每只 30 元,今年 40 元,每名干部职工发 8 只羊。扩大旅社。活畜交易市场建立,畜产品毛皮 288 平方米。全县台球厅有 18 个。该县自然灾害严重,没有抗灾的能力。92 年年景好,幼畜成活率 80%。今年风雪灾重、旱情重,7 月 14 号、15 号下了几滴小雨,牲畜吃不饱,挤奶挤不成。县有 4 座寺庙,84 名僧尼。

当前存在的问题：1. 许多人年龄到 50 多岁就不能工作啦，病多，医院条件差，有病得不到治疗。2. 燃料困难，主要靠牛羊粪，每人 80 斤。8 元钱羊粪，每斤羊粪 2 毛钱。92 年每人 700 元烤火费。3. 吃菜困难，连个温室也没有，一年来调走 4 名县级干部。县区每年拿 500 元工资，大部分 300 来元，干部缺编 20 多人。

准备搞个汽车修理厂。自治区农牧工商总工商公司挖硼砂，大部分收入给群众，给群众每吨 110 元，给县财政每吨 40 元。日喀则仲巴县扎茶盐湖和群众的争端，我们每年要挖 270 万斤，他们让我们每斤要 6 分钱才行，现在双方县签订，每斤盐 2 厘 5 钱交给仲巴县。教育缺经费严重，准备恢复四个区小学。醉马草的治理问题。土种选优站，外来的细毛牛在此不合适，70 万元才行。电视转播站的问题。20 千瓦的光电站问题，需 350 万元，自治区定的 30 千瓦。

拉巴平措主席在措勤县的讲话。

※　　　　※

在措勤县的发言。

一、对措勤县的基本看法。尽管有想象不到的困难，难以克服的困难，正常情况下难以承受的困难，但在县委政府的领导下，同志们上下左右团结一致，在这样极其困难的条件下，几年来创造了可靠的成绩。一是政治安定，形势稳定。二是牧业生产不断发展，人均牲畜达到了 60 头（只、匹），存栏总数达到 57 万头（只、匹），人均收入 700 多元。三是教育有新变化。入学率由 88 年的 8% 上升到 13.1%，而且新增加了一所小学。四是对发展本县的经济有新的计划打算，比如准备开办汽车修理厂，扩大旅社，盐湖及其矿业开发。五是干部群众思想觉悟高，精神状态好。

二、几点要求和希望。1. 根据主席给我们县的鼓励，给我们的支持，给我们提出的要求，认真思考讨论一下，在市场经济的今天我们应该怎么办？我认为，阻碍措勤县改革开放和市场经济发展的有五条：一是思想僵化、老化、不开化。办事情、想问题，停留在供给制经济、自然经济、自给经济的基础上。二是人才奇缺，人才匮乏。在市场建设中想办事没有人，只能维持局面，不开创局面。三是交通能源的制约。四是底子薄，资金少。五是气候恶劣，改革开放的条件受制约。

希望：一是解放思想，更新观念，抓住机遇，最大限度地开创局面。二是制定优惠政策，引进人才，加大措施保护人才，眼睛向下，发掘我们自己的人才，冲破阻力，大胆启用现有的人才。采取措施保护我们的人才，横下一条心，培养我们的人才。

1993 年 7 月 16 日

　　自治区拉巴平措副主席在措勤县作指示。

　　我们有 22 位同志 11 个部室的同志，"一部两委三局五厅"的同志组成联合工作组，主要任务是检查了解自治区为阿里制定的四号文件的贯彻落实情况。我们先听取了县委的汇报，看了门东二村小学、医院机关。问题是部分人员缺乏危机感、紧迫感、责任感，要上下一条心，扎扎实实地去奋斗去工作。

　　希望：一是继续贯彻中央十四大和自治区扩大会议精神。二是实施转换我们的资源。三是大力发展教育，不抓教育的领导是不称职的领导，要实现县县有中学，乡乡有完小，入学率达 80%。要树立教育兴县，发扬自力更生精神，多渠道地增加教育的投入。本世纪末办好四个区四个完小。四是区党委、区政府历来对大家关心，并对阿里的经济发展制定了四号文件。五是继续做好稳定局势工作。六是继续发扬艰苦奋斗精神，继续发扬无私奉献的精神。

※　　　　　※

　　第一，改革开放，转变作风，加大改革力度，从领导做起，从机关做起[1]。

　　第二，加强班子团结，民族团结，干群团结。

　　第三，继续发扬特别能吃苦、特别能战斗、特别能忍耐的精神，继续发扬高原精神。

　　第四，认真研究贯彻拉巴主席对我们的关心和要求。

※　　　　　※

　　改则县玉扎乡二村。

　　门巴，10 口人，生 8 个孩子，全家欠公款 8000 元，主要是贷款买了 160 只羊。92 年买的死了 70 只，每年自己吃 30 只，卖 10 只羊。去年，9 人口粮，只买回 3 个人的口粮。全家牲畜 240 头（只、匹），平均每人不到 30 只。91 年给 8600 元，还了 600 元，欠 8000 元。

　　二村支书加林，玉扎乡书记汇报：777 口人，155 户，去年全乡牲畜 8 万头（只、匹）。各村情况，一村 6891 头（只、匹），二村 6676 头（只、匹），三村 8132 头（只、匹），四村 12326 头（只、匹），合计 3.4025 万头（只、匹），平均每人 44 只头（只、匹）。一村最富的嘎瓦，800 头（只、匹），全家 5 口人，人均 160 头（只、匹）。一村普布扎西，6 口人，牲口 90 头（只、匹），人均 15 头

---

　　①　这个部分是孔繁森在拉巴做完指示后的讲话。

（只、匹）。87 年以工代赈,45 万元全免。91 年银行贷款 18.5 万元,解决了 46 户,平均每户 4021 元。每只羊 54 元,买了 3431 只羊。二村,马尔嘎,12 口人,有 2 名妻子,生 12 个孩子,贷款最多,买了 264 只羊,花 1.42296 万元,从文布买的羊。全乡买了 3431 只羊,花 18.5 万元。三年还钱 2525 元,借了 1.42296 万元。本身还有 100 只羊,现在有羊 290 只,当年牲畜 70 只,该人欠款 1.1703 万元。92 年口粮只买了 240 斤面粉,青稞没钱买,最近救济青稞 150 斤,大米 100 斤。去年总收入 1500 元,12 口人,实际收入 125 元,去年还欠建行 500 元,实际收入 1000 元,每人 80 多元。去年 25 只羊,每年 9 个月喝清茶,3 个月喝酥油茶,欠款 18 万元,最多还 3 万元。我是第一次见自治区的领导到我们这里。国家贷款 46 户,还有 37 户特困户,靠国家救济,去年社教工作组调查发现困难户占 45%。设想办合作社,走共同生产的道路。

有四点要求:1. 贷款 18 万元,已还 3 万元。有 18 万多元,没办法还,要求自治区免掉。2. 帮助给乡里买一辆汽车,落实到乡里。3. 没有水,给点水利建设经费,解决无水草场问题,解决太阳能井的问题。4. 乡里搞门市部,第三产业问题,请解决资金 2 万多元。5. 要求打猎问题,请给予答复,历史上我们就是狩猎为生。你们机关开车用枪打猎,我们就不允许打猎。

※　　　※

改则:预包干经营费 235 万元,其中教育经费 26 万元。1—6 月财政支出 164 万元,其中教育支出 13 万元。预算财政收入 120 万元,其中畜产品 67 万元,矿产品 30 万元,经贸返还利润 23 万元。全县社会车辆 110 辆。93 年财政亏空 50 万元(43 万元),其中教育 7 万元。面积 9.63 万平方公里,草场面积 1.18 亿亩,7.9 万平方公里,可利用草场面积 1.09 亿亩(7.3 万平方公里)。牲畜总头数 70 万头(只),每头(只)牲畜合 104 亩草场,无水草场有 1630 亩(1.1 万平方公里)。

90 年改则总人口 1.13 万人,现在 1.34 万人,改则县 5 区 21 个乡。

康多区、物玛区吃救济 2 乡。洞措区 3 乡吃救济,麻米区、察布区有 4 个乡吃救济的。

1993 年 7 月 19 日

上午,改则县汇报情况。

仁青扎西书记汇报。

一、基本情况。从改则至拉萨 1250 公里,全县海拔 4700 米,县城驻地海拔 4417 米,面积 10 万平方公里。全县草场 9 万平方公里,可利用草场 8 万平方公里。全县 5 个区、21 个乡、75 个行政村。92 年人口 2879 户,1.3936 万人。全县牲畜存栏数 71.5 万头(只、匹),其中羊占 96%。羊毛全年 358 吨,山羊绒 36.5 吨,93 年羊毛 70 万斤,山羊绒 6 万斤。和外贸订的合同,羊毛 300 吨,山羊绒 20 吨。92 年,工农业总产值 2241 万元,牧民人均收入 620 元。93 年预计年底收入保持去年水平 600 元,主要是雨季来晚了,去年 5 月底来雨,今年 7 月底下的雨。92 年财政收入 105 万元,93 年预计收入 120 万元。全县个体车辆达 80 辆,养路费每辆车 325 元,半费。

二、关于全县改革开放和经济工作方面。1. 以畜牧业为基础,以矿业开发为重点,以第三产业和乡镇企业为突破口。2. 在人事制度上,鼓励干部职工去办经济实体。3. 成立了综合开发公司和乡镇企业公司、畜产品的公司。乡镇企业群众已集资 21 万元。乡镇企业领导工作由副乡长布穷担任。运输公司就是他办起来的。91 年工农业总产值 968.3 万元,现在提到 2241.4 万元,提高了 1.3 倍。牧民收入由 91 年的 517 元,92 年提升到 620 元,提高 19.9%。县级财政由 49.3 万元增加到 92 年的 105 万元。全县存栏数 89.44 万头(只、匹),比去年增加了 7.66 万头(只、匹),增 9.3%。

上半年 2879 户,人口 1.4139 万人,人口增长 15‰。幼畜成活率 76.1%,比去年同期增 0.8%。成畜死亡率控制在 2.6%,比去年下降 2.1%。91 年,全县 5 区试打一口采暖保温井,当时每口井 3 万元。

三、关于文教卫生工作。适龄儿童 1900 人,现有一所完小,一所区公办小学。全县在校生 294 人,其中县完小 256 人。察布区小学 38 人,享受“三包”的共 202 人,全县入学率 15.5%。全县教工共 30 人,其中专职教师 18 人。92 年教育投资 32 万元,建了察布区小学。91 年自筹 20 万元,给县完小盖了一栋住房,92 年投入 2 万元对学校进行维修。92 年捐资 1.9 万元,县机关干部职工捐的。升学率 85%,巩固率 95%。存在困难,入学率低,县完小办学条件差,要求建 300 平方米的太阳能宿舍,对察布区小学实行“三包”。卫生工作,县医院一所,各区卫生所 4 所。全县医护人员 28 人,病床 32 张。全县干部职工享受公费医疗,全年卫生经费 30 万元。县财政拿 10 万元建了防疫站。

四、关于扶贫工作。1. 要求解决察布区口粮运费问题。92 年运费 2.5 万元,察布区 594 户 2990 人,323 吨粮食。每人每年 216 斤来算的,每年需要 5 万元。牲畜 13.1 万头(只、匹),平均每人 43 头(只、匹)。2. 90 年县财政拨款购买 2 辆东风车,昌东和玉扎两乡,所得收入全部用到扶贫上。3. 从 89 年算起,给贫困户发救济资金 91 万元,无偿资金 31 万元,其中 45 万元贷款,察布 20 万元。到目前为止,全县有贫困户 818 户,4089 人,占全县总人口的 34.5%。自治区条件,每人 15 头(只、匹)羊,3 头牦牛,人均收入 200 元以下的,算是贫困户。县贫困户标准,羊 25 只,人均收入 300 元左右。目前为止,全县缺粮户占 20%,9 个乡占多数,察布区 4 个,物玛区 2 个,洞措区 3 个。要求把 9 乡定为自治区的扶贫乡,给改则解决 45 万元的扶贫救灾、救济各 15 万元,上半年已落实。

五、关于交通能源问题。1. 发电,光电已给 20 千瓦,要求扩到 40 千瓦,时间上提到 94 年、95 年也行。10 千瓦已利用上,全县城 300 户居民,1500 人来算。2. 洞措、麻米区、物玛区有水利资源,要求建小型水电站、乡村电站。3. 罗马仁布河、都索河(麻米区)要求架桥,两桥 80 万元。

县其他补充。

副县长柴腾虎:1. 电站投资 295 万元,德国说设计上有问题,100 万元扩电一倍。2. 财政收入 120 万元,矿的收入可能下降。3. 关于畜牧业生产,防疫灭病问题大,牲畜勾勾病。4. 牧业生产,畜牧干部职工的办公住房问题严重,需要 20 万元解决。5. 县招待所已用 10 万元建了 5 间住房,来往客人多,要求 10—15 万元。6. 自来水的问题是否给解决一下。

副县长仓珍:1. 关于教育问题。2. 初级保健工作。

县长:1. 牧业生产。2. 财政收入。全县干部职工 240 人,支出预算 380 万元。1—6 月份总收入 60 万元,支出 160 万元。一车羊粪 1800 元,取暖费每人发 1000 元,焦炭 1500 元一吨。汽油,阿里计划调配,每公斤 2.6 元,改则每公斤 3.6 元,每桶汽油 792 元。全区汽油 3600 吨,自治区又增加 1000 吨。牲畜出栏 8 万头(只、匹)。畜产品商品率、综合商品率不到 12%。

※   ※

上午。

自治区党委张崇银副秘书长:彻底摆脱贫困要有新的办法,贫困面占的比例大,要采取开矿扶贫的办法。

拉巴平措副主席讲意见:

1. 自治区十一个部委厅局的同志来啦,我们是现场办公的形式来调研工作,听、看,想议定的办法。

2. 县城像个城镇,群众穷但对党感情深,干部职工的觉悟比较高。

3. 由于历史原因,群众比较贫困,有些困难和问题在落实四号文件中加以研究解决。有些新的问题,带有全区性的问题,我们带回去解决。书记汇报中提出,交养路费的问题,减可以,全免是不可能。自治区目前缺 3 亿元,也就是增加开支 3 亿元。牧业是支柱产业,基础产业。太阳能保温井是人畜引水工程,要投入。教育要求 300 平方米的学生宿舍,计委也提出在阿里办一所小学,给增加 20 万元,给其他地区每所 10 万元。察布小学可实行"三包",37 名学生投资 37 万元。教育要从爱祖国、爱人民、爱家乡、爱劳动入手,我认为当前懒蛋不少。察布区运粮的运费问题,我认为要对贫困区拿出点综合性措施的考察报告。走集体经营、合作经营的道路,从根本上解决他们贫困问题、计划生育问题。光电站先按纪要扩增 10 千瓦,先干起来,20千瓦发好电,加 10 千瓦这是容易的,也是现实的。

4. 希望。根本的是思想开放,解放生产力,动员大家抓落实,增强自身的发展能力,经济实力。抓自己的优势。发展矿业,交通是必经之路,把发展第三产业的思路落到实处。加强民族团结,对外来的专业人才要关心、爱护他们。阿里人应像高山一样雄伟坚强,像草原一样胸怀广大,像湖泊一样心胸坦诚透底。

※　　　※

讲几点意见。

一、对改则县的基本看法和评价。1. 班子团结,作风正派。2. 改革开放的政策得到初步的贯彻。成立了三个公司,集资 25 万元办乡镇企业。3.抓改革、抓效益、抓收入比较快,财政收入 120 万元。

二、当前需要抓的几个事。1. 解放思想,要落实在行动上。要从乡镇企业、矿业开发公司、畜产品公司入手,要落实人、财、物。要敢于引进人才,敢于横向联合,敢于负债经营,领导要带头,走向企业,奔向市场经济。2.要不拘一格选人才,选人、用人、启用人要从经济效益上、改革开放的角度上着手入眼,要给人才作用发挥铺平道路。3. 彻底摆脱 34% 的贫困,要有新的思路,要采取新的措施和办法。要从干部、群众思想上慢慢解决等、靠、要的思想问题,在市场经济发展的今天,越等越被动,越要越少,越靠越没出路。

1993 年 7 月 20 日

革吉县郜瑞林书记汇报。

一、基本概况。全县四区五乡,52 个村,有盐场 1 个。2249 户,10776人,其中牧业 2119 户,10293 人,城镇 438 人。92 年底牲畜存栏 56.4895 万头(只),面积 4.7163 万平方公里,海拔平均 4500 米。草场 5638.5 万亩,可利用 3950 万亩,占 70%。无水草场 1688.5 万亩,3% 属无水草场。全县干旱少雨,日照时长 3146—3176 小时。年平均气温负 7.5 度。风速 4 米每秒,水流 3 亿立方米。农牧业总收入 877.2 万元,其中牧业占 93.46%。92

年畜产品 42.5 亿吨。羊绒产品……农业 584 亩种的青稞,92 年 501 亩,91 年 300 亩。干部职工 219 人。教育,92 年底适龄儿童 1416 人,在校生 153 人,入学率 10.8%。92 年财政收入 34.5 万元,财政补贴 172.5 万元,专项补贴和各项补贴 41.5 万元。91 年结余 52.9 万元。92 年财政支出 265.8 万元,其中基建 72.4 万元配套。92 年结余 35.6 万元。革吉 92 年人均收入 703 元。

二、今年上半年开展情况。思想政治工作。贫困户占 30%,户数 161 户,888 人,人均牲畜 20 只,92 年统计的特困户。

三、本县经济发展的思路。以农牧业为基础,从发展商品贸易、第三产业起步,以发展能源交通教育为重点,以开发矿业为突破口。93 年预算收入,上级定补 193 万元,上年结转 35.6 万元。92 年财预算支出 285.8 万元,缺口 35.4 万元。92 年焦炭开支 21.4 万元,现在 1400 元一吨。今年要花去 32 万元的焦炭款,比去年多 10.8 万元。92 年汽油用了 70 多吨,开支 12 万多元,93 年要开支 22.5 万元。去年,油 1 公斤 1.4 元,计划外的 1.6 元。今年计划每公斤 3.9 元,自采花 13 万元。今年建亚热区小学,县拿 10 万元,教育包干 24 万元,已支出 18 万元,实际需 35 万元。

第一,乡政府没有办公条件,被称作马背上的乡政府。乡政府干部待遇低,正乡级干部工资 176 元,副乡级干部 166 元,退休后 30 元钱。经济单一,效益低,靠天养畜。全县只能养 80 万头(只、匹)牲畜,现在 68 万头(只、匹),要开发草场。畜群品种老化,一只绵羊 1.5 斤毛。牲畜商品率 3%,畜产品商品率不到 30%,肉食率最高的 6%,92 年出栏率 19.2%,羊毛 242 吨,本县收 191 吨。92 年羊绒 41 吨。

第二,95 年再建一所小学,本世纪在四个区建三所小学。

第三,卫生,县医院基本条件太差,21 名医务人员。

第四,关于人均收入问题。自食全算收入,每人每年吃 8 只羊,每只 45 元,占 360 元。酥油每人每年 14 斤,每斤 5 元,占 70 元,这样还有 270 元。粮食每人每年买 108 元。

第五,关于运输运价问题。到叶城 1200 公里,到拉萨 1600 公里。

第六,关于基建。92 年每平方米造价 1100 元,93 年 1400 元,钢材每吨 1700 元,水泥每吨……

第七,革吉的人才留不住。

第八,严重贫困户逐年增加。严重困难户标准是 20 只羊以下,收入 300 元以下。90 年 76 户,总户 2034 户,占总户 3.7%。91 年 137 户,总户 2073 户,占总户 6.6%。92 年 161 户,总户 2119 户,占总户 7.6%。

　　　　　　　　　　　※　　　　　※

　　自治区党委张崇银副秘书长。

　　自治区组织部巴登副部长:推行公务员制,没有41个亿解决不了,中央财政困难推迟了。提高了高海拔地区同志们的困难补助,这次解决了少量的补助。

　　拉巴平措副主席:自治区领导的意见,从政策上给阿里解决一些问题和困难。总之,让阿里的同志放开手脚地去干。自治区定的,从今年开始,凡是用公款买车子一辆也不买。有些思路比较实际,情绪是安定的,思路是正确的。邰瑞林书记和班子的同志发展经济的思路比较宽,发展经济的思路再拓宽一点。贫困面逐步在增加,占28%,造成的原因到底是什么?雄巴乡,一家五口人,一人一只羊。42户,192口人。要从宏观上去考虑,要从宏观上找到解决问题的方法。关于教育问题,入学率10.3%。我主张办几所规模大一点的学校,以区办小学为主,把乡里的钱拿到区里去集中办学。本世纪入学率达到50%,就是丰功伟绩。旱情严重,稍有点灾害就麻烦,要立足抗灾,夺取生产的丰收。稳定局势问题。

　　　　　　　　　　　※　　　　　※

　　讲几点意见:

　　一、对该县的基本看法。班子团结,作风正派,政治安全,社会稳定。抓经济,抓创收,看得准,速度快,效益好。有事业心,有责任感,对工作计划有长期打算。

　　二、认识革吉,抓优势,更新观念,抓转变。1.县委政府,全县干部职工群众都要统一认识。革吉的出路在哪里,革吉的优势是什么。2.更新观念,抓转变。干部、群众的思想观念,都要转变,县委政府领导的观念转变很重要,我认为基层干部和群众的思想观念更新转变更为重要。3.更新观念抓转变,首先在用人选人上的思想要转变,六十年代看人,忠于党,忠于毛主席,出身好,三代贫农出身就是人才。七十年代,听党的话,听领导的话,服从分配,老老实实,按时上班,按时下班,不迟到,不早退,就是好同志,就是培养对象。八十年代,在以市场经济为主的经济工作的今天看人、选人、用人标准要转变,生产力发展的三大要素之一,就是人的因素。

　　三、深入基层,转变作风,采取各种措施,巩固发展社教成果。

　　四、关心干部职工的生活,积极搞好创收,给干部职工创造更多的福利待遇。这方面也要突破老框框,不要搞平均主义,更不要怕左邻右舍,现在就要体现多劳多得的原则。

　　五.饲草饲料的基地建设。1.准备把邦巴区搞成饲草基地,蓄水,养种草,开发 1.4 万亩的草场。2. 绵孜站,噶尔灌区,草场建设 3000 亩,每亩 300 公斤,总产草合计每亩产干草 100 公斤。3. 盐湖区修前蓄水池,100 米坝,投资 59 万元,可解决 200 亩草场。4. 南卖龙一直种青稞,建拦水坝 103 米,10 公里引水渠,一米口宽,深 0.5 米。羊绒的收购价 35 元一斤,出售价 60 元。可保 1500 亩草地,建设投资 83 万元,主要是抗灾保畜的办法。6. 无水草场的改造,盐区的羌多乡是三村,计划搞一口井,县绵改站需打一口井,每口井 6 万元,共需 42 万元。7. 邦巴区欧果电站,听说已列入八五规划,全区人代会答复的。8. 干部职工的住房问题,请给予解决,雄巴区住房,盐湖区的住房,每区 6 户来算。县医院 21 名职工,9 户住到病房和走廊里,完小 6 户,按每户 6.3 万元计算。武警中队住房太差,250 平方米。乡政府的办公住房都需解决。

六、县医院的问题已经存在了 20 多年,现在需门诊,调配仪器。

七、区小学的建设。

八、县硼矿的问题,87 年自治区已开啦。

九、干部待遇问题,每人除工资外 60 元的奖金,公费医疗每人每年 5.6 元。

十、运输物价是否给部分补贴。兽医药品每只羊收 1 毛钱,每年收 5 万元左右。雄巴区人畜没有炭疽病。教育经费开支,一名学生衣服被子一年 54 元,每月生活费 34 元。

十一、公路建设问题。亚热区却仓连到普兰县的霍尔区的国防公路,到普兰交界处 100 公里多一点。路远,可做边贸生意

十二、电视台 87 年建的,电子元件老化,设备给更新一下,主要是发射器。

十三、绵羊改良问题,土种选优。每年改良 4000 只母羊,每年需 3—5 万元。

1993 年 7 月 22 日

下午,地行碰头会议。

安七一:在家主持 11 个单行材料,40 个部门材料,这段时间为迎接拉巴平措副主席一行开了六个会。

洛桑旦达:1. 普兰电站,中央水利部已解决 1000 万元,还差 1500 万元。2. 狮泉河电站前期工程 1700 万元。3. "三包"每人每月 34 元,增加 9 元,为 42 元。西四县的陪同问题。

几点意见:

　　一、家里的工作,气氛热烈,组织严密,饭菜可口,房间干净舒适。

　　二、继续做好接待工作。一是材料准备,主要是四号文件,四号文件外的还有哪些需要解决? 二是座谈会。三是到几个单位去视察。四是开干部职工大会和大家见见面。五是继续完成各县的考察。六是双拥现场动员会,请主席讲话参加会。七是部分同志继续陪同考察,部分同志做迎接准备。

　　三、当前的几项工作。1. 为自治区召开的地市领导人会议做准备,主要是材料。2. 普兰物交会的准备。3. 中印边境谈判,做好准备工作。4. 县级班子的就职问题。5. 换届选举工作。6. 正常工作问题。

　　次仁:1. 国家有关部门的专家要来。2. 科迦电站。

1993 年 7 月 23 日

　　办公会议。

　　拉办益西同志汇报。

　　从 3 月 10 日到今,抓了狮泉河电站的前期工程,同时又抓了普兰电站、札达电站和煤矿 100 万元的投资问题。国家电力部开始的意见是三七开,让自治区拿七,国家拿三的意见。农电司的郭、张司长都同意给普兰解决 1000 万元。普兰县定的投资 2000 万元,装机容量由 1500 千瓦改为 960 千瓦。这个和自治区计委①和有关部门统一了认识,6 月拿出图纸来。水利部同意,自治区政府主席和计委不同意。狮泉河电站前期前段计划 1260 万元,现在成科院非要改成 1700 万元。水电部茶部长改说四六开,水电部拿40%,高司长替成科院说话。自治区的意见五五开,后来没找到茶部长,装机 4000 千瓦,总投资 1.3 亿元。94 年搞完,95 年上马,97 年发电,国家计委计划司说前期费用太高。普兰电站关键在启文和向阳同志能否给水电部行个文。科迦电站,投资 94 万元,现在定 105 万元,自治区水利局拿 20 万元,我们阿里拿 30 万元。计经委次仁多吉说,我知道,句林拿大头,施工队他安排。

　　关于水文站,自治区水文站设计需 100 万元,区级单位,属农牧局管,编制 7—8 人,自治区派四个人来。

　　札达电站,又搞了个 7000 万元,原改为 2000 万元左右,750 千瓦,或600 千瓦,札达的前期已完成啦。选点立项后,经水利电部批准,归自治区水利局管。

---

　　①　西藏自治区计划经济委员会。

门士煤矿的问题,国家地方煤矿部说要让自治区工业电力厅写报告才行,100 万元有着落了。国家已列为八五期间的开发项目,国家已拿了 500 万元。吴云是阿里的顾问,她有意见,劳务费至今没给。

石油问题,自治区计委说给阿里增加 1000 吨石油。亏损,自治区拿 50 万元,其余不管。财政厅拿 100 万元,还不够,需 145 万元才行。1000 吨油安排到拉萨安多油站,逐步定到 9 月份拉回油来。原定的 3100 吨的指标。多布杰定的 3610 吨的基数,加 1000 吨的指标,总计 4610 吨。石油去年亏损 532 万元,石油总公司想把石油公司归行署管。石油总公司请行署写个专题报告。

关于安狮公路的问题,原来定的 26 亿元不可能,是否考察一下,先修几座桥,要有个报告。原定的用 140 万买 20 辆进口车,我们改为东风车 100 辆,3 年东风车成本钱要挣回来,继续给阿里使用。

下一步的打算:

一、狮泉河电站差 10% 的问题,起草报告请自治区解决 10%。建议行署拿 10%,要抓快上,光等不行,100 万元加 170 万元,计 270 万元。和国家计委,接上关系,为立项作准备。和自治区领导沟通。

二、给胡锦涛同志联系一下,让胡书记给有关部委说句话。现在那曲的电话、地热都解决了,山南的柏油马路已全解决。拿个搞旅游开发的可行性报告。

洛桑旦达:1. 狮泉河电站问题,请自治区计委抓紧给水电部打个报告。2. 关于科迦电站问题,给句处长联系一下包工队问题。3. 水文站的问题,自治区计委……4. 措勤光电站问题,副县长达瓦扎西在拉萨。5. 石油管理体制问题。6. 上海几个项目,洛桑在办事处,和塔杰行长见见面。7. 财政状况问题。8. 几个专家组的问题,能源为主的,把他们想办法接上来。

※   ※

人生道路是漫长的,然而关键时刻只有几点①!

能战胜自己弱点的人才称得起坚强的人。

自古人生谁无过,回头观影是明人。

※   ※

少年易老学难成②,

一寸光阴不可轻。

---

① 此处的几首诗抄于其他纸上,贴于日记本扉页。

② 南宋朱熹的诗句。

　　未觉池塘春草梦，

　　阶前梧叶已秋声。

※　　　　※

　　阿里地区基本情况①。

　　面积 34.5 万平方公里。总人口 63000 人，其中职工干部 3300 人。

　　（一）全地区机构。7 个县 30 个区 1 个镇，106 个乡，359 个自然村。11000 户，其中农业户 1790 户，牧业户 9210 户。全区边境线长 1116 公里。

　　（二）资源。草场 4 亿亩，占总面积的 87%，实际可利用面积 2.8 亿亩。耕地 3.6 亿亩，实际耕地 2.8 亿亩。牲畜 268 万头（只）。矿产，盐矿、硼镁、铝矿、硼砂。纳湖结石（改则县麻米区），日土的铝锌矿、金矿（日土的＊＊＊②区和改则县）。水资源，普兰、札达、日土、狮泉河。日土电站 1200 万元，发电 600 千瓦。现在三个机组，只发一个，水力发电。光电，改则县、革吉县。措勤县今年上 30 千瓦。全年风速每秒在 3.2 米以上，大风每年均有 140 天，每年 11 月底到 5 月底。最低气温 89 年零下 40 多度，最高不到 20 度，全年平均气温在零度。旅游资源丰富，神山、圣湖、古格王朝遗址。野生动物比较多。

　　（三）教育概况。中学 1 所，完全小学 9 所，公办小学 14 所（区里），民办小学 13 所，教工 406 人，在校学生共有 3413 人，适龄儿童入学率 27.8%。

　　（四）卫生情况。医院 9 个，其中藏医院 1 所，防疫站 8 个。区卫生所 31 个，乡卫生室 14 个。医务人员 310 人，病床 297 张。自治区计委定的 520 万元搞基建，自治区拿 200 万元，阿里自筹 300 万元，至今阿里没法兑现。

　　（五）干部情况。干部 2249 人，其中少数民族干部 1864 人，占干部总数的 83%。妇女干部 660 人，占干部总数的 29%。年龄结构，30 岁以下 940 人，30 岁至 40 岁 863 人，41 岁至 45 岁 234 人，46 岁以上 212 人。学历，中专以上的 1454 人，占干部总数的 64.7%；大中专学历 439 人。地专级干部 14 人，县级干部 140 人，其中少数民族 121 人。区级干部 482 人，其中少数民族干部 380 人。行业，行政干部 1170 人，事业干部 888 人，企业干部 191 人。地直机关基本不超编，县缺编 40%。

　　（六）党员情况。全地区党员 3360 人，基层党组织基本健全。党委 10 个，其中办事处 2 个。未改乡 3 个，札达县。民族统战、政协委员 71 个，其

----

　　①　此处未署名日期，写于日记本起始页，依照后面的日期进行排序。

　　②　日记原文如此。

中自治区政协委员 15 人,地区政协委员 46 人,西四县有政协机构。爱国人士被安排在县政府工作的 3 人,普兰、札达、日土三县。

(七)边防情况。边防线总长 1116 公里。大小山口 180 处,通往国外的有 52 条道路山口。边境有争议的 8500 平方公里,其中西段两块面积 5850 平方公里,其中巴里加斯 450 平方公里,由印度控制,其余全部我方控制。中段四块面积 2650 平方方公里,由印度控制。

(八)经济情况。

1. 92 年工农业总产值 1.3160 亿元(按 90 年不变价来算)。其中大农业总产值 1.2713 万元,工业交通总产值 447.09 万元。91 年工农业总产值 3439.2 万元,其中工业占 210.6 万元。

2. 粮食生产。90 年为 4664 吨,91 年为 4774 吨,92 年为 5611.34 吨(已达 11.6 万斤)。92 年亩产 393 斤,人均 187 斤。

3. 牧业生产。90 年 217 万头(只),91 年 250.78 万头(只),92 年 268.4 万头(只)。肉类产品,90 年 6012.57 吨,91 年 5974.19 吨,92 年 5535.55 吨,93 年 6030 吨。奶类产品,90 年 7595.44 吨,91 年 6090.59 吨,92 年 7502.3 吨,93 年 7665 吨。奶商品率,90 年 4.36%,91 年 2.57%,92 年 5.34%,93 年计划 6%。

羊毛产量	商品率
90 年 1407.9 吨	85.34%
91 年 1278.38 吨	86.68%
92 年 1259.2 吨	87.45%
93 年 1310 吨	计划 88%

山羊绒产量,90 年 190.22 吨,91 年 141.92 吨,92 年 169.16 吨,93 年计划 175 吨,商品率都保持在 98%。

※   ※

我国将出现十大经济热点[①]。

1. 深化体制改革将成为今年的一大热点。体制改革的中心环节是企业经营的机制的改革,主要表现三个方面:一是企业所有制结构变动,全民所有制的数量将明显下降,而集体股份制、三资、个体企业数量将会有较大发展。二是企业经营自主权将进一步落实。三是企业的组织形式和经营方式的多元化,企业改革的主要内涵仍是产权管理明晰化和政企分开、两权分离。

---

① 从行文来看,此内容来自报纸或内部文件。从日记本上的笔迹来看,部分内容是孔繁森个人抄写,其他内容由他人协助。

2. 更多的企业面临破产和兼并。今年将出台的社会保障制度及物价调整等措施,都会增加企业负担,资不抵债的企业数目还会增加。

3. 股份制仍将继续成为经济热点。股票公开发行将受到控制,全国 50 亿元发行指标。因此,定向筹集将成为主要的股票发行办法。

4. 通货膨胀的压力不能忽视。对此有两种看法:一种认为,1993 年价格会有大的上升,理由是核算内全民企业资金利润率低于银行利率,企业有提价的内在需求。去年能源的瓶颈制约不算大,主要因为运输条件部分得到缓解,客观上起到了增加能源供给的效果,而今年交通运输可能不会再给相应的支持。因此,能源、原材料供应紧张和价格上扬,将推移反映于消费品的生产和销售中,宏观调控将难以抑制通货膨胀。也有些专家认为,今年潜在的通货膨胀压力不会以物价上涨过大的形式表现出来,依据是去年农业生产比较稳定,消费者对价格上涨预期较低,市场消费需求受到约束。

5. 社会利益摩擦可能增加。1993 年改革力度将明显加大,可能出现更多企业破产。失业队伍扩大,社会上收入的档次进一步拉开,再加上通货膨胀预期压力、权力下放等,将会产生新的利益摩擦,有可能成为今年一大热点。

6. 经商发财热将席卷全国。人们已意识到九十年代铁饭碗将被打破,收入差距将加大。因而,会出现一股前所未有的发财欲望,人们不仅涌向诸如炒股票之类可以一夜之间暴富的行当,而且也将涌向可以增加个人财富的每一个角落。

7. 职工流动将大大加快。观念的更新,对高收入的追求,企业破产的压力,特别是养老保险等社会保障措施的相继出台,全民企业保障方面的优越性大大削弱,导致企事业、机关单位的职工的大流动,在职职工的流动意识也将增强。

8. 市场热进入高潮期,各类物资和副食品交易市场将相继建立。

9. 房地产业从长期来看仍将是一大热点,但今年价格有可能出现一个回落,经受一次考验。

10. 银行业竞争日趋激烈,专业银行将向商业银行过渡,企业银行、合资银行、分资银行也将增加。

※　　　　※

胡平①谈共产党人下海②。

---

① 胡平,1930 年生,浙江嘉兴人,1948 年在苏北解放区参加革命,1950 年入党。1988 年任国家商业部部长,1993 年任国务院特区办主任。

② 从笔迹来看,此部分内容不是孔繁森所写。很可能是由他人协助抄录,孔繁森用来学习。

商业部部长胡平在第 20 期党训班开业庆典上说,去年以来,社会一片下海声,人们一般把下海理解为经商做买卖。从下海的目的看,各不相同,有的为增加收入、多挣钱,有的要实现人生的自我价值,有的想赚钱后再创业,还有的为分流多余人员。我认为,把下海仅仅视为摆摊、经商是浅层的,我们应对下海赋予深层次的含义,即我们要下市场经济的汪洋大海。党的十四大提出发展社会主义市场经济,共产党员如何贯彻,我看就是要为党的根本利益、为民族的利益积极下市场经济的大海中去。这是一个涉及政治、经济、文化、组织等诸多方面的具有长远战略意义的问题,很有必要探讨。

胡平提出的十点思考是:

1. 迎接二十一世纪的挑战。从对未来世界三大块,欧洲、美国、亚洲来分析中国的前景,布热津斯基[①]在《大失败》一书中说,中国在二十一世纪仍然是共产党领导,但不是公有制国家。

2. 坚持共产党的宗旨和坚持市场经济的原则,能否找到共同的出发点和归宿,肯定了党员全心全意为人民服务的同时,也允许党员先富起来。

3. 共产党人与资本。过去,我们掌握资本的是纠正办法,计委、财政部等分配,而市场经济条件资本,一是要社会化,二是要在竞争中形成。这与传统的分配不同,现在出九种经济成分,今后经济的趋势将是混合型,经济问题是看哪一个占主导。在市场经济中,谁掌握资本,谁就主导这个社会。我赞成股份制,但主张有中国特色,共产党人只有各个层次上掌握资本(国家、董事会、经理、劳动者),才能掌握经济命脉。

4. 既要下公海,也要下私海。公海和私海是指公有制经济和私营经济,共产党人应该下公海。现在下公海的很好的不少,华西村人均资产 100 万元。

5. 下大海还是下小海。

6. 直接下海与间接下海。共产党人既要直接下海到企业中去,又要间接下海,即转变职能,实行公务员制度,为市场经济服务,为下海的人服务。间接下海,除服务等,还应有许多中间的组织、经济团体。资本主义社会有套体系,保障竞争平等的环境,我们也要按市场经济的原则建立一套服务保障体系。当前下海固然风流,但为下海服务同样风流,这是时代的需要。

7. 发财与发才。既要发钱财,也要发人才。赚钱要靠人,靠人的智力

---

① 兹比格涅夫·卡济米尔兹·布热津斯基(Zbigniew Brzezinski),生于 1928 年,2017 年去世,波兰犹太裔美国人,作家,民主党人,美国前总统卡特的国家安全顾问,美国著名地缘战略理论家,以极端反苏著称。1989 年,他出版著作《大失败:20 世纪共产主义的兴亡》。之后,出版《大棋局:美国的首要地位及其地缘战略》等书籍。

和才能。

8.物质文明与精神文明。物质是基础,精神是支柱。现在价值观念开始向以个人为中心转化。人大一个研究所1988年民意调查时,面对两种选择,回答靠自我实现人生价值的占51.8%,靠社会实现的占1.8%。1987年,一次青年工人的抽样调查问,如果你有钱,足够你生活,那你是否不工作,尽情玩乐,70%人的做了肯定的回答。1990年,科委的一次调查结果,66%的青年认为人的本性是自私的。

9.既要激励,又要监督。

10.共产党和企业家原来缺乏一种沟通,包括思想、组织、感情上。

※　　　　　　※

阿里地区要鼓励和支持各类人才走上开发乡镇经济的主战场。

乡镇企业的发展,人才是关键。各级政府要下决心,采取有力措施,为乡镇企业创造一个大胆使用人才、积极吸引人才、加速培养人才和坚决保护人才的环境与机制。

要破除左的思想束缚,大胆选拔和放手启用那些敢想敢干、善于经营在实践中成长起来的各种农村能人。他们是农村发展社会主义市场经济的积极分子,要充分发挥他们的带头示范作用和骨干作用,鼓励他们以个体、私营、联户、承包、租赁、股份制等各种形式领办、创办乡镇企业。农村党员干部要带头办乡镇企业,勇于带领群众致富。同时,要结合机构改革鼓励一部分有才能、有志向从事经济工作的党政机关和事业单位的干部走向发展乡镇企业的主战场。对离开党政机关到乡镇企业的干部,在严格实行政企分开的原则下,允许各地采取一些过渡办法,积极创造与党政机关"脱钩"的条件。

乡镇企业是大中专生最能大显身手的场所之一,凡到乡镇企业工作的,允许保留国家干部身份,目的是不断扩大乡镇企业的人才后备资源。

阿里地域辽阔,交通不便,能源缺乏,人才奇缺,要发展乡镇企业,不能遍地开花。要从当地的资源、人才、交通、能源等综合条件出发,这样有利于扬长避短,选择最容易成功的地方重点突破。

※　　　　　　※

一九九二年西藏农村经济运行情况。

1.全区农村社会总产值(现价)23.64亿元,比1991年22.12亿元增加1.52亿元,增长6.87%。

2.92年农业综合商品率为24.33%,比91年的20.97%提高3.36个百分点。

3.农业总产值,按90年不变价格计算,92年为21亿元,比91年的

20. 46 亿元增加 0. 69 亿元。

4. 92 年粮食总产值 65. 47 万吨,为历史最高。

5. 牧业生产。92 年全区总存栏数 2395. 44 万头(只),比 91 年增加 78. 87 万头(只),增长 3. 4%。

6. 全区农牧民纯收入 829 元(现价口径计算),按可比价格计算为 490 元。

7. 92 年羊毛产量 9370. 16 吨,比 91 年增长 3. 4%。其中绵羊毛 8375. 00 吨,比 91 年增长 3. 9%。

8. 牛皮产量 72. 22 万张,比 91 年增长 46%。羊皮产量 374. 47 万张,比 91 年增长 15. 2%。92 年稻谷 0. 39 万吨,比 91 年增长 44. 4%。92 年青稞 39. 34 万吨,比 91 年增长 3%。92 年小麦 19. 60 万吨,比 91 年增长 7. 1%。92 年油菜籽 1. 78 万吨,比 91 年增长 3. 8%。92 年茶叶 119 吨,比 91 年增长 3. 5%。92 年水果 0. 55 万吨,比 91 年增长 12. 2%。92 年肉类总产量 9. 73 万吨,比 91 年增长 6. 9%。92 年奶类总产量 18. 60 万吨,比 91 年增长 5. 1%。

全年工业总产值 4. 97 亿元,比上年增长 8. 2%。

解决阿里经济问题的关键,一是观念,二是资金,三是人才,四是政策,五是宗教,首要的是观念更新。

1993 年 8 月 10 日

上午,参加自治区工作会议。

热地书记讲话①:

一、达赖集团加强了同西方反华势力的勾结,在国际上活动频繁。

我们抓了以下几项工作:一是采取多种措施打击了分裂分子的多种活动。二是正确区分了两类不同性质的矛盾。三是加强了基层的基础工作。

存在问题:一是领导不力,不敢抓不敢管,不敢针锋相对地开展斗争。二是部分城镇居民对分裂分子的分裂活动,分不清、看不准。

下一步工作意见:一要提高对反分裂分子斗争长期性的认识,正确认识,稳定局势和经济建设的辩证关系,坚持两手抓,两手都要硬的办法措施。二要加强思想政治工作和教育工作。三要加强基层党政建设。四要改进工作作风,接受群众监督,减少群众的负担。从今年 5 月 24 日发生的拉萨"骚

① 热地同志在贯彻落实第三次西藏工作座谈会精神上的发言。1993—1994 年,热地担任西藏自治区党委副书记,自治区人大常委会主任、党组书记

乱"看群众是好的。五要加强对外宣传工作。六要进一步加强社会治安和综合治理。七要充分发挥政法部门、公检法、武警部队的作用。八要切实加强对反分裂斗争工作的领导。

参加自治区工作会议第一组讨论,发言提纲。

江村主席和热地书记的讲话,全面分析了全区的经济政治形势,特别是江村主席的报告,既全面总结了上半年的经济工作,又讲了当前经济工作中存在的问题,最后又提出了下半年工作的六条要求。主席的报告是实事求是的、全面的,是符合各地区的实际情况的。

从主席的讲话中看出了全区的改革开放形势,看出了由原来的自然经济、供给性经济、计划经济开始走向市场经济,而且经济效益大大提高。干部群众的商品观念增强了,思想转变了。从主席的报告中,看到了西藏的希望,看到了前途和光明。

1993 年 8 月 25 日

上午,办事处和水利部杭研所、计委、水利局讨论普兰、札达水力发电站的有关问题。

参加人:杭研所李总工、林工、董、王;计委吴主任、李本珍;水利局。

水利部杭研所李总工:普兰已完成初步设计,札达的可行性报告已完成。普兰投资2500万元,按设计院现行价需3000万元。札达开始设计,原来装机1000千瓦,7100万元,现在改为750千瓦,投资3600万元。普兰水波10%,札达水波80%。内地100千瓦的发电站投资500万元,那曲投资电站2亿多元,普兰开始计划1500千瓦规模的。过去是无资料,推断电站的规模,都设想的比较大,设个简易的水电站,积累点数字比较好。几个具体的看法,普兰厂址需改动一下,原来是老厂址,需延长一下。坡度短了,延400公尺左右,设计院已接受了。札达县狮泉河利用陇谷,离县城3.5公里。下游的陇谷,铁桥的上游,投资高,坝造价太高,从山上打洞,不合适,石块结构不行。下游扎布让区搞工程,简易些、相对好一点,离县城20公里。

林工:投资是否把不足的资金承担一下,光靠水利部解决不了。

水利局刘局长:普兰电站如果投资2500万元,水利部只拿1000万元,其余不落实还是立不上计划,此事已给国务院打了报告。

水利局李处长:札达桥头的规划是成都设计院完成的,应继续把扎布让搞完,可追加上部分资金。

札达县夏县长:桥上的规划投4300万元,600千瓦。桥下的投3600万元,700千瓦,都是自来水设计院搞的。札达县有570公里的边境线,38条山口通向国外。财政收入最大 19 万元,平均每年不到 10 万元。每年自治区财政拨 250 万元,用于干部职工的工资,设计院的可行性报告已有了,最好在明年定项。

李本珍处长:电站的投资问题。水利部让每县拿 1000 万元,是不是从西藏实情出发,西藏物价上涨的指数太高,钱拿不出来。电站的规模问题。

吴主任:普兰电站可行性研究,价格要有时间性,核算实事求是。札达县两个点都拿出可行性报告,然后请专家比较一下,再搞设计方案。

讲几点意见:一、感谢杭研所李工等四位同志及自治区有关单位对阿里水利电站的帮助。二、李工是否把阿里的水电建设当作一个特殊地区,特殊情况给上级汇报,一是普兰、札达的实际困难、实际情况,二是从边境的局势稳定来特殊对待。三、普兰电站的投资是否不再加大,再加大更解决不了,请成都设计院也从阿里的实际困难出发,给予帮助。札达电站,重新设计前期费用适当增加一点,不要过多地追加前期,设计可行性研究费用。桥头设计,对扎布让进行可行性研究,比较一下,再定哪个好。

1993 年 8 月 31 日

洛桑旦达专员。

一、上半年经济工作。幼畜死亡率 32%,幼畜成活率 68%,繁殖成活率 61%。成畜死亡率 3.3%,比去年同期下降 1.1%。7 月底存栏数 325 头(只),比去年同期增加 5.8%。

二、工业、交通运输生产。1. 工业生产量计划完成 238 万元,比去年同期增 7%,92 年实际完成 447 万元。2. 上半年发电量 237 万千瓦时,比去年提一倍以上。拆合汽车大修完成 15 台,比去年同期下降 5%。3. 生产硼镁石完成 2500 吨,与去年相同。4. 砖瓦厂生产 70 万块,比去年下降,去年完成 75 万块砖,去年全年 180 万块。5. 交通运输完成进出藏物资 7800 吨,完成计划的 45%,比去年同期增 5.7%。其中出藏物资完成 4825 吨,主要硼镁石和羊绒。分运物资完成 3000 吨,下半年主要是石油的运输。6. 基本建设,计划 2597 万元(包括自治区的专项款),年初安排 28 个项目,已开工 17 个项目。工程总量完成 40% 以上。7. 地区财政到 7 月份实际收入完成 355 万元,计划完成 600 万元,已完成 53% 的任务。比去年同期增加收入 148 万元,增长 70%。财政支出已完成 2250 万元,占全年预算支出 44%,实际比去年同期增大支出 619 万元,主要是石油、焦炭,不包括基建的数字。全年预计要比去年多支出 1300 万元。

三、上半年问题。(一)地县班子建设拖的时间长,对经济有影响。

(二)市场经济冲击的压力。今年石油亏损915万元,自治区石油补贴250万元。去年亏损530万元,去年的170万元还没到位,基本建设物价上涨。行政单位,财政国库只有200万元。(三)问题。连续干旱。除去措勤和改则北部外都十分干旱,县乡干部都要深入下去安排群众生活。(四)边贸工作。1.规划建设。2.管理。八一物交会达到400万元,什布奇口岸来的印度人越来越多,日土的都木契列市场。(五)企业。清理登记国有资产,银行贷款已7000万元,但效益低。(六)地县两级财政问题,干部职工下海问题;增加税收问题。

※　　　　※

关于班子情况。

8月9日开始交接工作,并成立了领导小组。8月15日到地区报到,16日谈话,17日宣布,8月25日交接完毕。

噶尔县和日土检察长对调问题,有意见。人民医院原定叫次仁卓嘎任,本人不同意,给班久又谈的,优缺点特别突出。财政局的金钟,不同意去审计局,要求留在财政局,已宣布留任财政局了。旅游公司的索多,原定副县级,阿党组,90年原配件公司人事经理提旅游公司总经理,党委任命的,已宣布到工会任副主任。旅游局王伟民的问题,宣布的属于副县级干部。几个援藏干部没有任命书。日土、改则的法院院长暂时没有宣布,暂停工作,主要是打猎问题。教体委欧珠已宣布去外办工作。

转业干部:1.旺杰,大学学历,革吉人武部长,安排去政协任副秘书长。2.平措札,达人武部长,安排到直属机关当书记。3.索朗多吉,副团,噶尔人民武装部副部长,放到农牧局任林业公安科科长,正区级。4.益西,区级,放到商业局。5.边巴多吉,普兰人民武装部,由普兰安排区级,由县委提出意见。

各县报上来已有的县委常委,地直机关的党组成员。

要求各县换届以前要公布三级班子的调整问题。

※　　　　※

阿里基本条件。

旱情严重。4—8月底,降水量全地区降雨9—16毫米。革吉县7月14日、18日降雨只有16毫米。

给农委汇报灾情:

一是动员地直县直干部组成强有力、少而精的工作组,深入灾区和干部群众一块抗灾救灾。

二是牲畜要有计划、大胆地进行淘汰。

三是发动群众采取措施,采取自救的办法。

四是请自治区有关厅局给予帮助。

当前四大压力:灾情、财政、市场、人才。

农委常主任:1. 牲畜要尽力多淘汰,多杀多吃多卖,政府行为要加强,农业宏观调控要加强。2. 第一、二批抗旱款分完啦,这次分了十万元,农委给自治区打个报告(部门为阿里),抗灾办的次诺处长执笔。从日喀则调部分饲料,那曲加工厂调部分饲料最好。3. 关于饲草和太阳能井的建设问题,我们尽力给予帮助,以工代赈的 3000 万元钱在自治区计委。

拉巴书记:上次工作组去各县调查后,答应解决的问题。1. 改则、革吉县的土种选育 3 万元已落实。2. 改则玉多乡太阳能井 6 万元已解决。3. 札达县草围栏 5 万元,由自治区畜牧局赵局长解决。4. 普兰细德乡 10 万元的榨油机,明年我们再考察一下,主要是效益差,每年油籽 20 吨,没 2 天就加工完,明年再说。5. 地区畜牧局实验仪器已到。6. 白山羊绒基地,已报部里。7. 抗灾基地问题,明年不可行,在改则 94 年完成。兽医总站问题,还有日土、噶尔、普兰明年至少一个。药品,自治区畜牧局赵局长给部分无偿的。抗灾需要的柴油问题,民用汽油问题不要按……饲料也应给列进去,饲料可利用改则、措勤的积压粮食,那曲的饲料运一两车给阿里。下一步工作,一是生产自救,明年我们派去工作组,对打井、饲料基地、油籽加厂、林业的问题,札达的"一河两沟"落实进行调查。二是当前牲畜业问题突出。药品你们也拿出一部分,棚圈建设,把老兽医集中起来。今年还要出现大雪,主要是在改则、措勤,你们地区先把物资买回去,地区财政先垫支一部分。你们先拿部分钱解决一下畜牧局的干部职工宿舍问题。

财政厅张厅长:一是石油价和石油公司联系一下。第二个问题,91、92年 520 万元老账不算了。三是教育欠账问题,先把账搞清楚,差什么钱。四是干部福利待遇。去年定的自治区拿 10%,地区拿 30%(地直机关的),县里百分之百的由财政厅负责,阿里机关干部 200 名。

1993 年 9 月 20 日

上午,自治区第五次全委(扩大)会议。

巴桑书记:

一、西方国家希望我们国家"和平演变",这是他们的遏制战略。

二、要充分认识反腐败斗争的严重性。现在比 82 年严重得多。……

三、领导要带头廉洁自律。

四、防腐败最重要是靠教育。

五、防腐败斗争。

六、防腐败要有点声势，不能用反腐败来震慑。

※　　　　　※

参加自治区纪检会议讨论中央提出的3412工程。

江泽民总书记提出近期内反腐败斗争，着重抓好三个方面的工作：

一、各级领导干部要带头廉洁自律，特别是省部级以上领导干部要起表率作用，各级党委和纪检监察机关要加强督促检查。

二、集中力量查办一批大案要案，重点查办发生在党政领导机关和司法部门、行政执法部门、经济管理部门工作人员中的案件。

三、紧紧抓住本地区、本单位的突出问题，刹住群众最不满意的几股不正之风，年内要见到明显成效。要在全国范围内集中治理乱收费，特别是国家机关利用职权乱收费。各级党政机关一律不准经商，已经经商的，必须按规定同原机关彻底脱钩，实行收支两条线，执法部门各种罚没款一律上交，所需各种经费由各级财政拨款。中央国家机关要通过专项治理，解决好几个重点问题。江泽民同志要求各级党委坚决做到令行禁止，对不听招呼、顶着不办的要果断处理，绝不能姑息迁就。

四、在分析反腐败斗争现状时，江总书记认为在这个问题上要讲两句话，一句是我们党的路线是正确的，党的主流是好的，大多数党员和干部是廉洁奉公的。另一句是在党内、在国家机关中确实存在着腐败现象。有些方面腐败还在滋长和蔓延，广大党员干部和群众深感忧虑，迫切希望采取坚决措施加以解决。我们不能否定党的主流是好的，也不能低估腐败现象的严重性和危害性。腐败现象是侵入党和国家健康的病毒，如果我们掉以轻心任其泛滥，就会葬送我们的党，葬送我们的政权，葬送我们的社会主义大业。我们的党，我们的干部，我们的人民，是绝不允许出现这种后果的。

尉健行同志强调着重抓好四个方面的工作：一要加强对各级党政领导干部廉洁自律情况的监督和检查。二要集中力量查办一批大案要案。三要狠刹几股群众反映强烈的不正之风。四要继续抓好党中央、国务院关于加强和改善宏观调控的政策、措施和贯彻情况的监督检查。

中央决定近期反腐败要抓的三项工作，也是全年年底要达到的目标。一是党政机关县（处）级以上领导干部，首先是省（部）级以上领导干部在廉洁自律方面有明显进步，真正给广大党员和干部带个好头。二是基本刹住国家机关及下属单位利用职权乱收费，以及用公款出国（境）旅游的不正之风。同时，一切国家机关解决本系统突出的不正之风问题，要见到成果。三是查结一批大案要案，依法惩办一批腐败分子。以上三方面工作必须抓紧抓实,要求在今年的后四个月内取得成效,使党心民心为之一振。

1993 年 9 月 21 日

参加纪检会议讨论。

一、完全同意中央反腐败斗争的战略布置。江泽民总书记提出的三个方面的工作和对形势分析的两句话,以及尉健行同志提出的着重抓好的四个方面的工作,及反腐败要抓好两方面的任务以及出现腐败现象的根源都是正确的。

二、中央提出的反腐败斗争,时间上非常及时,任务上比较明确,措施上也比较得力,决心比较大。

三、当前干部职工群众的反映。1. 绝大部分认为,中央的战略布置是及时的,惩治腐败是有能的。中央的决策是英明的。2. 中央的决策很好,反腐败斗争搞不彻底、走走形式而已,一是认为大多数干部多少都有问题,中央下不了决心,不少干部怕引火烧身。二是不搞群众运动是对的,但又不提发动群众,只能是干部运动领导,领导关心干部,弄个水过地皮湿,不了了之。3. 有的干部职工提出如果领导决心不大,不如不搞,像割韭菜一样,下一茬的韭菜长得更厉害。4. 反腐败斗争搞不好,会影响形势的安定,弄不好会引起"骚乱"。5. 部分群众担心这次反腐败斗争只抓小的不抓大的,只抓远的不抓身边的,只抓别人的不检查自己的,只抓在职的不抓调走的。

四、几点建议。1. 加强学习宣传,领导都要表明态度,首要的要教育群众,打消群众的顾虑。2. 不搞群众运动,但要注意有目的、有计划地发动群众,注意走群众路线。3. 派得力的干部深入下去,帮助解决有重点的单位和基层反腐败斗争中存在的问题。4. 建议领导对下级开展谈话的办法。

※　　　　※

为什么说当前消极腐败现象在某些方面呈蔓延发展趋势,反腐败斗争的形势是严峻的。

一是大案要案呈上升势头。违法违纪金额在百万元以上的大案有增无减,共产党员县处级以上的领导、干部违法违纪案件的比例增大,执法监督部门工作人员中的贪赃枉法案件屡有发生,有的情节十分严重。

二是以权谋私的消极腐败现象滋长蔓延。不少部门和单位借口办实体,发展第三产业,为集体谋福利等,不择手段地侵占国家和群众的利益,有些单位把自己应尽的职责变为有偿服务,明目张胆地损害群众利益。利用职业特权和条件吃、拿、卡、要,不给好处不办事的不正之风更加泛滥;干部人事工作中任人唯亲,跑官要官的不正之风比较严重,干部群众反映十分强烈。

　　三是奢侈挥霍之风愈演愈烈。有些党员干部蜕化变质,巧立名目用公款宴请越来越多,档次越来越高。用公款送礼,从纪念品发展到送礼金和有价礼券,公费旅游从内地发展到境外国外,耗费大量国家资财,搞各种名目的节日和庆典活动,讲排场比阔气,用公款高标准装修住房,换乘进口豪华汽车之风重新抬头,极少数党员干部嫖娼、赌博腐化堕落。

　　四是打着发展市场经济的旗号,钻政策法规不完善的空子。牟取暴利的问题不断发展,如挪用公款炒买炒卖有价证券、房地产,在企业转换经营机制中,以少报低估手法侵占国有资产,违章拆借资金,高利率乱集资,以搞活经济为名走私贩私等等。

　　五是地方保护主义,掩盖和助长了消极腐败现象。一些地方和单位搞上有政策下有对策,有令不行有禁不止,为了局部利益和短期利益,干扰中央政策的贯彻落实和政令的畅通,严重官僚主义,失职、渎职案件增多,给国家和人民生命财产造成巨大损失,也纵容、庇护了一些腐败分子。

　　对领导干部在廉洁自律方面提出的五条要求:

　　一、不准经商办企业,不准从事有偿的中介活动,不准利用职权为配偶、子女和亲友经商办企业提供任何优惠条件。

　　二、不准在各类经济实体中兼职(包括名誉职务),个别经批准兼职的,不得领取任何报酬,不准到下属单位和其他企事业单位报销应由个人支付的各种费用。

　　三、不准买股票。

　　四、不准在公务活动中接受礼金和各种有价证券,不准接受下属单位和其他企业单位赠送的信用卡,也不准把在单位用公款办理的信用卡归个人使用。

　　五、不准用公款获取各种形式的俱乐部会员资格,也不准用公款参与高消费的娱乐活动,在中央决定正式下发后,各级组织和纪检监察机关要切实执行。同时要认真按照决定的要求加强监督检查,从省(部)级以下领导干部抓起,一级抓一级,对违反规定者要严肃处理。

　　　　　　　　　　　　※　　　　　※

关于几个科技县长的安排和洛桑旦达商议。

1. 安荣祥,山西农牧学院兽医畜牧系,52年出生,改则县。

2. 康志红,札达县。

3. 林珠班典,噶尔县。

4. 马康红,日土县。

1993 年 9 月 27 日

和地直有关部门的同志座谈有关项目的落实。

参加人员:洛桑旦达专员、拉办洛桑主任、计委洛桑、财政阿穷、办公室次仁达瓦。

一、洛桑主任:1. 科迦电站,98 万元,其中水利局和地区各 24 万元,其余自治区计委拿 49 万元。水利局只拿 20 万元。2. 胜利水渠,50 万元,自治区拿 45 万元,阿里 5 万元。3. 札达南水北调,125 万元,阿里承担 25 万元,自治区计委 100 万元。4. 狮泉河治沙,305 万元,要求阿里自拿 35 万元,自治区拿 275 万元,自治区计委只同意拿 230 万元。

自治区计委句处长说边贸建设有 200 万元,已给普兰。修路 50 万元,是否再要点。东风桥 66.7 万元,需要活动一下。朗久电站今年给 20 万元,至今没落实,4 号文件定的。购车补助已落实 135 万元,还有 115 万元最近给我们落实。还有 150 万元,共加差补助 100 万元,房建 50 万元。切块投资 75 万元。

旦增旺扎院长:藏医学校和制药厂已报计委综合处,两项 62 万元。

※　　　　※

财政阿穷:9 月 10—12 日开了三天财政会议。地区到 11 月份发不出工资,8 月底收入 557 万元,完成任务 84.3%,今年计划收入 600 万。6 个县收入 180 万(不包括噶尔县)。

(一)支出。1—8 月完成 3613 万元,其中地直支出 2211 万元,县级 1402 万元(大大突破)。缺口大的,日土、普兰。7 县总的缺口 373.7 万元。另外,93 年教育缺口 81 万元。91、92 年加起来缺口 300 万元。日土财政缺口 56.7 万元,教育缺口 6 万元。噶尔县财政缺口 31 万元,教育缺口 9 万元。改则,教育缺口 5 万元。普兰财政缺口 50 万元,教育缺口 25 万元。措勤财政缺口 125 万元,其中 92 年的 60 多万元,教育缺口 9 万元。革吉财政缺口 20 万,教育缺口 7 万元。札达财政缺口 91 万元,教育缺口 20 万元。日土县,8 月底财政账上只有 2 万元。地区财政赤字 1100 万元,加上收入,赤字 800 万元。最大缺口,地委行署宿舍楼只有 60 万元,需要 340 万元,估计 400 万元。合同上写的每平方米 2100 元,建筑面积 1608 平方米,400 万元。第二大缺口,狮泉河电站前期费用 100 万元。行政缺口,到 8 月底已完成 1540 万元,到年底需要 1900—1950 万元,缺口 400 万元。地直已完成经费 70%,县里到年底差 370 万元。汽运公司,色布在时 105 辆车,交给李九成 58 辆,能跑的 22 辆。

（二）资金占用。阿里拆借给镇江 150 万元，94 年 3 月到位，原来 300 万元。北京 60 万元，92 年到期。石油公司 1000 吨，原来石油 1.2 元，现在 2.6 元，这个差价财政补给 135 万元。

（三）企业情况。1—8 月，13 个企业亏 303.7 万元。旅游公司原来欠 90 多万元，财政给补 50 万元，自己解决 50 万元。煤矿定的每年 60 万元，要突破。电力公司定的 80 万元，要突破。煤矿 92 年拨款 67 万元，北京给 104.2 万元已下达。商业局批发公司积压 560 万元，商业局说 300 多万元。茶叶 6000 提，每提 71 元，共计 42.6 万元补给阿里，这是 92 年商业流动资金 700 万元，估计财务欠款 800 万，争取压到 600 万元。另外，投资公司有利息 100 多万元。自治区工作组财政给 152 万元，全部落实。油 2500 吨，补的问题，中央钱发下来再定。运价和焦炭问题补一点。阿里新增财政支出 1600 万元。

（四）欠费的基建项目。1. 日土电站 300 万元，其中德如 138 万元，其余 3 个小电站。2. 萨让公路 140 万元。3. 煤矿 135 万元。4. 狮泉河河道治理。

洛桑旦达：需跑的项目。1. 计委三个以工代赈的项目，虽有批文，但钱没拿到。2. 治沙工程，计委定 265 万元的规模。3. 边贸的建设 200 万元，已给普兰 50 万元修路。4. 运输公司车辆更新 800 万元，已拨。计委差 115 万元，定的三家各拿 250 万元，共 750 万元，还差 50 万元。5. 朗久电站，4 号文件说给 20 万元。6. 切块资金，每地区 70 万元，当时计划会上说再给阿里 30 万元，自治区计委不认账。7. 关于劳动指标的问题，需劳动局跑一跑。8. 关于 94 年的基建计划和其他基数的问题。9. 关于主席答应的项目。

财政方面。1. 主席说的 100 多万元，4 号文件定的 100 多万元。2. 地县两级的今年赤字问题。3. 柳州拆借我们的 200 多万元。4. 民政厅救灾款 100 万元的问题。5. 自治区关于石油和粮食下放地区包干问题。每收一斤，政府补 2 毛。阿里收购任务 100 万斤，区间 3000 吨调运任务，已完成 2400 多万斤，只有 580 吨没有完成。石油每年给 3200 吨，93 年又追加 1000 吨，共 4200 吨。6. 司法厅原来答应给 18 万元，用于交通和办公。7. 民宗委给 10 万元买车。8. 水利厅要求阿成……水利局然后给我们钱。9. 丹增旺扎的两个项目，一是基金会，二是财政厅，我们上报 65 万元。

　　　　　　　　　※　　　　　　※

下午，拉萨退休基地干部座谈会。

1. 前面退休的、转来的待遇,公觉次仁书记的关系没转来,由以前单位,18 个月的主要是工资、燃料、地区补贴。地区发的是拉萨的工资,共 18 个月,20 人左右。退休的有 67 人,第一批 20 人。

2. 武继烈专员答应的 5000 元娱乐购置费,92 年的事。要求一辆东风车搞福利。答应给一辆车,东风不一定。至今没有解决。

3. 娱乐,地方搞个伙房,搞第三产业,需要 5 万元。

4. 要求到日喀则山南去旅游,有 40 多人。

5. 关于医疗费,200 元不够,要求实报实销。

6. 病号的慰问品,要求从特需经费中开支。

7. 要求解决开水费。

8. 解决娱乐品用具 1 万元。

9. 退休点的体制由拉萨办事处代管,不如直接管好。

10. 要求盖三间房子,搞第三产业。

1993 年 9 月 28 日

上午,研究老干部提出的问题。

一、关于体制问题。

老干部成立了一个支部,放在办事处党委领导下,一名老干部参加党委。还有一个领导小组,四个人每人每月补 60 元钱。

1. 阿里地区拉萨老干部离退休点服务站,隶属地委老干局,拉办管理,实行双层领导,实际上以拉办为主。2. 站长从老干部中产生,旦巴任服务站长;古如任副站长,噶尔县纪委书记;旦增副站长,革吉副县长;会计是永保。3. 待遇,站长 200 元,副站长 170 元,会计 150 元,每年合 620 元,任期一年后再定。时间从 93 年 11 月 1 日开始。4. 成立支部。

二、关于享受 18 个月的阿里工资和待遇问题。

三、武继烈专员提的给 5000 元,已在办事处拨过来了,娱乐品购置费,同意。改则 1000 元,支持老干部的,钱在办事处。

四、医疗费的问题。93 年按 200 元执行,94 年实报实销(指定医院)。自治区有新规定,按新的规定执行。

五、关于老干部旅游的问题。同意先在区内,凡是没去过的地方都可以,今明两年组织两批旅游。

六、购置娱乐品 1 万元,加上改则 1000 元,财政再拿 5000 元。

七、关于购车问题。一是交通用的面包车,二是东风车。同意配一辆北京吉普车,5 万元,由服务站管理使用。驾驶员每月工资 300 元,由服务站自己找驾驶员,油料费 7000 元。办实体,东风车可无偿给一辆,8 万,争取以车养车的办法,新的服务领导班子拿出可行性报告。

计划内油供应 5 吨(6700 公升油)。规定每车辆每年 3.5 吨油。

※　　　　※

在阿里老干部退休点会议上的讲话。

一、老同志在阿里工作几十年,可以说做出了不可磨灭的贡献,阿里的人民不会忘记大家。阿里地委行署的领导同志不会忘记大家,自治区的领导也不会忘记大家,作为在职的领导应关心大家的政治生活和身体健康。老同志的今天就是我们的明天,作为新的领导班子来讲,一是继承老班子、老同志的光荣传统和作风,二是在老班子、老同志打下的坚实基础上,要开创新的局面,以实际行动来虚心向退居二线的老同志学习。

二、继续关心老同志的政治生活和身体健康。

三、给老同志提点希望和要求。一是继续关心阿里的经济建设和形势的发展。老同志在阿里工作几十年,对阿里有深厚的感情。老同志接受党教育多年,革命事业心、责任感都比较强,人虽退休,但思想并没退休。不少老同志的亲属、子女仍战斗在阿里,大家更应该关心阿里的政治和经济发展。二是要敢于给新的地县领导班子提批评和建议,给阿里的经济建设提合理化的建议,给阿里的经济建设提供各种信息。三是积极支持阿办的工作,积极支持老干部管理服务站的工作。积极支持参加各项政治活动和开展好各项有益的文体活动。四是加强团结,注意身体健康。地委行署对大家关心不到的要理解谅解。

四、阿里当前的工作给大家通报一下。贯彻自治区党委扩大会议精神。抓抗震救灾。贯彻中纪委二次扩大会议精神,党政齐抓,惩治腐败工作。阿里的经济发展正在做计划,搞好调整,制定新的发展规划。

1993 年 10 月 6 日

听地委宣传部旺堆部长汇报北京之行。

关于阿里录像片问题。我是 5 月份去的北京,安徽的孙振华公款拍的片。六集片每集 20 分钟,和孙振华签订的 10 万元合同。当时毛片带上海,让上海音乐学院西藏学员配唱。当时确定让中央电视台搞,让云南藏族白玛为主搞 3 万元,后来确定六集改为四集,又改成三集,每集 35 分钟,中央电视台在 10 月中旬播。钱当时定的是 10 万元,是杨松主席定的,只筹集了 7 万元。已给孙振华 5 万元,余 2 万元给经委了。另外一个片子是交通、能源的,也是孙振华拍的,当时给他 4 万元。

※   ※

能源部　水利部
水利水电规划设计总院便函①
(93)水规计便字第 49 号

九三年狮泉河水电站初步设计计划,经费 330 万元,其中自治区 180 万元,电力工业部 150 万元。

水电规划设计总院
九月二十三日

1993 年 10 月 13 日

参加顿珠主席召开的会议。

内容关于普兰县和印方第二次会谈。

顿珠主席:地方官员会谈本来是正常的事,但印方涉及的问题多,不好答复,故请大家来研究。阿里行署 10 月 5 日发来的,我们外事接到是 10 月 12 日。普兰物交会金额已达 1300 万元,朝圣的由 100 多人发展到去年的 300 多人。会谈内容,双方扩大经商的范围,印方的贡给镇到普兰没有公路。

自治区外办王主任:我们同意会谈,参加会谈的 6 人,我们已同意,规定是 5—7 人。共 11 项实质性的问题,研究的结果:

1. 商贸活动范围扩大的问题。有点大,根据 91 年双方的会谈,只能在双方协议规定范围内进行,不能到印度的中心地段,在 91 年 12 月达成的边贸范围内才行,只能在普兰管辖范围内扩大。

2. 商品的交换品类,要按国家规定的范围品种来搞,海关有品种范围。

3. 关于商贸税收问题,仍按规定办,按现有规定执行。开闭时间协议,6 月 1 日—9 月 30 日执行,不要违反协议。需要改变时间,要和普兰联检单位协调一下。关于动植物检疫的问题,应在入境处搞检疫才行,收费要合理,双方应是对等的。

4. 关于双边贸易条件改善问题。如土地使用应与地区土管部门联系。

5. 印度提出对尼商比对印商好,同意阿里提出的建议。

6. 关于双边贸易货币的兑换问题。应以物易物为主,也可带 10000 元人民币和相应美元出去搞贸易,相当于 1 万元人民币的货物也可以。

7. 关于双方公路的开通问题,去掉这条,不承担义务。

8. 关于印度国民前来朝圣问题。鉴于阿里旅游刚起步,为了边境的安

---

① 此函系孔繁森抄录到日记本上的。

全,应仍按国家批准的人数去接待,不要增加人数。不是双方会晤能解决的问题,收香客的钱每年 18 万元。

9.10、11 条不谈取消。会谈只限于商贸活动,没有探索讨论国际问题的任务,不提更大的商议问题接触,接触商人就行了。第 11 条关于加强双方联系问题、设固定的联系渠道问题、派信使问题,只有国家派。联系可每年定期会晤,信使由中央定,信使有豁免权。

经贸厅李厅长:从税收上对等,比如印、尼的物品来西藏的不补税,我们在贡给不补税,在其他地区也不能补税,税的问题可以谈,关税对等的问题。

顿珠主席:9 月 28 日普兰来过电报,要求出去。我们 10 月 3 日答复了。阿里和普兰的积极性是高的,阿里提 11 条是关键问题,只是管理权限问题。扩大贸易的范围、品种,不讲,要对等。关于关税整个西藏都不补关税,要求实行对等即可。有本事自己打进去就行,印度不是有市场的边境贸易的联络点,普兰、札达可搞边境贸易,最好单设管理局。商业局也可挂两个牌子,有两三个人专门管边境贸易,搞对外联络,不要提信使,这是我们内部的机构管理。关于联检部门的收费问题,各收各的,反映大,商人受不了收费多,不够本,就不来了。

1993 年 10 月 14 日

给马泽碧厅长、才巴厅长汇报工作。

主要是阿里的灾情。

才巴厅长:改则北部改革的措施我赞成,还要有点地方保护主义,把群众组织起来开矿,开荒治理草场的办法,我完全同意。

处长:原则上每年给 20 万元作为救灾,原来阿里每年 15 万元,现在增加了。现在每年 40—50 万元的投资,固定的救灾款 15—20 万元。王智(阿里地区民政局副局长)要求贷款 250 万元,利息由民政厅补贴,不知贷款的扶贫项目定了没有。阿里只有两个县有救灾通信装备,自治区民政厅,除各县自筹 1 万元外,自治区补 1.5 万元。阿里通讯设备抓紧报一下。

李建海处长:阿里的灾害重,反映得及时。汇报的救灾款使用情况,100 万元已差不多用完了,主要解决灾民的基本生活问题。遭灾重的 18 个乡,请地县要高度重视。

马泽碧①厅长:阿里条件差,介绍的情况及时真实。民政厅掌握的救灾

① 马泽碧,女,回族,1945 年 12 月生,西藏自治区拉萨人,1960 年 9 月参加工作,1973 年 9 月入党。1992 年 12 月至 1995 年 7 月任西藏自治区民政厅党组副书记、副厅长(正厅级)。

款 600 万元,已经开支出近 500 万,还有 100 多万元。日喀则、昌都的灾情也比较重,到明年 3 月份还有 5 个月的时间,除人命关天的事钱可动,现在不可动。阿里地区灾情怎么办?书记来的目的我们明白。700 万你们拿 200 万元,其余的找一下杨松主席和财政厅平厅长。我们厅一定给予关照,至于给多少,我们研究后给予答复。3 个未改乡的问题比较重要,要彻底解决,应给政府汇报,我们也应给予帮助。明年我们派工作组下去帮助了解,解决一下困难,我们经常去的是日喀则和山南地区。

1993 年 10 月 16 日

上午,电力工业厅研究措勤光电站的问题。

参加人员:杨厅长、余、梁铭工程师、王斯成高工、洛桑主任、措勤副县长。

总投资 292 万元,合同造价,地方管理费不包,其中土建部分 54.7 万元,有 7 万元的设计费,3 万元的管理费。土建部分经费超啦。建筑面积实际 197.9 平方米,超出 2 万多元,设计面积 180.84 平方米。增加底圈梁,开始定的造价低,按广汉三建公司的合同超 20 万元。按合同超 6.23 万元,电力工业厅认账了,还有 2 万多元的。超 10 多平方米面积,共 8 万多元。

余工:这个工程北京招标的,工程款 320.73 万元,结果只批 292 万元,缺口 28.73 万元,甲方管理费没有了,乙方的培训费都没了,北京还要来人验收,费用没有。不可预见费。当时定的太阳能暖房,设计人员算错了进口外汇额度问题,平价外汇 5.76 元人民币兑 1 美元。高价 9 万多元。逆变器报价 4.9 万美元,加运费各件需 5.5 万美元,阿里解决。

县长:土建部分,一是太阳能费,二是职工宿舍,三是机器费,几项加起来 20 多万元,现在只有 11 万元多。土建给 52 万元,还需要 21 万元。柴油机组房 3.3 万元,输电线路 8.72 万元,水磲基座 7.9 万元,厕所 1 万元,水井 1 万元,围墙 3.36 万元,共计 25.31 万元,现在余 11.76 万元。县土建花 40.24 万元。

余工:有文件再补 6.23 万元,加 11.76 万元,共 17.99 万元,这样还差 7.32 万元。

杨厅长:措勤光电站核算缺 28 万元,应该自治区计委给,加外汇差缺 47 万元,阿里和电工业厅报计委。土建缺 8.6 万元。外汇差 16.7 万元。阿里行署和电工业厅报告先给计委,一是 28 万元的配套资金。二是 5.5 万元的外汇平价额度。

王主任:措勤和改则机务人员培训的问题,每县出两个人参加学习,在北京一个月时间,明年3月份(94年),革吉、改则参与培训每人5000元,每县2人。

狮泉河电站建设需1.5亿元左右,初改后要有人到北京盯着。毛主席66年1月8日对阿里电站有指示。

国家投资公司王文泽总经理。

1993年10月20日

阿里办事处开碰头会,研究所跑项目落实情况。

洛桑主任(计委):已落实1054万元。其中,措勤光电站292万元。札达县水电站科研款、设计经费13万元。科迦电站98万元的投资,其中自治区计委已安排49万元,已转到阿里区水利局,20万元已转回阿里。4. 以工代赈三项目340万元,其中普兰水渠49万元,批文已下;狮泉河治沙200万已下达;札达县南水北调100万元已下文。购车补助115万元。加差补助150万元已下文。切块投资70万元,批文已拿在手。拉巴主席允诺的467万元的钱,一是计委应承担140万元。二是札达电站和水电设计院92年签订的合同,签订合同之日起甲方付给乙方40万元,乙方93年元月上报6方面的成果,双方都没执行合同。札布让点94年4月30日拿出来。土林点需要修改,已付给他22万元,当时定的52万元,需札达县来人。土林至札布让20公里。三是措勤电站292万元,投资缺口107万元。外汇缺口额5.5万美元;土建;管理费、培训费。

阿穷书记(财政局):1. 拉巴主席答应的152万元,基本解决。其中30万元的地委行署办公条件改善经费,明年给改则招待所扩建经费15万元。2. 运价提高部分,91、92年部分不给了,92年给126万元,是给的90年的。运价差给多少再研究。3. 焦炭补助可以补一些。4. 教育经费缺口300万元,要详细的材料。5. 县级财政建设。札达县投30万元搞综合开发实业公司,孙强说不给。日土的盐粉加工厂。水泥厂投资公司不给钱。孙强自己说报告不行,可行性报告太简单,孙强手中有150万元。

洛桑旦巴主任(办事处):1. 山羊绒基地,民宗委给办。2. 民宗委支付车费10万元。3. 石油1000吨从安多运,每吨公里1.1元,从安多运一吨2000元左右,每公斤2元钱,我们的运价每公斤2.6元。4. 800吨的油款,先付96万元或先付一半。调拨价没定,安多要驻一个人发货,从石油公司派个人去安多。5. 教委的100多万元,要有人跑。

1993 年 10 月 21 日

向江村罗布主席汇报工作。

一、关于朗久电站的问题。1. 顿加和姜工 6 月 6 日对朗久进行了全面的考察。5—6 口井,可以发电 1000 千瓦,需资金 593 万元。第一部分 268 万元,第二部分 79 万元,第三部分 5 万元,第四部分 241 万元,以上共需 593 万元。

二、阿里地区新增财政支出。

※   ※

财政厅坚参厅长:1. 五项政策引起的增值。一是整体提高 10%。二是海拔类区标准提高。三是边境县待遇提高。四是海拔高度调整。五是爱国人士补助提高。2. 解决部分县的个别困难,全区 1300 万元。阿里的油价准备解决,要和石油公司算算账。自治区准备石油、化肥、农机、粮食都下放各地区。革吉开发公司给 40 万元已落实,当时说的资金是有偿的。自治区给改则县 60 万元,准备搞贸易市场、矿业开发。以上共 155 万元,地县配套 95 万元。自治区投普兰边贸市场 10 万元。今年给措勤招待所的扩建费 20 万元,明年的项目早点报上来。县级财政投 2000 万元,水泥厂生产 6 万吨以下的都亏损,阿里要做好前期工作才行。

※   ※

李处长,孙强。

一、今年新出台的五项政策。

1. 边境县提高待遇,每人 20 元,四个县。2. 高海拔地区,三类地区待遇由 20 元提为 40 元。四类现在 28 元提高到 60 元。3. 调整海拔待遇,阿里都是高海拔地区,每人 70 元。4. 爱国人士待遇提高,平均 45 元钱。5. 离退休人员提高 10%,都是今年出台的,100% 的给阿里地区。

二、关于教育上 300 万元的问题。

一是界限,年限的界限。二是影响因素,什么因素增加开支了。

三、关于油价问题。

这个要具体算账,及时补行政事业单位。个别县日子过不去的,再补一下,完全靠财政也不行。

四、关于物价问题。

五、基本运价问题。

企财处张实生处长,石油……

※   ※

给洛桑旦达通气的几个问题。

1. 项目跑的情况。2. 朗久电站问题。3. 石油的问题。

※　　　　※

教委彭主任:阿里小学普及义务教育4年,原来定的"县县有中学、乡乡有小学",提法改了,基本实现。西藏59年前入学率3%,现在达到29%。阿里59年入学率不到1%。

杨主任:阿里入学率达30%—40%,到2000年我们就高兴了。阿里办学适合集中为主,不要县县、乡乡开花,明年采取小步上的办法。教育的扩建配套和管理提高质量问题,明年给门士小学的配套,68.1万元怎么办?92年的这个经费,我们教委和阿里共同争取。阿里91年学生2800名,92年3500多名,93年4000名。68.1万元我认账,行署先拿出来。明年基建最好还是小步。学校不要分公办、民办小学,叫村办小学。分级管、分级办学的问题,叫分级办学、分工管理。拉巴主席讲的,明年107万元全部解决,今年已解决一部分,香孜10万元和察布已解决。93年的问题。

杨主任负责成人教育,多吉负责教研所,张主任负责普教、职称、拉萨中学,彭主任负责财计。

1993 年 10 月 26 日

上午,自治区人民政府听取阿里工作组的汇报会。

拉巴平措副主席汇报:参加赴阿里工作组的共22位同志。阿里面临的几个压力:市场经济的压力;人才匮乏的压力;旱灾雪灾的压力;财政困难的压力。

自治区政府领导谈意见。

农委:玉扎乡三个县级畜牧站已解决,榨油厂需再考虑一下,草场建设问题也需要研究。

卫生厅:各县离阿里地区距离370公里,县到乡120公里。

电力工业厅:能源狮泉河的前期费用160万元已落实,光电站已下文,自治区的配套还没落实。日土电站、朗久电站问题,已派顿珠坚参为首的工作组去了。

财政厅:财政拿出800多万元。

经贸厅:关于下放口岸管理权问题,请示一下再说。

民政厅。

地矿局:7月3号,梁副主席和我们已研究,集体和个体下放给阿里,国营的这一块采矿证,区局批,由阿里代发、登记管理。阿里要加强矿产机构管理。

税务局:产品税已留在地区,矿产资源费。

计委:老三届农委落实的。

杨松副主席①:一、90 年开始财政处于困难,既有主观原因又有客观原因,现在帮阿里。阿里的问题关键是干部问题,干部强,形势就好;干部弱,财政就差。……阿里当今第一是干部问题,当前解放力度不够。第二是团结问题,现在已有倾向搞地方主义,现在有倾向,我不是无的放矢。第三是阿里的干部待遇问题。一、阿里综合条件差,和其他地区不能比。二、阿里经济发展要有明显的思路,长远的考量,不能班子换后又出新的思路。三、关于阿里四个优势。畜牧报的 250 万头(只、匹),实际上 300 多万头(只、匹),现在商品率仍提不起来。牧业生产,安排组织人员参观一下,到那曲看看,在牧业的基本建设上做点文章。四、交通问题。国狮公路要保。219 国道从新疆到拉孜,交通部有计划。两条路要注意。安多至狮泉河要打通,主要是架桥。拉孜至普兰路中间有 3 座桥。能源问题,朗久电站下的决心、上的决心都比较难。911 井,最后打的连续喷气。朗久电站建设主要是不符合建设程序,87、88 年每年发电 186 天。五、关于阿里地区特殊政策问题,阴法唐同志提出八条没有落实。

江村罗布副主席:工作组的工作,既有深度也有广度,听取了各方面的意见。60 年我去过,走路去的。84 年我也去啦。总的感觉地委行署全面贯彻了中央十四大会议精神、自治区扩大会议精神,改革的力度加大,特别是新班子上任后发扬老班子的好作风。阿里整个形势是好的,边境是安定的,经济发展是在前进的,阿里的形势是不错的,阿里是屋脊的屋脊,同志们在那里工作是辛苦的。政府应感谢阿里地区的干部、职工长期在那里工作。

几个问题落实。一、4 号文件坚决落实,一个不漏掉,保证客观、不折不扣地落实。国营的,由自治区矿业局审核,阿里行署代发许可证。要对矿产资源加强管理,现在落实。二、1000 吨石油要落实好。三、救灾问题,民政厅说已包干了。四、交通建设问题,已问题不大。五、能源。一是地区的水电站按国家批的立项,坚决搞下去。需要解决的根本问题是狮泉河电站,69 年 12 月毛主席批的,能源以水电为主。朗久电站我信心不足,现在需认真研究执行。原来定的 4000 万元,4000 千瓦电。地矿厅为主,电工厅、计委,请专家再来论证一下。光听西藏专家的也不行,有的水平和我也差不多。

---

① 杨松,男,汉族,1950 年 11 月出生,河北海兴人,1970 年 4 月参加工作,1975 年 4 月加入中国共产党。1993 年 1 月至 1997 年 11 月任西藏自治区政府副主席。

六、普兰口岸问题,工商局抓落实。七、四号文件外的问题。一是工作组已定的 27 个项目,工作组讲的 27 个项目有效。二是计划外项目,各单位定。三是地委行署、公检法办公楼明年列入计划,还有 5 个项目,后边提的能解决的,尽量给他们解决一下。另外,工作组提的建议,地委行署要好好研究解决。口岸管理问题,安秘书长将电报纪要,再转发一下。

几点建议问题。一是关于给宽松的政策,有关部门去考虑,根据党中央的政策再从我们实际出发拿出意见。二是干部问题,待遇问题,由组织部拿出意见。三是干部管理权和待遇都由区组织部拿出意见。

几个问题阿里要注意一下,杨松讲的干部问题、建设问题。经济建设要有个大的规划,要一管多年才行。那曲的牧区开发有总的要求,今后阿里要有总的规划,要有长远认识。扶贫问题要引起高度重视,贫困面扩大,严重困难户增加,地委行署要引起高度重视。

※　　　　※

我国省、自治区、直辖市简称表①

名称	简称	人民政府驻地
北京市	京	北京
天津市	津	天津
河北省	冀	石家庄
山西省	晋	太原
内蒙古自治区	内蒙古	呼和浩特
辽宁省	辽	沈阳
吉林省	吉	长春
黑龙江省	黑	哈尔滨
上海市	沪	上海
江苏省	苏	南京
浙江省	浙	杭州
安徽省	皖	合肥
福建省	闽	福州
江西省	赣	南昌
山东省	鲁	济南
河南省	豫	郑州
湖北省	鄂	武汉

---

① 在日记本尾页,不是孔繁森的字迹。

湖南省	湘	长沙
广东省	粤	广州
广西壮族自治区	桂	南宁
四川省	川或眉	成都
贵州省	贵或黔	贵阳
云南省	云或滇	昆明
西藏自治区	藏	拉萨
陕西省	陕或秦	西安
甘肃省	甘或陇	兰州
青海省	青	西宁
宁夏回族自治区	宁	银川
新疆维吾尔自治区	新	乌鲁木齐
台湾省	台	

※   ※

到阿里有感①　91.8

高寒缺氧沙漫天,戈壁千里少人烟;

盛夏难寻芳草绿,严冬都品哈密甜。

塞上曲　92.4

戎马西涯二十年,几望桑梓明月间;

只为爱乡故离乡,人生何处不青山。

咏红柳　93.6

无垠戈壁绿一丛,历尽沧桑骨殷红;

只缘根生大漠下,敢笑翠柏与青松。

※   ※

1. 市场经济宣传不够,商品观念差,扶贫和民政厅好好研究一下。

2. 稳定局势工作很重要。阿里一出就是大事,地委行署要引起高度重视,阿里刑事案件上升。严打,你们阿里要搞。

3. 案情比较重,一是注意群众的生活,新班子上去不要出大事。

1993 年 10 月 28 日

上午,办事处会议。

参加人:益西、洛桑、阿穷、计委洛桑。

---

① 三首诗写于不同的时间,在同一册日记本的尾页,故放一起。

阿穷:今年报的赤字969万元。

计委洛桑:1.拉巴平措副主席给的140万元,三个项目,公检法100万元;革吉武警宿舍15万元;普兰武警宿舍15万元;普兰县边贸前期10万元。2.普兰大桥投资向计委申请70万元,报告有了,至今没有落实。93年的边境口岸建设资金200万元,已给普兰强拉山口50万元的修路费,还有150万元,争取把桥的钱要回来。3.交通厅对普兰大桥的设计评审、图纸设计和投资问题。4.94年国民发展规划和计划。普兰电站设计2000万元,水利部答应给1000万元,自治区拿不出来,又打报告给国家要。狮泉河电站第一期工程2000万元,94年拿出设计成果。1650万元,自治区拿55%,国家拿45%,规划设点造热180万元,已下文落实了,1650万元全部解决。狮泉河第一期2000万元,普兰1000万元,自治区计委已上报4000万元。太阳能研究所给2万元,池所长给那曲10万元。狮泉河前期工程1650万元,全部落实,规划选点已完成。1650元万已下文,但要督促钱拿到手,自治区的180万元和阿里的100万元规划选择点的钱已全部落实。现在需要督促成科院明春立即上任,到阿里做实地外部工作。5.措勤光电站追加费用117万的款要跑来。6.交通路线的选点和规划。阿里派人搞调查研究,然后以行署的名义给自治区打报告,需要三座桥(安狮公路)。今年先把这个工作搞下来,春节前把考察报告报自治区。7.组织有关人员到那曲参观牧区草场建设。

益西:阿里工作的主要问题。1.干部思想不稳定。2.县区干部的素质太差。原来区上的干部有汉族大学生文书。改则县物玛区有三名大学生文书。区上的干部要配好,基础工作上不去,上边更难办。胡耀邦80年提出县级干部,县里汉族干部最多7名,区里不要汉族干部。3.离退休干部要关心,第一批90人。4.阿里要不要宏观指导和计划经济,市场经济怎样搞,为什么阿里的贫困户越来越多?5.改则县的拉加不错,主要干部调动太多、太快。

※　　　　※

党校办县级干部培训班。

财政局阿穷:差价补助100万元,另外50万元是自治区计委给阿里计委的,这个钱请不要动。94年的财政预算,收养路费没有列进去,和交通部门商量要列入预算支出之列,要拿到计划盘子里边去才行(追300万元)。让阿穷到上海、镇江收回2000万元的资金问题,去不去?北京的60万元,柳州返100万元款。

益西:普兰的市场建设。外贸厅给20万元。

写出三项资金的投资(财政厅),不发达资产;边境地区建设补助;特殊政策。

县级财政建设方面,两县,札达综合实业开发公司,日土县盐粉加工厂,两个报告都写得太简单,通不过。

羊绒加工厂,民宗局给 2000 万元。

水泥厂,地区财政参与,拿部分钱,但要有可行性报告,可给 60—70 万元,孙强说造价报得太高。

1000 吨油,最好石油公司来个办事的人员。

1993 年 11 月 2 日

外贸汇报工作。

索朗平措:

一、93 年工作。

(一)基本情况。1. 制定外贸工作规划,大外贸,大流通。2. 狠抓企业的经济效益,收购、销售。收购山羊绒 120 吨、羊毛 1000 吨,销售已全部签订合同。3. 利润,人均收入可达 400 元,群众对畜产品的收入。各县财政收入,5 个县收购税、所得税,每县可得 350 万元左右。地区再返还给各县大约 250 万元左右,和地方财政签订合同,利润 450 万元,创汇 60 万美元,加去年的 30 万元,共 90 万元。做三批生意,效益比较明显。加强了企业的基础建设,一点、五线、两场建设投资 500 万元,建成阿里的外贸中心,加大企业改革的力度。

(二)建立山羊绒加工厂的问题。项目提出的依据、建厂的规模规划、建厂的概算、流动资金、投资效益。1. 建厂的意义。2. 项目的依据,四大依据。原料 150 吨山羊绒;能源,日土有 1500 千瓦的电力,水量充足;市场,国内需 4 千吨,国内 1 公斤无毛绒 400 元人民币,国际上 1 公斤无毛绒……3. 建厂的规模、生产发展方向,加工能力按 150 吨设计,无毛绒 40%,手感、长度都好,年生产无毛绒 60 吨,50%外销。外销,第一步无毛绒,第二步纺纱。4. 机构设置。厂部下设两个机构,行政机构(财科、后勤);生产机构(洗绒、分绒)。全厂 45 个人,其余全部临时工和合同工。工厂的发展方向,先建分绒厂,逐步建纺纱,随后精成品。5. 建设投资概算。生产设备,主机进两台梳绒机,一台洗绒机,两个锅炉。主机 154 万元,副机投资 87 万元。厂房投资,混泥结构 1400 平方米,需 168 万元。附属建设,600 平方米,66 万元。两辆车子。聘请两个技术人员,月工资 2000 元。锅炉需要请人,5 人年需 5 万元,五项投资 492 万元。6. 资金来源。三方面:上边援助;企业贷款;企业自筹。流动资金,每年需 500 万元,我们已贷款 1500 万元。洗绒的工艺流程。分绒轮的工艺流程,每吨可达 40 万元,胶南出的机器。7. 投资效益预测。年产 150 吨原绒,60 吨无毛绒,每吨 40 万元,共得 2400 万元。原绒收购,每公斤按 90 元收购,成本 1600 万元,可能得 700 万—800 万元的利润。如纺成纱,还可得 30% 的利润,搞好当年收回投资,最多两年收回投资。

二、94 年主要工作。

1. 抓住机遇,用好用活现有政策,特别是利用一顶帽子大家戴,用好政策。

2. 建立全方位的对外开放的新格局,做好什布奇口岸的开放。

3. 做好组建集团的工作,人、财、物集中统一对外,给地委行署当好参谋。

4. 召开全地区经贸工作会议。

5. 阿里地区牧产品基地建设问题。坚持宏观调控,微观指导,抓住国营渠道,采取优质优价的办法,公平竞争。外来者收草场建设税。今年收购的山羊绒每公斤 75—85 元是历年来最高的收购价格。羊毛新疆每公斤 11 元,从我们群众中收购才 8 元钱,或 7.5 元。

6. 94 年开始外贸转产工作,从生买生卖到转产加工,把资源优势变化为经济优势。

7. 坚持一业为主多种经营的办法,内外贸结合,三年收回投资。

8. 坚持打好基础。

9. 内部的改革,推广全员劳动合同制,所有干部实行责任制,内部实行分部承包的办法。

10. 地委行署财政抓紧拿出承包方案,搞好行业承包比较好。

听取外贸汇报后的想法:

一、外贸工作,93 年在 92 年的基础上可以说又开创了新的局面,阿里的四大优势,外贸可以说走在了最前面。收购销售走向了正规渠道,效益比较好,让利给群众。依靠地、县、乡的领导,充分调动一切积极性,跟上了全国改革开放的步伐。对 94 年的工作有计划、有打算。

二、明年的工作,明确奋斗目标,抓重点。一要抓紧抓好 93 年底前的外贸工作。二是明年重点抓好一点、五线、两场工作,重点抓好两场建设。三是抓好内部改革,调动一切积极因素,挖掘人才的现有潜能,分配拉开档次。四是为明年的外贸工作会议做好充分准备。五要内部搞好分工,不拘一格选人才。

三、认清当前形势,利用有利条件组织起来走社会化、集团化道路,走跨国公司的道路。当前有利形势:党的政策,改革开放的大好形势;自治区给我们的优惠政策;地委行署的放手大胆指导;有前任班子打下的良好基础,班子精干,思想解放,懂经营,会管理。

1993 年 11 月 3 日

参加联席会议,听取在家同志们的工作汇报。

洛桑旦达:孔书记在拉萨跑项目跑三个月了,今天把家里情况给孔书记和政协的两位同志汇报、通报一下。

达瓦次仁副书记:

(一)一是关于传达自治区党委政府工作会议精神问题,今年九月份召开的。二是关于贯彻 93 年 6 号文件,贯彻自治区财税工作会议精神。三是关于贯彻自治区纪律会议精神。10 月 12—15 日召开各县领导会议,82 人参加,大会扩大到区级以上干部会议,洛桑旦达专员代表地委行署讲了意见。

(二)关于经济情况。93 年经济形成三个报告;朗久电站有个财务清理报告;关于日土财政严重赤字的问题。

(三)稳定局势形势和社会治安问题。上半年社会治安案件(元月至九月)43 件,查处 43 件,其中打架斗殴 41 件,赌博 6 件 43 人,一晚上最多输 17 万元。刑事案件 29 件,其中盗窃案件 23 件,重特大盗窃 4 件,其中已破 3 件。交通事故 3 件,死亡 23 人。政治案件 9 件,14 张反动标语,未破。丢失手枪两支,未破。检察院起诉 13 件 17 人的案子,其中起诉 12 件 14 人,占 91%。控诉一件,涉及 3 人,占 100%。受理审诉控告 15 人,已送有关部门 15 件 15 人。法院受理 6 件 6 人,查处 3 件 3 人,占 100%。已送有关部门 3 件 3 人,找回经济损失 55 万元。清理请调政法系统不合格人员 6 人,正常调 2 人,待查的 2 人。司法处公证经济金额 1249.5293 万元,35 件,调解 200 人次。

(四)二级班子的收尾工作、三级班子的配备工作。换届选举已全部结束,除文英陶外,全部当选。各县县委常委全部配齐。成立党组,农牧、财政、经委、经贸、公安、教育党组。三级班子配备问题,一是充实加强区级和计、财、农牧、办公室、教育以及党委部门的组织部、办公室。工青妇组织,有的县够条件的都分设了。三级班子革吉县找不够人,计、财、农牧、党办都找不到人。区领导班子配备,小区配 3 人,大区配 4 人。从县调区的 14 人,区干部调县机关 8 人。二是地直班子配完的,公安、农牧、行办、司法、教育。公安到县的有 4 人,法院下去 3 人,检察院有 2 人。三是各县的工会,7 县已全部成立。妇联 3 县已配好,普兰、日土、噶尔县,其余 4 县没有人。四是纪检监察合署办公问题。

(五)机构人员进行了进一步安排。电视广播归文化局管理,已做交接工作。

(六)聘任高、中级职称问题,共 49 人,中级 10 人。

(七)各县人大主任必须由县委书记、副书记兼任,不兼任的要让人大主任进常委,各县常委都是七名。领导未配齐的,4 个法院,札达、日土、改则、革吉。2 个检察院,札达、措勤。

(八)关于精神文明建设问题。关于五室一厅,禁止中小学生进去的问题。配合公安、工商查处黄色录像的问题,收缴了一部分。文化市场管理委员会成立,桑珠书记、任世伦副专员参加。纪念毛主席 100 周年诞辰纪念日的问题。组织三个座谈会和一个纪念大会、一场文艺活动。

(九)接待了三个工作组。藏语文指导委员会,明年要召开藏语文工作会议,要求各县成立藏语文翻译室。卫生厅工作组。检察院的工作组。

(十)有待解决的问题。要建立政法委员会、综合治理委员会,各县的政法委员会和综合治理委员会。编制委员会由洛桑旦达专员兼任,副主任未定。地委工作制度学习兼政治制度学习未出台。关于党建工作等各县班子的思想和作风、组织建设。干部的请销假制度比较乱,日土县请假报销一年达 63 万元。干部调动也比较乱。93 年灾情严重。提前做准备没有钱,农委没有给。札达种子比较缺。成畜死亡率 1.5%。惩治腐败问题,已进入第二阶段。自检自纠和民主评议党员。第三阶段制定制度整改。

桑珠副书记:关于二级班子调整问题。改则的拉加提出,革吉白玛次旺、草原站的索朗罗布是他亲戚,不好工作,最后定的不变。

次仁副专员汇报行署的情况:1. 基本建设大小 12 个,年初安排 2000 万元,现已达 3000 多万元,除四个项目外,都已验收。差的,农牧宿舍楼扣了 10%的保修金。四川宜宾工程队取消啦。马阳小电站已做了低水平的验收,明年正式验收。地行楼、人行楼、派出所、人行的水塔,未验收。问题大的是中波站、农牧楼。92 年遗留的札达丁字坝,德阳建筑队搞的 170 万元,冲垮了 600 米,起码挣钱 60 多万元。德汝电站的问题已验收,17 人,自治区计委领导任组长,拉巴副组长。2. 普兰口岸的市建规划,可行性报告。94 年札达公路的维修报告。札达什布奇市场建设问题。印度要求开放甲尼玛,位于普兰和札达之间。

扎西副专员:一是农牧业生产。农业,札达减产,日土种子也未解决,普兰减产 10%,其余基本是丰收。全地区减产 171 万斤,年底的总产 951 万斤。牧业生产,总增数和出栏率,出栏定的 25%。措勤出栏率可达 24.23%,全地区出栏 65.540 万头(只、匹),比去年多出栏 23.7 头(只、匹)。预计年底存栏 26.7 万头(只、匹),比去年少 8 万头(只、匹)。有 100 头(只、匹)膘情特别差。二是抗灾情况。农牧原来有 14 万元的抗灾经费,自治区又给 10 万元,给民政报 365 万元。三是卫生。自治区定从 8 月 1 日开始,明年实行第一套自治区的办法,二是制定我们的办法、年限。三是朗久电站的财务清理。发电的问题,一是自然地热 600 万元由自治区拿,二是我们自己搞一个项目,经费 330 万元,朗久有 62 人,现在有 30 多人。

政协布登副主席:反腐败斗争的学习,原政协党组 4 人,只有 2 人。现在主要放在学习提高认识上,周二、四、六保证学习之日的学习。担心反腐败斗争一次解决不了问题。困难主要是没有藏文的材料。

平措副主席:要加强稳定局势和反分裂斗争,特别是加强对境外的侵蚀斗争。

洛桑旦达:(一)今年的灾情贫困面加大,农业牲畜有减产。(二)二级班子较快地适应了新的工作,班子的年龄、知识结构配的比较成功,团结奋进。(三)财政这块,一是遗留问题多,过去以工代赈的项目欠款 300 多万元,日土缺 100 多万元,财政欠款 200 多万元,加起来共 800 多万元。中央每出台一项政策,对阿里冲击大。油料问题,一是涨价,二是运费加大。基建缺口 500 万元。实事求是的说,7 个县缺 200 多万元。地直机关缺 400 多万元。财政缺口至少 1000 多万元。(四)企业情况。多数企业不理想,管理差,加上市场冲击。好的有外贸、矿产、旅游。物资去年欠 130 多万元。财政收入预算 600 万元,年终可以和 92 年持平。(五)问题。分工问题。地委行署的反腐斗争,第二阶段自查自纠,拿出地级自查自纠的措施和办法,整改后主要建立制度。已起草行署生活制度、工作制度。(六)行署的工作。一是明年计划和安排。二是……三是行署 93 年工作总结,94 年的工作重点。四是企业改革,94 年初签订正式的第三轮承包合同。五是各县的人大换届已差不多了,各县的改革开放拿出计划,行署审查。正式和县签订任期目标责任制。六是能源建设要有新的突破,是 94 年的工作重点,是本届行署的重点突破口。大、中、小电站结合搞起来,成立强有力的能源建设班子。(七)几个具体工作。一是行政部门、县级干部请假制度,自治区政府有规定,我们再出台一个。二是抗灾有个领导小组,成立扶贫领导小组,进行可行性研究。三是公费医疗问题,这一块 200 多万元。四是住房制度改革,成立领导小组。阿里地区经济开发总的方案,不光是本届任期的目标责任制,而且今后工作中有法遵循。过去老班子的八五规划和思路。

听汇报后几点看法：

一、大家在这段时间非常的辛苦，做了大量的工作，取得了可喜的成果。工作量大，头绪多，会议多，新手多。

二、突出重点，抓住了主要矛盾，各项工作有了新的起色，为明年的工作制定了新的计划和方案。

三、新班子有新的作风，班子团结顾全大局，有创造性的工作方法和思维方法。

※　　　　　　※

反腐斗争领导小组会议。

内容：总结第一阶段的工作，研究布置第二阶段的工作。

嘎玛书记：一、安排学习，周二、四、六下午学习。二、保证了学习的内容。学习中，大家也联系了一些实际，重点是县处级以上领导干部，一般党员干部主要是学习提高认识。经计委领导下去的多，参加学习讨论少，下一步廉洁自律，自查自纠，还要对照文件，边学边对照自己。三、下一步工作。时间安排，是地委行署领导先走一步，还是地县一块开展。内容上是中央五条中纪委实施意见和阿里地区的十不准。县处级自查自纠是否再提一些要求，提前做个准备。自查自纠从轻，检举揭发从严，要明确一些界限。廉洁自律的情况要公布。地委行署的领导第二阶段是否分开搞，县级单位是不是以支部为单位搞，或是以单位为单位搞。

洛桑旦达：一是学习时间花的多一些，主要是学习提高认识，增加反腐斗争的能力。根据中央6号文件的精神……二是对前段做个小结，对第二阶段做个布置，宣传报道跟不上去。个别单位重视程度差，忙于事务。三是时间从8号开始（下周）到本月底结束。四是内容上，中央有个五条，还有中纪委的具体实施意见，阿里十条。五是县以上干部的自查自纠和民主评议党员结合起来比较好。六是步骤上来讲，地专级和县处级，地专级党员干部先走一步，突出重点，原来是周二、四、六下午学习。自查自纠，集中3、4天的时间。党员干部认真思考自己，反思自己，每名同志都要有一个书面的材料，这对今后加强领导作风、班子建设有好处。县处级原则上以支部为单位好，县处级干部休假或出差的要补课。县处级以下党员干部以学习为主，有问题的要认真查处。每个县级单位要有一个书面的东西。第二阶段，要给县处级以上党员领导干部提点希望，每名党员干部都要触及思想深处，增加反腐斗争的免疫力。提问题要实事求是，要有依据，最终有问题解决问题，没问题提高认识。第三阶段是整顿制定廉政措施，最后要达到建纲建制。第二阶段地委、行署在一块搞为好，第三阶段分开比较好。

桑珠副书记：日土有点问题，改则搞得不错，门士煤矿有名临时工贪污了 8000 多元，1—7 月共 8000 元。

下一步意见：

一是对前段工作总结一下，第二阶段动员一下。

二是学习时间的安排，周二、四、六下午学习的文件，中央的 6 号文件、中纪委的实施措施、阿里地区的十条等有关内容。

三是自查自纠的时间安排和重点。地专级党员干部先行一步，8 日开始，16 日结束。县处级从 16 日开始到月底。

四是民主评议党员和自查自纠结合起来。

五是地委、行署是否结合起来搞。动员会 6 日下午开始，范围包括区以上领导干部和支部书记。各单位的工会小吃部 15 个，都是公家出钱办的。

※　　　　　※

继续参加自治区工作会议讨论。

龚达希副主席：上半年的经济工作比计划差得很远，人大会上的计划，我们现在到底实现了多少没讲透。我认为，存在问题不少，可能造成丰产不能丰收。农业的中间地带上下都灌不上水，有的可能连种子都收不上来。从 8 月 1 日开始，层层过不完的望果节①。子畜今年没有去年多，我走了十八个县，幼畜成活率达不到 80%，有的县只达 45%，报告的数字这么高，从哪里来的？有的企业发工资供寺庙钱。有些干部深入实际少，调查研究少，了解真实情况少，解决实际问题少。

1993 年 11 月 4 日

上午，联席会议。

内容，革吉县副县长扎西汇报工作。

（一）社会治安。一是盐湖的社会治安不好，主要是康巴流浪汉以做生意为名，结合社会上的不安分子闹事。二是草场纠纷，仲巴县仁多乡和改则县的两乡有纠纷，乡与乡之间有矛盾。第三个不安定因素，群众生活由于灾情严重，也造成了不安定。

（二）牲畜。存栏 68.3 万头（只、匹），农牧民 1.3 万人，6 月份统计，子畜成活比去年同期少 2 万头（只、匹）。92 年底 53 万头（只、匹）。农产品产

---

①　望果节，是藏族农民欢庆丰收的节日，流行于西藏自治区的拉萨、日喀则、山南等地。时间在每年藏历七、八月间，具体日期随各地农事季节的变化而变化，一般在青稞黄熟以后、开镰收割的前两三天举行。

量减少 48.96 万斤,粮食减少 2.29 万斤,全县 500 亩地减产 47.2%,预计造成经济损失 98 万元。6 月到 9 月底,饿死 6289 头(只、匹)。6 月—9 月底,盐湖、雄巴区牲畜中毒死亡 5329 头(只、匹),每年都死亡,逐年下降,总损失 147.36 万元。预计今年出栏率达不到 20%。

（三）困难户逐年增加。92 年 161 户 808 人,93 年 236 户 1263 人,其中特困户 143 户 696 人。五保户由去年 40 人增加到 48 人,贫困户占全县 11.1%。

（四）革吉财政情况。应补助 193 万元,10 月本县收入 50 万元,上年结余能动用的 20 万元,补助 7 万元,共 280 万元,支出 225 万元。行政年底预计支出 329.9 万元,其中行政缺少 49 万元。教育包干 24 万元,体外补助 2.7 万元,共 26.7 万元,今年要超支 7 万元。

（五）企业。主要是贸易公司,头一年亏,92 年盈利,93 年盈利,经营状况比较差。开发公司经营状况比较好。

今后的工作:

1. 要求救济粮 13 万斤。县里安排 6 万元。现在库存有 140 万斤(日喀则的 40 万斤,只调 20 万斤)。上半年的 40 万斤,加起来共 60 万斤。买不起口粮的 586 人,给群众供应粮 216 斤(口粮标准)。

2. 农业生产的恢复。恢复农业生产,解决农业生产的工具问题,解决 4 万元的农业生产工具。继续打 10 口井,普通井,每口井需 2.5 万元,共 25 万元。

3. 发展阶段。雄巴区嘎嘎管区的草场建设,土种选育的建设。易农地区的农业生产,消灭草害(毒草)和损害。

4. 财政建设。一是牧业畜产品的优势。新疆军区在革吉开矿,每吨矿交 31.5 元,签订的合同 4000 吨。还有 1500 吨没运走,92 年和南疆签订了 700 吨,93 年 5 月 1 日又签了个 4000 吨。修路的问题,两条路。建立县车队问题。光电站的扩容问题,现在 10 千瓦,扩到 30 千瓦。建立狮泉河电站,给革吉县送电合适。市话建设问题,50 部电话,每部安装费 3500 元,加每部电话 400 元,投资需 20 多万元。土建部分,阿里地区已拿 129 万元。教育问题。县机关的干部职工住房太差。县医院条件太差,要建 1050 平方米。危房 60%,县中队、县公安局危房多。县没有招待所,120 平方米。县址选的不好,风大无水。职工住房 2000 平方米左右,需要解决。车辆需更新,我们车辆是 62 型,8 万公里。

1993 年 11 月 6 日

上午,研究公费医疗问题。

全地区 6000 名干部,人均 500 元,原来每人 65 元的公费医疗。

研究的问题:1. 时间。2. 每人 500 元怎么样,财政的承受能力。3. 管理办法,大系统管,卫生局统管。

6000 名干部职工,其中干部 3000 名左右,企业干部职工有……现在的干部职工 4782 人。

※   ※

1. 昨天晚上听取了灾情补助汇报。

2. 焦炭补助给一部分。札达县购车报三家,这次财政厅给 14 万元。

1993 年 11 月 9 日

给地委、行署并有关部门领导通报拉萨之行的有关情况。

时间:7 月 24 日至 10 月 31 日。

一、这次到拉萨共三个月的时间。一是参加了两个会,自治区扩大会议、自治区纪检会议;二是检查身体治病;三是到各厅、局联系有关阿里的项目。

前往自治区党委、政府、组织部、计委、财政厅、农委、教委、科委、科协、经贸厅、电力工业厅、民政厅、交通厅、卫生厅、法院、司法厅、民族宗教委、自治区人大、水文站、人民银行、建行、西藏军区、邮电管理局、报社、电视广播厅、团委、外办、旅游局、"一江两河"办、经济研究中心、体委、武警总队等单位。

二、有几项工作给大家通报一下。总的讲,自治区党委、政府对阿里的工作都比较支持和关心。一是对新班子的工作给予了充分的肯定,对一年来的工作给予了充分的肯定。二是对阿里干部职工在艰苦条件下积极工作,给予了高度赞扬和表彰。三是对阿里农牧区的灾情和财政上出现的困难以及干部职工的办公条件之差,表示同情并给予一定的支持。在财力十分困难的情况下,帮助阿里地区包括各县区及党、政、军解决了部分困难,目前自治区领导和有关单位领导已解决的项目金额,计委系统 105 万元,财政厅 800 万元,拉巴主席 467 万元,电视广播厅器材部分 324 万元。

三、通报一下 93 年 10 月 26 日自治区人民政府听取赴阿里工作组汇报的情况。拉巴主席对工作进行了全面汇报,各厅局和其他主席讲了意见,江村罗布主席代表自治区政府讲了意见。

　　四、有几个事请大家注意一下。（一）这次给阿里地区解决问题比较多，一是自治区领导、厅局委办领导对我们比较关心。二是我们跑得勤盯得紧，有文字报告。（二）信息不灵，思想不够解放，个别科局干部业务不熟。（三）项目缺乏可行性的论证和文字报告。

　　五、有几个具体事。

　　（一）能源建设问题。具体说三个水电站和措勤光电站的扩建问题，朗久电站的地面处理问题。

　　（二）交通问题。一是国狮公路的平常维修报告，22道班，尚旦至措勤。二是安狮公路的基建报告，洞措至狮泉河阿里报告，班戈到洞措交通厅报告。三是狮泉河到县乡公路建设问题。四是国道219第二步要求延伸到狮泉河，第三步延伸到拉孜。

　　（三）农牧业建设问题。一是抗震救灾，救灾款还没到手，要有人盯。二是草场建设问题。三是建设太阳能保温井的问题。四是建立抗灾饲料基地的问题。

　　（四）矿业开发问题。一是加强矿管机构建设。二是写出资源费的征收报告。从明年开始西藏不收，内地要收。税的分成比例，每吨多少钱？三是杨松主席问扎仓茶卡开发的问题和硼矿开发有没有可行性报告，需要不需要资金（有偿的）。

　　（五）经贸。普兰和札达成立边贸局，不设局长，这样建起后和印方联络方便，阿里报上去后自治区报经贸部。关于下放口岸管理权的问题。口岸成立边贸货币兑换问题，最好建立民间货币兑换所，手续费拿30%，多少你们先定一下，云南就是这种办法。什布奇口岸开放的问题。政府同意明年开放，要先建边检站。

　　（六）教育。拉巴主席讲的107万元全部兑现，今年兑现一部分，从援藏资金中先拿出来。阿里小学普及教育方略，原来定的"县县有中学，乡乡有小学"，提法不当，应改为基本实现。阿里59年入学率不到10%，2000年阿里入学率达30%—40%，教委就高兴了。阿里办学要适当集中，不要县县乡乡开花，采取小步上的办法，阿里教育关键是管理问题，学校不要分公办、民办，叫村办小学。教育缺口300万元的问题。引用外资办学的问题。给援助西藏发展基金会写可行性报告，教育现状、入学率、文盲率，需要哪方面的资助。

　　（七）卫生。

　　（八）民政厅。

　　（九）政法。

※ ※

下午,研究第二个议题,关于廉政建设第二阶段自查自纠问题。

11 月 12 日开始地委、行署自查自纠,安排两天时间。

第三个议题,地专级干部分房子。

1993 年 11 月 12 日

下午,参加反腐败斗争工作第二阶段自查自纠会议。

反腐败斗争自查自纠阶段是反腐斗争工作进入实质阶段,同时也是自我教育、自我反省、自我回顾的阶段,也是检验学习效果的阶段,同时也是衡量一个党员干部觉悟高低的阶段,也是判定一个领导干部在关键时刻是真革命、假革命的阶段。领导干部在自查自纠中,一要自觉和党中央保持一致;二要实事求是,不弄虚作假,敢于革自己的命,不掩盖问题,不推脱责任,不避重就轻,敷衍塞责;三要领导干部起模范带头作用,在自查自纠中要主动,不要被动。四要从思想深处欢迎群众和干部的揭发批评。五要注意保密工作。

自我检查汇报。

对中央提出的反腐败斗争工作,本人坚决拥护,坚决支持,除把自身问题解决好以外,同时要领导好全地区的反腐败斗争工作。

一、从我党执政以来的革命和建设历史的经验教训,看到了反腐败斗争的重要性(公生明,廉生威)。

二、从我党执政的地位上看到了反腐败斗争的必要性。

三、从全世界各国的革命发展、经济建设中看到了反腐败斗争的紧迫性。从东欧剧变、苏联解体以及美国为首的西方资本主义国家对我国的野心蚕食和侵略看到了反腐败斗争的紧迫性。

四、从改革开放的形势、经济发展的重大决策看出了惩治腐败的必要性。改革开放也是新旧体制转换的时机,这就不可避免的在政策上有不完善的地方,特别是计划经济时期,有不少物资存在计划内、计划外,物资、项目、资金也就给不法分子、拜金主义者钻了空子。改革开放难免带来一些西方国家腐烂变质的东西、不健康的东西。

五、从历代王朝的变迁和毁灭看惩治腐败的重要性,从唐宋元明清的兴衰到蒋家王朝的灭亡。从某种意义上讲,权力和腐败是联系在一起的。

六、从个人的成长来看,在改造客观世界的同时,首先改造自己的主观世界。对照中央反腐斗争的文件,自治区领导的讲话,地区纪委的十不准,检查自身存在的问题。

　　　　　　　　　　　　※　　　　　※

　　自查自纠中心组发言。

　　洛桑旦达专员：一、自己的成长过程。二、存在的问题。三、1. 坚持四项基本原则，坚持改革开放，坚持两手抓，坚持四要。2. 我的为政宗旨：服务企业，支持基层，为人民办真事。为政原则：从政清廉，治政从严，从政要务实，勤政求效，效力、效果、效益。

　　次仁副专员讲话。

　　政协布登副主席：应加强干部教育，不少干部对宗教迷信信仰，达赖的渗透活动严重，要注意。

　　桑珠副书记：达赖的渗透活动严重，……利用改革新旧体制的交叉时间节点，煽动对政府的不满。

　　扎西副专员讲话。

　　白玛欧珠副专员：要理顺基建关系。基建造成的损失，浪费是相当严重的，要平等竞争。

　　嘎玛书记讲话。

1993 年 11 月 15 日

　　下午，召开联席会议。

　　通过阿里地委领导班子思想建设的几项规定。

　　　　　　　　　　　　※　　　　　※

　　组织部汇报全区工作会议。

　　26 日，拉萨召开……主要是思想建设问题。总的要求，深入贯彻十四大精神，以邓小平南方谈话为指导方针，以经济建设为中心，各单位的一把手是核心，要求一把手公平正派。要廉洁自律，短期内要刹住奢侈风。把领导班子建设当成大事，提高自我约束能力。一是领导班子学习制度，二是党委工作制度，三是党员领导干部的廉政建设制度，四是建立健全各项规章制度。

　　　　　　　　　　　　※　　　　　※

　　胡锦涛同志对培养少数民族干部的意见。

　　一、培养少数民族干部是有战略意义的大事。

　　二、必须造就一批适应……一批少数民族干部。

　　三、利于改革开放的少数民族干部，培养少数民族干部应注意的几个问题，既要注意量，又要注意质。培养中高级干部后备队伍的建设，培养少数民族乡镇基层的少数民族干部。

四、牢固树立"两个离不开"认识的问题。

※　　　※

一、抓地县后备干部的培训。

抓青年干部的交流工作对青年干部有好处,抓干部的聘任制度,抓干部的工资制度的改革,第二步抓机构改革,抓公务员负责任,对基层支部摸底排队。农村党支部要发挥战斗堡垒作用。

二、抓企业党组织的建设。

党政机关的组织建设。今冬明春的干部培训,干部到内地挂职锻炼的问题。抓后备干部的培训工作,地委、行署后备1—2名干部。采取机关包县或乡村的办法抓基层组织建设。自治区要求明年各地召开党建工作会,调研阿里稳定干部队伍、吸引干部队伍的政策。

※　　　※

晚上,召集公检法、武警军分区有关领导会议。

内容关于稳定局势问题。

一、提高对稳定局势重大意义的认识。

江泽民总书记参加亚太地区经济协作会的重大意义。……

公安处旦增书记:已对公安干警传达了电报精神。电报已转发七县。对外来人员进行审查,对从国外来的有疑点的已收容了。

目前反动的物品有传单、书信、磁带等21种……注意的几件事:一是继续贯彻西南五省公安会议精神。……二是阿里地区的稳定,各级领导要引起高度重视。三是加强基层组织建设,充分发挥基层组织的作用。四是加强对狮泉河重点部位的保卫工作。

军分区参谋长:一是对部队进行了战备教育,已达到内紧外松。二是修改了平暴方案,刘运通司令任总指挥,参谋长任边境防暴乱总指挥。三是摩托化部队进行了演练。四是对重点部位进行了检查,责任已到人。

注意问题:注意情报工作;早做准备,早动手,打击要及时有力;加强公安部队联防工作;加强对稳定局势工作的领导。建议互通情报,解决部分防暴器材50个,部队搞个野营拉练。

几点意见:1. 提高对当前稳定局势工作的认识。2. 实行领导分工制。3. 注意抓信息耳目工作。4. 地方部队、武警、公安注意搞好密切配合。5. 对各县有针对性地再次布置和检查一次。6. 对几个案件要采取切实有力的措施,争取早日破案,集中实力,挑选人才,采取承包责任制。

次仁:稳定局势,成立综合治理领导小组;高度重视;给县以上干部开个会;对狮泉河认真清理一下;加强边防工作,严格控制来去人员。

1993 年 11 月 16 日

上午,噶尔县汇报工作。

新老班子 93 年 8 月 23 日正式交接。

1.5 个工作组深入调查。

2. 今冬明春工作进度安排。

3. 粮食产量 1977 年 250 万斤,92 年 143 万斤。

4. 制定了五年的规划,农业总产值增长 8%,粮食 150 万斤。

5.94 年加强农业基础建设的几项措施。抓了机关的组织、纪律,并出台用电、用车制度。

6. 建材公司今年盈利 47 万元,已上交 17 万元,已借的 10 万元已上交。开工资的 307 人。后两月财政收入 17 万元,开支需 55 万元。赤字 40 万元,包括教育全年缺的 17 万元。

(一)公检法的问题。一审交给噶尔县,存在问题不少。有必要成立狮泉河镇,一名副县长筹备狮泉河镇,筹备领导小组。公检法现有 37 人。

(二)塔江村的水灾问题。这个村 37 户,157 人,劳动力 76 人,牲畜 3683 头(只、匹)。91 年粮食产量 5.31 万斤,92 年粮食产量 8.61 万斤,人均占 548.9 斤。从 75 年以来,18 年洪水不断下来,主要是雪水融化下来。93 年即将要收割时冲地 20 亩,几年总冲地 400 多亩。现耕地 375 亩地,其中新开地 170 亩。18 年来冲房 60 多间。

(三)财政。公检法 92 年地委、行署交给噶尔县,经费装备都没解决,原来 17 人,现在 38 人,增加 21 人。法院交前 5 人,交后已到 12 人。检院 4 人,交后已到 12 人,总共增加了公检法系统 35 人。公安 93 年预算 25.1 万元,预算业务费 2 万元,实际支出 39.5 万元,缺 14.9 万元。县只能安排 25.1 万元。没有看守所,赃物也没存的地方。每年刑事案件 20 多件,民事案 50 多件。交通车辆没有,审判厅没有。法院服装需 1.3 万元。

(四)关于门士白土开采的问题。开采 212 立方米,保温材料,整个贮藏量 230 立方米,明年差不多啦。

(五)噶尔县的治沙问题。县城的治沙工程,是否给县,我们县建材公司有能力接受此任务。

(六)朗久乡的欠债问题。乡镇企业,自治区答应给 10 万元。乡长就向银行贷了 10 万元。主要是盖了房子,机器没买,搞羊毛粗加工。银行的贷款已到期,请阿里地区给解决。

(七)请解决一名副县长。

（八）出个政府的布告,一是保护野生动物,二是收购畜产品的规定,主要是收税,草场资源费。

（九）关于地直机关个人养殖牲畜问题,地直部门打柴火和弄羊粪的问题。

副县长:1. 牧区每人平均 40 只羊,农区每人平均 25 只羊,噶尔新乡 8 户一只羊没有,还有喇嘛一户一只羊没有,都想搬到狮泉河镇来生活。2. 县 4 辆车,丰田一辆,北京一辆,丰田放在车库没用,两辆车已跑 14 万、15 万公里。有一辆白丰田已跑 10 多万公里,只有一辆 80 型,跑了 6 万多公里。典角乡,已建 3 年,刚建乡有 8000 多只(头)牲畜,现在只有 3000 多头(只、匹)。过去 3 户,现在 14 户,84 人,列入自治区的扶贫乡。

对噶尔县的几点建议。

一、新班子上任后了解了一些情况,采取了一些新的措施,制定了一些新的规章制度,可以说为开创新局面迈出了第一步。如:深入基层摸清情况;制定了规章制度,加强机关的管理;制定了五年的规划,为增加财政收入制定了一些措施;为了帮助群众适应市场经济,领导分工包乡的办法很好;为加强农牧业基础建设,把农牧业生产当作第一位工作来抓,思路明确。

二、噶尔县提出的困难和当务之急需解决的问题。

1. 关于成立狮泉河镇的问题。2. 公检法的关系理顺问题。3. 财政赤字问题,先解决吃饭问题。4. 塔江村水灾问题。5. 关于白土的开发问题。6. 关于增加一名副县长问题。7. 关于出台县政府的布告问题。8. 朗久乡的欠债问题。9. 县委政府车辆更新问题。10. 关于边境乡扶贫的问题。11. 噶尔县的治沙工程。

三、几点建议。

1. 抓班子的思想解放,观念的更新。

2. 利用有利条件抓创收,畜产品,市场,建材公司。

3. 采取多种措施,提高干部职工的政治和业务素质。加强政治教育和业务素质教育,适应市场经济的发展。对干部职工进行两个离不开的教育。

4. 抓好稳定局势工作。

※　　　※

外贸索朗平措局长:畜产品收购只完成不到 30%。

※　　　※

下午,清理三乱小组给联席办汇报情况。

对 23 个地直各单位进行了抽查。公安、检、法、建、征稽所、计生办、人行、邮电等单位。24 日,召集以上部门开会,24—26 日自查。28 日,分六个组至 11 月 26 日进行全面检查。92 年 1 月 1 日后,清理项目 36 项。

集资,工商、小学、中学三个单位。

1. 工业局,92 年 42 号文件,收汽车交易费 2%,自治区工商局文件。

2. 93 年 08 号文件,市话报约……市话专线费 39 元钱,安电话费每部预计费用 8 元。

3. 交警队,安全带,阿里物价局批的,成本价两点式加安装费 216.4 元。北京式的收两座,丰田收三座 1232.2 元,总收 36442.4 元。

4. 征稽所的收费项目多,办车购费证收 3 元,免养费的证 3 元,免养费的工本费,旧证换新证每本 1 元钱。

5. 自治区邮管局 93 年 09 号文件两项,电话入网费,自己买的收 60 元,邮局买的收 240 元。

6. 建行体检费 250 元。

7. 计生办,超生一胎 3000 元,超生二胎 5000 元。

8. 文化局,古格王朝遗址参观费每人收 100 元。文工团给银行演出收 8000 元。录像带收……

9. 计委,按工程造价的 2% 来收。

10. 公安处着装,自治区增 20%,地区给县又加 20% 的收费,高出原价的 40%。

11. 防疫站,宣传单每张收 5 元。

12. 中学,旁听生每人每月收 20 元,学生学杂费双职工收 200 元,单职工的收 100 元。总实收 11.8 万元,应收 12.8 万元。地区中学 92 年搞校庆,共 9.32 万元。

有问题单位:

1. 文化局共收 4.896 万元,现在只有 1 万元。用于文物建筑保护 1.23 万元。办公设施 1.8 万元,打字机、保险柜。补修车费 9500 元。1200 元发福利。文化市场管理费、电费 3500 元,电表、电费又算了 3500 元,录像机 3000 元,修录像机 1500 元,宣传品 1000 元。

2. 计委审计所 93 年共收 16 万元,已用 8 万元,余 7.276 万元。货架用 3200 元,罗江国出差 3035 元,黄卫清路费 8000 元,次旺卓玛 126.5 元,腾才仓房子 1000 元,修车库 3.4 万元,西瓜 350 元。

3. 海关只有 9800 元的收费,卖给外贸的东西。

4. 邮电电话改制问题,地区财政 129 万元交了。安了 36 部直拨电话,每部收 7000 元,对企业收 8000 元,对学校收 6500 元。初装费重收了,每部电话 2500 元,应退 9 万元,收了一次初装费,不应重收。

5. 民政,工作顺利,两办工作扎实。任务清楚,动员及时,各单位支持公检法、交通工作。

6. 建行已交保险 32 万元,赔了不到 1 万元。

7. 邮电局,我们去了两次。初装费的问题重复收,他们承包队每部多收了 2500 元,自治区局已审出来了,同意退。计财科长说没有这个事。电讯科长……

8. 物价局,汽车安装保险带的问题,已收费 3 万多元。防疫站的体检问题,全区统一的,去年 11 元,今年 17.2 元。卫生许可证开始 25 元一张。邮电局的收费,我们是转发的。

贵桑副专员:1.92 年元月出台的收费文件,清查情况上报。2. 资金的使用上,有不少问题。3. 各单位自立的收费取消,如公安处的着装问题,服装加价 40%。文化局问题。设计所的问题。

白玛欧珠副专员:问题大,一是文化,二是设计所,三是海关,四是学校,五是公安。

扎西副专员:一是检查的上报,二是罚没乱开支不对,三是学校集资的费用怎么办。

达瓦次仁副书记:中央下发的 16、17、18 号文件,92 年元月份下的文件,先停后清理。"三查"要立即公布,该上报的上报,挪用的要立即纠正。9 个文件 36 个项目,要有明确态度,上报。教育集资使用不合理,应该改善办学条件。

桑珠副书记:有些问题要查清楚,邮电问题。

洛桑旦达专员:自治区有关部门没有批准的,先立即停止,有关单位立即进行清理。

谈几点意见:1. 做了大量的工作,碰到了不少钉子,发现不少问题。2. 认真搞好总结,该上报的上报,该立即停止的立即停止。3. 重点单位继续抽查复查并及时给领导汇报。4. 做好善后工作,总结工作。该通报的通报,该表扬的表扬,该批评的批评,并制定约法三章,公布于众。

1993 年 11 月 18 日

关于地委常委工作分工的初步设想。
孔繁森,负责地委全面工作。
塔尔青,负责政协、统战、组织、人事。
洛桑旦达,负责行署全面工作。
达瓦次仁,负责组织人事、人大、党校、宣传。

才旺桑珠,负责政法。

次仁,协助洛桑旦达抓行署全面工作。

安七一,负责办公室、工、青、妇。

嘎玛,负责纪检、机关党委。

丁德福①,负责部队工作。

※　　　※

7月20日,江泽民同志在青海驻军师以上干部会议上讲话。

"从个人来讲,一定要有一个好的道德情操、精神境界,要有廉洁奉公的作风,有爱国家、爱民族、爱社会主义,为缔造社会、国家和人民美好的未来、为造福子孙后代而不懈奋斗的思想。"

"公生明,廉生威"。

※　　　※

地委全委会议。

一是地委分工。

二是组织、人事问题。

三、人事调整。1. 普兰县人大主任顿珠次仁,进县委常委。2. 札达,人大主任扎西旺久进县委常委。3. 噶尔县人大主任多吉顿珠,调走。4. 措勤县人大主任巴珠,进县委常委。

四、革吉县三级干部。

党委:县政府办公室副主任谭明轩,准备调县委办公室任主任,文字可以。闫万里,宣传部副部长,不动。原雄巴区委书记次仁多吉,准备任组织部长。纪检洛桑拟任副书记(正区级),原亚热区副书记,兼监察局局长。

群团:团委,原县文教局副局长巴典次仁,拟任团委副书记。妇联,原来副主任党确,改任主任。工会,政府办副主任木扎,拟任工会副主席,平调。

人大:原来的办公室副主任朗杰旺堆拟任办公室主任。

公检法:徐继文,拟任正区级副检察长,原来副区级检察员。法院,塔给原来公安局副局长,拟任县法院副院长(正区级),34岁。公安局,益西次仁原来公安局副局长,拟任县公安局局长,29岁。扎布拉,县法院审判员拟任县公安局教导员,正区级待遇。

县商业局,昆桑,县商业局长不动。县粮局,南岗,原县粮局副局长拟任

---

① 丁德福,男,甘肃陇西县人,中国共产党党员,中国人民解放军少将军衔,1964年12月入伍,曾任中国人民解放军西藏阿里军分区政委,中国人民解放军甘肃省军区副政委等。

粮食局局长。民政局,丹增才旺,原来邦巴区副区长,拟任民政局副局长。

政府办公室:益西,原来盐湖区委书记,拟任政府办主任,45 岁。杨应富,政府办驾驶员,拟任政府办副主任。苏苑兰,原来是县电台台长,拟任政办副主任。

卫生局:扎罗,原县医院副院长,拟任县卫生局副局长兼院长。

文教局:尼玛,原来是地区小学教师,拟任文教局副局长。

县农牧局:南木,噶尔县农牧局副局长,拟任局长兼兽医站站长。白育红,原来是革吉县土选站副站长,准备任农牧局副局长兼站长。

计财局:才旦,原来县计财统计员,拟任计财局副局长。巴桑,原来是地区政协会计,拟任县计财局副局长。

县编译室:暂时没有人,阿里行办达瓦多吉任县编译室副主任。

区机关:邦巴区,罗珠,原副局长,拟任区委书记。尼阿,原来县民政干事,拟任邦巴副区长,31 岁,预备党员。嘎玛次列,原任县完小总务主任,拟任邦巴副区长。雄巴区,扎西次仁,原雄巴区区公所区长,拟任区委书记,38岁。索多,雄巴区行政区长,拟任副书记、区长。维色罗珠,原来是亚热区文书,拟任雄巴区副区长。盐湖区,索多,原来是农牧干事,拟任委副书记。次仁,原来是县副院长,拟任副区长,中专生。索朗多吉,原任县政府办干事,拟任副区长,39 岁。亚热区班子,嘎玛青绕,原来副区长拟任区副书记,48岁。罗桑,原亚热区副区长拟任正区长。阿旺次仁,原来是县完小校长,拟任副区长。

普兰的黄华书,正区级,调阿里地委党史办工作,职务平级调动。尼玛达瓦,调革吉县文教局长。

※　　　　※

自治区党委组织部来电话,贡保司令员退休拉萨,挂靠自治区政协,需地委报个意见。军分区政治部的意见,同意分区意见,上报自治区组织部。

※　　　　※

卫生局,党组书记洛桑,党组成员、副书记各增一名。扎西班觉为党组副书记,强巴罗布副局长、党组成员,暂缺 2 名党组成员。

旅游公司,工会主席人选才珂,原旅游副经理。

商业局,工会主席人选益西,部队转业干部,正营级,区级。

粮食局,工会主席其美,正区级,札达县粮食局局长。

外贸总公司工会主席贵桑,区级,85 年羊毛案。

经贸局,两名区级干部。其美多吉,拟任财政科长,平级。次仁多吉,拟任购销科副科长,原来是会计,这次新提拔,80 年工作。

工业局,小次仁局长,我们再任命书记,报自治区备案。

建行,要求建立阿里建行党组,林发洪任党组书记,文梅任党组副书记,黄土明任党组成员。

民政局,增加科室,办公室、社会救济科、残联办公室,实有8人,同意组织部意见,建社会救济科和残联办公室。

地办三级干部:桑保,当时拟任党史办副主席。索朗卓玛,拟任保密局副局长,正区级。辜建中,保密局副局长,正区级。机要科,向阳任机要科科长,原来的科员。红卫,机要科副科长。秘书科,杨光辉任秘书科科长,92年的副科长。索朗罗布任秘书科副科长。行政科,凌厚超拟任行政科科长,顿珠,统计员拟任行政科副科长。组织部意见,桑保,准备提工会副主席。索朗罗布,暂不动,提副区级秘书。杨光辉,暂不动。

组织部三级干部的建设问题。老干局,副局长郭建中提局长,正区级。干管科,党宗莲提科长。组织科,顿珠提副科长,科长次仁白珍。干部教育科,罗布提副科长(干事、大学生)。编办,副县级,多吉次仁提副主任,正区级。人事科,小罗桑提科长,现在是副科长,原来想提劳动局局长。部委会五人组成,塔青、达瓦次仁、洛桑、多吉、党宗莲。

财政局:向国平,国资局长,因没成立,房管所长。桑杰多吉,原来是预算科副科长,提科长。拉姆,原措勤财局副局长,任会计科副科长。于民,企财科副科长,原来是干事。王建礼,原行财科副科长,任科长。索朗平措,房管所长,拟任办公室主任。

区级退休15人。1.旺姆,49岁,人民医院主治医生,白内障,67年参加工作。2.江得兰,52岁,61年工作,主管化验室。3.尼玛普珍,48岁,67年工作,原医药公司经理。4.次仁欧珠,44岁,原新华书店经理。5.李方林,运输公司,53岁,61年工作。6.旺堆罗布,55岁,中学一级教师,60年参加工作,全国模范教师。7.格列,53岁,60年工作,小学教育一级教师。8.央宗,50岁,63年工作,中学一级教师。9.才旦卓嘎,45岁,69年工作,原日土组织部长。10.土登扎西,50岁,68年工作,改则县粮食局副局长。11.才旦,47岁,71年工作,革吉民政局副局长,有病。12.次仁多吉,49岁,65年工作,革吉农牧局局长。13.达瓦次仁,48岁,74年工作,原札达县统战部副部长。14.加宝,52岁,61年工作,噶尔县民政局局长,半身不遂。15.次仁顿珠,66年工作,原噶县昆沙区副区长(正区级),45岁,精神不好。

补发"文革"期间延长定级转正的工资问题。83人,需补发6.13548万元,当时给阿里拨105万元,包括这部分经费,看怎么办?财政上拿钱解决。

两名区级干部跨地调动。1.刘永青,阿里地委工会调四川,商调,爱人部队已在四川转业。2. 张进科,计经委统计科副科长。3. 周雪花,自费生,这部分定的五年不能调动,改则县,有病。还有 18 名同志分在各县。4. 要求恢复公职的李松青,改则县,坐了一年监狱,重新定级,按工人安排。杨建民,因贪污团费坐监狱 1.5 年,同意部委会意见。

乡干部招收 11 名,给县解决 5 名,还有 6 名,给日土、革吉各 3 名。今年 35 个名额,加去年的 42 个名额。

给自治区组织部请示,一是社会招收,二是从县落榜生中招收。

※　　※

团结稳定是当前的头等大事。

没有安定团结,局势的稳定,经济建设等各项工作就没有基本的条件和保证。一切都无从谈起,什么也搞不成。

当前影响团结和稳定的因素,一是在改革过程中,市场经济中还有一些困难和问题,受旧体制的约束,计划经济的约束,新旧体制转换机制有些法律制度还不健全,还存在不少漏洞。

二是国营企业特别是大中企业没有跟上市场经济的发展,亏损面占 60%—70%。全国明亏暗亏的企业占三分之二,国营企业入不敷出。资不抵债的相当多,靠贷款发工资、发奖金。全国有 40% 的县发工资保证不了,基本生活保证不了,不能只看到少数地方歌舞升平,应看到一些地方基本吃不饱饭,穷得不得了。

三是少数民族地区发生一些矛盾和冲突,特别是以美国为首的西方国家妄图搞垮以中国为首的社会主义阵营,他们利用人权、西藏问题来做文章,以此来作为搞垮中国的突破口。这也是不安定的因素之一。

四是我们党内的腐败对社会的稳定构成了严重的威胁。腐败现象越来越严重,特别是共产党的高级领导。执法部门利用手中的权力大搞钱权交易、搞不正之风,已严重的影响了党群关系、干群关系,甚至在少数干部群众中对党失去了信心。

当前我们经济上有困难,政治上有不同政见的人,国际上想搞垮社会主义的力量还相当大。社会主义能守住阵营,就是因为有中国。国外反动势力通过各种力量企图颠覆社会主义政权,搞垮社会主义制度的劲头一直没有松下来。美国一有机会就想整我们,加上我们确实有不争气的地方,特别是腐败构成了对社会稳定的威胁。所以,当前一定要把反腐败斗争坚持下去,把团结稳定当作一件大事来抓。……

1993 年 11 月 20 日

关于反腐败斗争问题。

总的指导思想,坚持党中央的指示精神,用邓小平同志关于反对腐败的重要思想统一认识,做到改革开放,发展社会主义市场经济,搞好社会主义物质文明建设坚定不移,保持廉洁,反对腐败,加强精神文明建设坚定不移。这次反腐败的范围和重点主要是党政机关、行政执法部门、司法部门和经营管理部门。反腐倡廉要靠教育,更要靠法制。依法依纪办案,严肃处理违法违纪者,既要有一定声势,又不能大轰大嗡,不搞群众运动,不搞人人过关。

反腐败斗争,当前干部群众中存在五方面的担心。一是反腐败斗争工作会不会影响改革开放和经济建设。二是部分干部群众对反腐败斗争工作信心不足。担心走过场,反腐斗争只搞小的,不抓大的,只打苍蝇、蚊子,不敢动老虎。担心反腐倡廉"左动右不动,我动你不动,下动上不动,越动越被动"。三是在反腐败斗争上有攀比现象。我们这里虽然也有腐败现象,但比其他单位强多啦。我们单位穷,发福利少,奖金少,没多大问题。四是认为腐败现象在上头,在中央,面大、人多、层次高,中央又不发动群众,不好搞。五是害怕打击报复,出了问题没人撑腰。

※ ※

抓住机遇,扩大开放,进一步发展中国和周边国家的贸易合作。

我们对外方针很明确,就是要实行独立自主的外交政策,对周边国家要实行睦邻友好的政策,要稳定周边,创造一个更有利的环境来发展我国的经济。另外,我们应看到当前的国际形势,我们和周边国家没有多大的利害冲突。相反,我们在国际的总格局当中有共同的利益,需要加强合作,在经济上有互补性,需要加强经济贸易合作。

第一,中印签订了保持边境安定的协定。今年 9 月 6 日至 9 日,印度总理拉奥①对中国的访问,中印双方签订四项文件:关于在中印边境实行控制线地区保持和平与安宁的协定;中国广播电影电视部与印度新闻广播部广播电视台合作的协议;中印两国政策环境合作协定和中印两国政府关于在什布奇强拉山口两侧扩大边境贸易议定书。这四个协议的签订,反映了中印之间在政治、外交、安全、文化、贸易以及环境诸方面的全面友好合作关系正在取得进一步发展。四项协议中最重要和最引人注目的是关于在中印边

① 纳拉辛哈·拉奥,即帕穆拉帕提·文卡塔·纳拉辛哈·拉奥(Pamulaparthi Venkata Narasimha Rao)(1921—2004 年),1991—1996 年担任印度总理。拉奥属婆罗门种姓。

境实际控制线地区保持和平与安宁的协定。这个协定从标题到条文内容都明确规定,其目的在于最终协商解决边界问题。双方不使用武力或以武力相威胁,在两国边界问题最终解决之前,双方严格尊重和遵守双方之间的实际控制线。

鉴于中印边界问题的复杂性和双方民族对领土的高度敏感性,协商划定边界一时难以实现。我国早在中印边界发生冲突之前就向印方提出暂时维持边界现状和确保边界安定的建议。当时由于印度错误地估计形势,坚持欲把自己单方面的边界线主张强加于中国,并且还在实地上不断地向我方进行进一步的蚕食,致使我国的积极合理建议未得到实现。现在经历了三十多年的中印双边关系和世界格局的变迁,印方终于明白过来,转了个大弯,这是我国外交来之不易的胜利。

第二,这四个协议的签订,为中印边境争端的解决打下了良好的基础,这也是印度利益所在。但是从拉奥访华前夕印度外长迪内希·辛格和外交秘书迪克西特的公开讲话看,从印度新闻界的言论看,印方仍怀着试图把实行控制线最终变成中印边界线的小算盘。在中印边界东段,意味着非法的"麦克马洪线"变成中印边界,也就是说 1988 年拉·甘地谈判时讲的"寸土不让"的阴影还存在。我国争取折衷的办法,把解决中印边界问题的总原则从早先的"互谅互让"改为"互谅互让互调"。从印度防务专家的言论看,"互调"这个词包含领土交换是小块的,即基本维持现状。

中印边境问题,就我方而言,涉及藏族人民对非法的"麦克马洪线"以南领土,特别是达旺和门隅地区的民族感情。因此,中印边界问题不仅是中印之间的外交问题,还要考虑藏族同胞的民族关系问题,绝不可掉以轻心。

第三,我们党的十四大和邓小平同志南方谈话明确了我们坚持党的基本路线一百年不动摇。既然我们党的基本路线不动摇,改革开放当然不能动摇,作为我们边境地区,当然面临着一个好的发展机遇,这一点不应该有什么怀疑。

第四,我国经济发展的势头是好的。随着改革的深化,经济发展的态势越来越好,会继续按照持续、高速、健康的势头发展。今年经济增长仍保持两位数的增长速度,社会固定资产达 11000 亿元左右(45%增长),银行新增贷款可控制在 4000 亿元(增长 18.5%),现金投放市场 1800 亿元(增长 41.5%)。全年国民生产总值可达 24240 亿元(90 年价),比上年同期增长 12.7%左右。工业总产值增长 22.3%,农业总产值增长 3.2%,进出口总额增长 14.7%(其中进口增长 21.6%,出口增长 8.2%),居民人均生活费用收入和农民人均纯收入分别上升 20.3%和 14.2%。

今年看,我国外贸进出口将由上年的顺差44亿美元转为逆差60亿美元左右,但我国的外汇结存自去年下半年以来已出现较大幅度的下降。

1993年11月22日

下午,地委宣传部旺堆部长汇报。

关于阿里电视风光片的问题。

4月27日去京,历时半年的时间。

1990年6月15日,阿里行署和安徽省电视台签订的制作风光片的问题,行署出资10万元,6集,每集20分钟,共120分钟的片子。孙振华拍片子,让旺堆去,当时定的活动经费3万元,当时定时有塔、白、安。6集压缩成3集105分钟,片子计划在美、德、日、意等国播放。7月20日确定,在中央电视台,白玛多吉等人重新成立编导组。

7月1日来电话,要阿里文工团去一名独唱演员,去北京,后来又变了。后来中央电视台白玛多吉又要求改成60分钟,3个片改编,部长没有同意。9月29日离北京,10月6日在拉萨给孔及塔、阿穷、洛主任进行了汇报。经费5万元的问题,收据交给了米玛主任,部长带去了3万元。关觉玛4000元。给带子钱,1900元。塔书记慰问花掉一部分。

中央电视台定的4集120分钟,11月中旬播。给张宏民1.5万元,让孙振华给的,片子共用经费13万元。另外交通、太阳能的片,每片2万元,共计4万元。交通片28分钟,太阳能发电宣传片20分钟。

※　　　　※

地委几位领导开会。

达瓦次仁:

一、学习班。

第1期,县级干部,12月10日至20日,10天时间。第2期,22日至31日,10天时间。财政上已同意给生活补助。讲课的人是在家的地委领导。计委王德火、嘎玛书记、曲扎(党校),讲五次课,然后学习交流。

二、毛主席诞辰100周年纪念活动。

12月26日开座谈会。电视台自办节目已开始,学习《邓小平文选》专题报道,庆祝毛主席诞辰100周年活动。

三、党建工作、农牧区基层党支部的建设问题。

四、工会、妇联、团委。

12月5日开会,参会人员147人,开幕式达瓦次仁书记讲话,最后结束安七一秘书长讲话,自治区工会两位领导来阿里。

五、下午研究几名干部问题。

工资改革 10 月份开始发。机制改革 86 年搞的,我们阿里编制太少,当时受到自治区的表扬。乡干部录用,去年 92 年给 70 个名额,我们报 66 人,只批 64 个人,2 个不合格。日土和革吉 2 名,有 2 名没有录用上。去年指标余 7 人,今年又给 35 人,共有 42 人,现在乡里报的年龄太大。自治区要求 40 岁以上,初中文化程度。阿里全地区有 25 名高中生。

六、办几个学习班。

1. 文秘班,2 个月学习时间,25 人。2. 会计培训班,30 人,时间 1 个月,财政厅和财政局讲课。3. 畜牧兽医培训班。4. 藏语文翻译培训班,3 个月时间。编译局副局长次珠讲课。5. 文化补习班,在党校学习,42 个人,培训 6 个月的时间。6. 区级干部理论学习,内容是有中国特色的社会主义理论,3 个月时间。

七、今年的工作总结,明年的工作安排。

八、反腐败斗争自查自纠和群众见面。

九、稳定局势会议。热地和陈奎元书记讲话,自治区政法委的文件。

十、阿里经济发展的战略规划。

十一、地委工作制度。

十二、抗震救灾问题。

※　　　　　※

需要交代的几个问题:

关于学习《邓小平文选》的问题。开个区以上干部动员会,传达一下中央和自治区的通知,讲我们阿里地委意见。办两期学习班,县级干部学习班。

※　　　　　※

新疆土地每亩 200 万—300 万元。

1993 年 11 月 23 日

关于反腐败斗争。

近期内,反对腐败要着重抓好的工作,中央明确了三条:一是各级党政领导干部要带头廉洁自律;二是集中力量查办一批大案、要案;三是抓住本地区、本部门、本单位的突出问题,刹住群众最不满意的几股不正之风,同时明确这次反腐败斗争的重点,是党政领导机关、司法部门、行政执法部门、经济管理部门及其工作人员。不言而喻,政府各部门在反腐败斗争中所处的地位是非常重要的,任务是相当艰巨的。

当前,群众最揪心的是这场斗争,一是与自己无关,事不关己高高挂起;二是信心不足,担心雷声大,雨点小,怕搞形式走过场,或"千呼万唤始出来,犹抱琵琶半遮面",甚至虎头蛇尾,不了了之。

应注意的问题:

一是要率先垂范,机关领导干部是反腐败斗争搞好的关键。古代有句名言:"其身正,不令则行;其身不正,虽令不行。"各级领导要统一认识,统一思想,坚定反腐败斗争的信心和决心。我们必须首先认真学习邓小平同志关于端正党风、加强廉政建设、反对腐败的论述,对腐败现象的产生和社会历史原因有正确的分析和认识,对反腐败斗争的现象有实事求是地估计。对党能够依靠自身力量,依靠人民支持,清除腐败坚信不疑。要从自身抓起,从本单位、本部门抓起,一级抓一级,一级带一级,扎扎实实地把工作开展起来。

二是对本部门前段反腐败斗争工作有个正确的估价。腐败的主要表现是贪赃枉法、行贿受贿、敲诈勒索、钱权交易、挥霍浪费、腐化堕落。当前最突出的是钱权交易,以权谋私。应看到,在部分领导干部中,在一些政府机关和工作人员中,腐败现象不光存在,而且还相当严重。我们既要看到反腐败斗争工作的长期性、艰巨性,不能搞突击,梦想一夜醒来就乾坤朗朗,腐败现象荡然无存,同时也要看到、认识到反腐败斗争的现实性、紧迫性、复杂性。

三是要把握好开展反腐败斗争的原则。对于近期开展反腐败斗争,中央确定了六条,一定要严格遵守,这里强调的:一是必须坚持党的基本路线;二必须突出重点,集中查办发生在党政领导机关、司法部门、行政执法部门、经济管理部门及其工作人员中的案件;三是严格依法办案,草茅不去,则伤稼禾;盗贼不诛,则伤良民①,对违法违纪案件要一查到底。坚持以事实为依据,以法纪为准则,该撤职的要撤职,该判刑的要判刑,该重判的要重判。无论是谁,只有支持协助政法机关惩治犯罪的义务,绝没有替腐败分子包庇说情、开脱罪责的权力。必须向群众讲明,这次反腐败斗争不搞人人过关,不搞群众运动,但鼓励举报,要坚决防止对举报人进行压制,打击报复。特别是领导干部,必须虚怀若谷,认真听取群众批评、意见和建议,即便群众检举自己的问题有出入,只要不是故意捏造事实、违法诬陷,也要持有则改之、无则加勉的态度。四是必须使局部利益服从整体利益,尤其是对存在的行业不正之风问题,绝不能因伤及部门的或局部利益,就寻找种种借口延缓纠正,甚

---

① 　出自《管子·明法解》,原文为:"草茅弗去,则害禾谷;盗贼弗诛,则伤良民"。

至长期不予纠正。五是必须坚持团结稳定,鼓励以正面宣传为主的方针。

1993 年 11 月 27 日

下午,地委常委会议。

自治区外宣局翟处长:10 月 28 日进入措勤,在阿里活动一个月整了,多香村 13 户人家,跑了十七个点,拍了 430 分钟的带子,成功率比较大。

搞三个专题:日土乡人 20 分钟。两个人的寺庙,悬空寺,原来 5 名喇嘛,3 名出去啦,只剩下 2 名,共录了十五分钟,安静祥和的寺庙。阿里山□,普兰、札达、日土。山□人家 20 分钟。

※　　　　※

一、行程万里,吃尽千辛万苦,取得了可喜的成绩。

二、自治区确定利用外宣局来宣传阿里,我们表示衷心的感谢。

三、希望,一是给县里留下资料,二是对我们政治经济工作给予大力支持,三是欢迎再来。

※　　　　※

组织部汇报几名干部问题。

(一)几名干部的调动。

1. 计委洛桑主任要求调拉萨的问题,组织部不同意调,人员不好找。2. 张孝玉同志调动问题。3. 文化局党组成员,赤来局长,索朗群培党组成员、文工团长,公决党组成员、群艺馆。强巴,女,电力公司经理。要求增列两名,楚成,文化局副局长;格桑玉珍,经理,组织部意见,不进。要求党组由 5 人组成,地委意见,赤来当书记、楚成当委员,缺 3 人。

(二)法院的区级班子。

1. 旺堆,准备任办公室副主任,小学文化,40 岁,原助理审判员,地委意见暂时缓一下。2. 米玛旦增,刑庭正区级审判员,原来是县级审判员。3. 益西康珠,准备任专职档案员,原来是副区级助审员,正区级档案员,28 岁。4. 格桑德吉,拟任正区审判员,原来是副区级审判员,24 岁。5. 塔青,拟任噶尔法院副院长,享受正区级待遇,大专学历,不是党员。

(三)干部培训。

培训 9 期,12 月底开始至明年底。其中县级 2 期,学习《邓小平文选》。时间每期 10 天,第 1 期 12 月 10 日至 12 月 19 日结束,地直机关 32 人。第 2 期,12 月 20 日至 12 月 29 日,各县的领导。自治区要求干部培训率达到 70%以上才行,针对各县的领导。明年 5 月至 6 月,办两期区级学习班,由党校承担。第 1 期是区直机关,第二期是县机关。文化岗前培训班,从 94

年 6 月开始,半年时间,招收的乡干部 35—40 人,主要教学内容是藏文和数学。

专业培训班四期。1. 财会班,由财政局负责,94 年 6 月开始。2. 兽医培训班,农牧局主管。3. 翻译培训班,地区编译室承担,自治区编译局给钱和经费。4. 文秘培训班,15 天,广播电视厅宣传部来教员,给部分钱。县级干部 158 人,按 70%培训,需 109 人参加培训。

1993 年 12 月 1 日

上午,自治区党校参加学习《邓小平文选(第三卷)》。

1 日上午开学。杜秦主持会议。

区党委常委、宣传部长陈汉昌作报告。

现在就是需要大家安下心来学习,我给大家介绍一下情况,学习体会发个言。《邓小平文选(第三卷)》的学习是关系到十四届三中全会精神贯彻的好坏的大问题,是关系到我国前途的重大举措,关系到……现在,全国越是发达的地区,对邓小平三卷的学习抓得越紧,学习越深入,这是为什么?因为这是我们迈向二十一世纪的指南。首先要把认识端正,学习的自觉性才能提高,采取了强化学习的办法。报告分三部分:《邓小平文选(第三卷)》编辑出版的情况,现实意义,理论、学习中应注意的问题。

一、邓①三卷编辑情况。

(一)编辑过程。1975—1982 年的文选,还出版过小册子,都是小平同志审定过的。到 92 年,南方谈话后引起国内外的强烈影响。并提出了要用中国特色的社会主义理论来武装全党。92 年 11 月 7 日,由邓办室正式通知出邓小平文选二卷,由中宣部常务部长来编印此书。今年 8 月 25 日打出清样,经邓小平亲自审阅并送中央政治局常委进行了审阅,大家一致同意出版。75—82 年文章作为第二卷。82—93 年文章为第三卷。

(二)编辑的特点。1. 郑重性。邓小平亲自审定了每一篇文章,郑必坚②同志编的速度没有 89 岁的邓小平同志的审阅速度快。邓小平同志爱好旅游,今年为了编好这本书,夏天就没有去游泳。《毛泽东文选(第五卷)》出版时,毛主席身体就不好,除《论十大关系》是毛主席亲自审定的,其余的不是毛主席亲自审定的。2. 完整性,准确性。哪些文章需要出、改都

---

① 《邓小平文选》。
② 郑必坚,1932 年 5 月年出生,四川富顺人,1952 年 9 月加入中国共产党,1954 年中国人民大学政治经济学系研究生毕业。1992 年 9 月至 1997 年 8 月,任中共中央宣传部副部长,1992 年 11 月明确为正部长级。

是邓小平亲自修改的。邓小平提出文章要简化,重点要突出。比如,引用的条文就删掉啦,如建设有中国特色的社会主义理论这篇。关于台湾问题解决,不排除使用武力问题,原来报纸上没登,这次就又登上了。比如,傻子瓜子问题也恢复啦。比如,邓小平讲科技是第一生产力问题,和外宾讲时原始记录就没这句话,是邓小平吃饭时讲的这句话,这次就把这句话收编到里边去啦。比如,讲改革发展,几篇文章里都有,主要是认识的角度不一样,反映了问题的连贯性。3.《邓小平文选(第三卷)》结构新,有时代性。82—92年的著作 119 篇,119 篇文章中大部分内容都是新的,文章的注释写了158 条。

二、关于《邓小平文选》的政治意义和理论意义。

(一)政治意义。该书把中国第二代领导核心形成的基本时间、"核心"及对第三代作了交代。

(二)理论意义。从整体上提出了新思想、新观念、新概念。82—92 年是不寻常的十年,这是最重要最有创造性的十年,是开创的十年。建设有中国特色的社会主义理论是十二大时讲的。改革是第二次革命的观点,两手抓、两手都要硬的观点,社会主义的本质是发展生产力,警惕右又要防左的问题,关于国际形势、和平与发展的问题。

理论特点有八个:第一,从历史发展的客观规律出发,回答了社会主义建设的首要问题。什么是社会主义,怎样建设社会主义,三卷的首要问题是什么。第二,体现了社会主义规律认识不断深化的特点。从一头一尾的重要文章,以十二大的开幕词为开卷篇,以南巡讲话为结尾篇。第三,从时间的发展而发展。一是五个重大突破,心理、思想解放,从"两个凡是"中解放出来。二是不断掀起新的农村改革高潮,从农村发展到城市改革,从经济到政治的改革。三是新的战略转移,以阶级斗争为纲转到经济建设上来。四是新的开放局面,新的开放布局,沿海到海南的开放。五是上新的台阶,国力、人民生活都上了新的台阶。三大理论的突破都是 84 年以来讲的。第四,全书体现一切从实际出发。第五,邓小平的理论是经过十年改革实践检验了的,比如北京 89 年的春夏之交的动乱。第六,改革是中国的革命。第七,基本路线 100 年不动摇,是贯穿全书的中心。书中三个主义:马克思列宁主义、毛泽东思想、邓小平同志建设有中国特色的社会主义理论。

三、我们学习《邓小平文选》需要注意的几个问题。

第三卷 119 篇文章,主要内容:一、一心一意搞建设。二、关于香港问题。三、改革问题,贯穿全书问题。四、市场经济和社会主义不存在根本矛盾。五、社会主义初级阶段的理论问题。六、科学是第一生产力。七、关于国际斗争中的问题。八、如何对待动乱的问题。九、在国际斗争中我们如何稳阵脚。十、利用时机发展自己的问题。如关于一心一意搞建设的问题，从历史上看防左和防右的问题，从历史的教训来看搞经济建设的问题。

关于香港问题，邓小平提出了很多观点。第一，香港问题是祖国统一大业问题，是中国的伤疤，是中国人民的耻辱问题，主权问题没有讨论的余地。第二，创造性地提出"一国两制"地解决香港问题。第三，他的灵活性，共同先开发。第四，他的预见性。世界上很多人很吃惊。关于市场经济和社会主义不存在根本性矛盾问题，邓小平同志是79年提出来的。

两具体，一是原则性、创造性、预见性、完整性、科学性；二是我们当前贯彻十四届三中全会，贯彻改革的目标和发展的目标，培养我们理论思维的能力，把握社会主义的完整性。

完整性从五个方面来把握。一是社会主义初级阶段的理论。这是对我国国情本质的把握，是解放思想、实事求是的基本体现。二是生产力和三个有利于的标准，是历史唯物主义发展、生产力发展的体现。三是社会主义市场经济理论是科学社会体系的发展，创造性的……把社会主义的根本制度……四是解放思想，实事求是……精髓。五是一个中心两个基本点的基本路线是特色社会主义的科学体系。

四、联系实际，几点建议。

第一个问题。总结西藏和平解放以来40多年的……贯彻十七条协议，我们用八年的时间，这就是说发展生产是很不够的。从66年"文化大革命"到70年代末，又是十几年，80年以后才开始改革，80年代大批汉族干部内调，84年班子动……从4亿斤粮食发展到12亿斤粮食。

第二个问题。我们已进入历史方向时期，从十二大以来已经进入开创社会主义建设新时期。要抓住机遇，发展我们西藏才行。……

第三，学习《邓小平文选(第三卷)》要联系十四届三中全会。我们生产力低，商品市场刚建立，市场经济谈不上。邓小平同志讲，小康人均收入800美元。我们现在还有15%—20%贫困面，我们提出经济增长速度达到8%。

第四，关于稳定与发展的关系问题。邓小平讲稳定要压倒一切，稳定不是目的，稳定强调过分，就会丧失机遇，影响经济工作。……一般藏胞要求结束过去，开创未来。

第五，联系本单位的实际推动我们的工作，改造客观世界的同时，注意改造我们的主观世界。对青少年的改造要抓紧。刘德华演唱会一张票1128元。

1993 年 12 月 2 日

下午,办事处开会。

参加人:塔尔青书记、任世伦、扎西专员、陆金坤书记、洛桑主任、任富山主任、办事处书记益西、主任洛桑旦巴。

任世伦专员:新疆的情况。1. 对办事处饭店的调解工作。落实几个项目,养猪场、养鸡场、粉条厂,贷款 15 万元,财政给 5 万元。2. 关于饭店的债务问题。3. 新疆给 1000 吨汽油,每吨 1470 元。拉萨每吨拉到阿里 2300元。财务上的几个问题,乌鲁木齐饭店欠账。

扎西副专员:1. 双拥全会 9 个人发言,阿里有 2 名。2. 狮泉河电站,原来计划 1650 万元,成都设计院算 3397.91 万元。如按 3000 万计算,加上设计,又翻番。设水文站的问题,关键是政府要给编制,分管次仁桑珠,水文总站 12 月 15 日去三个人,先工作。朗久电站问题,地热公司写出论证报告,让北京的专家评审后,给自治区政府写报告。顿珠坚赞 590 万元,阿里搞了个 300 万元的方案。普兰电站 2000 万元报告,国家拿 1000 万元,2000 万元不给。搞的计划 2500 万元,水利部只给 1000 万元,还差 1500 万元,自治区给国务院写了补资报告。普兰发电量 960 千瓦。

1993 年 12 月 3 日

下午,党校。

房玉国讲邓选的体会①。

学习邓小平文选实事求是的体会,《邓小平文选(第三卷)》是马克思列宁主义的精髓,分三个方面给大家讲。

一、引言部分。

《邓小平文选(第三卷)》和建设中国特色的社会主义理论的关系。解放思想、实事求是是我党的基本路线,《邓小平文选(第三卷)》是建设社会主义理论的基础。《邓小平文选(第三卷)》是建设社会主义理论的精髓,贯穿理论的红线,是我党的政治路线,解放思想、实事求是我党的思想路线。30 年,毛主席的《反对本本主义》②提出了党的思想路线。毛主席的《实践

---

① 为方便阅读,全书统一写作《邓小平文选(第三卷)》,原日记本中的部分缩写省略方法一并改正。

② 《反对本本主义》是毛泽东 1930 年 5 月为反对当时中国工农红军中的教条主义思想而写的关于调查研究问题的重要著作。那时没有用"教条主义"这个名称,而把叫它做"本本主义"。

论》。41年5月,毛主席的《改造我们的学习》,对实事求是做了精辟的论述,对实事求是做了高度概括。关于真理的标准问题。认为毛主席的话句句是真理,一句顶一万句,都不是实事求是的。邓小平同志恢复了实事求是的真面目,第三卷第10页①讲的②。78年5月份,《光明日报》文章开展了实事求是真理标准的大讨论。78年6月份,邓小平讲了,有的同志天天讲实事求是(可我们反对毛主席的实事求是,第二卷122页,听取吉林省常委汇报时说③)。毛泽东30年提出实事求是,邓小平78年真正恢复了实事求是的本来面目。

二、党的思想路线新时期的新发展。

(一)新时期为什么要坚持党的实事求是的路线。

第一,搞社会主义没有现成的固定模式,260页、261页。中国有自己的模式,莫桑比克有自己的模式,第三卷292页,和戈尔巴乔夫谈话。265页、第三卷第2、3页、27页、67页、95页、218页,都讲了没有固定模式。

第二,旧体制、旧观念、旧思想依然存在,第2页。248页,干部老化僵化问题。316页上,人都有长处和弱点。

第三,左的严重障碍,229页、367页、372页上。

第四,要不断研究新情况,解决新问题,113页、第二卷165页。

(二)改革开放以来的思想解放运动和带来的成果。

有四次。

第一次,78年开展真理标准问题大讨论,十一届三中全会召开前后,成果是冲破了个人迷信和两个“凡是”的禁锢。

第二次,恢复和确定了实事求是的党的思想路线,82年十二大召开的前后。确立了社会主义的理论。中国式的现代化,必须从中国实际出发,3页、4页、5页,66页中、62页。建设有中国特色社会主义必须坚持改革开放,113—114页、130页、131页、132页、157页、140页等论述。建设有中国特色社会主义必须坚持四项基本原则,207页、248页、379页。第四方面成果,和平发展是世界上的两大主题。(原文顺序如此)

第三次,87年十三大召开前后,思想解放运动成果,提出了社会主义初级阶段的理论,252页。把生产力标准提高到第一位。第一次提出有中国特色的社会主义理论,十三大提出了比较完整、科学的概念。

---

① 指学习小册子上的页码。

② 文章标题是《一心一意搞建设》。

③ 文章标题《高举毛泽东思想旗帜,坚持实事求是的原则》,《邓小平文选》第二卷,人民出版社,1994年,第126—128页。

第四次解放运动,南方谈话。第三卷最后一篇文章。改革开放胆子再大点,思想再解放,372 页。抓住时机发展自己,375 页上。(原文顺序如此)第三个成果基本路线不动,管 100 年,375 页上有,小册子第 3、4 页上。

三、解放思想和实事求是的二者统一,把解放思想列入党的思想路线里边。

(一)原因。

第一方面原因,针对十年"文化大革命"的思想僵化、半僵化的状态。

第二方面原因,从马克思主义认识论上来看,思想决定观念,人的思想意识往往落后于形势的发展。

第三方面原因,二者互为因果的关系,解放思想是实事求是的必然要求。实事求是是解放思想的根本目的。实事求是是解放思想的基础和归宿。

(二)当前突出要解决的问题。

1. 从姓"资"姓"社"之中解放出来,用三个有利于来判断一切。

2. 从左的束缚中解放出来。

3. 从安贫怕富的传统观念中解放出来。

4. 从发展经济,怕重犯经济过热的矛盾中解放出来。

5. 从因循守旧的小生产观念中解放出来。

6. 要从形式主义陈规陋习中解放出来,321 页。

※   ※

录像讲课。

题目:重新建设社会主义理论,开创社会主义新局面的著作。

内容包括三个方面:一是充分认识《邓小平文选(第三卷)》的伟大意义;二是《邓小平文选》对中国社会理论重新建构;三是讲邓小平建设中国特色社会主义理论与毛泽东思想的关系。

一、充分认识《邓小平文选(第三卷)》的伟大意义。

总书记作了重要讲话,为了武装全党,组织了省部级干部研讨班,党政军一把手集中学习。现在第二期学习班已举办,这在党的历史上是空前的。建国初期,出过三卷《毛泽东选集》。60 年代,出《毛泽东选集》四卷,也没做出这样的重要安排。后来又出版了刘少奇、周恩来文选,也没这样大的举措,说明这本书非同一般。

党中央为什么这样重视《邓小平文选(第三卷)》呢,它的政治意义、历史意义都非常重大。89 年 5 月 31 日,即要选拔第三代领导人。第三代形象要好,要坚持党的路线,并提出了政治交代,基本路线 100 年不能动摇,搞资本主义自由化是不允许的,搞自由化是一场灾难。这是向全党的政治交待。著作充满着重大的政治意义。

　　理论意义,它是当代中国的马克思主义的奠基之作。《邓小平文选(第三卷)》是马克思主义发展到今天的最新成果。社会主义发展了半个多世纪,有它辉煌的阶段,50年代后期到60年代初,社会主义运动发生了大变动。80年代,社会主义阵营发生了雪崩,如东欧、苏联的变化,社会主义的凝聚力被削弱啦,为什么社会主义发生这么大的磨难?最根本的问题、基本的问题,没弄清什么是社会主义。过去苏联的一套不行,西方的不行,十三大解决了,88年的讲话解决了。找到了新的道路,柳暗花明又一村,取得了举世瞩目的成就。

　　实现了三个转变,说明邓小平不是否定了马克思主义,而是发展了马克思主义。列宁提出了社会主义"一国胜利论"①和马克思主义提出的社会主义在几个国家内同时实现社会主义。原来提的城市革命论,毛主席从中国的实际出发,采取"农村包围城市"的办法,这是毛主席的伟大所在。邓小平同志是当代中国同马克思主义相结合的寻基支柱,十四大报告对邓小平同志的思想做了肯定,是当代中国马克思主义的创立者。改革开放的总设计师。

　　58篇文章第一次发表,12篇文章又是作了大量的修改,都是新的思想和内容。《毛泽东选集》三、四卷是对中国革命科学的总结,学习《邓小平文选(第三卷)》要同学习《毛泽东选集》一样重视。

　　二、邓小平建设有中国特色的理论是对科学社会主义理论的重新建构,新的思想,新的理念,新的观念。

　　(一)社会主义的初级阶段的理论,认清了我国国情和我国所处的地位。一是建设有中国特色的理论,初级阶段理论是一块基石。二是社会主义初级阶段理论克服了思想论、超越论,是抑制"左"倾顽症的良药。三是初级阶段理论是坚持党的路线100年不动摇的理论根据,填补了马克思主义没有在不发达国家建设社会主义的理论。

　　(二)社会主义革命的目的是保护和发展生产力。毛泽东强调生产关系的反作用,强调得多,忽视了生产力的发展。邓小平明确表述了根本任务的思想,什么是社会主义。用发展生产力根本来回答,发展生产力是根本的拨乱反正,恢复了57年毛主席的提法,后来毛主席忽视了这个问题。

---

　　①　"一国胜利论",即社会主义可以在一国或数国取得胜利的理论。列宁在1915年所写的《论欧洲联邦口号》一文中第一次提出。他说:"经济政治发展不平衡是资本主义的绝对规律,由此就应得出结论:社会主义可能首先在少数或者甚至在单独一个资本主义国家内获得胜利。"(《列宁选集》第2卷第709页)1916年的《无产阶级革命的军事纲领》一文中又作了进一步阐述。

86 年 9 月,邓小平提出社会主义的根本任务,一是发展生产力,二是共同富裕。

(三)改革也是解放生产力的观点。毛主席也提出过革命就是发展生产力,但毛主席没提出解放后、革命成功后是不是发展生产力。邓小平讲了,改革也是革命的深刻道理。

(四)"三个有利于"标准理论的提出,即……提出后,有的说这是不是唯生产力论呐,毛主席在《论联合政府》里也讲过。邓小平加以概括生产力的标准,后来出现了姓资姓社的争论。邓小平提出,不要争论,这样影响改革开放政策的出台,先实践,错了再改正。空谈误国,无休止的争论也同样误国。生产力的内涵外延讲的有全面性,三个发展是一致的,84 年人民的生活有改变,后来变化啦……看形势……把生产力标准和人民利益的标准统一起来啦。关于社会主义本质的论点,南方谈话已讲明啦。原来讲社会主义消灭剥削,以计划经济、公有制为主体,无产阶级专政等。

这次讲的不一样,邓小平同志对社会主义原则,发展生产、共同富裕集中的表现为答记者问。社会主义本质论,四个优点:1. 拨乱反正的根本是发展生产力,基本路线的核心,纠正了长期以来的失误;2. 突出了包括新思想的创造性,改革也是革命;3. 第三个优点,突出了社会主义发展的阶段性和实现社会主义本质的过渡性,社会主义发展生产力、共同富裕和消灭剥削是社会主义的本质。要达到共同富裕起来,必须让一部分人先富起来。邓小平讲的富裕有过程性、动态性;4. 第四个优点,社会主义本质论,突出了社会主义的目的。

三、邓小平建设社会主义理论和毛泽东思想的关系。

邓小平和毛泽东都是两位伟大历史人物,两种思想不能对立起来。如把毛泽东晚年的错误认不清,就会和邓小平思想对立起来看。毛主席的错误是第二位的,成就是主要的。如把毛泽东晚年的错误和邓小平同志的观点比较来看,两种观点必然是对立的、南辕北辙的。邓小平讲,实事求是是毛泽东思想的精髓,邓小平同志实事求是的观点解决了中国社会主义特色的理论。以经济建设为中心是社会主义的新理论,所以说,邓小平发展了毛泽东思想。邓、毛的关系是邓小平继承发展了毛泽东思想。正确认识两位历史伟人的问题,关系到我们国家的发展。

1993 年 12 月 5 日

12 月 5 日,党校。

授课老师的体悟。

关于三步走的战略观点是《邓小平文选（第三卷）》中 40 处 36 篇文章中提到的，"三步走"明确了……三个内容……

一、"三步走"提出的客观依据。

"三步走"是一种科学的体系，有深刻的内容和基础。

邓小平会见日本大平正芳①时说，到 2000 年人均收入达到 1000 美元，邓小平提出的目标从实际中出发，社会主义本身处在初级阶段，三卷 168 页。

"三步走"的理论是在……毛泽东在《整顿党的作风》中提出，邓小平从中国的国情出发提出了"三步走"的战略。我国生产力发展不平衡，"三步走"的论点是从实际出发、实事求是的观点提出来的。

二、关于三步走战略思想的具体表述。

《邓小平文选（第三卷）》251 页有表述②。79—83 年，确立经济翻两番。到本世纪末，人均收入达到 2000 美金，小康实际上是翻两番，二卷 351 页有论述。本世纪末人口达到 12 亿，三卷 64 页有小康的意义。三卷 57 页，本世纪末人均收入达到 800 美元。84 年 1 月 16 日，三卷 79 页又讲第三段发展的目标。三卷 226 页对"三步走"的定义。三卷 195—196 页讲出了社会主义制度优于资本主义制度。

三、如何实现三步走的战略目标。

"三步走"的战略需要哪些条件。邓小平把发展的速度作为关键的问题，三卷 255 页。三卷 94 页、216 页，实现"三步走"的环境。

1993 年 12 月 6 日

下午，袁老师讲市场经济问题，社会主义市场经济总任务。

一、社会主义为什么要实行市场经济。

100 多年前，马克思研究过资本主义生产资料私有制，这是第一个弊端。第二，计划经济是苏联 30 年代提出来的，马克思的设想是到苏联十月革命胜利后再实行社会化大生产的办法。后来，列宁提出新经济政策，实行商品交换要用价格规律，使生产力发展大大前进了一步。20 年代末，社会主义国家生产蒸蒸日上，西方国家的生产大大下降。计划经济在社会主义国家确实起到过积极的作用，第一个五年计划期间，156 个大项目发挥了作

---

① 大平正芳（1910—1980 年）日本大藏官僚，政治家。第 68、69 任内阁总理大臣（首相）。1972 年随田中访华，积极促进中日恢复邦交。1976 年任自民党干事长，1978 年 12 月当选为自民党总裁，出任总理大臣并组阁。多次访华，同邓小平进行会谈。

② 文章标题是《一切从社会主义初级阶段的实际出发》。

用。当时把人、物、财集中起来使用,大有好处。经济特别困难时期,供求矛盾比较突出的情况下,可起到好的作用。

计划经济的弊端。第一个弊端是实行高度计划经济,否定市场,否定价值规律的作用。改革前两次大失误,一是大跃进,二是"文化大革命"。第二个弊端,由计划否定了价值规律,计划是主观的东西,要符合发展的客观规律就比较难。计划脱离市场,脱离需求。毛泽东论十大关系,前五大关系强调集中过多。

我们国家79年才开始市场经济的发展。十一届三中全会后,放开农贸市场、工资市场。82年,十二大提出计划经济为主,市场调节为辅,第一批小商品价格放开300多种,第二批放开了500多种。84年,十二届三中全会,实行有计划的商品生产经济。85年,提出不仅建立市场商品体系,十三大提建立有计划的生产体系。89年,对这些问题发生了争论,要建立有计划的计划经济和商品化经济。

二、市场经济的主要内容。

(一)什么是市场经济?日本把市场经济和资本主义等同起来。市场经济是使市场在国家的宏观调控下对资源配置起基础性作用,这样一种机制运行,即市场经济。资源,即人们掌握的物资、人员、能源等。

(二)市场经济前边为什么要加社会主义?市场经济本身不存在姓资和姓社的问题,流通的供求规律是一致的,但不同的社会制度下两者所处的条件环境不一样。在社会主义条件下运行的,即社会主义市场经济……

(三)计划经济与市场经济的区别。

1. 微观基础论。社会主义的计划……

2. 经济运行的方式不同。市场经济代替计划经济,市场需要什么,就生产什么。

3. 企业和市场的关系不同。传统的计划经济是大机构小市场。

4. 经济活动的范围不同。

5. 指导思想不同。政府解决市场解决不了的问题。

(四)市场经济的一般规律。

企业制度制度化,经济活动竞争化,宏观调控正规化,经营管理法制化。

市场经济的开放性。落后的、先进的国家参与市场都有好处。相反的,落后的国家得到的好处更多。

(五)市场经济体制的优点和不足。

优点:有利于我国资源的优化配置,全社会利益的一体化;有利于解放和发展生产力;有利于加快我国的改革和开放,进一步扩大对外开放。

不足:生产的盲目性和冒险性,商品发展到一定阶段后才发展到市场经济。

三、社会主义市场经济的构建。

十四届三中全会,54条。

经济体制的六方面要素。

1. 以公有制为主体,多种所有制经济形式共存,多种经济形式共同发展。

2. 转化国有生产经济机制,建立适应市场经济市场要求的、产权清晰、责权明确、政权公开、管理科学的现代化企业。理论差异,杨培新①主张承包,北京大学厉以宁主张股份制。

3. 建立国有开放的统一体系,实行城乡结合。

4. 转变政府职能,建立以间接连接手段为主的……

5. 建立以按劳分配为主体的,效益优先兼顾公平的分配制度。

6. 建立多层次的社会保障制度,为城乡居民提供相适应的社会保险制度。

1993 年 12 月 7 日

下午,党校辅导。

杨建平讲邓小平关于两手抓的方针。

邓小平同志多年反复强调的问题已成为邓小平理论的重要组成部分,已把两手抓上升到世界观和方法论上来啦。

一、一手抓物质文明,一手抓精神文明。

邓小平说不仅经济要上去,社会秩序、社会风气都要上去②,378页。广东二十年要赶上亚洲四小龙,378页,79年讲过,二卷108页。79年,叶剑英同志首次提出精神文明建设问题,二卷180页。什么是社会主义的精神文明,82年所谓的精神文明不光是……二卷326页。《邓小平文选(第三卷)》320页、211页决议全篇是精神文明建设问题,144页也有。社会主义精神文明是社会主义重要特征,十二大报告中讲明了社会主义的特征,加上一个精神文明就齐备啦。

二、没有精神文明就不能建社会主义。

二卷326页。

---

① 杨培新,广东大埔百侯镇人,1922年出生,曾任国务院发展研究中心副主任、人民银行总行金融研究所所长、研究员等职,著名经济及金融学家。

② 文章标题是《在武昌、深圳、珠海、上海等地的谈话要点》。

三、社会主义精神文明建设的目的是什么？

使广大人民有远大的共产主义理想，三卷 328 页，最重要提出人民的……

四、精神文明建设同物质文明建设结合起来。

一手抓建设，一手抓法制，154 页。80 年 5 月份讲，二卷 203 页，三卷 154 页。搞社会主义建设要抓两手，163 页。三卷 379 页，廉政建设靠法制。十四届三中全会的第九个问题。

五、一手抓精神文明建设，一手抓打击刑事犯罪活动。

378、358 页。在改革开放中要敢于利用国家机器的作用，211 页。

两手抓不能一手硬一手软，227 页、194 页、306 页、378 页。

六、概括。两手抓体现了邓小平同志两点结合论的哲学思想，是毛泽东同志两点论的具体应用。精神文明搞不好，对物质文明建设是个很大的制约。纽约的犯罪率比较高，就是没有精神文明建设。邓小平同志反对只抓一手，比如让一部分人先富起来，又说要共同富裕。反对突出一点，忽视另一点，一手硬一手软的现象。邓小平批评我们抓了一手，忽视了另一手。必须把两点结合起来实行，两手都硬起来，两手有机的结合起来。

※　　　※

党校包常平讲课，爱国主义是振兴中华的精神动力。

一、学习《邓小平文选（第三卷）》，深刻领会邓小平同志的爱国主义思想。

邓小平同志是一位无私的爱国主义者，自从他参加革命那天起，就把自己献身给了国家和人民。邓小平到法国去勤工俭学，历经艰难曲折也没动摇他的爱国思想，坚持社会主义的信念。毛泽东说，只有社会主义才能救中国。邓小平热爱祖国，全身心地关心他的国家。邓小平为了全国的人民，邓小平同志热爱人民，热爱国家，江泽民同志对邓小平同志的高度评价，见十四届三次全会上的讲话。

二、学习《邓小平文选（第三卷）》，深刻领悟爱国主义情怀。达斡尔族 1000 多人，门巴族……爱国主义是各民族共同发展和……共同利于……爱国主义是反对分裂，维护统一。

三、学习《邓小平文选（第三卷）》要领会邓小平同志关于建设社会主义，要把热爱人民……用爱国主义教育人民是邓小平同志一贯倡导的思想，27 页。我们说爱国、爱社会主义，爱中华人民共和国，江泽民同志讲了四点：

一是教育人民维护国家的独立和主权。97 年，香港回归祖国的问题。

三卷的注释中可看出，12 页，324 页。我们有信心把中国……328 页，341
页，359 页，72 页，84 页，58 页，67 页，70 页，101 页，215 页。

二是发扬民族的自尊心、自信心。邓小平同志身上体现了自尊自强的
信心，江泽民同志讲话……邓小平认为中国人民有信心……

三是激励人民振奋民族精神，振兴中华民族，357 页，322 页。

四是用中国的历史教育青年、教育人民，264 页，291 页。晚清政府给帝
国主义的赔款，给英国白银 2100 万两（《南京条约》），《北京条约》给英法
1600 万两，甲午战争的《马关条约》赔款白银 2 亿 2 千万两（日本）。八国联
军进入中国，《辛丑条约》赔款 4.5 亿两。晚清政府每年收入 8000 万两，所
有的条约共计赔款 13 亿两白银。学习历史，要振兴中华，发展生产力，爱国
主义是振兴中华的动力。

※　　　　　※

中央电视台讲《邓小平文选（第三卷）》。世界正处于大发展、大变革时
期，和平与发展是时代两大主题。

世界正处于大变化大动荡的时代，世界正处于三分天下、各霸一方的状
态，在发展中互相制约。动荡的后面不是美苏左右。由原来的政治军事竞
争转向经济竞争，贸易摩擦、经济冲突不断发生，南北之间的矛盾不断扩大，
发展中国家的经济停滞不前，第三世界国家由于受剪刀差的影响越来越穷，
造成非洲国家政变迭起，战争不断。

邓小平同志说，南北问题不解决，亚太地区崛起，美苏发动大战的可能
性很小。具体的说，美苏打世界大战的可能性越来越小。发展需要和平，和
平离不开发展，邓小平同志的论述。世界正处在经济的调整和改革之中，和
平与发展的最大障碍是霸权和强权政策。和平、稳定、公正是发展中国家需
要的，不是动不动就干涉别国的内政。

坚持独立自主的和平外交政策。我们的政策，一不称霸，二不结盟，三
不当头。邓小平同志说……现在的世界是开放的，世界现在谁也离不开谁，
过去那种闭关锁国的政策行不通啦。

总的来讲，坚持独立自主的外交政策，即冷静观察，沉着应付。坚持和
平外交五项政策，坚持同世界各国广交朋友。

1993 年 12 月 9 日

上午，党校，格桑培杰报告。

辅导报告题目：社会主义的本质和根本任务。

邓小平同志新一卷讲了二十一个问题，社会主义本质是首要的问题，因

我们事事时时都遇到姓资还是姓社的问题,讲三个问题。

一、社会主义首要解决的基本理论问题。

邓小平根据国际运动、社会主义成功失败的经验总结出来的,《邓小平文选》137 页、223 页,讲了中国几十年的社会主义经验。最根本的一条是搞清什么是社会主义,过去很长时间我们对什么是社会主义、什么是马克思主义,没有搞清楚。过去学术界两种观点,一种是搞清楚了,有一种说根本没有搞清楚。邓小平说没有根本讲清楚。

马克思对社会主义有构划,但不可能有成功的经验。根据前人的指点,我们只能一步步的探索,列宁、斯大林也没搞清楚。对社会主义,马克思设想,有的社会主义是生产力高度发展后建社会主义,列宁、斯大林搞的社会主义是生产力比较低下建立的社会主义。没搞清的原因就在于此,越搞越大,越搞越穷,如果搞清楚了,不会出现 57 年到 78 年出现 20 年的失误,国际上东欧和苏联也不会出现这样的问题。

毛主席的第一次革命是非常成功的,晚年对社会主义的基本理论基本没搞清,发生了误解。无产阶级专政下继续革命的理论不符合国际革命的形势,也不符合中国的国情。58 年大跃进,毛泽东发现问题,让我们读两本书,一本是斯大林的苏联社会主义经济问题。(原文如此)这两本书是苏联搞社会主义经济的总结,这两本书也不是科学的,这是苏联的经验,不可能达到理论高度。这个问题就落到中国第二代领导人身上,当然是以邓小平为首的领导集体,邓小平总结了历史的和东欧苏联的经验和教训,252 页。

社会主义不发达,指的即是生产力不发达而讲的。

胡乔木是我们党的重要的理论家。邓小平同志和这样的理论家不一样,邓小平同志首先是战略家、政治家,然后才是理论家,他站得高,看得远。他的理论活动:一是善于总结历史经验。在他看来,成功的经验是宝贵财富,失败的经验是宝贵的财富。二是把坚持和发展马克思主义相结合,他一方面强调没丢老祖宗、没丢马克思、列宁、毛泽东的思想。东欧、苏联把老祖宗给丢啦,出现了一片混乱,另一方面又提出在新的情况下,研究新情况,解决新问题,新的思路、新的语言,走在时代的前面。三是作为一个战略家着眼于大局、未来,从不在微观上作文章。他讲的都是宏观战略问题,他的经济理论都是宏观上来论述的,不受具体问题干扰。四是重视党的基本路线。十几年来,我们靠的是基本理论和基本路线,别的都靠不住啦。

《邓小平文选(第三卷)》出版后,江泽民同志讲话说,学习第三卷首先要搞清什么是社会主义。什么是社会主义,是建设社会主义的前提条件。第三卷多次提出这样的问题,什么是社会主义、什么不是社会主义,比如,平均主义发展太慢,贫穷不是社会主义,更主要是宏观层次上论述。

第一,贫穷不是社会主义,社会主义必须摆脱贫穷。邓小平讲的最多的地方也是邓小平考虑最多的问题,针对性是什么。五十年代末中苏关系发生恶化……当时有句话:穷则革命富则修,如果按这句话来办,中国永远不能富。"四人帮""文化大革命"把这句话指出来了,宁要社会主义的草,不要修正主义的苗。邓小平说,不要富的资本主义,要穷的社会主义,这种提法不当。

第二,没有民主就没有社会主义。社会主义必须实行广泛的民主,过去缺乏民主和法制。没有民主就没有社会主义,民主有东、西之分,有姓资、姓社之分,我们讲的民主是社会主义民主,不是西方的三足鼎力。

第三,愚昧落后不是社会主义,社会主义必须搞好精神文明。

我们很长一段时间轻视科学、文化、知识分子,把知识分子当"臭老九",邓小平提出了精神文明问题,培养有文化、有纪律、有理想、有道德的"四有"新人。

第一,贫穷不是社会主义;第二,专制专断不是社会主义;第三,愚昧落后不是社会主义。三卷251页,和莫桑比克总统谈话。

二、怎么样建设社会主义。

《邓小平文选(第三卷)》,第一篇把马克思普遍原理同中国的实际相结合,是毛泽东同志的创新,也是我党的一贯指导思想。党的十三大对社会主义理论作了第一次概括,第二次概括是十三届七中全会时,第三次是江泽民同志……党的十四大对社会主义理论又作了新的概括,九个方面。

社会发展道路、阶段,动力、外部条件,社会建设政治保证、战略步骤,社会建设依靠力量和国际问题。十四大的报告更具体啦,社会主义基础理论是宏观上的问题,怎样建设社会主义是微观层次的问题。为了进一步明确什么是社会主义,首先了解社会主义本质。对社会主义本质的概括模式,首先搞清几个概念,三个概念都有联系。社会主义模式,指不同社会主义国家在不同发展阶段上建设社会主义道路、方法特点以及体现社会主义本质的特征。苏联的高度集中模式,南斯拉夫的自治模式,匈牙利模式,中国坚持走自己路的模式。社会主义特征,是社会主义不同于资本主义及其他社会形态的主要标志和基本支柱。社会主义本质,社会主义不同于资本主义及其他社会的形态本质属性的理论概括,这个更集中更宏观一些。本质和特征模式不是一回事。本质具有固定性,特征具有稳定不变的性质,特征具有共性。

社会主义特征问题。1918 年 4 月份,苏联布哈林提出社会主义的特征,列宁没有采纳这个意见,列宁说社会主义是什么样的,我们不知道……党的十二大对社会主义特征讲啦,要消灭剥削;实行生产资料公有制;按劳分配;计划经济;建立工人阶级和劳动人民政权;社会精神文明;最终有更高的劳动生产力。邓小平同志讲社会主义特征,强调了生产力,调整了公有制和按劳分配为主体,否定的是计划经济。

关于社会主义本质,有四种观点。第一种观点,公有制是社会主义本质,列宁说是社会主义公有制加按劳分配。第二种观点,把个人利益和社会利益结合起来。第三种观点,人的自由全面发展,人的解放。《共产党宣言》第二章也是这样讲的。第四种观点,人道主义是社会主义的本质,这是国际上流行的观点。

邓小平同志讲,82 年提出社会主义根本原则,一是公有制为主体,一是共同富裕,比十二大讲的七条更接近实际。最近的十四届三中全会认为国有经济占主导地位,国有经济、集体经济为主体,364 页、373 页。社会主义本质是解放生产力,发展生产力,消灭剥削,消除两极分化,最终达到共同富裕。这五句话要正确地理解。

实现途径有两方面,一方面,解放和发展生产力,过去说保护和发展生产力,现在更主动啦。另一方面,从生产关系上讲,消灭剥削和两极分化,要实现这些必须坚持公有制,消灭两极分化,目的是达到共同富裕。

五句话,三个方面,既不能割裂也不能分裂,前面四句话是手段,后面是本质的东西。

三、社会主义根本任务及宏观依据。

(一)把不断完善社会主义关系摆在首位。五六十年代主要认为是讲生产力和生产关系,追求"一大、二公、三纯"①,过去的讲了生产关系的作用,忽视了生产力的作用。

(二)过去社会主义根本任务是以阶级斗争为纲,把阶级斗争看得过重,摆在首位,耽误生产力发展。

(三)追求平等,把平等看作是生活的平均,不是在生产力发展的基础上的平等文化,基于消灭三大差别,搞工农平等。

社会主义根本任务是解放生产力和发展生产力的根据,一是马克思主义的根本观点、基本原理。二是摆脱贫穷,实现富裕的必经之路。发展生产

---

① "大":基层组织的规模越大越好;"公":公有化的程度越高越好;"纯":社会主义的经济成分越纯越好。

力,给人民更多的供给。三是解决社会主义主要矛盾的根本手段和途径,主要矛盾即供给的需要和生产的不足。四是社会主义本质的内在要求。五是为将来向共产主义过渡作物资准备。

西藏,我们生产力的水平最低,要从我们实际出发,首先发展商品生产,没商品,谈不上市场经济。

1993 年 12 月 10 日

各组发言。

教委刘主任:科学教育是生产力发展的两个重要组成部分,邓小平讲科技是第一生产力,科技的发展以教育为基础。

公安厅发言:拉萨市为"四办",296 名到境外学习。87 年、92 年事件后,以经济建设为中心。两件大事,经济建设和稳定政局。实现三个确保。

自治区检察院闫处长:惩治腐败能增强干群关系,理顺关系。要实事求是地估计我们党和干部队伍的状况。现在的腐败现象比任何时候都要严重。用好党中央给的政策,用好中央给西藏的钱,用好人才,注意发挥人的作用。

区党委综合处孙处长:解放和发展生产力的问题。过去我们受苏联的影响,对待社会主义没从社会主义本质上去考虑,把"一大、二公、三纯"看作是社会主义的本质。从实践标准到三个有利于都是逐步……社会主义的本质,一是发展生产力,二是消灭剥削、走共同富裕的道路。社会主义本质特点关系……不从实际出发,大跃进,盲目地进入共产主义,大锅饭,宁肯大家都受穷也要搞极端的平均主义。

剥削是以生产力的发展而产生,剥削也要以生产力的大发展而削除。第二次世界大战后资本主义腐而不朽,腐而不败,就是超阶级的剥削小啦。我们国家是商品经济形态。

……

三个确保:一确保局势长期稳定,二确保西藏经济的不断发展,三确保西藏各族人民的生活逐步有所改善。

※　　　　※

下午,读书班结业。

黄部长主持,绕典校长总结。

一、研读班的基本情况。参加学习班的 106 人,地专级 43 人。

二、主要收获。一是进一步认识到了学习的重要性和紧迫感。二是加深了对建设有中国特色社会主义理论的理解。三是对邓小平的历史地位和作用有了新的认识。四是联系实际找差距、定措施、提建议,树立紧迫感、危机感、责任感。五是摸索了办学经验,为今后学习打下了基础。

丹增书记作指示:第一,全党都在学习《邓小平文选(第三卷)》,将学习《邓小平文选(第三卷)》作为全党今年下半年学习的中心任务。一是学习《邓小平文选(第三卷)》的热情比较高,二是学习《邓小平文选(第三卷)》的自觉性比较好。不学习《邓小平文选(第三卷)》就搞不好工作,企事业单位同志明白了改革的方向,邓小平讲的与我们每一个人都有共鸣。《邓小平文选(第三卷)》的内容说到了我们亿万人民的心坎上,从邓小平南方谈话到新时期根本任务,建立市场经济体制。第二,人民生活水平达到小康生活,能不能学好《邓小平文选(第三卷)》,关系到市场建设的成败问题。十四届三中全会的决定是从邓小平同志思想中决定的。学习《邓小平文选(第三卷)》要解决思想问题,实际问题,第一位的是解放思想。邓小平同志五次讲到脑筋一换,豁然开朗,思想的解放是当前西藏的最大阻力。西藏有优势,现实是西藏的改革迟缓,西藏的改革和内地正在拉大距离,西藏人民的生活改善缓慢。今年西藏的生产发展有 7% 左右的增长,这是好的,要和全国比,差得很远。生产力发展缓慢,今年人均收入 530 元,按 15%—17%的物价上涨来讲,我们生活水平下降啦,为什么各级干部思想不解放?《邓小平文选(第三卷)》,没有一处讲思想解放过头啦。思想不解放,一是信息不灵。到内地出差,回来后时间不长,凉啦。再一个回来后,光看内地的不足,不看经济发展的速度。二是与干部的文化素质有关系,人的基础素质就是文化素质。三是缺乏实践的经验。文化高,经常接触内地多的,思想比较解放,年轻的思想比较解放。传统的理论观念束缚了我们,受自然经济、供给性经济、计划经济的影响太重。内地企业已发展到无主管领导的程度,发展到三资、四资企业。思维方式有问题。再一个就是强调客观原因多。要和全国改革同步进行,有困难,有痛苦,甚至有震动。中央给西藏光补、光保是不行的。西藏的改革,中央给我们,一是政策、二是资金,如果光拿钱不行。解放思想要以三项标准来衡量:一是学发展是硬道理,二是解放,三是用三项标准来衡量。改革要冒一定的风险,改革允许有失误,要支持参与改革。西藏要和全国接轨。我们现在有 20%的贫困户。

1993 年 12 月 12 日

参加区党委四届五次扩大会议。

热地书记:会议的任务,传达十四届三中全会精神,邓小平建设有中国特色的社会主义理论,同时要传达全国农村工作会议和全国统战会议精神。时间五天。

　　热地书记讲话,传达几个会议精神。参加会议的,区党委委员 25 人,124 名代表参加会议,共 190 人,分七个组。

　　几点希望:1. 集中精神开好会。2. 小组讨论,把握主体任务,明确……注意引导。3. 没特殊情况不缺席、不迟到、早退、无故缺席。

　　13 日开会,17 日结束。

1993 年 12 月 13 日

　　参加自治区四届五次扩大会议。

　　上午,热地书记主持会议,丹增书记传达中共十四大三中会议精神。13 日下午,小组讨论。

　　强平厅长:这次会议主要是贯彻十四届三中全会精神,同时贯彻中央的农村工作会议和全国统战工作会议精神。邓小平同志的思想是改革的思想、发展的思想,要在解放思想、更新观念上下功夫。

　　交通厅贡布书记……

1993 年 12 月 14 日

　　下午,参加讨论热地书记的报告。

　　自治区召开的这次扩大会议是贯彻中央十四大三中全会的一次会议,贯彻全国农村工作会议,贯彻全国统战会议精神的会议,特别是热地书记的讲话,根据中央十四届三中全会精神,肯定了全区 93 年的工作和成绩,为了跟上全国改革的步伐……

1993 年 12 月 16 日

　　下午,安全厅厅长传达国家安全部的会议精神。

　　江泽民总书记 1993 年 10 月 9 日讲的,国家安全任务很重要,任建新①、贾春旺②讲的,我同意。

　　一、关于加强国家安全。

　　当前主要任务是搞现代化建设。搞建设离不开世界。要在中国实现现

----

　　① 　任建新,1925 年 8 月生,山西汾城(今襄汾)人,1948 年 6 月加入中国共产党并参加工作,1992 年至 1997 年任中共中央书记处书记,最高人民法院院长、党组书记,中共中央政法委员会书记。

　　② 　贾春旺,男,汉族,1938 年 5 月生,北京人,1962 年 9 月加入中国共产党,1964 年 8 月参加工作,清华大学工程物理系实验核物理专业毕业,1985 年至 1998 年任国家安全部部长、党组书记、党委书记。

代化,必须坚持四项基本原则,搞自由化就是搞资本主义。搞四个现代化,必须要有两手抓。没有安定团结的政治局面,就不能搞现代化建设。人民民主专政必须讲。要实现四个现代化,在国内要有安定团结的政治局面,国际上要有和平的环境。国家的主权安全必须放到第一位。所谓西化就是按照西方国家的生活方式分化,就是分化社会主义阵营。

二、国家、全党都要重视安全工作。

如果丧失国家的主权,经济工作搞得再好有什么意思,防和平演变主要是党内的中高级干部。搞对敌斗争要内外有别,不要搞草木皆兵。积极整改问题,我国的社会性质决定安全工作的性质。"整",不是消极被动的,而是积极的。"改",要利用法律的手段。

三、关于国家安全必须抓的几个问题。

抓重点,国家安全部门的人员要绝对可靠。认真落实国家安全法。要把国家安全的现代化建设放到首位。要努力提高国家安全机关干部的素质。要多培养入淤泥而不染的干部,政治上合格的干部。政治上绝对保险的才行,要刻苦钻研精通业务,生活上、待遇上……要加强有关部门的配合,工作加强联系,互通情报。

传达任建新同志讲话。一、充分认识国家安全工作的重要性。中央领导说,不要认为蒋介石打倒了,就没有敌人啦,国际上还有帝国主义,国内还有帝国主义的"走狗"……对隐蔽斗争要有清醒的认识,要有斗争的勇气,要有斗争的艺术。二、进一步加强对国家安全工作的领导。要加强对隐蔽斗争的了解,分析并研究对策,并且深入第一线了解情况。要十分关心安全队伍的建设。要让安全部门的领导及时了解党委政府的工作意图。三、认真贯彻执行国家的安全法。广泛深入地宣传学习安全法。建立群众为基础的防范机制。充分发挥情报部门的作用。严格区分两类不同性质的矛盾。四、加强管理,严格治警,培养一支思想政治业务过硬的队伍。

1993 年 12 月 20 日

各县书记、县长会议,办事处。

益西:电站的问题。1. 自治区明年上两个县的电站,我们要争取。2. 水文站的问题,投资 71 万元,农委 30 万元,计委 30 万元,阿里拿 11 万元。主要是编制问题。测水从 1 月 1 号开始。3. 洛桑主任,800 吨油的问题,安多①运 500 吨,那曲运 300 吨。每吨 2800 元,运费每吨 420 元,按 1000 吨给

---

① 安多县,隶属于西藏那曲市,地处西藏北部,唐古拉山脉南北两侧。

补贴的话,给 230 万元。按 800 吨,给 180 万元。200 吨办事处用啦。4. 普兰口岸建设问题。自治区工商同意给 20 万元,外贸 20 万元。5. 民宗委的问题。给民宗委报 6 个项目,170 万元。

财政阿穷:1. 油价,已解决 500 万元。2. 运价,焦炭差价一直没有定下来。已解决 800 万元的政策兑现,购车,普兰宾馆等等,以工代赈 400 万元。3. 财政厅定的 107 万元(拉巴主席答应的),五项政策 72 万元,财政厅给的是 92 年的人员指标。4. 解决了 85 万元的行政事业的物价补贴,只解决缺口的 20%。

计委已落实 1045 万元。以工代赈的四个项目,购车 800 万元落实 750 万元,三家差 50 万元。以工代赈的还有 300 万元没转过去。

经贸主要是两个口岸的建设,报的资金 1000 多万,自治区经、外、工、海四家 3 月份去考察一下。两个厂子,分绒厂,地毯厂,已要 350 万元。

洛桑旦达专员:各县自己贯彻会议。改革要坚持生产力标准,抓住有利时机,整体推进,重点突破,与全国在框架上一致,体制上接轨,从两点出发,在行动上坚决执行,政策上灵活,步骤上稳妥。

陈奎元书记:改革上同步,经济上接轨,不能放掉机遇,不要"闹而优则仕",不能因西藏的特殊而不搞,但也不能照搬照套内地的一套。

杨松副主席:九个方面的工作,93 年已做啦,西藏温饱问题未解决的 48 万元。放开精细政策后,加强宏观调控。设立粮食风险基金。建粮食流通基地。

※　　　　※

自治区组织部交待几名干部的退休问题。

刘子秀(乌办[1])、嘎珠次仁(人大),本人没退休报告,年龄小。次仁班忠,革吉人大。旺堆,宣传部长,要求调农委,不退啦。吾金加措,已 3 年没工作,在阿办,本人不想退,拉萨做工作谈谈。

※　　　　※

当前阿里发展市场经济,加大改革开放的力度,实现同全国经济接轨的阻碍和不利因素。

一是认识上的差距。主要是对改革开放、以经济建设为中心的重要性认识不足,强调客观原因多,强调困难多,发挥主观能动性小。回顾过去,强调取得的成绩多和区外、国外的横向比较少,按常规计划经济规律办事多,改革开放的措施出台少。同时,对全国改革开放的形势缺乏紧迫感、危机感和责任感。

---

[1]　阿里驻乌鲁木齐办事处。

二是思想上的差距。由于长期受封闭的自然经济和供给性经济的影响,阻碍了西藏干部和群众的视野,束缚了人们的手脚,禁锢了人们的思想。一提解放思想,这也看不惯,那也看不惯。虽然十一届三中全会已开过 16 年,西藏的经济发展速度已进入全国的先进行列,但阿里经济发展仍然比较缓慢。甚至有些干部面对全国的大好形势,置若罔闻,仍然是喝酒、跳舞、打麻将,脱离群众,忘记了自己是一名党员干部,国家的职工。

三是行动上的差距。表现在会议多,文件多,讲得多,领导多,制定计划多,牢骚怪话多;而落实得少,真抓实干得少,兑现得少,完成任务少,深入基层调查研究少,为基层、为群众办实事解决困难少。当前最大的障碍是坐而论道,说客多,真抓实干人太少。

四、两个文明建设一齐抓,精神文明建设抓得不够。一是干部思想、工作错位。二是对违法乱纪,贪赃枉法的打击不力。三是人民群众没有安全感。四是丑恶的现象越来越多,社会风气不但没根本好转,反而愈演愈烈。五是分裂分子不断干扰两个文明建设的发展。

五、人才匮乏,现有的人才不能发挥应有的作用。

阿里加大改革力度和全国经济结构的有利条件,有六大优势。第一是畜产品。每年能有 2000 多万元的收入,主要是毛皮、肉、油。第二是矿产品。阿里有 30 多种矿,阿里矿业开发公司利润达 800 万元左右。第三是旅游。今年旅游公司收入达 120 万元。明年有新的发展,主要是资源丰富。第四是边贸优势。外贸公司在原来的基础上,今年达到近 900 万元的利润,加上普兰和什布齐的开放,边贸优势比较大。第五是人口的优势。第六是政策的优势。从中央到自治区对阿里特别重视,自治区专门下发了四号文件,自治区各厅局委办对阿里都给予宽松的发展政策。

※　　　※

明部长交待:1. 塔尔青书记调民宗委副书记、副主任。2. 给阿里增加:经计委政治部主任丹增曲扎,45 岁,大专学历,任阿里副专员。倪惠康,自治区检察院法纪处长,阿里检察长人选,42 岁,大专学历,沈阳军区的,知青下乡,自动到林芝列麦下乡的。自治区法院次仁准备派到阿里(民事审判厅厅长),人比较好。

※　　　※

(一)财政。93 年财政收入 856.3 万元,其中七县收入 407.7 万元,企业亏损达 296.4 万元。自治区的定额补助 5357.6 万元,其中工资 3318 万元,专项补助 2039.6 万元,92 年节约 711 万元。93 年总财力 6924.9 万元。全年支出 7603.2 万元,财政赤字 678.3 万元。93 年基本建设已付款 1188 万元。其中计划外项目 1100 万元,未付的基建款 252 万元,实际 340 多万元的计划内项目。

困难大的县,七县赤字 283.3 万元。其中普兰县 69.6 万元,札达县 104 万元,噶尔县 31.2 万元,日土县 90.9 万元,措勤县 49 万元,改则县结余 25.3 万元,革吉县 14.4 万元,地区财政赤字 395 万元。

(二)企业的情况。外贸利润 800 万元,开发公司利润 183 万元,物资公司利润 8.9 万元,配件公司利润 19 万元,医药公司利润 7.7 万元,牧工商公司利润 12 万元,建材公司利润 52.5 万元,旅游公司利润 2.8 万元,批发公司利润 15 万元。

亏损企业,运输公司 29 万元,燃料公司 5.8 万元,新华书店 4 万元,农机公司 23.6 万元,电力公司 83 万元,门士煤矿 46.6 万元。

(三)93 年总人口(年度)。牧区 5.6646 万人。粮食总产 5000.05 万吨,比去年减产 121 万斤,减产 10.8%。牲畜的年末存栏数 272.62 万头(只、匹),牲畜出栏 45.456 万头(只、匹),比 92 年增 9.9%,出栏率达 16.92%。牧区的总收入 4293.120 万元,比去年减 30%,农牧民的总费用 698.980 万元,比去年增 4.66%,纯收入 3594 万元,人均收入达 646.62 元,比去年 704 元下降 7.81%。预计总产值达 1.5 亿元。企业欠交的利税 450 万元,赤字 678.3 万元,其中地区赤字 395 万元。93 年前遗留问题 1298 万元。地委系统超支 42 万元,已解决 20 万元,现缺 22 万元。

1994 年

1994 年 1 月 10 日

地委会议。

组织部汇报:有关老干部、县级后备干部、区级干部。

一、有关老干部。

(一)基本情况。退休干部 370 名,职工 370 人。狮泉河退休点 69 户,分散安置的 31 户,另外改则县安排 40 户,革吉县 30 户,措勤县 25 户。准备设老干部服务站,1 名站长,2 名副站长,1 名站长组织部安排,2 名副站长,1 名副书记。站长班典,藏医院。副站长每月补 250 元,3 个人。副站长白玛多吉(书记)、副站长南木杰石确,副书记格桑罗布。

(二)车辆管理办法。有辆东风车已跑四年,自治区老干部局这次又给了 5 万元。银行给了一辆丰田车,每年给 5000 元的补助。食堂没有开火,请两名炊事员,买用具需 2.5 万元。

（三）经费管理办法。原单位给退休的人员每人 200 元,服务站对财政局不对各县。企业的管理办法,服务站对社保局。经费主要用于节假日、组织活动、参观学习。

（四）医疗问题。输液用具;常用药品;要求配一名护士。

（五）文化娱乐活动。一是房子小,二是设备不多,缺录音机。有关老干部的第二问题,以地委名义给各县下文,题目是《提高认识,加强老干部工作的管理》。

二、关于后备干部问题。

（一）地直机关。

1. 计委:赵新,大专学历,旅游公司副经理。扎西多吉,61 年出生,32岁,大专学历,79 年工作,工业电力科科长。洛桑白姆,31 岁,初中学历,经委办主任。吕新民,计委劳动局局长。

2. 财政局:桑杰多吉,28 岁,预算科长,88 年工作。索朗平措,38 岁,中专学历,财政局办主任,76 年参加工作。

3. 教委:洛桑坚参,30 岁,大专学历,86 年 7 月工作,教体委政工科副科长。江巴次仁,34 岁,中专党员,83 年噶尔县文教局局长。次仁巴,35岁,大专学历,77 年工作,党员,普兰县文教局局长。加措,35 岁,大专,79年工作,中学副校长。曲绕,31 岁,中专学历,83 年工作,中学副校长。

4. 地办:杨光辉,高中学历,秘书科科长,85 年工作。红卫,26 岁,中专学历,89 年工作,机要科副科长。

5. 宣传部:米玛次仁,大专学历,36 岁,78 年工作,党员,现任办公室主任。次仁扎西,30 岁,中专学历,办公室一般干部,党员,83 年工作。

6. 公安处:班典桑姆,33 岁,高中学历,三科副科长。嘎玛次珠,29 岁,日土,中专学历,86 年工作,政治处副处长,正区级。嘎玛仁青,技术可以,大专学历。

7. 检察院:阿旺贡嘎,34 岁,经济科科长,正区级。梁志宝,31 岁,中专学历,行检科副科长,80 年工作,党员,高级检察官学校学习。

8. 行办:普布仓决,27 岁,科长,大专学历,中央民院毕业。

9. 民政局:冀瑞西,社救科科长,29 岁,中专学历。

10. 纪检委员会:曾云柱,纪检室副主任,41 岁,党员,72 年工作,高中学历。

11. 组织部:党宗莲,30 岁,大专学历,84 年工作,干部科科长。洛桑次仁,32 岁,中专学历,80 年 7 月工作,人事科科长。

12. 农牧局:达措,女,35 岁,大专学历,中级职称,党员,工作有魄力。

次仁旺堆,29岁,大专学历,兽防站。许建平,32岁,大专学历,项目科科长。

13. 交通:代林生,本科学历,办公室主任,正区级,29岁,87年9月工作,党员。次仁,41岁,中专学历,运输公司副经理,党员。

14. 卫生系统:春花,35岁,大专学历,70年工作,门诊副主任。次仁久美,35岁,初中学历,藏院副院长,78年工作。

15. 法院:益西拉姆,民庭庭长,35岁,中专学历,人品好。

16. 党校:索朗曲扎,35岁,教务处主任。

17. 商业局:黄泉浩,28岁,大专学历,办公室主任。

18. 地办:黄华书,男,原普兰组织部部长。

以上共36人。

(二)县报的干部。改则县:扎西多吉,组织部长,34岁,大专学历,77年工作。周美亭,党办主任,31岁,中专学历。嘎嘎,政办主任,39岁,大专学历。桑嘎达吉,40岁,中专学历,党员,公安局长。阿布无德,政办主任,43岁,初中。阿白,麻米区副书记、区长,43岁,大专学历,党员。以上共48名后备县级干部培养对象,总共需75名。

(三)区级干部。1. 改则县,才旺贡布,原商业局副局长,准备提县工会副主席。2. 噶尔县,益西桑布,噶尔县政办干事,准备提县工会副主席人选。3. 札达县,桑文,78年西北民院毕业,搞医,原来提妇联副主任,本人要求归队,县上同意。4. 煤矿,增加2名党委委员。次仁多巴,生产科科长;晋美多吉,办公室副主任。5. 机构,民政局现在核编8人,现在要成立财务科,同意设财务室。

组织部要做到:公正无私,群众路线;解放思想,严格保密。

※　　　※

卫生局要求成立计生办,要求增编,同意内部调剂3人,为计生办人员。

※　　　※

关于春节慰问的问题。

文化局演出问题。1. 党政军、司机、退休干部、教师。2. 演出专场,前往部队、武警、中小学。3. 售票时间,2月3日、4日、5日。4. 边防演出,扎西岗、甲岗。时间1月24日、25日。

2月6日去军分区武警慰问,看病号。2月7日,慰问大会。2月8日,茶话团拜会。军属、解放军、老干部,三人讲话,包括各科局,100多人。

安排:1. 慰问演出第二场改为第一场。2. 除扎西岗和甲岗外的12个边防连,由县代表地委行署进行慰问。3. 茶话会,120人以内。

团委,业余演出,1月29日、30日。演出单位地直党政军部门的团支部。

工会慰问特困职工,60 人,还有 30 个家庭。

两办,放假的问题,2 月 9—20 日,共 12 天,其中包括两个礼拜天。

组织部和计委慰问,一是离退休干部,二是住院的老干部,三是跨省安排的。

慰问方法,一是门士和嘎尔县,二是地直驻地,三是跨省的发信,四是送慰问品。最实惠的是茶叶,共 110 人,每人 25 元左右。住院的主要是买点东西送去。经费 7120 元,共 110 人。采取每家走访一下的办法,分开两个组。

※   ※

公安处反映,12 月 18 日发现的走私贩毒案,狗皮 107 张,水獭皮 401 张,长角羊绒 5.7 斤,虎骨一袋,扑克 23 副,画报 994 本。

编制问题,87 年 68 人,没有明确的编制,共 10 个科室(队)。现有 63 人,政保、外事、通讯需增加。塔钦和盐湖派出所需要成立,听说达赖在塔钦有个据点。

1994 年 1 月 13 日

军分区、地委行署有关部门分析研究社情。

王参谋长:一、东突厥斯坦伊斯兰已先后搞了十六次爆炸等活动,印度搞了三十六起演习,针对中国搞了二十四次,参与的最高官员陆军参谋长。入我境内的边民比较多。二、地方和部队共同解决的问题。组织一次军警民的共同侦察,了解方向扎西岗。研究联防体制,下发个文件,八个边防连。针对杰克问题,建立商贸管理机构。我方部分贸易公司、昌都商人不服从管理。

刘运通司令员:两大问题,一是边境,二是内部情况。应注意问题:边防的商客来往人员检查;防爆防暗杀;防骚乱。

公安处桑保处长:一、来往人员多,探亲的多,都未有正当手续。……做生意都是黑生意,晚上做,晚上来印度哨卡不管。大都是做动物皮张、虎骨和淫污画报、扑克等物品。93 年 7 月、8 月、9 月、10 月份,普兰到印度去 50 多人,其中党员 1 名,团员 2 名,有 2 名副区级干部到印度学经,扬言要恢复普兰的寺庙,贤不林寺。有 2 名干部的孩子已考上太原学校,不让去。去了太原的,一名是办公室主任的小孩,一名是地直机关干部的小孩。……

武警支队刘成俊政委……

公安旦增:保卫重点,一是地委行署领导驻地,二是档案馆,三是医院。……拉萨到印度……加强安全保卫措施和教育。人大、组织部要注意,不要被达赖所利用。……

政法委江白:90年饭店的青年跑到印度,现在又回来了,他爱人在电力公司,此人从印度到美国,现在在普兰。

达瓦书记:一是敌情社情,比较复杂。利用政策的开放,钻空子。互通情报,加强联系。今日的会议形成个纪要。二是注意掌握流动人口的情况。

谈几点意见:

一、大家对敌情社情的分析是正确的,所提的建议都是合理的,说明大家的警惕性是高的。

二、当前的形势,应该说总的是好的。经济是发展的,政治形势是稳定的。其表现:改革开放的政策、市场经济的观念、商品经济的意识已深入到干部和农牧区群众。阿里的六大优势已开始在阿里发生积极的效益。地、县、乡对94年的工作和今后五年的战略有切实可行的计划。边境稳定,政治安定,群众安居乐业,干部的思想作风有了新的变化。

三、当前大好形势下存在的问题。两手抓,两手都要硬,忽视了精神文明建设,忽视了干部和群众工作。因此,大好形势下,有些干部和群众思想麻痹,看不到社情的复杂性,敌情的严重性,因此在干部、群众中出现了不少问题,忽视了干部、群众工作。

四、下一步意见。提高认识,加强教育。在搞活经济工作的情况下,确保边境的安全、形势的稳定,政治工作要为经济工作服务。制定切实可行的政策办法,加强联防,支持部队边防检查站、海关和公安武警的工作。制定一个合适的办法和措施,加强边防的来往人员和物资的检查工作。加强对隐蔽战线的工作,要培养情报人员,利用现有的朋友。

五、加强对外贸、商人和边防海关及边防战士的教育。

六、成立边防领导小组。

七、加强联系,加强合作,共同携手,确保边境的安全,阿里地区形势的稳定。

※　　　　※

下午,地行联席会听取群团汇报。

工会土典格桑:一是想给职工办点事,工会会员150人,51名工会主席。二是工会交通条件差,到各县去不成。90年车子抓阄,分到什么车就是什么车,司机也抓阄。要求工、青、妇各解决一辆车子。有辆车司机四年没房子,打游击住房子。工会会费每年收1.8万元,每年上交8000元,给我们的指标 4.8 万元。各县总工会噶尔和普兰已成立。

团委:团组织 191 个,其中地直 36 个,乡 105 个。专职干部 12 名,其中妇女 5 名。12—18 岁的青年 1.415 万人,团员总数 3142 人,其中女团员 1178 人,少数民族团员 2192 人,新发展团员 197 人。问题:一是对团的工作不重视。二是经费不足,没法开展活动,要求一次性解决点经费。三是团的干部老化,青年到内地学习太少。四是是否有些小工程交给团组织去办。五是办公条件差,没有打字机。六是团委人太少,4 个人。

妇联:一是个别县对妇女工作重视不够。二是缺少交通工具。三是男女不平等,表现在招工、住房等问题。四是妇女、儿童缺少活动场地。五是提高妇女的素质,加强培训。六是妇联现有 6 人,编制 4 人。七是双学双比的经费不足。

讲几点意见:

一、群团的基本情况。群团组织为阿里的两个文明建设作了大量的贡献。在困难中不断前进和发展,在市场经济建设中有新的计划和打算。

二、存在的问题。各级领导对群团工作认识不足,重视不够。群团工作思想解放不够,没有走向市场经济,不适应改革开放和新经济形势的发展,习惯常规走路的办法。缺乏人才。

三、下一步的工作意见。一是解放思想,拓宽群团工作的路子。二是适应以经济建设为中心的工作。三是加强对团干部的培训和青年的教育。四是怎样解决当前存在的困难。县级干部 147 人,其中妇女干部 4 人。

1994 年 1 月 14 日

地委行署会议。

一、研究关心下一代委员会和老龄委员会的问题。事业单位,副县级建制,设 8 名组成人员,两块牌子一个办事机构。名义主任杨松、达瓦更巴、向阳、拉巴、公觉次仁。顾问孔繁森书记、次仁专员、贡保副司令员、丹增旺扎主席。主任委员洛桑旦达专员、达瓦次仁、贵桑、任世伦、平措(政协)。委员嘎尔玛、次仁(银行)、朗杰平措、王惠生(党校)、林发洪、索南平措(经)、益西江村(拉办)、白玛次仁(乌办)、骆岩生(农)、仁青(教体委)、赤列(文化局)、王德火(计)、班公(商)、次顿(财)、扎西班久(民)、土典格桑(工)、多吉次珠(组)、次白(行)、拉穷(地)、索南曲珍(妇)、孔运华(团)、(军区一名)。王惠生调两委任秘书长,郭建中兼副秘书长。

二、转干问题。八个遗留问题。1. 次仁多巴,煤矿生产科科长。2. 扎西次仁,旅游公司司务长。3. 加措,噶尔县政办干事。4. 嘎玛群培。5. 东岳,日土德汝电站站长。6. 贵桑,日土德汝电站副站长,股级干部。7. 欧玛索南,旅游公司。8. 才巴,运输公司,噶尔县出纳。

符合转干规定的,县级干部以上 23 人,区级 47 人,一般干部 50 人,遗留问题 23 人。

三、普兰县商业局干部晋美退休后的待遇问题。应补发 3000 多元。

※　　　　　※

阿里支队,王炳道,70 年 12 月入伍的,已在阿里工作 23 年,身体好,本人家中困难,不愿转业。品质好,善于团结,工作经验丰富①。

※　　　　　※

经费 800 万元②。1. 购车补助 250 万元。2. 普兰县狮泉河宾馆改造贴息 150 万元。3. 朗久电站的正常经费 20 万。4. 普兰市场前期建设费 10 万元。5. 油料亏损补贴 1000 吨,150 万元。四号文件之内的。

4 号文件外的,拉巴主席答应 152 万元,30 万元办公费明年给。五项政策的补贴 74 万元,地县财政补贴……运价油价补贴 85 万元,加起来接近 900 多万元。

1994 年 1 月 15 日

下午,门士煤矿。

特困户 7 户。

旦真,40 岁,革吉县 72 年工作,每月 327 元。

旺堆,4 口人,一个人工作,42 岁,72 年工作,每月 328 元。

普穷,单身汉,74 年工作,每月 314 元,37 岁,74 年以来没升过工资。

次仁多吉,33 岁,单身汉,工资 278 元。

多吉,一人工作,4 口人,41 岁,71 年工作,每月 337 元。

多尤,四口人,工资 375 元,74 年工作,普兰赤德人。

木达,女,临时工,3 口人,每月工资 215 元。

大部分是 74 年盖的房子。

1994 年 1 月 16 日

1. 昨天晚上听取了灾情补助汇报。

2. 焦炭补助给一部分。札达县购车报三家单位,这次财政厅给 14

---

① 写于日记本尾页。

② 此部分内容,写于两页信纸上,加在日记本中。

万元。

※　　　※

节日前工作检查。

1. 卫生局。局长、副局长 3 名,共 16 人,包括爱卫会 2 人,公费 2 名,计生 2 人,现上班人员 13 名。

2. 青妇,统战。

3. 邮电局,公安科有 7 人兼职的,值班局长电话 21204。

4. 检察院 16 人,学习去了 7 人,休假 1 人。

5. 文化局,保卫科 5 人。系统共 106 人,文化局本身 14 人,13 个编制。

1994 年 1 月 19 日

上午,碰头会议内容主要是各单位上班制度的检查工作。

第一组达瓦次仁书记:一、好的单位。1. 石油公司,一是上班坚持得好,保卫保密工作都不错。2. 粮油公司。3. 教委。4. 开发公司。二、差点的单位。1. 农委。2. 交通系统下属单位好。3. 运输公司,外出 10 人,共 158 人。运输公司盈利 2.8 万元,亏损 29 万元。交通局提出人多、杂,不去养路,而是养人,职工 254 人。运输公司有 20 多人没事干。运输公司被盗多,主要是司机互相偷。

开发公司有 600 多万元追不回来。

洛桑交给王峻 300 多万元,账上有,今年利润 180 万元。

计委:供电的欧珠有情绪,不听话。

嘎玛:多数单位的人没事干,有事干的是少数。

第二组桑珠书记:我们转了 24 个单位。1. 编译、民政、民宗局没有人,外办没人。2. 好的单位,邮局。3. 公检法好的,检察院、法院。

白玛欧珠专员:企业比行政好点,人少的比人多的好点,环境卫生差,死角多。

当前的机关病:管理不严,赏罚不明,纪律松弛,作风散漫,办事拖拉,自由主义。

1994 年 1 月 21 日

在地直各单位领导会议上讲几点意见。

一、努力做好本职工作,以实际行动迎接藏历年和春节的到来。坚守工作岗位,完成上级交给的任务是一名干部和职工起码应该做到的。94 年是阿里地区大发展的一年,是大开发的一年,是对新班子考验的关键年。

二、充分调动每名干部职工的积极性,为94年的经济大发展、思想大解放、大开发作好充分准备。一是实事求是搞好93年工作总结;二是94年工作要有新的思路、新的计划和新的决策。三是94年是大开发的一年,是提高干部素质的一年。四是为经济工作会议作好准备。

三、做好准备,过一个安全、和谐、欢乐、幸福、节俭的春节和藏历年。首先要关心老干部和困难干部职工的节日生活。其次,要把农牧区群众生活安排好,特别要注意灾情的发生。第三,多搞一些文化体育活动,丰富节日。第四,紧急动员搞好卫生。第五,注意安全保卫工作。

※　　　　　※

地委会议。

一、乡干招收问题。

93年自治区下达35个指标,92年留7个指标,共计42个指标。报上来42人,可能有7人批不下来。1. 措勤8人,其中妇女3人,年龄都在38岁以下。2. 普兰报5人,其中1人47岁,退职回家的,不准备报。还有2人45岁的,不准备报,符合条件的只有2人。3. 日土报6人,其中退职回家的2人,基本符合条件的4人。4. 噶尔县报3人,符合条件。5. 札达县报8人,都在35岁,其中有1人德吉桑姆是县打字员,只能上报7人。6. 革吉县报来5人,其中有1人离职回家的,其余40岁以下;7. 改则县报6人,都符合规定,40岁以下,搞得细。不足部分,各县再报,共7个名额。

二、转干问题。

参加考试应97人,实际考试67人。符合条件120分以上的9人,其中作废的一个人,符合规定8人。放宽业务分,60分以上7人。政治上够分的,12人。因有外地出差、休假的,是否94年春再考一次,89年元月1号以后招收的合同制工人不能参加考试。

规定区级以上免考,大中专免考。已转的地专1人,县级22人,区级47人。大中专10人,有职称的18人。遗留的,有23个人已转,应当参加考试的97人。要求转的,总共238人。

合同制工人比较好的:1. 谭年姑(行署),工作好。2. 杨慧霞(医院),文书、会计。3. 扎西卓嘎,札达组织干事。4. 王力(大学生),外办;5. 邓春花,交通局;梅韩玉,地办;靳司令夫人已转;6. 周良美,交通局会计。以上五人工作比较突出,单位要求转。7. 桑姆,考试103分,塔书记的勤务员。

三、部分单位的区级干部。

1. 卫生系统,下设七个机构。

人民医院:次仁卓成,业务副院长,正区级;次珍多吉,副院长,负责后勤,正区级;凉玛,医院办副主任,妇保负责人,副区级;桑文,任住院部主任;班久,任住院部副主任;春花,原门诊部副主任,提主任,正区级;唐中华,任门诊部副主任;才卓,任护理部总护士长;格桑,护理部副护士长;索卓,护理部副护士长;毛松叶,任业务科副科长;其美,人民医院工会副主任;金忠,任人民医院保健科科长。

藏医院:土登公决,任业务副院,原门诊副主任;久美,后勤副院长兼办公室主任;凉玛,住院部主任;格桑曲扎,住院部副主任;班典旺姆,门诊部副主任;次仁曲珍,护理部副护士长;次仁卓嘎,任医院办副主任;单增平措,藏药加工厂厂长;益西,副厂长。

防疫站:罗布桑培,任防疫站站长;次旺加措,任防疫站副站长。

妇保站:旺杰,任站长;金松,任副站长;尼珍,任副站长。

计生办:江西林,计生办副主任,正区级。

爱卫会:永忠,爱卫会办公室主任。

局机关:达珍,任主任科员,搞业务;多尔吉,任副主任科员,地方病。

部委会意见:次仁卓嘎,如果不干副院长,唐中华担起来;班觉和次多弄不到一块,次仁多吉,财务管理得乱,调地方病办主任为好;久玛,原人民医院化验室的调妇保站搞化验工作,有事业心,检验有技术,我们同意任妇保站副站长;毛松叶,暂不动,待业务科批准后再说;藏医院办公室至今没成立;藏药加工厂,丹增任厂长;局机关,达珍搞医好,多不吉任多病办副主任;次仁卓嘎任藏院办公副主任。

计委:统计局,扎西顿珠任副局长。商业,黄泉浩,原工业品批发副经理,任局综合业务科科长。噶尔县,罗桑,县公安教导员,参加地区公安处党组成员。宣传部,嘎尔玛任外宣科长,办公室原主任;次仁扎西任办公室副主任,原干事。

文化系统:文工团团长,索朗群觉;副团长,曲绕(地中副校长)、索朗任青(一般干部)、格桑顿珠、巴桑次仁、扎西加布。群艺馆馆长,南加石确,原来局一般干部。电视台台长,周斌;副台长李建材、嘎马罗珠。中播站副站长,嘎玛索巴。局机关,社会文化科,布公决副科长;文物科,韩心刚副科长;书店,未动。

组织部意见:文工团索朗群觉,了解的群众对他有意见,办法少,不商量,实干精神有。曲绕,教委不同意动。索朗任青,37 岁,业务可以,本人不干。格桑顿珠,人品可以,次仁专员的女婿。巴桑次仁,文工团准备叫他管后勤,我们了解喝酒严重。扎西加布,人品可以,能力可以,说了有人听,身体一般,爱喝酒。韩心刚,文化局赤列不要;南加石确,先提副馆长可以。

成立专案领导小组,组长达瓦次仁书记,副组长贵桑、嘎玛。

成立"五个一工程"领导小组,组长达瓦次仁,副组长安七一、任世伦。

杨年华,提为副主任科员。

1994 年 1 月 28 日

下午,地行联席会议,汇报自治区监察会议精神。

明久:1 月 13—15 日在拉萨召开。自治区党委常委、纪委书记普穷参加了会议,王万群厅长参加会议,郭金龙①、杨传堂②参加了会议。

普穷:一是今后把反腐败斗争引向深入。全区案件 681 件,500 多件是县处级以上的干部。二是春节、藏年前县以上干部召开民主生活会,是否召开问题? 是否进行? 三是县以上干部自检自纠,补课问题,另外有没有走过场的现象? 自查自纠,让群众评议或采取背靠背的办法。四是自查自纠有没有大会和群众见面,群众有什么要求? 五是收费项目已取消啦,有没有又开收;六是春节、藏历年、元旦期间禁止用公款请客送礼的问题。七是更新观念转变思想,从严治党。

王万群提出"四看":一看动机,出发点是什么? 二看手段,是否弄虚作假? 三看原因;四看效果。阿里有四个县,没有监察局长。行政干部兼公司经理的,只能享受一头。

请示:一是地县纪委和监察局合署办公,不给兼办公,是否两部门都挂牌问题;二是交通问题。

春节前需办的事:一是县以上干部的自查、补课工作。地委行署春节前搞生活会问题,对县级以上单位逐个检查自查自纠工作进行的情况;二是减轻农牧民负担问题的调查。对噶尔县的昆萨区中东乡进行检查。

嘎玛:1. 需要配监察局副局长。没配县监察局局长的有噶尔、札达、措勤、改则。噶尔、措勤有人选。地纪委 10 人,监察局 12 人的编制。目前两家总共 14 人,包括两名驾驶员。各县合署办公要配齐 5 人。2. 办公条件。有 4 个人住在外边,交通车辆问题,办案人员的补贴问题。

---

① 郭金龙,男,汉族,1947 年 7 月生,江苏南京人。1993—1994 年,任西藏自治区党委副书记;1994—2000 年,任西藏自治区党委常务副书记;2000—2004 年,任西藏自治区党委书记。

② 杨传堂,男,汉族,1954 年 5 月生,山东禹城人。1993—1994 年,任西藏自治区党委常委、区政府常务副主席;1994—2001 年,任西藏自治区党委副书记、区政府常务副主席。

1994 年 2 月 1 日

地委会议。

组织部洛桑久美部长:一是人事工作,二是党建工作会议。

一、人事。

1. 监察局,局长明久,配一名副局长。黄泉浩,现任商业局办主任,高中学历,30 岁;曾运柱,纪检室副主任。2. 张孝玉,人品比较好,工作能力差。3. 日土县的班子,次仁多吉当书记;加布次仁任县长,他是噶尔县常务副县长,加布次仁与爱人离婚啦,有 3 个孩子,噶尔县调个常务副县长。4. 桑保同志,提副秘书长,自治区不同意,自治区认为他文化低,没在基层干过,任阿里地区工会办事处副主任。5. 区级干部,仁青扎西是种畜场长,不是党员;次仁群旦,措勤民政局长,调种畜场当书记。日土县有 22.9875 万元的干部工资未落实,其中每人的交通费、高补费 25 元,有 8 个干部的退休补贴,每人 25 元没给。以上几项共需 35 万元。乡干部超编 12 人,现有 48人,应配 36 人。6. 法院院长拉巴罗布,需给上报免职。退休已批 9 人,刘继华、扎西班久、索朗多吉、吾金加措、次仁央金、嘎桑顿珠、次珠、白玛多吉、色尔布。

次仁专员:1. 张孝玉交自治区;2. 日土的书记暂不配;3. 监察局,黄泉浩最好不动,提商业副局长,班公年龄大,彭俭是局长。

洛桑旦达:1. 张孝玉暂时不动,慎重;2. 检察院应从阿里实际出发,配个年纪大点的;3. 加布次仁提拔为日土的常务副县长;4. 桑保是否放到民政福利公司。措勤民政次仁群旦,县同意,可以调种畜站任书记。

桑珠书记:1. 监察局,黄泉浩留商业局,提起来,曾运珠比较正派,提起来任监察局副局长。2. 日土张孝玉,一是征求他意见,二是给自治区组织部说一下。加布次仁,实干精神强,说话不算数,工作方法不当,在日土任县委常委。3. 桑保,任工会副主任。4. 次仁群旦原是公安局的,工作能力一般,调去种畜场当书记行不行。

嘎玛:1. 张孝玉书记暂时不动。2. 加布次仁,县委常委可进。3. 监察局副局长。4. 桑保科长当工会副主席。

二、今年召开党建工作会议问题。

(一)形成 3 个材料。一是关于进一步加强党建工作的决定;二是关于加强党的思想作风建设的意见,组织部起草。工作现状、回顾总结、基本情况,下一步加强党的建设的具体意见,机关基层支部的建设问题。三是关于进一步加强企业基层党的建设问题,纪检起草一个加强纪检工作的文件。

　　（二）表彰的内容。先进个人和集体。先进个人，优秀共产党员、优秀党务工作者、优秀纪检干部。先进集体，一是先进基层组织，二是先进党委党组。

　　（三）名额。共107人，其中优秀共产党员70人，占1.9%；优秀党务工作者15人；优秀纪检干部5个人；先进基层组织12个；先进党委（党组）5个。

　　（四）会议所发的奖品。先进集体发旗帜、镜框，先进集体奖金450元。先进个人发荣誉证书，每人奖金100元。

　　（五）会议的范围。要请区党委组织部、宣传部、纪委领导参加。各县委书记、组织部长、宣传部部长、纪检书记、企业党委书记，地委各部委一名同志，所表彰的先进个人和集体。

　　（六）会议经费。荣誉证书、旗帜由党费支出，驻会人员、奖品由地方财政支出。党费现有3万多元。

　　（七）会议时间。1月底召开，七一表彰，4天。

　　成立党建工作领导小组。共有党员3687人（含地区）。

　　洛桑旦达：突出基层，突出企业的代表；时间4天；搞好预算，行署保证；领导小组达瓦次仁任组长，洛桑和嘎玛任副组长；以地委名义起草一个文件。

1994年2月3日

　　上午，噶尔县。

　　上左左乡①书记嘎典，区长平措，副区长次扎。

　　参加人：扎西专员，畜牧局塔杰和县两人。

　　乡书记：全乡牲畜近3万头（只）。全乡77户，人口351人，人均77只。捡马粪，每个要捡2斤才行。主要是草场不行，下一步合理利用草场，牲畜弱的放到网围栏里边放，牲畜好的运出放。全乡牲畜死亡……这场下雪后统计的。

　　上左左一村从去年12月底到目前，死亡绵羊380只，山羊91只，11头牛，3匹马。一村共死亡485头（只、匹）。一村大约9000头（只、匹），死亡率5.4%。二村，共98人，成畜死亡绵羊175只，山羊死57只，6头牛。二村死亡238头（只、匹），二村牲畜和一村差不多，牲畜总数9500多头（只、匹），死亡率3%。三村120多人，牲畜8000多只，绵羊死亡53只，山羊38

---

　　① 左左区包括上左左乡、下左左乡、朗久乡。

只,牛 7 头,马 3 匹,总共 101 头(只、匹)。

一村顿珠群配,牲畜 1000 头(只、匹),死亡羊 54 只,牛 4 头,共 58 头(只、匹)。米根,牲畜 340 头(只、匹),已死 45 头(只、匹),死亡率 13%多。杨培,牲畜 370 头(只、匹),牛、羊死 65 头(只、匹),其中大牲畜 2 头,占 17.6%,其中 28 只羊羔死 26 只。已喂牲畜粮食近 1 万斤,但最后没解决问题。

需组织上解决:一是野马,二是给点粮食,革吉县的草场是否给解决一下。

乡党员 8 人,团员 5 人,总人数 351 人。五保户 3 人,村承担肉和面。实际困难 3 户(特困户),目前粮食没有断,有 3 户 13 人。

上左左乡老乡长拉旺,61 岁,3 口人,没小孩,羊 500 多只,牛 80 头,目前羊死亡 3 只,牛未死。93 年卖了 100 多只,上左左乡老乡长拉旺家出栏率 20%。自己吃了 40 多只,产畜 60 多只,活下来只有 10 多只小的。老婆放牛,另外雇 2 名放羊的,吃住自己管,再给雇工每天 3 元,如不给住宿吃饭,每天 7 元钱。牲畜死亡率高的原因,缺水,牲畜喝不上水,渴死啦。

93 年存栏数 8 万头(只、匹),总人口 1046 人(不包括五保户、在校生、乡干部)。93 年出栏率 14.7%,人均牲口 77.7 头(只、匹)。其中羊 7.7180 万只,93 年出栏 1.1998 万只。

下左左乡,全乡牲畜死亡 470 头(只、匹),其中牛 20 头,马 3 匹,下左左乡上半年存栏 2.7 万头(只、匹)。全区从 12 月底到 1 月中旬死亡 2420 头(只、匹),不包括下左左乡的 470 头(只、匹),占 3%。

1994 年 2 月 4 日

上午,洛桑旦达专员汇报全区经济工作会议精神。

自治区共开了 14 个会议:1. 粮食;2. 财政;3. 计划;4. 石油;5. 体改;6. 房改会议;7. 牧畜;8. 农业会议;9. 商业会议;10. 金融;11. 税务工作会议;12. 旅游工作会议;13. ……14. ……

准备分二个阶段:一是初步传达贯彻阶段,主要提高认识,统一思想,全面贯彻领会议精神;二是全面深入贯彻落实阶段,时间在年后到三月初。

年后召开经济工作会议和专项工作会议。六个字的主题:抓改革,促发展。全区经济工作会议主题:改革、发展、稳定。指导思想……主要任务:结合阿里实际,深入研讨贯彻实施方案。自治区经济发展有九大方案,使改革的力度、发展的速度发展到一定的阶段。解放思想,实事求是,明确阿里改革的思路,明确阿里经济发展目标,明确发展的路子。

具体设想:2 月 28 日召开阿里经济工作会议,5 天时间。一是传达自治区会议精神,一天半时间;二是利用三天时间,根据阿里的实际全面落实经济工作会议指示;三是深化农牧区改革发展,加快农牧区发展的意见。

召开四个专业会议:1. 计划会议。94 年计划盘子;计划;矿业的管理办法。2. 财政会议。94 年财政盘子;加强地县财政建设的意见;财税研究,改革区具体工作怎样搞;房改工作怎样搞。3. 农牧业会议。传达自治区会议;安排 94 年农牧工作;对农牧的规划、建设意见;阿里地区扶贫工作的计划,扶贫开发规划,阿里提前一、二年使贫困户脱贫,确定项目研究对策;粮油放开价后,牧区的供应由民政补贴;阿里地区畜产品的收购办法。4. 企业改革会议。总结 93 年的承包评估工作;宣布第三轮企业厂长、经理的法定人;签署第三轮企业的承包。

开会要主题明确,重点突击。三月初,结合各县实际召开会议,制定本县的方案。三月底,地委行署组织七个工作组深入各县帮助贯彻落实,时间 2 个月至半年。第三项工作,要签署岗位目标责任书,3 至 5 年达到什么程度。(原文顺序如此)

※　　　　　※

全区经济工作会议,1 月 15—19 日召开,247 人参加,阿里 20 人参加。主要内容是学习贯彻中央十四届三中会议精神,学习贯彻 9 个改革方案。

郭金龙同志:1. 改革的信心;2. ……3. 落实好改革的措施。

札达一区四乡和改则北部九乡的扶贫工作,自治区已报中央,改则县作为全国扶贫县。

交通厅同意阿里养路费自给自治的办法。1. 219 国道延伸到仲巴县;2. 安狮公路,自治区设计院统一设计;3. 国狮公路,给我们 40 万元的基础上提到 100 万元;4. 乡村公路问题。基建项目 270 万元,日土 200 万元,切块 70 万元。

一个重点,两个倾斜:拉萨是重点,阿里和那曲两个倾斜。

全区财政赤字 1.2 亿元,阿里投 700 多万元,自治区工资改革每年需要 5.6 亿元。

办事处洛桑主任,跑计委项目、三十年大庆项目①、狮泉河液化站项目、以工代赈的项目、党校项目、"一河两沟"札达沟的项目、日土县的山羊绒加工项目。

益西:民政厅复退军人安置、扶贫农委的几个项目。教育方面:1. 拉巴

---

① 1995 年庆祝西藏自治区成立三十周年,中央帮助西藏建设 62 项工程。

主席定的 108 万元;2. 94 年的教育基建;3. 91 年、92 年教育经费缺口;4. 能源建设问题。

交通上的几个问题。

卫生厅:阿里卫生设施建设 1000 多万元;普兰的市场开放点问题;普兰札达口岸的联检设施问题。

传达江村罗布主席的讲话:今年财政收入 1.4 亿元。农牧业收入 22 亿元,农牧民人均收入 515 元,全国人均收入 815 元,阿里人均收入 656 元。学生入学率 63.2%;财政安排 15 亿元。全国的物价上升 15%—18%,接近世界通货膨胀的水平。经济发展的速度,全国规定 8%,实际达到 13%,沿海已达到 40%。财政,一是保改革,二是保吃饭,三是建设。坚持发展生产力的标准。西藏九大改革的方案,最难办的是企业改革,其次是农牧业的改革,第三是财税改革。新的增税体制改革,划分税种,分级包干的办法,强化国有资产的管理。坚持深化改革,加大改革的力度。西藏有个体工商和私人经商户 4 万多个,从业人员有 7 万多人。

扎西副专员传达泽仁桑珠副主席的报告:全区有 48 万人的温饱问题没有解决,阿里有 11360 人的温饱问题没有解决。农业是西藏经济的基础,畜牧业是西藏经济发展的重点,乡镇企业是农牧民致富的关键,农业和畜牧业是经济效益弱低、社会效益大的产业。

贵桑副专员传达杨传堂同志在全区经济工作会议上的讲话。认真学习,不断实践,不断研究新情况,解决新问题。转变作风,狠抓落实,开创我区经济工作的新局面。

※　　　　※

次仁副专员传达全区计划会议精神。

1. 93 年经济运行的情况。全区国民生产总值 36.5 亿元,粮食 12.4 亿斤,油菜 3800 万斤,工交生产……93 年人口共计 228.7 万人。2. 94 年经济工作的预测。遵循以下五条原则:一是深化农牧区改革;二是加大企业金融、税财、价格的改革;三是深化流通体制的改革,人均支配达到 545—555元。94 年工资总额 1800 万元。

※　　　　※

贵桑副专员传达全区财政工作会议精神。

多吉才旺厅长传达了全国财政会议精神,国有资产增值和保值的问题。93 年全国财政工作的情况。财政预算 500 万元。93 年缺口,阿里各县财政赤字 380 万元,地直财政赤字 370 万元,共 750 万元赤字。

※　　　　※

税务工作会议精神。

旺堆副局长汇报。

※　　　　※

王德火汇报体改工作会议精神。

杨传堂指出,认清形势,明确任务,加快我区经济体制改革的步伐。全区国民生产总值 36.5 亿元。

改革发展和稳定的关系。一是加速改革的步伐为经济发展奠定基础。关于整体与局部的关系。二是行动上坚决,政策上灵活,步骤上稳妥。要求:一是以改革统揽全局;二是加强调查研究,注意解决改革中出现的新问题。三是加强学习,提高素质,不断适应改革形势的需要。

※　　　　※

传达肖怀远同志在体制改革会议上的讲话精神。

继续深化农牧区的改革。六大任务。企业改革。要建立阿里地区体制改革办公室,人员 8—10 人,每年经费 20 万元。以体制改革为重点。

94 年工作,一是宣传贯彻体改意义;二是抓农牧区的改革;三是抓好企业的改革;四是协助……

※　　　　※

贵桑汇报房改工作会议精神。

改革要实现住房商品化、社会化。从今年 4 月 1 日开始,从原来每平方米 0.5 分,提高到 0.4 元,标准以内。住房标准:一般干部 56 平方米,县级干部 76 平方米,地专级干部 100 平方米。

※　　　　※

曲尼杨培汇报全区农牧工作会议精神。

林业 30 万元,改则县防灾抗灾基地建设。

※　　　　※

班公书记汇报商业工作会议精神。

1. 批发公司积压库存 300 多万元;2.93 年盈利 4 万多元。3. 供销社改革问题。26 个供销社,77 人。供销社改革抓试点的问题,试点 2 个,联社的问题。

过年后,各县区跑一下,了解一下基层供销社的情况,抓机遇。

※　　　　※

普布汇报全区石油工作会议精神。

93 年财务决算进货 5102 吨汽油。其中,叶城进货 4188 吨,销售 4396 吨,93 年亏损 847 万元。

粮食局公觉次仁:93 年库存 873 万公斤内地粮。自治区给阿里下达储备粮 3000 万斤任务。

扎西专员:狮泉河电站 3391 万元前期经费,后期定为 1650 万元。造 1.1 万立方水容量水库。95 年 12 月设计搞完。朗久电站已花 4657 万元,现在每度电 4.48 元。措勤光电站 30 千瓦,改则 20 千瓦。

※　　　　※

1993 年国内十大新闻。

一、中共中央召开十四届三中全会,通过了《中共中央关于建立社会主义市场经济体制若干问题的决定》。

二、《邓小平文选(第三卷)》出版发行,为学习贯彻建设有中国特色社会主义的理论提供了最好的教材和最有力的武器。

三、国家主席江泽民在西雅图会见美国总统克林顿。

四、在反腐斗争中查处大案要案,领导干部要廉洁自律,纠正行业不正之风。

五、中央采取措施整顿金融秩序,取得了……

六、减轻农民负担,保护农民利益问题,引起各级领导的重视,这是调动农民积极性,促进农业发展重要措施。

七、大陆与台湾之间的"汪辜会谈"在新加坡进行。

八、中国铁路"头号工程"——京九铁路建设全面展开。

九、中国距离申办 2000 年奥运会只有两票之差……

十、国民经济再上新台阶,生产总值突破 3 万亿元。

※　　　　※

关于过好春节、藏历年的安排。

一、自从上次布置检查春节、藏历年工作情况后,从目前看,一是绝大部分单位坚守工作岗位,上下班制度好;二是安全保卫措施落实得好;三是干部职工群众的生活安排得好;四是拥军优属慰问老干部、困难户工作做得好;五是环境卫生工作搞得好。

二、几项工作一要把经济工作会议和专业会议精神传达贯彻好;二要充分做好防灾救灾工作;三要继续检查落实节日期间的安保、值班工作;四要慰问老干部、困难户干部职工,群众的工作要……五是节日期间不喝酒、不赌博、不说不利民族团结的话;六要把节日的文化课、娱乐活动搞好。

总之,要过一个节俭、安全、欢乐、团结、改革的春节、藏历年。

※　　　　※

当前西藏干部职工对市场经济的态度。

一、有些西藏干部职工认为西藏实行改革开放、市场经济不适合,条件艰苦,交通不便,人员素质差,不适合市场经济,要和全国的经济发展接轨不可能。造成上述认识的原因,西藏引进外资、拴心留人的条件不具备,就是制定的优惠政策难以实现。这主要是思想解放不够,目光短浅,犯红眼病。

二、自暴自弃思想严重,自己看不起自己,也就是说自卑心理严重。

三、能不能最大潜能地调动干部职工、人民群众的积极性,是能否搞好改革开放的关键。由于思想保守,存有有眼不识"金镶玉"的求全责备的思想。领导是关键,班子是要害,群众是基础。

这次自治区经济工作会议和十个专业会议的精神基本传达完啦。这次会议不光重要,而且新出台的政策多、文件多,改革的措施多,制约因素多。可以说,内容丰实,情况复杂,任务具体,要求快。这是全国的大政方针,不是可搞可不搞的问题,是非搞不行。

一是要把会议精神贯彻好。

二是为春节后的经济工作会议做准备,为本单位、系统的改革措施出台做好准备。可以说,今年出台的政策多,对阿里来讲优势多,机遇多,看我们能不能抓住机遇,利用好优势!

三是对经济工作会议即将出台的几项政策,要认真听取干部职工的意见,有目的的了解一下群众对改革措施承受能力有多大,做到心中有数。

去年,农牧业生产情况。农牧区总人口增长率18.8‰;粮食总产5005吨;牲畜存栏273万头(只、匹),绵羊毛下降,山羊绒下降,肉产量增加。去年淘汰牲畜45万头(只、匹),93年出栏率16%,成畜死亡率控制在5%。

※   ※

张:年前四个工作。一是增加改革的信心,改革放在建立新的体制上,从阿里实际出发,实行分类指导的方针;二是加强宣传教育工作;三是做好稳定局势工作;四是密切注视天气,做好防灾抗灾工作。

1994年2月6日

上午,研究经济会议准备工作。

洛桑旦达:杨松主席意见,一是通过15年改革,西藏有了一定的经验,从心理上物资上有一定的基础。改革进入攻坚阶段啦,进入建立新体制阶段,已与全国拉大距离啦。从94年开始要跟上全国改革的步伐,党委一班人统一了认识。改革的决心已征求了在京工作的原西藏的干部。西藏多数干部职工、群众是拥护的。二是出台九大改革方案后,利益格局上做了大量的调整。存在的缺口靠自己解决,出台的方案已考虑到群众和基层的利益了。自治区税收减少了 3500 万元。不能因冲击本部门的利益而不执行改革的措施,不要把正常的问题也归结到改革上去,要做好宣传工作。

郭金龙意见:一、改革是发展生产力的唯一出路。市场经济必将促进区域落后经济的发展,不改革没出路,困难更多。在工改方案中,中央已考虑到西藏的特殊情况。二、抓好当前工作。改革要促进经济工作的发展,改革对大多数人来讲收入增加,各种利益格局调整,各地要找到自己经济增长点。结合实际,抓住重点,抓改革的典型。两个不可忘:一是转变作风,机关为企业服务的问题;二是要抓好局势的稳定。粮食价格上涨后,退休干部和边远群众的粮价补贴。三、抓好任期目标责任制,实行奖罚制。

江村罗布主席意见:做好宣传工作;安排好群众生活;安排好亏损企业职工的生活;稳定局势。

杨松主席意见:价格问题很敏感,注意信息反馈工作。各地市的粮油补贴问题。2000 万元给五保户,困难户的补贴。自治区定的特困户,收入 180 元以下的算。

江村罗布:会议的最大收获是大家对改革有了统一的认识,回去后关键是提高干部群众的认识。县级财政建设搞了几年,林芝乡级财政建设已搞了。明年西藏自治区成立 30 周年。项目要可行性报告。税收实行三七开。强调稳定局势问题。拉萨地下组织说,现在是闹事的最好时机,达赖 4、5 月份来,如果不让来就动武力。各厅局支持各地市的改革。

阿里的情况。一、能源建设。1. 狮泉河电站,95 年 12 月设计结束,96 年才能批准;2. 普兰、札达电站,已列入西藏工作会议。二、交通建设。1. 打通安狮公路,原定 25 亿元不可能。2. 安狮先通,安多和阿里已给自治区政府打了报告。拉普公路,已给交通部汇报,2.4 亿元。3. 国狮公路,966 公里,狮泉河镇到 22 道班。4. 乡村公路建设。5. 狮泉河大桥公路的建设问题。三、农牧区基建。1. 沙萨让公路。2. 改则县列为扶贫县。3. 日土的山羊绒基地问题。4. 阿里扶贫开发总公司。四、基本建设问题。1. 日土改造 200 万元。2. 切块补助 70 万元。3. 办公楼今年不列入计划。4. 教育经费基建 4 个项目,300 万元。

杨松主席:1. 粮食问题。粮食加工企业,地县可搞小型加工厂,阿里报十个小项目。2. 三十年大庆项目。智力援建,我们报党校。今年的盘子是吃饭的盘子,今年财政盘子 15 亿元,基建费 2 个亿,主要是基建工程。

江村罗布:给阿里 300 万元,6 月份报项目。

杨传堂:阿里既要贯彻全国和西藏自治区的会议精神,又要突出农牧、税收、企业、社会保障四个方面的改革。要从阿里实际出发,不要套其他模式。工作方法要实行分类指导,坚持一个中心两手抓。找出一个发展的路子,建设一个好的班子,解决一个发展的引子,树立一个发展的样板。

※　　　　※

节后经济工作会的准备。

一、关于会议的指导思想。会议以贯彻党的十四届三中全会和自治区四届五次扩大会议精神为指导,以改革促发展为主题,加快建设社会主义市场经济体制的步伐,确保社会经济的较快发展。

二、会议主要任务。传达学习全国税收工作会议和自治区部门召开的专业会议精神,分析当前我区的经济形势,研究制定各项改革方案实施的措施。安排布置今年的经济工作。

三、目的要求。通过解放思想和实事求是提高对加快建设社会主义市场经济体制的必要性认识,增强加快改革促进经济发展的责任感和紧迫感,明确改革的基本思路,明确经济发展的目标,明确经济发展的路子,明确今年经济工作指导方针、任务和措施,增强做好经济工作的信心。四项数字,国内生产总值1.3亿元,增加到1.46亿元。财政收入,从17%提高到27%。农牧区人均收入从646元增到666元。

四、全年经济工作思路。以改革为动力,以开发促开发,以开发促发展,稳定基础。外贸为大头,矿业和旅游为骨干。能源建设和财政建设为重点。

五、会议组织形式。1.组织领导。政府研究,地委批准,然后共同开好会议。2.组织形式。先召开全区经济工作会议,然后召开专业会议。3.会议议程安排。5天时间,分三阶段。第一阶段传达学习经济会议和专业会议精神,安排一天半时间。文件:江村罗布、泽仁桑珠、杨松讲改革文件之四。第二阶段结合实际,研究制定改革措施,安排今年经济工作,时间3天。

六、主要内容。出四个文件:一是经济工作会议贯彻意见,全面贯彻全区经济工作会议精神,加快建立市场经济体制的步伐。根据我地区实际,提出改革的指导思想,改革的方针和具体措施,这是文件之一。第二个文件,农牧区会议精神,进一步深化农牧区改革和做好农牧区工作,加快农牧业的改革。简要回顾几年来我区农牧区的情况,然后指出改革的方向,明确路子、任务,确定重点,制定具体措施。第三个文件,认真贯彻企业条例,加大企业改革力度。通过总结企业这几年的情况,确定指导思想、基本原则、承包方案。第四个文件,抓机遇,团结奋进,做好94年经济工作。以改革为动力,明确经济任务,突出重点,提出完成94年经济工作的政策和措施。第三阶段,会议总结半天。

七、关于几个专业会议。四个专业会议:计划工作会议;财政工作会议;

农牧工作会议;企业改革工作会议。1. 计划工作会议。传达自治区计划经济会议精神;制定 94 年社会经济发展计划;基本建设的管理意见;矿产资源管理意见。2. 财政会议。传达自治区财政、税收、房改会议精神;安排 94 年财政预算盘子;税收征管工作的意见;财政起草加强地县财政建设意见;住房制度改革意见。3. 农牧工作会议。传达自治区农牧和畜牧工作会议精神;农牧业基本建设的规则,牧区主要开发无水草场,农区主要是水利建设;扶贫工作的规划,民政工作准备;94 年畜产品的收购管理办法;安排 94 年的农牧工作规划。4. 企业改革会议。贯彻全区体制改革会议精神,税收改革会议精神;总结 93 年的承包工作;总结企业的厂长经理管理制度、第三轮承包的关键工作;签署第三轮承包合同。

八、关于经济工作会时间安排、规模。1. 经济工作会议时间 5 天。2. 规模,地委、行署、人大、政协领导都参加,各县县委书记、县长,财政、农业、民政领导,各区书记或区长,70 人左右。商业参加,地直机关县级以上单位主要负责同志,企业经理,两办、煤矿领导,65 人左右。

七、会议的筹备工作。成立领导小组:孔繁森、洛桑旦达、贵桑、扎西。成员:地委副秘书长李玉建;行署副秘书长次白;计委王德火;财政次顿、洛桑;税务旺堆;农牧曲尼杨培;经贸索朗平措;民政曲达;工交局阿旺;公安桑保;饭店王伟民。

下设 3 个组。1. 秘书组:组长任世伦专员,成员贵桑、扎西、李玉建、王德火、次顿、索朗平措、曲尼杨培、曲达。四个材料:贯彻意见,索朗平措;农牧区,扎西专员、曲尼杨培;关于企业改革,贵桑、洛桑;计委王德火。专业会议材料贵桑具体安排,农牧会议扎西安排。2. 会务组:次白、洛桑、王伟民;3. 保卫组:桑保、噶尔县局长。材料除几个会外,搞点典型材料。

※　　　　　※

几点看法。

一、学习好文件,转变观念,提高认识,统一思想,树立紧迫感,危机感,责任感。

二、会议突出重点,明确责任,责任到人。全县要确定一两个开发项目。

三、利用优势,抓住机遇,抓能源,抓交通,抓开发,抓人才。

四、加大改革措施,引进人才的决定。

五、会议的规模、时间。

六、搞好会议准备,下一个通知。

七、领导机关转变作风问题,要有具体的东西。

大家对会议的意见。

1. 次仁副专员……

2. 贵桑副专员:经济工作会后,计、财会议一块来。社保制度改革拿出一个意见来。加强两级财政建设的决定增加到财政预算说明里边去。时间安排最好做好充分准备,专员最好参加。会议规模。商业局长不参加为好。计委洛桑参加领导小组。典型材料要介绍和印发。

3. 扎西副专员:会议叫经济工作会议好。增长速度,农牧总收入占总收入96%,和93年持平就不错啦,农牧民收入再增加不容易。区参加一个人是对的。会议的时间,要充分做好准备材料,要有操作性的。

4. 桑珠书记:准备工作做好。会议时间暂不定。增长指标要算一下再定。

5. 王德火:时间紧,准备不充分。

※　　　　　※

贯彻全区经济工作会议精神。

理清思路,明确任务,增强信心,坚定方向。会议中要达到敞开思想,充分讨论,发扬民主,集思广益,统一思想,明确任务,振奋精神的目的。会后增强干部工作的开放性、原则性、系统性、科学性、预见性。国内的形势是好的,经济发展,政治稳定,民族团结,社会进步。现在国际形势的特点,就是走向多极格局,局势有些缓和,矛盾复杂多变,世界并不安宁,总之国际形势对我们有利。

1994 年 2 月 22 日

专员办公会议,计委上报的数字汇报。

一、农牧业工作。

93年人口56460人(农牧业),比去年增加1046人,增长率为18.8‰。耕地3.8939万亩,比去年减少61亩,实播面积2.9784万亩,比92年实播面积增加1126亩,增加3.9%。粮产:5034.94吨,(总产)比92年5661.79吨减少626.85吨,减少11.07%。单产93年亩产169公斤。92年亩产196.5公斤,减27.5公斤。

牲畜出栏50.21万头(只、匹),比92年实际多出9.8万头(只、匹),增加24.25%,出栏率18.72%。存栏数93年269.08万头(只、匹),比去年增加6600头(只、匹),增加0.2%。93年当年生子畜69.11万头(只、匹),成活数比92年增加2.61万头(只、匹),比92年增加3.9%。成畜死亡15.36万头(只、匹),增加2.17万头(只、匹),增加16.5%。成畜死亡率5.7%。肉产量7090.25吨,比去年增加1554.7吨,增加28.1%。奶产量6217.76

吨,比去年减少 1284 吨,92 年奶产量 7502.3 吨。其中,牛奶产量 9101.75 吨,比去年少 279.45 吨,减少 23.3%。

羊毛的产量。山羊毛产量 58.85 吨,比去年增加 9.57 吨,增加 19.4%。绵羊毛共 1295.48 吨,增加 36.28 吨,增加 2.9%。山羊绒产量 173.68 吨,92 年 169.66 吨,增加 4.52 吨。牛毛 6222 吨,增加 19.37 吨,增加 45.2%。牛绒产 65.16 吨,比去年增加 1.06 吨,增加 1.7%。牛皮 7446 张,减少 1302 张,减少 14.9%。羊皮 79723 张,去年 86963 万张,减少 8.32%。绵羊皮 15.8615 万张,减少 7.8774 万张,减少 33.18%。牦牛皮 69 张,去年 56 张,减少 13 张,23.2%。小羊羔皮 98672 张,比去年增加 10236 张,11.6%。

农村经济总收入 4332.22 万元,92 年 4425.7 万元,减少 93.47 万元,减少比例 2%。93 年总费用 701.67 万元,增加 33.79 万元,增加 5%。农村纯收入 3630.56 万元,92 年 3757.82 万元,减少 127.26 万元,减少 3.4%。人均收入 666.02 元,92 年 701.39 元,减少 35.37 元。

二、各项产值。

农业总产值 12164.42 万元,92 年 12713.63 万元,比 92 年减少 549.21 万元,减少 4.3%。其中,牧业产值 11686.71 万元,减少 67.15 万元,减少 0.57%。山羊毛产值 35.78 万元,增加 16.3%。山羊绒产值 4012.99 万元,增加 104.64 万元。绵羊毛产值 1165.95 万元,增加 32.6 万元。以上三项增加 143.32 万元。牛皮产值 81.96 万元,比去年减少 14.27 万元。绵羊皮产值 171.36 万元,减少 64.38 万元。山羊羔皮产值 64.6 万元,减少 85.9 万元。山羊皮产值 394.69 万元,增加 14.9100 万元。牛奶产值 65.78 万元,减少 20.03 万元。羊奶产值 284.89 万元,减少 54.09 万元。两项减少 74.12 万元。

工业产值 518.16 万元,增加 71.07 万元,增加 15%。发电量 475 万千瓦时,增加 229 万千瓦时,增加 93%。拆汽大修 37.02 辆,比去年减少 3.8 辆。硼镁石 5000 吨,增加 500 吨。煤 1300 吨,增加 930 吨,增长 2.5 倍。红砖 170 万块,减少 10 万块,减少 6%。自来水 144 千立方米,增加 56.4 千立方米,增加 64%。钢岩 2200 平方米,减少 16%。现价工业总产值 1524.23 万元,比去年 871.92 万元增加 652.31 万元,增加 71%。

社会商品销售总额。社会商品总额 5138.3 万元,增加 335.8 万元。

交通运输。货运总量 2.64 万吨,增加 0.21 万吨,增加 8%。其中进藏货运 0.99 万吨,增加 0.43 万吨,增加 76%。出藏 0.5 万吨,增加 0.22 万吨,增加 78%,92 年 0.28 万吨。分运 1.15 万吨,减少 0.44 万吨,减少 28%。

固定资产投资。完成 3038.7 万元,增加 1012.7 万元。建筑面积 2.0693 万平方米,增加 2987.3 平方米,增加 16.87%。93 年,57 个项目,92 年 55 个项目。

国民生产总值 1.278332 亿元,去年 1.3 亿元,比去年减少 597.28 万元,减少 4.46%,其中第一产业 8054.35 万元,减少 1173 万元。第二产业 88.52 万元,增加 39.81 万元,增加 3.79%。第三产业 3640.45 万元,增加 536.28 万元,增加 17.3%。

国民收入,93 年 10072.72 万元(1.072 亿),92 年 10250.2 万元,减少 177.48 万元,减少 1.73%。

社会生产总值 14549.16 万元(1.4 亿),减少 143.23 万元,减少比例 1%。总人口 65100 人,92 年 6.39 万人,增加 1200 人,增长率 18.8‰。

三、各县情况。

各县人均收入。普兰县人均收入 781 元,92 年 790.79 元,下降 1.24%。札达县人均收入 608.6 元,92 年 596.9 元,增加 1.96%。噶尔县人均收入 757.92 元,92 年 829.02 元,减少 71.1 元。日土县 736.52 元,92 年 727.36 元,增加 1.26%。革吉县人均收入 618.54 元,92 年 703.38 元,减少 12.06%。改则县人均收入 613.31 元,92 年 620.05 元,减少 1.09%。措勤县人均收入 544.22 元,92 年 715.74 元,减少 23.96%。

各县畜牧生产情况。(一)牲畜存栏。普兰 16.01 万头(只、匹),比去年减少。札达 14.35 万头(只、匹),减少 3.39%。噶尔县 23.02 万头(只、匹),增 1.14%。日土存栏,增 4.9%。革吉 57.03 万头(只、匹),增加 0.96%。改则 76.01 万头(只、匹),增加 7.1%。措勤 51.61 万头(只、匹),减少 1.54%。(二)出栏量。普兰 3.02 万头(只、匹),比去年增 13.9%。札达 2.88 万头(只、匹),比去年增加 1.13%。噶尔县 5.01 万头(只、匹),比去年增加 8.99%。日土 4.82 万头(只、匹),比去年增加 5.96%。革吉 11.86 万头(只、匹),比去年增加 34.31%。改则 11.38 万头(只、匹),增加 17.68%。措勤 11.24 万头(只、匹),比去年增加 38.08%。

成畜死亡。普兰县 0.93 万头(只、匹),比去年增加 47.41%,成畜死亡率 5.79%。札达 0.57 万头(只、匹),死亡率 3.78%,比去年增加 20.98%。噶尔县 0.82 万头(只、匹),比去年下降 35.78%,死亡率 3.61%。日土 0.89 万头(只、匹),比去年减少 64.71%,死亡率 4.53%。革吉 2.56 万头(只、匹),比去年减少 22.42%,死亡率 4.53%。改则 4.11 万头(只、匹),比去年增加 11.77%,死亡率 5.79%。措勤 5.48 万头(只、匹),比去年增加 265.33%,死亡率 9.5%。幼畜成活率,93 年比 92 年增加 3.92%。

粮食。普兰产量 28.85 吨,减少 3.25%。札达 909.55 吨,减少 24.36%。噶尔县 656.9 吨,减少 7.71%。日土 530.13 吨,减少 23.27%。革吉 23.5 吨,减少 29.73%。

绵羊毛。普兰 87.12 吨,减少 8.29%。札达 61.83 吨,减少 0.34%。噶尔县 136.6 吨,增加 27.84%。日土 133.67 吨,增加 8.91%。革吉 294.36 吨,增加 21.38%。改则 396.7 吨,减少 5.31%。措勤 185.2 吨,减少 12.27%。

山羊绒。普兰 3.32 吨,减 51.18%。札达 3.65 吨,增 64.41%。噶尔县 17.5 吨,增 8.09%。日土 39.18 吨,减 12.03%。革吉 44.93 吨,增 8.71%。改则 40.7 吨,增 11.51%。措勤 24.4 吨,增 13.07%。93 年外贸收羊绒 123 吨,羊毛 1084 吨。

※　　　※

热布加林乡热布加林村。

3 月 2 日统计,11 户 36 人,牲畜存栏 1300 头(只、匹),死亡 177 头(只、匹),死亡率占 22%。后又死 50 只,青稞成熟不了。人均收入 200 多元。牲畜死亡重的一户,洛桑家 150 头(只、匹),死 40 头(只、匹)。央吉,2 口人,家比较穷。达布,5 口人,比较穷,牲畜 90 多头(只、匹),死亡 30 头(只、匹)。嘎珠,2 口人,年龄大,条件差,牲畜 20 头(只、匹),还有 8 亩地,死亡 8 头(只、匹),一头牦牛。

救济费 1350 元,央吉 100 元,达布 150 元,嘎珠 100 元。全村 11 户,1000 元分给受灾的 11 户,每户都有。

※　　　※

下午,研究会议材料。

索朗平措:全面深入贯彻两会精神,加快社会主义市场经济建设步伐。

一、当前地区经济形势。

1.80 年和 93 年相比变化的几个数字。2. 阻碍改革的问题,人才匮乏的矛盾和分裂分子干扰。3. 几个优势。政策优势;地缘优势;资源优势;草原优势,合 73 亩养一只绵羊;牲畜优势,269 万头(只、匹);矿产品优势;旅游优势。

二、近期地区经济工作的指导思想、任务和奋斗目标。

以外贸为龙头,旅游和矿产品为两重点。三个开发区:西南开发区;中部开发区,日土、噶尔县;东部区,东三县的畜产品、矿产品。人均收入 950 元。稳定第一产业,加强第二产业,发展第三产业。

三、实现这一目标采取的新举措。

1. 解放思想更新观念。2. 加大改革力度,大力发展生产力。改革的指导思想……城市改革和农村经济改革两块。3. 抓住机遇,进一步扩大对外开放。4. 开放促开发,开发促发展。5. 农牧业开发、旅游开发、外贸开发、矿产品开发。教育;卫生;文化;能源开发;公路建设;邮电通讯。

四、切实做好扶贫工作,加快……

五、转变政府职能,为市场经济建设服务。

党员干部少一点应酬,多一点学习,少点形式主义,多搞一点调查。

1994 年 2 月 23 日

组织部。

研究几个问题。

洛桑久美:1. 干部要求调动的,纪委书记嘎玛,本人已打报告。计委洛桑平措。2. 要求续假的。王惠生,办完事返回。农牧局副局长车新民,请假两个月。书店的职工雷先春,退休已批下来,退休补助费没给,本人要求6000 元。札达县人大主任扎西旺久,要求在拉办解决公房或给块地皮。

※　　　　※

上午①,革吉县。

主要了解灾情,扎西县长、扎西拉达主任、欧珠县长。

抗灾分三阶段:第一阶段,10—11 月底,抗灾的前期准备、动员、组织领导。年底统计出栏率 17%,商品率 6.2%,商品率比 92 年高 3 个百分点,出栏率提高 5 个百分点,好的乡——赛利甫乡②出栏率达 24%,出售活畜 500头(只)。狮多乡出栏率仅次于赛利甫乡。安排好群众生活,群众提出人畜共存,把已有的粮食已给牲畜吃啦。资金、物资的准备,每乡准备 40—60 人的抗灾队伍,准备了牲畜运物资。地区给 9.5 万元救灾款,自己又拿出 6万元。

第二阶段,组织实施阶段。12 月—次年 2 月 10 日前,主要调查情况,在家的五名县长都下去了。牧业占全县国民生产总值的 85%。全县 4.5 万平方公里,实际有草的只有 3.5 万平方公里,其中有水草场 53480 万亩。正常年,每亩产草 100 多斤,无水草场原来说占 19%。本县 10 年有 9 年受灾,南部是雪灾,北部是旱灾。历史上,亚热区,1913 年雪灾后,藏历火兔年,全

---

① 从本日开始,记录在一个新的日记本上。日记本是札达县电视台李兴国赠送的,上面写道:"最衷心最至诚地祝福您孔书记,祝您在今后的日子里:顺心如意,心想事成,笑口常开,身体康健。"

② 革吉县亚热区赛利甫乡。

乡剩下 7 人,8 头牛。本县人口增长快,70 年 5400 多人,现在 1.0568 万人,93 年人口净增 293 人,年递增 3%,平均每年增长 224 人。给困难户发救济粮食 1 万斤,茶 80 条,帐布 840 米,衣服 150 件,鞋 310 双,子弹 2100 发,打野驴 260 匹,饲草 2 车。每斤草 0.35 元,汽油 2 吨。第一次发救济物,从 12月 15 日至 1 月 18 日。第二次,春节前。为过好年,给群众 31000 斤粮食,茶叶 70 条,绒衣 20 套,汽油 10 桶(1.6 吨)。

目前的灾情:1. 牲畜成畜饿死 1.1622 万头(只、匹),现有牲畜 60 万头(只、匹)。亚热区 8—10 日下雪。2 月 12—18 日,共计死亡 2.3305 万头(只、匹),其中牦牛 865 头。强巴土登全家 100 多头牦牛,死了 45 头。达杰家 17 头牦牛,死了 11 头。邦巴区死牲畜 1.8560 头(只、匹),存栏共 15 万头(只、匹)。全县 61677 头(只、匹),死亡率 1.2%。2. 群众生活方面。全县断粮户 368 户,1737 人。公前乡、狮麦乡、雄巴乡、罗玛乡冻伤手脚、雪盲已达 100 多人。抗灾车有 7 辆大车,2 辆小车。年前急需的汽油,要批点平价油。国民生产总值 1500 多万元,93 年人均收入 618 元,92 年 703 元。

革吉县雄巴区,牲畜 15.2939 万头(只、匹),人均 60 头(只、匹)。总人口 2550 人,511 户。区长索多,书记扎西次仁。区有三乡十二村。雄巴乡三、四、五村灾情严重。洛玛乡①、巴措乡,死亡绵羊 1.0116 万只、牦牛 1146头、马 185 匹,总共死亡 12365 头(只、匹)。93 年雄巴区收入 132.7362 万元,其中牧业收入 117.6832 万元,商业收入 4.8232 万元,运输收入 2.2313万元,副业收入 2.7395 万元,财政收入 4.5032 万元,其他收入 7577 元。全年支出 5.9153 万元,净收入 126.8708 万元,人均收入 497 元。人均细粮151.5 斤。青稞 20.8624 万斤,人均 8 斤。92 年数字,总收入 171.4126 万元,人均收入 657.61 元。洛玛乡 4 村 675 人,牲畜 3.8345 万头(只、匹)。一村死亡绵山羊 765 只,牦牛 60 头,马 30 匹。一村牲畜 9469 头(只、匹),其中牦牛 486 头,绵羊 5287 只,山羊 3636 只,马 60 匹。区干部 11 名,临时工 2、3 人。结克乡,有一户琼达,总共 71 头(只、匹)牲口,8 头牛全部死亡,另外两人也病死了。全区严重困难户 30 户,146 人,贫困户标准是牲畜 20头(只、匹)以下,人均收入 300 元以下。一般困难户有 13 户,62 人,条件是羊 25 只以下,收入 400 元以下。加起来,困难户 43 户 208 人。其中,全劳动力 80 人,半劳动力 31 人,无劳动力 97 人,人均收入 265 元,人均牲口26.3 头(只、匹)。

欠款情况:1. 巴措乡有 21 户,总欠款 7763 元,其中欠康巴商人人民币

---

① 革吉县雄巴区有个洛玛乡,在革吉县亚热区还有个罗玛乡。

2632 元,个人借集体 5136 元。2. 洛玛乡,61 户,总欠款 28472 元,其中欠康巴商人 6193 元,个人欠集体 22279 元。3. 雄巴乡,23219 元,欠康巴商人 3128 元,欠集体 14533 元。总共欠款 5.3901 万元。

1994 年 2 月 25 日

上午,亚热区情况。

革吉县次旺县长 2 月 23 日到达该区。

罗玛乡四个村牲畜死亡:

一村:马 6 匹,牛 167 头,绵羊 633 只,山羊 217 只。

二村:马 6 匹,牛 141 头,绵羊 576 只,山羊 205 只。

三村:马 10 匹,牛 118 头,绵羊 531 只,山羊 162 只。

四村:马 12 匹,牛 110 头,绵羊 584 只,山羊 225 只。

罗玛乡牲畜存栏数:

一村:马 47 匹,牛 889 头,绵羊 5027 只,山羊 1622 只。

二村:马 32 匹,牛 610 头,绵羊 4216 只,山羊 1771 只。

三村:马 47 匹,牛 932 头,绵羊 5876 只,山羊 1576 只。

四村:马 46 匹,牛 741 头,绵羊 4840 只,山羊 1556 只。

全乡合计存栏:马 172 匹,牛 3172 头,绵羊 20059 只,山羊 6525 只。

死亡总数:马 34 匹,牛 536 头,绵羊 2324 只,山羊 809 只。

死亡率:马 20%,牛 14%,绵羊 11%,山羊 13%。

却藏乡严重户,一个作业点四户。及美嘎桑,年末存栏,小畜 310 只,死亡 113 只;牛 25 头,死亡 21 头。卡多,牛存栏 20 头,死亡 12 头。次旺,牛存栏 15 头,死亡 13 头。

93 年亚热区基本情况。4 个乡,15 个村,2557 人。牲畜总头数 12.8043 万头(只、匹)。其中,马 957 匹,牛 1.1203 万头,绵羊 8.6478 万只,山羊 2.9405 万只。全区总收入 203.8793 万元,其中牧业收入 177.3190 万元,牧业净收入 167.7783 万元。人均收入 760.42 元。区干部 22 人,其中合同工 4 人。4 个乡:12 名区干部文化程度在中专以上。93 年牲畜淘汰出栏 16914 头(只、匹),群众自食 16613 头(只、匹),合计 33527 头(只、匹),出栏率近 25%。

区委副书记嘎玛青绕:却藏乡比较严重,却藏海拔 5800 米,神山①后

---

① 冈仁波齐峰(Kangrinboqe)通称雪灵山,在普兰县圣湖玛旁雍错以北,是冈底斯山的主峰,海拔 6656 米;藏语意为"神灵之山",为著名的佛教圣地之一。

边。区长洛桑。

罗玛乡乡长顿珠:1 月 27 日后天气不正常,连续下三天雪,牲畜主要是冻死、饿死。小女孩穿一件衬衫,零下近 30 度。从 23 日到今天,又死了十头牛,以后可能死得更多,主要是没草吃。

乡长家 9 口人,牲畜共有 620 头(只、匹),其中牛 52 头,马 3 匹,山羊 50 只,其余是绵羊。共淘汰 120 头(只、匹)左右。

强巴县长 25 日到邦巴区申多乡。

1994 年 2 月 26 日

下午,亚热区却藏乡情况。

副书记嘎玛青绕。2 月 20 日去的却藏,来回 7 天时间。

却藏下雪,2 月 4—10 日下的雪,4、5、6 日下的大雪,却藏共两个村。雪最大的地方到膝盖,平均 35 公分。二村 15 户,其中 13 户牲畜死得差不多啦。

15 户情况:

1. 罗布旺扎:存栏 170 只山绵羊,21 头牛,马 1 匹。雪灾死亡山绵羊 95 只,牛死 16 头,马死 1 匹。

2. 昂典:存栏 65 只山绵羊,死 45 只。存栏牛 18 头,死 14 头。2 匹马没死。

3. 次珠:存栏山绵羊 275 只,死 200 只。存栏牛 21 头,死 11 头。

4. 曲桑:存栏山绵羊 185 只,死 123 只。牛 18 头,死 11 头。有 1 匹马死了。

5. 土典:存栏山绵羊 210 只,死 156 只。马有 1 匹死掉了。8 头牛没死。

6. 德吉:存栏山绵羊 35 只,死 25 只。牛两头没死。

7. 罗桑(男):存栏山绵羊 205 只,死 140 只。牛 14 头,死 9 头。

8. 布比利:山绵羊 62 只,死 52 只。牛 4 头,死 4 头。马 1 匹,死了。

9. 嘎到:山绵羊 5 只,死 3 只。牛 40 头,死 13 头。

10. 仁多:山绵羊 156 只,死 40 只。牛 19 头,死 1 头。

11. 平措:山绵羊……牛 13 头,死 9 头。

12. 索朗巴姆:羊死亡情况不知道。牛 4 头,全部死。

13. 普美:牛 19 头,死 5 头。羊死亡情况不明。

14. 嘎尔玛:山绵羊 170 只,死 130 只。牛 15 头,死 9 头。

15. 昂增:山绵羊 25 只,死 15 只。牛 4 头。

一村比较严重的情况:

1. 路穷:山绵羊 522 只,死 60 只;牛 67 头,死 13 头;马有 3 匹没死。

2. 尼玛:羊 170 只,死 40 只;牛 23 头,死 8 头。

3. 巴桑:羊 130 只,死 51 只;牛 14 头,死 7 头

4. 扎顿:羊 53 只,死 20 只;牛 40 头,死 15 头

5. 索朗旺堆:羊 450 只,死 80 只;牛 65 头,死 18 头;马没死。

6. 江措:羊 470 只,死 61 只;牛 80 头,死 22 头;马有 7 匹,1 匹死啦。

冻伤群众 8 人,其中 3 人起不来。目前死人的现象还没有出现。二村 13 户要求搬家,要求钱买牛,每头牛 600—800 元。需要解决油料,搬家转场。解决困难户的口粮,按去年的供应,受灾后群众思想比较乱。

※　　　　　※

晚上 10 点,革吉县盐湖区。

盐湖区有三乡,羌堆乡、夏玛乡、羌麦乡。总人口 2680 人。牲畜总数:15.2840 万头(只、匹)。总收入 289.89969 万元,人均收入 1096.98 元。92 年人均收入 800 多元。总收入中,牧业收入 235.2624 万元,农业收入 2.69513 万元,商业收入 9.353 万元,运输业收入 8.9768 万元,其他收入 25.02499 万元。全年包干经费 13 万多元。区干部职工共 16 人。

受灾严重的羌麦乡,牲畜死了约 5000 多头(只、匹)。1 月份,统计的困难户。特困户,36 户,198 人,收入人均 300 元以下,牲畜人均 10 头(只、匹)以下。困难户,52 户,281 人,牲口每人平均 30 头(只、匹)以下,收入人均 400 元以下。五保户只有 4 人,另外还有 3 人已报县批五保户,都 80 多岁以上。五保户每人每年 350 元,四名五保户都在夏玛乡。

南疆每吨矿给 270 元;开发公司每吨 220 元。人均分配问题,去年统计,92 年每只自食羊 12 元,93 年算 35 元,所以人均分配提高啦。

区里没有交通工具,一辆东风车已用 7 年,不能用。区移交时,12 月份欠款 6000 多元。区书记索多,副区长索朗多吉,副区长次仁。

※　　　　　※

夜 3 点①。

小梁:不知为什么,我头痛得怎么也睡不着觉。我是在海拔近 6000 公尺的地方给你写的信。人有旦夕祸福,天有不测风云。我有一事相托,万一我发生了不幸,第一,你不要难过;第二,你给地委行署领导讲不幸的消息,不要给我家乡讲,更不能让我母亲和家属孩子知道;第三,你要每月以我的

---

① 2 月 27 日的凌晨三点,孔繁森写的"遗书"。

名义给我家写一封报平安的信;第四,我在哪里发生的不幸,就把我埋在哪里。切记,切记!

1994 年 2 月 27 日

下午,改则县康托区。

区书记……区长旺扎,秘书央卓。

康托区有 2 乡,日玛乡、玉多乡①,共 11 个村。全区 364 户,1841 人。牲畜 9.1229 万头(只、匹)。93 年总收入 135.69 万元,人均收入 737.45 元。严重困难户 38 户,188 人,人均牲畜 20 头(只、匹)以下,收入 250 元以下②。一般困难户,15 户,80 人,条件是牲畜人均 25 头(只、匹)以上,30 头(只、匹)以下,收入 250—300 元。92 年,人均收入 596.2 元。92 年,困难户 69 户,305 人。

当前两乡牲畜已死亡 1664 头(只、匹),幼畜已产 6000 头(只、匹),成活率 50%。采取的措施、办法不多,草没有。93 年,116 户 383 人没买到粮食,主要没钱。已断粮 10 多户,40 多人。玉多乡五村、三村、四村,日玛一村。92 年,总人口 1819 人,93 年增长 22 人,人口增长率 12‰。人均收入,自食羊每只按 20—30 元,主要是畜产品的收入。94 年,一抓畜产品质量,二打包,三搞四季的羊圈、打井、养路。学龄儿童有 400 多人,已入学 30 多人,没学校没教师,要求开办公办小学。区共有干部 9 人,另有退休 3 人。区有 10 匹马,能用的 6 匹。

1994 年 2 月 28 日

改则县麻米区。

区长日加,书记阿白。

全区 6 个乡,17 个村民委员会,698 户,3195 人。其中,男性 1569 人,女性 1626 人,全区劳动力占总人数 43.3%,半劳动力占 17.4%。全区牲畜存栏数 17.1681 万头(只、匹)。其中绵羊 8.7930 万只,占总数的 51.2%。山羊 7.5256 万只,占总数的 43.8%。牦牛 7873 头,占总数的 4.8%。马 622 匹,占总数的 0.4%。全区人均牲畜 53.7 头(只、匹)。定昌乡人均牲畜 65.7 头(只、匹)。罗玛乡人均 47.9 头(只、匹)。93 年底,总收入 193.6551 万元。其中,牧业收入 175.0289 万元,占总数的 90.38%,副业收入占总收

---

① 现隶属于改则镇。
② 评定严重困难户的标准。

入 9.62%。全区 93 年人均收入为 606.1 元。

灾情:93 年 12 月—94 年 2 月 26 日为止,全区山、绵羊死亡 24923 只,死亡率为 15.27%。牦牛死亡 1415 头,死亡率为 17.97%。马死亡 106 匹,死亡率为 17%。各类牲畜死亡 26444 头(只、匹),死亡率为 15.46%

各乡牲畜存栏与死亡情况:

	存栏	死亡	死亡率
定昌乡①	26351 头(只、匹)	5988 头(只、匹)	22.72%
罗玛乡②	23736 头(只、匹)	3426 头(只、匹)	14.43%
茶措乡③	20193 头(只、匹)	4099 头(只、匹)	19.8%
古建乡④	30885 头(只、匹)	6038 头(只、匹)	19.6%
拉秦乡⑤	47244 头(只、匹)	3022 头(只、匹)	6.4%
古昌乡⑥	22772 头(只、匹)	3871 头(只、匹)	17%

定昌乡、古建乡,牲畜可能要死光。两乡 1017 人,要重新买牲畜,每人 25 头(只、匹),钱 130 万元,牲畜 25425 头(只、匹)。消灭醉马草,开荒种草……5 个乡,牧民要定居,盖房子 500 万元。定昌乡,打井。次仁专员答应给发电机,区上照明用。解决交通工具小车一辆,现有马 6 匹。全区上学的有 10 名学生,适龄 700 人。区干部有 18 名,其中退休 2 人。去年,牲口淘汰 13%。

1994 年 3 月 1 日

上午,改则县仓珍县长。

牲畜的死亡,80%是冻死饿死的。定昌乡幼羔成活率是 15%。93 年人均肉食羊 6 只,比 92 年减少 0.7 只。酥油,93 年人均 7.46 斤,比 92 年减少 1.76 斤。羊毛产量减少。群众没有购口粮的 638 户,3190 人,比 92 年增加 299 户,2093 人。

---

① 丁昌乡,现为定昌村,隶属麻米乡。
② 罗玛乡,现已取消。
③ 现为茶措村,隶属麻米乡。
④ 原为古建乡,现已取消。
⑤ 该乡现已取消。
⑥ 现为古昌村,该乡现已取消。

从 93 年 12 月—94 年 2 月 26 日,牲畜死亡 69525 头(只、匹),大牲畜死亡率 9.2%。大牲畜 77.6 万头(只、匹),死亡母畜占比 60%,流产率 35%,母畜已有 60% 的产畜啦。幼畜成活率为 35%。大牲畜死亡中,山绵羊有 6.0112 万只,占大牲畜的 86.46%,群众损失 480.8960 万元。死亡牦牛 9191 头,占大牲畜的 13.2%,损失 643.79 万元。马死亡 261 匹,占大牲畜的 0.31%,损失 10.8 万元。共计损失 1135.4860 万元。山绵羊每只 80 元,牦牛每头 700 元,马每匹 500 元。全县牧民人均损失 796.22 元。93 年人均占畜 54.5 头(只、匹),到目前人均 49.6 头(只、匹)。人均减少了 4.9 头(只、匹)。

全县总人口 1.426 万牧民,加机关人口共 1.5049 万人。群众生活:一般困难户,339 户,1680 人,占总户数 11.56%,占总人口的 7.9%。一般困难户条件是人均 300 元以下,250 元以上,牲畜 25—30 只。特困户 297 户,占全县户的 10%,1150 人,占总人口的 10.59%。困难户总计 638 户,占总户的 21.7%,3190 人,占总人口的 22%。特困户标准,人均牲畜 25 头(只、匹)以下,人均收入 250 元以下。困难户比 92 年减少 1.2%。五保户有 40 户,41 人,占全县人口 0.29%。

抗灾救灾所做的工作:共拿出 10 万元的救灾款,全县干部职工、个体户、部队共捐款 1.9909 万元。个人捐款最多的 3000 元,麻米区的寺庙活佛阿旺罗珠,地区佛协委员。捐物 22 种,价值 1.5202 万元,已发给群众粮食 15.7 万斤,茶叶 2000 斤,汽油 5 吨,药品价值 7 万元。再有 15—20 天时间,主要特困户将出现断粮。

※   ※

讲几点意见:

一、对县工作的评价。1. 班子团结,工作深入,成绩显著。有事业心、责任感,和群众心连心。2. 抗灾工作安排得当,抓得有力。3. 藏历年干部职工过得愉快、安全。

二、对灾情的几点看法。第一,提高认识,理清思路,明确任务,制定措施,搞好分工,全力以赴抓好抗灾救灾工作。第二,树立以自救互救为主,政府帮助为辅的原则,抓好救灾工作。第三,深入基层调查研究,启发群众,鼓励群众,采取果断措施,努力工作,科学工作,减少到最小损失。第四,动员干部、职工、群众,从思想上做好抗大灾、救大灾的准备工作。第五,通过这次灾情,做好干部群众的教育工作,要从思想上感谢共产党和各级政府。通过这次灾情,接受所受的教训。教育群众树立市场经济、商品意识的思想观念。

三、当前和94年应该做的几项工作。一是为地区的经济工作做好准备。二是抓好干部职工素质的全面提高。三是教育工作应列入县工作的重点。

※ ※

仓珍县长:

一、需要解决的问题。1. 解决救灾款15万元,汽油六吨指标。2. 群众的粮食供应问题,政府要给保护价。3. 畜产品的收购问题。山羊绒收购每斤31元,羊毛收购每斤3.1元。群众要求国家收购,但价格要合理。4. 养路费的问题。群众养不起,没解决温饱的县是否交一半,现在每车每月325元。5. 车辆参加保险的问题。机关现在是强制参加的。6. 干部待遇问题。改则县补助最低,比革吉、措勤每月少10元,边境补贴少20元。

二、94年工作重点。

1. ……

2. 牧业工作的基本建设,无水草场开发,打井10眼,每口井5元,共50元。

3. 抗灾基地做前期工作。

4. 消灭毒草的课题研究。

5. 改则县的扶贫规划。

6. 教育工作。入学率15.5%,在校生323人,适龄儿童2050人。五区只有一所学校。今年把麻米区小学建起来。县小学老师住房问题没解决。教育经费年年缺口大。

93年国民收入1562万元,人均收入625.23元(90不变价),调整为613.31元。92年人均总收入620元。93年牲畜出栏率14.8%。93年财政收入148.8万元,92年财政收入105.2万元。人均收入中自食最少占40%。全县群众个人欠康巴商人的钱37.5557万元。91年扶贫低息贷款欠13.6万元。

康托区的改造问题,其他区已改造,需要70万元。

※ ※

汇报定昌乡情况:1. 牲畜存栏26300头(只、匹),死亡5988头(只、匹)。2. 死亡最多的户,仁珠,死17头牛,马2匹,羊150多只(总数600多只)。3. 适龄儿童401人,入学1个人。4. 三个要求:一是希望政府给救济款;二是希望政府给点饲料;三是希望政府解决搬家的车辆问题。到藏历5月份牲畜还要死1万多只。定昌二村达布家,年末山绵羊存栏604只,死100多只;牛22头,死8头。家9口人,6个小孩。

※   ※

1994 年 3 月 2 日

上午,革吉县。

扎西县长汇报 94 年的工作计划。

坚持以经济建设为中心,从革吉县实际出发。雪灾重的有五乡,亚热区三乡,却藏乡、罗玛乡、江玛乡;邦巴区申多乡;雄巴区的洛玛乡。从 93 年 6 月—11 月,全县牲畜总数 59.5986 万头(只、匹),15 乡牲畜死亡 1.1666 万头(只、匹)。从 93 年 10 月 15 日—94 年 2 月 20 日止,牲畜共死亡 6.1677 万头(只、匹),雄巴区牲畜死亡 2.0986 万头(只、匹)。公前乡从 2 月 22—26 日 4 天,牲畜死 1000 头(只、匹)。

4 个区,15 个乡,53 个村。94 年 2 月 8 日牲畜大量死亡。县已拿出 6 万斤粮食救灾,从 93 年 12 月到现在,其中 5.1 万斤已发下去啦。地区的 9.5 万元,加上县 6.1961 万元,共计 15.66 万元。救灾汽油用 9 吨,余 2 吨。现在库存煤油 5 桶,汽油 2 吨。干部职工捐款 1065 元,为群众搬家动用车辆,合人民币 5.9 万元。94 年,牲畜死亡率控制在 30% 以内,17.8 万头(只、匹)以内。幼畜成活率控制在 20%。控制配种。预计 94 年牧业生产值 391 万元。93 年国民生产总值 1660 万元,其中牧业产值约 1500 万元,94 年损失 756 万元。

群众自食部分,绵羊按 11 元,山羊按 6 元,牦牛按 50 元。出售部分,马 800 元,牦牛 500 元,绵羊 35 元,山羊 25 元。

93 年国民生产总值 1660 万元,牧业收入 1570 万元。93 年,农、牧业总值收入 691.8 万元。93 年,群众分配 654.7 万元。93 年,人均收入 618.54 元。92 年人均收入 703 元。94 年,人均收入预计 469 元。财政收入,93 年 86 万元,94 年财政收入 15 万元。

94 年工作思路。扶贫工作是县里压倒一切的工作,为生存而奋斗。解决牧业的基本建设,打井,建立饲草基地。全县 9 个小农业点。双层经营体制,要充分利用起来。草场实行联产承包制。我们同意畜产品统一政策,放开经营。外贸收购的办法不行。采取畜产品收购证办法。外贸的价格不合理,群众利益小。管好、用好矿产品,地区要给我们县自由权,税利的分配,现在三三四。我县组织农牧民开矿,盐湖的食宿证我们买啦。抓计划生育,全县总人口 10586 人,94 年预计 10836 人。地区在两区搞了计划生育点,群众没什么意见。

县上动用的车 7 辆,全部是东风车,包括 4 个区的生活车。县机关小车有两辆,其中一辆已跑 20 多万公里。另外 62 型一辆,已跑 8.7 万公里。

93 年底统计困难户。困难户 201 户,971 人,条件是人均牲畜不足 30 头(只、匹),人均收入不足 400 元。严重困难户 106 户,474 人,条件是人均牲口不足 20 头(只、匹),人均收入不足 300 元。201 户困难户中包括 106 户的严重困难户。困难户人数占全县总人口的 9%。当前即将断粮 368 户,1737 人。94 年 3 月—94 年 6 月,生活救济没来源。政府优惠,生产扶植,生活救济。

教育上,适龄儿童入学率 7.8%。要求解决汽油 10 吨,粮食 10 万斤(15 万元)。地直机关帮助邦巴区五乡、雄巴区二乡的车辆转场。

革吉才旺副书记:受雪灾的亚热区四乡、雄巴区三个村、邦巴区有三个乡。亚热区羊死亡 14307 只,总数 12.8 万只,牛 2044 头,马 88 匹。目前生活没多大问题,主要困难是牛死后转场困难。区的车已用 6 年,老车又缺油,特殊户 16 户,转场的路程有 8000 公里,帮助群众买牛。没有牛的 178 户,亚热区总共 542 户。178 户,每户一头,每头 700 元,共 12.4 万元。雄巴区,受雪灾五、四、三村。邦巴区公前乡断粮食多,有饿死人的危险。狮麦五村有一产妇,两次饿昏,差点死掉,五口人,没一只羊。

　　　　　　　　※　　　　　　※

讲几点意见:

一、情况基本清楚,指导思想正确,工作深入,方法得当,措施有力。

二、救灾的下一步工作。第一,明确任务,统一思想,分工负责,深入基层,和群众一起搞好救灾。第二,措施要得当,方法要灵活,重点突出。第三,启发鼓励群众、干部自救和互救。第四,树立抗大灾、救大灾的准备。第五,发动干部职工,深入调查研究,和群众同甘苦、共患难,共同渡过难关。第六,写出可行性报告。第七,通过灾情搞好对群众的教育。

三、当前几项工作。一是做准备,开好经济工作会议。二是救灾注意安全。三是提高干部素质。四是制定 94 年的工作计划。五是教育、计划生育工作。

　　　　　　　　※　　　　　　※

在庆祝三八妇女节代表会上发言。

一、表达祝贺。几年来妇女在两个文明建设中的作用。妇女的担子最重,最辛苦,最任劳任怨。

二、提几点希望。第一,在经济建设中发挥半边天的作用。阿里的经济形势;要敢想,敢干,敢闯,自强不息,冲破一切阻力来实现自己的人生价值。第二,在抗灾救灾中发挥积极作用。第三,加强学习,树立自尊、自爱、自强的精神。第四,协助党委政府做好两个文明建设工作。教育,计划生育,关心五保老人。

总之,希望大家加强学习,自强不息,心红胆壮,在改革开放的大潮中大显身手。

※   ※

下午。

农委王主任:1. 购粮,口粮 472 万元,口粮和药品由自治区财政厅解决。2. 120 万元的恢复生产费用。3. 320 万元的农机局经费。4. ……最后自治区同意报中央 2600 万元。

山羊绒加工厂,罗干让经贸委办理,在日土。

1994 年 3 月 4 日

札达电话,其美县长。

一、挖雪的已挖到北顶卡他那。

二、牲畜死亡 2 万多头(只、匹),6 个工作组已下去啦,灾情严重的是香孜区和达巴区。

三、车队明天早上 2 点出发。

1994 年 3 月 5 日

上午,地委行署会议研究灾情。

白玛欧珠专员汇报日土工作。2 月 24 日出发的。第一组,兽站,塔杰,跑了 4 个乡、5 个村。全县牲畜死 2.5 万头(只、匹),占总牲畜 8.3%。今年幼畜流产 1 万多头(只、匹),有的户 80% 的母畜流产啦。县全体干部职工捐款 6400 元,面粮 830 斤,青稞 426 斤,玉米 500 斤,茶 58 条,大米 200 斤。日松区捐款 88 元,子弹 180 发,茶 2 条,饲料 6000 公斤,饲草 2 车,油 3 吨。牲畜主要是饿死,死亡最多的是德汝①乡,占 91%。牲畜出栏率 15.6%。92 年存栏 29.4 万头(只、匹)。93 年存栏 30.812 万头(只、匹)。

日土的统计,自食按 80 年不变价,其余部分现行价格统计。

过巴②三村最贫困,人均牲畜 17 只。现在没粮吃,欠口粮 1.8 万斤。抗灾缺油料,特别是德汝乡。区机关自食每人 18 只,群众自食每人 7 只。多玛区机关干部每只羊 60 元,山羊 40 元,酥油每斤 9 元,每人 9 斤。群众

---

① 德汝乡现已取消。
② 属于日土县日松乡。

口粮每人 216 斤。

区书记杨白多吉说,群众要求畜产品自己出售。部分干部要求畜产品完全放开,现在只有一种价格,还有部分群众说统一起来比较好。养路费的问题。缺乏自力更生精神,多玛只有抗灾的 50 斤草,粮食一斤没准备。牲畜有口角炎,小面积的。德汝一村,五户,牲畜死亡率占 24%。

※　　　　※

洛桑旦达专员率领第二组,汇报西三县情况①。

一、共 17 人,24 日出发,26 日到三道沟,27 日到普兰县,回来动用了大批的人马。门士②三、五村雪大。

二、灾情情况。达巴③最大积雪 60 公分,有的地方雪 2 米多深。霍尔乡、巴嘎区④牲畜平均死亡率 10% 以上。巴嘎的曲西乡一家死了 50 只,一家死了 45 只。噶尔县门士乡和索多乡雪大,牲畜死亡率 12%,门士乡牦牛死亡多。幼畜流产死亡 66%,普兰县 60% 的幼羔。噶尔县牲畜死亡率 14%,普兰县牲畜死亡率 12%。牲畜死亡仅仅是开始。群众说牲畜今年留下 50% 的可能性大。

三、各级领导积极抗灾救灾。1. 抗灾指挥部一直成立到了乡里。2. 地区的物资到基层啦。3. 调及草场,打野马,巴嘎区打 56 匹,一匹野马可养 10 只小畜。4. 普兰的巴嘎区抗救灾工作做得细,巴嘎区书记表现好。普兰动用 1100 多人次挖雪,动用部队 400 多人次。霍尔区差一点。需要解决,一是油料,二是运输,三是种子,四是饲草,五是希望领导经常来。

四、下一步意见。1. 今年牧区牲畜能保证 50%—60% 就不错了。牧区要搞多种经营。札达县四区不通车。2. 组织工作组到札达县去看一下。经济工作会前后组织工作组下去,地直机关分头下去。3. 财政拿部分钱分下去,每县成立一个工作组。4. 灾情情况给自治区上报专题报告。5. 宣传报道问题,特别是部队支援。

※　　　　※

第三组汇报情况。

李玉建:却藏乡牲畜死亡 40%。

杨培:地直机关部门捐款情况,4 天收到现金 20.2423 万元,物资 9.525

---

①　噶尔县、札达县、普兰县。

②　噶尔县门士乡,现为门士区。

③　札达县达巴乡。

④　霍尔乡、巴嘎区属于普兰县。

万元。物资主要包括:面 7385 斤,青稞 228100 斤,大米 490 斤糌粑① 310
斤,茶 15 条,药品 16 箱(医药公司、妇幼保健站,折人民币 12000 元),红糖
1 万斤,衣服 800 件,鞋 9 双,方便面 37 箱。外贸公司捐 10.8 万元,开发公
司捐 3 万元,牧业捐 1 万元。建议召开捐款表彰会议。部队捐现金 1753
元,面粉 4000 斤,玉米 3600 斤,衣服 91 件。

措勤发生四号病②,死亡 5 人。

※　　　　※

讲几点意见。

一、灾情发生后,领导重视,工作深入,情况明,决心大,措施得力,体现
了党的关怀,政府的关心,体现了一方有难,八方支援。

二、统一思想,提高认识,明确任务。采取强有力措施,以经济工作为重
心,全力以赴投入抗灾救灾工作。成立工作组。财政拨款 70 万元。

三、发动群众,树立抗大灾的信心。

工作组名单:

噶尔县,赤列为组长,成员:明久、人民医院医生、次仁旺杰。

改则县,仁青为组长,成员:索多、□明、索若。

日土县,白玛欧珠专员为组长,成员:次旺、人民医院医生、吴志强。

札达县,孔繁森为组长,成员:人民医院医生、次珠、唐中华。

革吉县,嘎玛为组长,成员:欧珠、图明。

普兰县,贵桑为组长,成员:罗布、李新亮、琼玛。

措勤县,拉穷、塔杰为组长,成员:边巴、人民医院医生。

每组一名医生,改则工作组用 212 车,措勤由财政出车。

大车分配:地委,噶尔县;行署,白玛欧珠专员;公安,札达县;文化局,嘎
玛;交通局、银行,革吉县。税务、工商、邮电局转为坐机动车。每县 10 吨汽
油。检查抗灾资金的使用。救济分配:革吉县 9 万元,改则县 12 万元,措勤
县 7 万元,噶尔县 5.5 万元,普兰县 3 万元,札达县 4 万元。

1994 年 3 月 7 日

香孜区香孜乡七里村。

热典:全村 15 户,60 多口人,牲畜 1600 头(只、匹),已死 600 头(只、

---

① 糌粑,就是青稞磨出的粉做的面团,加上黑桃、花生、芝麻、酥油等,和在一起吃。

② “四号病”,一种马、骡、驴传染病的代号,是以吸血蚊虻为媒介,由病毒引起的流行性疫
病。经检疫检出的阳性“四号病”畜,要进行扑杀处理。

匹），母畜流产率 50%。

热布加林①，1 村，11 户 36 人，牲畜 1300 头（只、匹），死 177 头（只、匹）。最后一次下雪，2 月下 21 次，大的雪下了 3 次。耕地 200 亩。该村主要是霜来得早，青稞不成熟。

※　　　　　※

7 日晚，夏朗村牧业点。

共有 5 户。全村 93 年牲畜存栏 2406 头（只、匹），死亡 1000 多头（只、匹），上次死亡 765 头（只、匹）

1. 群英，牲畜存栏 346 头（只、匹），全家七口人。死亡 7 头牦牛，1 头黄牛。3 日统计，共死亡牲畜 129 头（只、匹），3 日后又死 15 头（只、匹）。

2. 边巴多吉，11 口人，牲畜存栏 381 头（只、匹），死亡山羊、绵羊 127 只。黄牛、牦牛 14 头，后来 3 日后又死 4 只。死亡 141 头（只、匹），一共死亡 145 头（只、匹）。

3. 奴布，9 口人，死亡存栏 326 头（只、匹），死亡 123 只山羊、绵羊，黄牛 1 头，牦牛 4 头。统计后又死了 17 只。

4. 班觉，6 口人，牲畜存栏 241 头（只、匹）。死亡羊 62 只，牛 8 头。3 日后又死七只。

5. 多布杰，3 口人，牲畜存栏 135 只。死亡羊 32 只，牛 2 头。3 日后，死羊 2 只。山羊 100%流产，绵羊羊羔全部死亡，绵羊基本死光，山羊流产后能保住母羊。

奴布、边巴、班觉各 100 元，多布杰 80 元，群英 120 元，共 500 元。

※　　　　　※

晚，夏朗村群众座谈会。

参加人：县长、书记、群众。

1. 乡书记坚赞：今年灾情大，地委行署比较重视，主要是牲畜没有草吃，所以牲畜保不住。夏朗村的土地只有 200 亩，全村 67 人，牲畜死亡率达 36%，可能要达到 50%。春播时种子要给解决部分，发展市场经济，大头在牧业上才行。如牲畜全部死光，请给解决生产畜，每户 10 只，就是每家 1000 元。

2. 索朗平措：抓农业，平整地，政府给帮助一下。

3. 白玛村长：区小学，上学的 3 人，上县完小的 5 个人。

普穷：牲畜存栏 42 头（只、匹），死 20 头（只、匹），全村出栏率 23%。

---

① 札达县热布加林乡。

热嘎下村①,全村 1600 头(只、匹),死 210 头(只、匹),快死的 51 头(只、匹),死亡率为 16%。22 户,95 人。全村 3 个牧业点,牧业点上的绵羊可能最近要死光。困难户 3 户,没有断粮。

1. 米玛曲珍,6 月就没粮食啦。6 口人,劳动力 5 名,牲畜 100 多头(只、匹),其中绵羊 144 只,牦牛 18 头,黄牛 5 头,马 3 匹,共 118 头(只、匹)。地 19 亩,农业不行。

2. 扎西普珍,3 口人,劳动力 2 名,牲畜 33 头(只、匹)。

3. 德庆桑姆,1 人,51 岁,牲畜 17 头(只、匹),平地 70 亩,要求补点平地费。

全村受灾给救济费 500 元,米玛曲珍 60 元,扎西普珍 35 元,德庆桑姆 35 元。夏□龙草场要求围栏 5 公里,约计 7 万元。全村人均收入 270 元。

1994 年 3 月 8 日

2 点,玛朗大报牧业点。

下发救济,班登、欧珠各 100 元,江村 50 元,德吉桑姆 90 元,热不典 40 元,白玛 80 元,多布吉 100 元,布穷 40 元。计 500 元。

热布加林乡色嘎村。强巴,原来的村长,原来的万斤粮户。全村 19 户,68 人。牲畜存栏 1980 头(只、匹),死亡不多,45 头(只、匹),死亡率 2.3%,共死亡 53 头(只、匹)。人均收入 300 元。种树扩大五亩,织普鲁多有一户已当商品卖啦,准备围草场 50 亩。耕地 460 亩,实播 230 亩,围草场 80 亩,平整土地 200 亩。强巴实验过白小麦,比较成功。需要小麦种子 5000 斤。全村上学的有 8 名,在职干部 11 人,没上学的 5 名,规定不上学罚款,每年罚款 45 元,人民公社自给解决不了。

热布加林乡西谢村,10 户,55 人,多数牲畜存栏户均 35 头(只、匹)。

珠杰村长:全队牲畜总存栏 2178 头(只、匹),总耕地 135 亩,实种 110.5 亩。牲畜死亡 90 头(只、匹),小畜 175 只。救济困难户 50 元。央宗,2 口人,年老,只有一个女儿,93 年牲畜存栏 40 多头(只、匹),地 6 亩,67 岁,女儿 33 岁。428 只山羊弄到村里来养。要求,从西谢到江钦修路运肥,70 公里路。

1994 年 3 月 9 日

上午,香孜乡七里铺村。

---

① 属于札达县热布加林乡。

牲畜存栏 1700 头（只、匹），人均 25—30 头（只、匹）。全村人口 65 户。耕地 230 亩，实种 164 亩。人均收入 300 元，牲畜成畜死亡 800 头（只、匹）。

1. 班典，9 口人，牲畜存栏数 260 头（只、匹），死亡 135 头，其中山羊 40 只，绵羊 95 只，黄牛和马没有死。

2. 索朗曲珍，9 口人，牲畜存栏数 184 头（只、匹），死 110 头，其中山羊 50 只，其余全部是绵羊。

3. 南准，7 口人，牲畜存栏 220 头（只、匹），死 80 头，其中绵羊 61 只，山羊 19 只。

4. 次仁平措，6 口人，牲畜存栏 159 只（头），死 58 只，其中山羊 21 只，绵羊 37 只。

5. 达瓦，8 口人，牲畜存栏 167 头（只、匹），死 58 头，其中山羊 22 只，绵羊 36 只。

6. 协作组，4 户，11 口人，牲畜存栏 202 头（只、匹），死 120 头，其中山羊 70 只，绵羊 50 只。

7. 多布杰，1 口人。牲畜存栏 28 头（只、匹），死 12 只，其中山羊 6 只。

8. 拉巴，2 口人，牲畜存栏 63 头（只、匹），死 23 只，其中绵羊 13 只，山羊 10 只。

9. 拉姆，6 口人，牲畜存栏 116 头（只、匹），羊死 4 只。

10. 索朗，9 口人，牲畜存栏 180 头（只、匹），死 60 只，其中山羊 25 只。

11. 嘎桑曲珍，3 口人，牲畜存栏 46 头（只、匹），没有死亡，从底雅来的牲口好。

牲畜死亡共计 660 头（只、匹），羊死亡占 32%，总体死亡率 42%。可能绵羊要死光。总存栏 1575 头，死 660 头。

困难户，旦吉，2 口人，牲畜 6 头（只、匹），牛 2 头，年龄 55 岁。格桑曲桑，刚搬来，3 口人，母亲 63 岁，牲口 46 头（只、匹），全村救济费 1000 元，旦吉 60 元，格桑曲珍 40 元。

要求建 15—20 公里网围栏。

上学的学生 15 人，适龄儿童未上学 1 人，参加工作 12 人。

村长多布杰，副村长次仁平措。

※　　　　　※

晚 11 点，香孜区。

书记旦真确典，区长多吉，副区长欧珠多吉，副区长江错。

热布加林乡、香孜乡，两乡 13 村。1. 夏朗村；2. 热布加林村；3. 热嘎下村；4. 色嘎村；5. 西谢村；6. 七里普村；7. 拖拉机站。

关于水电站的问题,发电厂搬迁需要 20 万元。一是解决区小学、拖拉机站、农修厂、香孜村、下益村。

多吉区长汇报:灾情大,主要是草场没草造成的。全区 206 户,人口930 人,机关干部职工 15 人,另外退休干部 5 名。总耕地 4004 亩,实播面积 2429 亩。93 年牲畜存栏 23577 头(只、匹),其中马 4275 匹,死亡 12匹;山羊 8742 只,死 2003 头只;绵羊 11434 只,死 5310 头只;黄牛 902头,死亡 75 头;牦牛 1867 头,死 416 头。适龄母畜 12177 头(只、匹)。从93 年 6 月 1 日至 94 年 3 月 7 日为止,死亡总数 7816 头(只、匹),死亡率 33%。

93 年收入,农业 14.49333 万元,牧业 64.320208 万元,副业 6.1005 万元,总收入 84.61071 万元。生产总费用 5.908377 万元,纯收入 79.252229万元。人均收入 852.18 元。自食部分,牦牛 1 头 75 元,羊 1 只 8 元,粮食 1斤 2 毛,酥油 1 斤 1 元,羊毛 1 斤 1 元,牛毛 1 斤 0.76 元。

建设项目,牧业网围栏 4500 亩,3 个村平地 200 亩。

开春后牲畜死亡数还要多,现在群众拿粮食喂牲畜。区干部 7 位同志下乡,下去 4 天,春节前 2 次,1 月 20 日。区政府拿出钱粮共计 1 万多元,其中青稞 1 万斤,茶叶 2000 多斤,红糖 400 斤,干部职工没捐钱和物,现在存粮食 33 万斤。请求解决 10 万元的救灾资金,全区下雪 3 次,小雪 3 次。有三个村,江塘、热布加林、日孜角,平均 80 公分。全区平均 45 公分积雪。县给香孜 1 万斤粮,县给札布让区 2500 斤粮食。汽油,5 吨抗灾油。其中,札不让用 5 桶,香孜 2 桶,东嘎①4 桶。每桶 160 公斤。抗灾款 3 万元,已用 2万元。

1994 年 3 月 10 日

看望香孜区全国劳动模范次仁顿珠,63 岁,每月工资 105 元,曾任公社革委主任,有 3 亩地,89 年 9 月受表彰的。

香孜村村长奴白:该村人均 400 元。雪灾没有 75 年严重。困难户:

1. 强巴,6 口人,劳动力 4 口人,主要是不会过日子。有 28 只羊,2 匹马,2 头黄牛,24 亩地。

2. 嘎玛次仁,5 口人,劳动力 2 人,原来是地区的人,32 头(只、匹)牲畜,耕地 11 亩。

3. 索朗,1 口人。有 2 头黄牛,4 亩地,30 多岁。

---

① 东嘎乡。

给全国劳模次仁顿珠补助100元。香孜村要求平整土地70亩。

※　　　※

在香孜区干部会议上的讲话。

一、说明来意。

二、对香孜区的看法。交通方便;干部群众素质高,思想比较解放;地理条件好;农牧业生产有基础;工业、机械化有条件;新班子。

三、关于灾情。县委政府、区领导对灾情比较重视,带头深入基层调查了解情况,采取措施得力。灾情比较严重,群众抗灾的情绪比较高。从目前看,不会发生饿死人、冻死人的现象。

四、提几点希望。一是提高认识,统一思想,全力以赴投入抗灾工作。二是措施要得力,方法要得当,工作要深入,把灾情损失减少到最小程度。三要教育干部群众灾情给我们带来的教训,总结经验,表彰先进。树立商品和市场经济的观念,克服惜杀、惜售的观念,克服不杀生的宗教观点;认识草场建设的重要性;表彰抗灾救灾的先进单位和个人。

五、当前的几项工作。第一,为地区经济工作会作准备。第二,加大改革力度,加快经济发展速度。第三,注意抓干部素质提高。第四,把教育工作和计划生育工作放在议事日程。

※　　　※

香孜区汇报情况。

一、基本情况。93年,存栏23573头(只、匹),死7816头(只、匹),死亡率33.1%。其中,绵羊死5310只,山羊死2003只,牦牛死416头,黄牛死75头,马死12匹。已垮的牲畜4740头(只、匹),占死亡后总头数的20%,加上死亡的牲畜占53.1%。已死7816头(只、匹),已垮的牲畜4740头(只、匹),共计12520头(只、匹)。

困难户15户,加五保户共20户。15户,60人。6—11月份缺粮,每人需要解决粮食175斤,共计1.05万斤。每斤按7毛计算,共计7350元。要求解决10万元,购买生产畜。

二、乡镇企业。香孜农造厂需要恢复。78年建立,80年解散啦。铁工组82年取消的,93年恢复铁工组,发展前景好。存在问题:一是要求解决周转资金3万—5万元。二是农造厂恢复需要动力,恢复香孜水电站,从机房到水头4公里。铁工组采取"以工养工"的办法,最高工资450元,最低的150元,扩大铁工组没有条件。

三、农业生产。平整土地,每年每乡平均100亩,94年计划120亩,需960工时,每小时30元,共需28800元。机耕面积占香孜的70%,共有2400

亩的实播面积,机耕 1680 亩。现有拖拉机年久失修,职工老年化。现在拖拉机 13 台,能耕地的有 9 台,人员 14 人,要求培训后备力量和更新机器。

四、牧业生产。网围栏 13000 米,4500 亩的草库。7 个村使用,冬季放牧,当年的 11 月 15 日至第二年 6 月 25 日。需按每米 6 元计算,共需 7.8 万元。三角钢 2600 个,每个 5 米长,共需 1.456 万元。运费 1.248 万元,除劳务,共计 15.548 万元。

五、学校。共 37 名学生,教员 3 名,不是"三包"学校。存在问题是教学条件差,教师住房差,有一名炊事员。要求招工,工资每月 200 元。每年给县中学、县完小送学生 12—15 名,招收新生 15—20 名,两项 35—40 名,现在每名学生有国家拨款的助学金 18 元,学生不够吃的。缺少教具。

1994 年 3 月 11 日

其美县长汇报全县灾情。

一、从 93 年入冬到 2 月 28 日的情况。农牧民 938 户,4748 人。总收入 361.6 万元,其中农业收入 43.56 万元,牧业收入 251.88 万元。人均收入 608.6 元。总费用 72.7 万元,净收入 289 万元。副业收入 37.7346 万元,运输收入 8971 元,副业收入 13.3464 万元,财政补助 10.100818 万元,其他收入 41520 元。粮总产 174 万斤,准备饲料 13.3 万斤,群众口粮 122.5 万斤,种子 23.4 万斤。

新班子 93 年 8 月 23 日交接的,27 日交接完。连续 6 年受灾,主要是旱灾。年前年后下雪 6 次,平均积雪 80 公分,最高的 85 公分。牲畜死亡情况,到 2 月 28 日为止,死亡 2 万头(只、匹)。其中,香孜区牲畜死亡 5120 头(只、匹),死亡率为 20%;达巴区牲畜死亡 5200 头(只、匹),死亡率为 13%;底雅区牲畜死亡 2080 头(只、匹),死亡率为 13%;曲松乡牲畜死亡 1280 头(只、匹),死亡率为 13%;札布让 4758 头(只、匹),死亡率为 19%;萨让区牲畜死亡 1222 头(只、匹),死亡率为 13%。全县牲畜平均死亡率 14%。

二、从 93 年 12 月 15 日至 3 月 15 日为止,全县牲畜共死亡 28235 头(只、匹)。其中,香孜区 7816 头(只、匹),占总数 33.1%;达巴 8307 头(只、匹),占总数 20%;底雅 2532 头(只、匹),占总数 15.8%;曲松乡 2304 头(只、匹),占总数 16%;札布让区 5758 头(只、匹),占总数 23%;萨让区 1522 头(只、匹),占总数 16%。全县牲畜平均死亡率 20%。全县牲畜死亡 28235 头(只、匹)。其中,绵羊死亡 19200 只,占 68%;山羊死亡 7341 只,占 26%;牦牛 1129 头,占 4%;黄牛死亡 423 头,占 1.5%;马死亡 142 匹,占 0.5%。年底牲畜存栏 14.5496 万头(只、匹)。其中,香孜区 2.4 万头(只、匹）；达巴区 4 万头（只、匹）；札布让区 2.4 万头（只、匹）（23244 头（只、匹））；底雅区 1.6 万头（只、匹）；曲松乡 1.4 万头（只、匹）；萨让区 9400 头（只、匹）。

三、群众生活情况。种粮面积 8075 亩，其中受灾，水灾、虫灾、霜灾、雪灾 1491 亩，粮食减产 70 万斤。92 年总产 240 万斤，93 年 174 万斤。长期困难户 202 户，538 人，标准是收入 150—200 元以下，牲畜人均 13 头（只、匹）。一般困难户 50 户，472 人。特困户 70 户，300 人。五保户 46 户，50 人。以上四项合计 268 户，1360 人，占 35%。目前缺口粮 180 户，400 人。人均口粮 109 斤，每人按 360 斤计算，每人缺 251 斤，共缺口粮 10.04 万斤。每斤按 0.8 元计算，共需款 8.032 万元。目前买不起茶叶、盐 180 户，400 人。

四、县委政府采取的措施。成立了抗灾小组，采取分类抗灾的办法。给群众解决茶 2985 斤，饲料 2000 斤，青稞 3500 斤，子弹 100 发。地区拨款 3 万元，主要用于运费支出啦，另外 1 万元没用。急需解决的几个问题：解决 8 万元的救灾金；油 10 吨；解决 8 万元的购粮款给困难户；解决 1 万发子弹。

五、要求解决基建项目。1. 电站。2. 萨让公路已通，还有 57 公里没通。3. 什布奇口岸① 20 公里的公路没修通。4. 楚鲁松杰乡②，140 公里，路从曲松到乡的公路。5. 两个区的改造，曲松乡、萨让乡，萨让可以列入明后年的计划可以。6. 香孜的"一河两沟"项目。香孜拖拉机站，农造厂问题。铁工组周转资金 5 万元。7. 干部职工的住房问题。县里改造完了，但资金没用完，给普兰县和噶尔县啦。规定 400 万元，其地区配套……自治区给 300 万元，实际用 150 万元。8. 公检法用房是 60 年代的危房。9. 札达戴帽中学的问题，按自治区的原则应给我们解决。10. 已成立了民族事业开发公司，7 辆车已接回来啦，已贴息贷款 70 万元，行署给贷的款。11. 购买经贸大楼，三位专员让写报告，120 万元，请财政贴息。

群培书记：一、自治区经委的以工代赈的项目，需 159 万元，自治区给

---

① 什布奇山口，位于西藏自治区阿里地区札达县底雅乡什布奇村西面约 5 公里处，为朗钦藏布（象泉河）流经喜马拉雅山的拉克马山形成的山系缺口，海拔约 3104 米，是古丝绸之路的一个分支，也是 1993 年 9 月 7 日中国与印度开放的边境口岸之一。什布奇拉山口作为供从事边境贸易的人员、货物和交通工具出入的山口，以便进行商品交换和交通运输。

② 楚鲁松杰乡，西藏阿里地区札达县辖乡，辖楚松村、巴卡村 2 个行政村以及楚鲁、松杰、巴尔觉、卡拉、支普齐、提布列、巴历、巨哇、曲惹、查甲、比姆、阿孜、贡赤、乌岭等 14 个自然村。乡政府驻楚松村。

100万元,要求我们掌握,自己订合同,地区不要控制。二、关于一区五乡的运价补贴共15.5万元,91年行署文件,洛桑土美批的91(14)号文件,已两年没兑现了。三、县财政缺口80万元,适当给解决,现在没钱发工资。

县领导下乡救灾情况。已下四区,香孜区、札布让区、曲松区、达巴区。

1. 欧珠县长,曲松、香孜、达巴,3次共6个乡,22天。

2. 贡布到萨让区,2乡13天。

3. 格桑书记,达巴区、札布让区、香孜区,共15天。

4. 其美,达巴区、香孜区、札布让区,共20天。

5. 副书记,香孜区、札布让区,6天。

6. 旺久,札布让区,2次,2天。

7. 群培,达巴区、香孜区、札布让区,30天。

地区种畜场,再把草场给借用一段时间。区不通路的,底雅区、萨让区、达巴区、曲松乡。

※   ※

札布让区东嘎乡东嘎村。

村死牲畜587头(只、匹),培杨村死485头(只、匹)。

乡长阿旺:牲畜200多头(只、匹),死20多头(只、匹),母畜全部流产。

村长多布扎:死亡80多头(只、匹)。

培杨村,14户,73人。耕地230亩,实种180亩。牲畜3000头(只、匹),死亡900头(只、匹)。1. 曲尼,8口人,牲畜300头(只、匹),死100多头(只、匹)。2. 罗珠,7口人,牲畜200多头(只、匹),死90头(只、匹)。3. 巴桑,6口人,牲畜300多头(只、匹),死120头(只、匹)。4. 强巴,7口人,牲畜300头(只、匹),死120头(只、匹)。

全乡3个村死亡小,培杨、东嘎、柏东坡。培杨人均收入500多元。全乡人均收入400元。入学的儿童有15名,未入学的4名。困难户3户:1. 扎不拉,2口人,女80岁,男67岁。4只羊,死3只。牛3头,死1头。黄牛2头,马1匹。3亩地。2. 加措,4口人,2个小孩,13亩地。牲口120头(只、匹),死亡60头(只、匹)。没房子,新成的家。3. 顿珠,5口人,15亩地。牲畜120头(只、匹),死亡60头(只、匹)。

今年雪不大,主要是四、五年没雨水,因干旱缺草牲畜死亡。牧业不行靠农业,农业耕地牲畜又不行。请拖拉机给耕地。

给扎不拉100元,培杨村1000元。

※   ※

东嘎乡乡长阿旺:东嘎村情况,12户,65人。牲畜存栏1800头(只、匹），死700头（只、匹），耕地180亩，实播140亩。1. 多不扎，牲畜300头（只、匹），死100头（只、匹）。2. 洛桑，牲畜250头（只、匹），死亡90头（只、匹）。3. 奴布，牲畜200头（只、匹），死80头（只、匹）。4. 诺加，牲畜180头（只、匹），死80头（只、匹）。5. 阿旺，牲畜193头（只、匹），死64头（只、匹）。全村人均收入400元。困难户3户：1. 索朗多吉，3口人，6只山、绵羊，1匹马，1头牛，9亩地。2. 诺尔加，4口人，牲畜180头（只、匹），21亩地。3. 顿珠加布，2口人，男59岁，女49岁，牲畜23头（只、匹），地7亩。种畜场是否给东嘎再划点草场，牦牛160头，现在只有60头，又低价卖给他们啦。社会上1头1700元，现在卖给他们600元，其余300、200元，平均下来290元，卖给种畜场35头。给救济费1000元。

1994年3月12日

上午，札布让区。

书记巴顿，副区长班久。

托林乡三村，牲畜死亡1000头（只、匹），牲畜共计6276头（只、匹）。由于山上没草，可能还要死亡1000头（只、匹）。全区9村，芒玛村死27头（只、匹），托林、札布让村死亡牦牛、黄牛49头，两村共有黄牛、牦牛500多头。全区死牲畜5758头（只、匹），过两月后要死6000头（只、匹），札布让村的牲畜虫特别厉害。雪不太大，主要是没草造成的危害。

该区3乡，9村，123户，685人。耕地1700亩，实种134亩，单产223.4斤，总产29.96916万斤。93年总收入52.428821万元。农业收入6.795516万元，牧业收入38.682488万元，运输收入1020元，经商收入12900元，副业收入3.978416万元，财政补贴1.3237万元，其他收入2567元。费用8330元，除去费用收入51.595821万元，人均收入753.22元。92年人均收入500元，92年总收入38.470628万元。

困难户9户，有劳动力的7人，没劳动力31人。有的没房子，有的秋收前要断粮。9户中，东嘎1户老人；托林、札布让、玛纳3户；波林2户；嘎则村1户；多香2户。

托林乡，次仁南木杰是支部书记，种菜给财政局，一年收入1万6千元，茶饼3千元的收入。主要存在困难，一是运输距离400公里。二是销路怕不好。

※　　　　※

波林村、卡孜村①。

---

①　两村属于托林镇管辖。

波林乡书记罗布:全乡40户,223人。耕地800亩,实种490亩,单产每亩180斤,总产9万多斤。人均粮食400—500斤,人均口粮300多斤。全乡存栏牲畜6500头(只、匹),牲畜死1000头(只、匹)。多香村,死亡4705头(只、匹),存栏共计2117头(只、匹)。卡孜村死亡230头(只、匹),牲畜共计2468头(只、匹)。波林死亡300头(只、匹),总计1689头(只、匹)。今年雪不是很大,牲畜死亡原因是没草。

困难户2户。久美,5口人,劳动力1人,爱人有病,牲畜100头(只、匹),4亩地。800斤粮食,给牲畜吃400斤,留200斤种子,口粮只有200斤。普布次仁,7口人,劳动力3人,耕地6亩,牲畜90头(只、匹)。

全乡上学的学生20名,没入学的儿童14人。全乡人均收入410元。92年人均收入310元。救济费1000元。

札布让村牧业点,4户,300—460只山、绵羊,牛30头,死羊20多只,死牛10头。札布让牧业点虫多。

※   ※

上午八时,札达县人武部。

达瓦次仁书记:……

1. 通报。西藏自治区民政厅工作组星期一(14日)到阿里,同时落实资金1200000元,其中区民政厅拨700000元,农委拨500000元。(孔书记将受灾情况直接向中央汇报,由任专员带去汇报。)工作组由民政厅和农委组成,要求各县收集准备好各类灾情材料。

2. 自治区要求。各县建立统战部,各统战部门规格要升格。

3. 自治区民宗工作会议精神。宣传"两个离不开"教育。对寺庙管理有新计划和规定,喇嘛编制不能超过301人。关于活佛转世问题。区民宗委已解决45万元,其中札达县15万元,修桥用;改则县20万元,办学校用;民宗局10万元,用于买车。民政厅提出,针对粮食市场放开,给整个地区群众口粮补贴约800万元左右,其中粮食500万元。教委给普兰县、札达中学及两所民办小学拨款120万元,已带回。要求组建阿里地区工商联。目前地区正着手为经济工作会议做准备工作。

1994 年 3 月 15 日

上午。

14日下午到达巴区,15日给边防连500元,三条烟。

达巴区书记班登,42岁。区长普穷,33岁。副区长土登,41岁。

全区干部、职工、合同工共18名。全区总户159户,总人口900人。牲畜存栏 35267 头(只、匹)。耕地 1123 亩,实种 792 亩。单产 184.7 亩,总产 14.6333 万斤。扣除种子、饲料后,人均粮食 126 斤。

灾情,从 92 年 12 月至今牲畜死亡 8307 头(只、匹),占全区牲畜总头数的 23.2%。其中,达巴乡死亡 1529 头(只、匹),牲畜存栏 8250 头(只、匹),占总头数 18.5%。东波乡牲畜死 2696 头(只、匹),牲畜存栏 100 头(只、匹),占 26.9%。琼隆乡死 4082 头(只、匹),存栏 1.7009 万头(只、匹),占 24%。

全区人均收入 896 元。自食部分,每头牦牛按 75 元,每只山绵羊按 10 元,酥油 1 元 1 斤。93 年人均收入比 92 年增加 126 元。93 年牲畜出栏共计 7849 头(只、匹),占存栏总头数 22%。全区总收入 80.6702 万元,其中牧业收入 72.661950 万元,农业收入 4.5548 万元,副业收入 6029 元,外贸收入 3550 元,运输收入 1167 元,财政补助 1.0737 万元,其他收入 337 元。

牲畜死亡总数 8307 头(只、匹)。其中,牦牛死亡 760 头,总头数 8744 头,占比 26%;马死亡 77 匹,总头数 651 匹,占比 11%;羊死亡 5225 只,总头数 16236 只,占比 32%;山羊死亡 2232 只,总头数 15463 只,占比 14%;黄牛死亡 13 头,总头数 71 头,占比 18%。预计死亡 6000 头(只、匹),可能达 14307 头(只、匹),占总头数 40%。母畜流产率 35%。

区五名同志下去,平均每人下乡 30 天。种畜场给达巴乡草场上很大帮助,全区困难户 19 户。

达巴乡三村 2 户。遵珠旦巴,4 口人,劳动力一人,牲畜 33 头(只、匹),地 6 亩。卡多,1 口人,28 岁,不会过日子,复员军人,牲畜 6 头(只、匹),地 2 亩。

达巴二村 3 户。德吉,3 口人,劳动力 2 人,小孩 1 个,刚分家,牲口 36 头(只、匹),地 4 亩。根顿,5 口人,3 名劳动力,牲畜 90 头(只、匹),地 14 亩。拉乌次仁,3 口人,2 名劳动力,刚分家,牲口 43 头(只、匹),地 5 亩。

达巴一村 4 户。边巴,7 口人,4 名劳动力,牲口 51 头(只、匹),地 19 亩。强巴,6 口人,劳动力 2 人,牲畜 108 头(只、匹),地 16 亩。古如卓玛,8 口人,劳动力 2 人,没男的。牲畜 75 头(只、匹),地 19 亩。扎拉,3 口人,劳动力 1 人,他和古如分的家,牲畜 22 头(只、匹),地 8 亩,懒汉。

东波乡一村 1 户。索朗多吉,4 口人,劳动力 2 人,牲畜 90 头(只、匹),地 1 亩,懒汉。

东波二村 1 户。格桑,30 多岁,9 口人,劳动力 3 人,牲畜 164 头(只、匹),耕地 2 亩,主要是小孩多。

东波三村 2 户。次仁石决,40 多岁,4 口人,劳动力 1 人,牲口 106 头(只、匹),地 2 亩。石诺,8 口人,劳动力 4 人,50 岁,懒汉,打野马生活,牲畜 147 头(只、匹),地 3 亩。

琼龙乡一村 1 户。嘎玛塔杰,2 口人,没有劳动力,是老人,牲畜 30 头(只、匹)。

困难户占总人口的 7.4%。教育,全区入学 50 人,适龄没入学的 12 人。没上学的,达巴乡 6 名,琼隆乡 3 名,东波乡 3 名。

1. 网围栏请给支持 3—4 万元①。

2. 甲尼玛市场②原来是最大的市场,要求恢复。琼隆乡主要是印度商人,普兰市场主要是尼泊尔商人。修路从东波乡到甲尼玛 140 公里,琼隆乡到达巴区骑马要 7—8 天时间。有湖和水晶矿。

3. 琼隆乡的无水草场建设问题,4000 亩。

4. 达巴水电站,扎西副专员同意建 20 千瓦电站。

5. 琼隆乡平地 200 亩,水利条件好。平地需 3 万元。

6. 区小学村的房子不行,教师住房条件差。

※　　　※

地政协副主席洛桑顿珠捐 100 元。

1994 年 3 月 16 日

骑马到达巴区达巴乡一村。

群培:牧业点,羊 240 多只,死大羊 4 只,母山羊 60 只,流产 10 多只,母绵羊 30 多只,子畜死 16 只。6 口人。

一村嘎玛单增:牧业点,5 口人。羊 175 只,大牲畜 18 头(只、匹),山、绵羊死 4 只,牦牛死 1 头。三个村一村的牲畜膘情最好。

※　　　※

给边防连 500 元,3 条烟。给达巴乡更东 80 元。给德吉 50 元。给一村卓玛 100 元。

※　　　※

达巴一村副村长诺杰。

一队牲畜存栏 2600 头(只、匹)左右,死亡 520 头(只、匹)。诺杰,3 口人,一队牧业点共 4 户。羊 105 只,死亡 21 只。大畜 7 头,4 头牦牛,3 匹

---

① 以下是地方提出的要求。

② 甲尼玛市场和札达县什布奇、拉孜拉等一样,是重要边民互市贸易场所。

马,马死2匹。嘎石决,5口人。羊175只,死33只。马3匹,牦牛13头没有死。古路嘎玛,6口人,5只羊,死1只。牦牛3头,死1头。占堆,1口人,山羊21只,死3只。4户,母山羊134只,流产35只。灾情严重,很多牲畜都垮啦。要求解决点饲料和个别口粮。救济古路嘎玛(女)100元。

达巴二村,牧业点。全村15户,103人。平措(车翁),牧业点,10口人,山、绵羊350只,死50只(不含羊羔)。马9匹,牦牛40头,死5头。

达巴二村多吉,萨拉牧业点,4口人,2个小孩,一个10岁,一个18岁。羊80只,死亡10只。母山羊20只,流产10只。牦牛7头,马4匹,地12亩。种地9亩,收900斤青稞。

白玛玉珍,4口人,爱人坐牢。羊68只,死亡12只。牦牛3头,马3匹,1匹马即将死。6亩地,青稞收不到200斤,100多斤。救济200元。

二村长卫东,24岁,13口人,6名劳动力。山羊385只,死亡20只。马12匹。牦牛32头,死5头。地36亩,实播20亩,收2000多斤青稞。母山羊90只,流产15只。

次仁扎西,7口人,劳动力3名,小孩4个。山绵羊140只,死亡40只。牦牛3头,马2匹。地16亩,青稞实种5亩,收1490斤。

占堆,5口人,劳动力4人。山羊63只,死亡11只。牦牛4头。地17亩,实种12亩。救济100元。

乡长塔青次仁,9口人,劳动力5人。羊300只,死60只。马9匹,死1匹,垮1匹。牦牛32头,死3头。黄牛3头,死1头。母山羊90只,流产13只。

牧业点4家给救济款320元,每家80元。

要求种畜场再多借给几天,上次已借用30天,又延长了一个月。场领导同意,种畜场放牧的人不同意。

1995年3月17日

上午,达巴一村。

副乡长仁青家,7口人,劳动力2人。羊180只,死2只。马5匹,狼吃掉2匹。牦牛5头,没死。地11亩,实播10亩,青稞1800斤。母羊流产4只,出售20只,自食7只,自食牦牛2头。

次仁,7口人,劳动力2人。羊235只,死5只。马5匹。牦牛8头,死1头。地17亩,实播10亩,2000斤。八浪①4头,死3头。

---

① 黄牛,藏语的音译。

桑日牧业点,达巴一村。禹贡,6 口人,3 名劳动力。羊 160 只,死 10 只。马 4 匹,死 1 匹。牦牛 3 头。母山羊 55 只,流产 6 只。地 9.5 亩,实种 8.5 亩,收 1600 斤。给救济款 50 元。

达巴一村,拉玛布牧业点。多典,6 口人,劳动力 4 人。羊 207 只,死 27 只。牦牛 13 头。马 6 匹,死 1 匹。母山羊 60 只,流产 6 只。地 18 亩,实种 12 亩,产 1800 斤。强巴,6 口人,劳动力 3 人,羊 130 只,母山羊 40 只,流产 6 只。马 2 匹。地 19 亩,已实种 8 亩,1900 斤。

救济多典 80 元,强巴 100 元。

1994 年 3 月 18 日

上午,达巴区基本情况。

工资:

1. 区里干部职工的工资每月 6824 元。

2. 乡干部每月工资 1281 元。

3. 村干部每月每人 25 元,30 人,每月共 750 元。

4. 村医生 2 人,每人每月 35 元,每月共 70 元。

5. 乡医生 3 人,每人每月 40 元,每月共 120 元。

6. 乡村兽医 7 人。村 4 人,每人每月 38 元。乡兽医每人每月 43 元,共 7 人,每月共支出 281 元。

7. 寺庙 4 人,每人每月 50 元,每月开支 200 元。

8. 乡干部退休的 3 人,每人每月 30 元,月计 90 元。

合计 8601 元。每年工资计 10.3212 万元。

区提出的要求:琼隆乡平地 200 亩,3 万元。修水渠,1 万元。达巴乡东沙村围草库,3 万元。救济费 2000 元。教育上,小学和宿舍要解决。

※　　　　※

上午,在达巴边防连。

一、首先感谢同志们的热情款待,感谢同志们在"双拥"工作中作出的优良成绩。群众感谢大家,区乡领导感谢大家,县领导和地委行署感谢大家。

二、对边防连的几点看法。领导团结,士气旺盛。任务完成得好,军训学习抓得紧。双拥工作成绩突出,巩固了边防建设。

三、给同志们提几点希望。巩固成绩,发扬荣誉,作出新的贡献。加强团结,心连心,同命运,共呼吸。利用有利时机,搞好自身学习,全面提高素质。一是文化、政治、军事业务学习;二是虚心向群众学习;三是互相学习。

学习要有计划、有目的、有检查。

四、抓好后勤，改善生活，活跃部队，让大家轻松愉快地工作和学习。

五、"双拥"工作作出新的贡献。

※　　　　　　　※

札布让区托林乡玛朗村。

村长扎西群培：全村 16 户，73 人。牲畜存栏 2800 头（只、匹），死 100 头（只、匹）。地 400 亩，实种 200 亩。流产母畜占 90%。人均收入 350 元。

困难户 3 户。1. 胜利，6 口人，劳动力 3 人，牲畜 200 头（只、匹），死十几头（只、匹）。15 亩地，实种 12 亩，单产 40 斤，总产 480 斤。2. 曲尼，4 口人，2.5 个劳动力，2 个小孩，两人 60 多岁，牲畜 60 多只，死十几只羊。地 10 亩，种 8 亩，单产 50 斤。3. 强巴，5 口人，劳动力 2 人，牲畜 180 头（只、匹），死 5 头只、匹。地 13 亩，种 10 亩，单产 50 斤。

救济曲尼 100 元，胜利 80 元，强巴 80 元。

1994 年 3 月 19 日

上午，札达县委。

其美县长汇报：3 月 14 日，召开全县干部职工大会。从去年 12 月 15 日到 3 月，进行灾情通报。从 94 年 3 月 13—17 日捐款 32458.26 元。其中，县机关干部职工 159 人，捐款现金 20783.66 元。部队 122 人，捐款 6174.6 元。单位 4 个，捐款总金额 5050 元。其中，银行 3000 元，医院 1000 元，民政 1000 元，寺庙 50 元。捐款最多的，小学教员大益西旺姆，捐 1058.88 元。索朗多不杰，捐款 1008.88 元。银行扎西次仁，捐款 800 元。洛桑群配，捐款 608 元。次珠、其美、久美、扎顿，每人 508 元。最少的捐 5 元。捐物的情况，部队捐衣服 42 件；茶叶 130 斤；草 10000 斤；鞋 10 双；罐头 3 箱；青稞 350 斤；古巴糖 650 斤。教育群众自力更生，艰苦奋斗，受灾区要以生产自救为主。劳模次仁顿珠捐 2225 斤草，分到缺草的 21 户。

群培书记：一、1. 香孜区的水电站；2. 香孜区的拖拉机站；3. 两个草库仑建设问题。二、达巴区，琼隆平地 200 亩；草库仑建设 700 亩，达巴东沙。三、曲松乡至楚鲁松杰的公路建设，7—10 月不封山。四、底雅区，冬季牧场到农业点拉嘎点 30 公里的路要修。五、萨让区，萨让公路的路已花 470 多万元。六、札布让区，种菜的销售问题；发展经济林的问题。

种畜场的草场是否支持部分给东嘎和达巴。种场可养 1 万头（只、匹）牲畜，□□当场长时养过 8000 头（只、匹）牲畜，现在只有 3000 多头（只、匹）。

　　其美:商业问题。一、周转资金 37.4400 万元,固定资产 35.9254 万元。二、库存往来,93 年库存 83.212853 万元,其中个人欠贷款 18.7854 万元。应收款 3.207542 万元,应付款 44.387429 万元,其中地区批发公司的 32.7626 万元,欠本县财政 4 万元。三、94 年库存款降价。120 个品种,亏损 1.593295 万元。报废处理 177 个品种,折款 3.5149 万元。实际亏损 5.108196 万元。还有需降价处理的 4 万元。四、93 年的经营情况。总销售 23.799158 万元。销售毛利 3.488990 万元。物价补贴 3.7 万元。总经营费用和现金折旧支出 13.735147 万元,实际亏损 6.546157 万元。总欠款 44 万元。积压商品和滞销品 9 万元。93 年亏损 6.5 万元,经营亏损。93 年总计亏损 16 万元。目前商业 28 人,欠款 19 万元,实际只有十几个人,账本也没啦。

※　　　　※

　　在札达县干部职工会议上的发言。

　　一、灾情严重,措施得力,深入基层,调查研究,群众情绪高涨。

　　二、党政军警民齐心协力,抗灾、救灾决心大,信心足。

　　当群众最需要我们的时候,党政、军、警出现在群众面前。主动捐款,支援人民群众,帮助群众。

　　三、县区乡领导的工作中心就是集中精力抓好经济工作。认清形势,统一思想,理清思路,抓住优势,目标明确,责任具体,赏罚严明,签订合同。突出重点,确定札达县发展的路子。始终注意抓住县、区、乡、村四级班子。解放思想,多方筹集资金,要动脑子。在工作方法上,注意抓经济发展的样板。从实际出发,不套圈子,不搞花架子。

1994 年 3 月 22 日

　　上午,地委行署联席会议。

　　研究对口支援的问题。

　　1. 计委。人民医院 3750 平方米,病房、宿舍、食堂,每平方米造价 1400 元。

　　2. 科委。太阳能井 60 万元,20 个。太阳能宿舍 152400 平方米。温室 4000 平方米。20 个光电站 500 瓦,1100 万元。太阳能生活热水器,150 万元 100 套。

　　3. 公检法司办公楼。1361 平方米,其中公安处 1979 平方米,检察院 1073 平方米,法院 1073 平方米,司法局 1073 平方米,政法委 500 平方米。

每平方米造价 1600 元,共需资金 911 万元。技术装备,公检法司加噶尔县丰田车 7 辆,经费 350 万。386 电子计算机 4 台,12 万元。传真机 4 台,8 万元。3252 复印机 5 台,25 万元。现场勘察箱 37 个,经费 18.5 万元。地县两级购新通讯设备,经费 36 万元。设备经费 449.5 万元,加办公楼,共 1361 万元。

4. 武警。修建支队礼堂 880 平方米,每平方米造价 1700 元,共 150 万元。搬迁二中队(现在在支队院里),540 平方米,需 81 万元。其中战士住房 240 平方米,经费 36 万元。干部住房 80 平方米,经费 12 万元。伙房 60 平方米,经费 9 万元。会议室 160 平方米,经费 24 万元。

5. 文化局。7 县文化中心 4390 平方米,经费 631 万元。65 边境区乡文化室多功能厅 6500 平方米,经费 1072.5 万元。办公楼 600 平方米,经费 96.3 万元(太阳能)。地区影剧院,原礼堂 60 年建的不行。共计 1799.6 万元,不包括影院。设备项目:(1)电视台发射机 6 台,每台 2 万元,共 12 万。(2)地电台天塔反射机每米 80 元,240 米,共需 19200 元。(3)编辑机 2 台,控制器,每台 7 万元。更新电池充电器 1.4 万元。监视器 4 台,每台 1 万元,共 4 万元。录像带 400 盘,7.5 万元。共计 63 万元。文化系统共计 2760 万元。

6. 农牧。4 个项目:(1)无水草场开发,7 县打井 206 眼。修建居民点 44 个,2508 平方米。修建羊圈 44 套,12572 平方米。共计 1599.87 万元。效益可解决 5000 万亩草场,解决 800 户牧民住房,解决 9 万头(只、匹)牲畜饮水。(2)牧业科技服务体系,建立地县区牧业服务体系,包括房子在内,投资 569.67 万元。95—99 年建成。(3)改则县饲料饲草基地建设经费 250 万元,95 年—96 年完成。(4)藏西北百万白山羊,山羊绒基地。日土、改则、革吉、那曲文布,基建 19400 平方米,投资 400 万美元,95—99 年完成。每年提山羊绒 300 吨,创汇 982 万美元,增加群众收入 714 万元。

7. 教委。(1)基建项目。4 栋中学教学楼,每栋楼 300 平方米,共 1244 平方米,每栋楼造价 85 万元,共计 360 万元。(2)地区和门士小学,措勤、革吉、日土、噶尔 6 个小学,共 856.8 万元。优先解决改则县、札达县、地区中学问题。

8. 交通。客运问题,中型进口客车 4 辆,2 辆东风。进口客车各两辆 40 万元,东风车 8 万元,油费 6 万元。客运站要配套设备、停车场、围墙,共 40 万元。共计 222 万元。

9. 卫生局。(1)东风车 13 辆,生活车。(2)特种救护车 6 辆,每辆 40 万,计 240 万元,以上共计 336 万元。(3)乡村医生的交通工具,50 万元。

卫生局办公楼 1000 平方米,160 万元。传染病房住院部(地院)3000 平方米,390 万元。藏医院门诊部 1000 平方米,160 万元。藏药厂 285 平方米,64 万元。防疫站搬迁 3000 平方米,450 万元。革吉县医院门诊病房 1800 平方米,234 万元。札达县医院维修 10 万元,普兰县手术室维修 20 万元,措勤县新建和地区妇幼保健院住房,84 万元,600 平方米。7 个县保健机构,札达 200 平方米,32 万元。日土 150 平方米,24 万元。革吉县 200 平方米,32 万元。改则县 500 平方米,80 万元。措勤县 200 平方米,32 万元。噶尔县 100 平方米,16 万元。普兰边检站 500 平米,80 万元。购置设备,地区人民医院 B 超、X 光机(500 毫安)、眼科主灯、心电图机、两个显微镜。

科委科学实验培训中心,基建外需 213 万元。

达瓦次仁书记:三十年大庆项目,党校、安狮公路、自来水管道、市区南北道路。培养:一是无水草场开发资金,水利部;二是山羊绒基地,牧业服务体系,农牧业部。党校搬迁,共计 1846 万元。

组织部:人才需求问题,一是派出去,二是请进来。1995—2000 年,派出去 14 个系统:1. 医疗系统,请来的每批 15 名,高级 5 名、中级 10 名,每批至少服务 4—5 年。2. 师范,每批副高 10 名,高级 6 名,中级 4 名。3. 兽医,每批 3 名,高级 1 名,中级 2 名。4. 畜牧,每批 7 名,副高 2 名,中级 5 名,每批 4—5 年。5. 草原学,每批 6 名,副高 2 名,中级 4 名。毒草消灭,饲草。6. 农机,6 名,中级 4 名,高级 2 名。7. 矿产,每批 4 名,副高 1 名,中级 3 名,3—5 年时间。8. 光电,每批 4 名,副高 1 名,中级 1 名,2—3 年。9. 水利,每批 10 名,其中副高级以上 3 名,每批 5—7 年。10. 电子技术,每批 2 名,副高、中级各 1 名,2—3 年。11. 财会,每批 5 人,其中副高 2 名,每批 3—5 年。12. 桥梁,2 名,其中副高、中级各 1 名,3—7 年。13. 行管人员,4 名,副高 2 名,中级两名。

援藏任务:就地培养年龄 35 岁以下,实践经验有 3 年以上干部。生活待遇给地区补贴,调迁费、工资、路费由原单位负责。干部来后提拔任用,由用人单位负责。到内地学习的 65 人,11 个系列。1. 医院学习一年以上 15 名。2. 师范,每批 10 名。3. 畜牧,每批 9 名。4. 草原每批 5 名。5. 矿产 3 名、光电 3 名、水利 5 名、企业会计 3 名。桥梁,领导干部 5 名,地级 1 名,县级 4 名。

白玛欧珠专员:1. 原来报的项目是不是就不报了。2. 醉马草的问题。3. 东三县的居民点。4. 教育上,普兰 15 所小学,札达 12 所小学也可报,6 所小学也应加强。5. 公路交通是重点,特别是新疆,同意报安狮公路。6. 太阳能小型光电站,太阳能井要报。7. 医院的设备太差,B 超都没有。

桑珠书记:1. 无水草场开发。2. 小型光电站。3. 居民点的设置。4. 4个县的消灭醉马草。5. 两所中学,6 所小学。6. 安狮公路问题。7. 医院的技术设备。8. 政法工作条件改善,报上去,政法楼和设备。9. 人才问题,同意洛桑久美副部长意见,每批来 90 人。

贵桑副专员:两层意思,一是三十年大庆建设项目,二是援藏工作会议和各省对口的项目。1. 农牧,打井围栏草基地。2. 交通。安狮公路;新疆到普兰的路接着上报;狮泉河到拉孜道班的基本养路条件,保养厂的搬迁。3. 教育上,札达小学,改则中学。4. 卫生防疫站搬迁、设备,革吉县医院,藏医门诊、制药厂。5. 能源三个大电站,再报一次,革吉光电站扩建,30 个区的光电站。6. 区上的客货两用车,每区解决一辆。7. 狮泉河下水道、桥、河堤治理。8. 民政部门,扶贫开发项目。9. 人才引进,文秘人员太少,缺乏电子微机。

第二次援藏工作投资 18.85 亿元。全区 61 个项目,阿里 4 个项目。一是基础设施,盖房子报三十年大庆项目。二是对口项目要有效益的。三是对口支援要定到省和中央部门。四是白山羊基地,消灭毒草,建立防灾基地。五是交通运输,安狮公路,新疆和阿里公路主要是协调问题。六是能源问题,三个大电站,光电站。七是小学主要加强住房设备。八是水泥厂的问题。九是脱贫致富的问题。全国的贫困县人均收入是 350—450 元。十是物资运输,请新疆给我们阶梯。十一是人才需求的问题。十二是电视广播问题。

※　　　　　　　※

改则县拉加书记:畜牧局在县城搞的兽防站,改造费给了 20 万元,县拿了 30 万元,还差 30 万元,请自治区畜牧局给解决。

1994 年 3 月 25 日

上午,救灾工作组汇报。

日土县工作组汇报情况:牲畜存栏 30.8512 万头(只、匹),死亡 26748 头(只、匹),占 8.8%。最严重的德汝乡,占 11.4%,有一户达 46.8%。过巴乡占 7.8%,热角乡占 20%,日松乡占 12%。全县缺粮 81 户,486 人,粮 6 万余斤。其中,过巴三村缺口粮 7000 多斤,29 户,154 人,其中有 20 户是困难户。热帮区有 23 户到月底就没粮食了。县区机关捐款 6930 元。92 年牲畜存栏 29 万头(只、匹),93 年 30.8 万头(只、匹)。

白玛欧珠专员:一是出栏少,地区提出栏率 25%,没落实到基层;二是基层政权处于瘫痪、半瘫痪的状态,乡、区干部职数多,发挥作用小;三是自力更生的精神差,主要是不搞畜圈建设;四是工作浮在面上,没有抓到基层。

唐中华医生汇报札达县情况。

※　　　※

革吉县牲畜存栏 59.5986 万头(只、匹),死亡 69134 头(只、匹),死亡率 11.6%,损失 900 多万元。断粮户 679 户,3437 人。雄巴乡 1 岁孩死 13 人,邦巴乡 1 岁孩死 8 人,共计 21 人。去年 8—11 月流感死亡 20 人。亚热却藏乡牲畜 4793 头(只、匹),死亡率 23%;雄巴洛玛乡牲畜 12990 头(只、匹),死亡率 32.6%。全县牲畜出栏率 17%左右,商品出栏率 13%。把困难户集中起来,走集体脱贫的办法。和县研究恢复生产的具体措施办法。

※　　　※

贵桑副专员汇报普兰工作组情况。

(一)物资的发放。

(二)牲畜存栏 15.5629 万头(只、匹),死亡 8643 头(只、匹),死亡率占 5.5%,主要是巴嘎区和霍尔区。92 年死亡率 13%,不是重灾区。1000 多人次挖雪,出动 16 辆车,四天打通了运输线。全县捐款 6994.7 元,物资约 3645 元。

(三)表现好的单位,边防连、检查站、武警。检查站捐 3965 元。巴嘎区表现得比较好,给群众送水,送冰块,送 5000 多斤柴火。打 60 匹野马,给群众送上门,买 16000 斤青稞送给群众。区书记罗布占堆下去了。霍尔区的书记就没有下去,自己也不派马。

(四)存在的困难、需要解决的问题。按每只羊 60 元、牛 500 元、马 1500 元计算,需要 89.078 万元,人均 135.75 元。一是解决油料问题,牲畜搬家。二是教育,两区小学生 50 人,特别霍尔区的管理不善,主要是区书记不管。三是村要求解决 2 眼井,吃水解决不了;巴嘎小学的吃水解决不了;区吃水问题解决不了。四是牧民的牲畜转场问题。五是县要求解决拖拉机的问题,需要 62 台。六是当前种子问题,每斤 8 毛。

※　　　※

普兰人均收入,按 80 年不变价定的是 600 多元。

※　　　※

地直机关的捐款情况。

捐现金 22.61512 万元,物资 9.5268 万元,合计 32.14192 万元。捐款多的单位:外贸 10.8 万元;开发公司 3 万元;粮食公司 1 万元;批发公司 2 万元,共 4 万;人行 1 万元;牧工商 1 万元;农牧 7000 元;运输公司 5000 元,

2000 斤粮;电、组、建、纪、旅交各 1000 元;医院 1000 元。

张专员 1000 元;巴桑 1000 元;公司会 300 元;赤列 500 元;麦格龙 600 元。

地县已派出 38 个工作组下去。牲畜已死亡 15%,到 6 月份达 30%,大牲畜可能 100 万头(只、匹)。

※   ※

联席会议,讨论计、财工作。

13557 万元。

第一产业比 93 年下降 5%,第三产业 4186 万元,增加 15%,建筑比去年增 16.7%。

粮食 5700 吨,增长 13.6%,92 年数字。肉 4925 吨,下降 29.6%。奶 5695 吨,下降 8.4%。羊毛……下降 11.2%。山羊绒 153 吨,下降 11.9%。牛皮 8600 万张,下降 6.5%。

年末牲畜存栏 237.2 万头(只、匹),下降 12%。人均收入 640 元,93 年 646 元。93 年牲畜出栏率 18%,94 年出栏 33 万头(只、匹)。农副产品综合商品率 40%。

商品:石油供应 2500 吨,车辆用 800 吨;柴油供应 700 吨,运输 200 吨。

外贸:出口达 144 万美元,比 93 年实际增长 108%。人口增长控制在 19‰,比 93 年略有降低。

基建:94 年 3881 万元,其中自治区 310 万元,自治区部门投资 988 万元。地区财政投资 80 万元,县投资 40 万元,地教投资 60 万元,能、交投资 180 万元,地支农投资 20 万元,边境投资 80 万元,不发达资金投资 110 万元,特殊政策资金 115 万元。企业自筹其他资金 1063 万元(包括以工代赈),共 3881 万元。

其中,农牧业投入 713 万元。地区幸福实验楼 50 万元;水利局 38 万元;冷库 80 万元;水文站 70 万元;日土等 3 个县投资 58.4 万元(欠账缺口);气象 50 万元;治沙 296 万元,其中劳务 96 万元;札达南水北调 100 万元;无水草场开发 250 万元。

工业项目 775 万元。其中,水泥厂 300 万元,藏药厂土建 50 万元,建筑业 100 万元,交通、邮政业 450 万元(其中邮电 250 万元)。

萨让公路。

文教卫生 380 万元。其中,札达小学 50 万元,普兰小学 40 万元,地区小学宿舍 30 万元,措勤小学 60 万元,改则教工宿舍 30 万元,革吉医院 70 万元,地区防疫站 100 万元。

人行系统金融保险业 300 万元。北京路北边桥头 180 万元。其他系统 695 万元。日土县房改 200 万元,普兰新八区 60 万元,改则康托 60 万元,地区离休基地 50 万元,噶尔县公安三所 60 万元,改则县招待所扩建 15 万元,噶尔县税务局 50 万,地区税务局 80 万,教委宿舍 30 万元,藏胞接待楼 40 万元,措勤退休基地 50 万元。总计 3881 万元。

※　　　　　※

更新改造 3 个:札达车队 22.5 万元;日土县车队 75 万元;地区营运车更新 150 万元。

阿里车辆编制计划:总车辆 248 辆,行政和生活用车 93 年 240 辆。其中北京① 63 辆,丰② 88 辆。

各单位车辆情况:普兰县车 14 辆;札达县 16 辆;噶尔县 15 辆;日土县 13 辆;革吉县 13 辆;改则县 14 辆;措勤县 13 辆。地直机关:地委 8 辆,生活车 3 辆;行署 11 辆;政协 3 辆,丰田 2 辆;计委 4 辆;财政 3 辆;交通局 3 辆;人大 1 辆丰田;文化局 1 辆;民政局……教委 2 辆;卫生局 3 辆;科委 1 辆;农局……拉萨办事处 1 辆丰田;乌鲁木齐办事处 1 辆丰田;统战部 1 辆;工、青、妇 1 辆。

※　　　　　※

自治区人均收入:92 年 515 元;93 年 521 元;94 年 878 元。

94 年教育上拨给经费 482 万元。

生活车现有 97 辆。

财政:93 年自治区财政补贴 3381 万元。94 年增加 228 万元,共计 3546 万元。93 年财政赤字 577 万元。

1994 年 3 月 26 日

上午,研究经济工作会议材料。

第一个报告。

洛桑旦达专员:温饱问题未解决的 1.1360 万人。安狮公道、省道 4000 万元;普兰至拉萨国防公路。

贵桑:第一产业。今后三年增长 5%。在 13 页不提在外贸开发试点问题。基层领导体制上加强……

银行次仁:金融优势应加上。

---

① 代指北京 212 吉普车。

② 丰田牌越野车。

白玛欧珠副专员:第一产业应是持续稳定。

1994 年 3 月 27 日

上午,研究经济工作会议文件。

关于矿产品管理办法。

硼类矿全国每年需 2 万吨,阿里每年出产 5000 吨。上海跃华玻璃厂每吨 1800 元,需 6000 吨。

※　　　　※

革吉县长:1. 15%的户和人温饱已解决;2. 44%的户和人能买的起 50—70%的全年口粮;3. 41%的户和群众买不起粮食,按年人均 216 斤粮食算。全县农牧民欠款 42. 6 万元。最多时个体户 60 多辆车,现在只有 19 辆,其余大部分都坏了。6 月份已预卖 10 月份的羊皮,康巴商人把羊皮买走了。93 年,586 人买不起粮食。

※　　　　※

参加小组讨论。

日土县日松区过巴乡。

吃救济粮 33 户。有的是没有劳动力,有的是懒汉,年年救济。已采取乡领导带贫困户的办法,党员带贫困户的办法。一部分组织开矿,一部分种地。商品观念淡,不会做生意。做生意的只有一个人,在村上做。种地主要是没有水,6 月份才种上地。印度商人加让来后说,中国今后不会有好日子过。改革首先要解决群众的思想工作,社教很好。农牧业基本建设没有投资,不如农业学大寨时搞得好。甲岗围的网,5000 米的网围栏,92 年搞的,管得不好。粮食收购价低,收购 1 斤 5 毛,卖给群众的 1 块钱。让区干部下乡,骑马都不愿意去。过巴乡 101 户,550 人,贫困户 33 户,比以前穷啦。人口增多,依赖思想严重,懒汉不少。马嘎草场建了网围栏而没有管好。130 多万元,4 万多亩,过巴三村人均牲畜 17 只。

热帮区书记:草场开放没看到带来多少好处,放开没有什么好处,群众不懂,政治思想工作差,热帮区牲畜多。宣传工作太差,没材料。该区人均存款 400 多元。人均牲畜 75 头(只、匹)。人口 1500 人,牲畜 11 万头(只、匹),占全县牲畜的一半。区上吃水困难。4 个区,3 个区没电。四个区有马,共 7 匹马,行政干部 30 多人。从区到有的村 400 多公里,骑马一年也回不来。

※　　　　※

晚 7 点,措勤工作组汇报。

拉穷和农牧局塔杰汇报:工作组行程 3820 公里,走访 4 区 17 乡的 45

个自然村(共 55 个自然村)。

一、牧业生产和群众生活。1. 牲畜死亡 61750 头(只、匹),到 3 月 14 日止。牲畜存栏 51.61 万头(只、匹)。其中,绵羊死亡 45600 只,山羊死亡 15200 只,牛死亡 926 头,马死亡 24 匹。从 12 月 24 日至 94 年 3 月 14 日,死亡 11.96%。2. 最严重的门东二村,成畜死亡率达 18.96%。牲畜存栏 8139 头(只、匹),死 1543 头(只、匹)。边上二村,牛死亡多。扎巴,32 头牛,剩下 12 头,死亡率达 52.6%。绵羊羔死亡 60%,山羊流产 70%。3. 群众生活。全县困难户 495 户,2004 人。其中,已断粮 118 户,488 人;即将断粮 218 户,872 人;没帐篷的 11 户,53 人。两种疾病,93 年 12 月 28 日至 94 年 3 月 14 日,伤寒和流感人数 3026 人。四号病痢疾 435 人。前后共死亡 12 人,其中四号病死 9 人。雪灾冻伤 21 人,其中孩子已残废。县捐款 2 万多元,其中现金 12000 元。磁石区工作被动。

县区的要求:一、计划生育工作,县工作到家,群众有要求,没有具体措施。手术有一个不成功。二、搞饲草基地建设,围栏。三、把穷的门东二村和雄巴二村要求列为扶贫村,人均 3 只羊的不少。四、乡镇企业投资 20 万—30 万元,成立劳动服务公司,最好是无偿或贴息贷款。五、要求消灭醉马草。六、牲畜的疾病多。七、群众的计划粮要求继续给补助。八、五保户每年补助 330 元,要求增加。九、盐粮交换问题,和仲巴县的隆嘎尔交换,每车原来 25 元,现在要 50 元一车。每县定 140 万斤,按这个交钱。十、措勤小学没有院子、厕所、桌凳,现在不是"三包"小学。十一、措勤县要求解决河架桥问题。十二、要求修水磨五座。十三、江让区解决水井一眼,吃水问题没解决。十四、解决区人民医院的药架子问题。

※　　　　　※

达瓦次仁书记:关于十四个企业经理问题。

一、电力公司。欧珠多吉坚决不干,要求提副县级,有十八年的经验。93 年财政给 83.973579 万元,比 92 年增加 30 万元。副经理扎西不错,大专文化程度。

二、粮食公司。公觉次仁,54 年生,70 年工作,第三轮承包有信心。

三、物资公司。袁新义,银行贷款 2240 万元,要求调新疆工作,不宜换。

四、牧工商公司。经理次仁塔杰,总借款 154 万元,已还款 61 万元,还有 89 万元的债。固定资产有 98 万元,盈利 9 万元,要求承包一年,不干啦。

五、旅游公司。王伟民,今年盈利 2.8 万元。总收入 167 万元,利润为 2.8 万元。第三轮承包有信心,开辟新景点,推出象雄文化,改善服务。采取分开承包的办法。今年旅游团 30 个,总 5000 人次。收入 200 万元,利润为 10 万元。要求是旅游局长兼经理。

六、外贸企业。93 年收入 8000.4 万元,利润为 800 万元。

七、医药公司。杰嘎卓玛,经理,37 岁。93 年利润 8 万元,定的 7.7 万元。管理比较严。

八、农机公司。蔺小林经理。国家规定亏损指标为 32 万,实际亏损 24 万元。

九、汽配件公司。旦阻经理,善于用副经理。93 年利润 19 万元。财政定的 15 万元,已超过预定任务,得分比较高。

十、自来水公司。欧珠经理,原皮革厂长。亏损 33 万元,要求承包。每人每月收水费 4 毛钱。

十一、开发公司。王峻经理,93 年利润为 183.2108 万元,固定资产 49 万元。

十二、运输公司。李久成经理,更新车 40 辆,93 年经营亏 29 万元,财政补贴。盈利 25 万元,职工 172 人,开车的 40 人,还有 12 辆车不能开。

十三、石油公司。刘宏君,要求调新疆石油公司。93 年亏 847 万元,自治区认账了。库存油可保第二季度狮泉河 1800 吨用油,新疆有 1000 吨用油。

十四、批发公司。土旦经理,93 年利润 14 万元。商品积压 1440 万元,银行贷款 700 多万元,现在 5000 多万元。要求普兰县商业局加措任副总经理。

1994 年 3 月 31 日

晚上,收集各组的汇报。

日土组欧珠汇报:20 人参加讨论。有 8 人发言,改革是动力,稳定是条件,发展是目的,都有新的认识。整体推进,重点突破,有新的认识。改革是全国一盘棋,阿里是一个棋子,也应动起来。问题:一是发展教育,"三包"不是办法;二是卫生免费医疗,群众不满意。2000 年入学率达 40%,偏低,这样会产生经济发展超前教育落后的现象;三是报告中提出的发展指标偏高;四是孔书记提出 7 个优势,草场是不是优势;五是文字太长,压缩一下为好,要翻译成藏文发给基层。

第六组改则汇报:报告总的是符合实际的,报告好,能否落实,能不能坚持不懈地抓下去。存在问题:一是报告长;二是人均收入 2000 年 950 元,收入高,压一下;三是教育增长 40%,西边领先东边落后,主要是资金问题,能不能保证。改则县 15000 人,在校生 323 人,入学率 15.5%。各县教育发展明确个发展指标;四是人口增长控制 18‰,关键是服务能不能做到,保证……五是资金的投入,群众拿不出来;六是水利建设,各县目标是什么;七是矿产品,部分能不能给群众开采;八是乡镇企业,牧区第二、三产业都没有,贷款不敢搞;九是区上没有小学,干部的孩子不能上学,区上干部孩子和农牧区的孩子是否在分上一样对待。区上的干部家属孩子招工能否给予照顾一下。察布区条件差,原来贷款 40 万元,原定 3 年还完,现在还差 13 万元。察布区 50% 的人口还没解决温饱问题。

企业第八组汇报:孔书记的报告符合阿里实际。贯穿阿里的特色,贯穿了发展改革,企业套的外地模式多,阿里企业到底怎样走不清晰,把企业推向市场,阿里怎么走。文字上再压缩一下。基础设施差,农牧业难发展。第三产业必须有个领头的机构。阿里社会车辆有 300 多辆,1500 万元的财富(每辆 5 万元),怎么组织起来,找出路才行。调整产业结构要有全局观点。地委原来关心盈利的企业,对亏损的不关心。企业不规范,财务混乱。物资公司存下 4400 吨水泥,对企业干预过多。改则 26 辆车子运输,去年说要给补运差,至今没到。养路费,改则县原 80 多辆车,现在只有 60 辆,交不起。

第二组塔杰汇报:教育入学率达 40%,电视广播应提出达到目标;萨让公路,什布齐口岸,两条公路要修通,需再修 57 公里。

第五组汇报:革吉牧业总值下降 40%,4 年之内才能恢复,孔书记报告增长数字高。93 年人均收入 490 元。国民生产总值增长 8% 的速度定的高,最多达到 4%。5 年之内建立期货市场办不到。教育入学率 40% 达不到。狮多乡小学建民办,校舍国家帮助。4000 多人吃饭问题怎么办? 畜产品出售要放宽,征收养路费要减轻。每乡办一个供销点,负责日用百货和牲畜产品的收购。群众采取羊只和其他物入股办法。区里要求配交通工具。群众要求修路,种饲料基地,要求搞个藏文的传达提纲。

第四组噶尔县贡布书记汇报:1. 农牧业基础建设差,要求投资;2. 要求了解群众的实际生活,40 多年来生活变化不大。扎西岗典角乡经济比较穷,17 户,适合农牧业。噶尔新乡 13 户,27 人,特困户 6 户,牲畜一只没有。强化组织管理的办法。门士区要求每乡两台手扶拖拉机。计划生育群众要求搞。朗久一村次仁南木杰牲畜现在每人 16 头(只、匹),死得多。噶尔县去年定的 45 吨玻璃,农机公司至今没有货。

第七组扎检察长汇报:报告符合阿里的实际情况。意见:一是文字长了点;二是改革意识不强,加问题里边;三是目标、动力,基础多了点;四是目标高了点;五是草场责任制划分到户。建议:要配科技副县长;抓干部培训问题;亏损企业煤矿处理一下。入学率高啦,达到 30% 就不错。江让区、热帮区没有水。免费医疗的问题。缺交通工具,江让区车马都没有。措勤的羊只品种要求改良一下。畜产品要求粗加工,上边给投资。公路养护的问题,需要50—60人。措勤区小学9月份要求开学,目前资金还没到位。要求修乡村公路,三乡不通。

第一组普兰县汇报:1. 入学率已达76.8%,提出入学率40%,低了点;2. 霍尔出现了部分贫困户,请给帮助;3. 霍尔乡贡珠4村牲畜死20%,要解决口粮;4. 农业机械化原来达80%,现在才20%的机耕面积;5. 化肥计划100吨,现在只有20吨;6. 中学问题,还要配套;7. 巴嘎区吃水困难。霍尔、巴嘎、热帮、江让没水吃。

※　　　　※

修改洛桑旦达专员报告。

一、1993年的经济工作。

国民生产总值1.3亿元,比上年下降1.1%。完成进出口总额1900万元。旅游盈利2.8万元。入学率29.3%。抓了区党委四届四次扩大会议学习。

存在问题:1. 基础设施差,靠天吃饭,农牧民收入慢;2. 市场经济发展慢;3. 企业改革力度不高;4. 财政供需矛盾突出;5. 劳动力素质低,人才缺乏。

二、1994年工作的方针任务、措施。

指导方针:党的十四大和区党委会议精神。从阿里实际出发。发展目标,国民生产总值1.3557亿元,比上年增2.6%。第一产业减5%,第二产业增20%,第三产业增25%。工农业总产值1.1533亿元,比上年减5.2%。其中农牧产值1.0913亿元,比93年减少4.3%,其中农业增40%,牧业下降。工业总产值620万元(93年517万元),比上年增19.7%。农牧民收入达646元。粮食总产5537吨,93年5034吨,增长10%。92年粮食5680吨。年末牲畜存栏215万头(只、匹),减少54万头(只、匹),减少20%。农牧产品综合率40%,93年35%。固定资产投资3881万元,比去年增27.7%。地财收入730万元(930万减去企业亏损200万)。稳定农牧业,振兴牧业,大办乡镇企业和第三产业。一是电站;二是上下水道;三是2场2矿;四是普兰边贸600万元;五是5县房改3000万元。

突出抓好十三个方面工作:一是群众更新观念,全面落实区党委会议精神,解决好四个方面问题。坚持党的领导,树三个有利标准;锐意开拓;树立人才观念;树立全心全意为人民服务的思想。看准了不松手,完不成不松手。二是以增加农牧民收入为核心,加快农牧业基础建设。农牧民87%。

三是狠抓改革,农牧民改革三方面,两个长期不变,草场落实到联户①,改革农牧区商品流通。深入改革服务体系;增加农牧的投入,有成倍的增加。四是认真实施扶贫开发计划。20%的贫困户,11367 人,一县确定 2 乡或村扶贫试验点。五是加强基础政权建设。工、青、妇工作放到基层;扎实细致地安排农牧民的生活,畜产品收购上浮 1.3 倍;国狮公路今年投入 170 万元。六是企业改革。七是能源交通通讯建设。萨让公路今年 200 万元,还去年 140 万元,还有 60 万元。八是努力培育新的经济增长点。矿产品开发;对外经济贸易;发展旅游业,加强对外开发;发展新型的建材工业。九是大力发展教育科技事业。调整教育机构,合理调整教育布局。县财政提取 10%,地方拿 100 万元支持教育。十是扩大对外开放,培育经济市场。十一是增值财源,增加财政收入。十二是转变政法职能。十三是加强和改善党的领导。

1994 年 4 月 2 日

晚上,收集各组汇报。

札达组农牧局塔杰汇报:1. 事业单位企业化管理怎么办,报告没有提;2. 白玛欧珠副专员报告中农牧业指标有点高;3. 教育投入要适当提高;4. 区上干部交通工具不足,达巴 16 人,4 匹马;5. 灾后要加强草场建设,抗灾基地建设;6. 札达县一区五乡扶贫,原来定的每年 15 万元,没兑现;7. 萨让小学建设不足,学生多;8. 报告说参观要多去点同志,札达县;9. 气象工作没提;10. 文物保护再加上"四有""四无""四不准"。

第六组改则江白汇报:1. 物玛区想种粮,没农机具,麻米也想种饲草料;2. 察布区 37 名小学生列为"三包"生;3. 察布区是否再建个区;4. 改则察布的计划生育。全区 3000 多人,4 个乡;5. 区的交通工具,东风车 89 年买的;6. 边境线的草场纠纷,行署牵头;7. 改则开发无水草场,加大投资;8. 麻米区茶措乡建设饲草基地,群众集资 5000 元;9. 麻米区恢复中草药加工厂;10. 五保户的生活费偏低,330 元不够;11. 关于畜产品,同意交地外贸局,羊毛要求一、二等价,特别山羊绒。上交羊毛 50 万斤,绒 6 万斤;12. 抗灾基地要求立项,扶贫主项;13. 打十二口采暖井,每井 5 万元;14. 察布建粮食供应点,66.42 万斤,钱由地区解决;15. 解决 5 区照明,40 年未解决。

普兰组讨论汇报:种油菜籽 170 亩,每亩 400 斤。菜地 30 亩,耕地 1 万

---

① 联产承包户。

多亩。粮食总产 600 万斤，全县总人口 6851 人。赤德乡 10 户贷款 10 万元，在桥头盖房子，一年利润得到 4 万元。

四组噶尔县次仁局长汇报：一、怕报告落不到实处，比如修路；二、要求藏文的材料发给群众；三、昆莎区要求工作组帮助群众，会议的贯彻；四、……五、企业上，厂长经理要配好、配准，过来的几年，考察企业不准，光听企业领导的；六、羊毛收购至今没兑现；七、乡镇企业，2000 年免税问题等，要和自治区领导讲话口径一致；八、草场建设提法口径要一致；九、畜产品提法上可以竞争，可要统起来怎么办；十、耕畜没有，运肥不好办，地直机关是否帮助一下；十一、缺药问题，白玛欧珠副专员没提；十二、兽防有问题，如何解决，没提。

索多汇报：一、白玛欧珠副专员提的 2000 年人均收入达到 1000 元。二、企业放权，企业状况如何，领导知道不知道，税后利交得高啦。三、100 万元的支农经费，集中到一两县好。四、农牧区定居半定居不要提。五、农牧业提的增长数高啦。六、噶尔县的优势没提。七、春耕来了，没化肥、没农具。八、加强审计工作。九、企业干部长期在外。

第一组普兰桑保处长汇报：一、普兰的冈底斯神山圣湖宾馆，普兰要求管；二、要求解决化肥问题；三、90 年，达瓦厅长来时答应给 3 辆车，只解决 1 辆，听说民政扣啦；四、兽医、人医没得到解决；五、草场纠纷，霍尔区和日喀则有矛盾；六、要盖招待所、饭店，招待游客竞争，不依靠国家；七、把农机厂恢复起来，贷款；八、县和区干部给定指标；九、建综合加工厂；十、恢复贤柏林寺庙①，现有款 25 万元。

第七组措勤县汇报：一、供销社是否包在企业改革中；二、外来开发建材受政策保护，不要公平竞争；三、贫困户的标准不明确；四、提高畜产品的收购价，再提高……五、连年亏损的企业能否枪毙掉；六、提的奋斗目标达不到；七、建议：会议多，藏文使用率低；八、干部没有享受边境补贴；九、大家认为文件好，担心落实不了。

第三组任建春汇报：把退休干部的作用提一下。

1994 年 4 月 4 日

上午，联席会议。

给建行贾行长和民政厅强巴厅长汇报阿里的灾情。

---

① 贤柏林寺在普兰县城之西，孔雀河西边有一座巍然矗立的山，山上有一座座形状各异、大小不一的古老遗址，这就是普兰达拉喀城堡和贤柏林寺的遗址。

强巴厅长:主要任务,一是边界问题,二是了解灾情。采取看一县报一县的办法。上次已拨 120 万元,根据灾情再拨款。

贾行长:主要是检查全国建行会议精神贯彻情况,再一个工作是受杨松主席的委托,了解一下灾情。

强巴厅长:恢复生产能否采取贷款贴息办法,民政、农委有一部分钱。无偿的我们不多,民政厅全区抗灾款 600 万元,恢复生产 400 万元。光要投资、救济数量很小。贴息 3—5 年,原计划给阿里 300 万元。

1994 年 4 月 6 日

日土乡。

陪民政厅强巴副厅长到日土县检查工作。

粮食亩产 407 斤,人口 373 人,人均 2 亩多地,共 800 亩地。93 年,牲畜存栏 8493 头(只、匹),以农业为主的多。原来 600 多匹马,现在只有 40 多匹。89—91 年,有 600 多匹马。92 年前,这个乡没有五保户。困难户 8 户,28 人,其中有特困户 4 户,4 户五保户。适龄儿童没有上学的共有 24 名,适龄儿童 38 人。成畜死亡 2412 头(只、匹),占总数 28%。围栏有 1000 多亩。

困难户:强巴伦珠,5 口人,牲畜有 3 匹马,90 只羊,地 11 亩,实种 9 亩,口粮够吃 2 个月。索朗她母亲,独住,山羊 8 只,1.6 亩地,2 个男孩 1 个女孩,分家后索朗不管她的事。

1994 年 4 月 7 日

上午,过巴①三村。

嘎玛次仁,9 口人,劳动力 6 人,牲畜 130 头(只、匹),死 90 头(只、匹)。救济 100 多斤粮食,吃的差不多啦。一袋面,剩的不多啦。地 8 亩,去年种 6 亩,每亩产 100 多斤。92 年乡总产 22 万斤,93 年 14 万斤。种子给 120 斤,现在还有。

扎西罗布,5 口人,羊 20 只。

旺久,7 口人,去年牲畜存栏 50 多头(只、匹),现在还有 30 头(只、匹),救济青稞 80 多斤,种子 168 斤,面 50 斤,茶叶 5 斤。

益西伦珠,6 口人,牲畜存栏 65 头(只、匹),现有 30 头(只、匹)。

过巴乡乡长扎西南木杰:共 100 户,565 人,现在 30 户已没粮食吃啦。三村,次甲,6 口人。一村,益西伦珠,6 口人,牲畜存栏 65 头(只、匹),现存

---

① 属于日土县日松乡。

32 只,属于特困户,爱人又怀了孕。全乡土地 241 亩,轮种,全年种 617 亩。即将断粮的 35 户,194 人。原来每亩地产 300 多斤,现在不到 200 斤。去年全乡每亩产 245 斤。

乡长提出要修水库和网围栏。十年前没这么穷,上边来的干部少,放宽政策后干部不来,来了群众不听。买了 7 辆解放车,还有 2 辆。这几家都没挣到钱,全部欠款。还有 5 户欠款的,最多的欠 3000 多元,少的欠 700 元。

强巴厅长:乡里目前先发种子、地肥料,牲畜死了一半啦。抓土地的管理,修水库先请技术员。按土地数量出劳动力修水库。我回去找水利局投资。写个可行性报告,我帮你要钱,这个没问题。全乡有 32 名上学的学生。78—80 年,全县牲畜总数 34 万头(只、匹),93 年牲畜 30.8 万头(只、匹)。76 年粮食 214 万斤,93 年 130 万斤。

※　　　　※

晚上,日土县副县长汇报。

一、基本情况。全县 7.84 万平方公里,4 区 12 乡,31 村。农牧人口 5533 人,1154 户;机关干部职工 272 人(含退休),93 年人均收入 736.50 元。受灾情况,到 3 月 20 日为止,牲畜死亡 4.2278 万头(只、匹),占总数的 13.7%,存栏 30.8912 万头(只、匹)。全县财政,93 年欠款 88.9 万元。严重困难户 695 人,占 12.5%。甲肝是 3 月 28 日发现的,住院 15 人,学生 9 名。93 年春播实种 6797 亩。94 年保持去年水平。恢复生产 15 万元,一是购买母牲畜;二是种地的工具。

日土区牧畜死亡 10800 头(只、匹),死亡率为 17.8%。日松区死 15705 头(只、匹),死亡率为 19.7%。热帮区死亡 11551 头(只、匹),死亡率为 9.8%。最严重的是德汝乡、过巴乡,日土区的日土乡、热角乡。

1. 德汝乡死 8456 头(只、匹),死亡率为 27.5%。一村死 2820 头(只、匹),占 36%。过巴乡死亡 4362 头(只、匹),占 27.7%。

2. 日土乡死 2412 头(只、匹),占 28%。

3. 热角乡死亡 5529 头(只、匹),占 25.7%。

全县有困难户 81 户,486 人。特困户 53 户,209 人。需解决粮食 6 万斤,包括 22000 斤的种子。其中,过巴乡缺粮 7000 多斤,过巴乡 29 户,154 人,有 20 户 110 人是困难户。热帮区有 23 户困难户,3 月底没粮吃。

二、抗灾保畜问题。牲畜吃粮食 15 万斤,给群众发救济款 26930 元,粮食 12360 斤,饲料 33890 斤,草 4600 斤,茶叶 2600 斤,油料 5.5 吨,兽药 1 万多元。人药 50 种,8500 多元。

三、存在问题。干部不深入,兽防网起作用不大,光顾个人。县财政 3

年没买药。

四、需要解决问题。恢复生产需 15 万元,过巴人均 500 元,三村人均 300 元。过巴乡是否能列为全区扶贫乡。

※ ※

几点意见:

1. 灾情是严重的,领导班子采取的措施是得力的。领导干部、职工部队对群众的感情是深厚的。电影演员桑培捐款 6930 元,粮食 1030 斤,饲料 1200 斤,茶 58 条。

2. 下一步意见。继续做好抗灾救灾工作,做到底子清、情况明。救灾工作除解决吃饭问题外,主要放在如何加快恢复生产上。

3. 当务之急抓好春耕生产。

4. 结合地区经济工作会议精神,紧密联系日土实际,拿出发展日土经济的切实可行的措施办法。深入基层,调查研究要实事求是,调查研究注意走群众路线,调查研究制定措施要扎根群众。

5. 领导是关键,班子是要害,群众是基础。

6. 搞市场经济、商品经济要从实际出发,要和脱贫致富结合起来。

7. 抗灾救灾要树立自力更生精神,以自救互救为主。

8. 抓经济工作的同时,注意抓精神文明建设。

93 年财政收入 55 万元,92 年财政收入 30 多万元。

※ ※

强巴副厅长:地区的意见、我们的意见都提啦,给自治区汇报了,已给自治区讲了,立即派农委和卫生厅工作组来阿里。同时把受灾的情况一一列成表格给自治区。目前要县区乡集中力量抓春耕生产,所有制不变,但要统一指挥,光发种子不行,抓种子、肥料、整地和水渠。恢复生产 15 万元,要有详细的可行性报告才行,就是我带的钱也不敢给你,你说不清干什么。过巴水库浇 600 亩地,请水利专家论证,我答应建这个水库。日土乡的网围栏……

※ ※

日土乡现有人口 370 人,原来人口 420 人。下降主要原因,一是抓了计划生育,二是参加工作的多,三是到外地上学的多。

物玛乡 10 年前 400 人,现在 600 多人。

1994 年 4 月 9 日

县长书记座谈会。

札达县其美汇报:1. 牲畜死亡已达 3 万头(只、匹)。春播 7400 亩任务,要超过 8000 亩,93 年实播 8000 亩;2. 扶贫恢复生产,增加牲畜 5000 头(只、匹),需要增加牲畜 150 头(只、匹)。草库库存一万亩,网围栏 1 万亩,饲草基地 3700 亩。琼隆乡平整地 300 亩,恢复生产和建设项目 150 万元;3. 札达托林电站①列为三十年大庆项目;4. 什布奇的开放;5. 萨让公路 240 公里,现在还有 70 公里,只有 50 万元不够;6. 拖拉机站的更新改造;7. 一河两沟的综合开发;8. 抓好防护林用材林的基础上抓好经济林的开发;9. 菜的问题请给予支持;10. 南水北调的问题。工程由我县来搞。

革吉县扎西县长汇报:全县 6 个乡试办经济实体,组织干部下去传达会议精神,定项目。农业安排 600 亩。要解决:一是 6 个乡镇企业需要 120 万元。二是扶持生产,低息贷款给解决部分,购置的农具需要部分资金。断口粮的原来 500 多人,解决部分救济粮 20 万斤,3473 人的吃粮。三是牦牛死 6000 多头,抗灾 15 万元。四是次仁专员答应县小学给 3 万元。答应给退休村解决一辆车子。

措勤县书记:盐粮交换的问题,和拉孜建立盐粮交换点,昂仁已商量的差不多。建立 5—6 辆车的车队,扶贫车队。架一座桥的问题。

措勤县长:在桑桑和拉孜建盐粮交换点已达成协议。次仁专员答应的退休点、车、娱乐室、区发电机请解决。扶贫救灾车队参加营运。办几个乡镇企业,给点低息贷款。门东的劳动服务公司。美多的茶、饭馆、食宿。本县境内的公路养护问题。建立种畜站,需要 60 万元。对牧业危害大的是毒草,畜死亡占 50%。措勤区小学的建立问题。全县贫困户 226 户。抓劳务收入,拉沙,打石块。磁石区说自己拿钱买手扶拖拉机,拖拉机说只有 3 台,拖拉机需加强。关于教育和计划生育、扶贫问题,入学率已达 32%。

达布:造林建立苗育基地。昆莎小学问题。手扶拖拉机 6 台。

日土县长:近期内抓四件大事,一是传达会议精神,二是抓春播,三是抗灾,四是组织工作组下去。生产结构调整,发展山羊绒;重点抓好恢复生产工作。过巴乡热角开荒 500 亩。恢复拖拉机站的问题,建立野生动物保护区,建立班公湖旅游区。建立退休干部点,今明两年给解决。现在二牛抬杆解决不了,机械化更谈不上。独木齐列口岸的开放问题。

普兰县:……县改成为三十年大庆项目;解决燃料补助问题;全县 400

---

① 托林水电站位于西藏自治区札达县东约 3 公里处象泉河上,至狮泉河镇 400 千米,距新疆叶城 1450 千米,距拉萨市 2255 千米。工程所在地海拔高度 3700—4000 米,属河床式电站,主要以发电为主,改变了札达县有水无电的历史。

多人缺口粮;解决两区的通讯联络问题,在狮泉河搞饮食业。

农机公司蔺小林:公司 74 年建立,77 年化肥 50 吨,用了 20 吨。现在达到 250 吨。全地区群众存款 1590 万元,包括有一部分集体的钱。

洛桑旦达专员讲意见:畜产品的收购政策上放开,实行最高限价。关于养护体制问题,公路(国狮公路)正常养护交给群众。东三县 13 个区的干部边境补贴每人 20 元。关于实行目标管理的问题。三十年大庆的项目问题,已立项 6 个。狮泉河电站、狮泉河上下水、白山羊基地、5 个城改项目、普兰边贸。基本建设的管理问题,项目的负责人要定好。

讲几点意见:

一、从本县实际出发,采取多种形式多种措施、办法,讲求实效把会议精神贯彻下去。同时,搞好几个结合:一是和当前的春耕生产结合起来;二是和抗灾救灾工作结合起来;三是和项目的开发结合起来。

二、转变作风深入基层,和干部群众一起学习文件,落实会议精神,写项目开发的可行性报告。

三、救灾工作,从解决吃饭入手,恢复发展生产是关键;研究农牧区体制改革,加快农牧区经济发展是目的。注意听取群众意见,听取老干部意见。

四、关心人民的身体健康,注意疾病的发生、控制和治疗。

五、地委行署关心基层干部,但配发的项目要管好用好。

六、接待好工作组。

　　　　　　※　　　　※

各县县委书记座谈会议。

改则:组织部只有 2 个人,经常是 1 人。区以下,改则 5 区最多 3 人,少的 2 名领导,普遍文化程度不高,领导年龄又大。一是要求定期不定期地培训干部,重点是自治区和地区培训,到内地不适应。二是有的机关可合并一下,采取联合办公的办法。三是基层待遇问题,正乡级 188 元,副乡级 177 元。部分正式干部,有的担任乡职干部,要提高乡干部的待遇。乡医生每月 60 元,兽医每月 33 元。一个村有 2 名兽医,工作量最多的负责 50 户。每年培训一次,但县里水平低。四是带着干部走出去,学习一下。

革吉县:一是机构改革中,有的机构要合并。二是缺秘书人员,既没打字员,也没打字机,打字机烧啦。找名打字员都找不到,还缺草原人员,需水利工程 1 名,统计 1 名。三是本县农牧局长,推荐为科技副县长,实用技术强,38 岁,甘肃农大毕业。四是缺乏企业管理人员。五是各行各业部门都强调自己工作重要,要机构,要专职人员,要经费。要从阿里实际出发才行。六是后进干部的后顾之忧。七是干部困难户 47 户,全县干部 272 人。

政法委江白:一、阿里的上层建筑和当前的经济基础不相适应。上层建筑庞大,脱离实际。从某种意义上讲,上层建筑影响了经济基础的发展。二、政法委和综合治理办公室的工作要加强。正确认识改革、发展、稳定关系。6个县成立政法委了,还有一个县没成立。

措勤县书记:加强县级组织部的建设,人员不够,有的人素质低。供销社半脱产的多,待遇低。退休干部点的问题,要求自己盖房。要地皮,三个人能否在拉萨给块地皮。

札达群培书记:一是注意抓干部的培训,到自治区培训。二是到内地参加学习,增长知识。三是札达缺人,人多了工资又没保证。分配的人县里用不上,现在藏医多,每区都有一名,再给我们就是麻烦。需的是经济管理和文秘的人才。财政缺口80多万元。旺拉退休到拉萨安家,至今地皮没落实,另外要求在县里盖退休房。

日土任建春:组织部只有一名副部长。大小水电站四个,真懂的人一个没有。会计人员、统计人员没有。

改则拉加书记:在县建退休基地有必要。

嘎尔县贡布:一是机构合并后精减的人放到哪里。四个区的书记都48岁左右啦,年纪大。二是要求统计、文秘、财会人员。三是检察长安排调动到日土,提出安排老婆工作。孩子要从左左乡调县里,我们县不好安排。

普兰:拿工资的312人,部分人员素质低。县里干部164人,四十岁以上的84人。

组织部洛桑久美部长:要抓紧后备力量的培养和选拔。现在干部3000多名,今年办8期学习班,93年接收了158名学生。

桑珠书记:政法会议精神的贯彻问题。加强社会治安和反分裂斗争工作。

达瓦次仁书记……

关于组织、人事工作讲几点意见:

一、首先肯定我们干部职工队伍是好的,各县对组织人事工作是重视的。主要表现:一是政治素质,绝大部分是好的,和党中央保持一致,在大是大非面前态度是明朗的,立场是坚定的;二是交给的任务、工作,能积极想办法去完成;三是任劳任怨,艰苦朴素。

二、当前存在的问题。

一是班子老化,思想僵化;二是两手抓,两手都要硬,说在嘴上,写在纸上,没有落实在行动上,也就是忽视了精神文明建设,忽视党的建设,出现了党不管党的现象;三是人事制度没有从根本上改革,仍然是"大锅饭""铁饭碗",因此出现干的不如看的,看的不如捣乱的,捣乱的不如会算的;四是选拔使用干部的方法不当,指导思想有偏差,致使部分干部的积极性调动不起来。衡量干部,一是看是否能同中央保持一致,二是对商品经济、市场经济的认识和能力怎样,也就是以生产力的观点来衡量干部,使用干部;五是个别班子缺乏凝聚力、战斗力、向心力,甚至出现个别领导独断专行,一人说了算。

三、今后工作意见。

一是贯彻执行自治区组织工作会议精神,贯彻执行好政法工作会议精神;二是领导的主要任务,出主意,用干部,培养选拔干部。工作重点就是抓班子,抓党员,抓领导;三是做好团结工作,首先是领导与领导、领导与群众之间的团结,其次是加强藏汉团结,第三是军民团结。

1994 年 4 月 12 日

研究公路交通的问题。

从拉萨到狮泉河 1772 公里;从狮泉河到安多 1338 公里;从格尔木到狮泉河 1991 公里。

公路养护资金:85—95 年,自治区能收 5000 万元,财政厅补 3000 万元至 4000 万元,全年 9000 万的养护费。一是加大自己的征收能力,要达到八五底两年 1.2 亿元。九五间征收达到 1.5 亿元。阿里养护段 30 人,已退休 10 人,能上路的不到 20 人。东风 5 吨车每月交 650 元,设想准备再提 150 元。九五间提 160 元,5 吨车 800 元,要减少免征车的数量。公路养护体制不能光养人不养路。每年给阿里征养护费 40 万元不变。阿里自己征收 147 万元不变,递增 10%。共 194 万元。

机动养路队问题:三个机动养护队,中交部给了钱后再给阿里。边防公路的管养问题,特别是扎达县。

陈光明汇报国狮公路的养护问题。

1. 94 年的计划,996 公里路。小修保养 444 公里,措勤县 43 公里。

2. 中修雄巴总共 37 公里。277500 元的行政事业费,132664 元本段工人的工资。64.84 万元……小修养每公里路 2263.6 元,狮泉河到改则每公里 1350 元,改则至措勤每公里 1500 元,措勤到 22 道班每公里 2600 元。中修安排了 43 万元,改建涵洞 20 万元。建过水路面安排了 5 万元。革吉道班 15 万元一个,余留 5 万元的费用。全年总投入 204.85648 万元,93 年只有 70 万元用到公路上。93 年余留下 30 万元。93 年征收上来 230 万元,94 年可能征收要减少,主要是农牧民的车子少了 90 多辆。狮泉河至 22 道班

960 公里。

几点意见：

一、公路的养护要和县具体研究,要拿出计划标准。

二、新疆到阿里的养路费要和新疆具体沟通一下,能否把养路费拿过来。

三、群众社会车辆的征收问题。

※ ※

联席会议。

内容:拉办①汇报。

一、基本情况。

职工 38 人,办公室 6 人,离退休 7 人。招待所 11 人,医务室 3 人,驾驶员 1 人,共 24 人。编制 13 人。小车 2 辆,大车 1 辆。床位 162 张,收入 25.2 万元。新楼收入 4.2 万元。出租房 7 间,年收入 1.6 万元,除税后 1.2 万元。全部收入 31 万多元。国有固定资产 500 万元。招待所共 14 人,正式职工 11 人。支出 12.6 万元。两楼共收不到 1 万元。床位利用率达 55%。

二、有关离退休情况。

有房 54 套,5126 平方米,私房 5 套,共修建四批房子。成立了老干部服务站,3 名工作人员,大车 1 辆。50 名干部的工资已转到拉办,其中地直单位 19 人。支出 33.7 万元,地直支出 13 万元,还有几个人的工资没转办事处。有四五名同意转而没转,影响比较大。

今年 30—40 人参观,需经费 3 万元。医药费怎么执行,是按拉萨标准执行? 房租房怎么收?

第一批房子 6 套,每套 80 平方米,县级住的超 2 平方米。第二批,地专级 5 套,每套 204 平方米,质量差;县级 7 套,每套 134 平方米,超 56 平方米。一般干部 7 套,每套 100 平方米,超 44 平方米,都不包院子、厨房。第三批 2 套,每套 134 平方米,超 34 平方米。县级 10 套,每套 100 平方米,超 22 平方米。一般干部 8 套,每套 80 平方米,超 24 平方米,应 56 平方米。第四批,一般干部 5 套,每套 54 平方米。

第二批,地级干部房子每平方米 480 元。县级住房每平方米 360 元,一般干部房子每平方米 330 元。当时营山县给盖的,他们亏了 100 万元。

活动中心再修个小伙房,地区再给 1 万元。再修 20 套房子,地建材给

---

① 阿里地区行署驻拉萨办事处。

建两栋。一栋县级干部用,一栋一般干部用,每平方米造价 600 元,共 120 万元。办事处超面积共 2000 多平方米。今年建 20 套,按什么面积,130 平方米还是 80 平方米?办事处有启动资金 30 万元。

需研究的事项:一、公费医疗怎么执行;二、超标准的房费收不收;三、今年参观需 3 万元;四、今年的房子盖不盖,120 万元盖多大平方? 五、变压器;六、传真机。

三、其他工作。

1. 变压器 80 千瓦的 5 万左右,自来水的安装收费高,5 万元左右;2. 退休干部房的上下水供应,主要是沟挖深埋,自治区财政厅给 5 万元,共需 10 万元。同时,没有下水道;3. 93 年电费支出 5.7 万元,地区拿 2.5 万元,超得多,93 年电价每度 2 角 5 分,94 年 4 角 8 分,平均每月支出近 1 万元,每年约 11 万元。干部职工谁来收电费;4. 电话费方面,要求配电传,地专级干部都要安直拨电话。准备控制,谁打谁拿钱;要求配传真和微机;三名医务人员即将失业。

洛桑旦达专员:1. 房改的问题等政策出台,新建房 120 万元,同意;2. 参观活动,同意;3. 离退休干部的公费医疗,按规定办,以后有问题再说;4. 小食堂要 10 万元,办事处解决;5. 油料纳入管理,去年留 800 吨。

※　　　※

今后工作四个要点:

一是思想上,政治上,行动上,与党中央保持一致。

二是增强群众观点,充分发扬民主,畅所欲言,团结一切可以团结的力量,调动一切积极因素,发展安定团结、民主舒畅、生动活泼的局面。

三是解放思想,换脑筋,找差距,定措施,促发展。

四是各级领导主动为基层服务,为群众服务,为领导服务,通过这次会议,要牢固树立"三个有利于"和"三服务"的观点。会议要以党的十四大和区党委四届四次扩大会议为指导,以邓小平同志建设有中国特色的社会主义理论为武器,结合阿里的实际,制定商讨阿里经济发展的作战方案。

也可以说,这次会议,地县区共同商讨如何早日实现我区农牧民奔小康的大计。也可以说是一个解放思想换脑筋,找差距,定措施,实事求是,团结奋进,真抓实干的动员大会。江措副主席在四届五次扩大会议上说,我们与内地特别是沿海地区最大的差距就在于差在紧迫感上,差在真抓实干上,过分强调西藏的特殊性,习惯于等、靠、要。如不改变这种状况,就会带来更大的被动和严重的后果。

※　　　※

粮食 2900 亩,单产 330 斤(165 公斤)。财政 4758 万元。全地区有 28 个企业。48 个县级单位,173 人。2323 名干部,446 名区级干部①。

※　　　　　※

改则县仓珍:建立抗灾基地的问题,土种选育和消灭醉马草的问题。提几个要求:一是乡村道路,修两座桥,路人木和麻米区的一座桥。二是麻米区小学恢复的问题,察布区小学要求"三包",麻米小学 109 万元。三是光电站的问题,扩容 30 千瓦,要求建 40 千瓦的光电站。光电站目前还没有验收。四、改则北部要求新建一个区,到县城 100 多公里,交通不便。五、在察布设畜产品和粮食收购点。

噶尔县贡布:牲畜死 3.8 万头(只、匹),其中母畜死 1.7 万头(只、匹),损失 300 多万元。解决母畜和为贫困户解决牲畜。原来困难户 157 户,现 228 户,1140 人,新增 71 户,355 人。全县缺口粮 20 万斤,5—10 月断粮,缺种子 3 万斤,现解决 1 万斤,差 2 万斤,县捐款 3 万多元。再解决 7 吨汽油。去年种地 5780 亩,94 年争取种 6000 亩,计划是 5800 亩。上左左乡搞网围栏。日穷 4000 米围栏。昆莎区人均牲畜只有 20 头(只、匹)。

※　　　　　※

党组织和党员情况。

一、1993 年 12 月底以前党员 3687 人。其中,正式党员 3318 人,预备党员 369 人。汉族党员 228 人,少数民族党员 3459 人。其中,农牧区党员 2084 人,机关党员 1603 人。

二、1993 年发展新党员 369 人。要求申请入党的有 217 人,发展对象 52 人。

三、党的组织情况。党委 19 个,党组 14 个,农牧区党支部 103 个。

四、党员分布情况。25 岁以下的党员 129 人。26 岁至 35 岁党员 954 人。36 岁至 45 岁党员 1193 人。46 岁至 55 岁党员 874 人。56 岁至 60 岁党员 244 人。61 岁以上的党员 293 人。1945 年至 1949 年入党的 2 人。1949 年 10 月至 1966 年 4 月入党的 77 人。1966 年至 1976 年"文革"期间入党的 1181 人。76 年以后入党的 2427 人。党员中女性 635 人,男性 3052 人。党员总数占总人口的 6.5%。

1994 年 4 月 14 日

研究自治区政法会议精神的贯彻。

---

① 此部分内容写于日记本封底。

一、会议基本情况,会议基本精神,会议的贯彻打算。

桑珠书记先传达总书记的讲话:世界走向多极格局;局势有所缓和;矛盾复杂多变;世界并不安宁。需要做到:经济发展,民族团结;政治稳定,社会进步。做到政治过硬,作风过硬,工作过硬。

二、全区政法会94年2月23—26日召开。分管的书记、办公室主任、公检法司等领导104人参加,阿里地区7人参加。

邓小平同志说,"安定团结十分重要",中国压倒一切的问题是需要稳定。没有稳定的环境,什么都搞不成,已经取得的成果也要失掉。加强政法队伍建设,要抓好三个环节,一是把好进人关;二是对一切执法人员都要严格要求,同时关心和解决他们的实际问题;三是对一些问题严重的单位要下决心进行整顿。对那些素质差、不适于政法工作的人员要及时调整,对那些违法犯罪的,一定要依法从严处理,但在宣传上一定要注意维护政法部门的形象。邓小平同志的意见。

三、贯彻意见。

以地委行署的名义召开全地区政法会议,建议各县的书记或县长、主管政法的书记参加,军分区武警领导参加。三个任务,一是传达贯彻全区政法会议精神,二是讨论布置任务,三是研究一票否决权的实施办法。

四、需要解决问题的建议。

1. 新增编制6个名额,建议西四县各1个,2个留地区,主要是政法委专职干事。2. 各县成立综合治理委员会和政法委员会综合办公室,房子、桌椅、交通,县解决办公用品。3. 各县政法委应配辆212的车子,业务经费由县财政列支。4. 区地直政法委的生活办公条件要适当的给予解决。自治区拿出了1000万元,解决自治区公检法办公问题。5. 全区的预算经费递增28%。6. 地区内发生的案子和到外区追的案子,要实报实销才行。7. 地财政预算解决,公检法的预算,综合治理的办公费应给解决,每年列支20万元。8. 政法委现在6人,只有一间房子,解决打字机、复印机问题。9. 政法委员会的业务经费。10. 综治委员会要求车子212一辆。11. 开会的准备,一是贯彻意见,二是领导人讲话,然后召开业务会议,2天就够啦。总共召开5天会议。

财政局长次顿:全地区的包干经费3500万元,公检法司整个开支400多万元,其中业务经费30—40万元。

1. 会议的贯彻问题。各县来一名县委书记或县长,各县公安局长或政委同志来一名;会议的指导思想、任务;会议的时间,何时为好,开会3—4天为好。

2. 当前存在的困难、需要解决的问题。政法委的办公条件；法院、政法委及有关部门困难最近一两年要给予解决。关于打字机和复印机问题。

1994 年 4 月 16 日

研究自治区政府工作组的到来"联席会议"。

倪惠康：1. 成立接待领导小组，下设三个小组，一是后勤组，二是材料组，三是安全组。2. 搞个接待方案。

洛桑旦达专员：安全保卫由桑保处长负责；后勤由兹白和饭店负责；材料组由李玉建和两办秘书科负责；宣传报道由文化局负责。

※　　　　　　※

收回贷款工作组。

孔繁森、次仁行长、阿穷、白玛次仁、洛桑旦巴、嘎尔玛（物资公司）。

※　　　　　　※

关于进京解决救灾款的问题。

一、财政部给 100 万元。

二、多吉才让：民政部拿出 90 万元。阿里报的 420 万元，自治区政府报的 3800 万元，恢复生产的 2600 万元没有落实。

※　　　　　　※

改则县情况。

从 1 月 1 日—3 月 20 日，牲畜死亡 13.7 万头（只、匹）。3 月 20 日—4 月 20 日，死亡 1.5 万头（只、匹），共计 15.2 万头（只、匹）。93 年牲畜存栏 76 万头（只、匹），牲畜死亡率 20%（成畜死亡）。3 月 20 日死 9 万头（只、匹），加上 3 月 20 日—4 月 20 日死亡 1.5 万头（只、匹），共计 10.5 万头（只、匹），死亡率 13.8%。人均收入 613 元。

全区 80 年人均收入 262 元，84 年 368 元，85 年 604 元。日土 85 年人均收入 990 多元，会上被表扬，中央广播啦。89 年日土报的人均收入 1500 元。89 年全区人均收入 1200 元，实际上报 884 元。全地区人均收入，93 年 646 元，92 年 701 元。牲畜存栏：84 年 255 万头（只、匹），80 年 270 万头（只、匹），82 年 297 万头（只、匹）。粮食产量：78 年 1200 万斤，4 万亩；92 年 1122 万斤；93 年 1000 万斤，3 万亩；94 年 1100 万斤，3 万亩。革吉县 600 亩，共产 9 万斤，亩产 154 斤，种子每亩 70 斤。每只羊每年产 0.4 斤绒。90 年山羊绒全区产量 192 吨，实际 120 吨；93 年山羊绒全区产量 173 吨。90 年山羊 105 万只，89 年 103 万只，88 年 97 万只。88 年每只山羊产羊绒 0.25 斤，90 年每只山羊产绒 0.36 斤。

1994 年 4 月 19 日

措勤县。

80 年前人均收入 270 元,每只羊平均 7 元钱。现在算,自食 20 元一只。牲畜总数 50 多万头(只、匹)。总人口,80 年 8000 人左右。羊出售最高价每只 40 元。原来一等马不过 400 元,现在 1 万多元一匹。过去一头牛不超 50 元,现在 600 元一头。酥油原来 0.94 元一斤,现在群众自用 5 元一斤,市场价 12 元一斤。全县总人口 93 年 10500 人,其中农牧业人口 9860人,温饱解决的 2000 多人,占总人口的 23%。

阿里地区农牧业总人口 56000 人,温饱问题没解决的 1.1 万多人,占19.6%。加新增人口,温饱问题未解决的 1.3 万人,占总人口的 23.2%。

措勤县磁石区 80 年搞包干到户时,原来公社时期留下来公积金 30 万元,房子有 200 多间。

※   ※

措勤县乡干部座谈会。

参加人:卓嘎副主席。

(一①)措勤区委书记次列旺杰:全区 591 户,牲畜 12.1424 万头(只、匹),人均 46 头(只、匹),死亡 2.4703 万头(只、匹)。幼畜死亡率达63.4%。牲畜死亡 2.1204 万头(只、匹),死亡率 17.5%,流产 1.7605 万头(只、匹),占 31.2%。

要求:1. 在河南边架桥,设计搞好了,用了 8 万元设计的,造价需 500万元。2. 吃粮主要靠盐粮交换,现在挖盐。仲巴县的隆嘎区白玛乡要求交资源费,历史上都不付钱,应解决这个问题。3. 区改造没有配套,差 7 万元,当时定每区改造标准 60 万元,93 年物价涨,配套解决不了啦。4. 乡村医生素质差,缺药突出。今年死亡 14 人,如及时吃上药不会死。全县购药费 6 万元。5. 计划生育,群众思想想通啦,就是措施跟不上去。要求结扎达 60%以上。6. 群众生活差,比较贫穷的区,困难户 103 户,404 人,93 年底统计的特困户占总人数的 15.5%。灾情最重的措勤乡 108 户,462 人。全乡牲畜头数 18654 头(只、匹),人均占 46.3 头(只、匹)。即将断粮户 17户,116 人。特贫村,雄马二村 50 户,192 人,牲畜 7634 头(只、匹),人均 39头(只、匹),断粮户 17 户,75 人。脱贫致富办法:一是架桥。二是草场建设,围栏 1 万亩,可解决饲草。三是要求解决无息贷款,创办集体企业。

---

① 序号为注者所加。

（二）雄巴乡支部书记群旦：雄巴乡属全县最贫困一个乡，其主要原因是交通不便，居住分散。该乡人均占有牲畜只有 39 头（只、匹）。特困户人均牲畜有的 3—4 只羊。草场比较困难，一是日喀则的羊来得多，二是野马多。盐粮交换没有骑商，需免费提供 3—4 辆车。措勤区小学目前不配套，去年没搞成。30 万元恢复，小学的厕所、院墙，炊具都没有。

（三）达瓦区书记次仁塔杰（大学生，上海师大毕业）：全区 499 户，2477人。牲畜存栏数 1368482 头（只、匹），适龄母畜 51202 头（只、匹），全年实产 32218 头（只、匹），幼畜成活 10076 头（只、匹），成活率为 31.27%，幼畜死亡率 68.73%。绵山羊流产 16387 头（只、匹），流产率为 33.71%。成畜死亡 28624 头（只、匹），死亡率为 20.95%。全区困难户 108 户，465 人，其中已经断粮户占 80% 以上。

区上主要困难：1. 草场建设困难，要求解决草场围栏资金。2. 无水草场利用不上，困难；人、畜饮水困难，有的从 20 多公里以外的地方拉水。3.不让我们挖盐的困难，盐粮交换困难。4. 人、畜药品十分缺。5. 草畜矛盾突出，人口自然增长过快，十年里增加 800 多人，群众要求计划生育的呼声高。6. 区车子管理，因资金不够，困难。7. 人才缺乏，区一级的人更缺，没有人到区以下机关工作。8. 区一级财政力量薄弱，无资金给群众扶持，下乡只能统计数字。

今后恢复牧业生产的措施：1. 加强牧业基本建设，尤其搞好草场建设。2. 靠国家投入、群众集资、劳务投入等办法，开发无水草场，增加产草量。3. 加强围栏草场建设。4. 由抓牲畜头数转变为调整结构，提高质量，增加适龄母畜数量，提高畜产品产量。5. 兴办小型集体企业，增加群众收入，要求上级解决无息贷款。6. 加强政策学习，解放思想。

（四）江让区委书记次仁多杰：全区 5 个乡，14 个村，429 户，2260 人，93年牲畜存栏数 122618 头（只、匹），其中绵羊 80535 只，山羊 32173 只，牛9545 头，马 365 匹，人均 54.2 头（只、匹），去年 11 月 25 日到现在，牲畜死亡……全区海拔在 4800 米以上，全县最……草场面积小，山多，沙化严重。成畜死亡 25645 头（只、匹），其中绵羊 14279 只，山羊 10371 只，牛 789 头，马 26 匹，死亡率达 20.77%。基础牲畜 61231 头（只、匹），其中绵羊 37212只，山羊 20763 只，牛 3166 头，马 90 匹。已产数 56444 头（只、匹）。其中绵羊 36096 只，山羊 20348 只。牲畜流产 16376 只，绵羊 7219 只，山羊 9157只，流产率达 29.61%。幼畜死亡 26100 头（只、匹），绵羊 18177 只，山羊7927 只，幼畜成活率 34.86%。

要求解决的问题:1. 要求解决查仓乡①草场围栏资金(土质好,水充足,过去种过草,效果好)。2. 区机关吃水困难,原井水枯干,现吃水到一公里以外的地方打水(现 30 多人居住在区机关)。3. 要求不付挖盐资源费,现资源费每年增长,去年一辆东风车 25 元②,今年涨到 50 元。4. 要求建设几座水磨,方便群众吃面。5. 困难户越来越多,即将断粮户……6. 五保户待遇标准低,严重不足。7. 要求恢复区小学。8. 交通困难,区上交通主要靠马匹。9. 要求扶持美朵乡③综合服务公司。

(五)达东乡支部书记索朗:1. 挖盐,同上。2. 全乡人均占有牲畜 35 头(只、匹)。3. 断粮户 57 户(最近统计)。4. 要求继续供应人均 216 斤的计划粮,要求供应计划茶叶。

(六)美朵乡支书欧珠:全乡 107 户,544 人,存栏数 20672 头(只、匹),人均 38 头(只、匹),成畜死亡 4900 头(只、匹),死亡率 22.37%,幼畜成活率 30.39%。困难户 45 户,216 人。去年人均占有牲畜 50 多头(只、匹),今年下降 12 头(只、匹)。1. 草场面积小,要求解决 1500 亩的围栏资金。2. 要求解决乡综合服务公司扩建资金,2—3 万元。

(七)磁石区副区长嘎尔玛加措:全区成畜死亡率 16.81%,幼畜成活率达 36.7%(幼畜死亡 25235 只)。恢复生产打算:1. 要求解决草场围栏 15000 亩的资金。2. 醉马草严重,牲畜死亡率很高。3. 人、畜药品缺,要求解决乡卫生院的资金、设备等。4. 全区学龄儿童 361 人,在校生 48 人,入学率很低,要求恢复区小学。5. 全区 2527 人,困难户 101 户,占总户数 17.80%。450 人,牲畜 12272 头(只、匹),人均 16 头(只、匹)。6. 要求解决区车子修理款(大修)30004 元。

(八)门东乡乡长次珠:全乡三个村,草场困难,沙化严重,醉马草占整个草场 50%。124 户,劳动力 121 人,牲畜 26259 头(只、匹)。成畜死亡 4954 头(只、匹)。断粮户 11 户,95 人。二村 47 户,217 人,牲畜数 7701 头(只、匹),人均 30 多头(只、匹)。要求:1. 解决草场围栏资金。2. 消灭醉马草、食用毒草,牲畜死亡很高。3. 要求增加计划生育投入,控制人口自然增长。4. 要求解决藏药问题。

1994 年 4 月 20 日

措勤门东二村。

---

① 现为查仓村,隶属江让乡。
② 指一车盐的资源费。
③ 原来是江让区下面的乡,现隶属于江让乡。

欠粮库 1.1 万元的粮款。

门东二村群觉，五口人，一年吃掉 2 只羊，国家救济 200 斤粮食。桑布家，10 口人，有老母亲，300 只羊，20 头牛，其中绵羊 200 只，山羊 100 只，马 2 匹。塔布家，6 口人，牲畜 200 头（只、匹），羊死 20 只，牦牛 10 头。曲吉，有心脏病，家 5 口人，不到 100 只羊。旺久家，6 口人，4 个小孩，羊 200 只，牛 20 头。

县畜牧局干部介绍门东二村情况：县确定今年包 6 个乡 1 个村。全村 42 户，221 人。牲畜 30 头（只、匹）以下的贫困户 22 户，实际只有 20 头（只、匹）左右。人均 60 头（只、匹）的只有 3 户，全村牦牛只有 500 头左右。山、绵羊总数 7000 只左右。93 年后，牦牛 500 头，成畜死亡率达 20%。幼畜成活率 30%。牲畜不到人均 20 头（只、匹）的有 10 户，70—80 人。门东二村欠粮局 1.1 万元。二村盐比较多。门东二村准备搞个福利公司，一是百货，二是住宿，三是开饭馆。贷款买一辆东风车，搞一个收购站，搞块饲料基地，消灭醉马草。

卓嘎主席说：要找准贫困的原因，采取综合治理的办法。

※　　　　　※

在措勤县乡级干部会议上的讲话。

一、自治区副主席卓嘎同志带领 20 人的工作组来我们县视察，卓嘎主席一行工作组的到来给我县农牧民干部带来了党的关心和温暖，给我们救灾恢复生产带来了希望，给我们县的改革开放带来了希望。在寒冷的冬天，卓嘎主席一行来到县里后，立即到农牧民家走访，同时又看了我们的小学、医院，明天还要到武警、武装部去看望大家。为此，让我们以热烈的掌声对卓嘎主席一行工作组的领导和同志们表示衷心的感谢。

二、关于全区经济工作会议的贯彻问题。一是学好文件，解放思想；二是实事求是，从本单位实际出发；三是抓优势，选准突破口。

三、区乡里的同志们在县委的领导下，为抗灾救灾工作做了很多的贡献，代表地委行署向大家表示衷心的感谢。一是乡区的办公条件、生活条件十分艰苦；二是党的方针政策要靠大家和群众一块贯彻执行；三是希望大家继续发扬成绩，关心群众，依靠群众，一切为了人民群众。工作中注意领导是关键，班子是要害，群众是基础，要同群众心连心，同命运，共呼吸。

1994 年 4 月 21 日

上午，自治区工作组听取措勤县领导汇报。

参加人:书记班登、县长丹增、副书记索朗杰布、人大主任班诺、副县长达瓦扎西、副县长洛桑多吉。

县长丹增汇报情况:

一、93 年情况。全县海拔 4700 米,22300 平方公里,四个区,21 个乡,55 个行政村。2064 户,总人口 10510 人,其中牧民 9832 人,占 94%。全县干部职工 200 人,占全县人口的 1.9%,其中干部 141 人,汉族干部 14 人。全县 26 个区级单位,24 名区级干部。党员 369 人,其中县机关党员 73 名,基层党员 296 名。全县 28 个党支部,一个党总支。经济工作,93 年牲畜存栏 51.61 万头(只、匹),人均 52.1 头(只、匹)。牧民收入 544.2 元,幼畜成活率为 58.3%,羊毛产量为 185.2 吨,山羊绒产量 24.4 吨,全县有 30%的群众没有脱贫。93 年财政赤字 61 万元。

二、受灾情况。这次是民改以来最大灾害,成畜死亡 9.8053 万头(只、匹),死亡率 19%,其中大牲畜死亡 3125 头(只、匹),占总死亡数的 16.4%。边山二村,93 年适龄母畜 23.5849 万头(只、匹),幼畜 12.5592 万只,幼畜成活 52795 只,成活率 35%。母山羊流产 6 万余只,流产率 70%。六月中旬成畜死亡达 25%左右。当前群众生活情况,4 月 15 日统计,521 户,2110 人,困难户中即将断粮的 218 户,872 人。现已断粮户 118 户,488 人。无帐篷户 11 户,53 人。没牲畜的户有 51 户。需粮 15 万斤,按照全年人均 216 斤来算。疫情情况,主要是 4 号病,患病 3000 多人,主要在 17 个乡 29 个村,患 4 号病的 435 人。到 4 月 4 日死去的人有 14 人,其中流感 5 人,4 号病人 9 人。

三、抗灾救灾工作。成立四级抗灾领导机构。牲畜出栏率提出要达 30%,去年实际 19%。先后组织 13 次工作组深入基层。县拿出 3 万元的抗灾款。从去年底到今年拿出 12 万元救灾款。县捐款 1.2576 万元,1599 斤青稞,1400 斤面粉,折合人民币 2.1229 万元。县财政 92 年收入 45 万元,93 年 57 万元。武装部副部长次罗捐款 600 元。

四、教育卫生情况。只有一所县完小,学生 218 人,其中"三包"生 157 人,措勤小学至今没恢复。适龄儿童 1700 人左右,入学率 13%。县完小 6 个班级,21 名专职教师。措勤小学投资 30 万元,加修房 5 万元,共投资 35 万余元。需配套 12 万元才行。

卫生情况,全县有一所医院和防疫站,四个区各设一个卫生所,卫生技术员 80 人。全县 130 人中有医生 1 名,乡医生有 28 人,一个人负责 30 多平方公里的面积,医院没有职工宿舍。

五、存在问题。1.……2. 加强商业的基础设施建设。3. 建立三级医疗网点（乡村兽防人员81名）。4. 各级基层组织要求打井,建围栏,开展草原三灭……5. 干部编制缺口,人员配制不合理,缺乏财会、文秘人员。需要全年生火,生火费只给10个月的。6. 每人20元的边境补贴没有。7. 财政困难,去年吃掉今年的37万元,财政赤字60多万元。8. 救济经费25万元,8月份就用光了,12月份超支12万元,预算35万元才行。9. 县完小教师住在60年代房子里,20%的职工住在外边的地方。学生达到饱和状态。地财给安排60万元的职工宿舍400平方米。教学和生活设施需7万元。

六、恢复生产的计划。当前任务以抗灾救灾为主。1. 把保人放在工作的首位,其次保畜。2. 搞好草场建设,天然草场围栏;羊圈建设,要有解决牧民的定居或半定居办法。3. 采取各级干部承包乡村的办法。4. 动员群众修路,增加群众收入。5. 创造条件,创办经济实体,美朵乡的服务公司。6. 抓草场责任制的落实工作。原来公羊500只一人放,母羊250只一人放,牦牛100头一人放。现在一家一户不行,组织群众搞协作组,搞生产组。7. 把单纯的生活扶贫转向生产扶贫,采取干部和富户带帮贫困户的办法。

提几点希望:

一是土种选育站的问题,91年提出的,拉巴书记答应先解决3—4万元的前期经费。

二、建立乡村卫生院人员的培训费。

三、解决人民医院的X光的机房和职工住宿问题。

四、措勤小学12万元的配套费。

五、解决高海拔地区的特殊补助。

六、增加烤火费标准。

七、解决办乡镇企业的贴息贷款,办三个乡镇企业,需资金50万元。

八、解决三辆扶贫车子,扶贫面30%,人均牲畜不到20头(只、匹)。

九、关于挖盐的问题和仲巴县再交换意见,给日喀则地区交换一下意见,免收5—10元资源税。

十、高原旅店的配套资金,93年收入9.3万元。

十一、解决县级财政的周转资金。

书记提四点要求:一是县级财政困难。二是解决生活中的困难。三是恢复生产的困难。四是提高包干经费。有偿贷款给解决200万元(3年),牧业基本建设网围栏2.5万亩,打井每口井4万元,太阳能井7眼。

人大主任班诺:1. 盐湖挖盐问题。2. 牧民用粮216斤,是不是对粮价给予补贴。

自治区工作组讲意见。

一、农委王副主任讲意见。

（一）措勤灾情评估。牲畜死亡严重，成畜死亡率19%，幼畜达60%以上，灾情是罕见的。原因是多方面的，几年前干旱造成的后果。雪灾，不是很严重，雪灾是在部分区乡，雪灾在某种意义上讲比其他自然灾害危害更严重。雪灾的影响是深远的，到麦草长起来成畜死亡率可能要达25%左右，我同意这个说法，我同意这个测算。有关预测目前是19%，是不是统计上有问题，目前达不到19%。按常规周期来说，假设现在19%，到6月份要达30%；5月份达三分之一，6月份要达三分一；如果现在达19%，到6月至少40%。

（二）下一步的防灾抗灾工作。讲几点意见：一是保证不冻死人，对部分断粮户和即将断粮户抓紧分期分批的落实粮食，对此要引起高度的重视。二是牧业生产上要保适龄母畜。下一步问题大，现在缺草，下一步就是病的问题。卓嘎主席讲的每区该是1万元的兽用药，春季内寄生虫的问题要人为地做好工作。三是关于恢复生产的问题。阿里东部是高寒恶劣气候，要从牧业的基础设施建设根本抓起，提高抗灾能力的根本是加强基础设施建设。

六个方面工作：一是草场的围栏建设。规模55个村，每村围上一块，应急用，共计16.5万米，面积5万亩，每10头牲畜一亩草场，165万元的投资。二是人工种草，75年学大寨时有种出过草的历史，搞人工草地，青稞草还可以长80—90公分，能否一户种2—3亩，全县达到5000亩，每亩地投资70元，共计35万元。三是无水草场开发。全县有1700万亩，从投入到产出看，可达到事半功倍的效果，打上10眼井，每眼井6万元，共需60万元。四是土种选育，60万元。五是牲畜的棚圈建设。属牲畜的温饱问题工程，要搞标准的棚圈建设，主要是劳务投入，每家20平方米，共需60万元，这主要是暖棚建设。六是卫生所和兽防站，每区5万元，共20万元。以上6个项目共400万元，群众主要是负责劳务配套，采取多方面筹集资金办法，争取3年搞完。

二、民政厅苏副厅长：措勤灾情严重，牲畜死亡多达19%，幼畜成活率为30%。贫困户多。三缺：缺吃，缺肉，缺酥油。去年年底经费50万元，今年初70万元，马上拨90万元，共计250万元。第一，应突出重点，因灾造成的困难户，要保证他们的基本生活，不能说谁的牲畜死亡多就救济谁多。第二，确保生活。从现在到八月份，在保证生活的前提下扶持生产，专款专用，救灾款就是救命款。救灾，一靠群众，二靠集体，三靠国家，几个积极性结合起来，依靠群众自身的力量才行。

　　通过生产自救是解决灾害的根本出路,需要解决几个问题:一是采取综合治理的办法,关键是草场建设。二是组织扶贫互助组的办法,国家拿点,经济好的户捐献一点。三是抓教育,抓人的素质提高。四是抓计划生育。五是要抓牲畜的优化,要找贫困户贫困的原因所在。六是抓好群众的宣传教育工作,树立自力耕〔更〕生的精神,树立商品观念。七是注意抓乡镇企业,抓畜产品的加工。走以副养牧、以工促牧的道路。银行贷款,民政贴息,财政担保,搞扶贫实体,民政厅多拿点利息贴出去。

　　三、防疫站:痢疾多,伤害多,2—3月是高峰,这是特殊的。一般地讲,夏天是高潮。流感问题,去年发生在小学,得伤寒的、流传的全部是学生。

　　四、索朗次仁处长:要加强民政工作的领导,工人太少。

　　五、次仁卓嘎副主席讲意见:

　　(一)我们的目的,一是慰问灾区干部群众,二是了解灾情的真实情况,属什么样的灾情要进行评估,是雪灾引起的还是其他原因造成的,对下一步恢复生产和当地干部群众商量,怎样抵抗自然灾害,然后采取措施把灾难损失降低到最小的程度,保证不饿死人、冻死人。

　　(二)了解灾情,对灾情评估。传达陈奎元书记、江村罗布主席指示,组织工作组到阿里慰问、了解情况,保证不饿死人,不冻死人。江村罗布主席指出,对灾民生活安排一下,对灾情做调查,然后向政府提供救助依据。杨传堂副主席指示,对工作做全面了解,说明党委政府对阿里人民是非常关心的。

　　(三)扶贫主要是以生产扶贫为主,不解决群众的生活也不行,不能饿死、冻死人。要注意这段时间已经断粮的、即将断粮的群众,粮食15.5万斤。对群众进行教育,解放思想,树立商品经济的观点。扶贫要采取综合治理的办法。保母畜,种草。根据自治区工作组讲的意见,写出报告给地区行署,然后给自治区,3年打个翻身仗。国家补助一部分群众怎么样。发展乡镇企业,增加财政收入,搞乡镇企业,王主任给你们贷款。开发扶贫,搞扶贫经济实体,银行贷款,民政贴息。兽防站问题,回去拿个计划。计划生育问题。

　　六、措勤县讲几点意见①:

　　(一)领会精神,统一思想,理清思路,搞好规划,分工明确。

　　(二)从长远出发,从实际出发,从解决根本问题出发,制定恢复生产救灾的措施办法,并写出可行性报告。

---

　　①　孔繁森讲话。

（三）动员干部,发动群众,调动一切积极因素,做好救灾扶贫工作。

※　　　　　※

4 月 21 日,到达改则县。

1994 年 4 月 22 日

上午,察布区玉扎乡。

乡长贾田汇报工作。

全乡 768 人,155 户,劳动力 268 人,半劳动力 144 人,无劳动力 386 人。全乡 4 个村。93 年牲畜存栏 32867 头(只、匹),人均 42.7 头(只、匹)。贫困户 63 户,311 人,实际上是特困户,牲畜 8265 头(只、匹),人均 26.8 头(只、匹)。贫困户人均收入 246 元,全乡的人均收入 369.32 元。92 年人均收入 353.15 元,按现价统计。93 年年底至今,牲畜死亡的多,死亡成畜 6765 头(只、匹),死亡率 18.34%。其中,绵羊 4895 只,死亡数占绵羊总数 23.63%;山羊 1777 只,死亡数占总数的 12.57%;牦牛 72 头,死亡率 4%;马 21 匹,占总数的 9.17%。全乡母畜 12804 头(只、匹)。100 只母山羊,只成活 7 只山羊羔。

贫困原因不怪政府,不能怪群众。玉扎乡是全区最穷的乡,主要是风灾、雪灾、旱灾造成的。气候寒冷,各种病多,也是一种原因,牲畜主要是口膜炎,毒草,还有羊肠吐血症①,最严重的是毒草造成死亡率高。91 年 46 户的贴息贷款 18.5 万元,多数群众生活有改变,从 92 年、93 年看有作用。贴息贷款 15 户,这次已死牲畜 2000 多头(只、匹)。祖瑞,贷款已还清啦,温饱问题已解决,这次雪灾死 112 头(只、匹),存栏 320 头(只、匹),脱贫比较困难,条件太差。走联合的道路,才能脱贫致富,几个月就搞起来,但必须解决几个问题:

第一,采取牧业第一的观点,搞多种经营。第二,买两辆车子,要点周转金,有偿和无偿的相结合都行。第三,牧业建设搞 7 眼采暖井,组织起来后的贫困村……每眼井 91 年 3.5 万元,现在每眼 7 万元。第四,建立乡卫生站,从这里到县城 155 公里,最远的群众骑马到区上 6 天时间。第五,抓计划生育试点,人口增长太快,没人来给结扎。第六,办乡小学,学龄儿童有 110 多名,年轻人都不认字,我们现在搞统计都不会。第七,91 年贷款 18 万元,到 93 年要偿还,两年还了 5 万元,还有 13 万元要偿还,受灾后没办法偿

---

①　羊肠毒血症是魏氏梭菌在羊肠道内大量繁殖并产生毒素所引起的绵羊急性传染病。该病以发病急,死亡快,死后肾脏多见软化为特征。又称软肾病、类快疫。

还,请主席给减免。第八,今年粮价放开后每斤 1.1 元,去年每斤 5 毛,每人
216 斤,去年买粮每人需 108 元,现在需要给粮价补贴才行,重点是 63 户
311 人的口粮价格补贴。我们是国家的欠发达地区,给我们无偿帮助后,努
力搞好再给国家贡献。以上提的能否部分有偿、部分无偿的。我现在 52
岁,贷款多,怎么还,安排交给别人,交给谁。

一村,36 户,147 人。牲畜 6814 头(只、匹)。贫困户 17 户,79 人,有牲
口 2098 头(只、匹)。

二村,32 户,154 人。牲畜 5770 头(只、匹)。贫困户 20 户,101 人,牲
畜 2682 头(只、匹)。

三村,39 户,192 人。牲畜 8349 头(只、匹)。贫困户 14 户,69 人,牲畜
1832 头(只、匹)。

四村,48 户,248 人。牲畜 11394 头(只、匹)。贫困 12 户,66 人,牲畜
1753 头(只、匹)。

最穷的是二村,最好的是四村。

※　　　　※

下午,察布区情况介绍。

罗曲书记汇报。

一、基本情况①。区到县 160 公里,平均海拔 5000 米,草场面积 68000
平方公里,利用 34000 平方公里,50% 用不上。4 个乡,16 个村,603 户,3072
人。其中,男 1480 人,女 1591 人,劳动力 1692 人。全区劳动力 1250 人,其
中男性 646 人,女性 604 人。半劳动力 442 人,其中男性 212 人,女性 230
人。无劳动力 1030 人。去年出生 83 人,去年死亡 27 人。全区总牲畜
14.5467 万头(只、匹),其中山羊 55975 只,绵羊 8.2470 万只,牛 6061 头,
马 96 匹。适龄母畜 55302 头(只、匹),人均牲畜 47.4 头(只、匹)。93 年总
收入 149.7992 万元,人均收入 487.63 元。全区欠款 34.0628 万元,其中玉
扎乡 13.2501 万元的贷款,大部分欠的康巴商人的钱,人均欠 110.88 元。
全区党员 86 名,团员 64 名。五保户 12 人,7 户,残疾人 35 人。

二、受灾情况。去年入冬至今,成畜死亡 2.5787 万头(只、匹),16 个村
只有 16 个水源,全靠雪水。其中绵羊 17361 只,山羊 8093 只,牛 281 头,马
52 匹。经济损失 300 万元(绵羊 100 元,山羊 80 元,牛 700 元,马 1500
元②)。正常死亡 704 头(只、匹),给群众兑现粮食 18432 斤,青草 13410

_____

① 此标题为注者所加。
② 每只牲畜的统计价格——注者。

斤,茶 2000 斤,肉 46677 斤。

三、栏育幼畜情况。第一季度情况。幼畜成活,全区绵羊适龄母畜29699 只,实产 24474 只,成活 7289 只,成活率为 29.78%。山羊适龄母畜25603 只,实产 23120 只,成活 1680 只,成活率 7.3%。

四、要求。第一,断粮的 282 户,11670 人。解决粮食 305040 斤,钱47.4552 万元,每斤按 1.3 元计算。不解决,可能出现冻死的情况。第二,是不是扶贫重点对象,请领导答复。不要光解决眼前问题,要从长远的观点来扶贫。16 个乡中,4 个乡不用救济,其余全部要救济。在北部组织 42 户,组织一个村,走互助合作的办法,比包产到户好管。准备 4 个乡 4 个扶贫点,303 户,159 人,搞第三产业,其中 2 个要求上级扶持,另外 2 个区直机关包管理。要求投资 100 万或 500 万元资金,搞经商运输,要求无偿的。如解决以上问题,察布能脱贫。第三,开发无水草场,要求加大牧业投入。牧业基本建设方面,我区今年准备打 10 眼井,每眼 5 万元,共计要解决 50 万元。第四,粮食价格,按全区人口总数的 80% 给补贴,每斤 1.1 元计,需要 86 万元。第五,药费问题,现在群众看病交钱。93 年死亡 27 人,没吃上药死掉的。要求医药费全部免。第六,培养人才方面,小学生全部是特困户,小孩面临困难大,光给学生拉柴火 11 车,现今每人补 18 元,没有"三包"生,给拉巴主席提过"三包"政策,至今没有落实。2000 年办三个班,但资金不好办。区干部 15 人,办好小学对区干部也有好处,能安心工作。办三个班,投资需解决,现在小学投资已达 36 万元。去年解决无水草场 6 万元,教育 5万元,实际共计 3 万元。第七,医疗卫生方面,卫生所现只有一间,2 名人医都是基层来的,器械少,群众来住院没条件。要求每乡建卫生站,医院需投资 3 万元,每乡的卫生站需 3—3.5 万元,村人医要求国家每月给每人 30 元补贴,兽医需解决三类疫苗。第八,消灭醉马草问题,听说有办法,要求推广放到察布区。常用的兽医药缺少。第九,91 年玉扎乡贷款 18 万元,现在还有 13.5 万元无法归还,要求减免。第十,区机关困难。一是照明问题(包括小学);二是交通问题,现在有一辆东风车,坏啦,需要更新;三是燃料问题,一车羊粪 600 元,每户要燃三车,1800 元。增加燃费的开支;四是边境补贴问题;五是区机关干部家属多,困难大,有的七八口人,列入计划生育的重点,给点生活补助。兽医白桑,家 8 口人,92 年参加工作,40 岁,6 个小孩,月工资 324 元。桑□,人医,8 口人,一个人养 7 人,92 年工作,5 个孩子,月工资 300 多元。达瓦,放映员,月工资 200 元,合同制工人,5 口人。多吉,参加工作 30 多年,3 口人,工资 400 元。

※　　　　　※

听区书记们汇报工作有感:同样是国家干部,你们整日奔波在群众之中,为群众的生存操劳。同样是国家干部,你们在为自己的生活发愁。同样是国家干部,你们在为自己的孩子、群众的孩子得不到上学而悲伤。同样是国家干部,解放四十年,你们仍然在煤油灯下苦熬。同样是国家干部,你们得了病却不能及时得到治疗。同样是国家干部,你们一年四季穿着棉袄。在祖国大片土地上已是百花盛开的季节,这里仍然寒风呼啸,从你们身上看到一个真正党员的形象。你们是没有上过报纸的英雄!你们是没有上过电影的模范。

※　　　　※

晚上,次仁卓嘎副主席召集碰头会。

卓嘎副主席:灾情十分严重,怎样补救一下这情况。

一、农委王副主任:(一)关于麻米区定昌乡的情况,麻米区 6 个乡。全区死亡牲畜 5. 6220 万头(只、匹),成畜死亡率达 32.7%。定昌乡死 1. 3880 万头(只、匹),死亡率 52.67%。幼畜成活 30 只羔羊,成活率 5‰。那木切乡成畜死亡 1. 2426 万头(只、匹),成畜死亡率为 40.23%。全麻米区的幼畜成活率,绵羊 24.7%,山羊 15.6%。全区已断粮户 104 户 365 人。买不起粮的 233 户,1635 人即将断粮。(二)对灾情的看法。灾情继续扩大,主要原因:一是旱灾引起,基本没草,改则南部严重,雪灾的打击加重了灾情,已下十几场雪,最大的雪 30 公分。历史上最大雪灾 24 公分。现在已进入风季,大风在 200 天左右,气候的问题不能乐观,气候多变,夜间温度低。那曲最大的灾牲畜死亡率才 40%,对牧业影响仅仅是开始。边山乡一户 500 只羊死 60 只,那天去时死 4 只,每天以 1%速度死亡。如果现在死亡 10%,到 6 月底死亡率达 30%。定昌乡说还要死 4000 只,死亡率要达 60%。如果这样下去,我看死亡率达 80%。灾情是相当严重的。(三)工作建议。1. 地委行署对当前灾情要引起重视,不是一般雪灾,是黑灾①,黑灾比白灾损失得多。要全民动员,采取实质性措施,重点是重灾区,面上问题不大,重灾区是毁灭性的。如果死亡率达 50%,将造成大量的贫困,现在要动真格的。县上对我们热情,县上的领导都坐在家里,四个班子不下去。2. 采取措施。一是拿出 100 万斤饲料、粮,可解决一个月的饲料问题,可解决 3 县重点问题,现在一只羊 100 元,一头牛 1000 元。定昌乡损失就 170 万元,动作要快,钱没到位的先从银行预支。从现在到 6 月底是抗灾集中时间。现在是雷声大雨点小,一是救人,二是救牲畜。抗灾的费用

---

①　黑灾,指草原冬季少雪或无雪,使牲畜缺水,疫病流行,膘情下降,母畜流产,甚至造成大批牲畜死亡的现象。相对应的为白灾。

该用的立即用,晚了损失更大。第二,从改则看,下去100里草长得好。麻米区周围的草长得好,300万头(只、匹)牲畜可食用,牛死亡60%,剩下40%都是母牛,立即转场,集中起来转场,保存下来。第三,群众为这次抗灾做了贡献,把粮食都喂牲口啦,当前群众生活都有问题,中央的90万元是群众生活用的,要用到老百姓身上,不能拿。(四)当前抗灾救灾三个考虑。党委给我们提出对灾情正确评估。第一步抗灾,现在外生的断粮户。抗灾保畜保饲料,断粮和即将断粮的需要预测。第二步救灾,要集中到重灾区,纯牧区以羊为主,按人均25头(只、匹)考虑,低于24头(只、匹)的要作为救灾对象来考虑。第三步恢复生产,这个由自治区政府来拍板。费用从三步来考虑,不要把灾情扩大,也不要缩小,实事求是,人、财、物一齐上,原来地委行署都没有考虑。

二、民政厅社救处长:主任讲的我都赞成,提两点工作重点:第一点,依然保人保畜;第二点,真正的重灾区不是普遍,应抓重灾区,不要分散力量,保人保畜,采取紧急措施,立即调饲料。这两天牲畜死亡比较多。

三、党委办处长:补充一点,对灾情认识要深化,不能低估。第二点抓住重点。不能满足县里没死人这一点。第三点,共性和个性问题上,重点放在实情上。

四、苏厅长:受灾面大,80%、90%受灾,成灾面积占50%,重灾小,问题出在重灾区,达不到100%的受灾。(王主任补充:凡是因去年旱灾引起的灾害,都要统计,不要以雪灾来统计。)重灾达三分之一,受灾达60%。采取措施,这场灾不是突发性的,抗灾、救灾分步走,保畜保人一齐搞,款一块考虑,一块解决。(王主任补充:牲畜25头(只、匹)以下的户是救灾的对象,现在不提扶贫。)要解决饲草。重灾区抓紧组织力量,把口粮立即安排下去,出了人命不好交待,估计有些款差不多了。扶贫不提了,保人保畜第一位,突出重点是重灾区。

五、卓嘎副主席:王主任、苏厅长谈的意见,我同意。疫情灾情我谈一点,我压力很大。群众穷到这个地步,我特别难受。定昌牲畜死亡率达50%,还有两个月的关,可能剩40%,不采取措施可能要死光,采取紧急措施挽救部分牲畜。情况明了,一是灾情,二是断粮户。察布受灾户占47%,断粮户占55%。灾情主要是由于去年干旱,有些地方根本没有草,气候的反常,一、二月份的雪大,致使牲畜冻饿死。这里灾持续时间长。5—6月份牲畜还要死,有的要死70%、80%,措勤可达30%或40%。第一,尽快组织工作组到重灾区,转移草场,保存牲畜,地委行署立即组织工作组。第二,对灾区断粮户,资金、粮食到位。第三,调100万斤饲料、粮,重点解决东三县的问题,中央给的190万元,先安排190万元资金,再一个安排口粮,断粮户的问题。第四,目前这是地委行署重点工作,县组织各部门的人员到每区协助抗灾救灾,地区也应派人。日喀则春播间组织了50个工作组,共200人。全部是地直机关干部,实行一名县级干部包一个乡,住45天,春播结束再回机关,灾情严重期间干部下不去,不应该。

第一步抗灾保畜,断粮户保人不要说扶贫,动员群众生产自救,保人保畜同时进行,钱粮一块下来,发扬团结协作的精神,大灾之年特事特办。第二步恢复生产问题,主要是草场建设,摆脱贫困,从根本上解决。把这部分情况给地委行署通个话,把工作组意见传达下去。地区组织工作组,钱会给的,关键是动真的。第二件,把今天研究的两县的情况……重点是所要采取的措施。县下去工作组帮助转移草场。

※ ※

改则县拉加给自治区工作组汇报。

一、改则县基本情况①。全县15048人,牧民14261人,占94.8%。干部181人,县级干部11人,草场118299015亩,可利用70979409亩,占总草场面积的60%,无水草场面积占总草场面积的30%—40%,毒草占总草场面积的10%。93年牲畜存栏764300头(只、匹),其中牛31484头,马6130匹,绵羊441496只,山羊285190只,牧业总产值(90年不变)1562万元,牧业纯收入849.92万元,牧业纯人均收入613.31元。93年财政收入138万元,比92年增加31%。企业产品税……93年收购畜产品91万斤,其中绵羊毛79万斤,山羊绒8万斤,山羊毛3万斤,牛绒1万斤,实现销售额467.6万元。畜产品返还利126万元,县财政增加收入50万元,牧民收入不到66万元,企业实现利润37万元(全部收入占全县的四分之一)。93年采矿2500吨,镁、砂矿全部实现收入30万元。20千瓦的发电站,准备扩到40千瓦,需投资244.32万元。区里的干部大都烧的羊粪,点的蜡烛。国有企业、第三产业都有发展。工业品公司盈利5万元,畜产品公司盈利37万元(55.95万斤,利润21.9万元,后来转机制入股2500人,各种网点105人)。文教卫生,小学2所,县小学。适龄儿童2050人,在校生323人,入学率15.75%,其中"三包"生224人。今年准备恢复麻米区小学,文盲队伍不断壮大。卫生机构12个。县医院连一名护士都没有,初级以上职称19人。病房5间,27张床(15000人÷27)。社会综合治理情况……深入开展反腐败斗争。

二、当前今后抓的工作和需解决的问题。以牧业为基础,能源交通牧业为重点,大力发展第三产业。一是花大力气抓投入,抓牧业基础建设,建立防

---

① 此标题为注者所加。

灾抗灾基地建设,目前仍是原始的养畜产业。91 年古姆乡搞棚圈和半定居房子,当时花了 38 万元,本世纪末 50%的群众实现半定居化。请政府有关部门给予解决。县决定每年拿出 10%的资金投入牧业生产。二是防灾抗灾投入 70 万元,还欠工头 20 万元。三是 165 万元,上级给解决打井问题。每眼井一年内累计解决 5000 头(只、匹)牲畜吃水问题,保暖井是成功的,5.5 万元一眼,人工种草 500 亩,每亩 70 元。四是修标准羊圈 100 个,劳务解决……五是每户修羔洞保暖 20 平方米,请补贴 89 万元,每个洞 450 元。六是消灭毒草,解决药品。七是古姆乡三村原来每人平均 30 只羊,现在不足 20 只,主要是毒草病。八是县兽医站设备,恒温箱等 15 万元。九是扩建土种选育站,前期工程已定,需投资 35 万元,工程已有专题报告,已送农委。十是开展中草药治病的办法,70 年代对牲畜起了很好的作用,报告已送农委。十一是抗灾基地 295 万元,已送农委。人工种苗 3 万亩、网围栏、土选站、打井、无水草场开发。十二是搞好扶贫工作。1246 户贫困户,6193 人,人均收入不足 300 元,一斤酥油 15 元(远的),近的 13 元一斤,每条茶 86 元。贫困户占总人数的 43.43%,93 年底的数。人口、面积、牲畜占阿里的三分之一,相当于 3 个噶尔县。投入资金不足。自治区党委 4 号文件出台啦,北部九乡列入全区扶贫重点,至今没有落实,既不来人,也不给钱。阿里每年 250 万元的贷款指标,15—20 万元的扶贫款。3—5 年可解决温饱,但巩固不下来。

玉扎二村 93 年基本摘掉贫困帽子,但今年大灾后又是贫困村。91 年下决心贷款 40 万元,93 年还清,三年,现在还有 13.5 万元收不回来。今年搞两个点,一是扶贫点,二是生产点。一是北部察布区丁固①一村 42 户,已组织起来,走联合道路,采取入股的办法。组织实力,采矿运输,南部恢复生产。在麻米区搞一个点,搞扶贫项目,资金由扶贫领导小组统一掌握使用。94 年底,人均收入 300 元以下,预测困难户达到 100%。七年投资 2800 万元。改则县列为全国扶贫县,三年时间解决贫困户的温饱问题。今年计划扶贫三个项目:一是建扶贫车队,民政局管理,购十辆东风车,需 80 万元。二是建福利公司,搞工业品批发、零售,流动资金 50 万元。三是建一批乡镇企业(已有 4 个)给予贴息贷款。抓县级财政收入。借地生财,在青海格尔木建一站两厂,即货物转运站、畜产品粗加工厂和矿产品粗加工厂。要 12 亩地,资金需 10.664 万元,每亩地按 8886.68 元算。仓库 13.5 万元,每平方米造价 450 元,两排宿舍,加围墙每平方米……总投资为 69.64 万元。解决干部的补贴问题(烤火补贴),需款 45 万元,自治区补一点。

① 现为改则县察布乡丁固村。

三、灾情汇报。93 年 7 月中旬以来下雨少,入冬又下大雪,几十年最大雪。有 656 户,4589 人出现断粮,无避寒居所的 125 户,875 人,主要分布 3 区 4 乡,麻米区定昌乡、古昌乡①;察布区玉扎乡;洞措区②罗卜乡。

4 月 20 日统计,牲畜死亡情况,成畜死亡 146064 头(只、匹),占总数 19.11%,其中绵羊死 83185 只,占绵羊总数 8.3%;山羊 55764 只,占山羊总数的 19.55%;牦牛 6501 头,占牦牛总数 20.64%;马 612 匹,占马总数的 9.98%。山绵羊死亡中母畜占 60%,全县山羊流产率 73.5%,个别乡达 80%;全县绵羊幼畜成活率 28%,个别乡仅 5‰,只活了 30 只。全县的山羊成活率 10%,个别乡一只羔羊没活。全县子畜成活率 21.7%,到年底成畜成活率可能达 35%,幼畜成活率 9%。直接损失 18248320 元(子畜来算),每匹马按 1500 元,每头牦牛 700 元,每只绵羊 100 元,每只山羊 80 元。人均损失 1279.59 元。畜产品减产,绵羊毛减 35%,277663 斤,每斤价格 3.5 元,共计减少 971820 元。山羊绒比去年减少 45%,减产 36611 斤,每斤 50 元计算,减少 1830550 元,商品羊没有啦。少出售 19675 只,按照每只 85 元计算,减少 1672375 元。畜产品共减少 4474777.5 元,人均减收 313.78 元,全县牧民收入比去年减少 51.16%,人均收入下降到 299.53 元。

麻米区定昌乡 13580 头(只、匹),死亡率 51.53%。其中山、绵羊死亡 12905 只,其中绵羊死亡 8380 只,山羊死亡 4525 只,牦牛死亡 629 头,马死 46 匹。该乡适龄母绵羊 5956 只。实产幼畜 1500 只,成活 30 只,成活率 2%。适龄母山羊 3291 只,产幼畜 6587 只,均死亡,未见成活。重灾乡经济损失合人民币 170.933 万元,人均经济损失 4262.59 元。定昌二村一家受灾情况,山、绵羊 450 只,牛 24 头,马 2 匹,羊死亡 250 只,占 55.55%;牦牛死 19 头,占 79%;马死亡 2 匹,占 100%。古建乡成畜死亡 12462 头(只、匹),死亡率 40.23%,其中绵羊死亡 8009 只,山羊 3288 只,牦牛 1097 头,马 32 匹,造成损失 1879840 元,人均经济损失 3051.68 元。

四、我县采取的措施。捐款 3.5112 万元,阿旺罗珠捐 300 元,活佛……转移草场 40 万亩,载畜量 2500 头(只、匹)。安排救灾款 304430.80 元,粮食 171815 斤,茶 3227 斤,衣服 525 件,药品折款 8 万元。包括地区 14 万元,1 万斤粮,15 吨油,打野马 105 匹。

五、恢复生产的要求打算。1. 规定抗灾任务不完成,干部不出村。2. 开展生产自救工作,采取分类放牧。3. 继续解决生活问题,群众拿出 208050 斤

---

① 现为改则县麻米乡定昌村、古昌村。
② 现为洞措乡。

粮食喂牲畜。到五月中旬有 656 户,4589 人断粮,共需粮食 49.5612 万斤,人均 108 斤。茶叶 9178 斤,每人 2 斤,每斤粮按 1.2 元计算,茶按 3.5 元计算,需 62.68574 万元。有 125 户,875 人,缺帐篷,没衣服,需 60059.1 元。为防疾病,购药 8 万元;急需油 10 吨,约 33083.5 元。以上几项共需 80 万元。4. 恢复生产。购买牲畜,从总死亡数中算出,需购买绵羊 69941 只,每只羊按 120 元计算,共需 839.292 万元;山羊 47209 只,每只价按 100 元计算,用款 472.09 万元;购马 490 匹,每匹马按 300 元计算,共需 14.7 万元;购牦牛 5517 头,每头按 850 元计算,用款 472.345 万元。共计 1930.727 万元。关于增加北部一个区问题。

仓珍县长汇报:从 2 月份到现在死亡 11 人,大都是流感。每年医药费 14 万元,现在每人按 7.5 元计算的。群众 14216 人免费用药,自治区拿出 2000 万元,解决群众看病问题。需解决茶叶的补贴、购粮补贴。麻米区小学恢复需 109 万元,要解决两座桥。兽医站和农牧局建设自治区设计,需 70 万元,自治区拨 20 万元,县财政拨 30 万元,今年县拿 5 万元,还差 15 万元,自治区拿。焦炭问题,请自治区工作组解决。基层干部待遇。三嘎河搞水力发电问题。

谈几点意见①:

一、工作组的到来,不光指导我们抗灾救灾,对恢复生产也起到了指导作用,同时给我们解决了他们力所能及问题。1. 麻米区的饲草基地建设,2 万元。2. 土种选育站给予补贴。3. 给玉扎乡解决 2000 元生活急用款。4. 卓嘎主席给察布区小学解决 1000 元。5. 对抗灾基地建设给予了支持指导。6. 医疗队帮助卫生部门研究了卫生防疫工作,并亲自给疑难病人进行了会诊。主席对我们工作给予了高度评价,对我们工作理解、谅解、支持。

二、对主席和工作组同志们提出的抗灾救灾、恢复生产的指示,县委政府要认真研究,结合县实际贯彻落实,同时要传达到全县干部职工中。

三、要再度引起对灾情严重性的认识,要看到灾区的严重性,要看到灾情的持续发展性,要看到灾情造成损失的严重性,要看到严重灾区乡的破坏性,要看到群众抵御自然灾害的脆弱性,同时要看到恢复生产的困难性。因此要做到五个有数:对灾情心中要有数,对造成的损失心中要有数,对群众的困难心中要有数,对严重困难户要心中有数,对恢复生产要心中有数。同时要做到三个统一:对抗灾救灾要统一认识,对人财物要统一使用,对严重困难户要统一看待。

四、突出重点,抓主要矛盾。重点,即重灾区、重灾户,当前的主要矛盾就

---

① 孔繁森听完汇报后的发言。

是抗灾救灾,保人保畜,把损失减少到最低限度。

五、继续发扬特别能吃苦、特别能战斗、特别能忍耐的精神。

工作组在改则谈意见。

一、农委王主任:(一)灾情发生后行动快,措施得力,做了大量的工作,工作扎实。抗灾救灾是阿里头等大事,是压倒一切的工作,希望继续一如既往地抓下去,对灾情不容乐观,不能掉以轻心,特别是重灾区要做好救灾恢复工作。(二)关于改则今后的建设问题。我第一次听到改则牧区是贫困县,我认为改则今后的发展比半农业区强,阿里地区的一个贫困县,农委将对改则也有计划打算,加上这次灾害恢复生产。(三)吸取灾害的教训,主要是树立长远救灾观念才行。农委是重视的,改革发展有特殊优势,发展潜力巨大,具有得天独厚条件,北部还有40%的草原未开发,前景是广阔的,投入也是大的。发展,一是以水为龙头,二是发展数量和质量并重,北部配套开发,南部综合治理,北部是水草,牧民定居和圈栏综合治理;南部综合治理,草畜矛盾突出,重点搞防灾抗灾基地建设。以改则以西为例,有小气候,过去种过粮,现在可种饲草,建设饲草基地,搞网围栏,综合治理,以此促进畜牧业的发展,脱贫也就可从根本上解决。县委提出的方案,对畜牧业基地建设归入恢复生产建设,投入290万元,还可增加一点。扶贫开发以北部无水草场开发为主,首要是路和桥的问题,纳入扶贫项目的开发。总之,增加投资密度,两大块来搞。三、老同志提的问题,困难大。土种选育扩建纳入到畜牧业基础建设上来,纳入到防灾抗灾基地建设上来。

二、民政厅苏厅长:改则县灾情严重,成畜死亡率达50%,幼畜成活率2%。对抗灾救灾工作谈看法:救灾要突出重点,集中力量解决缺粮户,不能出现冻饿死人的问题。救灾不要撒胡椒面,在保人的基础上保畜,在此基础上扶持生产。救灾应该把群众、集体、国家的积极性结合起来,要搞生产自救,这是核心。要提倡采取群众互救和自救相结合的办法。救灾款采取有偿和无偿相结合,用于生活的可无偿,用于扶持生产的原则上有偿服务,回收部分周转使用,救灾款专款专用,结余部分转来年使用。救灾是放在重点困难户上,不是谁死多少牲畜就赔谁多少牲畜,这样贫困户就得不到多少了。困难户的款即将到了,地区统一安排。民政部给救灾款600万元,我们没钱,救灾款要用到年底。县里要加强一下民政部门力量。

王主任:恢复生产问题,按照人均25头(只、匹)来考虑才行,不能算高价。

三、次仁卓嘎副主席:第一,表示感谢。第二,受自治区党委政府的委托来调查了解灾情,党委政府非常重视,有陈奎元书记批示,有江村罗布主席批示,一是了解灾情的真实情况,二是对灾情作出正确的评估,协助地委工作。行署……工作组奉这样的使命来的,同时向灾区的干部群众表示问候,东三县领导带领群众抗救灾,付出了很大的代价,向全县表示……三是县委对抗灾救灾十分重视,领导重视,采取了许多措施。从去年11月到4月派300多人次深入基层做了大量的工作。动员全县干部职工,一方有难,八方支援,发扬了无私奉献的精神,开展了送温暖、献爱心的无私奉献行动。地直单位的同志们还捐了款,很多同志身体不好,带病坚持在抗灾第一线。四是我们下去调查的情况和书记汇报的基本上是一致的,特别是在第一线的同志值得敬佩和学习,发扬了无私奉献精神,到目前没发现冻死饿死人的现象。牲畜死,我们是无能为力的。五是抗灾救灾先保人保畜,开展救灾工作。对灾情下一步的发展和采取的措施,从现有的条件出发,动了脑筋,想了很多办法,采取县干部包区、区干部包乡,非常正确,思路和打算都很好。具体的我不一一讲啦。对灾情的评估和对改则县发展趋势的看法,特别是对下一步灾情采取什么样的指导思想,王主任讲的以水为龙头,从根本上解决问题。讲了北部四样配套问题,水、草、圈、居住四配套。南部的综合治理,脱贫致富必须综合开发,对脱贫致富比较好。治水治本,配套建设掌握这个总的原则。扶贫工作完全靠缺吃补吃、缺穿补穿不行,要开展生产扶贫,从根本上来解决致命的问题——缺水缺草问题。同时搞好扶贫开发。大家对工作组期望值很高,我们工作组都非常同情。我们自治区在阿里地区的工作重点应是东三县,这一点犯不了错误。

(一)大家提出的经费问题,我们和地委很好地研究过,党委政府让我们认真研究,把这部分资金用到刀刃上,保证东三县的重灾区用,西三县困难也不小,经费不够用,请自治区政府追加。

(二)缺粮的户和即将缺粮户人数多,八月底这段时间比较长,保证不能出现断粮和饿死人的问题,要解决吃饭的问题,同时解决牲畜的饲料问题,保人保畜。还有部分缺帐篷、没衣服的问题。

(三)关于恢复生产的款。要这么多钱吓死我啦,不能这样计算。这部分款项,措勤、改则、革吉上什么项目,我们和地委、行署一块向自治区政府、党委汇报。

(四)工作组来后发现,县里比较困难,区乡和牲畜共饮的水都没有。下一步解决以水为龙头的问题,现在搞个试验,先拿出10万元,在县最贫困地方无水草场搞几口太阳能水井,从农委里解决,县委打个报告。

(五)抗灾救灾两点希望。一是对灾情不能盲目乐观,应尽快地采取紧急措施,领导要重视。第二点,目前需要采取紧急措施,组织一个强有力的领导班子,帮助两个重点乡转移草场,打破常规,发扬团结互助协作的精神,最大限度地降低牲畜的死亡。古昌、古建乡组织工作组,尽最大努力抢救牲畜。

1994 年 4 月 23 日

上午。

卓嘎主席:一是想办法给改则医院解决一下病房的问题。二是在措勤,想办法解决一下 X 光房子问题。因没房子,200 毫安的 X 光机已两年没启用了。三是改则的 B 超机,想想办法。改则县医院 35 人,没有一名护士。

※　　　※

能否解决抗灾无线电话,允许群众挖矿、售矿石,请上级领导给予批准。

※　　　※

革吉县雄巴区巴措一村①,次思,牲畜存栏 600 头(只、匹),部分牲畜死后有 100 多头(只、匹),30 头牛死了 2 头,2 匹马全死啦。全家 12 口人,10 个小孩。

雄巴区,3 乡 12 村,551 户,2550 人。其中,男性 1283 人,全劳动力 1153 人,半劳动力 497 人,无劳动力 900 人。6—15 岁,928 人。牲畜存栏 15.2839 万头(只、匹),其中绵羊 79500 只,山羊……马 904 匹。全区人均牲畜 59.9 头(只、匹),总收入 132.7362 万元,支出 5.915332 万元,纯收入 126.80872 万元,人均收入 497 元。人均细粮 191.5 斤,粗粮 81 斤。困难户 43 户,208 人,新增困难户 56 户,233 人。共计 99 户,441 人。严重困难户 44 户,212 人。贫困户标准,人均 20 头(只、匹)牲畜,收入 300 元以下。一般户人均收入 400 元,人均牲畜 30 头(只、匹)。已断粮 220 户,1166 人。犏牛死亡 855 头。无力搬家的 209 户。五保户,8 户,8 口人。93 年 5 月—94 年 4 月 15 日,牲畜死亡 3.3475 万头(只、匹),死亡率达 21.9%。其中 93 年 5 月—12 月死亡 1292 头(只、匹)。94 年 1 月—3 月 20 日,死亡 28480 头(只、匹),死亡率达 18.64%。其中,山、绵羊 26852 只,死亡率为 18.67%。牦牛 1381 头,死亡率达 18.06%。马死 251 匹,占 27.56%。3 月 20 日—4 月 15 日,牲畜死 3701 头(只、匹)。要求打井、清毒草,办乡镇企业。资金,一是群众集资;二是低息贷款;第三个办法,请主席给解决部分款。每乡买一辆车子,办一个商店。个别户人均一只羊。

洛玛乡灾情严重。洛玛乡,136 户,625 人。93 年,人均收入 369.36 元。牲畜 39906 头(只、匹),牦牛 1975 头,绵羊 22551 只,山羊 15117 只,马 263 匹。

---

① 隶属阿里革吉县雄巴乡。

死亡数,94 年 2 月 10 日—3 月 20 日,总死亡 12990 头(只、匹),占 32%。其中,绵、山羊 124743 只,死亡率为 33.12%。牦牛 436 头,死亡率为 22.1%。马 80 匹,死亡率为 30.42%。已解决粮食 9200 多斤,衣服 125 件,茶叶 45 条,3 月 15 日解决的。一户最多的 200 斤粮食,需要 5 万斤粮食。没有草场转移地方。

卓嘎主席:3 月份牲畜死亡率达 32%,这段的数字要统计出来。先解决群众的口粮和牲畜的饲料粮。数字很重要,当然不能虚报,要保母畜。提出打井 22 眼。工作组算,从断粮情况看,每人 18 斤,到 8 月需 10 万斤。

亚热区江玛乡乡长普布:四月初以来,又下了几场大雪,四月份三场。牲畜已赶到夏季草场。全乡 170 户,有 100 户搬到夏季草场,还有 60 户未搬。搬下去的因下雪,牲畜死得多。其中,17 户牦牛死 17 头,马死 10 匹,山羊死 164 只,绵羊死 397 只。火兔年大雪,剩下 7 人,8 头牛。今年又是旱又是雪,65 岁的我未见过。170 户没搬到草场,途中要翻大山。60 户过去的,牲畜死得多。全乡 170 户,899 人。困难户 48 户,264 人。多数户牦牛死 70%。旦巴达杰 30 头牛,现在还有 5 头。阿布 33 头牛,还有 7 头。大部分死的是马、牦牛。加穷,原来牲畜存栏 500 头(只、匹),现在只有 100 来头(只、匹)。牧民搬家靠背。三点要求,一要求解决一辆车,搬家;二救济金,解决部分;三……

※   ※

给洛桑旦达专员打电话:一、工作组明天下午 3 点从革吉县出发;二、是否发个电传,把全地区各县人均牲畜 25 头(只、匹)以下的人、牧民统计一下。同时,30 头(只、匹)也为一个标准,统计一下。农区人均收入 300 元以下的,350 元以下的,各统计一下,数字要准,要详细。三、救灾抗灾款和恢复生产的款是两回事。四、恢复生产可能给 1600 万元。五、……

邦巴区:五保户 17 户。幼畜成活率几乎没有,山、绵羊损失 1987200 只,山、绵羊损失 198720 元。牦牛按每头 650 元,损失 1248 头。马每匹按 1500 元计算,损失 91 匹。总损失 2934900 元。5 乡,15 村,606 户,2729 人。牲畜存栏 162263 头(只、匹)。总死亡,从 1 月—3 月 20 日,共 21211 头(只、匹),死亡率为 13.07%。办扶贫实体,亚热区赛利普乡办经济实体办得好,给群众解决了不少问题。有的户没有一只羊。试种 300 亩青稞。5 乡 15 村没有一辆车(包括生产车),区有 1 辆车,90 年买的,已坏啦。缺医缺药的问题,从去年 10 月份至今,死 13 人。有的说是百日咳①,有的说是

---

① 百日咳是一种由百日咳杆菌引起的急性呼吸道传染病。百日咳的临床特征为咳嗽逐渐加重,呈典型的阵发性、痉挛性咳嗽,咳嗽终未出现深长的鸡啼样吸气性吼声,病程长达 2—3 个月,故有百日咳之称。

流感,盐湖区死亡 28 人。区上干部油料每人 550 元,太少。照明问题,手提发电机。解决不了区里的问题。放映机坏啦,请给解决。单收电视站已坏。受灾重的,狮多乡、公前乡、结克乡。2 月 23 号,野马也死了好多。狮多乡存栏 36941 头(只、匹),141 户,649 人。到 3 月初死亡山、绵羊 4678 只,死亡率为 13.9%。牛 477 头,死亡率为 15.2%。马死 2 匹,死亡率为 1.4%。平均死亡率为 15%。麻米区野马、野驴、青羊死得也多。人均收入 675.36 元。

卓嘎主席:讲两点意见,一是灾情。主要缺水,从思想上要高度的重视,继续做好抗灾准备工作和部分饲料、粮。二是工作。区上的干部,要领着大家艰苦奋斗,保人保畜,把牲畜死亡降低到最小的程度。14 户搞联合生产的路子,采取多种渠道让他们靠自身来解决问题,搞生产自救。走联营合作的路子,采取双赢的办法。人民公社转向乡体制,仍然是集体经济。存款少的 1 千—3 千元,还有存款 3 万—4 万元,把不会经营的人组织起来,每天每人收入 5 元钱。把乡镇企业改为扶贫实体。

1994 年 4 月 26 日

上午,自治区工作组听取革吉县汇报。

参加人:工作组卓嘎副主席等。

县参加人:扎西县长、才旺副书记、欧珠县长、强巴扎西常务副县长、人大副主任扎西。

扎西县长汇报情况:

一、基本情况①。土地 47163 平方公里,草地 5238 万亩,可利用面积为 4784 万亩,实际利用 3349.4 万亩,无水草场占 25.5%。15 个乡,4 个区,53 个行政村。总人口 11207 人,其中牧民 2187 户,牧民 10586 人。全县劳动力 5831 人,非农业人口 621 人。全县在职干部 169 名,工人 49 人,退休干部 51 人,汉族干部职工 26 人。全县干部、职工、退休人员共计 269 名。乡干部 45 名,每乡有党委书记、乡长和副乡长。党组情况,4 个区委,22 个党支部,其中牧区党支部 15 个,县区机关支部 2 个。党员 480 名,其中牧民 375 名,占 39%。

(一)文化教育。1. 地接②一个,4 个区有单收站,准备在十个乡建单收站。2. 教育上,完小一所,教师 17 名,学生 174 名,入学率 8.6%,适龄

---

① 标题为注者所加。
② 地面接收站。

儿童 2026 名,亚热区准备建一所小学。3. 卫生,从去年 11 月至今死亡 106 人,大部分是 1—3 岁小孩,痢疾、百日咳。4. 农牧局 20 名工作人员,兽防员 100 名。

(二)财政。93 年预算调整后的上级补助 265.8 万元,其中,本级财政收入 18 万元,专项补助 307.1 万元,本级财政收入 86.9 万元,预算支出 359.8 万元,账面节余 34.2 万元,应付款 28.5 万元。94 年预算安排:总财力 290 万元,比 93 年多安排 24.2 万元,其中上级财政补 224 万元,财政收入计划安排 68 万元,比 93 年增 40 万元,需要支出部分将达到 394.4 万元,缺 118.4 万元。原因:一是公、免费支出,公费 30 万元,免费 15 万元。二是电话初装费需 12 万元。三是危房补修,4 区生活车修理需 10 万元。

(三)财政建设。民政有 4 名干部职工,有一辆生活车,两办有 32 名干部职工,有四通打字机一部,没人会打。县里没有招待所。

(四)经济优势。矿产资源 12 种,有硼矿、盐铁等矿。牧业存栏 57.03 万头(只、匹),羊毛产量 5.89 万斤,山羊绒 8 万斤,牛绒 5 万斤。牧业总产值 1576.5 万元,按 90 年不变价。牧业收入 616.9 万元,占总收入 82.9%,全县 95% 的人是牧民。全县南雪北旱,重灾严重,10 年 9 灾。

二、灾情。93 年 4 月至今一年中先后多次灾害,旱灾、风雪灾及寒冷的灾害。从 11 月份以来,有 13 个乡发现痢疾病人,全县发生自然灾害。旱灾,93 年 4 月—93 年 8 月滴雨无下。县里有二十几眼井,现在只有一眼机井可用。94 年 2 月 10 日至 3 月 20 日连降四次大雪,南部 8 乡雪灾严重。曲仓和雄巴的洛玛乡①降雪 60—70 公分,野牛死亡 30 头,藏羚羊死亡得比较多,野驴死得多。

(一)灾害造成的损失。93 年 5 月底—94 年 1 月底,冻饿死的牲畜 11966 头(只、匹)。94 年 2 月初—3 月 20 日大批牲畜死亡,开始牲畜死亡 97522 头(只、匹),死亡率 17.1%。4 月 4 日—4 月 7 日南部又降了两场雪。3 月 20 日—4 月中旬,牲畜死亡 12154 头(只、匹)。以上共计死亡 11.4016 万头(只、匹),死亡率 19.9%。其中,山、绵羊 10.9913 万只,死亡率 19%;牦牛死亡 8556 头,死亡率 25.2%;马死亡 807 匹,死亡率 16%。适龄母畜 23.1 万头(只、匹),其中怀孕母畜 20.3 万头(只、匹),预计幼畜成活率 20%,今年幼畜有 3 万只左右。

(二)受灾的经济损失。绵羊每只按照 100 元,山羊每只 80 元,牦牛每头 600 元,马每头按 800 元计算,牲畜死亡损失 1512.9 万元左右,加上畜产

---

① 雄巴区是洛玛乡,亚热区是罗玛乡,两乡是音同字不同。

品损失 112.2 万元计算,共损失 1635.2 万元,受灾的四区中,亚热区受灾最严重,牲畜死亡 3.0398 万头(只、匹),死亡率 23.7%,发生在 2 月初至 4 月 10 日;其次雄巴区,牲畜死亡时间是 2 月初至 4 月 15 日,死亡 3.2183 万头(只、匹),死亡率 21%。邦巴再次,时间是 2 月初至 4 月 20 日为止,有一个乡的情况没掌握,牲畜死亡 2.7761 万头(只、匹),死亡率为 14.6%。盐湖区,从 2 月初至 4 月 18 日,牲畜死亡 2.0121 万头(只、匹),死亡率 13.2%。15 个乡中最严重的一是亚热却藏乡,二是雄巴洛玛乡。却藏乡死亡 31.3%,洛玛乡死亡 35.6%。死亡率在 20% 的有 6 个乡:却藏乡、罗玛①乡、江玛乡、亚热区赛利普乡②、雄巴乡、邦巴的公前乡。死亡率超 20% 的共 24 个村。

（三）目前灾民的生活情况。94 年比 93 年收入减少 120.3 万元,人均减少 112 元左右。一是缺款 42.6 万元(不包括贷款),主要是欠康巴商人的钱和原来买车的钱。买车 67 辆,能跑长途的 10 辆,9 辆跑短途。93 年底贫困户数 201 户,971 人,买不起口粮 586 人。亚热区江麻〔玛〕乡有 60 户搬迁的都没粮啦。已调拨 5000 斤粮食。最近统计,半月后断粮的,4 月 10 日—4 月 20 日 1079 户,5437 人。一是没粮,二是没衣服,三是没帐篷,涉及 343 户,1696 人。全县五保户 41 或 42 人。全县冻伤的 42 人,将要加入这个行列的有十几户,冻伤 31 人,雪盲 121 人,包括 2 名区干部。

（四）需要解决的问题。未来四个月内,需要粮食 65.2 万斤,买粮钱 90 万元,主要表现在没吃、没穿,676 户转场困难,搬家距离最远的 400 公里。每斤粮按 1.4 元计算,青稞每斤 1.16 元(白朗县运到这里)。出栏率达 17.5%。

四、对灾情采取的措施。从 93 年 6 月份开始了这项工作。

五、资金物资准备的情况。

（一）资金 2 万元,粮食 7900 斤,还有药品、茶叶。县捐款 8716 元,粮 8863 斤,物资折合 2.08482 万元。地区拨 95000 元,10 吨汽油。县安排 65000 元。共计 15.6 万元(220 万斤粮食)。库存粮食有 100 万斤。县三大班子下乡 16 次,县五名领导平均下乡 3 次以上。救济粮 4.1 万斤,衣服 162 件,茶叶 155 条,鞋子 315 双,帐篷 26 顶,汽油 5 吨,救济现金 5000 元。生产工具出动 25 个车次,搬家 200 多户。医疗队下去 5 次,盐湖区 5 乡的流感没有停止,雄巴有一点,下发 1 万多元药品。

---

① 罗玛乡。
② 赛利普乡。

（二）存在问题。一是新班子，对全面情况了解不多，对预计造成的后果预测不够。二是统计数字不准，不及时。三是部分基层干部只顾自己的牲畜，不关心群众。

（三）遇到的问题。一是交通工具缺乏，马就很少。二是通讯设备差。三是资金短缺。

（四）需要解决的问题。一是老爷牧民多，一切都靠国家，自己能干的事让外边人来干，揉皮子、垒羊圈、盖房都让外来人去干，政府成了救济政府。二是缺乏商品观念。三是要建立防灾抗灾基地。

六、畜业基础建设的配套。一是嘎嘎管区一带（那布防灾抗灾基地）；邦巴的退耕还牧，"邦巴农场"2000 多亩；盐湖的搬迁建设 4000 亩，三项共计 24000 亩，三个基地共计用款 245 万元。二是网围栏建设 15 万亩，50 万元即可。三是开发无水草场势在必行。三年内打井 21 眼，牲畜集中到冬季草场上，解决 126 万元。四是暖棚建设，2187 个放牧点，每圈按 20 平方米计算，共解决 65 万元。五是标准圈每户建一个，主要是解决劳动投入。

七、牧民定居点的建设。没有定居点的有 53 个村，其中 5 个村有半定居点，48 个村没有定居点。（一）94 年实施的项目。6 个小面积抗灾基地，种饲料 500 亩，人工种草 100 亩；草原三灭 1 万亩；新修圈 150 座；建保暖棚 200 个；打井 6 眼。（二）灾民生活安排。救济粮 65.2 万斤，共 90 万元，每人按 30 斤算的。（三）基础母畜已死 5 万头（只、匹），可能还死 5 万头（只、匹），请给解决 9 万头（只、匹）母畜恢复生产。主要山绵羊 8.3 万只，平均 90 元一只，需要 747 万元。母牦牛 7000 头，每头 700 元，共计 490 万元。合计 1237 万元，希望补助 40% 左右，计 494.8 万元。（四）转场搬家没车没油。解决油料 20 吨，钱 9 万元。（五）每乡解决一辆东风车，至少每区解决一辆车，30 万元。（六）试办 6 个扶贫经济实体，资金 120 万元，一部分入股占 33%，一部分扶持资金 46.9 万元，一部分贴息贷款。

八、眼前困难帮助解决。一是吃水，重新打机井，需要 100 万元。二是干部职工住房，大部分住的是危房，70 年建，包括盐湖区 900 平方米，县 2000 平方米，包括中队、医院、公安局等单位。

工作组讲意见。

农委王主任：第一点，革吉县是灾情最严重的县，海洋性气候就没啦，干旱最严重的部分，看到的是荒芜景观，历史上是罕见的。损失不是最重，可能统计不完全，3 月 20 日后的统计数不多。对灾情评估范围，雪灾也是最重的。南部雪厚已达 50—70 公分，雪线周围冈底斯山的六个乡受灾最重。调查成畜死亡率达 34%，可能全县牲畜死亡率达 30%—35%，要损失三分之一。第二点,如经努力有可能把损失减少到最低限度。干旱缺草,亚热区有40多户,采取补食的办法,有一家成畜死亡9.8%。当前加强抗灾救灾工作仍是第一位的任务。每户100斤饲料,加上茶叶。要不惜代价地加强扶贫救灾工作,保畜还有一个半月的时间,大量工作要做,地区也要创造点条件。第三点,下一步的救灾,恢复生产工作。亚热区的赛利普乡搞得好,组织群众把死亡的羊只的皮子剥下来卖了28000元钱。要和抗灾救灾结合起来,不要被动地等待国家。利用典型经验指导工作有意义,如乡书记赤来加布。第四点,要加强重点灾区灾情的掌握,如情况不明,可能要出现意想不到的问题。亚热区江玛乡60户搬家进退两难,300多人,牲畜大量死亡。送粮从狮泉河过不去,要从圣多背后绕过去。县里要高度重视,大部分户断了茶,断了盐,有部分断了粮。关于恢复生产,要从根本上解决问题,加强畜牧业基础建设,县里的打算不错,我同意。网围栏是工作重点。15万亩沼泽地,投入50万元少啦。狮泉河流域阶梯可作为第二开发项目,从现在抓试点,不需提灌,逐步扩大。种青稞不是重点,经济效益不高,饲草饲料基地最理想。有水就有草。开发要和牧民的半定居结合起来。三个基地建设我是同意的,效益要高,路子对头,群众才能接受。沿冈底斯山建防灾抗灾仓库(储备点),因这一带雪多。

民政厅苏厅长:一是抓生产自救,国家给一定的补助,但包不下来。赛利普乡的办法都很好。雄巴区雄巴乡一户600只羊,死500只,要把皮子剥下来,这要提前宰杀才行。二是把工作重点放在重灾区,重灾户保人保畜,不能全部无偿。三是找准贫困原因,有针对性地搞点扶贫工作。贫困户要有扶贫愿望,有扶贫条件,几年来已拿出8000多万的扶贫款。去年给阿里250万元的贴息贷款没有用完。扶贫实体要从实际出发。

谈几点意见①:

一、对卓嘎主席、王主任、苏厅长的讲话要认真归纳总结一下,领导班子统一认识,在此基础上制定抗灾救灾、恢复生产的具体办法和措施。同时,要把主席、主任、厅长的指示精神结合本县实际情况,再搞一次抗灾救灾的动员会。通过会议让每名干部职工提高对灾情严重性的认识,通过会议让每名干部职工都参与抗灾救灾工作,通过会议把干部职工的感情和群众的感情联系在一起。

二、提高认识,理清思路,抓机遇和优势,合理分工,快速行动,投入抗灾救灾工作中。提高认识,即对灾情的认识。理清思想,就是我们县抗灾救灾

_____

① 孔繁森听完汇报后的讲话。

的作战方案是什么。工作从阿里入手,抓机遇和优势,我们县的优势是什么,矿产品是不是我们的优势,水资源是不是我们优势,靠地区近是不是我们的优势,畜产品是不是我们的优势,怎样抓住这些优势和机遇。

三、抓领导,建班子,带群众。政治路线确立之后,干部就是决定的因素,任何单位工作的好坏都与领导有直接关系。只有落后的领导,没有落后的群众,要采取一级抓一级的办法。建班子,一是对班子心中有数,二是加强班子的思想建设,三是对个别同志可调整。带群众,一是教育,二是引导,三是帮助。

四、继续加强机关干部的学习和整顿,同时要与改革同步进行,主要是解决"大锅饭",解决人才不足问题。

五、加强团结,一是班子团结,二是上下团结,三是藏汉团结。

卓嘎主席讲意见:一、说明来意。二、对灾情的考虑。既有黑灾也有白灾,而且灾情严重,牲畜死亡 11 万多头(只、匹),死亡率 20%。现差一个月的数字,估计加上 4 月、5 月、6 月份,成畜死亡率要达到 30%。贫困户的面,1079 户,占 2187 户的 49.34%,贫困人口 5437 人,占总人口的 51%。疾病的问题,4 个乡,亚热区死 53 人,雄巴区 28 人,邦巴区 21 人,盐湖……亚热区从 9 月底到 10 月初共 118 人。三、领导对抗灾救灾重视,组织抗灾救灾物资,组织医疗队下乡防治病。四、提高对灾情的认识。第一,把抗灾作为压倒一切工作的事情来抓。三大班子都要有信心,也要下决心,多种渠道抗灾救灾。采取继续给牲畜补食的办法,最大限度地减少死亡。第二,恢复生产。目前有些困难。一是先从农委拿出 2 万元消灭毒草。二是土种选育先解决 2 万元。三是在井边搞个蓄水池(县城井),投资 3 万元。搞水龙头,先解决 5 万元。四是群众缺粮和饲料的,每户先拨 100 斤口粮、饲料粮。五是把四月份的牲畜死亡数统计出来。批评的话,数字太迟钝啦。要支持东三县,帮助东三县,倾斜东三县。

1994 年 4 月 27 日

卓嘎副主席在地直部分科局领导人会议上的讲话。

阿里地区的各级领导的工作是有成效的,体现在 93 年几项指标的实践上。在部队支持帮助下,认真贯彻党中央十四大会议精神和自治区四届五次扩大会议精神……

1994 年 4 月 28 日

日土县次仁多吉县长给卓嘎主席等工作组汇报工作。

一、基本情况①。7.8 万平方公里,600 千瓦的水电站。4 区,12 乡,32 村,1298 户,总人口 6206 人,其中农牧区 1163 户,总人口 5542 人,非农业 664 人,劳动力 2536 人,牧业收入占 81.93%。土地 6770 亩,实种 5106 亩,单产 207.6 斤,总产 106.4 万斤,人均粮食占 191.3 斤。纯牧 4 乡和一个自然村。年末牲畜存栏 30.8512 万头(只、匹),其中绵羊 36500 头(只、匹),山羊 16.001 万只,牦牛 1.1493 万头,马 3051 匹,适龄母牧畜 13.0352 万头(只、匹),占总数 42.3%。成畜死亡 8769 头(只、匹)。占总数的 30%。

(一)93 年国民收入 515.841489 万元,其中农业收入 40.4794 万元,占总收入 7.8%。牧业收入 422.6303 万元,占总收入 81.91%;边贸收入 15.9782 万元,占总收入 3.1%;运输收入 10.4928 万元,占总收入 2%;副业收入 17.4653 万元,占总收入 3.4%;其他收入 8.8593 万元,占总收入 1.7%。羊毛 26.751 万斤,山羊绒 7.87 万斤,牛毛 4376 斤,山羊皮 1.8817 万张,牛皮 394 张,黄酥油 4356.7 斤,白酥油 5.82664 万斤。

(二)财政。定额补助 190 万元,教育补助 25 万元,其他各项专项补助 39.7 万元,地区预拨 52 万元,93 年财政收入 40.8 万元,93 年财政赤字 140.9 万元。

(三)全县干部 175 名,其中县机关 146 名,区 29 名。汉族干部 24 名,占总数 13.7%,妇女干部 52 名,藏族干部 151 名。县级干部 15 名,平均年龄 43 岁。区干部 42 名,平均年龄 34 岁。大专学历 6 名,中专学历 17 名,高中学历 3 名。

(四)党组织。党员 317 名,其中机关党员 118 名,占总数的 37.2%,农牧区党员 199 名,占总数的 62.8%;妇女党员 51 名;汉族党员 7 名,占总数的 2.2%。全县退休干部职工 43 人,团员 274 名,乡干部 48 名,按规定县每乡 3 名干部,现在日土县每乡 4 名干部。

(五)全县人医 41 名,兽医 32 名。

(六)全县五保户 8 户,12 人,生活标准每年 300 元。困难户 81 户,占总户 6.96%,486 人,占总人数 8.77%。特困户 53 户,占总户 4.56%,总人口 209 人,占 3.77%,缺粮 5 万斤。

(七)教育。有 4 所学校,1 所完小,1 所区办小学,1 所乡办小学,1 所军民共建小学。适龄儿童 1250 人,在校生 289 人,入学率 23.12%,其中"三包"生 163 人,半包生 41 人,93 年入学率 32%。机关子女 44 名,县小学 220 名。

① 为便于阅读,此日的标题为注者所加。

二、灾情。94 年 4 月 20 日止,全县成畜死亡 4.8450 万头(只、匹),占年末牲畜总存栏 15.7%。其中绵羊 15991 只,山羊 22760 只,牦牛 7939 头,马 1751 匹。母畜流产率达 50%,最多的乡达 80%。

各区情况:日土区,牲畜死亡 12458 头(只、匹),占总数 20.4%。其中绵羊……山羊 6584 只,牦牛 2114 头,马 820 匹。日松区,牲畜死 17997 头(只、匹),占 22.6%。其中,绵羊 4840 只,山羊 10970 只,牦牛 1513 头,马 674 匹。热帮区,牲畜死亡 12778 头(只、匹),占总数的 11.2%。其中绵羊 4580 只,山羊 4314 只,牦牛 3696 头,马 188 匹。多玛区成畜死亡 5217 头(只、匹),占总数 9.6%。其中,绵羊 3631 只,山羊 901 只,牦牛 616 头,马 69 匹。

受灾重的是日松区德汝乡、过巴乡、日松乡、热角乡。德汝乡牲畜死亡 8456 头(只、匹),占 27.5%。其中,德汝一村牲畜死亡 2820 头(只、匹),占 36%。过巴乡牲畜死 4326 头(只、匹),占该乡 27.7%。日松乡牲畜死亡 2412 头(只、匹),占存栏数 28%。热角乡牲畜死亡 5529 头(只、匹),占乡总数 25.7%。

捐款 7030 元,粮 3256 斤,茶 58 斤,子弹 400 发,野马 56 匹,群众拿粮喂牲口 15 万斤。

发放救济钱物 17.703 万元,口粮 14360 斤,饲料 33890 公斤,草 4000 斤,茶 2600 斤,子弹 4700 发,油 7.5 吨,兽用药 1 万元,人用药 8500 元。

有 48 户,258 人,人均只有 25 头(只、匹)以下的牲畜,如过巴乡三村,人均牲畜 17 头(只、匹),现在更少啦,没耕畜的 48 户。增加母畜 37400 头(只、匹),每只 70 元,共需 24.5 万元。耕马 43 匹,每户 1 匹马,需 36350 元。需骑牛 417 头。过巴乡,该乡 100 户,560 人,92 年人均收入 560 元。84 年该乡 360 人。

三、要求。1. 山羊绒基地,91 年投入 450 万元,其中自治区已拿 200 万元。2. 乌江乡、扎普乡的小型水电站的水渠没有解决,原来计划投资 18 万和 25 万元。3. 教育存在问题。4. 独木齐列要求被批准为开放口岸。5. 组建县拖拉机站,先搞农机站,启动资金 40 万元。6. 日土乡搞商品粮基地,有偿无偿资金各半。7. 公检法的交通工具。阿汝村①离县城有 400 多公里,要求建个乡,不然不便于工作。要求建小学 1 所,海拔 4800 米。8. 班公湖设旅游区,要求解决 30 万元的资金。9. 阿汝成立野生动物保护区。10. 遗留问题 300 万元,财政赤字 88.9 万元。班公湖每年捕鱼 150 万—300

---

① 现隶属于东汝乡。

万吨。11. 鱼骨粉加工厂,设备款 22 万元,听说厂垮啦,有 95 万元的投资怎么办。12. 区上没有西医,群众需要。5. 灾害前人均牲畜 55.67 头(只、匹),灾害后人均牲畜 46.93 头(只、匹),人均粮 190 多斤。

工作组讲意见。

邱工:山羊绒基地问题,前期工程不好,开支不合理。

社救处索处长:关于把过巴乡列为全区重点扶贫点的问题,可以贴息贷款,阿里有 250 万元,商品粮基地建设我们搞不了。

农委王主任:灾情比东边要轻一下,不是很严重。对山羊绒基地建设谈点意见:(一)山羊绒是当地珍贵品种,有很大发展前途,现已投资 200 万元,由于种种原因搞得不理想。尽管产量不如内蒙古的鄂尔多斯,但是我们的质量很好,开发基地是自治区重大的举措。要作为县经济工作的突破口来抓,思路要宽一些。现在山羊绒基地建设,要综合起来搞,草、医先行。现在山羊反而少啦,要搞起百万只山羊基地建设,使群众很快地富起来。(二)建设的方法。采取专业的育种和培育才行,提供一只山羊种羊 300—400 元。扶持支持科技专业户才行,要向商品化的路子上发展。要加强领导,县长负责才行,同时成立选育协会更好。要采取重奖的办法。此项目我们给予倾斜,资金没有什么问题,重点考虑国家拿 400 万—500 万元,群众不搞什么配套。要把计划搞出来。

苏厅长:阿汝乡建设的问题,你们先考察,过后报行署,行署抄送给民政厅,我们再报政府。五保户的问题,已搞了标准,每月提高 10 元钱,财政预算安排。困难户吃粮 10 万元,采取有偿和无偿的资金各半的解决办法。解决 40 户牲畜的问题可以采取贴息办法,三年来解决 30 多万元。救灾主要是针对四个乡的重点户,要突出重点。

卓嘎主席:第一,对山羊绒基地建设,自治区是十分重视的。第二,独木齐列的开放问题,先看看,然后给自治区汇报。第三,班公湖旅游区的开放问题。第四,机耕站的建设问题,资金 40 万元。第五,公检法的车辆问题。第六,遗留问题。学校等部门问题,鱼骨粉加工厂的问题,请地委行署派一个综合工作组来一下,至于怎么处理要酌情而定。关于医疗卫生方面的问题,个别同志有技术,可搞个体行医,政府多少给点补贴。关于加强团结问题……第七,建设基地化,品种良种化(人工授精,羊的冻精开放),开发商品化(走贸、工、牧一齐开发的路子)、预算现代化(计算机管理)。实行股份制的办法,把生产的利益让给群众,把加工的利益留给群众,股份制合作开发作为外向型经济发展的路子。

1994 年 4 月 29 日

陪农委王主任了解日土乡的土种选育情况。

选育已三年,已选 160 只标准羊,已在自办乡选。二是到德汝乡、琼隆乡去引进来。最好的羊每只出绒 760 克,存栏 8000 只。山羊有 6000 只,占 75%。300 人有 300 匹马。要抓人员的培训。马嘎草场、水渠投资 120 万元。抓重点乡村户的山羊绒。对地区鉴定的公山羊,每年补 30 元,鼓励大家养山羊,30 元是饲料补给。好的种山羊每只 1000 多元,搞种畜奖励基金。

日土县马嘎草场,投资 158 万元,其中水利建设资金 128 万元,网围栏 30 万元,实际灌水 4 万亩,网栏 10 万亩。

1994 年 5 月 1 日

自治区工作组在噶尔县和地直单位活动。

听取医院汇报,扎西局长:防疫站总投资 420 万元,尚缺口 300 万元。医院建设群众病房需 300 万—400 万元。医院建设 114 张床位,医务人员 84 名,编制有 105 人。护士 19 名,其中 6 名临时工,5 名中专毕业生。日土县、革吉县每年买药品 5 万元。医院麻醉师 2 名,其中一名是护士刚转的。乡村医生每月只有 35 元的补助,最高的只有 45 元钱。乡村医生 372 名,包括卫生院,乡里 395 名,乡村差不多都有乡村医生。医院,一是传染病房,二是住院部,三是职工住房。住院部,一是没手术室,肺结核发病率为 37%,肝炎发病率为 26.3%;二是没有急救站,有的病号送到改则县就死掉啦。要求华西医科大学培训阿里的医务人员。防疫站 8 人(罗布桑培),地方病也在这里。食品卫生安全任务重,传染病防治任务重,防疫站搬迁请主席帮助。藏医院没有救护车。93 年,自治区拿出 1000 万元作为免费医疗的补助。藏医院副院长久美,次仁卓嘎为主任。职工有 35 人,有 5 人住 65 年盖的房子,10 人住医院,10 人住在外边。藏医院经费 46 万元,其中业务费 17 万元。

唐院长:病床 114 张,普通病房 76 张,干部病房 30 张,传染病病房 12 张。人员编制 84 人,实有 104 人。中级 12 人,护士 9 人,医师 22 人,医士 51 人,后勤 10 人。干部体检 136 人次;眼病检查 108 人次;消化检查 97 人次,主要是肝胆疾病,其次胃炎,溃疡;呼吸病 63 人次;心血管病 49 人次;传染病 37 人次;其他病 32 人次。编制少,素质差,每年到内地治病的 100 人次,每人 1 万元,一年 100 万元。

　　卓嘎副主席：阿里的医务人员为人民的健康、为解放生产力作出了贡献。给自治区打报告，15 万元的药能解决。把同志们的意见带回去，我给地委表个态，自治区人民政府应向阿里倾斜，比如，防疫站的搬迁缺口我回去和有关职能部门研究。对具体问题我不一一回答，指导思想是对阿里倾斜。提几点希望：第一，把卫生防疫当作大事来抓。食品卫生检疫工作不好，带来的肝炎发病率高。如果计划免疫工作做得好，百日咳就不会发生得这么多。防疫工作做好啦，医院的压力就轻。现在防不胜防，治不胜治，我们要打主动仗。第二，医院建设，包括西藏医院的建设。四大方针：预防为主，中西结合；对藏医、西医要有同等的位置；地区抓四部门，一是防疫，二是妇幼，三是抓两个医院；中心工作是抓人才的培养，培养自己的也就是当地人才。抓定向班的培训，美国医学基金会帮助在地卫校办了个大专班，打算给阿里专门办一个班，费用由美国医学基金会来出。院长提出的急救站问题，意大利有个援助项目，自治区医院搞了个中心，又搞了七个联系点。第三，结核病的防治问题。搞个结核病的宣传科，日本有个援助项目。第四，对结核病的流行情况做个调查，送自治区防疫站，找肖先平。第五，计划生育工作。经费缺，交通车的问题，药品、交通、器械问题。首先满足阿里的要求，做到领导重视，社会关注，群众接受，措施跟上。我答应，从自治区派一个医疗队到措勤县搞一个服务。我们这个民族总的要发展，人口……尤其阿里 82 年 4 万人，12 年增加 2 万多人口。我们地大物博，人少，需要发展。特别是人口增长不能过快，要和经济发展同步进行。35 岁以内的可采取节育措施，45 岁已生 1—8 个孩子，可采取绝育的办法。

※　　　　　※

　　自治区工作组王春喜主任、苏厅长听取噶尔县工作汇报。

　　贡布汇报：

　　一、基本情况。全县总人口 5724 人，其中牧民 1135 户，5151 人。牲畜总头数 230200 头（只、匹），人均牲畜 44.69 头（只、匹），93 年人均收入 757.92 元。

　　二、灾情汇报。

　　（一）基本情况。93 年处于半干旱和干旱状态，是造成牲畜死亡的主要原因。94 年 2 月 20 日下大雪 70 多公分，平均 35 公分以上，覆盖 85％以上。风灾多，2 月份以来刮起 6—7 级大风，门士乡刮起 3.7—8 级大风。大风把左左区人和牲畜吹散，吹到下左左区去啦，乡长给他们养了 6—7 天。2 月以后天气又特别冷，零下 23—26 度。93 年 8 月份索麦二村又发生泥石流，冲垮 20 多亩农田。有 400 多亩地被冲垮，已连续 18 年发生了泥石流。昆萨区索麦乡二村原来用 5 万元修了拦河坝,也冲垮啦,本想搬家的。

(二)损失情况。牲畜存栏 23.02 万头(只、匹),从 1 月至 3 月 20 日,牲畜死亡 4.3127 万头(只、匹),其中大牲畜 1516 头(只、匹),死亡率 18.3%。3 月 20 日—4 月 20 日死亡 9298 头(只、匹)。两项合计 5.2425 万头(只、匹),其中大牲畜死亡 2344 头(只、匹),死亡率 22.77%。受灾面 4 区都有,重灾 6 乡,门士乡、索多乡、南木如乡、朗玛乡、典角乡、上左左乡。

昆萨南木如乡,93 年牲畜存栏 17921 头(只、匹),至 4 月 20 日成畜死亡达 8125 头(只、匹),占乡总数 45.21%。目前人均占有 18 头(只、匹)。

门士乡,牲畜存栏 3.7410 万头(只、匹),至 4 月 15 日统计,死亡 8021 头(只、匹),死亡占总数 21.44%。

索多乡,海拔高,牲畜存栏 2.7623 万头(只、匹),至 4 月 15 日死亡 5653 头(只、匹),占 20.46%。全乡 174 户,771 人,困难户 109 户,457 人,占全乡 50%以上。

典角乡,牲畜死亡 600 多头(只、匹),连续 3 年雪灾。该乡是边境乡,新建的,90 年建的未改乡。全乡 16 户,87 人。建乡时牲畜 8000 头(只、匹),现在还有 2000 多只,全乡幼畜成活率 2%。

纯牧,一区 8 村;半农半牧,三区 28 村。全县 12 乡,36 村。损失 494.4080 万元。困难户,半农半牧人均牲畜 20 头(只、匹)以下;牧人人均牲畜 25 头(只、匹);228 户,1141 人,人均牲畜 24.7 头(只、匹)。

(三)对灾情采取的主要措施。门士乡有肝炎 5 人。"三包"学生停课了,主要是百日咳,妇幼保健站认定的百日咳,189 名学生中有 160 名学生患百日咳。县有 316 名"三包"学生,有 106 名学生患百日咳,停课 7 天,百日咳两周前发生的。建立抗灾领导小组。调饲料,青稞 8000 斤,玉米 8600 斤,青草 200 麻袋。县抽调 5 县 7 区干部组成的工作组,到 12 乡组织抗灾工作。送温暖,解决柴、汽油 9 吨,马料……运肥料 330 车次,小车跑乡 2 万多公里路。粮食 23800 斤,其中细粮 8000 斤,茶 10 条,捐款 2.686525 万元。表现好的单位,左左区 10 名干部捐款 2200 元,人均 220 元,捐粮 687 斤。区供销社捐款 1 万元。昆萨区捐款 1279 元,6 床被褥,区供销社捐 3327.25 元,派大车拉肥料 25 车次。索卖乡党支部在自己受灾时,还划出一部分地给那木如乡 170 多头牛使用。加木乡专放牧,还捐款 2400 元,捐 12 条裤子,茶 51 块,低价 5 元一袋草卖给受灾乡村。第一场雪后地委行署领导在左左区了解情况。赤列送去 9300 斤面,5 箱方便面,2000 斤红糖,2 万元现金,还有衣服等物,10 吨汽油全部兑现群众了,20 万元地区给买饲料。

（四）存在的问题。一是原有困难户 157 户，785 人，已增加到 228 户，1141 人，新增 71 户，355 人，其中特困难户原有 70 户，350 人。现有特困户 108 户，540 人。原有一般困难户 87 户，435 人，现在 120 户，600 人。目前断粮户没有，6 月底没事，7 月、8 月、9 月困难。南木如乡人均 18 只羊，绵羊只有 6 只。二是计划 23900 米的网围栏，去年每米 13 元，计 31.7 万元，已有报告。打井，采暖井 6 眼，每眼 5 万元，每眼井可开发 450 亩草地，共需 30 万元。增加母畜 25000 头（只、匹），每只 80 元，共计 200 万元。去年财政收入 32.5 万元，92 年收入 7.8 万元。群众要求解决手扶拖拉机，半农 28 村，每村一台拖拉机，每台 1.7 万元，28 村计 47.6 万元。昆萨区索卖二村，一是搬家，二是开荒 400 亩。恢复拖拉机站，7 台 55 型拖拉机，每台 10 万元，计 70 万元。需粮食 10 万斤，计 14 万元，每人按 35 斤计算。7 月、8 月、9 月三个月的情况，按 1141 人计算，需 14.31 万元。

三、当前困难。

（一）总支出 363.8 万元，完成预算的 108.27%，年末缺口 31.2 万元。

（二）公检法人员多，一审案都在噶尔县，原来公安 16 人。法、检每部门 5 人。现在公安 39 人，法院 13 人，检察院 12 人，合计 64 人。按每人每年 1 万元支出，办案经费基本上没有。县 88 年搬迁的。

（三）教育经费不足。适龄儿童 770 人，在校生 437 人，入学率 56.75%，"三包"生 316 名。教育专款每年 40 万元，只能采取限制招生办法，在干部家住的学生 40 名，每年经费缺口 10 万元。

（四）卫生方面，没有县医院。

（五）扎西岗典角乡 16 户，87 人，该乡要求对外开放，去年入境经商 100 多人次，成交 100 多万元。离狮泉河 90 公里。典角乡要求列入全区的扶贫乡。

（六）关于县城的治沙问题，87 年 11 月确定搬迁。兰州沙漠研究所花费 30 万元研究，至今没有结束。搞了个 870 多万元的规划，200 万元的治沙工程，至今没动工。县城搬迁经费已用 1000 多万元。

（七）县机关困难，现在县机关只有 2 辆车子。

农委王主任讲意见：（一）关于灾情。成畜死亡率已达 22.77%，牧区牲畜死亡严重的月份是 5 月份和 6 月初。群众生活到 6 月份没什么多大问题。恢复生产的任务比较艰巨，第一位的是对群众生活要妥善安排，在保证不冻、饿死人的情况下，先解决困难户的口粮。这是当前着眼于长远来考虑，我们要尽快恢复生产。造成的灾重原因是长年的牧业基础设施太差。群众人均牲畜低于 25 头（只、匹）的牧区要做一个考虑。（二）畜牧业的发展有前途。有 9900 亩耕地,给牧业发展提供了足够的饲草料有利条件。农牧工作要搞好结合,不能搞两张皮,不然优势发挥不出来啦。狮泉河镇的市场优势应注意发挥,为农牧业发展提供良好的市场条件。其他县就没这个条件啦,这就是城市经济和农牧经济结合起来的优势。(三)噶尔县的牧业发展,作为畜产品基地建设,主要是自给的供应问题。随着市场经济的发展,价格问题对我们有利,丰富市民的菜篮子来考虑、作文章,这也是稳定局势,发展噶尔县的经济的需要,把噶尔县作为畜产品基地建设,以解决狮泉河镇供应为目标,加速噶尔县的经济发展。做好前期工作,采取自治区立项目的形式,带动牧业的基础建设。这里的条件比较成熟,作为龙头项目来考虑,主要是做好前期工作,通过这个项目来加快牧业基地的建设,有很重要的现实意义。(四)农牧部门能不能搞一些育肥基地,做好前期工作。给你们 3 万元钱,育肥建设可围绕围栏等项目开展,地区给予帮助。前期工作做好了,自治区争取定向菜篮子工程项目。

苏厅长:噶尔县灾情严重,12 乡有 6 乡重灾,损失严重,全县牲畜平均死亡 22.77%。(一)救灾问题。贫困户 228 户,1141 人,缺粮 10 万斤,需款 14 万元,地区安排 6 月底解决。一般困难户和严重困难户,有的缺粮不一定缺钱,不一定缺几个月的粮。排排队,缺少的能不能互相调节一下。国家包灾的办法不可能,采取先借给他,以后还的办法。确实没有自救能力的,可包下来。教育群众有点自力更生的精神。(二)恢复生产。采取有偿和无偿资金结合的办法,纯牧区人均牲畜 25 头(只、匹)以下的,提供贷款 3—5 年,采取贴息办法。主要依靠群众自身的力量来解决。区别不同人,采取不同办法。(三)关于确立典角乡为扶贫乡问题。(四)如何搞好以农促牧,以牧促农,救灾互救促进会的办法,丰年多储、欠年不储、平年少储。储金会每乡 1 万元,名称为互助储金会。

1994 年 5 月 2 日

联席会议。

关于救灾经费分配问题。

一、190 万元的分配。

措勤县 30 万元;改则县 30 万元;革吉县 40 万元;日土县 15 万元;噶尔县 20 万元;札达县 20 万元;普兰县 15 万元。共计 170 万元。4 月 25 日分配。

二、地方财政 70 万元救灾分配。

石油 70 吨,18.2 万元;卫生局 9 万元买药;日土县 1 万元;措勤县 3 万元药;北京出差 4.6 万元。计 35.8 万元。革吉县、改则县 5000 元。合计 36.3 万元,余款 33.7 万元。3 月 5 日分配的。

三、关于 120 万元的分配。

其中农委 50 万元;民政、财政 70 万元。

买口粮 50 万元;饲料 30 万元;药品 20 万元;油料 20 万元。

买口粮 50 万元,分配:措勤县 15 万元;革吉县 15 万元;改则县 20 万元。

饲料 30 万元,分配:日土县 2 万元;措勤县 7 万;革吉县 7 万;改则县 8 万元;噶尔县 6 万元。

药品 20 万元,分配①:措勤县 3 万元;日土县 3 万元;改则县 4 万元;噶尔县 2 万元;革吉县 5 万元;札达县 1.5 万元;普兰县 1.5 万元。

油料 20 万元,分配:噶尔 2 万元,其余 6 县每县 3 万元。

以上款是 3 月 28 日分配。

关于库存粮食问题:措勤县有 130 万斤,改则县有 160 万斤,革吉县没有库存。从普兰县调 30 万斤,国库有 15 万斤,不足部分从群众手中买。

※　　　　　※

下午,卓嘎副主席听取邮电局张天华局长汇报工作。

局有 6 个生产科室,包括县局 174 人,加临时工共 200 人,大中专学历 57 人。领导班子平均 37.5 岁。93 年营业收入 150 万元。

今年要实现部分大中城市程控电话开通,县县电话装通有保证。在三定基础上搞好三服务,为群众服务、为机关服务、为领导服务。奋斗三年实现区区有电话。

存在困难,一是缺管理人员、技术人员;二是资金困难。今年目标创收 200 万元。

1994 年 5 月 4 日

工作组到昆萨区②。

区有 3 乡,348 户,1575 人。牲畜 47269 头(只、匹),耕地 5199 亩。党员 77 人,团员 86 人。

灾害严重的那木如乡,106 户,539 人,牲畜死亡 8125 头(只、匹),死亡率为 45.21%。现有牲畜人均 18 头(只、匹),93 年底人均有 33 头(只、匹),

---

① 在其上面单独标记有一句话:年初 10 万元的抗灾费。
② 噶尔县昆萨区包括那木如乡、索麦乡、噶尔新乡。

存栏 17971 头(只、匹)。106 户里边,有牲畜 20 头(只、匹)以下的 51 户,人数 225 人,占总数的 48.1%,人口占总人数的 47.3%。51 户中,人均有牲畜 10 头(只、匹)以下的有 23 户,占总数的 21.67%,人数 146 人,占总人口 27.1%。23 户中无牲畜的 6 户,12 人。那木如乡有 1278 亩耕地,实种 777 亩,单产 195 斤,粮总产 15745 斤。乡总收入 54.33765 万元,纯收入 32.386354 万元。那木如乡无种子 39 户,209 人,预供种 7740 斤。口粮保证够的有 63 户,318 人,缺口粮 33640 斤。生活贷款 7074 元,用于买种子、化肥、牲畜。93 年、92 年贷的,利息为 19.36 元。近期为生活贷款 15663.79 元,全乡存款 43632.4 元。19 户贷款占总户的 17.9%。4 月份,6 户生活贷款 4314.33 元,主要是购买生活用品。学生 86 人,区小学入学率为 56.7%。

索卖乡塔江村:粮食产量高,单产 250 斤。冲掉 452 亩地,一年冲垮 105 亩。39 户,164 人,人均收入 531.62 元,历史上人均收入高达 800 多元。89 年,投资 5 万元的拦洪坝都冲垮了。每户要求搬迁费人均 1 万元。

1994 年 5 月 5 日

香孜区夏朗村情况。

夏朗村 13 户,70 人。牲畜存栏 2400 头(只、匹),死亡 1414 头(只、匹),原来半农半牧为主,今年牲畜死亡多。可种土地面积 185 亩,实播 157.6 亩。受旱、雪、冻灾的影响,2 月 28 日下得雪,积雪 35 公分,幼畜死亡率 100%。93 年单产 157 斤,93 年人均收入 670 元,正常年景亩产 200 斤。4 月 1 日统计,牲畜死亡率为 58.9%。一个月前死亡率为 36%。

需要解决的问题:1. 农业基础设施差,要求解决。2. 小型水力发电站。3. 网围栏 8000 亩,可解决三个村,水渠 50 年代后就没有投过资。王主任:拿出 2 万元修水渠。

※   ※

中央领导提出,要对西藏的稳定和发展这两件大事进行研究,而且要在统一认识的基础上,从全局长远的观点作宏观战略性分析。围绕稳定、发展这两个问题,确定新时期一些具体的工作方针。中央领导同志指出:"西藏是中国不可分割的一部分,这是铁板钉钉的。"西方对西藏感兴趣,总想颠覆这个地方,就是因为西藏的战略地位。西藏和内地的关系,是一个不可分割的整体关系。西藏的稳定涉及全局的稳定,必须统一这个思想。应当看到问题的复杂性,看到西藏工作对整个全局稳定的重要性,这就是汉族与藏族谁也离不开谁。

"西藏问题是一个重大的政治问题,事关全局,关系到祖国的统一、民族团结、社会主义国家的形象和国际关系、国际斗争问题。"要立足民族平等,维护西藏稳定,加快西藏发展。"西藏问题,从本质上讲是一个政治性的问题,但就解决问题的途径和方法来说,主要是个经济问题。"始终要以经济建设为中心,一手抓稳定,一手抓发展,两手都要硬。"经济上,总的要从指导思想上作积极考虑。经济搞上去了,有利于西藏的稳定,经济搞得好,进一步促进经济稳定。愈是稳定,愈是促进经济发展。"这些讲话精神,确实从战略全局高度看待西藏问题,抓住了西藏工作的主要矛盾。

西藏的经济,主要是和内地沟通,互相交流,把路修好、维护好、保养好,使西藏的大动脉,包括西藏内部的路都畅通,公路建设是重点。总之,要搞一个切合实际的,合乎经济规律的经济发展战略,经过努力可以做到,而且方向一定搞准,不要搞不切合实际的东西。要带动西藏发展生产力,使西藏自身有活力,有动力。当前最现实的、最有意义的是对西藏进行经济的支持,包括中央的支持和全国各省市的支持。

"宗教问题是一个长期的历史现象,前进的方向是使信仰越来越厉害呢?还是越来越淡化。我们的国家干部要相信无神论。"如果听任共产党员和领导干部在宗教问题上不能坚持无神论,不能坚持马克思主义世界观、人生观,都不是共产主义的,将来我们的队伍就没有战斗力了。但在西藏全民信教的环境中间,要有些特殊政策。既坚持原则性,不能让宗教势力任其发展膨胀,特别是不能发展到一种狂热的程度,宗教发展到一种狂热的程度,对社会危害就大了,又要能适应西藏的具体情况,党组织对宗教要有正确的态度,要正确处理宗教问题。任寺庙自由泛滥,对稳定不会有什么好处,对人民也是愚昧教育,我们绝不能政教合一,绝对不允许宗教来参与我们政府的政权,绝不能允许寺庙干预政治。我们同达赖斗争的实质,不是信教不信教的问题,也不是西藏自治不自治的问题,我们同达赖之间的分歧既不是宗教上的分歧,也不是西藏人民享有自治权利的问题,而是统一与分裂之间的斗争。实质不在于西藏要不要民主,西藏人民要不要享有自治的权利,而是祖国要不要统一的问题,是分裂与反分裂斗争。这是中央对稳定西藏局势发出了震聋发聩的声音,有利于我们进一步统一广大党员干部的思想,有利于我们进一步加强对各族人民群众的正确引导。

※   ※

全地区党员 3687 人。干部职工 4000 人,其中干部 2960 人。地专级干部 20 名,县级干部 164 名,区级干部 482 名。

1994 年 5 月 8 日

科迦电站投资 98 万元。机器电机是 79 年的西藏电机。

斜尔瓦村(边境村)村长:这几年生活好多啦,人口多地少,平均每人1.5 亩地,维修 2000 米的水渠(尼泊尔地段有 200 米)。要求多少补一点,全村 23 户,114 人。

普兰县霍尔区,海拔 4600 米。2 乡 8 村,276 户,1344 人。93 年底,牲畜存栏 78641 头(只、匹)。基层八大组织健全。92 年牲畜存栏 76990 头(只、匹)。92 年总收入 1184976 元,93 年总收入 1583082 元。92 年人均收入 890.96 元,93 年人均收入 1177.88 元,增加 24.36%。93 年幼畜成活率为 81.5%。卫生所、小学、供销社、粮站都建全。93 年,信用社存款 15.7668 万元。区政府有 15 人,实际工作 12 人。大畜死亡损失 1.5 万元,幼畜100% 的死光,有的户大畜死亡 40% 多。送粮、盐、茶近 1 万斤。原来收购粮食 18 万斤,今年种 120 亩,现在没有一点农业用具。打算扩大草场灌溉面积,4460 米的水渠,已修好 2460 米。新修标准羊圈 20 个,区机关修 11 个,其余群众修。修暖洞 240 个,正在修。要求:1. 搞边贸小型市场,在沙拉山口。2. 解决种公羊 40—50 只。原来 4 名孤儿,其中一名在县小学上学,一名在区上小学,现在还有 2 名在……

※   ※

1. 霍尔区的工作是扎实的,抗灾救灾是有成绩的[1]。
2. 恢复生产的计划打算是切实可行的。
3. 区机关干部发挥了模范带头作用,亲自和群众一块劳动。

1994 年 5 月 17 日

与防疫站长、班久院长到革吉县热帮区强巴乡七桥。

强巴一村有一对双胞胎,一人活 9 天、一人活 10 天。另外 1 名,一岁多死了,说是感冒。

热帮龙门卡乡二村牧场,占嘎,吃药吃的,好多啦。其美多吉,14 岁,咳,发烧。藏历 3 月 2 日发病,连续咳,咳的脸发青,最后咳出血。索朗次仁,7 岁,强化免疫过,但这次病得严重。嘎玛旺堆,9 口人,900 只羊,70 头牛,6 匹马。全家都得了病,开始皮注,身体无力,后来咳得厉害。

朋吉拉田,咳得严重,全家发病近一个月,存款 2 万多元。藏医班典给

---

[1]　孔繁森总结讲话。

他们全家看过病,给了一部分西药。

热帮区打杂牧场,达瓦多吉,6 口人,奶奶 86 岁,全家患感冒病,贡觉次仁 5 岁,索南益西 3 岁。

热帮拍龙牧业点,海拔 5900 米以上。强巴,全家五口人,羊有 480 只,牦牛 70 头,羊死 40 只。才旦桑姆,爱人自杀,小孩病死,现在还有 2 个小孩,绵羊 30 只,山羊 100 只,现在家中没粮食吃。斯诺拉姆,7 岁,脸浮肿,病得十分重,鼻子出血。

热帮区龙门卡乡二村,8 户人家,54 人。

※　　　　※

地委行署联席会议。

讨论项目的有关问题。

一、狮泉河电站。投资 14500 万元,负责人扎西专员、供电科长扎西罗布。前期经费 200 万元,今年拿 100 万元,从银行贷款,财政贴息。

二、狮泉河上下水工程。投资 1303 万元,项目负责人欧珠,建设单位由计委负责。部分单位搬迁费用,按规定给三分之一。我们同意 40% 由工程项目列入预算,60% 由本单位承担。

三、普兰口岸建设。经费 1300 万元。1. 建设单位,由行署牵头。项目负责人次仁专员、普兰县长嘎玛仁青、工商局次仁。2. 前期经费,从银行贷款,财政贴息。3. 没到国门,在赤德乡。4. 联检机关作业区设在国门边上。

四、五县房改工作。每县 300 万元,共 1500 万元。准备调给五县 220 万元,两县(措勤、革吉)每县 200 万元。项目负责人、前期费各县自己负责。

五、山羊绒基地建设,三县的项目。

六、朗久电站。电站班子组成:党委书记普兰县旦增罗布;站长、副书记欧湘蜀;副站长江阳、赵俊文。项目负责人欧湘蜀。配套资金 220 万元,先拿 100 万元,其他设备顶多 100 万元。100 万元由财政部拿。

七、狮泉河大桥和大坝工程。投资 1600 万元,建设单位由计委负责。项目负责人欧珠。前期费用、银行贷款、财政贴息 80 万元,分三批。

八、扎仓茶卡矿业开发。4000 万元,化工部投资。由电力工业厅建设。

九、札达县中学。五所中学,投资 4116 万元,给札达 300 万元。

十、三十大庆领导小组。负责人洛桑旦达专员,成员:贵桑、单增,计委欧珠、石确,税务旺堆,建行王德火,人行次仁,七县县长,农牧曲尼杨培。

达瓦书记:1. 普兰由贵桑负责;2. 朗久电站,由扎西总负责;3. 山羊绒基地,由白玛欧珠专员负责;4. 自来水,由欧珠负责,由单增协助;5. 桥坝工程,由计委欧珠负责。

组织部洛桑:一是朗久电站改为实验电站为好。二是负责人由行署来聘任为好。人员现有 65 人,要定编。

1994 年 5 月 22 日

阿里地区抗灾基地建设论证会。

一、曲尼杨培介绍情况。

到 5 月 20 日,牲畜死亡 66.6 万头(只、匹)。

二、专家的意见。

吴文春:阿里 1000 万斤粮,每人 170 斤,除机关外每人 290 斤。牲畜的载畜量有矛盾。种草问题,主要不是海拔问题,要实验,种青稞为好。没粮有草,耕地 3.9 万亩,还有 2.8 万亩的荒地可种草。14 口井问题,涉及 1200 人。开发 350 万亩草场,养 6.02 万头(只、匹)牲畜。采暖井建设的价格。管理加人才,出效益、出人才。

综合处:项目建后的管理?水渠建多长?

王丙奎:播点草可以,网围栏可以搞。

泽仁桑珠副主席:成畜死亡率为 21.8%,主要死于干旱。指导牧业生产,指导思想上有问题,羊出栏少,数量不但没减少而且增加了 18 万头(只、匹)。当然出栏后的销售是问题,多杀 30%,用肉养羊都可以。阿里的草场不适合养大牲畜,草原条件不好,以养小畜为主。和班戈、文布县差不多。从经济效益来考虑,处理山绵羊的比重问题。过去提过以粮为纲,全面扫光,后来又提出以牧为主,扫掉 2 万多亩地。第三个过程,以旅游为中心。阿里仍然存在人口增长过快的问题。62 年,牧业人口 3.2 万人,现在 5.6 万人,平均增长 24.2‰。围栏建设不要太多,花钱太多,网栏主要是抗灾保畜草场,包括一部分储草。采取划片为牧、一封几年的措施才行。建立抗灾饲料加工厂,搞几千亩地围起来,在日土县。有班公湖,靠新疆近。定居点不要搞得大,五户左右为好。小定居、半定居为好,要具备在半居点的周围活动 2 个月的条件才行。

财政厅农村处宋处长:投资 1700 多万元,地区拿点资金,计委、财政、农委都拿点钱。

农委书记拉巴:一是阿里要引起重视,不投资对不起阿里的人民啦,关键把基础设施搞上去,存栏定的不超 260 万头(只、匹),实际有 300 多万头(只、匹),要控制。二是种草问题。1 人 1 亩地,已开 3 万亩,要充分利用起来种草。草籽问题,阿里的本地草籽为主比较好。围草场的问题,主要为冬季和接羔做准备。定居问题,定居户数问题,以四五户左右为宜。

水利工程专家张天兴:修水渠的计算小了点,修不起来。

于主任:一、……二、抗灾基地加大种草面积,建立抗灾草场,属荒漠草场。阿里是以牧为主的地区,工作要有重点。过去退耕还牧,也没还了牧。每亩200斤,按1比5的计算,还有500斤草。弃耕的土地把它恢复起来。三、人工草场,种畜场可提供一些资料和草籽。四、概算太粗,比如一米网围栏多少钱,没计算出来。羊圈的接盖一平米多少钱,补多少钱? 人口增长以24‰的速度,太快。草场沙化、退化,人口增长都要考虑。管理体制办法上,家庭经营,规模管理。施工要有报告,计划进度、质量要求,同时要解决服务体系。少而精地培训骨干,骨干要给一定的补贴。商品流通问题,搞育肥基地。经济效益提得不要过高,达不到就是吹牛。

畜科所:建立抗灾基地的重要性、必要性要写出来,那曲东部地区抗灾基地只能解决15天的问题。阿里目前没有防灾抗灾的条件,重点解决抗灾草场、冬季和接羔的草场。棚圈建设要搞,冬季要减少死亡。我认为可以立项。

邱工:防灾抗灾基地的力度要加强一下。

徐科长:载畜量要分季节,网围栏要分出类型。建设53000亩的无水草场。

卫学成:投资太少啦。

王春喜主任:一、报告基本可以;二、抓紧研究修改。阿里的起点低,起步晚,基础设施建设差。牲畜总死亡近70万头(只、匹),损失1.1亿元。项目的紧迫性、可行性、必要性没有什么可说的。抗灾基地建设对阿里是全新的工作。几个问题:第一,向半定居过渡的问题。牧民从游牧向定居,这是历史发展的趋势,主要靠群众自身的力量,加上国家补助,同时抓典型,搞好半居点。东三县的1.2万亩的饲草基地建设。10年全部实现半居点的建设,亚热区海拔5750米,东三县的区生活设施差,卫生所、粮站都没有,抵抗自身灾害能力差。第二,畜群结构的调整。59年,牛占牲畜的15%,现在只有7.8%。这次死亡的大牲畜中,公牛、驮畜也是群众最需要的。第三,饲草基地建设。恢复原来的农业点,主要是以草为主,采取草粮结合、草粮并重的办法来解决,造价并不高。这几年灾害的情况弄个表,表述出来。

※　　　　　　※

次仁行长:1. 江苏镇江经济技术开发公司,9月22日前把利本还阿里,本金470万元。2. 丹徒县经济开发区500万元,也是9月22日归还。3. 柳州,170万本金、利息加起来共242万元。4. 上海育新公司,上海账上只有1万元,原来只有100万元。听说还了,袁新义说不知道40万元。5. 镇江还有财政上的 150 万元,说的是 7 月 15 日全部还。6. 北京刘建华 60 万元,财政上的。22 万元是物资公司,刘建华给利息 10 万元,罚款 2 万元,共 12 万元,今年 9 月份全部还完。现在还有 1000 万元,利率 20‰,实际现在已年息 24‰。月息 18‰才行,十二月份收回来。

1994 年 5 月 24 日

全区 4 月 21 日—5 月 20 日成畜死亡统计 　　单位:头(只、匹)

	合　计	其中		成畜死亡率（%）	备　注
		大牲畜	羊		
普　兰	801	56	745	0.5	此表数据系各县实际上报数,供领导掌握
札　达	726	51	675	0.5	
噶　尔	13425	483	12942	5.8	
日　土	3052	124	2928	1.0	
革　吉	31879	1919	29960	5.6	
改　则	2213	101	2112	0.3	
措　勤	14783	839	13944	2.9	
合　计	66879	3573	63306	2.48	

　　江泽民总书记在党的十四届三中全会上提出:多挤点时间学习,少搞一点应酬;多做些调查研究,少一些主观主义;多干些实事,少说些空话。

　　根据总书记的指示:一、坚决反对工作浮在上面,大力提倡深入实际。二、坚决反对弄虚作假、言行不一,提倡实事求是,做到言出行到、表里如一。三、坚决反对形式主义、无效劳动,提倡扎扎实实的工作作风,一切从实效出发。四、坚决反对办事无计划,大事小事拖拖拉拉,提倡抓大事,按大政方针办事,同时要发扬雷厉风行的工作作风。五、反对凭老经验,凭主观印象办事,提倡多学点现代科学,多学点市场经济的知识,同时注意发扬民主,防止一人说了算。

1994 年 5 月 25 日

　　上午,阿里地区地专级以上干部民主生活会。

　　一、先学习文件。

　　二、嘎玛书记传达有关单位给地委行署领导提的意见。

※　　　　※

民主生活会发言：

一、关于领导班子建设。领导班子建设包括组织建设和思想作风建设两个方面，两个方面互相联系、互相促进。其中，组织建设是基础，思想作风建设是根本，只有立足抓好基础建设，才能抓住根本，只有这样才能把领导班子建设不断提高到新的水平。一是错误地认为党的中心工作是经济建设，应当集中精力全力以赴地抓好经济工作，认为抓思想作风建设会冲击经济工作。二是认为加强思想作风的建设，对解放思想，搞活经济，加大改革力度有影响。从根本上说，思想作风建设与搞活经济建设是一致的。三是对抓领导班子的思想作风建设有疑虑，信心不足，决心不大；认为党内的思想作风存在问题太多，不好解决，又不知从何入手。四是认为思想作风建设是软的、是虚的。五是认为思想作风建设看不见摸不着，再讲马列主义、毛泽东思想跟不上时代的潮流；讲得多了，人家认为你唱高调，现在的时代是讲实惠。

存在这些问题的原因：第一，马列主义的基本根底太浅，理论素质太低。虽然时代变了，时代形势发展，但学习放松了。用邓小平同志建设有中国特色的社会主义理论来武装个人和一班人的头脑，从而解决，一是对社会主义的理论模糊不清；二是对中央提出的两手抓两手都要硬，只抓了一手，忽视了一手；三是对市场经济和从实际出发制定本地的工作方针措施不力，没从客观实际出发。第二，提高领导班子解决自身问题的能力、措施不够。第三，在市场经济的大潮中，如何保持全班人马不迷失方向的措施办法不得力。第四，注意集体领导，防止个人说了算、集体领导作用发挥得不够。第五，加强廉政建设制度，狠抓落实不够。廉政建设制度，写在纸上，挂在嘴上，送到上级领导手上，就是没有落实到行动上。第六，虚心向群众学习，甘当人民的公仆，自觉地接受人民群众的监督和批评不够，主要是个人和群众的位置没有摆对。第七，积极开展批评和自我批评，运用批评和自我批评的武器开展积极的思想斗争不够。

二、对照党章，对照廉洁自律的五条检查自己。新的领导班子整体素质是好的，工作作风是扎实的，改革的意识是强的，改革的力度是大的，新的班子是团结的，是有战斗力的。深刻反思对照检查自己存在的问题：一是为人民服务的思想不牢固，当国家、人民的利益和自己的利益发生冲突时，思想上患得患失。领导确定到阿里工作的心情；当家庭遇到困难时，思想上有些波动；当工作遇到困难时，思想上有些波动。二是驾驭全局的能力不足，魄力不大，满足洁身自好。一年多来，大家提的意见具体说有三条：一是干部的提拔

使用问题,二是资金的使用问题,三是党政不分,会议多。没有注意发挥分工
的积极性,比如几名干部的使用和处理;车子房子问题;上级领导的接待问题
等等。这些都应由我来负主要责任。三是深入基层调查了解,但没从根本上
采取果断措施,没有从根本上解决问题;人民群众的生活,贫困户增多;干部
职工的住房、生活、工作条件极差。四是在出主意、用干部,注意调动班子成
员的积极性,调动全体干部积极性上,措施不得力,过分强调自我革命、自觉
革命。五是在重大开发上把关不够,重大问题的决策上不果断。存在以上问
题的原因:一是马列主义、毛泽东思想、邓小平同志的著作学习不扎实。十四
届三中全会精神和自治区四届五次扩大会议精神领会不深透。二是接受传
统教育深,思想不够解放,接受新事物慢。强调善为本、诚为标、孝为先、苦为
荣、和为贵的中庸之道。三是照顾迁就多,强调自觉革命,自我教育多。四是
强调阿里困难多,任务艰巨,情况特殊,存有求稳、怕乱的思想。原来存有在
西藏工作难,阿里工作更难,要干成几件事难上加难的思想。

※　　　　　※

民主生活会开得是成功的,大家心情舒畅,畅所欲言,既肯定了班子的
主流和成绩,同时又找出了班子存在的问题。同时,每名成员能联系本人的
实际情况,针对廉洁自律作了深刻的对照。

民主生活会中,对大家提的意见和今后民主生活会的建议:

一、全面认真总结这次民主生活会的情况,文字形成后,要立即上报自
治区纪律检查委员会和自治区党委组织部。

二、把民主生活会的情况反馈给机关干部和群众,有些情况可用文字的
办法通报给各县。

三、对大家提的意见(包括部门提的意见)认真研究,制定整改措施,比
如车及房子等问题,干部的提拔要按程序办。

四、坚持班子的学习制度。学习,一是要有针对性,二要坚持学习时间,
三是注意学习效果,同时抓好县委政府班子和地直部门的学习。

五、坚持过好党组织生活会和按时交纳党费。

1994 年 6 月 7 日

下午,办事处。

计委陆金坤主任、欧湘蜀、益西书记、白玛欧珠专员研究朗久电站问题。

欧湘蜀:稳发 1000 千瓦没把握,一年保 300 万度有把握,每度 1 元钱,
价值 300 万元。原来四口井,布局不合理,卡住啦,没清理。柴油发电机的
发电现在是每度电 2.8 元,840 万元可保发一个月。停一个星期,准备 9 月

底发电。朗久电站现有 64 人。87 年 10 月—88 年 10 月发电最多,每月发 22 天,最高负荷 720 千瓦。911 井参数比较好。

※　　　　※

噶尔县 92 年人均收入 1247 元,降到 829 元,93 年人均收入 757 元。

1994 年 6 月 22 日

下午,阿办开会,参加会议人员:白、单、达,办事处书记。

※　　　　※

讨论三十年大庆项目。

1. 狮泉河电站,投资 1.45 亿元。

2. 狮泉河大桥,投资 1600 万元。

3. 朗久电站,投资 660 万元。

4. 上下水工程,投资 1303 万元,广汉自来水搞的设计。

5. 札达县中学,投资 300 万元。

6. 五县的房改,投资 1500 万元,报了项目建议书,实施计划各县还没有报上来。

7. 普兰口岸,开设三个口岸,3000 万元。

8. 扎仓茶卡矿开发,投资 6640 万元。

9. 以工代赈的项目,投资 525 万元,治沙 200 万元。札达县的萨让公路,原来设计 432 万元,欠工程队 148 万元。革吉县人用水 180 万元,调给萨让公路 148 万元。

10. 切块投资 70 万元。

11. 日土县房改造,投资 200 万元,批啦。

急待解决的问题:

农业	畜牧业	畜牧业	水利
普兰	52 万元全部到位	牧业机械购置,10 万元	狮泉河南开始建设; 札布让水电站; 札达热布加林水渠; 共计 52 万元
油菜基地 10 万元,到位 6 万元	牲畜基地 20 万到位	札达琼隆乡,5 万元	
农业引进 10 万元,到位 6 万元	革吉土种选育,3 万元到位	改则抗灾基地,2 万元到位	
	措勤普多补助,2 万元	地区兽防站建设,60 万元	
	山羊基地贷款,5 万元到位		

乡镇企业贴息贷款 100 万元,蔬菜生产扶助款 16 万元,狮泉河 10 万元,普兰 3 万元,札达 3 万元,水文站建设 50 万元,抗灾经费 100 万元(1—9月份),灾情调查 50 万元,其中 8 万元没有到位,总计 553 万元。改则县牧民个人运输 20 万元。自治区农委到阿里的全部资金 573 万元。

1994 年 7 月 19 日

晚上,第三次全国西藏工作会预备会议。

参加会议代表 193 人,罗干主持会议。

任建新讲意见。一、7 月 18 日,召开第一次筹备会议,江泽民、李鹏、乔石参加了第一次会议。7 月 5 日,听取了工作汇报,中央确定召开这次会议,在 7 月 20 日召开。7 月 5 日,政治局听取了汇报后定的,胡锦涛主持的会议。二、会议的任务,以邓小平建设有中国特色社会主义的理论为指导,研究新时期西藏发展的目标和政策。会议上,江泽民、李鹏、李瑞环领导都要讲话。三、会议的时间,7 月 20—23 日。20 日会议开幕。江泽民总书记讲话,陈奎元书记汇报。21 日开大会,中组部、中宣部、国家计委发言。22日,李鹏总理讲话。23 日,下午开大会,胡锦涛同志主持。李瑞环同志总结讲话。会议内容多,时间紧,任务重。

要求:一是发言讨论,要围绕会议的中心,主要是发展和稳定两大项任务。二是全国支持西藏,西藏怎么办。三是各组召集人要负起责任。四是注意保密。

1994 年 7 月 20 日

上午,第三次西藏工作会议开幕。

李鹏总理主持会议,江泽民总书记讲话。

会议的主要内容是以邓小平关于中国特色社会主义理论为指导,我国56 个民族……喜马拉雅山是我国西南的天然屏障,不进一步加快西藏的发展,西藏的形势很难稳定,西藏的稳定关键是西藏的经济发展。……重视西藏工作就是重视全局工作,支持西藏的工作就是支持全国的工作。一是发展。每年以 10% 左右的发展速度为宜,没有西藏的稳定,一切都无从谈起。……三是民族宗教问题。……五是党政建设。西藏的干部 6 万多名,藏族干部占 70% 多。

※　　　　※

　　江泽民:《维护稳定,加快发展,开创西藏工作新局面》①。

　　我们这次会议是在国际国内的新形势下召开的,会议的主要任务是以邓小平同志建设有中国特色社会主义理论和党的基本路线为指导,围绕西藏的稳定和发展两件大事,研究新情况,解决新问题,进一步明确加强西藏工作的指导思想,落实维护稳定和加快发展的各项措施,努力开创西藏工作的新局面。

　　一、从战略全局的高度充分认识西藏工作的重要性。

　　二、加强西藏工作的几个重大问题的指导思想、指导方针。在邓小平同志建设有中国特色社会主义理论和党的基本路线指导下,在全国人民支持下,依靠西藏人民和其他各民族人民抓住机遇,迎接挑战,深化改革,扩大开放,坚以经济为中心,抓好稳定发展两大事,确保西藏经济发展,确保社会的全面进步和长治久安,确保人民生活水平不断提高。一是发展问题,二是稳定问题,三是民族宗教问题,四是对外宣传和对外工作问题,五是党政建设问题。

　　三、全国各地方和中央各部门都要大力支持西藏。

　　　　　　　　　　　　　※　　　　　※

　　下午,讨论总书记的报告。

　　…………

1994 年 7 月 22 日

　　上午,大会。

　　李瑞环同志主持会议,王兆国讲讨论的情况。

　　讨论中大家说,会上中央政治局常委都参加了会议,江泽民同志讲话,李鹏同志主持会议。李鹏同志今天还要讲话,李瑞环同志明天还要作会议总结报告。

　　说出了西藏同志的心声,在中央财政困难的情况下,解决了 62 个项目,要克服要钱积极,花钱随便的心理。中央既考虑到西藏的物质文明建设,又考虑到西藏的精神文明建设。中央有关部门都作了发言,把中央的 62 个项目要当作一件政治工作来对待,并圆满地完成。全国 35 个省、自治区和单列市的同志参加了会议。

　　李鹏总理讲话:

　　一、我们应该有信心、有能力加快西藏的发展。西藏的经济文化得到了

---

　　①　在日记原件中,孔繁森同志对江泽民总书记的讲话记录于它处,现根据日期调整于此处。

发展,经济极端落后的状况有了逐步的好转。人的寿命由解放初的 35 岁已提高到 65 岁。从西藏的情况来看,西藏的经济发展水平很低,个别地方的温饱问题还未得到解决。……

二、加快西藏发展的指导思想和奋斗目标。必须坚持以经济建设为中心,一手抓稳定,一手抓发展。加快西藏发展的步伐,逐步建立社会主义市场经济体制。发挥全国支援西藏和西藏要发扬自力更生的两个积极性。一年多的时间,中央和各省拿出 75 个亿来支持西藏的建设。西藏的 75 亿元,不包括 23 亿元的各省支持项目。

任建新、罗干、王兆国同志分管西藏工作。全国支持西藏,西藏怎么办。

※　　　　※

两位中央领导的讲话,对西藏的工作既给予了充分的肯定,又给我们提出了希望,两位中央领导的讲话既指出了西藏前进的方向,又给予了大量的物力、人力支持。

※　　　　※

谈会议的体会:

听了总书记和李鹏总理的讲话,一是心里非常激动,对中央给西藏的政策,各省市自治区及中央各部委对西藏的支持和厚爱很受感动。中央对西藏的工作历来十分重视,这次通过这个会就更为重视。一是中央对西藏的情况比较了解,对于我们的工作给了充分的肯定;二是对西藏当前存在的困难,尽了最大努力帮助我们解决;三是动员全国各省市自治区和全国人民都关心支持西藏工作;四是中央从实际出发,制定西藏工作的指导方针。126 个字,这个指导方针明确、完整、准确;这个指导方针,126 个字,符合西藏的实际,在干部群众中能产生共鸣;126 个字,句句有分量,字字值千斤。

二、学习领会好,贯彻好这次会议精神,把中央的精神变成干部群众的动力,把领导和群众的两个积极性紧密地结合起来,完成中央交给的一个中心、两件大事、三个确保的任务。中央的关怀,各省市、部委的帮助,全国人民的支持都有啦,摆在我们面前的任务十分明确。面对着千载难逢的大好时机,西藏怎么办? 内因和外因的关系怎么去处理? 如果这样大好时机条件,把西藏的工作还搞不好,这就是说我们的内因作用没有发挥好。回去后,一是统一领导的思想,把会议精神贯彻好,按照中央和自治区党委的安排,把会议贯彻好;二是深入基层调查研究,把群众在想什么,干什么,存在问题是什么,要求是什么,要了如指掌,然后一步一个脚印地扎扎实实地给群众办几件事;三是把中央给的大好政策用活用好,把 62 个项目管好、建好、用好。

三、不辜负党中央的希望,从阿里实际出发,把中央的关怀落实到农牧民之中,扎扎实实地为群众办几件好事。从实际出发,创造性地带领一班人,围绕以经济建设为中心,做好发展和稳定两件大事。一是作为一个汉族同志,把中央的关怀、全国人民的期望、自治区领导关心、藏族人民的厚爱牢牢记在心中。这次会议,中央给西藏的各族干部解决了后顾之忧,特别是对汉族干部来讲,原来个别地区在汉族干部安置上,政治上戴高帽,什么为边疆做贡献,安置上没人要。二是贯彻中央的会议精神,联系阿里的实际。在稳定中求发展,争取近几年内缩小和内地的差距,缩小和其他兄弟地市的差距。既要看到困难的一面,同时更要注意发挥本地区的优势。困难的方面体现在交通、能源、干部、教育、自然条件。有利的条件,一是边贸优势;二是资源优势,矿产、旅游资源、畜产品;三是政策优势;四是群众基础好,干部队伍好。三是从个人来讲,要按总书记讲的,要和群众心连心,同呼吸,共命运。在阿里更要注意发扬特别能吃苦,特别能忍耐,特别能战斗的精神。

四、建议。第一,注意加强边境工作和部队武警的工作。第二,注意加强西藏的宣传教育工作。用什么思想来统一干部和群众思想,宣传教育的资金、设备要注意加强。电视、广播、报纸、边境的宣传工作要有针对性。第三,对阿里这样的特殊地区,要专门进行研究,两种经营机制同时进行。西藏工作难,目前的压力,一是阿里情况特殊,二是灾情严重。第四,把中央同意的西藏10%的发展速度要计划好,安排好,完成好;把中央确定的62个项目规划好,建设好,管理好。第五,自治区和地县领导采取联系地县乡的办法抓好工作。

※　　　　※

建议①:1. 自治区领导挤时间分别和各地市领导研究一下,如何贯彻落实好这次会议精神,当前存在问题是什么? 2. 自治区领导班子加强了,是否建立领导联系点,便于领导。

1994 年 7 月 23 日

上午,第三次西藏工作座谈会,胡锦涛同志主持会议。

一、发言。广东省副省长张高丽、河南省副省长、邮电部副部长杨贤足、西藏自治区主席江村罗布发言。

---

① 此处之"建议"与上面的工作建议不是同一颜色的笔撰写的,是否为会议补充发言内容,不得而知。

二、李瑞环同志作总结讲话。会议开得很好,很圆满,很成功。防止激动在会上,落实在纸上,行动在会上。

李瑞环在第三次西藏工作座谈会上的讲话。

（一）①这次会议是党中央、国务院在西藏经济社会发展的关键时刻召开的。江泽民、李鹏同志发表的重要讲话和会议制定的《关于加快西藏发展,维护社会稳定的意见》,从战略全局的高度总结了西藏工作的历史经验,分析了西藏面临的形势,明确了今后一个时期西藏工作的方针和任务。制定了加快西藏发展,维护社会稳定的政策和措施。这是一次具有历史意义的会议,将对西藏的各个方面产生重大而深远影响。历史经验证明,一个好的会议、好的文件要取得好的效果,关键是抓好落实,落实好这次会议精神,需要做许多工作。我认为,要特别强调三点:第一,要传达学习好会议文件,各省市自治区和各部委的领导要抽出时间认真学习讨论江泽民总书记、李鹏总理的重要讲话,领会精神,抓住根本,统一思想,提高认识,切实把西藏工作摆在重要议事日程。第二,要制定援藏任务的实施计划,所有承担任务的地区和部门都要召开专门会议,具体研究、部署援藏任务的落实,要实行严格责任制,什么项目由谁承担,什么时候办到什么样,都必须件件有着落,并把安排落实的概况,报告中央。第三,要加强组织协调工作。这次援藏工作任务重、时间长、单位多、领域广,有许多问题需要多方配合,协调衔接,督促检查,上传下达,这就必须有个机构。以这次会议筹备小组为基础,根据需要增减一些单位的人员,仍由任建新、罗干、王兆国同志负责。

（二）会议对今后一个时期的援藏任务进行了规划和分配,中央和有关部门承担了其中的大部分,各省市区也承担了相当一部分。中央之所以这样安排,除了经济原因之外,主要的还是出于政治上的考虑。因为这样可以加深全国人民对西藏重要地位的认识,增强维护祖国统一的历史责任感;可以使西藏人民深切感受到祖国大家庭的温暖,坚定同各族人民共同繁荣进步的信心;也可以进一步向世界表明,任何把西藏从中国分裂出去的企图都是对中国政府一贯立场的严重挑衅,都是对中国各族人民根本利益和感情的直接触犯,必将受到包括西藏人民在内的全体中国人民的坚决反对。我们应该从这样的高度认识援藏工作的意义,从而更加积极地、主动地、自觉地完成好各项援藏任务。

在会议讨论中,各地区各部门对援藏任务都欣然接受。许多同志表示,一定不打折扣、不讲价地去完成,不摆困难,要讲大局,讲党性,讲风格。还

---

① 日记本中没有(一),但是后面有(二)和(三)序号。(一)为点校者所加。

有的同志说,我们经济上再难,都还难不过西藏,克服困难的有利条件也总比西藏要多,这表明了大家对中央精神的充分理解,对西藏人民的深厚感情。对此,中央是了解的,并且正在同大家一起为克服这些困难而努力。实在地说,中央在部署援藏任务时是考虑到各地实力和实际情况的,安排的任务也是大家担当得起,办得到的。一般说来,经济活动总是要讲利益、交换原则的,但是援藏工作不应当过分强调经济利益。如果讲利益,促进西藏的发展和稳定,挫败达赖集团和西方敌对势力分裂西藏的图谋,把西藏这一大片领土保住,把祖国的统一保住,这就是包括所有省市自治区在内的全中国的最大利益。

西藏同内地之间差距的形成,既有自然条件的原因,又有历史和社会的原因。尽管西藏经济有很大的潜在优势,尽管西藏人民有改变落后状况的强烈愿望,但是即使西藏赶上内地一般发展水平,仍需要经过艰巨的努力。援助西藏应是长期的,它既不是从这次会议才开始,也不会因这次会议确定的任务完成而结束,我们应当把这次会议作为全国支援西藏的新起点。援助西藏应是主动的,这次会议安排的工作要积极认真地完成,这次计划中没有的,只要西藏人民需要,也要千方百计地去完成。援助西藏应是多方面的,提供项目上援助、兴办学校、培养人才、交流干部、献计献策等一切援助。只要有利于西藏的发展,有利于维护祖国统一,各民族团结,不管是官方的,还是民间的;物质的,还是精神的,都要给予鼓励和支持。

(三)解决西藏的困难的问题。实现西藏的伟大振兴,归根结底要靠西藏各族人民。中央召开这次会议,为西藏制定了一些优惠政策,并动员全国支援西藏,为西藏加快发展,维护稳定提供了十分有利的条件和难得的机遇,西藏各级干部和广大群众应当认清形势,乘势而上,振奋精神,团结奋斗,把各项工作推向前进。

民主改革以来,特别是党的十一届三中全会以来,西藏各级党委、政府在经济和社会发展的各个方面做了大量工作,取得了巨大成就,积聚了许多经验,并锻炼和培养了一支好的干部队伍,这些都是西藏进一步发展的有利条件。对于西藏过去工作的成绩,我们必须有充分的肯定和足够的认识,不能因为与内地存在差距就丧失信心,更不能因为敌对势力的攻击而妄自菲薄。对西藏各项事业和工作的评价,要同西藏的过去作比较,同西藏客观基础和条件作比较,同自然条件接近我们的邻国作比较。这样比才是实事求是,才能使西藏人民看到自己的力量所在,才能担当战胜困难、加快发展的勇气和信心。

西藏要加快发展,缩小同内地的差距,就必须进一步搞好改革开放,在建立社会主义市场经济体制的进程中,扩大同内地的合作交流,只有这种合作与交流日益密切、广泛和深入,西藏的经济才能与内地全面衔接,才能更多地获得内地的支持和帮助,才能学习和掌握内地的经验,才能开阔视野,更新观念,全面提高藏民族的素质。西藏要努力改变目前仍然比较封闭的状况,用好中央给西藏的优惠政策,使更多的西藏人"走出去",同时让内地更多的物资运进来,使更多的信息传出去,同时为内地人进西藏工作和生活创造条件。只有这样,西藏才能生机勃勃,才能有百业复兴、快速发展的新局面。

西藏的前途如何,关键在于人才,援藏的钱送进去了,要有人会理财。援藏要采取各种措施,加快各类人才的培养,包括有计划地选派大批学生干部到内地接受教育、培训,同时要提供必要的优惠条件,吸引内地各类人才到西藏来服务。

搞好党的组织建设、领导班子建设、干部队伍建设,是实现西藏社会稳定和经济发展的根本保证。党的组织,尤其是党的基层组织是党全部工作和战斗力的基础,必须特别重视,切实加强。西藏的各级领导班子是落实会议精神的指挥部,必须尽快配齐、配全、配好,全区党员和干部要认真学习邓小平同志建设有中国特色社会主义的理论,学习社会主义市场经济知识和现代化科技文化,才能不断提高自己的政治和业务素质。各族干部要努力继承和发扬西藏老一代干部艰苦奋斗、无私奉献的光荣传统,深入实际,联系基层各级党组织,抓好领导班子的思想、组织和作风建设。我们党为西藏所制定的各项任务,就一定能够胜利完成。

长期以来,人民解放军驻藏部队和武警部队在保卫边疆、维护统一、反对分裂和建设西藏中建立了不可磨灭的功勋,受到了西藏人民的拥护和爱戴。在全国支援西藏的新形势下,要大力开展双拥工作,进一步加强军政、军民团结,为西藏的稳定和发展作出更大的贡献。

同志们,四十多年前,中国共产党人在西藏人民的支持下实现了西藏和平解放,粉碎了帝国主义把西藏从中国分裂出去的种种图谋计划。当前中国共产党人顺应历史的潮流和西藏人民的意愿,帮助百万农奴翻身解放,使西藏跃入社会主义社会。今天,中国共产党人也一定能够在邓小平同志建设有中国特色社会主义理论的指引下,在以江泽民同志为核心的党中央的领导下,继续带领西藏人民艰苦奋斗,揭开雪域高原向现代化进军的新篇章,一个繁荣兴旺的西藏,一定会在不远的将来崛起于世界之巅。

※　　　　※

胡锦涛:会议的贯彻落实问题。

一、各省市自治区要向党委政府传达……

二、会议的传达贯彻问题。

三、部队。

四、注意严格保密。

抓好会议落实。

1994 年 9 月 1 日

中共中央文件,中发(1994)8 号,《中共中央、国务院关于加快西藏发展,维护社会稳定的意见》(1994 年 8 月 29 日)。

1994 年 7 月 20 日至 23 日,中共中央、国务院在北京召开了第三次西藏工作座谈会,会议对在新的历史条件下,加快西藏发展,维护社会稳定,提出了如下意见。

一、统一思想认识,明确指导方针。

1. 充分肯定西藏工作的成绩。1980 年、1984 年中央两次召开西藏工作座谈会,制定了一系列有利于西藏经济社会发展的特殊政策和灵活措施。1989 年,中央政治局常委会讨论西藏工作的《纪要》,对统一思想,促进政治稳定发挥了重要作用。西藏自治区党委、政府坚持党的基本路线,认真贯彻中央一系列方针政策,带领全区各族人民团结奋斗,使西藏的经济社会发展取得了令人瞩目的成就。

坚持以经济建设为中心,不断深化经济体制改革,进一步扩大对外开放,解放和发展了生产力。长期封闭的局面已被初步打破。自给自足经济和在计划经济体制下形成的供给制方式开始转变,国民经济摆脱长期徘徊不前的局面。农牧业保持稳定发展,工业生产有了一定增长,基础设施建设加强,内外贸易有了新的突破,地方财政收入逐年增加,人民群众生活明显改善,大多数农牧民的温饱问题得到了基本解决,教育科技、文化卫生、广播电视等社会事业有了较大的发展。

坚持两手抓的方针,紧紧依靠西藏广大干部群众,团结民族宗教界爱国人士,坚决维护祖国统一,民族团结。……社会治安综合治理初见成效,西藏局势基本稳定,经济发展,民族团结,边防巩固,人民安居乐业。

2. 西藏面临的困难和问题。改革开放以来,西藏经济虽有较大发展,但总体水平仍然低于其他省区,农牧区部分群众尚未摆脱贫困,地方财政困难,缺乏自我积累和自我发展的能力。西藏同内地的发展差距是由历史条件、社会经济、自然地理等多种因素决定的。在建立社会主义市场经济体制的过程中,西藏面临着新的困难和问题。国家在计划经济条件下,为西藏制定的一系列优惠政策,有的已难以发挥作用。基础设施落后,人才缺乏,制约了西藏经济社会的发展。

西藏局势基本稳定,但反分裂斗争的形势仍很严峻。国际上两极格局终结之后,西方敌对势力加紧利用所谓"西藏问题",作为对我实行"西化""分化"战略的一个重点。这种趋向在今后相当长的时期内不会改变。……达赖以宗教身份进行分裂活动,有一定的欺骗性和影响力,也增加了斗争的复杂性。

3. 从战略全局高度重视西藏工作。西藏地处祖国西南边疆,面积占国土的八分之一,是西南、西北的天然屏蔽,是通往南亚的门户,是维护祖国统一、国家安全的前沿,战略地位十分重要。

西藏面临着政治上反分裂斗争,是我国边疆民族工作的重点地区。西藏的稳定直接影响相邻的四川、青海、甘肃、云南四省藏族地区的稳定,而且会对其他民族地区的稳定产生影响。

西方敌对势力把所谓"西藏问题"作为对付我们的一张牌,企图从战略上遏制中国,搞乱中国,干扰我国改革开放,损害我国国际形象。做好西藏工作,不仅关系到西藏的发展和稳定,而且关系到国家形象、国际关系和国际斗争。

西藏资源丰富,蕴藏着巨大的经济潜力。随着国际战略开放重点的西移,西藏潜在的资源优势将逐渐变为现实的经济优势,造福于西藏人民,对促进西藏乃至全国的发展,对实现各民族的共同繁荣、共同发展将发挥日益重要的作用。

西藏和国家安全的关系是不可分割的整体关系,中央和各省区市支援了西藏,西藏为维护祖国统一、民族团结和边防巩固做出了贡献。西藏的稳定涉及国家的稳定,西藏的发展涉及国家的发展,西藏的安全涉及国家的安全。支持西藏工作,实际上是保障全局的工作。全党要统一这个认识,从战略全局高度重视西藏工作。

4. 西藏工作的基本经验。为切实做好西藏的各项工作,应注意总结经验,发扬成绩,克服缺点。要引导大家向前看,增强团结,统一思想,同心协力建设西藏。

保持社会稳定,维护祖国统一。达赖集团的分裂活动是影响西藏稳定的主要根源。维护祖国统一,反对分裂,确保国家主权与领土的完整,是西藏各族人民重大的政治任务,是全党、全军、全国各族人民长期的共同任务。

※　　　　　※

94 年 9 月 1 日,西藏自治区四届六次扩大会议开幕。

陈奎元书记主持会议。

第一阶段,学习阶段。

第二阶段,江村罗布传达江泽民同志讲话。学习中共中央 8 号文件,加强自身建设,增强党的战斗力。加强干部队伍建设……要提拔任用在反分裂斗争和两个文明建设中表现优秀、政绩突出的藏族和其他少数民族干部,提拔任用长期在西藏工作,经过锻炼和考验的优秀汉族干部……

※   ※

热地副书记讲话:讲出一个中心,两个基本点,三个确保,实现西藏发展的必要条件和需要解决的问题。讲了,九个方面的统一;六个思路(发展的六个思路);五个问题(江村罗布主席①);四条方针(和达赖斗争的四条方针);四条基本原则(贯彻党的民族宗教政策);六个绝不允许;七种表现(干部队伍不纯的七种表现);十个方面的工作(稳定局势);十条标准(选拔晋升和奖惩干部十条)。中央给了这么多的优惠条件,如再干不好,没法向中央、向全国人民交待。

※   ※

在学习座谈会精神上的发言②。

一、讲话及讨论情况。

(一)热地书记讲贯彻落实好第三次西藏工作会议精神,最重要的三条:一是领会精神,统一思想;二是明确思路,制定措施;三是团结奋斗,真抓实干。

(二)稳定局势工作的重点,不在国外在国内,不在党外在党内,不在群众在干部,不稳定的原因主要是达赖集团的分裂活动。

(三)转变作风,真抓实干。一把手要坚持集体领导,防止个人说了算。发扬五个特别精神。江村罗布主席讲第二个大问题中讲到,要认识到在我区建立社会主义市场经济体制,还要有一个准备打基础的阶段,必须做到态度坚决,步骤稳妥,方法灵活,避免急于求成,引起社会震动,欲速则不达,以实现新旧体制的平稳过渡。

二、认清形势,选准目标,团结奋斗,转变作风,真抓实干。

(一)认识全国、全区、阿里的形势。不但要看到困难的一面,而且要看到有利的因素。困难的方面,能源、交通、自然条件、人才、干部的身体状况,

---

① 指江村罗布主席在第三次西藏工作座谈会上的发言。

② 原文无标题,标题为注者所加。本部分内容是孔繁森在贯彻落实第三次西藏工作座谈会精神上的发言。

住房、办公、交通工具、教育,分裂集团的干扰,宗教的影响。有利的条件,政策优势、边贸的优势、资源优势(矿产品、畜产品、旅游)、河北、陕西支援的优势、区位优势,有两个口岸和 1116 公里边防线。

(二)阿里的突破口和目标。抓好三个开发区,普兰、札达县抓边贸旅游,多种经营;日土、噶尔县以山羊绒基地和以市场为依托开办第三产业;东三县抓矿产和畜产品的开发。三个战场齐开战,选准目标最重要,领导分工、责权利到人是关键。借助外部力量,搞好开发区。采取两省包县的办法,全方位地办。从政治到经济,从行政领导到技术力量。领导分工,分兵把口,人人有任务,人人有权力,人人有压力,人人有责任。从实际出发,把现有的项目建好、管好、用好。

三、当务之急需要解决的问题。

(一)进一步学习文件,统一思想。1. 统一 2300 名干部的思想,首先统一 260 名县级干部的思想。2. 组织干部深入基层和群众一块学习贯彻文件。3. 在适当时间进行干部交流。

(二)关心干部,关心群众,解决干部群众的后顾之忧。1. 提高干部群众的身体素质。2. 解决干部的吃菜问题。3. 解决干部职工的住房、办公条件。4. 把中央、自治区给的抗灾救灾、恢复生产的款用到刀刃上。5. 解决交通工具,开通阿里—拉萨的公共汽车。

(三)需要领导帮助解决的问题。讨论时大家不发牢骚,不讲"怪话",不讲条件,但有些条件必须依靠党委和政府帮助解决。一是 4 号文件的贯彻落实。二是帮助研究阿里的发展。三是干部职工的待遇问题,能否适当给予考虑。地委领导:孔、洛、次、桑、安、军、嘎、达。

各有各的任务,各有各的优势,各有各的难处,各有各的措施,各有各的战术。我们的决心是活得干,中央的精神坚决执行,认真贯彻。

※ ※

阿里灾情。

动用麻袋 26000 条,铁丝 2000 斤,汽油 9 吨,共损失 43 万余元。出动车辆 180 辆次,出动人 4000 人次。冲毁公路 120 公里,水渠 2500 米,水坝 150 米,冻淋死牲畜 2050 头(只、匹)。

八月下旬,札达县东风车和拉大米车被洪水冲走。

1994 年 10 月 14 日

给组织部汇报工作。

参加人:陆惠民部长、巴顿部长、平措部长、朱春生处长。

　　多吉次珠汇报:陕西对口县是普兰、札达、日土县。河北对口噶尔县、革吉县。阿里干部2313人。93年底,藏族干部1938名、汉族干部375名。县级干部192人,其中汉族42名。

　　平措部长意见:一是包四个县或六个县。二是第一书记是否影响其他干部,第一书记就不要提了,因原书记动啦。嘎达群配也不会有意见。派的干部要精,注意不要影响另一种情绪。地直综合部门的干部可第一批来,一块研究发展规划。派到内地的干部有意识的强一点,注意干部的生活。

　　巴顿部长:同意平部长意见。第一,注意发挥三个方面积极性,援藏的要有职有权。第二,发挥阿里干部的积极性,注意发挥阿里的外地干部积极性。对东三县认识,阿里偏向西四县,对东三县投入少,注意少而精。

　　陆惠民部长:第一,阿里的指导思想可以,指导思想使援藏干部有职有权,有责任。阿里条件艰苦,来了就要发挥作用。宣传、电力、党校、公安先第一批进来。地直单位……县里,搞四个县……第二,阿里地区七县分两批,分批负责,重点突出。每省包两县①。革吉不安排了。综合部门急需的先进来。第三,要求去内地考察的暂不去。他们先进来。挂职锻炼的要有培养前途的,当成培养干部的一个重要途径。长期、短期相结合,短期请内地来讲课。第四点,一定把干部的生活搞好,没有好的身体是不行的,要当作政治任务来完成。注意三个积极性的发挥,注意用好长期在阿里的干部,注意实现干部的价值。阿里电教费20万元。

※　　　　　※

　　主席:请您对阿里多关照,高抬贵手,不要把我们留下啦。洛桑旦达的问题我来帮助,他没有什么想法②。

1994年10月21日

　　措勤县。

　　1.交羊绒,5万斤,每斤80元,共计400万元,每人合400多元。2.羊毛28万斤,每斤3.5元,共计98万元,每人合98元。3.羊外售3万只,每只100元,合300万元,每人合300元。4.皮1.5万张,每张50元,计75万元,每人合75元。94年7月份,县上有7辆车,去神山,大约用了7万元。每人收车费,大人300元,小孩200元。平均每车40人,光车费7万元。今

---

　　① 最后确定,河北省、陕西省对口支援阿里。其中,河北对口札达、日土。陕西对口噶尔、普兰。

　　② 这是写在日记本单独一页上的话,具体日期不详。

年人均收入现价 1000 元。富不起来的主要原因,一是不会过日子,浪费;二是不会做生意;三是送到寺庙去啦。江让区,群众存款突破 100 万元。93年计算,人均收入 540 元。全县 4 区 21 乡。粮食每斤现价 0. 85 元,原来每斤青稞 0. 5 元。

※　　　　※

磁石区区长嘎玛加措:草场割草,解决冬用草问题。全区总人口 500户,断口粮的 40 多户,半断口粮的 140 多户。40 多户每户按 4 人,计 160人。每人粮食按 200 斤,计 3. 2 万斤。每斤按 0. 9 元,共计 2. 88 万元。

1. 达雄区达东乡副乡长云典:2 年灾,牲畜共 19000 头(只、匹)。总人口 516 人,96 户,人均 38 头(只、匹)。牲口中,马 43 匹,牛 360 头。即将断粮 10—15 户,43 人。出现断粮两种原因,一是不会过日子,不会做生意;二是今年畜产品价高,粮食已供应 60 斤青稞。从 8 月份供应 80 斤。畜产品的钱已扣半在银行是对的,存款最少的一户存 150 元(嘎银)。这一户,修路嘎银要给 700 元,去冬今春给救济粮 1800 斤,合人民币 1440 元。达雄区,县给 4. 5 万元的救济款。

2. 磁石区刀青乡才诺书记:救济粮食 3000 多斤,有重点地分到户去啦,目前没有断粮的情况。存在困难,一是不会计算,二是好吃懒做,三是乡里安排工作不干。有 30 多人转神山,15—20 天,大部分是富裕户。脱贫,一是以工代赈出工,二是国家扶持,三是给他买牲畜。

3. 门东乡书记楚成:组织了一个劳动服务公司,20—50 人,一年挣款 3万元。门东乡特别困难的是二村。门东乡 2 辆车,二村买了一辆。希望要无息贷款。门东有 20 户人均牲畜不到 20 只,乡有资金 8000 多元。全乡群众计 619 人,存款 5 万元。

磁石区书记:40 户是困难户,目前还有点粮食。我们有县给的 3. 5 万元救灾款,现在群众手里有点钱,所以没有发下去。

※　　　　※

措勤县委政府汇报。

全县 2. 237 万平方公里,海拔 4700 米。草场 2571 万亩,可利用面积2171 万亩。4 区 21 乡,55 个村。93 年统计,2064 户,10510 人,其中牧业9832 人,占总人口 94%。全县干部职工 200 人,其中工人 55 人。牲畜存栏51. 6 万头(只、匹),其中绵羊……贫困面占 40%。特困户 290 户,766 人,贫困户标准是人均牲口 20 头(只、匹)以下。20—30 只为困难户,困难户178 户,731 人。一般困难户 149 人,616 人,40 头(只、匹)以下为一般困难户。财政情况,93 年财政拨款 237 万元,本县财政收入 57 万元,93 年财政赤字为 69 万元,支出 363 万元。教育方面,只有一所完小,6 个班,218 人,其中"三包"生 157 人,教师 21 人。93 年适龄儿童 1700 人,入学率 13%。卫生方面,医院一所,4 区有卫生所,卫生人员 80 人,其中县医院 28 人,乡村 52 人。全县人均收入 544.22 元,92 年 715 元,91 年 495.43 元。

张胜利副书记汇报贯彻两会的情况及打算。发展经济思路,以第三次西藏工作座谈会和自治区四届六次会议为契机,政策优势转为经济优势。发展目标,2000 年国民生产总值达到 1568.22 万元,年增长速度为 9%。人均收入在 93 年 544 元的基础上达 1088 元(按 90 年不变价算),95% 以上的群众达到温饱解决,50% 达到小康。适龄儿童入学率为 45%。认真领会三次会议精神。12—15 年,东三县酥油供地区用。磁石区 83 年上交 5000 斤酥油。以县财政收入的 10% 用于牲畜业的基本建设,牲畜总增 20%—23%,不超 50 万头(只、匹)。按照 58 亩养一只绵羊,每年出栏 20% 左右。母畜现占 47%,2000 年达 60%,网围栏已有 4000 亩。措勤区河上架一座吊桥,200 万元,其中县以工代赈 50 万元,地区拿 150 万元;进行矿藏的资源勘探;措勤湖的渔业资源,搞内引外联,办骨粉加工厂;达穷水电站的开发,20 千瓦,8 万元的投资;江让区食宿店,平均月收入 2000 元,想买一辆车子,主要用于运输。

县长汇报:

一、畜牧业。1. 全县成畜死亡,6 月底控制在 6.4213 万头(只、匹),死羊 12.5%。幼畜死亡 10.2970 万只,死亡率 56.7%,幼畜成活率只有 43.21%,直接经济损失 81.12 万元。2. 畜产品收购。采取六乡一村实行年度承包收购。羊绒 5.0166 万斤,比去年增加 7011.7 斤。去年收购 4.3 万斤,原来母羊不抓羊绒。绵羊毛可达 28 万斤,与去年持平,自用 15 万斤。牛绒,外贸收购 1 万斤,每斤 3.5 元。外来收购每斤 5 元,外流多。

二、群众生活方面。1. 先后发放救济粮 20.4112 万斤。2. 5 月底统计的,困难户 517 户,2212 人,占总户数的 25%,占总人口 22.43%。目前即将断粮 190 户(特困户),766 人左右。每人供应粮食 60 斤,青稞 55 斤,细粮共计 115 斤。7—8 月份供应的。现在粮库存粮 38 万斤左右,大部分是大米。按 216 斤供应标准,已供 100 多斤,仍缺 170 万斤,已联系 160 万斤。

三、救灾款的使用情况。去年 12 月至今年 9 月份共计收到 52 万元。1. 93 年底,农牧分配抗灾款 3 万元。当时买粮 3.2560 万斤,每斤 0.5 元,共用 1.6280 万元。买麻袋 180 条,每条 4 元,共计 720 元。购汽油 5000 公斤,每斤 2.6 元,共计 13000 元。共用 3 万元。2. 地区捐款。3 月份给 2 万元,全部买青稞 4 万斤,2 万元整,一车救灾物资。3. 县干部职工、僧尼捐款

9381 元。购青稞 1.0934 万斤,每斤 0.75 元,合计 8200 元。买麻袋 246 条,每条 4 元,合计 984 元。县机关捐青稞 5854 斤,面 1600 斤,大米 661 斤,藏粑 168 斤,茶 408 斤,羊 13 只,衣服 16 件。4.93 年 12 月底,民政给 4 万元。买 8000 斤青稞,用款每斤 5 毛,计 4000 元,每区 2000 斤。第二次买 8900 斤青稞,4450 元,主要分到雄玛二村 160 多人,落实 13 家。5. 第三次买 3000 斤青稞,用款 1500 元。送磁石区的加绕村。第四次买 2 万斤,每斤 7 毛,计 1.4 万元,分四个区。接送□换队用款 3876 元。第五次买帐篷 1440 元,送雄玛二村。砖茶 1800 元,每条 10 元。购鞋 100 双,每双 9 元,计 900 元。买麻袋 250 条,每条 4 元,计 1000 元。买帐篷布 792 米,每米 6 元,共计 4752 元。购衣服 135 件,每件 15 元,计 2025 元。付五保户购房 250 元。共计 3.9993 万元。6.94 年 6 月,收到民政 30 万元,四区分配 14 万元。磁石区 3.5 万元,达雄区 4.5 万元,措勤区 3 万元,江让区 3 万元。付 8 乡的小磨建设补助,每座 500 元,共计 4000 元。行政办公室青稞救灾款 938.5 元。付门东二村拉盐巴车费 3945 元。建民政抗灾联络电台 1900 元。付五保户建房补助 6000 元,付贫困户救灾款 900 元(城镇区)。建残疾人经营点 5000 元。扶持生产的母畜 73000 元。30 万元中还有 12 万元,采取有偿使用的办法。付达雄区拉羊毛运费 3198.4 元,付修路民工 1000 元。30 万元中已用 24.832456 万元,实有余款 51675.44 元。7.94 年 9 月中旬,收到救灾款 15 万元。

要求:1. 措勤河的架桥问题。2. 建个影剧院、会议室。3. 改善公检法干部职工办公条件。4. 小学实行"三包"问题。羊绒代存款 250 万元。

※   ※

对措勤的工作几点建议。

一、总的感觉。班子团结,作风深入,情况明确,措施有力。两会精神领会深刻,认识统一,传达迅速。

二、几点建议。

1. 集中精力,抓好会议的贯彻落实。首先统一县委政府、人大政协的认识。第二,逐级贯彻落实,领导是关键,班子是要害,群众是基础。第三,由浅入深,入情入理,灵活机动的领导方法和艺术,抓好群众的贯彻落实。

2. 集中时间,集中人员,集中领导,全面贯彻两会精神。

3. 学习讨论中,领导要立场坚定,旗帜鲜明。注意领导艺术,讨论中允许争论,但最后必须统一到两会精神上来。

4. 注意听取各阶层人士的意见,特别是民族宗教人士、爱国人士的意见。

今年 1—9 月财政收入 46 万元,争取 100 万元。93 年,财政收入 57 万元。

1994 年 10 月 22 日

下午,改则县。

洛加次仁:全县 11.2 万平方公里,5 区 21 乡,75 村。总人口 1.5 万人,牧业人口 1.42 万人。93 年牲畜存栏 77 万头(只、匹),牧业产值 1562 万元,人均收入 613 元。适龄儿童入学率 15%。县城有一个 20 千瓦的光电站。93 年财政收入 148 万元。牲畜死亡 14 万头(只、匹),幼畜成活率为 35%。

一、两会的贯彻。县领导要先学一步,然后给干部职工谈体会。对全县的牲畜全面普查一次,畜产品、矿产品是改则的优势。准备在格尔木设转运站,主要拉粮食和运输矿产品。发展经济,先把温饱问题解决。察布区丁固乡 600 人,搞副业收入 4 万多元。察布①搞了四个扶贫点:丁古、玉扎、鲁古、洞鄂。有的县牲畜登记造册归集体,有的牲口归自己,搞联合体。北部无水草场多,南部牲畜已饱和,可种农作物。无水草场开发要配套,加强半居点、羊圈、商业点建设。建立民办公助小学,每小学 150 万元。五区,现有察布区有 1 所小学。设立社会车辆管理大队,负责人是普穷。现有固定资产 20 多万元,去年利润 17.6 万元,从业车辆 61 辆,流动资金 50 多万元。经营汽修、饭馆、百货。经济发展速度按 10% 的目标,建立干部联系点制度。

二、救灾。1.93 年 12 月底,救济款 12 万元。2.94 年 4 月,发生疾情,人医投入 4 万元。3. 畜牧防治病 4 万元。4.94 年 5 月,拨款 30 万元。5.94 年 9 月,农牧上拨 25 万元。6. 地方捐款 2 万元。7. 县捐款 2 万元。共计 79 万元。79 万元中,已安排 54 万元。25 万元是 9 月 17 日到的,已分下去啦,未到群众手中。现在群众吃饭基本上没什么问题啦。调拨 15 吨抗灾用油。

三、困难户。1246 户,总人数 6193 人。困难户占 43%,人数占 43.43%。

1994 年 10 月 23 日

改则县察布区玉扎乡。

---

① 察布乡辖曾康村、龙桑村、察布村、吐那村、卡尔江玛村、丁固村、牛嘎玉村、多玛村、札美仁村、玛日马村、果查村、珠江玛村、达热加欧村、木布村、玛姆卓木村等。

乡书记贾丹。

乡长索朗塔杰,4 口人,500 只羊,牦牛 35 头,马 4 匹,两家有一辆汽车,存款 1 万元。

玉扎乡,155 户,768 人。牲畜 36869 头(只、匹),其中绵羊 20712 只,山羊 14131 只,牦牛 1797 头,马 229 匹。贫困户 50 户,383 人,标准是牲口……人均收入 200 元以下。牲畜人均 20 头(只、匹)以下的,占全乡的近一半。人口占总人口 49%,户数占 32%多一点。人口最多一户是麻尔嘎,14 口人,小孩 11 个,牲畜 219 头(只、匹),人均 15 头(只、匹)。

中央和自治区会议主要是稳定和发展两大任务。今天参加会议的有 150 人。改则县真正的夏天只有两个月,灾害多,难度大,上级给的钱不少,但效益不高。死的大牲口 4672 头(只、匹),幼畜成活不到 20%。我不敢保证 2—3 年脱贫。92 年贷款 18.5 万元,贴息贷款。今年从群众中收贷款 9100 元。今年买粮食人均 50 斤,一年生活 300 元不够,800 元差不多,除去水和盐,其他都要花钱。800 元包括:粮食 216 元,茶叶 1 条 80 元,衣服 100 元,帐篷 180 元,日用品 100 元。

要求解决 18.5 万元的贷款。玉扎乡、丁固乡准备统一规划。鲁古和洞鄂准备用现代办法,准备搞试点。认为彻底统一起来不行,不一定能调动积极性,准备部分结合,准备牲畜归个人。其他组织劳动力、商业网点,多种经营,集体搞。50 户,383 人,采取几个统一的办法,人均牲畜 19 头(只、匹)。第一,要求解决 70 万元的流动资金,以无偿贷款的形式。第二,解决车子。70 万元用于商业活动。18 岁以上识字的没几个人,办一所小学,建兽防站,建卫生所。第三,救济粮款。给救济粮食 2 万斤。察布区得到救济款 11.58 万元,总共得救济款 15.862 万元。察布区 93 户,267 人缺粮,这次又解决 4 万斤粮食。

1994 年 10 月 24 日

革吉县。

一、收购。羊绒收购 4300 斤,流失 1.5 万斤。93 年,羊绒收购 6.2 万斤。94 年,羊毛收 34 万斤,还有 2 区没交上来。93 年,收购羊毛 54 万斤。

二、关于救济款。1.93 年 12 月 3 日接到 5000 元民政分配,邦巴区 1300 元,雄巴区 1200 元,盐湖区 1000 元,盐场 500 元,亚热区 1000 元。2.93 年 35 号文件,拨 4 万元抗灾款,特大自然灾害救济款 5 万元,共计 9 万元。分配粮食 4 万斤,2.2865 万元,茶叶 192 条,衣服 155 件,鞋 304 双,帐布 935 米。分配给邦巴青稞 4000 斤,衣服 50 件,茶 30 条,鞋 108 双,帐布

115 米。分配给雄巴区青稞 2362.5 斤,衣服 39 件,鞋 57 双,茶 18 条,帐篷布 140 米。分配给盐湖区青稞 2012.5 斤,衣服 34 件,鞋 45 双,茶 16 条,帐布 82 米。分配给亚热区青稞 1625 斤,茶 16 条,衣服 26 件,鞋 89 双,布 154 米。9 万元又分第二次,分配给邦巴青稞 9000 斤,茶 20 条,面 1000 斤。分配给雄巴青稞 7000 斤,鞋 5 双,茶 20 条,衣服 6 套。分配给盐湖青稞 7000 斤,茶 15 条。分配给亚热青稞 7000 斤,茶 20 条。94 年 4 月分配第三笔款 40 万元,粮食 13.55554 万斤,用款 14.8888 万元。茶 95 条,6650 元。药品 6.3 万元。汽油 10 吨,2.6 万元。付运费 7.24265 万元。合计 32.9618 万元。第四次接款是 8 月 22 日,20 万元,共计 69.5 万元。

农牧民 1.0589 万人,1—8 月财政收入 68.1 万元。今年财政收入 120 万元有把握,150 万有希望。93 年收入 86.8 万元。

1994 年 10 月 27 日

改则县。

康托区诺吉家,7 口人,主要劳动力 2 人,从事运输。两辆东风车,3 个孩子都上学。从事运输前,牲畜 300 多头(只、匹),12 头牛,没有房子。本户入了乡镇企业 6000 元。巴桑家,3 口人,1 个小孩,1 辆东风,家属在乡镇企业当出纳。德庆从事出纳 7 年了,以前搞牧业,20 只羊,1 头牛。

改则小学今年经费 28 万元。教师 26 人,教职工共 34 人,学生 394 人,每月工资 2 万多元。农牧民要求孩子入学的越来越多,没有教室,没有学生宿舍,没有"三包"经费,"三包"生每人每月 35 元。

1994 年 11 月 2 日

日土县。

过巴乡①,28 户,164 人。民改以来,常年吃救济。

乡长次仁南木杰,乡书记欧珠。

该乡 3 个村 100 户,现在 99 户,全乡 566 人。土地实播 606 亩,总面积 1287.2 亩,今年粮食总产 22.5056 万斤。牲口 12694 头(只、匹),其中马 296 匹,牛 532 头,山羊 9847 只,绵羊 1919 只,人均牲口 22.4 头(只、匹)。今年,羊绒收购 4098.9 斤,计 37.504 万元,人均 626.63 元。羊毛 1140 斤,每斤 3 元,计 3420 元。牛毛 380 斤,每斤 3 元,计 1140 元,人均 82 元。贫困户 28 户,146 人,每人平均牲畜 11.2 头(只、匹)。84 年人口 400 人。3—

---

① 原属于日松区。现在已取消过巴乡,单列村。

9 月发救济 7000 元,粮食 9000 斤,茶 16 条。给卓嘎主席讲,修水库要 8 万元,修好水库可解决 600 亩地。陈部长答应解决 8 万元,农委拿。

陈汉昌①部长在日土讲话:

一、我们来一次不易,来就比不来强,起码增加了感情。

二、我们来是为了两会精神的贯彻,你们贯彻两会精神,发展战略都是积极的,应给予充分的肯定。

三、理解大家,也力所能及的给大家解决点问题。1. 过巴乡 8 万元的水库维修,农委解决。2. 过巴乡一次性扶贫,以工代赈,再给你解决 50 万元。三个小电站建设的遗留问题。58 万元由自治区以工代赈的方式解决。3. 无水草场开发。4. 都木契列的开发,打报告。5. 县完小的建设,100 万元资金,回去和教委商量。6. 山羊绒基地要建设好,抓畜群结构的改良,要比例合理。7. 干部中出现的困难户,回去给区党委汇报。听了你们的汇报,有的我同情、心酸,有的我生气。

四、讲几个认识问题。一是工作要抓落实,工作要细。现在发现有的问题,粗了又粗。培育市场不要停在口头上,计划生育光停在口头上不行。扶贫的措施要具体,过巴乡有一户 1.3 万元,已存 8000 元。修水库,劳务投入给钱。旅游不能光叫,要找导游。对农牧民要进行教育,引导培训农牧民领袖。建立奖罚机制。二是要旗帜鲜明地做好反分裂斗争工作。只有党才能救中国,才能使西藏富裕起来。搞分裂是没有前途的。分裂的根源在达赖集团。三是贯彻十四届四中全会精神,主要是党的建设。党的建设,一是民主集中制,二是基层组织建设,三是选拔好干部队伍。民主集中制……基层组织建设,用三年时间把基层组织建设好。

※ ※

阿里的区情。

一、工农业总产值 1.3 亿元,地区财政 1000 万元。

二、国家批准对外开放的口岸有两个,通往内地的道路两条。

三、总面积 34.5 万平方公里,阿里有三个战略开发区。

四、海拔 4500 米。

五、全地区农牧民 5.6 万人,阿里地区有五大优势,总支出 948 万元。专项资金 409 万元,其中县财政补贴 150 万元,燃料补贴 50 万元,卓嘎主席

---

① 陈汉昌(1939—2014 年),男,重庆荣昌县人。中国共产党党员,政协西藏自治区委员会原副主席,西藏党校、西藏大学原名誉教授。1956 年进藏工作,历任干事、秘书、处长,西藏自治区党委副秘书长、区党委常委、秘书长、宣传部部长等职。

答应 209 万元。209 万元主要用于东三县粮食 100 万元,买牲口 60 万,买药 15 万元。什布奇藏药加工 15 万元。

干部职工 3514 人。石油涨价给 150 万元。

主要困难:一是县级财政;二是油料。90 年每公斤油 1.02 元,92 年每公斤提到 1.44 元,93 年提到 2.6 元。这几年每公斤涨价 1.58 元。阿里需 6000 吨,其中柴油 900 吨,汽油 5000 吨,按 1.58 元计算。

财政局次顿局长:93 年县级财政赤字 312 万元,阿里全区赤字 700 万元,自治区专项资金抵消了。财政厅解决 170 万元的县级财政赤字。其中,20 万元戴帽下达日土县。嘎卓主席答应的 209 万元全部解决。燃料补助 50 万元已解决。工资改革,1090 万元已解决。

附　录

附录一　第三次西藏工作座谈会资料①

1. 第三次西藏工作座谈会开幕,江泽民总书记发表重要讲话。

7月20日上午,第三次西藏工作座谈会在北京开幕。江泽民、李鹏、乔石、李瑞环、朱镕基、刘华清、胡锦涛出席了会议。出席这次会议的代表主要有:会议筹备领导小组成员,区负责同志,区各地市党委、政府和区直属机关负责同志,各省、自治区、直辖市及有关计划单位负责同志,中央国家机关有关部门负责同志,军委三大部,武警总部,成都军区、西藏军区司令员、政委,共190名。李鹏主持开幕会。

江泽民发表了题为《维护稳定,加快发展,开创西藏工作新局面》的重要讲话。讲话分三个部分:一、从战略全局的高度充分认识西藏工作的重要性;二、加强西藏工作的几个重大问题的指导思想;三、全国各地方和中央各部门都要大力支援西藏的建设。

江泽民说,中央对西藏工作始终是十分关心和重视的,在西藏革命和建设的每一个重要历史阶段都要及时作出重要决策。这次会议是在国际、国内的新形势下召开的,会议的主要任务是以邓小平同志建设有中国特色社会主义理论和党的基本路线为指导,围绕西藏的稳定和发展两件大事,研究新情况,解决新问题,进一步明确加强西藏工作的指导思想,落实维护稳定和加快发展的各项措施,努力开创西藏的新局面。

关于从战略全局的高度充分认识西藏工作的重要性,江泽民同志说,西藏自治区是我国边疆民族工作的两个重点地区,加强藏族同汉族及其他各民族的团结,对增强中华民族的大团结具有重大的意义。在现阶段,挫败敌对势力的分裂图谋,是我们维护祖国主权,加强民族团结,保障国家安全,保持社会稳定的重要政治任务。江泽民强调,西藏的工作在党和国家的全部工作中居于重要的战略地位。全党同志特别是各级党委和政府的主要领导干部,必须清醒地看到西藏的稳定,涉及国家的稳定;西藏的发展,涉及国家

① 孔繁森在单独一册日记本上,专门整理了第三次西藏工作座谈会的相关内容。因在第三次西藏工作座谈会期间,在日记中已经记录了部分内容。为避免重复,故将本册日记中的相关内容置于此,便于集中了解。

的发展;西藏的安全,涉及国家的安全。重视西藏的工作,实际上就是重视全局的工作;支持西藏的工作,实际上就是支持全局的工作。在这个问题上,我们必须统一和提高认识。

关于加强西藏工作的几个重大问题的指导思想,江泽民同志讲了五个问题。一、发展问题。加快西藏经济社会发展,关键是把中央的大政方针同西藏具体实际结合起来。二、稳定问题。西藏的稳定,是保持西藏公共事业持续发展和人民生活水平逐步提高的前提,没有稳定,一切都谈不上。总的看,西藏的局势是稳定的,各民族人民是团结的,军民关系是好的,但是也存在一些不稳定因素,不稳定的主要原因是达赖集团的分裂活动。三、民族宗教问题。西藏是藏族总人口比例最高的自治区,藏传佛教在广大群众中有很久很深的影响,做好民族工作和宗教工作对于维护稳定、促进发展有着非常重要的意义。江泽民还强调指出,共产党员是无神论者。不论你身在哪个民族,都要坚持唯物论和无神论,不允许信教。四、对外宣传和对外工作问题。为了使国际社会增加对中国政府在西藏的方针政策和西藏的发展情况的了解,驳斥西方政府势力和达赖集团的种种造谣、攻击,要大力有效地加强对外宣传和对外工作。五、党政建设问题。党的建设、政权建设的状况、干部队伍的素质、各级领导班子的水平,关系到西藏工作的成败和西藏的安危,最根本的是要把基层党组织建设好。

江泽民同志讲话后,李鹏同志指示。江泽民同志的讲话阐明了中央对西藏工作的重视和做好西藏工作的重要性。

※　　　　※

在开幕会上,陈奎元同志代表西藏自治区党委、政府向中央领导和会议代表作了汇报。

陈奎元同志说,在西藏成立30周年前夕,党中央、国务院召开第三次西藏工作会议,充分体现了对我区现代化事业的高度重视和对各族人民的巨大关怀。

陈奎元汇报了四个问题。一、关于国民经济和社会发展问题。重点是加强农牧业的综合开发,加快以水电为骨干的电力建设,加快交通建设,改变西藏的封闭环境,逐步建立和发展有本地特色的工业体系。加快邮电建设,加快广播电视网的建设和优先发展教育事业。二、关于政治稳定问题。包括对达赖集团的斗争问题,搞好党的自身建设是取得反分裂斗争胜利的根本保证,做好统战、民族、宗教工作,坚持行政机关工作与群众路线相结合,充分发挥人民解放军和武警部队的柱石作用,加强边防建设,抓紧培养接班人。三、关于西藏经济体制改革与全国衔接的问题。主要是关于财政、税收、金融、投资、政策,还有价格改革、对外贸易、社会保障政策和国有企业改革、干部的待遇等问题。四、关于加强班子建设。建立长久可行的内地干部进出藏制度。

热地、江村罗布都发了言。

李鹏在会议结束时说,近几年来,西藏各级干部、群众在自治区党委政府的领导下共同努力,为西藏的发展和稳定取得了很大的成绩,希望大家继续努力,为西藏的发展和稳定继续做出新的贡献。

2. 张全景同志在第三次西藏工作座谈会上的发言(7 月 21 日)。

中组部和人事部向会议提出了《关于加强西藏干部队伍、领导班子和党的基层组织建设的若干意见》。

一、充分认识加强西藏干部队伍、领导班子和党的基层组织建设对西藏发展和稳定的重要意义。1952 年,西藏只有干部 2200 人。到 1993 年底,已有干部 6 万多人,其中汉族干部 1.7 万多人,占 29.7%,藏族和其他少数民族干部 4.2 万多人,占 70.3%。西藏的发展事关全国的发展,西藏的稳定涉及全局的稳定。因此,做好西藏的各项工作,不仅是西藏的事情,全国各地和中央国家机关都负有责任。我们应当从全局和战略的角度来认识西藏工作的特殊重要性,增强做好西藏干部队伍、领导班子和党的基层组织建设工作的自觉性和坚定性,切实把西藏的干部队伍、领导班子和党的基层组织建设好,为西藏的稳定和发展提供坚强的组织保证。

二、坚持正确的指导方针,采取配套措施,建设一支适应西藏发展和稳定要求的干部队伍。对藏族和其他少数民族干部,在政治上充分信任,工作上要大胆使用。选拔配备西藏各级领导干部,主要应从长期在藏工作,经过锻炼和考验的各族优秀干部中挑选。对新一代年轻藏族干部的培养,也要及早动手,加强对西藏青少年的培养教育工作,从娃娃抓起,为西藏的干部队伍准备力量。

近几年来,先后有 11 万名汉族干部在藏工作。为了完善汉族干部在西藏工作,准备采取以下措施:第一,采取建立西藏特殊津贴的办法,适当提高西藏干部职工的工资福利待遇,使西藏机关事业单位干部职工的工资收入大致相当于全国机关事业单位同职干部职工平均工资水平的 2.5 倍。第二,采取多种渠道、多种形式从内地调干部进藏。实行分片负责,对口支援,定期轮换的办法,选派干部进藏。这是按照小平同志"先富帮后富"的思想,更好地发挥社会主义制度优越性,提高援藏工作效益的一项新办法。对口支援省市的主要依据:一是考虑内地各省市与西藏历史上的联系,二是考虑有关省市的经济实力,三是考虑与国家援藏项目相结合。振兴西藏,不仅是西藏各族人民的责任,也是中华民族的共同责任,希望内地各省、区、市和中央国家机关有关部门,从大局出发,舍得派优秀干部进藏工作。西藏需要什么干部就派什么干部,需要多少就派多少。同时,要通过西藏内地大中专院校定向招生、定向分配,选配一部分西藏部队转业干部,从内地招聘专业技术人员,鼓励内地高等院校毕业生去西藏工作等形式,保留一部分能较长时间在藏工作的骨干。第三,做好西藏干部内调安置工作,干部出藏安置工作好不好,直接影响内地干部进藏和在藏干部的积极性。

三、努力把西藏的各级领导班子建设成为带领群众加快发展、维护稳定的坚强集体。加强西藏各级领导班子建设是西藏稳定发展的关键。关于适当增加西藏自治区党委和政府领导班子的职数问题,这是根据西藏特殊的气候和地理条件,从有利于保护自治区党政班子相对稳定,加强对各项工作的领导,便于党政班子成员实行轮流休假制度等各方面考虑,所采取的特殊办法,不要层层照套。地、县两级领导班子的职数,由西藏自治区党委从实际需要出发作出规定。

四、进一步加强基层工作,把党的基层组织建设成为实现西藏发展和稳定的战斗堡垒。应当大力加强乡镇党组织建设,着力提高乡镇干部的政治业务和文化素质。现在西藏有党的基层组织 7000 多个,党员 8.7 万多名,大多数是好的和比较好的。今后把发展党员的重点放在农牧区,放在生产第一线。加强党员教育,妥善解决党员信教问题。要经常向党员进行建设有中国特色社会主义的理论教育,维护祖国统一、增强民族团结、反对分裂的爱国主义教育,马克思主义民族观、宗教观以及无神论的教育,提高广大党员的政治觉悟,增强党性观念,正确宣传执行党的民族政策、宗教政策,搞好社会主义精神文明建设。要严格党员管理和组织生活制度,积极开展党的活动,共产党员不能信教,对信教的党员要研究政策,妥善处理。共产党员还要学习和掌握致富本领,带领群众走共同富裕的道路。

总之,要在西藏稳定和发展中,在加强民族团结、维护祖国统一、反对民族分裂斗争中发挥先锋模范作用。鉴于西藏地方财政困难,加上西藏党员分散,交通不便,汉藏两种文字并用,开展党员教育工作所需经费较多,决定从今年开始,在 5 年内每年从中央管理的党费中拨出一百万元作为西藏党员教育经费的补充。

3. 任建新:《对中央、国务院关于西藏工作文件的说明》,7 月 21 日。

《关于加快西藏发展,维护社会稳定的意见》是这次会议的主要文件。

一、《意见》的指导思想和着眼点。指导思想是以党的基本路线为指导,从战略全局的高度,贯彻两手抓、两手硬的方针,深入分析目前西藏政治经济形势,着眼于解决西藏发展和稳定的大政方针,解决一些长远的、根本性的问题,为从现在起到本世纪末、下世纪初的西藏工作制定了一个明确的行动纲领。

《意见》有四个着眼点。一是促进全党、全国各族人民对西藏工作的重视,阐明西藏的重要战略地位和西藏工作在党和国家全局工作中的重要位置。文件从国际战略、边疆民族工作、国际斗争、经济开发和西藏与国家全局的关系等五个方面,比较系统地阐述了西藏工作的重要性。《意见》指出,支持西藏工作实质上是保障全局的工作,全党要统一这个认识,从战略全局高度重视西藏工作。二是总结基本经验,统一思想认识。十一届三中全会以来,党中央对西藏制定了一系列正确的方针和政策,取得了成功的经验,同时也有了一些教训。为了引导大家向前看,有利于团结,有利于稳定,有利于统一认识,文件以总结实践经验的方式,从正面进行了总结,概括了保持社会稳定、维护祖国统一、以经济建设为中心、加快西藏经济发展、全面正确地加强党的核心领导作用等五条基本经验。三是明确今后一个时期西藏工作的指导方针和各方面工作的重要政策原则。力求达到理论与实际相结合,历史、实践、逻辑相统一,既要明确大政方针,又要符合实际,有可操作性,容易为西藏广大干部所掌握和理解。四是有针对性地解决西藏工作目前面临的困难和问题。在经济方面,同国家重点支持兄弟省市对口支援与西藏的自身努力相结合的办法,使西藏经济以 10% 左右的速度发展,保证人民生活水平不断提高。西藏也要坚持改革开放,在具体做法上要符合西藏的实际。国家继续对西藏财政、金融、外贸、税收等方面实行一系列优惠政策。政治方面,从党和国家全局的高度制定了维护祖国统一、反对分裂、保持社会稳定的战略方针,明确了对达赖集团的斗争方针。文件强调,稳定是前提,发展是根本。判断中国的民族政策和西藏问题,关键是怎样对西藏人民有利,怎样才能使西藏最快发展起来,这是西藏人民根本利益所在,是衡量西藏工作的根本、标准。总之,就是一切为了有利于西藏的发展和稳定,一切为了给西藏广大人民带来实惠。

二、《意见》的起草过程。(一)调查研究阶段。从 3 月中旬到 5 月初,发展组由 28 个部门 85 人组成,三个调研组赴藏调研。稳定组分 6 个专题,派出 8 个调研组,共 52 人赴藏调研。(二)研究方针政策,起草文件阶段。6 月初写出了初稿。6 月 21 日,形成了《意见》,征求意见稿。6 月 24 日,李鹏总理主持总理办公会,原则同意。国办、计委、财政部、经贸委提出的安排意见。7 月 1 日,朱镕基、胡锦涛同志召集会议,对有关问题进行了专门研究,并提出了明确的意见。7 月 2 日,筹备领导小组开会对文件稿进行了研究。7月5日,中央政治局常委会原则同意《意见》送审稿,并提出进一步修改的意见。(三)修改完善阶段。根据中央政治局常委会议讨论,形成了7月10日稿,印发中央、国务院有关部门征求修改意见。

《意见》的起草工作有三个特点:首先,文件起草工作是在党中央的亲切关怀和指导下完成的。其次,《意见》是充分调查研究的产物,为了制定这个文件,中央各部门先后派出137名同志、11个调研组进藏调研。第三,文件也是决策科学化、民主化、集思广益的产物。

三、《意见》的框架及主要内容。共七个部分,31条。第一部分,统一思想认识,明确指导方针,共分5条。第二部分,加快发展,推动进步,共分4条。第三部分,深化改革,搞好衔接,实行优惠政策,共9条。第四部分,维护祖国统一,反对分裂,保持社会稳定,共4条。提出了对达赖集团的4条斗争新方法。第五部分,做好民族宗教工作,壮大爱国统一战线,共3条。第六部分,加强自身建设,增强党的战斗力,共3条。第七部分,中央关心西藏,全国支援西藏,共3条。

对文件起草过程中的几个问题作些说明。(1)关于西藏工作的指导方针。文件指出,新时期西藏工作的指导方针是在邓小平同志建设有中国特色社会主义理论和党的基本路线指引下,在全国人民的支持下,依靠藏族人民和其他各族人民,抓住机遇,迎接挑战,深化改革,扩大开放,以经济建设为中心,紧紧抓住发展和稳定两件大事,确保西藏经济的加快发展,确保社会全面进步和长治久安,确保人民生活水平的不断提高。(2)关于西藏经济发展建设。西藏的国民生产总值平均每年增长10%左右,到本世纪末,国民生产总值平均每年增15.6%。通过目前在建设项目和62个项目的建设,今后几年,自治区固定资产规模增加30%。1995—2000年国民生产总值平均每年将增长10%左右,不仅高于自治区1981—1993年年平均增长6%的速度,也高于全国计划安排,每年增长8%—9%的速度。(3)关于西藏与中央重大改革措施的政策衔接问题。对西藏实行优惠政策主要有:①中央财政对西藏实行"核定基数、定额、递增、专项扶持"的政策,税收实行"税制一致、适当变通、从轻从简"的政策。②继续对农牧民和城镇居民实行免费医疗,并逐步完善这一制度。③继续对农牧区中小学生实行"三包"政策,提高标准,增加经费。④到2000年,继续免征农、牧业税。(4)关于西藏自治区要求中央安排的建设项目,落实自治区成立30周年的62个建设项目,总投资为23.8亿元,中央和有关部门共承担投资18.02亿元,占全部投资的75.7%。请地方对口支援32个项目,总投资5.78亿元,占总投资的24.3%。(5)关于省区市对口支援西藏的安排。32个项目为省区市对口支援投资,总投资5.78亿,这32个项目由29个省区市和6个计划单列市承担。(6)关于对达赖集团斗争的方针。文件从抵制和反对渗透、坚决依法打击分裂活动、加强外宣工作和外交斗争三个方面部署我们的工作。

四、关于《意见》的进一步修改问题。当前西藏反分裂斗争形势、稳定局势的任务相当艰巨,主要表现在以下三个方面:

(一)西方敌对势力加紧支持达赖集团,加紧进行分裂活动。……

(二)达赖集团的分裂活动加剧。……

(三)境内政治局势日趋严峻。……

4.《中共中央、国务院关于加快西藏发展,维护社会稳定的意见》。

1994年7月20—23日,中共中央、国务院在北京召开第三次西藏工作座谈会。会议对在新的历史条件下加快西藏发展,维护社会稳定,提出了如下意见。

一、统一思想认识,明确指导方针。

1. 充分肯定西藏工作的成绩。1980年和1984年召开前两次,1989年中央政治局常委讨论西藏工作的《纪要》,使西藏的经济社会发展取得了令人瞩目的成就。坚持以经济建设为中心,经济体制改革不断深化,对外开放进一步扩大,解放和发展了生产力。坚持两手抓的方针,紧紧依靠西藏广大干部群众,团结民族、宗教界爱国人士,坚决维护祖国统一和民族团结。

2. 西藏面临的困难和问题。改革开放以来,西藏经济虽有较大发展,但总的水平仍低于其他省区,西藏局势基本稳定,但反分裂斗争的形势仍很严峻……

3. 从战略全局高度重视西藏工作。西藏占全国总面积的八分之一,西藏面临着政治上的反分裂斗争,是我国边疆民族工作的重点地区。

4. 西藏工作的基本经验。为切实做好西藏的各项工作,应注意总结经验,发扬……克服缺点,要引导大家向前看,增强团结,统一思想,同心协力建设西藏。保持社会稳定,维护祖国统一……以经济建设为中心,加快西藏发展,全面正确地贯彻党的民族宗教政策,坚持人民民主专政。坚定不移地加强党的核心领导作用,坚持“两个离不开”的原则。

5. 西藏工作的指导方针。新中国没有民族歧视,实现了民族平等,现阶段民族工作的主要任务是立足民族平等,加快经济发展,实现共同富裕。

二、加快经济发展,推动社会进步。

6. 发展的总体目标。

7. 发展的主要任务。稳定发展第一产业,有重点地发展第二产业,大力发展第三产业。大力加强基础设施建设,坚持以农牧业为基础,加快发展采矿业、矿产品工业和森林工业,大力发展第三产业。大力加强并适度超前发展能源、交通、邮电、通信等基础设施建设,能源建设以水电为主。本世纪末,82%的县进入全国长途自动交换网。

8. 推动社会全面进步。教育要以培养社会主义事业接班人为宗旨,着重培养急需的初中级专业技术人才。到本世纪末,县县有中学,乡乡有完全小学,适龄儿童入学率达到80%以上。依靠科学技术振兴西藏,建立健全县、乡医疗卫生网,加强妇幼保健,提高人口素质。

9. 扩大开放的步骤和格局。积极稳妥地扩大对外开放,加强对外的友好合作和友好往来。扩大对外贸易,大力发展旅游业,提高整体水平和综合接待能力。

三、深化改革,搞好衔接,实行优惠政策。

10. 深化改革的目的和政策的原则。西藏经济体制改革要围绕建立社会主义市场经济体制的总目标,总体上与全国框架一致,体制衔接,按照积极稳妥、循序渐进、适当变道的原则,着眼于建立新机制和从根本上解决西藏经济体制的主要问题。

中央过去给西藏的特殊政策和灵活措施,能够继续运行的予以保留,因情况变化失效或需改变的政策措施,由国家采取新的优惠政策和特别的扶持措施予以替代。在新旧体制的过渡时期,应注意发挥市场的基础性作用,同时继续发挥政府配置资源作用。对国家新出台的改革方案和措施,西藏可根据实际情况变通执行,并报中央、国务院或国家有关部门批准或备案。

11. 财政税收政策。中央对西藏的财政补贴,实行核定基数、定额递增、专项扶持的政策,税收实行税制一致、适当变通、从轻从简的政策。

12. 金融政策。人民银行西藏分行不再兼办工商银行和农业银行业务,专门行使中央银行派出机构的职能。

13. 投融资政策。

14. 价格补贴政策。对中央出台的重大调价措施,在西藏的涨价影响,由国家财政给予适当补贴。

15. 外贸政策。西藏进口的自用货物执行《中华人民共和国西藏地区进口税征收办法》,但运往其他省区转卖或在外省区加工生产提供西藏市场所需货物,应按全国统一关税税收和进口工商税率照章征收。在国际援助赠款使用方面,对西藏实行倾斜。

16. 社会保障政策。帮助西藏逐步建立健全离退休养老保险、社会养老保险、失业保险、医疗保险和工伤保险体系。

17. 农业和农村政策。继续实行土地归户使用、自主经营、长期不变和牲畜归户私有私养、自主经营、长期不变的政策,到 2000 年继续免征农牧业税。

18. 企业改革政策。分期分批解决国有企业历史包袱问题,优先解决效益好的企业。

四、维护祖国统一,反对分裂,保持社会稳定。

19. 针锋相对地开展对达赖集团的斗争。……其实质是反对共产党,否定社会主义。我们与达赖不是信教不信教的问题。对达赖集团的斗争方针是坚持西藏是中国不可分割的一部分,旗帜鲜明,针锋相对。既要有长期斗争的准备,又要立足当前,抓紧工作;既要扎实地做好国内工作,又要有效地开展国际斗争,争取更多的朋友,分化和瓦解达赖集团。在反分裂斗争中,我们掌握着根本的有利条件,有中央的领导和正确的决策,有和平解放以来党在西藏工作的基础,有经过考验值得信赖的各民族干部队伍,有深厚的群众基础,有各族各界爱国人士的拥护,有全国各族人民的支持,有强大的人民政权和人民军队,对夺取这场斗争的胜利,我们充满信心。

20. 抵制和反对渗透。反分裂斗争的长期性、复杂性、艰巨性集中表现为渗透与反渗透的斗争。

21. 坚决依法打击分裂活动。

22. 加强外宣工作和外交斗争。

五、做好民族、宗教工作,壮大爱国统一战线。

23. 认真贯彻党的统战政策。

24. 巩固和发展民族团结。

25. 团结宗教界爱国力量,全面正确地贯彻党的宗教信仰自由政策,尊重和保护群众正常的宗教活动,引导宗教与社会主义相适应。

六、加强自身建设,增强党的战斗力。

26. 加强干部队伍建设。要坚持革命化、年轻化、知识化、专业化的方针和德才兼备的原则,坚持汉族离不开少数民族、少数民族离不开汉族的方针。加强领导班子的建设,要把维护祖国统一和民族团结作为领导班子革命化的最基本的要求。完善政策措施,稳定干部队伍。做好内地干部进藏工作,多渠道、多种形式引进人才,制定干部职工进出藏配套政策,做好进藏干部职工的内调和安置工作。要大力提高各级干部的政治业务素质和文化水平,有计划地选派藏族干部到内地挂职或任职。要加强思想作风建设。

27. 加强基层党组织和基层政权建设。近年来,分裂活动正加紧向农牧区渗透,加强基层党组织和基层政权建设极为重要。

28. 加强宣传思想工作。西藏宣传思想战线的主要任务是:把建设有中国特色的社会主义理论同西藏实际相结合,对广大干部群众开展爱国主义、社会主义和民族团结教育,突出抓好党在西藏实行的一系列特殊政策的教育,使广大人民群众从发展中感受到祖国大家庭的温暖,树立对西藏发展前途的信心。要加强马克思主义民族观、宗教观和党的民族、宗教政策的教育,共产党员不能信仰宗教,党员干部尤其是领导干部更要以身作则。要特别注意抓好对青少年的爱国主义教育,培养热爱党、热爱社会主义、热爱祖国的建设人才。

七、中央关心西藏,全国支援西藏。

29. 支援西藏的原则。要从国民经济和社会发展的全局和增强中华民族凝聚力的高度,深刻认识中央关心西藏、全国支援西藏的深远意义,全国人民是西藏发展和稳定的坚强后盾。

30. 支援西藏的方式。党中央、国务院各部要和各省区市应在经济开发、教育卫生、干部交流等方面与西藏建立相对稳定的各方面配套的对口支援关系。对口支援建设项目,不仅要完成硬件建设,还要完成软件建设。

31. 加强对西藏工作的指导。西藏工作的大政方针由自治区党委或人民政府根据实际情况和具体内容,直接向党中央或国务院请示汇报。党中央、国务院各部门要把支持西藏的发展和稳定作为经常性工作,在制定中长期规划和年度计划时给予优先考虑。

附录二 阿里地区数据表

阿里地区各县土地面积

	土地总面积（平方公里）	草场面积（万亩）	草场面积占土地面积比重	可利用草场面积（万亩）	可利用草场占草场面积比重
普兰	12505.4	1136.16	60.6%	945.58	83.2%
札达	24683.3	2562.66	69.2%	1750.24	68.3%
噶尔	18087.6	2058.24	75.9%	1685.72	81.9%
日土	75240.6	6473.49	57.4%	5340.44	82.5%
革吉	47163.7	5638.49	79.7%	4784.85	84.9%
改则	96279.5	11829.90	81.9%	9308.73	78.7%
措勤	22372.6	2571.17	76.6%	2171.16	84.4%
合计	296332.7	32270.12	72.6%	25986.69	80.5%

此表系 1987—1990 年西藏"二土一草一评"普查数①（后同）

阿里地区各县水域结构

单位:万亩

	水域面积合计	河流水面面积	湖泊水面面积	滩海面积	冰川及永久积雪面积	水域面积占土地总面积比重
普兰	222.24	0.90	115.59	8.44	97.31	11.8%
札达	109.61	2.66	1.45	——	105.50	3.0%
噶尔	54.21	4.93	1.18	——	48.10	2.0%
日土	794.64	2.96	322.52	46.54	422.62	7.0%
革吉	96.71	1.84	65.39	——	29.48	1.4%
改则	343.53	1.06	235.01	——	107.46	2.4%
措勤	241.77	1.53	199.96	6.29	33.99	7.2%
合计	1862.71	15.88	941.10	61.27	844.66	4.20%

---

① 1992 年孔繁森同志第二次进藏服务期满,西藏自治区党委任命其为阿里地委书记。为了了解阿里地区情况,他安排人在日记本上整理了阿里地区的各种统计数据。——校者注。

阿里地区各县的河流分布

	河流总长（m）	河流密度（m/km²）
普兰	786800	62.92
扎达	1773080	71.83
噶尔	1216000	67.23
日土	1833700	24.37
革吉	1680000	35.62
改则	847200	8.80
措勤	951800	42.54
合计	9088580	30.67

阿里地区湖泊【15000 亩,10km 以上】的有 74 个,其中普兰 3 个,札达 0 个,噶尔 0 个,日土 21 个,革吉 12 个,改则 31 个,措勤 7 个。

阿里地区各县草地类可利用面积比较

	温性草原面积	温性荒漠草原面积	高寒草原面积	温性荒漠草原面积	高寒荒漠草原面积	高寒草甸草原面积	低平地草甸草原面积	沼泽草原面积	附属草地面积
普兰	49.27	34.93	791.13			70.24			
札达		498.95	1221.34			28.43	1.51		
噶尔			1412.29	187.73		63.69	22.0		8.88
日土			4298.28	621.11	274.53	51.03	89.16	6.32	
革吉			4594.84			97.16	92.84		
改则			8355.23		205.17	748.32			
措勤			866.76			1304.39			
合计	49.27	533.88	21539.89	808.84	479.7	2363.26	205.52	6.32	8.88

阿里地区各县草地类饲草储量统计　　　　　单位:吨

	温性草原	温性荒漠草原	高密〔寒〕草原	温性荒漠草原	高寒荒漠草原	高寒草甸草原	低平地草甸草原	沼泽草原	合计
普兰	23011.34	6986.3	443391			128824.2			602212.9
札达		224904.1	1111462.1			50078.4	12348.6		1398793.3
噶尔			608972	103502.4		98262.1	20644.8		831381.4
日土			1370693.5	135374.5	20315.3	116949.7	69074.2	51484.4	1763891.4

续表

	温性草原	温性荒漠草原	高密〔寒〕草原	温性荒漠草原	高寒荒漠草原	高寒草甸草原	低平地草甸草原	沼泽草原	合计
革吉			1677647.6			270397.2	73625.0		2021669.8
改则			2869643.3		15182.8	357060.9			3241886.9
措勤			341845.9			942762.4			1284608.3
全区合计	23011.34	231890.4	8423655.4	238876.8	35498.1	1964334.9	175692.6	51484.4	11144444.0

阿里地区各县土地面积统计

	土地总面积		其中		可利用草场面积（万亩）	海拔高度（m）
	亩数	折合平方公里	石、山、湖面积（亩）	草场面积（亩）		
普兰	19593393	13062.26	339187.5	16201518	1134.11	3924
札达	40581405	27054.27	3925000	36656405	2565.92	3778
噶尔	27263452	18175.63	2431020	24832432	1738.26	4300
日土	107973033	71982.02	13323375	94649658	6625.48	4200
革吉	80709581	53806.39	4897295	75812286	5306.86	4400
改则	143430142	95620.09	17444175	125985967	8819.02	4600
措勤	30645236	20430.16	5885375	24759861	1733.66	4700
合计	450196242	300130.82	48245427.5	398898127	27923.31	

注：札达县区山湖面积中包括森林面积315000亩。

阿里地区农牧业户数、人口

单位：人（户）

年份	人口	其中		户数	其中	
		农业人口	牧业人口		农业户	牧业户
1964 年	33889	5581	28308	8127	1096	7031
1965 年	34678	10226	24452	8272	2183	6089
1966 年	35215	8459	26756	8462	2021	6441
1967 年	36010	8799	27211	8473	2050	6423
1968 年	36549	9266	27283	8520	2158	6362
1969 年	36245	9755	26490	8550	2227	6323
1970 年	36776	10126	26650	8567	2262	6305

续表

年份	人口	其中		户数	其中	
		农业人口	牧业人口		农业户	牧业户
1971 年	37336	10555	26781	8623	2348	6275
1972 年	38040	11867	26173	8666	2428	6238
1973 年	38714	12651	26063	9025	2455	6570
1974 年	39301	9565	29736	9349	2362	6987
1975 年	39820	12427	27393	9370	2739	6631
1976 年	39925	10944	28981	9381	2324	7057
1977 年	39412	10486	28926	9203	2300	6923
1978 年	40124	10053	30061	9333	2252	7081
1979 年	41739	9160	32579	9430	2261	7169
1980 年	42175	9890	32285	9463		
1981 年	43646	9608	34038	9945		
1982 年	44436	9865	34571	9772		
1983 年	44839	9567	35272	9702	1984	7718
1984 年	46803	8068	38735	9812	1404	8408
1985 年	48416	9581	38835	10077	1880	8197
1986 年	49927	9375	40552	10324	1657	8667
1987 年	50416	9859	40557	10436	1829	8607
1988 年	51300	9700	41600	10647	1789	8858
1989 年	52300	9400	42900	10900	1900	9000
1990 年	53622	9577	44045	11050	1797	9253
1991 年	54200	9600	44600	11300	1900	9400
1992 年	55600	9500	46100	11400	1900	9500
1993 年	56616			11699		
1994 年						
1995 年						

阿里地区农牧业基本情况

年份	耕地面积 （亩）	粮食播种面积 （亩）	粮食产量 （万斤）	牲畜存栏 （万头/只）
1959 年	11000	8411	337.02	123.34

年份	耕地面积 （亩）	粮食播种面积 （亩）	粮食产量 （万斤）	牲畜存栏 （万头/只）
1960 年	11600	8975	337. 80	114. 30
1961 年	12200	10522	354. 02	120. 06
1962 年	12800	10807	353. 22	118. 14
1963 年	13400	11689	405. 37	125. 01
1964 年	14100	12063	410. 30	163. 72
1965 年	14800	13250	446. 25	187. 18
1966 年	19200	16956	584. 68	197. 09
1967 年	23000	22787	614. 82	216. 50
1968 年	21900	21922	581. 20	223. 18
1969 年	23600	22999	672. 73	210. 62
1970 年	30900	24941	643. 50	215. 99
1971 年	38100	36339	841. 77	202. 11
1972 年	45600	37729	778. 25	193. 67
1973 年	39100	36034	938. 26	205. 42
1974 年	54000	37791	1040. 94	225. 36
1975 年	60800	53225	1165. 41	217. 78
1976 年	65700	57262	1011. 68	223. 86
1977 年	63500	52517	1209. 38	236. 97
1978 年	67200	50900	1241. 76	258. 90
1979 年	56900	48600	981. 26	272. 31
1980 年	45500	40500	1187. 50	286. 60
1981 年	50500	36155	1042. 40	290. 05
1982 年	48600	35600	937. 74	273. 06
1983 年	46100	37417	1012. 06	265. 01
1984 年	48300	37138	818. 59	255. 25
1985 年	48500	32209	959. 65	253. 25
1986 年	42300	28639	876. 83	257. 71
1987 年	36180	28140	806. 22	266. 80
1988 年	36732	26973	935. 30	260. 69
1989 年	37000	26702. 4	908. 40	267. 97
1990 年	36070	26951. 1	933. 28	271. 79

续表

年份	耕地面积（亩）	粮食播种面积（亩）	粮食产量（万斤）	牲畜存栏（万头/只）
1991 年	36600	28600	954.15	250.78
1992 年	39000	28553.8	1122.27	268.42
1993 年	38900	30130.8	1001.02	269.51
1994 年				
1995 年				

各县农牧业人口统计

年份	普兰	札达	噶尔	日土	革吉	改则	措勤
1964 年	5201	3867	3571	3374	5097	12779	
1965 年	5293	4043	3408	3282	5313	13339	
1966 年	5309	4143	3457	3412	5625	13269	
1967 年	5491	3736	3521	3421	6032	13809	
1968 年	5632	4265	3394	3419	5884	13955	
1969 年	5183	3572	3581	3535	6010	14364	
1970 年	5286	3743	3597	3592	6134	14424	
1971 年	5382	3827	3609	3625	6316	8265	6312
1972 年	5425	4004	3621	3709	6471	8405	6405
1973 年	5513	4134	3639	3824	6521	8554	6529
1974 年	5550	4121	3690	3966	6652	8641	6681
1975 年	5612	4232	3736	3927	6641	8856	6816
1976 年	5705	3685	3772	4125	6791	9037	8810
1977 年	5782	2898	3849	3855	6949	9211	6863
1978 年							
1979 年	5812	3873	3987	3953	7214	9815	7075
1980 年	5828	3631	3961	4060	7336	9988	7371
1981 年	5936	3132	4075	4240	7598	10396	7453
1982 年	6016	3973	4115	4325	7780	10595	7612
1983 年	6118	3295	4205	4435	7998	10932	7856
1984 年	6159	4069	4315	4504	8354	11337	8065
1985 年	6148	4383	4451	4727	8664	11729	8314
1986 年	6343	4555	4631	4876	8876	12086	8560

年份	普兰	札达	噶尔	日土	革吉	改则	措勤
1987 年	6304	4447	4514	4908	9104	12434	8705
1988 年	6300	4300	4700	5100	9300	12700	8900
1989 年	6300	4300	4700	5200	9700	13000	9100
1990 年	6500	4337	4841	5376	9867	13400	9301
1991 年	6500	4500	4900	5400	10000	13500	9400
1992 年	6500	4500	5100	5500	10400	13900	9700
1993 年	6704	4579	5151	5533	10586	14231	9832
1994 年							
1995 年							

分县农牧业户数统计

年份	普兰	札达	噶尔	日土	革吉	改则	措勤
1964 年	1032	845	967	698	1216	3369	
1965 年	1083	846	911	699	1227	3506	
1966 年	1056	913	890	707	1394	3502	
1967 年	1069	917	847	684	1450	3506	
1968 年	1074	921	851	688	1477	3509	
1969 年	1065	813	878	729	1504	3561	
1970 年	1093	761	881	733	1535	3564	
1971 年	1100	765	885	735	1563	2028	1547
1972 年	1103	760	887	738	1591	2035	1552
1973 年	1105	951	914	787	1606	2102	1560
1974 年	1118	969	906	885	1613	2253	1605
1975 年	1137	970	909	851	1623	2259	1621
1976 年	1149	887	915	870	1665	2265	1630
1977 年	1147	649	924	838	1691	2294	1660
1978 年							
1979 年	1157	672	936	853	1713	2368	1731
1980 年	1147	815	746	856	1774	2351	1774
1981 年	1148	692	638	885	1766	2427	1925
1982 年	1170	818	920	902	1761	2432	1769

续表

年份	普兰	札达	噶尔	日土	革吉	改则	措勤
1983 年	1164	671	915	925	1788	2454	1785
1984 年	1145	814	931	940	1764	2548	1825
1985 年	1169	793	931	847	1854	2573	1910
1986 年	1177	811	959	960	1890	2609	1918
1987 年	1209	826	964	1004	1897	2664	1872
1988 年	1214	837	1001	1039	1949	2712	1895
1989 年	1200	900	1000	1100	2000	2700	2000
1990 年	1300	861	1046	1081	2000	2800	1962
1991 年	1300	900	1100	1100	2100	2800	2000
1992 年	1300	900	1100	1100	2100	2900	2000
1993 年	1290	938	1135	1154	2187	2931	2064
1994 年							
1995 年							

分县粮食作物播种面积　　　　　　　　单位:亩

年份	普兰	札达	噶尔	日土	革吉	改则	措勤
1959 年	5058	1643	528	1182			
1960 年	5270	1490	938	1277			
1961 年	5806	2145	1133	1438			
1962 年	5838	2376	1194	1399			
1963 年	5965	2803	1351	1570			
1964 年	6056	2961	1359	1687			
1965 年	6303	3281	1643	2023			
1966 年	6750	5078	2538	2590			
1967 年	7073	6909	4021	4784			
1968 年	6840	6209	3965	4908			
1969 年	7286	6629	4406	4678			
1970 年	8023	7018	6033	4705	85	77	
1971 年	7824	7430	8389	6757	1024	2788	2127
1972 年	7749	8154	8150	6994	2430	1924	2328
1973 年	8179	7714	7972	7013	1932	1846	1378

年份	普兰	札达	噶尔	日土	革吉	改则	措勤
1974 年	8582	7638	8778	7129	2335	2388	941
1975 年	8980	8071	11137	6721	5188	9528	3550
1976 年	9071	9065	10153	7745	6304	8889	6000
1977 年	9217	8959	9059	7190	6245	6777	5000
1978 年	9400	9000	9200	8000	5800	5300	4100
1979 年	9700	8300	10500	8000	4700	3600	2400
1980 年							
1981 年	9516	8448	7835	6497	2916	943.2	
1982 年	10276	8418	7338	6157	2860	500	
1983 年	10797.6	8642	7532.3	7005	2867	522.5	
1984 年	11273	8551	7217.9	7077.5	2919		
1985 年	10822	6976.3	9058	4175	945		
1986 年	10825	6867	6402	4170	375		
1987 年	10815	6990	6360	3885	90		
1988 年	10600	6747	4993	4498	135		
1989 年	10726.7	6718	4707.9	4458.3	91.5		
1990 年	10811	6982.9	4791.3	4231.4	134.5		
1991 年	10800	7500	5600	4400	300		
1992 年	10870	7735.4	5276.3	4181.1	491		
1993 年	10873	7318.6	6341.3	5106.7	491		
1994 年							
1995 年							

分县粮食总产量统计　　　　　　　单位:万斤

年份	普兰	札达	噶尔	日土	革吉	改则	措勤
1959 年	242.40	34.71	10.91	49.00			
1960 年	270.69	32.19	19.71	55.21			
1961 年	224.78	61.13	26.49	41.62			
1962 年	231.12	55.41	24.39	42.30			
1963 年	247.65	74.55	30.42	52.75			
1964 年	249.08	80.67	31.62	48.92			

续表

年份	普兰	札达	噶尔	日土	革吉	改则	措勤
1965 年	260.04	86.15	48.67	51.39			
1966 年	302.00	152.59	65.93	64.16			
1967 年	300.57	141.78	78.47	94.00			
1968 年	290.43	123.56	72.03	95.18			
1969 年	350.34	151.06	81.48	89.85			
1970 年	336.03	126.27	89.21	90.92	0.81	0.26	
1971 年	343.24	180.12	133.97	173.91	5.17	3.40	1.96
1972 年	329.10	167.11	119.91	151.00	5.00	4.98	1.15
1973 年	354.73	209.20	156.67	185.12	16.12	11.70	4.72
1974 年	418.37	212.79	174.83	186.13	20.07	21.68	7.07
1975 年	467.00	241.39	181.29	181.03	46.00	31.90	16.30
1976 年	416.65	208.46	161.40	127.01	46.50	28.00	20.00
1977 年	471.04	251.35	210.24	183.13	51.40	28.41	12.89
1978 年	458.24	238.53	206.17	214.04	69.97	32.50	20.81
1979 年	449.66	190.43	120.10	161.55	38.00	15.00	6.52
1980 年							
1981 年	434.30	226.70	166.60	168.00	40.10	6.70	——
1982 年	401.56	211.50	128.39	154.15	38.03	39.00	
1983 年	434.58	212.93	138.28	184.13	37.73	4.41	
1984 年	410.23	174.14	91.93	117.20	20.25	——	
1985 年	465.99	202.31	144.65	129.58	171.08		
1986 年	501.03	173.09	91.56	108.55	2.60		
1987 年	471.35	167.92	78.73	86.54	1.68		
1988 年	509.0	191.04	101.39	132.29	1.58		
1989 年	513.2	183.78	88.62	121.94	0.86		
1990 年	522.55	193.55	91.9	123.78	1.50		
1991 年	521.18	194.57	110.31	125.82	2.27		
1992 年	596.4	240.49	142.35	138.18	4.85		
1993 年	577.0	181.91	131.38	106.03	4.70		
1994 年							
1995 年							

分县牲畜存栏数统计　　　　　　单位:万头(只、匹)

年份	普兰	札达	噶尔	日土	革吉	改则	措勤
1959 年	3.29	5.48	8.32	12.24	31.95	62.06	
1960 年	4.06	6.34	7.71	23.46	29.61	43.12	
1961 年	5.88	7.96	14.01	15.95	27.54	48.72	
1962 年	5.88	9.06	12.80	16.54	26.38	47.48	
1963 年	6.78	8.78	13.29	17.28	27.61	51.27	
1964 年	7.13	9.67	14.14	19.67	31.23	81.87	
1965 年	8.98	10.40	19.84	21.54	38.82	87.60	
1966 年	9.17	11.63	20.65	22.75	38.82	93.80	
1967 年	11.34	9.76	21.69	24.98	46.63	101.78	
1968 年	12.93	9.90	21.64	25.87	48.02	104.36	
1969 年	10.45	10.44	20.15	23.51	49.37	96.00	
1970 年	11.91	12.17	23.28	22.53	50.10	96.00	
1971 年	13.01	12.11	21.93	20.46	44.34	47.10	43.16
1972 年	12.42	11.11	21.90	20.89	41.86	93.95	41.54
1973 年	13.13	9.83	23.45	22.14	45.32	48.08	43.47
1974 年	14.00	11.02	25.48	25.43	49.40	52.39	46.81
1975 年	13.07	7.05	21.68	26.02	49.10	52.17	48.00
1976 年	14.30	8.79	23.33	26.49	48.00	55.10	47.00
1977 年	15.85	9.80	25.28	27.76	51.40	57.00	49.07
1978 年							
1979 年	18.59	11.90	27.99	31.97	61.08	64.16	56.00
1980 年							
1981 年	17.99	13.17	28.09	34.60	65.21	73.58	56.88
1982 年	16.19	10.87	25.16	31.65	64.31	71.05	53.33
1983 年	15.88	11.44	25.65	33.96	61.73	66.28	49.46
1984 年	14.81	12.07	24.35	32.31	58.08	66.15	46.99
1985 年	14.87	12.85	23.11	33.89	54.88	66.19	46.84
1986 年	14.51	13.44	26.44	33.59	54.14	67.10	47.95
1987 年	15.68	14.50	27.85	34.17	58.47	68.97	47.19
1988 年	16.79	14.35	27.31	33.52	54.23	65.91	48.58
1989 年	17.22	15.06	27.20	35.0	56.74	68.74	48.45
1990 年	17.17	15.72	25.54	35.99	57.95	69.14	50.28

续表

年份	普兰	札达	噶尔	日土	革吉	改则	措勤
1991 年	14.83	14.53	22.12	32.0	53.12	64.40	49.78
1992 年	16.05	15.06	22.76	29.40	56.49	70.97	57.69
1993 年	16.01	14.55	23.02	30.86	57.03	76.43	51.61
1994 年							
1995 年							

全区分畜种存栏情况

单位:万头(只、匹)

年份	总存栏数	大牲畜		其他牲畜	
		合计	其中:牛	合计	其中:绵羊
1959 年		9.85	9.06		76.90
1960 年	114.30	9.85	9.06	104.45	76.90
1961 年	120.06	10.57	9.88	109.49	74.60
1962 年	118.14	9.93	9.23	108.21	70.96
1963 年	125.01	10.20	9.48	114.81	73.63
1964 年	163.72	10.28	9.54	153.44	97.63
1965 年	187.18	13.04	12.14	174.18	113.37
1966 年	197.09	13.19	12.09	183.90	110.44
1967 年	216.50	14.86	13.83	201.64	120.73
1968 年	223.18	15.04	13.87	208.14	127.44
1969 年	210.62	15.55	14.51	195.07	137.17
1970 年	215.99	14.01	12.90	201.89	115.29
1971 年	202.11	12.98	13.83	189.13	116.89
1972 年	193.67	12.86	11.61	180.81	114.55
1973 年	205.42	12.22	11.15	193.20	118.28
1974 年	225.26	13.23	11.94	212.03	133.15
1975 年	217.78	12.80	11.26	204.98	130.75
1976 年	223.97	13.37	11.70	210.60	134.000
1977 年	236.96	13.40	11.63	223.56	144.61
1978 年	259.13	14.68	12.84	244.45	155.18
1979 年	272.29	15.09	13.40	257.20	161.21
1980 年	286.65	15.82	14.07	270.83	174.64

续表

年份	总存栏数	大牲畜		其他牲畜	
		合计	其中：牛	合计	其中：绵羊
1981 年	290.00	15.47	13.44	274.53	177.43
1982 年	273.03	16.58	14.48	256.45	166.22
1983 年	264.99	16.59	14.37	248.40	157.20
1984 年	255.23	15.05	12.88	240.17	149.59
1985 年	253.23	15.54	13.20	237.69	144.55
1986 年	256.17	15.20	13.14	240.97	144.97
1987 年	266.80	18.32	15.85	248.48	148.47
1988 年	260.69	17.60	15.01	243.09	146.00
1989 年	267.97	18.36	15.84	249.61	146.25
1990 年	271.79	18.44	15.85	253.35	148.50
1991 年	250.78	17.83	15.33	232.95	134.35
1992 年	268.42	18.15	15.71	250.27	144.84
1993 年	269.51	18.19	15.41	251.32	141.64
1994 年					
1995 年					

全区牲畜结构布局

年份	年末牲畜存栏数	适龄母畜存栏数			适龄母畜比例（%）	幼畜成活率万头（只、匹）	幼畜繁殖成活率（%）	成畜死亡数万头（只、匹）	成畜死亡率（%）	牲畜出栏数万头（只、匹）	成畜出栏率（%）
		合计	其中								
			羊	牛							
1979 年	272.30					72.95					
1980 年	286.60			0.6		34.05		22.80	8.37	34.74	12.76
1981 年	290.05	120.10	115.29	4.26	41.41	18.10	15.07	15.41	5.38	40.84	14.25
1982 年	273.06	117.01	114.48	4.23	42.85	59.62	50.95	24.97	8.92	36.29	12.51
1983 年	265.01	119.94	111.95	4.72	45.26	51.92	43.30	28.05	10.27		
1984 年	255.25	106.76	102.06	3.93	41.83	56.80	53.20	19.93	7.52		
1985 年	253.25	111.00	105.46	4.69	43.83	62.62	56.40	15.09	5.91	43.78	17.15

续表

年份	年末牲畜存栏数	适龄母畜存栏数		适龄母畜比例（%）	幼畜成活率万头（只、匹）	幼畜繁殖成活率（%）	成畜死亡数万头（只、匹）	成畜死亡率（%）	牲畜出栏数万头（只、匹）	成畜出栏率（%）
		合计	其中							
			羊	牛							
1986 年	257.17	111.85	106.47	4.6	43.49	59.43	53.54	17.27	6.82	43.11	17.02
1987 年	266.80	119.85	114.71	5.02	44.92	74.30	66.43	18.22	7.08	46.45	18.06
1988 年	260.69	118.75	111.76	3.40	45.55	48.29	40.29	10.88	4.08	30.68	11.50
1989 年	269.97	119.24	113.11	5.19	44.17	64.35	54.19	10.33	3.96	41.76	16.02
1990 年	271.79	118.03	111.83	5.28	43.43	60.67	50.88	17.32	6.42	40.39	14.96
1991 年	250.78	121.43	115.56	4.89	48.43	50.32	42.63	31.62	11.63	42.99	15.82
1992 年	268.42	128.10	121.72	5.54	47.72	66.50	54.76	13.19	5.26	41.29	16.46
1993 年	269.51	127.82	121.01	5.81	47.43	69.13	53.97	15.41	5.74	50.14	18.68
1994 年											
1995 年											

奶类总产

单位：万斤

年份	合计	普兰	札达	噶尔	日土	革吉	改则	措勤
1980 年	775.0							
1981 年	1137.58	77.35	150.0	172.16	97.6	159.74	247.07	230.16
1982 年	965.01	82.44	85.23	144.62	86.0	170.71	183.34	208.95
1983 年								
1984 年								
1985 年	1236.13	163.49	113.13	171.69	161.97	183.76	194.97	242.20
1986 年	1163.46	132.40	141.37	135.85	153.73	171.18	196.0	232.93
1987 年	1138.79	173.64	110.24	167.42	164.78	186.24	120.00	216.47
1988 年	1350.15	190.35	169.28	151.88	162.2	190.0	266.43	215.01
1989 年	1316.26	199.40	265.6	140.32	175.96	180.10	180.02	174.86
1990 年	1519.09	198.0	267.08	157.07	151.82	246.88	201.98	296.26

续表

年份	合计	普兰	札达	噶尔	日土	革吉	改则	措勤
1991 年	1218.12	177.8	254.32	120.37	112.37	131.79	150.43	271.04
1992 年	1500.26	154.8	272.33	216.59	118.73	242.16	175.60	320.05
1993 年	1243.56	171.4	224.06	176.04	91.32	232.7	145.36	202.68
1994 年								
1995 年								

肉类总产　　　　　　　　　　　　　　　　单位:万斤

年份	合计	普兰	札达	噶尔	日土	革吉	改则	措勤
1980 年	704.74							
1981 年	1061.60	70.32	31.63	176.42	167.06	235.28	238.03	140.16
1982 年	971.08	84.96	44.46	148.51	110.07	199.81	236.54	140.97
1983 年	1007.72	89.19	44.60	103.89	108.52	219.68	212.10	225.80
1984 年	985.60	125.72	25.51	119.13	80.51	275.20	213.05	144.36
1985 年	1228.21	114.40	60.99	107.95	109.71	432.10	213.99	186.39
1986 年	1084.35	90.59	86.51	116.52	119.45	295.03	214.84	161.41
1987 年	1186.67	87.88	78.86	154.0	135.67	253.62	252.32	224.32
1988 年	1149.17	93.88	84.42	158.17	147.62	229.63	255.80	179.65
1989 年	6047.23	379.0	369.7	678.7	669.51	1666.4	1395.0	888.92
1990 年	1202.51	91.30	74.20	137.65	127.74	260.25	275.52	235.85
1991 年	1194.84	84.65	75.76	138.68	110.0	269.75	276.25	239.75
1992 年	1107.11	90.6	96.15	124.94	113.13	224.32	240.73	217.24
1993 年	1410.06	107.67	102.67	138.90	139.47	275.23	354.28	291.84

绵羊毛产量　　　　　　　　　　　　　　　单位:万斤

年份	普兰	札达	噶尔	日土	革吉	改则	措勤	合计
1980 年	30.15	8.0	17.39	6.0	81.0		44.93	322.4
1981 年	22.64	9.0	27.01	25.67	87.14	66.35	36.51	275.32
1982 年	23.6	12.77	24.85	20.08	71.79	69.68	42.48	266.49
1983 年	22.46	15.43	23.15	20.51	62.4	69.25	51.77	264.97
1984 年	18.81	8.41	18.51	30.0	53.69	50.0	35.88	215.30

续表

年份	普兰	札达	噶尔	日土	革吉	改则	措勤	合计
1985 年	24.23	16.73	27.17	35.3	78.43	78.88	39.99	301.76
1986 年	20.66	18.37	25.92	30.95	68.59	60.0	40.75	265.24
1987 年	21.61	19.96	26.1	33.37	76.62	88.0	45.7	311.36
1988 年	13.41	34.94	26.82	31.27	66.19	74.59	46.05	293.27
1989 年	22.42	15.0	25.02	34.06	68.15	85.73	46.59	296.97
1990 年	21.6	14.8	23.55	32.65	63.76	84.51	40.71	281.58
1991 年	18.71	15.39	20.41	24.52	59.98	77.43	39.24	255.68
1992 年	19.0	12.41	21.37	24.55	48.5	83.79	42.22	251.84
1993 年	17.42	12.37	27.32	26.73	58.87	79.34	37.04	259.10

山羊绒产量   单位:万斤

年份	普兰	札达	噶尔	日土	革吉	改则	措勤	合计
1980 年	0.34	0.5	0.24	0.21	1.0			19.0
1981 年	0.65	0.4	2.07	5.29	3.99		1.42	13.84
1982 年		0.90	2.44	2.71	6.40	4.85	0.63	17.96
1983 年		0.90	2.55	2.76	7.84	4.76	0.65	19.46
1984 年		1.63	1.68	3.0	3.86	4.5	0.47	15.14
1985 年	0.59		0.79	8.02	0.72		0.68	10.8
1986 年	0.91	1.02	3.19	8.32	7.43	2.4	1.6	24.87
1987 年	0.40	0.96	3.09	8.2	6.46	3.0	2.56	24.67
1988 年	24.37	0.25	0.76	3.07	8.88	5.25	2.6	3.56
1989 年	36.82	0.54	0.8	3.18	10.83	6.5	8.94	6.11
1990 年	38.04	0.71	1.3	2.94	9.67	9.74	8.8	4.88
1991 年	28.34	0.72	1.4	2.09	6.56	5.78	6.97	4.86
1992 年	33.84	1.36	0.44	3.24	8.91	8.27	7.3	4.32
1993 年	34.74	0.66	0.73	3.5	7.84	8.99	8.14	4.88
1994 年								
1995 年								

农村经济总收入　　　　　　　　　　　　单位:万元

年份	合计	普兰	札达	噶尔	日土	革吉	改则	措勤
1980 年	1306.7	203.2	105.7	186.4	233.0	202.9	206.6	168.9
1981 年	1491.6	240.1	120.7	213.1	216.8	250.0	272.7	178.2
1982 年	1427.7	226.6	135.2	184.6	199.8	222.5	281.3	177.7
1983 年	1558.91							
1984 年	1931.14							
1985 年	3145.49	507.26	240.07	390.64	432.46	576.19	537.53	461.35
1986 年	3282.57	496.25	272.26	351.93	382.84	625.15	734.31	419.83
1987 年	3467.27	483.3	254.5	396.52	425.86	674.78	720.58	511.73
1988 年	4004.94	507.5	299.39	472.37	504.65	753.86	882.52	584.65
1989 年	5186.76	575.35	305.83	546.82	880.15	1074.01	1110.82	603.48
1990 年	4330.74	532.62	266.52	426.49	611.57	927.7	938.37	587.47
1991 年	3607.57	547.54	272.59	416.8	397.49	702.04	714.38	556.73
1992 年	4425.7	608.79	333.80	509.84	456.2	877.19	875.1	764.78
1993 年	4293.13	606.45	338.53	622.7	515.85	691.86	928.6	589.14

农村经济纯收入　　　　　　　　　　　　单位:万元

年份	合计	普兰	札达	噶尔	日土	革吉	改则	措勤
1980 年	1247.3	179.9	96.1	177.9	228.1	200.7	202.5	162.0
1981 年	1424.4	218.6	113.9	206.4	202.6	247.7	264.0	171.2
1982 年	1371.9	204.0	133.8	183.1	188.6	219.9	275.6	166.9
1983 年	1418.18							
1984 年	1840.3							
1985 年	2926.58	423.06	219.51	372.64	407.92	532.69	519.60	451.16
1986 年	3045.37	408.17	251.42	339.88	359.87	595.8	697.6	392.63
1987 年	3255.61	417.93	241.5	378.74	403.98	619.28	712.68	481.5
1988 年	3582.98	447.08	268.27	422.75	437.68	676.21	795.82	535.17
1989 年	4605.14	178.13	294.10	464.79	764.91	900.51	1076.57	626.13

续表

年份	合计	普兰	札达	噶尔	日土	革吉	改则	措勤
1990 年	3908. 96	484. 79	249. 54	389. 54	549. 19	869. 9	830. 44	535. 58
1991 年	3318. 91	498. 78	254. 16	385. 98	373. 65	658. 99	687. 75	459. 6
1992 年	3757. 82	510. 22	265. 02	394. 20	401. 42	723. 99	777. 11	685. 20
1993 年	3594. 14	505. 6	278. 68	371. 0	407. 52	654. 79	849. 92	526. 63

农牧民人均纯收入　　　　　　　　　　　　　　单位:元/人

年份	合计	普兰	札达	噶尔	日土	革吉	改则	措勤
1980 年	262. 0	283. 0	294. 0	397. 0	361. 0	260. 0	187. 0	206. 0
1981 年	314. 0	353. 0	333. 0	463. 0	451. 0	309. 0	243. 0	217. 0
1982 年	297. 0	331. 0	371. 0	421. 0	412. 0	267. 0	242. 0	213. 0
1983 年	316. 69	332. 51	357. 54	433. 45	433. 69	298. 49	246. 12	276. 30
1984 年	380. 25	503. 03	347. 13	471. 58	504. 38	340. 04	314. 99	316. 84
1985 年	604. 46	688. 13	500. 81	837. 19	862. 95	614. 84	443. 01	542. 65
1986 年	609. 10	643. 5	551. 96	724. 55	738. 04	671. 25	577. 20	458. 68
1987 年	651. 50	664. 22	569. 17	864. 51	823. 11	680. 23	573. 17	559. 30
1988 年	704. 99	716. 47	621. 42	919. 03	875. 36	733. 58	627. 67	610. 30
1989 年	884. 12	759. 90	680. 0	987. 0	1472. 44	929. 41	876. 16	705. 66
1990 年	738. 19	758. 0	588. 54	837. 50	1033. 08	881. 63	619. 73	589. 90
1991 年	619. 20	779. 30	587. 79	827. 93	709. 67	655. 22	509. 44	495. 42
1992 年	701. 39	790. 79	596. 90	829. 02	727. 36	703. 38	620. 05	715. 74
1993 年	646. 40	781. 0	608. 60	757. 92	736. 52	618. 54	613. 31	544. 22
1994 年								
1995 年								

农业总产值　　　　　　　　　　　　　单位:万元

年份	合计	其中				备注
		农业	林业	牧业	副业	
1970 年	2320.01	86.87		2233.14		
1971 年	2184.91	113.64		2071.27		
1972 年	2075.12	105.06		1970.06		
1973 年	2281.25	126.66		2154.59		
1974 年	2750.14	140.53		2609.61		
1975 年	2547.92	157.33		2390.59		
1976 年	2633.99	136.58		2497.41		
1977 年						
1978 年						1. 1978 年至
1979 年	2093.55	117.53		1976.02		1980 年产值
1980 年	1957.88	127.68	1.69	1820.91	7.6	按 1970 年不
1981 年	2373.19	175.81	1.88	2158.10	37.40	变价格计算,
1982 年	2108.67	168.08	2.44	1881.69	56.46	1981 年 至
1983 年	2266.73	199.79	7.14	1959.72	100.08	1991 年产值
1984 年	2313.75	155.22	2.95	1987.28	168.29	按 1980 年不
1985 年	2857	183.74	2.9	2515.63	154.73	变价格计算,
1986 年	2826.06	169.89	1.38	2548.22	106.57	1991 年后的
1987 年	3130.32	156.45	1.2	2918.34	54.73	产值按 1990
1988 年	3173.71	177.34	0.62	2893.57	102.18	年不变价格
1989 年	3320.52	169.06	0.42	3078.14	72.9	计算。
1990 年	3228.88	172.26	0.36	2867.02	189.24	
1991 年	9527.92	442.12	1.04	8867.19	217.57	
1992 年	12713.63	523.58	6.63	11753.86	429.56	
1993 年	11883.47	510.6	3.22	11369.65		
1994 年						

附录三　孔繁森写给女儿的信

第一封信,1993年孔玲考上了重庆西南政法大学法学系之后,1993年9月20日孔繁森写给她的信。

玲玲:

你的来信爸爸收到了,已了解到目前你的处境。我想这是必然的,这是你独立生活的第一步,遇到这些困难是预料之中的事。爸爸第一次出远门当兵到济南,正好比你小半岁。我1961年当兵,可以说对于城市生活什么都不懂。第二年入团,1964年在周总理的邀请下,去北京参加了全国的国庆观礼活动。就在这一年我加入了中国共产党,也填补了咱们家祖辈没有参加共产党的空白。当时我是带着你大娘从张庄借的七元钱上路的,而当兵的第一年我就节约了五十元钱寄回了老家……

玲玲,你现在填补了咱家没有正式大学生的空白。你考上了大学,了却了爸爸盼望已久的心事。今天实话告诉女儿,自从你考入中学后,我就把希望你上大学的愿望埋在了心底。回想往事,爸爸觉得你的成长至少有两点值得我总结:一是由于我的工作环境,朋友多、同事多、工作调动频繁,虽然影响了你的学习,但也使你接触社会太早,成熟过早;二是我要求你们几个孩子太严,望子成龙的心情过于迫切。从现在看大有好处,不然的话,这个环境对你们不利。我看过不少名人自传及成长过程,比如居里夫人、宋庆龄主席、我国医学专家林巧稚等,她们的出身有的是贵族,有的是贫民,但她们却有个共同的条件,一是家教比较严,二是性格内向,三是有自己的奋斗目标。爸爸不盼望你当什么名人,而想让你尽早成为一个人格、素质俱佳的社会有用的人,这既是社会的需要,也是家庭的需要。爸爸知道你是一个十分要强的人,而且也有雄心壮志,我相信你一定会成长为一个有出息的人。我肯定地说,爸爸没法和你相比。

爸爸文化低,有时候工作起来就有点力不从心,这个"力"就是科学文化的力量。爸爸多么渴望有这种强大的力量来支撑我,但小时候没有这个条件,已与它失之交臂。我现在只能在祖国需要的地方,在党安排的岗位上踏踏实实地做点贡献。对此,爸爸也是壮心不已。爸爸还不到五十岁(1944年生,1993年四十九周岁),还能陪伴着你们年轻人跑一程。

玲玲,我本应早点给你去信,但在你和你妈妈走后的第三天下午,我就做了手术。今天刚下床,不久就回阿里。躺在床上,才能静下心来想好多事,也想到了我的女儿。所以,今天就写了这几个字。

除去学习锻炼身体外,有时间看点文学和历史,善于和不同性格的同学交朋友。

夜深了,病友们都睡着了,我也要躺一会儿。

爸爸:孔繁森
1993 年 9 月 20 日于医院中

第二封信:1993 年 12 月 2 日,孔繁森写给孔玲的信。

玲玲:

爸爸几次给你写信都没有写成,我相信你不会怪爸爸。从你的来信中知道了你的进步,爸爸很高兴。你已长大了,刚涉足人生,有过一帆风顺的时候,也碰过几次钉子。生活在一个新的环境使你多多少少了解部分社会,同时也认识自己。我相信你在大学的生活阶段要学到很多很多东西,到毕业时你会感到自己的价值和人生该怎样度过。

爸爸一生可以说没多大出息,我常常对自己感到不满意。我应该给社会、给周围的同志、给家庭带来更多一点的幸福,可惜由于文化知识素质低,我没能办到。爸爸我马上进入五十岁啦,我要在今后的岁月,加倍多做点工作,给人民给社会多留点东西。

爸爸再给你提点希望:一是学习不要"冷热病",需要学习的东西太多,要扎扎实实地一步一步地学,要善于作笔记;二是要虚心向教师和同学学习,他们来自不同地区,不同家庭,他们身上有很多优点,要善于观察和学习。咱们的祖上孔子先前说过"三人行必有我师",就是这个道理;三是注意节约,不是爸怕你花钱,主要是要养成节约的美德,千万不要和同学们比吃、比穿,要知道全国还有那么多的县因财政困难发不出工资,有相当部分地区群众温饱问题还没解决。以上爸爸说的这些也许有不对之处,仅供参考而已。

玲玲,爸爸想你,想全家人,没办法,还是工作第一。

家中通了电话,放心吧,你奶奶、妈妈、小静、小杰都很好。你现在主要任务就是学习,别的别分心。

因没电,今天就不写啦。

爸爸:孔繁森
1993 年 12 月 2 日

　　第三封信：1994 年 1 月 16 日，孔繁森写给孔玲的信。

玲玲：

　　爸爸我提笔首先向你的几位朋友，我的几位干女儿问好！

　　自从收到你们给我的明信片后，几乎天天都要看两遍，凡是看了明信片、贺年片后都感到我虽在高原，但是最幸福的人。我虽在高原世界屋脊的屋脊上过着正常人难以想象的生活，但我看到有这么多的女儿在想着我、盼着我，我身上有使不完的劲，心中有说不出的愉快。我多么希望给你们寄几张贺年卡，可惜阿里这个地方根本找不到。有时我找几张信纸，也要跑好几个单位。玲玲，你们几姊妹在搞好学习的同时，要想办法把身体搞好，多吃点好东西，替我这个远在天边的老爸爸多吃上几口。这里鸡蛋一元零五分一个，菠菜八元钱一斤，大白菜六元钱一斤，而且有时买不到。所以说，你们想吃什么就吃什么，由我给你们付钱。

　　前天我出发去慰问煤矿工人和八二兵站的战士，他们生活在海拔五千七百米的深山，我给他们带了几个香蕉，因天冷都冻啦。工人们竟没有见过香蕉，更不用说吃啦。全矿只有一台电视机，工人穷得不如四川要饭的，我看后非常的难过。地委行署也拿不出什么礼品给他们。

　　每家只给他们几十元钱，可在这白雪皑皑的世界里，又能买到什么呢？他们非常满意，看到我们在大雪飘飘的时节来祝贺他们的藏历年（牧区和农区藏历年时间不一样），他们感动得哭了。

　　阿里全地区只有一所高级中学，全地区入学率只有百分之二十多，有的县级干部也没有上过学，但他们对毛主席的感情深，对共产党的感情深。你们几位小姊妹记住，天下还有不少的人温饱问题没解决，主要是他们没文化、没知识。你们要努力学习，将来一定会成为社会上有用的人、有出息的人。我多么渴望再上两年学，可惜没有机会了。

　　玲玲并几位好女儿，我多么想见到你们，在一起吃顿饭、唱唱歌，看来今年不成啦。我想春节后，我要出发，第一站就是你们学校，看看学校、看看老师、看看你们。

　　西藏可能没有让你们满意的纪念品，今日只好让小唐给你们捎来一点藏香和咖啡，就算我这个高原老人给你们的纪念品吧！小唐是个好同志，你们不要让他花钱，他和我一样洗脸连块香皂都舍不得买。

　　还有几件事记住：你们几个春节前，一要把学习搞好，二要带着书回家，三是路上注意安全，记住乐极生悲（玲玲太阳岛要记住），四是回家后要谦虚，五要帮父母多做点家务，六不要买什么东西回家。孩子们，我说的太多啦,你们可能不愿意听啦,下次见。还要记住路上多做点好事。

爸:孔繁森

元月 16 号

附录四　关于阿里发展的 12 条参考建议

有几个问题请陈部长参考①

一、关于阿里地区的能源交通问题,准备给国务院写个专题报告,同时报个专题片。请示一下自治区人民政府是否同意。

二、今年七月份,以自治区人民政府的名义给中央有关部门打了个专题报告,解决部分救灾款。当时财政部答应 300 万元;经贸委 200 万元;计委 1000 万元(抗灾基地建设);农业部 1000 万元;煤炭部 80 万元(已到阿里)。请陈部长问一下财政、计委、农业部是否到位。

三、革吉县的茶嘎茶矿和电力工业厅、地矿局联合开发的问题。

四、郎久电站现已发电,但发电量只有 600 千瓦。自治区地热大队答应给打风险井(即有气给钱没气不给钱),请政府领导研究一下是否解决 300 万元打三口井。

五、阿里干部职工的办公条件、住宿条件太差,能否同意阿里地行盖个办公楼,现有的综合办公室改为公、法、司、政法委的办公室,他们现在办公地点是 60 年代的土木结构,已成危房。

六、自治区提出全区教育到 2000 年要实现两有八〇的规划,是否请区教委领导来阿里考查一下,并帮助制定一下发展规划。

七、阿里地区财政赤字 800 万元,原因两年增加大中专学生 300 人,每人每年经费需 1.2—1.5 万元;二是物价高,运费、交通费用加大开支;三是取暖经费大,现在每吨焦炭 1400 元;四是汽车修理费开支大;五是干部职工、群众的公费医疗开支大,主要是病号多,有的在内地长期住院。

---

① 1994 年 11 月 14 日,孔繁森和西藏自治区党委常委、宣传部部长陈汉昌以及阿里地区行署专员达瓦次仁率领考察组一行 13 人,前往新疆开展经济协作的交流,11 月 20 日到达乌鲁木齐。考察组的需求得到了新疆维吾尔自治区党委及相关部门的大力支持。11 月 24 日,在完成各项任务后,陈汉昌部长先行返回西藏,孔繁森在新疆昆仑宾馆的便笺纸上夜以继日的撰写了对阿里长远发展的设想和急需解决的问题,想让陈汉昌部长带给西藏自治区党委研究,以为阿里争取更大的支持和帮助。发展建议涉及交通能源建设、教育规划、改善办公条件等 12 条,满满的 4 页纸。为了开发、建设、管理好阿里的边境口岸,直接和西亚六国开展外贸交易,孔繁森决定再到塔城地区的巴克图口岸参观、考察和学习。

八、民兵事业训练费、武装部的建设,请自治区解决。

九、请安排适当时机,自治区派个综合性工作组对阿里进行全面考查,以便修定阿里的经济发展规划。

十、关于新疆自治区和西藏自治区、新疆军区联合写报告维修219国道的问题、建机场问题、输气管道的问题。

十一、日图县德如电站欠包工队款问题。自治区电力工业厅、电建公司承包的工程,又转包给包工队的工程,一是没合同,没图纸,钱从何处出。

十二、和新疆联合申请共同建设开发日图县境内都木齐列口岸建设问题。

达瓦次仁

孔繁森

24号

孔繁森同志大事年表

1944 年 7 月 16 日,孔繁森出生在山东省堂邑县(时称武训县,今聊城市东昌府区堂邑镇)五里墩村一个贫苦的农民家庭。孔繁森,系孔氏家族74 代后裔,父亲孔庆会、母亲李氏,所生的五个孩子分别取名为繁利、繁荣、繁森、繁菊、繁青。

1952—1957 年,孔繁森在堂邑镇路庄完小学习。在学校里,孔繁森十分刻苦,成绩名列前茅。不仅是班里的文娱委员,还是"三好学生"。

1957 年秋,孔繁森升入堂邑农业中学,并参加了深翻土地的"大会战"。

1959 年 7 月,孔繁森了解到聊城成立技工学校,设有农机、电工、化工、果树栽培、机械制造等专业,便中断农业中学学业,怀着学好电工知识、让家乡早日实现电气化、让父老乡亲摆脱繁重体力劳动、彻底改变贫穷落后面貌的理想,带着母亲编草帽辫挣得六毛钱到聊城考取了地区技工学校,分到电工 206 班,成为村里的第一位中专生。他早起晚睡,刻苦钻研,是有名的"三多两难":看书多、思考的问题多、做的实验多;提的问题难、做的题目难。在校期间,专业课名列年级第一名,年年被评为"三好学生"。

1961 年 8 月,孔繁森经学校推荐入伍,在济南军区总医院警卫通讯排通讯班服役。在总医院,他不怕脏、不怕累,无微不至地照顾护理张耀汉、马从忻两位老首长的生活起居,学到了老红军的高尚品质,受到了生动的革命传统教育,和两位老人的家庭结下了深厚而长久的友谊。他勤奋好学,潜心向马从忻的爱人、妇产科专家、医务处副主任徐诚上校学习医学知识。正是与三位老人的这段经历,奠定了孔繁森一生理想信念的基础。同时,他学习掌握了必要的医疗护理技术,为日后给藏族同胞送医送药提供了专业条件。在部队期间,正值学雷锋活动兴起,他自觉以雷锋为榜样,爱岗敬业、助人为乐,做了大量好事。多次获得"五好战士""学雷锋积极分子"和"优秀射手"等称号。

1962 年 12 月 17 日,孔繁森加入中国共产主义青年团。

1964 年 10 月,孔繁森应邀赴北京参加国庆 15 周年观礼。

1966 年 9 月 3 日,孔繁森加入中国共产党①。

---

① 按照孔繁森同志的入党志愿书,1966 年 9 月 3 日批准为中共预备党员,1967 年 9 月 10 日转为中共正式党员。编者注。

1968 年夏,孔繁森复员回到聊城地区技工学校。

1969 年,孔繁森作为工人阶级代表,担任聊城地区技工学校校革命委员会副主任。7 月 1 日,他和本镇三里庄勤劳能干、朴实善良的女青年王庆芝结婚。

1970 年春节前后,地区革命委员会生产指挥部政治工作办公室从地直各单位抽调成分好、工作能力强的党员干部职工组成毛泽东思想宣传队到地直部分单位帮助工作,孔繁森作为抽调人员被派驻地区粮食局。

1971 年 5 月,孔繁森调地革委政治工作办公室宣传组,负责地直机关、工厂、学校的业余文艺宣传。

1972 年,孔繁森由工人身份转为干部。其间,兼任共青团聊城地委常委、地直机关团委书记。

1975 年 4 月,孔繁森被任命为中共聊城地委宣传部副部长。11 月,他带领地直 30 多名机关干部到高唐县赵寨子公社进驻 6 个村庄蹲点帮助工作。孔繁森住王辛庄,一年多的时间,与农民同吃、同住、同劳动,组织父老乡亲开展生产自救,争取救济粮款,解决了很多生产生活中的实际困难。

1979 年 4 月,孔繁森服从组织安排赴西藏工作,最初安排他担任日喀则地委宣传部副部长,党组织考虑他政策水平高,身体素质好,建议他到平均海拔 4700 米、条件比较艰苦的岗巴县担任县委副书记,他愉快地服从了组织的决定。在岗巴工作期间,他跑遍了全县的乡村、牧区。访贫问苦,和当地群众一起收割打场、干农活、修水利,和当地藏族群众结下了深厚友谊。

1980 年秋,孔繁森继续在岗巴县担任县委副书记。孔繁森在下乡时,不慎落马摔成脑震荡,昏迷不醒,当地藏族同胞扎起担架,抬着他走了 30 多里山路送到医院抢救。回到山东后,他多次表示:"我这条命是藏族老百姓给捡回来的,如果有机会,我愿再次踏上那片令人终生难忘的土地,去工作,去奋斗!"

1981 年初,孔繁森奉命调回聊城地区工作。同年 4 月,担任莘县县委副书记。他经常骑自行车下乡调查研究,到田间地头同农民一起劳动、谈心。他分管文教卫生工作,走访时发现莘县城关四街唯独东街没有小学时,就带领教育部门的同志选校址,跑资金,很快在东街建起了一座小学,解决了那里的孩子上学难的问题。

1982 年夏天,莘县在马西林场实施世界粮食计划署援助中国的 2606 项目。为了实现莘县 10 万亩造林工程,孔繁森多次在工地现场指导,解决实际问题,促进了项目顺利进行。

1983 年,在聊城莘县担任县委副书记。

　　1984年3月至6月,孔繁森代表莘县县委、县政府负责接待联合国粮食计划署(W. F. P)2606项目中期评价组,他全程陪同外宾深入马西林场进行考察调研,由于造林项目搞得成功,加上孔繁森对外宾热情周到的接待,赢得了广泛好评。联合国的专家和官员满意地续签了投资项目,批准了项目二期工程,创造了当时国外投资农林项目续建工程的先例。

　　1985年4月,孔繁森调任聊城地区行署办公室副主任,分管行政接待工作。他主持制定了一系列机关工作制度,规范工作程序,机关工作面貌发生了显著变化。

　　1986年11月,孔繁森调任聊城地区林业局局长、党组书记。他任职的两年,是全区林业大发展的时期之一。由于他的努力,全区造林35万亩,其中经济林26万亩,林木覆盖率为13.7%,超过全国平均水平,成为全国平原绿化先进地区,聊城的林业建设水平位居全省前列。

　　1987年,孔繁森继续担任聊城地区林业局局长、党组书记。他梳理聊城林业发展数据,向省级部门汇报工作进展。他代表聊城参加全国粮援会议。

　　1988年9月,孔繁森被任命为聊城地区行署副专员。在母亲年迈、妻子体弱多病、三个孩子尚未成年的情况下,他克服困难,于10月17日作为援藏干部的领队,第二次踏上援藏的征程。他担任拉萨市副市长,分管文教、卫生和民政工作。他跑遍拉萨市8个县区的所有公办学校和一半以上村办小学,经过他的努力,拉萨有了第一所职业高中,拉萨适龄儿童入学率由45%提高到80%;全市56所敬老院和社会福利院,他走访过48所,给孤寡老人送去党和政府的温暖。因西藏偏远地区医疗卫生条件较差,他每次下乡都特地带上一个小药箱。工作之余,为患病的农牧民送医送药。一次常见病的诊断,一个小药箱,虽然解决不了所有的问题,但对接受他治疗的患者来说,却往往性命攸关。他几次爬到海拔近5000米的山顶水源处采集水样,帮助解决群众饮水问题,结束了尼木县续迈乡等三个乡群众易患大骨节病的历史。

　　1989年冬,孔繁森下乡遭遇车祸,生命垂危,经西藏军区总医院十几个昼夜抢救脱离危险,组织决定转济南继续治疗。

　　1990年春,孔繁森病情好转,谢绝医生领导劝阻,重返西藏工作岗位。

　　1991年,孔繁森以多种方式积极推动拉萨科教文卫事业发展,先后前往拉萨各县(区)调研中小学教育、医疗卫生等工作;参加拉萨市第五次教育工作会议;在堆龙县搞综合教育试点;参与筹备西藏和平解放四十周年大庆活动;推动拉萨市手工艺品展销;接待世界儿童基金会等国际组织考察组;参与职业高中的发展规划;参加在唐山举办的第二届全国城市运动会等。

1992年7月,拉萨市的尼木、墨竹工卡、当雄三个县的十多个乡发生强烈地震,孔繁森立即带人奔赴抗震第一线,七天七夜指挥救灾。在地震废墟上,孔繁森领回3个失去父母的孤儿,他们是12岁的曲尼、7岁的曲印和5岁的贡桑,带回拉萨后,开始照料他们的生活和学习。

1993年春,援藏期满的孔繁森服从组织的安排,到海拔更高、更加偏远、条件更加艰苦的阿里地区担任地委书记、军分区党委第一书记、阿里地区政协主席。行程1800多公里的赴任途中,他到阿里所辖的措勤、改则、革吉三县进行调查研究,获取第一手资料。

1994年2月,一场西藏民主改革以来50年不遇的暴风雪,让还没解决温饱的阿里雪上加霜,孔繁森号召地直机关干部"立即行动起来,到灾区去,到群众中去!"2月26日夜,孔繁森在革吉县亚热区却藏乡一座牧民的帐篷里,面临生死考验的他,在笔记本上写下了被称为"不是遗书的遗书"。经过两个多月的艰苦奋战,他凭借坚强的意志和满腔的热情,带领阿里人民战胜了特大雪灾,创造了全地区无一人冻死、饿死的奇迹。7月,孔繁森带人到北京有关部委汇报灾情并参加中央第三次西藏工作会议,为阿里争取到救灾款580万元,项目资金2000万元和大宗过冬物资。9月,孔繁森被国务院授予"全国民族团结进步先进个人"称号。11月14日,孔繁森带领党政考察团赴新疆联系军民过春节需要的粮食、油料、煤炭等物资,并就旅游、边贸、交通等基础设施建设方面问题,进一步争取新疆自治区对阿里发展的支持。11月19日下午,到达乌鲁木齐。和有关部门联系商谈,解决了影响阿里发展的几个关键问题。在此期间,受到新疆自治区代理书记王乐泉同志的接见,对他提出的支援阿里的请求,给予了满意的答复。11月24日,在新疆昆仑宾馆写下了关于阿里发展的12条建议。11月28日,赴塔城巴克图口岸考察边贸工作,夜宿克拉玛依市。11月29日上午9时,孔繁森带队赶赴塔城。中午12时18分左右,行至新疆2926省道、158里程碑(距塔城地区120公里、托里县县城两公里)处发生车祸,孔繁森不幸因公殉职。

1995年4月,国务院授予孔繁森"全国先进工作者"称号。6月28日,中共中央组织部追授其为"模范共产党员""优秀领导干部"。

2009年9月10日,中宣部等十一部门组成的全国"双百"评选活动组委会评选孔繁森为"新中国成立以来感动中国人物";9月1日,中共山东省委组织部、宣传部等十二个部门组成的山东"一百"英模人物评选活动组委会评其为"山东省 100 位为新中国成立、建设做出突出贡献的英雄模范人物";9 月 22 日,中华全国总工会评其为"时代领跑者——中华人民共和国成立 60 年最具影响的劳动模范"。

2011 年 7 月 14 日,孔繁森被西藏自治区精神文明建设指导委员会评为"西藏和平解放 60 周年感动西藏人物"。

2014 年,孔繁森被山东省委确定为党的群众路线教育实践活动先进典型。

2015 年 3 月,孔繁森被中组部确定为"三严三实"主题教育先进典型。

2018 年,孔繁森被中组部确定为"不忘初心、牢记使命"教育先进典型。12 月,山东省委宣传部、山东省改革办、山东省党史研究院授予孔繁森改革开放四十年四十位感动山东人物(群体)。

2018 年 12 月,中共中央、国务院决定授予孔繁森同志改革开放杰出贡献人物,获得"改革先锋"称号,颁授改革先锋奖章。

2019 年 9 月,中共中央宣传部、组织部等九个部委授予孔繁森"最美奋斗者"称号。

点 校 后 记

在我从北京师范大学博士毕业后制定的十年学术规划中，孔繁森同志精神研究并不在列，当时我把更多的精力放在了所学专业方向的拓展上。但是作为一个历史学工作者，有义务和责任把历史发展进程中有重要影响的历史人物记录下来，或者把他们对历史发展的贡献叙述出来。也好像运会使然，孔繁森同志日记点校工作由我去完成。

孔繁森是聊城东昌府区人，我是聊城莘县人。孔繁森曾经在我的家乡为政，日记中对莘县工作的记录也有体现。我知道孔繁森这个名字要从初中算起。1995 年，我在莘县张屯村中学上初一。经历了一晚上的大雨，我们和往常一样来到学校上早课。早晨的课是语文。当时，语文老师是一名刚毕业不久的大学生，在一个乡村中学能够有使用普通话且人长得落落大方的女教师上课，那是何等的幸运，因而其他班级的同学都很羡慕。她从家中赶来给我们上课，当时没有现在的公路，乡村都是土路，在经过下雨后泥泞的小路时，她不小心把眼镜摔碎了。早课上，她小心翼翼的拿出了一份《人民日报》，给我们读了《人民日报》上面的一篇社论——《向孔繁森同志学习》（1995 年 4 月 7 日）。语文老师还给我们阅读了其他几篇她从报纸上剪下来的文章。我深深记得，孔繁森去世时身上仅有 8.6 元钱。那天早晨的语文课，教室内出现了从未有过的安静。二十多年过去了，课堂上学习的其他内容，全然忘记了，老师淋了雨给我们讲孔繁森的场景，却是极为深刻的。

虽然不曾对孔繁森有深入的了解，但是一直被孔繁森的精神感动着，鼓舞着。大约是在 2004 年 1 月，我大学本科三年级时，为了学习孔繁森精神，曾经组织过一个大学生社会实践活动，就是前往孔繁森的家乡东昌府区五里墩村送春联，并为村里的小学生带去了新书包和学习用品。

2011 年，我从北京师范大学博士毕业，回到了家乡的高校—聊城大学历史文化与旅游学院工作。作为年轻教师，我担任了大学生兼职辅导员，每年的重大节日前后，我都会组织大学生前往孔繁森同志纪念馆学习孔繁森的事迹。

2017 年 10 月，经过学校推荐，我担任了共青团聊城市委挂职副书记，负责青年志愿服务等相关工作，高校与地方之间的联系日益增多。孔繁森同志纪念馆在社会志愿服务方面非常突出，我也多次应邀参加相关活动。在与李建国副馆长外出开会时，谈起了我对孔繁森的敬佩和认识，并初步谈了点校出版孔繁森日记的时代意义和价值。不久,在孔繁森同志纪念馆进行了正式的会谈,馆领导给予了大力支持,并安排馆内的其他同志给予协助。

点校孔繁森日记,实际上也是一次心灵的净化,思想的洗礼。孔繁森弘扬和践行了"特别能吃苦,特别能战斗,特别能忍耐,特别能团结,特别能奉献"的老西藏精神。习近平总书记说过,"我将无我,不负人民","功成不必在我,功成必定有我",孔繁森就是这样无我奉献的典型代表。我很能够体会在皑皑白雪的世界里孤身奋斗的心情,一天两天可以,一年两年呢,或者再长时间呢? 回到山东时,他多次在亲朋好友宴请他的场合说过:万一我回不来了,过年过节别忘了为我摆双筷子、摆碗水饺。更多的时候,他把对家人的思念埋在心底。1992 年 4 月,孔繁森在日记中写道"只为爱乡故离乡,人生何处不青山"。相比与某些干部,"什么样的酒也喝不醉,什么样的舞也能跳,什么样的麻将也能打,什么样的工作也不会",这就是他们和孔繁森的境界之别吧。

2020 年初,新型冠状病毒肺炎疫情发生后,我封闭在家,利用三个月的时间,再次通校全稿,经常被孔繁森同志的勤政精神所感动。孔繁森日记70 余万字,从最初的整理到最后的出版历经数年之久。感谢孔繁森同志纪念馆以及李建国、程兴普、洪亚斌、周会、李菲等同志,以及长期以来默默收集和整理孔繁森日记的同志们,感谢他们提供的大力支持和帮助。我的同事梁婷老师停下其他工作,承担了部分书稿的整理、点校工作,为了支持我牺牲了个人。在初稿完成以后,曾在西藏工作数十年的李玉建、崔建勇、范春峰等领导,百忙之中对部分稿件进行了审阅,提出了宝贵的修改意见和建议。我的工作单位聊城大学为此书顺利出版提供了优良的工作环境和资金支持。前期,此书得到了聊城大学人文社会科学处图书出版基金的资助和聊城大学历史文化与旅游学院出版资助。之后,《孔繁森日记校注》得到了国家社会科学基金后期资助项目基金的支持。我的学生贾馨玫、刘瑞琳、王娜、孙婷婷、王雪莹、王朔、牛丽琰、韩文淇、孙泽涵、陈良玉、张琦、贾婧、刘春阳等,在整理、校对等方面做了基础性的工作,没有他们的帮助和支持,凭一己之力难以在短时间内完成。当然,图书中点校之失,由我一人承担。

此书列入了中宣部年度出版重点规划。感谢人民出版社在图书出版方面提供的支持和便利,感谢刘松弢先生在百忙之中提供的各种帮助。

赵少峰

2019 年 6 月 1 日撰写

2021 年 3 月 12 日修订

责任编辑:刘松戣

责任校对:白 玥

图书在版编目(CIP)数据

孔繁森日记/赵少峰 梁婷 校注. —北京:人民出版社,2021.6
(国家社科基金后期资助项目)
ISBN 978－7－01－023260－7

Ⅰ.①孔…　Ⅱ.①赵…②梁…　Ⅲ.①孔繁森(1944—1994)-日记-选集
　Ⅳ.①D263

中国版本图书馆 CIP 数据核字(2021)第 048436 号

孔繁森日记

KONGFANSEN RIJI

赵少峰　梁　婷　校注

人民出版社 出版发行
(100706 北京市东城区隆福寺街 99 号)

北京新华印刷有限公司印刷　新华书店经销

2021 年 6 月第 1 版　2021 年 6 月北京第 1 次印刷
开本:710 毫米×1000 毫米 1/16　印张:53
字数:927 千字

ISBN 978－7－01－023260－7　定价:180.00 元(上、下册)

邮购地址 100706　北京市东城区隆福寺街 99 号
人民东方图书销售中心　电话 (010)65250042　65289539

版权所有·侵权必究
凡购买本社图书,如有印制质量问题,我社负责调换。
服务电话:(010)65250042